Reader's Digest
Buch der
guten Küche

Barbara Rias-Bucher

Reader's Digest

**Buch der
guten Küche**

Verlag Das Beste Stuttgart · Zürich · Wien

Redaktion: Hildegard Mergelsberg (Projektleitung),
Gudrun Aßmann, Joachim Wahnschaffe
Redaktionelle Mitarbeit: Martina Fiess, Sonja Jost-Berger
Schlußredaktion: Mina Langheinrich, Birgit Scheel
Korrektur: Siglinde Huber
Grafik: Rolf Bez
Grafische Mitarbeit: Elisabeth Krukenberg, Walter Samland
Bildresearch: Monika Nardon
Produktion: Klaus Stecher

DAS BESTE SACHBÜCHER
Chefredakteur: Peter Holzwarth
Stellv. Chefredakteurin: Mina Langheinrich
Leitender Redakteur: Stefan Kuballa
Senior Editors: Jens Firsching, Marianne Schulze
Art Director: Rudi K. F. Schmidt
Entwicklung Sachbuchprogramme
Redaktionsdirektor: Ludwig R. Harms
Leitung Bildredaktion: Werner G. Kustermann
Materialwirtschaft
Direktor Materialwirtschaft: Joachim Forster
Leitung Produktion Buch: Joachim Spillner

Satz und Reproduktion: Lihs, Satz und Repro, Ludwigsburg
Druck und Binden: Mohndruck, Graphische Betriebe GmbH,
Gütersloh

Dieses Buch entstand in Zusammenarbeit zwischen der
Südwest Verlag GmbH & Co. KG, München, und dem
Verlag Das Beste GmbH, Stuttgart.
Redaktionsleitung Südwest Verlag: Renate Weinberger
Redaktionelle Mitarbeit Südwest Verlag: Friedhelm Messow

Printed in Germany
ISBN 3 87070 572 8

Wie man dieses Buch benutzt

Neben jedem Rezept steht ein Symbol, das den
Schwierigkeitsgrad angibt. Gerichte, die man einfrieren kann, sind durch ein weiteres Symbol gekennzeichnet.

einfach   schwieriger   gefriergeeignet

Am Ende jedes Rezepts ist angegeben, wie lange
die Zubereitung etwa dauert und wieviel Joule bzw.
Kalorien jeweils 1 Portion enthält.

Die Rezeptzutaten sind in der Reihenfolge aufgeführt,
in der sie beim Kochen verwendet werden.
Folgende Abkürzungen werden verwendet:

EL   = Eßlöffel
TL   = Teelöffel
MSP = Messerspitze
TK   = Tiefkühl(kost)

Sämtliche Rezepte sind im Register erfaßt. Sie sind
jeweils unter allen Hauptwörtern aufgeführt, die im
Rezepttitel vorkommen. Zusätzlich sind die Rezepte
unter den Sachbereichen aufgelistet, zu denen sie
gehören.
Ein Beispiel: *Lammkoteletts mit Bohnen und Mais*
findet man als Eintrag unter den Stichwörtern *Lamm-
kotelett*, *Bohnen* und *Mais* sowie unter den Stich-
wörtern *Fleisch*, *Gemüse* und *Hülsenfrüchte*.
Halbfett gedruckte Stichwörter verweisen auf ein
Kapitel. So findet man die Rezepte aus dem Kapitel
Süße und pikante Backwaren unter den Stichwörtern
Backwaren, süße und **Backwaren, pikante**.
Neben den Rezepten enthält das Register Begriffe aus
den Kapiteln *Kleine Warenkunde* und *Rund ums
Kochen*.
Die gerade gesetzten Ziffern im Register verweisen auf
Rezepte und andere Texte, die *kursiv* gesetzten auf Ab-
bildungen.

Inhalt

Saucen und Dips
Seite 167

Fisch, Schal-
und Krustentiere
Seite 189

Fleisch und Innereien
Seite 231

Geflügel und
Geflügelinnereien
Seite 301

Wild und Wildgeflügel
Seite 337

Reis, Getreide und Kartoffeln
Seite 359

Teigwaren und Nudelgerichte
Seite 421

Gemüse, Hülsenfrüchte und Pilze
Seite 455

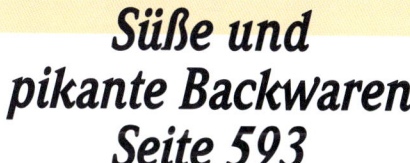

*Die gute Küche fängt
schon mit dem richtigen Einkauf an.
Deshalb informiert Sie die „Kleine Warenkunde"
über Qualitätsmerkmale
und Saisonzeiten der bei uns erhältlichen
Lebensmittel.*

*Im großen Rezeptteil können Sie unter
rund 1000 Rezepten wählen:
von raffinierten Vorspeisen und frischen Salaten
über schmackhafte Fleisch-,
Fisch- und Vollwertgerichte bis zu
köstlichen Süßspeisen und Backwaren gibt es
dort alles, was das Herz begehrt.*

*Schließlich erfahren Sie im Kapitel
„Rund ums Kochen", wie man sich gesund
und abwechslungsreich ernährt.
Außerdem finden Sie dort eine Fülle von
praktischen Tips – beispielsweise zur
Aufbewahrung und Zubereitung von
Lebensmitteln und zur Resteverwertung –,
die die Arbeit erleichtern und
ein gutes Gelingen garantieren.*

Kleine Warenkunde

Fleisch, Geflügel und Wild

Fleisch, Geflügel und Wild liefern hochwertiges Eiweiß, Vitamin B$_{12}$ und Mineralstoffe. Dennoch sinkt der Fleischverbrauch seit Jahren, weil immer weniger Menschen die moderne Fleischproduktion widerspruchslos hinnehmen. Kritische Verbraucher kaufen deshalb möglichst Fleisch von artgerecht gehaltenen Tieren, z.B. Geflügel, das im Freien gehalten wurde.

Fleisch

Fleisch, Wurst und Schinken von artgerecht gehaltenen Tieren bekommt man z.B. bei Biometzgern und in manchen Naturkostläden.

Rindfleisch Schlachtfrisch ist Rindfleisch zäh; erst beim Abhängen sorgen Enzyme für eine Lockerung des Zellgewebes, wodurch das Fleisch mürbe wird. Je nach Alter der Tiere dauert das mindestens 10 Tage.
◆ *Jungrindfleisch* oder *Baby Beef* stammt von Tieren unter 1 Jahr. Es hat feine Fasern.
◆ *Jungbullenfleisch* stammt von männlichen, nicht kastrierten Tieren, die im Alter von 16–22 Monaten geschlachtet werden. Es ist fettarm, grobfaserig und hat weiße Fettadern.
◆ *Färsen* (weibliche Tiere) und Ochsen (kastrierte männliche Tiere) werden im Alter von 20–30 Monaten geschlachtet. Das Fleisch ist von hoher Qualität: mit hellen Fettadern marmoriert, zart, aromatisch und feinfaserig.

Schweinefleisch Das Fleisch, das im Laden angeboten wird, stammt von jungen Tieren, die 6–7 Monate gemästet wurden und dann ein Gewicht von 9–120 kg erreicht haben. Spanferkel werden mit 6 Wochen geschlachtet.

Kalbfleisch Die Tiere wiegen bei der Schlachtung etwa 150 kg und sind nicht älter als 4 Monate. Das Fleisch ist fettarm und muß kräftig rosa bis hellrot sein. Blaßrosa Fleisch ist ein Zeichen für schlechte Qualität.

Lammfleisch Das zarte, aromatische Fleisch ist hellrot und feinfaserig. Es hat feine weißliche Fettadern.
◆ *Milchlämmer* werden mit 3–4 Monaten geschlachtet.
◆ *Mastlämmer* sind 8–9 Monate alte Tiere.

Schaffleisch oder **Hammelfleisch** Es stammt von weiblichen oder kastrierten männlichen Tieren, die über 1 Jahr alt sind. Das Fleisch ist dunkelrot und mittel- bis grobfaserig. Es schmeckt kräftig und muß heiß serviert werden.

Die besten Stücke vom Rind

◆ **für Brühe:** Brust, Spannrippe, Ochsenschwanz, Knochen- und Fleischdünnung, Fleischknochen
◆ **zum Kochen:** Brust, Spannrippe, Kamm, hohe Rippe, Schaufelstück (Schulter), Hesse
◆ **für Tafelspitz:** Teilstück der Unterschale
◆ **für Gulasch und Eintöpfe:** Rinderkamm ohne Knochen und Sehnen, Hesse ohne Knochen, Schaufelstück, Knochen- und Fleischdünnung
◆ **zum Schmoren:** Ochsenschwanz, Schaufelstück, Hesse ohne Knochen
◆ **für Rinderbraten:** Schaufelstück, dicker Bug (Schulter), hohe Rippe, falsches Filet (Schulter), Schaufeldeckel, Kugel, Blume (Hüfte)
◆ **für Sauerbraten:** Kugel, Schaufelstück
◆ **für Rouladen:** Oberschale, Unterschale, Kugel, Blume (Hüfte)
◆ **zum Kurzbraten:** Unterschale, Kugel, Blume (Hüftsteaks), Rumpsteak, Filet (Lende)
◆ **zum Grillen:** Rumpsteak, Filetsteak, T-bone-Steak
◆ **für edle Braten:** Roastbeef, Entrecôte (Zwischenrippenstück), Hochrippenkotelett, Porterhousesteak, T-bone-Steak, Sirloinsteak

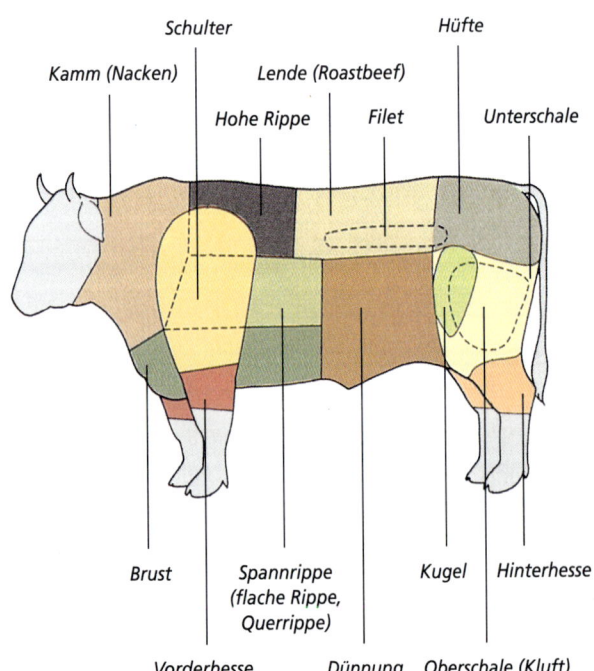

Schulter — Hüfte
Kamm (Nacken) — Lende (Roastbeef)
Hohe Rippe — Filet — Unterschale

Brust — Spannrippe (flache Rippe, Querrippe) — Kugel — Hinterhesse

Vorderhesse — Dünnung — Oberschale (Kluft)

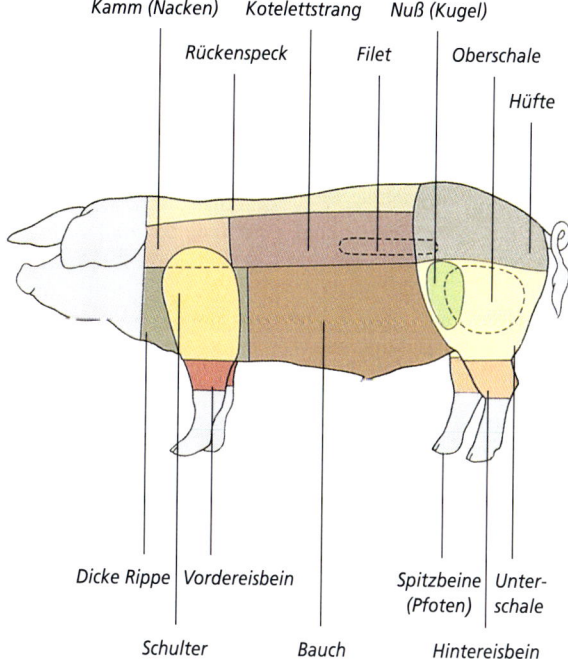

Kamm (Nacken) Kotelettstrang Nuß (Kugel)

Rückenspeck Filet Oberschale

Hüfte

Dicke Rippe | Vordereisbein Spitzbeine | Unter-
(Pfoten) schale

Schulter Bauch Hintereisbein

Blutgefäße und Fett herausschneiden und außerdem das Herz gründlich waschen, um Blutreste zu entfernen.

♦ *Hirn* muß frisch gekauft und sofort zubereitet werden, denn es ist nur kurze Zeit haltbar.

♦ *Kutteln* bestellt man beim Metzger vorgekocht und geschnitten, sonst wird die Zubereitung zu aufwendig.

♦ *Lunge* schmeckt am besten vom Kalb. Für Ragout gibt es sie frisch oder bereits vorgekocht und geschnitten.

♦ *Nieren* und *Leber* können unerwünschte Schwermetalle enthalten. Man sollte sie deshalb nur von jüngeren Tieren essen.

♦ *Zunge* gibt es im ganzen frisch, gepökelt oder gepökelt und geräuchert.

Die besten Stücke vom Kalb

♦ für Schnitzel: Oberschale, Unterschale, Blume (Hüfte), Kugel (Nuß)

♦ zum Braten: Unterschale, Blume (Hüfte), Kugel (Nuß), dickes Bugstück, Kotelettstück, ganze Haxen

♦ für Rollbraten: Oberschalendeckel, falsches Filet, Schaufelstück, Schaufeldeckel, Hals (ohne Knochen), Bauch (Flanke)

♦ zum Schmoren: Haxenscheiben (Osso buco), Hals

♦ für Ragout und Gulasch: falsches Filet, Schaufelstück, Schaufeldeckel, Brust ohne Knochen, Bauch

♦ für Geschnetzeltes: Unterschale, Blume (Hüfte), Kugel (Nuß), Filet

♦ zum Kurzbraten und Grillen: Koteletts, Filet

Die besten Stücke vom Schwein

♦ zum Braten: Bug (Schulter) mit oder ohne Knochen/Schwarte, flache Schulter, Brustspitze, Kamm (Nacken), Haxe (Eisbein)

♦ für Rollbraten: Bauch, Kamm (Nacken) ohne Knochen, Bug, dicke Rippe

♦ für Schnitzel: Oberschale, Unterschale

♦ zum Kurzbraten: Stiel- und Lendenkoteletts, Nackenkoteletts, Bauch, Filet

♦ zum Grillen: Stiel- und Lendenkoteletts, Bauch, dicke Rippe, Spareribs (Schälrippen)

♦ für Geschnetzeltes: Oberschale, Unterschale, Filet, Kamm (Nacken) ohne Knochen

♦ zum Schmoren: Stielkoteletts, Nackenkoteletts, Haxe (Eisbein)

♦ für Gulasch und Ragout: Bug (Schulter) ohne Knochen, Kamm (Nacken) ohne Knochen

♦ zum Kochen: Haxe (Eisbein), Spitzbeine (Pfoten), Brust, Bauch

Innereien Sie enthalten etwa soviel Nährstoffe wie mageres Fleisch, aber viel mehr Cholesterin und Purine.

♦ *Bries* ist eine Drüse junger Tiere, die sich mit zunehmendem Wachstum zurückbildet. Deshalb gibt es nur Kalbsbries und in Spezialgeschäften auch Lammbries. Bries muß frisch gekauft und sofort zubereitet werden.

♦ *Herz* eignet sich zum Schmoren und – in feine Streifen geschnitten – auch als Geschnetzeltes. Man muß harte

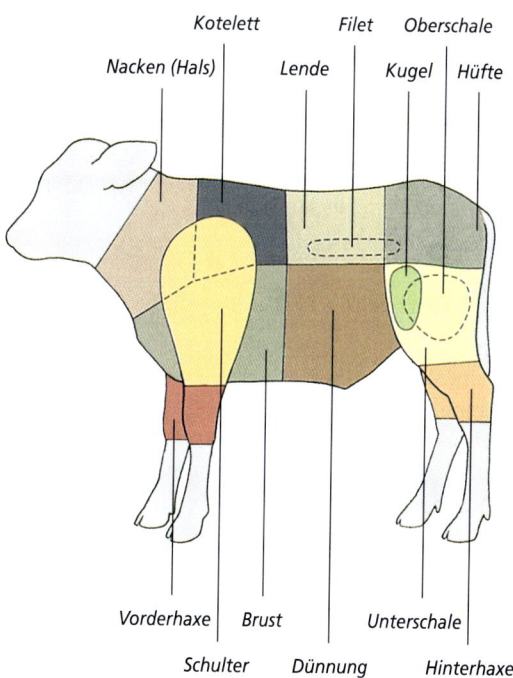

Kotelett Filet Oberschale

Nacken (Hals) Lende Kugel Hüfte

Vorderhaxe | Brust Unterschale

Schulter Dünnung Hinterhaxe

Die besten Stücke vom Lamm

◆ für edle Braten: Keule, Rücken mit oder ohne Knochen, Rücken mit Filet
◆ für Rollbraten: Kamm und Hals ohne Knochen und Sehnen, fettarme Brust und Dünnung ohne Knochen
◆ zum Schmoren: Bug (Schulter), Kamm, Scheiben von der Keule
◆ für Ragout und Gulasch: Kamm ohne Knochen, Hals ohne Knochen, Bug (Schulter) ohne Knochen
◆ zum Kurzbraten und Grillen: Filet, Koteletts, Lammchops ohne Knochen, Scheiben von Keule oder Bug
◆ für Geschnetzeltes: Keule (ohne Knochen), Filet
◆ zum Kochen: magere Brust und Dünnung, Rippen von jungen Tieren

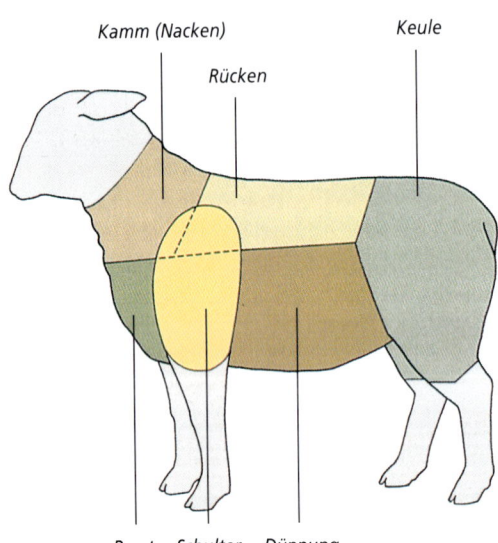

Kamm (Nacken)   Keule
Rücken
Brust   Schulter   Dünnung

Geflügel

Tiefgefroren werden Geflügel und Geflügelteile das ganze Jahr über angeboten. Bei frischem Geflügel gibt es Saisonzeiten; Gänse und Enten z. B. kommen vorwiegend im Herbst und Winter frisch auf den Markt.

Hühner Sie werden unterteilt in Hähnchen, Suppenhuhn, Kapaun und Stubenküken.
◆ *Hähnchen* können männliche oder weibliche Tiere sein. Sie werden vor der Geschlechtsreife geschlachtet, wiegen zwischen 1,1 und 3 kg und eignen sich zum Braten, Schmoren, Grillen und Kochen.
◆ *Suppenhühner* werden nach der Geschlechtsreife im

Alter von 2 Jahren geschlachtet. Man kann die etwa 1 kg schweren weiblichen Tiere für Brühe, Frikassee und Ragout verwenden.
◆ *Kapaun* ist ein vor der Geschlechtsreife kastrierter junger Hahn, zwischen 1,5 und 2 kg schwer, mit zartem Fleisch und kräftigem Geschmack. Er eignet sich zum Braten, Grillen und Schmoren.
◆ *Stubenküken* sind junge Hühner, die weniger als 750 g wiegen.

Perlhühner Sie haben feines, zartes Fleisch und wiegen zwischen 1 und 1,3 kg.

Enten Bei den Enten gibt es drei Arten: Die weiße Pekingente, einfach Ente genannt, ist mit unserer heimischen Wildente verwandt. Die Barbarie- oder Flugente mit dunklem Fleisch stammt von der südamerikanischen Moschusente ab. Die Mulardente ist eine Kreuzung aus Peking- und Barbarie-Ente und etwa so schwer wie die Barbarie-Ente. Diese Arten unterteilt man nach Alter und Gewicht in:
◆ *Frühmastenten* und *Jungenten* von 1,5–2 kg;
◆ *Enten* von 1,8–2,5 kg;
◆ *junge Barbarie-* oder *Flugenten* von etwa 1,6 kg;
◆ *Barbarie-* oder *Flugenten* von 1,9–2 kg.

Gänse Man unterteilt sie ebenfalls in junge und ältere Tiere:
◆ *Frühmastgänse* und *junge Gänse* wiegen 2–4 kg;
◆ *ausgewachsene Gänse* sind 4–7 kg schwer.

Puten Die Pute ist das schwerste Geflügel. Junge Tiere wiegen zwischen 2 und 6 kg, ausgewachsene bis 10 kg. Große ganze Puten zum Braten muß man bestellen, denn in den Handel kommen die schweren Tiere gewöhnlich nur zerlegt in Putenbrust, Putenrollbraten, Truthahnspieße sowie Ober- und Unterkeulen.

Wild

Rehe, Hirsche und Wildschweine stammen überwiegend aus heimischen Revieren und landwirtschaftlichen Gehegen. Hasen und manche Wildvögel werden meist importiert. Tiefgefroren erhält man die meisten Wildarten rund ums Jahr im Supermarkt und im Wildgeschäft. Angeboten werden vorwiegend Rücken von Reh, Hirsch und Hase, Hasenläufe, Wildschweinkoteletts und Wildragout. Frisches junges Wildschwein, Kaninchen und Wildkaninchen bekommt man ebenfalls während des ganzen Jahres beim Wildhändler. Frisches Rehfleisch gibt es von Mai bis Februar, Hirsch von Juni bis Februar und Hasen von Oktober bis zum 15. Januar.

Wildgeflügel

Frisches Wildgeflügel, das nicht aus Zuchtbetrieben oder Importen stammt, kommt zur Jagdzeit auf den Markt: Rebhühner von September bis zum 15. Dezember, Fasane von Oktober bis zum 15. Januar, Wildtauben von Juli bis April, Stockenten von September bis zum 15. Januar.

Fasane Die Tiere sind etwa so groß wie ein Brathähnchen, haben ziemlich langfaseriges Fleisch und sind nicht ganz so saftig wie Wachteln oder Rebhühner.

Rebhühner Sie haben zartes, wunderbar aromatisches Fleisch, sind aber relativ selten zu kaufen. Die meisten Tiere stammen aus landwirtschaftlichen Gehegen; hinzu kommen Importe aus Osteuropa.

Tauben Die Vögel sind zart und oft ziemlich fettreich. Sie stammen aus Zuchtbetrieben oder von Bauernhöfen.

Wachteln Sie kommen fast ausschließlich aus Zuchtbetrieben. Mit 130–150 g Gewicht gehören sie zu den kleinsten Vögeln, die man in Deutschland ißt.

Wildenten Sie sind kerniger und fettärmer als Hausenten und stammen vorwiegend aus landwirtschaftlichen Zuchtbetrieben.

Fische, Schal- und Krustentiere

Ernährungsfachleute empfehlen eine Fischmahlzeit pro Woche. Fisch liefert leicht verdauliches Eiweiß, Mineralstoffe, Vitamin A und D sowie die Vitamine der B-Gruppe. Meeresfische enthalten reichlich Jod für die Schilddrüse. Fisch versorgt den Körper auch mit besonders wertvollen Fettsäuren – gut für Kreislauf und Cholesterinspiegel.

Süßwasserfische

Süßwasserfische stammen überwiegend aus Zuchtbetrieben, in denen alle Probleme der Massentierhaltung auftreten können. Kritische Verbraucher sollten nur bei Fischhändlern kaufen, die ihre Ware aus tiergerecht geführten Betrieben beziehen.

Aal Aus frischem Aal macht man besondere Spezialitäten: Berühmt sind die Hamburger Aalsuppe oder Aal grün. Beim Kauf läßt man den Aal am besten gleich vom Fischhändler abziehen.

Forellen Sie gehören zur selben Familie wie der Lachs, zu

den Salmoniden. Die etwa 50 cm langen Regenbogenforellen stammen heute fast nur noch aus Zuchtbetrieben. Fische, die als „Lachsforellen" verkauft werden, können Meerforellen mit natürlich lachsfarbenem Fleisch sein oder Regenbogenforellen, die man abwechselnd in Süß- und Salzwasser hält. Carotinhaltiges Futter sorgt für das rosafarbene Fleisch.

Hecht Der Edelfisch wird auf alle möglichen Arten zubereitet: Im Elsaß und in Franken z.B. schmort man ihn mit Sauerkraut. Am besten schmecken kleine Hechte zwischen 1 und 3 kg Gewicht.

Karpfen Unser heutiger Speisekarpfen stammt aus Asien und wurde im Mittelalter auch in Europa heimisch. Karpfen schmeckt im Sud, gebraten oder mariniert.

Renke Sie heißt auch Felchen oder Maräne, lebt in Seen und gehört – frisch oder geräuchert – zu den wichtigsten Speisefischen auf der nördlichen Erdhalbkugel. Sie ist ein Portionsfisch, der in Sahne geschmort oder gebraten werden kann.

Weißfisch Den preiswerten Süßwasserfisch muß man fast immer vorbestellen, denn er gehört zu den vergessenen Delikatessen. Sehr kleine Exemplare, die es im Frühjahr zu kaufen gibt, werden schwimmend in Fett ausgebacken, die größeren in der Pfanne gegart.

Zander Der edle Fisch muß bei den meisten Fischhändlern vorbestellt werden. Zander hat sehr festes, saftiges Fleisch und schmeckt am besten, wenn er etwa 1 kg wiegt. Das entspricht der Menge an Filets, die man für 4 Portionen braucht. Weil das Filetieren Zeit und Mühe kostet, sollte man den Händler darum bitten.

Seefische

Die meisten Fische, die auf den Tisch kommen, stammen aus dem Meer. Sie werden nach dem Fang sofort ausgenommen und gekühlt oder tiefgefroren. Die modernen Transportmethoden ermöglichen es, daß auch im Binnenland immer frische Seefische erhältlich sind.

Brasse Die Goldbrasse, auch Echte Dorade genannt, ist das teuerste Exemplar aus der Brassenfamilie. Der große Fisch mit festem weißem Fleisch kann mehr als 1 kg wiegen und ergibt 4 Portionen. Die kleinere Streifenbrasse reicht nur für 2 Portionen. Brassen kann man schmoren, braten oder in Fischsuppen garen.

Goldbarsch Er ist der beliebteste Fisch zum Braten. Sein

festes weißes Fleisch bleibt aber auch bei jeder anderen Garmethode zart und saftig. Goldbarsch oder Rotbarsch bekommt man immer frisch und tiefgefroren in küchenfertigen Filets.

Heilbutt Der Weiße Heilbutt, der 2–3 m lang werden kann, ist der größte unter den Plattfischen. Sein zartes Fleisch schmeckt gedämpft oder gedünstet.

Hering Von Ernährungsfachleuten wird der Hering genauso gepriesen wie von Feinschmeckern, denn er enthält hochwertiges Eiweiß und wertvolle Fettsäuren. Er

zählt heute zu den Delikatessen. Frische (grüne) Heringe werden gebraten, gegrillt oder mit Gemüse geschmort. Matjes ist ein Hering, der vor dem Laichen gefangen und in einer milden Salzlake konserviert wird. Frische Matjes gibt es von Mai bis Ende Juli zu kaufen, tiefgefrorene das ganze Jahr über. Bratheringe, Bismarckheringe und Rollmöpse bereichern die kalte Küche.

Kabeljau Er heißt auch Dorsch und hat als Speisefisch eine lange Tradition. Getrocknet war er als Stockfisch jahrhundertelang eine wichtige Fastenspeise. In Spanien und Südfrankreich gibt es noch immer delikate Rezepte mit Stockfisch. Bei uns ist er aber kaum zu bekommen. Frischen und tiefgefrorenen Kabeljau kann man jedoch das ganze Jahr über kaufen, z.B. als Filet zum Panieren und Pochieren oder als ganzen Fisch zum Garen.

Lachs Wilde Lachse schlüpfen in Flüssen aus dem Ei, ver-

bringen ihre Jugend im Süßwasser, wandern dann ins Meer und kehren zum Laichen in die Flüsse zurück. Man weiß, daß die Tiere mehrere tausend Kilometer wandern. Der Lachs, den man beim Fischhändler kauft, stammt überwiegend aus der Zucht. Vor allem in Schottland und Norwegen ist dieses *fishfarming* ein wichtiger Erwerbszweig. Frischen Lachs kann man als Graved Lachs beizen, pochieren, in Blätterteig backen oder in einer zarten Kerbel-Sahne-Sauce anrichten.

Meeräsche Ungefähr 100 Arten gehören zu dieser weltweit verbreiteten Fischfamilie, die in tropischen und gemäßigten Gewässern lebt – von Irlands Südküste, die durch den Golfstrom beheizt wird, über die französische und portugiesische Atlantikküste bis zur Mündung des Kongo. Meeräschen haben fettes, festes weißes Fleisch und eignen sich zum Pochieren und Dünsten, Braten und Schmoren mit Gemüse.

Rotbarbe Die Rote Meerbarbe ist ein kleiner Portionsfisch mit festem, würzigem Fleisch und wenigen Gräten. Sie schmeckt gebraten und gegrillt.

Rotbarsch siehe Goldbarsch

Rotzunge Sie gilt als preiswerter Ersatz für die teure Seezunge und ist fast genauso delikat. Man kauft sie am besten erst am Tag der Zubereitung. Sie schmeckt gebraten, gebacken oder gedünstet mit Gemüse.

Sardelle Der schlanke Fisch lebt im Nordatlantik, im Mittelmeer, im Schwarzen und im Asowschen Meer. Große Mengen werden in Spanien und Portugal gefangen, wo die Fische zu den traditionellen Lebensmitteln gehören. Bei uns muß man frische Sardellen meist vorbestellen. Pro Person rechnet man 10–15 Stück. Als Sardellenpaste und -butter, Anchovis oder Pizzabelag kennt die Fische fast jeder.

Sardinen Sie ziehen in großen Schwärmen durch die wärmeren Meere. In der Küche des Mittelmeerraumes werden sie gebraten und fritiert, hierzulande kennt man sie hauptsächlich eingelegt als Ölsardinen. Frische Sardinen müssen meist vorbestellt werden.

Schellfisch Er lebt in den nördlichen Meeren. Die Fische, die auf den Markt kommen, sind 3–9 Jahre alt und zwischen 35 und 75 cm lang. Der ganze Fisch – oder für kleinere Portionen das Schwanzstück – eignet sich zum Garen im Wurzelsud oder in der Bratfolie. Filets oder Koteletts schmecken gebraten oder in Teig getaucht und fritiert.

Scholle Sie ist ein Plattfisch, der in nördlichen Meeren an flachen Sandküsten lebt. Frisch oder tiefgefroren, als ganzen Fisch oder in Filets gibt es Schollen das ganze Jahr über zu kaufen. Wegen ihres sehr niedrigen Fettgehaltes verträgt die Scholle Fett bei der Zubereitung.

Seelachs Der lange elegante Fisch ist mit dem Dorsch oder Kabeljau verwandt und heißt korrekt Köhler. Sein populärer Name kommt von „Seelachs in Öl", einem Lachsersatz, den die Fischwirtschaft vor Jahrzehnten auf den Markt gebracht hat. Seelachs zählt zu den preiswerten Fischen und eignet sich für jede Zubereitungsart. Man kann ihn braten, paniert oder in Teig getaucht ausbacken, auf Gemüse dünsten oder pochieren.

Seeteufel Der große Fisch mit dem festen weißen Fleisch ist genau das richtige für alle, die Fischgräten scheuen. Er hat nämlich nur eine knochenartige Mittelgräte. Die

Lotte, wie der Seeteufel unter Kennern und Köchen meist genannt wird, schmeckt gegrillt, gebraten und mit Gemüse geschmort. Zum Pochieren oder Garen im Wurzelsud eignet er sich nicht. Kräftige Kräuter und Knoblauch passen besser zu diesem Fisch als leichte Sahnesaucen.

Seezunge Weil dieser Plattfisch so begehrt ist, hat man inzwischen Mindestgrößen für den Fang bestimmt: Nur Tiere, die mehr als 24 cm messen, dürfen gefangen werden. Seezungen kommen von April bis Oktober auf den Markt. Doch trotz des großen Angebots kosten die Fische viel. Sie schmecken im ganzen gebraten oder gegrillt. Die Filets werden als Röllchen oder in Sahnesauce zubereitet.

Thunfisch Er ist der größte unter den Speisefischen. Der Rote Thun mit rötlichem Fleisch, das ähnlich wie Putenfleisch sieben Geschmacksvarianten hat, kann mehr als 3 m lang und bis zu 300 kg schwer werden. Weißer Thun ist kleiner und leichter – etwa 1 m lang und 30 kg schwer. Sein besonders aromatisches Fleisch eignet sich sehr gut zum Grillen und Braten. Am beliebtesten ist bei uns Thunfisch in Dosen – entweder in Salzlake oder in Öl eingelegt.

Tintenfisch Die bekanntesten drei Arten sind: Sepia oder der Gemeine Tintenfisch mit seinem großen Tintenbeutel. Die Tinte nimmt man für spezielle Gerichte aus Spanien und Italien, z.B. *Risotto nero*. Bestens bekannt ist der Gemeine Krake, der kräftige Fangarme mit Saugnäpfen besitzt. Der Gemeine Kalmar hat einen langen, schlauchförmigen Körper und zarte Fangarme. Er muß kurz gegart werden, damit er saftig bleibt.

Schal- und Krustentiere

Nicht jeder weiß, wer zu wem gehört, deshalb: Muscheln sind Schaltiere, Krabben oder Garnelen und Scampi zählen zu den Krustentieren, auch Kruster genannt.

Muscheln Diese beliebten Schaltiere gehören zu den leichtverderblichen Lebensmitteln. Man darf sie nur in den Herbst-, Winter- und zeitigen Frühjahrsmonaten essen – in den Monaten mit r also. Die richtige Muschelsaison reicht von Oktober bis März. Am häufigsten zubereitet werden Miesmuscheln, z.B. in Weißwein und Tomatensauce. Frische Muscheln müssen bei der Zubereitung noch leben. Ob ein verdorbenes Exemplar dabei ist, kann man so feststellen: Alle Muscheln, die sich beim Waschen in fließend kaltem Wasser nicht schließen, müssen weggeworfen werden, ebenso alle, die sich während der Kochzeit von 5 Minuten nicht öffnen. Dennoch können auch gesunde Muscheln natürliche Gifte enthalten. Trotz aller Vorsicht bei der Zucht, beim Fang und im Handel gibt es keine absolut sicheren Kontrollen.

Hummerkrabben Sie werden auch Riesengarnelen, King Prawns oder auf spanisch Gambas genannt. Man erkennt die Tiere am im Panzer spitz zulaufenden Schwanz. Für viele Gerichte, z.B. Hummerkrabben mit Gemüse, löst man den Schwanz aus dem Panzer. Den Fischsud kocht man mit den Panzern, Suppengrün und Gewürzen.

Nordseekrabben Die 3–8 cm langen Krabben gehören zu den Garnelen. Sie sind kleiner als Shrimps, nicht ganz so rosa nach dem Kochen, aber viel aromatischer. Auch im Preis macht sich der Unterschied bemerkbar: sie sind deutlich teurer.

Scampi Die Tiefseekrebse werden auch Kaisergranate genannt. Zu erkennen sind die Tiere im Panzer an ihrem leicht gekrümmten, fächerförmigen Schwanz. Die ausgelösten Schwänze heißen im Handel auch Langustenschwänze.

Shrimps Die ausgepulten kleinen Tiefseegarnelen messen mit Panzer etwa 6 cm. Sie zählen zu den preiswertesten Meeresfrüchten. Mit den kleinen Garnelen lassen sich schnell feine Gerichte zubereiten, z.B. Shrimps in Currysauce.

Eier, Milch und Milchprodukte

Für alle, die weniger Fleisch essen wollen, sind diese Lebensmittel wertvolle Spender von leichtverdaulichem Eiweiß. Zudem versorgen sie uns mit dem wichtigen Vitamin B_{12}, das in pflanzlichen Produkten nicht vorkommt.

Eier

Eier gehören zu den vitaminreichsten Lebensmitteln. Sie enthalten neben hochwertigem Eiweiß aber auch Cholesterin, das als Risikofaktor für Herz-Kreislauf-Erkrankungen gilt.

Haltungsmethoden Die Hühner, deren Eier in den Handel kommen, werden heute auf unterschiedliche Weise gehalten.

◆ *Freilandhaltung* bedeutet, daß die Hühner uneingeschränkt Zugang zu einem Auslauf im Freien haben, der zum größten Teil bewachsen ist und pro Huhn mindestens 10 m² mißt. Insgesamt gesehen sind die Lebensbedingungen bei dieser Haltungsmethode artgerecht: Die Tiere können picken, nach Getier scharren, im Sand baden und ihrem natürlichen Bewegungsdrang nachgeben.

◆ *Intensive Auslaufhaltung* entspricht fast der Freilandhaltung. Die Hühner leben allerdings viel dichter gedrängt. Jedem Tier stehen nur 2,5 m² zur Verfügung.

◆ *Bodenhaltung* heißt, daß die Tiere nur in großen Gebäuden gehalten werden (pro m² 7 Hühner). Mindestens ein Drittel der Stallfläche muß mit einem Material bedeckt sein, in dem die Tiere scharren können, z.B. Stroh. Für die Eiablage müssen Nester vorhanden sein.

◆ *Volierenhaltung* bietet den Hühnern fast keine Bewegungsmöglichkeit. Dicht gedrängt leben sie in großen Gebäuden (pro m² maximal 25 Tiere). Man baut zudem Gerüste ein, so daß die Tiere in Stockwerken übereinander hocken. Nester zum Eierlegen müssen vorhanden sein.

◆ *Käfighaltung* bedeutet, daß 3–5 Tiere in einem Käfig leben (pro Henne 0,45 m² Fläche). Die Tiere müssen auf Metallgitterböden stehen, die nach vorn geneigt sind, so daß die Eier – zum bequemen Einsammeln – nach vorn rollen. Leider stammen immer noch die meisten Eier aus solchen Legebatterien.

Qualitätsmerkmale Es gibt kaum Anhaltspunkte für den Verbraucher. Die Güteklassen A, B und C sagen über die

Qualität der Eier nichts aus, denn es gelangen meist nur Eier der Klasse A, also frische Eier, in den Handel. Auch die braune Schale oder der sattgelbe Dotter sind keine Qualitätsmerkmale. Braune Eier stammen von einer bestimmten Hühnerrasse, und die Dotterfarbe hängt vom Futter ab. Ebensowenig sagen Bezeichnungen wie Frühstückei, Nestei oder Goldei etwas über die Qualität oder Frische aus. Manchmal wird die Haltungsmethode angegeben – Pflicht ist es nicht. Dabei wäre der Hinweis auf eine artgerechte Haltung sinnvoll, denn Hühner in der Auslaufhaltung brauchen z.B. keine Antibiotika oder Beruhigungsmittel, was der Qualität der Eier und damit dem Verbraucher zugute kommt.

Milch und Milchprodukte

Milch und alles, was daraus hergestellt wird, brauchen wir täglich als wichtige Calciumspender. Dieser Mineralstoff macht z. B. unsere Knochen und Zähne stabil. Wer wenig Fleisch ißt, deckt mit Milchprodukten einen großen Teil seines Eiweißbedarfs.

Milch Man versteht darunter frische und haltbar gemachte Kuhmilch mit unterschiedlichem Fettgehalt. Mit Ausnahme der Roh- und Vorzugsmilch wird die im Handel angebotene Milch pasteurisiert, d.h., sie wird für 4 Sekunden auf mindestens 85 °C erhitzt. Dadurch sterben evtl. vorhandene Krankheitserreger ab. Geschmack und Vitamingehalt bleiben erhalten. Ob die Milch homogenisiert ist, steht auf der Verpackung. Bei diesem Verfahren zerkleinert man die Fettkügelchen in der Milch. Homogenisierte Milch bildet keine Sahneschicht.
◆ *Rohmilch* ist nicht bearbeitet – also weder erhitzt noch entfettet. Nur auf bestimmten Bau-

ernhöfen darf sie als Milch-ab-Hof direkt an den Verbraucher verkauft werden. Säuglinge dürfen Rohmilch nicht trinken.
◆ *Vorzugsmilch* ist das gleiche wie Rohmilch, unterliegt strengen Kontrollen und kommt verpackt in den Handel.
◆ *Vollmilch* gibt es mit 3,5 % Fett. Der Fettgehalt wird von der Molkerei eingestellt. Milch mit der Angabe „mindestens 3,5 % Fett" enthält den natürlichen Fettgehalt.
◆ *Teilentrahmte* oder *fettarme Milch* hat einen Fettgehalt von mindestens 1,5 und höchstens 1,8 %.
◆ *Magermilch* (entrahmte Milch) enthält maximal 0,3 % Fett.
◆ *H-Milch* (haltbare Milch) wird für 1 Sekunde auf 135–150 °C erhitzt und läßt sich dadurch über Monate lagern. H-Milch gibt es mit unterschiedlichem Fettgehalt. Sie liefert fast so viele Vitamine wie Frischmilch.

Milchprodukte Butter, Sahne und Sauermilchprodukte zählen zu diesen Lebensmitteln, die fast ausschließlich aus Kuhmilch hergestellt werden.
◆ *Butter* siehe S. 21
◆ *Buttermilch* entsteht bei der Butterherstellung. Reich an Eiweiß und Calcium, aber arm an Fett, ist sie ein gesunder, kalorienarmer Durstlöscher.
◆ *Crème double* nennt man süße Sahne mit besonders viel Fett – etwa 43 %. Sie flockt deshalb nicht beim Kochen aus und eignet sich z.B. zum Verfeinern von Saucen.
◆ *Crème fraîche* enthält 30–40 % Fett und wird verwendet wie Crème double, schmeckt aber leicht säuerlich.
◆ *Dickmilch* ist gesäuerte Milch, die man löffeln kann, weil sie stichfest ist.
◆ *Joghurt* wird aus pasteurisierter Milch mit unterschiedlichem Fettgehalt und bestimmten Bakterienkulturen hergestellt. In Reformhäusern und Naturkostläden bekommt

man auch Naturjoghurt aus Rohmilch, der besonders gut für die Darmflora ist.

◆ *Kefir* wird mit pasteurisierter Milch, Milchsäurekulturen und einer bestimmten Hefe, den Kefirkörnern, hergestellt. Die Hefe bringt den Milchzucker in der Milch zum Gären, und dabei entsteht eine geringe Menge Alkohol. Nach dem Abfüllen gärt die Hefe noch weiter: Gewölbte Deckel auf den Kefirtöpfchen sind also normal.

◆ *Sauermilch* ist gesäuerte, flüssige Milch.

◆ *Saure Sahne* ist gesäuerte Sahne mit einem geringen Fettgehalt von 10–15 %. Beim Kochen flockt sie aus.

◆ *Schlagsahne* ist die Handelsbezeichnung für süße Sahne mit mindestens 30 % Fett. Diese Sahne kann man kochen, ohne daß sie ausflockt. Nur in Suppen oder Saucen mit sauren Zutaten, z. B. Tomaten, Zitronen oder Wein, wird sie oft flockig.

◆ *Schmant* ist gesäuerte Sahne mit 20–29 % Fett. Wie H-Milch erhitzten Schmant kann man ungekühlt über längere Zeit aufheben.

Käse

Vermutlich hat der Mensch die Käserei ganz zufällig entdeckt und im Lauf der Jahrtausende zur Kunst entwickelt. Denn es heißt, daß vorgeschichtliche Jäger im Magen frisch geschlachteter Jungtiere geronnene Milch vorfanden, die süß schmeckte.

Die vielen verschiedenen Käsesorten können hier nicht aufgezählt werden. Kennen sollte man einige Begriffe, die man beim Käsekauf immer wieder hört.

Fettgehalt Käse wird nach dem Fettgehalt unterschieden. Um ihn zu errechnen, zieht man den Wassergehalt der Käsesorte ab und bestimmt so den Fettgehalt der reinen Käsemasse, der Trockenmasse (i. Tr.). Weicher Frischkäse enthält besonders viel, lange gelagerter alter Gouda besonders wenig Wasser. Doch die angegebenen Prozentzahlen sagen dem Laien nicht viel, weil der Wassergehalt ja nicht auf der Verpackung steht. Mit einer Faustregel kann man die Fettmenge aber leicht ausrechnen: Die Prozentzahl auf der Verpackung wird halbiert. Dann kennt man – grob geschätzt – den tatsächlichen Fettgehalt: 100 g 45%iger Emmentaler enthalten also etwa 22 g Fett.

Frischkäse Alle Sorten enthalten reichlich Wasser und müssen bald verbraucht werden. Zum Frischkäse gehören beispielsweise:

◆ *Körniger Frischkäse* entsteht, indem man gesäuerter Milch zusätzlich Lab, einen natürlichen Stoff, der Milch gerinnen läßt, zusetzt. Durch Erwärmen zieht sich der Käse zu festen kleinen Körnchen zusammen. Nach dem Ablaufen der Molke wäscht man die Körnchen, damit sie ihre Struktur behalten.

◆ *Rahm-* und *Doppelrahmfrischkäse* sind cremige Frischkäse mit einem Fettgehalt von 50 bzw. 60–85 % in der Trockenmasse.

◆ *Schichtkäse* wird hergestellt, indem man dickgelegte Milch mit unterschiedlichem Fettgehalt schichtweise in Formen füllt und die Molke ablaufen läßt. Er enthält mindestens 10 % Fett i. Tr., schmeckt wie Quark, ist aber trockener und deshalb für Quarkteig gut geeignet.

◆ *Speisequark* entsteht aus pasteurisierter Milch, die mit Milchsäurebakterien vermischt wird, bis sie dick ist und die Molke abfließt. Diese dickgelegte Milch wird gerührt und passiert, damit der Quark zartcremig ist.

Hartkäse Dazu gehören sehr berühmte Sorten: Emmentaler, Bergkäse, Chester, Greyerzer, Parmesan, Pecorino, Sbrinz und spanischer Manchego. Hartkäse enthält ganz wenig Wasser und ist deshalb sehr lange haltbar.

Kochkäse Es ist ein Schmelzkäse aus Quark. Beim Schmelzen gibt man Gewürze, Butter oder Sahne dazu.

Rotschmierekäse Dazu gehören z. B. Romadur und Limburger. Während der Reifung wird die Käseoberfläche mit einer Bakterienkultur geschmiert. So entwickeln sich intensiver Duft und herzhaftes Aroma.

Sauermilchkäse Er wird aus magerem Quark hergestellt, ist eiweißreich und fettarm. Die Sorten, z. B. Harzer Käse und Mainzer Handkäse, reifen von außen nach innen.

Schafskäse Dieser Käse besteht vorwiegend aus Schafsmilch; oft wird Kuhmilch beigemischt. Es gibt ganz unterschiedliche Sorten: Sie reichen vom weichen griechischen Feta bis zum harten Pecorino aus Italien.

Schimmelkäse Durch Kulturen bestimmter Schimmelpilze entsteht der erwünschte Schimmel auf und im Käse. Sie bewirken die gleichmäßig weiße, samtige Haut z. B. auf Camembert oder Brie und unterstützen das feine Aroma. Außerdem sorgen sie dafür, daß der Käse an der Oberfläche zuerst reift – deshalb hat der Käse oft noch einen unreifen Kern. Der blaue Edelschimmel, z. B. bei Gorgonzola oder Roquefort, wächst im Lauf der Reifung in langen Kanälen durch den Käse.

Schmelzkäse Er ist lange haltbar, streichfähig oder in Scheiben geformt. Bei der Herstellung wird zerkleinerter Käse mit einem bestimmten Salz geschmolzen, dann noch heiß geformt und abgepackt.

Schnittkäse Die Sorten kann man nicht genau gegen Hartkäse abgrenzen. Mittelalter Gouda z.B. gehört noch

dazu, alter Gouda ist bereits Hartkäse. Grobes Merkmal: Schnittkäse läßt sich auch fein raspeln, ohne dabei zu klumpen. Zum halbfesten Schnittkäse zählen Sorten, die etwa so fest sind wie Weichkäse, aber durch den ganzen Teig reifen, z.B. Butterkäse, Trappistenkäse, Reblochon, Vacherin, Taleggio und Esrom.

Weichkäse Er hat einen höheren Wassergehalt als Schnittkäse und bis zu 70 % Fett i. Tr. Weichkäse reift von außen nach innen; ganz reifer Weichkäse beginnt zu fließen. Bekannte Weichkäsesorten sind z.B. Camembert, Brie und italienischer Paglietta.

Fette

Fett braucht man zum Braten, Schmoren, Dünsten und Backen. Man ißt es als Butter und rührt Salatsaucen mit Öl an. Viele Fette, z. B. Olivenöl, haben einen feinen Eigengeschmack. Alle Fette sind wichtige Aromaträger: Ohne etwas Fett schmecken viele Speisen fade.

Butter Sie wird aus Milch und Sahne hergestellt. Erlaubte Zutaten sind Wasser, Speisesalz, Milchsäure und der Farbstoff Betacarotin, eine Vorstufe von Vitamin A. Auf der Butterverpackung stehen folgende Angaben:
♦ *Mindesthaltbarkeitsdatum* mit Tag, Monat und Jahr.
♦ Die *Buttersorte* wie Deutsche Markenbutter. Sie hat die höchste Qualität, danach folgen Deutsche Molkereibutter, Butter oder Deutsche Landbutter. Hinzu kommen Importe aus anderen Ländern.
♦ Die *Geschmacksrichtung* wie Süßrahmbutter, die mild und etwas nach Schlagsahne schmeckt. Außerdem gibt es frische, nußartige Sauerrahmbutter sowie mildgesäuerte und gesalzene Butter mit mehr als 0,1 % Salz.

Butterschmalz Es wird hergestellt, indem man die Butter erhitzt und Wasser, Milcheiweiß und Milchzucker entfernt. Deshalb eignet sich Butterschmalz gut zum Braten, weil es auch bei hohen Temperaturen nicht spritzt oder verbrennt. Es ist lange haltbar.

Margarine Pflanzenmargarine besteht aus rein pflanzlichen Ölen und Fetten, Haushaltsmargarine aus einer Mischung von pflanzlichem und tierischem Fett. Mit Margarine kann man backen und dünsten. Zum Braten braucht man wasserfreies Margarineschmalz. Halbfettmargarine eignet sich nur als Brotaufstrich. Sie enthält viel Wasser, ist fett- und damit kalorienarm.

Von links nach rechts: Leinöl, Kürbiskernöl, Sonnenblumenöl, Olivenöl

Öl Das flüssige Fett gewinnt man aus fetthaltigen Samen und Früchten der unterschiedlichsten Pflanzen. Zu Öl verarbeitet man z.B. Sonnenblumen- und Kürbiskerne, Oliven, die Früchte der Ölpalme, Raps- und Sesamsamen, Weizen- und Maiskeime, Sojabohnen und Nüsse.

◆ *Speiseöl* wird aus einer einzigen Ölsaat oder aus einer Mischung verschiedener Ölpflanzen hergestellt.

◆ *Nach einer Pflanze benanntes Öl* darf nur aus dieser Pflanze gewonnen werden. In Weizenkeimöl sind also ausschließlich Weizenkeime verarbeitet worden.

◆ *Kaltgepreßte* oder *native Pflanzenöle* werden bei der Gewinnung auf höchstens 50°C erhitzt. Dabei bleiben Vitamine und Fettsäuren weitgehend erhalten. Diese Öle haben einen typischen Eigengeschmack. Ziemlich neutral schmecken Sonnenblumen- und Rapsöl. Mehr Eigenge-schmack haben Maiskeim- und Distelöl. Kürbiskernöl und alle Nußöle – ausgenommen Erdnußöl – verwendet man so sparsam wie ein Gewürz. Naturbelassenes Öl sollte man möglichst nur in kleinen Flaschen oder Dosen kaufen, denn es wird schneller ranzig als Speiseöl.

Plattenfett Es heißt so wegen seiner Form: Pflanzenfett wird zu Quadern oder Platten geformt. Früher gab es nur Kokos- und Palmkernfett, heute gibt es auch andere Sorten. Um das Fett in Form zu bringen, wird flüssiges Pflanzenfett gehärtet. Dadurch ändert sich die Zusammensetzung der Fettsäuren, so daß Plattenfett vorwiegend die nicht so gesunden gesättigten Fettsäuren enthält. Man sollte es deshalb nur selten verwenden – am besten zum Braten oder Fritieren.

Gemüse, Hülsenfrüchte und Pilze

Gemüse liefern viele Vitamine und Mineralstoffe, reichlich Ballaststoffe für eine gute Verdauung und bestimmte Stoffe, die den Cholesterinspiegel günstig beeinflussen. Hülsenfrüchte versorgen uns mit mehr Eiweiß als jede andere Pflanze. Pilze sind frei von Cholesterin, sie enthalten kaum Fett und Kalorien.

Gemüse

Gemüse kauft man möglichst der Jahreszeit entsprechend, denn die im Freiland gewachsenen Pflanzen schmecken besser und sind vor allem gesünder als Treibhauspflanzen. Freilandgemüse bekommt viel Sonnenlicht. Das baut Nitrat ab, das natürlicherweise in pflanzlichen Lebensmitteln vorkommt. Bei Gemüse und Blattsalat, die im Winter unter Glas wachsen, finden sich deshalb oft besonders hohe Nitratwerte.

Artischocken Aus Spanien, Italien und Ägypten kommen längliche, kleine Artischocken mit spitzen violetten Blättern. Sie sind so zart, daß man sie ganz essen kann, und eignen sich gut zum Dünsten und Überbacken. Von den großen, runden Artischocken ißt man nur das fleischige Blattende und den Boden. Sie schmecken gekocht und in Vinaigrette oder mit einem Dip.

Auberginen Obwohl nicht besonders reich an Nährstoffen, sind Auberginen gesund: Mit einem Wassergehalt von etwa 92 % gehören sie zu den kalorienarmen Gemüsen. Der Bitterstoff, den sie enthalten, regt den Gallenfluß an, was die Fettverdauung fördert und den Cholesterinspiegel senkt.

Avocados Sie sind nahrhafter als anderes Gemüse und Obst, weil sie mehr Eiweiß und Fett enthalten – vor allem mehrfach ungesättigte Fettsäuren. Avocados unterschiedlicher Sorten bekommt man das ganze Jahr über aus Israel oder Afrika. Ob eine Avocado reif zum Essen ist, prüft man durch leichten Fingerdruck. Wenn sie sich etwa so anfühlt wie eine gelbe Banane, ist sie genau richtig. Sehr weiche Avocados können bereits matschig sein.

Blattsalate siehe Salate

Blumenkohl Natürlich gewachsener Blumenkohl ist elfenbeinfarben, grün, gelblich oder violett. Er schmeckt aromatischer und enthält mehr wichtige Inhaltsstoffe als reinweiße Blumenkohlköpfe, die durch einen arbeitsaufwendigen Trick zustande kommen: Während des Wachstums knickt man die inneren grünen Hüllblätter über die Köpfe und bindet sie manchmal sogar fest. Freilandblumenkohl, den es von Anfang August bis Oktober gibt, legt man einige Minuten mit dem Strunk nach unten in Salzwasser, um Insekten zu vertreiben, die sich in den Röschen angesiedelt haben. Bei Treibhausblumenkohl ist dies nicht nötig.

Bohnen Frische grüne Bohnen sind unabhängig von ihrer Form und Größe zart und aromatisch, wenn sie zum richtigen Zeitpunkt geerntet und frisch zubereitet werden. Bei zu spät geernteten oder zu lange gelagerten Bohnen zeichnen sich die Samen auf der Hülse ab. Bohnen aus heimischer Freilandernte kommen von Juli bis September auf den Markt. Weder die Schoten noch die Samen von Bohnen darf man roh essen. Sie enthalten das natürliche Gift Phasin, das erst durch ausreichendes Garen unschädlich wird. Dicke Bohnen, die einen hohen Eiweißgehalt haben, bekommt man frisch nur schwer, weil sie meist nach der Ernte, von Mai bis Juli, eingefroren oder in Gläsern konserviert werden.

Brokkoli Der Verwandte des Blumenkohls schmeckt herzhaft und ist auch in kleinen Mengen

zu bekommen. Er ist nährstoffreicher als Blumenkohl, enthält viel Vitamin C und Provitamin A, die Mineralstoffe Calcium und Kalium und mehr Eisen als Spinat.

Chinakohl Man kann rund ums Jahr zwei Sorten kaufen: die langen, lockeren Stauden mit schmalen grünen Blättern für Rouladen und die runden festen Köpfe für Salat und Gemüse.

Erbsen Von Pal- oder Markerbsen ißt man nur das grüne Samenkorn, von Zuckererbsen oder Zuckerschoten (siehe S. 27) die ganzen Hülsen. Süße Markerbsen haben eher runzelige Körner, reife Palerbsen (Schalerbsen oder Kneifelerbsen) sind glatt und rund und schmecken leicht mehlig; zu spät geerntet sind sie blaß und zäh. Frische Erbsen gibt es von Juni bis Ende August. Von 1 kg Erbsenschoten bleiben etwa 400 g Körner, und das Enthülsen dauert etwa 30 Minuten. Deshalb sind Tiefkühlerbsen eine preisgünstige und schnelle Alternative. Erbsen darf man nicht roh essen. Damit mögliche Giftstoffe unschädlich werden, müssen sie richtig gegart werden.

Fenchel Es gibt Wilden Fenchel und Gewürzfenchel, deren Samen man nur als Tee oder Gewürz, z.B. beim Ein-

legen von Gurken, verwendet. Doch am bekanntesten ist Gemüsefenchel, die große, fleischige Knolle, die als Gemüse oder Salat schmeckt. Fenchel enthält doppelt soviel Vitamin C wie Orangen, wirkt krampf- und schleimlösend. Die zarten, vitaminreichen Blättchen verwendet man wie Kräuter und streut sie gehackt über das fertige Gericht.

Gemüsezwiebeln Die großen hellgelben oder weißen Zwiebeln kommen von August bis Oktober in den Handel. Sie schmecken fein süßlich und sehr mild, eignen sich also gut zum Rohessen.

Grünkohl Dieses Gemüse des Nordens schmeckt erst, wenn es richtig Frost bekommen hat. Grünkohl liefert hochwertiges Eiweiß und Kohlenhydrate, enthält reichlich Vitamin C und Eisen.

Gurken Lange schlanke Salatgurken mit glatter, dunkelgrüner Schale bekommt man das ganze Jahr über, weil sie ausschließlich aus dem Gewächshaus stammen. Sie enthalten sehr viel Wasser, sind deshalb besonders kalorienarm, aber oft auch ziemlich geschmacklos. Aromati-

scher schmecken Freilandgurken, die es von Juli bis September gibt. Sie sind kürzer und etwas runzeliger, haben aber festeres Fruchtfleisch und enthalten weniger Wasser. Kurze Schmorgurken schmecken gegart am besten.

Hopfensprossen Die jungen delikaten Triebe des Hopfens sind nur schwer zu bekommen. Die Ernte kostet viel Zeit und Mühe: Die zarten Sprossen müssen vorsichtig aus der Erde geholt, mit einem Messer geschnitten und von Hand aufgelesen werden. Zudem ist die Erntezeit sehr kurz, ab Mitte März nur etwa 4 Wochen. Danach lugen die Triebe aus der Erde und werden grün und bitter.

Kartoffeln Sie haben nur wenige Kalorien, aber eine Menge Nährstoffe, z.B. hochwertiges Pflanzeneiweiß, das – in Verbindung mit Quark, Käse oder Eiern – dem Körper genausoviel lebenswichtiges Protein gibt wie Fleisch. Kartoffeln enthalten außerdem reichlich Vitamine und Mineralstoffe. Knollen, die von Anfang Juni bis Mitte August auf den Markt kommen, muß man rasch verbrauchen; spätere Sorten kann man einkellern. Der Keller muß allerdings trocken, dunkel und richtig temperiert (4–7 °C) sein.

Keime siehe Sprossen

Kohl Alle Kohlsorten sind preiswert, sehr gesund und das ganze Jahr über zu bekommen.
◆ *Spitzkohl* – weiße spitze Köpfe mit lockeren Blättern – gibt es von Anfang Mai bis Ende Juni.
◆ *Weiß*- und *Rotkohl* mit ihren runden Köpfen haben von Juli bis Oktober Saison. Wenn die Köpfe beim Anschneiden leicht knacken und sich die Schnittflächen etwas wölben, ist der Kohl schön frisch. Vom Spätherbst bis zum Frühjahr kommt eingelagerter Kohl auf den Markt.
◆ *Wirsing* gibt es frisch von Juni bis August. Im Herbst und Winter erkennt man Freilandwirsing an den grünen, leichten Köpfen mit lockeren Blättern. Schwere, gelbe und feste Köpfe stammen aus der Lagerung.

Kohlrabi Von März bis November gibt es frische grüne und violette Kohlrabi zu kaufen. In Geschmack und Inhaltsstoffen unterscheiden sie sich nicht. Die zarten inneren Blätter der Knolle, die gesundes Carotin enthalten, streut man fein gehackt über Gemüse und Salat.

Kürbis Die Erntezeit von Speisekürbissen reicht von Juli bis zum ersten Frost. Sowohl Riesenkürbisse als auch kleine Speisekürbisse haben eine sehr harte Schale und halten sich deshalb im kühlen Keller bis weit in den Winter hinein. Erst wenn der Kürbis angeschnitten ist, muß man ihn rasch verbrauchen. Zum Vorbereiten teilt man die großen Kürbisse zuerst in Stücke, schält sie großzügig und kratzt die Kerne mit den zähen Fasern heraus.

Lauch (Porree) und **Lauchzwiebeln** Beide Gemüse gehören wie Zwiebeln zu den Liliengewächsen. Lauchzwiebeln sind junge Küchenzwiebeln mit grünen Schäften und weißen Knollen. Von Lauch und Lauchzwiebeln sollte man nicht nur das Weiße, sondern auch grüne Blät-

ter verwenden. Sie enthalten zusätzliche Ballaststoffe und viel Magnesium – gut für Muskeln und Nerven.

Maiskolben Gemüse- oder Zuckermais züchtet man erst seit etwa 150 Jahren. Zuckermaiskörner gibt es in Dosen und tiefgefroren. Am besten aber schmecken die frischen Kolben, die man von Ende Juli bis Mitte Oktober bekommt. Wenn die Körner noch so weich sind, daß man den Kolben gut abnagen kann, stimmt die Qualität.

Mangold Lange Zeit galt dieses Gemüse als Spinat für arme Leute. In unserer heutigen Küche hat es aber einen weitaus höheren Stellenwert. Es gibt verschiedene Sorten. Von allen schmecken die Stiele und Blätter roh als Salat oder gegart als Gemüse. Im Handel angeboten werden meist die dicken Stauden mit fleischigen weißen Stielen und intensiv grünen Blättern. Hauptsaison ist Juni bis Oktober.

Möhren Sie sind das ganze Jahr über zu haben. Frisch gibt es sie von Juni bis Oktober. Carotin, ihren bekanntesten Inhaltsstoff, wandelt der Körper in Vitamin A um – vorausgesetzt, man ißt die Möhren mit etwas Fett. In Salat und Rohkost gehören deshalb einige Tropfen Öl, zu rohen Möhrchen ein Butter- oder Käsebrot.

Paprikaschoten Aus Freilandanbau gibt es sie von Ende Juli bis zum ersten Frost. Die verschiedenen Sorten verfärben sich im Lauf der Reifephase: Grüne Schoten werden rot, und gelbe nehmen ein sattes Goldgelb an. Reife Paprikafrüchte schmecken süß und aromatisch. Etwas schärfer im Geschmack ist Tomatenpaprika, der am be-

sten roh, kurz gebraten oder mariniert schmeckt; beim Schmoren wird er zu weich. Alle anderen Sorten kann man ganz nach Wunsch zubereiten. Zum Füllen nimmt man die dickbauchigen Schoten, die beim Schmoren aufrecht stehen bleiben. Für Salate eignen sich besser die langen schlanken Schoten.

Pastinaken Sie sehen aus wie Petersilienwurzeln oder weiße Möhren und schmecken roh oder gekocht. Sie sind ein sehr altes Gemüse: Vor etwa 1000 Jahren haben Mönche die herbe Wildpflanze zu einem zarten, aromatisch-süßen Wurzelgemüse veredelt.

Radieschen Die kleinen, roten, runden Verwandten des Rettichs bekommt man das ganze Jahr über. Freilandradieschen schmecken würzig und angenehm scharf, haben knackiges Fruchtfleisch sowie meist auch sattgrüne, frische Blätter, die man für Suppen und Saucen verwenden kann.

Rauke Die Wiesenpflanze heißt auch Rucola oder Roquette. Früher galt sie als Unkraut, heute wird sie wegen ihres feinen, nußartigen Geschmacks sehr geschätzt. Ihre aromatisch duftenden Blätter schmecken roh in einer Vinaigrette. In der italienischen Küche werden sie kurz in Öl oder Butter und Sahne gegart und dann mit Nudeln gemischt.

Rettich Halblange Rettiche mit weißer oder roter Schale und weiße lange, sehr schlanke Rettiche sind ein Sommer- und Herbstgemüse, das man frisch von Juni bis Oktober bekommt. Dunkelschalige, haltbare Winterrettiche gibt es ab Oktober. Auch der weiße, ovalrunde Rettich gehört zu den späten Sorten. Winterrettiche sind mild im Geschmack und – wie alle andere Sorten – sehr vitamin- und mineralstoffreich.

Rosenkohl Die kleinen Röschen gibt es erst seit 100 Jahren. Frühe Sorten werden ab September geerntet, späte kommen im November und Dezember nach dem ersten Frost auf den Markt. Richtig durchgefroren schmeckt Rosenkohl angenehm süßlich. Da er bis zu 12 Minusgrade verträgt, reicht die Freilandernte bis weit in den März hinein.

Rote Beten Kleine Knollen mit Blättern kann man im Sommer und Herbst im Bund kaufen. Weil sie sehr zart und aromatisch sind, schmecken sie besonders gut als Rohkost mit Vinaigrette. Größere Knollen stammen im Winter und im Frühjahr aus Lagerbeständen. Rote Beten gehören zu den Gemüsen, die viel Nitrat speichern; wie man beim Kochen damit umgeht, steht auf S. 665.

Rüben Es gibt viele Sorten, die zu unterschiedlichen Jahreszeiten auf den Markt kommen. Im Okto-

ber und November kann man z.B. Kohlrüben, Steckrüben, Dotschen oder Wruken kaufen, die als kalorienarmes, vitamin- und mineralstoffreiches Wintergemüse geschätzt werden. Am besten schmecken sie, wenn man sie kräftig würzt und nicht mit Fett spart. Weiße oder rotschalige Herbstrüben erntet man etwa zur selben Zeit. Doch die Angebotszeit reicht bis April, denn man kann alle Rüben gut lagern. Die großen gelblichen oder kleinen weißen Mairübchen – auch Navets genannt – kommen im Mai und Juni auf den Markt, die Teltower Rübchen folgen (je nach Aussaat) von Mai bis August und Oktober bis Dezember.

Salate Bei Gemüse versteht man darunter immer Blattsalat, z.B. Kopfsalat, Radicchio, Endivien- oder Eissalat. Außer diesen bekannten Sorten sind in den letzten Jahren einige neue auf den Markt gekommen, die nicht nur ganz ausgezeichnet schmecken, sondern auch sehr dekorativ aussehen.

♦ *Batavia* hat krause Blätter und ist eine Kopfsalat-Neuzüchtung aus Frankreich – knackig und dickfleischig wie Eissalat, aromatisch wie Kopfsalat.

♦ *Eichblattsalat* ist heute schon ein Klassiker unter den neuen Salaten. Er hat einen nußartigen, frischen Geschmack und zarte, dekorative Blätter. Knoblauch und Kräuter passen gut ins Dressing, Zwiebeln und andere kräftige Gewürze dagegen überdecken leicht sein feines Aroma.

♦ *Eissalat* bildet große, runde Köpfe mit fleischigen Blättern, die auch im Dressing eine ganze Weile fest und knackig bleiben. Diese Sorte eignet sich deshalb gut, wenn man Salat vorbereiten will.

♦ *Eskariol* stammt vom Endiviensalat ab und hat glatte, leicht bittere Blätter. Man schneidet die dicken Blattrippen weg und mischt den herzhaften Salat mit kräftigen Gewürzen.

♦ *Frisée* ist ebenfalls eine Sorte des Endiviensalats und wird genauso zubereitet: dünn geschnitten, gemischt mit kräftigem Dressing und anderen Salaten wie Radicchio oder Chicorée. Am besten kauft man einen Salatkopf mit großem gelbem Herz und bereitet ihn nach dem Einkauf möglichst rasch zu. Wie Endivie ist Frisée ein typischer Wintersalat und kommt bis Dezember aus heimischem Anbau.

♦ *Kopfsalat* gibt es in zwei Varianten: Der bekannte grüne hat einen festen Kopf, der neue besitzt rote, zartere Blätter.

♦ *Lollo rosso* und *Lollo biondo* stammen aus Italien. Bei uns werden sie von Mai bis Dezember geerntet. Der rote krause Salat (rosso) schmeckt herzhafter als der grüne (biondo). Beide bleiben länger frisch als Kopfsalat.

♦ *Radicchio di Treviso* mit langen Blättern und fleischiger Wurzel, die man geschält und geraspelt unter den Salat mischen kann, ist mit dem runden Radicchio verwandt, schmeckt aber etwas bitterer. Man kann ihn gut schmoren oder kurz braten.

♦ *Römischer Salat*, auch Romana, Lattich oder Bindesalat genannt, hat lange, kräftige grüne Blätter mit fleischigen Blattstielen. Er schmeckt etwas herzhafter als Kopfsalat und verträgt sich mit pikanten Dressings.

Sauerkraut Viele Jahrhunderte lang war das milchsauer eingelegte Weißkraut die wichtigste Vitaminquelle, wenn es im Winter wenig Frisches gab. Aus gutem Grund: Sauerkraut hat ein gewaltiges Plus für die Gesundheit, denn anders als bei frischem Gemüse und Obst bleibt sein hoher Vitamin-C-Gehalt während der Lagerung erhalten.

Schalotten Es sind die feinsten Zwiebeln – würzig und scharf, aber nicht penetrant im Geschmack. Man nimmt sie für edle Gerichte der Feinschmeckerküche.

Schwarzwurzeln Früher abwertend Spargel des kleinen Mannes genannt, sind sie heute ein begehrtes vitamin-, mineralstoff- und ballaststoffreiches Wintergemüse. Zu kaufen gibt es die etwa 30 cm langen Stangen mit der schwarzbraunen, dicken Haut von Mitte Oktober bis April.

Sellerie Die beiden Selleriesorten, den Knollen- und den Stangensellerie, kann man als Gemüse, Rohkost und – kurz gedünstet – mit Mayonnaise als Salat anrichten.

♦ *Stangensellerie* – auch Bleich- oder Staudensellerie genannt – schmeckt etwas milder als Knollensellerie und eignet sich deshalb auch besonders gut für Rohkost. Man ißt nur die fleischigen Blattstiele und die zarten gelben Blättchen, nicht aber die Wurzeln.

♦ *Knollensellerie* ist eines der vielseitigsten Wintergemüse mit viel B-Vitaminen, Kalium und Calcium. Er enthält ätherische Öle, die für den würzigen Geschmack sorgen und den Stoffwechsel anregen. Als Suppenwürze nimmt man die Knolle mit dem Grün. Die Stiele werden mitgegart und die frischen Blättchen zum Schluß fein gehackt in die Brühe gestreut.

Spargel Aus Europa kommt er – je nach Witterung – von März bis Mitte Juni auf den Markt. Spargel aus außereuropäischen Ländern kann man auch noch danach kaufen. Die Frische erkennt man bei losem Spargel an den Schnittflächen: Je heller und feuchter sie sind, desto frischer ist der Spargel. Im Bund verpackte Stangen rollt man vorsichtig in der Hand: Frische Stangen quietschen beim Aneinanderreiben leicht.
◆ *Weißer Spargel* ist besonders zart und mild im Geschmack. Er enthält viele Vitamine und Mineralstoffe, aber nur wenige Kalorien.
◆ *Grüner Spargel* schmeckt etwas herzhafter und liefert noch mehr Vitamine und Mineralstoffe, vor allem Vitamin C und Magnesium.

Spinat Blattspinat wird in einzelnen Blättern geerntet, Wurzelspinat als ganze Blattrosette. Treibhausspinat kommt nur von November bis April auf den Markt. In der übrigen Zeit gibt es Freilandspinat zu kaufen, der in der Regel weniger Nitrat enthält als Treibhausware.

Sprossen und Keime Gekeimte Samen von Getreide, Hülsenfrüchten, Alfalfa, Kresse, Senf oder Rettich enthalten hochwertiges Pflanzeneiweiß, leicht verdauliche Kohlenhydrate, verdauungsfördernde Ballaststoffe und etwa so viele Vitamine und Mineralstoffe wie frisches Gemüse. Im Winter sind sie deshalb eine gute Ergänzung zu Rohkost und Salat. Sprossen bekommt man in Naturkostläden, Reformhäusern und vielen Supermärkten. Wenn sie in Folienbeuteln verpackt sind, nimmt man nur geschlossene, nicht aufgeblähte Beutel aus der Kühltheke. Vor der Zubereitung muß man Sprossen gründlich waschen oder etwa 1 Minute in Wasser sprudelnd kochen. Dann sind sie zwar nicht mehr so vitaminreich, dafür aber besonders gut verdaulich.

Tomaten Diese typischen Sommerfrüchte schmecken am besten, wenn sie viel Sonne bekommen und an der Pflanze reifen. Dann entwickeln sich die aromatischen Fruchtsäuren, Zucker, Vitamine und Mineralstoffe – vor allem Vitamin C, Carotin und Kalium. Sonnenlicht verhindert auch, daß sich viel Nitrat bildet. Typisch für Freilandtomaten, die es von Juli bis zum Frosteintritt gibt, sind die leichte grüne Färbung und der intensive Geruch am Stielansatz. Meist weniger Geschmack und Nährstoffe haben Wintertomaten, die aus dem Treibhaus oder aus südlichen Ländern kommen.
◆ Zum Rohessen eignen sich runde, mittelgroße Tomaten, große, unregelmäßig geformte Fleischtomaten, längliche Flaschentomaten (auch Peretti- oder Eiertomaten genannt) und hasel- bis walnußgroße Cherrytomaten.
◆ In Suppen und Saucen schmecken normale Tomaten, geschälte ganze oder gehackte Tomaten aus der Dose und Tomatenpüree aus dem Tetrapack.
◆ Für herzhafte Kuchen und Quiches nimmt man Flaschen- oder Fleischtomaten. Sie enthalten weniger Flüssigkeit, so daß der Kuchen zwar saftig, aber nicht zu weich wird.

Wirsing siehe Kohl

Zucchini Die kleinen Kürbisse harmonieren mit fast allen Lebensmitteln. Sie vertragen kräftige Kräuterwürze und

schmecken geschmort und gedünstet, fritiert und gebraten, in Suppen und Eintöpfen, Salaten und Rohkost. Nur zu lange darf man sie nicht garen, sonst schmecken sie fade. Am besten kauft man kleine, schlanke Zucchini mit aromatischem, festem Fleisch. Sogenannte Baby-Zucchini mit Blüten sind jung geerntete Früchte, die noch die Blüte tragen. Zucchiniblüten kann man mit Käsecreme, feingehacktem Fleisch oder Fisch füllen und dann schmoren oder – in Ausbackteig getaucht – fritieren.

Zuckerschoten Die eigene Züchtung von Erbsenschoten, die von Mai bis Juli auf den Markt kommt, heißt auch Kefen, Mangetout oder Kaiserschote. Man ißt die zarten, süßen Schoten als Salat, in Suppen oder in Butter gedünstet als Gemüse.

Hülsenfrüchte

Ob Bohnensamen, grüne und gelbe Erbsen, Kichererbsen oder Linsen, es sind lauter Lebensmittel mit dem höchsten Eiweißgehalt, den Pflanzen uns bieten. Wenn man Hülsenfrüchte zusammen mit Milchprodukten, Nüssen, Nudeln oder Vollkornbrot ißt, nimmt man ebensoviel hochwertiges Eiweiß zu sich wie mit einer Fleischmahlzeit. Ebenfalls beachtlich ist der Gehalt an lebensnotwendigen Mineralstoffen und wichtigen Vitaminen. Dazu liefern Hülsenfrüchte eine Menge Kohlenhydrate und Ballaststoffe – gut für die Verdauung und die schlanke Linie. Alles in allem sind sie also sehr gesunde Lebensmittel, die möglichst oft auf den Speisezettel gesetzt werden sollten.

Bohnen Die vielen Sorten unterscheiden sich nur in den Kocheigenschaften (siehe S. 668), aber nicht im Nährwert. Die größte Auswahl an getrockneten Bohnen bieten ausländische Lebensmittelgeschäfte und große Naturkostläden.

Erbsen Bei den grünen oder gelben Trockenerbsen handelt es sich meist um luftgetrocknete Schalerbsen. Um sie leichter verdaulich zu machen, wird die harte äußere Schale der Erbsenkörner entfernt. Sehr preiswert sind Splittererbsen, polierte, gespaltene Erbsen, deren Nährwert dem von normalen Schalerbsen entspricht. Trockenerbsen haben übrigens eine Menge wichtiger Inhaltsstoffe zu bieten – viel mehr als frische Erbsen.

Kichererbsen Getrocknet und in Dosen oder Gläsern konserviert, bekommt man sie in Reformhäusern, Naturkostläden, Geschäften für asiatische Lebensmittel und in manchen Supermärkten. Die aromatischen, gelben bis rötlichbraunen, unregelmäßig geformten Samen sind genau so nährstoffreich wie andere Hülsenfrüchte.

Linsen Sie gehören zu den ältesten Kulturpflanzen – vor 10 000 Jahren haben die Ägypter sie vermutlich schon angebaut. Die grünlichbraunen, roten oder schwarzen Samen enthalten eine Menge Nährstoffe. Linsen muß man vor dem Garen nicht einweichen.

Pilze

Pilze haben wenig Fett und kaum Kalorien, liefern Vitamine und Mineralstoffe und sind frei von Cholesterin. Man bekommt sie frisch und getrocknet.

Austernpilze Sie kommen heute aus Pilzfarmen. Früher wuchsen sie im Wald und waren bei Pilzsammlern wegen ihres feinen Geschmacks als Kalbfleischpilze bekannt. Frische Austernpilze erkennt man am festen, saftigen Fleisch.

Champignons Weiße, rosa oder braune Champignons bekommt man in jedem Supermarkt. Die braunen Pilze heißen in Süddeutschland auch Egerlinge. Frischemerkmale sind geschlossene Hüte und festes Fleisch; fleckige oder schrumpelige Pilze mit weit offenen Hüten sind alt.

Mu-Err-Pilze Die Baumpilze – auch Chinamorcheln oder Wolkenohrpilze genannt – mit ihrem leicht erdigen Geschmack nimmt man für chinesische Suppen und Eintöpfe. Man bekommt sie nur getrocknet in Asienläden und den

Im Uhrzeigersinn: kleine weiße Bohnen, Wachtelbohnen, Kidneybohnen, eingeweichte Linsen, große weiße Bohnen, gelbe Erbsen, grüne Erbsen, Feuerbohnen, Linsen

Drei der beliebtesten Speisepilze sind weiße Champignons, Austernpilze und Shiitakepilze (von links nach rechts).

meisten Supermärkten. Nach dem Einweichen fühlen sie sich glibberig an, doch im Biß sind sie angenehm knackig.

Shiitakepilze Der japanische Waldpilz wird bei uns in Pilzfarmen gezüchtet und frisch auf gut sortierten Märkten, in Feinkostgeschäften und Gemüseläden angeboten. Pilze mit gewölbten Hüten, die intensiv duften, sind besonders frisch. Mit ihrem feinen Aroma bieten Shiitakepilze eine gute Alternative zu Waldpilzen. Getrocknet bekommt man die Pilze in vielen Supermärkten.

Speisemorcheln Diese besonders feinen und deshalb auch teuren europäischen Pilze gibt es im Mai und Juni bei manchen Gemüsehändlern und in Feinkostgeschäften frisch, sonst getrocknet. Die Beutel mit Trockenpilzen enthalten zwischen 10 und 20 g. Das reicht gut für ein Gericht mit 4 Portionen, denn getrocknete Morcheln schmecken sehr intensiv.

Tofu

Das fettarme, quarkähnliche Lebensmittel aus gelben Sojabohnen gehört zu den typischen Zutaten der vegetarischen und vollwertigen Küche. Tofu ist besonders reich an wertvollem Eiweiß, aber frei von Purinen und Cholesterin. Im Unterschied zu allen anderen pflanzlichen Lebensmitteln enthält es auch reichlich Calcium – wichtig für Knochen und Zähne.

Tofu schmeckt neutral und kommt deshalb mit aromatischen Zutaten und kräftiger Würze am besten zur Geltung, z.B. mit Knoblauch, Kräutern, Sojasauce, Ingwer, Cayennepfeffer, Kapern, Kreuzkümmel oder Zitronensaft. Zu Tofugerichten paßt Vegetarisches wie Gemüse, Obst, Salat, Nudeln, Reis, Nüsse und Hülsenfrüchte. Eier, Fisch, Geflügel und Fleisch sind bei diesem eiweißreichen Produkt nicht notwendig.

Obst, Nüsse und Samen

Obst ist gut für die Versorgung mit Vitaminen, Mineralstoffen – vor allem Vitamin C, Carotin, Kalium, Phosphor, Magnesium – und verdauungsfördernden Ballaststoffen. Nüsse und Samen sind wichtige Energie- und Nährwertspender.

Obst- und Trockenfrüchte

Frisches reifes Obst schmeckt am besten und ist am vitaminreichsten. Deshalb kauft man Obst nach Saison.

Ananas Frisch schmecken Ananas nur, wenn sie reif sind: Sie duften aromatisch, geben auf leichten Fingerdruck nach, und die inneren Blättchen der Rosette lassen sich leicht auszupfen. Die Farbe sagt nichts über den Reifegrad aus. Auch grüne oder grüngefleckte Ananas können schon ihr volles Aroma haben. Bei der Zubereitung schneidet man die Schale sparsam ab und sticht die Warzen wie die Keime einer Kartoffel aus: Das süßeste und vitaminreichste Fruchtfleisch sitzt nämlich direkt unter der Schale. Den inneren Kern kann man ohne weiteres mitessen; er ist zwar nicht so saftig wie das äußere Fruchtfleisch, schmeckt jedoch genauso gut und liefert zusätzliche Ballaststoffe.

Äpfel Bei uns sind sie das wichtigste Obst – roh, gekocht als Mus oder Kompott, gebacken als Bratapfel oder Belag für Kuchen. Äpfel sind sehr gesund: Sie enthalten mehr als 20 Mineralstoffe, darunter Eisen und Calcium. Ein roher Apfel deckt etwa 60 % des täglichen Vitamin-C-Bedarfs. Zum Rohessen bieten sich beispielsweise an: Berlepsch, Cox Orange, Glockenapfel, Goldparmäne, Gloster, Golden Delicious, Ingrid Marie, Jonathan und Granny Smith. Für Mus und Kompott eignen sich Boskoop, Cox Orange, Glockenapfel, Gloster und Jonathan. Als Bratäpfel, Strudelfüllung und Kuchenbelag schmecken z. B. Cox Orange, Gloster und Ingrid Marie.

Aprikosen Sie gehören zu den Früchten, deren Geschmack unter den modernen Ernte- und Transportbedingungen leidet. Denn nur eine Aprikose, die reif gepflückt und rasch gegessen wird, schmeckt roh auch wirklich gut. Saison für Aprikosen ist im Juni und Juli. Zum Rohesse sind kräftig gelbe, fast orangefarbene Früchte am besten, die ruhig schon ein bißchen weich sein dürfen. Hellgelbe oder gar grüne Früchte eignen sich nur zum Kochen oder Backen.

Bananen Wegen ihres hohen Zuckergehalts ist eine mittelgroße Banane eigentlich schon eine richtige Zwischenmahlzeit. Außerdem liefert die krumme gelbe Frucht Vitamine, Magnesium und Kalium.

Beeren Erntezeit für Beeren ist der Sommer. Man sollte versuchen, Beeren aus heimischem Anbau zu bekommen, denn mit ihrer dünnen Schale sind Heidelbeeren, Himbeeren, Erdbeeren, Johannisbeeren, Brombeeren und Stachelbeeren sehr empfindliche Früchte, die auf langen Transportwegen matschig oder schimmelig werden können, in jedem Fall aber Aroma und Vitamine verlieren. Nach dem Kauf sollte man sie höchstens 2 Tage im Kühlschrank aufbewahren. Bei Heidelbeeren, Himbeeren und Brombeeren ist es besonders wichtig, daß sie möglichst unbelastet von Schadstoffen sind, denn diese Früchte sollten nur sorgfältig verlesen, aber nicht gewaschen werden. Beeren sind gesund: Johannisbeeren und Stachelbeeren enthalten reichlich Kalium, das gegen Bluthochdruck hilft; Heidelbeeren wirken günstig auf den Darm; Erdbeeren liefern mehr Vitamin C als Orangen. Himbeeren und Brombeeren enthalten den Ballaststoff Pektin, der den Cholesterinspiegel günstig beeinflußt.

Birnen Zum Rohessen eignen sich alle Birnensorten außer den kleinen, harten Kochbirnen, die man für Suppen und Eintöpfe nimmt. Für Kompott und zum Einkochen bieten sich z. B. Williams Christ, Clapps Liebling oder Alexander Lucas an. Gut für Kuchen und Auflauf sind beispielsweise Clapps Liebling und Köstliche von Charneux.

Datteln Sie enthalten reichlich leicht verdaulichen Zucker, Eiweiß, Calcium, Phosphor und Vitamine. Die bei uns angebotenen Datteln sind Sorten, die sich wegen ihres hohen Zuckergehalts gleichsam selbst konservieren. Datteln gibt es von Oktober bis Januar frisch und das ganze Jahr über getrocknet zu kaufen.

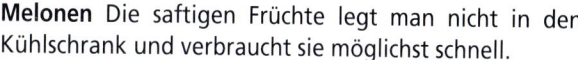

Feigen Die besten Feigen kommen aus der Türkei auf unsere Märkte – saftige Früchte mit bernsteinfarbenem Fleisch und wunderbarem Aroma. Feigen unterstützen frisch oder getrocknet die Verdauung und enthalten viel Calcium, Magnesium und Eisen.

Granatäpfel Zum Rohessen halbiert man die frische Frucht quer zu den Samenkammern und löffelt das Fleisch samt Kernen aus.
Der ausgepreßte Saft würzt süße und herzhafte Gerichte. Vorsicht, der Saft hinterläßt auf Stoffen, z.B. auf Servietten, hartnäckige Flecken.

Kirschen Sie kommen von Mai bis Anfang September auf den Markt: zuerst die aus Italien und Frankreich importierten Süßkirschen, dann im Juni und Juli die Früchte aus einheimischem Anbau. Ende Juni gibt es hellfleischige rote Sauerkirschen zu kaufen.

Kiwi Die kleine Frucht mit dem saftigen grünen Fleisch und dem stachelbeerähnlichen Geschmack ist ein kaum zu übertreffendes Vitamin-C-Bündel. Man schneidet sie einfach quer durch und löffelt sie aus. Rohe Kiwis enthalten ein Enzym, das Milchprodukte, z.B. Joghurt oder Sahne, bitter macht. Dieses Enzym verhindert auch, daß Kiwigelee mit Gelatine fest wird. Deshalb übergießt man die Früchte vor der Zubereitung mit heißem Wasser und läßt sie 2 Minuten darin ziehen.

Limetten Sie sind etwa doppelt so saftig wie Zitronen, schmecken jedoch trotz des hohen Säuregehalts milder und aromatischer. Mit der – meist unbehandelten – Schale kann man ebenso fein würzen wie mit dem Saft.

Mango Die „Königin der Früchte" gibt es rund ums Jahr zu kaufen. Die mehr als 1000 Mangosorten unterscheiden sich in Farbe, Form und Gewicht voneinander. Für Salate und Desserts eignen sich beispielsweise die große Red Haden, die mittelgroße Alphonso oder die kleine Irwin.

Melonen Die saftigen Früchte legt man nicht in den Kühlschrank und verbraucht sie möglichst schnell.
◆ *Zuckermelonen* sind die süß-aromatischen Sorten, z.B. gelbe ovale Honigmelonen, längliche kleine Galia-Melonen mit gelbgenetzter Schale, kleine runde Charentais- oder Cavaillon-Melonen mit hellgrüner gerippter Schale und dunkelgrünen Streifen und große, runde, gelbgrüne Kantalup-Melonen. Reife Zuckermelonen strömen am Stielende einen intensiven Duft aus, und das andere Ende gibt auf leichten Fingerdruck elastisch nach.
◆ *Wassermelonen* kennt man als Durststiller. Die großen, runden oder länglichen Früchte enthalten bis zu 95 % Wasser, kaum Zucker und meist wenig Aroma. Reife Wassermelonen klingen beim Klopfen hörbar.

Nektarinen Wie die Frucht entstanden ist, weiß man nicht genau. Wahrscheinlich ist sie eine Kombination von Pfirsich und Pflaume. Es gibt weiß- und gelbfleischige Sorten. Die weißen Nektarinen sind besonders aromatisch. Hauptsaison: Juli und August.

Orangen Mit rund 14 Vitaminen, darunter einer beachtlichen Menge Vitamin C, ist die Orange im Winter einer unserer wichtigsten Vitaminspender. Von unbehandelten Früchten kann man die Schale zum Würzen von Süßspeisen, Gebäck und herzhaften Gerichten verwenden. Übrigens: Zitrusfrüchte, deren Schale nicht zum Essen geeignet ist, müssen gekennzeichnet sein. Orangen sollten vor dem Essen gewaschen werden, auch wenn man die Früchte schält.

Pfirsiche Die Sommerfrüchte haben eine samtige Haut, aromatisches Fleisch und eine Menge süßen Saft. In manchen Sorten sitzt der Stein lose, aus anderen kann man ihn nur schwer herauslösen. Am besten schmecken reife Pfirsiche mit intensivem Duft, grünlichgelber Schale mit roten Wangen und weißem Fleisch. Reife Früchte liefern Calcium, Eisen und Vitamin C.

Pflaumen Dazu gehören vier Arten, die sich in Geschmack und Aussehen voneinander unterscheiden:
◆ *Mirabellen*, die bei uns ihre Hauptsaison im Juli und August haben, sind klein, rund und wachsgelb mit sehr süßem Fleisch. Da sie beim Garen fest bleiben, eignen sie sich gut zum Einkochen und für den Rumtopf.

◆ *Pflaumen*, ebenfalls Sommerfrüchte, haben eine rote bis blaue Haut und würziges, süßes und saftiges Fleisch, das beim Kochen zerfällt. Sie eignen sich deshalb gut für Mus, Grütze und Marmelade. Zum Backen und für Klöße nimmt man besser Zwetschgen.

◆ *Renekloden* sind mittelgroße bis große Sommerfrüchte mit grüner oder gelblicher Haut und festem Fleisch. Sie schmecken am besten roh oder kurz gekocht als Kompott.

◆ *Zwetschgen* mit ihrer länglich-ovalen Form, der violetten bis schwarzblauen Haut und dem weißgrünlichen Fruchtfleisch kommen je nach Witterung etwa von August bis Anfang September auf den Markt. Reife Zwetschgen lassen sich leicht vom Stein lösen, schmecken aromatisch süß und behalten beim Kochen und Backen ihre Form.

Quitten Von September bis November gibt es die gelben, saftigen Früchte, die man nur gekocht oder gebacken als Kuchenbelag verwenden kann. Birnenquitten sind besser als Apfelquitten; sie enthalten mehr Zucker und eine herbe Säure, die süße und herzhafte Gerichte mit diesen Früchten so aromatisch macht.

Rhabarber Für die Botaniker gehört er zum Gemüse, für alle anderen Menschen zum Obst. Diese sehr alte Pflanze wird in Deutschland erst seit etwa 150 Jahren angebaut. Heute ist Rhabarber neben Erdbeeren unser beliebtestes Frühjahrsobst: als Kompott, Grütze und Kuchenbelag. Rhabarber ist gesund, wirkt blutreinigend, verdauungsfördernd und liefert Vitamin C. Für eine Schlankheitskur ist er trotz weniger Kalorien nicht zu empfehlen, denn er schmeckt nur mit viel Zucker. Das Calcium, das er enthält, kann der Körper nicht nutzen, weil es durch die ebenfalls vorhandene Oxalsäure festgehalten wird. An dieser Oxalsäure liegt es auch, daß Menschen mit Nierenproblemen auf Rhabarber verzichten müssen, daß man während der kurzen Saison nicht zuviel Rhabarber essen sollte und daß diese Saison Mitte Juni vorbei ist. Dann nämlich reichert sich in den Stielen so viel Oxalsäure an, daß Rhabarber zum Essen nicht mehr geeignet ist. Vorsicht: Rhabarberblätter sind für Erwachsene gesundheitsschädlich und für Kinder giftig.

Rosinen Das sind die getrockneten Weinbeeren verschiedener Rebsorten: Man läßt sie am Stock, bis sie überreif sind, und trocknet sie nach der Lese. Es gibt kleine und große Rosinen mit unterschiedlicher Färbung. Es ist erlaubt, Rosinen zu schwefeln und mit einem bestimmten Öl zu behandeln, damit sie nicht zusammenkleben. Korinthen sind getrocknete kernlose, blauschwarze Beeren mit sehr feinem, süß-säuerlichem Geschmack. Sie kommen nur ungeschwefelt auf den Markt. Kernlose, honigsüße Sultaninen stammen von der Sultanarebe. Die meisten Produzenten liefern luftgetrocknete und ungeschwefelte Früchte.

Trockenfrüchte Sie werden aus reifen Früchten – z.B. Äpfeln, Bananen, Birnen, Pflaumen, Aprikosen, Pfirsichen und Weintrauben – hergestellt. Man sortiert und reinigt das Obst und trocknet es an der Luft oder mit Wärmezufuhr. Trockenpflaumen und Feigen enthalten noch relativ viel Wasser und dürfen mit dem Konservierungsstoff Sorbinsäure behandelt werden. Verfärbungen und Schädlingsbefall verhindert man durch Schwefeldioxid. Beide Zusatzstoffe müssen auf der Verpackung angegeben sein. Manche Menschen vertragen Schwefeldioxid nicht so gut und sollten deshalb nur Trockenobst mit dem Vermerk „ungeschwefelt" kaufen. Hartes Trockenobst muß man vor der Zubereitung einige Stunden in Wasser einweichen. Bei Pflaumen gibt es außer den harten auch weiche Früchte, die man ohne Vorbereitung verwenden kann.

Weintrauben Ausnehmend schmackhaft und vielseitig sind diese europäischen Früchte: Trauben schmecken nicht nur einfach so aus der Hand, sondern sie bereichern auch Obst- und Käsesalate, passen zu Geflügel und Wild, sind köstlicher Kuchenbelag und feine Tortenfüllung. Für alle diese Zubereitungen nimmt man am besten die kleinen kernlosen Trauben.

Wildfrüchte Man kann sie beim Gemüsehändler kaufen, aber auch selbst in der Natur sammeln:
◆ *Hagebutten* sind die roten Früchte der Heckenrose, die in Parkanlagen und an Waldrändern wächst. Sie werden nach dem ersten Frost gepflückt, gekocht und dann durch ein Sieb gestrichen, um die Kerne zu entfernen.
◆ *Holunder* wächst wild an Waldrändern und Viehweiden sowie in feuchten Misch- und Laubwäldern. Die Blüten erscheinen im Mai und Juni, die tiefschwarzen, vit-

Trockenfrüchte (von links nach rechts): Bananen, Aprikosen aus dem Himalajagebiet, Apfelschnitze, Datteln, Ananasstücke, Bananenchips, Aprikosen, geschwefelte Apfelringe, Datteln aus biologischem Anbau, Kumquats, Papaya, ungeschwefelte Aprikosen, Birnen, Feigen, Pfirsiche, Mangostreifen, unbehandelte Aprikosen, halbierte Birnen, grüne Feigen, Kirschen

aminreichen Beeren reifen von Ende August bis Ende September. Die Dolden schneidet man vorsichtig mit einer Baumschere ab und transportiert sie in einem Korb, damit die Beeren nicht matschig werden. Holundersaft färbt stark und darf nur gekocht getrunken werden.

◆ *Preiselbeeren* wachsen in Wäldern, Mooren und Heiden. Die roten, ballaststoffreichen Beeren reifen von Ende August bis Oktober. Wer sie sammelt, muß sich vorsichtig zwischen den niedrigen Sträuchern bewegen, damit er die Pflanzen nicht zertritt.

◆ *Sanddornbeeren* wachsen an dornigen Büschen mit langen, silbergrau-grünen Blättern. Die Büsche findet man an Bahndämmen, in Parkanlagen, an Flüssen und Meeresküsten. Die Stiele schneidet man mit einer Baumschere ab. Sanddorn schmeckt nur gekocht.

Zitronen Sie sind weniger Obst als vielmehr Würze und Heilmittel. Der Saft wirkt appetitanregend, fiebersenkend und bakterientötend. Die Schale mit ihren vielen Öldrüsen gibt süßen und herzhaften Gerichten, Gebäck und Getränken ein wunderbares Aroma. Behandelte Zitronen, deren Schale man nicht essen kann, müssen eigens gekennzeichnet sein. Reife Früchte erkennt man an der gleichmäßig glänzenden Schale, die nicht ganz gelb sein muß – auch Zitronen mit grünen Stellen können reif und aromatisch sein. Zitronen lagert man kühl und trocken. Bei längerer Lagerung werden die Schalen hart, und die Früchte schrumpfen, sie können aber trotzdem noch viel Saft enthalten.

Zwetschgen siehe Pflaumen

Von links nach rechts: Maronen, Erdnüsse und Cashewnüsse

Nüsse und Samen

Ob Hasel- oder Walnüsse, Mandeln oder Pistazien, Eßkastanien oder Sesam, Cashew- oder Erdnüsse, Pinienkerne oder Sonnenblumenkerne – alle sind besonders nahrhaft und kalorienreich. Sie liefern Nährwerte gebündelt: ungesättigte Fettsäuren, die der Körper nicht selbst bilden kann, und hochwertiges Eiweiß, das mit Nudeln, Reis, Brot oder Getreide so wertvoll ist wie ein Essen mit Fleisch. Am besten kauft man Nüsse in der Schale, weil diese natürliche Verpackung Aroma und Nährstoffe schont. Außerdem wirkt sie konservierend – ohne Schale werden Nüsse schneller ranzig und schimmelig.

Vom Spätherbst bis tief in den Winter hinein kommen Nüsse aus kontrolliert-ökologischem Anbau z.B. in die Reformhäuser und Naturkostläden. Es gibt auch Lebensmittel, die aus Nüssen oder Samen hergestellt werden:

◆ *Kokoscreme*, ein Extrakt aus geriebenem Kokosnußfleisch und Wasser oder Milch, ist typisch für die indische, thailändische und vietnamesische Küche.

◆ *Sesampaste* – Tahini genannt – besteht aus gepreßten weißen Sesamkörnern und erinnert in der Konsistenz an Erdnußmus. Mit Tahini werden z.B. Saucen gewürzt.

Teigwaren, Reis und Getreide

Diese preiswerten Lebensmittel enthalten alles, was wir zum Sattwerden brauchen: pflanzliches Eiweiß, aber wenig Fett, viele Kohlenhydrate und Ballaststoffe.

Teigwaren

Dazu gehören die vielen verschiedenen Nudelsorten, die es getrocknet oder frisch zu kaufen gibt.

Nudeln Sie werden aus Getreide und Wasser oder Milch hergestellt. Es können auch Eier, Gemüse oder Kräuter darin enthalten sein. Alle Zutaten müssen auf der Verpackung stehen. Die Nudelproduktion ist sehr aufwendig, weil Nudeln weder Risse bilden noch beim Lagern zusammenkleben dürfen; außerdem müssen sie optimal haltbar sein. Qualitativ hochwertige Nudeln sind besonders körnig im Biß. Die Auswahl an Nudeln ist groß:

◆ *Weiße Nudeln* bestehen aus Weizengrieß, Salz und Wasser. Koch- und bißfeste Teigwaren müssen überwiegend aus Hartweizen hergestellt werden; ein Zusatz von maximal 20% Weichweizen ist erlaubt. Hartweizen enthält Carotinoide, die auch eifreien Nudeln einen hübschen gelblichen Glanz verleihen.

◆ *Eierteigwaren* müssen je Kilogramm Weizengrieß mindestens 2¼ Hühnereier von je 45 g Mindestgewicht oder die entsprechende Menge Eidotter enthalten. Eiernudeln mit hohem Eigehalt werden mit mindestens 4 Hühnereiern pro Kilogramm Weizen hergestellt.

◆ *Eifreie Nudeln* können trotz dieser Bezeichnung Eier enthalten. Die Bezeichnung besagt nur, daß die Nudeln mit weniger als den für Eiernudeln vorgeschriebenen 2¼ Hühnereiern hergestellt worden sind.

◆ *Gemüsenudeln* oder *bunte Nudeln* werden mit konzentriertem Gemüsesaft, Püree oder gefriergetrocknetem Pulver hergestellt. Paprikaschoten z.B. färben die

Nudeln orange, Möhren kräftig gelb, rote Beten rosa, Tomaten rot und Spinat grün.

♦ *Frischteigwaren* sind weiche, besonders feine Nudeln, Tortellini oder Ravioli mit unterschiedlichen Füllungen. Man erhält sie in Feinkostgeschäften und gut sortierten Supermärkten. Lose angebotene frische Nudeln, Tortellini oder Ravioli muß man im Kühlschrank aufbewahren und innerhalb von 3 Tagen zubereiten. Bei abgepackten Frischteigwaren stehen Hinweise zur Aufbewahrung und das Mindesthaltbarkeitsdatum auf der Verpackung.

♦ *Vollkornnudeln* haben einen mehr oder weniger hohen Vollkornanteil und enthalten mehr Vitamine, Mineralstoffe, Ballaststoffe, Fett und Eiweiß als weiße Nudeln. Außer Weizennudeln gibt es z. B. auch Gersten-, Hafer-, Roggen-, Hirse-, Grünkern- und Dinkelnudeln. Gegart werden Vollkornnudeln ebenso wie weiße Nudeln, indem man sie in reichlich Salzwasser sprudelnd kocht und nicht – wie auf manchen Packungen angegeben – bei schwacher Hitze ziehen läßt.

Nudelspezialitäten Aus der asiatischen Küche stammen die folgenden Nudelsorten:

♦ *Glasnudeln* bestehen aus Hülsenfrüchten, meist aus der Stärke von Soja- oder Mungobohnen. Die Stärke macht sie durchscheinend wie Glas. Glasnudeln für Salat werden mit kochendem Wasser übergossen und sind nach kurzer Zeit weich. In Suppen oder Chinagerichten mit Sauce gart man sie mit den anderen Zutaten.

♦ *Reisnudeln* siehe Reis

♦ *Chinesische Nudeln* bestehen aus Weizengrieß und Wasser. Manche Sorten enthalten Eier.

♦ *Soba*, die würzigen Buchweizennudeln, eine Spezialität aus Japan, ißt man z. B. als Suppeneinlage.

♦ *Wantan* sind gefüllte Teigtaschen – ähnlich wie Ravioli. Die Teigplatten bekommt man in Asienläden.

Reis

Er ist fettarm, leicht verdaulich und liefert eine Reihe wichtiger Vitamine und Mineralstoffe. Die Grundeinteilung der vielen Reissorten ist einfach: Langkornreis, z. B. Basmati oder Patna, hat lange, schmale Körner. Rundkorn- und Mittelkornreis mit runden bis ovalen Körnern gibt es als Milch- oder Risottoreis zu kaufen. Die Angaben Naturreis, parboiled oder Weißreis besagen, ob und wie der Reis bearbeitet worden ist.

Naturreis oder **brauner Reis** Er ist nur von den ungenießbaren Spelzen befreit und enthält alle wertvollen Bestandteile des Reiskorns: Fett, Eiweiß, Ballaststoffe, Vitamine und Mineralstoffe.

Weißer oder **polierter Reis** So nennt man Reis, der in Reismühlen geschliffen wurde, um Silberhäutchen und Keim zu entfernen. Deshalb ist er nährstoffärmer als Naturreis, aber auch besonders lange haltbar.

♦ *Parboiled Reis* ist ebenfalls poliert, enthält jedoch noch viele Inhaltsstoffe. Beim Verarbeiten weicht man die entspelzten Reiskörner in heißem Wasser ein; dadurch lösen sich aus ihrer Außenschicht die Vitamine und Mineralstoffe, die dann mit hohem Druck wieder in das Innere der Körner gepreßt werden.

Reisnudeln Sie bestehen aus Reismehl und Wasser. Es gibt sie in unterschiedlichen Formen zu kaufen, z. B. als Band- oder Suppennudeln.

Reisblätter Die dünnen Blätter werden aus Reismehl, Wasser und Salz hergestellt. Man verwendet sie als Hülle für Gemüse, Fisch, Fleisch und Sprossen. Man ißt diese Rollen kalt, gedämpft, fritiert oder gebraten.

Wildreis Botanisch gesehen ist er kein Reis, sondern ein Rispengras *(Zizania aquatica)*, das im Wasser wächst. Weil die Ernte mühsam ist und die Erträge relativ gering sind, gehört echter Wildreis zu den besonders teuren Lebensmitteln. Wildreis schmeckt angenehm nußartig und enthält mehr Eiweiß, Magnesium, Eisen und Zink als richtiger Reis.

Getreide

Getreide war und ist unsere Nahrungsgrundlage, denn es ist besonders nährstoffreich: Hafer z. B. enthält viel Calcium und Hirse besonders viel Eisen. Gerste ist reich an B-Vitaminen und Mineralstoffen. Weizen, Bulgur, Dinkel und Grünkern enthalten reichlich Eiweiß und Roggenkörner viele Ballaststoffe.

Buchweizen Dieser Verwandte von Rhabarber und Sauerampfer ist keine Getreidesorte, wird aber wie Getreide in ganzen Körnern, als Grütze, Flocken und Mehl verkauft und auch wie Getreide zubereitet. Buchweizen schmeckt sehr kräftig, fast ein wenig bitter.

Bulgur Diese typische Zutat der Küchen des Nahen und Mittleren Ostens wird auch Bulghur oder Burghul genannt. Es ist grob vermahlener, vorgekochter Weizen, der besonders schnell gart. Man verwendet ihn z. B. für Suppen, Eintöpfe, Klöße, Süßspeisen oder als Beilage.

Couscous Die nordafrikanische Spezialität bezeichnet sowohl ein Gericht als auch ein Weizenprodukt. Couscous muß man nicht unbedingt kochen; es wird schon durch Einweichen gut verdaulich, so daß es sich auch als Zutat für Salate eignet.

Dinkel Wie Gerste oder Hafer ist er ein Spelzgetreide. Bei diesen Getreidearten sind die Spelzen mit dem Korn verwachsen.

Gerste Wie Hafer muß Gerste geschält, d. h. von den unverdaulichen Spelzen befreit werden. Sie kommt als Nacktgerste in den Handel. Außerdem gibt es noch Sprießkorngerste, eine Züchtung, die bereits ohne Spelzen wächst.

Getreideflocken Sie werden aus den ganzen Körnern (kernige Flocken) oder aus Getreidegrütze (zarte Flocken) hergestellt. Neben den altbekannten Haferflocken bekommt man inzwischen auch z. B. Weizen- oder Dinkelflocken. Am besten für die Ernährung sind Vollkornflocken (steht auf der Verpackung), weil sie noch fast alle Bestandteile des ganzen Korns enthalten. Bei gekauften Getreideflocken werden die Körner gedämpft und getrocknet. Knusperflocken – z. B. Cornflakes – werden zusätzlich geröstet und oft mit Zucker, Honig oder anderen Aromastoffen vermischt.

Graupen Das sind bearbeitete – entspelzte und polierte – Gerstenkörner, die besonders leicht verdaulich sind. Sie enthalten aber etwas weniger Vitamine und Mineralstoffe als ganze Gerstenkörner.

Grieß Das ist gemahlenes Getreide – etwas gröber als Mehl und feiner als Grütze.

Grünkern Dabei handelt es sich um noch unreif geerntete Dinkelkörner. Grünkern schmeckt kräftig, ein bißchen nach Nuß und muß nur gekocht, aber nicht vorgeweicht werden.

Grütze Grobgemahlenes Getreide heißt auch Grütze. Bekannt ist Hafergrütze, die sich gut für Getreidefrikadellen und Klöße eignet. Weizengrütze bleibt beim Garen schön locker und kann wie Bulgur serviert werden.

Hafer Er wird wie Gerste oder Reis geschält, um ihn von den unverdaulichen Spelzen zu befreien. Ganze Hafer-

Von links nach rechts: Grünkern, Dinkel und Weizen

körner, Hafervoll-
kornmehl und Voll-
kornhaferflocken
enthalten Bal-
laststoffe, die sich
mit Cholesterin
verbinden. So ge-
bundenes Chole-
sterin wird vom
Körper nicht ver-

wertet, sondern ausge-
schieden. Hafer hilft also, den Cholesterinspiegel zu sen-
ken. Haferkörner muß man immer kochen. Einweichen
sollte man sie nicht, weil sie dadurch bitter werden.
Haferflocken schmecken auch roh im Müsli oder im
Joghurt.

Hirse Sie stammt aus Zentralasien
und gilt als die älteste Getreideart, die der Mensch kultiviert
hat. Die Körner muß man
nicht einweichen; sie sind in
etwa 20 Minuten gar.

Mais Er ist zwar eine ei-
weißarme Getreideart, kombi-

niert man ihn jedoch mit Milchprodukten oder Bohnen,
liefert er mehr hochwertiges Eiweiß als ein Fleischgericht.
Getrocknete Maiskörner werden zu Maismehl oder Maisgrieß verarbeitet. Feingemahlener
Maisgrieß heißt auch Polenta,
grober Grieß Kukuruz.

Roggen Er stammt vermutlich
aus dem Kaukasus und ist zusammen mit dem Weizen nach Europa gekommen – und zwar in
seiner Wildform. Vor etwa 3000
Jahren hat man angefangen, ihn
zu kultivieren. Roggen ist das wichtig-
ste Brotgetreide. Roggenbrote halten die Feuchtigkeit
sehr gut und bleiben deshalb einige Tage länger frisch
als Weizenbrote.

Weizen Er gehört weltweit zu den ältesten Getreidearten. Weizen, der zu Mehl oder Grieß verarbeitet wurde,
nimmt man z. B. für Brot und Gebäck, Nudeln und andere
Teigwaren. Denn ein bestimmter Inhaltsstoff, der Kleber,
sorgt dafür, daß Weizenteig geschmeidig und gut formbar ist, daß Gebäck hoch aufgeht und schön locker wird.
Wie bei jedem anderen Getreide kann man natürlich
auch die ganzen Körner essen.

Kräuter, Gewürze, Essig und Senf

Jede Würze gibt selbst einfachen Gerichten besonderen
Pfiff. Und fast alle Kräuter und Gewürze haben auch
eine bestimmte Wirkung: Thymian und Beifuß helfen,
Fett besser zu verdauen, Salbei macht Hülsenfrüchte gut
verträglich, Petersilie liefert viel Vitamin C, Pfeffer wirkt
gegen Entzündungen und Fieber, und Essig regt den
Appetit an.

Kräuter

Im Sommer nimmt man so oft wie möglich frische Kräu-
ter. Die Auswahl beim Gemüsehändler und auf dem
Markt ist ziemlich groß. Manche kann man auch auf dem
Balkon selbst ziehen: Petersilie, Thymian, Schnittlauch,
Borretsch, Majoran, Estragon und Zitronenmelisse gedei-
hen z. B. im Balkonkasten.

Basilikum Bereits in der Antike wurde das aus Südasien
stammende Basilikum geschätzt. Es paßt gut zu allem,

was der Sommer bietet: zu Tomaten, Blattsalaten, Paprikaschoten, Erbsen, Maiskolben und zu grünen Bohnen.
Pesto, die berühmte italienische Spaghettisauce, wird damit zubereitet. Frisch schmeckt das Kraut am besten.

Beifuß Vom Beifuß nimmt man nur die geschlossenen
Blütenknospen und die oberen zarten Blättchen. Bereits
geöffnete Blüten und größere Blätter schmecken bitter.

Bohnenkraut Ursprünglich war Bohnenkraut gar nicht
die Würze für grüne Bohnen, sondern für getrocknete
Hülsenfrüchte. Es unterstützt nämlich die Verdauung

und wirkt krampflösend. Deshalb sollte man es auch für fettes Schweinefleisch, Gänsebraten und kräftige Eintöpfe verwenden. Bohnenkraut schmeckt frisch, gekocht, gebraten und getrocknet.

Borretsch Die Pflanze mit den schönen blauen Blüten heißt auch Gurkenkraut. Mit ihrem frischen Geschmack paßt sie an Salate, kalte Saucen, Kräuterbutter und fein geschnitten aufs Brot. Mitkochen verträgt sie nicht.

Brennessel Sie wächst wie Löwenzahn in Naturgärten, Waldlichtungen und an Wegrändern. Beim Sammeln sollte man die Nähe von Straßen und Äckern wegen der Schadstoffbelastung meiden. Die jungen Blätter eignen sich als aromatische Zutat zu Salaten, als Füllung für Ravioli und Maultaschen, und sie schmecken in Suppen.

Brunnenkresse Das Kraut hat einen meerrettichähnlichen Geschmack. Die ganzen Blätter und die grob gehackten Stiele schmecken in Salaten. Fein gehackt paßt das ganze Kraut gut zu Fischsuppen oder Spargel.

Dill Das Kraut gibt man frisch gehackt in Saucen, Suppen und Gerichte mit Fisch, Krabben, Geflügel oder Reis. Mitkochen verträgt Dill nicht, wohl aber kurzes Erhitzen. Getrocknet verliert er rasch an Aroma.

Estragon Die Pflanze spielt eine wichtige Rolle in der französischen Küche. Sie paßt zu Saucen, Fisch, Fleisch und Geflügel. Auch getrocknet steckt Estragon noch voller Aroma.

Kerbel Mit seinem hohen Vitamin-C-Gehalt ist Kerbel ideal für eine Frühjahrskur. Das Kraut wirkt blutbildend und harntreibend. Frischer Kerbel schmeckt auf Butter- oder Käsebrot, paßt z.B. zu Suppen und Saucen, zu Salaten, Reis, Fisch und Geflügel. In heißen Speisen wird er erst kurz vor dem Servieren untergemischt.

Liebstöckel Der typische Geruch und Geschmack nach einer bekannten Suppenwürze hat der Pflanze auch den Namen Maggikraut verliehen. Liebstöckel kann man mitkochen; es gibt Suppen und kräftigen Eintöpfen ein herzhaftes Aroma.

Löwenzahn Früher wurde Löwenzahn eigens angepflanzt, inzwischen vermehrt er sich vielen Gartenbesitzern zu schnell. Man sticht die Pflanzen vor der Blüte aus,

hackt die zarten Blätter wie Petersilie und mischt sie mit anderen Kräutern in den Salat. Oder man dünstet sie als Gemüse mit Olivenöl und Knoblauch. Der leicht bittere Geschmack ist ein guter Kontrast zu Reis oder Nudeln.

Majoran Dieses Kraut ist bei uns so beliebt als Gewürz für Würste und Leberknödel, daß man seine südliche Herkunft – vermutlich aus Vorderasien und Nordafrika – ganz vergessen hat. Es macht fettes Fleisch, Hülsenfrüchte und Kohl leichter verdaulich. Außer zu deftigen Gerichten kann man Majoran auch auf eine edlere Art verwenden: Man schwenkt die Blättchen mit gehackten Chilischoten und Knoblauch in Olivenöl und brät Lamm oder Leber darin.

Minze Es gibt so viele Minzearten, daß selbst Fachleute nicht alle aufzählen können. Welche Sorte man für Salate nimmt, richtet sich vor allem danach, welchen Mentholgehalt man bevorzugt. Grüne oder rötliche Minze enthält sehr viel von diesen ätherischen Ölen, Krauseminze weniger. Sie schmeckt deshalb nicht so intensiv und pfeffrig, sondern leicht süßlich.

Oregano Das kräftige Würzkraut aus dem Süden verwendet man am besten wie Rosmarin und Salbei. Es schmeckt frisch und getrocknet, kann geröstet und gekocht werden. Dost, der sanftere Verwandte des Oregano, wächst auch gut in unserem Klima.

Petersilie Unser bekanntestes Küchenkraut mit seinen glatten oder krausen saftig-grünen Blättern wird das ganze Jahr verwendet – frisch, aus Freiland oder Gewächshaus, getrocknet und tiefgefroren.

Pfefferminze siehe Minze

Pimpinelle Das Wiesenkraut mit den feinen gezahnten Blättchen und dem würzigen Duft schmeckt frisch ein wenig nach Gurke. Es paßt zu Salaten, Kräuterquark, kalten und warmen Kräutersaucen, Suppen, Rührei, Fisch und hellem Fleisch.

Rosmarin Das Kraut des Südens bedarf bei unserem Klima im Freien besonderer Pflege. Es paßt zu Auberginen, Tomaten, Paprikaschoten, Zucchini und Pilzen, zu Reis und Kartoffeln, kräftigem Fisch wie Seeteufel und

Aal, zu Geflügel, Lamm und Wild. Man kann Rosmarin braten und kochen, frisch oder getrocknet verwenden. Getrocknet schmeckt es etwas schärfer als frisch.

Salbei Dieses Kraut mit seinem weihrauchähnlichen Geruch hilft bei der Fettverdauung und gegen Erkältungen, wirkt krampflösend, entzündungs- und bakterienhemmend. Es paßt zu Reisgerichten, Lamm und Geflügel. Die Blättchen in leichtem Teig ausgebacken ergeben mit Zucker und Zimt ein ungewöhnliches Dessert.

Schnittlauch Wie Dill und Petersilie ist es ein Universalkraut. Am besten schmeckt es, wenn man es in feine Röllchen schneidet und nicht mitkocht.

Thymian Der kleine Strauch mit den winzigen Blättchen ist eines der ältesten Kräuter der Mittelmeerküche. Mit Sicherheit wußten schon die Römer, daß es Fett leichter verdaulich macht. Thymian paßt zu Sommergemüse wie Paprikaschoten, Tomaten, Auberginen und Bohnen, zu Pilzen, Zucchini und Sommerweißkohl. Man würzt Geflügel und Lamm damit sowie Suppen und Saucen. Ein paar Blättchen schmecken auch an Kräuterquark. Thymian kann man rösten, mitkochen oder trocknen – er behält sein Aroma.

Zitronengras Die zwiebelähnlichen dicken Halme enthalten ätherische Öle mit zitronenartigem Duft und Geschmack. Frisch bekommt man es in Asienläden und auf Märkten. Entweder gart man es in Stücke geschnitten mit und entfernt es vor dem Servieren wieder, oder man zerkleinert es ganz fein und gibt es an Salatdressings, Suppen oder Saucen.

Zitronenmelisse Der Zitronenduft, den die Pflanze ausströmt, stammt von bestimmten Ölen, die in winzigen Drüsen auf den Blättchen sitzen. Zitronenmelisse spielt als Heil- und Gewürzmittel eine wichtige Rolle. Sie wirkt beruhigend und krampflösend und paßt zu allen Speisen mit Fett, z.B. zu Ölmarinaden für Fisch, Geflügel und Fleisch, zu Kräuterbutter und Sahnesaucen. Kühlen Sommerdrinks mit oder ohne Alkohol gibt sie ein fein-säuerliches Aroma. Bei heißen Speisen soll man das Kraut erst zum Schluß dazugeben – Mitkochen und Trocknen verträgt es nicht so gut.

Gewürze

Gewürze kauft man am besten unzerkleinert – also lieber die ganze Muskatnuß anstelle von Pulver und Pfefferkörner statt gemahlenen Pfeffer – und bewahrt sie fest verschlossen in Schraubgläsern auf. So hält sich das Aroma am längsten.

Cayennepfeffer Das Pulver aus getrockneten, gemahlenen Pfeffer- bzw. Chilischoten schmeckt höllisch scharf. Milder ist das mit anderen Gewürzen gemischte Chilipulver. Cayennepfeffer läßt sich leichter dosieren als ganze Pfefferschoten und paßt zu allem, was scharf gewürzt werden soll.

Chutney Die süß-scharfe, mit Essig angenehm gesäuerte Spezialität stammt aus Indien und besteht aus verschiedenen Obst- oder Gemüsesorten, die zusammen mit Gewürzen eingekocht werden. Chutneys haben die Konsistenz von Marmelade und schmecken zu asiatischen Currygerichten, als Rouladenfüllung oder einfach zu kaltem Braten und Grillfleisch.

Currygewürze Curry ist das englische Wort für die scharf gewürzten Gerichte der indischen Küche. Die entsprechende Würzmischung dazu heißt *Garam Masala* und wird von indischen Hausfrauen und Köchen selbst gemischt. Sie besteht aus gemahlener Gelbwurz, Cayennepfeffer, weißem Pfeffer, Koriander-, Ingwer-, Kreuzkümmel- und Zimtpulver, gemahlenen Nelken, gemahlenem Kardamom und gemahlener Muskatblüte (Macis). Currypulver wird nicht einfach über die Speisen gestreut, sondern in Fett oder Öl sanft angeröstet und mit allen anderen Zutaten in Flüssigkeit gegart.

Gelbwurz Die Verwandte des Ingwers heißt auch Kurkuma. Sie gehört zur indischen und indonesischen Küche, wo sie Bestandteil des Currypulvers ist.

Ingwer Die aromatische Wurzel stammt von einem Liliengewächs gleichen Namens. Ingwer wird seit rund 4000 Jahren angebaut – zuerst in seiner Heimat Südostasien, später in Indien und Ostafrika. Es gibt ihn als scharfes Pulver, als getrocknete, nicht besonders aromatische Stükke, kandiert wie Konfekt oder eingelegt wie Mixed Pickles. Besonders fruchtig, mild und aromatisch schmeckt die frische Wurzel: Sie wird dünn geschält oder geschabt und fein gehackt, geraspelt oder durch die Presse gedrückt. Ingwer würzt herzhafte Gerichte der asiatischen Küche und süßes Gebäck.

Kardamom Das Gewürz fördert die Verdauung und sorgt für angenehmen Atem. Man kann es als Pulver, Samen und Kapseln kaufen. Besonders aromatisch sind die Kapseln, die man ganz in Öl röstet oder im Mörser zerkleinert. Kardamom schmeckt in Currygerichten, Pilaws, Salaten und Gebäck.

Koriander In der Küche Indiens, Vietnams und Japans haben Korianderkörner und -kraut einen festen Platz. Das zarte Koriandergrün streut man über asiatische Gerichte. Die Körner, ganz oder gemahlen, würzen Brot und Wurst, Gebäck, Marinaden und asiatische Gerichte.

Kreuzkümmel Das Gewürz, auch Kumin genannt, gehört zur indischen Reis- und Curryküche, zum orientalischen Pilaw, zum nordafrikanischen Couscous und zu scharfen Chiligerichten mit Fleisch und Bohnen aus Lateinamerika.

Kümmel Er gehört zur selben Pflanzenfamilie wie Kreuzkümmel, schmeckt aber viel sanfter. Möglicherweise ist Kümmel un-

ser ältestes Gewürz. Es paßt gut zu Kartoffeln, Sauerkraut und Schweinefleisch, läßt sich mitkochen, schroten und mahlen.

Lebkuchengewürz Die Gewürzmischung ist nicht nur für die Weihnachtsbäckerei bestimmt: Auch Zwetschenkompott und Apfelkuchen bekommen damit eine feine Würze. Man kann Lebkuchengewürz fertig gemixt kaufen. Wer es selbst mischen will, nimmt zu gleichen Teilen Zimt, Gewürznelken, Piment (Nelkenpfeffer), Kardamom, Koriander und Muskatnuß – alles gemahlen.

Lorbeer Die Blätter des immergrünen Baumes passen zu Fischsud, Fleisch- und Geflügelbrühe, Marinaden, orientalischen Pilaws oder einfachem Schmorfleisch. Sie werden mitgegart und vor dem Servieren wieder entfernt.

Meerrettich Die aromatische scharfe Wurzel ist mit dem Rettich verwandt. Die typische Schärfe des Meerrettichs stammt vom Senföl, das – in geringerer Menge – auch in Rettich und Radieschen vorkommt.

Muskatblüte Das Samenhäutchen über der Muskatnuß heißt auch Macis. Frisch ist es rot, getrocknet orangefarben. Macis gibt es ganz oder gemahlen. Es schmeckt etwas feiner als Muskatnuß und wird genauso verwendet.

Muskatnuß Die etwa 10 m hohen Muskatbäume tragen entweder männliche oder weibliche Blüten. Aus den weiblichen entwickelt sich eine pfirsichähnliche Frucht, die aufspringt, sobald sie reif ist. Zum Vorschein kommt ein Stein, in dessen Innerem ein Kern, die Muskatnuß, sitzt. Muskat paßt zu vielen süßen und herzhaften Speisen. Vorsicht, in großen Mengen wirkt es wie ein Rauschmittel und kann für Schwangere und Kinder gesundheitsschädlich sein.

Nelken Sie sind die Blütenknospen eines immergrünen Baumes aus Indonesien und nicht mit den gleichnamigen Blumen verwandt. Mit Nelken würzt man Süßspeisen und Gebäck, Currygerichte, Lamm, Rind, Schwein und Geflügel. Sie gehören in Fischsud, würzige Pasteten und Terrinen.

Pfeffer Grüner, schwarzer und weißer Pfeffer stammen vom selben Strauch. Grün sind die unreif geernteten Pfefferkörner. Damit die grüne Farbe erhalten bleibt, müs-

sen sie in Essig oder Salzlake eingelegt werden. Denn beim Trocknen an der Luft werden sie schwarz und schrumpelig – das ist dann der schwarze Pfeffer. Weißer Pfeffer sind die ganz ausgereiften Pfefferbeeren. Anispfeffer dagegen – auch Sansho oder Szechuanpfeffer genannt – stammt nicht vom Pfefferstrauch, sondern von einem kleinen Baum mit dornigen Zweigen und gefiederten Blättern. Die Früchte verwendet man wie Pfeffer.

Pfefferschoten – auch Chili-/Chillischoten oder Chillies genannt – sind die oft höllisch scharfen Verwandten des Gemüsepaprikas. Wer scharfes Essen nicht gewöhnt ist, sollte erst einmal vorsichtig sein: Mild schmeckt ein Gericht, wenn man die Pfefferschote zwar entkernt, jedoch unzerkleinert mitgart und vor dem Essen entfernt. Mittelscharf wird es mit der zerkleinerten Schote ohne Kerne. Sehr scharf schmeckt das Essen, wenn man die zerkleinerte Schote und die Kerne verwendet.

Piment Er wird wegen seines scharfen Geschmacks oft auch als Nelkenpfeffer bezeichnet, obwohl der immergrüne Baum aus Mittelamerika botanisch nicht mit dem Pfeffer verwandt ist. Der pfefferige Geschmack kommt von einem bestimmten Öl, das mit der Reife der Früchte verschwindet. Piment wird deshalb unreif geerntet. Er paßt zu Gebäck und Kompott, aber auch zu Pastetenfüllungen, Currygerichten, Rind und Lamm.

Safran Er ist das teuerste Gewürz der Welt, auf dessen Panscherei früher drakonische Strafen standen. Von der Pflanze nutzt man nur die Staubgefäße im Innern der Blüte. Safran färbt intensiv gelb – nicht nur Speisen, sondern auch Stoffe. In der Küche verwendet man ihn für Risotto, Paella, asiatische Reisgerichte und Safranreis als Beilage. Wichtig: Bevor man ihn unter die Speisen mischt, sollte man ihn immer in warmer Brühe, Wasser oder Milch verrühren, sonst löst er sich nicht richtig. Safranfäden schmecken aromatischer als Safranpulver.

Sambal Oelek Die indonesische Spezialität ist eine brennend scharfe bis milder schmeckende Würzpaste, die in heißen Regionen sehr beliebt ist. Sie wird aus grünen oder roten, frischen oder getrockneten Pfefferschoten

hergestellt und je nach Sorte mit Knoblauch, Zwiebeln, Öl und/oder verschiedenen Gewürzen gemixt.

Sojasauce Die Würzsauce besteht aus Sojabohnen, Weizen oder anderem Getreide, Wasser, Salz und evtl. einem Gärungsmittel wie z.B. Hefe. Qualitativ gute Sojasauce gewinnt man durch Gärung: Dabei spaltet sich das Eiweiß in den Sojabohnen in kleinere Bausteine auf, und die Getreidestärke verwandelt sich in Zucker. Bei der monatelangen Gärung entwickeln sich allmählich die dunkle Farbe und der würzige Geschmack der Sauce.

Vanille Das Gewürz stammt von einer ursprünglich in Mexiko beheimateten Orchideenart mit gelben Blüten und langen Schoten. Bourbonvanille ist eine bestimmte Sorte, die zuerst auf der Insel Bourbon – heute Réunion – angebaut wurde. Am aromatischsten schmeckt Vanille, wenn man die Schote mit einem spitzen Messer

längs aufschneidet, das Mark herauskratzt und unter die Süßspeise mischt. Außer den ganzen Schoten gibt es auch gemahlene Vanille und Vanillezucker zu kaufen. Im Gegensatz zu künstlich aromatisiertem Vanillinzucker ist echter Vanillezucker mit gemahlenen Schoten gewürzt. Man erkennt ihn an den schwarzen Pünktchen.

Wacholder Die Beeren des immergrünen, früher als Heilmittel verwendeten Strauches geben Fischsud, Fleischgerichten, Marinaden, Sauerkraut und Kohl ein wunderbares Aroma. Wacholderbeeren, wie Pfefferkörner zerkleinert, kann man z.B. mit Wild, Rinderund Kalbsbraten schmoren.

Zimt Die Stangen und das Pulver stammen aus dem inneren Mark der Zimtbaumrinde – nur dieser Teil besitzt das bekannte Zimtaroma. Die äußeren Rindenstücke des tropischen Baumes schmecken bitter. Mit Zimt würzt man Süßspeisen und Kompott, aber auch Herzhaftes wie geschmortes Rindfleisch oder Currygerichte.

Essig

Essig gehört zu den ältesten Konservierungs- und Würzmitteln. Er entsteht aus Alkohol und Essigbakterien, die überall in der Luft vorhanden sind. Im Handel gibt es alle möglichen Sorten zu kaufen; Spezialitäten wie Balsamessig (siehe unten), Sherry- oder Himbeeressig bekommt man meist nur in Feinkostläden. Je weniger Säure ein Essig hat, desto feiner schmeckt er.

Balsamessig (Aceto balsamico) Der süße, besonders milde Essig aus Italien wird aus zuckerreichen Trauben gewonnen. Man kocht den Most ein, lagert ihn wie Wein in Holzfässern und läßt ihn reifen. Die edelsten Sorten können 20 Jahre alt sein, sind dickflüssig wie Sirup

und eine Rarität, die unter Kennern teuer gehandelt wird. Der Balsamessig, den man in (italienischen) Feinkostgeschäften und gut sortierten Supermärkten bekommt, kostet etwa so viel wie ein guter Weinessig. Aceto balsamico würzt Blattsalate, rundet dunkle Saucen ab und paßt zu Tomaten mit Mozzarella.

Senf

Senf besteht immer aus scharfen schwarzen und/oder milden gelben Senfkörnern. Sie werden gemahlen und mit Zucker, Gewürzen, Essig, Wein und Bier oder einer anderen Flüssigkeit zu einer dicken Paste angerührt (siehe S. 667). Die bekanntesten Sorten sind extrascharfer Senf aus dem Rheinland zu fettem Fleisch, kaltem Braten und fetten Würsten, süßer Senf aus Bayern zu Weißwürsten und Leberkäse und mittelscharfer Delikateßsenf, der zu vielem paßt und Salatsaucen würzt.

Backhilfen

Wichtige Zutaten für Kuchen und Gebäck sind Treibmittel wie Backpulver oder Hefe. Sie lassen den Kuchen hoch aufgehen und machen Gebäck schön locker.

Backpulver Man braucht es für fett- und zuckerreichen Teig. Backpulver besteht aus einem Treibmittel, z.B. Natron, und einer Säure, die bei Feuchtigkeit und Hitze bewirken, daß das Treibmittel in Gang kommt. Im feuchten

Teig und in der Ofenhitze bildet Backpulver ein Gas, dessen winzige Bläschen den Teig aufblähen und lockern.

Hefe Der Würfel frische Hefe oder die pulverige Trockenhefe sind eine Ansammlung lebender Organismen, die den Teig biologisch lockern – einfach, indem sie sich vermehren. Dazu brauchen sie Nahrung, Feuchtigkeit und Ruhe. Nahrung finden sie im Mehl, denn Hefezellen fressen Stärke und wandeln sie in Zucker um. Feuchtigkeit ist im Teig ebenfalls genügend vorhanden. Ruhe bekommen sie, wenn der Teig nach dem Rühren geht. Wärme benötigen die kleinen Zellen übrigens nicht zur Vermehrung; bei normaler Zimmertemperatur gegangener Hefeteig ist stabil, feinporig und locker.

Hirschhornsalz Es eignet sich für flaches Gebäck mit viel Zucker oder Honig, z.B. Lebkuchen. Dickes Gebäck schmeckt nicht mit Hirschhornsalz.

Pottasche Wie Hirschhornsalz ist es ein chemisches Treibmittel für flaches Gebäck, das vor dem Backen längere Zeit ruhen muß, z.B. Honigkuchenteig.

Von links nach rechts: Trockenhefe, Hirschhornsalz, Backpulver

Frühlingssalat mit Parmaschinken (S. 46);
Nizzaer Salat (S. 45) ➤

Große und kleine Salate

Große Salatplatte

Sie können die Salatplatte mit gerösteten Brotwürfeln, Schinkenstreifen und hartgekochten Eiern anreichern.

◆ Den Blattsalat zerpflücken, die Blätter waschen, trockenschütteln und grob zerteilen.

◆ Den Spinat mehrmals waschen und trockentupfen. Eventuell harte Stiele abzupfen.

◆ Salat und Spinat in die Mitte einer großen Platte legen.

◆ Die Tomaten waschen und würfeln; Stielansätze dabei entfernen.

◆ Die Radieschen waschen und in dünne Scheiben schneiden.

◆ Die Möhren putzen, den Kohlrabi schälen und beides raspeln.

◆ Die Paprikaschoten waschen und vierteln. Die Kerne und die weißen Häute entfernen. Die Schoten in feine Streifen schneiden.

Zutaten für 4 Portionen

$^{1}/_{2}$ Kopf grüner Salat, Eisberg-, Romana- oder Bataviasalat
1 Handvoll Spinat
3 Tomaten
1 Bund Radieschen
2 Möhren, 1 Kohlrabi
je 1 rote und grüne Paprikaschote
je 1 Bund Schnittlauch und Dill
1 Handvoll Basilikumblättchen
4 EL Essig
4 EL Instantgemüsebrühe
1 EL scharfer Senf
1 Prise Zucker
Salz, weißer Pfeffer
6 EL Öl
2 EL süße Sahne, 1 EL Joghurt
1 TL Zitronensaft
2 EL gehackte Nußkerne

◆ Alle zubereiteten Gemüse rund um den Salat anrichten.

◆ Schnittlauch, Dill und Basilikumblätter waschen und trockentupfen.

◆ Den Schnittlauch in feine Röllchen schneiden, über die Radieschen und den Salat streuen.

◆ Den Dill hacken, über die Möhren und den Kohlrabi verteilen.

◆ Die Basilikumblätter auf die Tomaten und die Paprika geben.

◆ Für die Sauce Essig, Gemüsebrühe, Senf, Zucker, Salz, Pfeffer und Öl verrühren. Über die Salatblätter und alle Gemüse träufeln.

◆ Die Radieschen zusätzlich mit Sahne übergießen.

◆ Den Joghurt mit Zitronensaft mischen und auf die Möhren geben.

◆ Alles mit Nüssen bestreuen.

Zubereitung etwa 45 Minuten
1 Portion = 1075 kJ/ 256 kcal

Gemischter Salat mit Vinaigrette

Die klassische Salatsauce Vinaigrette paßt zu allen Blattsalaten, schmeckt aber auch ausgezeichnet zu Artischocken, Spargel und Rohkost.

◆ Den Kopfsalat putzen, waschen und trockenschütteln; die Blätter zerteilen.

◆ Die Radieschen waschen und in Scheiben schneiden.

◆ Die Tomaten waschen und achteln; die Stielansätze der Tomaten dabei entfernen.

◆ Die Möhre putzen, das Gurkenstück schälen und beides auf der Rohkostreibe grob raspeln.

◆ Alle zerkleinerten Salatzutaten und die Kürbiskerne in einer Schüssel locker mischen.

Zutaten für 4 Portionen
1 kleiner Kopfsalat
4 Radieschen
2 Tomaten
1 mittelgroße Möhre
1 fingerlanges Stück Salatgurke
1 EL Kürbiskerne
1/2 kleine Zwiebel
2 EL Essig
Salz, weißer Pfeffer
1 Prise Zucker
1 EL scharfer Senf
6 EL Öl
je 1/2 Bund Petersilie
und Schnittlauch

◆ Für die Salatsauce die Zwiebel abziehen und fein hacken.

◆ Den Essig mit Salz, Pfeffer, Zucker und Senf kräftig verrühren.

◆ Die gehackte Zwiebel unter diese Mischung rühren.

◆ Das Öl langsam zugießen und mit einer Gabel kräftig unterrühren.

◆ Die Petersilie und den Schnittlauch waschen und trockentupfen.

◆ Die Petersilie fein hacken.

◆ Den Schnittlauch in feine Röllchen schneiden.

◆ Den Salat mit den zerkleinerten Kräutern und der Sauce mischen und sofort servieren.

Zubereitung etwa 40 Minuten
1 Portion = 785 kJ/ 187 kcal

Nizzaer Salat

Zutaten für 4 Portionen
400 g festkochende
Kartoffeln
400 g grüne Bohnen
Salz
2 Eier
1 rote Zwiebel
100 g gemischte schwarze
und grüne Oliven
1 Dose Thunfisch im
eigenen Saft
4 Fleischtomaten
schwarzer Pfeffer
3 EL Weißweinessig
6 EL Olivenöl
2 EL Kapern
1/2 Bund Petersilie

Salade niçoise, ein herzhafter Salat von der französischen Mittelmeerküste, ist eines der bekanntesten Bistrogerichte zum Sattessen. Unser Rezept mit Kartoffeln und grünen Bohnen ist originalgetreu.

◆ Die Kartoffeln waschen und mit der Schale in wenig Wasser weich kochen. Kalt abschrecken, pellen und abkühlen lassen.

◆ Während die Kartoffeln kochen und abkühlen, die Bohnen putzen, waschen, halbieren und ebenfalls in wenig kräftig gesalzenem Wasser bißfest garen.

◆ Die Bohnen abgießen und abtropfen lassen.

◆ Die Eier in 8–10 Minuten hart kochen, abschrecken, pellen und achteln.

◆ Die Zwiebel abziehen, halbieren und in dünne Scheiben schneiden.

◆ Die Oliven abtropfen lassen und nach Belieben entsteinen.

◆ Den Thunfisch abtropfen lassen und mit einer Gabel zerpflücken.

◆ Die Tomaten waschen, abtrocknen und achteln; die Stielansätze dabei entfernen.

◆ Für die Salatsauce Salz, Pfeffer, Essig und Öl verrühren.

◆ Die Kartoffeln in Scheiben schneiden. Mit den gekochten Bohnen, der Zwiebel und der Salatsauce mischen und auf Tellern verteilen.

◆ Eier, Oliven, Thunfisch, Tomaten und Kapern portionsweise auf dem Salat anrichten.

◆ Die Petersilie waschen, trockentupfen und hacken.

◆ Den Nizzaer Salat mit der Petersilie bestreuen und servieren.

Zubereitung etwa 1 Stunde
1 Portion = 1642 kJ/ 391 kcal

Frühlingssalat mit Parmaschinken

Dieser Bistrosalat, für den Sie erstklassige Zutaten benötigen, gelingt besonders leicht. Lassen Sie den Parmaschinken vom Händler in hauchdünne Scheiben schneiden.

◆ Den Rettich, die Möhren und die Gurke schälen und in dünne Scheiben hobeln.

◆ Die Radieschen waschen und in Scheibchen schneiden.

◆ Den Spinat verlesen, mehrmals waschen und trockenschütteln.

◆ Die Lauchzwiebeln putzen und waschen. Die eine Lauchzwiebel fein hacken, die andere mit allen saftigen grünen Blättern in fingerbreite Stücke schneiden.

◆ Die frischen Kräuter waschen, trockentupfen und grob zerkleinern.

◆ Rettich, Möhren, Gurke, Radieschen, Spinat, Zwiebelstücke und

Zutaten für 4 Portionen
1 kleiner weißer Rettich
250 g Möhren
$\frac{1}{2}$ Salatgurke
1 Bund Radieschen
200 g Spinat
2 Lauchzwiebeln
1 Bund Schnittlauch
1 Handvoll gemischte frische
oder 1 Päckchen TK-Kräuter
3 EL Zitronensaft
1 TL Honig
1 TL scharfer Senf
Salz, weißer Pfeffer
2 EL Weißweinessig
6 EL Oliven- oder Distelöl
150 g Parmaschinken
75 g Parmesan

Kräuter mischen und auf Tellern anrichten.

◆ Für die Salatsauce Zitronensaft, Honig, Senf, Salz, Pfeffer, Essig und Öl verrühren.

◆ Die gehackte Lauchzwiebel unter die Sauce mischen.

◆ Den Frühlingssalat mit der Sauce beträufeln.

◆ Den Parmaschinken auf den Tellern neben dem Salat anrichten.

◆ Den Parmesan grob zerbröckeln oder mit dem Käsehobel in Späne hobeln und gleichmäßig über den Salat verteilen.

Zubereitung etwa 45 Minuten
1 Portion = 1743 kJ/ 415 kcal

Wintersalat mit Pilzen

Zutaten für 4 Portionen
1 Kopf Radicchio
75 g Endiviensalatblätter
1 Möhre
1 Stange Sellerie
1 EL Essig
1 TL scharfer Senf
1 EL süße Sahne
Salz, weißer Pfeffer
4 EL Öl
100 g Austernpilze
oder Champignons
50 g Sonnenblumenkerne
1 Kästchen Gartenkresse

◆ Den Radicchio und den Endiviensalat waschen und in feine Streifen schneiden; die Möhre putzen und grob raspeln; den Sellerie waschen und in kleine Stücke schneiden.

◆ Essig, Senf, Sahne, Salz, Pfeffer und 3 EL Öl verrühren und mit den zerkleinerten Zutaten mischen.

◆ Die Pilze in Scheiben schneiden. 1 EL Öl erhitzen und die Pilze mit den Kernen rösten, bis sie weich sind. Die Kresse waschen und mit den Pilzen auf dem Salat verteilen.

Zubereitung etwa 30 Minuten
1 Portion = 815 kJ/ 195 kcal

Kopfsalat mit Kapernsauce

Zutaten für 4 Portionen
2 Eier
1 EL Kapern
1 TL scharfer Senf
4 EL Zitronensaft
Salz, weißer Pfeffer
5 EL Öl
3 EL kalte Instantgemüsebrühe
50 g schwarze Oliven
1 Kopf grüner Salat
1 kleines Bund Schnittlauch

◆ Die Eier in 8–10 Minuten hart kochen, abschrecken und von der Schale befreien. Die Dotter herauslösen und das Eiweiß hacken.
◆ Die Kapern abtropfen lassen.

◆ Die Dotter mit Senf, Zitronensaft, Salz und Pfeffer verrühren. Zuerst tropfenweise das Öl, dann teelöffelweise die Brühe unterrühren.
◆ Die Oliven entsteinen, mit den Kapern fein hacken und unter die Sauce mischen.
◆ Den Salat putzen, waschen, trockenschütteln, zerteilen, mit der Sauce vermischen und auf Tellern verteilen.
◆ Den Schnittlauch waschen, trockentupfen, fein zerkleinern und mit dem Eiweiß über den Salat streuen.

Zubereitung etwa 30 Minuten
1 Portion = 924 kJ/ 220 kcal

Sommersalat mit Blüten

Rauke, Kapuzinerkresse, Kerbel und Borretsch können Sie im Balkonkasten ziehen.

◆ Die Salatblätter putzen, waschen, trockenschütteln und in mundgerechte Stücke zerteilen.
◆ Rauke, Kapuzinerkresse, Kerbel und Spinat waschen und trockentupfen bzw. -schütteln.
◆ Die Kapern abtropfen lassen.
◆ Die Salatgurke schälen und in Scheiben hobeln.
◆ Die Radieschen waschen und in Scheiben schneiden.
◆ Die Fleischtomate waschen und würfeln; dabei den Stielansatz entfernen.
◆ Die Champignons putzen, waschen und vierteln.
◆ Alle diese Zutaten mit den Kürbis-

Zutaten für 4 Portionen
1/2 Kopfsalat, Frisée oder Romana
1 Handvoll Rauke
1 Handvoll Blätter von Kapuzinerkresse, Kerbel und Spinat
1 TL Kapern
1/4 Salatgurke
1 Bund Radieschen
1 große Fleischtomate
50 g Champignons
2 EL Kürbiskerne
2 EL Himbeeressig
Salz, schwarzer Pfeffer
1 TL Kräutersenf
6 EL kaltgepreßtes Olivenöl
Blüten von Borretsch, Kapuzinerkresse und Gänseblümchen

kernen in eine Schüssel geben und locker mischen.
◆ Für die Sauce den Essig mit Salz, schwarzem Pfeffer und Kräutersenf verrühren.
◆ Das Öl mit einem Schneebesen unterrühren.
◆ Die Sauce über den Salat gießen und alles mischen.
◆ Den Salat auf Tellern verteilen.
◆ Die Blüten von Borretsch, Kapuzinerkresse und Gänseblümchen waschen und die Salatportionen damit garnieren.

Zubereitung etwa 45 Minuten
1 Portion = 840 kJ/ 200 kcal

Orientalischer Petersiliensalat

Diese Spezialität aus dem Libanon heißt im Original **Tabuleh.**

◆ Das Couscous mit dem Wasser mischen und 30 Minuten quellen lassen. Mit einer Gabel lockern.
◆ Die Petersilie waschen und trockentupfen. Die Blättchen abzupfen und grob zerkleinern.
◆ Den Schnittlauch waschen, trockentupfen und in feine Röllchen schneiden.
◆ Die Zitrone auspressen.
◆ Die Tomaten waschen und wür-

Zutaten für 4 Portionen
3 EL Couscous
6 EL Wasser
200 g glatte Petersilie
1 Bund Schnittlauch
1 Zitrone
4 Tomaten
Salz
weißer Pfeffer aus der Mühle
je 2 EL Erdnuß- und Olivenöl

feln, sämtliche Stielansätze dabei entfernen.
◆ Das Couscous mit der Petersilie, mit Schnittlauch, Tomaten, Zitronensaft, Salz, Pfeffer und Öl in eine Schüssel geben. Alles mit einer Gabel locker mischen.
◆ Den Salat zugedeckt 25 Minuten ziehen lassen.

Quell- und Ruhezeit zusammen etwa 1 Stunde
Zubereitung etwa 15 Minuten
1 Portion = 630 kJ/ 150 kcal

Grüner Salat mit Käse

◆ Die Blätter des Eichblattsalats, die Paksoi- oder Mangoldblätter und den Spinat getrennt waschen und trockenschütteln.
◆ Die Salatblätter in mundgerechte Stücke zupfen und die Paksoi- oder Mangoldblätter in Streifen schneiden. Die harten Stiele der Spinatblätter entfernen.
◆ Die Schalotte und den Knoblauch abziehen und sehr fein hacken.
◆ Den Sherry- und den Balsamessig

mit Crème fraîche, Senf, Salz, Pfeffer und Öl verrühren.
◆ Die Schalotte und den Knoblauch untermischen.
◆ Die Sauce über dem Salat verteilen und alles locker mischen.
◆ Den Käse grob raspeln und über den Salat streuen.

Zubereitung etwa 30 Minuten
1 Portion = 1630 kJ/ 388 kcal

Zutaten für 4 Portionen
1 kleiner Kopf Eichblattsalat
2 Blätter Paksoi oder Mangold
1 Handvoll Spinat
1 Schalotte, 1 Knoblauchzehe
4 EL Sherryessig, 2 EL Balsamessig
2 EL Crème fraîche
2 TL körniger Senf
Salz, schwarzer Pfeffer
6 EL Öl
200 g Greyerzer Käse

Chicoréesalat mit Weintrauben

◆ Den Chicorée putzen und die äußeren Blätter entfernen. Den Kolben der Länge nach halbieren, waschen und trockentupfen. Den Strunk herausschneiden und den Chicorée in etwa fingerbreite Stücke schneiden.

◆ Die Weintrauben waschen und trockentupfen. Die Trauben von den Stielen zupfen und nach Belieben halbieren und entkernen.

Zutaten für 4 Portionen
700 g Chicorée
300 g weiße und blaue Weintrauben
100 ml saure Sahne, 3 EL süße Sahne
2 EL Orangensaft
Salz, schwarzer Pfeffer
1/2 Bund Petersilie

◆ Den Chicorée und die Weintrauben mischen. Die Sahne mit dem Orangensaft verrühren und mit sehr wenig Salz und Pfeffer würzen.

◆ Den Salat und die Sauce mischen.

◆ Die Petersilie waschen, trockentupfen, fein hacken und über den Salat streuen.

Zubereitung etwa 20 Minuten
1 Portion = 596 kJ/ 142 kcal

Endiviensalat mit Ei

Zutaten für 4 Portionen
1 Ei
1 Bund Schnittlauch
1 Kopf Endiviensalat
1 EL Essig, 1 TL körniger Senf
Salz, schwarzer Pfeffer
5 EL süße Sahne, 3 EL Öl

Statt Endiviensalat können Sie andere Salatsorten mit festen Blättern nehmen wie Frisée oder Romana.

◆ Das Ei in 8–10 Minuten hart kochen, danach kalt abschrecken, von der Schale befreien und hacken.

◆ Den Schnittlauch waschen, trockentupfen, fein zerkleinern und mit dem Ei mischen.

◆ Den Endiviensalat putzen, wa-

schen und trockenschütteln. Die Blätter in feine Streifen schneiden.

◆ Den Essig mit Senf, Salz, Pfeffer und Sahne vermischen. Das Öl unterrühren.

◆ Die Salatstreifen mit der Sauce mischen und auf Tellern anrichten. Die Eimischung darüber verteilen.

Zubereitung etwa 30 Minuten
1 Portion = 596 kJ/ 142 kcal

Radicchiosalat mit Schinken

Zutaten für 4 Portionen

300 g Radicchiosalat

1 Dose Mais (Einwaage 425 g)

1 Möhre

1 Bund Schnittlauch

250 g gekochter Schinken (in 0,5 cm dicke Scheiben geschnitten)

4 EL Tomatensaft (aus der Flasche)

2 EL milder Apfelessig

1 EL scharfer Kräutersenf

Salz, weißer Pfeffer

2 EL süße Sahne, 2 EL Öl

1 Bund Dill

50 g Walnußkerne

◆ Den Radicchio zerpflücken, waschen, trockenschütteln und die Blätter in mundgerechte Stücke zupfen.

◆ Den Mais abtropfen lassen.

◆ Die Möhre schälen und grob raspeln.

◆ Den Schnittlauch waschen, trockentupfen und fein schneiden.

◆ Die Schinkenscheiben vom Fettrand befreien und in feine Streifen schneiden.

◆ Radicchio, Mais, Möhre, Schnittlauch und Schinken in einer Schüssel mischen.

◆ Für die Sauce den Tomatensaft mit Essig, Senf, Salz, Pfeffer, Sahne und Öl verrühren. Die Sauce mit dem Salat mischen.

◆ Den Dill waschen, trockentupfen und hacken.

◆ Die Walnußkerne hacken.

◆ Den Dill zusammen mit den Walnußkernen über den Radicchiosalat streuen.

Zubereitung etwa 20 Minuten
1 Portion = 1550 kJ/ 369 kcal

Radicchiosalat mit Nüssen

Der vitamin- und mineralstoffreiche Radicchio wird vor allem im Herbst und im Winter angeboten. Als Salat paßt er gut zu kurzgebratenem Fleisch, Frikadellen aus Fisch, Fleisch oder Getreide und herzhaften Gemüsekuchen.

◆ Für die Salatsauce die Knoblauchzehe abziehen und zerdrücken.

◆ Den Schnittlauch waschen, trockentupfen und in feine Röllchen schneiden.

Zutaten für 4 Portionen

1 kleine Knoblauchzehe

1 Bund Schnittlauch

1 EL Zitronensaft

200 ml saure Sahne

Salz, weißer Pfeffer aus der Mühle

2 EL Olivenöl

500 g Radicchio

2 EL beliebige Nußkerne

◆ Knoblauch und Schnittlauch mit Zitronensaft, Sahne, Salz, Pfeffer und Öl verrühren.

◆ Den Radicchio zerpflücken, die Blätter waschen, trockenschütteln und in mundgerechte Stücke zupfen.

◆ Den Radicchio mit der Salatsauce mischen.

◆ Die Nüsse grob hacken und über den Salat streuen.

Zubereitung etwa 15 Minuten
1 Portion = 802 kJ/ 191 kcal

Spinatsalat

Spinat gilt zwar nicht mehr als Eisenlieferant Nummer 1, er enthält aber viel Vitamin C. Die Sonnenblumenkerne haben einen hohen Anteil an ungesättigten Fettsäuren.

◆ Den Essig mit Apfelsaft, Salz, Pfeffer, Senf und Öl verrühren.
◆ Den Spinat waschen und trockenschütteln.
◆ Die Champignons putzen, waschen und blättrig schneiden.
◆ Den Spinat und die Champignons

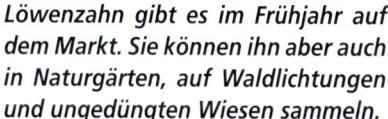

Zutaten für 4 Portionen
2 EL Essig
1 EL ungesüßter Apfelsaft
Salz, weißer Pfeffer
1 TL körniger Senf, 4 EL Öl
200 g Spinat
100 g kleine, feste Champignons
2 EL Sonnenblumenkerne
1 Bund Schnittlauch

mit der Sauce mischen und den Salat auf Tellern anrichten.
◆ Die Sonnenblumenkerne ohne Fett in einer Pfanne goldgelb rösten.
◆ Den Schnittlauch waschen, trockentupfen und in feine Röllchen schneiden.
◆ Den Schnittlauch mit den Sonnenblumenkernen über den Spinatsalat streuen.

Zubereitung etwa 30 Minuten
1 Portion = 580 kJ/ 138 kcal

Löwenzahnsalat mit Speck

Zutaten für 4 Portionen
300 g Löwenzahn
1 kleine Zwiebel
Salz, schwarzer Pfeffer
100 g durchwachsener Räucherspeck
1 EL Öl, 1 Prise Zucker
5 EL Wasser, 3 EL Essig

Löwenzahn gibt es im Frühjahr auf dem Markt. Sie können ihn aber auch in Naturgärten, auf Waldlichtungen und ungedüngten Wiesen sammeln.

◆ Die Löwenzahnblätter verlesen, waschen, trockenschütteln und in feine Streifen schneiden.
◆ Die Zwiebel abziehen und hacken.
◆ Löwenzahn, Zwiebel, Salz und Pfeffer mischen.

◆ Den Speck klein würfeln. Das Öl erhitzen und den Speck darin bei schwacher Hitze glasig bis hellbraun braten. Den Zucker, das Wasser und den Essig zugeben und den Bratensatz damit lösen.
◆ Die Specksauce über den Löwenzahn gießen und mit ihm vermischen.

Zubereitung etwa 30 Minuten
1 Portion = 966 kJ/ 230 kcal

Gemüsesalat

◆ Die roten Beten, die Kartoffeln und die Schwarzwurzeln waschen und in wenig Wasser weich kochen.

◆ Die Eier in 8 Minuten hart kochen.

◆ Die Kapern abtropfen lassen.

◆ Das Gemüse und die Eier abgießen und kalt abschrecken.

◆ Das Gemüse schälen und die Eier von der Schale befreien.

◆ Das Gemüse in kleine Würfel schneiden, die Eier und die Kapern hacken.

◆ Die Petersilie waschen, trockentupfen und hacken.

◆ Die Sardellenfilets kalt abspülen, damit sie nicht zu salzig sind, trockentupfen und hacken.

◆ Die Zwiebel abziehen und in dünne Ringe schneiden.

Zutaten für 4 Portionen
2 kleine rote Beten
2 kleine festkochende Kartoffeln
4 Schwarzwurzeln
2 Eier
1 EL Kapern
1/2 Bund Petersilie
2 Sardellenfilets
1 rote Zwiebel
100 g Topinamburknollen
200 g Knollensellerie
2 EL Zitronensaft
2 EL Essig, 4 EL Öl
Salz
schwarzer Pfeffer aus der Mühle

◆ Die Topinamburknollen schälen, waschen und in dünne Scheiben schneiden.

◆ Den Sellerie schälen und raspeln. Die beiden rohen Gemüse mit Zitronensaft mischen.

◆ Das gekochte und das rohe Gemüse mit Zwiebelringen, Sardellen, Essig und Öl mischen, mit Salz abschmecken und auf einer Platte anrichten.

◆ Die Eier, die Kapern und die Petersilie darüber verteilen.

◆ Den Salat mit Pfeffer aus der Mühle abschmecken.

Kochzeit etwa 1 Stunde
Zubereitung etwa 30 Minuten
1 Portion = 1021 kJ/ 243 kcal

Weißkohlsalat mit Speck

Schneiden Sie den Kohl möglichst fein, damit er viel Salatsauce aufnimmt und beim Ziehen mürbe wird.

Zutaten für 4 Portionen
1 Kopf Weißkohl (etwa 750 g)
Salz
100 g durchwachsener Räucherspeck
1 kleine Zwiebel
1 Knoblauchzehe
3 EL Weißweinessig
1/8 l Wasser
1 TL Instantfleisch- oder Gemüsebrühe
1/2 EL Kümmelkörner
1 TL scharfer Senf
4 EL Öl
1 Bund Petersilie
schwarzer Pfeffer aus der Mühle

◆ Den Kohlkopf vierteln, putzen, waschen und in feine Streifen hobeln. Mit 1 TL Salz vermischen und zugedeckt ziehen lassen.

◆ Den Räucherspeck in kleine Würfel schneiden, die Zwiebel und den Knoblauch abziehen und hacken.

◆ Den Speck bei schwacher Hitze unter häufigem Wenden braten, bis das Fett austritt; er soll dabei nicht bräunen. Die Zwiebel und den Knoblauch zugeben und unter Rühren glasig dünsten.

◆ Den Essig und das Wasser zugießen und aufkochen. Die Brühe untermischen und rühren, bis sich der Bratensatz gelöst hat. Kümmel, Senf und Öl mit einem Schneebesen unterrühren.

◆ Den Kohl mit dieser Marinade vermischen und zugedeckt bei Zimmertemperatur 3 Stunden ziehen lassen.

◆ Die Petersilie waschen, trockentupfen, hacken und untermischen. Den Salat mit reichlich Pfeffer würzen und mit Salz abschmecken.

Zubereitung etwa 45 Minuten
Ruhezeit 3 Stunden
1 Portion = 1268 kJ/ 302 kcal

Amerikanischer Kohlsalat

In den Vereinigten Staaten heißt dieser Salat Coleslaw. Der amerikanische Name geht auf das niederländische Wort kool (Kohl) zurück. Wenn Sie den Salat einmal abwandeln möchten: er schmeckt auch mit Rosinen, Schinkenstreifen, feingeschnittenem Roastbeef oder Krabben.

◆ Den Kohlkopf vierteln, putzen, waschen und in feine Streifen hobeln. Die Kohlstreifen mit dem Salz vermischen und zugedeckt ziehen lassen, bis die anderen Zutaten vorbereitet sind.

◆ Die Zwiebel abziehen und hacken.

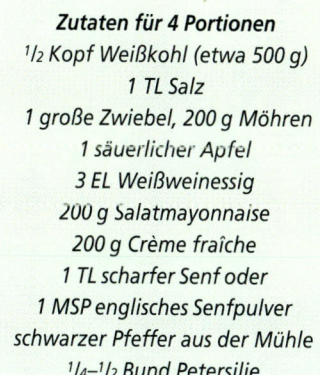

Zutaten für 4 Portionen
1/2 Kopf Weißkohl (etwa 500 g)
1 TL Salz
1 große Zwiebel, 200 g Möhren
1 säuerlicher Apfel
3 EL Weißweinessig
200 g Salatmayonnaise
200 g Crème fraîche
1 TL scharfer Senf oder
1 MSP englisches Senfpulver
schwarzer Pfeffer aus der Mühle
1/4–1/2 Bund Petersilie

◆ Die Möhren und den Apfel schälen und fein raspeln.

◆ Zwiebel, Möhren, Apfel und Essig in einer Schüssel mit dem Kohl mischen.

◆ Die Salatmayonnaise mit Crème fraîche, Senf oder Senfpulver und Pfeffer verrühren.

◆ Die Sauce unter den Kohlsalat mischen.

◆ Die Petersilie waschen, trockentupfen, hacken und über den Salat streuen.

Zubereitung etwa 45 Minuten
1 Portion = 1953 kJ/ 465 kcal

Süß-saurer Rotkohlsalat

Mit seinem kräftigen Geschmack paßt der Salat besonders gut zu gekochtem Rindfleisch oder zu Wildragout.

Zutaten für 4 Portionen
8 entsteinte Trockenpflaumen
1/8 l trockener Rotwein
1 kleiner Kopf Rotkohl (etwa 500 g)
1 TL Salz
1 Stück frische Meerrettichwurzel (etwa 10 cm lang)
2 EL Rotwein- oder Himbeeressig
1 TL Senf
1 TL Zucker
6 EL Öl

◆ Die Trockenpflaumen etwa 3 Stunden im Rotwein einweichen.

◆ Den Rotkohl vierteln, putzen, waschen und in feine Streifen hobeln. Die Rotkohlstreifen mit dem Salz vermischen und zugedeckt ziehen lassen, bis die anderen Zutaten vorbereitet sind.

◆ Den Meerrettich schälen, waschen und fein reiben.

◆ Essig mit Senf, Zucker und Öl verrühren. Rotkohl, Pflaumen mit Wein und Meerrettich hineingeben und zugedeckt bei Zimmertemperatur 1 Stunde ziehen lassen.

Einweich- und Ruhezeit zusammen etwa 4 Stunden
Zubereitung etwa 30 Minuten
1 Portion = 907 kJ/ 216 kcal

Kohlrabisalat mit Käsesauce

Achten Sie darauf, daß der Kohlrabi zart und frisch ist. Dann gelingt dieser Salat besonders gut. Er paßt am besten zu Pellkartoffeln, Getreidefrikadellen oder Steaks.

◆ Die zarten Blättchen vom Kohlrabi abschneiden, waschen, trockentupfen und hacken.
◆ Die Kohlrabiknollen schälen und grob raspeln.
◆ Den Edelpilzkäse mit einer Gabel

Zutaten für 4 Portionen
750 g Kohlrabi
70 g Edelpilzkäse, 100 ml süße Sahne
1 EL Magerjoghurt, 2 EL Zitronensaft
Salz, weißer Pfeffer
geriebene Muskatnuß
1 TL Walnußöl
1 Handvoll Brunnenkresse

zerdrücken und mit Sahne, Joghurt, Zitronensaft, Salz, Pfeffer, Muskat und Öl glattrühren.
◆ Den Kohlrabi mit der Käsesauce mischen.
◆ Die Brunnenkresse waschen, trockentupfen und hacken. Mit den Kohlrabiblättchen über den Salat streuen.

Zubereitung etwa 15 Minuten
1 Portion = 811 kJ/ 193 kcal

Blumenkohlsalat

Zutaten für 4 Portionen
1 mittelgroßer Blumenkohl
Salz, 2 Tomaten
1 Handvoll gemischte frische oder
1 Päckchen TK-Kräuter
100 g Salatmayonnaise
2 EL Magerjoghurt
1 EL Zitronensaft, Cayennepfeffer

Der Salat mit dem zarten, leichtverdaulichen Kohlgemüse ist ein beliebter Klassiker.

◆ Den Blumenkohl putzen, waschen und in Röschen teilen.
◆ Reichlich Salzwasser zum Kochen bringen.
◆ Den Blumenkohl darin einmal aufkochen und zugedeckt bei schwacher Hitze bißfest garen. Abgießen und abtropfen lassen.

◆ Tomaten waschen und würfeln; die Stielansätze dabei entfernen.
◆ Die Kräuter waschen, trockentupfen und fein zerkleinern.
◆ Die Salatmayonnaise mit Joghurt und Zitronensaft verrühren. Mit Blumenkohl, Tomaten und Kräutern mischen. Den Salat mit Salz und Cayennepfeffer würzen.

Zubereitung etwa 35 Minuten
1 Portion = 735 kJ/ 175 kcal

Sauerkrautsalat

Der feine Wintersalat mit Gemüse, Obst und Nüssen paßt gut zu Schweinekoteletts, Pellkartoffeln, Kartoffelgratin oder ganz einfach zu herzhaftem Brot.

◆ Die Möhren schälen und grob raspeln.

◆ Die Blättchen vom Sellerie abschneiden, waschen und hacken. Die Selleriestangen waschen und in kleine Stücke schneiden.

◆ Die Birne vierteln, schälen, vom Kerngehäuse befreien und würfeln.

◆ Das rohe Sauerkraut grob zerschneiden.

Zutaten für 4 Portionen
3 Möhren
4 Stangen Sellerie
1 feste Birne
400 g Sauerkraut
1/2 kleines Bund Petersilie
2 EL Essig
5 EL ungesüßter Apfelsaft
1 TL Senf
Salz, schwarzer Pfeffer
2 EL Erdnußöl
1 EL Erdnußkerne

◆ Die Petersilie waschen, trockentupfen und die Blättchen sehr fein hacken.

◆ Die Möhren, die Sellerieblättchen und -stücke, die Birnenwürfel, das Sauerkraut und die Petersilie in einer Schüssel locker mischen.

◆ Den Essig mit Apfelsaft, Senf, Salz, Pfeffer und Öl verrühren. Den Salat damit mischen und auf Tellern verteilen.

◆ Die Erdnußkerne hacken und über die Salatportionen streuen.

Zubereitung etwa 20 Minuten
1 Portion = 512 kJ/ 122 kcal

Apfel-Möhren-Rohkost

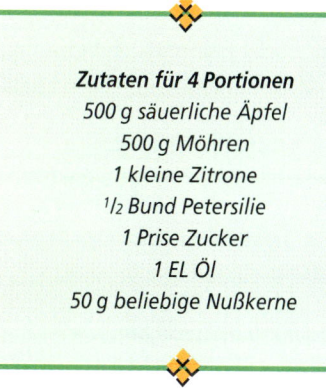

Zutaten für 4 Portionen
500 g säuerliche Äpfel
500 g Möhren
1 kleine Zitrone
1/2 Bund Petersilie
1 Prise Zucker
1 EL Öl
50 g beliebige Nußkerne

Der Rohkostsalat paßt vor allem zu kurzgebratenem Fleisch.

◆ Die Äpfel vierteln, vom Kerngehäuse befreien und schälen.

◆ Die Möhren schälen.

◆ Den Saft der Zitrone auspressen.

◆ Äpfel und Möhren auf der Rohkostreibe fein raspeln und mit dem Zitronensaft mischen.

◆ Die Petersilie waschen, trockentupfen und hacken. Mit Zucker und Öl unter die Rohkost mischen.

◆ Die Nüsse grob hacken, ohne Fettzugabe in einer Pfanne rösten und über die Rohkost streuen.

Zubereitung etwa 20 Minuten
1 Portion = 857 kJ/ 204 kcal

Erbsen-Möhren-Salat

Reichen Sie den Salat zu gebratenem Geflügel oder zu Frikadellen. Wenn Sie ihn mit Krabben vermischen und mit Toast und Butter servieren, paßt er auch auf ein kaltes Buffet.

◆ Die frischen Erbsen aus den Hülsen palen, waschen und abtropfen lassen.
◆ Die Möhren putzen, waschen und in feine Scheiben schneiden.
◆ Die Erbsen und die Möhren im Salzwasser garen und darin lauwarm abkühlen lassen.
◆ Die Zitrone waschen und abtrock-

Zutaten für 4 Portionen
je etwa 400 g frische Erbsen
und Möhren oder
je 1 Paket TK-Erbsen und
-Möhren (je 300 g)
5 EL Wasser
Salz
1 kleine unbehandelte Zitrone
2 TL scharfer Senf, 4 EL Öl
½ Bund Petersilie
Cayennepfeffer

nen; etwas Schale abreiben und den Saft auspressen.
◆ Für das Dressing den Zitronensaft mit dem Senf und dem Öl verrühren.
◆ Die Petersilie waschen, trockentupfen und fein hacken.
◆ Das Gemüse und den Kochsud mit der Zitronenschale, dem Zitronendressing und der Petersilie mischen.
◆ Den Salat mit Salz und Cayennepfeffer abschmecken.

*Zubereitung etwa 50 Minuten,
bei TK-Gemüse etwa 30 Minuten
1 Portion = 735 kJ/ 175 kcal*

Topinambursalat

Zutaten für 4 Portionen
2 Eier
2 Sardellenfilets
1 rote Zwiebel
½ Bund Petersilie
2 kleine rote Beten
200 g Knollensellerie
100 g Topinamburknollen
2 EL Orangensaft
2 EL Essig
4 EL Öl
Salz
schwarzer Pfeffer

Topinambur gibt es von September bis Mai auf Märkten, in Naturkostläden und bei manchen Gemüsehändlern zu kaufen.

◆ Die Eier in etwa 8 Minuten hart kochen, danach abgießen, kalt abschrecken, von der Schale befreien und hacken.

◆ Die Sardellenfilets kalt abspülen, um das überschüssige Salz zu entfernen, trockentupfen und ebenfalls hacken.
◆ Die Zwiebel abziehen und in dünne Ringe schneiden.
◆ Die Petersilie waschen, trockentupfen und fein hacken.
◆ Die roten Beten und den Sellerie schälen und raspeln.
◆ Die Topinamburknollen schälen, waschen und in dünne Scheiben schneiden.

◆ Die roten Beten, den Sellerie und den Topinambur mit Zwiebelringen, Sardellen, Orangensaft, Essig und Öl mischen.
◆ Den Salat mit Salz abschmecken und auf einer Platte anrichten.
◆ Die Eier und die Petersilie darüber verteilen.
◆ Den Salat mit schwarzem Pfeffer bestreuen.

*Zubereitung etwa 30 Minuten
1 Portion = 802 kJ/ 191 kcal*

Rote-Beten-Salat

Gehackte rote Beten vertragen kräftige Würze und säuerliches Dressing. Die rohen Knollen schmecken auch gut mit geraspelten Äpfeln, Sahne und Kräutern.

◆ Die roten Beten waschen und in wenig Wasser in etwa 50 Minuten weich kochen.

◆ Danach die roten Beten kalt abschrecken, schälen und in dünne Scheiben schneiden.

Zutaten für 4 Portionen
750 g rote Beten
4 EL Rotweinessig
1¹/₂ TL scharfer Senf
1 Prise Zucker
1 TL Kümmel
7 EL Öl
Salz, schwarzer Pfeffer

◆ Den Essig mit Senf, Zucker, Kümmel und Öl verrühren und mit den roten Beten vermischen.

◆ Den Salat mit Salz und Pfeffer kräftig würzen.

Garzeit etwa 50 Minuten
Zubereitung etwa 25 Minuten
1 Portion = 962 kJ/ 229 kcal

Schwarzwurzelsalat

Zutaten für 4 Portionen
750 g Schwarzwurzeln
4 EL Gemüsebrühe
3 EL Essig
Salz
schwarzer Pfeffer
5 EL Öl
1 Kästchen Gartenkresse

◆ Die Schwarzwurzeln in einer Schüssel mit kaltem Wasser gründlich waschen.

◆ Reichlich Wasser zum Kochen bringen. Die Schwarzwurzeln darin aufkochen und zugedeckt bei schwacher Hitze in etwa 20 Minuten gerade eben bißfest garen.

◆ Die Schwarzwurzeln abgießen, kalt abschrecken, schälen und in etwa fingerlange Stücke schneiden.

◆ Die Gemüsebrühe mit Essig, Salz, Pfeffer und Öl verrühren und die Schwarzwurzeln damit vermischen.

◆ Den Salat etwa 30 Minuten abkühlen lassen.

◆ Die Kresseblättchen mit einer Küchenschere abschneiden, waschen und trockentupfen. Den Salat mit der Kresse bestreut servieren.

Zubereitung etwa 30 Minuten
Kühlzeit etwa 30 Minuten
1 Portion = 563 kJ/ 134 kcal

Rettichsalat

Probieren Sie den Rettich, nachdem Sie ihn geraspelt haben. Wenn er zu scharf ist und Sie den Geschmack abmildern möchten, bestreuen Sie ihn mit Salz und lassen ihn 10 Minuten ziehen, bevor Sie ihn mit den anderen Zutaten vermischen.

◆ Den Rettich schälen und grob raspeln.

◆ Den Schnittlauch waschen, trok-

Zutaten für 4 Portionen
1 großer weißer Rettich
2 Bund Schnittlauch
Salz, weißer Pfeffer aus der Mühle
1 EL Zitronensaft
4 EL Crème fraîche
1 TL Öl

kentupfen und in feine Röllchen schneiden.

◆ Den Rettich und den Schnittlauch mit Salz, Pfeffer, Zitronensaft, Crème fraîche und Öl vermischen.

Zubereitung etwa 10 Minuten
1 Portion = 349 kJ/ 83 kcal

Fenchelsalat mit Glasnudeln

Zutaten für 4 Portionen
3 kleine Fenchelknollen
1 kleine rote Zwiebel
50 g Glasnudeln
1 TL Instantgemüse-
brühe
1 Prise Zucker
Salz
2 EL Zitronensaft
2 EL Öl
1 Bund Dill

Dieser ungewöhnliche Salat paßt gut zu gebratenem Tofu oder gegrillten Hähnchenkeulen.

◆ Die Fenchelknollen halbieren und den Strunk entfernen. Die Knollenhälften waschen und zweimal längs teilen. Die Teile quer zu den Fasern in dünne Scheibchen schneiden.
◆ Die Zwiebel abziehen und in dünne Ringe teilen.
◆ Fenchel und Zwiebel mischen.
◆ Wasser zum Kochen bringen, die Glasnudeln damit übergießen und kurz darin ziehen lassen.

◆ Für das Dressing 4 EL Wasser von den Glasnudeln abnehmen und mit Gemüsebrühe, Zucker, Salz, Zitronensaft und Öl verrühren.
◆ Die Glasnudeln abgießen, gut abtropfen lassen und mit dem Dressing, dem Fenchel und den Zwiebelringen vermischen. Dann zugedeckt 15 Minuten ziehen lassen.
◆ Den Dill waschen, kleinschneiden und unmittelbar vor dem Servieren unter den Salat mischen.

Zubereitung etwa 30 Minuten
1 Portion = 634 kJ/ 151 kcal

Champignonsalat mit Fenchelsauce

◆ Das Wasser zum Kochen bringen.
◆ Die Fenchelsamen mit dem kochenden Wasser übergießen und 10 Minuten ziehen lassen.
◆ Die Samen absieben und anschließend den Sud mit Essig, Honig, Senf, Sahne, Salz, Pfeffer und Öl verrühren. Die Fenchelsamen wegwerfen.

◆ Den Dill waschen, trockentupfen, fein hacken und unter die Salatsauce mischen.
◆ Die Champignons putzen, waschen, in Scheiben schneiden und mit dem Zitronensaft mischen.
◆ Die Lauchzwiebel putzen, waschen und mit allen saftigen grünen

Blättern längs in dünne Streifen schneiden.
◆ Pilze und Zwiebelstreifen auf Tellern anrichten, mit Pfeffer bestreuen und mit der Salatsauce übergießen.

Zubereitung etwa 30 Minuten
1 Portion = 563 kJ/134 kcal

Zutaten für 4 Portionen
50 ml Wasser
1 EL Fenchelsamen
2 EL Dillessig
1 TL Honig
1 EL scharfer Senf
1 EL süße Sahne
Salz, schwarzer Pfeffer
4 EL Maiskeimöl
1 Bund Dill
500 g Champignons
1 EL Zitronensaft
1 Lauchzwiebel
weißer Pfeffer

Selleriesalat mit Obst

Ein Salat aus der vollwertigen Küche mit Gemüse und Obst, Kräutern, Nüssen und kaltgepreßtem Öl.

◆ Die Orangen schälen, filetieren und in Stücke schneiden; den Saft dabei auffangen.
◆ Die Sellerieblättchen abschneiden und beiseite legen.
◆ Die Selleriestangen putzen, waschen, trockentupfen und in dünne Scheiben schneiden.
◆ Die Birne vierteln, schälen, vom Kerngehäuse befreien und in Stücke schneiden.
◆ Die Banane schälen und in Scheiben schneiden.
◆ Orangen, Selleriestücke und abge-

Zutaten für 4 Portionen
2 Orangen
400 g Stangensellerie
1 Birne
1 kleine feste Banane
1 kleine unbehandelte Zitrone
1 Bund Dill
150 g Magerjoghurt
2 EL Crème fraîche
1 EL Haselnußmus
1 TL Honig
1 EL Sonnenblumen- oder Erdnußöl
50 g Haselnußkerne
weißer Pfeffer aus der Mühle

schnittene Blättchen, Birne und Banane in einer Schüssel mischen.
◆ Die Zitrone waschen und abtrocknen. Etwas Schale abreiben und den Saft auspressen.
◆ Den Dill waschen, trockentupfen und fein hacken.
◆ Den Orangensaft mit Zitronensaft und -schale, Joghurt, Crème fraîche, Nußmus, Honig und Öl verrühren und unter die Früchte und den Sellerie mischen.
◆ Den Salat auf Tellern verteilen, mit den Nußkernen bestreuen und mit dem Dill und reichlich Pfeffer würzen.

Zubereitung etwa 25 Minuten
1 Portion = 1142 kJ/ 272 kcal

Waldorfsalat

Der berühmte Salat schmeckt gut zu gebratenem Hasenrücken, zu Rehkeule und Roastbeef. Man serviert ihn auch in kleinen Portionen als Beilage zu Vorspeisen wie Terrinen und Pasteten.

◆ Den Knollensellerie schälen und fein raspeln.
◆ Die Äpfel vierteln, schälen, vom Kerngehäuse befreien und anschließend grob raspeln.

Zutaten für 4 Portionen
500 g Knollensellerie
400 g säuerliche Äpfel
50 g Walnußkerne
2 EL Zitronensaft
200 g Mayonnaise
2 EL saure Sahne
Salz, weißer Pfeffer

◆ Die Walnüsse mittelfein hacken.
◆ Den Sellerie, die Äpfel und die Nüsse mit Zitronensaft, Mayonnaise und saurer Sahne in einer Schüssel vermischen.
◆ Den Waldorfsalat mit Salz und Pfeffer würzen.

Zubereitung etwa 25 Minuten
1 Portion = 2365 kJ/ 563 kcal

Gurkensalat

Zutaten für 4 Portionen
1 Salatgurke
2 Lauchzwiebeln, 1 Bund Dill
150 g Magerjoghurt
1 EL Crème fraîche
1 EL Essig
Salz
schwarzer Pfeffer aus der Mühle
75 g beliebige Nußkerne

Frisch zubereitet schmeckt der Salat am besten. Denn bei längerem Stehen geben die Gurkenscheiben oder -raspeln viel von ihrer Flüssigkeit ab, werden weich und unansehnlich.

◆ Die Gurke waschen, wenn sie ungespritzt ist, andernfalls schälen. In dünne Scheiben hobeln oder grob raspeln.
◆ Die Lauchzwiebeln putzen, waschen und mit allen saftigen grünen Blättern in feine Ringe schneiden.

◆ Den Dill waschen, trockentupfen und fein hacken.
◆ Die Gurke, die Lauchzwiebeln und den Dill mit Magerjoghurt, Crème fraîche, Essig, Salz und einer kräftigen Prise Pfeffer in einer Schüssel mischen.
◆ Die Nüsse nach Belieben grob oder fein hacken und über den Salat streuen.

Zubereitung etwa 10 Minuten
1 Portion = 739 kJ/ 176 kcal

Tomatensalat

Im Sommer, wenn die aromatischen Freilandtomaten erhältlich sind, schmeckt der Salat am besten.

◆ Die Tomaten waschen, abtrocknen und quer zu den Samenkammern in Scheiben schneiden. Die Stielansätze dabei entfernen.
◆ Die Tomatenscheiben fächerförmig auf Tellern anrichten.

Zutaten für 4 Portionen
750 g Tomaten
1 Bund Schnittlauch
Salz, schwarzer Pfeffer
1 EL Essig
3 EL Olivenöl

◆ Den Schnittlauch waschen, trockentupfen, fein hacken und darüberstreuen.
◆ Die Tomaten mit Salz und Pfeffer bestreuen und mit Essig und Öl beträufeln.

Zubereitung etwa 10 Minuten
1 Portion = 424 kJ/ 101 kcal

Tomatensalat mit Schafskäse

Zutaten für 4 Portionen
500 g Fleischtomaten
100 g griechischer Schafskäse
oder Ricotta
1 Bund Lauchzwiebeln
$^{1}/_{2}$ Bund Basilikum
$^{1}/_{2}$ TL getrockneter Oregano
1 EL Essig, 3 EL Olivenöl
Salz
schwarzer Pfeffer aus der Mühle

◆ Die Tomaten waschen und würfeln; sämtliche Stielansätze dabei entfernen.
◆ Den griechischen Schafskäse oder den Ricotta würfeln oder zerbröckeln.
◆ Die Lauchzwiebeln putzen, waschen und mit den saftigen grünen Blättern in dünne Ringe schneiden.

◆ Das Basilikum waschen, trockentupfen und grob hacken.
◆ Alles mit Oregano, Essig und Öl mischen.
◆ Den Salat mit Salz und Pfeffer würzen.

Zubereitung etwa 15 Minuten
1 Portion = 596 kJ/ 142 kcal

Spargelsalat

◆ Die Spargelstangen von oben nach unten dünn schälen und Stielenden, die holzig sind, abschneiden. Den Spargel waschen.
◆ Reichlich Salzwasser zum Kochen bringen und den Spargel darin mit dem Zucker aufkochen. Zugedeckt bei schwacher Hitze in 15–20 Minuten bißfest garen.
◆ Den Spargel mit einem Schaumlöffel aus dem Sud nehmen und auf eine tiefe Platte legen.
◆ $^{1}/_{8}$ l Spargelbrühe abmessen, mit Essig und Öl vermischen und über

Zutaten für 4 Portionen
1 kg weißer Spargel
Salz
1 MSP Zucker
2 EL Weißweinessig
4 EL Öl
weißer Pfeffer aus der Mühle
einige Blättchen Kerbel,
Zitronenmelisse oder
Borretsch

den Spargel gießen (die restliche Brühe z. B. für eine Suppe aufheben).
◆ Pfeffer über den Spargel mahlen.
◆ Den Salat zugedeckt bei Zimmertemperatur etwa 30 Minuten ziehen lassen.
◆ Die Kräuterblättchen waschen, trockentupfen, grob hacken und über den Salat streuen.

Koch- und Ruhezeit zusammen etwa 1 Stunde
Zubereitung etwa 30 Minuten
1 Portion = 517 kJ/ 123 kcal

Herbstlicher Kürbissalat

Kürbis schmeckt mit allen Zutaten, die ein kräftiges Aroma haben, wie Sellerie, Meerrettich und Kapern. Zum Salat schmeckt Roastbeef oder Käse und Brot.

◆ Für die Salatsauce den Himbeeressig mit Gemüsebrühe, Orangensaft, Salz, weißem Pfeffer und Öl verrühren.

◆ Die Sauce zugedeckt ziehen lassen, bis die anderen Zutaten vorbereitet sind.

◆ Den Kürbis in Stücke schneiden und schälen. Die Kerne und die zähen Fasern mit einem Löffel herausschaben. Den Kürbis fein raspeln.

◆ Den Sellerie waschen und in dünne Scheiben schneiden.

◆ Den Meerrettich schälen, waschen und grob raspeln.

◆ Die Kapern abtropfen lassen.

◆ Die Petersilie waschen, trockentupfen und fein hacken.

◆ Kürbis, Sellerie, Meerrettich, Kapern und Petersilie mit der Salatsauce vermischen.

Zubereitung etwa 45 Minuten
1 Portion = 491 kJ/ 117 kcal

Zutaten für 4 Portionen
3 EL Himbeeressig
4 EL Gemüsebrühe
1 EL Orangensaft
Salz
1 kräftige Prise weißer Pfeffer
4 EL Öl
400 g Kürbis
2 Stangen Sellerie
1 Stück frische Meerrettichwurzel (etwa 50 g)
1 EL Kapern
1/2 Bund Petersilie

Kürbissalat mit Birne

Gelber Kürbis, weiße Birne und grüne Kräuter wirken höchst dekorativ. Der Salat paßt gut zu kaltem Braten oder zu Käse und Vollkornbrot.

◆ Für die Salatsauce die Zitrone waschen und abtrocknen; etwa die Hälfte der Schale rundherum dünn abreiben und den Saft auspressen.

◆ Den Zitronensaft mit der Zitronenschale, mit Honig, Koriander, Salz, einer kräftigen Prise Pfeffer, Apfelsaft, Essig, Crème fraîche und Öl verrühren.

◆ Die Rosinen daruntermischen und dann die Salatsauce zugedeckt ziehen lassen.

Zutaten für 4 Portionen
1 kleine unbehandelte Zitrone
1 TL Honig
1/2 TL gemahlener Koriander
Salz, weißer Pfeffer
4 EL ungesüßter Apfelsaft
2 EL Essig
1 EL Crème fraîche
2 EL Öl
50 g Rosinen
1 EL gemischte TK-Kräuter
400 g Kürbis
2 feste Birnen
2 EL Kürbiskerne

◆ Die TK-Kräuter auftauen lassen.

◆ Den Kürbis in Stücke schneiden und schälen. Die Kerne und die zähen Fasern mit einem Löffel herausschaben. Den Kürbis fein raspeln.

◆ Die Birnen vierteln, schälen, vom Kerngehäuse befreien und grob raspeln.

◆ Den Kürbis und die Birnen mit der Salatsauce vermischen.

◆ Die Kürbiskerne ohne Fettzugabe bei mittlerer Hitze rösten.

◆ Die Kürbiskerne mit den aufgetauten Kräutern über den Salat streuen.

Zubereitung etwa 30 Minuten
1 Portion = 781 kJ/ 186 kcal

Lauchsalat

Rinderbraten, gekochtes Rindfleisch, pochierter Fisch oder Pellkartoffeln mit Quark passen gut zu diesem Salat.

◆ Die Wurzelansätze, die welken Blätter und die Blattspitzen der Lauchstangen entfernen. Die Stangen der Länge nach halbieren, waschen und quer in etwa 3 cm lange Stücke schneiden.
◆ Das Wasser mit dem Zitronensaft und Salz zum Kochen bringen. Den Lauch darin aufkochen lassen und zu-

Zutaten für 4 Portionen
750 g dünne Stangen Lauch
¹/₄ l Wasser
2 EL Zitronensaft
Salz
schwarzer Pfeffer aus der Mühle
1 EL Essig
6 EL Öl
1 Handvoll gemischte frische
oder 1 Päckchen TK-Kräuter

gedeckt in etwa 3 Minuten gerade eben bißfest garen.
◆ Den Lauch mit dem Kochsud in eine flache Schüssel geben. Pfeffer, Essig und Öl untermischen.
◆ Den Salat zugedeckt 1 Stunde ziehen lassen.
◆ Die frischen Kräuter waschen, trockentupfen und fein hacken. Den Salat mit den Kräutern bestreuen.

Zubereitung etwa 20 Minuten
Ruhezeit 1 Stunde
1 Portion = 722 kJ/ 172 kcal

Paprikasalat

Zutaten für 4 Portionen
je 1 rote, grüne und
gelbe Paprikaschote
1 Zwiebel
1 Knoblauchzehe
¹/₂ Bund Petersilie
2 EL Essig
1 TL scharfer Senf
Salz
schwarzer Pfeffer
6 EL Öl

◆ Die Petersilie waschen, trockentupfen und ebenfalls sehr fein hacken.
◆ Den Knoblauch und die Petersilie mit Essig, Senf, Salz, Pfeffer und Öl verrühren.

◆ Die Paprikaschoten und die Zwiebel damit vermischen und zugedeckt 10 Minuten ziehen lassen.

Zubereitung etwa 30 Minuten
1 Portion = 718 kJ/ 171 kcal

Reichen Sie den Salat als Beilage zu Fleisch- und Fischspießchen, Steaks oder Pellkartoffeln mit Quark.

◆ Die Paprikaschoten waschen und trockentupfen, die Stiele mit den Kerngehäusen herausschneiden und die Schoten in feine Ringe schneiden.
◆ Die Zwiebel abziehen und in hauchdünne Ringe schneiden.
◆ Den Knoblauch abziehen und sehr fein hacken.

Warmer Hopfensprossensalat

Der Salat schmeckt als Beilage zu kurzgebratenem Fleisch, gerösteter Zunge oder pochiertem Fisch.

◆ Die Hopfensprossen einige Male in kaltem Wasser spülen, bis alle Erdreste entfernt sind. Die unteren Enden der Sprossen abschneiden.

◆ Reichlich Salzwasser mit dem Zucker zum Kochen bringen. Die Hopfensprossen im sanft sprudelnden Wasser 10 Minuten kochen.

Zutaten für 4 Portionen
300 g Hopfensprossen
Salz, 1/2 TL Zucker
3 EL Instantgemüsebrühe
3 EL Zitronensaft, 4 EL Olivenöl
weißer Pfeffer aus der Mühle
1 Handvoll gemischte frische oder
1 Päckchen TK-Kräuter

◆ Die Sprossen abgießen, kalt abspülen und sofort mit Gemüsebrühe, Zitronensaft, Öl, Salz und Pfeffer vermischen. Zugedeckt 15 Minuten ziehen lassen.

◆ Die Kräuter waschen, trockentupfen, sehr fein hacken und vor dem Servieren unter den Salat mischen.

Vorbereitung etwa 15 Minuten
Zubereitung etwa 20 Minuten
1 Portion = 508 kJ/ 121 kcal

Orangen-Zwiebel-Salat

Zutaten für 4 Portionen
2 EL ÖL
50 g Mandelstifte
3 Orangen, 2 kleine rote Zwiebeln
Salz, schwarzer Pfeffer, 1 EL Essig
1 kleines Bund Petersilie

◆ 1 TL Öl erhitzen und die Mandelstifte darin goldgelb rösten.

◆ Die Orangen schälen und in Scheiben schneiden; den Saft dabei auffangen. Die Scheiben auf Tellern verteilen.

◆ Die Zwiebeln abziehen, in feine Ringe schneiden, auf den Orangen anrichten und mit Salz und Pfeffer bestreuen.

◆ Den aufgefangenen Orangensaft mit Essig und dem restlichen Öl verrühren und über den Salat geben.

◆ Die Petersilie waschen, trockentupfen, fein hacken und mit den Mandelstiften über die Salatportionen streuen.

Zubereitung etwa 20 Minuten
1 Portion = 760 kJ/ 181 kcal

Bohnensalat mit Weizen

Zutaten für 4 Portionen
100 g Weizenkörner
$^1/_4$ l Wasser
1 Würfel Gemüsebrühe
2 Lorbeerblätter
je 300 g tiefgekühlte dicke
und grüne Bohnen
1 großes Bund Petersilie
1 EL Essig
1 EL scharfer Senf
1 EL Crème fraîche
2 EL Oliven- oder Distelöl
Salz, weißer Pfeffer

Frisch gekochtes Getreide wie in diesem Salat ist typisch für die moderne gesunde Ernährung.

◆ Die Weizenkörner mit dem Wasser, dem Brühwürfel und den Lorbeerblättern aufkochen und zugedeckt bei schwacher Hitze 1 Stunde garen. Auf der abgeschalteten Kochstelle 1 weitere Stunde zugedeckt quellen lassen.
◆ Die dicken und die grünen Bohnen nach Packungsaufschrift garen. Abgießen und dabei die Flüssigkeit auffangen.
◆ Die Bohnen mit dem Weizen verrühren.
◆ Die Petersilie waschen, trockentupfen, fein hacken und untermischen.

◆ Die aufgefangene Garflüssigkeit, Essig, Senf, Crème fraîche, Öl, Salz und Pfeffer verrühren.
◆ Den Salat mit der Sauce mischen.

Gar- und Quellzeit etwa 2 Stunden
Zubereitung etwa 15 Minuten
1 Portion = 970 kJ/ 231 kcal

Bohnensalat

Angereichert mit einer gewürfelten Tomate und gehackten Kräutern schmeckt der Salat noch besser.

◆ Die Bohnen waschen und putzen.
◆ Das Bohnenkraut waschen und einige Blättchen abzupfen.
◆ Salzwasser zum Kochen bringen und den Rest des Bohnenkrauts mit den Bohnen in das sprudelnd kochende Wasser geben.
◆ Die Bohnen aufkochen und zuge-

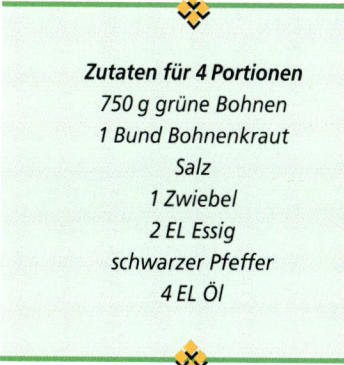

Zutaten für 4 Portionen
750 g grüne Bohnen
1 Bund Bohnenkraut
Salz
1 Zwiebel
2 EL Essig
schwarzer Pfeffer
4 EL Öl

deckt bei mittlerer Hitze in 15–20 Minuten gerade eben bißfest garen. Abgießen und abtropfen lassen.
◆ Die Zwiebel abziehen, fein hacken und mit den heißen Bohnen mischen.
◆ Essig, Salz, Pfeffer und Öl verrühren. Den Salat mit der Sauce mischen und mit den Bohnenkrautblättchen bestreuen.

Zubereitung etwa 40 Minuten
1 Portion = 689 kJ/ 164 kcal

Rote-Bohnen-Salat mit Gemüse

Zutaten für 4 Portionen
500 g gemischtes Gemüse (Kohlrabi,
Möhren, Fenchel, Paprikaschoten,
Tomaten, Zucchini)
1 Dose rote Bohnen
(Einwaage 400 g)
1 Zwiebel
1 Knoblauchzehe
1 Bund Dill
2 EL Rotweinessig
1 EL scharfer Senf
Salz
1 kräftige Prise Cayennepfeffer
6 EL Öl

◆ Das Gemüse waschen und putzen bzw. schälen und dann fein zerkleinern.
◆ Die Bohnen abtropfen lassen.
◆ Die Zwiebel und den Knoblauch abziehen und hacken.
◆ Den Dill waschen, trockentupfen und zerkleinern.
◆ Das Gemüse und die abgetropften Bohnen mit Zwiebel, Knoblauch und Dill vermischen.
◆ Den Essig mit Senf, Salz, Cayennepfeffer und Öl verrühren.
◆ Die Sauce unter den Bohnensalat mischen.

Zubereitung etwa 30 Minuten
1 Portion = 1201 kJ/ 286 kcal

Linsensalat

◆ Die Linsen mit der Gemüsebrühe und dem Oregano aufkochen und zugedeckt bei schwacher Hitze in etwa 1 Stunde weich garen.
◆ Die Linsen in eine Schüssel geben, den Essig und 2 EL Öl untermischen und die Linsen lauwarm abkühlen lassen.
◆ Die Zwiebel abziehen und hacken.
◆ Die Tomaten waschen, abtrocknen und würfeln; dabei die Stielansätze entfernen.
◆ Die Petersilie oder das Basilikum waschen, trockentupfen und grob hacken.
◆ Das Toastbrot würfeln.

Zutaten für 4 Portionen
150 g Linsen
400 ml Gemüsebrühe
1 TL getrockneter Oregano
3 EL milder Essig
5 EL Öl
1 rote Zwiebel
300 g Tomaten
1/2 Bund Petersilie oder Basilikum
3 Scheiben Vollkorntoastbrot
Salz
schwarzer Pfeffer aus der Mühle

◆ 3 EL Öl erhitzen und die Brotwürfel darin bei schwacher bis mittlerer Hitze unter häufigem Wenden knusprig rösten.
◆ Die Linsen mit der Zwiebel und den Tomaten mischen.
◆ Den Salat mit Salz und schwarzem Pfeffer abschmecken und mit den gebratenen Brotwürfeln auf Tellern anrichten.
◆ Die Petersilie oder das Basilikum über den Salat streuen.

Garzeit etwa 1 Stunde
Zubereitung etwa 30 Minuten
1 Portion = 1298 kJ/ 309 kcal

Grünkernsalat

◆ Den Grünkern mit Wasser, Brühe und Majoran aufkochen und zugedeckt bei schwacher Hitze 1 Stunde garen. Auf der abgeschalteten Kochstelle 1 weitere Stunde quellen und dabei lauwarm abkühlen lassen.

◆ Essig, Senf, Kapern, Öl und reichlich Pfeffer daruntermischen.

◆ Die Tomaten waschen, würfeln und von den Stielansätzen befreien. Die Paprikaschote waschen und würfeln; dabei die Kerne und die weißen Häute entfernen.

◆ Die Möhre putzen, den Apfel schälen und beides raspeln.

◆ Die Lauchzwiebeln putzen, waschen und in dünne Ringe schneiden.

◆ Die Nüsse grob hacken. Das Basilikum oder die Petersilie waschen, trockentupfen und grob hacken.

◆ Alle diese Zutaten unter den Grünkern mischen.

Zutaten für 4 Portionen

150 g Grünkernkörner
400 ml Wasser
1 TL Instantgemüsebrühe
1/4 TL getrockneter Majoran
3 EL Essig
1 EL scharfer Senf
2 EL Kapern
5 EL Öl
schwarzer Pfeffer
2 Tomaten
1 kleine rote Paprikaschote
1 Möhre
1 säuerlicher Apfel
2 Lauchzwiebeln
50 g beliebige Nußkerne
1 Bund Basilikum oder Petersilie
Salz

◆ Den Salat mit Salz und Pfeffer abschmecken und bis zum Servieren 1 Stunde zugedeckt bei Zimmertemperatur ziehen lassen.

Gar- und Ruhezeit etwa 3 Stunden
Zubereitung etwa 30 Minuten
1 Portion = 1600 kJ/ 381 kcal

Roggensalat mit Gemüse und Käse

Roggen kann man auf Vorrat kochen und einfrieren. Für die Zubereitung des Salats brauchen Sie dann nur etwa 30 Minuten.

◆ Den Roggen mit dem Wasser und der Brühe aufkochen und zugedeckt bei schwacher Hitze etwa 1 1/2 Stunden garen.

◆ Den Topf von der Kochstelle nehmen und den Roggen 1 weitere Stunde quellen und dabei abkühlen lassen.

◆ Den Schafskäse würfeln.

◆ Die Fenchelblättchen abschneiden, waschen und hacken. Die Knolle halbieren und den Strunk herausschneiden. Die Fenchelhälften waschen und quer zu den Fasern in dünne Streifen schneiden.

Zutaten für 4 Portionen

200 g Roggenkörner
1/2 l Wasser
1 1/2–2 TL Instantgemüsebrühe
100 g weißer Schafskäse
1 große Fenchelknolle
300 g Tomaten
1 Kästchen Gartenkresse
4 EL Essig
Salz, schwarzer Pfeffer
1 TL scharfer Senf
2 EL Olivenöl

◆ Die Tomaten waschen, abtrocknen und würfeln; dabei die Stielansätze entfernen.

◆ Die Kresse mit einer Küchenschere abschneiden, waschen und trockentupfen.

◆ Für die Salatsauce den Essig mit Salz, Pfeffer, Senf und Olivenöl verrühren.

◆ Den Roggen mit der verbliebenen Garflüssigkeit, den Fenchelstreifen, den Tomatenwürfeln und der Sauce vermischen.

◆ Den Schafskäse über den Salat verteilen.

◆ Den Roggensalat mit den Fenchelblättchen und der Kresse bestreut servieren.

Garzeit etwa 1 1/2 Stunden
Quellzeit 1 Stunde
Zubereitung etwa 30 Minuten
1 Portion = 1252 kJ/ 298 kcal

Kartoffelsalat mit Mayonnaise

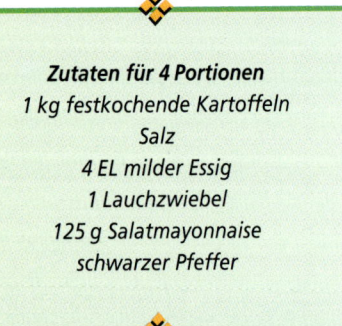

Zutaten für 4 Portionen
1 kg festkochende Kartoffeln
Salz
4 EL milder Essig
1 Lauchzwiebel
125 g Salatmayonnaise
schwarzer Pfeffer

Reste von Kartoffelsalat mit Mayonnaise halten selbst im Kühlschrank nicht, deshalb lieber wegwerfen.

◆ Die Kartoffeln waschen und in wenig Wasser mit der Schale weich kochen. Abgießen, kalt abschrecken, schälen und in etwa 0,5 cm dicke Scheiben schneiden.
◆ Mit Salz und Essig mischen und lauwarm abkühlen lassen.

◆ Die Lauchzwiebel putzen, waschen und fein hacken.
◆ Mit der Mayonnaise unter die Kartoffeln mischen und mit Salz und Pfeffer abschmecken.
◆ Den Salat etwa 20 Minuten ruhen lassen.

Zubereitung etwa 50 Minuten
Ruhezeit etwa 20 Minuten
1 Portion = 1259 kJ/ 300 kcal

Kartoffelsalat mit Äpfeln und Gurke

◆ Die Kartoffeln waschen und mit der Schale in wenig Wasser weich kochen.
◆ Abgießen, kalt abschrecken, schälen und in etwa 0,5 cm dicke Scheiben schneiden.
◆ Die Äpfel schälen und ebenso wie die Gewürzgurken würfeln.

◆ Die Zwiebel abziehen und fein hacken.
◆ Die Petersilie waschen, trockentupfen und ebenfalls fein hacken.
◆ Äpfel, Gurken, Zwiebel und Petersilie mit den Kartoffeln mischen.
◆ Für die Sauce Joghurt mit Crème fraîche, Essig, Senf, Salz, einer kräfti-

Zutaten für 4 Portionen
1 kg festkochende Kartoffeln
2 säuerliche Äpfel (Cox Orange oder Gloster)
4 Gewürzgurken
1 große Zwiebel
1 kleines Bund Petersilie
3 EL Magerjoghurt
1 EL Crème fraîche
2 EL Essig
1 EL scharfer Senf
Salz
schwarzer Pfeffer
2 El Marinade der Gewürzgurken
3 EL Öl
1 EL Kapern

gen Prise Pfeffer, 2 EL Gurkenwasser und Öl verrühren.
◆ Die Kartoffeln mit der Salatsauce und den Kapern mischen.
◆ Zugedeckt bei Zimmertemperatur etwa 15 Minuten ziehen lassen.

Zubereitung etwa 50 Minuten
Ruhezeit etwa 15 Minuten
1 Portion = 1184 kJ/ 282 kcal

Kartoffelsalat zum Sattessen

◆ Die Kartoffeln waschen und ungeschält in wenig Wasser weich kochen.

◆ Die Kartoffeln abgießen, kalt abschrecken, schälen und in etwa 0,5 cm dicke Scheiben schneiden. Mit Salz und Essig mischen und lauwarm abkühlen lassen.

◆ Die Zwiebel abziehen, die frischen Kräuter waschen, trockentupfen und beides fein hacken.

◆ Den Schinken vom Fettrand befreien und würfeln.

◆ Die Paprikaschote waschen, putzen und in feine Streifen schneiden.

◆ Die Tomate waschen und würfeln; die Stielansätze dabei entfernen.

Zutaten für 4 Portionen
1 kg festkochende Kartoffeln
Salz
4 EL milder Essig
1 Zwiebel
1 Handvoll gemischte frische oder
1 Päckchen TK-Kräuter
200 g magerer Schinken am Stück
1 Paprikaschote
1 Tomate
1 Gewürzgurke
150 g Salatmayonnaise
2 EL Marinade der Gewürzgurke
schwarzer Pfeffer

◆ Die Gewürzgurke würfeln.

◆ Alle diese zerkleinerten Zutaten mit Kartoffeln, Mayonnaise und Marinade der Gurke mischen.

◆ Den Salat mit Salz und Pfeffer abschmecken.

Zubereitung etwa 50 Minuten
1 Portion = 2302 kJ/ 548 kcal

Bayerischer Kartoffelsalat

◆ Die Kartoffeln waschen und ungeschält in wenig Wasser gerade weich kochen.

◆ Abgießen, kalt abschrecken, pellen und noch heiß in dünne Scheiben schneiden.

◆ Während die Kartoffeln kochen, die Zwiebel abziehen und fein hacken.

◆ Für die Salatsauce das Wasser mit der Instantbrühe in einem Topf zum Kochen bringen.

◆ Den Topf von der Kochstelle nehmen, etwas abkühlen lassen und Senf, Essig sowie Öl hineinrühren.

Zutaten für 4 Portionen
750 g festkochende Kartoffeln
1 große Zwiebel
1/4 l Wasser
1 EL Instantfleischbrühe
oder -gemüsebrühe
1 EL körniger Senf
3 EL Essig
2 1/2 EL Öl
Salz, weißer Pfeffer
1 Bund Schnittlauch

◆ Die Kartoffeln mit der Zwiebel und der Salatsauce vermischen.

◆ Den Kartoffelsalat mit Salz und weißem Pfeffer kräftig abschmecken.

◆ Den Salat abdecken und bei Zimmertemperatur etwa 1 Stunde ziehen lassen.

◆ Den Schnittlauch waschen, trockentupfen, in feine Röllchen schneiden und unter den Kartoffelsalat mischen.

Zubereitung etwa 45 Minuten
Ruhezeit etwa 1 Stunde
1 Portion = 760 kJ/ 181 kcal

Reissalat mit Paprikaschoten

Die Pfefferschote gibt dem Salat Schärfe. Wer es nicht ganz so feurig mag, kann den Reis statt dessen mit Cayennepfeffer oder schwarzem Pfeffer nach Geschmack würzen.

◆ Die Pfefferschote halbieren, die Kerne entfernen, die Schotenhälften unter kaltem Wasser abspülen und in feine Streifen schneiden.

◆ Den Reis mit der Pfefferschote, Wasser und Salz aufkochen und zugedeckt bei schwächster Hitze etwa 20 Minuten körnig ausquellen lassen.

◆ Für die Salatsauce Zwiebeln und Knoblauch abziehen und hacken.

◆ Den Salbei trocken säubern und in feine Streifen schneiden.

◆ Den Essig mit Senf, Salz und Öl verrühren und zusammen mit den Zwiebeln, dem Knoblauch und dem

Zutaten für 4 Portionen
1 grüne
Pfefferschote
150 g Langkornreis
300 ml Wasser
Salz
2 Zwiebeln
1 Knoblauchzehe
2 Blättchen Salbei
3 EL Weißweinessig
1 EL scharfer Senf
3 EL Öl
2 grüne Paprikaschoten
1 rote Paprikaschote
1 große Fleischtomate
1 Bund Schnittlauch
75 g Pistazienkerne

Salbei unter den gegarten, heißen Reis mischen.

◆ Den Reis abkühlen lassen.

◆ Die Paprikaschoten waschen, abtrocknen und vierteln. Die Kerne und weißen Häute entfernen und die Schoten in Streifen schneiden.

◆ Die Tomate waschen, abtrocknen und würfeln; dabei den Stielansatz herausschneiden.

◆ Den Schnittlauch waschen, trockentupfen und in feine Röllchen schneiden.

◆ Die Pistazien grob hacken.

◆ Paprika, Tomate, Schnittlauch und Pistazien unter den Reis mischen.

◆ Den Salat mit Salz abschmecken und sofort servieren.

Zubereitung etwa 35 Minuten
1 Portion = 1537 kJ/ 368 kcal

Reissalat mit Tofu

Zutaten für 4 Portionen
100 g Langkornreis
200 ml Wasser
Salz
50 g Sojasprossen
50 g frische Shiitake-
oder Austernpilze
250 g Tofu
5 EL Erdnußöl
2 EL Sojasauce
1 EL trockener Sherry
2 Lauchzwiebeln
2 Tomaten
3 EL Himbeeressig
Salz
schwarzer Pfeffer
1 Bund Schnittlauch

Von den vielen Zubereitungsmöglichkeiten ist dies die chinesische Art, fein gewürzt mit trockenem Sherry, Himbeeressig und Erdnußöl.

◆ Den Reis mit Wasser und Salz aufkochen und zugedeckt bei kleinster Hitze etwa 20 Minuten körnig ausquellen lassen.

◆ Inzwischen die Sojasprossen kalt abspülen und trockentupfen.

◆ Die Pilze in Streifen schneiden; harte Stiele dabei entfernen.

◆ Den Tofu abtropfen lassen und würfeln.

◆ Das Öl in einer Pfanne erhitzen. Sprossen, Pilze und Tofu darin bei mittlerer Hitze unter Rühren etwa 3 Minuten braten.

◆ Sojasauce und Sherry untermischen, die Tofu-Pilz-Mischung von

der Kochstelle nehmen und abkühlen lassen.

◆ Die Lauchzwiebeln putzen, waschen und mit den saftigen grünen Blättern in dünne Ringe schneiden.

◆ Die Tomaten waschen, abtrocknen und würfeln; die Stielansätze dabei herausschneiden.

◆ Die abgekühlte Tofumischung, Lauchzwiebeln, Tomaten und Reis in eine Schüssel geben. Den Essig zufügen, alles gut mischen und mit Salz und Pfeffer abschmecken.

◆ Den Schnittlauch waschen, trockentupfen und in feine Röllchen schneiden.

◆ Den Salat damit bestreuen und sofort servieren.

Zubereitung etwa 40 Minuten
1 Portion = 1163 kJ/ 277 kcal

Reissalat mit Bündner Fleisch

Bündner Fleisch ist eine Delikatesse aus dem Schweizer Kanton Graubünden. Das luftgetrocknete Rindfleisch aus der Keule ist köstlich, aber nicht ganz billig. Es läßt sich hier auch durch andere Fleischarten ersetzen.

◆ Den Reis mit Wasser und Salz aufkochen und zugedeckt bei schwacher Hitze etwa 20 Minuten weich garen.
◆ Von der Kochstelle nehmen und lauwarm abkühlen lassen.
◆ Inzwischen das Fleisch in Streifen schneiden.

Zutaten für 4 Portionen
200 g Langkornreis
400 ml Wasser
Salz
150 g Bündner Fleisch,
Roastbeef, roher Schinken
oder geräucherte Putenbrust
2 reife Kiwis
1 kleines Bund Petersilie
2 EL Erdnußöl
weißer Pfeffer

◆ Die beiden Kiwis schälen und würfeln.
◆ Die Petersilie waschen, trockentupfen und fein hacken.
◆ Den gegarten und abgekühlten Reis in eine Schüssel geben.
◆ Mit dem in Streifen geschnittenen Fleisch, den Kiwiwürfeln, der gehackten Petersilie und dem Erdnußöl vermischen.
◆ Den Reissalat mit Salz und Pfeffer abschmecken und sofort servieren.

Zubereitung etwa 50 Minuten
1 Portion = 1445 kJ/ 344 kcal

Naturreissalat mit Nüssen

◆ Den Reis mit Linsen, Wasser und Brühe aufkochen lassen und zugedeckt bei schwacher Hitze in 45–50 Minuten körnig weich garen.
◆ Die Reismischung in einer Schüssel lauwarm abkühlen lassen.

Zutaten für 4 Portionen
150 g Naturlangkornreis
150 g Linsen
³/₄ l Wasser
1 EL Gemüsebrüheextrakt
1 Zwiebel
1 Knoblauchzehe
¹/₂ Bund Bohnenkraut oder Petersilie
2 Tomaten
50 g Cashewnußkerne
2 EL milder Essig
Salz, schwarzer Pfeffer
1 TL Kräutersenf
4 EL Sesamöl

◆ Die Zwiebel und den Knoblauch abziehen und ganz fein hacken.
◆ Das Bohnenkraut oder die Petersilie waschen, trockentupfen und ebenfalls ganz fein hacken.
◆ Die Tomaten waschen, abtrocknen und würfeln; dabei die Stielansätze entfernen.
◆ Die Nüsse grob hacken.
◆ Alle diese Zutaten zur Reismischung geben.
◆ Essig, Salz, Pfeffer, Senf und Öl zufügen und unter den Salat mischen.
◆ Den Salat sofort servieren, damit der Reis nicht zu weich wird.

Zubereitung etwa 1 Stunde
1 Portion = 1844 kJ/439 kcal

Nudelsalat mit Mangold

Zutaten für 4 Portionen
Salz
250 g Hörnchennudeln
4 EL Olivenöl
500 g Mangold
1 kleine Zitrone
1 Knoblauchzehe
2 EL Kapern
schwarzer Pfeffer

Hälfte mit einem scharfen Messer in Scheiben schneiden. Die Schale großzügig abschneiden und die Zitronenscheiben in kleine Stücke teilen.
◆ Den Knoblauch abziehen und hacken. Die Kapern abtropfen lassen.
◆ 3 EL Öl erhitzen. Den Mangold darin mit den Zitronenstückchen und dem Knoblauch bei starker bis mittlerer Hitze unter ständigem Rühren so lange schmoren, bis er intensiv grün ist.
◆ Den Mangold mit dem verbliebenen Bratöl und den Kapern unter die Nudeln mischen.
◆ Den Salat mit Salz und Pfeffer abschmecken und sofort servieren.

Zubereitung etwa 40 Minuten
1 Portion = 1432 kJ/ 341 kcal

◆ Reichlich Salzwasser zum Kochen bringen und die Nudeln darin bißfest garen.
◆ Die Nudeln abgießen, abtropfen lassen, mit 1 EL Öl mischen und abkühlen lassen.
◆ Den Mangold putzen, waschen und trockenschütteln. Dann die Blätter mit den Stielen grob hacken.
◆ Die Zitrone halbieren und eine

Nudelsalat mit gebratener Pute

◆ Salzwasser zum Kochen bringen und die Nudeln darin bißfest kochen. Die Nudeln abgießen, gut abtropfen lassen und heiß mit 1 TL Öl mischen.

◆ Das Fleisch in dünne Streifen schneiden.

◆ Die Pilze putzen, waschen und in Scheiben schneiden.

◆ Die Zitrone waschen und abtrocknen; etwas Schale abreiben und den Saft auspressen.

◆ Das restliche Öl erhitzen und das Fleisch und die Pilze darin rundherum braun braten. Die Zitronenschale und den -saft zugeben und alles mit den heißen Nudeln mischen.

◆ Die Tomaten waschen und würfeln; dabei von den Stielansätzen befreien.

◆ Die Sellerieblättchen abzupfen, waschen, trockentupfen und fein zerkleinern. Die Stangen waschen, putzen und in Stückchen schneiden.

◆ Die Kräuter waschen, trockentupfen und fein zerkleinern.

◆ Für die Sauce den Essig mit Sahne, Senf, Salz und einer kräftigen Prise Pfeffer verrühren.

◆ Die Tomaten, die Selleriestücke, die Hälfte der Kräuter und die Salatsauce unter die Nudeln mischen.

◆ Den Salat auf Tellern anrichten und mit den Sellerieblättchen und den restlichen Kräutern bestreut servieren.

Zubereitung etwa 30 Minuten
1 Portion = 1646 kJ/ 392 kcal

Zutaten für 4 Portionen
Salz
250 g Hörnchennudeln
3 EL Öl
100 g Putenschnitzel
150 g Champignons
1 kleine unbehandelte Zitrone
2 große Tomaten
250 g Stangensellerie
je ¹/₂ Bund Basilikum
und Schnittlauch
1 EL Essig
100 g saure Sahne
2 TL scharfer Senf
schwarzer Pfeffer

Fischsalat

◆ Das Suppengrün putzen, waschen und grob zerkleinern.

◆ Die Zwiebel abziehen und ebenfalls grob zerkleinern.

◆ Die unbehandelte Zitrone waschen und abtrocknen; 2 Scheiben abschneiden und etwas Schale abreiben. Den Saft der anderen Zitrone auspressen.

◆ Das Suppengrün und die Zwiebel mit Wasser, Salz, Essig, Zitronenscheiben und Fischgewürz in einem großen Topf aufkochen lassen.

◆ Die Fischfilets kalt abspülen, in den Sud legen und je nach Dicke in 3–6 Minuten gar ziehen lassen. Herausnehmen und lauwarm abkühlen lassen.

◆ Den Sud durch ein Sieb gießen und wieder in den Topf geben.

◆ Den Lauch putzen, waschen und in Ringe schneiden.

◆ Die Möhren putzen und in dünne Scheiben schneiden.

Zutaten für 4 Portionen
1 Bund Suppengrün
1 Zwiebel
2 Zitronen, davon 1 unbehandelt
¹/₂ l Wasser
Salz, 2 EL Essig
1 Päckchen Fischgewürz
500 g Fischfilet (z. B. Süßwasserfische, Kabeljau, Scholle, Seeteufel)
2 dünne Stangen Lauch
2 Möhren
2 rote Zwiebeln
schwarzer Pfeffer aus der Mühle
¹/₂ Bund Petersilie

◆ Das Gemüse im Sud etwa 2 Minuten sprudelnd kochen lassen, bis es gerade eben weich ist, und dann mit einem Schaumlöffel herausnehmen.

◆ Die Filets in mundgerechte Stücke teilen; die Gräten und die Haut dabei entfernen.

◆ Die roten Zwiebeln abziehen und in dünne Ringe schneiden.

◆ Den Fisch und die roten Zwiebeln auf eine tiefe Platte legen; den Lauch und die Möhren darüber verteilen.

◆ Den Fischsud durch ein Sieb gießen. ¹/₈ l davon abmessen und mit Zitronensaft, -schale und reichlich Pfeffer verrühren. Anschließend die Marinade über den Fisch gießen.

◆ Den Salat zugedeckt im Kühlschrank mindestens 2 Stunden ziehen lassen und vor dem Servieren evtl. mit Salz nachwürzen.

◆ Die Petersilie waschen, trockentupfen, hacken und darüber streuen.

Zubereitung etwa 35 Minuten
Kühlzeit etwa 2 Stunden
1 Portion = 588 kJ/ 140 kcal

Bunter Heringssalat

Mit den Vorbereitungen für diesen beliebten Partysalat muß man am Tag davor beginnen. Außerdem sollte man so viel Zeit einplanen, daß er gut durchziehen kann – so schmeckt er nämlich am besten.

◆ Am Tag davor die roten Beten ungeschält in wenig Wasser gerade weich kochen, abgießen und kalt abschrecken.

◆ Die Salzheringe über Nacht in kaltes Wasser legen, um das überschüssige Salz zu entfernen.

◆ Am nächsten Tag die Salzheringe abgießen und trockentupfen. Zuerst in knapp fingerbreite Streifen, dann in kleine Stücke schneiden.

Zutaten für 4 Portionen

250 g rote Beten
200 g Salzheringe
250 g säuerliche Äpfel
200 g Fleischwurst
200 g Essiggurken
200 g gegarter Schweinebraten
200 g Emmentaler
200 g Salatmayonnaise
Salz

◆ Die roten Beten schälen.
◆ Die Äpfel schälen, vierteln und vom Kerngehäuse befreien.

◆ Die Fleischwurst pellen.

◆ Rote Beten, Heringe, Äpfel, Fleischwurst sowie die Essiggurken, den Schweinebraten und den Käse in möglichst gleichmäßige, etwa 1 cm große Würfel schneiden.

◆ Die gewürfelten Zutaten in einer Schüssel vermischen.

◆ Die Mayonnaise zugeben und alles vermengen, bis der Salat eine gleichmäßig rote Farbe angenommen hat.

◆ Nach Belieben mit Salz abschmecken und bis zum Servieren mehrere Stunden zugedeckt kühlen.

Zubereitung etwa 1 Stunde
Kühlzeit mehrere Stunden
1 Portion = 3637 kJ/ 866 kcal

Thunfischsalat

Zutaten für 4 Portionen
1 Dose weiße oder
rote Bohnen
(Einwaage 360 g)
1 Dose Thunfisch
im eigenen Saft
2 Essiggurken
1 Bund
Schnittlauch
1 EL Kapern
3 EL Crème fraîche
Salz
schwarzer Pfeffer
aus der Mühle
2 EL Zitronensaft

Thunfisch im eigenen Saft eingelegt schmeckt gut und hat bedeutend weniger Kalorien als Thunfisch in Öl.

◆ Die Bohnen und den Thunfisch abtropfen lassen. Den Fisch mit einer Gabel zerpflücken.
◆ Die Essiggurken würfeln.
◆ Den Schnittlauch waschen, trockentupfen und in feine Röllchen schneiden.
◆ Alles in eine Schüssel geben.
◆ Kapern, Crème fraîche, Salz, Pfeffer aus der Mühle und Zitronensaft zugeben und den Salat mit einer Gabel mischen.

Zubereitung etwa 10 Minuten
1 Portion = 756 kJ/ 180 kcal

Räucherfischsalat

Schillerlocken sind heißgeräucherte Streifen von der Bauchseite des Dornhais. Sie können für dieses Rezept aber jede Art von geräuchertem Fisch nehmen. Vorsicht bei der Verwendung von Salz, denn der Fisch schmeckt bereits recht salzig. Dieser herzhafte Salat bereichert jedes kalte Buffet oder ergibt mit Bratkartoffeln serviert ein kräftiges Abendessen.

◆ Zuerst die Tomaten, dann die Zucchini waschen und abtrocknen.
◆ Die Tomaten vom Stielansatz befreien, die Zucchini putzen. Beide Zutaten würfeln.
◆ Die Möhre putzen und längs in dünne Stifte schneiden.
◆ Die Paprikaschote waschen, abtrocknen und der Länge nach halbieren.
◆ Die Kerne und weißen Häute entfernen und die Schotenhälften in Streifen schneiden.
◆ Die Zwiebeln abziehen und in dünne Ringe schneiden.
◆ Die Champignons putzen, waschen und trockentupfen.
◆ Für die Salatsauce den Zitronensaft mit Senf, Anis oder Fenchel, wenig Salz, einer kräftigen Prise Pfeffer, Honig und Öl verrühren.
◆ Alle Gemüse auf Portionstellern anrichten und die Sauce mit einem Teelöffel darüber träufeln.
◆ Den Fisch mit einer Gabel grob zerpflücken und auf dem Salat verteilen.
◆ Die Petersilie waschen, trockentupfen und fein hacken.
◆ Die Petersilie über den Räucherfisch streuen und servieren.

Zubereitung etwa 30 Minuten
1 Portion = 1239 kJ/ 295 kcal

Zutaten für 4 Portionen
250 g Tomaten
2 kleine Zucchini
1 große Möhre
1 grüne Paprikaschote
2 kleine rote Zwiebeln
4 große Champignons
3 EL Zitronensaft
1 EL scharfer Senf
1/2 TL Anis- oder
Fenchelsamen
Salz
schwarzer Pfeffer aus der Mühle
1/2 TL Honig
5 EL Öl
250 g Räucherfisch (wie Makrele,
Schillerlocken,
Flunder oder Scholle)
1/2 Bund Petersilie

Geflügelsalat mit Obst

Dieser Salat eignet sich, mit Vollkornbrötchen, italienischem Landbrot oder Baguette serviert, auch als kleines Essen für Gäste.

Zutaten für 4 Portionen
1 doppelte Hähnchenbrust
(etwa 250 g)
Salz
weißer Pfeffer
2 EL Öl
200 g Zwetschen
200 g kernlose Weintrauben
1 kleine Fenchelknolle
1 Bund Dill
2 EL Essig
150 g Magerjoghurt
2 EL süße Sahne
1 TL scharfer Senf
1 EL Mandelstifte

◆ Die Hähnchenbrust häuten und vom Knochen lösen.
◆ Das Fleisch mit Salz und Pfeffer einreiben.
◆ Das Öl erhitzen und das Fleisch darin auf jeder Seite etwa 4 Minuten braten, bis es durchgegart ist.
◆ Das Fleisch lauwarm abkühlen lassen und in Streifen schneiden.
◆ Die Zwetschen waschen, trockentupfen, entsteinen und in kleine Stücke schneiden.
◆ Die Weintrauben waschen und abzupfen.
◆ Die Fenchelknolle halbieren, vom Strunk befreien, waschen und quer zu den Fasern in dünne Streifen schneiden.
◆ Den Dill waschen, trockentupfen und fein hacken.
◆ Essig, Joghurt, Sahne und Senf verrühren.
◆ Die Salatsauce mit dem Fleisch, Obst, Fenchel und Dill mischen.

◆ Den Salat mit Salz und Pfeffer abschmecken und mit den Mandelstiften bestreuen.

Zubereitung etwa 1 Stunde
1 Portion = 983 kJ/ 234 kcal

Salatplatte mit Entenbrust

◆ Die Entenbrust rundherum mit Salz und Pfeffer einreiben.
◆ 1 EL Öl erhitzen. Die Entenbrust mit der Hautseite nach unten in das Öl legen und bei starker Hitze etwa 3 Minuten anbraten.
◆ Das Fleisch wenden und zugedeckt bei mittlerer bis schwacher Hitze 20 Minuten schmoren.
◆ Das Fleisch aus der Pfanne nehmen und ruhen lassen, bis die anderen Zutaten vorbereitet sind.
◆ Für die Sauce 3 EL Öl mit Himbeeressig, Zucker, Salz und Pfeffer verrühren.
◆ Die Salate putzen, waschen und trockenschütteln; große Blätter zerteilen.

Zutaten für 6 Portionen
1 Flugentenbrust ohne Knochen
(etwa 300 g)
Salz
schwarzer Pfeffer
4 EL Erdnuß- oder
Olivenöl
2 EL Himbeeressig
1 Prise Zucker
$1/2$ Eisbergsalat
75 g Feldsalat
1 Fenchelknolle
50 g Champignons
1 EL Erdnußkerne

◆ Die Fenchelknolle halbieren, vom Strunk befreien, waschen und quer zu den Fasern in dünne Streifen schneiden.
◆ Die Pilze putzen, waschen und blättrig schneiden.
◆ Salate, Fenchel und Pilze mit der Sauce mischen und den Salat auf Tellern verteilen.
◆ Das Fleisch schräg in Scheiben schneiden und auf dem Salat anrichten. Die Erdnüsse hacken und darüberstreuen.

Zubereitung etwa 40 Minuten
1 Portion = 890 kJ/ 212 kcal

Geflügelsalat mit Sprossen

Die Sprossen werden kurz gegart, weil sie so besser verträglich sind.

◆ Das Putenfleisch in dünne Streifen schneiden.
◆ Die Sprossen waschen und trockentupfen.
◆ In einer Pfanne 2 EL Öl erhitzen und das Fleisch darin bei starker bis mittlerer Hitze etwa 3 Minuten braten, bis es durchgegart und leicht gebräunt ist. Dann das Fleisch in eine Schüssel legen.
◆ Die Sprossen im Bratfett bei mittlerer Hitze unter Rühren etwa 1 Minute braten. Dann die Brühe zugeben und einmal aufkochen lassen.

Zutaten für 4 Portionen
250 g Putenschnitzel
100 g Sojasprossen
3 EL Öl
5 EL Geflügelbrühe
200 g kleine Zucchini
100 g Champignons
2 EL Zitronensaft
50 g Pistazienkerne
1 Handvoll gemischte frische oder 1 Päckchen TK-Kräuter
1 EL milder Essig
Salz, weißer Pfeffer aus der Mühle

◆ Die Sprossen zum Fleisch geben und alles lauwarm abkühlen lassen.
◆ Die Zucchini waschen, putzen und in Stifte schneiden.
◆ Die Pilze putzen, waschen, in Scheiben schneiden und mit dem Zitronensaft vermischen.
◆ Die Pistazien fein zerkleinern.
◆ Die frischen Kräuter waschen, trockentupfen und fein zerkleinern.
◆ Das Fleisch, Zucchini, Pilze, Pistazienkerne und Kräuter vermischen.
◆ Den Salat mit Essig, dem restlichen Öl, Salz und Pfeffer abschmecken.

Zubereitung etwa 40 Minuten
1 Portion = 1037 kJ/247 kcal

Salatplatte mit Hühnerbrust

Zutaten für 8 Portionen

500 g kleine Kartoffeln
250 g Hühnerbrust
Salz
weißer Pfeffer
1/8 l Öl
1 kleiner Kopf Weißkohl (etwa 500 g)
500 g kleine Möhren
500 g breite grüne Bohnen
1/2 l kräftige Instantgemüsebrühe
3 Knoblauchzehen
1 Lorbeerblatt
1 rote Zwiebel
4 große Salatblätter
150 g schwarze Oliven
150 g eingelegte Artischockenböden
4 EL Zitronensaft
3 TL scharfer Senf
schwarzer Pfeffer
1 Bund Petersilie
4 EL Essig
1 Prise Zucker

◆ Die Kartoffeln waschen und in wenig Wasser weich kochen; danach abgießen, kalt abschrecken, schälen und in Scheiben schneiden.

◆ Die Hühnerbrust mit Salz und Pfeffer würzen.

◆ 1 EL Öl erhitzen und die Hühnerbrust darin auf jeder Seite etwa 8 Minuten braten. Die Hühnerbrust herausnehmen und abkühlen lassen.

◆ Den Weißkohl putzen und vierteln; den Strunk herausschneiden. Den Kohl waschen und in feine Streifen hobeln.

◆ Die Möhren putzen und raspeln.

◆ Den Kohl mit den Möhren mischen, mit Salz bestreuen und zugedeckt ziehen lassen.

◆ Die Bohnen waschen, putzen und in etwa 2 cm breite Stücke schneiden.

◆ Die Brühe mit 2 Knoblauchzehen und dem Lorbeerblatt zum Kochen bringen. Die Bohnen darin aufkochen und 15 Minuten bei mittlerer Hitze kochen lassen. Mit einem Schaumlöffel herausnehmen und auf einer großen Platte anrichten.

◆ Die Zwiebel abziehen, fein hacken und über die Bohnen streuen.

◆ Die Salatblätter waschen, trockenschütteln und daneben legen.

◆ Die Oliven und die Artischocken auf den Salatblättern verteilen.

◆ Die Brühe durchsieben.

◆ Die restliche Knoblauchzehe abziehen, fein hacken und mit der Brühe, dem Zitronensaft, 2 TL Senf, Pfeffer und 3 EL Öl verrühren.

◆ Die Möhren und den Kohl mit etwa der Hälfte des Dressings mischen und auf der Platte anrichten.

◆ Die Petersilie waschen, trockentupfen und hacken.

◆ Die Kartoffeln mit dem Rest des Dressings vermischen, auf die Platte geben und mit der Petersilie bestreuen.

◆ Die Hühnerbrust schräg in Scheiben schneiden und neben die Kartoffeln legen.

◆ Den Essig mit 1 TL Senf, Salz, schwarzem Pfeffer, Zucker und dem restlichen Öl mischen.

◆ Die Sauce über der Hühnerbrust und den grünen Bohnen verteilen.

Zubereitung etwa 1 Stunde
1 Portion = 1340 kJ/ 319 kcal

Hasensalat

So zubereitet schmecken auch Reh- oder Hirschfilets und die Brustfilets von Wildgeflügel.

◆ Die Schalotte abziehen und fein hacken.

◆ Wein, Essig, Ingwer, Preiselbeer- kompott, Salz, Pfeffer und 4 EL Öl mit der Schalotte verrühren.

◆ Die Sauce zugedeckt 30 Minuten ziehen lassen.

◆ Die Hasenrückenfilets mit Salz und Pfeffer einreiben.

◆ Das restliche Öl in einer Pfanne er- hitzen. Das Fleisch darin bei starker Hitze rundherum braun anbraten und bei mittlerer Hitze in etwa 5 Mi- nuten fertigbraten; dabei einmal wenden.

◆ Das Fleisch aus der Pfanne neh- men und lauwarm abkühlen lassen.

◆ Die Weintrauben waschen, abzup- fen und halbieren.

◆ Den Sellerie waschen und trocken- tupfen. Die Stangen in fingerbreite Stücke schneiden und die Sellerie- blättchen hacken.

◆ Die Salatblätter waschen, trocken- schütteln und auf Tellern verteilen.

◆ Das Fleisch schräg in Scheiben schneiden und mit den Weintrauben und den Selleriestücken auf den Sa- latblättern anrichten.

◆ Die Sauce und die Sellerieblätt- chen über dem Salat verteilen.

Zubereitung etwa 50 Minuten
1 Portion = 1016 kJ/ 242 kcal

Zutaten für 4 Portionen
1 Schalotte
1 EL trockener Rotwein
2 EL Rotweinessig
2 MSP gemahlener Ingwer
1 EL Preiselbeerkompott
Salz
schwarzer Pfeffer aus der Mühle
6 EL Öl
2 Hasenrückenfilets (je etwa 100 g)
150 g kernlose Weintrauben
2 Stangen Sellerie
8 Salatblätter

Rindfleischsalat mit Bohnen

◆ Das gegarte Fleisch vom Fett be- freien und zuerst in dünne Scheiben, dann in knapp fingerbreite Streifen schneiden.

Zutaten für 4 Portionen
200 g gegartes Rindfleisch
2 Lauchzwiebeln
je 1 rote und grüne Paprikaschote
1/2 Bund Petersilie
1 Dose weiße Bohnen
(Einwaage etwa 400 g)
1 EL Tomatenstückchen (Dose)
3/4 Tasse Wasser
1 gehäufter TL Instantgemüsebrühe
1 EL scharfer Senf
2 EL Rotweinessig
3 EL Öl
Salz, schwarzer Pfeffer

◆ Die Lauchzwiebeln putzen, wa- schen und mit den saftigen grünen Blättern in dünne Ringe schneiden.

◆ Die Paprikaschoten waschen, ab- trocknen und vierteln; dabei die Kerne und die weißen Häute entfer- nen. Die Paprikaviertel in Streifen schneiden.

◆ Die Petersilie waschen, trockentup- fen und fein hacken.

◆ Die Bohnen abtropfen lassen.

◆ Alle diese Zutaten mit den Toma- tenstückchen in eine Schüssel geben.

◆ Das Wasser zum Kochen bringen.

◆ Die Brühe mit dem Wasser ver- rühren und etwas abkühlen lassen.

◆ Den Senf, den Essig und das Öl zu- geben und alles zu einer glatten Sauce verrühren.

◆ Die Sauce über den Salat gießen und alles mischen.

◆ Den Salat zugedeckt mindestens 2 Stunden ziehen lassen.

◆ Den Salat vor dem Servieren mit Salz und schwarzem Pfeffer ab- schmecken.

Zubereitung etwa 30 Minuten
Ruhezeit etwa 2 Stunden
1 Portion = 1075 kJ/ 256 kcal

Salat mit Fleischbällchen

◆ Den Spinat und die Petersilie waschen, abtrocknen und fein hacken.
◆ Die Zwiebel und den Knoblauch abziehen und ebenfalls fein hacken.
◆ Spinat, Petersilie, Zwiebel und Knoblauch mit Käse, Rinderhack, Paniermehl, Sesam, Ei, Salz und einer kräftigen Prise Pfeffer zu einem Fleischteig verkneten.
◆ Aus dem Teig walnußgroße Bällchen formen.

◆ Das Öl erhitzen, die Bällchen darin portionsweise bei mittlerer Hitze rundherum etwa 5 Minuten ausbacken und auf Küchenpapier abtropfen lassen.
◆ Den Salat zerpflücken, die Blätter waschen, trockenschütteln und in Stücke teilen.
◆ Die Möhren putzen und in dünne Stifte schneiden. Die Tomaten waschen, abtrocknen und achteln; dabei die Stielansätze entfernen.
◆ Salatblätter, Möhren und Tomaten in einer Schüssel mischen.
◆ Möhrensaft, Joghurt, Essig, Senf, Salz, Pfeffer und Öl verrühren und mit dem Salat vermischen.
◆ Den Schnittlauch waschen, trockentupfen und fein zerkleinern.
◆ Die Kresse abschneiden, waschen und trockentupfen.
◆ Den Salat und die Fleischbällchen auf Tellern anrichten. Auf jede Portion einen Klecks saure Sahne setzen und die Kräuter darüber streuen.

Zubereitung 1¼ Stunden
1 Portion = 2352 kJ/ 560 kcal

Zutaten für 4 Portionen
1 Handvoll Spinat
1 kleines Bund Petersilie
1 kleine Zwiebel
1 Knoblauchzehe
50 g geriebener Parmesan
250 g Rinderhack
1 gestrichener EL Paniermehl
2 EL Sesamsamen
1 Ei
Salz, weißer Pfeffer
Öl zum Fritieren
1 kleiner Kopf Eichblattsalat oder
Lollo rosso
2 mittelgroße Möhren
4 Tomaten
3 EL Möhrensaft (fertig gekauft)
1 EL Joghurt
2 EL Essig
1 TL körniger Senf
1 EL Öl
1 Bund Schnittlauch
1 Kästchen Gartenkresse
100 g saure Sahne

Wurstsalat

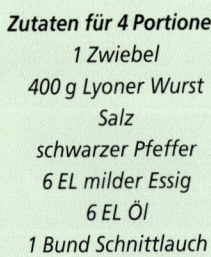

Zutaten für 4 Portionen
1 Zwiebel
400 g Lyoner Wurst
Salz
schwarzer Pfeffer
6 EL milder Essig
6 EL Öl
1 Bund Schnittlauch

Den herzhaften Salat können Sie nicht nur mit Lyoner Wurst, sondern auch mit anderen Sorten wie einfacher Fleischwurst, Regensburger oder Nürnberger Stadtwurst zubereiten. Kümmelbrötchen schmecken gut dazu.

◆ Die Zwiebel abziehen und in hauchdünne Ringe schneiden.
◆ Die Wurst häuten und in dünne Scheiben schneiden.
◆ Die Zwiebelringe und die Wurstscheiben kreisförmig auf einer Platte anrichten und mit Salz und Pfeffer bestreuen.
◆ Den Essig und das Öl vermischen und über den Salat geben.
◆ Den Wurstsalat zugedeckt 45 Minuten durchziehen lassen.
◆ Den Schnittlauch waschen, trockentupfen, in feine Röllchen schneiden und vor dem Servieren über den Salat streuen.

Zubereitung etwa 15 Minuten
Ruhezeit 45 Minuten
1 Portion = 1999 kJ/ 476 kcal

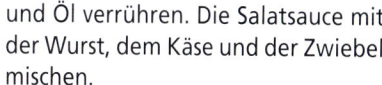

Schweizer Wurstsalat

Wenn Sie den Salat abwandeln möchten, können Sie noch gewürfelte Gewürzgurken, Tomaten und Paprikaschoten oder Apfelspalten und Kräuter untermischen.

◆ Die Eier in 8–10 Minuten hart kochen, kalt abschrecken und beiseite stellen.
◆ Die Wurst häuten und in dünne Stifte schneiden.
◆ Den Käse in Streifen schneiden.
◆ Die Zwiebel abziehen und in hauchdünne Ringe schneiden.
◆ Den Essig mit Salz, Pfeffer, Senf

Zutaten für 4 Portionen
4 Eier
200 g Cervelatwurst oder
Salami am Stück
150 g Schweizer Emmentaler
in dünnen Scheiben
1 Zwiebel
2 EL Essig
Salz, schwarzer Pfeffer
1 TL scharfer Senf, 4 EL Öl
1 Bund Schnittlauch

und Öl verrühren. Die Salatsauce mit der Wurst, dem Käse und der Zwiebel mischen.
◆ Den Wurstsalat auf einer Platte anrichten.
◆ Die Eier von der Schale befreien, mit dem Eierschneider in Scheiben schneiden und auf dem Wurstsalat verteilen.
◆ Den Schnittlauch waschen, trockentupfen, in feine Röllchen schneiden und über den Salat streuen.

Zubereitung etwa 20 Minuten
1 Portion = 2491 kJ/ 593 kcal

Bunter Eiersalat

◆ Die Eier in 8–10 Minuten hart kochen, kalt abschrecken, von der Schale befreien und grob hacken.
◆ Die Zwiebel abziehen und fein hacken. Die Tomaten, die Paprikaschoten und die Radieschen waschen und würfeln; dabei die Stiel-

ansätze der Tomaten und die Kerne und die Häute der Paprika entfernen.
◆ Die Kräuter waschen, trockentupfen und hacken.
◆ Eier und Gemüse mit Kräutern, Crème fraîche, Joghurt, Zitronensaft, Senf, Salz, Pfeffer und Öl vermischen.

◆ Die Salatblätter waschen, trockenschütteln und auf Tellern verteilen.
◆ Den Eiersalat auf den Salatblättern anrichten.

Zubereitung etwa 20 Minuten
1 Portion = 1172 kJ/ 279 kcal

Zutaten für 4 Portionen
6 Eier
1 Zwiebel
4 Tomaten
1 grüne Paprikaschote
1 Bund Radieschen
1/2 Handvoll gemischte frische
oder 1/2 Päckchen TK-Kräuter
100 g Crème fraîche
100 g Magerjoghurt
1 EL Zitronensaft
1 TL scharfer Senf
Salz, weißer Pfeffer
1 TL Öl
4 große oder 8 kleine Salatblätter

Mangoldsalat mit Schafskäse

Ein würziger und doch weicher Käse paßt gut zu diesem bunten Sommersalat, beispielsweise provenzalischer Banon aus Ziegenmilch oder korsischer Schafskäse.

◆ Den Mangold verlesen, waschen, trockenschütteln und in feine Streifen schneiden.

◆ Die Lauchzwiebeln waschen, putzen und mit den saftigen grünen Blättern in dünne Ringe schneiden.

◆ Die Tomaten waschen, abtrocknen und achteln; dabei die Stielansätze entfernen.

◆ Für die Salatsauce den Knoblauch abziehen und zerdrücken.

◆ Die Pinienkerne fein hacken.

◆ Den Knoblauch und die Pinienkerne mit Essig, Senf, Salz, Pfeffer und Öl verrühren.

◆ Den Mangold, die Lauchzwiebelringe und die Tomaten mit der Salatsauce vermischen und auf Tellern anrichten.

◆ Den Käse würfeln.

◆ Die schwarzen Oliven halbieren und entsteinen.

◆ Das Basilikum waschen, trockentupfen und grob zerkleinern.

◆ Den Käse, die Oliven und das

Zutaten für 4 Portionen
400 g Mangold
1 Bund Lauchzwiebeln
2 große Tomaten
1 Knoblauchzehe
2 EL Pinienkerne
3 EL milder Kräuteressig
1 EL körniger Senf
Salz
schwarzer Pfeffer
3 EL Maiskeim-
oder Erdnußöl
150 g Schafs- oder Ziegenkäse
10 schwarze Oliven
½ Bund Basilikum

Basilikum über den Salatportionen verteilen.

Zubereitung etwa 45 Minuten
1 Portion = 1302 kJ/ 310 kcal

Käsesalat mit Gemüse

Je nach Geschmack können Sie den Salat variieren. Mit Appenzeller schmeckt er würzig, mit jungem Gouda oder Pyrenäenkäse mild.

◆ Den Käse würfeln.

◆ Die Zwiebel abziehen und in Ringe schneiden.

◆ Die Radieschen waschen und in dünne Scheiben schneiden.

◆ Die Paprikaschoten waschen, halbieren und die Kerne und die weißen Häute entfernen. Die Schotenhälften in Streifen schneiden.

◆ Die Tomaten waschen und in Schnitze teilen; dabei von den Stielansätzen befreien.

Zutaten für 4 Portionen
200 g Appenzeller, junger Gouda
oder Pyrenäenkäse
1 kleine Zwiebel
2 Bund Radieschen
2 rote Paprikaschoten
2 Tomaten
1 kleiner Kohlrabi
4 EL saure Sahne
1 EL Kräutersenf
Salz, 1 kräftige Prise Cayennepfeffer
3 EL Olivenöl
¼ Kästchen Gartenkresse

◆ Den Kohlrabi schälen und grob raspeln.

◆ Käse, Zwiebel, Radieschen, Paprikaschoten, Tomaten und Kohlrabi in einer Schüssel mischen.

◆ Für die Sauce saure Sahne, Kräutersenf, Salz, Cayennepfeffer und Öl verrühren.

◆ Den Käsesalat mit der Sauce vermischen.

◆ Die Kresse mit einer Küchenschere abschneiden, waschen und über den Salat streuen.

Zubereitung etwa 30 Minuten
1 Portion = 1453 kJ/ 346 kcal

Carpaccio (S. 105); Gemüsestreifen mit Sauce (S. 84); Gebackene Sardinen (S. 121) ➤

Vorspeisen und kleine Gerichte

Tomaten mit Mozzarella

Zutaten für 4 Portionen
400 g Tomaten
400 g Mozzarella
1 Bund Basilikum
Salz
schwarzer Pfeffer aus der Mühle
3 EL Balsamessig (Aceto balsamico)
5 EL Olivenöl

Caprese ist der italienische Name für diese leichte und frische Vorspeise aus Tomaten und Mozzarella, einem schnittfesten Frischkäse. Der echte Mozzarella wird aus Büffelmilch hergestellt und ist besonders cremig.

◆ Die Tomaten waschen, abtrocknen und in Scheiben schneiden; die Stielansätze dabei entfernen.
◆ Den Mozzarella in ebenso dicke Scheiben wie die Tomaten schneiden.

◆ Beide Zutaten fächerförmig auf Portionstellern anrichten.
◆ Das Basilikum waschen, trockentupfen, grob hacken und darüber streuen.
◆ Die Tomaten und den Käse mit Salz und Pfeffer würzen.
◆ Den Balsamessig mit dem Öl verrühren und darüber verteilen.

Zubereitung etwa 15 Minuten
1 Portion = 1558 kJ/ 371 kcal

Gemüsestreifen mit Joghurtsauce

Diese Vorspeise kommt ursprünglich aus Frankreich. Crudités, rohe Gemüsestreifen mit einem Dip, gehören in vielen Restaurants zum Auftakt des Menüs.

◆ Die Eier in etwa 8 Minuten hart kochen, abgießen, kalt abschrecken, pellen und halbieren.
◆ Das Eigelb herauslösen und beiseite legen; das Eiweiß fein hacken.
◆ Die Zucchini waschen, abtrocknen, vom Stiel- und Blütenansatz befreien und der Länge nach in knapp fingerdicke Stifte schneiden.
◆ Die Möhren putzen und ebenso aufschneiden.
◆ Die Paprikaschoten waschen, abtrocknen und der Länge nach halbieren. Kerne und weiße Häute entfernen. Schoten in Streifen schneiden.

Zutaten für 4 Portionen
2 Eier
250 g kleine, feste Zucchini
300 g junge Möhren
je 1 grüne, gelbe und rote
Paprikaschote
250 g Salatgurke
1 kleiner weißer Rettich
4 Lauchzwiebeln
4 große Champignons
Joghurtsauce
4 EL Kräutersenf
1 kräftige Prise Senfpulver oder
Cayennepfeffer
2 EL milder Kräuteressig
$1/8$ l Öl
150 g Magerjoghurt
1 Handvoll gemischte frische oder
1 Päckchen TK-Salatkräuter
1 kleine Zwiebel, 1 Gewürzgurke
Salz

◆ Die Salatgurke schälen und längs halbieren, von den Kernen befreien und die Gurke in etwa fingerdicke Stifte schneiden.

◆ Den Rettich schälen, der Länge nach vierteln und ebenfalls in fingerdicke Stifte schneiden.
◆ Die Lauchzwiebeln putzen und waschen; welke Blätter abschneiden.
◆ Die Champignons putzen, waschen, trockentupfen und halbieren.
◆ Alle Gemüsestreifen auf Tellern oder einer großen Platte anrichten.
◆ Für die Sauce den Senf mit Senfpulver oder Cayennepfeffer, Essig und den Eigelben kräftig verrühren.
◆ Das Öl zuerst tropfenweise, dann in dünnem Strahl dazugießen. Mit den Quirlen des Handrührgeräts oder einem Schneebesen ständig rühren, bis eine Mayonnaise entstanden ist. Dann den Joghurt daruntermischen.
◆ Die frischen Kräuter waschen, trockentupfen und fein hacken.
◆ Die Zwiebel abziehen und mit der Gewürzgurke klein würfeln.
◆ Alle diese Zutaten sowie das gehackte Eiweiß unter die Mayonnaise mischen und mit Salz abschmecken.
◆ Die Sauce in Schälchen füllen und als Dip zur Rohkost servieren.

Zubereitung etwa 1 Stunde
1 Portion = 1667 kJ/ 397 kcal

Italienischer Brotsalat

Für den Salat brauchen Sie vollreife, saftige und aromatische Sommertomaten – am besten die dicken Fleischtomaten – und das würzige, helle Landbrot aus Italien oder Frankreich, das sich locker mit den anderen Zutaten verbindet, ohne dabei matschig zu werden.

◆ Das Brot in Scheiben schneiden und mittelbraun toasten. Dann erkalten lassen und in Würfel schneiden.

◆ 1 Zwiebel und den Knoblauch abziehen und in dünne Scheiben schneiden.

◆ Zwiebel und Knoblauch mit Gemüsebrühe, Lorbeerblatt, Oregano und Essig aufkochen und zugedeckt bei schwacher Hitze 10 Minuten kochen lassen.

◆ Den Sud in ein Sieb gießen, die

Zutaten für 6 Portionen
300 g italienisches oder
französisches Landbrot
2 Zwiebeln
1 Knoblauchzehe
$\frac{1}{4}$ l Gemüsebrühe
1 Lorbeerblatt
1 TL getrockneter Oregano
3 EL Essig
750 g Tomaten
1 kleine Paprikaschote
je 1 Bund Petersilie
und Schnittlauch
3 EL Kapern
4 EL Olivenöl
Salz
schwarzer Pfeffer

Brühe auffangen und über das Brot träufeln.

◆ Die zweite Zwiebel abziehen und sehr fein hacken.

◆ Die Tomaten waschen, abtrocknen und würfeln; die Stielansätze dabei entfernen.

◆ Die Paprikaschote putzen, waschen und vierteln, von den Kernen und weißen Häutchen befreien und in dünne Streifen schneiden.

◆ Die Kräuter waschen, trockentupfen und fein zerkleinern.

◆ Zwiebel, Tomaten, Paprikaschote und Kräuter sowie die Kapern und das Öl unter die Brotwürfel heben.

◆ Den Brotsalat mit Salz und Pfeffer kräftig abschmecken.

Zubereitung etwa 30 Minuten
1 Portion = 916 kJ/ 218 kcal

Feldsalat mit Räuchertofu

Räuchertofu hat ein so feines Aroma wie geräucherter Fisch. Man erhält ihn in Naturkostläden. Servieren Sie zu der leichten Vorspeise frisches Baguette mit gesalzener Butter.

◆ Den Feldsalat mehrmals waschen und trockenschütteln.

◆ Die Brunnenkresse verlesen, waschen, trockentupfen und grob hacken.

◆ Für das Dressing den Essig mit Salz, Pfeffer, Zucker, Senf und den beiden Ölsorten verrühren.

Zutaten für 4 Portionen
150 g Feldsalat
1 Handvoll Brunnenkresse
2 EL Himbeeressig
Salz, schwarzer Pfeffer
1 Prise Zucker
1 TL körniger Senf
3 EL kaltgepreßtes Olivenöl
1/2 TL Walnußöl
100 g Räuchertofu

◆ Den Feldsalat und die Kresse locker mit dem Dressing mischen und auf Portionstellern verteilen.

◆ Den Räuchertofu in kleine Würfel schneiden und über den Salat streuen.

Zubereitung etwa 30 Minuten
1 Portion = 437 kJ/ 104 kcal

Wildreissalat mit Putenfleisch

◆ Den Wildreis mit dem Wasser und Salz aufkochen und zugedeckt bei schwächster Hitze etwa 1 Stunde garen, bis die Körner weich sind.

◆ Unterdessen den Backofen auf 200 °C (Umluft 180 °C, Gas Stufe 3) vorheizen und den Reis darin zugedeckt weitere 15 Minuten garen.

◆ Den Reis abgießen und mit 1 EL Öl vermischen.

◆ Das Putenfleisch in dünne Streifen schneiden.

◆ Den Spargel waschen, schälen und die holzigen Enden entfernen. Spargel schräg in etwa 0,5 cm dicke Scheiben teilen; die Köpfe ganz lassen.

◆ Die Pilze putzen und in Streifen schneiden.

◆ 2 EL Öl in einer Pfanne erhitzen und das Fleisch darin bei starker bis mittlerer Hitze etwa 3 Minuten braten, bis es durchgegart und leicht gebräunt ist. Dann zum Reis geben.

◆ Den Spargel und die Pilze im Bratfett bei mittlerer Hitze unter Rühren etwa 3 Minuten braten, bis die Pilze gebräunt sind.

◆ Den Zitronensaft und die Brühe mit dem Spargel und den Pilzen in der Pfanne mischen, alles zum Reis geben und lauwarm abkühlen lassen.

◆ Den Schnittlauch waschen, trok-

Zutaten für 4 Portionen
75 g Wildreis
1/4 l Wasser
Salz
3 EL Öl
1 Putenschnitzel (etwa 150 g)
200 g grüner Spargel
200 g Austernpilze
2 EL Zitronensaft
3 EL Instanthühnerbrühe
1/2 Bund Schnittlauch
50 g Pinienkerne
1 EL milder Weißweinessig
weißer Pfeffer

kentupfen und in feine Röllchen schneiden.

◆ Die Pinienkerne und den Schnittlauch mit dem Reis mischen und mit Essig, Salz und Pfeffer würzen.

Garzeit etwa 1 1/4 Stunden
Zubereitung etwa 50 Minuten
1 Portion = 1147 kJ/ 273 kcal

Kalbsleberstreifen auf Salat

Die Vorspeise schmeckt mit jedem würzigen Blattsalat – z. B. Chicorée oder Rucola. Frisée und Endivien in Streifen schneiden, damit sie sich gut mit der Sauce verbinden.

◆ Die Kalbsleber in feine Streifen schneiden, dabei die Häutchen und die Sehnen entfernen.

◆ Den Feldsalat waschen, trockenschütteln und auf Portionstellern verteilen.

◆ Den Schnittlauch waschen, trokkentupfen und in feine Röllchen schneiden.

◆ Die Walnüsse grob hacken.

Zutaten für 4 Portionen
200 g Kalbsleber
150 g Feldsalat
1 kleines Bund Schnittlauch
1 EL Walnußkerne
1 EL Sherryessig
$\frac{1}{2}$ TL scharfer Senf
Salz
schwarzer Pfeffer
1 Prise Zucker
5 EL Olivenöl
1 TL getrockneter Thymian

◆ Den Schnittlauch und die Nüsse auf die Salatblätter streuen.

◆ Essig, Senf, Salz, Pfeffer, Zucker und 3 EL Öl zu einer Sauce verrühren und auf dem Salat verteilen.

◆ 2 EL Öl in einer Pfanne erhitzen, den Thymian und die Leberstreifen zugeben und bei mittlerer Hitze unter Rühren braten, bis die Leber leicht gebräunt ist.

◆ Die Leber auf oder neben dem Salat anrichten, mit Salz und Pfeffer würzen und sofort servieren.

Zubereitung etwa 45 Minuten
1 Portion = 857 kJ/ 204 kcal

Meeresfrüchtesalat

Kaufen Sie die frischen Meerestiere bei einem guten Fischhändler. Die Vorspeise sieht auf Salatblättern angerichtet besonders schön aus.

◆ Den Tintenfisch auftauen lassen.

◆ Das Suppengrün putzen, waschen und grob zerkleinern.

◆ Das Suppengrün mit Wasser, Wein, Salz und Fischgewürz aufkochen und den Tintenfisch darin zugedeckt bei schwacher Hitze 3 Minuten ziehen lassen. Anschließend herausnehmen und abkühlen lassen.

◆ Den Sud noch einmal aufkochen, die Hummerkrabbenschwänze 5 Minuten darin ziehen lassen und herausnehmen.

◆ Den Sud durchsieben und für die Salatsauce auffangen.

◆ Den Tintenfisch in kleine Stücke schneiden.

◆ Die Hummerkrabbenschwänze aus den Schalen lösen und den dunklen, fadenförmigen Darm entfernen. Dann das Hummerkrabbenfleisch in fingerbreite Stücke schneiden.

Zutaten für 6 Portionen

300 g TK-Tintenfisch
1 Bund Suppengrün
$1/4$ l Wasser
$1/8$ l trockener Weißwein
Salz
$1/2$ EL Fischgewürz
4 rohe Hummerkrabbenschwänze
1 Glas Miesmuscheln im eigenen Saft (Einwaage 250 g)
150 g Shrimps
2 Knoblauchzehen
1 unbehandelte Zitrone
Cayennepfeffer
1 MSP gemahlener Koriander
8 EL Olivenöl
2 Lauchzwiebeln
1 Tomate
1 großes Bund Dill

◆ Die Muscheln abtropfen lassen.

◆ Alle diese Meeresfrüchte und die Shrimps in eine Schüssel geben.

◆ Den Knoblauch abziehen und mit Salz zerdrücken.

◆ Die Zitrone waschen und abtrocknen. Mit einem Schälmesser ein etwa 10 cm langes Stück Schale abschneiden und in hauchfeine Streifen schneiden. Den Saft auspressen.

◆ Zitronenschale und -saft, Knoblauch, 1 Prise Cayennepfeffer, Koriander und Öl mit $1/8$ l Fischsud verrühren.

◆ Die Meeresfrüchte damit mischen und etwa 30 Minuten ziehen lassen.

◆ Die Lauchzwiebeln putzen, waschen und mit allen saftigen grünen Blättern in dünne Ringe schneiden.

◆ Die Tomate waschen und würfeln; den Stielansatz dabei entfernen.

◆ Den Dill waschen, trockentupfen und fein hacken.

◆ Zwiebeln, Tomate und Dill unter den Salat heben, mit Salz abschmecken und servieren.

Ruhezeit etwa 30 Minuten
Zubereitung etwa 45 Minuten
1 Portion = 949 kJ/ 226 kcal

Avocado und Krabben auf Friséesalat

Zutaten für 4 Portionen
1 kleiner Friséesalat
4 EL Gemüsebrühe
2 EL Essig
1 TL Senf
Salz, schwarzer Pfeffer
3 EL süße Sahne
2 EL Öl
100 g Krabben
1 reife Avocado
1 EL Zitronensaft
1/2 Bund Dill

Die Vinaigrette mit Brühe und süßer Sahne ist cremig und leicht zugleich, so daß sie zu dem knackigen Frisée und der fettreichen Avocado paßt.

◆ Den Friséesalat zerpflücken, waschen, trockenschütteln und in ganz feine Streifen schneiden.
◆ Die Brühe mit Essig, Senf, Salz, Pfeffer, Sahne und Öl verrühren.

◆ Den Friséesalat und die Krabben damit vermischen.
◆ Die Avocado halbieren, den Kern herauslösen.
◆ Die Avocadohälften schälen, mit der Höhlung nach unten auf ein Brett legen und anschließend mit einem scharfen Messer schräg in dünne Scheiben schneiden.

◆ Die Avocadoscheiben fächerförmig neben dem Frisée anrichten und mit dem Zitronensaft beträufeln.
◆ Den Dill waschen und trockentupfen. Die Spitzen abzupfen und die Vorspeise damit bestreuen.

Zubereitung etwa 30 Minuten
1 Portion = 979 kJ/ 233 kcal

Reisnudelsalat mit Krabben

Zutaten für 4 Portionen
1 Lauchzwiebel
1 kleine rote Pfefferschote
1 kleine unbehandelte Zitrone
200 g Krabben
100 g Reisnudeln
3 EL Gemüsebrühe
Salz
4 EL Erdnußöl
einige Koriander-, Petersilienblättchen und Dillspitzen

◆ Die Lauchzwiebel putzen, waschen und mit allen saftigen grünen Blättern in feine Ringe schneiden.
◆ Die Pfefferschote halbieren und die Kerne entfernen. Die Schotenhälften waschen und fein hacken.
◆ Die Zitrone waschen und abtrocknen. Dann die Schale abreiben und den Saft auspressen.
◆ Die Krabben in einer Schüssel mit 1 EL Zitronensaft und etwas abgeriebener Zitronenschale mischen.
◆ Die Reisnudeln mit reichlich kochendem Wasser übergießen und etwa 2 Minuten ziehen lassen.

◆ Für das Dressing die Gemüsebrühe mit dem restlichen Zitronensaft, Salz und Öl verrühren.
◆ Die Reisnudeln abgießen, auf einem feinen Sieb abtropfen lassen und mit einer Küchenschere etwas zerschneiden.
◆ Mit Lauchzwiebel, Pfefferschote, Krabben und Dressing mischen.
◆ Die Kräuter waschen, trockentupfen, grob hacken und über den Salat streuen.

Zubereitung etwa 20 Minuten
1 Portion = 991 kJ/ 236 kcal

Krabben mit Sprossen

Sambal Oelek ist eine scharfe indonesische Würzpaste aus roten Chilischoten. Verwenden Sie nur kleine Mengen, bis Sie wissen, welche Schärfe Ihr Gaumen verträgt.

◆ Tomatensaft, Sambal Oelek, Zitronensaft, Senf, Salz, Pfeffer und Öl zu einer Sauce verrühren.
◆ Die Krabben damit mischen und zugedeckt 1 Stunde ziehen lassen.

◆ Die Salatblätter waschen und trockenschütteln.
◆ 4 schöne Blätter auf Portionsteller legen und den Rest zerpflücken.
◆ Die Tomaten waschen, abtrocknen und würfeln; die Stielansätze dabei herausschneiden.
◆ Die Sprossen mit kaltem Wasser abspülen und abtropfen lassen.
◆ Die Möhren putzen und raspeln.
◆ Die Krabben mit Salat, Tomaten,

Zutaten für 4 Portionen
2 EL Tomatensaft
1 MSP Sambal Oelek
2 EL Zitronensaft
1 TL scharfer Senf
Salz, schwarzer Pfeffer
5 EL Öl
100 g Krabben
100 g Eichblattsalat
2 Tomaten
100 g gemischte Sprossen
2 Möhren
1 Bund Basilikum

Sprossen und Möhren mischen und auf den Salatblättern anrichten.
◆ Das Basilikum waschen, trockentupfen, darüberstreuen und die Vorspeise sofort servieren.

Zubereitung etwa 30 Minuten
Ruhezeit 1 Stunde
1 Portion = 731 kJ/ 174 kcal

Pilzsalat mit Räucherlachs

Zutaten für 4 Portionen
2 Bund Lauchzwiebeln
200 g kleine Champignons
1 EL Zitronensaft
1/8 l Hühnerbrühe
3 EL trockener Weißwein
Salz
schwarzer Pfeffer aus der Mühle
2 EL Olivenöl
1 Schachtel Kresse
8 Scheiben Räucherlachs

◆ Die Lauchzwiebeln putzen; die äußeren welken Blätter und die Wurzelansätze dabei abschneiden.
◆ Die Zwiebeln mit allen saftigen grünen Blättern in etwa 3 cm breite Stücke schneiden.
◆ Die Pilze putzen und mit dem Zitronensaft mischen.
◆ Die Hühnerbrühe mit dem Wein aufkochen und die Lauchzwiebeln sowie die Pilze darin 2 Minuten kochen lassen.
◆ Lauwarm abkühlen lassen, mit Salz und Pfeffer aus der Mühle würzen und das Öl untermischen.

◆ Den Pilzsalat zudecken und im Kühlschrank etwa 3 Stunden ziehen lassen.
◆ Die Zwiebeln und die Pilze auf Portionstellern anrichten und mit etwas Marinade beträufeln.
◆ Die Kresse abschneiden und über den Pilzsalat streuen.
◆ Den Räucherlachs in Streifen schneiden, neben dem Salat anrichten und sofort servieren.

Kühlzeit etwa 3 Stunden
Zubereitung etwa 20 Minuten
1 Portion = 638 kJ/ 152 kcal

Crostini mit Paprikapüree

Wenn Sie kein italienisches Landbrot für diese Vorspeise bekommen, können Sie auch Baguette verwenden.

◆ Die Paprikaschoten waschen, abtrocknen, vierteln und entkernen.
◆ Die Paprikaviertel mit der Schale nach oben auf ein Backblech legen.
◆ Das Backblech in den kalten Backofen auf die mittlere Schiene schieben. Den Ofen auf 220 °C (Umluft 200 °C, Gas Stufe 4) einstellen.
◆ Die Schoten etwa 20 Minuten backen, bis die Haut große Blasen wirft.
◆ Herausnehmen und mit zwei feuchten Küchentüchern bedecken.
◆ Die Brotscheiben auf ein Backblech legen und in den abgeschalteten, noch heißen Backofen schieben, damit sie leicht rösten.
◆ Die Haut der Paprikaschoten abziehen.

Zutaten für 6 Portionen
750 g rote Paprikaschoten
6 große Scheiben italienisches Landbrot
1 Zwiebel
2 Knoblauchzehen
1 kleine rote Pfefferschote
1 Bund Petersilie
2 Zweige Oregano
4 EL Olivenöl
Salz
1 Handvoll Spinat
300 g Mozzarella
schwarzer Pfeffer

◆ Die Zwiebel und den Knoblauch ebenfalls abziehen.
◆ Die Pfefferschote waschen, abtrocknen, halbieren und die Kerne entfernen.
◆ Die Petersilie und den Oregano waschen, trockentupfen und die Oreganoblättchen abzupfen.
◆ Paprikaschoten, Zwiebel, Knoblauch, Pfefferschote und Kräuter im Mixer oder Blitzhacker pürieren, mit 1 EL Öl mischen und mit Salz würzen.
◆ Den Spinat verlesen, waschen und trockentupfen.
◆ Den Mozzarella abtropfen lassen und in Scheiben schneiden.
◆ Die Brotscheiben mit dem restlichen Öl beträufeln. Den Spinat, den Mozzarella und das Paprikapüree auf den Broten verteilen.
◆ Die Brote mit Pfeffer würzen.

Zubereitung etwa 40 Minuten
Backzeit etwa 20 Minuten
1 Portion = 1205 kJ/ 287 kcal

Knoblauchbrote mit Tomatenpüree

Zutaten für 4 Portionen
5 reife Tomaten
3 Knoblauchzehen
Salz
$1/2$ Bund Petersilie
4 Scheiben italienisches
Landbrot
schwarzer Pfeffer aus
der Mühle
6 EL Olivenöl

Die Italiener nennen diese knusprig gerösteten Brotscheiben Bruschetta. *Sie brauchen dazu lockeres italienisches Landbrot; Mischbrot oder Vollkornbrot eignet sich nicht so gut.*

◆ Den Elektrogrill oder Backofen auf höchste Stufe vorheizen.
◆ Die Tomaten abziehen und in kleine Würfel schneiden; die Stielansätze dabei entfernen.
◆ Den Knoblauch abziehen und mit Salz zerdrücken.
◆ Die Petersilie waschen, trockentupfen, fein hacken und mit den Tomaten und dem Knoblauch mischen.
◆ Die Brotscheiben im heißen Grill oder Backofen etwa 4 Minuten rösten, bis sie außen knusprig und innen noch weich sind.
◆ Die Tomatenmischung auf den Broten verteilen.
◆ Die Brote mit Salz und Pfeffer würzen, mit Olivenöl beträufeln und sofort servieren.

Zubereitung etwa 20 Minuten
1 Portion = 1004 kJ/ 239 kcal

Pilzbrötchen

◆ Die Pilze säubern, putzen und fein zerkleinern.
◆ Die Zwiebel abziehen und fein hacken.
◆ Die Petersilie waschen, trockentupfen und auch fein hacken.
◆ Das Weißbrot mit der Butter bestreichen.
◆ Die Brotscheiben auf der Butterseite bei schwacher Hitze in einer Pfanne braten, bis sie goldgelb sind.

Zutaten für 4 Portionen
50 g Austernpilze
1 kleine Zwiebel
$1/2$ Bund Petersilie
4 fingerdicke Scheiben Weißbrot
60 g weiche Butter
3 Eier

◆ Die Brotscheiben wenden und auf der anderen Seite ebenso braten.
◆ Das Brot aus der Pfanne nehmen und warm halten.
◆ Pilze, Zwiebel und Petersilie in die Pfanne geben und bei mittlerer Hitze braten, bis die Zwiebel weich ist.
◆ Die Eier mit einer Gabel leicht verrühren und in die Pfanne geben.
◆ Bei schwacher Hitze unter ständigem Rühren braten, bis die Eier gestockt, aber noch cremig sind.
◆ Die Pilze auf den Brötchen verteilen und sofort servieren.

Zubereitung etwa 30 Minuten
1 Portion = 991 kJ/ 236 kcal

Welsh Rarebits

Diese walisischen Leckerbissen – so die deutsche Übersetzung des englischen Namens – schmecken gut zu Tomatensalat.

◆ Die Brotscheiben auf ein Backblech legen und in den kalten Backofen schieben.
◆ Die Brote bei 220 °C (Umluft 200 °C, Gas Stufe 4) etwa 20 Minuten rösten, bis sie knusprig sind.
◆ Inzwischen den Käse in kleine Würfel schneiden.
◆ Die Teller vorwärmen.
◆ Die Butter in einer Pfanne schmelzen und das Bier zugießen und heiß werden, aber nicht aufkochen lassen.
◆ Den Käse zugeben und unter ständigem Rühren vorsichtig erhitzen, bis er geschmolzen ist. Die Käsecreme nicht aufkochen, sonst gerinnt sie.
◆ Mit 1 kräftigen Prise Cayennepfeffer, Senfpulver oder Senf und Salz nach Belieben würzen.
◆ Die Brotscheiben auf die warmen Teller legen, die Käsecreme darüber verteilen und sofort servieren.

Zubereitung etwa 30 Minuten
1 Portion = 1793 kJ/ 427 kcal

Zutaten für 4 Portionen
8 Scheiben Weißbrot
300 g Chesterkäse
1 EL Butter
200 ml helles Bier
Cayennepfeffer
$1/2$ TL Senfpulver oder
scharfer Senf
1 Prise Salz

Croûtons mit Käse

Zutaten für 4 Portionen
125 g geriebener Hartkäse
40 g weiche Butter
1 kleines Ei
$1/4$ TL getrockneter Thymian
Salz, weißer Pfeffer
8 Scheiben Baguette

Je nach Käsesorte können Sie die Croûtons variieren: entweder ganz mild mit jungem Gouda, würzig mit Greyerzer oder sehr kräftig mit Appenzeller.

◆ Den Backofen auf 250 °C (Umluft 220 °C, Gas Stufe 5–6) vorheizen.
◆ Mit einer Gabel den Käse mit Butter, Ei, Thymian, wenig Salz und 1 kräftigen Prise Pfeffer vermischen.
◆ Die Käsemasse auf die Brotscheiben streichen.
◆ Die Brote nebeneinander auf ein Backblech legen und im Backofen auf der mittleren Schiene etwa 10 Minuten backen.
◆ Wenn der Käse geschmolzen und leicht gebräunt ist, sofort servieren.

Zubereitung etwa 20 Minuten
1 Portion = 1268 kJ/ 302 kcal

Geflügelcroûtons

Zutaten für 4 Portionen
150 g Putenbrustfilet
30 g Frühstücksspeck
1 Lauchzwiebel
2 Knoblauchzehen
3 Zweige Thymian
1 unbehandelte Zitrone
1 mittelgroßes Ei
1 gestrichener EL Speise-
stärke
Salz, Cayennepfeffer
8 Scheiben Toastbrot
4 EL Öl zum Braten

Man kann diese Häppchen auch mit gehackten Krabben füllen.

◆ Das Putenbrustfilet und den Speck in Stücke schneiden und im Blitzhacker pürieren.
◆ Die Lauchzwiebel putzen, waschen und ganz fein hacken.
◆ Den Knoblauch abziehen und zerdrücken.
◆ Den Thymian waschen, trockentupfen und hacken.
◆ Die Zitrone waschen, abtrocknen und auspressen. Ein großes Stück Schale abschneiden und fein hacken.
◆ Das Fleischpüree mit Lauchzwiebel, Knoblauch, Thymian, Zitronenschale, 1 EL Zitronensaft, Ei, Speisestärke, Salz und 1 kräftigen Prise Cayennepfeffer mischen.
◆ Das Püree auf 4 Toastscheiben streichen. Die anderen 4 Scheiben darauf legen und gut festdrücken.
◆ Die zusammengelegten Brote diagonal einmal durchschneiden.
◆ Die Schnitten portionsweise im heißen Öl bei mittlerer Hitze pro Seite etwa 2 Minuten braten, bis sie braun und knusprig sind.
◆ Die Brote lauwarm oder kalt abkühlen lassen und servieren.

Zubereitung etwa 45 Minuten
1 Portion = 1499 kJ/ 357 kcal

Gebackene Sandwiches

Die Brötchen sind ein schnelles Essen, das durch Wurst und Käse angenehm satt macht. Sie dürfen nur nicht zu lange im Backofen bleiben, sonst werden sie hart.

◆ Den Backofen auf 220 °C (Umluft 200 °C, Gas Stufe 4) vorheizen.
◆ Die Tomaten waschen, abtrocknen und in Scheiben schneiden; die Stielansätze dabei entfernen.
◆ Die Lauchzwiebeln putzen, waschen und mit allen saftigen grünen Blättern in feine Ringe schneiden.
◆ Die Wurst in Scheiben schneiden.
◆ Die Brötchen aufschneiden, mit der Kräuterbutter bestreichen und mit den Wurstscheiben belegen.

Zutaten für 2 Portionen
2 Fleischtomaten
2 Lauchzwiebeln
100 g Fleischwurst
2 Baguettebrötchen
100 g Kräuterbutter
2 dünne Scheiben Emmentaler Käse

◆ Lauchzwiebeln, Tomatenscheiben und zum Schluß den Käse auf die unteren Brötchenhälften legen.
◆ Die Brötchen wieder zusammenklappen und in eine flache feuerfeste Form legen.
◆ Die Brötchen in den Ofen schieben und etwa 10 Minuten backen, bis der Käse anfängt zu schmelzen.

Zubereitung etwa 30 Minuten
1 Portion = 2041 kJ/ 486 kcal

Vegetarische Hamburger

◆ Das Grünkernschrot mit Wasser, Brühe, Oregano und Salz aufkochen und zugedeckt bei schwächster Hitze 20 Minuten garen. Dabei häufig umrühren.

◆ Den Brei auf der abgeschalteten Kochstelle quellen lassen.

◆ Den Tofu abtropfen lassen und mit den Nüssen im Mixer pürieren.

◆ Die Zwiebeln abziehen und fein hacken.

◆ Die Petersilie waschen, trockentupfen und fein zerkleinern.

◆ Das lauwarm abgekühlte Grünkernschrot mit Tofupüree, Mehl, Zwiebeln, Petersilie, Käse, Sojasauce, Eiern und Sesam zu einem glatten Teig verkneten und gut mit Salz und Pfeffer würzen.

◆ Aus dem Teig mit nassen Händen 24 flache Frikadellen formen; den Teig dabei noch einmal gut durchkneten.

◆ 2 Backbleche fetten, die Frikadellen darauf legen und mit 2 EL Öl beträufeln.

◆ Das erste Blech auf die mittlere Schiene des kalten Backofens schieben und Ofen auf 200 °C (Umluft 180 °C, Gas Stufe 3) einstellen.

◆ Die Frikadellen etwa 35 Minuten backen, anschließend das zweite Blech etwa 25 Minuten backen.

◆ Beim Backen mit einem Umluftherd beide Bleche auf einmal einschieben und die Frikadellen etwa 40 Minuten backen.

◆ Inzwischen den Salat putzen, waschen, trockenschütteln und in Streifen schneiden.

◆ Die Radieschen putzen, waschen und in Scheiben schneiden.

◆ Die gemischten Sprossen waschen und trockentupfen.

◆ Salat, Radieschen und Sprossen mit dem Essig, dem restlichen Öl, Salz und Pfeffer mischen.

◆ Den Schnittlauch waschen, trockentupfen und in feine Röllchen schneiden.

◆ Die Brötchen halbieren, die unteren Hälften mit Butter bestreichen und mit Schnittlauch bestreuen.

◆ Die Tomaten waschen, abtrocknen und in Scheiben schneiden; die Stielansätze entfernen.

◆ Zuerst die Tomaten, dann den gemischten Salat und die Frikadellen auf den Brötchen verteilen und mit Tomatenketchup beträufeln.

◆ Die Hamburger mit den oberen Brötchenhälften bedecken und sofort servieren.

Zubereitung etwa 2 Stunden
1 Portion = 2936 kJ/ 699 kcal

Zutaten für 12 Portionen
150 g Grünkernschrot
300 ml Wasser
1 TL Instantgemüsebrühe
1 EL getrockneter Oregano
Salz
750 g Tofu
150 g Cashewnußkerne
3 Zwiebeln
2 Bund Petersilie
150 g Weizenvollkornmehl
250 g geriebener Käse
5 EL Sojasauce
3 Eier
100 g Sesamsamen
weißer Pfeffer
Fett für das Backblech
3 EL Öl
1 Kopf grüner Salat
1 Bund Radieschen
1 Handvoll gemischte Sprossen
1 EL milder Apfelessig
2 Bund Schnittlauch
24 Vollkornbrötchen
100 g Butter
500 g Tomaten
1/2 Flasche Tomatenketchup

Sardellenbrötchen

Diese pikante Vorspeise wurde in den feinen Bürgerhäusern des 19. Jh. serviert. Als Garnierung kann man das hartgekochte Eiweiß fein hacken und zusammen mit Schnittlauchröllchen über die Brote streuen.

◆ Die Eier etwa 8 Minuten hart kochen, kalt abschrecken und pellen.

◆ Die Eier halbieren, das Eigelb herauslösen. Nach Belieben das Eiweiß fein hacken.

◆ Die Brotscheiben auf einem Backblech auf die mittlere Schiene des kalten Backofens schieben und bei 250 °C (Umluft 220 °C, Gas Stufe 5–6) etwa 5 Minuten knusprig rösten.

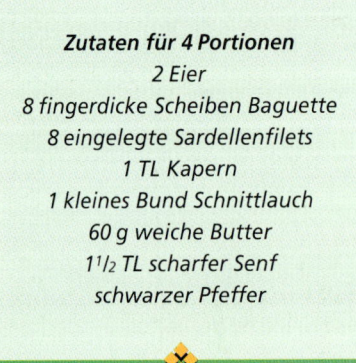

Zutaten für 4 Portionen
2 Eier
8 fingerdicke Scheiben Baguette
8 eingelegte Sardellenfilets
1 TL Kapern
1 kleines Bund Schnittlauch
60 g weiche Butter
1$\frac{1}{2}$ TL scharfer Senf
schwarzer Pfeffer

◆ Die Sardellenfilets kalt abspülen, trockentupfen und sehr fein zerkleinern.

◆ Die Kapern hacken.

◆ Den Schnittlauch waschen, trockentupfen und in feine Röllchen schneiden. Ein klein wenig zum Garnieren der Brote beiseite stellen.

◆ Schnittlauch, Eigelb, Butter, Sardellenfilets, Kapern, Senf und Pfeffer in eine Schüssel geben und zu einer glatten Paste verrühren.

◆ Die Sardellenpaste auf die warmen, nicht mehr heißen Baguettescheiben streichen. Nach Belieben mit gehacktem Eiweiß und Schnittlauch garnieren.

Zubereitung etwa 30 Minuten
1 Portion = 1302 kJ/ 310 kcal

Tomatenbrot mit Ei

Als Vorspeise für mehr als zwei Personen braten Sie die Eier wie Rühreier und verteilen alles auf Baguettescheiben.

◆ Die Brotscheiben mit der Butter bestreichen und auf Teller legen.
◆ Die Salatblätter waschen, trockentupfen und auf die Brote geben.
◆ Die Tomaten waschen, abtrocknen und in Scheiben schneiden; die Stielansätze dabei entfernen. Die Tomaten auf die Salatblätter legen.
◆ 3 Stengel Basilikum waschen, trockentupfen und hacken.

◆ Das Öl in einer Pfanne bei schwacher Hitze heiß werden lassen.
◆ Die Eier in die Pfanne gleiten lassen, wie Spiegeleier braten und mit Salz und Pfeffer würzen.
◆ Wenn das Eiweiß gestockt ist, die Eier wenden und auf der zweiten Seite braten.
◆ Die Eier auf die Brote legen.
◆ Auf jedes Ei 1 TL Crème fraîche setzen und das Basilikum und die Kapern darauf verteilen.

Zubereitung etwa 20 Minuten
1 Portion = 1617 kJ/ 385 kcal

Zutaten für 2 Portionen
2 große Scheiben Vollkornbrot
20 g Butter
2 große Salatblätter
2 mittelgroße Fleischtomaten
1/2 Bund Basilikum
1 EL Öl
2 Eier
Salz, schwarzer Pfeffer
2 TL Crème fraîche
1 EL Kapern

Vollkornbrote mit Tofucreme

Tofu wird aus Sojabohnen gewonnen und enthält daher viel gesundes Pflanzeneiweiß.

◆ Die Brote mit der Butter bestreichen.
◆ Die Salatgurke schälen, in dünne Scheiben schneiden und schuppenförmig auf die Brote legen.
◆ Den Tofu und die Crème fraîche pürieren.
◆ Die Zwiebel abziehen und fein hacken.

Zutaten für 4 Portionen
4 große Scheiben Vollkornbrot
50 g weiche Butter
300 g Salatgurke
250 g Tofu
1 EL Crème fraîche
1 kleine Zwiebel
1 Bund Dill
Salz, weißer Pfeffer

◆ Den Dill waschen, trockentupfen und fein hacken. Nach Belieben einige Stengel zum Dekorieren zurücklegen.
◆ Die Zwiebel und den Dill unter das Tofupüree mischen und kräftig mit Salz und Pfeffer abschmecken.
◆ Die Tofucreme auf den Gurkenscheiben verteilen und nach Belieben mit einigen Dillzweigen garnieren.

Zubereitung etwa 20 Minuten
1 Portion = 1121 kJ/ 267 kcal

Tatarbrötchen

Rohes, gehacktes Fleisch ist selbst im Kühlschrank nicht lange haltbar. Deshalb muß das Tatar möglichst rasch zubereitet und sofort gegessen werden.

◆ Die Zwiebel abziehen und ganz fein hacken.

◆ Das Sardellenfilet kalt abspülen und fein zerkleinern.

◆ Zwiebel und Sardellenfilet mit Tatar, Salz, Pfeffer, Ei, Kapern, Senf, Paprika und Worcestersoße in einer Schüssel vermischen.

◆ Das Tatar auf den Brotscheiben verteilen.

◆ Die Tomaten waschen, abtrocknen und in Scheiben schneiden; die Stielansätze dabei entfernen.

Zutaten für 4 Portionen
1 mittelgroße Zwiebel
1 eingelegtes Sardellenfilet
400 g Tatar (Beefsteak-hackfleisch)
Salz
schwarzer Pfeffer
1 Ei
1 EL Kapern
1 TL scharfer Senf
1 TL edelsüßes Paprikapulver
einige Tropfen Worcestersoße
8 Scheiben Weißbrot
2 Tomaten
¹/₂ Bund Basilikum

◆ Die Tomaten auf das Tatar legen.

◆ Das Basilikum waschen, trockentupfen, die Blättchen abzupfen und auf die Brote legen. Sofort servieren.

Zubereitung etwa 20 Minuten
1 Portion = 1331 kJ/ 317 kcal

Hühnerlebercreme auf Toast

Zutaten für 8 Portionen
1 Knoblauchzehe
2 Schalotten
200 g Hühnerleber
200 g Kalbsschnitzel
30 g gekochter Schinken
50 ml trockener Sherry
100 g Butter
¹/₂ TL Speisestärke
2 EL Orangensaft
3 EL süße Sahne
1 Stengel frischer Thymian
1 kleine unbehandelte Zitrone
Salz, Cayennepfeffer
8 schöne Salatblätter
8 Scheiben Toast

◆ Den Knoblauch und die Schalotten abziehen.

◆ Leber, Kalbsschnitzel, Schinken und Schalotten in Stücke schneiden, mit dem Sherry und dem Knoblauch vermischen und über Nacht zugedeckt in einer Schüssel kalt stellen.

◆ Danach alles in ein Sieb gießen und die Marinade dabei auffangen.

◆ 1 EL Butter in einer Pfanne erhitzen und alle marinierten Zutaten bei Mittelhitze darin 1 Minute anbraten. Anschließend wenden, mit Speisestärke bestäuben und unter Rühren etwa 2 Minuten durchbraten.

◆ Die Zutaten aus der Pfanne nehmen und in eine Schüssel geben.

◆ Die Marinade und den Orangensaft in die Pfanne gießen und den Bratfond damit lösen.

◆ Mit dieser Sauce das Fleisch übergießen und abkühlen lassen.

◆ Die restliche Butter in Stücke schneiden, zum Fleisch geben und alles im Mixer oder mit dem Blitzhacker ganz fein pürieren.

◆ Die Sahne steif schlagen.

◆ Den Thymian waschen, trockentupfen und fein hacken.

◆ Die Zitrone waschen und abtrocknen; ein kleines Stück Schale abschneiden und ganz fein hacken.

◆ Sahne, Thymian und Zitronenschale unter die Lebercreme ziehen.

◆ Die Creme mit Salz und Cayennepfeffer abschmecken und etwa 1 Stunde kühlen.

◆ Die Salatblätter waschen und trockentupfen.

◆ Die Toastbrotscheiben rösten, mit den Salatblättern belegen und die Lebercreme darauf anrichten.

Ruhezeit etwa 10 Stunden
Zubereitung etwa 30 Minuten
1 Portion = 1088 kJ/ 259 kcal

Kichererbsencreme

Die Creme ist eine Abwandlung des Homos aus der Küche des Nahen Ostens. Sie enthält gehackte Kräuter und etwas weniger Öl als das Original. Kichererbsencreme schmeckt gut mit Fladenbrot und hält sich verschlossen im Kühlschrank etwa 4 Tage.

◆ Die Kichererbsen abgießen und abtropfen lassen.
◆ Die Pfefferschote halbieren, die Kerne dabei entfernen und die Schote waschen.
◆ Den Knoblauch abziehen.
◆ 2 Stengel Petersilie waschen und trockentupfen.
◆ Kichererbsen, Pfefferschote, Pe-

Zutaten für 4 Portionen
1 Dose Kichererbsen (Einwaage etwa 260 g)
1 kleine rote Pfefferschote
1 Knoblauchzehe
$1/2$ Bund Petersilie
1 EL Kürbiskerne
$1/2$ TL Fenchelsamen
100 ml Instantgemüsebrühe
$1/2$ Bund Schnittlauch
2 EL Nußmus
2–3 EL Zitronensaft
Salz
1 EL Olivenöl

tersilie und Knoblauch mit Kürbiskernen, Fenchelsamen und kalter Gemüsebrühe im Mixer pürieren.
◆ Den Schnittlauch waschen, trockentupfen und fein hacken.
◆ Den Schnittlauch mit Nußmus, Zitronensaft, Salz und Öl unter die Kichererbsencreme mischen.

Zubereitung etwa 15 Minuten
1 Portion = 781 kJ/ 186 kcal

Bohnencreme mit Kräutern

Zutaten für 4 Portionen
je 1 Bund Petersilie und Schnittlauch
1 Dose rote Bohnen (Einwaage etwa 400 g)
1 EL Tomatenmark
1 Knoblauchzehe
1 TL getrockneter Thymian
2 EL milder Obstessig
2 EL Maiskeimöl
Salz, Cayennepfeffer

Die Bohnencreme ist ein leckerer vegetarischer Brotaufstrich, schmeckt aber auch als Snack mit Tortillachips.

◆ Die Petersilie und den Schnittlauch waschen und trockentupfen; den Schnittlauch fein hacken.
◆ Die Bohnen abgießen und mit

dem Tomatenmark und der Petersilie pürieren.
◆ Den Knoblauch abziehen und fein hacken.
◆ Das Bohnenpüree mit Knoblauch, Schnittlauch, Thymian, Essig und Öl

zu einer glatten Creme verrühren und mit Salz und Cayennepfeffer kräftig würzen.

Zubereitung etwa 15 Minuten
1 Portion = 676 kJ/ 161 kcal

Rettichaufstrich

Ein delikater Aufstrich für knuspriges frisches Bauernbrot. Damit das Mus nicht zu scharf ist, lassen Sie es vor dem Servieren etwa eine halbe Stunde ziehen, das mildert den Geschmack.

◆ Den Rettich schälen und ganz fein reiben.
◆ Die Kartoffeln pellen und ebenfalls fein reiben.

Zutaten für 4 Portionen
1 weißer oder schwarzer Rettich
200 g gekochte Pellkartoffeln
1 kleine Zwiebel
1 kleines Bund Petersilie
50 g saure Sahne, Salz
schwarzer Pfeffer aus der Mühle

◆ Die Zwiebel abziehen und klein hacken.
◆ Die Petersilie waschen, trockentupfen und fein zerkleinern.
◆ Alle Zutaten mit der sauren Sahne vermischen und mit Salz und einer kräftigen Prise Pfeffer herzhaft abschmecken.

Zubereitung etwa 20 Minuten
1 Portion = 260 kJ/ 62 kcal

Grünkernaufstrich mit Pilzen

Der feine Nußgeschmack von Grünkern paßt sehr gut zu Pilzen, läßt sich aber auch mit Gemüse kombinieren.

◆ Den Grünkern mit Wasser aufkochen, Brühe und Oregano zugeben.
◆ Das Schrot zugedeckt bei schwacher Hitze 20 Minuten garen.
◆ Den Topf von der Kochstelle nehmen und das Schrot erkalten lassen.

◆ Die Pilze putzen und die Zwiebel abziehen.
◆ Sonnenblumenkerne, Pilze und Zwiebel im Blitzhacker fein zerkleinern und unter das Schrot mischen.
◆ Mit Öl, Zitronensaft, Sojasauce und reichlich Pfeffer gut verrühren.

Zubereitung etwa 35 Minuten
1 Portion = 441 kJ/ 105 kcal

Zutaten für 4 Portionen
75 g Grünkernschrot
200 ml Wasser
$1/2$ TL Instantgemüsebrühe
$1/2$ TL getrockneter Oregano
75 g Champignons
1 kleine Zwiebel
1 EL Sonnenblumenkerne
1 TL Nuß- oder Sonnenblumenöl
1 EL Zitronensaft
1 EL Sojasauce
schwarzer Pfeffer aus der Mühle

Griebenschmalz

Zutaten für 10 Portionen
1 kg fetter roher
Schweinebauch
300 g Zwiebeln
1 säuerlicher Apfel
1 EL Salz
1 EL edelsüßes Paprikapulver

◆ Den Schweinebauch mit der Schwarte in kleine Würfel schneiden.
◆ Die Zwiebeln abziehen und fein hacken.
◆ Den Apfel schälen, vierteln, vom Kerngehäuse befreien und fein zerkleinern.
◆ Die Schweinebauchwürfel in einer großen Pfanne bei mittlerer bis schwacher Hitze etwa 15 Minuten braten, bis sie glasig sind.

◆ Zwiebeln, Apfel, Salz und Paprika in die Pfanne zu dem Speck geben und weitere 15 Minuten braten, bis die Grieben knusprig sind.
◆ Das Schmalz abkühlen lassen.
◆ Mit Bauernbrot und nach Belieben mit Schnittlauchröllchen, Radieschen oder Rettich servieren.

Zubereitung etwa 50 Minuten
1 Portion = 3679 kJ/ 876 kcal

Gewürzte Leberwurst

Leberwurst ist überraschend vielseitig und verwandelt sich in diesem Rezept vom alltäglichen Brotaufstrich in einen Belag für viele verschiedene Gelegenheiten: mal ganz deftig auf Bauernbrot mit Essiggurken und mal ganz fein auf kleinen Baguettescheibchen mit Salatblättchen.

◆ Die Zwiebel abziehen und fein hacken.
◆ Den Majoran waschen, trockentupfen und ganz fein hacken.

Zutaten für 4 Portionen
1 mittelgroße Zwiebel
$1/2$ Bund frischer Majoran
200 g Kalbsleberwurst
100 g grobe Leberwurst
3 EL süße Sahne
1 EL trockener Sherry
Worcestersoße
schwarzer Pfeffer aus der Mühle
geriebene Muskatnuß

◆ Die beiden Leberwurstsorten mit Sahne und Sherry glattrühren.
◆ Die gehackte Zwiebel und den Majoran untermischen.
◆ Die Paste mit einigen Tropfen Worcestersoße, Pfeffer und Muskat abschmecken.

Zubereitung etwa 20 Minuten
1 Portion = 1537 kJ/ 366 kcal

Sardellencreme

Die Creme ist ein einfacher und schnell zubereiteter Brotaufstrich, schmeckt dabei aber so delikat, daß sie auch ein edles Buffet ziert. Die Sardellen, auch Anchovis genannt, sind besonders würzig, weil sie gesalzen und bis zu 2 Jahre gelagert werden. Der kleine Heringsfisch wird, in Öl eingelegt, oft für Vorspeisen verwendet.

◆ Den Frischkäse mit der Sahne glattrühren.
◆ Die Zwiebel abziehen und ganz fein hacken.
◆ Den Käse und die Zwiebel mit Sardellenpaste und Paprikapulver nach Geschmack vermischen.

Zubereitung etwa 10 Minuten
1 Portion = 1319 kJ/ 314 kcal

Zutaten für 4 Portionen
400 g Rahmfrischkäse
2 EL saure Sahne
1 kleine Zwiebel
1–2 EL Sardellenpaste
1–2 EL scharfer Rosenpaprika

Auberginenpüree

Im türkischen Originalrezept werden die Auberginen mit der Schale im Ofen weich gebacken. Doch wenn man sie würfelt und brät, geht es schneller und schmeckt genauso delikat. Das Püree paßt gut zu Fladenbrot und hält sich verschlossen im Kühlschrank etwa 3 Tage.

◆ Die Auberginen dünn schälen und würfeln.

◆ Den Knoblauch abziehen und mit Salz zerdrücken.

◆ Die Zwiebel abziehen und fein hacken.

◆ Die Pfefferschote halbieren und putzen; dabei die Kerne entfernen. Die Schote fein zerkleinern.

◆ Das Öl erhitzen. Die Zwiebel darin bei schwacher Hitze glasig braten.

Zutaten für 4 Portionen
2 Auberginen (etwa 500 g)
3 Knoblauchzehen
Salz
1 Zwiebel
1 grüne Pfefferschote
6 EL Olivenöl
1 Zitrone
2 mittelgroße Tomaten
1 Bund Petersilie
schwarzer Pfeffer
1 Prise Zucker

◆ ¹/₂ Zitrone auspressen und den Saft sowie die Auberginen, den Knoblauch und die Pfefferschote zu der Zwiebel geben. Alles zugedeckt bei mittlerer bis schwacher Hitze etwa 15 Minuten garen.

◆ Währenddessen die Tomaten abziehen und würfeln; die Stielansätze dabei herausschneiden.

◆ Die Petersilie waschen, trockentupfen und fein hacken.

◆ Die Tomaten zu den Auberginen geben und 10 Minuten garen, bis die Auberginen sehr weich sind.

◆ Das weiche Gemüse mit dem Mixstab pürieren oder mit dem Kartoffelstampfer sehr fein zerdrücken.

◆ Die Petersilie unter das Püree mischen, mit Salz, Pfeffer und Zucker abschmecken und abkühlen lassen.

Zubereitung etwa 35 Minuten
1 Portion = 748 kJ/178 kcal

Tsatsiki

Diese erfrischende Joghurtcreme ist wohl eine der berühmtesten Vorspeisen Griechenlands. Tsatsiki schmeckt zu gebratenen Zucchini oder Auberginen, zu Lammkoteletts oder gegrillten Steaks.

◆ Die Gurke schälen und raspeln. Mit Salz bestreuen und 15 Minuten ziehen lassen.
◆ In dieser Zeit den Knoblauch abziehen und mit Salz zerdrücken.
◆ Die Minze- oder Petersilienblätt-

Zutaten für 4 Portionen
1/2 Salatgurke
Salz
1 Knoblauchzehe
6 frische Minze- oder
Petersilienblätter
300 g Sahnejoghurt
100 g Magerquark
schwarzer Pfeffer aus der Mühle

chen waschen, trockentupfen und fein hacken.
◆ Den Joghurt mit dem Quark verrühren.
◆ Die Gurke leicht ausdrücken und die Flüssigkeit abgießen.
◆ Die Gurke mit der Joghurtcreme, dem Knoblauch und der gehackten Minze oder Petersilie mischen; mit Salz und Pfeffer abschmecken.

Zubereitung etwa 30 Minuten
1 Portion = 512 kJ/ 122 kcal

Guacamole

Am besten schmecken zu diesem Avocadomus aus Mexiko Tortillachips, kleine knusprige Maisfladen, die Sie in Naturkostläden fertig kaufen können.

◆ Die Avocados schälen, das Fruchtfleisch mit dem Zitronensaft beträufeln und mit einer Gabel zerdrücken.
◆ Die Tomaten abziehen, von den Stielansätzen befreien und fein hacken; den Schnittlauch waschen,

trockentupfen und in feine Röllchen schneiden.
◆ Den Koriander oder die Petersilie waschen, trockentupfen und mit einem scharfen Messer fein schneiden.
◆ Das Avocadomus mit der kleingehackten Tomate mischen und mit den Kräutern, Salz und einer kräftigen Prise Cayennepfeffer abschmecken.

Zubereitung etwa 20 Minuten
1 Portion = 1151 kJ/ 274 kcal

Zutaten für 4 Portionen
2 reife Avocados
2 EL Zitronensaft
4 reife Tomaten
1 großes Bund Schnittlauch
1/2 Handvoll frische Koriander-
oder Petersilienblättchen
Salz, Cayennepfeffer

Lachstatar

Zutaten für 4 Portionen
400 g rohes Lachsfilet
1 Lauchzwiebel
1 Handvoll Kerbel- oder
Petersilienblättchen
4–8 schöne Salatblätter
1–2 EL Zitronensaft
1 EL Crème fraîche, Salz
schwarzer Pfeffer aus der Mühle

Zur Vorspeise schmeckt Toast oder Baguette. Mit kleinen Kartoffelpuffern wird sie zum leichten Abendessen.

◆ Das Lachsfilet mit einer Pinzette von allen Gräten befreien und mit einem großen Messer oder einem Wiegemesser fein hacken.
◆ Die Lauchzwiebel putzen, waschen und in hauchdünne Ringe schneiden.
◆ Die Kerbel- oder Petersilienblättchen waschen, trockentupfen und fein zerkleinern; die Salatblätter waschen und trockenschütteln.
◆ Lachs, Zwiebel und Kräuter mit dem Zitronensaft und der Crème fraîche mischen, mit Salz abschmecken und auf den Salatblättern anrichten.
◆ Mit Pfeffer bestreuen und anschließend sofort servieren.

Zubereitung etwa 50 Minuten
1 Portion = 1004 kJ/ 239 kcal

Heringshäckerle

Häckerle ist die deftige Version des feinen Tatars aus kleingehacktem Hering oder Eiern, Wurst, gekochtem Fleisch oder Gemüse. Es eignet sich als Brotaufstrich oder Beilage zu Pellkartoffeln. Häckerle wird mit Kräutern abgeschmeckt und mit saurer Sahne oder Mayonnaise gebunden.

◆ Die Matjesfilets quer in feine Streifen, dann in kleine Würfel schneiden.
◆ Die beiden Zwiebeln abziehen und gut zerkleinern.

Zutaten für 4 Portionen
4 Matjesfilets
2 kleine Zwiebeln
50 g magere
Räucherspeckscheiben
150 g Senfgurken
1 Bund Dill
100 g saure Sahne
schwarzer Pfeffer aus der Mühle

◆ Den Räucherspeck fein schneiden.
◆ Die Senfgurken abtropfen lassen und ebenfalls klein hacken.
◆ Den Dill waschen, trockentupfen und fein hacken.
◆ Zwiebeln, Speck, Gurken und Dill mit den Matjesfilets und der sauren Sahne vermischen.
◆ Das Häckerle mit schwarzem Pfeffer aus der Mühle abschmecken.

Zubereitung etwa 20 Minuten
1 Portion = 1558 kJ/ 371 kcal

Carpaccio

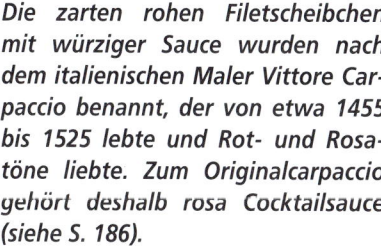

Zutaten für 4 Portionen
300 g Rinderfilet (Endstück)
60 g mittelalter Parmesan
3 EL Limetten- oder
Zitronensaft
1 TL Balsamessig (Aceto
balsamico)
6 EL Olivenöl
Salz
schwarzer Pfeffer aus der Mühle

Die zarten rohen Filetscheibchen mit würziger Sauce wurden nach dem italienischen Maler Vittore Carpaccio benannt, der von etwa 1455 bis 1525 lebte und Rot- und Rosatöne liebte. Zum Originalcarpaccio gehört deshalb rosa Cocktailsauce (siehe S. 186).

◆ Das Rinderfilet fest in Frischhaltefolie einwickeln und für etwa 2 Stunden ins Tiefkühlfach legen. Dadurch wird es so hart, daß es sich gut schneiden läßt.

◆ Das Fleisch aus der Folie nehmen, mit einem elektrischen Messer in hauchdünne Scheiben schneiden und kreisförmig auf Tellern anrichten.
◆ Den Parmesan hobeln und über dem Fleisch verteilen.
◆ Limetten- oder Zitronensaft, Balsamessig und Öl verrühren und über das Fleisch träufeln. Zum Schluß mit Salz und Pfeffer würzen.

Kühlzeit etwa 2 Stunden
Zubereitung etwa 45 Minuten
1 Portion = 1226 kJ/ 292 kcal

Lachscarpaccio

Nicht nur aus Fleisch, auch aus Fischfilet läßt sich ein delikates Carpaccio zubereiten. Je dünner die Scheiben, desto feiner der Geschmack.

◆ Den Lachs vom Fischhändler filetieren, häuten und hauchdünn aufschneiden lassen.
◆ Dickere Scheiben zwischen Haushaltsfolie legen und mit der Nudelrolle flach drücken.
◆ Den Kerbel waschen, trockentupfen und mit den Kapern hacken.

◆ Die Lachsscheiben auf Portionstellern anrichten, mit Kerbel, Kapern, Salz und Pfeffer bestreuen.
◆ Den Essig mit Zitronensaft, Wein und Zucker verrühren. Das Öl untermischen und die Sauce über den Lachs verteilen.
◆ Das Carpaccio vor dem Servieren 15 Minuten zugedeckt kühl stellen.

Zubereitung etwa 30 Minuten
Kühlzeit 15 Minuten
1 Portion = 1130 kJ/ 269 kcal

Zutaten für 4 Portionen
300 g frischer Lachs
(Schwanzstück)
1 Handvoll Kerbel
1 EL Kapern
Salz, weißer Pfeffer aus der Mühle
1 EL Essig, 2 EL Zitronensaft
3 EL trockener Weißwein
1 Prise Zucker, 4 EL Olivenöl

Gemüsegelee

Agar-Agar ist ein Geliermittel, das im Gegensatz zur Gelatine auf pflanzlicher Basis hergestellt und daher in der fleischlosen Küche verwendet wird.

◆ Die Pilze im Wasser zugedeckt etwa 3 Stunden quellen lassen.

◆ Das Einweichwasser durch eine Filtertüte gießen, um evtl. Erdreste zu entfernen, und beiseite stellen.

◆ Die Pilze mit kaltem Wasser abspülen und in Streifen schneiden.

◆ Den weißen Spargel schälen, waschen und die holzigen Enden abschneiden.

◆ Den grünen Spargel nur waschen und die harten Enden abschneiden.

◆ Alle Spargelstangen in etwa 3 cm lange Stücke schneiden; die Spargelköpfe beiseite legen.

◆ Die Zuckerschoten waschen, abtropfen lassen und putzen.

◆ Die Lauchzwiebeln putzen, waschen und in etwa 5 cm lange Stücke schneiden.

Zutaten für 4 Portionen
3 getrocknete Mu-Err-Pilze
$1/8$ l Wasser
250 g weißer Spargel
200 g grüner Spargel
250 g Zuckerschoten
2 Lauchzwiebeln
1 unbehandelte Zitrone
$3/4$ l Gemüsebrühe
Salz, Cayennepfeffer
2–3 Stengel Kerbel
10 g Agar-Agar

◆ Die Zitrone waschen und abtrocknen. Ein etwa 10 cm langes Stück Schale dünn abschneiden und in feine Streifen schneiden. Den Zitronensaft auspressen.

◆ Die Gemüsebrühe zum Kochen bringen. Die Spargelstücke ohne die Köpfe darin zugedeckt bei mittlerer Hitze etwa 15 Minuten garen.

◆ Spargelköpfe, Pilze, Zuckerschoten und Lauchzwiebeln in die Brühe geben, aufkochen und etwa 3 Minuten garen.

◆ Das Gemüse mit einem Schaumlöffel aus der Brühe nehmen, auf tiefen Tellern verteilen und mit Salz und Cayennepfeffer würzen.

◆ Den Kerbel waschen, trockentupfen, die Blättchen abzupfen und mit der Zitronenschale auf das Gemüse streuen.

◆ Die Brühe durchsieben und mit dem Zitronensaft aufkochen.

◆ Das Agar-Agar mit dem Einweichwasser der Pilze glattrühren, in die Brühe mischen und unter Rühren etwa 1 Minute kochen lassen.

◆ Die Agar-Agar-Brühe über dem Gemüse verteilen, abkühlen lassen und 2 Stunden kalt stellen.

Quellzeit etwa 3 Stunden
Zubereitung etwa 1 Stunde
Kühlzeit etwa 2 Stunden
1 Portion = 298 kJ/ 71 kcal

Schweinefleisch in Sülze

Mit der Zubereitung der Sülze muß man 2 Tage vorher anfangen, da sie zweimal über Nacht gekühlt wird.

◆ Die Schweinsfüße und -schwänze vom Metzger in etwa 5 cm lange Stücke teilen lassen, waschen, in einen großen Topf legen und so viel kaltes Wasser zugießen, daß es etwa 2 Finger hoch über dem Fleisch steht.
◆ Das Suppengrün putzen, waschen und grob zerkleinern.
◆ Den Knoblauch abziehen. Die Zwiebeln abziehen und vierteln.
◆ Die Zitrone waschen, abtrocknen und etwas Schale abreiben.
◆ Suppengrün, Zwiebeln, Zitronenschale, Knoblauch, Lorbeer, Nelken, Pfefferkörner, 1 EL Salz und 2 EL Essig zum Fleisch geben und alles langsam zum Kochen bringen.
◆ Die Möhre waschen und putzen.
◆ Fleisch, Suppengrün und Gewürze zugedeckt bei schwacher Hitze 1–1½ Stunden garen und die Möhre am Schluß 10–15 Minuten mitgaren.

Zutaten für 4 Portionen
1 kg Schweinsfüße und
-schwänze (gemischt)
2 Bund Suppengrün
2 Knoblauchzehen
2 Zwiebeln
1 unbehandelte Zitrone
2 Lorbeerblätter
2 Gewürznelken
1 TL Pfefferkörner
Salz
2–4 EL Essig
1 Möhre
1 Ei
weißer Pfeffer aus der Mühle
3 Gewürzgurken

◆ Das Fleisch und die Möhre aus dem Topf nehmen.
◆ Das Fleisch heiß von den Knochen lösen und mit etwas Brühe bedeckt auf einer Platte abkühlen lassen.

◆ Die Brühe durch ein Sieb in einen anderen Topf gießen und aufkochen.
◆ Das Ei trennen; das Eiweiß mit 1 EL Wasser vermischen und in die kochende Brühe rühren, bis das Eiweiß flockig ist. Über Nacht kühl stellen.
◆ Am nächsten Tag die weiße Schicht aus Fett und Eiweiß von der gelierten Brühe entfernen.
◆ Die Brühe aufkochen, so daß sie wieder flüssig wird, und kräftig mit Salz, Essig und Pfeffer abschmecken.
◆ Gewürzgurken und Möhre in Scheiben schneiden. Diese mit dem Fleisch in eine flache Gratinform legen.
◆ Ein Sieb mit einem Mulltuch auslegen und die heiße Brühe durch das Sieb über das Fleisch gießen.
◆ Die Form über Nacht kühl stellen, bis die Sülze erstarrt ist.

Kühlzeit 2 x 24 Stunden
Zubereitung etwa 1 Stunde
Garzeit etwa 1½ Stunden
1 Portion = 659 kJ/ 157 kcal

Geflügelterrine

Zutaten für 6 Portionen

175 g Hühnerleber
125 g Schweinebauch
75 g durchwachsener
Räucherspeck
2 Schalotten
1 Knoblauchzehe
1 kleines Bund Petersilie
2 Zweige frischer oder
$1/2$ TL getrockneter Thymian
50 g ungesalzene
Pistazienkerne
300 g Putenbrustfilet
6 EL trockener Sherry
1 Ei
1 EL süße Sahne
1 unbehandelte Zitrone
Salz
weißer Pfeffer
Cayennepfeffer
125 g fetter Speck in
dünnen Scheiben
1 Lorbeerblatt

Terrinen bestehen aus Fleisch- oder Gemüsepüree, das mit Eiern gebunden und im Wasserbad gegart wird.

◆ Die Sehnen und Häute der Hühnerleber abschneiden.
◆ Schwarte und Knorpel von dem Schweinebauch und dem Räucherspeck entfernen.
◆ Die Schalotten und den Knoblauch abziehen und fein hacken.
◆ Die Petersilie und die Thymianzweige waschen, trockentupfen und fein zerkleinern.
◆ Die Pistazien grob hacken.
◆ Leber, Schweinebauch, Speck und Putenbrustfilet in Stücke schneiden und im Blitzhacker pürieren.
◆ Das Fleischpüree mit Schalotten, Knoblauch, Kräutern, Pistazien, Sherry, Ei und süßer Sahne vermengen.
◆ Die Zitrone waschen, abtrocknen und die Schale abreiben.
◆ Das Püree mit Salz, Pfeffer, Cayennepfeffer und Zitronenschale würzen.
◆ Eine Terrinenform von 1 l Inhalt

mit einem Teil der Speckscheiben vollständig auskleiden. Den Fleischteig einfüllen und glattstreichen.
◆ Das Lorbeerblatt und die restlichen Speckscheiben darauf legen.
◆ Die Terrine in der Fettpfanne des Backofens auf die untere Schiene des Ofens stellen.
◆ Die Fettpfanne mit heißem Wasser füllen und die Terrine bei 180°C (Umluft 160°C, Gas Stufe 2–3) etwa $1^{1}/4$ Stunden zugedeckt und noch 30 Minuten ohne Deckel garen.
◆ Die Terrine aus dem Ofen nehmen und in der Form 1 Stunde stehenlassen. Danach die Flüssigkeit, die sich in der Form gesammelt hat, abschütten.
◆ Die Terrine auf einen Teller stürzen und die Speckscheiben abziehen.
◆ Die Geflügelterrine mit Hilfe eines zweiten Tellers umdrehen und warm servieren oder ganz erkalten lassen.

Ruhezeit 1 Stunde
Zubereitung etwa 45 Minuten
Garzeit etwa $1^{3}/4$ Stunden
1 Portion = 2184 kJ/ 520 kcal

Eingelegte Champignons

◆ Die Pilze waschen, putzen und in eine Schüssel geben.

◆ Die Zitrone waschen und abtrocknen. Ein etwa 5 cm langes Stück Schale dünn abschneiden und den Zitronensaft auspressen.

◆ Die Thymianzweige waschen und trockentupfen.

◆ Zitronensaft und -schale, Wein, Thymian, Pfefferkörner und Lorbeerblatt zu den Pilzen geben, alles gut mischen und zugedeckt beiseite stellen.

◆ Die Lauchzwiebeln putzen, waschen und mit dem Zwiebelgrün in feine Ringe schneiden.

◆ Die Tomate abziehen und würfeln; den Stielansatz entfernen.

◆ Knoblauch abziehen und hacken.

◆ Das Öl in einer großen Pfanne erhitzen und die Zwiebelringe und den Knoblauch darin bei schwacher Hitze etwa 5 Minuten weich braten.

◆ Die Pilzmischung und die Tomatenwürfel zugeben und einmal aufkochen lassen. Zugedeckt bei schwacher Hitze knapp 5 Minuten köcheln.

◆ Die Pilze abkühlen lassen und zugedeckt mindestens 5 Stunden im Kühlschrank ziehen lassen.

◆ Das Basilikum waschen, trockentupfen, grob zerkleinern und unmittelbar vor dem Servieren über die Pilze streuen.

Ruhezeit mindestens 5 Stunden
Zubereitung etwa 45 Minuten
1 Portion = 932 kJ/ 222 kcal

Marinierte Pilze mit Zucchini

Diese feine Vorspeise ist eine vegetarische Abwandlung des Carpaccios. Die Pilze sollte man ausnahmsweise nicht waschen, sonst werden sie beim Aufschneiden matschig.

◆ Die Zucchini waschen, putzen, in dünne Scheiben hobeln und kreisförmig auf Portionstellern anordnen.

◆ Die Pilze mit einem kleinen Messer säubern und die Huthäute vorsichtig abziehen.

◆ Die Pilze in hauchdünne Scheiben schneiden, auf den Zucchini anrich-

ten und mit Salz und weißem Pfeffer würzen.

◆ Den Essig mit dem Öl verrühren und über die Pilze träufeln.

◆ Die Basilikumblättchen waschen und trockentupfen.

◆ Die Pistazienkerne grob hacken.

◆ Basilikum und Pistazien über die Pilze verteilen.

◆ Vom Käse Späne abschneiden und über das Carpaccio streuen.

Zubereitung etwa 40 Minuten
1 Portion = 827 kJ/ 197 kcal

Marinierte Auberginen

Wenn Sie rohe Zwiebeln nicht mögen, können Sie das Rezept abwandeln und die Zwiebeln nach den Auberginen in der Pfanne braten.

◆ Die Auberginen gründlich waschen, abtrocknen, putzen und der Länge nach in etwa fingerdicke Scheiben schneiden.

◆ Das Öl in einer Pfanne erhitzen und die Auberginenscheiben portionsweise darin bei schwacher Hitze auf beiden Seiten braun braten.

◆ Die Auberginen in eine flache Gratinform legen und mit Salz würzen.

◆ Die Zitrone waschen und abtrocknen, die Schale abreiben und den Saft auspressen.

◆ Den Knoblauch abziehen und zerdrücken.

Zutaten für 4 Portionen

1 kg Auberginen
8 EL Öl
Salz
1 unbehandelte Zitrone
1 Knoblauchzehe
$\frac{1}{8}$ l Instantgemüsebrühe
1 TL Fenchelsamen
2 EL milder Obstessig
1 Gemüsezwiebel
1 Bund Petersilie
schwarzer Pfeffer aus der Mühle

◆ Zitronenschale und -saft, Knoblauch, Brühe und Fenchelsamen in die Pfanne geben und aufkochen.

◆ Diesen Sud mit dem Essig mischen und dann über die Auberginen gießen.

◆ Die Auberginen zugedeckt marinieren lassen, bis die anderen Zutaten vorbereitet sind.

◆ Die Zwiebel abziehen, halbieren und in feine Scheiben schneiden.

◆ Die Petersilie waschen, trockentupfen und fein hacken.

◆ Die Zwiebel und die Petersilie über den Auberginen verteilen und mit etwas Marinade, in der die Auberginen liegen, begießen.

◆ Das Gericht vor dem Servieren mit reichlich Pfeffer aus der Mühle bestreuen.

Zubereitung etwa 1½ Stunden
1 Portion = 1071 kJ/ 255 kcal

Marinierte Kartoffeln mit Käsecreme

Dieses delikate Gericht aus der kalten Küche besticht durch die ungewöhnliche Kombination der Zutaten.

Zutaten für 4 Portionen

500 g kleine, festkochende Kartoffeln
300 g Schwarzwurzeln
3 Lauchzwiebeln
1 Knoblauchzehe
1 Bund Petersilie
$1/8$ l Wasser
1 TL Instantgemüsebrühe
1 EL Essig
1 TL getrockneter Oregano
Salz, Cayennepfeffer
3 EL Öl
1 Bund Schnittlauch
300 g reifer Camembert
1 EL Magerjoghurt
1 TL edelsüßes Paprikapulver

♦ Kartoffeln und Schwarzwurzeln waschen und ungeschält in einem Topf etwa 20 Minuten weich kochen.
♦ Inzwischen die Lauchzwiebeln putzen, waschen und in feine Ringe schneiden.
♦ Den Knoblauch abziehen und hacken.
♦ Die Petersilie waschen, trockentupfen und fein hacken.
♦ Das gegarte Gemüse abgießen, kalt abschrecken und abziehen.
♦ Die Kartoffeln würfeln und die Schwarzwurzeln in etwa 2 cm breite Stücke schneiden.
♦ Für die Marinade das Wasser aufkochen und mit Brühe, Essig, Oregano, Salz, Cayennepfeffer und Öl vermischen.
♦ Die noch warmen Kartoffeln und Schwarzwurzeln mit der heißen Marinade, Lauchzwiebeln, Knoblauch und Petersilie mischen.
♦ Den Schnittlauch waschen, trockentupfen und zerkleinern.

♦ Für die Käsecreme den Camembert entrinden, mit einer Gabel zerdrücken und mit Schnittlauch, Joghurt, Salz und Paprika mischen.
♦ Die Käsecreme zu dem Gemüse servieren.

Zubereitung etwa 50 Minuten
1 Portion = 1613 kJ/ 384 kcal

Artischockenherzen in Öl

Zarte Artischockenherzen – die Böden der Pflanze – ergänzen auch eine gemischte Vorspeisenplatte.

♦ 1 Zitrone halbieren, eine Hälfte auspressen und den Saft mit reichlich Wasser zum Kochen bringen.
♦ Die Artischocken waschen und die äußeren Blätter entfernen. Die Blattspitzen mit einer Schere abschneiden und die Stiele abbrechen.
♦ Die Artischocken mit der zweiten Zitronenhälfte einreiben und in dem kochenden Wasser etwa 30 Minuten garen, bis sie weich sind; dies erkennt man daran, daß sich ein Blatt leicht herausziehen läßt.

Zutaten für 4 Portionen
2 Zitronen
8 mittelgroße, runde Artischocken
2 Knoblauchzehen
$1/2$ Bund Petersilie
Salz, schwarzer Pfeffer aus der Mühle
8 EL Olivenöl

♦ Inzwischen die zweite Zitrone waschen und abtrocknen. Etwa ein Viertel der Schale abreiben und den Saft der ganzen Zitrone auspressen.

♦ Den Knoblauch abziehen und fein hacken.
♦ Die Petersilie waschen, trockentupfen und fein zerkleinern.
♦ Die Artischocken abgießen und alle Blätter entfernen. Die Fädchen, das sogenannte Heu, auf den Böden abschaben oder abschneiden.
♦ Die Artischockenböden vierteln, in einer Schüssel mit Zitronenschale und -saft, Knoblauch, Petersilie, Salz, Pfeffer und Öl mischen und etwa 1 Stunde ziehen lassen.

Zubereitung etwa 50 Minuten
Ruhezeit etwa 1 Stunde
1 Portion = 1285 kJ/ 306 kcal

Bohnen mit Pistazienbroten

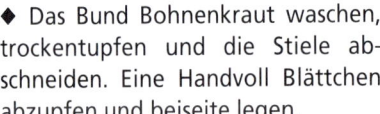

Zutaten für 4 Portionen

1 Bund Bohnenkraut
500 g grüne Bohnen
Salz
4 EL Zitronensaft
1 TL Kräutersenf
1 EL Balsamessig (Aceto
balsamico)
schwarzer Pfeffer aus der Mühle
2 EL Öl
50 g Pistazienkerne
1 Knoblauchzehe
2 Stengel Petersilie
30 g geriebener Emmen-
taler Käse
Cayennepfeffer
80 g weiche Butter
100 g Baguette
250 g Champignons
250 g Tomaten
1 Bund Schnittlauch

◆ Das Bund Bohnenkraut waschen, trockentupfen und die Stiele abschneiden. Eine Handvoll Blättchen abzupfen und beiseite legen.

◆ Die Bohnen putzen, waschen und in wenig Salzwasser mit den Bohnenkrautstielen etwa 20 Minuten garen.

◆ Die Bohnen abgießen und abtropfen lassen, den Sud auffangen.

◆ Den Backofen auf 220 °C (Umluft 200 °C, Gas Stufe 4) vorheizen.

◆ Für das Dressing 2 EL Zitronensaft mit 2 EL Bohnensud, Senf, Balsamessig, Pfeffer und Öl verrühren.

◆ Für die Pistazienbutter die Pistazienkerne fein hacken.

◆ Den Knoblauch abziehen und zerdrücken.

◆ 2 Stengel Petersilie waschen, trockentupfen und sehr fein hacken.

◆ Pistazien, Knoblauch, Petersilie, Käse, 1 EL Zitronensaft, Salz und Cayennepfeffer unter die Butter rühren.

◆ Das Baguette in Scheiben schneiden und mit der Pistazienbutter bestreichen. Auf ein Blech legen und auf die mittlere Schiene des heißen Backofens schieben.

◆ Die Brote etwa 10 Minuten backen, bis sie oben schön gebräunt sind.

◆ Die Champignons putzen, waschen, in dünne Scheiben schneiden und mit dem Rest des Zitronensafts gut vermischen.

◆ Die Tomaten waschen, abtrocknen und würfeln; die Stielansätze dabei entfernen.

◆ Die Bohnen, Pilze und Tomaten auf Tellern anrichten und das Dressing darüber verteilen.

◆ Den Schnittlauch waschen, trockentupfen und in Röllchen schneiden. Zusammen mit den Bohnenkrautblättchen über die Bohnen streuen.

◆ Dazu die warmen Pistazienbrote frisch aus dem Ofen servieren.

Zubereitung etwa 1 Stunde
1 Portion = 1865 kJ/ 444 kcal

Gebeizter Lachs

Der Lachs muß mindestens 32 Stunden beizen. Reichen Sie Senfsauce oder Sahnemeerrettich dazu.

◆ Den Lachs vom Fischhändler in Filets teilen, aber nicht häuten lassen.
◆ Zum Marinieren den Fisch in eine große Porzellanform legen. Zitronensaft, Essig und Wasser mischen und über die Filets gießen. Den Lachs zugedeckt 8 Stunden kühl stellen.
◆ Für die Würzmischung Lorbeer, Wacholder sowie Koriander-, Senf- und Pfefferkörner grob zerkleinern.
◆ Dill waschen, trockentupfen und fein hacken. Mit den zerkleinerten Gewürzen, Salz und Zucker mischen.
◆ Den Fisch aus der Form nehmen und die Marinade weggießen.
◆ Die Innenseiten der Lachshälften mit der Würzmischung bestreuen

Zutaten für 8 Portionen
1 küchenfertiger Lachs (etwa 3 kg)
$^1/_8$ l Zitronensaft
$^1/_8$ l Essig
$^1/_2$ l Wasser
3 Lorbeerblätter
1 EL Wacholderbeeren
1 TL Korianderkörner
1 EL Senfkörner
1 EL weiße Pfefferkörner
5 Bund Dill
6 EL grobes Salz
3 EL Zucker

und danach die Filets mit den Innenseiten aufeinanderlegen.
◆ Den Lachs wieder in die Porzellan-

form legen, mit P…
decken und beschweren, beispielsweise mit einer mit Wasser gefüllten Schüssel.
◆ Den Lachs mindestens 24 Stunden beizen. Dabei 3- bis 4mal mit der Flüssigkeit begießen, die sich beim Ruhen bildet.
◆ Am folgenden Tag die Würzmischung vom Lachs abstreifen.
◆ Zum Aufschneiden die Filets mit der Hautseite auf ein Brett legen.
◆ Den Fisch am Schwanzende festhalten und – an der dicken oberen Seite beginnend – mit einem scharfen Messer möglichst dünne Scheiben abschneiden.

Beizzeit mindestens 32 Stunden
Zubereitung etwa 30 Minuten
1 Portion = 2243 kJ/ 534 kcal

Bratheringe im Sud

Zutaten für 4 Portionen
4 grüne Heringe (pro
Stück etwa 250 g)
Salz
schwarzer Pfeffer
50 g Mehl
5 EL Öl
3 rote Zwiebeln
2 Möhren
1 l Wasser
$^1/_4$ l Essig
$^1/_8$ l Weißwein oder
Gemüsebrühe
1 EL Salz
1 EL Zucker
2 Päckchen Fisch-
gewürz

Mit Schwarzbrot oder Pellkartoffeln sind die selbst eingelegten Bratheringe ein deftiges Essen.

◆ Die Heringe trockentupfen, innen und außen mit Salz und Pfeffer würzen und im Mehl wenden.
◆ Das Öl erhitzen und die Heringe darin auf jeder Seite etwa 5 Minuten braten.
◆ Die gebratenen Heringe nebeneinander in eine Schüssel legen.
◆ Die Zwiebeln abziehen, die Möhren putzen und beides in dünne Scheiben schneiden.
◆ Die Gemüsescheiben mit Wasser, Essig, Wein oder Brühe, Salz, Zucker und Fischgewürz aufkochen und 5 Minuten sprudelnd kochen lassen.
◆ Den Sud heiß über die Fische gießen.

◆ Die Bratheringe im Sud abkühlen lassen. Dann zudecken und 1 Tag im Kühlschrank ziehen lassen.

Zubereitung etwa 30 Minuten
Ruhezeit 1 Tag
1 Portion = 2465 kJ/ 587 kcal

Pastete: Grundrezept

1. Salz, Butter und Wasser in die Mitte des Mehls geben.

2. Mit den Händen rasch zu einem glatten Teig verkneten.

3. Den Teig entlang der markierten Umrisse ausschneiden.

4. Vorsichtig zusammenfalten und die Form damit auslegen.

◆ Salz, Butter und 8 EL Wasser in die Mitte des Mehls geben und vermischen, bis der Teig krümelig ist. Dann die Masse mit den Händen verkneten und dabei tropfenweise das restliche Wasser hinzufügen, bis der Teig nicht an den Fingern klebt und sich ohne Mehl ausrollen läßt.

◆ Den Teig etwa 4 mm dick ausrollen. Eine Kastenform von 30 cm Länge auf den Teig stellen und leicht andrücken, so daß man den Abdruck der Umrisse auf dem Teig sieht. Anschließend die Form nach allen Seiten hin einmal umlegen und andrücken, so daß auch die Seitenmaße auf dem Teig markiert sind.

◆ Für den Deckel ein Teigstück markieren, das etwas größer ist als die Oberkanten der Form. In der Mitte des Teigdeckels eine Öff-

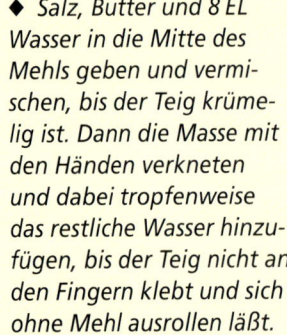

Zutaten für 8 Portionen
450 g Mehl
1 TL Salz
180 g weiche Butter
9 EL kaltes Wasser
Butter für die Form
$1/2$ EL Milch zum
Bestreichen

nung ausstechen, damit beim Backen der Dampf entweichen kann. Aus den Teigresten Verzierungen für die Pastete ausstechen.

◆ Die Kastenform fetten. Den Teig ausschneiden und die Form damit auslegen. Die Form kühl stellen, bis die Füllung zubereitet ist.

◆ Den Teigdeckel und die Teigreste in Frischhaltefolie einschlagen und ebenfalls kühl stellen.

◆ Die Füllung zubereiten und in die Form geben.

◆ Den Teigdeckel auf die Füllung legen, an den Seiten leicht festdrücken und mit der Milch bestreichen. Den Deckel mit den ausgestochenen Teigresten verzieren.

◆ Die Form auf die untere Schiene des kalten Backofens stellen. Den Ofen auf 180 °C (Umluft 160 °C, Gas Stufe 2–3) schalten und die Pastete etwa 80 Minuten backen, bis sie oben leicht gebräunt ist.

◆ Die Pastete in der Form etwa 12 Stunden abkühlen lassen.

◆ Die Pastete mit einem Messer vom Rand der Form lösen und ein Brett darüber legen. Beides gut zusammenhalten und umgedreht auf die Arbeitsfläche stellen. Die Form abnehmen, die Pastete sofort mit einer Servierplatte bedecken und umdrehen, damit sie aufrecht steht.

Rehpastete

Die Rehpastete kann man mit Toast und Cumberlandsauce oder Preiselbeerkompott servieren.

◆ Den Teig für die Pastete nach dem Grundrezept zubereiten und damit die Form auskleiden.

◆ Für die Füllung die Sehnen und das Fett vom Rehragout entfernen.

◆ Die Speckscheiben in feine Streifen schneiden.

◆ Die Zwiebel abziehen und grob hacken.

◆ Das Suppengrün waschen, putzen und grob zerkleinern.

◆ Den Speck in einem Topf bei schwacher bis mittlerer Hitze glasig braten.

◆ Das Rehragout zum Speck geben und bei starker Hitze etwa 10 Minuten unter häufigem Wenden braten.

Zutaten für 8 Portionen
Zutaten für den Pastetenteig wie im Grundrezept

<u>Füllung</u>

600 g Rehragout (ohne Knochen)
150 g fetter Speck in dünnen Scheiben
1 Zwiebel
1 Bund Suppengrün
1 EL getrockneter Thymian
$1/8$ l Rotwein oder Brühe
400 ml Wildfond (Glas)
Salz
1 Weizenbrötchen
1 unbehandelte Zitrone
150 g Austernpilze
1 Schalotte
2 Rehfilets (etwa 160 g)
2 EL Butterschmalz
2 Eier
100 g Crème fraîche
weißer Pfeffer
$1/2$ TL gemahlener Koriander

◆ Zwiebel, Suppengrün, Thymian, Rotwein oder Brühe und Wildfond zum Fleisch geben. Das Ragout einmal aufkochen, mit Salz würzen und zugedeckt bei schwacher Hitze etwa 45 Minuten garen.

◆ Alles abkühlen lassen, auf ein Sieb gießen und abtropfen lassen.

◆ Das Brötchen in lauwarmem Wasser einweichen lassen.

◆ Die Zitrone waschen und abtrocknen. Die Schale der Zitrone zu einem Drittel dünn abschneiden und den Saft auspressen.

◆ Die Austernpilze säubern, putzen und in dünne Streifen schneiden.

◆ Die Schalotte abziehen und fein hacken.

◆ Die Rehfilets trockentupfen.

◆ 1 EL Butterschmalz in einer Pfanne erhitzen, die Filets darin bei mittlerer Hitze auf jeder Seite etwa 1 Minute braten und dann herausnehmen.

◆ Das restliche Schmalz erhitzen und die Pilze und die Schalotte darin bei starker bis mittlerer Hitze etwa 3 Minuten rösten, bis die Pilze weich sind, und anschließend abkühlen lassen.

◆ Das Brötchen auspressen und mit dem abgetropften Rehragout und der Zitronenschale portionsweise im Blitzhacker pürieren.

◆ Diese Farce mit der Hälfte des Zitronensaftes, den Eiern und der Crème fraîche verrühren und mit Salz, Pfeffer und Koriander würzen.

◆ Die Hälfte der Farce in die Form füllen, die Pilze darauf verteilen und mit dem Rest des Zitronensaftes, Salz und 1 kräftigen Prise Pfeffer würzen.

◆ Die Rehfilets mit Salz und Pfeffer würzen und auf die Pilze legen.

◆ Die restliche Farce in die Form füllen, den Teigdeckel darauf legen, an den Seiten leicht andrücken und mit Milch bestreichen. Mit den ausgestochenen Teigresten verzieren.

◆ Die Form auf die untere Schiene des kalten Backofens stellen. Den Ofen auf 180 °C (Umluft 160 °C, Gas Stufe 2–3) schalten und die Pastete darin ewa 80 Minuten backen, bis sie oben leicht gebräunt ist.

◆ Die Pastete in der Kuchenform etwa 12 Stunden abkühlen lassen.

Zubereitung etwa 2$1/4$ Stunden
Backzeit etwa 80 Minuten
Ruhezeit etwa 12 Stunden
1 Portion = 3179 kJ/ 757 kcal

Gemüsepastete

Die Pastete sollten Sie schon am Vortag zubereiten, da sie etwa 12 Stunden ruhen muß.

♦ Den Pastetenteig wie im Grundrezept (siehe S. 114) zubereiten.
♦ Die Zucchini waschen und putzen, den Kohlrabi schälen.
♦ Beides würfeln und im Wasser etwa 15 Minuten weich garen.
♦ Inzwischen die Austernpilze putzen und in dünne Streifen schneiden.
♦ Die Zwiebel und den Knoblauch abziehen und hacken.
♦ Das Öl erhitzen und Pilze, Zwiebel, Knoblauch und Majoran darin unter ständigem Rühren bei starker bis mittlerer Hitze etwa 5 Minuten kräftig rösten, bis die Pilze gerade eben weich sind. Die Pilze auf einem Teller abkühlen lassen.
♦ Die gegarte Zucchinimischung abgießen und abtropfen lassen.
♦ Die Pfefferschote putzen, waschen, halbieren und die Kerne entfernen.
♦ Die Schale von 1/3 der Zitrone dünn abschneiden; den Saft auspressen.
♦ Das Brot in Würfel schneiden.
♦ Die Eier trennen.

Zutaten für 8 Portionen
Zutaten für den Pastetenteig wie im Grundrezept
Füllung
500 g Zucchini
1 Kohlrabi (etwa 300 g)
1/8 l Wasser
300 g Austernpilze
1 große Zwiebel
2 Knoblauchzehen
2 EL Öl
1 EL getrockneter Majoran
1 kleine grüne Pfefferschote
1 unbehandelte Zitrone
2 Scheiben Vollkorntoastbrot
3 Eier
150 g geriebener Hartkäse (wie Bergkäse oder mittelalter Gouda)
100 g Magerjoghurt
Salz, 1 gute Prise weißer Pfeffer
geriebene Muskatnuß
1/2 TL gemahlener Koriander

♦ Die Zucchinimischung mit Pfefferschote, Zitronenschale und Brot im Blitzhacker pürieren.

♦ Das Gemüsepüree mit der Hälfte des Zitronensaftes, Eigelb, Käse, Joghurt, Salz, Pfeffer, Muskat und Koriander vermischen.
♦ Das Eiweiß steif schlagen und unterziehen.
♦ Die Hälfte des Gemüsepürees in die mit Teig ausgekleidete Pastetenform geben und glattstreichen.
♦ Die Pilzmischung darauf verteilen und mit dem Rest des Zitronensaftes, Salz und Pfeffer würzen.
♦ Das restliche Püree einfüllen.
♦ Den Teigdeckel darauf legen, rundherum an den Seiten leicht andrücken und mit Milch bestreichen. Mit den Teigresten verzieren.
♦ Die Pastete auf die untere Schiene des kalten Backofens schieben und bei 180°C (Umluft 160°C, Gas Stufe 2–3) etwa 80 Minuten backen, bis sie oben leicht gebräunt ist.
♦ Die Pastete in der Form etwa 12 Stunden abkühlen lassen und dann herauslösen.

Zubereitung etwa 1 1/4 Stunden
Backzeit etwa 80 Minuten
Ruhezeit etwa 12 Stunden
1 Portion = 2386 kJ/ 568 kcal

Gebratene Wantans mit Gemüse

Die Wantanblätter können Sie in asiatischen Lebensmittelläden tief-gefroren kaufen.

◆ Die Lauchzwiebeln putzen, waschen und grob zerkleinern.
◆ Die Austernpilze putzen und zerkleinern.
◆ Die Sojasprossen verlesen, waschen und zerhacken.
◆ Die Petersilie waschen, trockentupfen und grob hacken.
◆ Die Möhre putzen und in dünne Stifte schneiden.
◆ 1 EL Öl erhitzen, alle Zutaten mit der Sojasauce darin 3 Minuten unter Rühren braten und danach abkühlen lassen.
◆ Zum Füllen jeweils 1 Wantanblatt auf ein Holzbrett legen und den Rand mit kaltem Wasser bestreichen.
◆ 1 TL Gemüse in die Mitte geben. Wantan diagonal zu einem Dreieck zusammenfalten.

◆ Die Ränder mit den Zinken einer Gabel festdrücken. Die Ecken rechts und links nach oben biegen und über dem Wantan zusammendrücken.

Zutaten für 4 Portionen
2 Lauchzwiebeln
100 g Austernpilze
50 g Sojasprossen
1/2 Bund Petersilie
1 kleine Möhre
5 EL Öl
2 EL Sojasauce
20 Wantanblätter

◆ 4 EL Öl erhitzen und die Teigtaschen portionsweise darin zugedeckt bei mittlerer Hitze 2 Minuten backen.
◆ Wenden und in der offenen Pfanne weitere 2 Minuten backen.
◆ Die Wantans herausnehmen und auf Küchenpapier abtropfen lassen.

Zubereitung etwa 45 Minuten
1 Portion = 806 kJ/ 192 kcal

Pastetchen mit Pilzen

Zutaten für 4 Portionen
1 Zwiebel
1 Bund Petersilie
100 g gekochter Schinken
300 g Austernpilze
4 Blätterteigpasteten
(fertig gekauft)
1 EL Öl
100 g Crème fraîche
1 TL Zitronensaft
Salz
weißer Pfeffer aus der Mühle

Fertige Blätterteigpasteten finden Sie beim Bäcker oder in den Regalen der Supermärkte.

◆ Die Zwiebel abziehen und fein hacken.
◆ Die Petersilie waschen, trockentupfen und fein zerkleinern.
◆ Den Schinken in feine Streifen schneiden.
◆ Die Pilze putzen und ebenfalls in Streifen schneiden.
◆ Die Pasteten und ihre Deckel ohne Fettzugabe in eine große Pfanne setzen und zugedeckt bei mittlerer bis schwacher Hitze heiß werden lassen.
◆ Unterdessen das Öl in einer Pfanne erhitzen und den Schinken und die Zwiebel darin bei schwacher Hitze glasig braten.
◆ Die Pilze und die Hälfte der Petersilie zugeben und bei mittlerer Hitze unter Rühren braten, bis die Pilze leicht gebräunt sind.
◆ Die Crème fraîche unterrühren und schmoren, bis die Sauce dick ist.
◆ Die Sauce mit Zitronensaft, Salz und Pfeffer würzen und mit dem Rest der Petersilie vermischen.
◆ Die heißen Pasteten aus der Pfanne nehmen und mit den Pilzen füllen. Den Teigdeckel auflegen und die Pasteten sofort servieren.

Zubereitung etwa 45 Minuten
1 Portion = 1424 kJ/ 339 kcal

Gefüllte Weinblätter

Weinblätter mit Füllung sind nicht nur für die griechische Küche typisch. Auch in der Türkei, im Iran und in Afghanistan kennt man sie als festliches Gericht.

◆ Die Zwiebel abziehen und hacken.
◆ In einem Topf mit 1 EL Öl bei schwacher Hitze glasig braten.
◆ Den Reis einige Sekunden mitbraten. Dann 200 ml Wasser, Salz und Pfeffer zufügen, aufkochen und den Reis zugedeckt bei schwacher Hitze etwa 20 Minuten weich, aber körnig garen.
◆ Inzwischen die Minze waschen, trockentupfen und hacken.
◆ Die Oliven entsteinen und fein zerkleinern.
◆ 1 EL Öl in einer Pfanne erhitzen und die Pinienkerne darin bei milder Hitze unter ständigem Rühren goldbraun rösten.

Zutaten für 4 Portionen
1 kleine Zwiebel
6 EL Olivenöl
100 g Langkornreis
$^1/_4$ l Wasser
Salz, schwarzer Pfeffer
$^1/_2$ Bund Minze
5 schwarze Oliven
50 g Pinienkerne
50 g Korinthen
etwa 35 Weinblätter in Salzlake
1 MSP Instanthühnerbrühe
2 EL Zitronensaft
1 Limette oder Zitrone

◆ Minze, Oliven, Pinienkerne und Korinthen unter den gegarten Reis mischen.
◆ Die Weinblätter mit kaltem Wasser abspülen, um das überschüssige Salz zu entfernen.
◆ Jeweils ein Blatt auf der Arbeitsfläche ausbreiten und 1 gehäuften TL Reisfüllung in die Mitte setzen.
◆ Das Blatt rechts und links an den Seiten einschlagen und aufrollen.
◆ Blätter, die beim Füllen reißen, fein hacken und unter die Reisfüllung mischen.
◆ Den Rest des Öls und des Wassers mit der Hühnerbrühe und dem Zitronensaft in einem Topf aufkochen.
◆ Die gefüllten Weinblätter nebeneinander hineinlegen, zugedeckt bei schwacher Hitze 20 Minuten ziehen und im Sud abkühlen lassen.
◆ Die Weinblätter lauwarm oder kalt mit Limetten- oder Zitronenschnitzen anrichten.

Zubereitung etwa 2 Stunden
1 Portion = 1638 kJ/ 390 kcal

Glücksrollen

Die papierdünnen, aus Reismehl hergestellten Reisblätter werden nur getrocknet und nicht gebacken. Dieses Rezept stammt aus Vietnam und ist eine Rohkostspezialität. Man tunkt die Rollen in die Sauce und ißt sie aus der Hand.

◆ Die Zitrone waschen und trocknen. Ein etwa daumenlanges Stück Schale abschneiden und den Saft auspressen.
◆ Den Tofu trockentupfen und mit Sojasauce und 1 EL Zitronensaft rundherum bestreichen.
◆ Das Öl erhitzen und den Tofu darin bei mittlerer bis schwacher Hitze auf beiden Seiten braten, bis er eine goldgelbe Kruste hat.
◆ Den Tofu erkalten lassen und in dünne Scheiben schneiden.
◆ Während der Tofu abkühlt, die Gurke schälen und in etwa 2 cm lange Stifte schneiden.
◆ Die Radieschen putzen, waschen und in sehr feine Stifte schneiden.
◆ Die Paprikaschote waschen, achteln, Kerne und weiße Häute entfernen und in dünne Streifen schneiden.

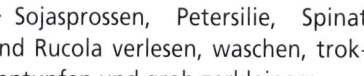

Zutaten für 4 Portionen
Röllchen
1 unbehandelte Zitrone
150 g Tofu
1 EL Sojasauce
2 EL Öl
300 g Salatgurke
3 Radieschen
1 kleine grüne Paprikaschote
1 Handvoll Sojasprossen
1 Handvoll Petersilie, Spinat und Rucola (gemischt)
16 Reisblätter von etwa 20 cm Durchmesser
Sauce
1 Stück frische Ingwerwurzel
1 EL Erdnußkerne
$^1/_8$ l kalte Gemüsebrühe
3 EL Sojasauce

◆ Sojasprossen, Petersilie, Spinat und Rucola verlesen, waschen, trockentupfen und grob zerkleinern.
◆ Eine Schüssel, die so groß ist, daß die Reisblätter flach darin liegen können, mit kaltem Wasser füllen. Jeweils ein Reisblatt einweichen, bis es gerade eben weich ist.
◆ Das Blatt auf einem Küchentuch ausbreiten und je 1 Portion Tofu, Sojasprossen und das kleingeschnittene Gemüse als etwa fingerlangen Streifen in die Mitte des Blattes setzen.
◆ Das Reisblatt zuerst an den beiden Schmalseiten des Streifens nach innen schlagen, dann die Längsseite über die Füllung legen und das Reisblatt vorsichtig, aber möglichst stramm aufrollen.
◆ Für die Sauce die Ingwerwurzel schälen und auf der Rohkostreibe fein raspeln oder mit einem Messer sehr fein hacken.
◆ Das abgeschnittene Stück Zitronenschale ebenfalls fein hacken.
◆ Den Ingwer und die Zitronenschale mit Erdnüssen, Gemüsebrühe und Sojasauce verrühren, auf Schälchen verteilen und zu den Glücksrollen servieren.

Zubereitung etwa 1½ Stunden
1 Portion = 722 kJ/ 172 kcal

Gefüllte Tomaten

Die Füllung aus Wurst-Käse-Salat wird durch das gehackte Tomatenfleisch besonders saftig und würzig.

◆ Die Tomaten waschen und abtrocknen.
◆ Von jeder Tomate oben einen Deckel abschneiden und beiseite legen.
◆ Das Fruchtfleisch mit einem Teelöffel herausholen und hacken.
◆ Die Tomaten innen mit Salz und Pfeffer würzen.

◆ Wurst, Käse und Gewürzgurken in kleine Würfel schneiden.
◆ Den Schnittlauch waschen, trockentupfen und fein zerkleinern.
◆ Alle Zutaten mit dem gehackten Tomatenfleisch mischen.
◆ Die Mayonnaise unterziehen.
◆ Die Mischung mit Salz und Pfeffer abschmecken, in die Tomaten füllen und den Deckel wieder darauf legen.

Zubereitung etwa 30 Minuten
1 Portion = 1886 kJ/ 449 kcal

Zutaten für 4 Portionen
4 Fleischtomaten
Salz
weißer Pfeffer
150 g Fleischwurst
100 g mittelalter Gouda
2 Gewürzgurken
1 Bund Schnittlauch
150 g Salatmayonnaise

Paprikaschoten mit Käsefüllung

Zutaten für 4 Portionen
1 kleine Zwiebel, 1 Knoblauchzehe
1 Bund Basilikum
1 große Tomate
150 g Tofu
50 g Edelpilzkäse
50 g Goudakäse am Stück
100 g saure Sahne
25 g Sesamsamen
Salz, weißer Pfeffer
4 kleine oder 2 große
rote Paprikaschoten

◆ Zwiebel und Knoblauch abziehen, das Basilikum waschen und trocken-tupfen und alles fein hacken.
◆ Die Tomate waschen und in kleine Würfel schneiden; den Stielansatz dabei entfernen.
◆ Den Tofu ebenfalls klein würfeln.
◆ Den Edelpilzkäse zerdrücken; den Gouda reiben.

◆ Zwiebel, Knoblauch, Basilikum, Tomate, Tofu und beide Käsesorten mit saurer Sahne und Sesamsamen mischen und mit Salz und Pfeffer kräftig würzen.
◆ Die Paprikaschoten waschen und abtrocknen.

◆ Die Schoten längs halbieren, Kerne und weiße Häutchen entfernen und die Schotenhälften mit der vorbereiteten Käsemischung füllen.

Zubereitung etwa 30 Minuten
1 Portion = 1042 kJ/ 248 kcal

Gefüllte Pilze

Bei einem großen Menü sieht es besonders dekorativ aus, wenn Sie die gebackenen Pilze auf schöne Salatblätter setzen, von einem Stückchen Parmesan mit einem kleinen Messer Späne abschneiden und diese über die Pilze streuen.

◆ Den Backofen auf 200 °C (Umluft 180 °C, Gas Stufe 3) vorheizen.
◆ Die Pilze putzen und säubern; die Stiele herausdrehen und fein hacken.
◆ Die Pilzhüte mit der Höhlung nach oben auf ein Backblech legen, mit Salz und Pfeffer würzen und mit Zitronensaft beträufeln.

◆ Für die Füllung den Knoblauch abziehen und zerdrücken.
◆ Die Petersilie waschen, trocken-tupfen und fein hacken.
◆ Knoblauch und Petersilie mit den gehackten Pilzstielen, den Semmelbröseln und 1 EL Öl vermischen.
◆ Die Füllung in die Pilzhüte geben und das restliche Öl darüberträufeln.
◆ Das Backblech auf die mittlere Schiene des heißen Backofens schieben und die Pilze 15 Minuten backen.

Zubereitung etwa 25 Minuten
Backzeit 15 Minuten
1 Portion = 727 kJ/ 173 kcal

Zutaten für 4 Portionen
16 große weiße Champignons
Salz
schwarzer Pfeffer
2 EL Zitronensaft
2 Knoblauchzehen
1 Bund Petersilie
2 EL grobe Semmelbrösel
6 EL Olivenöl

Gebackene Sardinen

Zutaten für 4 Portionen
1 kleine Knoblauchzehe
75 g Mehl
Salz
$\frac{1}{8}$ l lauwarmes Wasser
$1\frac{1}{2}$ EL Olivenöl
2 unbehandelte Zitronen
8 Sardinen
schwarzer Pfeffer
Öl oder Pflanzenfett zum Fritieren

Wer die Sardinen als sommerliches Hauptgericht essen will, nimmt von allem die dreifache Menge und serviert gemischten Salat dazu.

◆ Den Knoblauch abziehen, ganz fein zerdrücken und mit Mehl, Salz und Wasser mischen, bis das Mehl glatt ist. Das Olivenöl unterrühren.

◆ Die Zitronen waschen, abtrocknen und in Schnitze teilen.

◆ Die Köpfe der Sardinen abschneiden. Die Fische an der Bauchseite aufschneiden, auseinanderklappen und die Mittelgräte entfernen. Anschließend kalt abspülen, trockentupfen und mit Salz und Pfeffer würzen.

◆ Das Öl oder Fett in einem hohen Topf oder in der Friteuse erhitzen.

◆ Die Sardinen in den Teig tauchen und in etwa 3 Minuten goldbraun backen; dabei einmal wenden.

◆ Die Sardinen auf Küchenpapier abtropfen lassen und heiß mit Zitronenschnitzen servieren.

Zubereitung etwa 45 Minuten
1 Portion = 1709 kJ/ 407 kcal

Artischockengratin

Kleine längliche Artischocken gibt es im Frühjahr zu kaufen.

◆ Das Brot zerkrümeln und in eine Schüssel geben.

◆ Die Hälfte des Weins mit der Butter erhitzen, bis die Butter geschmolzen ist, dann über das Brot gießen und ziehen lassen, bis die Flüssigkeit aufgesogen ist.

◆ Inzwischen Zwiebel und Knoblauch abziehen und fein zerkleinern.

◆ Die Petersilie waschen, trockentupfen und fein hacken.

◆ Die Zitrone waschen, abtrocknen und die Schale abreiben. Den Saft auspressen.

◆ Die Artischocken waschen; die äußeren harten Blätter und die harten Blattspitzen abschneiden.

◆ Die Artischocken der Länge nach in 3 Scheiben teilen, schuppenförmig in eine flache Gratinform legen, mit Zitronensaft beträufeln und mit Salz und Pfeffer bestreuen. Den restlichen Wein zugießen.

◆ Das Brot mit Zwiebel, Knoblauch, Petersilie und Zitronenschale mi-

Zutaten für 4 Portionen
150 g Toastbrot
$\frac{1}{4}$ l trockener Weißwein
1 gehäufter EL Butter
1 kleine Zwiebel
1 Knoblauchzehe
$\frac{1}{2}$ Bund Petersilie
1 unbehandelte Zitrone
8 kleine längliche Artischocken
(etwa 500 g)
Salz, schwarzer Pfeffer
3 EL Olivenöl

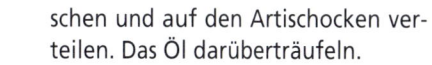

schen und auf den Artischocken verteilen. Das Öl darüberträufeln.

◆ Die Artischocken auf die mittlere Schiene des kalten Backofens schieben und bei 200 °C (Umluft 180 °C, Gas Stufe 3) etwa 1 Stunde backen, bis sie weich sind.

Zubereitung etwa 30 Minuten
Backzeit etwa 1 Stunde
1 Portion = 1138 kJ/ 271 kcal

Vorspeisengemüse italienische Art

Gebratenes Gemüse, auf einer großen Platte dekorativ angerichtet, gehört ins feste Repertoire der italienischen Antipasti. Wichtig ist, daß das Gemüse einige Zeit in der Marinade zieht. Als Getränk paßt ein italienischer Rotwein dazu.

◆ Die Paprikaschoten waschen, putzen und in etwa 2 Finger breite Streifen schneiden.

◆ Die Zucchini waschen und der Länge nach in Scheiben schneiden.

◆ Die Aubergine waschen und quer in runde Scheiben schneiden.

◆ Den Knoblauch abziehen und in dünne Scheiben schneiden.

◆ Den Rosmarin waschen, trockentupfen, die Blättchen abstreifen und grob hacken.

◆ Das Öl erhitzen und das Gemüse

Zutaten für 6 Portionen
je 1 rote, grüne und gelbe
Paprikaschote
2 kleine Zucchini
1 schlanke Aubergine
2 große Knoblauchzehen
2 Zweige Rosmarin
8 EL Olivenöl
3 EL Zitronensaft
Salz
schwarzer Pfeffer aus der Mühle
1/2 Bund Petersilie

darin portionsweise bei mittlerer bis schwacher Hitze bißfest braten und dabei auf beiden Seiten leicht bräunen.

◆ In der letzten Portion Gemüse den Knoblauch und den Rosmarin mitbraten.

◆ Das gebratene Gemüse in eine flache Gratinform legen.

◆ Die Pfanne vom Herd nehmen, den Zitronensaft in das Bratöl geben und den Bratensatz damit lösen.

◆ Diese Marinade über das Gemüse träufeln, mit Salz und Pfeffer würzen und das Gemüse zugedeckt bei Zimmertemperatur etwa 3 Stunden ziehen lassen.

◆ Die Petersilie waschen, trockentupfen und hacken.

◆ Vor dem Servieren das Gemüse mit der Petersilie bestreuen.

Zubereitung etwa 1 Stunde
Ruhezeit etwa 3 Stunden
1 Portion = 659 kJ/ 157 kcal

Große Vorspeisenplatte

◆ Die Zucchini waschen, abtrocknen, putzen und der Länge nach in Scheiben schneiden.

◆ 1 Knoblauchzehe abziehen und fein hacken.

◆ Die Zitrone waschen und abtrocknen. Ein etwa 5 cm langes Stück Schale dünn abschneiden und fein hacken. Den Saft von 1/2 Zitrone auspressen.

◆ Den Thymian waschen, trockentupfen und die Blättchen abstreifen.

◆ 2 EL Öl in einer Pfanne erhitzen.

◆ Die Zucchinischeiben, Knoblauch und Thymian darin bei mittlerer bis schwacher Hitze braten, bis die Zucchini weich und leicht gebräunt sind. Dabei einmal wenden.

◆ Die Zitronenschale und den -saft zugeben.

◆ Die Zucchini von der Kochstelle nehmen und ziehen lassen, bis die anderen Zutaten zubereitet sind.

◆ Die Tomaten waschen, abtrocknen und achteln; die Stielansätze dabei entfernen.

◆ Die Gurke schälen und in 3 Stücke schneiden. Die Stücke der Länge nach halbieren und die Kerne entfernen. Die Gurkenstücke in Stifte schneiden.

◆ Die Pilze putzen, waschen und trockentupfen.

Zutaten für 6 Portionen
150 g kleine Zucchini
3 Knoblauchzehen
1 unbehandelte Zitrone
1 Zweig frischer Thymian
9–10 EL Olivenöl
3 Tomaten
1 kleine Salatgurke
100 g kleine feste Champignons
3 Stangen Sellerie
20 g Butter
Salz
schwarzer Pfeffer
1/2 Kopf Bataviasalat
2 EL Tomatensaft (fertig gekauft)
2 EL Weißweinessig
1 Glas Artischockenherzen
2 EL schwarze Oliven
150 g Mozzarella
150 g Parmaschinken
je 1 Bund Petersilie und Basilikum

◆ Die Selleriestangen waschen, abtrocknen und längs halbieren.

◆ Tomaten, Gurke, Pilze und Sellerie auf eine große Platte legen. Gebratene Zucchini daneben anrichten.

◆ Die restlichen Knoblauchzehen abziehen, zerdrücken und zusammen mit der Butter und 6 EL Öl in einem Topf erhitzen, bis die Butter geschmolzen ist.

◆ Mit Salz und Pfeffer würzen, in ein Schälchen füllen und als Dip zu dem Gemüse auf die Platte stellen.

◆ Den Bataviasalat zerpflücken, die Blätter waschen, trockenschütteln und grob zerteilen.

◆ Den Tomatensaft mit Essig, Salz, Pfeffer und dem restlichen Öl verrühren.

◆ Die Salatblätter damit mischen und auf eine zweite Platte geben.

◆ Die abgetropften Artischocken und die Oliven darauf anrichten.

◆ Den Mozzarella in Scheiben schneiden und mit dem Parmaschinken auf einer dritten Platte anrichten.

◆ Die Petersilie waschen, trockentupfen und sehr fein hacken.

◆ Einen Teil davon über den Dip, den Rest über die gebratenen Zucchini streuen.

◆ Das Basilikum waschen, trockentupfen, grob hacken und über dem Mozzarella verteilen.

Zubereitung etwa 1 Stunde
1 Portion = 1638 kJ/ 390 kcal

Artischocken mit Avocadosauce

Zutaten für 4 Portionen
1 Zitrone
4 große, runde Artischocken
Salz
1 Knoblauchzehe
2 reife Avocados
300 g Magerjoghurt
1 EL Crème fraîche
weißer Pfeffer aus der Mühle

◆ ½ Zitrone auspressen.
◆ Die Artischocken waschen.
◆ Den Stiel direkt am Ansatz abbrechen und die kleinen, harten Blätter rund um den Stielansatz abzupfen.
◆ Die stacheligen Blütenspitzen mit einer Küchenschere abschneiden.
◆ Die Artischocken ganz mit der ausgepreßten Zitronenhälfte einreiben.
◆ Reichlich Wasser mit Salz und dem Zitronensaft zum Kochen bringen.
◆ Die Artischocken im sprudelnden Wasser aufkochen und zugedeckt bei schwacher Hitze etwa 30 Minuten weich kochen.

◆ Inzwischen den Knoblauch abziehen und zerdrücken.
◆ Die Avocados halbieren und die Kerne herauslösen.
◆ Die Hälften schälen, mit Joghurt, Crème fraîche und Knoblauch pürieren und mit Salz und Pfeffer würzen.
◆ Die Artischocken abgießen und warm servieren.
◆ Am Tisch zupft man mit der Hand die Blätter ab und tunkt sie mit dem fleischigen Ende in den Avocadodip.

Zubereitung etwa 40 Minuten
1 Portion = 1155 kJ/ 275 kcal

Kalbfleisch mit Kräutersauce

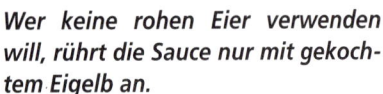
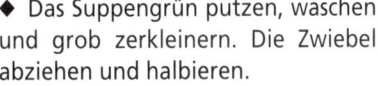

Wer keine rohen Eier verwenden will, rührt die Sauce nur mit gekochtem Eigelb an.

◆ Das Suppengrün putzen, waschen und grob zerkleinern. Die Zwiebel abziehen und halbieren.
◆ Die Zitrone waschen, abtrocknen, auspressen und ein Stück Schale abschneiden.
◆ Das Suppengrün und die Zwiebel mit Lorbeerblättern, Pfefferkörnern, Zitronenschale, Wein und Wasser aufkochen.
◆ Das Kalbfleisch in den Topf geben und bei mittlerer Hitze bis knapp unter den Siedepunkt erhitzen.
◆ Einen Kochlöffel zwischen Topf und Deckel legen und das Fleisch so bei schwacher Hitze etwa 1½ Stunden gar ziehen lassen. Es soll immer gerade eben mit Flüssigkeit bedeckt sein; wenn nötig heißes Wasser nachgießen.
◆ Für die Sauce 2 oder alle Eier etwa 8 Minuten hart kochen, abkühlen lassen und das Eigelb herauslösen.

Zutaten für 6 Portionen
3 Bund Suppengrün
1 Zwiebel
1 unbehandelte Zitrone
2 Lorbeerblätter
1 TL weiße Pfefferkörner
⅛ l trockener Weißwein
etwa 2¼ l Wasser
1 kg Kalbsschulter ohne Knochen (Bug)
4 Eier
4 Scheiben Toastbrot
1 TL scharfer Kräutersenf
⅛ l Öl
Salz
weißer Pfeffer aus der Mühle
2 Handvoll gemischte frische oder
1 Päckchen TK-Kräuter
2 EL Kapern

◆ Das Toastbrot entrinden und in eine Schüssel legen.
◆ ⅛ l Brühe von dem kochenden

Kalbfleisch abschöpfen, über das Brot gießen und lauwarm abkühlen lassen.
◆ Senf, gekochtes und evtl. rohes Eigelb zugeben und unter kräftigem Rühren zu einer Paste verarbeiten.
◆ Zuerst tropfenweise, dann in dünnem Strahl das Öl unterrühren, bis die Sauce so dick wie Mayonnaise ist.
◆ Die Sauce mit Zitronensaft, Salz und Pfeffer abschmecken und bis zum Servieren zugedeckt in den Kühlschrank stellen.
◆ Das gegarte Fleisch in der Brühe erkalten lassen.
◆ Danach das Fleisch herausnehmen, mit einem scharfen Messer in möglichst dünne Scheiben schneiden und auf einer Platte anrichten.
◆ Die Kräuter waschen, trockentupfen und sehr fein zerkleinern.
◆ Kapern und Kräuter vor dem Servieren unter die Sauce mischen.

Zubereitung etwa 45 Minuten
Garzeit etwa 1½ Stunden
1 Portion = 2062 kJ/ 491 kcal

Kalter Lachs auf Gemüse

◆ Die Zitrone waschen, abtrocknen und ein etwa 10 cm langes Stück Schale dünn abschneiden. Den Saft auspressen.

◆ Die Petersilie waschen.

◆ Die Schalotte oder Zwiebel abziehen und vierteln.

◆ Die Gemüsebrühe mit Zitronenschale und -saft, Petersilie, Schalotte oder Zwiebel aufkochen.

◆ Den Lachs darin zugedeckt bei schwächster Hitze etwa 6 Minuten ziehen lassen, dabei einmal wenden.

◆ Den Fisch herausnehmen, auf einen Teller legen und mit etwas Brühe begießen.

◆ Die Paprikaschote waschen, putzen und in dünne Streifen schneiden.

◆ Die Möhren putzen und raspeln.

◆ Den Salat und die Rucola waschen, trockenschütteln und grob zerkleinern.

Zutaten für 4 Portionen
1 unbehandelte Zitrone
1 Bund Petersilie
1 Schalotte oder kleine Zwiebel
$1/8$ l Gemüsebrühe
300 g Lachsfilet
1 grüne Paprikaschote
2 mittelgroße Möhren
$1/2$ Kopf Eisbergsalat
1 Bund Rucola
1 Lauchzwiebel
1 Bund Dill
1 EL Crème fraîche
1 TL Balsamessig (Aceto balsamico)
1 TL scharfer Senf
Salz
Cayennepfeffer
2 EL Distelöl

◆ Die Lauchzwiebel putzen, waschen und mit dem zarten Grün in feine Ringe schneiden.

◆ Den Dill waschen, trockentupfen und zerkleinern.

◆ Alle zerkleinerten Gemüse, Salat und Dill in einer Schüssel mischen.

◆ Für die Sauce den Fischsud durch ein Sieb gießen.

◆ Den Sud mit Crème fraîche, Essig, Senf, Salz, Cayennepfeffer und Öl in eine Schüssel geben und mit dem Schneebesen kräftig durchschlagen.

◆ Die Hälfte der Sauce mit dem Gemüse und dem Salat mischen und auf Portionstellern verteilen.

◆ Den Lachs in Stücke teilen und darauf anrichten und mit dem Rest der Sauce beträufeln.

Zubereitung etwa 1¼ Stunden
1 Portion = 1096 kJ/ 261 kcal

Hot dogs

Die heißen Würstchen im Brötchen stammen aus Amerika und sind genau das richtige für einen Kindergeburtstag.

◆ Den Backofen auf 200 °C (Umluft 180 °C, Gas Stufe 3) vorheizen.
◆ Die Brötchen längs aufschneiden, aber nicht ganz durchtrennen.
◆ Die unteren Hälften mit der Kräuterbutter bestreichen und mit abgetropftem Tomatenpaprika belegen.

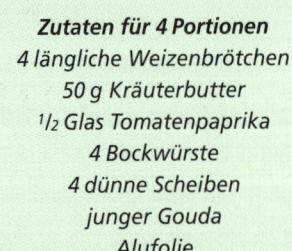

Zutaten für 4 Portionen
4 längliche Weizenbrötchen
50 g Kräuterbutter
1/2 Glas Tomatenpaprika
4 Bockwürste
4 dünne Scheiben
junger Gouda
Alufolie

◆ Die Würste in die Käsescheiben wickeln und in die Brötchen legen.
◆ Jeden Hot dog locker in Alufolie wickeln. Die Folie aber oben nicht ganz schließen.
◆ Die Hot-dog-Päckchen auf den mittleren Rost des Backofens legen und etwa 10 Minuten backen, bis der Käse geschmolzen ist.

Zubereitung etwa 30 Minuten
1 Portion = 2428 kJ/ 578 kcal

Blaue Zipfel

Zutaten für 4 Portionen
4 Zwiebeln
1 l Wasser
1/8 l Weißweinessig
1/4 TL Salz
1 Prise Zucker
2 Lorbeerblätter
2 Gewürznelken
4 Wacholderbeeren
1 TL schwarze Pfefferkörner
1 EL Öl
8 Nürnberger Bratwürste

Blaue oder saure Zipfel heißen die gesottenen Würste aus Franken, die im Essigsud ihre Würze erhalten. Am besten schmecken Nürnberger Bratwürste oder andere feine Sorten.

◆ Die Zwiebeln abziehen, halbieren und in dünne Scheiben schneiden.
◆ Die Zwiebeln mit Wasser, Essig, Salz, Zucker, Lorbeerblättern, Nelken, Wacholderbeeren, Pfefferkörnern und Öl in einen Topf geben.
◆ Alles einmal aufkochen und etwa 5 Minuten bei schwacher Hitze weiterkochen lassen, bis die Zwiebeln weich sind.
◆ Die Bratwürste in den Sud geben und darin erhitzen, bis sie fest und leicht bläulich sind. Die Würste dabei nicht kochen lassen, weil sonst die Haut aufplatzt.
◆ Die sauren Zipfel heiß oder kalt in tiefen Tellern mit etwas Sud und Zwiebeln anrichten.

Zubereitung etwa 30 Minuten
1 Portion = 1331 kJ/ 317 kcal

Fischsuppe mit Safran (S. 165) ➤

Suppen und Suppeneinlagen

Fleischbrühe: Grundrezept

1. Zwiebel, Suppengrün und Gemüse vorbereiten.

2. Die Zutaten in einen großen Topf mit Wasser geben.

3. Zwischen Topf und Deckel einen Kochlöffel legen.

4. Das erstarrte Fett von der erkalteten Brühe abnehmen.

◆ Die Zwiebel ungeschält halbieren. Die Möhre putzen. Das Suppengrün putzen und waschen; den Sellerie waschen.

◆ Zwiebel, Gemüse, Suppengrün, Fleisch, Knochen, Lorbeerblatt, Pfefferkörner und Salz mit dem Wasser in einen großen Topf geben, der mindestens 4 l Flüssigkeit faßt.

◆ Das Wasser bei mittlerer Hitze langsam zum Kochen bringen. Einen Kochlöffel zwischen Topf und Deckel legen und das Fleisch so fast zugedeckt bei schwacher Hitze 2 Stunden ganz sanft kochen, aber nicht sprudeln lassen. Der Schaum, der sich beim Kochen bildet, braucht nicht abgeschöpft zu werden; er bleibt später beim Durchsieben der fertigen Brühe im Mulltuch hängen.

Zutaten für 6 Portionen

1 Zwiebel
1 Möhre
1 Bund Suppengrün
1 Stange Sellerie
500 g Rindfleisch zum Kochen
300 g Suppenknochen
1 Lorbeerblatt
1 TL schwarze Pfefferkörner
1 TL Salz
$1\frac{1}{2}$ l kaltes Wasser
2 Bund Schnittlauch

◆ Die Brühe etwas abkühlen lassen und das Fleisch herausnehmen.

◆ Ein Sieb mit einem Mulltuch auslegen und die Brühe hindurchgießen.

◆ Gemüse, Gewürze und Knochen wegwerfen und die Brühe ganz erkalten lassen.

◆ Den Schnittlauch waschen, trockentupfen und in Röllchen schneiden.

◆ Das erstarrte Fett von der Brühe abnehmen. Die Brühe wieder erhitzen und mit Schnittlauch und beliebiger Einlage, z.B. Julienne, servieren. (Durch Reis und Nudeln wird die Brühe trüb; diese Suppeneinlagen deshalb gesondert kochen.)

Knochenbrühe

Knochenbrühe ist preiswert und eignet sich für gebundene Suppen und alle kräftigen Gemüse- oder Kartoffelsuppen.

◆ Die Zwiebel ungeschält halbieren.
◆ Die Tomate waschen und halbieren; den Stielansatz entfernen.

Zutaten für 6 Portionen
1 Zwiebel
1 Tomate
2 Bund Suppengrün
1 Möhre
200 g Knollensellerie
1 Zweig Liebstöckel oder
1 Bund Petersilie
1 EL Öl
500 g kleingehackte
Suppenknochen
1½ l Wasser
1 Lorbeerblatt
1 TL Salz

◆ Das Suppengrün putzen, waschen und grob zerkleinern.
◆ Die Möhre putzen, die Sellerie schälen und in Stücke schneiden.
◆ Die Kräuter waschen, trockentupfen und grob hacken.

◆ Das Öl in einem großen Topf erhitzen. Zwiebel, Tomate, Suppengrün, Gemüse, Kräuter und Knochen darin rundherum leicht bräunen.
◆ Das Wasser zugießen. Lorbeerblatt und Salz zugeben und das Wasser bei mittlerer Hitze langsam zum Kochen bringen. Den Schaum, der sich jetzt bildet, mit einem Schaumlöffel abnehmen.
◆ Einen Kochlöffel zwischen Topf und Deckel legen und die Brühe so fast zugedeckt bei schwacher Hitze 2 Stunden ganz sanft kochen, aber nicht sprudeln lassen.
◆ Die Brühe etwas abkühlen lassen und durch ein Sieb gießen.
◆ Gemüse, Gewürze und Knochen wegwerfen.
◆ Die Knochenbrühe ganz erkalten lassen und entfetten.

Zubereitung etwa 1 Stunde
Kochzeit 2 Stunden
1 Portion = 67 kJ/ 16 kcal

Hühnerbrühe

Das Huhn läßt sich am besten enthäuten und entbeinen, wenn es noch heiß ist. Das gekochte Hühnerfleisch schmeckt kleingeschnitten als Suppeneinlage oder Frikassee.

◆ Das Huhn innen und außen kalt abspülen.
◆ Das Wasser aufkochen lassen, das Huhn zugeben und rasch zum Kochen bringen. Zugedeckt bei schwacher Hitze 45 Minuten garen.
◆ Das Suppengrün putzen, waschen und grob zerkleinern.
◆ Zwiebel und Knoblauch abziehen und halbieren.
◆ Petersilie und Thymian waschen.

◆ Die Zitrone waschen, abtrocknen und 1 Stück Schale abschneiden.
◆ Alle Zutaten, Pfefferkörner und Lorbeerblatt zum Huhn geben, die Brühe salzen und weitere 45 Minuten knapp unter dem Siedepunkt garen, bis das Huhn weich ist. Dann das Huhn herausnehmen.
◆ Die Brühe durch ein Sieb gießen und erkalten lassen.
◆ Das erstarrte Fett ganz oder teilweise abnehmen. Danach die Hühnerbrühe wieder erhitzen und mit einer beliebigen Einlage zubereiten.

Zubereitung etwa 2 Stunden
1 Portion = 71 kJ/ 17 kcal

Zutaten für 8 Portionen
1 Suppenhuhn von
etwa 1 kg
2 l Wasser
2 Bund Suppengrün
1 Zwiebel
1 Knoblauchzehe
1 Bund Petersilie
1 Zweig frischer Thymian
1 unbehandelte Zitrone
4 weiße Pfefferkörner
1 Lorbeerblatt
Salz

Selbstgekochte Gemüsebrühe

Als Einlagen für die Gemüsebrühe passen beispielsweise feingeschnittenes Gemüse, Klößchen, Flädle, Nudeln oder Suppencroûtons.

◆ Den Lauch putzen und waschen.
◆ Die Möhren putzen und die Petersilienwurzel schälen.
◆ Die Fenchelknolle halbieren, den Strunk herausschneiden und die Hälften waschen.
◆ Den Knollensellerie putzen, waschen und schälen.
◆ Alle diese vorbereiteten Gemüse fein zerkleinern.
◆ Zwiebel und Knoblauch abziehen und hacken.
◆ Die Petersilie und den frischen Thymian waschen und mit dem Lorbeerblatt zusammenbinden.

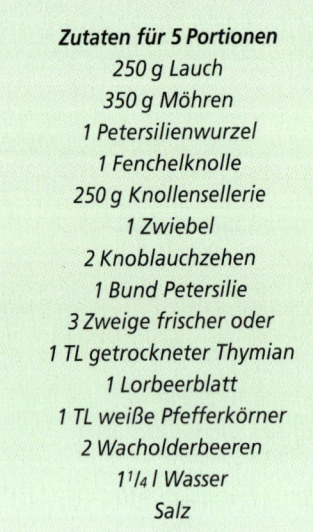

Zutaten für 5 Portionen
250 g Lauch
350 g Möhren
1 Petersilienwurzel
1 Fenchelknolle
250 g Knollensellerie
1 Zwiebel
2 Knoblauchzehen
1 Bund Petersilie
3 Zweige frischer oder
1 TL getrockneter Thymian
1 Lorbeerblatt
1 TL weiße Pfefferkörner
2 Wacholderbeeren
$1^1/_4$ l Wasser
Salz

◆ Gemüse und Kräuter mit den Pfefferkörnern und den Wacholderbeeren in einen Topf geben.
◆ Das Wasser zugießen und einmal aufkochen.
◆ Die Brühe salzen und zugedeckt bei schwacher Hitze 30 Minuten kochen lassen.
◆ Die fertige Brühe durch ein Sieb gießen.
◆ Die aufgefangenen Gemüse, Gewürze und Kräuter mit einem Löffel ausdrücken und wegwerfen.
◆ Die Brühe mit Salz abschmecken und mit einer Einlage nach Belieben servieren.

Zubereitung etwa 30 Minuten
Kochzeit 30 Minuten
1 Portion = 55 kJ/ 13 kcal

Klare Brühe mit Eierflaum

Zutaten für 4 Portionen
2 EL gemischte frische
oder TK-Kräuter
300 g Lauchzwiebeln
$^3/_4$ l Fleisch-, Hühner-
oder Gemüsebrühe
2 Eier
Salz, weißer Pfeffer aus der Mühle
geriebene Muskatnuß

Einfach und erlesen zugleich ist diese Brühe: Viele Kräuter, knapp gegartes Gemüse und zartgelbe Eierfäden geben ihr Aroma und Farbe.

◆ Die frischen Kräuter waschen, trockentupfen und hacken.
◆ Die Lauchzwiebeln putzen, waschen und mit allen ihren saftigen grünen Blättern in hauchfeine Ringe schneiden.
◆ Die Brühe aufkochen und die Zwiebelringe darin 2 Minuten sprudelnd kochen lassen.
◆ Die Eier mit Salz, Pfeffer und Muskat verquirlen und in die Brühe rühren.
◆ Die Brühe mit den Kräutern bestreuen und sofort anrichten.

Zubereitung etwa 10 Minuten
1 Portion = 298 kJ/ 71 kcal

Klare Brühe mit Eierstich

◆ Wasser 5 cm hoch in einen breiten Kochtopf füllen und erhitzen.

◆ Die Petersilie waschen, trockentupfen und fein hacken.

Zutaten für 4 Portionen
2–3 Stengel Petersilie
2 Eier
5 EL Milch
Salz, weißer Pfeffer aus der Mühle
geriebene Muskatnuß
200 g Spinat
1 l kräftige Fleisch-, Geflügel-
oder Gemüsebrühe
Fett für die Form, Alufolie

◆ Die Eier zusammen mit der Milch und der Petersilie verquirlen und mit je 1 kräftigen Prise Salz, Pfeffer und Muskat würzen.

◆ Eine Auflaufform mit Fett ausstreichen. Die Eier hineingießen.

◆ Die Auflaufform mit Alufolie verschließen, in das Wasserbad stellen und einen Deckel auf den Kochtopf legen.

◆ Das Wasserbad für den Eierstich soll heiß sein, aber nicht kochen. Wenn kleine Bläschen im Wasser aufsteigen, ist die Temperatur richtig.

◆ Die Eier im Wasserbad bei schwacher Hitze knapp unter dem Siedepunkt etwa 30 Minuten garen, bis sie fest sind.

◆ Die Teller gut vorwärmen.

◆ Während der Eierstich gart, den Spinat verlesen, waschen und grob zerkleinern. Dabei die harten Stiele entfernen.

◆ Die Eier aus dem Wasserbad nehmen und 5 Minuten in der Form stehenlassen.

◆ Die Brühe aufkochen und den Spinat darin einige Sekunden sprudelnd kochen lassen, bis er weich und intensiv grün ist.

◆ Die Brühe auf den heißen Tellern verteilen.

◆ Den Eierstich aus der Form auf ein Brett stürzen, in Würfel schneiden und in die Brühe geben.

Zubereitung etwa 40 Minuten
1 Portion = 374 kJ/ 89 kcal

Brätklößchensuppe

Zutaten für 4 Portionen
2–3 Stengel Petersilie
30 g weiche Butter
30 g Paniermehl
100 g Kalbsbrät
1 kleines Ei
Salz
1 l Fleisch- oder Gemüsebrühe
1/2 Bund Schnittlauch

◆ Die Petersilie waschen, trockentupfen und hacken.

◆ Die Butter schaumig rühren. Paniermehl, Kalbsbrät und Ei untermischen, mit Salz würzen und zu einem glatten Teig verrühren.

◆ Die Fleisch- oder Gemüsebrühe zum Kochen bringen.

◆ Mit 2 Teelöffeln kleine Klößchen vom Teig abstechen, in die kochende Brühe geben und im offenen Topf bei mittlerer Hitze etwa 5 Minuten kochen lassen.

◆ Die Kochstelle abschalten und die Klößchen zugedeckt weitere 10 Minuten ziehen lassen.

◆ Die Teller gut vorwärmen.

◆ Den Schnittlauch waschen, trockentupfen und in feine Röllchen schneiden.

◆ Die Suppe in die heißen Teller verteilen, mit dem Schnittlauch bestreuen und sofort servieren.

Zubereitung etwa 20 Minuten
1 Portion = 748 kJ/ 178 kcal

Milzschnittensuppe

◆ Die Milz an der Seite aufschneiden und mit einem Löffel aus der Haut schaben.

◆ Das Ei trennen.

◆ Die Petersilie waschen, trockentupfen und hacken.

◆ Die Butter schaumig rühren. Milz, Eigelb, Paniermehl, Salz, Pfeffer, Petersilie und Majoran untermischen und auf die Toastscheiben streichen.

◆ Je 2 Scheiben mit den bestrichenen Seiten aufeinanderlegen und festdrücken. Mit einem sehr scharfen Messer die Brote diagonal in Viertel schneiden.

◆ Das Fett in einer Pfanne erhitzen

Zutaten für 8 Portionen
150 g Milz
1 Ei
2–3 Stengel Petersilie
1 EL weiche Butter
1 EL feines Paniermehl
Salz, weißer Pfeffer aus der Mühle
1 TL getrockneter Majoran
8 Scheiben Toastbrot
2 EL Butterschmalz oder 4 EL Öl
1/2 Bund Schnittlauch
1 3/4 l Hühner- oder Gemüsebrühe

und die Schnitten darin bei schwacher bis mittlerer Hitze auf jeder Seite etwa 3 Minuten backen.

◆ Schnittlauch waschen, trockentupfen und in Röllchen schneiden.

◆ Die Teller vorwärmen.

◆ Die Brühe erhitzen und in die vorgewärmten Teller verteilen.

◆ Die Milzschnitten in die Brühe legen (nicht damit übergießen, sonst werden sie zu weich) und mit dem Schnittlauch bestreuen.

Milzschnitten gefriergeeignet
Zubereitung etwa 45 Minuten
1 Portion = 756 kJ/ 180 kcal

Leberspätzlesuppe

Achten Sie darauf, daß die pürierte Leber ganz fein ist, damit sich der Teig gut durch den Spätzlehobel drücken läßt.

Zutaten für 4 Portionen
1 kleine Zwiebel
1 TL Butter
3 Zweige Petersilie
1 Bund Schnittlauch
1 unbehandelte Zitrone
250 g pürierte Rinderleber
1 Ei
8–9 EL Milch
80 g Paniermehl
Salz
1 TL getrockneter Majoran
1 l Fleischbrühe

◆ Die Zwiebel abziehen und fein hacken.

◆ Die Butter erhitzen und die Zwiebel darin bei schwacher Hitze glasig braten. Abkühlen lassen.

◆ Die Petersilie und den Schnittlauch waschen, trockentupfen und beides getrennt fein zerkleinern. Den Schnittlauch zum Bestreuen der Suppe beiseite stellen.

◆ Die Zitrone waschen, abtrocknen und ein Viertel der Schale abreiben.

◆ Zwiebel, Petersilie, Rinderleber, Ei, Milch, Paniermehl, 1 kräftige Prise Salz, Majoran und Zitronenschale in eine Schüssel geben und mit einer Gabel zu einem zähflüssigen Teig vermischen.

◆ Die Fleischbrühe zum Kochen bringen. Den Leberspätzleteig entweder durch den Spätzlehobel in die kochende Brühe drücken oder vom Brett schaben.

◆ Die Leberspätzle einmal aufkochen und im offenen Topf bei schwacher Hitze 5 Minuten ziehen, aber nicht mehr kochen lassen.

◆ Die Suppe zum Servieren mit dem Schnittlauch bestreuen.

Zubereitung etwa 20 Minuten
1 Portion = 869 kJ/ 207 kcal

Markklößchensuppe

◆ Wasser erhitzen, das Weizenbrötchen darin einweichen und sehr gut ausdrücken.

◆ Das Mark in Scheiben schneiden und bei schwacher Hitze in einem kleinen Topf so weich werden lassen, daß es sich wie Butter rühren läßt. Evtl. vorhandene Knochensplitter sowie rote Blutgefäße entfernen. Das weiche Mark schaumig rühren.

◆ Petersilie und Schnittlauch waschen und trockentupfen. Die Petersilie fein hacken, den Schnittlauch in feine Röllchen schneiden.

◆ Brötchen, Semmelbrösel, Ei, Salz,

Zutaten für 4 Portionen
1/2 altbackenes Weizenbrötchen
40 g Rindermark
von 2 großen Markknochen
1–2 Stengel Petersilie
1/2 Bund Schnittlauch
40 g Semmelbrösel
1 Ei
Salz
frisch geriebene Muskatnuß
600 ml Fleischbrühe

Muskat und Petersilie unter das Mark rühren. 16 kleine Klößchen formen.

◆ Die Teller gut vorwärmen.

◆ Die Fleischbrühe aufkochen. Die Klößchen einlegen und im offenen Topf bei schwacher Hitze 10 Minuten knapp unter dem Siedepunkt ziehen lassen.

◆ Die Suppe in die heißen Teller verteilen und mit dem Schnittlauch bestreuen.

Markklößchen roh gefriergeeignet
Zubereitung etwa 40 Minuten
1 Portion = 638 kJ/ 152 kcal

Grießklößchensuppe

◆ Die Petersilie und den Schnittlauch waschen, trockentupfen und getrennt hacken.

◆ Die Butter schaumig rühren und 1 EL Grieß untermischen.

◆ Das Ei, den restlichen Grieß, Salz, Muskat und Petersilie unterrühren und zugedeckt bei Zimmertemperatur 20 Minuten quellen lassen.

◆ Den Teig mit angefeuchteten Händen zu Klößchen formen. Sollte er noch zu weich sein, etwas Paniermehl untermischen.

Zutaten für 4 Portionen
2–3 Stengel Petersilie
1 großes Bund Schnittlauch
40 g weiche Butter
75 g Hartweizengrieß
1 Ei
Salz, geriebene Muskatnuß
Paniermehl nach Bedarf
1 l Fleischbrühe

◆ Die Fleischbrühe aufkochen. Die Klößchen zugeben, im offenen Topf 5 Minuten sanft köcheln lassen, dann zugedeckt bei schwächster Hitze noch 15 Minuten ziehen lassen.

◆ Die Teller gut vorwärmen.

◆ Die Suppe in die heißen Teller verteilen und mit dem Schnittlauch bestreuen.

Quellzeit 20 Minuten
Zubereitung etwa 25 Minuten
1 Portion = 748 kJ/ 178 kcal

Schwäbische Riebelesuppe

Zutaten für 6 Portionen
1 Ei
75 g Mehl
Salz
1 TL Wasser
1 große Zwiebel
1 EL Butterschmalz
1¼ l Fleischbrühe
2–3 Stengel Petersilie

◆ Die Zwiebel abziehen, halbieren und in dünne Scheiben schneiden.

◆ Das Butterschmalz erhitzen und die Zwiebel darin bei schwacher Hitze in etwa 15 Minuten weich und goldbraun braten.

◆ Währenddessen die Fleischbrühe zum Kochen bringen. Riebele darin einmal aufkochen und zugedeckt bei schwacher Hitze 15 Minuten garen lassen.

◆ Eine Terrine vorwärmen.

◆ Die Petersilie waschen und trockentupfen.

◆ Die Suppe mit den Zwiebeln und dem Bratfett vermischen und in die Terrine füllen. Mit der Petersilie bestreuen und sehr heiß anrichten.

Ruhezeit 1½ Stunden
Zubereitung etwa 45 Minuten
1 Portion = 487 kJ/ 116 kcal

◆ Das Ei mit einer Gabel kräftig verquirlen und die Hälfte davon für den Teig nehmen.

◆ Das Mehl mit Salz, Ei und Wasser mit einer Gabel verrühren, bis alles krümelig ist. Mit den Händen zu einem glatten, sehr festen Teig verkneten und 30 Minuten bei Zimmertemperatur ruhen lassen.

◆ Ein Küchentuch auf der Arbeitsfläche ausbreiten. Den Teig mit der feinen Rohkostreibe auf das Tuch reiben.

◆ Die Riebele ausbreiten und 1 Stunde trocknen lassen.

Suppenflädle

Zutaten für 4 Portionen
50 g Mehl
Salz
1/8 l Milch
4 Eier
Butterschmalz, Kokosfett
oder Öl zum Backen

*Eine Einlage für klare Brühe, Hühner-
oder Gemüsesuppe. Durch die vielen
Eier bleiben die Pfannkuchenstreifen
in der Suppe schön kernig.*

♦ Das Mehl mit Salz und Milch verrühren.
♦ Die Eier nacheinander untermischen und kräftig rühren, bis keine
Eigelb- oder Eiweißspuren mehr zu
sehen sind.
♦ Etwas Fett in einer Pfanne erhitzen. Einen halben Schöpflöffel Teig
zugeben und zu einer dünnen
Schicht auseinanderfließen lassen.
♦ Den Pfannkuchen zugedeckt bei
mittlerer Hitze etwa 3 Minuten bakken, bis der Teig an der Oberseite
trocken ist und sich die Ränder etwas
nach oben biegen.
♦ Den Pfannkuchen wenden und in
der offenen Pfanne in etwa 1 Minute
fertig backen.
♦ Die restlichen Pfannkuchen ebenso backen.
♦ Die Pfannkuchen lauwarm abkühlen lassen, aufrollen, in dünne Streifen schneiden und in heißer Brühe
anrichten.

Zubereitung etwa 50 Minuten
1 Portion = 886 kJ/ 211 kcal

Nudelröllchen

*Diese Röllchen werden von einer lan-
gen Rolle in Strudelform abgeschnit-
ten. Sie schmecken als Einlage in klaren Brühen mit Gemüse, Kräutern
oder Fischstreifen.*

♦ Mehl und Salz vermischen. Mit
dem Ei, Öl und zunächst 1 EL Wasser
zu einem glatten Teig verkneten.
Wenn der Teig zu trocken ist, tropfenweise das restliche Wasser unterkneten.
♦ Den Teig in Frischhaltefolie wik-
keln und 1 Stunde bei Zimmertemperatur ruhen lassen.
♦ Inzwischen für die Füllung die
Zwiebel abziehen und hacken.
♦ Die Butter erhitzen und die Zwiebel mit dem Thymian in der heißen
Butter bei schwacher Hitze glasig
braten.
♦ Lauwarm abkühlen lassen und mit
Frischkäse und Hartkäse zu einer Füllung verrühren. Mit Salz und je
1 kräftigen Prise Cayennepfeffer und
Muskat würzen.

Zutaten für 4 Portionen
100 g Mehl
Salz
1 Ei
1/2 EL Öl
2 EL Wasser
1 kleine Zwiebel
1 TL Butter
1 EL getrockneter Thymian
200 g Frischkäse mit Kräutern
75 g geriebener Hartkäse
Cayennepfeffer
geriebene Muskatnuß
Mehl zum Ausrollen

♦ Den Teig auf Frischhaltefolie dünn
zu einem Rechteck ausrollen.
♦ Ein Küchentuch mit Mehl bestäuben und den Teig so daraufstürzen,
daß die Folie oben ist. Die Folie abziehen.
♦ Die Füllung auf die Teigplatte
streichen. Dabei rundherum am Rand
etwa 1 cm frei lassen, damit die Füllung beim Aufrollen nicht seitlich
herausquillt.
♦ Zwei gegenüberliegende Seiten
der Teigplatte nach innen über die
Füllung legen.
♦ Die Platte von der längeren Seite
her aufrollen und in das Küchentuch
wickeln. Die beiden Enden des Tuchs
mit Küchengarn zubinden.
♦ Wasser in einem ovalen Schmortopf aufkochen, der die Nudelrolle
der Länge nach faßt.
♦ Die Nudelrolle hineinlegen und
etwa 50 Minuten ziehen lassen; das
Wasser darf dabei nicht sprudelnd
kochen.
♦ Die Nudelrolle herausnehmen, aus
dem Küchentuch rollen und in etwa
2 cm dicke Scheiben schneiden. Diese
in beliebiger Brühe anrichten.

Zubereitung etwa 1 1/2 Stunden
Garzeit etwa 50 Minuten
1 Portion = 1663 kJ/ 396 kcal

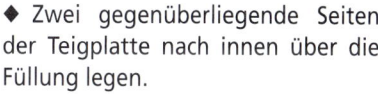

Biskuitschnitten

Zutaten für 4 Portionen
1 Handvoll gemischte Kräuter
oder Petersilie
25 g Butter
1 kleines Stück
Emmentaler Käse
2 Eier
Salz
50 g Mehl
25 g Speisestärke
Fett und Semmelbrösel für die Form

Diese Einlage schmeckt auch mit pürierter Leber oder butterweichem Rindermark gemischt.

◆ Die Kräuter waschen, gründlich trockentupfen und fein hacken.
◆ Die Butter schmelzen, aber nicht bräunen.
◆ Den Käse reiben.
◆ Die Eier trennen. Das Eiweiß mit Salz steif schlagen. Abwechselnd das

Eigelb, die Kräuter und teelöffelweise die Butter untermischen.
◆ Das Mehl mit der Speisestärke und 1 EL Käse mischen, auf den Teig streuen und mit einem Schneebesen unterheben.
◆ Den Boden einer ofenfesten Form mit niedrigem Rand fetten und mit Semmelbröseln ausstreuen. Den Teig darin glattstreichen.
◆ Die Form auf die mittlere Schiene des kalten Backofens stellen und den

Biskuit bei 180 °C (Umluft 160 °C, Gas Stufe 2–3) etwa 25 Minuten bakken, bis er wie ein Kuchenboden oben leicht gebräunt, durchgebakken und locker ist.
◆ In der Form lauwarm abkühlen lassen, in Rauten schneiden und in heißer Brühe anrichten.

Zubereitung etwa 20 Minuten
Backzeit etwa 25 Minuten
1 Portion = 815 kJ/ 194 kcal

Selbstgemachte Suppennudeln

Nudeln machen Brühen trüb. Deshalb gart man sie am besten getrennt in Salzwasser, läßt sie abtropfen und gibt sie heiß in die fertige Suppe.

Zutaten für 4 Portionen
125 g Weizenvollkornmehl
Salz
1 Ei, 1–2 EL Wasser
Mehl für die Arbeitsfläche

◆ Das Mehl mit 1 kräftigen Prise Salz in einer Schüssel mischen. Das Ei und zunächst 1 EL Wasser zugeben.
◆ Mit den Knethaken des Handrührgeräts zu einem bröckeligen Teig vermischen.
◆ Den Teig auf der Arbeitsfläche kneten, bis er geschmeidig ist. Dabei nach Bedarf tropfenweise das restliche Wasser unterkneten.
◆ In Frischhaltefolie wickeln und 50 Minuten bei Zimmertemperatur ruhen lassen.
◆ Den Teig in 3 Portionen teilen. Die Arbeitsfläche mit Mehl bestäuben,

den Teig dünn ausrollen und die Platten 10 Minuten trocknen lassen.
◆ Die Platten aufrollen und zu breiten oder schmalen Nudeln schneiden. Auf Küchentüchern ausbreiten und 1 Stunde ruhen lassen.
◆ Die Nudeln in reichlich Salzwasser aufkochen und in 1–2 Minuten bißfest garen.
◆ Abgießen, abtropfen lassen und in heißer Suppe anrichten.

Zubereitung etwa 40 Minuten
Ruhezeit 2 Stunden
1 Portion = 563 kJ/ 134 kcal

Backerbsen

Eine schnelle Einlage für klare Brühen mit Gemüse, die sich im voraus zubereiten läßt, denn die Backerbsen sollten ganz abkühlen, bevor sie in die Brühe kommen.

Zutaten für 4 Portionen
2 Eier
100 g Mehl
1 EL Öl
Salz
geriebene Muskatnuß
250 g Öl oder Kokosfett
zum Ausbacken

◆ Die Eier mit Mehl, Öl, Salz und 1 kräftigen Prise Muskat zu einem zähflüssigen Teig verrühren.
◆ Nach Bedarf noch tropfenweise Wasser zugeben.
◆ In einem hohen Topf oder einer Friteuse das Fett zum Ausbacken er-hitzen und den Teig in 2 Portionen entweder durch eine Schaumkelle, ein Sieb mit sehr großen Löchern oder den Spätzlehobel in das Fett tropfen lassen. Die Backerbsen hellbraun backen.
◆ Mit einem Schaumlöffel herausnehmen, auf Küchenpapier abtropfen und abkühlen lassen und in heißer Brühe anrichten.

Zubereitung etwa 30 Minuten
1 Portion = 1260 kJ/ 300 kcal

Suppencroûtons

Unter Croûtons versteht man zu Formen geschnittene Weißbrotscheiben, die in Butter geröstet und als Beilage serviert werden. Als kleine Würfel sind sie eine Suppeneinlage, die in allen klaren Brühen und in jeglicher Art Gemüsesuppe schmeckt.

◆ Das Brötchen würfeln.
◆ Das Ei mit Milch, Salz, Pfeffer und Muskat verrühren und über die Brötchenwürfel gießen.

Zutaten für 4 Portionen
1 altbackenes Weizenbrötchen
1 Ei
1 EL Milch
Salz
weißer Pfeffer
geriebene Muskatnuß
1 EL Butterschmalz oder Margarine

◆ Ziehen lassen, bis die Eimischung aufgesogen ist. Hin und wieder umrühren.
◆ Das Butterschmalz oder die Margarine in einer Pfanne erhitzen.
◆ Die eingeweichten Brötchenwürfel darin unter mehrmaligem Wenden goldbraun braten und in heißer Brühe oder Suppe anrichten.

Zubereitung etwa 30 Minuten
1 Portion = 416 kJ/ 99 kcal

Butterklößchen

Zutaten für 4 Portionen
40 g weiche Butter
Salz
2 Eier
60 g Mehl
1 l Fleisch- oder Gemüsebrühe

Suppenklößchen aus weichem Teig kann man gut mit Teelöffeln abstechen. Die Löffel taucht man dabei immer wieder in kaltes Wasser, damit der Teig nicht haften bleibt.

◆ Die Butter mit dem Salz schaumig rühren, bis sie fast weiß ist.
◆ Die Eier und das Mehl nacheinander daruntermischen.
◆ Den Teig zudecken und 10 Minuten ruhen lassen.
◆ Währenddessen die Fleisch- oder Gemüsebrühe erhitzen. Die Klößchen abstechen, in die kochende Brühe geben und bei schwacher Hitze zugedeckt 5 Minuten garen.

Zubereitung etwa 20 Minuten
1 Portion = 756 kJ/ 180 kcal

Leberknödel

Zutaten für 4 Portionen
$^1/_4$ l Milch
5 altbackene Weizenbrötchen
1 Zwiebel
$^1/_2$ Bund Petersilie
1 TL Butter
1 unbehandelte Zitrone
250 g fein geschabte Rinderleber
2 Eier
1 TL getrockneter Majoran
Salz, schwarzer Pfeffer
geriebene Muskatnuß
Paniermehl nach Bedarf
1 l Gemüse- oder Fleischbrühe

◆ Die Milch erhitzen.
◆ Die Brötchen in dünne Scheibchen schneiden, mit der heißen Milch übergießen und zugedeckt ziehen lassen, bis sie gleichmäßig weich sind und die Milch aufgesogen haben.
◆ Inzwischen die Zwiebel abziehen. Die Petersilie waschen und trockentupfen. Beides fein hacken.
◆ Die Butter erhitzen. Zwiebel und Petersilie darin bei schwacher Hitze unter Rühren braten, bis die Zwiebel glasig ist. Lauwarm abkühlen lassen.
◆ Die Zitrone waschen, abtrocknen und 1 TL Schale abreiben.
◆ Die Zwiebel mit Leber, Eiern, Majoran, 1 kräftigen Prise Salz, Pfeffer, Zitronenschale und Muskat zu den Brötchen geben. Einen Teig kneten. Falls er zu weich ist, 1–2 EL Paniermehl zugeben.
◆ Die Brühe zum Kochen bringen.

Mit angefeuchteten Händen 12 kleine Knödel formen, in die kochende Brühe geben und aufkochen.
◆ Die Temperatur zurückschalten und den Deckel halb auflegen. Bei schwacher Hitze 15 Minuten ziehen, aber nicht kochen lassen.

Zubereitung etwa 35 Minuten
Garzeit etwa 20 Minuten
1 Portion = 1331 kJ/ 317 kcal

Käseklößchen

Käseklößchen dienen als eine Einlage für klare Brühe mit Gemüse oder Kräutern, Tomatencremesuppe und Spargelsuppe. Da sie sich wie viele Suppeneinlagen gut einfrieren lassen, empfiehlt es sich, die doppelte Menge zu machen.

◆ Die Butter schaumig rühren.
◆ Das Ei, den Käse, Salz, Pfeffer und Muskat unterrühren und zum Schluß das Mehl untermischen.

Zutaten für 4 Portionen
30 g weiche Butter
1 Ei
30 g geriebener Käse
Salz, schwarzer Pfeffer
geriebene Muskatnuß
100 g Mehl
1 l Fleisch- oder Gemüsebrühe

◆ Den Teig 10 Minuten ruhen lassen. Währenddessen die Brühe erhitzen.
◆ Mit 2 Teelöffeln etwa 16 Klößchen abstechen und in der heißen Brühe ungefähr 10 Minuten ziehen lassen.

Zubereitung etwa 30 Minuten
1 Portion = 844 kJ/ 201 kcal

Schwemmklößchen

Diese Klößchen werden zwar aus Brandteig gemacht, aber nicht wie Windbeutel gebacken, sondern in Brühe gegart. Sie schmecken besonders gut in Gemüsesuppen.

◆ Das Wasser mit Butter und Salz in einem Topf aufkochen und weiter kochen lassen, bis die Butter ganz zerlaufen ist.

◆ Das gesamte Mehl unter Rühren hinzugeben.

◆ Bei schwächster Hitze so lange weiterrühren, bis sich die Masse zu einem Kloß zusammenballt und sich am Boden des Topfes eine weißliche Schicht bildet.

Zutaten für 4 Portionen
150 ml Wasser
25 g Butter
Salz
75 g Weizenvollkornmehl
2 Eier
1 l Fleisch- oder Gemüsebrühe
1 MSP Backpulver

◆ Den Teig in eine Schüssel geben und 1 Ei mit den Knethaken des Handrührgeräts unter den noch heißen Teig mischen.

◆ Den Teig abkühlen lassen, bis er lauwarm ist, und währenddessen die Fleisch- oder Gemüsebrühe zum Kochen bringen.

◆ Das zweite Ei und das Backpulver unter den Teig mischen.

◆ Mit 2 Teelöffeln etwa 16 kleine Klößchen abstechen, in die kochende Brühe geben und im offenen Topf bei mittlerer Hitze ungefähr 5 Minuten kochen lassen.

◆ Die Kochstelle abschalten und die Klößchen zugedeckt weitere 10 Minuten ziehen lassen.

Zubereitung etwa 45 Minuten
1 Portion = 689 kJ/ 164 kcal

Gemüseschnitten

Zutaten für 4 Portionen
5 EL Milch
¹/₂ Weizenbrötchen
200 g gemischte Gemüse wie
Möhren, Sellerie, Weißkohl,
Brokkoli und Zucchini
1 Knoblauchzehe
60 g weiche Butter
Salz, weißer Pfeffer
2 Eier
50 g Mehl
1 MSP Backpulver
Fett und Paniermehl für die Form

◆ Die Milch erhitzen (für solch kleine Mengen empfiehlt sich das Mikrowellengerät).

◆ Das Brötchen in dünne Scheiben schneiden und mit der Milch vermischen. Ziehen lassen, bis die anderen Zutaten vorbereitet sind.

◆ Das Gemüse putzen, waschen und fein zerkleinern. Den Knoblauch abziehen und hacken.

◆ 1 TL Butter zerlassen und alles darin bei mittlerer Hitze etwa 5 Minuten schmoren.

◆ Mit Salz und Pfeffer würzen und abkühlen lassen.

◆ Die Eier trennen und das Eiweiß mit Salz steif schlagen.

◆ Die restliche Butter und das Eigelb schaumig rühren.

◆ Zuerst die eingeweichten Brötchenscheiben, dann das Gemüse, den Eischnee und zum Schluß das Mehl mit Backpulver untermischen.

◆ Eine Gratinform mit niedrigem Rand fetten und mit Paniermehl ausstreuen. Teig darin glattstreichen.

◆ Auf die mittlere Schiene des kalten Backofens stellen und bei 180 °C (Umluft 160 °C, Gas Stufe 2–3) etwa 25 Minuten backen, bis der Teig wie ein Kuchenboden oben angebräunt, durchgebacken und locker ist.

◆ Den Teig in der Form lauwarm abkühlen lassen, in Würfel oder Rauten schneiden und in heißer Brühe anrichten.

Zubereitung etwa 35 Minuten
Backzeit etwa 25 Minuten
1 Portion = 1105 kJ/ 263 kcal

Dicke Gemüsesuppe

Die Suppe läßt sich gut mit Nudeln oder Butterklößchen (siehe S. 137) und Scheiben von Frankfurter Würstchen oder Fleischwurst ergänzen.

◆ Die Zwiebel abziehen, halbieren und grob zerkleinern. Das Suppengrün putzen und waschen. Alles mit dem Wasser aufkochen.

◆ Fleisch, Lorbeerblatt, Pfefferkörner und 1 TL Salz zugeben, aufkochen und zugedeckt bei schwacher Hitze 2 Stunden kochen lassen.

◆ Fleisch herausnehmen und würfeln. Brühe durch ein Sieb gießen, entfetten und wieder aufkochen.

◆ Kartoffel schälen, waschen und würfeln. Bohnen putzen, waschen und in Stücke schneiden. Beide Zutaten in der Brühe 10 Minuten garen.

Zutaten für 4 Portionen
1 Zwiebel
1 Bund Suppengrün
1¹/₂ l Wasser
500 g Rindfleisch zum Kochen
1 Lorbeerblatt
1 TL schwarze Pfefferkörner
Salz
1 große festkochende Kartoffel
100 g grüne Bohnen
250 g Weißkohl
250 g Brokkoli
2 Stangen Sellerie
1 Stange Lauch
¹/₂ Bund Schnittlauch
schwarzer Pfeffer

◆ Inzwischen den Weißkohl putzen und in Streifen schneiden. Die Brokkoli waschen und in Röschen teilen.

◆ Den Sellerie und den Lauch putzen, waschen und mit allen saftigen grünen Blättern in Ringe schneiden.

◆ Alle diese Zutaten mit den Fleischwürfeln in die Brühe geben, aufkochen und weitere 5–10 Minuten garen, bis die Kartoffel und das Gemüse weich sind.

◆ Schnittlauch waschen, trockentupfen und in Röllchen schneiden.

◆ Die Suppe mit Salz und Pfeffer abschmecken und mit den Schnittlauchröllchen bestreut anrichten.

Zubereitung 30 Minuten
Garzeit etwa 2¹/₂ Stunden
1 Portion = 1504 kJ/ 358 kcal

Minestrone

Die Hörnchennudeln können Sie durch Rundkornreis ersetzen.

♦ Die Bohnen 6 Stunden im Wasser einweichen. Mit dem Einweichwasser aufkochen und in etwa 1 Stunde nicht ganz gar kochen.

♦ Den Weißkohl putzen und in Streifen schneiden.

♦ Die Möhren putzen und würfeln.

♦ Die Tomaten waschen, häuten und in kleine Stücke schneiden. Die Stielansätze dabei entfernen.

♦ Sellerie und Lauch putzen, waschen und in fingerdicke Stücke schneiden.

♦ Zwiebel und Knoblauch abziehen und fein hacken.

♦ Die Thymianblättchen abzupfen. Das Lorbeerblatt zerkrümeln.

♦ Das Öl erhitzen und Zwiebel, Knoblauch, Thymianblättchen und Lorbeer darin anbraten, bis die Zwiebel glasig ist.

Zutaten für 6 Portionen
je 100 g getrocknete weiße
und rote Bohnen
1 l Wasser
750 g Weißkohl und
Möhren gemischt
750 g Tomaten
2 Stangen Sellerie
1 Stange Lauch
1 Zwiebel
1 Knoblauchzehe
3 Zweige frischer Thymian
1 Lorbeerblatt
3 EL Olivenöl
1 l Hühnerbrühe
1 Bund Petersilie
150 g Parmesan am Stück
75 g Hörnchennudeln
Salz
weißer Pfeffer aus der Mühle

♦ Alle zerkleinerten Gemüse, die Hühnerbrühe und die Bohnen mit der verbliebenen Kochflüssigkeit zugeben.

♦ Die Suppe zum Kochen bringen und zugedeckt etwa 30 Minuten garen, bis das Gemüse und die Bohnen sehr weich sind.

♦ Inzwischen die Petersilie waschen, trockentupfen und fein hacken.

♦ Den Parmesan reiben.

♦ Die Nudeln in reichlich Salzwasser bißfest garen.

♦ Abgießen, abtropfen lassen und in die Suppe mischen.

♦ Die Suppe mit Salz und Pfeffer abschmecken und mit der Petersilie bestreut anrichten.

♦ Den Parmesan in einem Schälchen dazu servieren.

Einweichzeit 6 Stunden
Zubereitung etwa 1½ Stunden
1 Portion = 1520 kJ/ 362 kcal

Bohnensuppe

Zutaten für 4 Portionen
1 Zwiebel
1 Knoblauchzehe
1 Fenchelknolle
1 EL Öl
1 Dose große weiße Bohnen
(Einwaage 400 g)
1 l Fleisch- oder Gemüsebrühe
2–3 Stengel Petersilie
1 EL Weißweinessig
2 EL Crème fraîche
Cayennepfeffer

♦ Zwiebel und Knoblauch abziehen und fein hacken.

♦ Die Fenchelknolle halbieren, putzen und waschen. Die Hälften in dünne Scheiben schneiden.

♦ Das Öl erhitzen und das Gemüse darin anbraten. Bohnen abtropfen lassen, Bohnen und Brühe zugeben, aufkochen und 5 Minuten garen.

♦ Die Petersilie waschen, trockentupfen und fein hacken.

♦ Essig und Crème fraîche unter die Suppe mischen. Mit Cayennepfeffer würzen und mit der Petersilie bestreut servieren.

Zubereitung etwa 20 Minuten
1 Portion = 811 kJ/ 193 kcal

Süß-scharfe Bohnensuppe

Zutaten für 4 Portionen
100 g rote Bohnen
1 l Gemüsebrühe
1 etwa 3 cm langes Stück
frische Ingwerwurzel
2 mittelgroße
mehligkochende Kartoffeln
2 kleine säuerliche Äpfel
1 grüne Paprikaschote (etwa 150 g)
1 kleine rote Pfefferschote
2 Tomaten
1 Zwiebel
1 Knoblauchzehe
2 EL Öl
1 EL Currypulver
Salz
2 EL milder Essig

◆ Die Bohnen in der Gemüsebrühe 6 Stunden zugedeckt einweichen.
◆ Die Ingwerwurzel schälen, waschen und zu den Bohnen geben.
◆ Die Bohnen in der Brühe aufkochen und zugedeckt bei schwacher Hitze 1 Stunde garen.
◆ Die Kartoffeln schälen, waschen und würfeln. Die Äpfel vierteln, vom Kerngehäuse befreien, schälen und ebenfalls würfeln.
◆ Die grüne Paprika- und die Pfefferschote vierteln, von Stielansätzen, Kernen und Trennwänden befreien, waschen und in Streifen schneiden. 1 El Paprikastreifen auf einem Teller beiseite stellen.
◆ Die Tomaten abziehen, von den Stielansätzen befreien und grob zerkleinern. Zwiebel und Knoblauch abziehen und hacken.

◆ Das Öl in einem Topf erhitzen. Kartoffeln, Äpfel, Paprika- und Pfefferschote, Tomaten, Zwiebel, Knoblauch und Currypulver darin bei mittlerer Hitze unter Rühren etwa 3 Minuten anbraten.
◆ Die Bohnen mit der Garflüssigkeit hinzufügen, einmal aufkochen und zugedeckt bei schwacher Hitze etwa 30 Minuten garen.
◆ Die Teller vorwärmen.
◆ Die Ingwerwurzel aus der Suppe nehmen. Die Suppe pürieren, mit Salz und Essig abschmecken, auf den heißen Tellern verteilen und mit den beiseite gestellten Paprikastreifen anrichten.

Einweichzeit 6 Stunden
Zubereitung etwa 1³/₄ Stunden
1 Portion = 1004 kJ/ 239 kcal

Rumfordsuppe

Das ursprüngliche Rezept entwickelte Graf Rumford (1753–1814) für die öffentlichen Suppenküchen Münchens. Der gebürtige Amerikaner, der den Englischen Garten anlegte, erwarb außerdem Verdienste, indem er sich für die Kartoffel als Volksnahrungsmittel in Bayern einsetzte.

◆ Die Erbsen mit der Brühe aufkochen und zugedeckt bei schwacher Hitze 30 Minuten garen.
◆ Die Pfefferschote längs halbieren, Stielansatz und Kerne entfernen; die Schotenhälften waschen, in Streifen schneiden und mit den Graupen zu den Erbsen geben.
◆ Erneut aufkochen und zugedeckt weitere 10 Minuten garen.
◆ Die Kartoffel schälen, würfeln und weitere 15 Minuten mitgaren.

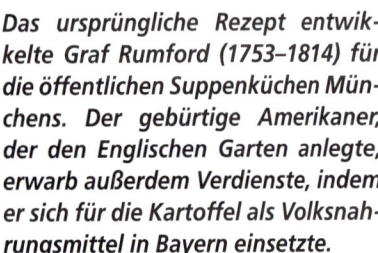

Zutaten für 4 Portionen
150 g geschälte
grüne Trockenerbsen
1¹/₄ l Fleisch- oder
Gemüsebrühe
1 kleine grüne Pfefferschote
40 g Graupen
1 kleine festkochende Kartoffel
50 g gekochter Schinken
in dünnen Scheiben
1 große Zwiebel
1 Knoblauchzehe
1 Bund Suppengrün
1 EL Öl
1 kleines Bund Petersilie
1–2 EL Zitronensaft
Salz, schwarzer Pfeffer

◆ Die Teller gut vorwärmen.
◆ Den Schinken in Streifen schneiden. Die Zwiebel und den Knoblauch abziehen und hacken.
◆ Das Suppengrün putzen, waschen und fein zerkleinern.
◆ Das Öl erhitzen. Schinken, Zwiebel, Knoblauch und Suppengrün darin bei mittlerer bis schwacher Hitze unter häufigem Umrühren 5 Minuten braten. Alles in die Suppe rühren.
◆ Die Petersilie waschen, trockentupfen und hacken.
◆ Die Suppe mit Zitronensaft, Salz und Pfeffer abschmecken, auf den heißen Tellern verteilen und mit der Petersilie bestreut servieren.

Zubereitung etwa 1¹/₄ Stunden
1 Portion = 1109 kJ/ 264 kcal

Linsensuppe

Zutaten für 4 Portionen
100 g Linsen
1 l Gemüsebrühe
3 EL Zitronensaft
1 Handvoll gemischte frische
oder 1 Päckchen TK-Kräuter
100 g durchwachsener Räucherspeck
3 Lauchzwiebeln
1 Knoblauchzehe
1 EL Öl
2 EL Crème fraîche
Salz, Cayennepfeffer

Eine moderne, leichte Art, Linsensuppe zu kochen. Wer sie lieber deftiger mag, gart den Räucherspeck mit den Linsen.

◆ Die Linsen mit der Gemüsebrühe und dem Zitronensaft aufkochen und zugedeckt bei schwacher Hitze in 45–60 Minuten weich garen.
◆ Die gemischten frischen Kräuter waschen, trockentupfen und fein hacken.
◆ Den Räucherspeck würfeln.
◆ Die Lauchzwiebeln putzen, waschen und mit allen saftigen grünen Blättern in dünne Ringe schneiden.

◆ Den Knoblauch abziehen und klein hacken.
◆ Das Öl erhitzen und den Speck darin bei schwacher Hitze in etwa 15 Minuten glasig braten.
◆ Die Zwiebelringe und den Knoblauch zugeben und weich braten.
◆ Die Speckmischung, die Crème fraîche und die Kräuter in die fertige Suppe mischen und erhitzen, aber nicht mehr aufkochen.
◆ Mit Salz und Cayennepfeffer abschmecken.

Zubereitung etwa 1¼ Stunde
1 Portion = 1357 kJ/ 323 kcal

Kichererbsensuppe mit Mais

Zutaten für 4 Portionen
250 g Kichererbsen
³/₄ l Gemüsebrühe
2 Zwiebeln
1 Lorbeerblatt
3 Gewürznelken
200 g grüne Bohnen
¹/₂ l Sojamilch
2 Maiskolben (etwa 500 g)
Salz, schwarzer Pfeffer
2 Knoblauchzehen
2 EL Öl
50 g Sesamsamen
1 kleines Bund Petersilie

◆ Die Kichererbsen in der Gemüsebrühe etwa 6 Stunden einweichen.
◆ 1 Zwiebel schälen und tief ein-, aber nicht durchschneiden. Das Lorbeerblatt in den Einschnitt stecken und die Gewürznelken in die Zwiebel drücken.
◆ Die Zwiebel zu den Kichererbsen geben. Alles aufkochen und zugedeckt bei schwacher Hitze 1 Stunde garen.
◆ Die Bohnen putzen, waschen und in etwa 2 cm lange Stücke schneiden.

Mit der Sojamilch zu den Kichererbsen geben, aufkochen und zugedeckt 15 Minuten garen.
◆ Die Teller vorwärmen.
◆ Die Hüllblätter und die Fäden der Maiskolben entfernen. Den Mais waschen, die Körner abschneiden und

5 Minuten in der Suppe garen. Mit Salz und Pfeffer abschmecken.
◆ Die restliche Zwiebel und den Knoblauch abziehen und beide fein hacken.
◆ Die Petersilie waschen, trockentupfen und fein hacken.
◆ Das Öl erhitzen. Zwiebel und Knoblauch mit dem Sesam bei schwacher bis mittlerer Hitze im heißen Öl etwa 5 Minuten braten und dabei häufig umrühren.
◆ Die Suppe auf den vorgewärmten Tellern verteilen. Mit der Zwiebelmischung und der Petersilie bestreut servieren.

Einweichzeit 6 Stunden
Zubereitung etwa 1¾ Stunden
1 Portion = 1907 kJ/ 454 kcal

Gurkensuppe mit Tofu

Zutaten für 4 Portionen
250 g Tofu
3 Lauchzwiebeln
1 kleine Salatgurke
2 EL Öl
1 l Gemüsebrühe
etwa 1/2 Handvoll Dill
2 EL Sojasauce
1 EL trockener Sherry
Salz
weißer Pfeffer

◆ Den Tofu würfeln.
◆ Die Lauchzwiebeln putzen, waschen und mit allen zarten grünen Blättern in feine Ringe schneiden.
◆ Die Gurke schälen, längs halbieren und die Kerne entfernen. Anschließend die Gurke in dünne Scheiben schneiden.
◆ Das Öl erhitzen und Gurke und Zwiebeln darin anbraten. Den Tofu zugeben und mitschmoren.

◆ Die Brühe zugießen, aufkochen und die Suppe etwa 3 Minuten kochen lassen, bis die Gurken gerade noch bißfest sind.
◆ Den Dill waschen.
◆ Die Gurkensuppe mit Sojasauce, trockenem Sherry, Salz und Pfeffer würzen und dann den Dill darübergeben.

Zubereitung etwa 15 Minuten
1 Portion = 567 kJ/ 135 kcal

Spargelsuppe

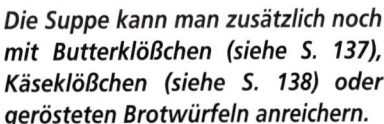

Die Suppe kann man zusätzlich noch mit Butterklößchen (siehe S. 137), Käseklößchen (siehe S. 138) oder gerösteten Brotwürfeln anreichern.

◆ Den weißen oder grünen Spargel waschen, schälen und in etwa fingerbreite Stücke schneiden.
◆ Die Kräuter waschen, trockentupfen und fein hacken.
◆ Die Lauchzwiebeln putzen, waschen und mit dem zarten Zwiebelgrün in sehr dünne Ringe schneiden.
◆ Die Butter erhitzen und Spargel, Kräuter und Lauchzwiebelringe darin

Zutaten für 4 Portionen
500 g weißer oder grüner Spargel
je 1 Handvoll Petersilien-, Sauerampfer- und Kerbelblättchen
4 dünne Lauchzwiebeln
1 EL Butter
1 l Fleisch-, Hühner- oder Gemüsebrühe
1 EL Crème fraîche
Salz
weißer Pfeffer

schmoren, bis die Zwiebeln glasig sind.
◆ Die Brühe zugießen, aufkochen lassen und die Suppe zugedeckt garen, bis der Spargel gerade noch bißfest ist.
◆ Die Crème fraîche unterrühren und die Suppe mit Salz und Pfeffer abschmecken.

Zubereitung etwa 30 Minuten
1 Portion = 412 kJ/ 98 kcal

Kohlsuppe mit Äpfeln

◆ Die roten Beten schälen, waschen und würfeln.

◆ Den Kohl putzen, waschen und in feine Streifen schneiden.

◆ Zwiebeln und Knoblauch abziehen und grob hacken.

◆ Das Öl erhitzen. Zwiebeln, Knoblauch und getrockneten Thymian darin bei mittlerer bis schwacher Hitze unter Rühren anbraten, bis die Zwiebeln glasig sind.

◆ Rote Beten und Kohl zugeben und kurz mitbraten. Dann die Brühe zugießen und aufkochen lassen.

◆ In der Zwischenzeit die Teller gut vorwärmen.

◆ Die Äpfel vierteln, vom Kerngehäuse befreien, schälen und würfeln.

Zutaten für 4 Portionen
300 g rote Beten
je 250 g Weiß- und Rotkohl
200 g Zwiebeln, 2 Knoblauchzehen
3 EL Öl
1 TL getrockneter Thymian
1½ l Fleisch- oder Gemüsebrühe
300 g säuerliche Äpfel
(z. B. Cox Orange oder Boskoop)
2 EL Orangensaft
1 etwa 4 cm langes Stück frische
Meerrettichwurzel
1 großes Bund Petersilie
Salz, schwarzer Pfeffer

◆ Die gewürfelten Äpfel mit dem Orangensaft vermischen, in der Suppe einmal aufkochen und 5 Minuten darin ziehen lassen.

◆ Den Meerrettich schälen, waschen und auf der Rohkostreibe fein raspeln oder im Blitzhacker zerkleinern.

◆ Die Petersilie waschen, trockentupfen und hacken.

◆ Die Suppe mit Salz und Pfeffer abschmecken; den Meerrettich und die Hälfte der Petersilie untermischen.

◆ Die Suppe auf den heißen Tellern verteilen und mit dem Rest der Petersilie bestreut servieren.

Zubereitung etwa 1 Stunde
1 Portion = 819 kJ/ 195 kcal

Reisnudelsuppe mit Zucchini

Zutaten für 4 Portionen
2 kleine feste Zucchini
50 g Sojasprossen
1 Bund Schnittlauch
¾ l Gemüse- oder Geflügelbrühe
50 g dünne Reisnudeln
1 EL Sojasauce
Salz
Cayennepfeffer

Reisnudeln gibt es in asiatischen Lebensmittelgeschäften und Naturkostläden. Sie können aber auch Glasnudeln verwenden, die man in vielen Supermärkten bekommt.

◆ Die Zucchini waschen, putzen und in dünne Stifte schneiden.

◆ Die Sprossen kalt abspülen und abtropfen lassen.

◆ Den Schnittlauch waschen, trockentupfen und in feine Röllchen schneiden.

◆ Die Gemüse- oder Geflügelbrühe aufkochen lassen. Nudeln, Zucchini und Sprossen darin aufkochen und etwa 1 Minute kochen lassen.

◆ Den Schnittlauch unter die Brühe mischen und die Suppe mit Sojasauce, Salz und Cayennepfeffer abschmecken.

Zubereitung etwa 15 Minuten
1 Portion = 319 kJ/ 76 kcal

Kartoffelsuppe mit Sellerie

◆ Kartoffeln und Sellerie waschen, schälen und würfeln. Die Zwiebel abziehen und fein hacken.

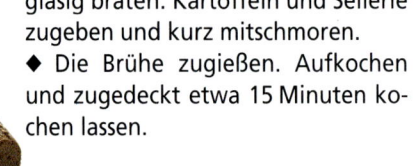

◆ Fett erhitzen und Zwiebel darin glasig braten. Kartoffeln und Sellerie zugeben und kurz mitschmoren.

◆ Die Brühe zugießen. Aufkochen und zugedeckt etwa 15 Minuten kochen lassen.

◆ Die Würstchen in Stücke schneiden und in der Suppe heiß werden lassen.

◆ Die Petersilie waschen und trockentupfen.

◆ Die Sahne unter die Suppe rühren, mit Salz und Cayennepfeffer abschmecken und mit der Petersilie bestreut anrichten.

Zubereitung etwa 45 Minuten
1 Portion = 1898 kJ/ 452 kcal

Zutaten für 4 Portionen
500 g festkochende Kartoffeln
400 g Knollensellerie
1 Zwiebel
1 EL Butter oder Margarine
1 l Brühe
4 Frankfurter Würstchen
1/2 Bund Petersilie
3 EL süße Sahne
Salz, Cayennepfeffer

Kartoffelsuppe mit Meerrettich

Zutaten für 4 Portionen
300 g festkochende Kartoffeln
1 Petersilienwurzel
1 EL Öl
600 ml Gemüsebrühe
1 EL Zitronensaft
1 etwa 3 cm langes Stück
frische Meerrettichwurzel
1/4 Bund Petersilie
1/8 l süße Sahne
Salz, schwarzer Pfeffer

Die geschlagene Sahne mit Meerrettich und gehackter Petersilie zerläuft in der heißen Suppe und bildet ein hübsches Muster.

◆ Die Kartoffeln und die Petersilienwurzel schälen, waschen und in kleine Würfel schneiden.

◆ Das Öl erhitzen. Beide Gemüse darin bei mittlerer Hitze unter Rühren etwa 2 Minuten braten.

◆ Brühe und Zitronensaft zugeben, aufkochen und zugedeckt bei schwacher Hitze etwa 20 Minuten garen, bis die Kartoffeln weich sind.

◆ Die Teller gut vorwärmen.

◆ Den Meerrettich schälen und im Blitzhacker fein zerkleinern.

◆ Die Petersilie waschen, trockentupfen und ganz fein hacken.

◆ Die Sahne steif schlagen; Meerrettich und Petersilie untermischen.

◆ Die Suppe mit Salz abschmecken und auf den heißen Tellern verteilen.

◆ Die Meerrettichsahne als Kleckse daraufsetzen und mit Pfeffer bestreuen.

Zubereitung etwa 30 Minuten
1 Portion = 773 kJ/ 184 kcal

Zwiebelsuppe

Zutaten für 4 Portionen
350 g Zwiebeln
1 Knoblauchzehe
30 g Butter
1/2 EL Mehl
1 l kräftige Fleischbrühe
Salz
weißer Pfeffer aus der Mühle
1 Prise Cayennepfeffer
1 EL Zitronensaft
8 fingerdicke Scheiben Baguette
125 g geriebener Hartkäse

Für die Suppe brauchen Sie einen fetten Käse, der darin cremig schmilzt. Sehr gut eignen sich dafür die Sorten Raclette, Greyerzer, Beaufort und Comté.

◆ Zwiebeln und Knoblauch abziehen. Die Zwiebeln in feine Ringe schneiden oder hobeln, den Knoblauch fein hacken.
◆ Die Butter erhitzen und beide Zutaten darin bei schwacher Hitze glasig braten.
◆ Das Mehl darüberstäuben und hellgelb rösten. Die Fleischbrühe zugießen und dabei rühren, bis die Suppe glatt ist.
◆ Mit Salz, Pfeffer, Cayennepfeffer und Zitronensaft würzen, aufkochen und zugedeckt bei schwacher Hitze 15 Minuten garen.
◆ Den Backofen auf 200 °C (Gas Stufe 3) vorheizen.
◆ Die Brotscheiben in 4 große Suppentassen oder eine große Schüssel legen und mit dem Käse bestreuen.
◆ Die Suppe mit sehr wenig Salz noch einmal abschmecken und kochend heiß über die Brotscheiben gießen. Die Tassen oder die Schüssel zugedeckt in den heißen Backofen stellen und die Suppe etwa 4 Minuten ziehen lassen.

Zubereitung etwa 30 Minuten
1 Portion = 1172 kJ/ 279 kcal

Topinambursuppe

Die hellbraune winterliche Knolle Topinambur ist von angenehm nußartigem Geschmack. Man bereitet sie roh als Salat (siehe S. 56) und gekocht als Suppe und Gemüse zu. Da Topinambur keine Stärke, sondern das Kohlenhydrat Inulin enthält, ist die Knolle für Diabetiker besonders gut geeignet. Die Suppe schmeckt auch mit Möhren oder Knollensellerie.

◆ Die Topinamburknollen dünn schälen, waschen und in dünne Scheiben schneiden.
◆ Die Zwiebel abziehen und fein hacken.
◆ Die Petersilie waschen, trockentupfen und fein zerkleinern.
◆ Die Butter in einem Topf erhitzen. Topinambur, Zwiebel und zwei Drittel der Petersilie darin bei schwacher Hitze unter häufigem Umrühren 3 Minuten braten.

Zutaten für 4 Portionen
400 g Topinamburknollen
1 große Zwiebel
1 großes Bund Petersilie
1 1/2 EL Butter
1 EL Mehl
1 l Gemüsebrühe
1 EL Crème fraîche
Salz, weißer Pfeffer

◆ Das Mehl darüberstäuben und einige Male durchrühren.
◆ Die Brühe zugießen und aufkochen. Crème fraîche untermischen.
◆ Die Suppe mit Salz und Pfeffer abschmecken und mit der restlichen Petersilie bestreut servieren.

Zubereitung etwa 30 Minuten
1 Portion = 504 kJ/ 120 kcal

Kalte Avocadosuppe

Reife Avocados fühlen sich bei leichtem Fingerdruck etwa so an wie eine reife Banane.

◆ Die Möhre putzen und in dünne Stifte schneiden.
◆ Das Öl erhitzen und die Möhre darin unter Rühren anbraten.
◆ Die Zitrone waschen und abtrocknen. 1 etwa 5 cm langes Stück Schale dünn abschneiden und fein hacken. Von einer Hälfte den Saft auspressen.
◆ Die Avocados halbieren und die Kerne herauslösen. Die Hälften schä-

Zutaten für 4 Portionen
1 Möhre
1 EL Öl
1 unbehandelte Zitrone
2 reife Avocados
$\frac{1}{4}$ l Gemüsebrühe
$\frac{1}{4}$ l süße Sahne
Salz, weißer Pfeffer aus der Mühle
1 Handvoll gemischte frische oder
1 Päckchen gemischte TK-Kräuter

len und mit dem ausgepreßten Zitronensaft, der Gemüsebrühe und der Sahne pürieren. Mit Salz und Pfeffer würzen.
◆ Die frischen Kräuter waschen, trockentupfen und hacken.
◆ Möhre, Zitronenschale und Kräuter unter die Avocadosuppe mischen und die Suppe zugedeckt 2 Stunden kühl stellen.

Zubereitung etwa 30 Minuten
Kühlzeit 2 Stunden
1 Portion = 1659 kJ/ 395 kcal

Kalte Kartoffelsuppe

◆ Den Lauch putzen, waschen und mit allen saftigen grünen Blättern in dünne Ringe schneiden.
◆ Die Kartoffeln schälen, waschen und würfeln. Die Schalotte oder Zwiebel abziehen und hacken.
◆ Die Butter erhitzen. Lauch, Kartoffeln und Schalotte oder Zwiebel darin bei schwacher Hitze anbraten, bis die Schalotte oder Zwiebel glasig ist.

◆ Die Brühe zugießen und aufkochen. Mit Salz, Pfeffer und Zitronensaft würzen und zugedeckt bei schwacher Hitze etwa 25 Minuten kochen, bis die Kartoffeln weich sind.
◆ Die Suppe mit dem Stabmixer oder im Blitzhacker pürieren. Dabei Milch und Crème double oder Sahne zugießen.
◆ Die Suppe unter Rühren bis knapp

unter den Siedepunkt erhitzen, abkühlen lassen und zugedeckt mindestens 2 Stunden kühl stellen.
◆ Den Schnittlauch waschen, trockentupfen, in Röllchen schneiden und über die Suppe streuen.

Zubereitung etwa 60 Minuten
Kühlzeit mindestens 2 Stunden
1 Portion = 1466 kJ/ 349 kcal

Zutaten für 4 Portionen
200 g Lauch
400 g mehligkochende Kartoffeln
1 Schalotte oder
kleine Zwiebel
50 g Butter
$\frac{3}{4}$ l Hühnerbrühe
Salz, weißer Pfeffer aus der Mühle
1 EL Zitronensaft
$\frac{1}{4}$ l Milch
125 g Crème double oder
$\frac{1}{8}$ l süße Sahne
1 Bund Schnittlauch

Gazpacho

Die kalte Gemüsesuppe für heiße Tage kommt aus Spanien und muß, bevor sie serviert wird, mindestens 2 Stunden im Kühlschrank ziehen.

Zutaten für 4 Portionen
1 kg Tomaten
1 große Salatgurke
1 Möhre
1 kleine rote Paprikaschote
1 Gemüsezwiebel
2 Knoblauchzehen
1 Bund Petersilie
$^1/_2$ Bund Basilikum
$^3/_4$ l kalte Hühnerbrühe
2 EL Tomatenmark
1 TL Zitronensaft
Salz
schwarzer Pfeffer
4 EL Olivenöl
2 Eier
1 grüne Paprikaschote
1 kleines Bund Schnittlauch
3 Scheiben Toastbrot

◆ Die Hälfte der Tomaten häuten und halbieren; dabei die Stielansätze und die Kerne entfernen.

◆ Die Gurke quer halbieren und schälen; eine Hälfte beiseite legen.

◆ Die Möhre putzen; die rote Paprikaschote waschen und putzen; Zwiebel und Knoblauch abziehen.

◆ Die Kräuter waschen.

◆ Tomaten, Gurke, Möhre, Paprikaschote, Zwiebel, Knoblauch und Kräuter im Mixer pürieren, mit Hühnerbrühe, Tomatenmark und Zitronensaft verrühren und mit Salz und Pfeffer kräftig würzen. Die Hälfte des Olivenöls unterrühren.

◆ Das Gazpacho kühlen stellen.

◆ Die Eier in 8–10 Minuten hart kochen, kalt abschrecken, von der Schale befreien und fein hacken.

◆ Die restlichen Tomaten waschen und in kleine Würfel schneiden; dabei die Stielansätze entfernen.

◆ Die Gurkenhälfte zweimal längs durchschneiden; alle Kerne entfernen. Die Gurkenstücke würfeln.

◆ Die grüne Paprikaschote waschen, putzen und in kleine Stücke schnei-

den. Den Schnittlauch waschen, trockentupfen und fein zerkleinern.

◆ Eier, Tomaten, Gurke, Paprikaschote und Schnittlauch in verschiedenen Schälchen oder auf Tellern anrichten.

◆ Das Toastbrot würfeln, im restlichen Öl knusprig braten und in ein weiteres Schälchen füllen.

◆ Den Gazpacho mit den zerkleinerten Beilagen servieren, die jeder nach Belieben auf seine Portion gibt.

Zubereitung etwa 45 Minuten
Kühlzeit mindestens 2 Stunden
1 Portion = 1281 kJ/ 305 kcal

Champignonsuppe

Dieses Rezept eignet sich für alle Pilzsorten.

◆ Die Pilze putzen, waschen und blättrig schneiden.

◆ Die Zwiebel abziehen und fein hacken.

◆ Das Öl erhitzen und Pilze und Zwiebel darin kurz schmoren, bis die Zwiebel glasig ist.

◆ Das Mehl darüberstäuben.

◆ Die Brühe langsam zugießen und unter Rühren aufkochen lassen. Die Suppe 5 Minuten kochen lassen.

Zutaten für 4 Portionen
200 g Champignons
1 Zwiebel
1 EL Öl
1 EL Mehl
$^3/_4$ l Brühe
1 Ei, $^1/_8$ l süße Sahne
1 EL Zitronensaft
1 Handvoll gemischte Kräuter
Salz, weißer Pfeffer

◆ Das Ei trennen.

◆ Sahne, Eigelb, Zitronensaft und einige Eßlöffel heiße Suppe in einer Tasse mischen, in die Suppe rühren und erhitzen, aber nicht mehr aufkochen lassen.

◆ Die gemischten Kräuter waschen, trockentupfen und hacken.

◆ Die Champignonsuppe mit Salz und Pfeffer würzen und mit den Kräutern bestreuen.

Zubereitung etwa 20 Minuten
1 Portion = 756 kJ/ 180 kcal

Blumenkohlsuppe mit Curry

Zutaten für 4 Portionen
1 Blumenkohl
1 kleine Zwiebel
2 EL Öl
1 EL Currypulver
1 EL Mehl
1/2 l Wasser
2 EL Zitronensaft
1 Ei
1 kleine Möhre
1 großes Bund Petersilie
1/4 l Milch
1/8 l süße Sahne

◆ Den Blumenkohl putzen, in Röschen zerteilen und waschen.
◆ Die Zwiebel abziehen und fein hacken.
◆ Das Öl in einem Topf erhitzen. Zwiebel, Currypulver und Mehl hinzufügen und bei schwacher Hitze unter Rühren anrösten.
◆ Das Wasser zugießen und aufkochen. Dabei rühren, bis die Suppe glatt ist.
◆ Den Blumenkohl und den Zitronensaft hinzufügen und die Suppe aufkochen.
◆ Zugedeckt bei schwacher Hitze etwa 20 Minuten garen, bis der Blumenkohl sehr weich ist.

◆ Inzwischen Teller gut vorwärmen.
◆ Das Ei trennen.
◆ Die Möhre putzen und raspeln.
◆ Die Petersilie waschen, trockentupfen und fein hacken.
◆ Die Suppe pürieren. Die Milch mit Sahne und Eigelb verquirlen und untermischen.
◆ Die Suppe erhitzen, aber nicht mehr aufkochen.
◆ Die Suppe in die heißen Teller geben und mit der geraspelten Möhre und der gehackten Petersilie bestreut servieren.

Zubereitung etwa 1 Stunde
1 Portion = 1121 kJ/ 267 kcal

Tomatencremesuppe

◆ Die Tomaten abziehen und halbieren; Stielansätze herausschneiden.
◆ Zwiebel und Knoblauch abziehen, Suppengrün putzen, wie die Kräuter waschen und trockentupfen und alles grob zerkleinern.
◆ Tomaten, Zwiebel, Knoblauch, Suppengrün und Kräuter mit Wasser und Brühe aufkochen und zugedeckt bei schwacher Hitze 40 Minuten kochen lassen.
◆ Inzwischen die Baguettescheiben würfeln.
◆ Das Öl erhitzen und die Baguettewürfel darin unter Wenden rösten.
◆ Die Suppe pürieren, Crème fraîche untermischen und wieder erhitzen.
◆ Schnittlauch waschen, trockentupfen und in Röllchen schneiden.
◆ Die Suppe mit Salz, Pfeffer und Zucker würzen. Mit dem Schnittlauch und den Baguettewürfeln servieren.

Zutaten für 4 Portionen
1 kg Tomaten
1 Zwiebel
2 Knoblauchzehen
2 Bund Suppengrün
1 Bund gemischte Kräuter (Thymian, Majoran, Oregano, Petersilie)
1/4 l Wasser
1 EL Instantfleisch- oder -gemüsebrühe
5 Scheiben Baguette
1 EL Knoblauchöl
100 g Crème fraîche
Salz, weißer Pfeffer
1 Prise Zucker
1 großes Bund Schnittlauch

Zubereitung etwa 11/4 Stunden
1 Portion = 739 kJ/ 176 kcal

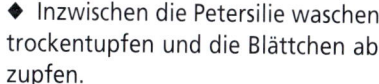

Erbsencreme mit Shrimps

Feiner schmeckt die Suppe mit frischen Erbsen, wer aber wenig Zeit hat, kann auch Erbsen aus der Tiefkühltruhe nehmen.

◆ Frische Erbsen aus den Hülsen palen, waschen und abtropfen lassen.
◆ Die Zwiebel abziehen, das Suppengrün putzen und waschen.
◆ Zwiebel und Suppengrün fein zerkleinern und im Fett anbraten.
◆ Die Brühe und die Erbsen zugeben und aufkochen. Zugedeckt garen. Die frischen Erbsen benötigen etwa 30 Minuten, die TK-Erbsen nur etwa 15 Minuten.

Zutaten für 4 Portionen
750 g frische Palerbsen oder
300 g TK-Erbsen
1 Zwiebel
1 Bund Suppengrün
20 g Butter oder Margarine
1 l Fleischbrühe
2–3 Stengel Petersilie
150 g Shrimps
100 g Crème fraîche
Salz, weißer Pfeffer
geriebene Muskatnuß

◆ Inzwischen die Petersilie waschen, trockentupfen und die Blättchen abzupfen.
◆ Die Shrimps abtropfen lassen.
◆ Die Suppe pürieren.
◆ Crème fraîche und die abgetropften Shrimps zugeben.
◆ Die Suppe erhitzen, aber nicht aufkochen.
◆ Mit Salz, Pfeffer und Muskat abschmecken und mit der Petersilie bestreut anrichten.

Zubereitung mit frischen Erbsen 1 Stunde, mit TK-Erbsen 30 Minuten
1 Portion = 1025 kJ/ 244 kcal

Kohlrabicremesuppe

Zutaten für 4 Portionen
500 g Kohlrabi
1 Schalotte
1 EL Butter
1 TL Zitronensaft
³/₄ l Fleisch-, Hühner- oder
Gemüsebrühe
¹/₄ l süße Sahne
Salz, weißer Pfeffer aus der Mühle
geriebene Muskatnuß

Diese Suppe können Sie auch mit Zucchini, Möhren oder Fenchel kochen.

◆ Den Kohlrabi schälen, waschen und würfeln. Die zarten Kohlrabiblättchen hacken und zum Bestreuen der Suppe beiseite legen. Die Schalotte abziehen und fein hacken.

◆ Die Butter erhitzen und die Schalotte darin bei schwacher Hitze glasig braten. Den Kohlrabi zugeben und kurz mit schmoren.

◆ Zitronensaft, ein Viertel der Brühe und 2 EL Sahne zugießen, aufkochen und zugedeckt bei mittlerer Hitze etwa 40 Minuten garen, bis die Kohlrabi ganz weich sind. Dabei nach und nach die restliche Sahne zugießen.

◆ Die Teller gut vorwärmen.

◆ Die Suppe mit dem Rest der Brühe pürieren, einmal aufkochen und mit Salz, Pfeffer und Muskat würzen.

◆ In den heißen Tellern anrichten und mit den gehackten Kohlrabiblättchen bestreuen.

Zubereitung etwa 50 Minuten
1 Portion = 1134 kJ/ 270 kcal

Englische Gurkensuppe

◆ Die Gurken schälen, längs halbieren, mit einem Löffel von den Kernen befreien und in kleine Stücke schneiden. Die Zwiebel abziehen und fein hacken.

◆ Die Butter erhitzen. Gurken und Zwiebel darin bei schwacher Hitze glasig braten. Das Mehl darüberstäuben und etwas anrösten.

◆ Die Brühe langsam zugießen und rühren, bis die Suppe glatt ist. Aufkochen und zugedeckt bei schwacher Hitze etwa 20 Minuten garen.

◆ Sauerampfer oder Petersilie waschen, trockentupfen und fein hacken.

◆ Die Eier trennen.

◆ Die Suppe pürieren.

◆ Die Crème fraîche untermischen und aufkochen. Das Eigelb mit etwas heißer Suppe mischen und unterrühren. Mit Salz und Pfeffer abschmecken.

◆ Mit dem Sauerampfer oder der Petersilie bestreut servieren.

Zubereitung etwa 30 Minuten
1 Portion = 1159 kJ/ 276 kcal

Zutaten für 4 Portionen
700 g Schmorgurken
1 kleine Zwiebel
1 EL Butter
1 gestrichener EL Mehl
¹/₂ l Hühnerbrühe
1 Handvoll Sauerampfer
oder Petersilie
2 Eier
200 g Crème fraîche
Salz, weißer Pfeffer aus der Mühle

Kürbiscremesuppe

Geröstete Brotwürfel oder gegarter Reis machen die Suppe kräftiger.

◆ Die Zwiebel abziehen und hacken; das Kürbisfleisch klein würfeln.
◆ Die Möhre putzen, die Petersilienwurzel schälen und beide Zutaten klein würfeln.
◆ Den Lauch putzen, waschen und mit allen saftigen grünen Blättern in dünne Ringe schneiden.
◆ Die Butter erhitzen. Zwiebel und Kürbisfleisch darin bei mittlerer Hitze anbraten.
◆ Zerkleinerte Möhre und Petersilienwurzel, drei Viertel der Lauchringe, Brühe, Salz und Pfeffer zugeben, aufkochen und zugedeckt bei schwacher Hitze 20 Minuten garen.
◆ Die Teller gut vorwärmen.
◆ Inzwischen das Öl erhitzen. Restliche Lauchringe und Kürbiskerne darin bei mäßiger Hitze anbraten.

Zutaten für 4 Portionen
1 Zwiebel
300 g Kürbisfleisch
1 große Möhre
1 mittelgroße Petersilienwurzel
1 dünne Stange Lauch
1 EL Butter
1 l Fleisch- oder Gemüsebrühe
Salz, weißer Pfeffer
1 EL Öl
2 EL Kürbiskerne
100 ml süße Sahne
1/2 Bund Schnittlauch

◆ Mit einem Kartoffelstampfer zerdrücken. Sahne unterrühren und erhitzen, aber nicht mehr aufkochen.
◆ Schnittlauch waschen, trockentupfen und in Röllchen schneiden.

◆ Die Suppe mit Salz und Pfeffer abschmecken, auf den heißen Tellern verteilen und mit gebratenen Lauchringen, Kürbiskernen und Schnittlauchröllchen bestreut servieren.

Zubereitung etwa 45 Minuten
1 Portion = 937 kJ/ 223 kcal

Bohnencremesuppe

Sollten Sie einmal Lust auf diese Suppe verspüren und sie sofort zubereiten wollen: schneller geht es mit weißen Bohnen aus der Dose und gemischten TK-Kräutern.

◆ Die Bohnen in der Gemüsebrühe zugedeckt 6 Stunden einweichen.
◆ Die Bohnen aufkochen und zugedeckt bei schwacher Hitze in etwa 1 1/4 Stunden weich garen.
◆ Inzwischen die Lauchzwiebeln putzen, waschen und in dünne Ringe schneiden.
◆ Den Endiviensalat waschen und in ganz feine Streifen schneiden.
◆ Von der Zitrone ein etwa 3 cm langes Stück Schale dünn abschneiden und in hauchfeine Streifen schnei-

den. Die Frucht halbieren und die Hälfte des Saftes auspressen.
◆ Den Kerbel verlesen, waschen, trockentupfen und grob zerkleinern.
◆ Die Bohnen pürieren, wieder auf die Kochstelle setzen und aufkochen.
◆ Die Lauchzwiebeln in der Suppe etwa 2 Minuten kochen lassen.
◆ Salat, Zitronenschale und Sahne untermischen und die Suppe erneut aufkochen.
◆ Die Suppe mit Zitronensaft, Salz und Cayennepfeffer abschmecken, auf Tellern verteilen und mit dem Kerbel bestreut servieren.

Zutaten für 4 Portionen
150 g weiße Bohnen
3/4 l Gemüsebrühe
3 Lauchzwiebeln
100 g Endiviensalat
1 Zitrone
1 Handvoll Kerbel
200 ml süße Sahne
Salz
Cayennepfeffer

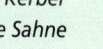

Einweichzeit 6 Stunden
Zubereitung etwa 1 1/2 Stunden
1 Portion = 1239 kJ/ 295 kcal

Brunnenkressesuppe

Diese edle Suppe aus Frankreich schmeckt mit Käsestangen als Auftakt zu einem festlichen Menü.

♦ Die Kartoffel schälen, waschen und klein würfeln. Zwiebel und Knoblauch abziehen und hacken. Alles in 1 EL Butter anbraten.

♦ Die Brühe zugießen, aufkochen und etwa 10 Minuten kochen lassen, bis die Kartoffel weich ist.

♦ Die Suppenteller vorwärmen.

♦ Die Brunnenkresse verlesen, waschen und trockentupfen. Alle Blättchen von den Stielen zupfen. Einige

Zutaten für 4 Portionen
1 mittelgroße
mehligkochende Kartoffel
1 kleine Zwiebel
1 Knoblauchzehe
2 EL Butter
1 l Fleisch- oder Hühnerbrühe
200 g Brunnenkresse
100 g Crème double
Salz, weißer Pfeffer
1 EL Zitronensaft

davon auf einen Teller geben und zum Garnieren beiseite stellen, die restlichen sehr fein hacken und in die Suppe streuen.

♦ Die Suppe pürieren, dabei die restliche Butter und die Crème double zugeben.

♦ Suppe erhitzen, aber nicht mehr aufkochen. Mit Salz, Pfeffer und Zitronensaft abschmecken und mit den Brunnenkresseblättchen garniert in den heißen Suppentellern anrichten.

Zubereitung etwa 30 Minuten
1 Portion = 958 kJ/ 228 kcal

Endiviensuppe

Zutaten für 4 Portionen
1 Bund Schnittlauch
1 kleine Zwiebel
50 g Butter oder Margarine
40 g Mehl
1 l Fleisch- oder Gemüsebrühe
Salz, weißer Pfeffer aus der Mühle
geriebene Muskatnuß
50 g Endiviensalatblätter
4 EL süße Sahne
1 TL Zitronensaft

Die Suppe gehört zu den Klassikern der altbayerischen Bürgerküche. Typische Einlage sind geröstete Brotwürfel.

♦ Schnittlauch waschen, trockentupfen und in Röllchen schneiden.

♦ Die Zwiebel abziehen und hacken.

♦ Das Fett zerlassen und die gehackte Zwiebel darin glasig braten.

♦ Das Mehl zugeben und unter Rühren goldgelb rösten.

♦ Die Brühe langsam zugießen und dabei weiterrühren, bis die Suppe glatt ist.

♦ Mit Salz, Pfeffer und Muskat würzen, aufkochen und zugedeckt kochen lassen.

♦ Den Endiviensalat waschen, trockenschwenken und in hauchfeine Streifen schneiden.

♦ Den Salat mit der Sahne und dem Zitronensaft in die Suppe rühren. Noch einmal erhitzen, aber nicht mehr aufkochen.

♦ Mit den Schnittlauchröllchen bestreut servieren.

Zubereitung etwa 20 Minuten
1 Portion = 773 kJ/ 184 kcal

Gerstensuppe mit dicken Bohnen

Zutaten für 4 Portionen

75 g Gerstenkörner
³/₄ l Gemüsebrühe
1 Paket dicke TK-Bohnen (300 g)
¹/₄ l Milch
1 Lauchzwiebel
1 kleine Möhre
100 g frische Kräuter wie
Petersilie, Löwenzahn, Kerbel,
Spinat und Schnittlauch
1 EL Butter
Salz, Cayennepfeffer
¹/₂ TL gemahlener Koriander

Wenn Sie nicht planen wollen: mit Reis, Hirse oder Bulgur statt Gerste muß die Suppe nur 25 Minuten garen; die Quellzeit entfällt.

◆ Die Gerstenkörner in der Gemüsebrühe zugedeckt etwa 6 Stunden einweichen.
◆ Mit der Gemüsebrühe aufkochen und zugedeckt bei schwacher Hitze 45 Minuten garen.
◆ Die Bohnen und die Milch zugeben, erneut aufkochen und alles weitere 15 Minuten garen.
◆ Inzwischen die Lauchzwiebel putzen, waschen und in dünne Ringe schneiden.

◆ Die Möhre putzen und in dünne Stifte teilen.
◆ Die Kräuter waschen, trockentupfen und hacken.
◆ Die Butter erhitzen. Zwiebel und Möhre darin bei mittlerer Hitze unter Rühren etwa 3 Minuten braten.
◆ Die Kräuter zugeben und mitbraten, bis sie intensiv grün sind. Alles auf Suppentellern verteilen.
◆ Die Suppe mit Salz, Cayennepfeffer und Koriander abschmecken und über die Kräutermischung geben.

Einweichzeit 6 Stunden
Zubereitung etwa 1¹/₄ Stunden
1 Portion = 932 kJ/ 222 kcal

Getreidesuppe mit Kräutern

Die traditionelle Gründonnerstagssuppe ist durch die moderne vegetarische Küche wieder aktuell geworden.

◆ Das Fett erhitzen und das Schrot darin rösten, bis es duftet. Die Brühe unter Rühren langsam zugießen und

aufkochen, bis die Suppe sämig ist. Zugedeckt 20 Minuten garen.
◆ Die Kräuter waschen, trockentupfen und fein hacken. Etwas Schnittlauch zum Bestreuen beiseite legen.
◆ Die Kräuter, die Milch und die Crème fraîche in die Suppe rühren

und bis knapp unter den Siedepunkt erhitzen.
◆ Mit Salz, Pfeffer und Muskat abschmecken und mit dem Schnittlauch bestreut servieren.

Zubereitung etwa 30 Minuten
1 Portion = 626 kJ/ 149 kcal

Zutaten für 4 Portionen

20 g Butter oder Margarine
50 g grobes Getreideschrot
³/₄ l Instantgemüse-
oder -fleischbrühe
50 g Petersilie, Brennesseln, Löwenzahn, Kerbel und Sauerampfer
1 kleines Bund Schnittlauch
¹/₈ l Milch
50 g Crème fraîche
Salz, weißer Pfeffer
geriebene Muskatnuß

Graupensuppe

Zutaten für 4 Portionen
1 kleine Zwiebel
1 Knoblauchzehe
75 g Gerstengraupen
1 EL Öl
³/₄ l Fleischbrühe
Salz, weißer Pfeffer
geriebene Muskatnuß
1 MSP gemahlener Kümmel
1 Bund Schnittlauch
2 Eier
¹/₈ l Milch
100 ml süße Sahne

◆ Zwiebel und Knoblauch abziehen und hacken.

◆ Die Graupen in einem Sieb kalt waschen, bis das ablaufende Wasser klar bleibt. Die Getreidestärke muß gründlich abgespült werden, damit die Graupen nicht zu sämig kochen.

◆ Das Öl erhitzen und Zwiebel, Knoblauch und Graupen darin anbraten, bis die Zwiebel glasig ist.

◆ Die Fleischbrühe zugießen und aufkochen. Die Suppe mit Salz, Pfeffer, Muskat und Kümmel kräftig würzen und zugedeckt bei schwacher Hitze 25 Minuten garen.

◆ Den Schnittlauch waschen, trockentupfen und in feine Röllchen schneiden.

◆ Die Eier trennen.

◆ Milch, Sahne und Eigelb verquirlen und in die heiße Suppe rühren. Bis knapp unter den Siedepunkt erhitzen, aber nicht mehr aufkochen.

◆ Die Suppe mit dem Schnittlauch bestreuen und sehr heiß servieren.

Zubereitung etwa 45 Minuten
1 Portion = 1029 kJ/ 245 kcal

Grießsuppe

◆ Die Butter oder Margarine zerlassen und den Grieß darin bei schwacher Hitze etwa 1 Minute unter Rühren rösten.

◆ Die Brühe langsam zugießen und dabei weiterrühren, bis die Suppe glatt ist. Mit Salz und Cayennepfeffer würzen und 15 Minuten garen.

◆ Petersilie und Schnittlauch waschen und trockentupfen. Die Petersilie fein hacken, den Schnittlauch in Röllchen schneiden.

Zutaten für 4 Portionen
50 g Butter oder Margarine
40 g Grieß
³/₄ l Brühe
Salz, Cayennepfeffer
¹/₂ Bund Petersilie
etwa ¹/₄ Bund Schnittlauch
50 ml süße Sahne

◆ Petersilie und Schnittlauch mit der Sahne in die Suppe rühren. Der Schnittlauch sollte in der Suppe nur noch erhitzt werden, aber nicht mehr aufkochen, sonst verliert er sein Aroma.

Zubereitung etwa 20 Minuten
1 Portion = 756 kJ/ 180 kcal

Festtagssuppe

Zutaten für 8 Portionen
1 Zwiebel
250 g Suppengrün
1 Stück frische Ingwerwurzel
250 g Rindfleisch zum Kochen
250 g Kalbsschulter
250 g Lammschulter
1/2 Hähnchen
1 Lorbeerblatt
2 Gewürznelken
1 Stück Zimtstange
1/4 TL Anissamen
Salz
schwarzer Pfeffer aus der Mühle
1 1/2 l Wasser
1/2 Bund Petersilie
2 Eier
1 TL Safranfäden
1/4 l süße Sahne
50 g Mehl
4 EL trockener Weißwein

Von dieser Suppe gibt es viele Varianten. Je nach Region wird sie mit Fleisch- oder Grießklößchen, Biskuitschnitten oder Eierstich ergänzt.

◆ Die Zwiebel ungeschält halbieren. Das Suppengrün putzen, waschen und grob zerkleinern. Die Ingwerwurzel schälen.

◆ Alles mit Fleisch, Hähnchen, Lorbeerblatt, Nelken, Zimt, Anis, 1 TL Salz, Pfeffer und Wasser in einen großen Topf geben.

◆ Das Wasser bei mittlerer Hitze langsam zum Kochen bringen. Den Schaum, der sich jetzt bildet, mit einem Schaumlöffel abnehmen.

◆ Einen Kochlöffel zwischen Topf und Deckel legen und die Brühe so fast zugedeckt bei schwacher Hitze etwa 2 Stunden sanft kochen lassen, bis Fleisch und Hähnchen weich sind.

◆ Die Brühe etwas abkühlen lassen. Fleisch und Hähnchen herausnehmen und in Stücke schneiden.

◆ Die Brühe durch ein Sieb gießen; Gemüse und Gewürze wegwerfen. Erkalten lassen.

◆ Eine Terrine vorwärmen.

◆ Die Petersilie waschen, trockentupfen und hacken.

◆ Die Eier trennen.

◆ Den Safran zwischen den Fingern zerreiben. Mit Sahne, Eigelb, Mehl und Wein verquirlen.

◆ Die Brühe vom erstarrten Fett befreien, mit Fleisch und Hähnchen aufkochen und etwa 3 Minuten kochen lassen.

◆ Den Topf von der Kochstelle nehmen, die Sahnemischung in die Suppe rühren und bis knapp unter den Siedepunkt erhitzen.

◆ Die Suppe in der vorgewärmten Terrine anrichten und mit der Petersilie bestreut sofort servieren.

Zubereitung etwa 1 Stunde
Kochzeit etwa 2 Stunden
1 Portion = 1441 kJ/ 343 kcal

Brotsuppe

Dieser Klassiker ist eine delikate Verwertung von altbackenem Brot.

◆ Das Brot würfeln. Zwiebel und Knoblauch abziehen und hacken. Das Suppengrün putzen, waschen und

Zutaten für 4 Portionen
150 g Weiß-, Misch- oder Vollkornbrot
1 Zwiebel
1 Knoblauchzehe
1 Bund Suppengrün
3 Tomaten
1/2 Bund Schnittlauch
2 EL Öl
1 TL getrockneter Oregano
1 l Brühe
3 EL Crème fraîche
Salz, Cayennepfeffer

fein zerkleinern. Die Tomaten häuten und in Stücke schneiden; die Stielansätze dabei entfernen.

◆ Schnittlauch waschen, trockentupfen und in Röllchen schneiden.

◆ Öl erhitzen. Zwiebel und Knoblauch darin glasig braten. Brot, Suppengrün, Tomaten und Oregano zugeben und etwa 1 Minute schmoren.

◆ Die Brühe zugießen und aufkochen lassen. 5 Minuten garen.

◆ Crème fraîche untermischen, mit Salz und Cayennepfeffer abschmecken und mit Schnittlauch bestreuen.

Zubereitung etwa 30 Minuten
1 Portion = 979 kJ/ 233 kcal

Borschtsch

Diese russische Suppe wird auf verschiedene Arten zubereitet: mit roten Beten wie hier oder mit grünem Sauerampfer, Spinat und Salat. Typische Einlagen sind Rindfleisch und gepökelter oder geräucherter Schweinebauch. Auf jeden Teller Suppe gibt man als Verzierung einen Löffel saure Sahne.

◆ Die Zwiebel abziehen, halbieren und grob zerkleinern. Das Suppengrün putzen und waschen.

◆ 1 EL Fett erhitzen und alles darin anbraten. Das Wasser zugießen und aufkochen.

◆ Das Fleisch, das Lorbeerblatt, die Pfefferkörner und 1 TL Salz zugeben, zum Kochen bringen und zugedeckt bei schwacher Hitze 2 Stunden kochen lassen.

Zutaten für 4 Portionen
1 Zwiebel
1 Bund Suppengrün
2 EL Schweineschmalz oder Öl
1 1/2 l Wasser
500 g Rindfleisch zum Kochen
1 Lorbeerblatt
1 TL schwarze Pfefferkörner
Salz
2 kleine rote Beten
250 g Knollensellerie
1 große Möhre
1 Stange Lauch
250 g Weißkohl
2 EL Essig
schwarzer Pfeffer
250 g saure Sahne

◆ Das Fleisch herausnehmen und würfeln.

◆ Die Brühe durch ein Sieb gießen und entfetten.

◆ Die roten Beten, den Sellerie und die Möhre putzen und grob raspeln oder in feine Stifte schneiden.

◆ Den Lauch und den Weißkohl putzen, waschen und fein schneiden.

◆ Alle Gemüse im restlichen Fett anbraten. Die Brühe und das Fleisch zugeben und aufkochen. Zugedeckt bei mittlerer Hitze etwa 15 Minuten kochen lassen, bis das Gemüse weich ist.

◆ Die Suppe mit Essig, Salz und Pfeffer kräftig abschmecken.

◆ Die saure Sahne dazu servieren.

Zubereitung etwa 1 Stunde
Kochzeit etwa 2 1/4 Stunden
1 Portion = 2381 kJ/ 567 kcal

Wildconsommé mit Julienne

Julienne sind ganz fein geschnittene Gemüsestreifen. Sie machen etwas Arbeit, sehen aber in der Suppe sehr dekorativ aus.

◆ Das Rehfilet in feine Streifen schneiden.
◆ Die Möhre putzen, die Lauchzwiebel putzen und waschen. Die Zucchini waschen; den Stiel- und Blütenansatz abschneiden. Alles quer in fingerlange Stücke, dann längs in feine Streifen schneiden.

Zutaten für 4 Portionen
100 g Rehfilet
1 kleine Möhre
1 Lauchzwiebel
1 kleine Zucchini
1 EL Öl
800 ml Wildfond aus dem Glas
2 EL trockener Portwein
Salz, weißer Pfeffer

◆ Die Teller vorwärmen.
◆ Das Öl in einem Topf erhitzen und das Fleisch und das Gemüse darin bei starker Hitze unter Rühren etwa 1 Minute braten.
◆ Den Wildfond und den Portwein zugeben und einmal aufkochen.
◆ Die Suppe mit Salz und Pfeffer würzen und in den vorgewärmten Tellern sofort servieren.

Zubereitung etwa 25 Minuten
1 Portion = 391 kJ/ 93 kcal

Mulligatawny

Zutaten für 6 Portionen
2 Zwiebeln
2 Knoblauchzehen
1 Bund Suppengrün
1 Petersilienwurzel
1 etwa 5 cm langes Stück
frische Ingwerwurzel
1 Suppenhuhn (etwa 2 kg)
2 l Wasser
Salz
250 g junge Möhren
1 Bund Lauchzwiebeln
1 kleiner säuerlicher Apfel
250 g gekochter Schinken
in dünnen Scheiben
1 EL Butter
2 EL Currypulver
300 g gekochter Langkornreis
2 EL Zitronensaft
1/2 Bund Petersilie
2 Eier
1/8 l süße Sahne

Wer möchte, kann diese englische sanfte Version einer brennendscharfen indischen Suppe auch ohne Fleisch zubereiten. Die fertige Suppe sollte sofort serviert werden, damit der Reis nicht zu weich wird.

◆ Zwiebeln und Knoblauch abziehen und halbieren. Suppengrün putzen, waschen und grob hacken. Petersilien- und Ingwerwurzel schälen und in Stücke schneiden.
◆ Alle diese Zutaten mit dem Huhn und dem Wasser in einen Topf geben, Salz hinzufügen und langsam zum Kochen bringen. Zugedeckt bei schwacher Hitze 2–2 1/2 Stunden garen, bis das Huhn ganz weich ist.
◆ Das Huhn herausnehmen. Die Haut abziehen, das Fleisch von den Knochen lösen und klein schneiden.
◆ Die Brühe durch ein Sieb gießen, erkalten lassen und entfetten.
◆ Die Möhren putzen und in feine Scheiben schneiden.
◆ Die Lauchzwiebeln putzen, waschen und mit allen saftigen grünen Blättern in etwa fingerbreite Stücke schneiden.

◆ Den Apfel vierteln, schälen, vom Kerngehäuse befreien und würfeln. Den Schinken in Streifen schneiden.
◆ Die Butter in einem großen Topf zerlassen und das Currypulver darin bei schwacher Hitze unter Rühren anrösten.
◆ Möhren, Lauchzwiebeln, Apfel und Schinken zugeben und alles bei mittlerer Hitze unter ständigem Wenden einige Minuten schmoren.
◆ Die Brühe zugießen und kräftig aufkochen. Das Fleisch, den Reis und den Zitronensaft zugeben und zugedeckt auf der abgeschalteten Kochstelle etwa 5 Minuten ziehen lassen, bis alles heiß ist.
◆ Die Petersilie waschen, trockentupfen und hacken.
◆ Die Eier trennen. Eigelb mit Sahne und etwas heißer Suppe verquirlen und in die Mulligatawny rühren.
◆ Die Suppe mit Salz abschmecken und mit der gehackten Petersilie bestreut sofort servieren.

Zubereitung etwa 50 Minuten
Garzeit etwa 2 1/2 Stunden
1 Portion = 2692 kJ/ 641 kcal

Lammsuppe mit Hirse

Hirse bekommen Sie in türkischen Lebensmittelgeschäften, Naturkostläden, Reformhäusern und in vielen Supermärkten.

◆ Das Fett von der Lammkeule abschneiden.

◆ Das Suppengrün putzen, waschen und fein zerkleinern.

◆ Das Wasser aufkochen. Das Fleisch und das Suppengrün zugeben, aufkochen und zugedeckt etwa 30 Minuten garen.

◆ Die Hirse zugeben, aufkochen und weitere 20 Minuten garen.

◆ Den Lauch und die Möhre putzen und waschen.

◆ Den Lauch in Ringe, die Möhre in dünne Stifte, das gare Fleisch in Stücke schneiden.

◆ Das Gemüse und das Fleisch in die Suppe geben und etwa 5 Minuten kochen, bis das Gemüse gerade eben bißfest ist.

◆ Die Petersilie waschen, trockentupfen und hacken.

Zutaten für 4 Portionen
300 g Lammkeule ohne Knochen
1 Bund Suppengrün
1 l Wasser
75 g Hirse
1 dünne Stange Lauch
1 mittelgroße Möhre
2–3 Stengel Petersilie
Salz, Pfeffer
1 EL Zitronensaft

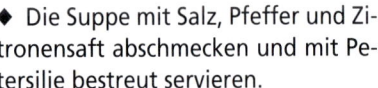

◆ Die Suppe mit Salz, Pfeffer und Zitronensaft abschmecken und mit Petersilie bestreut servieren.

Zubereitung etwa 1 Stunde
1 Portion = 1142 kJ/ 272 kcal

Gulaschsuppe

Ideal zum Vorbereiten: Die beliebte Mitternachtssuppe schmeckt aufgewärmt so gut wie frisch gekocht.

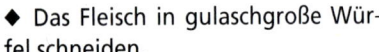

◆ Das Fleisch in gulaschgroße Würfel schneiden.

◆ Die Zitrone waschen, abtrocknen und ¼ TL Schale abreiben. Die Zwiebeln abziehen und hacken.

◆ Die Hälfte des Öls erhitzen. Die Zwiebeln darin bei schwacher Hitze glasig braten und herausnehmen.

◆ Das restliche Öl im Topf erhitzen. Das Fleisch darin bei starker Hitze rundherum braun anbraten.

◆ Die Zwiebeln wieder zugeben und mit dem Mehl und dem Paprikapulver bestäuben.

◆ Tomatenmark, Kümmel und Majoran unterrühren. Alles bei mittlerer Hitze unter Rühren anrösten.

Zutaten für 4 Portionen
300 g Rindfleisch ohne Knochen
zum Schmoren
1 unbehandelte Zitrone
300 g Zwiebeln
2 EL Öl
1 EL Mehl
1 EL edelsüßes
Paprikapulver
1 EL Tomatenmark
1 TL Kümmelkörner
1 TL getrockneter Majoran
1¼ l Fleischbrühe
Salz
200 g festkochende Kartoffeln
½ Bund Petersilie
Cayennepfeffer

◆ Ein Drittel der Fleischbrühe, Salz und Zitronenschale zugeben. Aufkochen und zugedeckt bei schwacher Hitze etwa 1¼ Stunden kochen, bis das Fleisch fast weich ist.

◆ Die Kartoffeln schälen, waschen und würfeln. Mit der restlichen Brühe zum Fleisch geben und einmal kräftig aufkochen. Dabei den Bratenfond unter Rühren lösen.

◆ Die Suppe weitere 20 Minuten garen, bis die Kartoffeln weich sind.

◆ Die Petersilie waschen, trockentupfen und fein hacken.

◆ Die Suppe mit Cayennepfeffer scharf abschmecken und mit der Petersilie bestreuen.

Zubereitung etwa 1 Stunde
Kochzeit etwa 1¼ Stunden
1 Portion = 861 kJ/ 205 kcal

Hackfleischsuppe mit Rotwein

Die Suppe schmeckt am besten mit viel Wein und wenig Wasser. Doch keine Sorge: bei einer Garzeit von 40 Minuten verkocht der größte Teil des Alkohols.

◆ Die Wurst in knapp fingerdicke Scheiben schneiden.

◆ Zwiebel und Knoblauch abziehen und fein hacken.

◆ Das Öl erhitzen. Zwiebel und Knoblauch darin glasig braten.

◆ Die Wurstscheiben, das Hackfleisch und das Tomatenmark zugeben und bei mittlerer Hitze unter Rühren braten, bis das Hackfleisch krümelig ist.

Zutaten für 4 Portionen

125 g grobe Brühwurst
(Krakauer oder Cabanossi)
1 große Gemüsezwiebel
3 Knoblauchzehen
1 EL Öl
250 g gemischtes Hackfleisch
2 EL Tomatenmark
1 EL edelsüßes Paprikapulver
$^1\!/_2$ l trockener Rotwein
$^1\!/_4$ l Wasser
1 EL Instantfleischbrühe
2 grüne Paprikaschoten
1 Dose rote Bohnen
(Einwaage 400 g)
Cayennepfeffer

◆ Das Paprikapulver untermischen, den Wein und das Wasser zugießen und die Instantbrühe zufügen.

◆ Aufkochen und zugedeckt bei mittlerer bis schwacher Hitze 30 Minuten garen.

◆ Die Paprikaschoten waschen, putzen und in Streifen schneiden.

◆ Die Bohnen abtropfen lassen.

◆ Die Paprikaschoten und die Bohnen zur Suppe geben, erneut aufkochen und weitere 10 Minuten garen.

◆ Die Suppe mit Cayennepfeffer abschmecken.

Zubereitung etwa 50 Minuten
1 Portion = 1924 kJ/ 458 kcal

Klare Ochsenschwanzsuppe

♦ Die Zwiebel ungeschält halbieren. Das Suppengrün und die Möhre putzen und waschen.

♦ Den Sellerie und den frischen Thymian waschen.

♦ Zwiebel, Gemüse, Thymian, Knochen, Ochsenschwanz, Lorbeerblatt, Pfefferkörner und 1 TL Salz mit dem Wasser bei mittlerer Hitze langsam zum Kochen bringen.

♦ Einen Kochlöffel zwischen Topf und Deckel legen und das Fleisch so fast zugedeckt 2–2¹/₂ Stunden bei schwacher Hitze ganz sanft kochen, aber nicht sprudeln lassen.

♦ Die gekochte Brühe etwas abkühlen lassen. Den Ochsenschwanz herausnehmen und das Fleisch heiß vom Knochen lösen.

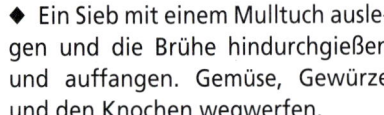

Zutaten für 4 Portionen
1 Zwiebel
1 Bund Suppengrün
1 Möhre
1 Stange Sellerie
1 Bund frischer oder
1 EL getrockneter Thymian
300 g Suppenknochen
500 g Ochsenschwanz
1 Lorbeerblatt
1 TL schwarze Pfefferkörner
Salz, 1¹/₂ l kaltes Wasser
1 Ei nach Bedarf
4 EL trockener Sherry oder Portwein
1 Bund Schnittlauch

♦ Ein Sieb mit einem Mulltuch auslegen und die Brühe hindurchgießen und auffangen. Gemüse, Gewürze und den Knochen wegwerfen.

♦ Die Brühe wieder erhitzen und nach Belieben klären. Dazu das Ei trennen. Das Eiweiß mit 1 EL Wasser verquirlen und in die Brühe rühren, bis es flockig ist. Schaum entfernen.

♦ Mit Sherry oder Portwein würzen und das Fleisch in der Brühe erhitzen.

♦ Den Schnittlauch waschen, trockentupfen und fein zerkleinern.

♦ Die Suppe sehr heiß mit dem Schnittlauch bestreut servieren.

Zubereitung etwa 30 Minuten
Kochzeit etwa 2¹/₂ Stunden
1 Portion = 643 kJ/ 153 kcal

Hühnersuppe mit Reis

Wem selbstgekochte Brühe zuviel Arbeit macht und Instantbrühe zu würzig ist, kann die Suppe mit fertig gekauftem Geflügelfond aus dem Glas zubereiten.

Zutaten für 4 Portionen
1 l Hühnerbrühe
1 doppeltes Hähnchenbrustfilet
(etwa 250 g)
50 g Langkornreis
200 g Möhren
300 g Stangensellerie
1 dünne Stange Lauch
100 g TK-Erbsen
2–3 Stengel Kerbel oder
¹/₄–¹/₂ Bund Schnittlauch
1 TL Zitronensaft
Salz

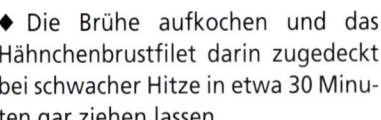

♦ Die Brühe aufkochen und das Hähnchenbrustfilet darin zugedeckt bei schwacher Hitze in etwa 30 Minuten gar ziehen lassen.

♦ Das Fleisch herausnehmen, häuten und in Streifen schneiden.

♦ Den Reis in der Brühe aufkochen und zugedeckt bei schwächster Hitze in etwa 10 Minuten garen.

♦ Inzwischen die Möhren putzen und in dünne Scheiben schneiden.

♦ Den Sellerie waschen; harte Fäden abziehen. Die Stangen in fingerbreite Stücke schneiden.

♦ Den Lauch putzen, waschen und in dünne Ringe schneiden.

♦ Das zerkleinerte Gemüse und die Erbsen in die Brühe geben, erneut aufkochen und zugedeckt bei schwacher Hitze etwa 5 Minuten kochen, bis Reis und Gemüse gar sind.

♦ Kerbel oder Schnittlauch waschen, trockentupfen und hacken.

♦ Das Fleisch in der Suppe wieder erhitzen.

♦ Mit Zitronensaft und Salz abschmecken und mit Kerbel oder Schnittlauch bestreut servieren.

Zubereitung etwa 1 Stunde
1 Portion = 680 kJ/ 162 kcal

Hühnersuppe mit Zitrone

Dies ist die Abwandlung einer Suppe, die es in Griechenland zu Ostern gibt. Dort wird sie mit Lammfleisch zubereitet.

◆ Zwiebeln, Knoblauchzehen, Suppengrün, Petersilienwurzel und Tomaten waschen und alles grob zerkleinern.
◆ Diese Zutaten mit dem Huhn und dem Wasser in einen Topf geben und langsam zum Kochen bringen.
◆ Das Huhn zugedeckt bei schwächster Hitze 4 Stunden garen. Die Brühe nach etwa 3 Stunden salzen.
◆ Das Huhn herausnehmen, Haut und sichtbares Fett entfernen. Das Fleisch von den Knochen lösen und in mundgerechte Stücke schneiden.
◆ Die Brühe durchsieben und erkalten lassen. Das Gemüse wegwerfen.
◆ Den Salat putzen, waschen und in feine Streifen schneiden. Die Lauchzwiebeln putzen, waschen und mit

Zutaten für 8 Portionen
2 Zwiebeln
3 Knoblauchzehen
2 Bund Suppengrün
1 Petersilienwurzel
2 Tomaten
1 Suppenhuhn zu etwa 2,4 kg
3 l Wasser
Salz
1/2 Kopf Endiviensalat
2 Lauchzwiebeln
1 Handvoll gemischte Frühlingskräuter wie Petersilie, Kerbel, Pimpinelle, Minze, Zitronenmelisse
2 Eier
1/8 l süße Sahne
100 g Langkornreis
2 EL Limetten- oder Zitronensaft
weißer Pfeffer

allen saftigen grünen Blättern in dünne Ringe schneiden.
◆ Die Kräuter waschen, trockentupfen und fein hacken.
◆ Die Eier trennen. Das Eigelb mit der Sahne verrühren.
◆ Brühe entfetten und mit Reis und Salz wieder aufkochen. Den Reis zugedeckt bei schwacher Hitze 10 Minuten garen, bis er halb weich ist.
◆ Fleischstücke, Salat und Lauchzwiebeln in die Suppe geben, aufkochen und zugedeckt bei schwächster Hitze 5 Minuten ziehen lassen.
◆ Die Eiersahne mit etwas Brühe vermischen und in die Suppe rühren. Die Kräuter untermischen.
◆ Die Hühnersuppe mit Limetten- oder Zitronensaft, Salz und Pfeffer abschmecken und sofort servieren.

Zubereitung etwa 45 Minuten
Garzeit 4 Stunden
1 Portion = 1856 kJ/ 442 kcal

Hamburger Aalsuppe

◆ Den Aal in etwa 3 cm lange Stücke schneiden. Das Suppengrün putzen und waschen, die Zwiebel abziehen und beides grob zerkleinern.

◆ Aal, Suppengrün und Zwiebel mit der Hälfte des Weins, Wasser, Essig und Fischgewürz aufkochen und zugedeckt bei schwacher Hitze 20 Minuten kochen lassen.

◆ Während der Aal kocht, die Birnen waschen, ungeschält halbieren und vom Kerngehäuse befreien. Mit dem restlichen Wein und dem Zucker aufkochen und zugedeckt bei schwacher Hitze in etwa 10 Minuten garen.

◆ Den Aalsud durch ein Sieb gießen und erkalten lassen.

◆ Die Petersilienwurzeln schälen und in fingerbreite Stücke schneiden. Die Blumenkohlröschen waschen. Petersilienwurzeln, Blumenkohl und Erbsen in wenig Salzwasser etwa 10 Minuten kochen

---

Zutaten für 6 Portionen

500 g frischer Aal (küchenfertig)
1 Bund Suppengrün, 1 Zwiebel
$^1/_4$ l trockener Weißwein
$^1/_8$ l Wasser, 3 EL Essig
1 Päckchen Fischgewürz
6 kleine feste Kochbirnen
oder Tafelbirnen (etwa 400 g)
1 TL Zucker
3 Petersilienwurzeln
500 g Blumenkohlröschen
300 g TK-Erbsen
Salz
50 g Butter, 2 EL Mehl
1$^1/_4$ l Fleischbrühe
6 weiche Backpflaumen
2 Handvoll gemischte frische
oder 2 Päckchen TK-Kräuter
weißer Pfeffer aus der Mühle

◆ Den Aalsud entfetten.

◆ Die Butter in einem großen Topf erhitzen. Mehl darin unter Rühren goldgelb rösten. Brühe und Aalsud unter Rühren langsam zugießen und aufkochen, bis die Sauce glatt ist.

◆ Birnen und Gemüse jeweils mit Sud zufügen, aufkochen und zugedeckt bei mittlerer bis schwacher Hitze etwa 3 Minuten kochen lassen.

◆ Die Backpflaumen zugeben und 2 Minuten garen; dabei hin und wieder umrühren.

◆ Frische Kräuter waschen, trockentupfen und hacken. Aal und Kräuter unter die Suppe mischen und erhitzen, aber nicht mehr aufkochen. Mit Salz und Pfeffer abschmecken.

Zubereitung etwa 1$^1/_4$ Stunden
1 Portion = 1617 kJ/ 385 kcal

Fischbrühe

Lassen Sie die Kiemen vom Händler aus den Fischköpfen entfernen. Mit ganzen Köpfen schmeckt die Brühe tranig.

◆ Die Fischabschnitte in einen großen Topf geben.
◆ Die Schalotten abziehen, das Suppengrün putzen und waschen und beides grob zerkleinern.
◆ Die Zitrone waschen und in Scheiben schneiden. Schalotten, Suppengrün und Zitrone zu den Fischabschnitten geben.
◆ Die Petersilie und den frischen Estragon waschen und mit Wasser, Wein und dem Fischgewürz zum Fisch geben.

Zutaten für 4 Portionen
*1,5 kg Fischabschnitte wie
Köpfe, Bauchlappen, Haut und
Gräten von Edelfischen
100 g Schalotten
2 Bund Suppengrün
1 unbehandelte Zitrone
1 Bund Petersilie
1 Zweig frischer oder
1/2 TL getrockneter Estragon
1 l Wasser
1/4 l trockener Weißwein
1 Päckchen Fischgewürz
Salz, weißer Pfeffer*

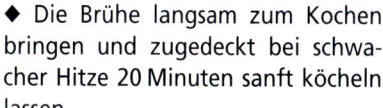

◆ Die Brühe langsam zum Kochen bringen und zugedeckt bei schwacher Hitze 20 Minuten sanft köcheln lassen.
◆ Ein Sieb mit einem Mulltuch auslegen. Die Fischbrühe durchsieben und die festen Teile im Sieb gut abtropfen lassen, jedoch nicht ausdrücken.
◆ Die Fischbrühe mit Salz und Pfeffer würzen und als Grundlage für Fischsuppen und -saucen verwenden.

*Zubereitung etwa 45 Minuten
1 Portion = 105 kJ/ 25 kcal*

Fischsuppe mit Safran

Für die Suppe brauchen Sie ganz frischen Fisch von einem Händler, der auf Qualität achtet. Dazu schmeckt knuspriges Baguettebrot.

Zutaten für 4 Portionen
*2 rohe Hummerkrabbenschwänze
1 Bund Suppengrün
1 Schalotte
3 Zweige Petersilie
3 weiße Pfefferkörner
1 EL Olivenöl
1 TL Safranfäden
1/8 l Wasser
100 g Steinbuttfilet
100 g Lachsfilet
1 l Fischfond (fertig gekauft)
3 EL trockener Sherry
1 EL Zitronensaft
Salz*

◆ Die Hummerkrabben kalt abspülen. Den Panzer am Rücken mit einer Küchenschere aufschneiden, abziehen und für die Brühe beiseite legen.
◆ Den Darm entfernen, der wie ein schwarzer Faden am Rücken der Krabben entlangläuft.
◆ Das Suppengrün putzen und waschen. Die Schalotte schälen. Beides grob zerkleinern.
◆ Die Petersilie waschen und trockentupfen. Die Stiele abschneiden und grob zerkleinern. Die Blättchen beiseite legen.
◆ Die Pfefferkörner mit einer Messerklinge zerdrücken.
◆ Das Öl in einem Topf erhitzen. Krabbenpanzer, Suppengrün, Schalotte, Petersilienstiele, Pfeffer und Safran darin bei mittlerer Hitze unter Rühren etwa 2 Minuten braten.
◆ Das Wasser zugießen, aufkochen und die Brühe zugedeckt 20 Minuten bei schwacher Hitze kochen.

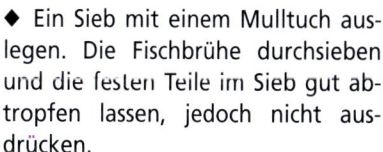

◆ Inzwischen die Teller vorwärmen.
◆ Die Hummerkrabben, den Steinbutt und den Lachs in etwa fingerbreite Stücke schneiden. Die Petersilienblättchen fein hacken.
◆ Die Fischbrühe durch ein feines Sieb in einen anderen Topf gießen. Panzer und Gemüse mit einem Löffel etwas ausdrücken und wegwerfen.
◆ Fischfond, Sherry, Zitronensaft und 1 kräftige Prise Salz zur Brühe geben; unter Rühren aufkochen.
◆ Den Topf von der Kochstelle nehmen. Fischstücke und Hummerkrabben in die Suppe geben und zugedeckt 3 Minuten ziehen lassen; dabei die Suppe bei schwächster Hitze heiß halten, aber nicht kochen lassen.
◆ Die Suppe in die vorgewärmten Teller verteilen und mit der Petersilie bestreut sofort servieren.

*Zubereitung etwa 45 Minuten
1 Portion = 609 kJ/ 145 kcal*

Spanische Fischsuppe

Noch feiner schmeckt es, wenn Sie Hummerkrabbenschwänze in der Schale und Muscheln 2 Minuten in der fertigen Suppe ziehen lassen.

Zutaten für 6 Portionen
500 g Zwiebeln
2 Knoblauchzehen
300 g Suppengrün
750 g Tomaten
2 Bund Petersilie
3 frische oder getrocknete
Lorbeerblätter
1 unbehandelte Zitrone
1/8 l Olivenöl
1 Briefchen Safranfäden
1 1/2 l Fisch- oder Gemüsebrühe
1/4 l trockener Weißwein
300 g Baguette
500 g Filet vom Steinbutt, Goldbarsch und Seeteufel gemischt
Salz, weißer Pfeffer aus der Mühle

◆ Zwiebeln und Knoblauch abziehen und fein hacken.
◆ Das Suppengrün putzen, waschen und fein zerkleinern.
◆ Die Tomaten abziehen und würfeln; Stielansätze dabei entfernen.
◆ Die Petersilie waschen und trockentupfen. Von 1 Bund die Blättchen abschneiden, hacken und zum Bestreuen der Suppe beiseite legen. Den Rest der Petersilie fein hacken.
◆ Frische Lorbeerblätter waschen, trockentupfen und in feine Streifen schneiden, getrocknete 10 Minuten in warmem Wasser einweichen und ebenfalls zerkleinern.
◆ Die Zitrone waschen und abtrocknen. 1 fingerlanges Stück Schale abschneiden. Die Frucht halbieren und von einer Hälfte den Saft auspressen.
◆ Den Backofen auf 250 °C (Umluft 220 °C, Gas Stufe 5–6) vorheizen. Die Teller vorwärmen.
◆ Das Öl in einem Topf erhitzen und Zwiebeln und Knoblauch darin bei schwacher Hitze glasig braten.

◆ Suppengrün, Tomaten, Petersilie, Lorbeer und Safran zugeben und 5 Minuten schmoren.
◆ Die Fisch- oder Gemüsebrühe, den Wein, den Zitronensaft und die -schale zugeben, aufkochen und 5 Minuten kochen lassen.
◆ Das Baguette in fingerdicke Scheiben schneiden, auf ein Backblech legen und im heißen Backofen ungefähr 3 Minuten rösten.
◆ Die Fischfilets in etwa fingerbreite Streifen schneiden. In der kochendheißen Suppe ungefähr 3 Minuten ziehen, aber nicht kochen lassen.
◆ Die Suppe mit Salz und Pfeffer abschmecken.
◆ Die Baguettescheiben in die vorgewärmten Teller legen und die Suppe darüber verteilen. Die Petersilienblättchen darüberstreuen.

Zubereitung etwa 50 Minuten
1 Portion = 1764 kJ/ 420 kcal

Käsesuppe mit Knoblauch

Gut geeignete Käsesorten für diese Suppe sind Schweizer Emmentaler, würziger Raclette und milder junger Gouda.

◆ Die Petersilie waschen, trockentupfen und fein hacken.
◆ Den Knoblauch abziehen und zerdrücken.
◆ Die Butter erhitzen und den Knoblauch darin bei schwächster Hitze einige Sekunden ziehen lassen.
◆ Das Mehl darüberstäuben und hellgelb anrösten.

Zutaten für 4 Portionen
2–3 Stengel Petersilie
2 Knoblauchzehen
1 EL Butter
1 TL Mehl
3/4 l Fleischbrühe
1/8 l süße Sahne
200 g geriebener Hartkäse
weißer Pfeffer aus der Mühle
geriebene Muskatnuß
2 EL Kümmelschnaps oder
Kirschwasser nach Belieben

◆ Die Fleischbrühe und die süße Sahne langsam zugießen und unter Rühren aufkochen.
◆ Den Käse untermischen und bei mittlerer Hitze rühren, bis die Suppe sämig und glatt ist.
◆ Die Suppe mit Pfeffer, Muskat und nach Belieben mit Kümmelschnaps oder Kirschwasser würzen.
◆ Zum Servieren die Käsesuppe mit der gehackten Petersilie bestreuen.

Zubereitung etwa 15 Minuten
1 Portion = 1147 kJ/ 273 kcal

Salsa verde (S. 177); Französische Senfsauce (S. 175); Sauce béarnaise (S. 170) ➤

Saucen und Dips

Holländische Sauce: Grundrezept

1. Die Butter in einem kleinen Topf zerlassen.

2. Die Eidotter und 1 EL heißes Wasser verrühren.

3. Die Butter zu der Eigelbmischung geben.

4. Die Sauce mit Essig, Salz und Pfeffer abschmecken.

◆ Die Butter zerlassen, den weißen Schaum auf der flüssigen Butter mit einem Schaumlöffel abnehmen und das klare Butterfett so in ein Gefäß umgießen, daß die weißen Rückstände am Topfboden zurückbleiben.

◆ Die flüssige Butter warm halten.

◆ Wasser erhitzen.

◆ Die Eier trennen.

◆ Die Eidotter und 1 EL heißes Wasser in eine Schüssel geben und mit einem Schneebesen verrühren.

◆ Auf den Boden eines Kochtopfes mit Rand einen umgedrehten Teller legen und den Topf mit so viel heißem Wasser füllen, daß die Schüssel darin stehen kann, ohne zu schwimmen.

◆ Die Schüssel in den Topf stellen.

◆ Das Wasser im Topf erhitzen, bis sich kleine Perlen bilden; es darf nicht richtig kochen.

◆ Die Eigelbmischung im Wasserbad mit einem Schneebesen kräftig zu einer dicken Creme aufschlagen.

◆ Die flüssige Butter unter ständigem Rühren zuerst teelöffelweise, dann in dünnem Strahl zu der Eigelbmischung geben. Zum Rühren am besten ein Handrührgerät verwenden, das zuerst auf niedrige, dann auf mittlere

Schaltstufe eingestellt wird. Mit einem Schneebesen geht es genauso gut, ist aber etwas mühsamer.

◆ Zum Schluß die Sauce so lange rühren, bis sie dick und cremig ist.

◆ Die Sauce mit Essig, Salz und Cayennepfeffer abschmecken.

Holländische Sauce: Variationen

Die holländische Sauce läßt sich auf vielfältige Weise variieren. Die Haselnußsauce paßt gut zu Rindersteaks und Roastbeef, die lombardische Sauce zu Geflügel und Schweinefilet und die Waterfishsauce zu Fischgerichten.

◆ Für die Sauce Aegir die Grundsauce mit dem Senfpulver mischen.

◆ Für die bayerische Sauce die Sahne steif schlagen. Dann die Sahne und die Krebspaste unter die warme Grundsauce mischen.

◆ Für die Haselnußsauce die Butter zerlassen, aber nicht bräunen. Die flüssige Butter mit den Haselnüssen vermischen und unter die Grundsauce rühren.

◆ Für die lombardische Sauce die Champignons putzen, waschen und fein hacken. Die Petersilie waschen, trockentupfen und ebenfalls fein hacken. Anschließend die Butter erhitzen und die Champignons und die Petersilie darin schmoren, bis die Flüssigkeit, die sich bildet, verdampft

Zutaten für 4 Portionen
*Zutaten für holländische Sauce
wie im Grundrezept*
<u>Für Sauce Aegir</u>
1 TL Senfpulver
<u>Für bayerische Sauce</u>
1 EL süße Sahne, 1 EL Krebspaste
<u>Für Haselnußsauce</u>
1 EL Butter
1 EL gemahlene Haselnüsse
<u>Für lombardische Sauce</u>
3 große Champignons
¹/₂ Bund Petersilie
Butter zum Schmoren
<u>Für Malteser Sauce</u>
1 unbehandelte Blutorange
<u>Für Picalillisauce</u>
1 EL Senfgemüse (fertig gekauft)
<u>Für Sauce mousseline</u>
1 EL süße Sahne
<u>Für Waterfishsauce</u>
je 1 Möhre und Petersilienwurzel
3 EL Fischfond

ist. Die Mischung warm unter die Grundsauce rühren.

◆ Für die Malteser Sauce die Orange waschen und abtrocknen; reichlich Schale abreiben und 2 EL Saft auspressen. Danach die Grundsauce mit der Orangenschale und dem Orangensaft vermischen.

◆ Für die Picalillisauce das Senfgemüse fein hacken und mit der Grundsauce vermischen.

◆ Für die Sauce mousseline die Sahne steif schlagen und unter die Grundsauce mischen.

◆ Für die Waterfishsauce die Möhre und die Petersilienwurzel putzen, waschen und dann in feine Streifen schneiden. Den Fischfond erhitzen und die Möhren- und Petersilienwurzelstreifen darin dünsten; dabei die Flüssigkeit ganz einkochen lassen. Anschließend das Gemüse unter die Grundsauce mischen.

Sauce béarnaise

◆ Die Butter zerlassen und warm halten.

◆ Die Schalotten abziehen und fein hacken.

◆ Die Pfefferkörner zerdrücken.

◆ Die Kräuter waschen, trockentupfen und fein zerkleinern.

◆ Schalotten, Pfeffer und Kräuter mit dem Wein und dem Essig aufkochen und einkochen lassen, bis noch etwa 2 EL Flüssigkeit übrig sind.

◆ Die Flüssigkeit durch ein feines Sieb streichen.

◆ Wasser erhitzen und ein Wasserbad vorbereiten. Die Eier trennen.

◆ Die eingekochte Weinmischung mit den Eidottern und 3 EL heißem Wasser verrühren und über dem heißen Wasserbad zu einer dicken Creme aufschlagen.

◆ Die warme Butter unter ständigem Rühren zuerst teelöffelweise, dann in dünnem Strahl zugeben.

◆ Die Sauce rühren, bis sie dick und cremig ist.

◆ Die Sauce mit Salz und Cayennepfeffer abschmecken.

Zubereitung etwa 30 Minuten
1 Portion = 1957 kJ/ 466 kcal

Zutaten für 4 Portionen
200 g Butter
2 Schalotten
4 weiße Pfefferkörner
*je 2–3 EL Estragon-
und Kerbelblättchen*
100 ml trockener Weißwein
3 EL Weißweinessig
3 Eier
3 EL heißes Wasser
Salz, Cayennepfeffer

Sauce Bercy

Zutaten für 4 Portionen
100 g Schalotten
$1/8$ l trockener Weißwein
$1/4$ l heller Fleischfond (S. 173)
1 kleines Stück Rinder-
mark (etwa 20 g)
100 g kalte Butter
$1/2$ Bund Petersilie
Salz, schwarzer Pfeffer aus der Mühle

◆ Die Schalotten abziehen, fein hacken und mit dem Wein und dem Fleischfond in einen Topf geben. Bei starker bis mittlerer Hitze kochen lassen, bis nur noch etwa 1 Tasse Flüssigkeit übrig ist.

◆ Wasser zum Kochen bringen. Das Rindermark mit dem kochenden Wasser überbrühen, abgießen, etwas abkühlen lassen und in kleine Würfel schneiden.

◆ Die kalte Butter in kleine Stücke schneiden.

◆ Die Petersilie waschen, trockentupfen und sehr fein hacken.

◆ Die Butterstückchen bei mittlerer Hitze nach und nach mit den Quirlen des Handrührgerätes auf kleiner Schaltstufe in die Sauce rühren, bis sie dickflüssig ist.

◆ Die Rindermarkwürfel und die Petersilie untermischen. Die Sauce mit Salz und Pfeffer würzen.

Zubereitung etwa 40 Minuten
1 Portion = 1042 kJ/ 248 kcal

Béchamelsauce

Wenn Sie diese klassische helle Sauce mit Fischfond (siehe S. 173) und Senf oder Kräutern zubereiten, paßt sie gut zu pochiertem Fisch.

◆ Die Butter in einem Topf zerlassen und das Mehl darin unter Rühren goldgelb rösten.

◆ Die Brühe, den Fleischfond oder das Wasser dazugießen und dabei ständig rühren.

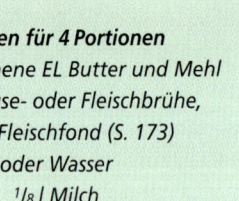

Zutaten für 4 Portionen
je 2 gestrichene EL Butter und Mehl
$1/8$ l Gemüse- oder Fleischbrühe,
heller Fleischfond (S. 173)
oder Wasser
$1/8$ l Milch
Salz, weißer Pfeffer

◆ Die Sauce aufkochen und weiterrühren, bis sie glatt ist. Zugedeckt bei schwacher Hitze etwa 5 Minuten kochen lassen.

◆ Die Milch zugeben und unter Rühren erhitzen.

◆ Die Sauce mit Salz und Pfeffer abschmecken.

Zubereitung etwa 20 Minuten
1 Portion = 433 kJ/ 103 kcal

Sauce Mornay

Zutaten für 4 Portionen
50 g Butter, 50 g Mehl
$1/4$ l Gemüse- oder Fleischbrühe
oder heller Fleischfond (S. 173)
$1/4$ l Milch, 150 g geriebener Hartkäse
Salz, weißer Pfeffer
geriebene Muskatnuß

Die beliebte Käsesauce eignet sich gut zum Überbacken von Gemüse, Kartoffeln, Nudeln und Pilzen.

◆ Die Butter in einem Topf zerlassen und das Mehl darin unter Rühren goldgelb rösten.

◆ Die Brühe oder den Fleischfond langsam zugießen und dabei ständig rühren.

◆ Die Sauce aufkochen und wei-

terrühren, bis sie glatt ist. Zugedeckt bei schwacher Hitze etwa 5 Minuten kochen lassen.

◆ Die Milch und den Käse zugeben und unter Rühren erhitzen, bis sich der Käse ganz aufgelöst hat.

◆ Die Sauce mit Salz, Pfeffer und Muskat abschmecken.

Zubereitung etwa 20 Minuten
1 Portion = 1411 kJ/ 336 kcal

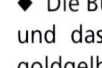

Dillsauce

Die Sauce schmeckt zu gekochtem Rind, Kalb und Lamm, Fischen aus dem Sud, Eiern, Pellkartoffeln und Gemüse. Sie läßt sich ganz leicht zubereiten.

◆ Die Butter in einem Topf erhitzen und das Mehl darin goldgelb rösten.
◆ Die Gemüse- oder Fleischbrühe und die Milch langsam einrühren und aufkochen.

Zutaten für 4 Portionen
2 EL Butter, 1 gehäufter EL Mehl
$^1/_4$ l Gemüse- oder Fleischbrühe
$^1/_4$ l Milch
2 Bund Dill
200 ml süße Sahne
Salz, weißer Pfeffer

◆ Die Sauce zugedeckt bei schwacher Hitze 10 Minuten kochen lassen.
◆ Den Dill waschen, trockentupfen und ganz fein hacken.
◆ Den Dill mit der Sahne in die Sauce rühren und bis knapp unter den Siedepunkt erhitzen.
◆ Mit Salz und Pfeffer abschmecken.

Zubereitung etwa 20 Minuten
1 Portion = 1247 kJ/ 297 kcal

Kerbelsauce

Bei hellen Saucen, die mit Mehlbutter gebunden werden, bleibt der Buttergeschmack besser erhalten als mit geröstetem Mehl. Reichen Sie diese Sauce zu pochiertem Fisch.

◆ Die weiche Butter mit dem Mehl gut verkneten.
◆ Die Gemüsebrühe aufkochen und die Mehlbutter hineinrühren.
◆ Die Sauce zugedeckt bei schwacher Hitze etwa 5 Minuten kochen lassen.
◆ Die Sahne hineinrühren und die Sauce mit Salz und Pfeffer gut abschmecken.
◆ Den Kerbel waschen, trockentupfen, ganz fein hacken und unter die Sauce mischen.

Zubereitung etwa 15 Minuten
1 Portion = 605 kJ/ 144 kcal

Zutaten für 4 Portionen
2 EL weiche Butter
2 gestrichene EL Mehl
$^1/_4$ l Gemüsebrühe
75 ml süße Sahne
Salz, weißer Pfeffer
1 Bund Kerbel

Einfache Pilzsauce

Diese Pilzsauce schmeckt gut zu Kartoffeln und – mit der doppelten Menge – zu Semmel- oder Buchweizenklößen (siehe S. 386 und S. 393). Zu Fleischgerichten paßt die Jägersauce (siehe S. 175) besser.

◆ Die Zwiebel abziehen und fein hacken.

◆ Die Champignons putzen, waschen und blättrig schneiden.

◆ Die Butter erhitzen. Die Zwiebel und die Champignons in der heißen Butter goldgelb anbraten.

◆ Das Mehl darüberstreuen und unter Rühren hell anrösten.

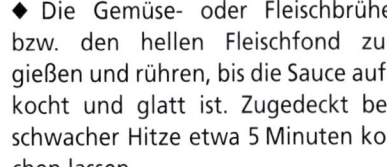

Zutaten für 4 Portionen
1 Zwiebel
250 g Champignons
2 EL Butter
2 gestrichene EL Mehl
300 ml Gemüse- oder Fleischbrühe
oder heller Fleischfond (S. 173)
200 ml süße Sahne
1 EL Zitronensaft
Salz
weißer Pfeffer
2–3 Stengel Petersilie

◆ Die Gemüse- oder Fleischbrühe bzw. den hellen Fleischfond zugießen und rühren, bis die Sauce aufkocht und glatt ist. Zugedeckt bei schwacher Hitze etwa 5 Minuten kochen lassen.

◆ Die Sahne zugeben und unter Rühren erhitzen.

◆ Die Sauce mit Zitronensaft, Salz und Pfeffer abschmecken.

◆ Die Petersilie waschen, trockentupfen, hacken und unter die Sauce mischen.

Zubereitung etwa 20 Minuten
1 Portion = 1079 kJ/ 257 kcal

Fischfond

Den Fischfond für Suppen und Saucen kocht man mit allem, was beim Filetieren von rohen Edelfischen übrig bleibt. Wenn Sie auch Fischköpfe verwenden, lassen Sie die Kiemen vom Händler entfernen.

◆ Den Sellerie und den Lauch putzen, waschen und in grobe Stücke schneiden.
◆ Die Möhre schälen und grob hacken.
◆ Die Schalotten abziehen und ebenfalls grob hacken.
◆ Die Zitrone waschen, abtrocknen und in Scheiben schneiden.
◆ Die Petersilie und den Estragon oder den Dill waschen und grob zerkleinern.

Zutaten für 2 l
2 Stangen Sellerie
1 dünne Stange Lauch
1 Möhre
100 g Schalotten
1 unbehandelte Zitrone
1 Bund Petersilie
1 Zweig frischer Estragon oder Dill
1,5 kg rohe Gräten von Zander,
Lachs, Seezunge und Steinbutt
1 gestrichener EL Salz
1 TL weiße Pfefferkörner
2 Lorbeerblätter
1³/4 l Wasser
¹/2 l trockener Weißwein

◆ Sellerie, Lauch, Möhre, Schalotten, Zitronenscheiben, Petersilie und Estragon oder Dill mit den Gräten von Zander, Lachs, Seezunge und Steinbutt, mit Salz, Pfefferkörnern, Lorbeerblättern, Wasser und Weißwein in einen großen Topf geben.
◆ Alles aufkochen und den Fischfond zugedeckt bei schwacher Hitze 25 Minuten knapp unter dem Siedepunkt ziehen lassen.
◆ Ein Sieb mit einem Küchentuch auslegen, den Fond durchsieben und erkalten lassen.
◆ Den Fond in Portionen von etwa 200 ml einfrieren.

Zubereitung etwa 40 Minuten
200 ml = 76 kJ/ 18 kcal

Heller Fleischfond

Zutaten für 2 l
500 g Suppengemüse wie
Knollensellerie, Lauch,
Petersilienwurzeln und Möhren
1 große Zwiebel
2 Tomaten
1 großes Bund Petersilie
¹/2 Bund frischer oder
1 TL getrockneter Thymian
2 EL Öl
2 kg Kalbsknochen
1 Kalbsfuß
je 1 TL Salz und weiße Pfefferkörner
3 Gewürznelken
2 Lorbeerblätter
¹/8 l trockener Weißwein
etwa 4 l Wasser

Mit hellem Fleischfond bereitet man vor allem Saucen ohne Mehlbindung zu, beispielsweise Sauce Bercy (siehe S. 170) oder Jägersauce (siehe S. 175). Diese Saucen passen sehr gut zu Fleischgerichten. Lassen Sie beim Einkauf die Knochen und den Kalbsfuß vom Metzger in kleine Stücke hacken.

◆ Das Suppengemüse putzen bzw. schälen, waschen und grob zerkleinern.
◆ Die Zwiebel abziehen und dann vierteln.
◆ Die beiden Tomaten waschen und vierteln; die Stielansätze dabei entfernen.
◆ Die Petersilie und den frischen Thymian waschen, trockentupfen und grob zerkleinern.
◆ Das Öl in einem großen Topf erhitzen. Knochen, Kalbsfuß, Suppengemüse, Zwiebel, Tomaten, Petersilie und Thymian darin bei schwacher Hitze sanft anbraten, ohne sie zu bräunen.
◆ Salz, Pfefferkörner, Gewürznelken, Lorbeerblätter, Wein und so viel Wasser zugeben, daß es etwa 2 Finger hoch über den Zutaten steht.
◆ Alles aufkochen und zugedeckt bei schwacher Hitze etwa 4 Stunden mehr ziehen als kochen lassen. Die Temperatur ist richtig, wenn die Flüssigkeit immer sanft perlt.
◆ Ein Sieb mit einem Küchentuch auslegen, den Fond durchsieben und erkalten lassen.
◆ Das erstarrte Fett abnehmen. Den Fond in Portionen von etwa 200 ml einfrieren.

Zubereitung etwa 30 Minuten
Garzeit etwa 4 Stunden
200 ml = 134 kJ/ 32 kcal

Dunkler Fleischfond

Dunklen Fleischfond brauchen Sie für feine Saucen, die vor allem zu Fleischgerichten gereicht werden, beispielsweise für die französische Senfsauce (siehe S. 175). Lassen Sie die Rinderknochen und den Ochsenschwanz vom Metzger in kleine Stücke hacken.

◆ Das gesamte Suppengemüse putzen bzw. schälen, waschen und grob zerkleinern.

◆ Die Zwiebel abziehen und dann vierteln.

◆ Die Petersilie waschen, trockentupfen und grob zerkleinern.

◆ Das Öl in einem großen Topf erhitzen.

◆ Rinderknochen, Ochsenschwanzstücke, Suppengemüse, Zwiebel, Petersilie und Tomatenmark darin bei mittlerer bis starker Hitze rösten.

Zutaten für 2 l

500 g Suppengemüse wie
Knollensellerie, Lauch,
Petersilienwurzeln und Möhren
1 große Zwiebel
1 großes Bund Petersilie
2 EL Öl
2 kg Rinderknochen ohne Mark
1 kg Endstücke vom Ochsenschwanz
2 EL Tomatenmark
1 TL Salz
1/2 TL getrockneter Rosmarin
1 TL schwarze Pfefferkörner
je 3 Gewürznelken und
Wacholderbeeren
2 Lorbeerblätter
1/2 l trockener Rotwein
etwa 4 l Wasser

◆ Salz, Rosmarin, Pfefferkörner, Gewürznelken, Wacholderbeeren, Lorbeerblätter und Rotwein hineingeben und so viel Wasser zugießen, daß es etwa 2 Finger hoch über den Zutaten steht.

◆ Alles aufkochen und den Fleischfond zugedeckt bei schwacher Hitze etwa 4 Stunden mehr ziehen als kochen lassen. Die Temperatur ist richtig, wenn die Flüssigkeit immer sanft perlt.

◆ Ein Sieb mit einem Küchentuch auslegen, den fertigen Fond durchsieben und erkalten lassen.

◆ Das erstarrte Fett abnehmen. Den Fleischfond in Portionen von jeweils etwa 200 ml einfrieren.

Zubereitung etwa 30 Minuten
Garzeit etwa 4 Stunden
200 ml = 139 kJ/ 33 kcal

Morchel-Sahne-Sauce

Wenn Sie eine schlichte Sahnesauce mit hocharomatischen Spitzmorcheln anreichern, wird daraus eine edle Sauce für Filet, Geschnetzeltes und selbstgemachte Nudeln.

Zutaten für 4 Portionen

20 g getrocknete Spitzmorcheln
1/4 l Wasser
1 Schalotte
1 EL Butter
200 g Crème fraîche
2–3 Stengel Petersilie
Salz
weißer Pfeffer
1 TL Zitronensaft

◆ Die Morcheln im Wasser zugedeckt 3 Stunden einweichen.

◆ Die Pilze aus dem Wasser nehmen, in ein Sieb legen und kalt abspülen. Das Einweichwasser durch eine Kaffeefiltertüte gießen, um Erd- und Sandreste aufzufangen, die sich aus den Pilzhüten gelöst haben.

◆ Die Schalotte abziehen und fein hacken.

◆ Die Butter erhitzen. Die Schalotte und die Morcheln darin bei schwacher Hitze glasig braten.

◆ Das Einweichwasser und die Crème fraîche abwechselnd in kleinen Portionen zugeben und bei starker Hitze unter Rühren einkochen lassen, bis die Sauce dickflüssig ist.

◆ Die Petersilie waschen, trockentupfen und hacken.

◆ Die Sauce mit Salz und Pfeffer würzen. Den Zitronensaft und die Petersilie untermischen.

Einweichzeit 3 Stunden
Zubereitung etwa 30 Minuten
1 Portion = 861 kJ/ 205 kcal

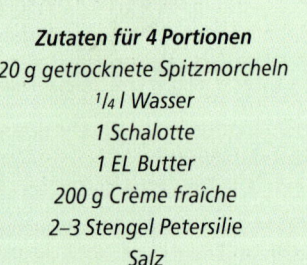

Jägersauce

Zutaten für 4 Portionen
400 ml heller Fleischfond (S. 173)
10 g getrocknete Steinpilze
1 Schalotte
2 mittelgroße Tomaten
1/2 Bund Petersilie
100 g Champignons
1 EL Zitronensaft
50 g kalte Butter
Salz, weißer Pfeffer

◆ Den Fleischfond mit den Steinpilzen in einem Topf bei starker Hitze kochen lassen, bis der Fond auf etwa ein Drittel eingekocht ist.
◆ Die Schalotte abziehen und fein hacken.
◆ Die Tomaten abziehen und fein hacken; die Stielansätze dabei entfernen.
◆ Die Petersilie waschen, trockentupfen und fein hacken.
◆ Die Champignons putzen, waschen, blättrig schneiden und mit dem Zitronensaft mischen.

◆ 1 EL Butter in einem Topf zerlassen.
◆ Die Schalotte in der Butter glasig braten.
◆ Die Champignons und die Tomaten zugeben und bei starker Hitze unter Rühren braten, bis die Flüssigkeit, die sich bildet, wieder verdampft ist.
◆ Die Petersilie und den eingekochten Fleischfond mit den Steinpilzen zugeben.
◆ Die restliche Butter in kleinen Stücken mit dem Schneebesen unterrühren.
◆ Die Sauce mit wenig Salz und mit Pfeffer abschmecken.

Zubereitung etwa 30 Minuten
1 Portion = 517 kJ/ 123 kcal

Französische Senfsauce

Die Senfsauce mit Gewürzgurkenstreifchen schmeckt gut zu gegrilltem Fisch, Lamm und Schweinefleisch.

◆ Den dunklen Fleischfond bei starker Hitze auf etwa ein Drittel einkochen lassen.
◆ Die Zwiebel abziehen und fein hacken.
◆ Die Butter erhitzen und die Zwiebel darin glasig braten.
◆ Den Essig und 3 EL Weißwein zu-

Zutaten für 4 Portionen
200 ml dunkler Fleischfond (S. 174)
1 kleine Zwiebel
1 EL Butter
1 EL Weißweinessig
100 ml trockener Weißwein
1 mittelgroße Gewürzgurke
1 EL Dijonsenf
weißer Pfeffer

geben und bei starker Hitze einkochen lassen. Dabei nach und nach den restlichen Wein und den eingekochten Fleischfond unter Rühren zugeben.
◆ Die Gewürzgurke in feine Streifen schneiden und kurz in der Sauce erhitzen.
◆ Die Sauce mit Dijonsenf und Pfeffer abschmecken.

Zubereitung etwa 30 Minuten
1 Portion = 302 kJ/ 72 kcal

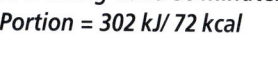

Currysauce

Zutaten für 4 Portionen
je 1 TL Senfkörner, Fenchel-
und Bockshornkleesamen
je 1 TL gemahlene Gelbwurz
und Kreuzkümmel
1/2 TL gemahlener Koriander
je 1 MSP Nelkenpfeffer,
Zimtpulver und
gemahlene Muskatnuß
2 EL Erdnuß- oder Sesamöl
300 g Joghurt
100 ml saure Sahne
2 EL Orangensaft
Salz, Cayennepfeffer

darin bei schwacher Hitze unter ständigem Rühren rösten, bis sie intensiv
duften. Abkühlen lassen.
◆ Den Joghurt mit der Sahne und
dem Orangensaft schaumig schlagen.
◆ Die geröstete Gewürzmischung,
Salz und eine kräftige Prise Cayennepfeffer unterrühren.

Zubereitung etwa 30 Minuten
1 Portion = 630 kJ/ 150 kcal

**Die Currysauce schmeckt gut zu
Kohlrabi, Möhren, Blumenkohlröschen, Zucchini und Rotkohlblättern.**

◆ Die Senfkörner, den Fenchel- und
den Bockshornkleesamen im Mörser
so fein wie möglich zerreiben.
◆ Gelbwurz, Kreuzkümmel, Koriander, Nelkenpfeffer, Zimt und Muskat
untermischen.
◆ Das Öl erhitzen und alle Gewürze

Einfache Tomatensauce

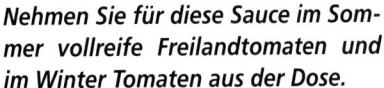
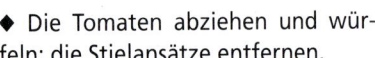

**Nehmen Sie für diese Sauce im Som-
mer vollreife Freilandtomaten und
im Winter Tomaten aus der Dose.**

◆ Die Tomaten abziehen und wür-
feln; die Stielansätze entfernen.
◆ Die Lauchzwiebeln putzen, wa-
schen und mit allen saftigen grünen
Blättern fein zerkleinern.
◆ Den Knoblauch abziehen und
hacken.
◆ Das Öl erhitzen. Die Lauchzwie-

Zutaten für 4 Portionen
500 g Tomaten
2 Lauchzwiebeln
1 Knoblauchzehe
1 EL Olivenöl
125 ml süße Sahne
Salz, Cayennepfeffer
1 Prise Zucker

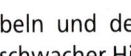

beln und den Knoblauch darin bei
schwacher Hitze etwa 5 Minuten braten, bis sie weich sind.
◆ Die Tomaten zugeben, aufkochen
und zugedeckt bei mittlerer Hitze
etwa 5 Minuten schmoren.
◆ Sahne, Salz, Cayennepfeffer und
Zucker untermischen und erhitzen,
aber nicht aufkochen.

Zubereitung etwa 30 Minuten
1 Portion = 626 kJ/ 149 kcal

Apfelkren

Meerrettich mit Äpfeln wird in Österreich vor allem zu Tafelspitz gereicht. Der Apfelkren schmeckt auch gut zu kaltem Braten und deftigen Würsten.

◆ Die Häfte der Äpfel schälen und in Stücke schneiden.
◆ Die Butter erhitzen und die Apfel-stücke darin dünsten, bis sie ganz weich sind.
◆ Den Meerrettich untermischen.
◆ Die restlichen Äpfel schälen, fein reiben und untermischen.
◆ Mit Zucker abschmecken.

Zubereitung etwa 30 Minuten
1 Portion = 962 kJ/ 229 kcal

Zutaten für 4 Portionen
4 kleine säuerliche Äpfel
50 g Butter
200 g Meerrettich (Tube oder Glas)
$^1/_2$–1 TL Zucker

Salsa verde

Die grüne Sauce gehört in Italien zum berühmten Bollito misto, einem Gericht mit gekochtem Rind- und Kalbfleisch, Geflügel und Gemüse. Sie schmeckt auch zu kaltem Braten und Grillfisch.

◆ Die Kapern abtropfen lassen.
◆ Die Petersilie waschen und trockentupfen.
◆ Die Sardellenfilets abspülen.
◆ Den Knoblauch abziehen.
◆ Petersilie, Sardellenfilets, Knob-lauch und Kapern ganz fein hacken oder im Blitzhacker pürieren.
◆ Das Öl langsam unter Rühren zugeben und alles zu einer dicken Sauce aufschlagen.
◆ Den Zitronensaft und die Fleischbrühe untermischen.
◆ Die Sauce mit Salz abschmecken.

Zubereitung etwa 20 Minuten
1 Portion = 1058 kJ/ 252 kcal

Zutaten für 4 Portionen
2 EL Kapern
3 Bund glatte Petersilie
4 eingelegte Sardellenfilets
1 Knoblauchzehe
$^1/_8$ l Olivenöl
2 EL Zitronensaft
3 EL Fleischbrühe
Salz

Aioli

Die dicke französische Knoblauchsauce ißt man zu Krustentieren, provenzalischen Fischsuppen und geschmortem Gemüse.

◆ Das Toastbrot entrinden und fein zerkrümeln.
◆ Die Brotkrümel mit der Milch beträufeln und stehenlassen, bis sie weich sind.
◆ Die Knoblauchzehen abziehen, mit Salz in eine Schüssel geben und zerdrücken.
◆ Das Wasser lauwarm erhitzen.
◆ Die Eier trennen. Eigelb, 1 EL Zitronensaft und das Brot zum Knoblauch geben.
◆ Mit den Quirlen des Handrührgerätes nach und nach das Öl, den restlichen Zitronensaft und das lauwarme Wasser unterrühren, bis sich alles zu einer dicken Sauce verbunden hat.

Zubereitung etwa 30 Minuten
1 Portion = 2218 kJ/ 528 kcal

Zutaten für 4 Portionen
$^1/_2$ Scheibe Toastbrot
2 EL Milch
4 Knoblauchzehen
Salz
2 EL Wasser
2 Eier
3 EL Zitronensaft
$^1/_4$ l Olivenöl

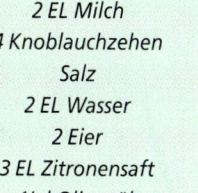

Pesto

Diese Sauce schmeckt auch mit Pistazien, Walnüssen oder Mandeln.

◆ Den Knoblauch abziehen; das Basilikum waschen und trockentupfen.
◆ Den Parmesan zerbröckeln.
◆ Diese Zutaten mit Pinienkernen und Öl im Mixer pürieren und mit Salz, Pfeffer und Zitronensaft würzen.

Zubereitung etwa 5 Minuten
1 Portion = 1764 kJ/ 420 kcal

Zutaten für 4 Portionen
4 Knoblauchzehen
4 Bund Basilikum
75 g Parmesan am Stück
100 g Pinienkerne
100 ml Olivenöl
Salz, schwarzer Pfeffer
1 EL Zitronensaft

Kalte Senfsauce

Aus Schweden stammt diese Sauce. Sie wird zu mariniertem und gebeiztem Lachs serviert, schmeckt aber auch zu gekochtem Rindfleisch.

◆ Die Eier in 8–10 Minuten hart kochen, abschrecken und von der Schale befreien; dann halbieren und das Eigelb herauslösen.
◆ Den Dill waschen, trockentupfen und fein hacken.

◆ Das Eigelb zerdrücken und mit dem Senf verrühren; dann den Honig untermischen.
◆ Das Öl langsam zugießen und dabei kräftig rühren.
◆ Die Sauce mit dem fein gehackten Dill und schwarzem Pfeffer aus der Mühle würzen.

Zubereitung etwa 20 Minuten
1 Portion = 1785 kJ/ 425 kcal

Zutaten für 4 Portionen
4 Eier
2 Bund Dill
250 g mittelscharfer Senf
2 EL Honig
$1/8$ l Öl
schwarzer Pfeffer aus der Mühle

Frühlingskräutersauce

Am besten paßt diese leichte Sauce als Dip zu rohem Gemüse. Man kann sie auch zu Fondue und Grillgerichten reichen.

◆ Den Quark mit Buttermilch und Crème fraîche glattrühren.
◆ Die Kräuter waschen, trockentupfen und ganz fein hacken.

Zutaten für 4 Portionen
100 g Quark
100 g Buttermilch
100 g Crème fraîche
1 großes Bund gemischte Kräuter
1 kleine Zwiebel
1 EL Kapern
Salz, weißer Pfeffer

◆ Die Zwiebel abziehen und sehr fein zerkleinern.
◆ Kräuter und Zwiebel mit den Kapern unter die Quarksauce rühren und mit Salz und Pfeffer würzen.

Zubereitung etwa 10 Minuten
1 Portion = 466 kJ/ 111 kcal

Kräutersauce mit Sardellen

Hauchdünn geschnittene Scheiben von roten Beten oder Kohlrabi werden durch diese edle Sauce verfeinert. Sie schmeckt auch zu Pellkartoffeln, Steaks und gekochtem Rindfleisch.

◆ Die Sardelle abtropfen lassen.
◆ Das Ei in 8–10 Minuten hart kochen, abschrecken und von der Schale befreien; dann halbieren und das Eigelb herauslösen. Das Eiweiß fein hacken.
◆ Die Zwiebel abziehen und fein hacken.

Zutaten für 4 Portionen
1 Sardellenfilet
1 Ei
1 Zwiebel
50 g Pecorinokäse
1/2 Päckchen gemischte TK-Kräuter
oder 1 Handvoll frische Kräuter
1 EL Sonnenblumenkerne
3 EL Weißweinessig
1 TL Kräutersenf
Salz, schwarzer Pfeffer
6 EL Öl

◆ Den Pecorinokäse zerbröckeln.
◆ Die frischen Kräuter waschen, trockentupfen und fein hacken.
◆ Das Eigelb mit der abgetropften Sardelle, Sonnenblumenkernen, zerbröckeltem Pecorinokäse und Essig pürieren.
◆ Die fein gehackte Zwiebel, Kräutersenf, Salz, Pfeffer und Öl unter die Mischung rühren.
◆ Das Eiweiß mit den Kräutern unter die Sauce mischen.

Zubereitung etwa 15 Minuten
1 Portion = 1012 kJ/ 241 kcal

Hagebuttensauce

Zutaten für 4 Portionen
50 ml Wasser
1 Aufgußbeutel Hagebuttentee
1/2 Handvoll beliebige
Kräuterblättchen
2 EL ungesüßter Apfelsaft
2 EL Apfelessig
1 TL körniger Senf
Salz, weißer Pfeffer
3 EL Öl

Senf, Salz, Pfeffer und Öl verrühren und die Kräuter untermischen.

Zubereitung etwa 15 Minuten
1 Portion = 323 kJ/ 77 kcal

Diese ungewöhnliche Sauce paßt gut zu allen Blattsalaten, zu Möhren- und Rote-Bete-Rohkost.

◆ Das Wasser aufkochen lassen, den Teebeutel damit übergießen und 10 Minuten ziehen lassen. Dann den Aufgußbeutel entfernen.
◆ Die Kräuter waschen, trockentupfen und fein hacken.
◆ Den Tee mit Apfelsaft und -essig,

Scharfe Salatsauce

Das pikante Dressing paßt sehr gut zu Kartoffelsalat. Wichtig: die heißen Kartoffeln mit der Sauce mischen, dann zieht der Salat am besten durch.

◆ Das Wasser zum Kochen bringen.
◆ Die Brühe unter das Wasser rühren, bis sie sich aufgelöst hat.
◆ Senf, Sambal Oelek, Essig, Salz und Öl untermischen.
◆ Die Petersilie waschen, trockentupfen, fein hacken und unter die Sauce rühren.

Zubereitung etwa 10 Minuten
1 Portion = 550 kJ/ 131 kcal

Zutaten für 4 Portionen
1/4 l Wasser
1 EL Instantgemüse- oder -rindfleischbrühe
1 EL scharfer Senf
1 TL Sambal Oelek
3 EL Weißwein- oder Kräuteressig
Salz
5 EL Öl
1 Bund Petersilie

Scharfe Tomatensauce

Die Sauce paßt zu Salaten, die ein kräftiges Dressing brauchen, wie Nudel-, Linsen-, Bohnen- und Getreidesalat.

◆ Die Lauchzwiebel putzen, waschen und mit dem zarten Zwiebelgrün fein hacken.
◆ Den Knoblauch abziehen und zerdrücken.
◆ Die Lauchzwiebel und den Knoblauch mit den passierten Tomaten, mit Rotweinessig, Oregano, Salz, Honig und nach Belieben Sambal Oelek verrühren.

Zutaten für 4 Portionen
1 Lauchzwiebel
2 Knoblauchzehen
250 g passierte Tomaten
3 EL Rotweinessig
1 TL getrockneter Oregano
Salz
1 TL Honig
Sambal Oelek nach Belieben
je 1 Bund Petersilie
und Schnittlauch

◆ Die Petersilie und den Schnittlauch waschen, trockentupfen, fein zerkleinern und unter die Tomatensauce mischen.

Zubereitung etwa 10 Minuten
1 Portion = 139 kJ/ 33 kcal

Vinaigrette

Die klassische Essig-Öl-Sauce läßt sich schnell und einfach zubereiten. Sie paßt zu Blattsalaten, Artischokken und Spargel und schmeckt außerdem gut zu gekochten Krustentieren, Grillfleisch und -fisch.

◆ Essig, Salz, weißen Pfeffer, Zucker und Senf kräftig verrühren.
◆ Die Petersilie und den Schnittlauch waschen, trockentupfen und fein zerkleinern.

Zutaten für 4 Portionen
2 EL Essig
Salz, weißer Pfeffer
1 Prise Zucker
1 TL scharfer oder körniger Senf
je ½ Bund Petersilie
und Schnittlauch
6 EL Öl

◆ Das Öl langsam zur Essigmischung geben und mit einem Schneebesen kräftig unterrühren.
◆ Die Petersilie und den Schnittlauch unter die Sauce mischen.

Zubereitung etwa 5 Minuten
1 Portion = 613 kJ/ 146 kcal

Zwiebelvinaigrette

Zutaten für 4 Portionen
1 kleine Zwiebel, Salz
2 Zweige Dill
2 EL Weißweinessig
weißer Pfeffer
1 TL Balsamessig (Aceto balsamico)
1 TL körniger Senf
6 EL Olivenöl

Der Balsamessig verleiht dieser Vinaigrette eine feine Süße. Aceto balsamico ist eine italienische Spezialität, die Sie in Feinkostläden und gut sortierten Supermärkten kaufen können.

◆ Die Zwiebel abziehen und ganz fein hacken; mit Salz bestreuen und etwa 3 Minuten ziehen lassen.
◆ Den Dill waschen, trockentupfen und fein zerkleinern.

◆ Weißweinessig, weißen Pfeffer, Balsamessig und Senf kräftig verrühren.
◆ Das Öl langsam zugeben und mit einem Schneebesen kräftig unterrühren.
◆ Die gehackte Zwiebel und den zerkleinerten Dill unter die Sauce mischen.

Zubereitung etwa 10 Minuten
1 Portion = 412 kJ/ 98 kcal

Kerbelvinaigrette

Kerbel ist mit der Petersilie verwandt, schmeckt eine Spur nach Kümmel und wächst so schnell, daß ihn die Menschen viele Jahrhunderte lang als erstes Frühlingskräutlein in Saucen und Suppen gemischt haben.

◆ Den Knoblauch abziehen und mit Salz fein zerdrücken.
◆ Den Knoblauch mit weißem Pfef-

Zutaten für 4 Portionen
1 Knoblauchzehe
Salz, weißer Pfeffer
2 EL Apfelessig
1 EL trockener Weißwein
6 EL Olivenöl
1 Handvoll Kerbel

fer, Apfelessig, Weißwein und Olivenöl verrühren.
◆ Den Kerbel waschen, trockentupfen, fein zerkleinern und unter die Sauce mischen.

Zubereitung etwa 10 Minuten
1 Portion = 613 kJ/ 146 kcal

Apfeldressing

◆ Das Wasser zum Kochen bringen. Den Teebeutel mit dem kochenden Wasser übergießen und 10 Minuten ziehen lassen.
◆ Die Petersilie waschen, trockentupfen und hacken.
◆ Den Apfel vierteln, schälen, vom Kerngehäuse befreien und fein raspeln.
◆ Den Apfel mit Tee, Apfelsaft, Apfelessig, Senf, Honig, Salz, Pfeffer, Erdnuß- oder Walnußöl und Petersilie mischen.

Zubereitung etwa 15 Minuten
1 Portion = 189 kJ/ 45 kcal

Zutaten für 4 Portionen
1/8 l Wasser
1 Aufgußbeutel Apfeltee
1/2 Bund Petersilie
1 kleiner säuerlicher Apfel
1 EL Apfelsaft
2 EL Apfelessig
1 TL Senf
1 TL Honig
Salz
weißer Pfeffer
1 TL Erdnuß- oder Walnußöl

Mayonnaise mit rohem Ei

Zutaten für 4 Portionen
2 Eier
1 EL Zitronensaft
1 TL scharfer Senf
Salz, schwarzer Pfeffer
1/8 l Öl

Es lohnt sich, wenn Sie Mayonnaise selbst zubereiten. Gerade angerührt schmeckt sie einfach am besten. Wichtig ist, daß Sie nur ganz frische Eier verwenden.

◆ Die Eier trennen.
◆ Die Eigelbe mit dem Zitronensaft und dem Senf verrühren und mit Salz und Pfeffer würzen.

◆ Das Öl zuerst tropfenweise, dann in dünnem Strahl mit dem Schneebesen oder den Quirlen des Handrührgerätes in die Eimischung hineinrühren und alles kräftig zur Mayonnaise verrühren.

Zubereitung etwa 10 Minuten
1 Portion = 1184 kJ/ 282 kcal

Mayonnaise mit gekochtem Ei

Wenn Sie nicht genau wissen, wie frisch die Eier sind, nehmen Sie hartgekochte Eidotter.

◆ Die Eier in 8–10 Minuten hart kochen, abschrecken und von der Schale befreien. Das Eigelb herauslösen und mit Essig, Senf, Salz und Pfeffer verrühren.

◆ Das Öl zuerst tropfenweise, dann in dünnem Strahl mit dem Schneebesen oder den Quirlen des Handrührgerätes in die Eimischung hineinrühren und alles kräftig zur Mayonnaise verrühren.

Zubereitung etwa 10 Minuten
1 Portion = 1184 kJ/ 282 kcal

Zutaten für 4 Portionen
2 Eier
1 EL Essig, 1 TL scharfer Senf
Salz, schwarzer Pfeffer
1/8 l Öl

Salatmayonnaise mit Kräutern

*Weil für diese Variante nicht nur Ei-
gelb, sondern auch Eiweiß verwendet wird, ist sie etwas flüssiger
als andere Mayonnaisen und eignet
sich deshalb gut als Salatsauce. Am
besten paßt sie zu Kartoffel- oder
Tomatensalat. Das Ei sollte unbedingt ganz frisch sein.*

◆ Den Kräutersenf mit Cayennepfeffer, Essig und dem Ei kräftig verrühren.
◆ Das Öl zuerst tropfenweise, dann
in einem dünnen Strahl zu der Eimi-

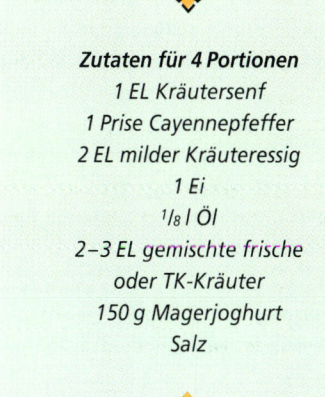

Zutaten für 4 Portionen
1 EL Kräutersenf
1 Prise Cayennepfeffer
2 EL milder Kräuteressig
1 Ei
$1/8$ l Öl
2–3 EL gemischte frische
oder TK-Kräuter
150 g Magerjoghurt
Salz

schung gießen; dabei mit den Quirlen des Handrührgerätes oder einem
Schneebesen ständig rühren, bis eine
glatte, hellgelbe Mayonnaise entstanden ist.
◆ Die frischen Kräuter waschen,
trockentupfen und hacken.
◆ Den Joghurt und die Kräuter untermischen.
◆ Die Salatmayonnaise mit Salz abschmecken.

*Zubereitung etwa 15 Minuten
1 Portion = 1176 kJ/ 280 kcal*

Remouladensauce

*Remoulade, den Klassiker zu Fon-
due, Pellkartoffeln, Eiern, Grillgerichten und kaltem Fleisch, können
Sie wie jede andere Mayonnaise
auch mit hartgekochten Eiern zubereiten.*

◆ Die Eier trennen.
◆ Die Eigelbe mit Zitronensaft und
Senf verrühren und mit Salz und
Pfeffer würzen.

◆ Das Öl zuerst tropfenweise, dann
in dünnem Strahl mit dem Schneebesen oder den Quirlen des Handrührgerätes in die Eimischung hineinrühren und alles kräftig zur
Mayonnaise verrühren.

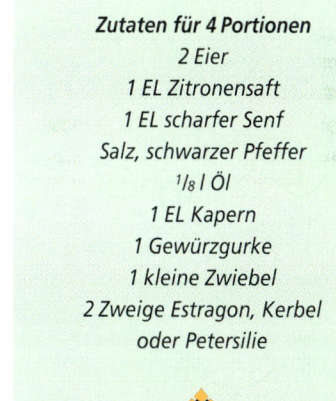

Zutaten für 4 Portionen
2 Eier
1 EL Zitronensaft
1 EL scharfer Senf
Salz, schwarzer Pfeffer
$1/8$ l Öl
1 EL Kapern
1 Gewürzgurke
1 kleine Zwiebel
2 Zweige Estragon, Kerbel
oder Petersilie

◆ Die Kapern und die Gewürzgurke
abtropfen lassen.
◆ Die Zwiebel abziehen.
◆ Die Kräuter waschen und trockentupfen.
◆ Die Gewürzgurke, die Zwiebel
und die Kräuter sehr fein zerkleinern
und mit den Kapern in die Mayonnaise rühren.

*Zubereitung etwa 20 Minuten
1 Portion = 1226 kJ/ 292 kcal*

Eiersauce

Zutaten für 4 Portionen

2 Eier

1 kleine Möhre

je 1 Bund Petersilie und Basilikum

1 kleine Zwiebel

300 g Magerjoghurt

2 EL Crème fraîche

Salz, weißer Pfeffer

◆ Die Eier in 8–10 Minuten hart kochen, abschrecken und schälen.
◆ Die Möhre schälen und raspeln.
◆ Die Kräuter waschen und trockentupfen. Die Zwiebel abziehen.
◆ Eier, Kräuter und Zwiebel hacken.
◆ Alles mit dem Joghurt und der Crème fraîche mischen und mit Salz und Pfeffer würzen.

Zubereitung etwa 10 Minuten
1 Portion = 508 kJ/ 121 kcal

Tomaten-Schnittlauch-Sauce

Reichen Sie die Sauce zu Pellkartoffeln, gebratenem oder gebackenem Fisch, zu Grillfleisch oder als Dip zu Gemüse.

Zutaten für 4 Portionen

2 Tomaten

2 Bund Schnittlauch

200 g Crème fraîche

2 EL Magerjoghurt

1 TL Zitronensaft

Salz, Cayennepfeffer

1 TL Öl

◆ Die Tomaten waschen und würfeln; dabei sämtliche Stielansätze entfernen.
◆ Den Schnittlauch waschen, trockentupfen und fein schneiden.
◆ Die Tomaten und den Schnittlauch mit Crème fraîche, Magerjoghurt, Zitronensaft, Salz, Pfeffer und Öl verrühren.

Zubereitung etwa 10 Minuten
1 Portion = 727 kJ/ 173 kcal

Tomaten-Joghurt-Sauce

Zutaten für 4 Portionen
1 kleine Zwiebel, 1 Knoblauchzehe
1 Bund Basilikum
2 EL gehackte Tomaten (Dose)
oder 1 kleine, sehr reife Tomate
150 g Sahnejoghurt
1 EL Crème fraîche
1 Prise Zucker
Salz, schwarzer Pfeffer
3 EL Öl

◆ Die Zwiebel und den Knoblauch abziehen.
◆ Das Basilikum waschen und trockentupfen.
◆ Die Zwiebel, den Knoblauch und das Basilikum fein hacken.
◆ Die frische Tomate abziehen, vom Stielansatz befreien und hacken.
◆ Alles mit dem Sahnejoghurt und der Crème fraîche verrühren. Zucker, Salz, Pfeffer und Öl untermischen.

Zubereitung etwa 10 Minuten
1 Portion = 596 kJ/ 142 kcal

Kalifornische Sauce

Wenn Sie es einmal eilig haben: diese pikante Sauce können Sie in sehr kurzer Zeit zubereiten. Sie schmeckt ausgezeichnet zu Fleischfondue.

◆ Die Crème double, den Tomatenketchup und den Zitronensaft hintereinander verrühren.
◆ Die Sauce mit Salz und Cayennepfeffer würzen.

Zutaten für 4 Portionen
200 g Crème double
100 g Tomatenketchup
1 EL Zitronensaft
Salz, Cayennepfeffer
Worcestersauce und
Tabascosauce nach Belieben

◆ Zum Schluß nach Belieben mit Worcester- und Tabascosauce scharf abschmecken.

Zubereitung etwa 5 Minuten
1 Portion = 1012 kJ/ 241 kcal

Avocadosauce

Zu Eiern und Pellkartoffeln schmeckt die Sauce besonders gut.

◆ Die Avocado halbieren, den Kern herauslösen und die Hälften schälen.
◆ Die Zitrone waschen und abtrocknen. Ein kleines Stück Schale dünn abschneiden. Den Saft der Zitrone auspressen.
◆ Die Avocado mit dem Zitronensaft, der Zitronenschale und der sauren Sahne pürieren.
◆ Den Schnittlauch waschen, in Röllchen schneiden und unter das Avocadopüree mischen.
◆ Die Sauce mit Salz und Pfeffer würzen.

Zubereitung etwa 10 Minuten
1 Portion = 769 kJ/ 183 kcal

Zutaten für 4 Portionen
1 reife Avocado
1 unbehandelte Zitrone
100 ml saure Sahne
1 Bund Schnittlauch
Salz, weißer Pfeffer

Cocktailsauce

Die pikante Sauce ist schnell zubereitet. Sie paßt nicht nur gut zu Fondue und Grillgerichten, sondern auch zu Carpaccio (siehe S. 105), der italienischen Vorspeise mit zarten Filetscheibchen.

◆ Die Paprikaschote putzen, waschen und fein zerkleinern.
◆ Die Petersilie waschen, trockentupfen und fein hacken.
◆ Die Paprikaschote und die Peter-

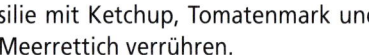

Zutaten für 4 Portionen
1 große grüne Paprikaschote
1 Bund Petersilie
200 g Tomatenketchup
2 EL Tomatenmark
2 EL Meerrettich (Glas)
Salz, Cayennepfeffer
Tabascosauce nach Belieben

silie mit Ketchup, Tomatenmark und Meerrettich verrühren.
◆ Die Sauce mit Salz und Cayennepfeffer würzen.
◆ Nach Belieben mit Tabascosauce scharf abschmecken.

Zubereitung etwa 10 Minuten
1 Portion = 311 kJ/ 74 kcal

Paprikadip

◆ Den Tomatenpaprika und die Gewürzgurke abtropfen lassen.
◆ Die Zwiebel abziehen.
◆ Den Tomatenpaprika und die Zwiebel hacken.
◆ Die Gurke würfeln.
◆ Zwiebel, Paprika und Gurke mit Crème fraîche, Quark, Salz und Cayennepfeffer mischen.
◆ Die Kräuter waschen, trockentupfen, hacken und über den Dip streuen.

Zubereitung etwa 10 Minuten
1 Portion = 605 kJ/ 144 kcal

Zutaten für 4 Portionen
100 g eingelegter Tomaten-
    paprika (Glas)
1 Gewürzgurke
1 kleine Zwiebel
150 g Crème fraîche
100 g Magerquark
Salz
Cayennepfeffer
1/2 Bund gemischte frische Kräuter

Käsedip

Dips sind kalte cremige Saucen, die zu Gemüsestreifen, Pellkartoffeln, gegrilltem Fleisch und Fisch passen. Damit dieser Käsedip die richtige Würze bekommt, nehmen Sie am besten eine milde und eine herzhafte Käsesorte. Statt Camembert schmeckt auch Gorgonzola oder Boscaiola.

◆ Den Camembert entrinden und mit einer Gabel fein zerdrücken.

◆ Frischkäse, Milch, Sahne, Zitronensaft und Paprikapulver unter den Camembert rühren.

◆ Den Schnittlauch waschen, trockentupfen, in feine Röllchen schneiden und gleichmäßig unter den Dip mischen.

◆ Den Käsedip mit Salz und Cayennepfeffer abschmecken.

Zubereitung etwa 10 Minuten
1 Portion = 1100 kJ/ 262 kcal

Zutaten für 4 Portionen
200 g reifer Camembert
100 g Frischkäse
3 EL Milch, 1 EL saure Sahne
2 EL Zitronensaft
1 TL Paprikapulver
1 Bund Schnittlauch
Salz, Cayennepfeffer

Frischkäsedip

Dieser milde Dip paßt zu rohem oder gedünstetem Gemüse, gebackenen Kartoffeln und Fisch im Backteig.

◆ Die Petersilie und das Basilikum waschen und trockentupfen.

Zutaten für 4 Portionen
je 1 Bund Petersilie und Basilikum
1 kleine Zwiebel, 1 kleine Möhre
250 g körniger Frischkäse
100 ml saure Sahne, 2 EL Crème fraîche
Salz, weißer Pfeffer

◆ Die Zwiebel abziehen. Die Kräuter und die Zwiebel fein hacken.

◆ Die Möhre schälen und dann fein raspeln.

◆ Alles mit Frischkäse, saurer Sahne und Crème fraîche mischen und mit Salz und Pfeffer würzen.

Zubereitung etwa 10 Minuten
1 Portion = 651 kJ/ 155 kcal

Käse-Nuß-Dip

◆ Den Frischkäse mit der Milch, der sauren Sahne, dem Zitronensaft und dem Erdnußmus vermischen und glattrühren.

◆ Den Kerbel waschen, trockentupfen und hacken.

◆ Das Öl und den Kerbel unter die Mischung rühren.

◆ Den Käse-Nuß-Dip mit Salz und Pfeffer würzen.

Zubereitung etwa 10 Minuten
1 Portion = 592 kJ/ 141 kcal

Zutaten für 4 Portionen
100 g Doppelrahmfrischkäse
4 EL Milch
1 EL saure Sahne
2 EL Zitronensaft
1 EL Erdnußmus
einige Kerbelblättchen
1 TL Öl
Salz, schwarzer Pfeffer

Quarkdip mit Kresse

Der Dip schmeckt zu Pellkartoffeln und rohen Gemüsestreifen. Statt der Gartenkresse nimmt man im Frühling frische Brunnenkresse und mischt sie fein gehackt unter den Dip.

◆ Die Schalotte abziehen und sehr fein hacken.
◆ Den Quark mit Sahne und Öl glattrühren, mit der Schalotte mischen

Zutaten für 4 Portionen
1 Schalotte, 200 g Magerquark
4 EL süße Sahne, 1 TL Öl
1 Prise Zucker, Salz
weißer Pfeffer, Cayennepfeffer
1 Kästchen Kresse

und mit Zucker, Salz und den beiden Pfeffersorten würzen.
◆ Die Kresseblättchen mit einer Küchenschere abschneiden, waschen und untermischen.

Zubereitung etwa 10 Minuten
1 Portion = 365 kJ/ 87 kcal

Schafskäsedip

Zutaten für 4 Portionen
je 100 g weicher Schafskäse
und Rahmfrischkäse
50 g weiche Butter
3 Knoblauchzehen
1 Handvoll frische Minze-
oder Petersilienblättchen
50 g Sonnenblumenkerne
1 TL Zitronensaft, schwarzer Pfeffer

Der Schafskäse gibt diesem Dip die Würze. Bei den Kräutern können Sie abwechseln: Gut passen auch Oregano, Majoran und Basilikum.

◆ Den Schafskäse in einer Schüssel mit einer Gabel zerdrücken.
◆ Rahmfrischkäse und Butter zugeben und alles mit den Quirlen des Handrührgeräts vermischen.
◆ Den Knoblauch abziehen und zerdrücken.
◆ Die Minze- oder Petersilienblätt

chen waschen, trockentupfen und sehr fein hacken.
◆ Die Sonnenblumenkerne in der Mandelmühle mahlen oder im Blitzhacker zerkleinern.
◆ Zerdrückten Knoblauch, gehackte Kräuter und zerkleinerte Sonnenblumenkerne mit der Käsecreme vermischen und mit Zitronensaft und 1 kräftigen Prise Pfeffer würzen.

Zubereitung etwa 30 Minuten
1 Portion = 1281 kJ/ 305 kcal

Knoblauch-Kräuter-Sauce

Für die Sauce brauchen Sie saftigen Knoblauch ohne grüne Triebe. Wenn Sie frische Frühlingskräuter bekommen, nehmen Sie Kerbel, Pimpinelle, Sauerampfer, ein paar zarte Löwenzahnblättchen und Schnittlauch.

◆ Den Knoblauch abziehen und durch die Knoblauchpresse drücken oder ganz fein hacken.
◆ Den Joghurt mit Quark und Crème fraîche glattrühren.

◆ Knoblauch und Kräuter unter die Sauce mischen und mit Salz, Pfeffer und Zitronensaft abschmecken.

Zubereitung etwa 10 Minuten
1 Portion = 630 kJ/ 150 kcal

Zutaten für 4 Portionen
4 Knoblauchzehen
150 g Magerjoghurt
125 g Sahnequark
100 g Crème fraîche
1 Päckchen gemischte TK-Kräuter
Salz, schwarzer Pfeffer
1 TL Zitronensaft

Muscheln mit Gemüse im Weinsud (S. 230);
Schollenfilets im Bierteig (S. 206) ➤

Fisch, Schal- und Krustentiere

Lachs im Teig

Der gewürzte Lachs im Blätterteig gehört zu den ältesten Fischgerichten, die wir kennen. Bereits um das Jahr 1350 tauchte die Speise in einer von Hand geschriebenen Rezeptesammlung auf.

◆ Die Blätterteigplatten auftauen lassen.

◆ Den Backofen auf 220 °C (Umluft 200 °C, Gas Stufe 4) vorheizen.

◆ Petersilie und Salbeiblättchen waschen, trockentupfen und ganz fein hacken.

◆ Die Zitrone waschen, abtrocknen und 1 TL Schale abreiben. ½ Zitrone auspressen.

◆ Die Muskatblüte zwischen den Fingern etwas zerkleinern und mit den Kräutern, Zitronenschale, Salz und reichlich Pfeffer vermischen.

Zutaten für 4 Portionen
4 Platten TK-Blätterteig
1 großes Bund Petersilie
5 Salbeiblättchen
1 unbehandelte Zitrone
4 Stückchen ganze Muskatblüte
2 TL Salz
weißer Pfeffer
4 Lachssteaks
(je etwa 220 g)
1 Ei
2 EL süße Sahne
Mehl zum Ausrollen

◆ Die Arbeitsplatte mit Mehl bestreuen und die Teigplatten darauf knapp messerrückendick ausrollen.

◆ Auf jede Blätterteigplatte 1 Lachssteak legen und mit Zitronensaft beträufeln.

◆ Die Würzmischung über den Fischportionen verteilen.

◆ Die Lachssteaks mit dem Teig umhüllen und nebeneinander auf ein kalt abgespültes Backblech legen.

◆ Das Ei trennen.

◆ Das Eigelb mit der Sahne verrühren und die Lachspäckchen damit bestreichen.

◆ Das Backblech auf die mittlere Schiene des heißen Backofens schieben und den Lachs etwa 20 Minuten backen, bis die Teighüllen goldgelb gebräunt sind.

Zubereitung etwa 40 Minuten
Backzeit etwa 20 Minuten
1 Portion = 2974 kJ/ 708 kcal

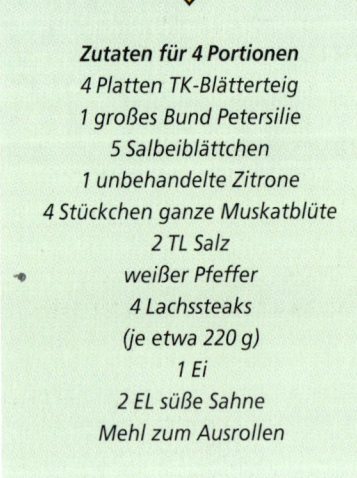

Lachsschnitzel in Kerbelsahne

Zutaten für 4 Portionen
800 g frischer Lachs (Mittelstück)
1 Schalotte
2 Handvoll frischer Kerbel
oder Petersilie
200 ml Fischfond
3 EL trockener Wermut
¼ l süße Sahne
1 EL Zitronensaft
Salz
weißer Pfeffer
40 g Butter

◆ Lachs vom Händler häuten, filetieren und waagrecht in zwei gleich große Schnitzel schneiden lassen.

◆ Die Schalotte abziehen und ganz fein hacken.

◆ Die Kräuter waschen, trockentupfen und ganz fein zerkleinern.

◆ Für die Sauce den Fischfond mit Wermut und Schalotte bei starker Hitze unter häufigem Rühren so dick wie Sirup einkochen lassen. Nach und nach die Sahne zugießen und cremig einkochen lassen.

◆ Die Kräuter, Zitronensaft, Salz und Pfeffer zugeben und die Sauce warm halten.

◆ Die Teller gut vorwärmen.

◆ Den Lachs salzen und pfeffern.

◆ Die Butter erhitzen und die Lachsschnitzel darin bei mittlerer Hitze insgesamt etwa 30 Sekunden braten; dabei einmal wenden.

◆ Den Fisch sofort aus der Pfanne nehmen, auf den vorgewärmten Tellern anrichten und mit der Sauce überziehen.

Zubereitung etwa 45 Minuten
1 Portion = 3053 kJ/ 727 kcal

Seelachs mit Rote-Bete-Sauce

◆ Die zarten Blätter der roten Bete abschneiden, waschen und fein zerkleinern.

◆ Die rote Bete schälen und zuerst in dünne Scheiben, dann in feine Stifte schneiden.

◆ Die Schalotte abziehen und fein hacken.

◆ Die Petersilie waschen, trockentupfen und fein zerkleinern.

◆ Die Teller gut vorwärmen.

◆ Das Öl erhitzen und die rote Bete, die gehackten Blätter und die Schalotte darin bei schwacher Hitze etwa 5 Minuten braten.

◆ Abwechselnd Brühe und Sahne zugießen und bei starker Hitze unter Rühren dick einkochen lassen.

Zutaten für 4 Portionen
1 kleine rote Bete mit Grün
1 Schalotte
½ Bund Petersilie
2 EL Öl
⅛ l Gemüsebrühe
200 ml süße Sahne
Salz, weißer Pfeffer
1 TL Meerrettich
(Glas oder Tube)
3 EL Zitronensaft
450 g Seelachsfilet
2 EL Butter oder
Margarine

◆ Die Rote-Bete-Sauce mit Salz, weißem Pfeffer, Meerrettich und 1 EL Zitronensaft abschmecken und zugedeckt warm halten.

◆ Das Filet in 4 Stücke schneiden, mit Salz und Pfeffer würzen und mit 2 EL Zitronensaft beträufeln.

◆ Butter oder Margarine erhitzen und den Seelachs darin bei mittlerer Hitze auf jeder Seite etwa 3 Minuten braten.

◆ Den Fisch auf den vorgewärmten Tellern anrichten, mit der Sauce überziehen und mit der Petersilie bestreut sofort servieren.

Zubereitung etwa 45 Minuten
1 Portion = 1718 kJ/ 409 kcal

Hamburger Pfannfisch

◆ Die Kartoffeln waschen und ungeschält in wenig Wasser weich kochen; anschließend abgießen, pellen, erkalten lassen und in Scheiben schneiden.

◆ Das Fischfilet salzen und pfeffern.

◆ Das Wasser mit dem Zitronensaft aufkochen und den Fisch darin bei schwächster Hitze zugedeckt 5 Minuten ziehen lassen; dabei einmal wenden. Dann herausnehmen, abkühlen lassen und in Stücke teilen.

◆ Die Zwiebel abziehen und fein hacken.

◆ Die Petersilie waschen, trockentupfen und grob zerkleinern.

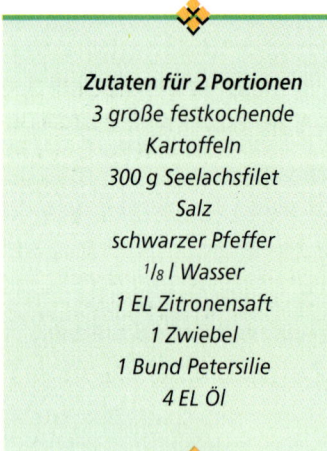

Zutaten für 2 Portionen
*3 große festkochende
Kartoffeln
300 g Seelachsfilet
Salz
schwarzer Pfeffer
$^1/_8$ l Wasser
1 EL Zitronensaft
1 Zwiebel
1 Bund Petersilie
4 EL Öl*

◆ Das Öl in einer großen Pfanne erhitzen und die Zwiebel darin bei schwacher Hitze glasig braten.

◆ Die Kartoffeln mit der Petersilie zugeben und die Mischung bei mittlerer Hitze unter häufigem Wenden knusprig braten.

◆ Das Fischfilet zugeben und alles bei starker bis mittlerer Hitze etwa 3 Minuten rösten.

◆ Den Pfannfisch mit Salz und Pfeffer abschmecken.

*Zubereitung etwa 1 Stunde
1 Portion = 1974 kJ/ 470 kcal*

Seelachs in Buttersauce

◆ Das Suppengrün putzen, waschen und grob zerkleinern.

◆ Die Zwiebel vierteln.

◆ Die Petersilie waschen. Die Stiele abschneiden und die Blätter für die Sauce beiseite legen.

◆ $^1/_2$ Zitrone auspressen. Von der anderen Hälfte 1 Scheibe fingerdick abschneiden und beiseite legen.

◆ Die Teller gut vorwärmen.

◆ Suppengrün, Zwiebel, Petersilienstiele, Fischfond und 1 EL Zitronensaft aufkochen.

◆ Den Seelachs in 4 Stücke schneiden und mit Salz und Pfeffer würzen. Die Stücke nebeneinander in den Sud legen und in etwa 10 Minuten gar ziehen lassen.

◆ Inzwischen die Petersilienblätter waschen, trockentupfen und fein hacken.

◆ Die Zitronenscheibe schälen und in kleine Stücke schneiden.

◆ Den Fisch herausnehmen und auf den Tellern warm halten.

◆ Den Fischsud durch ein Sieb in einen Topf gießen und aufkochen.

◆ Die Butter in Stücke teilen und mit einem Schneebesen in den Sud schlagen. Petersilie, Zitronenstücke und Kapern untermischen, mit Salz und Pfeffer abschmecken und über die Fischfilets gießen.

*Zubereitung etwa 30 Minuten
1 Portion = 1088 kJ/ 259 kcal*

Zutaten für 4 Portionen
*1 Bund Suppengrün
1 kleine Zwiebel
1 Bund Petersilie
1 Zitrone
200 ml Fischfond (fertig gekauft)
800 g Seelachsfilet
Salz, weißer Pfeffer
2 EL Butter
1 EL Kapern*

Seelachsrouladen

Die Fischrouladen schmecken mit wilden und mit Gartenkräutern: Sammeln Sie die jungen, zarten Blätter von Löwenzahn und Brennesseln, und ergänzen Sie die Mischung mit Petersilie, Kerbel und Kresse.

◆ Den Räucherspeck in kleine Würfel schneiden.

◆ Die Kräuter waschen, trockentupfen und fein zerkleinern.

◆ Die Zwiebeln abziehen und fein hacken.

◆ Die Tomaten abziehen und würfeln; die Stielansätze entfernen.

◆ Die Zitrone auspressen.

◆ Für die Füllung den Räucherspeck in einer Pfanne bei schwacher Hitze braten, bis Fett austritt; anschließend die Hälfte der Zwiebeln zugeben und unter Rühren glasig braten.

Zutaten für 4 Portionen
100 g durchwachsener Räucherspeck
2 Handvoll gemischte Kräuter
oder Petersilie
2 Zwiebeln
600 g Tomaten
1 Zitrone
Salz, schwarzer Pfeffer
4 Seelachsfilets (je etwa 200 g)
2 EL Öl
1 Prise Zucker
100 g Crème fraîche

◆ Die Kräuter zugeben und schmoren, bis sie weich und sehr grün sind; dann mit Salz, Pfeffer und 1 EL Zitronensaft würzen und abkühlen lassen.

◆ Die Seelachsfilets mit dem Handballen flachdrücken, mit dem restlichen Zitronensaft beträufeln und mit Salz und Pfeffer würzen. Die Kräuterfüllung darauf verteilen.

◆ Die Fischscheiben aufrollen und mit Rouladennadeln feststecken oder mit Küchengarn umwickeln.

◆ Das Öl in einem Schmortopf erhitzen und die restlichen Zwiebeln darin glasig braten.

◆ Die Tomaten zugeben und schmoren, bis sich Saft bildet; dann mit Salz, Pfeffer und Zucker würzen und die Crème fraîche unterrühren.

◆ Die Fischrouladen auf die Tomaten legen und zugedeckt bei mittlerer Hitze 20 Minuten garen.

Zubereitung etwa 60 Minuten
1 Portion = 2134 kJ/ 508 kcal

Blätterteigtaschen mit Fisch

Die Blätterteigtaschen sind mit Salat und Tomaten-Schnittlauch-Sauce (siehe S. 184) eine Hauptmahlzeit. Kleiner geformt kann man sie mit trockenem Weißwein als Vorspeise servieren.

◆ Die Blätterteigscheiben nebeneinander legen und auftauen lassen.
◆ Den Backofen auf 200 °C (Umluft 180 °C, Gas Stufe 3) vorheizen.
◆ Inzwischen Petersilie und Dill waschen und trockentupfen.
◆ Die Zitrone auspressen.
◆ Das Fischfilet mit Zitronensaft und Kräutern im Blitzhacker oder Mixer fein pürieren.
◆ Die Schalotten abziehen, fein hakken und mit 1 Ei, Kapern und Sem-

Zutaten für 4 Portionen
4 Scheiben TK-Blätterteig
je 1 Bund Petersilie und Dill
1 Zitrone
400 g Seelachsfilet
2 Schalotten
2 Eier
1 TL Kapern
2 EL grobe Semmelbrösel
Salz, weißer Pfeffer
Mehl für die Arbeitsfläche

melbröseln unter den Fischteig mischen. Den Teig mit Salz und Pfeffer kräftig würzen.

◆ Die Arbeitsfläche mit Mehl bestreuen. Die Blätterteigscheiben dünn ausrollen, halbieren und den Fischteig darauf verteilen. Die Teigstücke zu Dreiecken zusammenklappen und an den Rändern mit den Zinken einer Gabel zusammendrücken.
◆ Das zweite Ei trennen.
◆ Die Blätterteigtaschen auf ein kalt abgespültes Backblech legen, mit dem Eigelb bestreichen, auf die mittlere Schiene des heißen Backofens schieben und etwa 25 Minuten bakken, bis sie leicht gebräunt sind.
◆ Das Gericht heiß servieren.

Zubereitung etwa 35 Minuten
Backzeit etwa 25 Minuten
1 Portion = 1768 kJ/ 421 kcal

Fischfrikadellen

Die Frikadellen werden nicht nur mit Zwiebeln, Brötchen und Ei zubereitet. Dazu kommt Gemüse, das sie würzig und saftig macht.

Zutaten für 4 Portionen
2 altbackene Weizenbrötchen
1 kleine Zwiebel
1 kleine feste Zucchini
1 mittelgroße Möhre
1 Stange Sellerie
1/2 Bund Petersilie
500 g Seelachsfilet
1 Ei
Salz
Cayennepfeffer
1 EL Zitronensaft
4 EL Öl

◆ Wasser erhitzen und die Brötchen damit übergießen; die Brötchen darin weich werden lassen, herausnehmen und gut ausdrücken.
◆ Die Zwiebel abziehen und fein hacken.
◆ Die Zucchini waschen und putzen.
◆ Die Möhre putzen und halbieren.
◆ Sellerie und Petersilie waschen.
◆ Das Fischfilet, Zucchini, Möhre, Sellerie und Petersilie portionsweise im Blitzhacker fein zerkleinern.
◆ Die Masse in einer Schüssel mit Brötchen, Zwiebel, Ei, je 1 kräftigen Prise Salz und Cayennepfeffer und Zitronensaft vermischen.
◆ Den Teig mit einer Gabel durchrühren, bis er wie Frikadellenteig bindet, und mit angefeuchteten Händen 12 Frikadellen formen.
◆ Das Öl erhitzen und die Fischfrikadellen darin bei mittlerer bis schwacher Hitze etwa 5 Minuten braten,

bis sie sich leicht vom Pfannenboden lösen lassen.
◆ Die Frikadellen wenden und in etwa 3 Minuten fertigbraten.

Zubereitung etwa 1 Stunde
1 Portion = 1252 kJ/ 298 kcal

Fischfrikadellen mit Sonnenblumenkernen

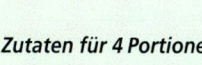

Zutaten für 4 Portionen
600 g Seelachsfilet
1 Bund Petersilie
150 g Sonnenblumenkerne
1 große Zwiebel
2 Eier
2 EL Zitronensaft
50 g grobe Semmelbrösel
Salz, schwarzer Pfeffer
geriebene Muskatnuß
5 EL Öl

Bei dieser Variante bleiben beim Zerkleinern fast immer einige Sonnenblumenkerne ganz und geben den Frikadellen den richtigen Biß.

◆ Das Fischfilet in Stücke schneiden.
◆ Die Petersilie waschen und trockentupfen.
◆ Beide Zutaten mit den Sonnenblumenkernen portionsweise im Blitzhacker fein zerkleinern.
◆ Die Zwiebel abziehen, fein hak-

ken und in einer Schüssel mit dem Fisch, Eiern, Zitronensaft, Semmelbröseln und je 1 kräftigen Prise Salz, Pfeffer und Muskat zu einem Teig vermischen.
◆ Den Teig mit einer Gabel durchrühren, bis er wie Frikadellenteig bindet, und mit angefeuchteten Händen 12 Frikadellen formen.

◆ Das Öl erhitzen und die Fischfrikadellen darin bei mittlerer bis schwacher Hitze etwa 5 Minuten braten, bis sie sich leicht vom Pfannenboden lösen lassen. Die Frikadellen wenden und in etwa 3 Minuten fertigbraten.

Zubereitung etwa 45 Minuten
1 Portion = 2394 kJ/ 570 kcal

Fischgulasch

◆ Die Lauchzwiebeln putzen, waschen und mit allen saftigen grünen Blättern in feine Ringe schneiden.
◆ Die Tomaten abziehen und würfeln; dabei die Stielansätze herausschneiden.
◆ Den Spinat verlesen, waschen und grob hacken.
◆ Das Kabeljaufilet in gulaschgroße Würfel schneiden und mit Pfeffer würzen.
◆ Das Öl erhitzen und die Zwiebeln darin glasig braten.
◆ Zuerst die Tomatenwürfel, dann

Zutaten für 4 Portionen
1 Bund Lauchzwiebeln
2 große Tomaten
100 g Spinat
800 g Kabeljaufilet
weißer Pfeffer
3 EL Öl
Salz
2 EL Crème fraîche
1 Bund Basilikum oder Dill

den Spinat und schließlich den Fisch auf die Zwiebeln geben und salzen.
◆ Alles im offenen Topf erhitzen, bis die Tomaten zu schmoren beginnen.
◆ Die Crème fraîche darauf verteilen und den Fisch zugedeckt bei schwacher Hitze in etwa 8 Minuten garen.
◆ Inzwischen die Kräuter waschen, trockentupfen, fein zerkleinern und das fertige Fischgulasch damit bestreut servieren.

Zubereitung etwa 30 Minuten
1 Portion = 1193 kJ/ 284 kcal

Fischgratin mit Spinat

◆ Den Backofen auf 200 °C (Umluft 180 °C, Gas Stufe 3) vorheizen.

◆ Die Fischfilets nebeneinander in eine flache Gratinform legen.

◆ Die Zitrone waschen, abtrocknen und ein Viertel der Schale abreiben. Die Frucht auspressen.

◆ Den Fisch mit dem Zitronensaft beträufeln und mit Zitronenschale, Salz und Pfeffer bestreuen.

◆ Den Spinat verlesen und waschen.

◆ Die Möhre putzen.

◆ Den Lauch putzen und waschen.

◆ Spinat, Möhre und Lauch im Blitz-

Zutaten für 4 Portionen
750 g Kabeljaufilet
1 unbehandelte Zitrone
Salz, weißer Pfeffer
500 g Spinat
1 mittelgroße Möhre
1 Stange Lauch
$^1/_8$ l kalte Gemüsebrühe
200 g Crème fraîche
80 g Sesamsamen

hacker fein zerkleinern und über dem Fisch verteilen.

◆ Die Gemüsebrühe mit der Crème fraîche verrühren und über den Fisch und das Gemüse gießen.

◆ Das Gratin salzen und pfeffern und mit dem Sesam bestreuen.

◆ Die Form auf die mittlere Schiene des heißen Backofens schieben und das Fischgratin 25 Minuten garen.

Zubereitung etwa 25 Minuten
Garzeit 25 Minuten
1 Portion = 1915 kJ/ 456 kcal

Schellfisch im Wurzelsud

Schellfisch eignet sich gut zum Garen im Sud mit würzigem Gemüse. Für besondere Gelegenheiten können Sie dieses Fischessen auch mit edlen Süßwasserfischen zubereiten: mit Saibling, Zander oder Waller.

◆ Die Fischkoteletts waschen und trockentupfen.

◆ Den Lauch putzen, waschen und in fingerbreite Stücke schneiden.

◆ Möhren und Sellerie putzen und in dünne Stifte schneiden.

◆ Die Zitrone waschen und abtrocknen; 2 Scheiben abschneiden.

◆ Tiefe Teller vorwärmen.

◆ Das Gemüse mit Wasser, Wein, Essig, Salz, Fischgewürz und den Zitronenscheiben in einem großen Topf aufkochen.

◆ Den Fisch in den Sud legen und im offenen Topf bei mittlerer Hitze lang-

Zutaten für 6 Portionen
4 Schellfischkoteletts (etwa 1 kg)
1 Stange Lauch
2 Möhren
1 Stück Knollensellerie
(etwa 200 g)
1 unbehandelte Zitrone
2 l Wasser
$^1/_4$ l trockener Weißwein
$^1/_8$ l Weißweinessig
1 EL Salz
2 Päckchen Fischgewürz

sam zum Sieden bringen, bis im Sud kleine Bläschen aufsteigen. Dann etwa 5 Minuten gar ziehen lassen; der Sud sollte immer nur perlen.

◆ Den Fisch auf den vorgewärmten Tellern anrichten, mit etwas Sud beträufeln und mit Wurzelgemüse aus dem Sud belegen.

Zubereitung etwa 30 Minuten
1 Portion = 790 kJ/ 188 kcal

Schellfisch in Folie

Zu diesem Fischgericht passen neue Kartoffeln oder Baguette.

◆ Den Backofen auf 220 °C (Umluft 200 °C, Gas Stufe 4) vorheizen.

◆ Schalotte und Knoblauch abziehen und fein hacken.

◆ Die Möhren putzen und in dünne Stifte schneiden.

◆ Die Fenchelblättchen abschneiden und beiseite legen. Die Knolle halbieren, waschen und den Strunk herausschneiden. Die Fenchelhälften in feine Streifen schneiden.

◆ Die Lauchzwiebeln putzen, waschen und fein zerkleinern.

◆ Die Zitrone waschen und abtrocknen. Die Hälfte der Schale dünn abschneiden und fein hacken. 1/2 Zitrone auspressen.

◆ Die Petersilie waschen und trockentupfen; die Hälfte davon fein hacken.

◆ Den Schellfisch innen und außen mit Zitronensaft, Salz und Pfeffer würzen; mit Fenchelblättchen und der unzerkleinerten Petersilie füllen.

Zutaten für 6 Portionen
1 Schalotte
1 Knoblauchzehe
2 Möhren
1 mittelgroße Fenchelknolle
1 Bund Lauchzwiebeln
1 unbehandelte Zitrone
1 großes Bund Petersilie
1 küchenfertiger Schellfisch
(etwa 1,5 kg)
Salz, schwarzer Pfeffer
1 EL Olivenöl
300 g Crème fraîche
1 Bund Schnittlauch
extrastarke Alufolie zum Garen

◆ Den Fisch auf ein ausreichend großes Stück Alufolie legen.

◆ Schalotte, Knoblauch, Möhren, Fenchel und Lauchzwiebeln um den Fisch verteilen, mit Salz und Pfeffer würzen und mit Olivenöl beträufeln.

◆ Zitronenschale und Petersilie mit der Hälfte der Crème fraîche verrühren und über dem Fisch verteilen.

◆ Die Alufolie über dem Fisch schließen, an den Rändern falzen und nach oben biegen, damit der Saft nicht ausläuft.

◆ Das Päckchen auf dem Rost auf die mittlere Schiene des heißen Backofens schieben und den Schellfisch etwa 30 Minuten garen.

◆ Eine Platte vorwärmen.

◆ Den Schnittlauch waschen, trockentupfen und fein zerkleinern.

◆ Das Päckchen herausnehmen und die Folie öffnen. Den Inhalt auf die Platte legen und warm halten.

◆ Den Sud in der Folie in einen Topf gießen, mit der restlichen Crème fraîche mischen und bei starker Hitze unter Rühren cremig einkochen.

◆ Die Hälfte des Schnittlauchs in die Sauce geben und den Rest über den Schellfisch streuen.

Zubereitung etwa 30 Minuten
Garzeit etwa 30 Minuten
1 Portion = 1533 kJ/ 365 kcal

Panierte Fischfilets mit Joghurtsauce

Fischfilets aus der Pfanne bleiben in knuspriger Panade wunderbar saftig. Statt Goldbarsch kann man auch Seelachs nehmen.

◆ Die Paprikaschote waschen, putzen und fein zerkleinern.

◆ Die Zwiebel schälen und fein hacken.

◆ Den Dill waschen, trockentupfen und fein hacken.

◆ Paprikaschote, Zwiebel und Dill mit Sahnejoghurt, Salz, Pfeffer und Öl verrühren.

◆ Die Fischfilets trockentupfen und auf beiden Seiten mit Salz würzen.

◆ Zum Panieren das Mehl auf einem Teller bereitstellen.

◆ Die Eier mit dem Zitronensaft verquirlen und in einen tiefen Teller geben.

Zutaten für 4 Portionen
1 kleine grüne
Paprikaschote
1 kleine Zwiebel
1 Bund Dill
400 g Sahnejoghurt
Salz
weißer Pfeffer
1 TL Olivenöl
4 Goldbarschfilets
100 g Mehl
2 kleine Eier
1 EL Zitronensaft
100 g Semmelbrösel
geriebene Muskatnuß
4 EL Öl
1 unbehandelte Zitrone

◆ Auf einem dritten Teller die Semmelbrösel mit je 1 kräftigen Prise Pfeffer und Muskat vermischen.

◆ Die Teller vorwärmen.

◆ Das Öl in einer großen Pfanne erhitzen.

◆ Die Filets zuerst im Mehl, dann im verquirlten Ei und zum Schluß in den Semmelbröseln wenden.

◆ Die Filets in die Pfanne geben und bei mittlerer bis schwacher Hitze auf jeder Seite etwa 5 Minuten braten.

◆ Die Zitrone waschen und abtrocknen; 4 Scheiben abschneiden.

◆ Den Fisch auf den vorgewärmten Tellern anrichten, mit den Zitronenscheiben belegen und die Joghurtsauce dazu servieren.

Zubereitung etwa 50 Minuten
1 Portion = 2444 kJ/ 582 kcal

Fischgratin

Der Fisch aus dem Ofen gart unter dem Deckel aus Gemüse, Knäckebrot und Käse würzig und zart. Zu dem Gratin passen Pellkartoffeln und Salat.

Zutaten für 4 Portionen
750 g Goldbarschfilet
1 unbehandelte Zitrone
Salz, weißer Pfeffer
8 dünne Scheiben Knäckebrot
500 g Tomaten
3 Lauchzwiebeln
1 mittelgroße Zucchini
1 Zweig frischer Rosmarin
100 g Crème fraîche
50 g geriebener Parmesan

◆ Die Fischfilets nebeneinander in eine flache Gratinform legen.

◆ Die Zitrone waschen und abtrocknen. 1 großes Stück Schale dünn abschneiden und fein hacken.

◆ Den Zitronensaft auspressen, über dem Fisch verteilen und den Fisch mit Salz und Pfeffer würzen.

◆ Das Knäckebrot im Blitzhacker fein zerkleinern.

◆ Die Tomaten abziehen und ebenfalls fein zerkleinern; dabei die Stielansätze herausschneiden.

◆ Die Lauchzwiebeln putzen, waschen und mit allen saftigen grünen Blättern fein hacken.

◆ Die Zucchini waschen, putzen und in kleine Stücke schneiden.

◆ Den Rosmarin waschen, die Blättchen abstreifen und hacken.

◆ Zitronenschale, Knäckebrot, To-

maten, Lauchzwiebeln, Zucchini und Rosmarin mit Crème fraîche und Käse mischen, über dem Fisch verteilen und glattstreichen.

◆ Das Gratin auf die mittlere Schiene des kalten Backofens schieben und bei 200 °C (Umluft 180 °C, Gas Stufe 3) etwa 30 Minuten backen.

Zubereitung etwa 45 Minuten
Backzeit etwa 30 Minuten
1 Portion = 1831 kJ/ 436 kcal

Fischpirogge

Piroggen sind Pasteten aus Hefeteig, gefüllt mit Fisch, Fleisch, Pilzen oder Eiern. Sie schmecken am besten heiß oder gerade abgekühlt.

♦ Die Milch lauwarm erhitzen.

♦ Das Mehl mit Hefe, Butter, Milch und Salz vermischen und mit den Knethaken des Handrührgeräts etwa 5 Minuten kneten, bis der Teig Blasen bildet und sich vom Schüsselrand löst.

♦ Den Teig zugedeckt bei Zimmertemperatur gehen lassen, bis sich sein Volumen etwa verdoppelt hat.

♦ Für die Füllung das Gemüse putzen, waschen und fein hacken.

♦ Die Zwiebeln abziehen und fein hacken.

♦ Die Butter erhitzen und Zwiebeln und Gemüse darin schmoren, bis die Flüssigkeit, die sich bildet, wieder verdampft ist; dann abkühlen lassen.

♦ Das Goldbarschfilet im Blitzhakker zerkleinern, mit der Gemüsemischung, 2 Eiern, Semmelbröseln und saurer Sahne mischen und mit Salz und Pfeffer kräftig abschmecken.

♦ Den Dill waschen, trockentupfen und hacken.

Zutaten für 6 Portionen
Teig
¼ l Milch, 500 g Mehl
1 Päckchen Trockenhefe
50 g weiche Butter, Salz
Füllung
500 g gemischtes Gemüse wie
Möhren, Kohlrabi, Spinat
2 kleine Zwiebeln
1 EL Butter
500 g Goldbarschfilet
3 Eier
2 EL Semmelbrösel
2 EL saure Sahne
Salz, weißer Pfeffer
1 Bund Dill
250 g Lachsfilet
2 EL Zitronensaft
2 EL Milch
Mehl zum Ausrollen
Fett für das Backblech

♦ Den Lachs entgräten, in etwa fingerbreite Streifen schneiden und mit Zitronensaft beträufeln.

♦ Den Hefeteig in ein größeres und ein kleineres Stück teilen. Die Arbeitsfläche mit Mehl bestreuen und jedes Stück darauf zu einer ovalen, 0,5 cm dicken Platte ausrollen.

♦ Ein Backblech fetten, die kleinere Platte darauf legen und mit der Hälfte der Füllung belegen. Die Lachsstreifen darauf verteilen, mit Salz und Pfeffer würzen und mit Dill bestreuen. Den Rest der Füllung über dem Lachs glattstreichen.

♦ Die zweite Teigplatte darauf legen, rundherum an den Seiten mit den Zinken einer Gabel festdrücken und mit aus Teigresten geformten Figuren dekorieren.

♦ Das dritte Ei trennen. Das Eigelb mit Milch verrühren und die Pirogge damit bestreichen.

♦ Die Pirogge zugedeckt 30 Minuten ruhen lassen, auf die untere Schiene des kalten Backofens schieben und bei 180 °C (Umluft 160 °C, Gas Stufe 2–3) etwa 1 Stunde backen.

Zubereitung etwa 1½ Stunden
Backzeit etwa 1 Stunde
1 Portion = 2772 kJ/ 660 kcal

Fischröllchen

Mit Pellkartoffeln, Schweizer Rösti (siehe S. 402) oder Kartoffelpuffern (siehe S. 415) sind die Chinakohlblätter mit Fisch ein leichtes Essen.

◆ Die Zwiebel abziehen.
◆ Den Kerbel waschen.
◆ Fischfilet, Pistazien, Zwiebel und Kerbel im Blitzhacker pürieren.
◆ Ei, Zitronensaft, Salz, Pfeffer und Muskat unter die Masse mischen.
◆ Die Kohlblätter waschen, trockentupfen und auf die Arbeitsfläche legen. Die dicken Blattrippen flachschneiden.
◆ Die Blätter mit der Fischfüllung belegen, aufrollen und mit Küchengarn umwickeln.
◆ Eine Servierplatte gut vorwärmen.

◆ Das Öl erhitzen und die Röllchen darin bei mittlerer Hitze anbraten.
◆ Den Fond zugeben, aufkochen lassen und zugedeckt bei schwacher Hitze 10 Minuten garen.
◆ Den Schnittlauch waschen, trockentupfen und fein hacken.
◆ Die Röllchen herausnehmen und auf der Servierplatte warm halten.
◆ Die Crème fraîche in den Fond geben und bei starker Hitze unter Rühren cremig einkochen.
◆ Die Sauce mit Salz und Pfeffer abschmecken, über die Fischröllchen geben und den Schnittlauch darüber streuen.

Zubereitung etwa 1 Stunde
1 Portion = 1617 kJ/ 385 kcal

Zutaten für 3 Portionen
1 kleine Zwiebel
1 Handvoll Kerbel
250 g Goldbarschfilet
50 g ungesalzene Pistazienkerne
1 kleines Ei
1 EL Zitronensaft
Salz
schwarzer Pfeffer
geriebene Muskatnuß
9 große Chinakohlblätter
2 EL Öl
100 ml Fischfond (fertig gekauft)
1/2 Bund Schnittlauch
100 g Crème fraîche

Bunter Fischtopf

Hummersuppenpaste gibt es, in Portionen von 50 g abgepackt, in Supermärkten und bei Fischhändlern. Zu dem bunten Fischtopf paßt Reis oder Kartoffeln.

Zutaten für 4 Portionen
1 Zwiebel
3 dünne Stangen Lauch
3 Tomaten
1 Bund Dill
600 g Goldbarschfilet
2 EL Öl
2 TL Hummersuppenpaste
300 g Krabben
Salz
weißer Pfeffer
150 ml süße Sahne

◆ Die Zwiebel abziehen und fein hacken.
◆ Den Lauch putzen, waschen und mit allen saftigen grünen Blättern in dünne Ringe schneiden.
◆ Die Tomaten abziehen und in

kleine Stücke schneiden; die Stielansätze dabei entfernen.
◆ Den Dill waschen, trockentupfen und fein hacken.
◆ Das Goldbarschfilet in Stücke schneiden.
◆ Das Öl in einem breiten Topf erhitzen und die Zwiebel darin bei schwacher Hitze glasig braten.
◆ Die Hummersuppenpaste unter die Zwiebel mischen.
◆ Den Fisch auf die Zwiebel legen und Krabben, Lauch und Tomaten darüber verteilen.
◆ Das Gericht mit Salz und Pfeffer würzen und zugedeckt bei mittlerer Hitze etwa 6 Minuten garen.
◆ Die Sahne zugießen und den Dill darüber streuen. Alles locker mischen und sofort servieren.

Zubereitung etwa 40 Minuten
1 Portion = 2003 kJ/ 477 kcal

Fisch mit Thymiankartoffeln

◆ Den Thymian waschen, trockentupfen und die Blättchen von den Stielen streifen.

◆ Die Pfefferschote halbieren, vom Stielansatz und allen Kernen befreien, waschen, trockentupfen und sehr fein hacken.

◆ 2 Knoblauchzehen abziehen und fein hacken.

◆ Thymian, Pfefferschote und Knoblauch mit Salz und 3 EL Öl verrühren.

◆ Die Kartoffeln waschen, abtrocknen und auf einem Backblech ausbreiten.

◆ Die Thymianmischung über den Kartoffeln verteilen.

◆ Die Kartoffeln mit Pergamentpapier abdecken, auf die mittlere Schiene des kalten Backofens schieben und bei 200 °C (Umluft 180 °C, Gas Stufe 3) 25 Minuten backen.

◆ Das Papier entfernen und die Kartoffeln weitere 15–20 Minuten backen, bis sie weich sind.

Zutaten für 4 Portionen
6 frische Thymianzweige
1 kleine rote Pfefferschote
3 Knoblauchzehen
Salz
5 EL Olivenöl
1 kg kleine Kartoffeln
500 g festfleischiges Fischfilet
(Goldbarsch oder Seeteufel)
schwarzer Pfeffer
1/2 Bund Petersilie
1 kleine unbehandelte Zitrone
Pergamentpapier

◆ Während die Kartoffeln backen, die Teller gut vorwärmen.

◆ Die Fischfilets in 4 Stücke teilen, trockentupfen und pfeffern.

◆ Die Petersilie waschen, trockentupfen und fein hacken.

◆ Die Zitrone waschen, abtrocknen und 1 großes Stück Schale ganz dünn abschneiden. Die Schale hacken, die Zitrone auspressen.

◆ Die dritte Knoblauchzehe abziehen und fein hacken.

◆ Die restlichen 2 EL Öl in einer Pfanne erhitzen.

◆ Die Hälfte der Petersilie, die Zitronenschale, die Hälfte des Saftes und den Knoblauch hinzufügen.

◆ Den Fisch in die Pfanne legen und zugedeckt bei schwacher Hitze auf jeder Seite etwa 4 Minuten garen.

◆ Den Fisch auf den vorgewärmten Tellern verteilen, mit Salz würzen und mit dem Rest des Zitronensaftes beträufeln.

◆ Die Kartoffeln daneben anrichten und mit der restlichen Petersilie bestreuen.

Zubereitung etwa 1¼ Stunden
1 Portion = 1709 kJ/ 407 kcal

Gemischte Fische mit Gemüse

Zutaten für 4 Portionen

je 250 g Goldbarsch-
und Lachsfilet
100 g Seeteufelfilet (Lotte)
1 Zitrone
weißer Pfeffer
1 Zwiebel
1 Knoblauchzehe
2 Möhren
2 dünne Stangen Lauch
400 g reife Tomaten
200 g Spinat
1 Handvoll gemischte frische
oder 1 Päckchen TK-Kräuter
2 EL Öl
3 EL trockener Weißwein
oder Gemüsebrühe
200 g Crème fraîche
Salz

Das ist ein ganz unkompliziertes Fischgericht – würzig durch Gemüse und Kräuter: Am besten passen Petersilie, Dill, Zitronenmelisse, Pimpinelle, Borretsch.

◆ Das Goldbarsch-, das Lachs- und das Seeteufelfilet in etwa 2 cm große Stücke schneiden, in eine Schüssel geben und vermischen.

◆ Die Zitrone auspressen, den Fisch mit Zitronensaft und Pfeffer würzen und zugedeckt ziehen lassen, bis die anderen Zutaten vorbereitet sind.

◆ Zwiebel und Knoblauch abziehen und fein hacken.

◆ Die Möhren putzen und in dünne Scheiben schneiden.

◆ Den Lauch putzen, waschen und mit allen saftigen grünen Blättern in dünne Ringe schneiden.

◆ Die Tomaten abziehen und in Würfel schneiden; dabei die Stielansätze entfernen.

◆ Den Spinat verlesen, mehrere Male waschen und trockentupfen. Große Spinatblätter grob hacken.

◆ Frische Kräuter waschen, trockentupfen und fein hacken.

◆ Die Teller gut vorwärmen.

◆ Das Öl in einem großen Topf erhitzen und Zwiebel und Knoblauch darin bei schwacher Hitze glasig braten.

◆ Möhren und Lauch zugeben und einige Sekunden mitschmoren.

◆ Tomaten, Wein oder Gemüsebrühe und Crème fraîche zugeben, aufkochen und zugedeckt bei schwacher Hitze etwa 2 Minuten dünsten.

◆ Die Fischstücke und den Spinat zugeben, mit Salz würzen und zugedeckt bei mittlerer Hitze 3–5 Minuten ziehen lassen, bis das Fischgericht gerade gar ist.

◆ Den Fisch mit Salz und Pfeffer abschmecken, auf den Tellern verteilen und die Kräuter darüber streuen.

Zubereitung etwa 50 Minuten
1 Portion = 2024 kJ/ 482 kcal

Gebratener Fisch mit Zucchini

Zutaten für 4 Portionen
400 g Seeteufelfilet
(Lotte)
600 g kleine Zucchini
1 Zwiebel
1 Knoblauchzehe
1 unbehandelte Zitrone
4 Stengel Petersilie
3 EL Erdnußöl
Salz
schwarzer Pfeffer
100 ml süße Sahne

Reis oder Kartoffeln und eine kalte Sauce passen gut zu diesem Gericht.

◆ Die Fischfilets quer zu den Fasern in fingerbreite Streifen schneiden.
◆ Die Zucchini waschen, putzen und in knapp fingerdicke Scheibchen schneiden.
◆ Zwiebel und Knoblauch abziehen und fein hacken.
◆ Die Zitrone waschen und abtrocknen. Die Hälfte der Schale dünn abschneiden und fein zerkleinern. ½ Zitrone auspressen.
◆ Die Petersilie waschen, trockentupfen und fein zerkleinern.

◆ Das Öl in einer großen Pfanne erhitzen und Fisch, Zucchini, Zwiebel, Knoblauch und Zitronenschale darin bei starker bis mittlerer Hitze unter ständigem Wenden etwa 3 Minuten braten, bis die Zucchini leicht gebräunt sind.
◆ Das Gericht mit Salz und Pfeffer würzen, Zitronensaft und Sahne untermischen und weitere 2 Minuten schmoren.
◆ Den Fisch mit Petersilie bestreuen und sofort servieren.

Zubereitung etwa 45 Minuten
1 Portion = 1155 kJ/ 275 kcal

Seeteufel mit Sommergemüse

Der Edelfisch gart im Backofen unter einer Schicht Sommergemüse. Gewürzt wird mit frischen Kräutern, die typisch für die Mittelmeerküche sind. Diese Zubereitungsart eignet sich auch für Lachsforelle, Goldbarsch, Merlan oder Meerbrasse.

◆ Aubergine und Zucchini waschen, putzen und in knapp fingerdicke Scheiben schneiden.
◆ Die Paprikaschoten waschen, putzen und in Streifen schneiden.
◆ Gemüsezwiebel und Knoblauch abziehen und fein hacken.
◆ Die Tomaten abziehen und würfeln; die Stielansätze entfernen.
◆ Petersilie, Thymian und Salbeiblättchen waschen, trockentupfen und fein hacken.
◆ Das Öl nach und nach in einem großen Schmortopf erhitzen. Aubergine, Zucchini, Paprikaschoten, Zwiebel und Knoblauch portionsweise darin bei mittlerer Hitze anbraten und wieder herausnehmen.

◆ Das Gemüse mit Tomaten und Kräutern mischen. Die Hälfte davon wieder in den Schmortopf geben und mit Salz und Pfeffer würzen.
◆ Die Seeteufelfilets mit Salz und Pfeffer würzen, mit Zitronensaft beträufeln, mit den Lorbeerblättern belegen und nebeneinander auf das Gemüse legen.
◆ Das restliche Gemüse über dem Fisch verteilen und würzen.
◆ Wein oder Fischfond rundherum an den Seiten zugießen.
◆ Den Schmortopf zugedeckt auf die untere Schiene des kalten Backofens stellen und den Fisch bei 220 °C (Umluft 200 °C, Gas Stufe 4) etwa 45 Minuten garen.
◆ Das Basilikum waschen, trockentupfen, fein hacken und beim Anrichten über den fertig gegarten Fisch streuen.

Zubereitung etwa 50 Minuten
Garzeit etwa 45 Minuten
1 Portion = 1945 kJ/ 463 kcal

Zutaten für 4 Portionen
1 mittelgroße Aubergine
3 kleine Zucchini
je 1 grüne und rote Paprikaschote
1 Gemüsezwiebel
4 Knoblauchzehen
2 große Fleischtomaten
1 Bund Petersilie
4 Zweige frischer Thymian
4 Salbeiblättchen
8 EL Olivenöl
Salz
weißer Pfeffer
2 Seeteufelfilets
(etwa 1 kg)
4 EL Zitronensaft
2 Lorbeerblätter
⅛ l trockener Weißwein
oder Fischfond
1 Bund Basilikum

Fisch mit Gemüse in Reisblättern

In den Reisblättern aus dem Asienladen sieht das Gericht besonders appetitlich aus.

◆ Die Orange waschen und abtrocknen. Die Schale rundherum abreiben; den Saft auspressen.
◆ Schalotte und Knoblauch abziehen und sehr fein hacken.
◆ Schalotte, Knoblauch, Orangenschale und -saft vermischen.
◆ Die Möhren putzen, waschen und grob raspeln.
◆ Lauch und Sellerie putzen, waschen und fein zerkleinern; dabei die saftigen grünen Lauchblätter und die Sellerieblättchen mitverwenden.
◆ Eine Schüssel mit kaltem Wasser füllen, die so groß ist, daß man die Reisblätter ganz eintauchen kann.
◆ 1 Reisblatt darin eintauchen, bis es gerade weich und nicht mehr spröde ist, dann herausnehmen und auf einem Küchentuch ausbreiten.

Zutaten für 3 Portionen
1 kleine unbehandelte Orange
1 Schalotte
1 Knoblauchzehe
2 mittelgroße Möhren
1 dünne Stange Lauch
1 Stange Sellerie
6 Reisblätter von etwa 25 cm Ø
6 Scheiben Seeteufel
(insgesamt etwa 650 g)
Salz
weißer Pfeffer
2 EL Sojasauce
2 EL trockener Sherry
2 EL Oliven- oder Erdnußöl

◆ 1 Scheibe Fisch in die Mitte des Blattes legen und mit Salz und Pfeffer bestreuen. Zuerst die Orangen-Schalotten-Mischung, dann das zer-

kleinerte Gemüse auf dem Fisch verteilen.
◆ Sojasauce und Sherry mischen und mit einem Teelöffel darüber träufeln.
◆ Das Blatt so über dem Fisch zusammenfalten, daß ein kleines Päckchen entsteht. Die Stellen, an denen das Reisblatt übereinanderliegt, gut andrücken, damit es beim Garen zusammenhält.
◆ Die übrigen Päckchen ebenso vorbereiten.
◆ Die Teller gut vorwärmen.
◆ Das Öl in einem weiten Topf erhitzen, die Reisblattpäckchen nebeneinander hineinlegen und bei mittlerer Hitze anbraten.
◆ Den Topf schließen und die Päckchen bei schwächster Hitze etwa 13 Minuten garen, dann auf den vorgewärmten Tellern anrichten.

Zubereitung etwa 50 Minuten
1 Portion = 1298 kJ/ 309 kcal

Gedämpfter Seeteufel

Seeteufel hat ein grätenloses, sehr festes Fleisch, ist aber nicht ganz billig. Man kann statt dessen auch preiswerten Goldbarsch nehmen.

◆ Den Spinat verlesen, waschen und mit einem Wiegemesser zerkleinern.
◆ Die Möhren und die Zucchini waschen und putzen.
◆ Möhren und Zucchini in dünne Scheiben schneiden.
◆ Den Schnittlauch waschen, trockentupfen und fein hacken.
◆ Den Ingwer schälen und fein zerkleinern.
◆ Die Teller vorwärmen.

◆ Gemüse, Schnittlauch und Ingwer in einem ovalen Topf ausbreiten.
◆ Die Fischfilets nebeneinander auf das Gemüse legen und mit Salz und Pfeffer bestreuen.
◆ Wein, Zitronensaft und Öl verrühren und über dem Fisch verteilen.
◆ Die Filets zugedeckt bei starker Hitze kräftig aufkochen und bei mittlerer Hitze im geschlossenen Topf je nach Dicke 7–8 Minuten garen.
◆ Den Fisch auf den vorgewärmten Tellern sofort servieren.

Zubereitung etwa 45 Minuten
1 Portion = 1201 kJ/ 286 kcal

Zutaten für 4 Portionen
500 g Spinat
3 kleine Möhren
2 kleine Zucchini
1 Bund Schnittlauch
1 daumenlanges Stück
frische Ingwerwurzel
800 g Seeteufelfilet (Lotte)
Salz, schwarzer Pfeffer
4 EL trockener Weißwein
2 EL Zitronensaft
4 EL Öl

Speckschollen

Zutaten für 2 Portionen
1 Zitrone
2 küchenfertige Schollen
(je etwa 250 g)
Salz
1/2 Bund Petersilie
75 g durchwachsener Räucherspeck
2 EL Öl
2 EL Mehl

Zu Speckscholle ißt man Kartoffelsalat mit Mayonnaise und Kopfsalat mit Kräutern. Wer es lieber leichter mag, serviert Kartoffeln dazu.

◆ Die Zitrone auspressen.
◆ Die Schollen kalt abspülen, trockentupfen, innen und außen mit Salz und Zitronensaft würzen und zugedeckt in den Kühlschrank stellen.
◆ Die Petersilie waschen, trockentupfen und hacken.

◆ Den Räucherspeck klein würfeln.
◆ Die Teller gut vorwärmen.
◆ Das Öl in einer großen Pfanne erhitzen und den Räucherspeck darin bei schwacher Hitze ausbraten.
◆ Den Fisch im Mehl wenden, auf den Speck legen und bei mittlerer Hitze etwa 4 Minuten braten, dann mit der Hälfte der Petersilie bestreuen, wenden und noch einmal 4 Minuten braten.
◆ Die Schollen mit der hellen Seite nach oben auf den Tellern anrichten und Speck, restliche Petersilie und Speckfett darauf verteilen.

Zubereitung etwa 45 Minuten
1 Portion = 2356 kJ/ 561 kcal

Schollenfilets mit Gemüse

Die zarten Schollenfilets mit buntem Gemüse sind ein besonders leichtes Fischgericht, das mit neuen Kartoffeln oder Reis und zerlassener Butter schmeckt.

◆ Die Zucchini waschen, putzen und in Scheiben schneiden.
◆ Den Fenchel halbieren und den Strunk herausschneiden. Die Hälften waschen und quer zu den Fasern in feine Streifen schneiden.
◆ Die Lauchzwiebeln putzen, waschen und fein zerkleinern.

◆ Die Tomaten abziehen und würfeln; dabei die Stielansätze herausschneiden.
◆ Die Petersilie waschen, trockentupfen und fein hacken.
◆ Die Gemüsebrühe mit Zitronensaft in einem weiten Topf aufkochen.
◆ Zucchini, Fenchel und Lauchzwiebeln darin 2 Minuten sprudelnd kochen lassen.
◆ Die Schollenfilets zufügen und zugedeckt bei schwächster Hitze etwa 6 Minuten ziehen lassen; dabei einmal wenden.

Zutaten für 4 Portionen
250 g Zucchini
1 Fenchelknolle
3 Lauchzwiebeln
2 Tomaten
1 Bund Petersilie
$1/8$ l Gemüsebrühe
2 EL Zitronensaft
800 g Schollenfilets
Salz
2 EL Crème double
Cayennepfeffer

◆ Fisch und Gemüse aus dem Sud nehmen, auf Tellern anrichten und mit Salz würzen.
◆ Tomaten, Petersilie und Crème double in den Sud geben und einmal kräftig aufkochen lassen, mit Salz und Cayennepfeffer abschmecken und über Fisch und Gemüse verteilen.

Zubereitung etwa 45 Minuten
1 Portion = 1105 kJ/ 263 kcal

Schollenfilets in Bierteig

Schollen in einer Hülle aus Bierteig sind außen knusprig und innen sehr saftig. Als Beilage für dieses Gericht eignet sich Kartoffel- oder Tomatensalat. Wer mag, gibt noch Remouladensauce dazu.

◆ Das Mehl mit Salz und Bier verrühren und zugedeckt 20 Minuten quellen lassen.
◆ Inzwischen die Eier trennen und das Eiweiß steif schlagen.
◆ Zuerst die Dotter, dann den Eischnee unter den Teig rühren.

Zutaten für 4 Portionen
100 g Mehl
Salz
$1/8$ l dunkles Bier
2 Eier
500 g Schollenfilets
weißer Pfeffer
Öl, Kokosfett oder
Butterschmalz zum
Backen

◆ Die Fischfilets trockentupfen und mit Salz und Pfeffer würzen.
◆ In einer Pfanne etwa drei Finger hoch Öl, Kokosfett oder Butterschmalz bei mittlerer Hitze heiß werden lassen.
◆ Die Schollenfilets in den Bierteig tauchen und dann im heißen Fett bei mittlerer bis schwacher Hitze auf jeder Seite 2–3 Minuten braten, bis sie knusprig braun sind.

Zubereitung etwa 50 Minuten
1 Portion = 1999 kJ/ 476 kcal

Heilbutt mit Sommergemüse

Weißer Heilbutt ist ein sehr feiner Fisch mit festem Fleisch im Unterschied zum Schwarzen Heilbutt, dessen Fleisch locker und luftig ist und leicht zerfällt.

◆ Die Gemüsezwiebel abziehen, halbieren und in feine Scheibchen schneiden.

◆ Die Paprikaschoten waschen, abtrocknen und achteln. Kerne und Häutchen entfernen und die Schoten in feine Streifen schneiden.

◆ Die Salatgurke schälen und längs vierteln. Die Kerne mit einem Löffel herauskratzen und die Gurkenstücke in Scheiben teilen.

◆ Die Tomaten abziehen und würfeln; dabei die Stielansätze herausschneiden.

Zutaten für 4 Portionen
1 Gemüsezwiebel
2 kleine grüne Paprikaschoten
200 g Salatgurke
2 reife Tomaten
3 Zweige Thymian
600 g Filet von Weißem Heilbutt
Salz, weißer Pfeffer
3 EL Olivenöl
200 g Crème double
einige Blättchen Petersilie,
Dill und Kerbel

◆ Die Thymianzweige waschen und trockentupfen und die Blättchen abstreifen.

◆ Die Heilbuttfilets in 2 Finger breite Streifen schneiden und mit Salz und Pfeffer bestreuen.

◆ Das Öl in einem breiten Topf erhitzen und Zwiebel und Thymian darin bei schwacher Hitze unter Rühren braten, bis die Zwiebel glasig ist.

◆ Paprikastreifen und Gurke zugeben und bei mittlerer Hitze unter Rühren etwa 2 Minuten schmoren.

◆ Den Heilbutt auf das Gemüse legen, Tomaten und Crème double darüber verteilen, mit Salz und Pfeffer würzen und zugedeckt bei mittlerer Hitze etwa 5 Minuten garen.

◆ Die Kräuter waschen, fein hacken und über den Fisch streuen.

Zubereitung etwa 45 Minuten
1 Portion = 2083 kJ/ 496 kcal

Gegrillte Seezungen

Lassen Sie die Seezungen vom Händler ausnehmen und nur an der Oberseite häuten. Köpfe und Schwanzflossen werden entfernt.

◆ Den Backofengrill auf die mittlere Schaltstufe schalten.

◆ Die Seezungen mit der Unterseite auf das Grillblech legen und mit Salz und weißem Pfeffer würzen.

◆ Den Knoblauch abziehen und fein hacken.

◆ Die Kräuter waschen, trockentupfen und fein hacken.

◆ Knoblauch und Kräuter mit Zitronensaft und Öl mischen.

◆ Die Fische damit bestreichen und mit den Semmelbröseln bestreuen.

◆ Die Seezungen auf die mittlere Schiene unter den heißen Grill schieben und 10 Minuten garen.

Zubereitung etwa 20 Minuten
1 Portion = 2377 kJ/ 566 kcal

Zutaten für 2 Portionen
2 Seezungen (je etwa 300 g)
Salz, weißer Pfeffer
2 Knoblauchzehen
1 Bund krause Petersilie
2 Zweige Thymian
3 EL Zitronensaft
6 EL Olivenöl
3 EL grobe Semmelbrösel

Seezungenröllchen mit Spinat

Der richtige Spinat für dieses Gericht ist der kräftig schmeckende, dunkelgrüne Winterspinat, den es im Frühjahr gibt. Die großen, robusten Blätter lassen sich gut verarbeiten.

◆ Die Zitrone waschen und abtrocknen. 1 Stück Schale abschneiden; den Saft auspressen.

◆ Für die Füllung der Röllchen das Lachsfilet mit der Zitronenschale, 1 EL Zitronensaft und Crème fraîche im Blitzhacker pürieren.

◆ Die Spinatblätter waschen und trockentupfen.

◆ Die Seezungenfilets mit der dunkleren Hautseite nach oben auf der Arbeitsfläche ausbreiten. Mit Salz und Pfeffer würzen, mit der Lachsfarce bestreichen und jedes Filet mit 2 Spinatblättern belegen.

◆ Die Filets aufrollen, feststecken und nebeneinander aufrecht auf einen tiefen Teller setzen.

◆ Die Schalotte abziehen und sehr fein hacken.

Zutaten für 4 Portionen
1 unbehandelte Zitrone
150 g Lachsfilet
2 EL Crème fraîche
16 große Spinatblätter
8 Seezungenfilets (je etwa 60 g)
Salz, weißer Pfeffer
1 Schalotte
2 Handvoll gemischte frische oder
2 Päckchen gemischte TK-Kräuter
125 ml Fischfond (fertig gekauft)
3 EL trockener Weißwein
2 EL trockener Wermut
1/4 l süße Sahne

◆ Frische Kräuter waschen, trockentupfen und sehr fein hacken.

◆ Den Backofen auf 50 °C heizen und wieder abschalten.

◆ Die Teller vorwärmen.

◆ Den Fischfond mit Wein und Wermut in einem Topf aufkochen.

◆ Eine Tasse umgedreht in den Topf setzen und darauf den Teller mit dem Fisch stellen. Die Fischröllchen zugedeckt bei schwacher Hitze 3 Minuten dämpfen.

◆ Den Teller mit dem Fisch vorsichtig aus dem Topf nehmen und in den Backofen stellen. Jedes Röllchen mit 1/2 EL Fond beträufeln und den Teller mit einer großen Schüssel zudecken.

◆ Die Tasse aus dem Topf nehmen, die Schalotte in den Fond geben und bei starker Hitze unter Rühren einkochen, bis der Fond dick wie Sirup ist.

◆ Die Sahne nach und nach zugießen und zu einer sämigen Sauce einkochen.

◆ Die Sauce mit 1 EL Zitronensaft, Salz und Pfeffer abschmecken und die Kräuter untermischen.

◆ Die Seezungenröllchen auf den vorgewärmten Tellern anrichten und mit der Sauce umgießen.

Zubereitung etwa 1 Stunde
1 Portion = 1831 kJ/ 436 kcal

Seezungenfilets in Kräutersahne

Dies ist eines der schnellsten und zugleich feinsten Fischgerichte. Es gelingt Ihnen auch dann, wenn Sie noch ganz ungeübt im Kochen sind.

◆ Den Backofen auf 220 °C (Umluft 200 °C, Gas Stufe 4) vorheizen.
◆ Die Zitrone waschen und abtrocknen. Etwas Schale abreiben und den Saft auspressen.

◆ Frische Kräuter waschen, trockentupfen und fein hacken.
◆ Die Kräuter mit Crème fraîche, Zitronenschale und Zitronensaft, Salz und 1 kräftigen Prise Cayennepfeffer verrühren.
◆ Die Seezungenfilets nebeneinander in eine flache Gratinform legen, mit Salz und Pfeffer würzen und die Kräutersahne darüber verteilen.
◆ Die Form auf die mittlere Schiene des heißen Backofens schieben und den Fisch etwa 8 Minuten garen.

Zubereitung etwa 20 Minuten
1 Portion = 1751 kJ/ 417 kcal

Gemischte Fische in Hummercreme

Dies ist ein Fischgericht für besondere Tage – schön anzusehen, leicht zu machen und nicht ganz billig. Bei einem großen Festessen reicht es als Zwischengericht vor dem Fleischgang für 8 Personen.

◆ Die Zucchini waschen, putzen und in feine Stifte schneiden.
◆ Den Lauch putzen, waschen und mit allen saftigen grünen Blättern in fingerlange Stücke teilen. Die Stücke in feine Streifen schneiden.
◆ Die Hummerkrabbenschwänze halbieren, die Fischfilets in fingerbreite Streifen schneiden.
◆ Eine Platte gut vorwärmen.
◆ Das Öl in einer großen Pfanne erhitzen.
◆ Gemüse, Hummerkrabbenschwän-

ze und Seeteufelfilet darin bei mittlerer Hitze 2 Minuten braten.
◆ Alles wenden, Seezungen- und Lachsfilet zugeben und zugedeckt 3 Minuten garen.
◆ Fisch und Gemüse auf die vorgewärmte Platte geben, mit Salz und Pfeffer würzen und zugedeckt warm halten.
◆ Fischfond und Sahne nach und nach in die Pfanne gießen und bei starker Hitze unter Rühren 5 Minuten einkochen lassen.
◆ Die Hummersuppenpaste untermischen, die Sauce mit Salz, Pfeffer und Zitronensaft abschmecken und über den Fisch geben.

Zubereitung etwa 50 Minuten
1 Portion = 1894 kJ/ 451 kcal

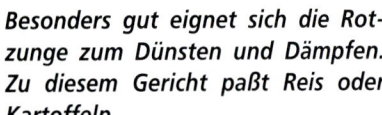

Rotzunge mit Lauch und Pilzen

Besonders gut eignet sich die Rotzunge zum Dünsten und Dämpfen. Zu diesem Gericht paßt Reis oder Kartoffeln.

◆ Die Pilze putzen und in Streifen schneiden.

◆ Den Lauch putzen, waschen und mit allen saftigen grünen Blättern in dünne Ringe schneiden.

◆ Die Petersilie waschen, trockentupfen und fein hacken.

◆ Die Teller gut vorwärmen.

◆ 1 EL Butter in einer Pfanne erhitzen und die in Streifen geschnittenen Pilze darin bei mittlerer Hitze etwa 3 Minuten braten.

◆ Die Lauchringe und alles weitere 2 Minuten braten, bis der Lauch gerade weich ist.

Zutaten für 4 Portionen
200 g Austernpilze
4 dünne Stangen Lauch
4 Zweige Petersilie
2 EL Butter
Salz, weißer Pfeffer
8 Rotzungenfilets
(je etwa 90 g)
2–3 EL trockener Wermut
200 ml Fischfond
100 ml süße Sahne

◆ Das Gemüse mit Salz und weißem Pfeffer abschmecken, auf den vorgewärmten Tellern anrichten und warm halten.

◆ 1 EL Butter in der Pfanne schmelzen und die Rotzungenfilets darin wenden.

◆ Die Filets mit Salz und Pfeffer würzen, den trockenen Wermut und 4 EL Fischfond zugeben und den Fisch zugedeckt bei schwacher Hitze 2 Minuten garen.

◆ Die Filets auf das Gemüse legen, mit etwas Fond aus der Pfanne beträufeln und ebenfalls warm halten.

◆ Abwechselnd den restlichen Fischfond und die Sahne in die Pfanne gießen und bei starker Hitze unter Rühren cremig einkochen.

◆ Die Sauce über den Fisch gießen und mit Petersilie bestreuen.

Zubereitung etwa 45 Minuten
1 Portion = 1457 kJ/ 347 kcal

Meeräsche auf provenzalische Art

Zu diesem Gericht aus dem Mittelmeerraum passen Stangenweißbrot und Salat.

◆ Die Tomaten abziehen und grob zerkleinern; dabei die Stielansätze entfernen.
◆ Die Minze waschen und hacken.
◆ Die Oliven halbieren und von den Steinen befreien.
◆ Den Knoblauch abziehen und zerdrücken.
◆ Die Fischkoteletts mit Salz und Pfeffer würzen.
◆ Die Teller gut vorwärmen.
◆ Das Öl in einem großen Schmortopf erhitzen und die Fischkoteletts darin auf jeder Seite etwa 1 Minute bei mittlerer Hitze anbraten.
◆ Knoblauch, Oliven und Minze an den Seiten des Fischs verteilen.
◆ Die Tomaten auf die Fischkoteletts legen und salzen und pfeffern.

Zutaten für 4 Portionen
4 Fleischtomaten
5 Pfefferminzeblättchen
50 g schwarze Oliven
2 Knoblauchzehen
4 Koteletts von der Meeräsche
(je etwa 125 g)
Salz, weißer Pfeffer
4 EL Olivenöl
1/8 l trockener Weißwein
1 Bund Petersilie
2 EL Orangensaft

◆ Den Wein zugießen, aufkochen lassen und den Fisch zugedeckt bei schwacher Hitze 10 Minuten garen.
◆ Die Petersilie waschen, trockentupfen und fein hacken.
◆ Die Fischkoteletts auf die Teller

legen und Gemüse und Schmorsud daneben anrichten.
◆ Den Fisch mit Orangensaft beträufeln und mit der Petersilie bestreuen.

Zubereitung etwa 45 Minuten
1 Portion = 1176 kJ/ 280 kcal

Heringe mit Tomatensauce

Zutaten für 4 Portionen
1 kg Tomaten
2 Schalotten
2 Knoblauchzehen
5 Zweige Rosmarin
1 großes Bund Basilikum
5 EL Olivenöl
Salz, schwarzer Pfeffer
1 Prise Zucker
4 grüne Heringe (je etwa 250 g)
2 EL Zitronensaft
1 EL Mehl

◆ Die Tomaten abziehen und in Scheiben schneiden; dabei die Stielansätze entfernen.
◆ Schalotten und Knoblauch abziehen und fein hacken.
◆ Die Kräuter waschen und trockentupfen. Die Rosmarinblätter von den Stielen streifen und hacken. Das Basilikum fein hacken.
◆ 2 EL Öl erhitzen und Schalotten und Knoblauch darin bei schwacher Hitze glasig braten.
◆ Tomaten und Rosmarin zugeben und bei starker Hitze unter Rühren dick einkochen.
◆ Die Tomatensauce mit Salz, Pfeffer und Zucker würzen und zugedeckt warm halten, bis die Heringe gebraten sind.

◆ Die Teller gut vorwärmen.
◆ Die Heringe innen und außen unter fließend kaltem Wasser abspülen und mit Küchenpapier trockentupfen. Dann die Fische einige Male einschneiden, mit dem Zitronensaft beträufeln, salzen und pfeffern und im Mehl wenden.
◆ 3 EL Öl in einer Pfanne erhitzen und die Heringe darin bei mittlerer Hitze auf jeder Seite etwa 5 Minuten braten.
◆ Die Fische auf den vorgewärmten Tellern anrichten. Die Tomatensauce daneben geben und mit dem Basilikum bestreuen.

Zubereitung etwa 35 Minuten
1 Portion = 2369 kJ/ 564 kcal

Grüne Heringe mit Gemüse

Zutaten für 4 Portionen
2 Möhren
2 große Zwiebeln
2 Knoblauchzehen
1 großes Bund Petersilie
1 kleine unbehandelte Zitrone
1 EL Butter
4 küchenfertige grüne Heringe
(je etwa 200 g)
Salz
weißer Pfeffer
1 Lorbeerblatt
2 Gewürznelken
1/8 l dunkles Bier

Im Binnenland kennt man kaum noch grüne Heringe – meist kommen Matjes oder Heringssalat auf den Tisch. Probieren Sie einmal dieses alte Heringessen, das es früher während der Fastenzeit gab.

♦ Die Möhren putzen, Zwiebeln und Knoblauch abziehen und alles in dünne Scheiben schneiden.
♦ Die Petersilie waschen, trockentupfen und fein hacken.
♦ Die Zitrone waschen und abtrocknen. Die Schale rundherum dünn abreiben und den Saft auspressen.
♦ Die Butter in einem Bräter zerlassen und Möhren, Zwiebeln, Knoblauch und die Hälfte der Petersilie darin bei mittlerer Hitze etwa 2 Minuten schmoren, bis die Zwiebeln glasig sind; dann das Gemüse herausnehmen.
♦ Die Heringe innen und außen mit Salz und Pfeffer würzen und nebeneinander in den Bräter legen.
♦ Zitronenschale und -saft, Lorbeerblatt und Nelken auf die Fische geben und das Gemüse auf den Heringen verteilen.
♦ Das Bier rundherum zugießen und einmal aufkochen lassen.
♦ Den Bräter schließen und die Fische zugedeckt bei schwacher Hitze etwa 10 Minuten garen.
♦ Die Heringe mit der zweiten Hälfte der Petersilie bestreuen und servieren.

*Zubereitung etwa 40 Minuten
1 Portion = 1873 kJ/ 446 kcal*

Heringskartoffeln

Wichtig ist, daß Sie die Heringsstreifen ganz zum Schluß unter die heißen Kartoffeln mischen und das Essen gleich servieren.

♦ Die Heringsfilets in einer Schüssel mit kaltem Wasser bedecken und 30 Minuten wässern. Das Wasser währenddessen dreimal wechseln.
♦ Die Filets in etwa fingerbreite Streifen schneiden.
♦ Während die Heringe wässern, die Kartoffeln waschen und ungeschält in wenig Wasser weich kochen.
♦ Die Petersilie waschen, trockentupfen und fein zerkleinern.
♦ Die Zwiebeln abziehen und fein hacken.
♦ Die Butter erhitzen und die Zwiebeln darin glasig braten.
♦ Das Mehl untermischen und hell anrösten.

Zutaten für 3 Portionen
4 Salzheringsfilets
500 g vorwiegend festkochende Kartoffeln
1 großes Bund Petersilie
2 Zwiebeln
2 EL Butter, 1 EL Mehl
1/4 l Gemüsebrühe
1/4 l süße Sahne
weißer Pfeffer
1 EL Zitronensaft

♦ Die Gemüsebrühe zugießen, unter Rühren aufkochen, bis die Sauce glatt ist, und zugedeckt bei schwacher Hitze 5 Minuten kochen lassen.
♦ Die Kartoffeln abgießen, kalt abschrecken und pellen.
♦ Die Kartoffeln in Scheiben schneiden, mit Petersilie und Sahne in die Sauce rühren und bis knapp unter den Siedepunkt erhitzen, aber nicht mehr aufkochen lassen.
♦ Die Heringsstreifen untermischen, mit Pfeffer und Zitronensaft abschmecken und sofort servieren.

*Zubereitung etwa 50 Minuten
1 Portion = 3053 kJ/ 727 kcal*

Matjes mit grünen Bohnen

◆ Die Bohnen putzen und waschen.
◆ Das Bohnenkraut waschen und etwa die Hälfte der Blättchen abzupfen und beiseite legen.
◆ Reichlich Wasser mit Salz und dem restlichen Bohnenkraut aufkochen lassen und die Bohnen darin in 10–15 Minuten bißfest kochen.
◆ Inzwischen den Matjes auf einer Servierplatte anrichten und zum Kühlen mit Eiswürfeln umlegen.
◆ Den Schnittlauch waschen, trockentupfen, fein zerkleinern und mit Crème fraîche, Joghurt, Zitronensaft, Senf und Öl mischen. Die Sauce mit Salz und Pfeffer abschmecken.
◆ Die Bohnen abgießen, abtropfen lassen und mit Salz, Pfeffer, Butter und dem Bohnenkraut mischen.

Zubereitung etwa 45 Minuten
1 Portion = 3314 kJ/ 789 kcal

Zutaten für 4 Portionen
600 g grüne Bohnen
1 Bund Bohnenkraut
Salz
8 Matjesfilets
2 Bund Schnittlauch
200 g Crème fraîche
200 g Magerjoghurt
1 EL Zitronensaft
1 TL körniger Senf
1 TL Öl
schwarzer Pfeffer
2 EL Butter
Eiswürfel

Gefüllte Brassen

Die Füllung für diese zarten Fische besteht aus Speck, Zwiebeln, Knoblauch und Rosmarin. Gegart werden sie auf dicken Tomatenscheiben.

◆ Den Backofen auf 200 °C (Umluft 180 °C, Gas Stufe 3) vorheizen.
◆ Die Fleischtomaten abziehen und in Scheiben schneiden; dabei die Stielansätze entfernen.
◆ Zwiebeln und Knoblauch abziehen und fein hacken.
◆ Den Räucherspeck in kleine Würfel schneiden.
◆ Den Rosmarin waschen und trockentupfen. Die Blättchen abstreifen und ebenfalls hacken.

Zutaten für 4 Portionen
750 g Fleischtomaten
400 g Zwiebeln
2 Knoblauchzehen
100 g Räucherspeck
4 Zweige Rosmarin
Salz, weißer Pfeffer
2 Streifenbrassen
(je etwa 300 g)

◆ Den Speck in einem großen Bräter bei schwacher Hitze glasig braten und wieder herausnehmen.
◆ Zwiebeln, Knoblauch und Rosmarin im Speckfett glasig braten. Die Hälfte davon herausnehmen und mit dem Speck mischen.
◆ Die Tomatenscheiben in den Bräter legen und salzen und pfeffern.
◆ Die Fische innen und außen mit Pfeffer, außen auch mit Salz würzen, mit der Speckmischung füllen und auf die Tomaten legen.
◆ Die Brassen zugedeckt auf die untere Schiene des heißen Backofens stellen und etwa 30 Minuten garen.

Zubereitung etwa 30 Minuten
Garzeit etwa 30 Minuten
1 Portion = 1394 kJ/ 332 kcal

Fischfondue

Zum Fischfondue passen Weißbrot und verschiedene Saucen. Kräftiger im Geschmack, aber auch fetter und kalorienreicher wird es, wenn Sie Fisch und Gemüse in Erdnußöl garen.

◆ Das Seeteufelfilet würfeln.
◆ Die Forellenfilets in je 3 Stücke schneiden.
◆ Die Hummerkrabbenschwänze aus den Schalen lösen. Den fadenförmigen Darm, der am Rücken entlangläuft, entfernen und die Krabbenschwänze in etwa 2 cm breite Stücke schneiden.
◆ Seeteufel- und Forellenfilet sowie die Hummerkrabbenschwänze mit den Sardinen auf einer großen Platte anrichten.
◆ Die Zitrone waschen, abtrocknen,

Zutaten für 4 Portionen
200 g Seeteufelfilet (Lotte)
je 4 Forellenfilets und
Hummerkrabbenschwänze
8 küchenfertige Sardinen
1 unbehandelte Zitrone
1 Bund Lauchzwiebeln
je 4 Blätter Mangold und Chinakohl
8 mittelgroße weiße Champignons
1 EL Zitronensaft
1 l Gemüsebrühe

in Schnitze teilen und den Fisch damit garnieren.
◆ Die Lauchzwiebeln putzen, waschen und mit allen saftigen grünen

Blättern in etwa fingerbreite Stücke schneiden.
◆ Die Mangold- und Chinakohlblätter waschen und in breite Streifen schneiden.
◆ Die Pilze putzen, waschen, trokkentupfen und mit dem Zitronensaft vermischen.
◆ Lauchzwiebeln, Mangold und Chinakohl sowie die Pilze ebenfalls auf einer Platte anrichten.
◆ Die Gemüsebrühe in einem Topf auf dem Herd erhitzen und im Fonduetopf auf den Rechaud stellen.
◆ Abwechselnd Gemüse, Fisch und Krabbenschwänze in Fonduesiebchen legen und in der Brühe garen.

Zubereitung etwa 1¼ Stunden
1 Portion = 932 kJ/ 222 kcal

Gebackener Karpfen

Nehmen Sie einen Spiegelkarpfen, der etwas mehr als 1 kg wiegt. Größere Fische schmecken nicht so gut, und kleinere haben im Verhältnis zu ihrem Gewicht zu viele Gräten.

◆ Den Karpfen vom Fischhändler längs teilen und entgräten lassen.
◆ Die Schalotte oder Lauchzwiebel abziehen und fein zerkleinern.
◆ Die Petersilie waschen, trockentupfen und fein zerkleinern.
◆ Die Essiggurke fein zerkleinern.
◆ Schalotte oder Lauchzwiebel, Petersilie und Essiggurke mit Crème fraîche und Joghurt mischen und mit Salz, Pfeffer und ein paar Spritzern Zitronensaft abschmecken.
◆ Die Fischhälften rundherum trockentupfen.
◆ Den Senf mit dem restlichen Zitronensaft verrühren, die Fischhälften damit auf beiden Seiten bestreichen und kräftig mit Salz und mit Pfeffer würzen.

Zutaten für 4 Portionen
1 Karpfen (etwa 1,2 kg)
1 Schalotte oder Lauchzwiebel
$^1/_2$ Bund Petersilie
1 Essiggurke
200 g Crème fraîche
100 g Magerjoghurt
Salz, weißer Pfeffer
3 EL Zitronensaft
1 EL scharfer Senf
$^1/_8$ l Öl zum Backen
50 g Mehl
1 unbehandelte Zitrone
8 Stengel krause Petersilie

◆ Zum Backen eine große Pfanne oder einen Bräter nehmen, in dem die Fischhälften nebeneinander Platz haben, und das Öl darin erhitzen.
◆ Die Fischhälften im Mehl wenden, in das heiße Öl legen und bei mittlerer bis schwacher Hitze auf jeder Seite etwa 5 Minuten backen. Sie sind fertig, wenn der Fisch goldbraun und gerade durchgegart, aber noch richtig saftig ist.
◆ Die Zitrone waschen, abtrocknen und in Scheiben schneiden.
◆ Die Petersilie waschen und trockentupfen.
◆ Den Fisch herausnehmen, auf eine Platte legen, mit Zitronenscheiben und Petersiliensträußchen garnieren und heiß mit der Sauce servieren.

Zubereitung etwa 1 Stunde
1 Portion = 2722 kJ/ 648 kcal

Geschmorter Karpfen mit Gemüse

Der Karpfen wird auf Gemüse im Backofen geschmort und mit Trockenkräutern kräftig gewürzt. Er schmeckt heiß oder kalt mit Stangenweißbrot.

Zutaten für 4 Portionen
600 g Tomaten
5 Gemüsezwiebeln
2 Knoblauchzehen
5 EL Öl
1 EL provenzalische Kräutermischung
Salz, schwarzer Pfeffer
1 küchenfertiger Karpfen (etwa 1,5 kg)

◆ Die Tomaten abziehen. 1 Tomate in Scheiben schneiden, die anderen würfeln; dabei jeweils die Stielansätze herausschneiden.
◆ Die Gemüsezwiebeln abziehen und achteln und die Achtel noch einmal halbieren.
◆ Den Knoblauch abziehen und hacken.
◆ Den Backofen auf 250 °C (Umluft 220 °C, Gas Stufe 5–6) vorheizen.
◆ Das Öl in einer Pfanne erhitzen und Zwiebeln und Knoblauch darin bei schwacher Hitze glasig braten.
◆ Die Tomatenwürfel zugeben und 5 Minuten bei mittlerer Hitze unter Rühren schmoren.
◆ Die Mischung mit Kräutern, Salz und Pfeffer würzen und in die Fettpfanne des Backofens geben.

◆ Den Karpfen kalt abspülen, trockentupfen und auf die Arbeitsfläche legen.
◆ Den Fisch mit einem scharfen Messer der Länge nach halbieren.
◆ Die Hälften mit der Hautseite nach oben auf das Gemüse legen, einige Male quer einschneiden und mit Salz und Pfeffer würzen.
◆ Die Tomatenscheiben in die Einschnitte stecken.
◆ Die Fettpfanne mit dem Gemüse und dem Karpfen auf die mittlere Schiene des heißen Backofens schieben und den Fisch in 30–40 Minuten fertig garen.

Zubereitung etwa 50 Minuten
Garzeit 30–40 Minuten
1 Portion = 2402 kJ/ 572 kcal

Karpfen blau: Grundrezept

1. Das geputzte Suppengrün grob zerkleinern.

2. Die gewaschene Zitrone in Scheiben schneiden.

3. Alle Gewürze im Wasser kochen lassen.

4. Den Karpfen gründlich waschen.

5. Karpfen in den Sud legen.

6. Gar ziehen lassen.

◆ Das Suppengrün putzen, waschen und grob zerkleinern.

◆ Die Zitrone waschen, abtrocknen und in Scheiben schneiden.

◆ Suppengrün und Zitronenscheiben mit Wasser, Salz, Essig und Fischgewürz in einem großen Topf aufkochen und zugedeckt bei schwacher Hitze 15 Minuten kochen lassen. Der Sud muß so kräftig wie im Rezept gewürzt werden. Nur dann entfaltet der Fisch sein volles Aroma, und selbst Zuchtfische schmecken so gut wie ihre wildlebenden Verwandten.

◆ Den Karpfen gründlich waschen. Dazu das Spülbecken mit kaltem Wasser füllen. Dann den Fisch mit Daumen und Zeigefinger unterhalb der Kiemen in der Bauchhöhle fassen und im Wasser schwenken. Auf diese Weise berührt man die Schleimschicht auf der Haut des Fisches nicht, die

Zutaten für 4 Portionen

4 Bund Suppengrün
1 unbehandelte Zitrone
3 l Wasser
2 EL Salz
8 EL milder Essig
2 Päckchen Fischgewürz
1 küchenfertiger Spiegelkarpfen (etwa 1,2 kg)

beim Kochen für die schöne blaue Farbe sorgt.

◆ Den Karpfen in den Sud legen und im offenen Topf bei mittlerer Hitze langsam zum Sieden bringen, bis im Sud kleine Bläschen aufsteigen. Dann den Fisch im halb geschlossenen Topf in etwa 50 Minuten gar ziehen lassen. Dabei darauf achtgeben, daß der Sud immer nur perlt, aber nicht sprudelt.

◆ Während der Karpfen gart, die Beilagen und die Sauce zubereiten.

Karpfen blau mit Petersiliensauce

Karpfen blau mit Petersiliensauce

Seit langem ist Karpfen in vielen Ländern ein typisches Weihnachts- und Silvesteressen. Eine Schuppe, im Portemonnaie aufbewahrt, soll Glück und Geld bringen.

♦ Den Karpfen wie im Grundrezept zubereiten.

♦ Nachdem der Karpfen 30 Minuten gezogen hat, für die Sauce ¹/₂ l Fischsud mit einem Schöpflöffel in einen Meßbecher füllen.

♦ Die Butter in einem Topf erhitzen und das Mehl darin unter Rühren goldgelb rösten.

♦ Den abgemessenen Fischsud unter Rühren langsam zugießen, aufko-

Zutaten für 4 Portionen
Zutaten für den Karpfen
wie im Grundrezept
<u>Sauce</u>
¹/₂ l Fischsud
2 EL Butter
1 EL Mehl
1 unbehandelte Zitrone
2 Bund krause Petersilie
200 ml süße Sahne
¹/₄ TL gemahlene Muskatblüte
Salz
weißer Pfeffer

chen und die Sauce zugedeckt bei schwacher Hitze 10 Minuten kochen lassen.

♦ Die Zitrone waschen, abtrocknen und die Hälfte der Schale abreiben.

♦ Die Petersilie waschen, trockentupfen, fein hacken und mit der Sahne unter die Sauce mischen.

♦ Die Sauce noch einmal bis knapp unter den Siedepunkt erhitzen, aber nicht mehr aufkochen.

♦ Mit Muskatblüte, Zitronenschale, Salz und Pfeffer würzen und zum Karpfen servieren.

Zubereitung etwa 1¹/₄ Stunden
1 Portion = 2209 kJ/ 526 kcal

Forelle blau

Zutaten für 4 Portionen
500 g Suppengrün
1 unbehandelte Zitrone
3 l Wasser
2 EL Salz
8 EL Essig
2 Päckchen Fischgewürz
4 küchenfertige Forellen
(je etwa 300 g)

Es ist ein gutes Zeichen, wenn die Fische im Sud aufplatzen. Ganz frische krümmen sich beim Garen so, daß die Haut reißt, tiefgefrorene bleiben gerade. Zu den Forellen passen Salzkartoffeln und grüner Salat.

♦ Das Suppengrün putzen, waschen und grob zerkleinern.

♦ Die Zitrone waschen, abtrocknen und in Scheiben schneiden.

♦ Wasser, Salz, Essig, zerkleinertes Suppengrün, Zitronenscheiben und Fischgewürz aufkochen und zugedeckt bei schwacher Hitze 15 Minuten kochen lassen.

♦ Die Forellen im Sud bei mittlerer Hitze langsam zum Sieden bringen,

bis im Wasser kleine Bläschen aufsteigen. Dann die Fische im halb geschlossenen Topf in etwa 15 Minuten gar ziehen lassen.

Zubereitung etwa 35 Minuten
1 Portion = 874 kJ/ 208 kcal

Gebratene Forellen mit Gemüse

Als Beilage zu den gebratenen Forellen paßt am besten Reis.

◆ Die harten Stiele der Shiitakepilze abschneiden und die Pilzhüte in Streifen schneiden.
◆ Die Lauchzwiebeln putzen, waschen und mit allen saftigen grünen Blättern in fingerlange Stücke schneiden. Die Stücke in Streifen schneiden.
◆ Die Paprikaschote vierteln, putzen, waschen und in Streifen teilen.
◆ Die Sojasprossen waschen.
◆ Den Frühstücksspeck in Streifen schneiden.
◆ Den Ingwer schälen und fein zerkleinern.
◆ Eine Platte und Teller vorwärmen.
◆ 1 EL Öl in einer großen Pfanne erhitzen und alle Zutaten darin bei starker Hitze anbraten, bis die Zwiebeln intensiv grün sind.

Zutaten für 4 Portionen
100 g frische Shiitakepilze
1 Bund Lauchzwiebeln
1 rote Paprikaschote
200 g Sojasprossen
2 Scheiben Frühstücksspeck
(etwa 30 g)
1 daumengroßes Stück
frische Ingwerwurzel
1/4 l Öl
2 EL milder Essig, 1 TL Zucker
4 EL Sojasauce
200 ml Geflügelbrühe
Salz, schwarzer Pfeffer
4 küchenfertige Forellen
(je etwa 250 g)
4 EL Zitronensaft
50 g Speisestärke

◆ Essig, Zucker, Sojasauce und Brühe zugeben, aufkochen und etwa 2 Minuten kochen lassen, bis das Gemüse gerade eben weich ist.
◆ Das Gemüse mit Salz und Pfeffer würzen, auf die Platte geben und zugedeckt warm halten. Die Pfanne mit Küchenpapier auswischen.
◆ Die Forellen trockentupfen, innen und außen mit Salz und Pfeffer würzen und mit Zitronensaft beträufeln.
◆ Die Speisestärke auf einen Teller geben und die Fische darin wenden.
◆ Den Rest des Öls in der Pfanne erhitzen, die Forellen darin bei starker bis mittlerer Hitze auf jeder Seite etwa 4 Minuten braten, bis sie braun und knusprig sind, und auf dem Gemüse anrichten.

Zubereitung etwa 50 Minuten
1 Portion = 2537 kJ/ 604 kcal

Forellen mit Salbei

◆ Die Zitrone waschen und abtrocknen. 1 großes Stück Schale dünn abschneiden und fein hacken. Den Saft auspressen.
◆ Die Forellen trockentupfen und innen und außen kräftig mit Zitronensaft, Salz und Pfeffer würzen.
◆ Zwiebel und Knoblauch abziehen und fein hacken.
◆ Salbeiblätter oder Petersilie waschen, trockentupfen und fein zerkleinern.
◆ Zwiebel, Knoblauch, Salbei oder Petersilie und Zitronenschale mischen und in die Forellen geben.
◆ Das Öl erhitzen und die Fische darin zugedeckt bei mittlerer Hitze unter Wenden etwa 20 Minuten braten.

Zubereitung etwa 30 Minuten
1 Portion = 1672 kJ/ 398 kcal

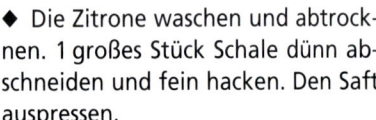

Zutaten für 4 Portionen
1 unbehandelte Zitrone
4 küchenfertige Forellen
(je etwa 350 g)
Salz, schwarzer Pfeffer
1 Zwiebel
3 Knoblauchzehen
1 Handvoll frische Salbeiblätter
oder Petersilie
3 EL Öl

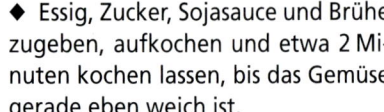

Lachsforellen auf Gemüse

Diese Fischspeise ist schnell zubereitet und besonders delikat. Dazu schmecken Baguette und Salat.

♦ Den Backofen auf 220 °C (Umluft 200 °C, Gas Stufe 4) vorheizen.
♦ Die Tomaten abziehen und würfeln; dabei die Stielansätze herausschneiden.
♦ Die Fenchelknollen halbieren und waschen. Den Strunk herausschneiden und die Hälften quer zu den Fasern in dünne Streifen schneiden.
♦ Die Paprikaschoten vierteln, von Kernen und Häuten befreien, waschen und in Streifen schneiden.
♦ Die Zucchini waschen und putzen, die Kartoffeln schälen und beides in dicke Scheiben schneiden.
♦ Tomaten, Fenchel, Paprika, Zucchini und Kartoffeln mischen, in einen großen Bräter geben und kräftig mit Salz und Pfeffer würzen.

Zutaten für 4 Portionen
3 große Tomaten
2 mittelgroße Fenchelknollen
je 1 rote und grüne Paprikaschote
2 kleine Zucchini
8 kleine Kartoffeln
Salz, schwarzer Pfeffer
2 Lachsforellen (je etwa 600 g)
2 Knoblauchzehen
1 kleine unbehandelte Zitrone
1 kleines Bund Petersilie
3 EL Olivenöl
125 ml Fischfond (fertig gekauft)

♦ Die Fische mit Salz und reichlich Pfeffer einreiben, mit einem scharfen Messer auf der Oberseite dreimal tief einschneiden und mit den Einschnitten nach oben auf das Gemüse legen.

♦ Den Knoblauch abziehen und fein hacken.
♦ Die Zitrone waschen und abtrocknen. 1 großes Stück Schale dünn abschneiden und den Saft auspressen.
♦ Die Petersilie waschen, trockentupfen und fein zerkleinern.
♦ Knoblauch, Petersilie, Zitronenschale und -saft mit dem Öl vermischen und soviel wie möglich mit einem Teelöffel in die Einschnitte der Fische füllen.
♦ Den Rest der Mischung auf den Lachsforellen verteilen.
♦ Den Fischfond an den Seiten der Fische zugießen, die Lachsforellen zugedeckt auf die untere Schiene des heißen Backofens schieben und etwa 25 Minuten garen.

Zubereitung etwa 30 Minuten
Garzeit etwa 25 Minuten
1 Portion = 1844 kJ/ 439 kcal

Forellen mit Weißwein

Das leichte Sommeressen können Sie auch ohne Wein zubereiten: Nehmen Sie statt dessen Gemüsebrühe und 1 EL Zitronensaft.

◆ Die Zitrone waschen und abtrocknen. Ein großes Stück Schale dünn abschneiden und fein hacken. Die Zitrone halbieren, die eine Hälfte auspressen und die andere mit der Schale in kleine Stücke schneiden.

◆ Das Basilikum waschen, trockentupfen und fein hacken.

◆ Die Zwiebeln und den Knoblauch abziehen und fein zerkleinern.

◆ Die Forellen innen und außen mit Salz und Pfeffer würzen.

◆ Die Hälfte von Zwiebeln, Knoblauch und Basilikum mit der Zitronenschale und dem Kräutersenf vermischen und in die Forellen geben.

Zutaten für 4 Portionen
1 unbehandelte Zitrone
2 Bund Basilikum
2 Zwiebeln
2 Knoblauchzehen
4 Forellen (je etwa 350 g)
Salz, weißer Pfeffer
1 EL Kräutersenf
50 g Butter oder Margarine
$^{1}/_{4}$ l trockener Weißwein

◆ Das Fett in einem Bräter erhitzen. Den Rest der Zwiebeln und des Knoblauchs darin bei schwacher Hitze glasig braten.

◆ Die Zitronenstücke untermischen, die Forellen nebeneinander in den Bräter legen und mit dem Zitronensaft beträufeln.

◆ Den Wein zugießen.

◆ Die Fische zugedeckt bei schwacher Hitze 30 Minuten garen.

◆ Die Forellen mit dem restlichen Basilikum bestreuen und sofort servieren.

Zubereitung etwa 20 Minuten
Garzeit 30 Minuten
1 Portion = 1844 kJ/ 439 kcal

Gedämpfte Forellen mit Sherry

◆ Den Ingwer schälen und fein hacken. Die Lauchzwiebeln waschen, putzen und in dünne Ringe schneiden. Den Knoblauch abziehen und zerdrücken.

◆ Sherry, Sojasauce, Zucker, Öl, Ingwer und Knoblauch mischen.

◆ Die Forellen an einer Seite mit einem scharfen Messer jeweils drei-mal schräg einschneiden. Innen und außen mit wenig Salz würzen.

◆ Einen Kochtopf fingerhoch mit Wasser füllen und einen Dämpfeinsatz hineingeben. Die Fische hineinlegen und die Sherrymischung mit einem Teelöffel in die Einschnitte geben. Die Lauchzwiebeln auf den Fischen verteilen.

Zutaten für 2 Portionen
1 daumengroßes Stück
frische Ingwerwurzel
4 Lauchzwiebeln
2 Knoblauchzehen
4 EL trockener Sherry
2 EL Sojasauce
$^{1}/_{2}$ TL Zucker
2 EL Erdnußöl
2 küchenfertige Forellen
(je etwa 350 g)
Salz

◆ Das Wasser im Topf aufkochen. Die Fische zugedeckt 10–15 Minuten bei mittlerer Hitze garen.

Zubereitung etwa 30 Minuten
Garzeit 10–15 Minuten
1 Portion = 1978 kJ/ 471 kcal

Forellenklößchen auf Gemüse

◆ Die Zwiebel abziehen und fein hacken.

◆ Die Zitrone waschen und abtrocknen. Die Hälfte der Schale dünn abschneiden und fein zerkleinern. Den Saft der halben Zitrone auspressen.

◆ Den Kerbel waschen, trockentupfen und fein hacken.

◆ Den Fisch mit dem Brot im Blitzhacker oder mit dem Mixer fein pürieren.

◆ Zwiebel, Zitronenschale und -saft, die Hälfte des Kerbels, Eier, Salz und Pfeffer zugeben.

◆ Alle diese Zutaten mit einer Gabel mischen, bis der Teig wie Frikadellenteig bindet.

◆ Mit angefeuchteten Händen walnußgroße Klößchen formen.

◆ Den Kohlrabi schälen und in fingerdicke Stifte schneiden.

◆ Den Blumenkohl putzen, waschen und in Röschen teilen.

◆ Die Spitzkohlblätter waschen und die dicken Blattrippen und den

Zutaten für 4 Portionen
1 Zwiebel
1 unbehandelte Zitrone
1 Handvoll Kerbelblättchen
500 g frische Forellenfilets
2 Scheiben Toastbrot
2 kleine Eier
Salz, weißer Pfeffer
1 kg Kohlrabi, Blumenkohl
und Spitzkohlblätter gemischt
2 Stangen Lauch
2 Tomaten
2 EL Butter
2 EL Öl
100 ml Gemüsebrühe
1/2 Bund Schnittlauch

Strunk herausschneiden. Die Blätter in Streifen schneiden.

◆ Den Lauch putzen, waschen und in fingerbreite Stücke schneiden.

◆ Die Tomaten häuten und würfeln; dabei die Stielansätze entfernen.

◆ Butter und Öl in einem großen Topf zerlassen. Kohlrabi, Blumenkohl, Spitzkohl und Lauch darin bei mittlerer Hitze 3 Minuten schmoren.

◆ Mit Salz und Pfeffer würzen. Die Brühe zugießen.

◆ Zuerst die Tomaten und dann die Klößchen auf das Gemüse legen. Aufkochen und gut zugedeckt bei mittlerer Hitze 10–15 Minuten dünsten, bis das Gemüse gerade eben bißfest ist.

◆ 4 Teller vorwärmen.

◆ Den Schnittlauch waschen, trockentupfen und in feine Röllchen schneiden.

◆ Das Gemüse mit den Klößchen auf den heißen Tellern anrichten und mit dem Rest des Kerbels und dem Schnittlauch bestreuen.

Zubereitung etwa 1¼ Stunden
1 Portion = 1819 kJ/ 433 kcal

Gemischte Fische in Tomatensahne

Aus den Panzern der Hummerkrab-ben, den Gräten und Köpfen der Fo-rellen wird der Fond für die Sauce gekocht. Wem das zuviel Arbeit macht, nimmt Fischfond aus dem Glas.

Zutaten für 4 Portionen
2 küchenfertige Forellen
(je etwa 350 g)
8 rohe Hummerkrabben-
schwänze im Panzer
1 Schalotte
1 Bund Suppengrün
1 unbehandelte Zitrone
$^1/_4$ l trockener Weißwein
$^1/_4$ l Wasser
1 Lorbeerblatt
1 TL weiße Pfefferkörner
2 Fleischtomaten
1 großes Bund Schnittlauch
Salz
400 g Crème fraîche
weißer Pfeffer

◆ Die Forellen vom Fischhändler filetieren und häuten und aus den Köpfen die Kiemen herausschneiden lassen. Köpfe, Gräten und Haut für den Fond mitnehmen.

◆ Die Panzer der Hummerkrabben aufschneiden; die Schwänze heraus-lösen. Den fadenförmigen Darm, der am Rücken entlangläuft, entfernen.

◆ Die Schalotte abziehen und grob hacken.

◆ Das Suppengrün putzen, waschen und grob zerkleinern.

◆ Die Zitrone waschen und abtrock-nen. 1 großes Stück Schale dünn ab-schneiden, $^1/_2$ Zitrone auspressen.

◆ Eine Platte gut vorwärmen.

◆ Köpfe, Gräten und Haut der Forel-len, Hummerkrabbenpanzer, Schalot-te, Suppengrün, Zitronenschale und -saft, Wein und Wasser, Lorbeerblatt und Pfefferkörner in einem Topf auf-kochen und zugedeckt bei schwacher Hitze 25 Minuten kochen lassen.

◆ Inzwischen die Tomaten abziehen und in kleine Würfel schneiden; da-bei die Stielansätze entfernen.

◆ Den Schnittlauch waschen, trok-kentupfen und fein zerkleinern.

◆ Den Fischfond durch ein feines Sieb gießen und alle festen Teile wegwerfen.

◆ Den Fond mit Salz würzen, aufko-chen und die Krabbenschwänze dar-in bei schwacher Hitze 4 Minuten zie-hen lassen.

◆ Die Forellenfilets zugeben und weitere 3 Minuten ziehen lassen.

◆ Krabbenschwänze und Forellen herausnehmen und auf der vorge-wärmten Platte warm halten.

◆ Den Fond bei starker Hitze unter Rühren einkochen, bis er dick wie Sirup ist. Die Crème fraîche nach und nach zugeben und ebenfalls dick einkochen lassen.

◆ Die Tomaten in der Sauce nur er-hitzen und mit Salz und Pfeffer ab-schmecken.

◆ Den Schnittlauch untermischen und die Sauce über den Fisch geben.

Zubereitung etwa 1 Stunde
1 Portion = 2247 kJ/ 535 kcal

Butterfische

◆ Forellen und Schleie vom Fischhändler filetieren lassen.

◆ Eine Schüssel gut vorwärmen.

◆ Aus dem Hechtfilet mit einer Pinzette die Gräten zupfen.

◆ Möhren und Sellerie putzen und in dünne Scheiben schneiden.

◆ Die Lauchzwiebeln putzen, waschen und mit allen saftigen grünen Blättern in etwa 2 cm lange Stücke schneiden.

◆ Petersilie und Dill waschen, trockentupfen und fein hacken.

◆ Fischfond und Gemüsebrühe mit Salz aufkochen.

◆ Das Gemüse im Sud 5 Minuten sprudelnd kochen lassen, mit einem Schaumlöffel herausnehmen und in der vorgewärmten Schüssel warm halten.

◆ Das Fischgewürz in den Sud geben, die Fischfilets hineinlegen und zugedeckt bei schwächster Hitze in 6–7 Minuten gar ziehen lassen. Die Filets auf das Gemüse legen.

◆ Den Sud durch ein Sieb gießen und auffangen.

◆ Die Butter in einem Topf erhitzen und das Mehl darin hellgelb anschwitzen.

◆ Den Sud langsam zugießen und rühren, bis die Sauce glatt ist, dann zugedeckt bei schwacher Hitze 5 Minuten kochen lassen.

◆ Die Zitrone waschen und abtrocknen. $1/4$ TL Schale abreiben; 1 EL Saft auspressen.

◆ Sahne, Zitronensaft, Petersilie und Dill unter die Sauce mischen und erhitzen, aber nicht mehr aufkochen.

◆ Die Sauce mit Zitronenschale, Pfeffer und Muskat abschmecken und über die Fische gießen.

Zubereitung etwa 50 Minuten
1 Portion = 1894 kJ/ 451 kcal

Zutaten für 4 Portionen

2 Forellen
1 Schleie
1 Hechtfilet
2 mittelgroße Möhren
1 Stück Knollensellerie
(etwa 300 g)
3 Lauchzwiebeln
je $1/4$ Bund Petersilie und Dill
400 ml Fischfond (fertig gekauft)
$1/8$ l Gemüsebrühe
1 EL Salz
1 EL Fischgewürz
50 g Butter
1 gehäufter EL Mehl
1 unbehandelte Zitrone
$1/8$ l süße Sahne
weißer Pfeffer
geriebene Muskatnuß

Gefüllter Hecht

Das Rezept ist knapp 400 Jahre alt; aufgeschrieben hat es Anna Wecker, die erste Frau, von der uns ein richtiges Kochbuch überliefert ist.

◆ Für die Füllung das Forellenfilet entgräten und ganz fein hacken.
◆ Den Salbei waschen, trockentupfen und fein zerkleinern.
◆ Den Knoblauch abziehen und fein zerkleinern.
◆ Die Zitrone waschen und abtrocknen. Ein Viertel der Schale abreiben und 2 EL Saft auspressen.
◆ Den Salbei und den Knoblauch mit dem Forellenfilet vermischen und mit Zitronenschale, Zitronensaft, Salz und Pfeffer kräftig würzen.
◆ Das Suppengrün putzen, waschen und fein zerkleinern.
◆ Den Backofen auf 200 °C (Umluft 180 °C, Gas Stufe 3) vorheizen.

Zutaten für 3 Portionen
150 g Forellenfilet
6 Salbeiblättchen
1 Knoblauchzehe
1 unbehandelte Zitrone
Salz, weißer Pfeffer
1 Bund Suppengrün
50 g Butter
$\frac{1}{2}$ TL Safranfäden
1 küchenfertiger Hecht (etwa 1 kg)
1 EL Mehl
4 EL Fischfond (fertig gekauft)
oder Gemüsebrühe
Alufolie

◆ Die Butter und den Safran in die Fettpfanne des Backofens geben und die Butter schmelzen lassen.

◆ Den Hecht innen und außen kalt abspülen und trockentupfen.
◆ Den Fisch auseinanderklappen und innen und außen mit Salz und Pfeffer würzen.
◆ Die Füllung in den Hecht geben. Den Fisch mit Küchengarn umwickeln und im Mehl wenden.
◆ Den Hecht in die Fettpfanne legen, auf die mittlere Schiene des heißen Backofens schieben und auf jeder Seite etwa 3 Minuten braten.
◆ Das Suppengrün um den Hecht legen, den Fischfond oder die Brühe zugießen und die Fettpfanne mit Alufolie abdecken.
◆ Den Hecht bei mittlerer Hitze 20 Minuten dämpfen.

Zubereitung etwa 50 Minuten
Garzeit etwa 25 Minuten
1 Portion = 2029 kJ/ 483 kcal

Hechtenkraut

Salzkartoffeln oder Pellkartoffeln passen gut zu diesem Gericht.

◆ Die Schalotten abziehen und fein hacken.
◆ 1 EL Öl in einem großen Bräter erhitzen und die Schalotten darin bei schwacher Hitze glasig braten.
◆ Sauerkraut, Apfelsaft, Weißwein, Lorbeerblatt und Wacholderbeeren zugeben. Mit Salz und weißem Pfeffer würzen.
◆ Aufkochen und zugedeckt bei schwacher Hitze 30 Minuten garen.
◆ Den Backofen auf 220°C (Gas Stufe 4) vorheizen.
◆ Die Hechtfilets in etwa 3 cm breite Stücke schneiden, trockentupfen und mit Salz und Pfeffer würzen.

◆ Die Petersilie waschen, trockentupfen und fein hacken.
◆ Die Sahne zum Sauerkraut gießen und die Petersilie untermischen.
◆ Die Fischstreifen auf das Kraut legen und mit dem Zitronensaft beträufeln.
◆ Die Semmelbrösel darüber streuen. Die Butter in Stückchen teilen und darauf legen.
◆ Den Bräter auf die mittlere Schiene des heißen Backofens schieben und das Hechtenkraut etwa 20 Minuten backen, bis es eine goldgelbe Kruste hat.

Zubereitung etwa 25 Minuten
Garzeit etwa 50 Minuten
1 Portion = 1394 kJ/ 332 kcal

Zutaten für 4 Portionen
2 Schalotten
1 EL Öl
500 g Sauerkraut
$\frac{1}{8}$ l Apfelsaft
4 EL trockener Weißwein
1 Lorbeerblatt
2 Wacholderbeeren
Salz, weißer Pfeffer
700 g Hechtfilet
1 kleines Bund Petersilie
200 ml süße Sahne
1 EL Zitronensaft
2 EL grobe Semmelbrösel
30 g Butter

Geschmorter Hecht

◆ Den Backofen auf 200°C (Umluft 180°C, Gas Stufe 3) vorheizen.
◆ Die Zwiebeln abziehen und in dünne Scheiben schneiden. In die

Zutaten für 3 Portionen
3 Zwiebeln
1 Bund Petersilie
3 Lorbeerblätter
2 Stücke Muskatblüte
oder 1 kräftige Prise
gemahlene Muskatnuß
1 unbehandelte Zitrone
50 g Butter
1 küchenfertiger Hecht (etwa 1 kg)
Salz
weißer Pfeffer
$\frac{1}{8}$ l trockener Weißwein
oder Fischfond

Fettpfanne des Backofens oder einen großen Bräter legen.
◆ Die Petersilie waschen und trockentupfen.
◆ Die Petersilie, die Lorbeerblätter und die Muskatblüte grob hacken und auf die Zwiebeln streuen.
◆ Die Zitrone waschen, abtrocknen und in Scheiben schneiden.
◆ Die Butter schmelzen.
◆ Den Hecht innen und außen kalt abspülen, trockentupfen und mit Salz und Pfeffer würzen.
◆ Den Fisch mit den Zitronenscheiben füllen und in die Fettpfanne oder den Bräter legen.
◆ Den Wein oder den Fischfond neben den Fisch gießen.
◆ Den Fisch mit der zerlassenen Butter beträufeln.
◆ Den Hecht auf die mittlere Schiene des heißen Backofens schieben und bei mittlerer Hitze 20 Minu-

ten schmoren. Dabei alle 5 Minuten mit der Schmorflüssigkeit begießen.
◆ Eine Platte vorwärmen.
◆ Den fertiggegarten Fisch auf die Platte legen.
◆ Den Schmorsud vorsichtig durch ein Sieb in einen kleinen Topf gießen und einmal aufkochen. Zum Hecht servieren.

Zubereitung etwa 45 Minuten
1 Portion = 1508 kJ/ 359 kcal

Gebackene Weißfische

Zutaten für 4 Portionen
*4 küchenfertige Weiß-
fische (je etwa 250 g)
1 kleine Zwiebel
1 Bund krause Petersilie
Salz
weißer Pfeffer
2 EL Zitronensaft
80 g Mehl
2 EL Öl
40 g Butterschmalz
1 unbehandelte Zitrone*

Weißfische bekommen Sie beim Fischhändler meist nur auf Vorbestellung.

◆ Die Weißfische innen und außen kalt abspülen, trockentupfen und auf die Arbeitsfläche legen. Auf beiden Seiten mit einem scharfen Messer in etwa fingerbreiten Abständen einschneiden.
◆ Die Zwiebel abziehen und fein reiben.
◆ Die Petersilie waschen und trockentupfen. 8 Zweige beiseite legen und den Rest sehr fein hacken.
◆ Die Zwiebel und die gehackte Petersilie mit Salz, Pfeffer und Zitronensaft vermischen.

◆ Die Fische damit füllen und im Mehl wenden.
◆ 4 Teller vorwärmen.
◆ Das Öl und das Butterschmalz in 2 Pfannen erhitzen, die so groß sind, daß jeweils 2 Fische in ihnen Platz haben. Die Fische darin bei mittlerer Hitze auf jeder Seite etwa 5 Minuten braten.
◆ Die Zitrone waschen, abtrocknen und vierteln.
◆ Die Fische herausnehmen und auf den heißen Tellern anrichten.
◆ Mit den Zitronenvierteln und den Petersilienzweigen garnieren.

*Zubereitung etwa 30 Minuten
1 Portion = 2029 kJ/ 483 kcal*

Zander mit Gemüsesauce

◆ Den Backofen auf 200°C (Umluft 180°C, Gas Stufe 3) vorheizen.
◆ Das Suppengrün waschen, putzen und fein zerkleinern.
◆ Die Schalotten abziehen und hacken.
◆ Die Zitrone waschen und abtrocknen. Ein großes Stück Schale dünn abschneiden und fein hacken. Den Saft auspressen.
◆ Die Petersilie waschen und trockentupfen.
◆ Die Butter oder die Margarine in einem großen Bräter schmelzen, aber

Zutaten für 4 Portionen
*2 Bund Suppengrün
2 Schalotten
1 kleine unbehandelte Zitrone
1 Bund Petersilie
2 EL Butter oder Margarine
1 küchenfertiger Zander (etwa 1 kg)
Salz, weißer Pfeffer
1 Lorbeerblatt
400 ml Fischfond
200 ml süße Sahne*

nicht bräunen. Das Suppengrün und die Schalotten darin bei schwacher Hitze anbraten, bis die Schalotten glasig sind.
◆ Den Zander innen und außen mit Salz und Pfeffer würzen, mit dem Zitronensaft beträufeln und auf das Gemüse legen.

◆ Die Zitronenschale, die unzerkleinerte Petersilie und das Lorbeerblatt zugeben.
◆ Den Fischfond zugießen.
◆ Den Zander zugedeckt auf die mittlere Schiene des heißen Backofens stellen und 20 Minuten garen.
◆ Eine Platte gut vorwärmen.
◆ Den fertiggegarten Fisch herausnehmen, auf die Platte legen und mit etwas Fischfond aus dem Bräter beträufeln. Zugedeckt in den abgeschalteten Backofen stellen und die Tür offenlassen.
◆ Das Gemüse im Bräter pürieren und aufkochen. Die Sahne langsam zugießen und unter Rühren zu einer cremigen Sauce einkochen.
◆ Die Sauce mit Salz und Pfeffer abschmecken und zum Fisch servieren.

*Zubereitung etwa 30 Minuten
Garzeit 20 Minuten
1 Portion = 2045 kJ/ 487 kcal*

Renken Müllerin Art

Zutaten für 4 Portionen
*4 küchenfertige
Renken (je etwa 250 g)
1 kleine Zwiebel
1 Bund Petersilie
Salz
weißer Pfeffer
2 EL Zitronensaft
40 g Mehl
2 EL Öl
50 g Butterschmalz
1 unbehandelte Zitrone*

Renken, auch Maränen oder Felchen genannt, leben in den Seen des Alpen- und Alpenvorlandes.

◆ Die Fische innen und außen kalt abspülen, trockentupfen und auf die Arbeitsfläche legen.
◆ Die Zwiebel abziehen und fein reiben.
◆ Die Petersilie waschen und trockentupfen. 8 Zweige beiseite legen und den Rest sehr fein hacken.
◆ Die Zwiebel und die Petersilie mit Salz, Pfeffer und Zitronensaft vermischen. Die Renken darin wenden. Was nicht an der Haut haftenbleibt, ins Innere der Fische geben.
◆ Die Renken im Mehl wenden.
◆ Das Öl und das Butterschmalz erhitzen, am besten in 2 Pfannen, die so groß sind, daß jeweils 2 Renken nebeneinander darin Platz haben.
◆ Die Fische im heißen Fett bei mittlerer Hitze auf jeder Seite etwa 5–8 Minuten braten.
◆ 4 Teller gut vorwärmen.
◆ Die Zitrone waschen, abtrocknen und vierteln.
◆ Die Renken aus der Pfanne nehmen und auf den vorgewärmten Tellern anrichten.
◆ Mit den Zitronenvierteln und den Petersilienzweigen garnieren.

*Zubereitung etwa 45 Minuten
1 Portion = 1814 kJ/ 432 kcal*

Renken in Sahnesauce

◆ Den Backofen auf 200°C (Umluft 180°C, Gas Stufe 3) vorheizen.
◆ Die Butter in einen großen Bräter geben. Den Bräter auf die mittlere Schiene des Backofens schieben.
◆ Die Renken innen und außen kalt abspülen und trockentupfen. Innen und außen mit Zitronensaft beträufeln, mit Salz und Pfeffer würzen.
◆ Die Schalotte abziehen und fein hacken.
◆ Die Petersilie waschen und trockentupfen. Die Stiele abschneiden und ganz fein hacken. Die restliche Petersilie ebenfalls fein hacken.
◆ Die Schalotte und die Petersilienstiele ins Innere der Fische geben.
◆ Die Fische im Mehl wenden, in den Bräter geben und in der flüssigen Butter wenden. Die Sahne zugießen.
◆ Den Bräter wieder in den Ofen schieben. Die Renken zugedeckt 15 Minuten garen; dabei mehrmals mit der Buttermischung begießen.
◆ Die Fische mit der restlichen Petersilie bestreut servieren.

*Zubereitung etwa 15 Minuten
Garzeit 15 Minuten
1 Portion = 2251 kJ/ 536 kcal*

Zutaten für 4 Portionen
*2 EL Butter
4 küchenfertige Renken
(je etwa 300 g)
2 EL Zitronensaft
Salz
weißer Pfeffer
1 Schalotte
1 Bund Petersilie
2 EL Mehl
200 ml süße Sahne*

Rotbarben mit Fenchelbutter

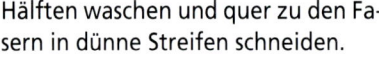

◆ Die Fenchelblättchen abschneiden, waschen, trockentupfen, hakken und auf einem Teller beiseite stellen. Die Knollen halbieren und den Strunk herausschneiden. Die

Zutaten für 4 Portionen
2 mittelgroße Fenchelknollen
1 kleine unbehandelte Zitrone
4 küchenfertige Rotbarben
(je etwa 400 g)
Salz, weißer Pfeffer
75 g Butter
2 EL Olivenöl

Hälften waschen und quer zu den Fasern in dünne Streifen schneiden.
◆ Die Zitrone waschen, abtrocknen und mit der Schale in Scheiben schneiden. Die Scheiben in kleine Stücke teilen.
◆ Die Rotbarben innen und außen mit Salz und Pfeffer würzen.
◆ Die Butter und das Öl in einer großen Pfanne erhitzen, bis die Butter leicht schäumt. Die Fenchelstreifen und die Zitronenstücke darin bei schwacher Hitze 5 Minuten unter häufigem Wenden braten, bis der Fenchel gerade eben bißfest ist.
◆ Herausnehmen und auf einer gut vorgewärmten Platte warm halten.
◆ Die Rotbarben im Bratfett bei

mittlerer Hitze auf jeder Seite 3 Minuten braten.
◆ Die Fische auf dem Gemüse anrichten, mit dem Bratfett beträufeln und mit dem Fenchelgrün bestreuen.

Zubereitung etwa 45 Minuten
1 Portion = 2100 kJ/ 500 kcal

Aal grün

◆ Den Aal in etwa 4 cm lange Stücke schneiden.
◆ 1 Zitrone waschen und abtrocknen. Ein großes Stück Schale dünn abschneiden und beiseite legen. Den Saft von 1½ Zitronen auspressen und unter die Aalstücke mischen.
◆ Das Suppengrün putzen, waschen und grob zerkleinern.
◆ Die Zwiebel abziehen und dann vierteln.
◆ Das Suppengrün und die Zwiebel mit Wein oder Brühe, Wasser, Zitronenschale und Fischgewürz aufkochen und zugedeckt bei schwacher Hitze 20 Minuten kochen lassen.
◆ Das Ei trennen. Die Sahne mit dem Eigelb verquirlen.
◆ Die frischen Kräuter waschen, trockentupfen und fein hacken.
◆ Den Sud durch ein Sieb gießen und wieder in den Topf geben.
◆ Mit Salz, Zucker und Brühe würzen und einmal aufkochen.

Zutaten für 4 Portionen
1 kg frischer (grüner) Aal
2 unbehandelte Zitronen
1 Bund Suppengrün
1 Zwiebel
1/8 l trockener Weißwein
oder Gemüsebrühe
1/8 l Wasser
1 Päckchen Fischgewürz
1 Ei
1/8 l süße Sahne
2 Handvoll gemischte frische
oder 2 Päckchen TK-Kräuter
2 TL Salz
1 Prise Zucker
1/4 TL Instantfleisch-
oder -gemüsebrühe
1 gehäufter EL Butter
1 schwach gehäufter EL Mehl
Salz, weißer Pfeffer

◆ Den Aal hineinlegen und zugedeckt bei schwächster Hitze in etwa 20 Minuten gar ziehen lassen.
◆ Herausnehmen und warm halten.
◆ Die Butter in einem anderen Topf zerlassen. Das Mehl darin unter Rühren goldgelb rösten.
◆ Den Sud unter ständigem Rühren langsam zugießen und aufkochen, bis die Sauce glatt ist.
◆ Bei mittlerer bis schwacher Hitze etwa 5 Minuten kochen lassen; dabei hin und wieder umrühren.
◆ Den Topf von der Kochstelle nehmen. Etwas Sauce mit der Eigelbsahne vermischen und in die Sauce rühren.
◆ Die Kräuter und den Aal untermischen und erhitzen, aber nicht mehr aufkochen.
◆ Mit Salz und Pfeffer abschmecken.

Zubereitung etwa 1 Stunde
1 Portion = 3965 kJ/ 944 kcal

Hummerkrabben mit Gemüse

Zutaten für 2 Portionen
8 Hummerkrabbenschwänze
3 EL Zitronensaft
1 Fenchelknolle
1 rote Paprikaschote
2 kleine Zucchini
1 Zwiebel
2 Knoblauchzehen
3 EL Öl
1 EL trockener Sherry
100 ml Fischfond (fertig gekauft)
Salz
weißer Pfeffer

◆ Die Hummerkrabbenschwänze aus dem Panzer lösen und den Darm am Rücken entfernen. Jeden Krabbenschwanz in 3 Stücke schneiden.
◆ Die Hummerkrabbenschwänze mit dem Zitronensaft mischen.
◆ Den Fenchel halbieren und den Strunk herausschneiden. Die Fenchelhälften waschen und in dünne Scheiben schneiden.
◆ Die Paprikaschote und die Zucchini waschen und putzen. Die Paprikaschote in Streifen, die Zucchini in Stifte schneiden.
◆ Die Zwiebel und den Knoblauch abziehen und fein hacken.
◆ Das Öl in einer Pfanne erhitzen.

Die Zwiebel und den Knoblauch darin bei schwacher Hitze glasig braten.
◆ Den Fenchel, die Paprikaschote und die Zucchini zugeben und bei starker Hitze unter Rühren etwa 1 Minute braten.
◆ Die Hummerkrabben zufügen und bei starker Hitze unter ständigem Rühren 1–2 Minuten braten, bis sie rundherum rosa gefärbt sind.
◆ Den Sherry und den Fischfond zugeben und einmal kurz aufkochen.
◆ Mit Salz und Pfeffer abschmecken und sofort servieren.

***

Zubereitung etwa 30 Minuten
1 Portion = 1478 kJ/ 352 kcal

Hummerkrabben in Weinsud

◆ Die Hummerkrabbenschwänze aus dem Panzer lösen. Den dunklen, fadenförmigen Darm der Hummerkrabben mit einer Messerspitze entfernen.
◆ Das Suppengrün putzen, waschen und grob zerkleinern. Die Schalotte abziehen und grob hacken.
◆ Die Zitrone waschen und abtrocknen. Ein großes Stück Schale dünn abschneiden; den Saft der Zitrone auspressen.
◆ Die Petersilienzweige waschen und trockentupfen.
◆ Das Öl erhitzen und die Hummerkrabbenpanzer darin bei starker bis mittlerer Hitze anbraten, bis sie sich rot färben.
◆ Suppengrün, Schalotte und Petersilie einige Sekunden mitbraten.
◆ Den Wein und das Wasser zugießen. Salz, Zitronenschale, die Hälfte des Zitronensaftes und die Pfefferkörner zugeben.
◆ Den Sud aufkochen und zuge-

Zutaten für 4 Portionen
16 Hummerkrabbenschwänze
1 Bund Suppengrün
1 Schalotte
1 unbehandelte Zitrone
4 Zweige Petersilie
2 EL Öl
$1/8$ l trockener Weißwein
$1/8$ l Wasser
Salz
$1/2$ TL weiße Pfefferkörner
je 1 Handvoll Kerbel und
Sauerampferblätter oder Petersilie
100 g kalte Butter
weißer Pfeffer

deckt bei schwacher Hitze 25 Minuten kochen lassen.
◆ Den Kerbel und den Sauerampfer oder die Petersilie verlesen, waschen, trockentupfen und fein zerkleinern.

◆ Die Butter in Stücke schneiden.
◆ Den Sud durch ein feines Sieb gießen, die Hummerkrabbenpanzer und das Gemüse ausdrücken und wegwerfen.
◆ Den Sud wieder in den Topf geben und aufkochen. Die Hummerkrabbenschwänze darin bei schwächster Hitze 8 Minuten ziehen lassen.
◆ 4 Teller gut vorwärmen.
◆ Die fertiggegarten Hummerkrabbenschwänze herausnehmen und auf den Tellern anrichten.
◆ Mit Salz und Pfeffer bestreuen, mit dem Rest des Zitronensaftes beträufeln und warm halten.
◆ Den Sud bei starker Hitze auf etwa die Hälfte einkochen lassen.
◆ Die Butter mit dem Schneebesen unterschlagen und die Kräuter dazumischen. Die Sauce über den Hummerkrabbenschwänzen verteilen.

***

Zubereitung etwa 1 Stunde
1 Portion = 1474 kJ/ 351 kcal

Shrimps in Currysauce

Zutaten für 4 Portionen

600 g frische oder
TK-Shrimps
2 EL Zitronensaft
1 Schalotte
1 EL Butter
1–2 EL Currypulver
2 EL trockener Weiß-
wein
200 ml Fischfond
200 g Crème fraîche
1 Ei
Salz

Besonders dekorativ sieht es aus, wenn Sie die Shrimps und die satt-gelbe Sauce in einem weißen Reis-rand anrichten und mit einigen Blätt-chen Koriander, Kerbel oder Petersi-lie bestreuen.

◆ Die Shrimps mit dem Zitronensaft vermischen und zugedeckt ziehen lassen, bis die Sauce fertig ist.
◆ Die Schalotte abziehen und fein hacken.
◆ Die Butter erhitzen und die Scha-lotte darin bei schwacher Hitze glasig braten.
◆ Das Currypulver darüberstreuen und kurz anbraten.

◆ Den Wein und den Fischfond nach und nach zugeben und bei starker Hitze unter Rühren dick einkochen lassen.
◆ Die Crème fraîche zugeben und cremig einkochen lassen.
◆ Die Shrimps in die Sauce geben und zugedeckt bei schwacher Hitze 5 Minuten ziehen lassen.
◆ Das Ei trennen. Das Eigelb mit et-was Sauce verrühren und mit dem Rest der Sauce vermischen.
◆ Mit Salz abschmecken und sofort servieren.

Zubereitung etwa 45 Minuten
1 Portion = 1525 kJ/ 363 kcal

Muscheln mit Gemüse im Weinsud

Eine große Schüssel Muscheln, dazu knuspriges Weißbrot und einen trockenen Wein aus Frankreich – das mögen Feinschmecker in den Mona-ten mit „r".

◆ Die Fenchelblättchen abschnei-den, waschen, trockentupfen und beiseite legen. Die Knollen halbieren, waschen und den Strunk heraus-schneiden. Die Fenchelhälften in dünne Streifen schneiden.
◆ Die Tomaten abziehen, würfeln und von den Stielansätzen befreien.
◆ Die Zwiebel und den Knoblauch abziehen und hacken. Den Thymian waschen und trockentupfen.
◆ Die Muscheln unter fließendem kaltem Wasser mit einer Bürste säu-bern und die schwarzen Fäden an den Schalenrändern abziehen. Alle Muscheln wegwerfen, die sich beim Waschen nicht schließen.
◆ Das Öl in einem sehr großen Topf erhitzen. Fenchel, Zwiebel, Knob-

Zutaten für 4 Portionen

500 g Fenchel
2 Fleischtomaten
1 Zwiebel
1 Knoblauchzehe
1 Bund Thymian
2,5 kg Miesmuscheln
5 EL Olivenöl
$\frac{1}{2}$ l trockener Weißwein
400 ml Fischfond
1 Lorbeerblatt
1 TL weiße Pfefferkörner
Salz
schwarzer Pfeffer
aus der Mühle

lauch und unzerkleinerten Thymian darin bei schwacher Hitze braten, bis die Zwiebel glasig ist.
◆ Die Tomaten zugeben und einige Sekunden schmoren.

◆ Wein, Fischfond, Lorbeerblatt und Pfefferkörner zufügen und kräftig aufkochen.
◆ Die Muscheln zugeben und einen Deckel auf den Topf legen.
◆ Den Sud im fest geschlossenen Topf wieder zum Kochen bringen, bis es am Topfrand kräftig dampft.
◆ Die Muscheln zugedeckt bei mitt-lerer Hitze 7 Minuten garen; dabei den Topf immer wieder ein wenig rütteln.
◆ Eine Schüssel gut vorwärmen.
◆ Alle Muscheln, die sich beim Ga-ren nicht geöffnet haben, ebenfalls wegwerfen.
◆ Die Muscheln in der vorgewärm-ten Schüssel anrichten und mit dem Sud übergießen.
◆ Die Muscheln mit Salz und Pfeffer würzen und mit den Fenchelblätt-chen bestreuen.

Zubereitung etwa 1¼ Stunden
1 Portion = 1176 kJ/ 280 kcal

Lammspießchen (S. 276); Geschmorte Hochrippe (S. 236)

Fleisch und Innereien

Gebratene Rindersteaks: Grundrezept

1. Die Steaks auf der Arbeitsfläche etwas flachdrücken.

2. Die Steaks anbraten, bis sie sich leicht lösen lassen.

3. Die Steaks auf der zweiten Seite anbraten.

4. Die Steaks bei mittlerer Hitze fertigbraten.

♦ Die Steaks nebeneinander auf die Arbeitsfläche legen, mit der Hand etwas flachdrücken und auf beiden Seiten mit Küchenpapier trockentupfen.

♦ Die Teller vorwärmen.

♦ Eine große schwere Pfanne ohne Fett so heiß werden lassen, daß ein paar Wassertropfen darin zischend verdampfen.

♦ Das Öl in die Pfanne geben und warten, bis es sich leicht kräuselt.

♦ Die Steaks darin bei starker Hitze auf einer Seite anbraten, bis sie eine braune Kruste haben und sich leicht vom Pfannenboden lösen lassen.

♦ Die elektrische Kochstelle schon beim Wenden der Steaks auf mittlere Temperatur schalten; die Gaskochstelle erst nach dem Anbraten zurückschalten.

♦ Die Fleischstücke wenden und auf der zweiten Seite ebenso anbraten. Das dauert insgesamt etwa 1 Minute.

♦ Die Steaks bei mittlerer Hitze fertigbraten und mit Salz und Pfeffer würzen.

♦ Nach 1–2 Minuten Bratzeit auf jeder Seite bei mittlerer Hitze sind die Steaks „bleu" oder „raw": Dann sind sie unter einer dünnen braunen Kruste innen roh, und beim Anschneiden läuft Blut aus.

♦ Nach 3 Minuten Bratzeit auf jeder Seite bei mittlerer Hitze sind sie „saignant" oder „rare": Unter der knusprig-braunen Kruste ist das Steakfleisch rosa und hat noch einen blutigen Kern.

♦ Nach 4 Minuten Bratzeit auf jeder Seite bei mittlerer Hitze sind sie „à point", „englisch" oder „medium"

Zutaten für 4 Portionen
4 Scheiben Rinderfilet
(je etwa 200 g)
3 EL Öl
Salz, schwarzer Pfeffer

gebraten: Unter der braunen Kruste ist das Steakfleisch braun und nur im Innern rosa.

♦ Zum richtigen Durchbraten brauchen die Steaks 5–6 Minuten auf jeder Seite. In der Küchensprache heißt das „bien cuit" oder „well done".

♦ Nach dem Würzen die Steaks aus der Pfanne nehmen und auf den vorgewärmten Tellern anrichten.

Pfeffersteaks

Das ist die einfachste Art, gebratene Steaks zu verfeinern: Der Bratensatz wird mit Weinbrand und Fond gelöst und mit grünem Pfeffer und Sahne zur Sauce gekocht. Dazu gibt es gebackene Kartoffeln und Salat.

◆ Die Steaks nebeneinander auf die Arbeitsfläche legen, mit der Hand etwas flachdrücken und auf beiden Seiten mit Küchenpapier trockentupfen.
◆ Die Teller gut vorwärmen.
◆ Das Öl in der Pfanne erhitzen, die Steaks darin bei starker Hitze auf bei-

Zutaten für 4 Portionen
4 Scheiben Rinderfilet (je etwa 200 g)
3 EL Öl
Salz
4 EL Weinbrand
4 EL dunkler Fleischfond
oder Fleischbrühe
4 EL frische oder eingelegte
grüne Pfefferkörner
$^1/_8$ l süße Sahne

den Seiten kräftig anbraten und bei mittlerer Hitze fertigbraten.
◆ Die Steaks salzen, aus der Pfanne nehmen und auf den vorgewärmten Tellern warm halten.
◆ Weinbrand und Fleischfond oder Brühe in die Pfanne geben und den Bratensatz damit lösen.
◆ Pfefferkörner und Sahne zugeben, einmal kräftig aufkochen lassen und über die Steaks gießen.

Zubereitung etwa 30 Minuten
1 Portion = 1831 kJ/ 436 kcal

Rindersteaks „Café de Paris"

Zutaten für 4 Portionen
1 Schalotte
4 Stengel Petersilie
1 eingelegtes Sardellenfilet
1 TL Kapern
1 TL Tomatenmark
1 TL Kräutersenf
1 EL Weinbrand
1 TL Zitronensaft
3 Spritzer
Worcestersoße
$^1/_2$ TL edelsüßes Paprikapulver
1 MSP Currypulver
1 MSP Cayennepfeffer
schwarzer Pfeffer
1 TL getrockneter Thymian
$^1/_2$ TL Salz
100 g weiche Butter
1 gestrichener TL Mehl
150 ml süße Sahne
100 g dunkler Fleischfond
4 Rindersteaks (je etwa 200 g)
3 EL Öl

Die Sauce zu diesem Festessen stammt aus dem berühmten Restaurant Café de Paris in Monte Carlo.

◆ Die Schalotte abziehen und ganz fein zerkleinern.
◆ Die Petersilie waschen, trockentupfen und ganz fein hacken.
◆ Sardellenfilet und Kapern ebenfalls ganz fein hacken.
◆ Diese Zutaten mit Tomatenmark, Kräutersenf, Weinbrand, Zitronensaft, Worcestersoße, Paprikapulver, Currypulver, Cayennepfeffer, 1 kräftigen Prise schwarzem Pfeffer, Thymian und Salz verrühren.
◆ Diese Würzmischung zugedeckt in einen kühlen Raum, aber nicht in den Kühlschrank stellen und 24 Stunden ruhen lassen.
◆ Für die Zubereitung 1 TL Butter mit dem Mehl in ein Schälchen geben und mit einer Gabel verkneten.
◆ Die restliche Butter mit der Würzmischung zu einer Kräuterbutter verrühren.
◆ Sahne und Fond in einen Topf geben und einmal aufkochen lassen.

◆ Die Mehlbutter untermischen und mit einem Schneebesen rühren, bis die Sauce glatt ist. Den Topf von der Kochstelle nehmen und die Sauce etwa 3 Minuten abkühlen lassen.
◆ Die Kräuterbutter mit einem Schneebesen kräftig in die Sauce rühren.
◆ Ein Küchentuch über den Topf breiten, den Deckel auflegen und die Sauce auf der abgeschalteten Kochstelle oder bei schwächster Hitze warm halten, bis die Steaks fertiggebraten sind.
◆ Die Teller vorwärmen.
◆ Die Steaks trockentupfen.
◆ Das Öl erhitzen, die Steaks darin bei starker Hitze auf beiden Seiten braun anbraten und bei mittlerer Hitze auf jeder Seite 4 Minuten braten, so daß sie innen rosa sind.
◆ Die Steaks auf den vorgewärmten Tellern anrichten und mit der Sauce überziehen und umgießen.

Ruhezeit 24 Stunden
Zubereitung etwa 1 Stunde
1 Portion = 2650 kJ/ 631 kcal

Rumpsteaks mit Tomatensauce

◆ Die Zwiebeln und den Knoblauch abziehen, hacken und vermischen.

◆ Die Steaks übereinander auf eine Platte legen und auf jedes einen Teil der Zwiebelmischung geben.

◆ Das Fleisch zudecken und etwa 3 Stunden kühl stellen.

◆ Die Tomaten abziehen und würfeln; die Stielansätze entfernen.

◆ Die Zwiebelmischung von den Steaks streifen.

◆ 2 EL Öl erhitzen und die Zwiebeln bei schwacher Hitze glasig braten.

◆ Den Oregano und die Tomaten zugeben und bei starker bis mittlerer Hitze unter Rühren schmoren, bis die Sauce dick ist.

◆ Die Sauce mit Salz, Pfeffer, Zucker und Kapern würzen und warm halten, bis die Steaks gebraten sind.

◆ Die Teller vorwärmen.

◆ Das restliche Öl in einer zweiten Pfanne erhitzen. Die Steaks darin bei starker Hitze pro Seite etwa 1 Minute braten. Dann bei mittlerer Hitze auf jeder Seite in 2 Minuten blutig oder in 4 Minuten rosa braten.

◆ Die Steaks mit Salz und Pfeffer würzen, auf den Tellern anrichten und mit Tomatensauce überziehen.

Kühlzeit etwa 3 Stunden
Zubereitung etwa 30 Minuten
1 Portion = 1558 kJ/ 371 kcal

Zutaten für 4 Portionen
2 große Zwiebeln
4 Knoblauchzehen
4 Scheiben Roastbeef (je etwa 180 g)
750 g Tomaten
4 EL Öl
1 TL getrockneter Oregano
Salz, schwarzer Pfeffer
1 Prise Zucker
1 EL Kapern

Filet Wellington

Zutaten für 5 Portionen
450 g TK-Blätterteig
400 g Champignons
2 Schalotten
1 Knoblauchzehe
1 Bund Petersilie
1¹/₂ EL Öl
750 g Rinderfilet (Mittelstück)
Salz
weißer Pfeffer
1 EL Butter
1 TL getrockneter Thymian
3 EL Madeira oder Weinbrand
¹/₈ l süße Sahne
Mehl zum Ausrollen
1 Ei zum Bestreichen

Namenspatron dieser Delikatesse war Arthur Wellesley, Herzog von Wellington, der 1815 den Franzosenkaiser Napoleon I. bei der Schlacht von Waterloo besiegte.

◆ Die Blätterteigplatten nebeneinanderlegen und auftauen lassen.
◆ Die Champignons putzen und waschen.
◆ Die Schalotten und den Knoblauch abziehen.
◆ Die Petersilie waschen und trockentupfen.
◆ Pilze, Schalotten, Knoblauch und Petersilie im Blitzhacker zerkleinern.
◆ Das Öl in einer Pfanne erhitzen und das Rinderfilet darin bei starker Hitze rundherum braun anbraten.
◆ Das Filet herausnehmen und mit Salz und Pfeffer würzen.
◆ Die Butter in der Pfanne erhitzen und die Pilzmischung sowie den Thymian darin bei mittlerer Hitze unter Rühren schmoren, bis die Flüssigkeit, die sich bildet, wieder verdampft ist.
◆ Den Madeira oder Weinbrand untermischen und die Sahne nach und nach zugießen. Die Masse bei starker bis mittlerer Hitze einkochen lassen, bis sie dick und streichfähig ist.

◆ Mit Salz und Pfeffer würzen und in einer Schüssel abkühlen lassen.
◆ Den Backofen auf 200 °C (Umluft 180 °C, Gas Stufe 3) vorheizen.
◆ Die Arbeitsfläche mit Mehl bestreuen und die Blätterteigplatten als Rechteck auslegen. Dabei die Platten an den Rändern etwa 0,5 cm breit übereinanderlegen.
◆ Den Blätterteig zu einem Rechteck von etwa 40 × 35 cm ausrollen. Die Ränder rundum gerade abschneiden und die Teigreste kühl aufbewahren.
◆ Auf die Blätterteigplatte etwas unterhalb der Mitte eine Schicht Pilzmasse in Größe des Filets streichen.
◆ Das Filet darauf legen und rundherum mit der restlichen Pilzmischung bestreichen.
◆ Zuerst die schmalen Teigseiten über das Filet klappen, dann die untere Längsseite darüber legen.
◆ Das Ei trennen und den Rand der Längsseite mit Eiweiß bestreichen. Den Rand der zweiten Längsseite ebenfalls mit Eiweiß bepinseln und diese auch über das Fleisch legen.
◆ Ein Backblech kalt abspülen.
◆ Das Filet vorsichtig anheben, dabei den überhängenden zweiten Teigrand unter das Fleisch schieben und das Filet auf das Backblech legen.
◆ Die gekühlten Teigreste ausrollen, beliebige Formen ausstechen und mit Eiweiß auf die Teighülle kleben.
◆ Das Eigelb verquirlen und den Teig damit bestreichen.
◆ Das Blech auf die mittlere Schiene des Backofens schieben und das Filet in etwa 35 Minuten leicht blutig oder in 40 Minuten rosa backen.
◆ Eine Servierplatte vorwärmen.
◆ Den Ofen abschalten und das Filet bei geöffneter Backofentür 15 Minuten ruhen lassen.
◆ Das Filet mit einem Bratenwender auf die Servierplatte schieben.
◆ Den Teigmantel erst mit einem Messer mit Wellenschliff in Abständen von etwa 2 cm in Streifen einschneiden und dann an diesen Stellen mit einem Tranchiermesser das Fleisch aufschneiden.

Zubereitung etwa 1¹/₄ Stunden
Backzeit etwa 40 Minuten
Ruhezeit etwa 15 Minuten
1 Portion = 3016 kJ/ 718 kcal

Geschmorte Hochrippe

Als Beilage schmecken gebackene Kartoffeln in der Folie und Salat.

◆ Das Fleisch rundherum mit Salz und Pfeffer einreiben.
◆ Die Tomate waschen und vierteln; den Stielansatz dabei entfernen.
◆ Den Knoblauch abziehen und hacken.
◆ Den Rosmarin waschen und trockentupfen.
◆ Das Öl in einem Bräter erhitzen und das Fleisch darin bei starker bis mittlerer Hitze auf beiden Seiten braun anbraten.
◆ Tomate, Knoblauch und Rosmarin zu dem Fleisch geben, den Bräter zudecken, auf die untere Schiene des kalten Backofens schieben und bei 250 °C (Umluft 220 °C, Gas Stufe 5–6) etwa 1 Stunde schmoren.
◆ Inzwischen die Frühlingszwiebeln putzen, waschen und mit allen saftigen grünen Blättern in etwa 2 cm breite Stücke schneiden.

Zutaten für 5 Portionen
1,5 kg Hochrippe
Salz, weißer Pfeffer aus der Mühle
1 große Fleischtomate
2 Knoblauchzehen
1 Bund frischer Rosmarin
(oder 1 EL getrocknete Rosmarinblätter)
2 EL Öl
2 Bund Frühlingszwiebeln
500 g Champignons
1 EL Zitronensaft
1/2 Handvoll gemischte frische oder
1/2 Päckchen TK-Kräuter
1/8 l trockener Weißwein
Alufolie

◆ Die Pilze waschen, trockentupfen und mit dem Zitronensaft vermischen.
◆ Die Kräuter waschen und hacken.

◆ Das Fleisch an der dicksten Stelle mit einer Messerspitze anstechen. Wenn rosa Saft, aber kein Blut mehr ausläuft, ist es gar.
◆ Dann das Fleisch herausnehmen, in Alufolie wickeln und ruhen lassen, bis das Gemüse fertig ist.
◆ Den Bräter auf die Kochstelle setzen und den Rosmarin und die Tomatenhäute, die sich beim Schmoren abgelöst haben, aus dem Topf entfernen.
◆ Die Zwiebeln und die Pilze in die Schmorflüssigkeit geben und unter Rühren erhitzen.
◆ Den Wein zugießen, aufwallen und etwa 1 Minute kochen lassen. Mit Salz und Pfeffer abschmecken.
◆ Das Fleisch aufschneiden, zum Gemüse in den Bräter legen und die Kräuter darüber streuen.

Zubereitung etwa 30 Minuten
Garzeit etwa 1 Stunde
1 Portion = 2020 kJ/ 481 kcal

Roastbeef mit Knoblauchzucchini

Zutaten für 10 Portionen
5 Schalotten
10 Knoblauchzehen
1 Bund Thymian
6 EL Olivenöl
2 kg Roastbeef mit Fettschicht
schwarzer Pfeffer aus der Mühle
1 kg kleine Zucchini
200 g geriebener Käse
100 g Paniermehl
Salz
Alufolie

Gutes Roastbeef sollte eine kräftig rote Farbe haben und von feinen weißen Fettadern durchzogen sein. Die Fettschicht auf der Oberseite wird mitgebraten, denn sie gibt Aroma. Wer sie nicht mitessen will, schneidet sie nach dem Braten ab.

◆ Die Schalotten und den Knoblauch abziehen und grob zerkleinern.
◆ Den Thymian waschen, die harten Stiele entfernen und das zarte Kraut fein hacken.
◆ Das Öl erhitzen und Schalotten, Knoblauch und Thymian darin bei schwacher bis mittlerer Hitze etwa 15 Minuten zugedeckt weich garen.

◆ Anschließend alles mit einer Gabel zu Püree zerdrücken oder im Mixer pürieren und abkühlen lassen.
◆ Den Backofen auf 250 °C (Umluft 220 °C, Gas Stufe 5–6) vorheizen.
◆ Das Roastbeef trockentupfen und die Fettschicht mit einem scharfen Messer rautenförmig einschneiden, ohne dabei das Fleisch einzuritzen.
◆ Das Fleisch rundherum mit Pfeffer aus der Mühle einreiben.
◆ Einen Backrost auf die Fettpfanne des Backofens legen. Das Roastbeef mit der Fettschicht nach oben darauf setzen, auf die untere Schiene des Backofens schieben und 30 Minuten braten.

◆ Dann die Temperatur auf 200 °C (Umluft 180 °C, Gas Stufe 3) zurückschalten und das Roastbeef weitere 25 Minuten braten.

◆ Inzwischen die Zucchini waschen, putzen und der Länge nach in etwa fingerdicke Scheiben schneiden.

◆ Die Zucchini nebeneinander in die Fettpfanne legen und mit dem Fleisch noch einmal 10–15 Minuten braten.

◆ In dieser Zeit das Knoblauchpüree mit Käse und Paniermehl mischen und mit Salz und Pfeffer würzen.

◆ Am Ende der Bratzeit des Fleisches die Garprobe machen. Wenn es auf Druck mit einem Gabelrücken elastisch nachgibt, ist es rosa gebraten.

◆ Das Fleisch herausnehmen, mit der Alufolie bedecken und etwa 15 Minuten ruhen lassen.

◆ Die Zucchini mit dem Knoblauchmus bestreichen, wieder in den Ofen schieben und bei 250 °C (Umluft 220 °C, Gas Stufe 5–6) nochmals 10 Minuten braten.

◆ Das Roastbeef mit einem scharfen Messer in Scheiben schneiden, mit den Zucchini anrichten und mit Salz und Pfeffer aus der Mühle würzen.

Zubereitung etwa 1³/₄ Stunden
1 Portion = 1869 kJ/ 445 kcal

Rinderbraten aus dem Tontopf

Zutaten für 10 Portionen

2,5 kg Rindfleisch zum Schmoren
(Hüfte oder dickes Bugstück)
Salz
schwarzer Pfeffer aus der Mühle
1 gehäufter EL scharfer Senf
100 g fetter Speck in Scheiben
2 Zwiebeln
1 Knoblauchzehe
1 mittelgroße Stange Lauch
1 Petersilien- oder Pastinakenwurzel
1 mittelgroße Möhre
1 Stück Knollensellerie (etwa 150 g)
1 Bund Petersilie
¹/₂ l dunkles Bier

Der Braten ist ideal für ein Festessen. Während der vierstündigen Garzeit können Sie sich in Ruhe den anderen Vorbereitungen widmen.

◆ Den Tontopf wässern.

◆ Das Fleisch mit Salz und Pfeffer einreiben und mit Senf bestreichen.

◆ Den Tontopf mit der Hälfte des Specks auslegen, das Fleisch darauf legen und mit dem restlichen Speck bedecken.

◆ Die Zwiebeln und den Knoblauch abziehen und halbieren.

◆ Den Lauch waschen, putzen und in Stücke schneiden. Die Petersilien- oder Pastinakenwurzel, Möhre und Sellerie putzen und grob zerkleinern.

◆ Die Petersilie waschen.

◆ Gemüse, Zwiebel, Knoblauch und Petersilie um das Fleisch legen.

◆ Das Fleisch zugedeckt auf die untere Schiene des kalten Backofens stellen und bei 250 °C (Umluft 220 °C, Gas Stufe 5–6) 45 Minuten schmoren.

◆ Nun die Hälfte des Bieres zugießen, den Backofen auf 180 °C (Umluft 160 °C, Gas Stufe 2–3) schalten und den Braten noch 3–3¹/₄ Stunden schmoren, bis er mürbe und weich ist.

◆ Nach und nach das restliche Bier zugießen und das Fleisch alle 45 Minuten mit dem Bratensaft begießen.

◆ Eine Servierplatte vorwärmen.

◆ Den Ofen abschalten, den Braten auf die Platte geben und im geöffneten Ofen 15 Minuten ruhen lassen.

◆ Für die Sauce den Bratensaft durchsieben, das Gemüse dabei etwas auspressen und danach entfernen.

◆ Das Fleisch aufschneiden, anrichten und die Sauce dazu servieren.

Zubereitung etwa 45 Minuten
Garzeit etwa 4 Stunden
1 Portion = 1428 kJ/ 340 kcal

Rinderschmorbraten

◆ Den Backofen auf 180 °C (Umluft 160 °C, Gas Stufe 2–3) vorheizen.
◆ Das Fleisch trockentupfen.
◆ 2 EL Salz, reichlich Pfeffer und die Kräuter auf einem Teller mischen und das Fleisch darin wenden.
◆ Die Tomaten abziehen, klein würfeln; die Stielansätze entfernen.
◆ Die Zwiebel und den Knoblauch abziehen.
◆ Die Möhre waschen und putzen.
◆ Die Zwiebel, den Knoblauch und die Möhre hacken und mit den Tomaten in einen Schmortopf geben.
◆ Das Fleisch auf das Gemüse legen.
◆ Öl und Butterschmalz in einem Pfännchen erhitzen bis es dampft, dann über das Fleisch gießen.
◆ Den Topf ohne Deckel auf die untere Schiene des Backofens schieben und das Fleisch 25 Minuten braten.
◆ Die Hälfte der Fleischbrühe zugießen, den Topf schließen und das Fleisch 1½–2 Stunden schmoren.
◆ Dabei die restliche Brühe in 2 Portionen zugeben und den Braten mit der Schmorflüssigkeit begießen.
◆ Das Fleisch aus dem Topf nehmen und warm halten.

Zutaten für 4–5 Portionen
800 g Rindfleisch zum Braten
(Schwanzstück oder Kugel)
Salz
schwarzer Pfeffer aus der Mühle
2 EL getrocknete provenzalische Kräuter
3 Tomaten
1 große Zwiebel
2 Knoblauchzehen
1 große Möhre
4 EL Öl
1 EL Butterschmalz
³/₈ l Fleischbrühe
100 ml süße Sahne
2 EL Zitronensaft

◆ Die Sauce mit dem Gemüse pürieren und wieder aufkochen, dabei nach und nach die Sahne zugießen.
◆ Die Sauce mit Salz, Pfeffer und Zitronensaft abschmecken.

Zubereitung etwa 45 Minuten
Garzeit etwa 2¼ Stunden
1 Portion = 1600 kJ/ 381 kcal

Gefülltes Rinderfilet

Zu diesem feinen Festtagsbraten passen Reis oder Nudeln und buntgemischter Salat. Man kann die Füllung auch mit Spitzmorcheln oder Steinpilzen zubereiten.

◆ Die Pilze putzen und sehr fein zerkleinern.
◆ Die Schalotte abziehen und fein hacken.
◆ Die Petersilie waschen, trockentupfen und fein hacken.
◆ Die Hälfte der Butter erhitzen und die Pilze, Schalotte und etwa drei Viertel der Petersilie darin bei mittlerer Hitze anbraten.
◆ Die Crème fraîche zugeben und alles bei starker Hitze unter Rühren zu einer dicken Paste einkochen.
◆ Die Pilzmasse auf einen Teller geben, abkühlen lassen und mit Salz, Pfeffer, Zitronensaft und Koriander würzen.
◆ Das Fleisch mit einem sehr scharfen Messer der Länge nach so tief einschneiden, daß man es auseinanderklappen kann.
◆ Das Filet rundum mit Salz und Pfeffer würzen, mit der Pilzmischung füllen, wieder zusammenklappen und mit Küchengarn umwickeln.
◆ Den Rest der Butter und das Öl in einer Kasserolle erhitzen.
◆ Das Fleisch hineinlegen und bei

Zutaten für 4 Portionen
50 g Austernpilze
1 Schalotte
¹/₂ Bund Petersilie
50 g Butter
1 EL Crème fraîche
Salz, weißer Pfeffer aus der Mühle
1 TL Zitronensaft
1 MSP gemahlener Koriander
750 g Rinderfilet (Mittelstück)
1 EL Öl
100 ml dunkler Fleischfond (Glas)
150 ml süße Sahne

starker Hitze rundherum schön braun anbraten.

◆ Dann den Topf zudecken und das Fleisch bei mittlerer Hitze 20 Minuten garen, bis es innen rosa ist.

◆ Eine Servierplatte gut vorwärmen.

◆ Das Fleisch auf die Platte geben, zudecken und warm halten.

◆ Das Fett aus der Kasserolle gießen, den Fleischfond in die Kasserolle geben und den Bratensatz damit lösen.

◆ Mit der Sahne bei starker Hitze unter Rühren cremig einkochen. Den Rest der Petersilie einrühren und die Sauce zum Fleisch servieren.

Zubereitung etwa 1 Stunde
1 Portion = 2050 kJ/ 488 kcal

Geschmorter Rostbraten

Zutaten für 4–5 Portionen
3 Scheiben Rindfleisch zum Schmoren von je etwa 280 g (z. B. aus der Kugel)
Salz, schwarzer Pfeffer
2 große Zwiebeln
1 EL Butterschmalz oder Pflanzenfett
1/2 EL Mehl
400 ml dunkler Fleischfond oder Fleischbrühe
1 unbehandelte Zitrone
2 Gewürzgurken
1 Bund Petersilie
2 EL Kapern
150 ml süße Sahne

◆ Das Fleisch trockentupfen und mit Salz und Pfeffer würzen.

◆ Die Zwiebeln abziehen und fein hacken.

◆ Das Fett in einem Schmortopf erhitzen und die Fleischscheiben darin nacheinander bei starker Hitze auf beiden Seiten braun anbraten.

◆ Die Zwiebeln und das Mehl kurz mitrösten.

◆ Etwa die Hälfte des Fleischfonds oder der Brühe zugießen und den Bratensatz damit lösen.

◆ Alles aufkochen und das Fleisch zugedeckt bei schwacher Hitze 1 Stunde schmoren.

◆ Dabei nach und nach den restlichen Fond oder die Brühe zugießen.

◆ Die Zitrone waschen, abtrocknen und die Schale zur Hälfte dünn abschneiden und fein hacken. Den Saft auspressen.

◆ Die Gurken in Stifte schneiden.

◆ Die Petersilie waschen, trockentupfen und hacken.

◆ Nach 1 Stunde Schmorzeit die Hälfte der Petersilie, Zitronenschale, Gurken, 2 EL Zitronensaft und Kapern zum Fleisch geben.

◆ Die Sahne zugießen und alles aufkochen.

◆ Das Fleisch zugedeckt bei mittlerer Hitze weitere 30–40 Minuten schmoren, bis es weich ist.

◆ Zum Servieren mit dem Rest der Petersilie bestreuen.

Zubereitung etwa 30 Minuten
Garzeit 1 1/2–1 3/4 Stunden
1 Portion = 1453 kJ/ 346 kcal

Sauerbraten rheinische Art

Sauerbraten ist ein Klassiker mit vielen Varianten. Hier wird er süß-sauer mit Rosinen geschmort.

◆ 3 Tage vor der Zubereitung das Fleisch in eine Schüssel legen.

◆ Das Wasser mit Essig und Sauerbratengewürz aufkochen, abkühlen lassen und über das Fleisch gießen.

◆ Die Schüssel zudecken und das Fleisch 3 Tage im Kühlschrank beizen. In dieser Zeit mehrmals wenden.

◆ Am Tag der Zubereitung das Fleisch herausnehmen, abtrocknen und mit Salz und Pfeffer einreiben.

◆ Die Beize durch ein Sieb gießen und zum Schmoren beiseite stellen.

◆ Öl in einem Bräter erhitzen und den Sauerbraten sowie die Ochsenschwanzstücke darin bei starker Hitze rundherum braun anbraten.

◆ Ein Drittel der Beize zugießen und den Bratensatz damit lösen.

◆ Das Brot in den Topf geben.

Zutaten für 6 Portionen
1 kg Rindfleisch (Kugel)
³/₄ l Wasser
¹/₈ l Essig
1 Päckchen Sauerbratengewürz
Salz, weißer Pfeffer
Öl
2 kleine Endstücke vom Ochsenschwanz
1 Scheibe Roggenbrot (etwa 40 g)
2 Bund Suppengrün
2 Zwiebeln
100 g Rosinen
2 EL Crème fraîche

◆ Den Topf zudecken und den Sauerbraten bei schwacher Hitze etwa 1 Stunde schmoren.

◆ Dabei nach und nach das zweite Drittel der Beize zugeben und das Fleisch mehrmals mit dem Bratensaft begießen.

◆ Das Suppengrün waschen und putzen; die Zwiebeln schälen. Beides grob zerkleinern und um das Fleisch legen.

◆ Den Rest der Beize zugießen und den Sauerbraten weitere 1–1¹/₂ Stunden schmoren, bis er weich ist. Dabei häufig mit dem Schmorsud begießen.

◆ Den Braten herausnehmen und warm halten.

◆ Den Schmorsud durch ein Sieb in einen Topf gießen, kräftig aufkochen und bei starker Hitze dick einkochen.

◆ Die Rosinen und die Crème fraîche untermischen und erhitzen.

◆ Das Fleisch in Scheiben schneiden und mit der Sauce überziehen.

Marinierzeit 3 Tage
Zubereitung etwa 1 Stunde
Garzeit etwa 2¹/₂ Stunden
1 Portion = 1226 kJ/ 292 kcal

Holsteinischer Fleischtopf

Dieser Eintopf ist sehr gehaltvoll. Die Kartoffeln gehören zwar nicht zum Originalrezpt, passen aber gut zu den anderen Zutaten.

◆ Die Zwiebeln abziehen und in dünne Ringe schneiden.
◆ Die Petersilie waschen, trockentupfen und hacken.
◆ Die Gewürzgurken in Scheiben schneiden.
◆ Die Kartoffeln schälen, waschen und ebenfalls in dünne Scheiben schneiden.
◆ Die Brotscheiben mit Butter bestreichen.
◆ Die Rouladen zwischen zwei Blätter Pergamentpapier legen und mit dem Nudelholz darüber rollen.
◆ Eine Kasserolle mit den Speckscheiben auslegen.
◆ Auf den Speck zuerst die Rouladen, dann Zwiebeln, Petersilie, Gewürzgurken, Kartoffeln und schließlich die Brotscheiben mit der Butterseite nach oben legen; dabei jede Schicht mit Salz und Pfeffer bestreuen.
◆ Die Gemüsebrühe an den Seiten zugießen.
◆ Den Fleischtopf zugedeckt bei starker Hitze zum Kochen bringen und im fest verschlossenen Topf etwa 2 Stunden schmoren.

Zubereitung etwa 45 Minuten
Garzeit etwa 2 Stunden
1 Portion = 1630 kJ/ 388 kcal

Zutaten für 6 Portionen
4 große Zwiebeln
1 Bund Petersilie
4 große Gewürzgurken
4 festkochende Kartoffeln
4 dicke Scheiben
dunkles Brot
50 g Butter
4 Scheiben Rinderroulade
4 dünne Scheiben durchwachsener
Räucherspeck
Salz
schwarzer Pfeffer aus der Mühle
3/8 l Gemüsebrühe
Pergamentpapier

Rouladen mit Schafskäse

Schafskäse, Pistazien, Oliven und Korinthen machen die Füllung besonders würzig. Rotwein und Thymian geben der Sauce ein feines Aroma.

Zutaten für 4 Portionen
8 schwarze Oliven
50 g ungesalzene Pistazienkerne
2 Knoblauchzehen
150 g weicher Schafskäse
50 g Rosinen
4 Scheiben Rinderroulade (je
etwa 150 g)
Salz, weißer Pfeffer
2 EL Öl
1 TL getrockneter Thymian
1/4 l trockener Rotwein
1/8 l Wasser
4 frische Minzeblättchen

◆ Für die Füllung die Oliven halbieren, entsteinen und hacken.
◆ Die Pistazien grob hacken.
◆ Den Knoblauch abziehen und zuerst in dünne Scheiben, dann in feine Streifen schneiden.
◆ Den Schafskäse in einer Schüssel fein zerkrümeln und mit Pistazien, Oliven, Knoblauch und den Rosinen vermischen.
◆ Das Fleisch mit dem Handballen flachdrücken, mit Salz und Pfeffer würzen und mit der Füllung belegen.
◆ Dann das Fleisch zu Rouladen aufrollen, mit Küchengarn umbinden und rundherum mit wenig Salz und Pfeffer würzen.
◆ Das Öl erhitzen und die Rouladen darin bei starker bis mittlerer Hitze braun anbraten.
◆ Thymian, Wein und Wasser zugeben und den Bratensatz damit lösen.
◆ Die Rouladen aufkochen, zu-
decken und bei schwacher Hitze etwa 1 1/2 Stunden garen.
◆ Die Teller vorwärmen.
◆ Die Minze waschen, trockentupfen und ganz fein hacken.
◆ Die fertigen Rouladen auf den warmen Tellern anrichten.
◆ Den Schmorsud bei starker Hitze etwas einkochen, über den Rouladen verteilen und mit Minze bestreuen.

Zubereitung etwa 45 Minuten
Garzeit etwa 1 1/2 Stunden
1 Portion = 1890 kJ/ 450 kcal

Rouladen mit Schinken

◆ Das Fleisch mit dem Handballen flachdrücken, mit Salz und Pfeffer würzen und mit dem Schinken belegen.

◆ Die Möhre waschen, putzen und zerkleinern.

◆ Die Schalotte und den Knoblauch abziehen und fein zerkleinern.

◆ Den Salbei trocken säubern und hacken.

◆ Die Petersilie waschen, trockentupfen und ebenfalls hacken.

◆ Möhre, Schalotte, Knoblauch, Salbei und Petersilie auf den Fleischscheiben verteilen.

◆ Die Rouladen aufrollen, mit Küchengarn umwickeln und in Mehl wenden.

◆ Das Fett in einem Bräter erhitzen und die Rouladen darin bei starker bis mittlerer Hitze braun anbraten.

◆ Majoran, Brühe und Wein zuge-

Zutaten für 4 Portionen
*4 Scheiben Rinderroulade (je
etwa 180 g)*
Salz, weißer Pfeffer
*4 kleine Scheiben
gekochter Schinken*
1 kleine Möhre
1 Schalotte
1 Knoblauchzehe
4 Blättchen Salbei
1/2 Bund Petersilie
1 EL Mehl
2 EL Butterschmalz oder Öl
1/2 TL getrockneter Majoran
200 ml Fleischbrühe
4 EL trockener Weißwein
1/2 Bund Schnittlauch
2 EL Crème fraîche

ben und den Bratensatz damit lösen. Dann die Rouladen aufkochen, zudecken und bei schwacher Hitze etwa 1½ Stunden garen.

◆ Die Teller vorwärmen.

◆ Den Schnittlauch waschen, trockentupfen und kleinschneiden.

◆ Die fertigen Rouladen aus dem Topf nehmen und auf den Tellern warm halten.

◆ Die Crème fraîche zum Bratensaft geben und bei starker Hitze unter Rühren zu einer cremigen Sauce einkochen lassen.

◆ Vor dem Servieren die Bratensauce portionsweise über die Rouladen verteilen und mit je 1 EL Schnittlauch bestreuen.

Zubereitung etwa 45 Minuten
Garzeit etwa 1½ Stunden
1 Portion = 1646 kJ/ 392 kcal

Rouladen mit Speck und Gurken

Zutaten für 4 Portionen
100 g fetter Speck in Scheiben
1 große Zwiebel
2 Gewürzgurken
*4 Scheiben Rinderroulade
(je etwa 180 g)*
2 EL scharfer Senf
Salz, weißer Pfeffer
2 EL Öl
400 ml Fleischbrühe
1 kleine grüne Paprikaschote
1 dünne Stange Lauch
2 kleine Zucchini
1/2 Bund Petersilie
2 EL Schlagsahne
1 TL Speisestärke

◆ Die Speckscheiben in feine Streifen schneiden.

◆ Die Zwiebel abziehen und fein hacken.

◆ Die Gewürzgurken zuerst in Scheiben, dann in Streifen schneiden.

◆ Die Rouladen mit dem Handballen flachdrücken, mit dem scharfen Senf bestreichen und mit Salz und Pfeffer würzen.

◆ Speck, Zwiebel und Gurken auf den Rouladen verteilen.

◆ Das Fleisch zu Rouladen aufrollen, mit Küchengarn umwickeln und rundum mit Salz und Pfeffer würzen.

◆ Das Öl erhitzen und die Rouladen darin bei starker bis mittlerer Hitze braun anbraten. Dann die Fleischbrühe zugeben und den Bratensatz damit lösen.

◆ Die Rouladen aufkochen, zudecken und bei schwacher Hitze etwa 1½ Stunden garen.

◆ Die Paprikaschote waschen und vierteln; die Kerne und die weißen

Häutchen entfernen und die Schotenviertel in Streifen schneiden.

◆ Den Lauch putzen, waschen und mit dem saftigen Grün in dünne Ringe schneiden.

◆ Die Zucchini putzen, waschen und in Stifte schneiden.

◆ Die Petersilie waschen, trockentupfen und fein hacken.

◆ Die Sahne mit der Speisestärke verrühren.

◆ Die Teller vorwärmen.

◆ Nach 1½ Stunden Garzeit das Gemüse zu den Rouladen geben und alles aufkochen.

◆ Die Sahne einrühren und zugedeckt bei schwacher Hitze 5 Minuten kochen lassen.

◆ Die Rouladen mit dem Gemüse und der Sauce portionsweise auf den vorgewärmten Tellern anrichten.

◆ Das Fleisch vor dem Servieren mit Petersilie bestreuen.

Zubereitung etwa 45 Minuten
Garzeit etwa 1½ Stunden
1 Portion = 2243 kJ/ 534 kcal

Ungarisches Gulasch

Zutaten für 4 Portionen
400 g Zwiebeln
3 EL Schweineschmalz
800 g Rindergulasch
je 2 EL edelsüßes und scharfes
Paprikapulver
3 EL Tomatenmark
½ l Wasser
Salz
Cayennepfeffer
2 grüne Paprikaschoten

Von diesem Gericht kann man größere Mengen kochen und einen Teil einfrieren. Aufgetaut schmeckt das Gulasch gemischt mit Salzkartoffeln und grünen Bohnen oder gebratenen Auberginenwürfeln.

◆ Die Zwiebeln abziehen und fein hacken.

◆ Das Schmalz erhitzen.

◆ Das Fleisch darin portionsweise bei starker Hitze kräftig anbraten und wieder herausnehmen.

◆ Anschließend die Zwiebeln im Fett bei schwacher bis mittlerer Hitze unter Rühren etwa 3 Minuten glasig braten.

◆ Das Fleisch wieder zu den Zwiebeln geben, mit Paprika bestäuben und das Tomatenmark untermischen.

◆ Das Wasser zugießen und den Bratfond damit lösen. Alles mit Salz und Cayennepfeffer würzen, aufkochen und zugedeckt bei schwacher Hitze etwa 1½ Stunden weich schmoren.

◆ Die Paprikaschoten waschen, putzen und in Streifen schneiden.

◆ Nach 1½ Stunden Schmorzeit die Paprikaschoten unter das Gulasch mischen, weitere 15 Minuten schmoren und zum Schluß mit Salz und Cayennepfeffer abschmecken.

Zubereitung etwa 45 Minuten
Garzeit etwa 1¾ Stunden
1 Portion = 1772 kJ/ 422 kcal

Rindfleisch mit Rotwein

◆ Das Fleisch in Würfel schneiden.

◆ Die Zwiebel und den Knoblauch abziehen, aber nicht zerkleinern.

◆ Die Pfefferschote halbieren, von den Kernen befreien und waschen.

◆ Den Rosmarin waschen.

◆ Das Öl in einem Bräter erhitzen und das Fleisch darin portionsweise bei starker Hitze rundherum braun anbraten; dabei immer nur so viele Fleischwürfel in den Bräter geben, daß sie nicht übereinanderliegen.

◆ Das gebratene Fleisch auf eine Platte geben und mit Salz würzen.

◆ Das Tomatenmark im Bratfett anrösten und die Fleischwürfel wieder zugeben.

◆ Den Rotwein und die Fleischbrühe zugießen.

◆ Zwiebel, Knoblauch, Pfefferschote, Rosmarin und Lorbeerblätter neben das Fleisch legen.

◆ Das Fleisch zugedeckt auf die un-

Zutaten für 8 Portionen

2 kg Rindfleisch (Hüfte oder Kugel)

1 Zwiebel

2 Knoblauchzehen

1 rote Pfefferschote

5 Zweige frischer Rosmarin

4 EL Öl

Salz

2 EL Tomatenmark

1/2 Flasche trockener, kräftiger Rotwein

1/4 l Fleischbrühe

4 Lorbeerblätter

2 große grüne Paprikaschoten

2 kleine Zucchini

4 große Tomaten

1 Prise Zucker

1 Bund Petersilie

tere Schiene des kalten Backofens stellen und bei 180 °C (Umluft 160 °C, Gas Stufe 2–3) etwa 2 Stunden garen.

◆ Die Paprikaschoten waschen, putzen und in Streifen schneiden.

◆ Die Zucchini waschen und grob würfeln.

◆ Die Tomaten abziehen und achteln; die Stielansätze entfernen.

◆ Nach den 2 Stunden Schmorzeit das Gemüse zum Fleisch geben und im offenen Topf etwa 30 Minuten schmoren. Dabei soll die Flüssigkeit etwas einkochen.

◆ Das Fleisch und das Gemüse mit Salz und Zucker abschmecken.

◆ Die Petersilie waschen, trockentupfen, hacken und über das Fleisch streuen.

Zubereitung etwa 45 Minuten
Garzeit etwa 2 1/2 Stunden
1 Portion = 1550 kJ/ 369 kcal

Bœuf à la mode

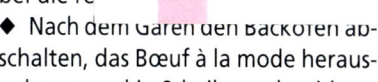

Zutaten für 6 Portionen

2 Zwiebeln
2 große Möhren
1 Stück Knollensellerie (etwa 150 g)
80 g fetter Räucherspeck
in dünnen Scheiben
1,5 kg Rindfleisch zum Schmoren
(Schwanzstück,
Blume oder Oberschale)
Salz
schwarzer Pfeffer
6 Gewürznelken
1 unbehandelte Zitrone
je ¹/₂ Bund Thymian und Majoran
3 Lorbeerblätter
1 Stück ganze Muskatblüte oder
¹/₄ TL Muskatblütenpulver
4 kleine Stücke vom Kalbsfuß
Rinde von
2 Scheiben altbackenem Bauernbrot
¹/₂ l Fleischbrühe
¹/₂ l trockener Weißwein
¹/₈ l milder Weißweinessig
1–2 EL Balsamessig
¹/₄ TL Zucker nach Belieben
3 Stengel Petersilie

◆ Das Fleisch mit Salz und Pfeffer würzen und mit den Nelken spicken.
◆ Den Braten auf das Gemüse legen und mit dem restlichen Speck bedecken.
◆ Die zweite Zwiebel abziehen und zerkleinern.
◆ Die Zitrone waschen und abtrocknen. Ein großes Stück Schale abschneiden und fein hacken.
◆ Den Thymian und den Majoran waschen, trockentupfen und hacken.
◆ Die Lorbeerblätter und die Muskatblüte ebenfalls zerkleinern.
◆ Zwiebel, Kräuter und Gewürze mischen und auf dem Speck verteilen.
◆ Die Kalbsfußstücke und die Brotrinde neben das Fleisch legen.
◆ Brühe mit Wein und Essig mischen und die Hälfte zum Fleisch geben.
◆ Den Bräter schließen, auf die untere Schiene des kalten Backofens stellen und bei 160 °C (Umluft 140 °C, Gas Stufe 2) etwa 2 Stunden schmoren; dann den Ofen auf 180 °C (Umluft 160 °C, Gas Stufe 2–3) schalten.

◆ Die Brühemis Fleisch 2– bei die re
◆ Nach dem Garen den Backofen abschalten, das Bœuf à la mode herausnehmen und in Scheiben schneiden.
◆ Die Kalbsfußstücke wegwerfen; die Schmorflüssigkeit durch ein Sieb in einen Topf umgießen.
◆ Das Fleisch wieder in den Bräter geben, zudecken und im abgeschalteten Ofen bei geöffneter Tür warm halten, bis die Sauce fertig ist.
◆ Die Sauce bei starker Hitze unter Rühren dickflüssig einkochen lassen.
◆ Mit Balsamessig, Salz und Zucker nach Belieben abschmecken.
◆ Das Fleisch in eine Schüssel geben und mit der Sauce übergießen.
◆ Die Petersilie waschen, trockentupfen, hacken und darüber streuen.

Zubereitung etwa 45 Minuten
Garzeit etwa 4–4¹/₂ Stunden
1 Portion = 1651 kJ/ 393 kcal

Bœuf à la mode stammt vermutlich von dem französischen Koch La Varenne (um 1616–1678). Natürlich hat sich das Gericht seitdem verändert. Es wird heute meist wie Sauerbraten eingelegt und mit Mehl gebunden. Hier im alten Rezept sorgt Kalbsfuß für die sämige Sauce und Essig für Würze ohne langes Einlegen.

◆ 1 Zwiebel abziehen und in Scheiben schneiden.
◆ Die Möhren und den Sellerie putzen und in Scheiben schneiden.
◆ Den Boden eines großen Bräters zuerst mit 4 Speckscheiben, dann mit den Zwiebel- und Gemüsescheiben auslegen.

Chili con carne

Diese mexikanische Form des Gulaschs wird mit Rindfleisch, Zwiebeln und frischen Pfefferschoten – Chilis – zubereitet. Rote Bohnen bekommen Sie in Naturkost- oder Asienläden.

◆ Die Bohnen im Wasser 6 Stunden zugedeckt einweichen.
◆ Die Bohnen mit dem Einweichwasser aufkochen und zugedeckt bei schwacher Hitze 30 Minuten garen.
◆ Inzwischen das Fleisch in gulaschgroße Würfel schneiden.
◆ Die Zwiebeln und den Knoblauch abziehen und fein hacken.
◆ Die Pfefferschoten längs halbieren und die Kerne entfernen. Die Schotenhälften kalt abspülen und in Streifen schneiden.
◆ Den Majoran waschen, trockentupfen und fein hacken.

Zutaten für 4 Portionen
250 g getrocknete rote Kidneybohnen oder braune Bohnen
1 l Wasser
500 g Rinderhesse (ohne Knochen)
2 Zwiebeln
3 Knoblauchzehen
2–3 frische grüne Pfefferschoten
1 Bund Majoran
2 EL Schweineschmalz
Salz
1 großes Bund Petersilie

◆ Das Schmalz in einem großen Schmortopf erhitzen. Das Fleisch darin bei starker Hitze rundum braun anbraten und dann herausnehmen.

◆ Zwiebeln, Knoblauch, Pfefferschoten und Majoran im Bratfett bei schwacher Hitze braten, bis die Zwiebeln glasig sind.
◆ Das Fleisch und die Bohnen samt der Garflüssigkeit zugeben, mit Salz würzen und aufkochen.
◆ Das Chili con carne zudecken und bei schwacher bis mittlerer Hitze etwa 1–1½ Stunden garen, bis die Fleischwürfel und die Bohnen ganz weich sind.
◆ Die Petersilie waschen, trockentupfen und fein hacken.
◆ Vor dem Servieren das Chili mit der Petersilie bestreuen.

Quellzeit 6 Stunden
Zubereitung etwa 45 Minuten
Garzeit etwa 1½ Stunden
1 Portion = 2167 kJ/ 516 kcal

Cassoulet

Zutaten für 6 Portionen
200 g getrocknete weiße Bohnen
½ l Wasser
200 g durchwachsener Räucherspeck
500 g Rindfleisch (Blume)
500 g Tomaten
1 Zwiebel
1 Knoblauchzehe
2 frische grüne Pfefferschoten
3 Zweige frischer Rosmarin
6 EL Olivenöl
Salz
200 g altbackenes Weißbrot
50 g Pinienkerne

Cassoulet ist ein bäuerliches Essen aus Frankreich: Weiße Bohnen, Räucherspeck, Knoblauchwurst und Fleisch werden mit Tomaten, Kräutern und geriebenem Brot im Ofen gegart. Die leichte Version enthält keine Wurst.

◆ Die Bohnen im Wasser 6 Stunden zugedeckt einweichen.
◆ Die Bohnen mit dem Einweichwasser und dem Räucherspeck aufkochen und zugedeckt bei schwacher Hitze etwa 45 Minuten garen.
◆ Inzwischen das Fleisch in gulaschgroße Würfel schneiden.
◆ Die Tomaten abziehen und würfeln; die Stielansätze entfernen.
◆ Die Zwiebel und den Knoblauch abziehen und fein hacken.
◆ Die Pfefferschoten längs halbieren

und die Kerne entfernen. Die Schotenhälften kalt abspülen und in Streifen schneiden.
◆ Den Rosmarin waschen, trockentupfen, die Blättchen abzupfen und grob hacken.
◆ Die Hälfte des Öls in einem großen Schmortopf erhitzen. Das Fleisch darin bei starker Hitze braun anbraten und wieder herausnehmen.
◆ Zwiebel, Knoblauch, Pfefferscho-

ten und Rosmarin im Bratfett bei schwacher Hitze braten, bis die Zwiebel glasig ist.

◆ Das Fleisch, die Tomaten und die Bohnen samt der Garflüssigkeit zugeben und alles mit Salz würzen.

◆ Den Räucherspeck in kleine Würfel schneiden und untermischen.

◆ Das Cassoulet zugedeckt auf die untere Schiene des kalten Backofens

schieben und bei 180 °C (Umluft 160 °C, Gas Stufe 2–3) etwa 45 Minuten garen.

◆ Inzwischen das Brot reiben oder im Blitzhacker zerkleinern.

◆ Die Pinienkerne hacken.

◆ Das restliche Öl in einer Pfanne erhitzen. Das Brot und die Pinienkerne darin bei schwacher Hitze rösten, bis sie knusprig sind.

◆ Nüsse und Brotkrümel über dem Fleisch verteilen und alles im offenen Topf weitere 1–1½ Stunden backen, bis das Fleisch und die Bohnen ganz weich sind.

Quellzeit 6 Stunden
Zubereitung etwa 45 Minuten
Garzeit etwa 3 Stunden
1 Portion = 2730 kJ/ 650 kcal

Ochsenschwanzragout

◆ Den Ochsenschwanz vom Metzger in etwa 4 cm lange Stücke teilen lassen.

◆ Das Fleisch mit Salz und Pfeffer einreiben.

◆ Die Tomaten abziehen und halbieren; die Stielansätze entfernen.

◆ Die Zwiebel und den Knoblauch abziehen und fein hacken.

◆ Die Zitrone waschen und abtrocknen. Die Schale zur Hälfte abreiben und den Saft auspressen.

◆ Das Öl in einem Bräter erhitzen, die Ochsenschwanzstücke darin bei starker bis mittlerer Hitze rundherum braun anbraten und wieder herausnehmen.

◆ Zwiebel, Knoblauch, Paprikapulver und Zitronenschale im Bratfett unter Rühren einige Sekunden anrösten.

◆ Dann die Ochsenschwanzstücke wieder in den Bräter legen.

◆ Tomatenhälften, 3 EL Zitronensaft und Lorbeer zugeben, die Hälfte des Wassers und Weins zugießen und den Bratfond damit lösen.

◆ Den Ochsenschwanz zudecken, auf die untere Schiene des kalten Backofens stellen und bei 160 °C (Umluft 140 °C, Gas Stufe 2) etwa 2½–3 Stunden schmoren.

◆ Dabei nach und nach den Rest des Wassers und des Weins an den Seiten zugießen.

◆ Die Schalotten abziehen, zum

Zutaten für 4 Portionen
1,2 kg Ochsenschwanz
Salz
schwarzer Pfeffer
2 Tomaten
1 kleine Zwiebel
1 Knoblauchzehe
1 unbehandelte Zitrone
3 EL Öl
1 TL Paprikapulver
4 Lorbeerblätter
½ l Wasser
½ l trockener Rotwein
100 g Schalotten
2–3 Stengel Petersilie
100 g saure Sahne

Fleisch geben und weitere 30 Minuten schmoren.

◆ Den Ochsenschwanz aus der Schmorflüssigkeit nehmen, ein klein wenig abkühlen lassen und das Fleisch heiß von den Knochen lösen.

◆ Die Petersilie waschen, trockentupfen und fein hacken.

◆ Den Bräter mit der Schmorflüssigkeit auf die Kochstelle setzen. Nach Belieben die Sauce bei starker Hitze unter Rühren dickflüssig einkochen.

◆ Die Fleischstücke in der Sauce erhitzen, aber nicht kochen lassen, die saure Sahne untermischen und das Gericht mit der Petersilie bestreuen.

Zubereitung etwa 1 Stunde
Garzeit etwa 3–3½ Stunden
1 Portion = 2020 kJ/ 481 kcal

Rindfleisch mit Kruste

- Die Zwiebel abziehen.
- Das Suppengrün waschen und putzen.
- Die Zwiebel und das Suppengrün mit Lorbeerblatt, Pfefferkörnern und Wasser in einem Topf aufkochen.
- Das Rindfleisch in die Brühe geben und bei mittlerer Hitze langsam bis knapp unter den Siedepunkt erhitzen.
- Einen Kochlöffel zwischen Topf und Deckel legen und das Fleisch so fast zugedeckt bei schwacher Hitze 2¼ Stunden gar ziehen lassen.
- Den Backofen auf 250°C (Gas Stufe 5–6) vorheizen.
- Die Schalotten oder die Zwiebeln abziehen und sehr fein hacken.
- Die Petersilie waschen, trockentupfen und ebenfalls sehr fein hacken.
- Die Schalotten oder die Zwiebeln

Zutaten für 6 Portionen
1 Zwiebel
1 Bund Suppengrün
1 Lorbeerblatt
1 TL schwarze Pfefferkörner
1 l Wasser
1 kg Rindfleisch (flache Schulter)
2 Schalotten oder kleine Zwiebeln
½ Bund Petersilie
2 kleine Eier
100 g grobe Semmelbrösel
1 EL Crème fraîche
Salz
⅛ l Brühe vom Fleisch
1 Bund Schnittlauch

und die Petersilie mit Eiern, Semmelbröseln, Crème fraîche und einer kräftigen Prise Salz zu einem weichen, streichfähigen Teig vermischen.
- Das gegarte Fleisch aus der Brühe nehmen und in eine flache Gratinform mit niedrigem Rand legen.
- ⅛ l Brühe abmessen und um das Fleisch gießen.
- Den Teig auf dem Fleisch gleichmäßig verteilen.
- Die Form auf die mittlere Schiene des heißen Backofens stellen und das Fleisch etwa 8 Minuten backen, bis die Kruste goldgelb ist.
- Den Schnittlauch waschen, trockentupfen, in feine Röllchen schneiden und über das Fleisch streuen.

Zubereitung etwa 45 Minuten
Garzeit etwa 2½ Stunden
1 Portion = 1474 kJ/ 351 kcal

Kronfleisch

Servieren Sie zu diesem bayerischen Gericht, das früher zum zweiten Frühstück auf den Tisch kam, mittelscharfen Senf und knusprige Brezeln.

◆ Die Zwiebel abziehen, halbieren und grob hacken; den Lauch putzen, waschen und grob zerschneiden.

◆ Die Möhre und den Knollensellerie putzen und grob zerkleinern.

◆ Zwiebel, Lauch, Möhre und Sellerie mit dem Lorbeerblatt und der Fleischbrühe in einem Topf aufkochen lassen.

◆ Das Kronfleisch zugeben, bei mittlerer Hitze langsam zum Kochen bringen und 30 Minuten halb zugedeckt bei schwacher Hitze garen.

◆ Inzwischen den Meerrettich schälen, waschen und reiben.

◆ Die Essiggurken in dünne Scheiben schneiden.

◆ Den Schnittlauch waschen, trockentupfen und in feine Röllchen schneiden.

◆ Das gegarte Fleisch aus der Brühe nehmen, in 4 Portionen schneiden und auf tiefen Tellern anrichten.

◆ Die Fleischportionen mit jeweils 1/2 Schöpflöffel Brühe übergießen.

◆ Meerrettich, Schnittlauch und Pfeffer über das Fleisch streuen und die Gurken daneben anrichten.

Zubereitung etwa 40 Minuten
1 Portion = 2167 kJ/ 516 kcal

Zutaten für 4 Portionen
1 Zwiebel
1 Stange Lauch
1 Möhre
1 Stuck Knollensellerie
1 Lorbeerblatt
1 l Fleischbrühe
750 g Kronfleisch vom Rind
(Dünnung oder Lappen)
1 Stück frischer Meerrettich
(etwa 20 cm lang)
4 Essiggurken
2 Bund Schnittlauch
schwarzer Pfeffer

Pochiertes Rinderfilet

Zum Rinderfilet schmeckt Tomaten-Schnittlauch-Sauce (siehe S. 184).

◆ Den Thymian und das Suppengrün waschen.

◆ Die Zitrone waschen, abtrocknen und 1 Scheibe abschneiden.

◆ Thymian, Suppengrün, Zitronenscheibe und Lorbeerblatt mit Küchengarn zusammenbinden.

◆ Das Suppengrünbündel, das Wasser und das Salz in einen Topf geben, aufkochen und zugedeckt bei schwacher Hitze 25 Minuten kochen lassen.

◆ Den Sellerie und die Lauchzwiebeln putzen, waschen und in fingerlange Stücke schneiden; dabei alle saftigen grünen Blätter der Lauchzwiebeln mitverwenden.

◆ Die Kartoffeln schälen und die Möhren putzen; beides waschen und in fingerbreite Scheiben schneiden.

◆ Das Suppengrünbündel aus dem Sud nehmen.

Zutaten für 4 Portionen
1 Bund Thymian
1 Bund Suppengrün
1 unbehandelte Zitrone
1 Lorbeerblatt
3 l Wasser
1 EL Salz
4 Stangen Sellerie
1 Bund Lauchzwiebeln
500 g kleine festkochende Kartoffeln
4 mittelgroße Möhren
600 g Rinderfilet (Mittelteil)
1/2 Bund Petersilie

◆ Sellerie, Lauchzwiebeln, Kartoffeln und Möhren im Sud einmal sprudelnd aufkochen lassen.

◆ Dann die Temperatur zurückschalten, das Fleisch in den Sud legen und zugedeckt bei schwacher Hitze 25 Minuten ziehen lassen, bis es innen noch rosa ist.

◆ Die Petersilie waschen, trockentupfen und fein hacken.

◆ 4 Teller vorwärmen.

◆ Das Fleisch in Scheiben schneiden, mit den Kartoffeln und dem Gemüse auf den heißen Tellern anrichten und mit der Petersilie bestreuen.

Zubereitung etwa 30 Minuten
Garzeit etwa 55 Minuten
1 Portion = 1205 kJ/ 287 kcal

Tafelspitz

Zutaten für 6 Portionen
4 Fleischknochen vom Rind
2 l Wasser
1,5 kg Tafelspitz
1 Zwiebel
1 dünne Stange Lauch
1 Petersilien- oder Pastinakenwurzel
1 Möhre
1 Stück Knollensellerie
(etwa 200 g)
Salz
$\frac{1}{2}$ Stange frischer Meerrettich
2 EL Butter
50 g Semmelbrösel
$\frac{1}{4}$ l Fleischbrühe vom Tafelspitz
2 EL süße Sahne
1 EL Zitronensaft
$\frac{1}{4}$ TL gemahlene Muskatblüte
2 Bund Schnittlauch

◆ Die Knochen mit dem Wasser in einen großen Topf geben, aufkochen und zugedeckt bei schwacher Hitze 45 Minuten kochen lassen.

◆ Danach den Tafelspitz in die Knochenbrühe legen und langsam bis knapp unter den Siedepunkt erhitzen; in der Brühe steigen dabei kleine Bläschen auf.

◆ Einen Kochlöffel zwischen Topf und Deckel legen und den Tafelspitz so bei mittlerer bis schwacher Hitze 1 Stunde garen. Dabei soll die Brühe immer nur leicht perlen und nicht sprudelnd kochen.

◆ Die Zwiebel abziehen und in zwei Hälften schneiden.

◆ Lauch und Petersilien- oder Pastinakenwurzel putzen und waschen.

◆ Möhre und Sellerie putzen.

◆ Zwiebel, Lauch, Petersilien- oder Pastinakenwurzel, Möhre und Sellerie grob zerkleinern und zum Tafelspitz geben.

◆ Die Brühe salzen und das Fleisch in weiteren 2–2$\frac{1}{2}$ Stunden weich garen.

◆ Für die Sauce den Meerrettich schälen, waschen und fein reiben.

◆ Die Butter erhitzen und die Semmelbrösel darin goldgelb rösten.

◆ $\frac{1}{4}$ l Brühe vom Tafelspitz abmessen, langsam zugießen und rühren, bis die Sauce glatt ist.

◆ Meerrettich, Sahne, Zitronensaft und Muskatblüte untermischen und die Sauce nach Belieben noch salzen.

◆ Den Schnittlauch waschen, trockentupfen, in feine Röllchen schneiden und die Hälfte davon unter die Sauce mischen.

◆ Das Fleisch aus der Brühe nehmen, in Scheiben schneiden und auf tiefen Tellern anrichten.

◆ Jede Portion mit einem halben Schöpflöffel Brühe übergießen.

◆ Den restlichen Schnittlauch über das Fleisch streuen und die Meerrettichsauce dazu servieren.

Zubereitung etwa 1 Stunde
Garzeit 4–4$\frac{1}{2}$ Stunden
1 Portion = 1638 kJ/ 390 kcal

Rinderleber mit Zwiebeln

Leber vom jungen Rind schmeckt etwas kräftiger als Kalbsleber.

◆ Die Rinderleber in knapp fingerbreite Streifen schneiden; dabei die Röhren entfernen.

◆ Die Zwiebeln abziehen und in dünne Ringe schneiden.

◆ Frische Kräuter waschen, trockentupfen und fein hacken.

◆ Das Öl in einer großen Pfanne erhitzen.

◆ Zwiebel und Kräuter darin bei schwacher Hitze unter Rühren etwa 3 Minuten braten, bis die Zwiebeln glasig sind.

Zutaten für 4 Portionen
600 g Rinderleber
400 g Zwiebeln
$\frac{1}{2}$ Bund Majoran oder Petersilie
oder $\frac{1}{2}$ Päckchen italienische
TK-Kräutermischung
2 EL Öl
1 EL Mehl
1 TL edelsüßes Paprikapulver
200 ml Fleischbrühe
$\frac{1}{8}$ l süße Sahne
Salz, Cayennepfeffer

◆ Die Rinderleber zugeben und bei mittlerer Hitze braten, bis alle Streifen grau sind.

◆ Mehl und Paprikapulver über die Leber streuen und einige Sekunden mitrösten.

◆ Die Brühe zugießen und rühren, bis die Sauce glatt ist.

◆ Die Sahne untermischen, einmal aufkochen lassen und 3 Minuten bei schwacher Hitze garen.

◆ Die Sauce mit Salz und Cayennepfeffer abschmecken.

Zubereitung etwa 45 Minuten
1 Portion = 1550 kJ/ 369 kcal

Rinderzunge in Kapernsauce

Reste der Zunge kann man panieren und in Fett ausbacken.

◆ Die Rinderzunge kalt abspülen.

◆ Das Wasser aufkochen lassen, die Zunge zugeben, rasch zum Kochen bringen und zugedeckt bei schwacher Hitze 2 Stunden garen.

◆ Das Suppengrün putzen, waschen und grob zerkleinern.

◆ Zwiebel und Knoblauch abziehen und halbieren.

◆ Petersilie und Thymian waschen.

◆ Die Zitronen waschen und abtrocknen. 1 Stück Schale abschneiden, den Rest abreiben und für die Sauce beiseite stellen. Den Saft auspressen und ebenfalls beiseite stellen.

◆ Suppengrün, Zwiebel, Knoblauch, Petersilie, Thymian, das Stück Zitronenschale, Pfefferkörner und Lorbeerblatt nach 2 Stunden Garzeit zur Zunge geben.

◆ Die Brühe salzen und noch einmal 45 Minuten knapp unter dem Siedepunkt garen, bis die Zunge weich ist.

◆ Die Rinderzunge herausnehmen, kalt abspülen, häuten und quer zu den Fasern in Scheiben schneiden.

Zutaten für 8 Portionen

1 frische Rinderzunge
(etwa 1 kg)
2 l Wasser
2 Bund Suppengrün
1 Zwiebel
1 Knoblauchzehe
1 Bund Petersilie
1 Zweig Thymian
2 unbehandelte Zitronen
4 weiße Pfefferkörner
1 Lorbeerblatt
Salz
1 l Kochsud von der Zunge
70 g Butter
50 g Mehl
200 ml süße Sahne
2–3 EL Kapern
weißer Pfeffer
1 Prise gemahlene Muskatblüte
1 großes Bund Schnittlauch

◆ Die Zunge mit einigen Eßlöffeln heißer Brühe zugedeckt warm halten, bis die Sauce fertig ist.

◆ Die restliche Brühe durch ein Sieb gießen und entfetten. Für die Sauce 1 l abmessen; den Rest für eine Suppe verwenden.

◆ Die Butter schmelzen und das Mehl darin unter Rühren hellgelb anrösten.

◆ Die abgemessene Brühe unter andauerndem Rühren dazugießen, aufkochen, bis die Sauce glatt ist, und zugedeckt bei schwacher Hitze 10 Minuten kochen lassen.

◆ Abgeriebene Zitronenschale und Zitronensaft, Sahne und Kapern untermischen und erhitzen, aber nicht mehr aufkochen lassen.

◆ Die Sauce mit Salz, Pfeffer und Muskatblüte abschmecken.

◆ Den Schnittlauch waschen, trockentupfen, fein zerkleinern und die Hälfte davon in die Sauce mischen.

◆ Die Zungenscheiben auf einer tiefen Platte anrichten, die Sauce darüber gießen und den Rest des Schnittlauchs darüber streuen.

Zubereitung etwa 1 Stunde
Garzeit etwa 3 Stunden
1 Portion = 1617 kJ/ 385 kcal

Herzragout mit Kartoffeln

Damit dieses Gericht zart und aromatisch wird, muß man das Herz sorgfältig säubern.

◆ Fett, Sehnen, Knorpel und Blutgefäße aus dem Herz herausschneiden. Das Herz kalt waschen, trockentupfen und in etwa 1 cm große Würfel schneiden.

◆ Die Zwiebel abziehen und fein hacken.

◆ Das Bohnenkraut waschen und trockentupfen. Etwa ein Drittel der Blättchen abstreifen und für später beiseite legen.

◆ Das Öl in einem Schmortopf erhitzen und die Herzwürfel darin bei starker bis mittlerer Hitze rundherum braun anbraten.

◆ Die Zwiebel zugeben und kurz mitbraten.

Zutaten für 4 Portionen
800 g Rinderherz
1 große Zwiebel
1 Bund Bohnenkraut
2 EL Öl
$^3/_8$ l Fleischbrühe
2 Lorbeerblätter
Salz, weißer Pfeffer
600 g vorwiegend
festkochende Kartoffeln
2 EL Zitronensaft
100 ml süße Sahne
1 kleines Bund Schnittlauch

◆ Die Hälfte der Fleischbrühe, Bohnenkrautbund und Lorbeerblätter zugeben.

◆ Das Herz mit Salz und Pfeffer würzen, aufkochen und zugedeckt bei schwacher Hitze 30 Minuten garen.

◆ Inzwischen die Kartoffeln schälen, waschen und würfeln. Die Würfel mit der restlichen Brühe zum Herz geben und alles weitere 15–20 Minuten kochen, bis die Kartoffeln weich sind.

◆ Bohnenkrautbund und Lorbeerblätter entfernen.

◆ Zitronensaft und Sahne zum Herz geben und erhitzen.

◆ Den Schnittlauch waschen, trockentupfen, zerkleinern und mit den Bohnenkrautblättchen unter das Ragout mischen.

◆ Das Herzragout mit Salz und Pfeffer abschmecken.

Zubereitung etwa 1³/₄ Stunden
1 Portion = 1806 kJ/ 430 kcal

Schweineschnitzel mit Schmorgurken

Die Schweineschnitzel werden auf einer Lage von kleingeschnittenen Gurken, feingehacktem Dill und sahniger Crème fraîche angerichtet. Dazu schmecken am besten Reis oder Kartoffeln.

Zutaten für 4 Portionen
1 Schmorgurke (etwa 300 g)
1 rote Zwiebel
1 Knoblauchzehe
1 Bund Dill
4 EL Öl
1 EL Zitronensaft
Salz, Cayennepfeffer
100 g Crème fraîche
4 Schweineschnitzel
(je etwa 170 g)
edelsüßes Paprikapulver
4 EL Fleischbrühe

◆ Die Gurke schälen und längs vierteln. Die Kerne mit einem Löffel oder einem kleinen Messer entfernen und die Gurke in Stücke schneiden.
◆ Zwiebel und Knoblauch abziehen und hacken.
◆ Den Dill waschen, trockentupfen und fein zerkleinern.
◆ 1 EL Öl in einem Topf erhitzen und Gurke, Zwiebel und Knoblauch darin bei mittlerer Hitze unter Rühren anbraten.
◆ Zitronensaft, Salz, Cayennepfeffer und Crème fraîche zugeben und die Gurke zugedeckt bei mittlerer bis schwacher Hitze in etwa 5 Minuten weich garen.
◆ Die Teller gut vorwärmen.
◆ Die Schnitzel mit Salz und Paprikapulver würzen.
◆ Das restliche Öl in einer Pfanne erhitzen und die Schnitzel darin bei mittlerer bis starker Hitze auf jeder Seite etwa 3 Minuten braten.

◆ Den Dill unter die Schmorgurke mischen und diese mit den Schnitzeln auf den vorgewärmten Tellern anrichten.
◆ Die Brühe in die Pfanne gießen, den Bratensatz damit lösen und über den Schnitzeln verteilen.

Zubereitung etwa 45 Minuten
1 Portion = 1525 kJ/ 363 kcal

Schweinefilet mit Tomaten

Flaschentomaten mit aromatischem Fruchtfleisch und wenig Kernen eignen sich besonders gut für dieses schnell zubereitete Fleischgericht.

◆ Das Filet zuerst in etwa fingerdicke Scheiben, dann in etwa fingerbreite Streifen schneiden.
◆ Die Tomaten abziehen, der Länge nach vierteln und in dünne Scheiben schneiden; dabei die Stielansätze entfernen.
◆ Die Gemüsezwiebel abziehen und fein hacken.
◆ Den Majoran waschen, trockentupfen und ebenfalls fein hacken.
◆ 3 EL Öl in einem großen Bräter erhitzen und das Filet darin bei starker

Zutaten für 4 Portionen
500 g Schweinefilet
500 g Flaschentomaten
1 Gemüsezwiebel
$\frac{1}{2}$ Bund Majoran
4 EL Olivenöl
125 g Crème fraîche
Salz
schwarzer Pfeffer
1 Prise Zucker

bis mittlerer Hitze unter ständigem Wenden etwa 2 Minuten braten, bis es durchgegart und leicht gebräunt

ist. Dann das Fleisch herausnehmen und in einer Schüssel warm halten.
◆ Das restliche Öl in den Bräter geben und Zwiebel und Majoran darin bei schwacher Hitze braten, bis die Zwiebel glasig ist.
◆ Tomaten und Crème fraîche zugeben und die Mischung zugedeckt etwa 5 Minuten schmoren; dabei immer wieder umrühren.
◆ Das Fleisch wieder zugeben und ganz heiß werden lassen.
◆ Das fertige Gericht mit Salz, Pfeffer und Zucker abschmecken und sofort servieren.

Zubereitung etwa 45 Minuten
1 Portion = 1436 kJ/ 342 kcal

Thymianfilets

Die Schweinefilets sind schnell gebraten und werden mit einer leichten Apfelweinsauce serviert. Dazu paßt knuspriges Weißbrot oder Kartoffelpuffer.

◆ Die Zwiebel abziehen und in dünne Ringe schneiden.
◆ Den Thymian waschen, trockentupfen und fein hacken.
◆ Den Apfel achteln, schälen und das Kerngehäuse herausschneiden.
◆ Eine Platte vorwärmen.
◆ Das Schweinefilet in etwa 2 Finger dicke Scheiben schneiden, mit Salz und Pfeffer würzen und auf einer Seite mit Senf bestreichen.
◆ Das Fett in einer großen Pfanne erhitzen und das Fleisch darin bei starker bis mittlerer Hitze auf jeder Seite 2–3 Minuten braten, bis es gerade durch ist.
◆ Das Fleisch herausnehmen, auf die vorgewärmte Platte legen und zugedeckt warm halten.
◆ Zwiebel, Apfel und Thymian im Bratfett bei schwacher bis mittlerer Hitze schmoren, bis Zwiebel und Apfel weich sind.
◆ Den trockenen Apfelwein zugie-

Zutaten für 4 Portionen
1 große Zwiebel
1 Bund Thymian
1 säuerlicher Apfel
(Glockenapfel oder Boskoop)
600 g Schweinefilet
Salz
weißer Pfeffer
1 EL scharfer Senf
2 EL Butterschmalz,
Kokosfett oder Öl
100 ml trockener Apfelwein

ßen und den Bratfond damit lösen, dann die Sauce mit Salz und Pfeffer abschmecken und auf den Filets anrichten.

Zubereitung etwa 45 Minuten
1 Portion = 1247 kJ/ 297 kcal

Schweinekoteletts mit Zucchini

Zutaten für 4 Portionen
4 Schweinenackenkoteletts
(je etwa 220 g)
Salz
schwarzer Pfeffer
4 EL Öl
3 kleine Zucchini
2 Tomaten
4 Zweige Rosmarin
2 EL süße Sahne

Zu diesen Koteletts schmecken neue Kartoffeln oder Stangenweißbrot und Salat.

◆ Die Koteletts mit wenig Salz und Pfeffer würzen.
◆ Das Öl erhitzen und das Fleisch darin bei starker Hitze auf beiden Seiten kräftig anbraten, bis es sich leicht vom Pfannenboden lösen läßt.
◆ Die Koteletts wenden und bei schwacher bis mittlerer Hitze etwa 15 Minuten braten; dabei zweimal wenden.
◆ Inzwischen eine Servierplatte gut vorwärmen.
◆ Die Zucchini waschen, putzen und in dünne Stifte schneiden.

◆ Die Tomaten abziehen und achteln; die Stielansätze entfernen.
◆ Den Rosmarin waschen und trockentupfen; die Blättchen abzupfen und hacken.
◆ Die fertigen Koteletts herausnehmen und auf der vorgewärmten Servierplatte warm halten.
◆ Zucchini, Tomaten und Rosmarin in das Bratfett geben und bei mittlerer Hitze unter Rühren etwa 2 Minuten schmoren.
◆ Die Sahne zugeben, das Gemüse mit Salz und Pfeffer würzen und auf den Koteletts anrichten.

Zubereitung etwa 45 Minuten
1 Portion = 1701 kJ/ 405 kcal

Schweinekoteletts mit Äpfeln

Schweinekoteletts und Sauerkraut passen gut zusammen. Hier machen gebratene Äpfel den Genuß perfekt.

◆ Das Suppengrün putzen, waschen und fein zerkleinern.

◆ Die Zwiebel abziehen und hacken.

◆ Das Sauerkraut mit einer Gabel zerpflücken.

◆ ½ EL Öl erhitzen und Suppengrün und Zwiebel darin bei mittlerer Hitze braten, bis die Zwiebel glasig ist.

◆ Sauerkraut, Apfelsaft, wenig Salz und reichlich weißen Pfeffer aus der Mühle zugeben, aufkochen lassen und das Kraut zugedeckt bei schwacher Hitze 30 Minuten garen.

◆ Die Äpfel achteln und schälen; das Kerngehäuse herausschneiden.

◆ Die geputzten Apfelstücke mit 1 EL Zitronensaft vermischen, damit sie hell bleiben.

◆ 1 EL Zitronensaft mit Orangensaft, Apfelkraut und Cayennepfeffer verrühren.

◆ Die Butter in einer großen Pfanne schmelzen und leicht bräunen.

Zutaten für 4 Portionen
1 Bund Suppengrün
1 Zwiebel
500 g Sauerkraut
3 EL Öl
⅛ l ungesüßter Apfelsaft
Salz, weißer Pfeffer aus der Mühle
700 g säuerliche Äpfel
(Cox Orange oder Boskoop)
2 EL Zitronensaft
3 EL Orangensaft
1 EL Apfelkraut
Cayennepfeffer
1 EL Butter
4 Schweinekoteletts
(je etwa 150 g)
1 großes Bund Petersilie

◆ Die Äpfel darin bei schwacher bis mittlerer Hitze 3 Minuten braten; dabei einmal wenden.

◆ Die Saftmischung darüber verteilen und die Äpfel zugedeckt bei schwacher Hitze weitere 3 Minuten ziehen lassen.

◆ Die Äpfel erneut vorsichtig wenden, damit sie gleichmäßig vom Apfelkraut überzogen sind, und zugedeckt ziehen lassen, bis Koteletts und Kraut fertig sind.

◆ Die Teller gut vorwärmen.

◆ Die Petersilie waschen, trockentupfen und fein hacken.

◆ Die Schweinekoteletts mit Salz und weißem Pfeffer aus der Mühle würzen.

◆ In einer zweiten Pfanne 2½ EL Öl erhitzen und die Koteletts darin bei starker Hitze auf beiden Seiten braun anbraten.

◆ Die Koteletts bei mittlerer Hitze auf jeder Seite noch etwa 4 Minuten braten.

◆ Die fertigen Koteletts mit dem Sauerkraut auf den Tellern anrichten, die glasierten Äpfel dazulegen und alles mit Petersilie bestreuen.

Zubereitung etwa 1 Stunde
1 Portion = 1898 kJ/ 452 kcal

Schweinekoteletts mit Zwiebeln

Nackenkoteletts bleiben beim Braten besonders saftig. Wer Kalorien sparen möchte, nimmt aber das Stielkotelett. Salzen Sie die Koteletts vor dem Braten nur ganz leicht, denn die Sojasauce zum Schmoren enthält ebenfalls Salz.

◆ Die Zwiebeln abziehen, halbieren und in feine Scheiben schneiden.
◆ Die Schweinekoteletts mit wenig Salz und Pfeffer würzen und mit dem Mehl bestreuen.
◆ Das Öl in einer Pfanne erhitzen

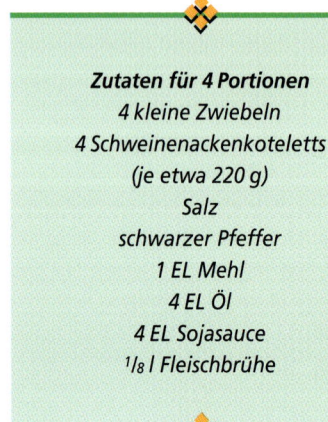

Zutaten für 4 Portionen
4 kleine Zwiebeln
4 Schweinenackenkoteletts
(je etwa 220 g)
Salz
schwarzer Pfeffer
1 EL Mehl
4 EL Öl
4 EL Sojasauce
1/8 l Fleischbrühe

und die Koteletts darin bei starker Hitze auf beiden Seiten anbraten.
◆ Die Zwiebeln zu den Koteletts geben und alles bei mittlerer Hitze ungefähr 10 Minuten braten, bis die Zwiebeln goldbraun und weich sind. Die Koteletts dabei einmal wenden.
◆ Sojasauce und Fleischbrühe zugeben, den Bratensatz damit lösen und das Fleisch zugedeckt bei schwacher Hitze weitere 5 Minuten schmoren.

Zubereitung etwa 45 Minuten
1 Portion = 1659 kJ/ 395 kcal

Schweinekoteletts mit Weißkohl

Die Koteletts schmoren zwischen zwei Schichten fein gewürztem Weißkohl im Backofen und bleiben dabei zart und saftig. Zu dem Gericht passen Pellkartoffeln oder französisches Landbrot.

Zutaten für 4 Portionen
1 mittelgroßer Kopf Weißkohl (etwa 1 kg)
200 g Zwiebeln
2 Knoblauchzehen
2 Lorbeerblätter
2 Wacholderbeeren
1 TL Kümmelkörner
4 Schweinekoteletts
(je etwa 170 g)
Salz
schwarzer Pfeffer
4 EL Öl
1/8 l Fleischbrühe
1/4 l süße Sahne
4 EL Zitronensaft
1 Bund Schnittlauch

◆ Den Weißkohl vierteln und den Strunk herausschneiden. Die Kohlviertel waschen, trockentupfen und in ungefähr fingerdicke Streifen schneiden.
◆ Zwiebeln und Knoblauch abziehen, sehr fein hacken und mischen.
◆ Lorbeerblätter, Wacholderbeeren und Kümmelkörner im Mörser grob zerdrücken und die Gewürzmischung auf einem Teller beiseite stellen.
◆ Die Koteletts mit Salz und Pfeffer würzen.
◆ In einem großen Schmortopf den Kohl und die Zwiebel-Knoblauch-Mischung in gemeinsamen Portionen in insgesamt 3 EL Öl bei mittlerer bis schwacher Hitze anbraten.
◆ Das gebratene Gemüse jeweils herausnehmen.
◆ Die Koteletts in 1 EL Öl bei mittlerer Hitze auf beiden Seiten anbraten und ebenfalls herausnehmen.
◆ Die Hälfte des angebratenen Gemüses wieder in den Topf geben, salzen und pfeffern und mit Gewürzmischung bestreuen.
◆ Die Koteletts auf das Gemüse le-

gen, das restliche Gemüse darüber verteilen und ebenfalls würzen.
◆ Brühe und Sahne an den Seiten dazugießen und den Zitronensaft darüber träufeln.
◆ Den Schmortopf zugedeckt auf die untere Schiene des kalten Backofens schieben und Gemüse und Koteletts bei 200 °C (Umluft 180 °C, Gas Stufe 3) etwa 1 Stunde garen.
◆ Inzwischen den Schnittlauch waschen, trockentupfen und in feine Röllchen schneiden.
◆ Nach dem Garen Gemüse und Fleisch aus dem Topf nehmen und auf einer Platte im abgeschalteten Backofen warm halten.
◆ Den Schmortopf auf die Kochstelle setzen und den Sud im Topf unter ständigem Rühren bei starker Hitze einkochen, bis eine sämige Sauce entstanden ist.
◆ Gemüse und Koteletts mit dem Schnittlauch bestreuen und die Sauce gesondert dazu servieren.

Zubereitung etwa 2 Stunden
1 Portion = 2377 kJ/ 566 kcal

Spareribs

Spareribs – aus dem Backofen oder vom Holzkohlengrill im Freien – sind ein kulinarisches Sommervergnügen, zu dem gebackene Kartoffeln, Weißbrot und Salat schmecken.

◆ Die Spareribs – falls nötig – in die einzelnen Rippen teilen und mit Salz und Pfeffer würzen.

◆ Die Rippen auf den Rost legen, unter den kalten Backofengrill schieben und bei mittlerer Grillstufe 20 Minuten grillen; dabei einmal wenden.

◆ Inzwischen für die Glasur die Tomaten abziehen und in kleine Stücke schneiden; die Stielansätze dabei entfernen.

Zutaten für 6 Portionen

2 kg Schälrippen (Spareribs)
vom Schwein
Salz
schwarzer Pfeffer
250 g Tomaten
2 Knoblauchzehen
2 EL Tomatenketchup
2 EL Honig
3 EL Öl
1 TL Essig
1 EL scharfes Paprika-
pulver

◆ Den Knoblauch abziehen, zerdrücken und mit den Tomaten in einen Topf geben.

◆ Die Tomaten mit dem Knoblauch bei starker Hitze unter Rühren dick einkochen lassen.

◆ Ketchup, Honig, Öl, Essig und Paprikapulver unter die Tomaten-Knoblauch-Mischung geben.

◆ Die Rippen mit dieser Glasur bestreichen und weitere 10–15 Minuten grillen, bis sie braun und knusprig sind. Das Fleisch dabei noch mehrmals mit der Glasur bestreichen.

Zubereitung etwa 50 Minuten
1 Portion = 1777 kJ/ 423 kcal

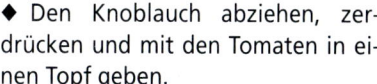

Schweinebraten: Grundrezept

1. Das Fleisch mit Salz, Pfeffer und Kümmel würzen.

2. Die Zwiebel und das Suppengrün zum Fleisch geben.

3. Die Brotrinde zum Fleisch in den Bräter legen.

4. Nach und nach Wasser, Brühe oder Bier zugießen.

5. Die Brotrinde aus der Bratensauce nehmen.

6. Den Schweinebraten in Scheiben schneiden.

◆ Den Backofen auf 250 °C (Umluft 220 °C, Gas Stufe 5–6) vorheizen.

◆ Falls vorhanden, die Schwarte mit einem langen, scharfen Messer in etwa fingerbreite Streifen schneiden; dabei die Schwarte zwar ganz durchtrennen, aber nicht in die darunterliegende Fettschicht schneiden. Das Fleischstück etwas drehen und die Schwarte in Rauten schneiden.

◆ Das Fleisch rundherum mit Salz, Pfeffer und Kümmel einreiben und mit der Fett- oder Schwartenseite nach unten in einen Bräter legen.

◆ Den Braten auf die untere Schiene des heißen Backofens stellen und im offenen Bräter 30 Minuten braten.

◆ Die Zwiebel abziehen und vierteln.

◆ Das Suppengrün putzen und waschen.

◆ Die Zwiebel, das Suppengrün und die Brotrinde zum Fleisch geben und die

Zutaten für 4 Portionen
1 kg Schweinefleisch zum Braten (Kamm oder Bug)
Salz, schwarzer Pfeffer
1 TL Kümmelkörner
1 große Zwiebel
1 Bund Suppengrün
1 Stück Rinde von altbackenem Schwarzbrot
$3/8$ l Wasser, Fleischbrühe oder Bier

Hälfte des Wassers, der Brühe oder des Biers an den Seiten zugießen.

◆ Die Temperatur auf 200 °C (Umluft 180 °C, Gas Stufe 3) zurückschalten.

◆ Das Fleisch weitere 30 Minuten braten, wenden und noch einmal 30 Minuten braten; dabei nach und nach die restliche Flüssigkeit zugießen.

◆ Die Brotrinde aus der Bratensauce nehmen.

◆ Das Fleisch in Scheiben schneiden und mit der Sauce servieren.

Kräuterschweinebraten

◆ Die Schwarte des Schweinebauchs vom Metzger rautenförmig einschneiden lassen.

◆ Den Backofen auf 200°C (Umluft 180°C, Gas Stufe 3) vorheizen.

◆ Das Fleisch auf beiden Seiten mit Salz und Pfeffer würzen und auf der Fleischseite mit dem Estragonessig bestreichen.

◆ Die Kräuter waschen und trockentupfen; den Knoblauch und die Zwiebel abziehen.

◆ Diese Zutaten mit Pinienkernen oder Mandeln im Blitzhacker fein zerkleinern, mit dem Öl vermischen und auf der Fleischseite verteilen.

◆ Das Wasser erhitzen.

◆ Das Fleisch aufrollen, mit Küchengarn zum Rollbraten zusammenbin-

Zutaten für 8 Portionen
2 kg durchwachsener Schweinebauch
Salz, schwarzer Pfeffer
1 EL Estragonessig
100 g gemischte frische Kräuter
5 Knoblauchzehen
1 kleine Zwiebel
50 g Pinienkerne oder
abgezogene Mandeln
2 EL Olivenöl
etwa 3/8 l Wasser

den und in einen Bräter legen. Dann die Hälfte des heißen Wassers an den Seiten zugießen.

◆ Den Braten auf die untere Schiene des Backofens schieben und 1 1/2 Stunden garen; dabei den Braten zweimal wenden, das restliche Wasser zugießen und das Fleisch immer wieder mit der Flüssigkeit im Bräter begießen.

◆ Den Backofen auf 250°C (Umluft 220°C, Gas Stufe 5–6) schalten.

◆ Den Braten auf den Rost legen und mit der Fettpfanne darunter auf die untere Schiene schieben.

◆ Das Fleisch 45 Minuten bis 1 Stunde weiterbraten lassen, bis es weich und die Schwarte knusprig ist; dabei den Braten zweimal wenden.

Zubereitung etwa 1 Stunde
Garzeit etwa 2 1/2 Stunden
1 Portion = 3709 kJ/ 883 kcal

Schweinebraten mit Backpflaumen

◆ Das Fleisch vom Metzger zu einer großen Scheibe schneiden lassen.

◆ Den Ingwer schälen und sehr fein hacken. Die Schalotte abziehen und fein zerkleinern. Die Orange waschen und abtrocknen; ein Stück Schale abschneiden und fein zerkleinern. Diese Zutaten mit den Backpflaumen und dem Orangensaft mischen und 30 Minuten ziehen lassen.

◆ Die Möhren putzen und in Scheiben schneiden; den Sellerie waschen und in Stücke schneiden; die Paprikaschote waschen, putzen und würfeln.

◆ Die Salbeiblättchen waschen und trockentupfen. Das Fleisch mit Salz und Pfeffer einreiben, die Innenseite mit dem Senf bestreichen und mit den Salbeiblättchen belegen.

◆ Die Backpflaumen aus der Marinade nehmen und auf dem Fleisch verteilen.

◆ Die Brühe zur Marinade gießen.

◆ Das Fleisch zusammenklappen und festbinden. Dann das Fett erhitzen und das Fleisch darin rundherum braun anbraten.

◆ Das Gemüse zum Fleisch geben und kurz anbraten. Danach die Hälfte der Brühemischung zugießen und das Fleisch zugedeckt bei mittlerer Hitze 30 Minuten schmoren.

◆ Den Rest der Brühemischung zugeben, das Fleisch in weiteren 30–45 Minuten weich schmoren, herausnehmen und warm stellen.

◆ Die Sahne zum Schmorsud gießen und aufkochen lassen. Das Gemüse nach Wunsch pürieren. Die Sauce mit Salz und Zitronensaft abschmecken.

◆ Das Fleisch in Scheiben schneiden und mit der Sauce servieren.

Zubereitung etwa 1 1/4 Stunden
Garzeit 1–1 1/4 Stunden
1 Portion = 2822 kJ/ 672 kcal

Zutaten für 5 Portionen
1,2 kg Schweinebraten
(Kamm oder Schulter)
1 kleines Stück frische Ingwerwurzel
1 Schalotte
1 unbehandelte Orange
100 g entsteinte, weiche
Backpflaumen
1/8 l Orangensaft
2 mittelgroße Möhren
2 Stangen Sellerie
1 grüne Paprikaschote
5 Salbeiblättchen
Salz, schwarzer Pfeffer
1 EL scharfer Senf
1/4 l Fleisch- oder Gemüsebrühe
2 EL Butterschmalz oder Öl
1/8 l süße Sahne
1–2 EL Zitronensaft

Schweinerollbraten mit Sellerie

◆ Das Fleisch vom Metzger zu einer großen Scheibe schneiden lassen.

◆ Die Äpfel vierteln, schälen, vom Kerngehäuse befreien und in kleine Stücke schneiden.

◆ 1 Zwiebel abziehen und hacken.

◆ Den Sellerie waschen und fein zerkleinern.

◆ Den Majoran waschen, trockentupfen und hacken.

◆ Für die Füllung 1 EL Öl erhitzen und Äpfel, Zwiebel, Sellerie und Majoran im heißen Öl bei mittlerer bis starker Hitze unter häufigem Wenden schmoren, bis die Flüssigkeit, die sich bildet, wieder verdampft ist. Abkühlen lassen, die Semmelbrösel untermischen und mit Salz und Pfeffer würzen.

◆ Das Fleisch rundherum mit Salz und Pfeffer einreiben und mit dem Senf bestreichen.

◆ Die Füllung auf dem Fleisch verteilen; dabei am Rand etwa 2 cm frei lassen. Das Fleisch aufrollen und mit Küchengarn zum Rollbraten binden.

◆ 1 EL Öl in einem Bräter erhitzen und den Rollbraten darin rundherum bei starker Hitze etwa 15 Minuten

Zutaten für 8 Portionen
2 kg Schweinekamm
(ohne Knochen)
2 kleine Äpfel
2 Zwiebeln
2 Stangen Sellerie
1 Bund Majoran
2 EL Öl
1 EL Semmelbrösel
Salz, schwarzer Pfeffer
2 EL körniger Senf
$^1/_8$ l Wasser
1 Bund Suppengrün
$^3/_8$ l dunkles Bier oder Fleischbrühe

anbraten, bis das Fleisch eine Kruste hat. Das Wasser zugießen und den Bratfond damit lösen.

◆ Den Braten zugedeckt auf die untere Schiene des kalten Backofens stellen und bei 180 °C (Umluft 160 °C, Gas Stufe 2–3) etwa 45 Minuten garen, bis das Wasser verdampft ist.

◆ Inzwischen die zweite Zwiebel abziehen.

◆ Das Suppengrün putzen und waschen.

◆ Zwiebel und Suppengrün grob zerkleinern und neben den Rollbraten geben.

◆ Etwa ein Drittel des Biers oder der Fleischbrühe zugießen und die Temperatur auf 150 °C (Umluft 130 °C, Gas Stufe 1½) zurückschalten.

◆ Das Fleisch weitere 45 Minuten braten, wenden und noch einmal 30 Minuten braten. Dabei nach und nach das restliche Bier oder den Rest der Fleischbrühe um den Rollbraten gießen.

◆ Das Fleisch aus der Sauce nehmen, auf den Rost legen und mit der Fettpfanne darunter im abgeschalteten Backofen bei geöffneter Backofentür 15 Minuten ruhen lassen.

◆ Die Sauce aufkochen; dabei den Bratensatz unter Rühren lösen.

◆ Das Fleisch in Scheiben schneiden, auf Tellern anrichten und mit Sauce überziehen.

Zubereitung etwa 1 Stunde
Garzeit etwa 2½ Stunden
1 Portion = 2234 kJ/ 532 kcal

Fleischspießchen mit Pflaumen

Zutaten für 4 Portionen
400 g Schweinefleisch (Keule)
6 dünne Scheiben Frühstücksspeck
12 entsteinte, weiche
Trockenpflaumen
Salz, weißer Pfeffer
2 EL Öl
2 EL Weinbrand
100 ml süße Sahne

◆ Das Fleisch in Würfel von etwa 3 cm schneiden.
◆ Die Speckscheiben halbieren und in jede Hälfte eine Pflaume wickeln.
◆ Fleischwürfel und Pflaumen ab-wechselnd auf 4 Spieße stecken und das Fleisch salzen und pfeffern.
◆ Das Öl in einer Pfanne erhitzen und die Spießchen darin bei mittlerer bis schwacher Hitze rundherum etwa 10 Minuten braten, dann herausneh-men und warm halten.

◆ Weinbrand und Sahne in die Pfan-ne gießen und den Bratensatz unter Rühren damit lösen. Die Sauce über die Spießchen gießen.

Zubereitung etwa 30 Minuten
1 Portion = 1646 kJ/ 392 kcal

Schweinefleisch auf chinesische Art

Chinagerichte mit kurzgebratenem Fleisch und Gemüse lassen sich am einfachsten für 2 Personen zuberei-ten. Größere Mengen müssen Sie portionsweise braten.

◆ Den Chinakohl waschen, trocken-schütteln und in feine Streifen schneiden.
◆ Den Lauch putzen, waschen und mit allen saftigen grünen Blättern in feine Ringe schneiden.
◆ Die Salatgurke schälen, der Länge nach vierteln und die Kerne entfer-nen. Die Gurke in dünne Scheibchen schneiden.
◆ Den Knoblauch abziehen und fein hacken.
◆ Die Ingwerwurzel schälen und ebenfalls fein zerkleinern.
◆ Die Sprossen kalt abspülen und abtropfen lassen.
◆ Die Zitrone auspressen.

Zutaten für 2 Portionen
6 Blätter Chinakohl
2 dünne Stangen Lauch
1 Stück Salatgurke (etwa 100 g)
2 Knoblauchzehen
1 kleines Stück frische
Ingwerwurzel
100 g Sojasprossen
1 kleine Zitrone
200 g Schweinefilet
4 EL Öl
3 EL Fleischbrühe
2 EL Sojasauce
Salz, Cayennepfeffer

◆ Das Fleisch trockentupfen, einmal längs halbieren, quer zu den Fasern in fingerdicke Scheiben und diese in dünne Streifen schneiden.

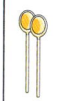

◆ 2 EL Öl in einer großen Pfanne er-hitzen und das Fleisch darin bei star-ker bis mittlerer Hitze unter Rühren braten, bis es leicht gebräunt ist.
◆ Anschließend das Fleisch heraus-nehmen und auf einem Teller bei-seite stellen.
◆ Weitere 2 EL Öl in die Pfanne ge-ben und Chinakohl, Lauch, Gurke, Knoblauch, Ingwer und Sprossen darin bei starker bis mittlerer Hitze unter ständigem Rühren etwa 3 Mi-nuten braten.
◆ Fleisch, Brühe und Sojasauce zuge-ben und bei starker Hitze unter Rüh-ren erhitzen.
◆ Das fertige Gericht zum Schluß mit Salz, Cayennepfeffer und dem Zitro-nensaft abschmecken und sofort servieren.

Zubereitung etwa 45 Minuten
1 Portion = 1567 kJ/ 373 kcal

Szegediner Gulasch

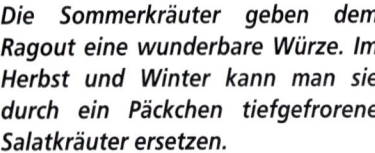

Zutaten für 4 Portionen
500 g Schweineschulter
(ohne Knochen)
2 große Zwiebeln
400 g Sauerkraut
3 EL Schweineschmalz
2 EL edelsüßes Paprika-
pulver
1 EL Kümmelkörner
$^1/_2$ l Wasser
Salz
Cayennepfeffer
1 Bund Petersilie
200 g saure Sahne

Das einfache, preiswerte Gericht stammt aus der Stadt Szeged im Süd-osten Ungarns.

◆ Das Fleisch würfeln.
◆ Die Zwiebeln abziehen und fein hacken.
◆ Das Sauerkraut grob zerrupfen oder zerschneiden.
◆ Das Schmalz erhitzen und das Fleisch darin portionsweise bei starker Hitze kräftig anbraten. Jede Portion wieder herausnehmen.
◆ Zum Schluß die Zwiebeln und das Sauerkraut im Fett bei schwacher bis mittlerer Hitze unter Rühren etwa 3 Minuten schmoren.
◆ Das Fleisch wieder zugeben, mit Paprika bestäuben und den Kümmel untermischen.
◆ Das Wasser zugießen und den Bratfond damit lösen.
◆ Das Gulasch mit Salz und Cayennepfeffer würzen, aufkochen und zugedeckt bei schwacher Hitze etwa 1$^1/_2$ Stunden weich schmoren.
◆ Die Petersilie waschen, trockentupfen und fein hacken.
◆ Petersilie und saure Sahne unter das Gulasch mischen und erhitzen.
◆ Das Gulasch mit Salz und Cayennepfeffer abschmecken.

Zubereitung etwa 45 Minuten
Garzeit etwa 1$^3/_4$ Stunden
1 Portion = 1987 kJ/ 473 kcal

Schweinegulasch mit Gemüse

Die Sommerkräuter geben dem Ragout eine wunderbare Würze. Im Herbst und Winter kann man sie durch ein Päckchen tiefgefrorene Salatkräuter ersetzen.

◆ Die Schwarte und die Fettschicht des Fleisches abschneiden und klein würfeln.
◆ Das Fleisch in gulaschgroße Würfel schneiden.
◆ Die Zwiebeln abziehen und fein hacken.
◆ Die Schwarten- und Fettwürfel in einem Topf bei schwacher Hitze etwa 10 Minuten braten, bis reichlich flüssiges Fett ausgetreten ist.
◆ Die Fleischwürfel darin bei starker bis mittlerer Hitze rundherum kräftig anbraten.
◆ Die Zwiebeln untermischen und etwa 2 Minuten mitbraten.
◆ Die Hälfte der Brühe und das Lorbeerblatt zugeben, das Fleisch mit

Zutaten für 4 Portionen
500 g Schweineschulter
(ohne Knochen)
2 Zwiebeln
$^1/_8$ l Fleisch- oder Gemüsebrühe
1 Lorbeerblatt
Salz
schwarzer Pfeffer aus der Mühle
1 Kohlrabi
1 Schmorgurke
100 ml süße Sahne
1 Bund Dill
1 Handvoll gemischte Blättchen
von Zitronenmelisse,
Borretsch und Minze

Salz und Pfeffer würzen und zugedeckt bei schwacher Hitze 10 Minuten schmoren.
◆ Die restliche Brühe zugießen, auf-kochen und das Fleisch zugedeckt bei schwacher Hitze etwa 30 Minuten garen.
◆ Den Kohlrabi schälen und in etwa 1 cm große Würfel schneiden.
◆ Die Gurke schälen, der Länge nach halbieren, alle Kerne entfernen und die Hälften in fingerdicke Scheiben schneiden.
◆ Nach etwa 40 Minuten Schmorzeit das Gemüse zum Fleisch geben, die Sahne zugießen, aufkochen und zugedeckt bei schwacher Hitze etwa 10 Minuten garen, bis das Gemüse gerade eben weich ist.
◆ Dill, Zitronenmelisse, Borretsch und Minze waschen, trockentupfen und fein hacken. Die Kräuter unter das Gulasch mischen und mit Salz und Pfeffer abschmecken.

Zubereitung etwa 40 Minuten
Garzeit etwa 50 Minuten
1 Portion = 1348 kJ/ 321 kcal

Schweinefleisch mit Kürbis

Zutaten für 4 Portionen

500 g Schweineschulter
(ohne Knochen)
200 g Zwiebeln
1 unbehandelte Zitrone
1 EL Currypulver
³/₈ l Fleisch- oder Gemüsebrühe
1 kg Kürbis
1 Bund Petersilie
100 g Crème double
Salz
schwarzer Pfeffer

Das herbstliche Fleischgericht verträgt eine kräftige Würze.

◆ Die Schwarte und die Fettschicht vom Fleisch abschneiden.
◆ Die Schwarte und das Fett in feine Würfel schneiden, das Fleisch in gulaschgroße Würfel schneiden.
◆ Die Zwiebeln abziehen und fein hacken.
◆ Die Zitrone waschen und abtrocknen. Die Schale zur Hälfte hauchdünn abschneiden und dann fein zerkleinern; den Saft einer Zitronenhälfte auspressen.
◆ Die Schwarten- und Fettwürfel in einen Topf geben und bei schwacher Hitze etwa 10 Minuten braten, bis reichlich Fett ausgetreten ist.
◆ Die Fleischwürfel in diesem Fett bei starker bis mittlerer Hitze rundherum kräftig anbraten.
◆ Die Zwiebeln, die Zitronenschale und das Currypulver unter das Fleisch mischen und etwa 2 Minuten mitbraten.
◆ Die Hälfte der Brühe und den Saft einer halben Zitrone zum Fleisch geben, den Topf zudecken und alles bei schwacher Hitze etwa 10 Minuten schmoren.
◆ Die restliche Brühe zugießen, aufkochen und das Fleisch zugedeckt bei schwacher Hitze 30 Minuten garen.
◆ Inzwischen den Kürbis schälen, waschen, alle Kerne entfernen und das Kürbisfleisch in etwa 1 cm große Würfel schneiden.
◆ Den Kürbis zum Fleisch geben, aufkochen und zugedeckt bei schwacher Hitze etwa 15 Minuten garen, bis der Kürbis gerade eben weich ist.
◆ Inzwischen die Petersilie waschen, trockentupfen und fein hacken.
◆ Die Crème double unter das Fleisch mischen; das Gericht mit Salz und Pfeffer abschmecken, mit der Petersilie bestreuen und servieren.

Zubereitung etwa 40 Minuten
Garzeit etwa 1 Stunde
1 Portion = 1571 kJ/ 374 kcal

Eisbein im sauren Sud

Als Eisbein bezeichnet man das gepökelte Wadenstück von den Vorder- oder Hinterbeinen des Schweins.

◆ Das Wasser mit Pfefferkörnern, Lorbeerblatt und Salz aufkochen.
◆ Die Eisbeine zugeben und bei starker Hitze rasch bis knapp unter den Siedepunkt erhitzen.
◆ Die Temperatur zurückschalten und die Eisbeine bei schwacher bis mittlerer Hitze 1³/₄ Stunden zugedeckt garen.
◆ Die Zwiebel abziehen.
◆ Den Sellerie und die Möhre sorgfältig putzen.
◆ Den Lauch putzen und waschen.
◆ Nach 1³/₄ Stunden das Gemüse unzerkleinert zum Fleisch geben.

◆ Den Essig zugießen, den Sud aufkochen und das Fleisch und das Gemüse noch einmal etwa 15 Minuten garen, bis beides weich ist.
◆ Eine Terrine vorwärmen.
◆ Den Meerrettich schälen, waschen und fein reiben.
◆ Das Fleisch in Stücken vom Knochen lösen und in die Terrine legen.
◆ Das Gemüse aus dem Sud nehmen, in Scheiben oder Stücke schneiden und zum Fleisch geben.
◆ Den kochendheißen Sud über das Fleisch und das Gemüse gießen und den Meerrettich darüber streuen.

Zubereitung etwa 15 Minuten
Garzeit etwa 2 Stunden
1 Portion = 1302 kJ/ 310 kcal

Zutaten für 6 Portionen

1¹/₂ l Wasser
7 schwarze Pfefferkörner
1 Lorbeerblatt
Salz
2 Eisbeine (Hinterhaxe; etwa 1,2 kg)
1 große Zwiebel
100 g Knollensellerie
1 große Möhre
1 Stange Lauch
2–3 EL Weißweinessig
¹/₂ Stange frischer Meerrettich

Kalbskoteletts Florentiner Art

Bei einem Gericht nach Florentiner Art haben Sie es immer mit Spinat zu tun. Hier werden gebratene Kalbskoteletts mit Spinat und Käsesauce überbacken.

◆ Die Sauce Mornay zubereiten und warm halten.
◆ Den Spinat verlesen und waschen, tropfnaß in einen großen Kochtopf geben und zugedeckt bei höchster Schaltstufe erhitzen; dabei den Topf immer wieder leicht rütteln.
◆ Den Spinat ungefähr 3 Minuten schmoren, bis er intensiv grün ist, auf ein Sieb geben und mit einem Löffel gut ausdrücken; dabei die Garflüssigkeit auffangen.

Zutaten für 6 Portionen
Zutaten für Sauce Mornay
(siehe S. 170)
1 kg Spinat
6 Kalbskoteletts (je etwa 200 g)
Salz, weißer Pfeffer
2 EL Öl
2 EL süße Sahne

◆ Die Koteletts mit Salz und Pfeffer würzen.
◆ Das Öl erhitzen und das Fleisch darin bei mittlerer Hitze auf jeder Seite etwa 3 Minuten braten.

◆ Die Koteletts nebeneinander in eine ofenfeste Form mit halbhohem Rand legen.
◆ Den Spinat grob zerkleinern und auf den Koteletts verteilen.
◆ Die Garflüssigkeit mit der Sahne mischen und um die Koteletts gießen. Die Sauce Mornay über dem Spinat verteilen.
◆ Die Form auf die mittlere Schiene des kalten Backofens schieben und das Fleisch bei 200 °C (Umluft 180 °C, Gas Stufe 3) etwa 30 Minuten backen, bis die Sauce leicht gebräunt ist.

Vorbereitung etwa 1 Stunde
Backzeit etwa 30 Minuten
1 Portion = 1999 kJ/ 476 kcal

Kalbsschnitzel in Limettensauce

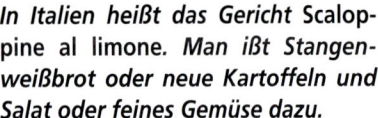

Zutaten für 4 Portionen
2 Limetten oder kleine Zitronen
8 kleine Kalbsschnitzel
(je etwa 70 g)
Salz
weißer Pfeffer
1 1/2 EL Mehl
50 g Butter
knapp 1/4 l trockener Weißwein

In Italien heißt das Gericht Scaloppine al limone. Man ißt Stangenweißbrot oder neue Kartoffeln und Salat oder feines Gemüse dazu.

◆ Die Limetten oder Zitronen waschen und abtrocknen. 1 Frucht in 8 dünne Scheiben schneiden; die andere auspressen.
◆ Die Teller gut vorwärmen.

◆ Die Schnitzel mit dem Handballen flachdrücken, mit Salz und Pfeffer würzen und im Mehl wenden.
◆ Die Butter in einer großen Pfanne erhitzen, bis sie schäumt, und das Fleisch darin bei mittlerer Hitze auf jeder Seite etwa 1 Minute braten.
◆ Die Schnitzel herausnehmen und auf den vorgewärmten Tellern warm halten.
◆ Den Wein in die Pfanne gießen,

den Bratensatz damit lösen und die Sauce bei starker Hitze dickflüssig einkochen lassen.
◆ Die Sauce mit dem ausgepreßten Limettensaft, Salz und Pfeffer würzen und um die Schnitzel gießen.
◆ Die Schnitzel mit den Limettenscheiben belegt sofort servieren.

Zubereitung etwa 30 Minuten
1 Portion = 1138 kJ/ 271 kcal

Kalbskoteletts in Thymiansahne

Dieses schnell zubereitete Festessen gelingt Ihnen auch, wenn Sie noch nicht viel Erfahrung mit dem Kochen haben. Allerdings muß das Fleisch gut sein: Die Koteletts schmecken am besten, wenn sie von Kälbern aus artgerechter Tierhaltung stammen.

❖

Zutaten für 4 Portionen
1 Bund Thymian
1 Schalotte
1 unbehandelte Zitrone
4 Kalbskoteletts (je etwa 200 g)
Salz
schwarzer Pfeffer
1 EL Mehl
2 EL Öl
$1/8$ l Fleischbrühe
200 g Crème fraîche

❖

◆ Den Thymian waschen und trockentupfen; harte Stiele entfernen.
◆ Die Schalotte abziehen und fein hacken.
◆ Die Zitrone waschen und abtrocknen. 1 großes Stück Schale abschneiden und fein zerkleinern. Den Fruchtsaft auspressen.
◆ Die Teller vorwärmen.
◆ Die Koteletts mit Salz und Pfeffer würzen und im Mehl wenden.
◆ Das Öl in einer Pfanne erhitzen, die Koteletts darin bei starker Hitze auf beiden Seiten anbraten und bei mittlerer Hitze auf jeder Seite etwa 5 Minuten braten, bis sie gerade durchgegart sind. Das Fleisch auf den Tellern warm halten.
◆ Schalotte und Thymian im Bratfett braten, bis die Schalotte glasig ist.
◆ Fleischbrühe, Zitronenschale und Crème fraîche zugeben und unter Rühren dick einkochen lassen.

◆ Die Thymiansahne mit Salz, Pfeffer und 1–2 EL Zitronensaft würzen und über den warm gehaltenen Koteletts verteilen.

Zubereitung etwa 45 Minuten
1 Portion = 1684 kJ/ 401 kcal

Saltimbocca alla romana

Übersetzt heißt das Gericht „Spring-in-den-Mund nach römischer Art".

◆ Die Schnitzel zwischen 2 Blätter Pergamentpapier legen und mit dem Nudelholz darüber rollen, bis sie ganz dünn und etwa doppelt so groß wie vorher sind. Dann das Fleisch mit Pfeffer würzen.
◆ Die Salbeiblätter waschen und trockentupfen.
◆ Jedes der Schnitzel mit 2 Salbeiblättern und darüber 1 Scheibe Parmaschinken belegen.
◆ Die Schinkenscheiben mit den Fingerspitzen so auf das Fleisch drücken, daß sie ganz flach aufliegen und sich beim Braten nicht ablösen.
◆ Die Schnitzel mit der Schinken-

❖

Zutaten für 4 Portionen
8 kleine Kalbsschnitzel
(je etwa 80 g)
weißer Pfeffer
16 Salbeiblätter
8 dünne Scheiben Parmaschinken
1 gestrichener EL Mehl
60 g Butter
$1/8$ l trockener Weißwein
Salz
Pergamentpapier

❖
---

seite nach unten auf die Arbeitsfläche legen und hauchdünn mit dem Mehl bestreuen.

◆ Die Teller gut vorwärmen.
◆ Die Butter in einer großen Pfanne heiß werden lassen, bis sie schäumt.
◆ Die Schnitzel nebeneinander mit der Schinkenseite nach unten in die Butter legen und bei mittlerer Hitze 2 Minuten braten. Das Fleisch wenden und weitere 2–3 Minuten braten.
◆ Die Schnitzel auf den vorgewärmten Tellern warm halten.
◆ Den Wein in die Pfanne gießen und den Bratensatz damit lösen.
◆ Die Sauce bei starker Hitze dickflüssig einkochen lassen, mit wenig Salz und Pfeffer abschmecken und um die Schnitzel gießen.

Zubereitung etwa 30 Minuten
1 Portion = 1596 kJ/ 380 kcal

Überbackene Kalbsschnitzel

Kalbsschnitzel mit Käse gibt es auch als Cordon bleu. Die Schnitzel hier sind durch die vielen Tomaten viel leichter und machen weniger Mühe, weil man sie wie ein Gratin in den Ofen schiebt.

◆ Den Mozzarella abtropfen lassen.
◆ Die Schnitzel mit dem Handballen flachdrücken und auf beiden Seiten mit Salz und Pfeffer würzen.
◆ Den Oregano auf einem Teller mit dem Mehl vermischen und die Schnitzel darin wenden.
◆ Das Öl in einer Pfanne erhitzen und das Fleisch darin bei mittlerer Hitze auf beiden Seiten insgesamt etwa 3 Minuten braten. Die Schnitzel herausnehmen und nebeneinander in eine flache Gratinform legen.
◆ Den Parmesan reiben.
◆ Die Tomaten abziehen und quer

Zutaten für 4 Portionen

200 g Mozzarella
4 Kalbsschnitzel
(je etwa 150 g)
Salz
weißer Pfeffer
2 TL getrockneter Oregano
1 EL Mehl
1 EL Öl
100 g Parmesan am Stück
500 g Tomaten

zu den Samenkammern in Scheiben schneiden; die Stielansätze entfernen.
◆ Den abgetropften Mozzarella ebenfalls in Scheiben schneiden.
◆ Zuerst die Tomaten, dann den Mozzarella auf die Schnitzel legen.

Zum Schluß den Parmesan darüber streuen.
◆ Die Gratinform auf die mittlere Schiene des kalten Backofens schieben und die Schnitzel bei 220 °C (Umluft 200 °C, Gas Stufe 4) etwa 30 Minuten überbacken, bis der Käse geschmolzen und leicht gebräunt ist.

Zubereitung etwa 30 Minuten
Backzeit etwa 30 Minuten
1 Portion = 1806 kJ/ 430 kcal

Kalbsschmorbraten mit Sauerkirschen

Zutaten für 5 Portionen

1,5 kg Kalbfleisch ohne Knochen
(Kugel, Hüfte oder Schulter)
Salz
schwarzer Pfeffer
1 Tomate
1 Zwiebel
1 Bund Suppengrün
4 EL Öl
1 EL Butterschmalz
3/8 l Fleischbrühe
500 g Sauerkirschen
100 g Zucker
1/8 l Wasser
1 unbehandelte Zitrone
1 EL Crème fraîche

Kalbsbraten mit eingekochten Sauerkirschen ist ein altes bürgerliches Rezept aus einem Kochbuch des vorigen Jahrhunderts. Das Kompott schmeckt auch zu Rinderschmorbraten oder Wildgerichten.

◆ Den Backofen auf 180 °C (Umluft 160 °C, Gas Stufe 2–3) vorheizen.
◆ Das Fleisch mit Salz und reichlich Pfeffer einreiben und in einen Bräter legen.
◆ Tomate und Zwiebel abziehen; das Suppengrün putzen und waschen. Diese Zutaten unzerkleinert um das Fleisch legen.
◆ Öl und Butterschmalz in einem Pfännchen erhitzen, bis das Fett dampft, und über das Fleisch gießen.
◆ Den Bräter ohne Deckel auf die

untere Schiene des heißen Backofens schieben und das Fleisch 25 Minuten braten.
◆ Die Hälfte der Brühe zugießen, den Topf schließen und das Fleisch in 1 1/2–2 Stunden weich schmoren. Dabei die restliche Brühe in 2 Portionen zugießen und den Braten mit der Schmorflüssigkeit im Topf begießen.
◆ Inzwischen die Sauerkirschen waschen, abzupfen und entkernen.
◆ Den Zucker in einem Topf unter ständigem Rühren schmelzen lassen und von der Kochstelle nehmen.
◆ Das Wasser einrühren, wieder auf die Kochstelle setzen und unter ständigem Rühren bei starker Hitze kochen, bis etwa ein Drittel der Flüssigkeit verdampft ist. Das dauert ungefähr 20 Minuten.

◆ Die Zitrone waschen, abtrocknen und ein Viertel der Schale abreiben. Den Saft auspressen.

◆ Sauerkirschen und Zitronenschale zum Zucker geben, bei mittlerer bis schwacher Hitze zugedeckt 10 Minuten kochen lassen, in eine Schüssel geben und abkühlen lassen.

◆ Das fertige Fleisch aus dem Bräter nehmen und warm halten.

◆ Den Schmorsud durch ein Sieb in einen anderen Topf gießen; das Gemüse ausdrücken und wegwerfen.

◆ Den Sud mit der Crème fraîche bei starker Hitze etwas einkochen lassen und mit Salz, Pfeffer und 2 EL Zitronensaft abschmecken. Den Braten in Scheiben schneiden, mit der Sauce überziehen und die Sauerkirschen dazu servieren.

Zubereitung etwa 1 Stunde
Garzeit etwa 2–2¹/₂ Stunden
1 Portion = 2411 kJ/ 574 kcal

Kalbsrollbraten

Zutaten für 8 Portionen

1,7 kg Kalbsnacken (ohne Knochen)
3 Knoblauchzehen
50 g fetter Speck
1 Bund Petersilie
50 g gemahlene Mandeln
100 g geriebener Parmesan
1 EL Semmelbrösel
50 g Rosinen
Salz, schwarzer Pfeffer
4 Salbeiblätter
3 EL Öl
2 EL Tomatenmark
¹/₄ l Wasser
250 g Tomaten
Alufolie

Zu diesem Festtagsbraten passen als Beilagen Nudeln, Reis oder italienisches Landbrot und feine Gemüse.

◆ Das Fleisch vom Metzger zu einer großen Scheibe schneiden lassen.

◆ Für die Füllung den Knoblauch abziehen und zerdrücken.

◆ Den Speck fein zerkleinern.

◆ Die Petersilie waschen, trockentupfen und hacken.

◆ Knoblauch, Speck und Petersilie mit Mandeln, Parmesan, Semmelbröseln und Rosinen mischen und mit Salz und Pfeffer würzen.

◆ Die Salbeiblätter waschen und trockentupfen.

◆ Das Fleisch rundherum mit Salz und Pfeffer einreiben und zuerst die Salbeiblätter, dann die Füllung darauf verteilen; dabei rundherum am Rand etwa 2 cm frei lassen. Nun das Fleisch aufrollen und mit Küchengarn zum Rollbraten binden.

◆ Das Öl in einem Bräter erhitzen und den Rollbraten darin bei starker Hitze rundherum braun anbraten und wieder herausnehmen.

◆ Das Tomatenmark im Bratfett kräftig anrösten, das Wasser zugießen und den Bratfond damit lösen.

◆ Das Fleisch wieder zugeben, zugedeckt auf die untere Schiene des kalten Backofens stellen und bei 200 °C (Umluft 180 °C, Gas Stufe 3) ungefähr 45 Minuten schmoren.

◆ Die Tomaten abziehen, in Stücke schneiden – dabei von den Stielansätzen befreien – und nach 45 Minuten neben den Rollbraten geben.

◆ Die Temperatur auf 180 °C (Umluft 160 °C, Gas Stufe 2–3) zurückschalten und das Fleisch 1 weitere Stunde zugedeckt schmoren.

◆ Danach den Rollbraten wenden und im geöffneten Bräter weitere 45 Minuten braten.

◆ Den Backofen abschalten und das Fleisch aus der Sauce nehmen.

◆ Den Rollbraten in Alufolie wickeln und auf dem Rost bei geöffneter Ofentür 15 Minuten ruhen lassen.

◆ Die Teller vorwärmen.

◆ Den Bräter auf die Kochstelle setzen und die Sauce nach Belieben einkochen lassen.

◆ Das Fleisch in Scheiben schneiden und mit der Sauce auf den vorgewärmten Tellern anrichten.

Zubereitung etwa 1 Stunde
Garzeit etwa 2³/₄ Stunden
1 Portion = 1873 kJ/ 446 kcal

Gefüllte Kalbsbrust

Zutaten für 8 Portionen
1,5 kg Kalbsbrust
1 Bund Suppengrün
³/₄ l Wasser
¹/₄ l Milch
4 Scheiben Toastbrot
2 Schalotten oder kleine Zwiebeln
200 g Schal- oder Markerbsen
oder 100 g TK-Erbsen
1 unbehandelte Zitrone
200 g Champignons
100 g Butter
2 Bund Petersilie
2 Eier
1 EL Semmelbrösel
Salz, weißer Pfeffer
geriebene Muskatnuß
1 kleine Zwiebel
1 Möhre
1 kleines Bund Thymian
2 EL Öl
¹/₄ l Sud der Kalbsknochen
¹/₄ l trockener Weißwein

Die Füllung dieser Kalbsbrust ist auch nach dem Ruhen noch sehr locker und kann beim Aufschneiden austreten. Wer sie lieber fester mag, nimmt 3 Eier und 2 EL Semmelbrösel.

◆ Alle Knochen der Kalbsbrust vom Metzger auslösen lassen und für die Brühe mitnehmen. In das Fleisch eine Tasche schneiden lassen.

◆ Die Fettschicht auf dem Fleisch bis auf etwa 3 cm Höhe abschneiden.

◆ Das Suppengrün putzen und grob zerkleinern.

◆ Für den Sud die Knochen mit Wasser und Suppengrün zum Kochen bringen und zugedeckt bei schwacher Hitze 2 Stunden kochen lassen.

◆ Den Sud durchsieben, erkalten lassen und entfetten. ¹/₄ l zum Schmoren der Kalbsbrust abmessen. Den Rest portionsweise als Saucenfond einfrieren.

◆ Für die Füllung die Milch erwärmen, das Toastbrot damit übergießen und zugedeckt ziehen lassen, bis die anderen Zutaten vorbereitet sind.

◆ Die Schalotten oder Zwiebeln abziehen und fein hacken.

◆ Die Erbsen aus den Schoten lösen, waschen und abtropfen lassen.

◆ Die Zitrone waschen und abtrocknen. Die Hälfte der Schale abreiben und beiseite stellen. Die Zitrone auspressen.

◆ Die Pilze waschen, in dünne Scheiben schneiden und mit 1 EL Zitronensaft mischen. Den Rest des Saftes beiseite stellen.

◆ 2 EL Butter in einer Pfanne erhitzen und Schalotten oder Zwiebeln, Erbsen und Pilze darin bei mittlerer bis starker Hitze etwa 5 Minuten unter Rühren braten, bis die Flüssigkeit, die sich bildet, wieder verdampft ist. Dann die Mischung abkühlen lassen.

◆ Die Petersilie waschen, trockentupfen und fein zerkleinern.

◆ Die Hälfte der verbliebenen Butter mit der abgeriebenen Zitronenschale und 2 EL Zitronensaft schaumig rühren.

◆ Zuerst eßlöffelweise das eingeweichte Brot, dann Eier, Petersilie, Erbsenmischung und Semmelbrösel unter die Butter rühren.

◆ Die Füllung mit Salz, Pfeffer und Muskat kräftig abschmecken und in die Kalbsbrust geben. Die Öffnung mit Küchengarn zunähen.

◆ Den Rest der Butter zum Bestreichen der Kalbsbrust schmelzen.

◆ Die Zwiebel abziehen und vierteln; die Möhre putzen und in Stücke schneiden; den Thymian waschen.

◆ Das Öl in einem Bräter erhitzen und die Kalbsbrust bei starker Hitze von beiden Seiten braun anbraten.

◆ Zwiebel, Möhre und Thymian zugeben und ebenfalls kräftig anrösten.

◆ Jeweils die Hälfte von abgemessenem Sud und Wein zugießen.

◆ Die Kalbsbrust mit der flüssigen Butter bestreichen, zugedeckt auf die untere Schiene des kalten Backofens stellen und bei 200 °C (Umluft 180 °C, Gas Stufe 3) etwa 2¹/₂ Stunden schmoren.

◆ Während des Schmorens nach und nach den Rest von Sud und Wein zugießen und das Fleisch immer wieder mit dem Fond bestreichen, der sich im Bräter sammelt.

◆ Die Kalbsbrust herausnehmen und vor dem Anschneiden 15 Minuten im abgeschalteten, geöffneten Ofen ruhen lassen.

◆ Eine Platte vorwärmen.

◆ Den Schmorsud durch ein Sieb gießen und warm halten.

◆ Die Kalbsbrust mit einem scharfen Messer aufschneiden, auf der vorgewärmten Platte anrichten und den Schmorsud dazu servieren.

Zubereitung etwa 2 Stunden
Garzeit etwa 5 Stunden
1 Portion = 1579 kJ/ 376 kcal

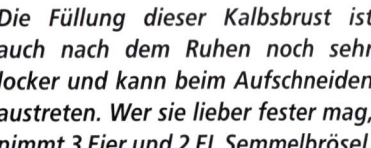

Kalbsvögel

◆ Für die Füllung die Schale der Ananas abschneiden und die Scheibe in Stifte schneiden.

◆ Den Meerrettich schälen und der

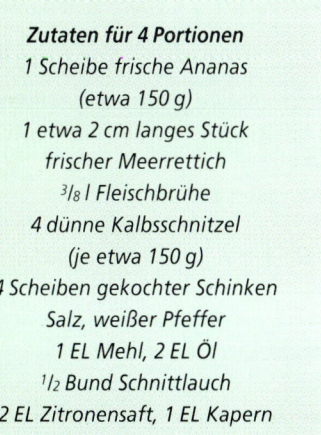

Zutaten für 4 Portionen
1 Scheibe frische Ananas
(etwa 150 g)
1 etwa 2 cm langes Stück
frischer Meerrettich
$^3/_8$ l Fleischbrühe
4 dünne Kalbsschnitzel
(je etwa 150 g)
4 Scheiben gekochter Schinken
Salz, weißer Pfeffer
1 EL Mehl, 2 EL Öl
$^1/_2$ Bund Schnittlauch
2 EL Zitronensaft, 1 EL Kapern
2 EL Crème double

Länge nach in dünne Scheiben, dann in Streifen schneiden.

◆ Die Fleischbrühe erhitzen.

◆ Die Schnitzel mit dem Handballen flachdrücken und mit je einer Schinkenscheibe belegen. Ananas und Meerrettich darauf verteilen.

◆ Die Schnitzel zu Rouladen aufrollen, mit Küchengarn umbinden, rundherum mit Salz und Pfeffer würzen und im Mehl wenden.

◆ Das Öl erhitzen und die Kalbsvögel darin bei starker bis mittlerer Hitze braun anbraten.

◆ Die heiße Brühe zugeben und den Bratensatz damit lösen. Die Kalbsvögel aufkochen und zugedeckt bei schwacher Hitze 25 Minuten garen.

◆ Die Teller vorwärmen.

◆ Den Schnittlauch waschen, trockentupfen und fein hacken.

◆ Die fertigen Kalbsvögel auf den vorgewärmten Tellern anrichten.

◆ Den Schmorsud bei starker Hitze dickflüssig einkochen lassen und Zitronensaft, Kapern und Crème double untermischen.

◆ Die Sauce über den Kalbsvögeln verteilen und den Schnittlauch darüber streuen.

Zubereitung etwa 45 Minuten
Garzeit etwa 30 Minuten
1 Portion = 1424 kJ/ 339 kcal

Gebackene Kalbshaxe

◆ Das Wasser mit Pfefferkörnern, Lorbeerblatt und Salz aufkochen.

◆ Die Haxe zugeben und bei starker Hitze rasch bis knapp unter den Siedepunkt erhitzen.

◆ Die Zwiebel abziehen; das Suppengrün putzen und beide Zutaten unzerkleinert in das Wasser geben.

◆ Die Temperatur der Kochstelle zurückschalten und die Haxe bei schwacher bis mittlerer Hitze 1$^3/_4$ Stunden zugedeckt garen.

◆ Das Fleisch aus dem Sud nehmen, etwas auskühlen lassen, in möglichst großen Stücken vom Knochen lösen und über Nacht abkühlen lassen.

◆ Das Fleisch in etwa fingerdicke Scheiben schneiden, mit Zitronensaft beträufeln und mit Pfeffer würzen.

◆ Zum Panieren die Eier auf einem Teller verquirlen.

◆ Mehl und Semmelbrösel auf zwei anderen Tellern bereitstellen.

◆ Das Fett in einer großen Pfanne erhitzen.

◆ Die Fleischscheiben zuerst in dem Mehl, dann in den verquirlten Eiern und zuletzt in den Semmelbröseln wenden.

◆ Das Fleisch im heißen Fett auf jeder Seite etwa 5 Minuten backen, bis die Scheiben goldgelb sind.

Ruhezeit 10 Stunden
Zubereitung etwa 1 Stunde
Garzeit etwa 2 Stunden
Backzeit etwa 40 Minuten
1 Portion = 2264 kJ/ 539 kcal

Zutaten für 6 Portionen
1$^1/_2$ l Wasser
1 TL Pfefferkörner
1 Lorbeerblatt
1 EL Salz
1 Kalbshinterhaxe (etwa 1,5 kg)
1 große Zwiebel
2 Bund Suppengrün
2 EL Zitronensaft
schwarzer Pfeffer
2 Eier
50 g Mehl
150 g grobe Semmelbrösel
150 g Butterschmalz,
Kokosfett oder Öl

Kalbsgeschnetzeltes: Grundrezept

1. Das Fleisch in dünne Streifen schneiden.

2. Die Fleischstreifen unter Wenden braun anbraten.

3. Das angebratene Fleisch auf einen Teller geben.

4. Die Sahne nach und nach in die Pfanne gießen.

5. Das Fleisch wieder in die Pfanne geben.

6. Das Gericht mit Salz und Pfeffer abschmecken.

◆ Das Fleisch quer zu den Fasern in dünne Streifen schneiden.

◆ In einer Pfanne das Öl erhitzen und das Fleisch darin bei mittlerer bis starker Hitze unter ständigem Wenden braun anbraten.

◆ Das Fleisch herausnehmen und auf einen Teller geben.

◆ Für die Sauce das Wasser, Kalbsfond oder Fleischbrühe und die Sahne nach und nach in die Pfanne gießen und bei starker bis mittlerer Hitze unter Rühren cremig einkochen lassen.

◆ Das Fleisch unter die Sauce mischen und mit Salz und Pfeffer abschmecken.

◆ Das Kalbsgeschnetzelte bei starker Hitze einige Male umrühren, bis das Fleisch wieder heiß ist.

Zutaten für 4 Portionen

500 g Kalbsschnitzel

1 EL Öl

$1/4$ l Wasser

100 ml Kalbsfond

oder Fleischbrühe

200 ml süße Sahne

Salz, weißer Pfeffer

Kalbsgeschnetzeltes mit Pilzen

Kalbsgeschnetzeltes mit Pilzen

Das Festessen ist durch Morcheln und Shiitakepilze nicht ganz billig. Preiswerter und fast genauso fein wird es mit Austernpilzen.

◆ Die Morcheln im Wasser zugedeckt 30 Minuten einweichen.
◆ Danach die Pilze herausnehmen und auf einem Sieb kalt abspülen.
◆ Das Einweichwasser durch eine Kaffeefiltertüte gießen und für später beiseite stellen.
◆ Während die Morcheln einweichen, die Lauchzwiebeln putzen, waschen und mit den saftigen grünen Blättern in dünne Ringe schneiden.
◆ Stiele der Shiitakepilze abtrennen und die Hüte in Streifen schneiden. Champignons putzen, kurz waschen und in dünne Scheiben schneiden.
◆ Den Knoblauch abziehen, die Petersilie waschen und trockentupfen und beides fein hacken.
◆ Das Fleisch quer zu den Fasern in dünne Streifen schneiden.

Zutaten für 4 Portionen
1 Päckchen getrocknete
Spitzmorcheln (10 g)
$^1/_4$ l Wasser
3 Lauchzwiebeln
100 g Shiitakepilze
250 g Champignons
1 Knoblauchzehe
1 Bund Petersilie
500 g Kalbsschnitzel
2 EL Öl
100 ml Kalbsfond oder Fleischbrühe
200 ml süße Sahne
2 EL Zitronensaft
Salz, weißer Pfeffer

◆ In einer Pfanne 1 EL Öl erhitzen und das Fleisch darin bei mittlerer bis starker Hitze unter ständigem Wenden braun anbraten; dann herausnehmen und auf einen Teller geben.

◆ 1 EL Öl in der Pfanne erhitzen.
◆ Morcheln, Lauchzwiebeln, Shiitakepilze, Champignons, Knoblauch und die Hälfte der Petersilie in die Pfanne geben und bei mittlerer Hitze unter ständigem Wenden etwa 2 Minuten braten, bis die Zwiebelröllchen intensiv grün sind. Dann die Pilze herausnehmen und zum Fleisch geben.
◆ Für die Sauce das Einweichwasser der Pilze, Kalbsfond oder Fleischbrühe und die Sahne nach und nach in die Pfanne geben und bei starker bis mittlerer Hitze unter Rühren cremig einkochen lassen.
◆ Das Fleisch und die Pilze untermischen und mit Zitronensaft, Salz und Pfeffer abschmecken.
◆ Alles bei starker Hitze einige Male umrühren, bis Fleisch und Pilze wieder heiß sind. Dann den Rest der Petersilie über das Gericht streuen.

Zubereitung etwa 50 Minuten
1 Portion = 1554 kJ/ 370 kcal

Rahmgulasch

Zutaten für 4 Portionen
600 g Kalbfleisch zum Schmoren
(ohne Knochen)
2 große Zwiebeln
1 unbehandelte Zitrone
2 EL Öl
1 EL Tomatenmark
1 EL Mehl
1 EL edelsüßes Paprikapulver
$^1/_4$ l Fleischbrühe, Salz
1 Bund Petersilie
200 ml süße Sahne, 2 EL saure Sahne
Cayennepfeffer

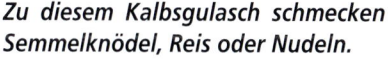

Zu diesem Kalbsgulasch schmecken Semmelknödel, Reis oder Nudeln.

◆ Das Fleisch in gulaschgroße Würfel schneiden.
◆ Die Zwiebeln von der Schale befreien und hacken.
◆ Die Zitrone waschen, abtrocknen und 1 Stück Schale abschneiden.
◆ Das Öl erhitzen und die Fleischwürfel darin portionsweise rundherum braun anbraten, jeweils wieder herausnehmen und auf einen Teller geben.
◆ Zum Schluß die Zwiebeln im Bratfett glasig braten.
◆ Das Tomatenmark unterrühren.

◆ Das Fleisch wieder zugeben, Mehl und Paprikapulver darüber streuen und unter Rühren anrösten.
◆ Fleischbrühe, Salz und Zitronenschale zufügen, aufkochen lassen und das Fleisch zugedeckt in etwa 1 Stunde weich schmoren.
◆ Die Petersilie waschen, trockentupfen und fein hacken, mit beiden Sahnesorten zum Gulasch geben und aufkochen lassen.
◆ Das Rahmgulasch mit Salz und Cayennepfeffer abschmecken.

Zubereitung etwa 30 Minuten
Garzeit etwa 1 Stunde
1 Portion = 1743 kJ/ 415 kcal

Zürcher Geschnetzeltes

Nieren gehören zum Originalrezept, doch Innereien sind nicht jedermanns Sache. Wer sie nicht mag, kann für das Geschnetzelte auch ausschließlich Kalbsfilet verwenden.

◆ Das Filet quer zu den Fasern erst in fingerdicke Scheiben und dann in Streifen schneiden.

◆ Die Nieren waschen und das Fett entfernen. Die Haut einschneiden und abziehen. Die Nieren der Länge nach halbieren; Fett, Häutchen und Sehnen dabei herausschneiden.

◆ Die Nieren nochmals unter fließendem kaltem Wasser abspülen, trockentupfen und quer in dünne Scheibchen schneiden.

◆ Den Backofen auf 50 °C vorheizen.

◆ Die Zitrone waschen und abtrocknen. Ein kleines Stück Schale abschneiden und fein hacken. Den Saft der Zitrone auspressen.

◆ Die Champignons putzen, waschen, in Scheiben schneiden und mit 1 EL Zitronensaft vermischen.

◆ Die Schalotte abziehen und fein hacken.

Zutaten für 4 Portionen
400 g Kalbsfilet
200 g Kalbsnieren
1 kleine unbehandelte Zitrone
200 g weiße Champignons
1 Schalotte
1 kleines Bund Petersilie
3 EL Öl
1 EL Butter
1 EL Mehl
100 ml trockener Weißwein
100 ml Kalbsfond (Glas)
200 ml süße Sahne
Salz, weißer Pfeffer

◆ Die Petersilie waschen, trockentupfen und ganz fein zerkleinern.

◆ 2 EL Öl in einer Pfanne erhitzen und das Fleisch und die Nieren darin bei mittlerer bis schwacher Hitze unter ständigem Rühren etwa 2 Minuten braten, bis alles leicht braun ist.

◆ Das Fleisch in ein Sieb geben; den Bratensaft dabei auffangen.

◆ Das Fleisch und die Nieren im Backofen warm halten.

◆ 1 EL Öl und die Butter in der Pfanne heiß werden lassen und die Schalotte darin glasig braten.

◆ Pilze, Zitronenschale und 1 EL Petersilie zu der Schalotte geben und unter Rühren bei starker Hitze schmoren, bis die Flüssigkeit, die sich bildet, wieder verdampft ist.

◆ Das Mehl über die Pilze streuen und kurz rösten. Den Wein zugießen und den Bratensatz damit lösen.

◆ Den Kalbsfond und die Sahne zugießen und bei starker Hitze unter Rühren cremig einkochen lassen.

◆ Die Pfanne vom Herd nehmen; Nieren, Fleisch und aufgefangenen Bratensaft in die Sauce rühren.

◆ Den Pfanneninhalt bei schwacher Hitze etwa 5 Minuten ziehen lassen, bis alles wieder heiß ist.

◆ Das Geschnetzelte mit Salz und Pfeffer würzen und mit der restlichen Petersilie bestreuen.

Zubereitung etwa 1¼ Stunden
1 Portion = 1907 kJ/ 454 kcal

Kalbfleisch in Pfeffersauce

Die Pfefferschote und der grüne Pfeffer geben dem milden Kalbfleisch eine angenehme Schärfe. Zu diesem Gericht passen Schweizer Rösti oder Spätzle.

◆ Das Fleisch quer zu den Fasern erst in Scheiben und dann in fingerbreite Streifen schneiden.

◆ Den Speck fein würfeln.

◆ Den Knoblauch abziehen und fein hacken.

◆ Die Pfefferschote halbieren, die Kerne entfernen, die Schotenhälften waschen und fein zerkleinern.

◆ Die Zitrone waschen und abtrocknen. Etwa die Hälfte der Schale dünn abschneiden und fein hacken.

◆ Den Zitronensaft auspressen und zum Abschmecken beiseite stellen.

◆ Die Safranfäden zerreiben.

◆ 1 EL Öl in einem Topf erhitzen und das Fleisch darin bei starker Hitze rundherum anbraten.

◆ Speck, Knoblauch, Pfefferschote und Zitronenschale zu dem Fleisch

Zutaten für 4 Portionen
500 g Kalbsschulter (ohne Knochen)
100 g durchwachsener
Räucherspeck
2 Knoblauchzehen
1 rote Pfefferschote
1 kleine unbehandelte Zitrone
1/2 TL Safranfäden
2 EL Öl
400 ml Kalbsfond (Glas)
oder Fleischbrühe
1 Bund Lauchzwiebeln
1 kleines Paket TK-Erbsen (150 g)
2 EL frische oder eingelegte
grüne Pfefferkörner
1 EL Crème fraîche
Salz
2–3 Stengel Petersilie

geben und bei mittlerer Hitze einige Sekunden mitbraten.

◆ Den Kalbsfond oder die Brühe zu-

gießen, den Safran dazugeben und alles aufkochen.

◆ Das Fleisch zugedeckt bei schwacher Hitze etwa 30 Minuten weich garen.

◆ Die Lauchzwiebeln putzen, waschen und mit allen saftigen grünen Blättern in fingerbreite Stücke schneiden.

◆ 1 EL Öl in einer Pfanne erhitzen und Lauchzwiebeln, gefrorene Erbsen und Pfefferkörner darin unter Rühren anbraten, bis das Gemüse intensiv grün ist.

◆ Das Gemüse, den Pfeffer und die Crème fraîche unter das Fleisch mischen, aufkochen und zugedeckt bei milder Hitze etwa 5 Minuten garen.

◆ Das Gericht mit Salz und Zitronensaft abschmecken.

◆ Die Petersilie waschen, trockentupfen, hacken und untermischen.

Zubereitung etwa 30 Minuten
Garzeit etwa 40 Minuten
1 Portion = 1785 kJ/ 425 kcal

Kalbsleber mit Salbei

Dies ist eines der feinsten Gerichte mit Leber und gleichzeitig eines der schnellsten. Entscheidend ist die hohe Qualität der einzelnen Zutaten. Die Leber sollte von einem artgerecht gehaltenen Tier stammen.

◆ Den Salbei trocken säubern.

◆ Die Leber trockentupfen.

◆ Die Teller gut vorwärmen.

◆ Die Butter und das Olivenöl in einer großen Pfanne so heiß werden lassen, daß die Butter schäumt, aber nicht braun wird.

◆ Die Salbeiblättchen darin bei schwacher bis mittlerer Hitze unter

Zutaten für 4 Portionen
16 Salbeiblättchen
8 dünne Scheiben Kalbsleber
(je etwa 80 g)
50 g Butter
1 EL Olivenöl
Salz, weißer Pfeffer

häufigem Wenden etwa 4 Minuten rösten.

◆ Die Leber zugeben und auf jeder Seite etwa 2 Minuten mitbraten.

◆ Die Leber auf den Tellern verteilen und mit Salz und Pfeffer würzen.

◆ Den Salbei und das Bratfett über der Leber verteilen.

Zubereitung etwa 20 Minuten
1 Portion = 1344 kJ/ 320 kcal

Gebackenes Kalbsbries

Am besten ist Bries von Kälbern, die mit Milch aufgezogen worden sind. Das Bries muß ganz frisch sein, deshalb beim Metzger vorbestellen.

Zutaten für 3 Portionen
2 Kalbsbriese (je etwa 250 g)
1 Bund Suppengrün
Salz
1 Lorbeerblatt
1 Bund Petersilie
1 Zitrone
2 Eier
30 g Mehl
50 g Semmelbrösel
weißer Pfeffer aus der Mühle
2 EL Butter zum Braten

◆ Die Kalbsbriese kalt abspülen, in einen Topf legen und mit kaltem Wasser bedecken.
◆ Das Suppengrün waschen, putzen und grob zerkleinern.
◆ 1 TL Salz, Suppengrün und Lorbeerblatt zum Bries in den Topf geben, alles aufwallen lassen und zugedeckt bei schwacher Hitze etwa 25 Minuten garen.
◆ Danach den Sud abgießen und auffangen.
◆ Die Briese kalt abschrecken und häuten; dabei alle Äderchen und Knorpel entfernen.
◆ Das Fleisch etwa 1 Stunde erkalten lassen und dann in fingerdicke Scheiben schneiden.
◆ Die Petersilie waschen und trockentupfen.
◆ Die Zitrone in Schnitze schneiden.

◆ Die Teller vorwärmen.
◆ 1 Ei trennen und das Eiweiß entfernen. Das Eigelb und das zweite Ei auf einem Teller verrühren.
◆ Das Mehl und die Semmelbrösel ebenfalls auf Teller geben.
◆ Die Briesscheiben mit Salz und Pfeffer würzen, in Mehl, in Ei und zuletzt in Semmelbröseln wenden.
◆ Die Butter in einer Pfanne erhitzen, aber nicht bräunen, und die Briesscheiben darin bei mittlerer bis schwacher Hitze auf jeder Seite etwa 4 Minuten braten, bis sie goldbraun sind.
◆ Mit Petersilie und Zitrone garnieren und auf den Tellern anrichten.

Kühlzeit etwa 1 Stunde
Zubereitung etwa 50 Minuten
1 Portion = 1819 kJ/ 433 kcal

Saure Nieren

◆ Die Nieren waschen und das Fett entfernen. Die Haut einschneiden und abziehen.
◆ Die Nieren der Länge nach halbieren; dabei Fett, Häutchen und Sehnen herausschneiden.
◆ Die Nieren nochmals unter fließendem kaltem Wasser abspülen, trockentupfen und quer in dünne Scheibchen schneiden.
◆ Die Schalotten abziehen und fein hacken.
◆ Die Petersilie waschen, trockentupfen und fein hacken.
◆ Die Butter in einer Kasserolle erhitzen und die Nieren sowie die Schalotten darin bei mittlerer bis schwacher Hitze unter ständigem Rühren etwa 2 Minuten braten, bis sie leicht braun sind.
◆ Fleisch und Zwiebeln in ein Sieb

Zutaten für 4 Portionen
500 g Kalbsnieren
2 Schalotten
1 Bund Petersilie
2 EL Butter
1 TL Mehl
$^1/_8$ l trockener Weißwein
200 ml heller Fleischfond
200 g Crème fraîche
1 EL Zitronensaft
1 MSP gemahlene Muskatblüte
Salz, weißer Pfeffer aus der Mühle
Cayennepfeffer

geben und das Sieb über eine Schüssel legen, damit der Bratensaft abtropfen kann.

◆ Das Mehl in die Kasserolle geben und einige Sekunden rösten.
◆ Den Wein zugießen und den Bratensatz damit lösen.
◆ Abwechselnd Fleischfond und Crème fraîche zugeben und alles bei starker Hitze unter Rühren cremig einkochen lassen.
◆ Die Kasserolle von der Kochstelle nehmen und Nieren, Schalotten, abgetropften Bratensaft und Petersilie in die Sauce rühren.
◆ Alles bei schwacher Hitze etwa 5 Minuten ziehen lassen, bis die Nieren heiß sind.
◆ Mit Zitronensaft, Muskat, Salz, Pfeffer und einer Spur Cayennepfeffer abschmecken.

Zubereitung etwa 40 Minuten
1 Portion = 1646 kJ/ 392 kcal

Saure Lunge

◆ Die Lunge kalt abspülen.
◆ Das Suppengrün putzen, waschen und grob zerkleinern.
◆ 2 Zwiebeln abziehen und vierteln.
◆ Die Zitrone waschen, abtrocknen und die Schale abreiben.
◆ Die Zitrone halbieren; von der einen Hälfte 2 Scheiben abschneiden und die andere Hälfte auspressen.
◆ Das Wasser mit Salz, Suppengrün, Zwiebelvierteln, Zitronenscheiben, Lorbeer, Pfefferkörnern, Koriander und Nelken in einem großen Topf zum Kochen bringen.
◆ Die Lunge darin einmal aufkochen und zugedeckt bei schwacher Hitze etwa 45 Minuten garen; dabei verdoppelt sich ihr Volumen ungefähr.
◆ Die Lunge aus dem Topf herausnehmen und auf einen Teller legen. Mit einem zweiten Teller abdecken und diesen beschweren. Die gepreßte Lunge etwa 2 Stunden lang abkühlen lassen.
◆ Die erkaltete Lunge zuerst in dünne Scheiben, dann in feine Streifen schneiden und in eine Porzellan- oder Glasschüssel geben.
◆ Den Kochsud durch ein Sieb über

Zutaten für 4 Portionen

500 g Kalbslunge
2 Bund Suppengrün
3 Zwiebeln
1 unbehandelte Zitrone
1$\frac{1}{2}$ l Wasser
Salz
4 Lorbeerblätter
1 TL Pfefferkörner
$\frac{1}{2}$ TL Korianderkörner
3 Gewürznelken
$\frac{1}{8}$ l milder Rotwein- oder Himbeeressig
50 g Butter
40 g Mehl
$\frac{1}{2}$ Bund Petersilie
$\frac{1}{8}$ l süße Sahne
weißer Pfeffer

das Fleisch gießen, den Essig zugeben und gut vermischen.
◆ Die Lunge zugedeckt etwa 8 Stunden im Kühlschrank marinieren.
◆ Danach die Marinade abgießen und $\frac{3}{4}$ l davon auffangen.

◆ Die dritte Zwiebel abziehen und fein hacken.
◆ Die Butter erhitzen und die Zwiebel darin bei schwacher Hitze glasig braten.
◆ Das Mehl über die Zwiebel geben und unter Rühren hellbraun rösten.
◆ Die Marinade langsam dazugießen und weiterrühren, bis die Sauce glatt ist.
◆ Die Lunge und reichlich abgeriebene Zitronenschale zur Sauce geben, einmal aufkochen und zugedeckt bei schwacher Hitze etwa 10 Minuten kochen lassen.
◆ Die Teller vorwärmen.
◆ Die Petersilie waschen, trockentupfen und fein hacken.
◆ Die Sahne unter das Fleisch mischen; mit Salz, Pfeffer und Zitronensaft abschmecken.
◆ Die Lunge portionsweise auf die Teller verteilen, mit Petersilie bestreuen und ganz heiß servieren.

Abkühlzeit etwa 2 Stunden
Marinierzeit 8 Stunden
Zubereitung etwa 1$\frac{1}{2}$ Stunden
1 Portion = 1407 kJ/ 335 kcal

Hirnpavesen

Pavesen sind gebratene Weißbrot-schnitten, wie hier pikant mit Fleischfarce oder süß mit Obstmus gefüllt.

◆ Das Hirn 15 Minuten in kaltes Wasser legen, damit das Blut austritt.

◆ Anschließend in einem Topf mit frischem Wasser bedecken und mit 1 TL Salz bei mittlerer Hitze langsam zum Kochen bringen.

◆ Zugedeckt bei schwacher Hitze etwa 5 Minuten garen. Danach abgießen, kalt abschrecken und etwa 1 Stunde abkühlen lassen.

◆ Das Hirn häuten und mit einer Gabel fein zerdrücken.

◆ Die Schalotte oder die Zwiebel abziehen und fein hacken.

◆ Die Petersilie waschen, trocken-tupfen und hacken. Mit der Schalotte oder Zwiebel zum Hirn geben.

◆ Die Masse mit Salz und Pfeffer würzen und auf 4 Brotscheiben streichen. Die restlichen Brotscheiben darauf legen und leicht andrücken.

◆ Die Milch mit den Eiern verquirlen. Die Semmelbrösel auf einen großen Teller geben.

◆ Das Fett in einer Pfanne erhitzen.

◆ Die Hirnpavesen zuerst in der Eiermilch und dann in den Semmelbröseln wenden.

◆ Das Brot in der Pfanne bei mittlerer Hitze etwa 10 Minuten goldbraun braten; dabei einmal wenden.

Kühlzeit etwa 1 Stunde
Zubereitung etwa 1 Stunde
1 Portion = 1789 kJ/ 426 kcal

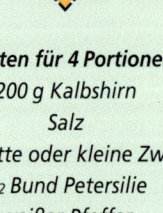

Zutaten für 4 Portionen
200 g Kalbshirn
Salz
1 Schalotte oder kleine Zwiebel
1/2 Bund Petersilie
weißer Pfeffer
8 Scheiben Kastenweiß-
· brot (je 0,5 cm dick)
1/2 l Milch
2 Eier
50 g Semmelbrösel
2 EL Öl oder Butterschmalz

Lammspießchen mit Paprikaschoten

Die Spießchen eignen sich auch zum Grillen über Holzkohle oder im Backofen. Am besten passen Kartoffelgratin (siehe S. 404) und buntgemischter Salat dazu.

◆ Die Lammkeule von Fett und Sehnen befreien und in gleich große Stücke schneiden.

◆ Die Zitrone waschen und abtrocknen. Ein etwa fingerlanges Stück Schale dünn abschneiden und fein zerkleinern.

◆ Den Saft der Zitrone auspressen.

◆ Den Knoblauch abziehen und fein hacken.

◆ Zitronenschale und Zitronensaft, Knoblauch, Senfpulver, Ingwer, Zimt, Cayennepfeffer, Balsamessig und Sojasauce mit 2 EL Öl verrühren.

◆ Das Lammfleisch damit mischen und zugedeckt 1 Stunde marinieren.

Zutaten für 4 Portionen
400 g Lammkeule ohne Knochen
1 kleine unbehandelte Zitrone
1 Knoblauchzehe
1 TL Senfpulver
1/2 TL Ingwerpulver
1 MSP Zimtpulver
Cayennepfeffer
1 EL Balsamessig
1 EL Sojasauce
3 EL Öl
2 große rote Paprikaschoten
Salz
5 EL Fleischbrühe

◆ Die Paprikaschoten waschen, abtrocknen und achteln; die Kerne dabei entfernen.

◆ Die Paprikaschoten für die Spieße in passende Stücke schneiden.

◆ Das Fleisch aus der Marinade nehmen, abwechselnd mit den Paprikastücken auf 4 Spieße verteilen und leicht salzen.

◆ Die Teller vorwärmen.

◆ 1 EL Öl erhitzen und die Spießchen darin bei starker Hitze rundherum anbraten. Bei mittlerer Hitze weitere 5 Minuten braten; dabei mehrmals wenden.

◆ Die Spießchen herausnehmen und auf den Tellern warm halten.

◆ Für die Sauce Marinade und Fleischbrühe in die Pfanne geben, den Bratfond damit ablösen und über den Spießchen verteilen.

Marinierzeit 1 Stunde
Zubereitung etwa 30 Minuten
1 Portion = 1672f kJ/ 398 kcal

Lammkoteletts mit Bohnen und Mais

Wenn Sie keinen frischen Zuckermais bekommen, können Sie auch Maiskörner aus der Dose nehmen.

◆ Die Lammkoteletts auf eine Platte legen.
◆ Den Knoblauch abziehen und fein hacken.
◆ Die Zitrone waschen und abtrocknen. Ein etwa 5 cm langes Stück Schale abschneiden und fein hacken. Den Saft von ½ Zitrone auspressen.
◆ Zitronensaft und -schale mit dem Knoblauch mischen und auf den Koteletts verteilen.
◆ Die Koteletts zudecken und etwa 2 Stunden ziehen lassen.
◆ Die Hüllblätter und Fäden von den Maiskolben abziehen und den Mais waschen.
◆ Die Bohnen waschen und putzen.
◆ Das Bohnenkraut waschen und die Blättchen abzupfen.
◆ Reichlich Wasser mit Salz zum

Zutaten für 4 Portionen
8 Lammkoteletts (je etwa 90 g)
1 Knoblauchzehe
1 unbehandelte Zitrone
2 frische Zuckermaiskolben
250 g grüne Bohnen
1 Bund Bohnenkraut
Salz
1 große Zwiebel
3 EL Öl
200 g Crème fraîche
schwarzer Pfeffer

Kochen bringen und die Maiskolben darin etwa 10 Minuten kochen.
◆ Die Bohnen zum Mais geben und weitere 5 Minuten kochen.
◆ Das Gemüse abgießen.
◆ Die Maiskolben abkühlen lassen und dann die Körner abschneiden.

◆ Die Zwiebel abziehen und fein hacken.
◆ 1 EL Öl erhitzen und die Zwiebel darin bei schwacher Hitze unter Rühren glasig braten.
◆ Mais, Bohnen, Bohnenkrautblättchen und Crème fraîche zu der Zwiebel geben, alles aufkochen und zugedeckt bei schwacher Hitze 5 Minuten garen, bis die Bohnen weich sind.
◆ Das Gemüse mit Salz und Pfeffer abschmecken.
◆ Die Lammkoteletts in 2 EL Öl bei starker Hitze auf beiden Seiten kräftig anbraten. Bei mittlerer Hitze auf jeder Seite 2–3 Minuten braten, bis sie gerade eben durch sind.
◆ Die Koteletts mit Salz würzen, herausnehmen und mit dem Gemüse servieren.

Marinierzeit etwa 2 Stunden
Zubereitung etwa 50 Minuten
1 Portion = 2344 kJ/ 558 kcal

Lammbraten: Grundrezept

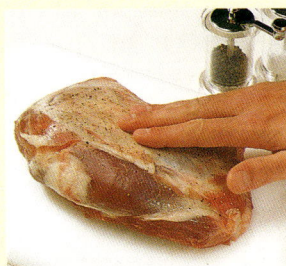

1. Das Fleisch mit Salz und Pfeffer einreiben.

2. Das Fleisch rundherum braun anbraten.

3. Ein Drittel der Flüssigkeit zugießen.

4. Den Bräter zugedeckt in den Backofen stellen.

5. Nach und nach die restliche Flüssigkeit zugießen.

6. Den Braten im offenen Topf bräunen.

◆ Das Lammfleisch rundherum mit Salz und Pfeffer einreiben.

◆ Das Öl in einem Bräter erhitzen und das Fleisch darin bei starker bis mittlerer Hitze in etwa 10 Minuten rundherum braun anbraten.

◆ Ein Drittel der Flüssigkeit wie Brühe, Wein oder Wasser zum Fleisch gießen.

◆ Den Bräter zugedeckt auf die untere Schiene des kalten Backofens stellen und das Fleisch bei 180 °C (Umluft 160 °C, Gas Stufe 2–3) in etwa 1$\frac{1}{4}$ Stunden weich schmoren. Dabei nach und nach den Rest der Flüssigkeit zugießen.

◆ Den Deckel abnehmen und den Braten in 15 Minuten leicht bräunen lassen.

Zutaten für 6 Portionen
1 kg Lammschulter
(ohne Knochen)
Salz, schwarzer Pfeffer
4 EL Olivenöl
knapp $\frac{1}{2}$ l Flüssigkeit wie
Brühe, Wein oder Wasser

Lammbraten mit Sommergemüse

Lammbraten mit Sommergemüse

Schmorgerichte schmecken am besten, wenn Sie Fleisch und Gemüse gemeinsam in einem großen Topf garen. Das Gemüse wird durch das Fett des Bratens besonders aromatisch.

◆ Die Auberginen, die Zucchini und die Paprikaschoten waschen und abtrocknen.
◆ Auberginen und Zucchini putzen und in Scheiben schneiden.
◆ Die Paprikaschoten achteln und dabei putzen.
◆ Die Tomaten abziehen und längs halbieren; die Stielansätze entfernen.
◆ Die Gemüsezwiebel abziehen, halbieren und in dünne Scheiben schneiden.
◆ Den Knoblauch abziehen, den Thymian waschen und trockentupfen und beides fein zerkleinern.
◆ Den Schafskäse zerkrümeln.
◆ Das Fleisch rundherum mit Salz und Pfeffer einreiben.

Zutaten für 6 Portionen
500 g Auberginen
500 g kleine feste Zucchini
2 grüne Paprikaschoten
500 g Flaschentomaten
1 Gemüsezwiebel
1 Knoblauchzehe
1 Bund frischer Thymian
200 g Schafskäse
1 kg Lammschulter (ohne Knochen)
Salz
schwarzer Pfeffer
4 EL Olivenöl
$^1/_8$ l Gemüsebrühe
3 EL Zitronensaft
$^1/_4$ trockener Weißwein

◆ Das Öl in einem großen Bräter erhitzen.
◆ Das Fleisch im Öl bei starker bis mittlerer Hitze in etwa 10 Minuten rundherum braun anbraten.
◆ Das Gemüse rund um das Fleisch in den Schmortopf schichten und auf jede Schicht etwas Schafskäse, Salz, schwarzen Pfeffer, Knoblauch und Thymian geben.
◆ Die Gemüsebrühe mit dem Zitronensaft vermischen und an den Seiten zum Gemüse gießen.
◆ Den Bräter zugedeckt auf die untere Schiene des kalten Backofens stellen und Fleisch und Gemüse bei 180 °C (Umluft 160 °C, Gas Stufe 2–3) in etwa 1¼ Stunden weich schmoren. Dabei nach und nach den Weißwein zugießen.
◆ Den Deckel abnehmen und Braten und Gemüse in 15 Minuten leicht bräunen lassen.

Zubereitung etwa 1 Stunde
Garzeit etwa 1½ Stunden
1 Portion = 2318 kJ/ 552 kcal

Lancashire Hot Pot

◆ Größere Fettschichten vom Fleisch abschneiden.
◆ Die Scheiben auf beiden Seiten salzen und pfeffern und dachziegelförmig in einen Schmortopf legen.
◆ Die Zwiebeln abziehen und fein hacken.
◆ Die Möhren putzen und in dünne Stifte schneiden.
◆ Den frischen Thymian waschen, hacken und mit den Zwiebeln und Möhren auf dem Fleisch verteilen.
◆ Die Kartoffeln schälen, waschen und in Scheiben von etwa 0,5 cm Dicke schneiden.
◆ Die Scheiben dachziegelartig auf Fleisch und Gemüse legen und mit Salz und Pfeffer bestreuen.

Zutaten für 4 Portionen
8 Scheiben Lammschulter mit
Knochen (je etwa 1,5 cm dick)
Salz, weißer Pfeffer
3 mittelgroße Zwiebeln
4 mittelgroße Möhren
$^1/_2$ Bund frischer oder
$^1/_2$ EL getrockneter Thymian
800 g vorwiegend
festkochende Kartoffeln
400 ml dunkler Fleischfond
oder Fleischbrühe
1 EL Butter
$^1/_2$ Bund Petersilie

◆ Fond oder Brühe zugießen.
◆ Die Butter schmelzen und die Kartoffeln damit bestreichen.
◆ Das Gericht zugedeckt auf die untere Schiene des kalten Backofens stellen und bei 180 °C (Umluft 160 °C, Gas Stufe 2–3) 2 Stunden garen.
◆ Den Deckel abnehmen und die Kartoffeln bei 250 °C (Umluft 220 °C, Gas Stufe 5–6) etwa 20 Minuten bräunen lassen.
◆ Die Petersilie waschen, trockentupfen, fein hacken und über den Hot Pot streuen.

Zubereitung etwa 40 Minuten
Garzeit etwa 2 Stunden 20 Minuten
1 Portion = 2806 kJ/ 668 kcal

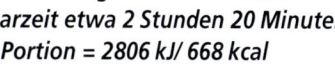

Lammscheiben auf italienische Art

Zutaten für 4 Portionen
4 mittelgroße Möhren
4 Stangen Sellerie
2 Bund Petersilie
500 g Tomaten
4 Knoblauchzehen
1 Bund Lauchzwiebeln
4 Scheiben Hinterhaxe
vom Lamm (je etwa 4 cm dick)
Salz
4 EL Olivenöl
weißer Pfeffer
200 ml Fleischbrühe
1 unbehandelte Zitrone

◆ Die Möhren putzen und in kleine Würfel schneiden.
◆ Den Sellerie waschen und in dünne Scheiben schneiden.
◆ Die Petersilie waschen und trockentupfen. Ein ganzes Bund und die Stiele des zweiten Bundes fein zerkleinern.

◆ Die Tomaten abziehen und zerkleinern; die Stielansätze entfernen.
◆ 3 Knoblauchzehen abziehen und zerkleinern.
◆ Die Lauchzwiebeln waschen, putzen und mit allen saftigen grünen Blättern fein zerkleinern.
◆ Das Fleisch mit Salz würzen.
◆ Das Olivenöl in einem großen Bräter erhitzen und das Fleisch darin bei starker Hitze auf beiden Seiten braun anbraten. Herausnehmen und auf einen Teller legen.
◆ Das zerkleinerte Gemüse mit dem Knoblauch und der Petersilie in den Bräter geben und unter Rühren etwa 1 Minute schmoren.
◆ Die Lammscheiben auf das Gemüse in dem Bräter legen und mit Pfeffer würzen.
◆ Die Hälfte der Fleischbrühe zugießen und aufkochen.
◆ Das Fleisch zugedeckt bei schwacher Hitze etwa 2 Stunden schmoren; dabei nach und nach die restliche Brühe zugießen.
◆ Für die Würzmischung die Zitrone

waschen, abtrocknen und ein großes Stück Schale abschneiden.
◆ Die Zitronenschale und die restliche Petersilie fein hacken.
◆ Die vierte Knoblauchzehe abziehen und ganz fein hacken.
◆ Zitrone, Petersilie und Knoblauch mischen.
◆ Vor dem Servieren das Fleisch mit der Würzmischung bestreuen.

Zubereitung etwa 1 Stunde
Garzeit etwa 2 Stunden
1 Portion = 3238 kJ/ 771 kcal

Lammschulter in Weißwein

Lassen Sie sich für dieses Rezept die Lammschulter vom Metzger wie einen Rollbraten binden.

◆ Die Zitrone gründlich waschen und abtrocknen.
◆ Etwa die Hälfte der Zitronenschale dünn abschneiden und hacken. Den Saft der Zitrone auspressen.
◆ Den Knoblauch abziehen und zerdrücken oder fein hacken.
◆ Den Thymian waschen, die harten Stiele entfernen und den Rest fein hacken.
◆ Zitrone, Knoblauch und Thymian

Zutaten für 6 Portionen
1 kleine unbehandelte Zitrone
2 Knoblauchzehen
1 Bund Thymian
1/2 l trockener Weißwein
6 EL Olivenöl
1 Lammschulter
(ohne Knochen; etwa 1 kg)
Salz
schwarzer Pfeffer aus der Mühle
1 Bund Lauchzwiebeln

mit Wein und 4 EL Olivenöl zu einer Marinade verrühren.
◆ Die Lammschulter in eine große Schüssel aus Porzellan, Keramik, Steingut oder Glas geben und die Marinade darübergießen.
◆ Das Fleisch zudecken und im Kühlschrank etwa 1 Tag ziehen lassen; dabei mehrmals wenden.
◆ Am folgenden Tag das Fleisch aus der Marinade nehmen und trockentupfen. Rundherum salzen und pfeffern, in einen Bräter legen und mit 2 EL Olivenöl bestreichen.
◆ Den Bräter zudecken, auf die un-

tere Schiene des kalten Backofens schieben und das Fleisch bei 200 °C (Umluft 180 °C, Gas Stufe 3) etwa 30 Minuten braten.

◆ Die Lauchzwiebeln putzen, waschen und mit allen saftigen grünen Blättern in fingerlange Stücke schneiden.

◆ Etwa die Hälfte der Marinade zu der Lammschulter gießen und die Lauchzwiebeln dazulegen.

◆ Den Backofen auf 160 °C (Umluft 140 °C, Gas Stufe 2) zurückschalten.

◆ Das Fleisch etwa 1 Stunde schmoren; dabei die restliche Marinade nach und nach zugießen, das Fleisch einmal wenden und einige Male mit der Schmorflüssigkeit begießen.

◆ Die Temperatur auf starke Oberhitze oder hohe Grillstufe schalten und das Fleisch weitere 5–10 Minuten leicht bräunen.

Marinierzeit etwa 1 Tag
Zubereitung etwa 20 Minuten
Garzeit etwa 1³/4 Stunden
1 Portion = 1919 kJ/ 457 kcal

Lammkeule mit Gurken

Zutaten für 6 Portionen
1 Lammkeule (etwa 2 kg)
Salz, schwarzer Pfeffer
500 g Schmorgurken
200 g kleine Schalotten
2 Knoblauchzehen
je 1 Bund Suppengrün und Rosmarin
1 unbehandelte Zitrone
³/8 l Fleischbrühe
4 EL Öl
600 g Flaschentomaten
750 g kleine Kartoffeln (festkochende Sorte)
Alufolie

◆ Die Lammkeule rundherum mit Salz und Pfeffer einreiben.

◆ Die Gurken schälen, der Länge nach halbieren und die Kerne herauskratzen. Die Gurkenhälften in fingerdicke Stücke schneiden.

◆ Die Schalotten abziehen.

◆ Den Knoblauch abziehen und fein hacken.

◆ Das Suppengrün putzen und waschen, aber nicht zerkleinern.

◆ Den Rosmarin waschen.

◆ Die Zitrone waschen und abtrocknen. Ein großes Stück Zitronenschale dünn abschneiden und den Saft der Zitrone auspressen.

◆ Das Öl in einem großen Bräter erhitzen und die Lammkeule darin rundherum bei starker Hitze etwa 10 Minuten braun anbraten.

◆ Die Keule herausnehmen und die Gurken und Schalotten im Bratfett unter ständigem Rühren kräftig bräunen und danach ebenfalls herausnehmen.

◆ Die Lammkeule wieder in den Bräter legen und Knoblauch, Suppengrün, Rosmarin, Zitronenschale, Zitronensaft und die Hälfte der Brühe zugeben.

◆ Den Bräter auf die untere Schiene des kalten Backofens schieben und bei 160 °C (Umluft 140 °C, Gas Stufe 2) etwa 1 Stunde schmoren; dabei einmal wenden und häufig mit der Schmorflüssigkeit übergießen.

◆ Die Tomaten abziehen und vierteln; die Stielansätze entfernen.

◆ Anschließend die Kartoffeln schälen und waschen.

◆ Tomaten, Kartoffeln, Gurken und Schalotten rund um die Lammkeule legen und mit Salz und Pfeffer würzen.

◆ Den Rest der Brühe zugießen und alles 1 Stunde schmoren.

◆ Die Temperatur auf starke Oberhitze oder hohe Grillstufe schalten und die Keule etwa 5–10 Minuten überkrusten.

◆ Die Keule aus dem Ofen nehmen, in Alufolie wickeln und vor dem Anschneiden etwa 10 Minuten ruhen lassen.

◆ Die Kartoffeln und das Gemüse im abgeschalteten Ofen heiß halten.

◆ Das Fleisch vom Knochen schneiden und auf den Kartoffeln und dem Gemüse anrichten.

Zubereitung etwa 2¹/2 Stunden
1 Portion = 3557 kJ/ 847 kcal

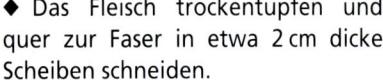

Geschmortes Lamm mit Gemüse

◆ Das Fleisch trockentupfen und quer zur Faser in etwa 2 cm dicke Scheiben schneiden.

◆ Für die Würzmischung die Zitrone waschen und abtrocknen. Die Schale zur Hälfte abreiben und den Saft auspressen.

◆ Die Zwiebel und den Knoblauch abziehen und sehr fein hacken.

◆ Den Pfeffer und den Wacholder in einem Mörser zerdrücken.

◆ Zwiebel, Knoblauch und Gewürze mit der Zitronenschale und 3 EL Zitronensaft vermischen.

◆ Die Fleischscheiben mit der Würzmischung bestreichen, aufeinander legen, zudecken und im Kühlschrank etwa 5 Stunden ziehen lassen.

◆ Das Öl in einem Bräter erhitzen.

◆ Die Fleischscheiben salzen und bei mittlerer bis starker Hitze auf beiden Seiten braun anbraten.

◆ Lorbeer und Brotrinde zum Fleisch geben und die Hälfte des Lammfonds oder der Brühe zugießen.

◆ Den Bräter zugedeckt in den kalten Backofen auf die untere Schiene

Zutaten für 4 Portionen

500 g Lammschulter (ohne Knochen)
1 unbehandelte Zitrone
1 kleine Zwiebel
1 Knoblauchzehe
1 TL weiße Pfefferkörner
3 Wacholderbeeren
3 EL Öl
Salz
4 Lorbeerblätter
1 Stück Rinde von Vollkornbrot
1/4 l Lammfond oder Fleischbrühe
150 g Schalotten oder
kleine Zwiebeln
je 2 Möhren und Pastinaken
4 Stangen Sellerie
1 Bund Petersilie
1 TL Tomatenmark
1 EL Crème fraîche

stellen, den Ofen auf 160 °C (Umluft 140 °C, Gas Stufe 2) einstellen und das Fleisch etwa 30 Minuten schmo-

ren; dabei nach und nach den Rest des Fonds oder der Brühe zugießen.

◆ Die Schalotten oder Zwiebeln abziehen.

◆ Die Möhren putzen, die Pastinaken schälen und beide in etwa 2 cm dicke Scheiben schneiden.

◆ Den Sellerie putzen, waschen und in etwa 5 cm lange Stücke schneiden.

◆ Schalotten oder Zwiebeln, Möhren, Pastinaken und Sellerie zum Fleisch geben und weitere 30 Minuten schmoren.

◆ Eine Platte vorwärmen.

◆ Die Petersilie waschen, trockentupfen und fein zerkleinern.

◆ Fleisch und Gemüse auf der Platte anrichten und die Hälfte der Petersilie über das Fleisch streuen.

◆ Für die Sauce Brotrinde und Lorbeer aus dem Topf nehmen und Tomatenmark, Crème fraîche und den Rest der Petersilie unterrühren.

Marinierzeit etwa 5 Stunden
Zubereitung etwa 1 1/2 Stunden
1 Portion = 1655 kJ/ 394 kcal

Lammkeule mit Artischocken

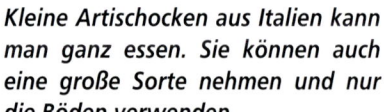

Zutaten für 8 Portionen

1 unbehandelte Zitrone
2 Knoblauchzehen
1 Bund Thymian
1/2 l trockener Weißwein
6 EL Olivenöl
1 Lammkeule (etwa 2 kg)
Salz, schwarzer Pfeffer
500 g kleine Kartoffeln
8 kleine Artischocken
1 Bund Lauchzwiebeln

Kleine Artischocken aus Italien kann man ganz essen. Sie können auch eine große Sorte nehmen und nur die Böden verwenden.

◆ Für die Marinade die Zitrone waschen und abtrocknen. Etwa die Hälfte der Schale dünn abschneiden und hacken. Den Saft auspressen.

◆ Die Knoblauchzehen abziehen und fein hacken.

◆ Den Thymian waschen und die Blättchen abstreifen.

◆ Alle diese Zutaten mit dem Wein und dem Öl verrühren.

◆ Die Lammkeule in eine große Schüssel aus Porzellan, Keramik, Steingut oder Glas geben und mit der Marinade übergießen.

◆ Zudecken und im Kühlschrank etwa 1 Tag ziehen lassen und dabei mehrmals wenden.

◆ Am nächsten Tag die Keule rundherum salzen, mit Pfeffer würzen und mit der Marinade in die Fettpfanne des Backofens geben.

◆ Das Fleisch auf die untere Schiene des kalten Backofens schieben und bei 160 °C (Umluft 140 °C, Gas Stufe 2) etwa 30 Minuten schmoren;

dabei einmal wenden und häufig mit der Schmorflüssigkeit in der Fettpfanne übergießen.

◆ Inzwischen die Kartoffeln schälen.

◆ Die Artischocken waschen. Die Stiele direkt am Ansatz abbrechen; dabei löst sich auch ein Teil der harten Fasern aus dem Blütenboden.

◆ Die kleinen, harten Blätter rund um den Stielansatz abzupfen. Alle stacheligen Blütenspitzen mit einer Küchenschere abschneiden.

◆ Die Kartoffeln und die Artischocken um die Lammkeule legen und 1 Stunde schmoren lassen.

◆ Die Lauchzwiebeln waschen, putzen und mit den saftigen grünen Blättern in etwa 5 cm lange Stücke schneiden.

◆ Die Lauchzwiebeln um die Keule legen, mit Salz und Pfeffer würzen und etwa 30 Minuten schmoren, bis alles weich ist.

◆ Den Backofen auf starke Oberhitze oder hohe Grillstufe schalten und die Lammkeule 5–10 Minuten überkrusten.

◆ Das Fleisch aus dem Ofen nehmen, in Alufolie wickeln und vor dem Anschneiden etwa 10 Minuten ruhen lassen.

◆ Die Kartoffeln, die Artischocken und die Lauchzwiebeln währenddessen im abgeschalteten Backofen heiß halten.

◆ Die Teller vorwärmen.

◆ Das Fleisch in dicken Scheiben rundherum vom Knochen schneiden.

◆ Die Lammscheiben mit Kartoffeln und Gemüse auf den heißen Tellern anrichten.

◆ Die Schmorflüssigkeit aus der Fettpfanne gleichmäßig über dem Fleisch verteilen.

Marinierzeit etwa 1 Tag
Zubereitung etwa 2¹/₂ Stunden
1 Portion = 2692 kJ/ 641 kcal

Lamm mit roten Linsen

Zutaten für 4 Portionen
600 g Lammschulter (ohne Knochen)
1 Bund Lauchzwiebeln
1 unbehandelte Zitrone
1 EL Öl
Salz, Cayennepfeffer
1 TL Safranfäden
¹/₂ TL Zimtpulver
¹/₂ l Fleischbrühe
200 g rote Linsen
125 g saure Sahne
1 Bund Schnittlauch

Dieses Gericht können Sie nach Belieben auch mit jeder anderen Fleischsorte zubereiten.

◆ Das Fleisch von Fett und Sehnen befreien und in gulaschgroße Stücke schneiden.

◆ Die Lauchzwiebeln waschen, putzen und mit allen saftigen grünen Blättern fein zerkleinern.

◆ Die Zitrone waschen und abtrocknen. Die Schale etwa zur Hälfte dünn abschneiden und in feine Streifen schneiden. Den Saft der Zitrone auspressen.

◆ Das Öl in einem großen Schmortopf erhitzen und das Fleisch darin bei starker bis mittlerer Hitze rundherum braun anbraten.

◆ Die Lauchzwiebeln zugeben und bei schwacher Hitze unter Rühren etwa 1 Minute schmoren.

◆ Mit Salz, Cayennepfeffer, Zitronenschale und -saft, Safran und Zimt würzen.

◆ Etwa ein Drittel der Brühe dazugießen, den Bratensatz damit lösen und einmal aufkochen.

◆ Das Fleisch zugedeckt bei schwacher Hitze 40 Minuten schmoren.

◆ Die Linsen und den Rest der Brühe unter das Fleisch mischen. Erneut aufkochen und etwa 20 Minuten garen, bis die Linsen weich sind.

◆ Die saure Sahne zum Fleisch geben und mit Salz abschmecken.

◆ Zum Servieren den Schnittlauch waschen, trockentupfen, fein zerkleinern und über das Fleisch streuen.

Zubereitung etwa 30 Minuten
Garzeit etwa 1 Stunde
1 Portion = 2411 kJ/ 574 kcal

Lamm mit Bohnen

Grüne Bohnen sind wohl die bekannteste und beliebteste Gemüsebeilage zu Lammfleisch. Zur Abwechslung werden sie in diesem Rezept mit Tomaten kombiniert und mit Crème double verfeinert.

◆ Das Fleisch in Würfel schneiden.

◆ Die Zwiebel und den Knoblauch abziehen und hacken.

◆ Das Öl erhitzen und das Fleisch darin bei starker Hitze rundherum braun anbraten.

◆ Die Zwiebel und den Knoblauch zum Fleisch geben und bei schwacher Hitze braten.

◆ Alles mit Salz und Pfeffer würzen, die Brühe zugießen und den Bratensatz unter Rühren damit lösen.

◆ Den Rosmarin waschen und zum Fleisch legen. Alles aufkochen und zugedeckt 35 Minuten schmoren.

Zutaten für 4 Portionen
600 g Lammschulter (ohne Knochen)
1 Zwiebel
1 Knoblauchzehe
3 EL Öl
Salz, schwarzer Pfeffer
$1/4$ l Fleischbrühe
1 Zweig Rosmarin
500 g grüne Bohnen
1 Bund Bohnenkraut
2 Tomaten
100 g Crème double

◆ Inzwischen die Bohnen waschen, putzen und in Stücke schneiden.

◆ Das Bohnenkraut waschen und trockentupfen.

◆ Die obere Hälfte des Bohnenkrauts fein hacken.

◆ Die Tomaten abziehen und würfeln; die Stielansätze dabei entfernen.

◆ Die Bohnen und die untere, unzerkleinerte Hälfte des Bohnenkrauts in reichlich Wasser 5 Minuten sprudelnd kochen lassen.

◆ Danach die Bohnen abgießen und das Bohnenkraut entfernen.

◆ Bohnen, Tomaten und Crème double unter das Fleisch mischen, erneut aufkochen lassen und zugedeckt bei schwacher Hitze 10–15 Minuten garen.

◆ Das Gericht mit Salz und Pfeffer abschmecken, mit dem zerkleinerten Bohnenkraut mischen und servieren.

Zubereitung etwa 1$1/2$ Stunden
1 Portion = 2306 kJ/ 549 kcal

Lammgeschnetzeltes

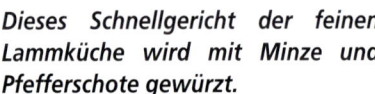
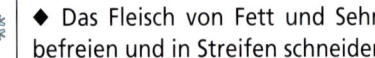

Dieses Schnellgericht der feinen Lammküche wird mit Minze und Pfefferschote gewürzt.

◆ Das Fleisch von Fett und Sehnen befreien und in Streifen schneiden.

◆ Die zarten Blätter des Kohlrabis abschneiden, waschen, fein hacken und beiseite legen.

◆ Den Kohlrabi schälen und in dünne Stifte schneiden.

◆ Die Zwiebel und den Knoblauch abziehen und fein hacken.

◆ Die Pfefferschote halbieren; den Stiel und alle Kerne entfernen. Die Schotenhälften kalt abspülen und fein zerkleinern.

◆ Die Minzeblättchen oder die Petersilie waschen, trockentupfen, fein hacken und beiseite stellen.

Zutaten für 4 Portionen
700 g Lammkeule (ohne Knochen)
1 Kohlrabi
1 große Zwiebel
1 Knoblauchzehe
1 grüne Pfefferschote
$1/2$ Handvoll frische Minzeblättchen oder Petersilie
4 EL Erdnußöl
200 g Crème fraîche
3 EL Zitronensaft
Salz

◆ Die Teller gut vorwärmen.

◆ Das Öl in einem Topf erhitzen und das Fleisch darin portionsweise bei starker Hitze und unter Wenden anbraten, bis es braun ist. Die fertigen Portionen herausnehmen.

◆ Anschließend Zwiebel, Knoblauch, Pfefferschote und Kohlrabistifte im Topf anbraten. Dann das Fleisch zu dem Gemüse geben.

◆ Die Crème fraîche und den Zitronensaft unter das Fleisch mischen, aufkochen lassen und zugedeckt bei schwacher Hitze etwa 5 Minuten garen, bis die Kohlrabistifte gerade eben weich sind.

◆ Das Geschnetzelte mit Salz abschmecken, mit Minze und Kohlrabiblättchen vermischen und sofort auf den warmen Tellern servieren.

Zubereitung etwa 45 Minuten
1 Portion = 2843 kJ/ 677 kcal

Lammcurry mit Kokoscreme

Kokoscreme gibt es in asiatischen Läden oder in gut sortierten Getränkeabteilungen, denn man verwendet die Creme zum Mixen von Cocktails.

◆ Das Fleisch in mundgerechte Stücke schneiden, dabei möglichst alles Fett entfernen.

◆ Die Zwiebel und den Knoblauch abziehen und fein hacken.

◆ Die Pfefferschote halbieren, vom Stiel und den Kernen befreien und waschen. Die Schotenhälften hacken.

◆ Die Ingwerwurzel schälen und auf einer Raspel fein reiben.

◆ Die Erdnüsse mahlen.

◆ Die Tomaten abziehen und würfeln; die Stielansätze entfernen.

◆ Die Zitrone waschen und abtrocknen. Ein großes Stück Schale dünn abschneiden und grob hacken. Den Zitronensaft auspressen.

◆ Die Kokoscreme mit dem Wasser in einen Topf geben und bei schwacher Hitze unter Rühren erwärmen.

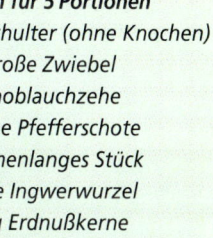

Zutaten für 5 Portionen
800 g Lammschulter (ohne Knochen)
1 große Zwiebel
1 Knoblauchzehe
1 grüne Pfefferschote
1 daumenlanges Stück
frische Ingwerwurzel
100 g Erdnußkerne
2 Tomaten
1 kleine unbehandelte Zitrone
200 g Kokoscreme
200 ml Wasser
2 EL Erdnußöl
2 EL Currypulver
Salz
500 g festkochende Kartoffeln
$1/2$ Bund Petersilie

◆ Das Öl in einem Schmortopf erhitzen.

◆ Fleischstücke, Zwiebel, Pfefferschote, Knoblauch und Ingwer darin bei mittlerer Hitze unter häufigem Wenden anbraten, bis das Fleisch leicht gebräunt ist.

◆ Das Currypulver und die Nüsse über das Fleisch streuen und einige Sekunden unter Rühren mitbraten.

◆ Zitronenschale und Zitronensaft, Tomaten und Kokoscreme unter das Fleisch mischen und mit Salz würzen.

◆ Das Fleisch aufkochen und zugedeckt bei schwacher Hitze etwa 30 Minuten schmoren.

◆ Die Kartoffeln schälen, waschen und würfeln.

◆ Die Kartoffeln mit dem Fleisch mischen und weitere 30 Minuten schmoren, bis alles weich ist.

◆ Die Petersilie waschen, trockentupfen und fein hacken. Zum Servieren über das Currygericht streuen.

Zubereitung etwa 45 Minuten
Garzeit etwa 1 Stunde
1 Portion = 2982 kJ/ 710 kcal

Lammragout mit Gemüse

Lammfleisch schmeckt wunderbar mit sommerlichem Gemüse. Hier sind es Auberginen und vollreife Tomaten. Sie lassen sich nach Belieben mit frischen dicken Bohnen und Paprikaschoten ergänzen.

◆ Das Fleisch würfeln; die Sehnen und einen Teil des Fetts entfernen.
◆ Die Zwiebeln und den Knoblauch abziehen und fein hacken.
◆ Das Öl in einem Schmortopf erhitzen und die Fleischwürfel darin bei starker bis mittlerer Hitze rundherum kräftig anbraten.
◆ Die Zwiebeln und den Knoblauch in den Topf geben und etwa 2 Minuten mitbraten.
◆ Die Hälfte der Brühe zugeben, das Fleisch mit Salz und Pfeffer würzen und zugedeckt bei schwacher Hitze etwa 10 Minuten schmoren.

Zutaten für 4 Portionen
500 g Lammschulter (ohne Knochen)
2 Zwiebeln
4 Knoblauchzehen
3 EL Öl
1/8 l Fleisch- oder Gemüsebrühe
Salz
schwarzer Pfeffer aus der Mühle
2 schlanke Auberginen
4 Tomaten
1 Handvoll gemischte Blättchen von Rosmarin, Thymian, Bohnenkraut, Salbei und Petersilie
150 g Sahnejoghurt

◆ Die restliche Brühe zugießen, aufkochen und das Fleisch zugedeckt bei schwacher Hitze 30 Minuten garen.

◆ Während das Fleisch kocht, die Auberginen waschen, putzen und würfeln.
◆ Die Tomaten abziehen und in Stücke schneiden; die Stielansätze dabei entfernen.
◆ Die Kräuter waschen, trockentupfen und fein hacken.
◆ Auberginen, Tomaten und Kräuter zum Fleisch geben und zugedeckt bei schwacher Hitze etwa 5 Minuten garen, bis das Gemüse gerade eben weich ist.
◆ Den Joghurt unter das Ragout mischen und erhitzen, aber nicht mehr aufkochen.
◆ Das Gericht mit Salz und Pfeffer abschmecken und sofort servieren.

Zubereitung etwa 40 Minuten
Garzeit etwa 50 Minuten
1 Portion = 1802 kJ/ 429 kcal

Lammcurry mit Joghurt

Zutaten für 4 Portionen

500 g Lammschulter (ohne Knochen)
1 kg Zwiebeln
4 Tomaten
1 Knoblauchzehe
1 kleine Zitrone
2 EL Öl
300 g Joghurt (3,5 %)
1/2 TL Kurkumapulver (Gelbwurz)
1/2 TL gemahlener Kreuzkümmel
1/4 TL gemahlener Koriander
1/2 TL Cayennepfeffer
100 ml Wasser

Fleischcurry muß lange schmoren, damit sich die verschiedenen Aromen gut verbinden und die Sauce sämig wird. Reis oder Fladenbrot schmeckt gut dazu.

◆ Das Fleisch in Würfel schneiden.
◆ Die Zwiebeln abziehen und grob zerkleinern.
◆ Die Tomaten abziehen und zerkleinern; die Stielansätze entfernen.
◆ Den Knoblauch abziehen und fein hacken.
◆ Die Zitrone auspressen.
◆ Das Öl erhitzen und das Fleisch bei starker Hitze braun anbraten.
◆ Den Joghurt und alle Gewürze zum Fleisch geben und alles unter häufigem Wenden bei schwacher Hitze köcheln lassen, bis die ganze Flüssigkeit eingekocht und das Fleisch fast trocken ist.
◆ Zwiebeln, Tomaten, Knoblauch, Zitronensaft und Wasser zugeben, alles aufkochen und zugedeckt bei schwacher Hitze 1 Stunde garen.

Zubereitung etwa 30 Minuten
Garzeit 1 Stunde
1 Portion = 1903 kJ/453 kcal

Lammragout mit Rosmarin

Lammragout in heller Sauce mit Rosmarin und Petersilie ist ein einfaches Essen, das jedem gelingt. Reis oder Nudeln und Salat schmecken gut dazu.

◆ Das Fleisch von Fett und Sehnen befreien und in mundgerechte Stücke schneiden.
◆ Die Lauchzwiebeln putzen, waschen und mit allen saftigen grünen Blättern fein zerkleinern.
◆ Die Möhre putzen und in Stifte schneiden.
◆ Die Blättchen vom Rosmarin abstreifen und fein hacken.
◆ Die Petersilie waschen, trockentupfen und fein hacken.
◆ Die Zitrone waschen und abtrocknen. Die Schale etwa zur Hälfte dünn abschneiden und in feine Streifen schneiden. Den Saft auspressen.

Zutaten für 4 Portionen

600 g Lammschulter (ohne Knochen)
2 Lauchzwiebeln
1 Möhre
4 Zweige Rosmarin
1 großes Bund Petersilie
1 unbehandelte Zitrone
1 EL Butterschmalz
1 EL Mehl
1/4 l Fleischbrühe
Salz
weißer Pfeffer aus der Mühle

◆ Das Butterschmalz in einem großen Schmortopf erhitzen, das Fleisch darin bei mittlerer Hitze rundherum anbraten, bis es leicht gebräunt ist, und dann herausnehmen.
◆ Lauchzwiebeln, Möhre, Rosmarin, Zitronenschale und etwa die Hälfte der Petersilie in den Topf geben und bei schwacher Hitze unter Rühren etwa 1 Minute schmoren.
◆ Das Mehl über das Gemüse streuen und unter Rühren hellgelb rösten.
◆ Die Brühe langsam zugießen und dabei rühren, bis die Sauce glatt ist.
◆ Die Fleischwürfel in die Sauce geben und mit Salz und Zitronensaft würzen. Aufkochen und zugedeckt bei schwacher Hitze 1 Stunde garen.
◆ Den Rest der Petersilie unter das Ragout mischen, noch einmal mit Salz und Pfeffer abschmecken und heiß servieren.

Zubereitung etwa 30 Minuten
Garzeit 1 Stunde
1 Portion = 1609 kJ/383 kcal

Lammragout mit Zucchini

Frisches Lammfleisch stammt von Tieren, die nicht älter als ein Jahr sind. Es wird vorwiegend im späten Frühjahr und im Herbst angeboten. Als Faustregel gilt: je weißer das Fett, um so jünger das Lamm.

◆ Das Fleisch in Würfel schneiden.
◆ Die Zwiebel und den Knoblauch abziehen und hacken.
◆ 2 EL Öl in einem Topf erhitzen und das Fleisch darin bei starker Hitze rundherum braun anbraten.
◆ Die Zwiebel und den Knoblauch zum Fleisch geben und bei schwacher Hitze braten.
◆ Alles mit Salz und Pfeffer würzen, die Brühe zum Fleisch gießen und den Bratensatz unter Rühren damit ablösen.

Zutaten für 4 Portionen
600 g Lammschulter (ohne Knochen)
1 Zwiebel
2 Knoblauchzehen
3 EL Öl
Salz, schwarzer Pfeffer
$^{1}/_{4}$ l Fleischbrühe
4 Zweige frischer Rosmarin
500 g kleine Zucchini
1 Bund Lauchzwiebeln
$^{1}/_{2}$ Bund Petersilie
2 EL Zitronensaft

◆ Den Rosmarin waschen, auf das Fleisch legen, einmal aufkochen und zugedeckt 45 Minuten schmoren.

◆ Inzwischen die Zucchini und die Lauchzwiebeln waschen und putzen.
◆ Die Zucchini in dünne Scheiben schneiden.
◆ Die Lauchzwiebeln mit dem saftigen Grün in Ringe schneiden.
◆ Die Petersilie waschen, trockentupfen und fein hacken.
◆ Zucchini und Lauchzwiebeln mit 1 EL Öl in einer Pfanne bei mittlerer Hitze braten, bis das Gemüse gerade bißfest ist.
◆ Gemüse und Zitronensaft unter das Ragout mischen, mit Salz und Pfeffer abschmecken und zum Servieren mit der Petersilie bestreuen.

Zubereitung etwa 30 Minuten
Garzeit etwa 45 Minuten
1 Portion = 1764 kJ/ 420 kcal

Lammgulasch in Kräutersauce

Zutaten für 4 Portionen
600 g Lammschulter (ohne Knochen)
1 große Zwiebel
1 Knoblauchzehe
1 unbehandelte Zitrone
1 EL Butterschmalz
1 EL Mehl
1 EL scharfes Paprikapulver
$^{1}/_{4}$ l Fleischbrühe
Salz
1 großes Bund Petersilie
4–5 Blättchen Minze
2 EL süße Sahne
weißer Pfeffer aus der Mühle

Das Gulasch wird wie gewöhnlich mit Paprikapulver zubereitet. Zum Schluß wird es mit reichlich Petersilie und ein paar Minzeblättchen gemischt. Dazu passen Reis, Hefeklöße oder Nudeln.

◆ Das Fleisch von Fett und Sehnen befreien und anschließend in mundgerechte Stücke schneiden.
◆ Die Zwiebel und den Knoblauch abziehen und fein hacken.
◆ Die Zitrone waschen und abtrocknen. Die Schale etwa zu einem Viertel abreiben und den Saft auspressen.
◆ Das Butterschmalz in einem großen Schmortopf erhitzen, das Fleisch darin bei mittlerer Hitze rundherum anbraten, bis es leicht gebräunt ist, und dann herausnehmen.
◆ Zwiebel, Knoblauch und Zitronenschale in den Topf geben und bei

schwacher Hitze unter Rühren etwa 1 Minute schmoren.
◆ Mehl und Paprikapulver über die Zwiebelmischung streuen und unter Rühren kurz rösten.
◆ Die Brühe langsam zugießen und dabei rühren, bis die Sauce glatt ist.
◆ Das Fleisch wieder zugeben und mit Salz und Zitronensaft würzen.
◆ Das Gulasch aufkochen und zugedeckt bei schwacher Hitze etwa 1 Stunde weich garen.
◆ Petersilie und Minze waschen, trockentupfen, fein hacken und mit der Sahne unter das Gulasch mischen.
◆ Das Gulasch noch einmal mit Salz und Pfeffer abschmecken und heiß servieren.

Zubereitung etwa 30 Minuten
Garzeit etwa 1 Stunde
1 Portion = 1659 kJ/ 395 kcal

Elsässer Bäckerofen

Zutaten für 8 Portionen

500 g Lammschulter (ohne Knochen)
500 g Schweineschulter
(ohne Knochen)
500 g Rinderhesse (ohne Knochen)
500 g Zwiebeln
3 Knoblauchzehen
1 Bund Petersilie
1 Bund Thymian
2 Lorbeerblätter
1 TL schwarze Pfefferkörner
0,7 l trockener Elsässer Weißwein
1 kg Kartoffeln (vorwiegend
festkochende Sorte)
Salz
schwarzer Pfeffer aus der Mühle
2 EL Butter
1 Bund Schnittlauch

Die Hauptzutaten dieses Eintopfs aus dem Elsaß sind Fleisch, Wein, Kartoffeln und Zwiebeln. Früher wurde der Topf mit Brotteig verschlossen und nach dem Brotbacken in den heißen Backofen geschoben.

◆ Am Vortag das Fleisch in möglichst gleich große Würfel schneiden.
◆ 1 Zwiebel und den Knoblauch abziehen und hacken.
◆ Petersilie und Thymian waschen, trockentupfen und fein zerkleinern.
◆ Alles in eine große Porzellan-, Glas- oder Keramikschüssel geben.
◆ Lorbeer und Pfeffer zum Fleisch geben und den Wein zugießen. Das Fleisch zudecken, in den Kühlschrank stellen und etwa 1 Tag ziehen lassen.
◆ Am folgenden Tag die restlichen Zwiebeln abziehen und in dünne Scheiben hobeln.
◆ Die Kartoffeln waschen, schälen und in Scheiben schneiden.

◆ Das Fleisch abgießen und die Marinade auffangen.
◆ Zwiebelringe, Kartoffelscheiben und das Fleisch mit Gewürzen aus der Marinade schichtweise in einen Schmortopf legen und jede Schicht mit Salz und Pfeffer würzen.
◆ Die Butter bei geringer Temperatur schmelzen und ebenso wie die Marinade über das Fleisch geben.
◆ Den Bäckerofen zugedeckt auf die untere Schiene in den kalten Backofen stellen und bei 200 °C (Umluft 180 °C, Gas Stufe 3) etwa 2½ Stunden garen.
◆ Danach den Schnittlauch waschen, trockentupfen, fein zerkleinern und vor dem Servieren gleichmäßig über das Fleisch verteilen.

Marinierzeit etwa 1 Tag
Zubereitung etwa 1 Stunde
Garzeit etwa 2½ Stunden
1 Portion = 1974 kJ/ 470 kcal

Frikadellen: Grundrezept

1. Die Brötchen mit lauwarmem Wasser übergießen.

2. Die Brötchen portionsweise gut ausdrücken.

3. Die Zutaten in eine Schüssel geben.

4. Den Teig so lange vermischen, bis er gut bindet.

5. Mit angefeuchteten Händen die Frikadellen formen.

6. Die Frikadellen in einer großen Pfanne braten.

◆ Wasser lauwarm erwärmen und die Brötchen damit in einer Schüssel übergießen und quellen lassen, bis sie ganz weich sind.

◆ Das Wasser abgießen und die Brötchen portionsweise gut ausdrücken.

◆ Die Zwiebel abziehen und fein hacken.

◆ Die Petersilie waschen, trockentupfen und ebenfalls fein hacken.

◆ Brötchen, Zwiebel und Petersilie mit Hackfleisch, Ei, 1 kräftigen Prise Salz, Paprika und Majoran in einer Schüssel mit einer Gabel so lange vermischen, bis der Fleischteig gleichmäßig glatt ist und gut bindet.

◆ Die Hände anfeuchten und 8–12 Frikadellen formen.

◆ Das Öl in einer großen Pfanne erhitzen und die Frikadellen darin bei mittlerer bis schwacher Hitze etwa 5 Minuten braten, bis sie sich leicht vom Pfannenboden lösen lassen.

◆ Die Frikadellen wenden und auf der zweiten Seite weitere 4–5 Minuten braten.

Zutaten für 4 Portionen

3 altbackene
Weizenbrötchen
1 große Zwiebel
$1/2$ Bund Petersilie
400 g gemischtes
Hackfleisch
1 Ei
Salz
1 EL edelsüßes
Paprikapulver
1 TL getrockneter
Majoran
Öl zum Braten

Frikadellen in Mangold

Zu dem Gericht paßt türkisches Fladenbrot oder französisches Baguette.

◆ Zwiebel und Knoblauch abziehen und fein hacken.

◆ Die Petersilie waschen, trockentupfen und fein zerkleinern.

◆ Zwiebel, Knoblauch und Petersilie mit dem Fleisch und dem Ei mischen, mit Salz, Cayennepfeffer, Zitronensaft und Muskat kräftig würzen und mit einer Gabel durchkneten, bis der Teig gut bindet.

◆ Die Teller vorwärmen.

◆ Reichlich Wasser in einem großen Topf aufkochen lassen.

◆ Den Mangold waschen. Die Blätter jeweils auf einen Schaumlöffel legen, in das sprudelnde Wasser tauchen und einige Sekunden garen, bis sie weich sind. Die weichen Mangoldblätter auf einem Küchentuch zum Abtropfen und Abkühlen ausbreiten.

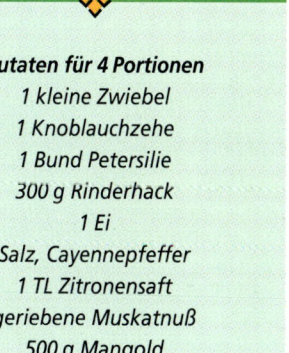

Zutaten für 4 Portionen
1 kleine Zwiebel
1 Knoblauchzehe
1 Bund Petersilie
300 g Rinderhack
1 Ei
Salz, Cayennepfeffer
1 TL Zitronensaft
geriebene Muskatnuß
500 g Mangold
4 EL Öl
weißer Pfeffer

◆ Die Stiele des Mangolds keilförmig heraustrennen und in Stücke schneiden.

◆ Den Hackfleischteig auf den Mangoldblättern verteilen, zu kleinen Frikadellen formen und in die Blätter einschlagen.

◆ Das Öl in einer Pfanne erhitzen und die Frikadellen darin bei schwacher bis mittlerer Hitze auf jeder Seite etwa 4 Minuten braten. Dann herausnehmen und auf den vorgewärmten Tellern warm halten.

◆ Die Mangoldstiele im Bratfett schwenken, mit Salz und Pfeffer würzen und neben den fertigen Frikadellen anrichten.

Zubereitung etwa 1 Stunde
1 Portion = 1357 kJ/ 323 kcal

Hackfleischfladen mit Gemüse

Dies ist ein deftiges Essen für viele Gäste: Das Hackfleisch wird mit Zwiebeln, Tomaten, Eiern und Kräutern vermischt und auf ein Blech gestrichen, mit Gemüsescheibchen und Käse belegt und dann gebacken. Pellkartoffeln oder Brot und Salat schmecken gut zu dem Fladen.

◆ Die Kichererbsen abtropfen lassen.

◆ Die Milch erwärmen.

◆ Das Toastbrot in eine große Schüssel geben, mit der Milch übergießen und ziehen lassen.

◆ Die Zwiebeln abziehen und fein zerkleinern.

◆ Tomaten abziehen und fein zerkleinern; die Stielansätze entfernen.

◆ Sellerie und Petersilie waschen, trockentupfen und fein hacken.

◆ Das Toastbrot mit einer Gabel zerdrücken.

◆ Zwiebeln, Tomaten, Sellerie, Petersilie, Fleisch, Eier, Tomatenmark, abgetropfte Kichererbsen, Salz und Pfeffer zum Toastbrot geben und alles mischen.

◆ Ein Backblech fetten und den Fleischteig darauf streichen.

◆ Die Zucchini waschen, putzen, in dünne Scheiben hobeln und schuppenförmig auf das Fleisch legen.

◆ Den Käse darüber streuen und die Crème fraîche mit einem Teelöffel als Kleckse darauf setzen.

◆ Das Backblech auf die mittlere Schiene des kalten Backofens schieben und den Fladen bei 200 °C (Umluft 180 °C, Gas Stufe 3) etwa 40 Minuten backen.

Zubereitung etwa 35 Minuten
Backzeit etwa 40 Minuten
1 Portion = 2625 kJ/ 625 kcal

Zutaten für 8 Portionen
1 Dose Kichererbsen
(Einwaage 425 g)
1/8 l Milch
250 g Toastbrot
3 Zwiebeln
4 Tomaten
4 Stangen Sellerie
1 Bund Petersilie
900 g gemischtes Hackfleisch
2 Eier
3 EL Tomatenmark
Salz
weißer Pfeffer
500 g kleine Zucchini
100 g geriebener Käse
150 g Crème fraîche
Fett für das Blech

Lammbällchen mit gewürztem Gemüse

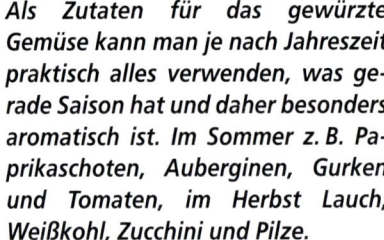

Zutaten für 4 Portionen

1 große Zwiebel
1 Knoblauchzehe
50 g Kürbiskerne
1 Handvoll Pfefferminze oder
Petersilie
500 g Lammhack
2 Eier
50 g Semmelbrösel
1 EL Currypulver
$^{1}/_{4}$ TL gemahlener Kreuzkümmel
Salz
Cayennepfeffer
1 kleines Stück frische Ingwerwurzel
1 kleine grüne Pfefferschote
100 g Sojasprossen
600 g gemischtes Gemüse
6 EL Sonnenblumenöl
2 EL Wasser
1 EL Butter
50 g Sonnenblumenkerne

Als Zutaten für das gewürzte Gemüse kann man je nach Jahreszeit praktisch alles verwenden, was gerade Saison hat und daher besonders aromatisch ist. Im Sommer z. B. Paprikaschoten, Auberginen, Gurken und Tomaten, im Herbst Lauch, Weißkohl, Zucchini und Pilze.

◆ Für die Lammbällchen die Zwiebel und den Knoblauch abziehen und fein hacken.
◆ Die Kürbiskerne fein hacken.
◆ Die Pfefferminze oder die Petersilie waschen, trockentupfen und fein zerkleinern.
◆ Alle diese Zutaten mit Lammhack, Eiern, Semmelbröseln, Currypulver, Kreuzkümmel und je einer kräftigen Prise Salz und Cayennepfeffer mit einer Gabel durchrühren, bis der Fleischteig bindet.
◆ Die Fleischmischung zu nicht allzu großen Bällchen formen.
◆ Die Ingwerwurzel schälen und fein hacken.
◆ Die Pfefferschote längs halbieren, alle Kerne entfernen und die Schotenhälften fein hacken.
◆ Die Sojasprossen kalt abspülen.

◆ Das gemischte Gemüse putzen, waschen und zerkleinern.
◆ In einer großen Pfanne 4 EL Öl erhitzen und die Hackfleischbällchen darin bei mittlerer Hitze etwa 8 Minuten braun braten.
◆ Die Bällchen aus der Pfanne nehmen und warm halten.
◆ 2 EL Öl in der Pfanne erhitzen und den Ingwer und die Pfefferschote darin bei mittlerer Hitze einige Sekunden anbraten.
◆ Das Gemüse und die Sprossen in die Pfanne geben und alles bei starker Hitze unter ständigem Wenden etwa 3 Minuten braten.
◆ Das Wasser zugeben, das Gemüse mit Salz und Cayennepfeffer würzen und bei schwacher Hitze weitere 5 Minuten dünsten.
◆ Die Butter in einem Pfännchen erhitzen und die Sonnenblumenkerne darin bei mittlerer bis schwacher Hitze unter Rühren rösten.
◆ Vor dem Servieren die Lammbällchen und das Gemüse mit den Sonnenblumenkernen bestreuen.

*Zubereitung etwa 1$^{1}/_{4}$ Stunden
1 Portion = 3028 kJ/ 721 kcal*

Falscher Hase

Angeblich kommt der Name für dieses Gericht daher, daß die Form des Bratens an einen Hasen erinnert, der sich in eine Ackerfurche duckt.

◆ Den Backofen auf 200 °C (Umluft 180 °C, Gas Stufe 3) vorheizen.

◆ Die Brötchen in eine Schüssel legen, mit lauwarmem Wasser übergießen und quellen lassen, bis sie ganz weich sind. Dann die Brötchen abgießen und gut ausdrücken.

◆ Die Gewürzgurken abtropfen lassen und in kleine Würfel schneiden.

◆ Die Zwiebeln abziehen und fein hacken.

◆ Die Petersilie waschen, trockentupfen und fein zerkleinern.

◆ 1 EL Butter erhitzen und die Zwiebeln und die Petersilie darin bei schwacher Hitze unter Rühren braten, bis die Zwiebeln glasig sind.

◆ Die Zwiebeln und die Petersilie in eine Schüssel geben und einge-

---

Zutaten für 4 Portionen

$1^1/_2$ altbackene Weizenbrötchen
2 Gewürzgurken
2 kleine Zwiebeln
$1/_2$ Bund Petersilie
2 EL Zitronensaft
50 g Butter
600 g gemischtes Hackfleisch
2 kleine Eier
2 EL Kapern
Salz, Cayennepfeffer
schwarzer Pfeffer aus der Mühle
$1/_8$ l Fleischbrühe
$1/_8$ l süße Sahne
1 EL Crème fraîche
1–2 TL edelsüßes Paprikapulver

---

weichte Brötchen, Gewürzgurken, Hackfleisch, Eier, Kapern und Zitronensaft hinzufügen.

◆ Alles mit Salz, Cayennepfeffer und schwarzem Pfeffer kräftig würzen und zu einem Fleischteig verkneten, der gut bindet.

◆ Die restliche Butter schmelzen und eine flache Gratinform mit 1 EL davon fetten; den Rest zum Bestreichen des Hackbratens flüssig halten.

◆ Den Fleischteig zu einem länglichen Laib formen und in die Form legen.

◆ Den falschen Hasen auf die untere Schiene des heißen Backofens stellen und 30 Minuten backen. Dabei einige Male mit flüssiger Butter bestreichen.

◆ Die Fleischbrühe erhitzen und mit Sahne, Crème fraîche und Paprikapulver verrühren.

◆ Diese Sauce zum Fleisch gießen und den Braten weitere 10 Minuten garen.

Zubereitung etwa $1^1/_4$ Stunden
1 Portion = 3091 kJ/ 736 kcal

Königsberger Klopse

Die Fleischklöße in weißer Sauce, kräftig gewürzt mit Sardellen, Kapern und Zitrone, sind eine ostpreußische Spezialität, die mit Pellkartoffeln und grünem Salat schmeckt.

◆ Das Weizenbrötchen in eine Schüssel legen, mit lauwarmem Wasser übergießen und ziehen lassen, bis es weich ist.

◆ Inzwischen die Zwiebel abziehen und fein hacken.

◆ Die Petersilie waschen, trockentupfen und fein zerkleinern.

◆ Die Sardellenfilets kalt abspülen, trockentupfen und ebenfalls fein hacken.

◆ Die Zitrone waschen, abtrocknen und halbieren. Von der einen Hälfte ein großes Stück Schale abschneiden und hacken. Diese Hälfte auspressen.

◆ Die andere Hälfte der Zitrone schälen und das Fruchtfleisch in kleine Stücke schneiden.

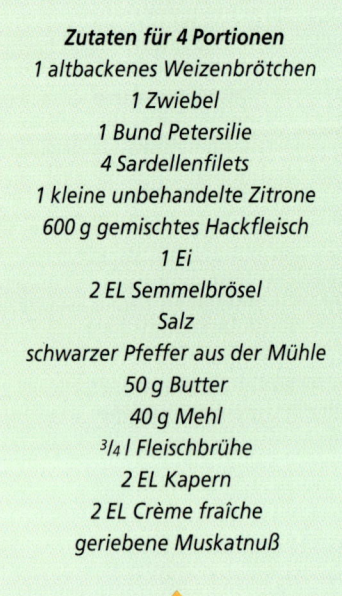

Zutaten für 4 Portionen
1 altbackenes Weizenbrötchen
1 Zwiebel
1 Bund Petersilie
4 Sardellenfilets
1 kleine unbehandelte Zitrone
600 g gemischtes Hackfleisch
1 Ei
2 EL Semmelbrösel
Salz
schwarzer Pfeffer aus der Mühle
50 g Butter
40 g Mehl
³/₄ l Fleischbrühe
2 EL Kapern
2 EL Crème fraîche
geriebene Muskatnuß

◆ Das Brötchen mit den Händen gut ausdrücken.

◆ Für die Klopse das Hackfleisch mit Brötchen, Zwiebel, je der Hälfte der Petersilie und Sardellen sowie Zitronenschale, 1 EL Zitronensaft, Semmelbröseln, Ei, Salz und Pfeffer vermischen, bis der Teig gut bindet.

◆ Die Hände mit kaltem Wasser anfeuchten und 12 Klopse formen.

◆ Eine Schüssel gut vorwärmen.

◆ Die Butter in einem Topf erhitzen und das Mehl darin hell anrösten. Die Fleischbrühe langsam zugießen und rühren, bis die Sauce glatt ist.

◆ Die Klopse in die kochende Sauce legen und zugedeckt bei schwacher Hitze 15 Minuten köcheln lassen.

◆ Die Klopse in die Schüssel legen.

◆ Kapern, Crème fraîche, Zitronenstücke, den Rest der Petersilie und Sardellen in die Sauce geben, mit Salz, Pfeffer, Muskat und nach Belieben mit Zitronensaft abschmecken und über die Klopse gießen.

Zubereitung etwa 1¹/₄ Stunden
1 Portion = 2852 kJ/ 679 kcal

Fleischklöße

◆ Die Milch lauwarm erwärmen.

◆ Die Weizenbrötchen mit der Brotschneidemaschine in sehr dünne Scheibchen schneiden, mit der Milch übergießen, zudecken und ziehen lassen, bis sie weich sind.

◆ Inzwischen die Zwiebel abziehen und fein hacken.

◆ Die Petersilie waschen, trockentupfen und fein zerkleinern.

◆ Die Butter erhitzen und die Zwiebel und die Petersilie darin bei schwacher Hitze unter Rühren braten, bis die Zwiebel glasig ist.

◆ Die Zitrone waschen, abtrocknen und die Hälfte der Schale abreiben.

◆ Die Zwiebelmischung lauwarm abkühlen lassen.

◆ Zwiebel, Hackfleisch, Eier, Semmelbrösel, Majoran, Salz, Pfeffer, Zitronenschale und Muskat zu den Brötchen geben und mit den Händen vermischen, bis der Teig gut bindet.

Zutaten für 4 Portionen
¹/₄ l Milch
5 altbackene Weizenbrötchen
1 Zwiebel
1 Bund Petersilie
1 TL Butter
1 unbehandelte Zitrone
250 g gemischtes Hackfleisch
2 Eier
1 EL Semmelbrösel
1 EL getrockneter Majoran
Salz, schwarzer Pfeffer
geriebene Muskatnuß

◆ Reichlich Salzwasser in einem Topf zum Kochen bringen.

◆ Mit angefeuchteten Händen 8–12 Hackfleischklöße formen und in das kochende Wasser geben.

◆ Die Temperatur zurückschalten, den Deckel halb auf den Topf legen und die Klöße bei schwacher bis mittlerer Hitze etwa 30 Minuten garen.

Zubereitung etwa 1 Stunde
1 Portion = 1781 kJ/ 424 kcal

Kräuterklößchen in Lauchsauce

Zutaten für 4 Portionen
1 kleine Zwiebel
1 Knoblauchzehe
¹/₂ Bund Dill
¹/₂ Bund Petersilie
1 Bund Schnittlauch
300 g Rinderhack
1 Ei
Salz
Cayennepfeffer
300 g dünne Lauchstangen
¹/₄ l Fleischbrühe
200 g Crème fraîche
1 EL Zitronensaft
geriebene Muskatnuß

◆ Die Zwiebel und den Knoblauch abziehen und fein hacken.

◆ Die Kräuter waschen, trockentupfen und fein zerkleinern. 1 EL der Kräuter auf einem Teller beiseite stellen.

◆ Den Rest der Kräuter, Zwiebel und Knoblauch mit dem Hackfleisch und dem Ei mischen.

◆ Die Fleischmasse mit Salz und Cayennepfeffer kräftig würzen und mit einer Gabel gründlich durchkneten, bis der Teig gut bindet.

◆ Den Lauch waschen, putzen und mit allen saftigen grünen Blättern in etwa 3 cm lange Stücke schneiden.

◆ Eine Schüssel gut vorwärmen.

◆ Aus dem Fleischteig ungefähr walnußgroße Klößchen formen.

◆ Die Brühe aufkochen, Klöße und Lauch hineingeben und etwa 5 Minuten bei mittlerer Hitze garen.

◆ Die Klößchen und den Lauch mit einem Schaumlöffel herausnehmen und in der Schüssel warm halten.

◆ Die Brühe bei starker Hitze dick einkochen lassen.

◆ Die Crème fraîche zugeben und unter Rühren cremig einkochen.

◆ Die Sauce mit Salz, Cayennepfeffer, Zitronensaft und Muskat abschmecken und über die Klößchen gießen.

◆ Die restlichen Kräuter über die Klößchen streuen und servieren.

Zubereitung etwa 45 Minuten
1 Portion = 1567 kJ/ 373 kcal

Hackfleisch mit roten Bohnen

Dieser schnell zubereitete Hackfleischtopf mit Gemüse und Bohnen aus der Dose bekommt durch frischen Dill die Würze. Er schmeckt zu Pellkartoffeln und Salat.

◆ Die Bohnen abtropfen lassen.
◆ Die Tomaten abziehen und würfeln; die Stielansätze entfernen.
◆ Die Paprikaschoten waschen, vierteln, putzen und in Streifen schneiden.
◆ Die Gemüsezwiebel abziehen und in feine Ringe schneiden.
◆ Den Dill waschen, trockentupfen und fein hacken.
◆ Die Teller heiß vorwärmen.

Zutaten für 4 Portionen
1 Dose rote Bohnen
400 g Tomaten
2 grüne Paprikaschoten
1 Gemüsezwiebel
1 Bund Dill
2 EL Öl
500 g gemischtes Hackfleisch
1/8 l Fleischbrühe
Salz
schwarzer Pfeffer
3 EL saure Sahne

◆ Das Öl erhitzen und Zwiebel, Paprikaschoten und Hackfleisch darin bei mittlerer Hitze unter Rühren anbraten, bis das Fleisch krümelig ist.
◆ Tomaten, Bohnen, Brühe, Salz und Pfeffer hinzufügen. Alles einmal aufkochen und zugedeckt bei schwacher Hitze 10 Minuten garen lassen.
◆ Den gehackten Dill untermischen und den Eintopf auf den heißen Tellern anrichten.
◆ Auf jede Portion einen Klecks saure Sahne setzen.

Zubereitung etwa 40 Minuten
1 Portion = 2360 kJ/ 562 kcal

Hackfleisch in Tomatensauce

Zutaten für 4 Portionen
1 große Zwiebel
4 Knoblauchzehen
750 g Tomaten
2 Zweige Rosmarin
2 EL Öl
750 g gemischtes Hackfleisch
2 EL Kapern
2 EL süße Sahne
Salz, Cayennepfeffer
1 Prise Zucker

Das Fleisch aus der Pfanne mit Tomaten und Kapern paßt zu Nudeln oder Reis, Spätzle oder Pellkartoffeln. Auch mit türkischem Fladenbrot und einer großen Schüssel Salat ist es ein feines Essen.

◆ Zwiebel und Knoblauch abziehen und fein hacken.
◆ Die Tomaten abziehen und in kleine Stücke schneiden; dabei die Stielansätze entfernen.
◆ Den Rosmarin waschen und trockentupfen. Die Blättchen abstreifen und grob hacken.
◆ Das Öl in einer Pfanne erhitzen und das Fleisch mit dem gehackten Rosmarin darin bei starker Hitze braten, bis es krümelig ist.
◆ Zwiebel und Knoblauch zugeben und bei mittlerer Hitze etwa 2 Minuten mitbraten.
◆ Tomaten zugeben und unter Rühren schmoren, bis die Sauce dick ist.
◆ Kapern und Sahne untermischen, erhitzen und mit Salz, Cayennepfeffer und Zucker abschmecken.

Zubereitung etwa 45 Minuten
1 Portion = 2629 kJ/ 626 kcal

Hackfleisch mit Bohnen und Mais

Der mit frischem Bohnenkraut und Cayennepfeffer gewürzte Eintopf ist in knapp 1 Stunde auf dem Tisch. Reis, gebackene Kartoffeln oder Brot passen gut dazu.

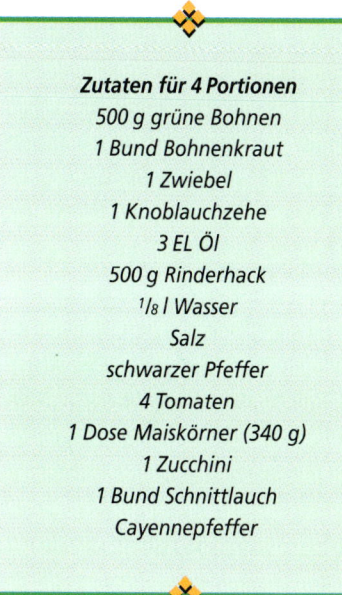

Zutaten für 4 Portionen

500 g grüne Bohnen
1 Bund Bohnenkraut
1 Zwiebel
1 Knoblauchzehe
3 EL Öl
500 g Rinderhack
1/8 l Wasser
Salz
schwarzer Pfeffer
4 Tomaten
1 Dose Maiskörner (340 g)
1 Zucchini
1 Bund Schnittlauch
Cayennepfeffer

◆ Die Bohnen putzen, waschen und in etwa 3 cm lange Stücke schneiden.
◆ Das Bohnenkraut waschen, trockentupfen und fein hacken.
◆ Zwiebel und Knoblauch abziehen und hacken.
◆ Das Öl erhitzen. Zwiebel, Knoblauch und Rinderhack darin bei mittlerer Hitze unter Rühren anbraten, bis das Fleisch krümelig ist.
◆ Bohnen, Bohnenkraut, Wasser, Salz und Pfeffer hinzufügen, alles einmal aufkochen und zugedeckt bei schwacher Hitze 10 Minuten garen.
◆ Die Teller heiß vorwärmen.
◆ Inzwischen die Tomaten abziehen und würfeln; dabei die Stielansätze entfernen.
◆ Die Maiskörner auf einem Sieb kalt abspülen.
◆ Die Zucchini waschen, putzen und raspeln.
◆ Den Schnittlauch waschen, trockentupfen und fein zerkleinern.
◆ Tomaten, Mais, Zucchini und Cayennepfeffer unter die Bohnen mischen und einmal kräftig aufkochen.
◆ Den Eintopf auf den heißen Tellern verteilen, mit dem Schnittlauch bestreuen und sofort servieren.

Zubereitung etwa 45 Minuten
1 Portion = 2104 kJ/ 501 kcal

Hackfleisch mit Pilzen

Ein schnelles Essen, das Kinder mögen: Hackfleisch mit vielen Pilzen, frischem Gemüse und sahniger Sauce, die mit Tomatensaft zubereitet wird. Dazu schmecken Pellkartoffeln, Nudeln oder Reis und Tomatensalat.

◆ Die Champignons putzen, waschen und in Scheiben schneiden.
◆ Die harten Stiele der Austern- und Shiitakepilze entfernen; die Pilzhüte in Streifen schneiden.
◆ Die Möhre putzen und in dünne Stifte teilen.
◆ Die Zwiebel abziehen, halbieren und in feine Scheiben schneiden.
◆ Das Olivenöl in einer großen Pfan-

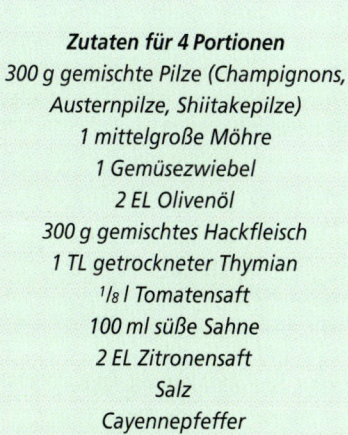

Zutaten für 4 Portionen

300 g gemischte Pilze (Champignons, Austernpilze, Shiitakepilze)
1 mittelgroße Möhre
1 Gemüsezwiebel
2 EL Olivenöl
300 g gemischtes Hackfleisch
1 TL getrockneter Thymian
1/8 l Tomatensaft
100 ml süße Sahne
2 EL Zitronensaft
Salz
Cayennepfeffer

ne erhitzen und Pilze, Möhre, Gemüsezwiebel, Hackfleisch und Thymian darin bei starker bis mittlerer Hitze unter ständigem Rühren rösten, bis das Fleisch krümelig ist.
◆ Den Tomatensaft zugießen und aufkochen lassen; den Bratensatz dabei unter Rühren lösen.
◆ Die Sahne zugießen und alles zugedeckt bei schwacher Hitze knapp 5 Minuten garen.
◆ Das Gericht mit Zitronensaft, Salz und 1 kräftigen Prise Cayennepfeffer abschmecken.

Zubereitung etwa 40 Minuten
1 Portion = 1592 kJ/ 379 kcal

Zucchini mit Lammhack

◆ Die Zucchini waschen, putzen und längs halbieren. Das Fruchtfleisch mit einem Teelöffel vorsichtig so herauskratzen, daß die Zucchini bis auf einen etwa 1 cm breiten Rand ausgehöhlt sind und kleine Schälchen bilden. Die Zucchinihälften nebeneinander in eine flache Gratinform setzen.

◆ Für die Füllung das ausgehöhlte Zucchinifleisch fein zerkleinern.

◆ Zwiebel und Knoblauch abziehen und hacken.

◆ Die Tomaten abziehen und würfeln; dabei die Stielansätze herausschneiden.

◆ Die Paprikaschote vierteln, von Kernen und Häutchen befreien, waschen, trockentupfen und hacken.

◆ Den Käse reiben.

◆ In einer Pfanne das Öl erhitzen und Zwiebel und Knoblauch darin bei mittlerer Hitze unter Rühren glasig braten.

◆ Lammhack, Zucchinifleisch, Ore-

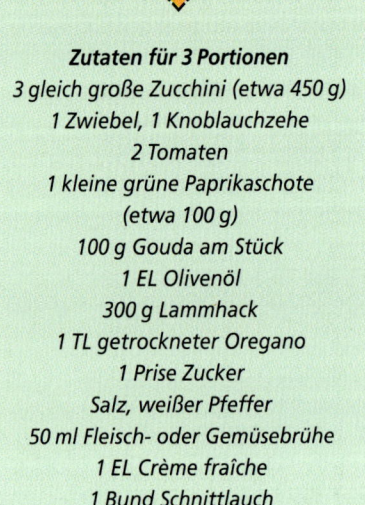

Zutaten für 3 Portionen
3 gleich große Zucchini (etwa 450 g)
1 Zwiebel, 1 Knoblauchzehe
2 Tomaten
1 kleine grüne Paprikaschote
(etwa 100 g)
100 g Gouda am Stück
1 EL Olivenöl
300 g Lammhack
1 TL getrockneter Oregano
1 Prise Zucker
Salz, weißer Pfeffer
50 ml Fleisch- oder Gemüsebrühe
1 EL Crème fraîche
1 Bund Schnittlauch

gano und Zucker zugeben und bei starker Hitze anbraten.

◆ Die Tomatenwürfel und die Paprikaschote dazugeben und alles unter

Rühren bei starker Hitze schmoren, bis die Flüssigkeit, die sich bildet, fast vollständig eingekocht ist.

◆ Die Mischung salzen und pfeffern und in die Zucchinihälften füllen.

◆ Die Brühe mit Crème fraîche verrühren und um die Zucchini gießen; den Käse darüber streuen.

◆ Die Form auf die mittlere Schiene des kalten Backofens stellen und die Zucchini bei 200 °C (Umluft 180 °C, Gas Stufe 3) etwa 20 Minuten überbacken, bis der Käse zerlaufen und leicht gebräunt ist.

◆ Die Teller gut vorwärmen.

◆ Den Schnittlauch waschen, trockentupfen und fein zerkleinern.

◆ Die Zucchini auf den vorgewärmten Tellern anrichten und mit dem Schnittlauch bestreuen.

Zubereitung etwa 45 Minuten
Backzeit etwa 20 Minuten
1 Portion = 1831 kJ/ 436 kcal

Fleischgratin mit Kartoffelhaube

Zutaten für 4 Portionen
500 g mehligkochende Kartoffeln
Salz
4 EL Wasser, 1/8 l Milch
1 große Zwiebel
1 Bund Petersilie
4 Tomaten
100 ml süße Sahne
2 EL Öl
400 g gemischtes Hackfleisch
schwarzer Pfeffer
1 TL getrockneter Oregano
100 g geriebener Käse
2 EL Butter

◆ Die Kartoffeln schälen, waschen und würfeln, mit Salz, Wasser und Milch aufkochen lassen und zugedeckt bei schwacher Hitze in etwa 20 Minuten sehr weich kochen.

◆ Inzwischen die Zwiebel abziehen und fein hacken.

◆ Die Petersilie waschen, trockentupfen und ebenfalls fein hacken.

◆ Die Tomaten abziehen und in Scheiben schneiden; dabei die Stielansätze entfernen.

◆ Die Kartoffeln sehr fein zerdrükken; dabei die Sahne untermischen.

◆ Öl in einer großen Pfanne erhitzen. Zwiebel, Petersilie und Hack darin bei mittlerer Hitze unter Rühren braten, bis das Fleisch krümelig ist.

◆ Das Fleisch mit Salz, Pfeffer und Oregano würzen und in eine halbhohe Auflaufform geben.

◆ Die Tomatenscheiben auf das Fleisch legen.

◆ Das Kartoffelpüree darauf verteilen und mit dem Käse bestreuen.

◆ Die Butter in kleine Stücke teilen und auf die Kartoffeln legen.

◆ Die Form auf die mittlere Schiene des kalten Backofens stellen und das Gratin bei 200 °C (Umluft 180 °C, Gas Stufe 3) etwa 40 Minuten backen, bis es goldbraun ist.

Zubereitung etwa 50 Minuten
Backzeit etwa 40 Minuten
1 Portion = 2898 kJ/ 690 kcal

Hackfleisch-Pie

◆ Die Blätterteigscheiben nebeneinander legen und auftauen lassen.

◆ Aubergine und Paprikaschoten waschen, putzen und würfeln.

◆ Die Gemüsezwiebel abziehen und fein hacken.

◆ Die Tomaten abziehen und fein zerkleinern; dabei die Stielansätze entfernen.

◆ Die Petersilie waschen, trockentupfen und hacken.

◆ Die Zitrone waschen und abtrocknen. Die Schale zur Hälfte dünn abschneiden und fein zerkleinern. 1/2 Zitrone auspressen.

◆ Das Öl in einer Pfanne erhitzen, Aubergine, Paprikaschoten, Zwiebel und Tomaten zugeben und bei starker Hitze unter Rühren schmoren, bis die Flüssigkeit eingekocht ist.

◆ Die Mischung abkühlen lassen, mit Fleisch, Petersilie, Zitronenschale und -saft mischen, mit Oregano, Salz und Cayennepfeffer würzen und in eine flache, ofenfeste Form geben.

Zutaten für 4 Portionen
5 Scheiben TK-Blätterteig
(300 g)
1 schlanke Aubergine
300 g rote Paprikaschoten
1 Gemüsezwiebel
300 g Tomaten
1 Bund Petersilie
1 unbehandelte Zitrone
4 EL Öl
300 g gemischtes Hackfleisch
1 EL getrockneter Oregano
Salz, Cayennepfeffer
1 Ei
2 EL Milch
Mehl für die Arbeitsfläche
Alufolie

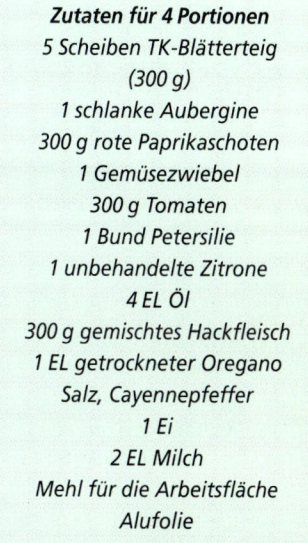

◆ Die Arbeitsfläche mit Mehl bestreuen.

◆ Die Blätterteigscheiben auf dem Mehl so auslegen, daß sie an den Rändern überlappen, dann leicht festdrücken und zu einem Deckel ausschneiden, der etwas größer als die Form sein muß.

◆ Mit beliebigen Ausstechförmchen 1 oder 2 Öffnungen in die Teigplatte stechen, damit der Dampf abziehen kann, und den Teig auf die Pie legen.

◆ Aus den Teigresten beliebige Formen ausstechen und den Deckel damit verzieren.

◆ Das Ei trennen.

◆ Das Eigelb mit Milch verquirlen und auf die Pie streichen.

◆ Die Form auf die untere Schiene des kalten Backofens stellen und die Pie bei 200 °C (Umluft 180 °C, Gas Stufe 3) etwa 35 Minuten backen; dabei die ersten 10 Minuten mit Alufolie abdecken.

Vorbereitung etwa 40 Minuten
Backzeit etwa 35 Minuten
1 Portion = 2873 kJ/ 684 kcal

Würstchenpfanne mit Gemüse

Zutaten für 4 Portionen
6 Frankfurter Würstchen
4 kleine Zucchini
2 große rote Paprikaschoten
3 mittelgroße Tomaten
1 kleine Zwiebel
1 Knoblauchzehe
1/2 Bund Majoran
2 EL Öl
Salz
weißer Pfeffer

Zu den Würstchen, die mit viel Gemüse zubereitet und mit Knoblauch und Majoran gewürzt werden, passen Pellkartoffeln und Salat.

◆ Die Würstchen in fingerbreite Stücke schneiden.
◆ Zucchini und Paprikaschoten waschen, putzen und in kleine Stücke schneiden.
◆ Die Tomaten abziehen und würfeln; dabei die Stielansätze herausschneiden.
◆ Zwiebel und Knoblauch abziehen und hacken.

◆ Den Majoran waschen, trockentupfen und fein zerkleinern.
◆ Das Öl in einer Pfanne erhitzen und Zwiebel, Knoblauch und Majoran darin bei schwacher Hitze braten, bis die Zwiebel glasig ist.
◆ Würstchen, Zucchini, Paprikaschoten und Tomaten zugeben und bei mittlerer Hitze unter Rühren schmoren, bis das Gemüse gerade eben weich ist; dann mit Salz und Pfeffer abschmecken.

Zubereitung etwa 45 Minuten
1 Portion = 1873 kJ/ 446 kcal

Bratwürste mit Kräutersauce

Dieser schnelle und kräftige Imbiß schmeckt mit Schweine- oder Kalbsbratwürstchen, Thüringer Rostbratwurst oder bayerischen Wollwürsten, Rindsbratwurst oder Blutwurst. Pellkartoffeln oder Brot sind die besten Beilagen.

◆ Die Tomaten waschen, abtrocknen und würfeln; dabei die Stielansätze herausschneiden.
◆ Die Lauchzwiebeln putzen, waschen und mit allen saftigen grünen Blättern fein hacken.
◆ Die frischen Kräuter waschen, trok-

Zutaten für 2 Portionen
2 große Tomaten
3 Lauchzwiebeln
1 Handvoll frische
oder 1 Päckchen TK-Salatkräuter
300 g Magerjoghurt
100 g saure Sahne
Salz
Cayennepfeffer
1 EL Öl
4 große oder 8 kleine Würste

kentupfen, fein hacken und mit Tomaten und Lauchzwiebeln, mit Magerjoghurt und saurer Sahne mischen und mit Salz und Cayennepfeffer abschmecken.
◆ Das Öl erhitzen und die Würste darin bei mittlerer Hitze rundherum 10 Minuten braten.

Zubereitung etwa 30 Minuten
1 Portion = 4015 kJ/ 956 kcal

Puter auf amerikanische Art (S. 328) ▶

Geflügel und Geflügelinnereien

Gefülltes Brathuhn: Grundrezept

1. Die vorbereitete Füllung in das Huhn geben.

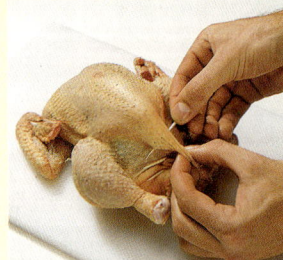

2. Mit 4 Zahnstochern die Öffnung verschließen.

3. Küchengarn über die Zahnstocher führen.

4. Das Huhn in einen Bräter geben.

5. Während des Bratens das Huhn bestreichen.

6. Zahnstocher und Garn entfernen.

♦ Die Füllung für das Huhn vorbereiten.

♦ Den Saft einer halben Zitrone auspressen.

♦ Das Huhn innen und außen kalt abspülen und mit einem Küchentuch trocknen.

♦ Dann innen und außen kräftig mit Salz und Pfeffer würzen und die Füllung hineingeben.

♦ Das Huhn verschließen. Dazu 4 Zahnstocher aus Holz waagrecht wie Stopfnadeln durch die Haut stecken, so daß die Öffnung geschlossen ist.

♦ Anschließend ein ausreichend langes Stück Küchengarn wie Schnürsenkel kreuzweise über die Zahnstocher führen und zum Knoten binden.

♦ Die Butter schmelzen und mit dem Zitronensaft mischen.

♦ Das Huhn so in einen Bräter geben, daß es mit der einen Brustseite nach unten liegt.

Zutaten für 4 Portionen
1 unbehandelte Zitrone
1 Huhn (etwa 1,4 kg)
Salz, weißer Pfeffer
1 EL Butter

♦ Das Huhn auf die untere Schiene des kalten Backofens schieben und bei 250 °C (Umluft 220 °C, Gas Stufe 5–6) 25 Minuten braten. Auf die andere Brustseite legen und weitere 20 Minuten braten.

♦ Das Huhn jetzt mit der Brust nach oben in den Bräter legen und in etwa 30 Minuten fertigbraten. Während des Bratens immer wieder mit der Buttermischung und mit dem Fett bestreichen, das sich im Bräter sammelt.

♦ Vor dem Anrichten die Zahnstocher herausziehen; das Garn löst sich dann von selbst.

Huhn mit Apfel und Zwiebeln

Huhn mit Apfel und Zwiebeln

Apfel, Zwiebeln und Innereien – in Butter geschmort – sind die einfachste Füllung für ein knuspriges Hühnchen. Wer mag, gibt noch Pilze und Kräuter dazu.

◆ Die Innereien aus dem Huhn nehmen und fein zerkleinern.
◆ Die Petersilie waschen, trockentupfen und fein hacken.
◆ Die Lauchzwiebeln putzen, waschen und mit allen saftigen grünen Blättern in dünne Ringe schneiden.
◆ Den Apfel vierteln, schälen, vom Kerngehäuse befreien und würfeln.
◆ Die Zitrone waschen und abtrocknen. 1 großes Stück Schale dünn abschneiden und fein hacken. Den Saft einer halben Zitrone auspressen.
◆ 1 EL Butter in einer Pfanne erhitzen und Innereien, Petersilie, Zwiebeln, Apfel und Zitronenschale darin bei starker Hitze unter Rühren etwa 2 Minuten anbraten.
◆ Die Füllung mit Salz und weißem Pfeffer würzen und lauwarm abkühlen lassen.
◆ Das Huhn innen und außen kalt abspülen, abtrocknen und nach dem Grundrezept zubereiten.

Zubereitung etwa 45 Minuten
Garzeit etwa 1¼ Stunden
1 Portion = 2041 kJ/ 486 kcal

Zutaten für 4 Portionen
Zutaten für das gefüllte Brathuhn
wie im Grundrezept
Herz, Leber und Magen
des Huhns
¹/₂ Bund Petersilie
1 Bund Lauchzwiebeln
1 säuerlicher Apfel
1 EL Butter

Brathuhn mit Zitrone und Safran

Zitrone, Knoblauch und Zwiebeln würzen das Huhn, Safran und Butter machen die Haut goldbraun und knusprig.

◆ Das Huhn innen und außen kalt abspülen und mit einem Küchentuch trocknen.
◆ Dann innen und außen kräftig mit Salz und Pfeffer würzen.
◆ 1 Zitrone waschen und abtrocknen. Die Frucht rundherum mit einer Stricknadel mehrmals einstechen, damit beim Braten der Saft austritt.
◆ Die Lauchzwiebeln putzen und waschen.
◆ Den Knoblauch abziehen.
◆ Die Petersilie waschen.
◆ Das Huhn mit der eingestochenen Zitrone, mit Lauchzwiebeln, Knoblauch und Petersilie füllen.
◆ Die Öffnung wie im Grundrezept beschrieben mit Zahnstochern und Garn verschließen.
◆ Die zweite Zitrone auspressen.

Zutaten für 4 Portionen
1 Huhn (etwa 2,3 kg)
Salz
weißer Pfeffer
2 große unbehandelte Zitronen
4 Lauchzwiebeln
2 Knoblauchzehen
2 Bund Petersilie
3 TL Safranfäden
2 EL Butter

◆ Die Safranfäden zerreiben.
◆ Die Butter zerlassen, aber nicht bräunen.
◆ Zitronensaft, Safranfäden und die Butter mischen und das Huhn von allen Seiten damit bestreichen.
◆ Das Huhn so in einen Bräter geben, daß es mit der einen Brustseite nach unten liegt.
◆ Den Bräter auf die untere Schiene

des kalten Backofens schieben und das Huhn bei 250 °C (Umluft 220 °C, Gas Stufe 5–6) 25 Minuten braten.
◆ Das Huhn auf die andere Brustseite legen und weitere 25 Minuten braten.
◆ Das Huhn jetzt mit der Brust nach oben in den Bräter legen und in etwa 30 Minuten fertigbraten.
◆ Während des Bratens das Huhn immer wieder mit der Buttermischung und mit dem Fett bestreichen, das sich im Bräter sammelt.

Zubereitung etwa 20 Minuten
Garzeit etwa 1¼ Stunden
1 Portion = 2982 kJ/ 710 kcal

Huhn mit Kartoffeln und Schalotten

◆ Die Innereien aus dem Huhn nehmen, vom Fett befreien und fein zerkleinern.

◆ Das Huhn kalt ausspülen, trockentupfen und innen und außen mit Salz und Pfeffer würzen.

◆ Das Wasser erhitzen.

◆ Das Toastbrot zerbröckeln und mit dem heißen Wasser beträufeln.

◆ 1 Schalotte abziehen und hacken.

◆ Den Speck klein würfeln.

◆ Die Petersilie waschen, trockentupfen und fein hacken.

◆ 1 EL Butter erhitzen und die Innereien, Schalotte, die Hälfte der Speckwürfel, eingeweichtes Toastbrot und Crème fraîche darin bei starker Hitze unter Rühren etwa 2 Minuten schmoren, bis die Mischung trocken ist.

◆ Die Mischung mit Salz, Pfeffer und Muskat würzen und in einer Schüssel lauwarm abkühlen lassen.

◆ Das Ei und die Petersilie unter die Masse rühren.

◆ Das Huhn mit der Masse füllen, schließen (siehe S. 302) und mit der Brust nach oben in einen Bräter legen.

◆ Die restliche Butter in einer Pfanne schmelzen.

Zutaten für 6 Portionen
1 Huhn mit Herz, Leber und
Magen (etwa 1,5 kg)
Salz, schwarzer Pfeffer
3 EL Wasser
4 Scheiben Toastbrot
300 g Schalotten
100 g durchwachsener Räucherspeck
1 Bund Petersilie
100 g Butter
70 g Crème fraîche
geriebene Muskatnuß
1 Ei
1 kg kleine festkochende Kartoffeln
1$^1/_2$ EL Zucker
$^1/_8$ l trockener Weißwein

◆ Das Huhn mit etwa 2 EL davon bestreichen.

◆ Den Rest der Speckwürfel um das Huhn verteilen.

◆ Das Huhn zugedeckt auf die untere Schiene des kalten Backofens stellen und bei 220 °C (Umluft 200 °C, Gas Stufe 4) 30 Minuten braten.

◆ Inzwischen die Kartoffeln schälen und waschen.

◆ Die Kartoffeln neben das Huhn legen und alles 1 weitere Stunde bei 200 °C (Umluft 180 °C, Gas Stufe 3) schmoren; dabei ein- bis zweimal wenden.

◆ Den Rest der Schalotten abziehen.

◆ Die restliche Butter in der Pfanne wieder erhitzen.

◆ Den Zucker darin bei starker Hitze unter ständigem Rühren schmelzen und leicht bräunen lassen.

◆ Die Pfanne von der Kochstelle nehmen, die Schalotten einige Male im Zucker wenden und die Pfanne wieder auf die Kochstelle setzen.

◆ Den trockenen Weißwein zugießen, die Schalotten mit Salz und schwarzem Pfeffer würzen und zugedeckt bei schwacher Hitze etwa 15 Minuten garen.

◆ Die Schalotten zum Huhn geben und alles im geöffneten Bräter 30 Minuten bräunen lassen.

Zubereitung etwa 1$^1/_4$ Stunden
Garzeit 2 Stunden
1 Portion = 3032 kJ/ 722 kcal

Huhn mit Grünkernfüllung

Grünkern als Füllung für Geflügel erscheint auf den ersten Blick ungewöhnlich. Doch gerade die Körner machen die Farce besonders saftig und aromatisch.

◆ Den Grünkern mit dem Wasser übergießen, zugedeckt in den Kühlschrank stellen und etwa 12 Stunden quellen lassen.

◆ Für die Zubereitung den Grünkern abgießen und abtropfen lassen.

◆ Die Innereien aus dem Huhn nehmen, kalt abspülen, trockentupfen und fein zerkleinern.

◆ Zwiebel und Knoblauch abziehen und fein hacken.

◆ Oregano oder Petersilie waschen, trockentupfen und fein zerkleinern.

◆ Die Innereien, Zwiebel, Knoblauch und Oregano oder Petersilie mit dem Grünkern, dem Ei und den Semmelbröseln mischen und mit Salz und Pfeffer kräftig würzen.

◆ Das Huhn innen und außen kalt abspülen und trockentupfen.

Zutaten für 4 Portionen
50 g Grünkernkörner
$1/4$ l Wasser
1 Huhn mit Herz und Leber
(etwa 1,5 kg)
1 kleine Zwiebel
1 Knoblauchzehe
$1/2$ Bund Oregano oder Petersilie
1 Ei
1 EL Semmelbrösel
Salz
schwarzer Pfeffer
1 EL Öl
1 EL Zitronensaft

◆ Das Huhn von innen und außen mit Salz und Pfeffer würzen, mit der Grünkernmischung füllen und verschließen (siehe S. 302).

◆ Das Öl und den Zitronensaft mischen und das Huhn rundherum damit bestreichen.

◆ Das Huhn mit der Brust nach oben in einen Bräter legen, auf die untere Schiene des kalten Backofens schieben und bei 200 °C (Umluft 180 °C, Gas Stufe 3) 30 Minuten braten. Während der gesamten Bratzeit das Huhn immer wieder mit dem Fett und der Flüssigkeit im Bräter bestreichen.

◆ Das Huhn wenden und weitere 30 Minuten braten.

◆ Das Huhn mit der Brust nach oben auf den Rost des Backofens legen, mit der Fettpfanne darunter wieder in den Ofen schieben und weitere 30–40 Minuten braten, bis es braun und knusprig ist; auch dabei immer wieder mit dem Fett und der Flüssigkeit im Bräter bestreichen.

◆ Das fertige Huhn herausnehmen, in 8 Stücke teilen und mit der Füllung anrichten.

Quellzeit etwa 12 Stunden
Zubereitung etwa 30 Minuten
Garzeit 1$1/2$–1$3/4$ Stunden
1 Portion = 2113 kJ/ 503 kcal

Brathuhn mit Apfelglasur

Hühner mit festem Fleisch bekommen Sie bei Biometzgern.

◆ Das Huhn innen und außen kalt abspülen, mit einem Küchentuch trocknen und mit einem scharfen, schweren Messer oder einer Geflügelschere halbieren.

◆ Salz und Pfeffer auf einem Teller mischen und die Hühnerhälften rundherum mit der Mischung einreiben.

◆ Die Hälften mit den Schnittflächen nach unten auf den Rost des Backofens legen und mit der Fettpfanne darunter auf die untere Schiene des kalten Backofens schieben.

◆ Den Backofen auf 200 °C (Umluft 180 °C, Gas Stufe 3) schalten und das Huhn 30 Minuten braten.

◆ Das Apfelgelee leicht erwärmen und mit Zitronensaft, Senf, Sambal Oelek und Öl verrühren.

◆ Das Huhn mit dieser Mischung bestreichen und weitere 30 Minuten braten. Währenddessen das Huhn noch zwei- oder dreimal mit der Apfelglasur bestreichen, bis sie aufgebraucht ist.

Zubereitung etwa 15 Minuten
Garzeit 1 Stunde
1 Portion = 2625 kJ/ 625 kcal

Zutaten für 4 Portionen
1 Huhn (etwa 2 kg)
Salz
weißer Pfeffer
3 EL Apfelgelee
2 EL Zitronensaft
1 EL scharfer Senf
$1/4$ TL Sambal Oelek
2 EL Öl

Mariniertes Brathuhn

Das kalte Hühnchen in würziger Weißweinmarinade ist mit Brot und Salat ein feines Abendessen.

◆ Das Huhn innen und außen kalt abspülen und abtrocknen.

◆ Dann innen und außen kräftig mit Salz und Pfeffer würzen.

◆ Die Butter schmelzen und das Huhn damit bestreichen.

◆ Das Huhn so in einen Bräter geben, daß es mit der einen Brustseite nach unten liegt.

◆ Das Huhn auf die untere Schiene des kalten Backofens schieben und bei 250 °C (Umluft 220 °C, Gas Stufe 5–6) 30 Minuten braten.

◆ Das Huhn auf die andere Brustseite legen und weitere 25 Minuten braten.

◆ Das Huhn jetzt mit der Brust nach oben in den Bräter legen und in etwa 30 Minuten fertigbraten; dabei immer wieder mit dem Fett bestreichen, das sich im Bräter sammelt.

◆ Während das Huhn brät, die Lauchzwiebeln putzen, waschen und mit den saftigen grünen Blättern in etwa 2 cm lange Stücke schneiden.

Zutaten für 4 Portionen
1 Huhn (etwa 1,6 kg)
Salz, schwarzer Pfeffer
1 EL Butter
2 Bund Lauchzwiebeln
je 1 Bund Petersilie und Estragon
1 unbehandelte Zitrone
2 EL Olivenöl
$^1/_4$ l Hühnerbrühe
$^1/_4$ l trockener Weißwein
1 Lorbeerblatt
1 TL schwarze Pfefferkörner

◆ Die Kräuter waschen und trockentupfen.

◆ Die Kräuterblättchen abzupfen und fein hacken; die Stiele für die Marinade beiseite legen.

◆ Die Zitrone waschen und abtrocknen. 1 großes Stück Schale dünn abschneiden und fein hacken; den Saft auspressen.

◆ Das Olivenöl erhitzen und die Zwiebelstücke darin bei mittlerer Hitze rundherum anbraten.

◆ Die Hühnerbrühe und den Wein zugießen.

◆ Kräuterstiele, Zitronenschale und -saft, Lorbeerblatt und Pfefferkörner zugeben und einmal aufkochen.

◆ Die Mischung zugedeckt bei schwacher Hitze etwa 3 Minuten garen, bis die Zwiebeln gerade eben weich sind.

◆ Die Zwiebeln mit einem Schaumlöffel herausnehmen und in die Schüssel geben, in der das Huhn mariniert wird.

◆ Den Sud bei starker Hitze auf etwa die Hälfte einkochen lassen und durch ein Sieb gießen.

◆ Das Brathuhn in 8 Stücke schneiden und zu den Zwiebeln geben.

◆ Die Kräuterblättchen und den eingekochten Sud zugeben.

◆ Die Hühnerstücke abkühlen lassen und zugedeckt im Kühlschrank mindestens 2 Stunden ziehen lassen; dabei einige Male wenden.

Zubereitung etwa 35 Minuten
Garzeit etwa 1$^1/_2$ Stunden
Marinierzeit mindestens 2 Stunden
1 Portion = 2289 kJ/ 545 kcal

Hühnchen im Mantel

Zutaten für 4 Portionen
1 Huhn (etwa 1,5 kg)
Salz, schwarzer Pfeffer
70 g Mehl
$^1/_8$ l Wasser
1 Ei
2 unbehandelte Zitronen
Öl oder Kokosfett
zum Fritieren

In Wien gibt es das panierte, gebratene Backhendl, in Italien ein Kaninchen, das in leichten Teig getaucht und fritiert wird. Aus beiden Gerichten ist dieses Rezept entstanden.

◆ Das Huhn innen und außen waschen und abtropfen lassen.

◆ Das Huhn in Keulen, Flügel, Brustfilets und Rückenteile teilen. Jedes dieser Stücke je nach Größe noch ein- oder zweimal auseinanderschneiden.

◆ Die Hühnerstücke trockentupfen und mit Salz und schwarzem Pfeffer würzen.

◆ Das Mehl mit Salz, Pfeffer und Wasser zu einem Teig verrühren und das Ei untermischen.

◆ Den Backofen auf 50 °C schalten.

◆ Das Fett in einem hohen Topf oder in der Friteuse erhitzen.

◆ Die Zitronen waschen, abtrocknen und in Schnitze schneiden.

◆ Die Hühnerstücke portionsweise in den Teig tauchen und im heißen Fett bei mittlerer Hitze in etwa 12 Minuten braun und knusprig braten.

◆ Die Hühnerstücke zum Abtropfen auf Küchenpapier legen und im Backofen bei 50 °C warm halten.

◆ Die fertiggebratenen Hühnerstücke mit den Zitronenschnitzen anrichten.

**Zubereitung etwa 1$^1/_4$ Stunden
1 Portion = 3028 kJ/ 721 kcal**

Knusprige Hähnchenflügel

◆ Den Chinakohl putzen, waschen, abtropfen lassen und in feine Streifen schneiden.

◆ Den Knoblauch abziehen und hacken.

◆ Die Sprossen kalt abspülen und abtropfen lassen.

◆ Die Ingwerwurzel schälen und fein zerkleinern.

◆ Die Zitrone auspressen.

◆ Die Nüsse grob hacken.

◆ Den Schnittlauch waschen, trockentupfen und fein zerkleinern.

◆ Die Hähnchenflügel mit Salz und Cayennepfeffer einreiben.

◆ Das Erdnußöl in einer großen Pfanne oder im Wok erhitzen und die Hähnchenflügel darin bei mittlerer Hitze 10 Minuten braten, bis sie goldbraun und knusprig sind; dabei ein-mal wenden. Dann das Fleisch herausnehmen und warm halten.

◆ Das Fett bis auf einen dünnen Film abgießen.

◆ Chinakohl, Knoblauch, Sprossen und Ingwer in dem Fett bei starker bis mittlerer Hitze unter ständigem Rühren anbraten, bis der Kohl gerade noch bißfest ist.

◆ Die Hühnerbrühe und den Zitronensaft untermischen und einmal kräftig aufkochen lassen.

◆ Das Gemüse mit Salz und Cayennepfeffer abschmecken und die Hähnchenflügel darauf anrichten.

◆ Den Schnittlauch und die Nüsse darüber streuen.

**Zubereitung etwa 45 Minuten
1 Portion = 1730 kJ/ 412 kcal**

Zutaten für 4 Portionen
1 kg Chinakohl
2 Knoblauchzehen
200 g gekeimte Sprossen
1 etwa 2 cm langes Stück
frische Ingwerwurzel
1 kleine Zitrone
50 g beliebige Nußkerne
$^1/_2$ Bund Schnittlauch
8 Hähnchenflügel
Salz, Cayennepfeffer
$^1/_8$ l Erdnußöl
100 ml Hühnerbrühe

Hühnchencurry

Dieses Currygericht mit Tomaten, Zwiebeln und säuerlichem Kefir ist schnell zubereitet.

◆ Die Hühnerschenkel waschen, trockentupfen und auf die Arbeitsfläche legen.

◆ Jede Keule quer zu den Fasern in 4 Stücke schneiden. Dazu das Fleisch rundherum bis zum Knochen einschneiden und die Knochen mit der Geflügelschere durchtrennen.

◆ Die Stücke von allen Seiten mit Salz und Pfeffer einreiben.

◆ Zwiebeln und Knoblauch abziehen und hacken.

◆ Die Tomaten abziehen und würfeln; die Stielansätze entfernen.

◆ Gelbwurz, Kreuzkümmel, Koriander, Ingwer und Cayennepfeffer vermischen.

◆ Die Zitrone waschen und abtrocknen. 1 großes Stück Schale abschneiden; 1 TL Saft auspressen.

Zutaten für 4 Portionen
4 Hühnerschenkel
Salz, schwarzer Pfeffer
500 g Zwiebeln
1 Knoblauchzehe
400 g Tomaten
je 1 TL gemahlene Gelbwurz
(Kurkuma), Kreuzkümmel
(Kumin) und Koriander
1/2 TL gemahlener Ingwer
Cayennepfeffer
1 unbehandelte Zitrone
1 EL Erdnußöl
400 g Kefir
50 g Mandelstifte
1 Bund Petersilie

◆ Das Erdnußöl in einem großen Schmortopf erhitzen und die Hühnchenstücke darin portionsweise je

etwa 10 Minuten bei mittlerer Hitze rundherum anbraten.

◆ Die Zwiebeln, den Knoblauch und die Gewürze zugeben und bei schwacher Hitze anbraten.

◆ Die Tomaten, den Kefir und die Zitronenschale zugeben, einmal aufkochen und zugedeckt bei schwacher Hitze 15 Minuten schmoren.

◆ Eine Schüssel gut vorwärmen.

◆ Die Mandelstifte in einer Pfanne ohne Fett goldbraun rösten.

◆ Die Petersilie waschen, trockentupfen und fein hacken.

◆ Die Hälfte der Petersilie und den Zitronensaft unter das Curry mischen.

◆ Das Curry noch einmal mit Salz und Pfeffer abschmecken und in der vorgewärmten Schüssel anrichten.

◆ Die restliche Petersilie und die Mandeln darüber streuen.

Zubereitung etwa 45 Minuten
1 Portion = 1806 kJ/ 430 kcal

Hühnchen in Bier

Zur dunklen Sauce dieses einfachen Schmorgerichts passen Klöße oder Kartoffeln.

Zutaten für 4 Portionen
1 Schalotte
1 Knoblauchzehe
1 Bund Suppengrün
1 Huhn
(etwa 1,5 kg)
Salz, schwarzer Pfeffer
1 EL scharfer Senf
1 EL Öl
1/4 l dunkles Bier

◆ Schalotte und Knoblauch abziehen und fein hacken.

◆ Das Suppengrün putzen, waschen und fein zerkleinern.

◆ Das Huhn waschen, abtropfen lassen, in 8 Stücke zerlegen und trockentupfen.

◆ Die Hühnerstücke mit Salz und Pfeffer würzen und die Haut mit dem Senf bestreichen.

◆ Das Öl in einem Bräter erhitzen, die Hühnerstücke portionsweise darin bei mittlerer Hitze rundherum braun anbraten und jeweils wieder herausnehmen.

◆ Mit der letzten Portion die Schalotte, den Knoblauch und das Suppengrün mitbraten.

◆ Die Hühnerstücke nebeneinander in den Bräter legen und das Bier zugießen.

◆ Den Bräter zugedeckt auf die untere Schiene des kalten Backofens stellen und das Huhn bei 180 °C (Umluft 160 °C, Gas Stufe 2–3) etwa 45 Minuten schmoren.

◆ Das Huhn ist fertig, wenn beim Anstechen mit einer Messerspitze nur noch klarer Saft, aber kein Blut mehr austritt.

Zubereitung etwa 30 Minuten
Garzeit etwa 45 Minuten
1 Portion = 1936 kJ/ 461 kcal

Schmorhuhn mit Pilzen und Marsala

Marsala ist ein aromatischer, schwerer Dessertwein aus Sizilien – Hauptzutat bei Zabaione, der berühmten italienischen Weinschaumcreme.

◆ Die Zwiebeln abziehen und fein hacken.

◆ Die Pilze putzen, waschen und halbieren.

◆ Die Kräuter waschen und trockentupfen; die Petersilie fein hacken.

◆ Die Tomaten abziehen und in Stücke schneiden; dabei die Stielansätze entfernen.

◆ Das Huhn waschen, abtropfen lassen, in 8 Stücke zerlegen und trockentupfen; dann mit Salz und Pfeffer würzen.

◆ Das Öl in einem Bräter erhitzen, die Hühnerstücke portionsweise darin bei mittlerer Hitze rundherum braun anbraten und jeweils wieder herausnehmen.

◆ Die Zwiebeln in den Bräter geben

Zutaten für 4 Portionen
2 Zwiebeln
250 g braune Champignons
1 Bund Petersilie
1 Zweig Rosmarin
500 g Tomaten
1 Huhn (etwa 1,8 kg)
Salz, schwarzer Pfeffer
2 EL Öl
200 ml Hühnerfond
1 Bund Basilikum
4 EL Marsala

und im Bratfett bei schwacher Hitze glasig braten.

◆ Die Pilze und die Petersilie zugeben und etwa 2 Minuten mitbraten.

◆ Den Hühnerfond zugießen und den Bratensatz damit lösen.

◆ Den unzerkleinerten Rosmarin so-

wie die Tomatenstücke zugeben und einmal aufkochen lassen.

◆ Die Hühnerstücke wieder in den Bräter legen und zugedeckt bei mittlerer bis schwacher Hitze etwa 45 Minuten schmoren, bis beim Anstechen mit einer Messerspitze nur klarer Saft, aber kein Blut mehr austritt.

◆ Eine Platte gut vorwärmen.

◆ Das Basilikum waschen, trockentupfen und fein zerkleinern.

◆ Das fertige Fleisch herausnehmen und auf der Platte warm halten.

◆ Den Rosmarin aus der Sauce nehmen, die Sauce unter Rühren bei starker Hitze dick einkochen lassen und das Basilikum hineingeben.

◆ Die Sauce mit Marsala, Salz und Pfeffer abschmecken und über die Hühnerstücke gießen.

Zubereitung etwa 1 Stunde
Garzeit etwa 45 Minuten
1 Portion = 2457 kJ/ 585 kcal

Knoblauchhühnchen

Für dieses Hühnergericht brauchen Sie frischen Knoblauch, den es im Frühsommer zu kaufen gibt.

◆ Das Huhn waschen, abtropfen lassen, in 8 Stücke zerlegen und trockentupfen. Dann mit Salz, weißem Pfeffer und Cayennepfeffer würzen.

◆ Den Knoblauch in die einzelnen Zehen teilen und abziehen.

◆ Die Tomate abziehen und würfeln; den Stielansatz entfernen.

◆ Den Thymian waschen.

◆ Das Olivenöl in einem Bräter erhitzen, die Hühnerstücke portionsweise darin bei mittlerer bis schwacher Hitze etwa 5 Minuten anbraten, bis die Haut goldgelb ist, und jeweils wieder herausnehmen.

◆ Die Knoblauchzehen im Fett bei schwacher Hitze rundherum anbraten.

◆ Die Hühnerstücke wieder zugeben und Tomate, Thymian, Zitronensaft und Brühe zufügen.

Zutaten für 4 Portionen
1 Huhn (etwa 1,6 kg)
Salz
weißer Pfeffer
Cayennepfeffer
1 große Knoblauchknolle
1 Tomate
1 Bund Thymian
3 EL Olivenöl
1 EL Zitronensaft
$1/8$ l Hühnerbrühe

◆ Das Knoblauchhühnchen zudecken und bei mittlerer bis schwacher Hitze etwa 50 Minuten schmoren.

◆ Das Hühnchen ist fertig, wenn beim Anstechen mit einer Messerspitze nur klarer Saft, aber kein Blut mehr austritt.

Zubereitung etwa 30 Minuten
Garzeit etwa 50 Minuten
1 Portion = 2184 kJ/ 520 kcal

Schmorhühnchen mit Wermut

Zum Hühnchen schmecken frisches Baguette und gemischter Salat.

◆ Das Huhn kalt abspülen, in 6 Stücke teilen, trockentupfen und mit Salz und Pfeffer einreiben.

◆ Die Zwiebel abziehen und fein hacken.

◆ Die Tomaten abziehen und vierteln; die Stielansätze entfernen.

◆ Die Petersilie waschen, trockentupfen und fein zerkleinern.

◆ Das Öl in einem Bräter erhitzen und die Hühnchenstücke darin rundherum goldgelb anbraten.

Zutaten für 3 Portionen
1 Huhn (etwa 1,3 kg)
Salz, schwarzer Pfeffer
1 große Zwiebel
2 Tomaten
2 Bund Petersilie
2 EL Öl
1 Stück ganze Muskatblüte nach Belieben
$1/4$ l trockener Wermut oder Gemüsebrühe

◆ Zwiebel, Tomaten, etwa zwei Drittel der Petersilie, Muskatblüte nach Belieben und Wermut oder Gemüsebrühe zugeben.

◆ Das Hühnchen zugedeckt auf die untere Schiene des kalten Backofens stellen und bei 180 °C (Umluft 160 °C, Gas Stufe 2–3) ungefähr 40 Minuten schmoren.

◆ Das fertige Hühnchen mit der restlichen Petersilie bestreut servieren.

Zubereitung etwa 35 Minuten
Garzeit etwa 40 Minuten
1 Portion = 2499 kJ/ 595 kcal

Huhn in Wein

Coq au vin ist ein Klassiker aus Frankreich, für den es viele Rezepte gibt. Hier wird das Huhn mit Weinbrand flambiert und mit trockenem Rotwein geschmort.

◆ Das Huhn innen und außen kalt abspülen, in 8 Stücke teilen und trockentupfen.
◆ Den Speck klein würfeln.
◆ Die Zwiebeln abziehen und fein hacken. Die Kräuter waschen und trockentupfen.
◆ 2 EL Öl und 1 EL Butter in einem Bräter erhitzen und den Speck darin bei schwacher Hitze ausbraten.
◆ Den Speck mit einem Schaumlöffel aus dem Fett nehmen und auf einem Teller beiseite stellen.
◆ Die Zwiebeln ins Fett geben und bei schwacher Hitze glasig braten, dann ebenfalls herausnehmen.
◆ 1 EL Öl in den Bräter geben und erhitzen.
◆ Die Hühnerstücke mit Salz und Pfeffer würzen und im Mehl wenden, dann im Fett bei mittlerer bis starker Hitze rundherum braun anbraten.
◆ Den Weinbrand auf eine Schöpf-

Zutaten für 4 Portionen
1 Huhn (etwa 1,6 kg)
100 g durchwachsener Räucherspeck
3 Zwiebeln
1 Bund Petersilie
2 Zweige Thymian
3 EL Öl
2 EL Butter
Salz, weißer Pfeffer
1 EL Mehl
2–3 EL Weinbrand
1/2 l trockener Rotwein
2 Lorbeerblätter
200 g kleine weiße Zwiebeln
1 Zitrone
400 g weiße Champignons

kelle geben und über einer Kerzenflamme erwärmen. Dann die Kelle leicht kippen, so daß sich der Weinbrand an der Flamme entzündet, und brennend über das Huhn gießen.
◆ Sobald die Flamme erloschen ist, den Wein zugießen und den Bratensatz damit lösen.

◆ Die Hälfte der Petersilie, Thymian und Lorbeerblätter zugeben, alles einmal aufkochen lassen und zugedeckt bei schwacher bis mittlerer Hitze 1 Stunde garen.
◆ Die kleinen Zwiebeln abziehen.
◆ Die Zitrone auspressen.
◆ Die Pilze putzen, waschen und mit dem Zitronensaft vermischen.
◆ 1 EL Butter in einem Topf erhitzen und die Zwiebeln darin bei starker Hitze rundherum anbraten; dann mit Salz und Pfeffer würzen.
◆ 2 EL Schmorsud vom Huhn zugeben und die Zwiebeln zugedeckt bei schwacher Hitze 5 Minuten garen.
◆ Die Pilze zugeben, einmal aufkochen und zugedeckt bei schwacher Hitze weitere 5 Minuten garen.
◆ Die gehackten Zwiebeln, die Zwiebel-Pilz-Mischung und den Speck zum Huhn geben und bei schwächster Hitze 10 Minuten ziehen lassen.
◆ Den Rest der Petersilie fein hacken, das Huhn salzen und pfeffern und mit Petersilie bestreut servieren.

Zubereitung etwa 2 Stunden
1 Portion = 3436 kJ/ 818 kcal

Wiener Paprikahuhn

Paprikapulver und reichlich saure Sahne deuten darauf hin, daß dieses Gericht aus dem Osten der ehemaligen Donaumonarchie stammt.

◆ Das Huhn waschen und abtropfen lassen, dann in 6 Stücke teilen, trockentupfen und mit Salz und Pfeffer würzen.

◆ Zwiebel und Knoblauch abziehen und fein hacken.

◆ Die Zitrone waschen, abtrocknen und 1 Stück Schale abschneiden.

◆ Das Butterschmalz in einem Bräter erhitzen und die Hühnerstücke darin portionsweise bei mittlerer bis schwacher Hitze ungefähr 5 Minuten anbraten, bis die Haut goldgelb ist.

◆ Die Hühnerstücke herausnehmen und auf einem Teller beiseite stellen.

◆ Zwiebel und Knoblauch im Bratfett glasig braten.

Zutaten für 3 Portionen

1 Huhn (etwa 1,3 kg)
Salz
schwarzer Pfeffer
1 große Zwiebel
1 Knoblauchzehe
1 unbehandelte Zitrone
1 EL Butterschmalz
2 EL Tomatenmark
¹/₂ EL edelsüßes Paprikapulver
1 EL Mehl
¹/₄ l Hühnerbrühe
200 g saure Sahne

◆ Tomatenmark, Paprikapulver und Mehl untermischen und einige Sekunden unter Rühren rösten.

◆ Die Hühnerbrühe langsam zugießen und rühren, bis die Sauce glatt ist; dann die Zitronenschale zufügen.

◆ Die Hühnerstücke in diese Sauce legen, einmal aufkochen lassen und zugedeckt bei schwacher Hitze ungefähr 30 Minuten schmoren. Sie sind fertig, wenn beim Anstechen mit einer Messerspitze nur klarer Saft, aber kein Blut mehr austritt.

◆ Eine Servierplatte gut vorwärmen und das fertige Huhn darauf warm halten.

◆ Die Zitronenschale aus der Sauce nehmen.

◆ Die saure Sahne mit etwas Sauce mischen, in den Rest der Sauce rühren, erhitzen, aber nicht aufkochen lassen, und über das Huhn geben.

Zubereitung etwa 45 Minuten
Garzeit etwa 30 Minuten
1 Portion = 2856 kJ/ 680 kcal

Lorbeerhühnchen

Mit frischen Lorbeerblättern, die es auf Wochenmärkten und bei manchen Gemüsehändlern gibt, schmeckt das Hühnchen am besten.

Zutaten für 2 Portionen
1 junges Huhn (etwa 1,1 kg)
Salz
100 g durchwachsener Räucherspeck
6 Lorbeerblätter
3 Gewürznelken
schwarzer Pfeffer
100 ml trockener Weißwein oder Fleisch- oder Hühnerbrühe
¼ Bund Petersilie
1 EL Crème fraîche

◆ Das Huhn waschen, abtropfen lassen, halbieren und trockentupfen, dann rundherum mit wenig Salz einreiben.
◆ Den Speck würfeln und in einem Bräter bei schwacher Hitze glasig braten, anschließend herausnehmen und auf einen Teller geben.
◆ Die Hühnerhälften mit der Hautseite nach unten in das Speckfett legen, bei starker Hitze braun anbraten und ebenfalls herausnehmen.
◆ Die Speckwürfel wieder in den Bräter geben und Lorbeerblätter und Gewürznelken darauf verteilen.
◆ Die Hühnerhälften mit der Haut nach oben darauf legen und mit reichlich schwarzem Pfeffer bestreuen.
◆ Wein oder Brühe an den Seiten zugießen.

◆ Den Bräter zugedeckt auf die untere Schiene des kalten Backofens stellen und das Hühnchen bei 200 °C (Umluft 180 °C, Gas Stufe 3) etwa 40 Minuten schmoren, bis beim Anstechen nur klarer Saft, aber kein Blut mehr austritt.
◆ Die Teller vorwärmen.
◆ Die Petersilie waschen, trockentupfen und hacken.
◆ Das Hühnchen auf den vorgewärmten Tellern anrichten.
◆ Die Sauce durch ein Sieb in einen Topf gießen und einmal aufkochen.
◆ Den Topf von der Kochstelle nehmen und Crème fraîche und Petersilie in die Sauce rühren.

Zubereitung etwa 30 Minuten
Garzeit etwa 40 Minuten
1 Portion = 3998 kJ/ 952 kcal

Joghurthuhn im Tontopf

Zum geschmorten Huhn in würziger Sauce passen Baguette oder Reis und Salat. Wer keinen Tontopf hat, nimmt einen normalen Bräter mit Deckel.

◆ Die Tonform wässern.
◆ Das Huhn innen und außen kalt abspülen, in 8 Stücke schneiden und trockentupfen.
◆ Die Stücke mit Salz und Pfeffer würzen und in die Tonform legen.
◆ Zwiebel und Knoblauch abziehen und fein hacken.
◆ Die Tomate abziehen und würfeln; den Stielansatz entfernen.
◆ Die Kräuter waschen, trockentupfen und fein hacken.
◆ Zwiebel, Knoblauch, Tomate und Kräuter über den Hühnerstücken verteilen.

Zutaten für 4 Portionen
1 Huhn (etwa 1,6 kg)
Salz
weißer Pfeffer
1 große Zwiebel
2 Knoblauchzehen
1 große Fleischtomate
je ½ Bund Thymian und Petersilie
200 g Joghurt (3,5 %)
1 TL scharfes Paprikapulver
2 EL Sojasauce

◆ Den Joghurt mit Paprika und Sojasauce verrühren und darüber gießen.
◆ Die Tonform schließen und auf die untere Schiene des kalten Backofens stellen.

◆ Das Huhn bei 220 °C (Umluft 200 °C, Gas Stufe 4) etwa 1¼ Stunden schmoren; dabei einmal wenden.

Zubereitung etwa 30 Minuten
Garzeit etwa 1¼ Stunden
1 Portion = 2024 kJ/ 482 kcal

Schmorhuhn auf spanische Art

◆ Die Kichererbsen mit dem Wasser übergießen und zugedeckt 6 Stunden einweichen.

◆ Für die Zubereitung das Suppengrün waschen und unzerkleinert zu den Kichererbsen geben.

◆ Die Kichererbsen und das Suppengrün aufkochen lassen und zugedeckt bei schwacher Hitze 1 Stunde garen.

◆ Inzwischen den Räucherspeck in kleine Würfel schneiden.

◆ Das Huhn innen und außen kalt abspülen, in 8 Stücke teilen, trockentupfen und mit Salz und schwarzem Pfeffer würzen.

◆ Zwiebel und Knoblauch abziehen und fein hacken.

◆ Den Salbei waschen, trockentupfen und in Streifen schneiden.

◆ Das Olivenöl in einem Bräter erhitzen, den Speck darin bei schwacher Hitze ausbraten und anschließend herausnehmen.

◆ Die Hühnerstücke im Bratfett bei starker Hitze rundherum goldgelb anbraten.

Zutaten für 5 Portionen
150 g Kichererbsen
$^1/_2$ l Wasser
1 Bund Suppengrün
100 g durchwachsener Räucherspeck
1 Huhn (etwa 1,4 kg)
Salz, schwarzer Pfeffer
1 große Zwiebel
3 Knoblauchzehen
4 Salbeiblätter
1 EL Olivenöl
2 große rote Paprikaschoten
3 Tomaten
100 g schwarze Oliven
1 großes Bund Petersilie

◆ Zwiebel, Knoblauch und Salbei zugeben und kurz mitschmoren.

◆ Das Suppengrün aus den Kichererbsen nehmen und wegwerfen.

◆ Die Kichererbsen mit dem verbliebenen Kochwasser zum Huhn geben und den Bratensatz damit lösen.

◆ Den Speck unter das Huhn und die Kichererbsen mischen.

◆ Alles einmal aufkochen lassen und das Huhn zugedeckt bei schwacher Hitze 20 Minuten garen.

◆ Die Paprikaschoten waschen, vierteln, von Stielansätzen, Kernen und weißen Häutchen befreien und in fingerbreite Streifen schneiden.

◆ Die Tomaten abziehen und achteln; dabei die Stielansätze herausschneiden.

◆ Die Oliven in zwei Hälften schneiden und entsteinen.

◆ Die Petersilie waschen, trockentupfen und ganz fein zerkleinern.

◆ Paprikaschoten, Tomaten, Oliven und zwei Drittel der Petersilie unter das Huhn mischen und alles noch einmal 15–20 Minuten schmoren, bis das Huhn gar ist.

◆ Das Huhn mit der restlichen Petersilie bestreuen und servieren.

Quellzeit 6 Stunden
Zubereitung etwa 1³/₄ Stunden
1 Portion = 2684 kJ/ 639 kcal

Thymianhühnchen

Zutaten für 4 Portionen
2 Knoblauchzehen
1 Bund Thymian
1 unbehandelte Zitrone
1 Huhn (etwa 2 kg)
Salz, weißer Pfeffer
1/8 l Hühnerbrühe
150 g Schalotten
150 g Champignons
200 g Crème fraîche

Das Hühnergericht ist so einfach zu kochen, daß es auch Anfängern gut gelingt. Falls Sie keinen Thymian bekommen, nehmen Sie Oregano, Salbei oder Majoran.

◆ Den Knoblauch abziehen und fein hacken.

◆ Den Thymian waschen und trockentupfen, die Blättchen abzupfen.

◆ Die Zitrone waschen, abtrocknen und 1 großes Stück Schale dünn abschneiden. Die Frucht halbieren, 1/2 Zitrone auspressen und den Saft für die Pilze beiseite stellen.

◆ Knoblauch, Thymian und Zitronenschale in einen großen Bräter geben.

◆ Das Huhn waschen, abtropfen lassen, in 12 Stücke zerlegen und trockentupfen.

◆ Die Hühnerstücke mit Salz und Pfeffer einreiben und nebeneinander auf die Würzmischung legen.

◆ Die Hühnerbrühe an den Seiten zugießen.

◆ Den Bräter zugedeckt auf die untere Schiene des kalten Backofens stellen und das Huhn bei 200 °C (Umluft 180 °C, Gas Stufe 3) 45 Minuten schmoren.

◆ Die Schalotten abziehen, zum Huhn geben und alles im offenen Bräter weitere 45 Minuten schmoren; das Huhn ist gar, wenn beim Anstechen kein Blut, sondern klarer Saft ausläuft.

◆ Während das Huhn schmort, die Pilze putzen, waschen und mit dem Zitronensaft vermischen.

◆ Die fertigen Hühnerstücke aus der Schmorflüssigkeit nehmen, auf eine Platte geben und im abgeschalteten Backofen warm halten.

◆ Den Bräter auf die Kochstelle setzen, die Pilze zugeben und die Schmorflüssigkeit bei starker Hitze unter ständigem Rühren dickflüssig einkochen lassen. Dabei nach und nach die Crème fraîche zugeben.

◆ Die Sauce zum Huhn servieren.

Zubereitung etwa 45 Minuten
Garzeit etwa 1 1/2 Stunden
1 Portion = 2969 kJ/ 707 kcal

Safranhühner mit Tomaten

Safran färbt Gerichte gelb. Das Gewürz kommt in Form von feinen Fäden oder Pulver in den Handel.

◆ Jedes Huhn waschen, abtropfen lassen, in 6 Stücke zerlegen und trockentupfen.

◆ Die Hühnerstücke mit Salz und Pfeffer einreiben.

◆ Die Tomaten abziehen und würfeln; dabei die Stielansätze herausschneiden.

◆ Zwiebeln und Knoblauch abziehen. Die Zwiebeln grob zerkleinern, die Knoblauchzehen ganz lassen.

◆ Den Safran zwischen den Fingern zerreiben, damit er sich besser löst.

◆ Das Öl in einem großen, hohen Topf erhitzen.

Zutaten für 6 Portionen
2 Hühner (je etwa 1,6 kg)
Salz, schwarzer Pfeffer
1 kg Tomaten
1 kg Zwiebeln
10 Knoblauchzehen
1 1/2 EL Safranfäden
3 EL Öl

◆ Die Hühnerstücke portionsweise darin bei mittlerer Hitze braun anbraten und jeweils wieder herausnehmen.

◆ Zwiebeln und Knoblauchzehen im Fett unter Rühren glasig braten.

◆ Den Safran daruntermischen und einige Sekunden mitbraten.

◆ Etwa 3 EL Tomaten untermischen.

◆ Die Hühnerstücke auf die Zwiebelmischung legen, die restlichen Tomaten darüber verteilen und kräftig mit Salz würzen.

◆ Die Mischung zum Kochen bringen und ungefähr 4 Minuten kräftig kochen lassen.

◆ Die Hühnerstücke zugedeckt bei mittlerer bis schwacher Hitze etwa 3 Stunden schmoren, bis das Fleisch ganz weich ist; dabei einige Male wenden.

Zubereitung etwa 45 Minuten
Garzeit etwa 3 Stunden
1 Portion = 2932 kJ/ 698 kcal

Curryhuhn

Zutaten für 4 Portionen
1 Huhn (etwa 1,6 kg)
1 Zwiebel, 2 Knoblauchzehen
1 daumenlanges Stück
frische Ingwerwurzel
2 EL Butterschmalz
2 TL Gelbwurzpulver (Kurkuma)
je 1 TL Fenchelsamen, Senfkörner und gemahlener
Kreuzkümmel (Kumin)
je 1/2 TL Anissamen und
gemahlener Koriander
5 Kardamomkörner
1 Stück Muskatblüte
1 daumenlanges Stück Zimtstange
Salz
3/8 l Wasser
2 EL Zitronensaft
Cayennepfeffer

Dieses exotische Gericht hat eine sehr lange Garzeit. Indische Curries schmoren nämlich immer so lange, bis sich die Aromen gründlich miteinander verbunden haben. Das Fleisch ist dann weich und mürbe, so daß Sie es mit einem Löffel vom Knochen lösen können.

◆ Das Huhn innen und außen kalt abspülen, in 8 Stücke teilen und trockentupfen.
◆ Zwiebel und Knoblauch abziehen und fein hacken.
◆ Den Ingwer schälen und zuerst in dünne Scheiben, dann in feine Streifen schneiden.
◆ Das Butterschmalz in einem Bräter erhitzen und die Hühnerstücke darin bei starker bis mittlerer Hitze rundherum etwa 20 Minuten braun anbraten.
◆ Zwiebel, Knoblauch, Ingwer, Gelb-

wurzpulver, Fenchelsamen, Senfkörner, Kreuzkümmel, Anissamen, Koriander, Kardamomkörner, Muskatblüte, Zimtstange und 1 TL Salz zugeben und bei schwacher Hitze etwa 1 Minute mitbraten.
◆ Das Wasser und den Zitronensaft zugießen und den Bratensatz damit lösen.
◆ Das Curryhuhn einmal aufkochen und zugedeckt bei schwacher Hitze 3 Stunden köcheln lassen.
◆ Das fertige Huhn mit Salz und Cayennepfeffer abschmecken.

Zubereitung etwa 45 Minuten
Garzeit 3 Stunden
1 Portion = 2222 kJ/ 529 kcal

Chinahähnchen mit Ananas

Wenn es keine frische Ananas gibt, können Sie auch eine kleine Dose Ananasstückchen verwenden. Statt Orangensaft und Zucker nehmen Sie dann 3 EL Ananassaft.

◆ Das Fleisch quer zur Faser in Streifen schneiden, mit 1 EL Speisestärke, Sojasauce, Sherry sowie 2 EL Öl vermischen und zugedeckt 30 Minuten kühl stellen.
◆ Inzwischen die Ananas in Stücke schneiden; dabei die Schale und nach Wunsch auch den inneren Kern der Frucht entfernen.
◆ Den Knoblauch abziehen und fein hacken.
◆ Das Fleisch auf einem Sieb abgießen; dabei die Marinade auffan-

gen und mit dem zweiten Eßlöffel Speisestärke, Wasser, Orangensaft und Zucker verrühren.
◆ 4 EL Öl in einer großen Pfanne oder im Wok erhitzen und den Knoblauch bei schwacher Hitze darin anbraten.
◆ Das Fleisch zugeben und bei starker Hitze unter Rühren anbraten, bis es sich weiß färbt.
◆ Die Ananasstücke zugeben und unter Rühren 1 Minute schmoren.
◆ Die Marinade zugießen und aufkochen, bis die Sauce dick ist.
◆ Das Gericht mit Salz und Pfeffer abschmecken und sofort servieren.

Zubereitung etwa 45 Minuten
1 Portion = 1252 kJ/ 298 kcal

Zutaten für 4 Portionen
400 g Hähnchenbrustfilet
2 EL Speisestärke
2 EL Sojasauce
2 EL trockener Sherry
6 EL Öl
1 Stück frische Ananas (etwa 300 g)
2 Knoblauchzehen
2 EL Wasser
4 EL Orangensaft
1 MSP Zucker
Salz, schwarzer Pfeffer

Hühnerfrikassee

◆ Das Huhn innen und außen kalt abspülen.

◆ Das Wasser aufkochen lassen.

◆ Das Huhn zugeben, rasch zum Kochen bringen und zugedeckt bei schwacher Hitze 45 Minuten garen.

◆ Das Suppengrün putzen, waschen und grob zerkleinern.

◆ Zwiebel und Knoblauchzehe abziehen und halbieren.

◆ 1 Bund Petersilie und den Thymian waschen.

◆ Die Zitronen waschen und abtrocknen. 1 Stück Schale abschneiden, die Schale von etwa 1½ Früchten abreiben und den Saft auspressen.

◆ Suppengrün, Zwiebel, Knoblauch, Petersilie, Thymian, das abgeschnittene Stück Zitronenschale, Pfefferkörner und Lorbeerblatt zum Huhn geben.

◆ Die Brühe salzen und noch einmal 45 Minuten knapp unter dem Siedepunkt garen, bis das Huhn weich ist.

◆ Das weiche Huhn herausnehmen, häuten, entbeinen und das Fleisch in mundgerechte Stücke schneiden.

◆ Die Brühe durch ein Sieb gießen und entfetten.

Zutaten für 8 Portionen

1 Suppenhuhn (2,5–3 kg)

2 l Wasser

2 Bund Suppengrün

1 Zwiebel

1 Knoblauchzehe

2 Bund Petersilie

1 Zweig frischer Thymian

2 kleine unbehandelte Zitronen

4 weiße Pfefferkörner

1 Lorbeerblatt

Salz

300 g frische Schal- oder Markerbsen oder 100 g TK-Erbsen

5 Stangen Spargel

60 g Butter

50 g Mehl

1 Ei

200 ml süße Sahne

weißer Pfeffer

1 großes Bund Schnittlauch

◆ Für die Sauce von der entfetteten Brühe ¾ l abmessen.

◆ Die frischen Schal- oder Markerb-

sen aus den Schoten lösen oder die TK-Erbsen auftauen lassen.

◆ Den Spargel waschen, schälen und in etwa 3 cm breite Stücke schneiden.

◆ Die Butter zerlassen und das Mehl darin unter Rühren hellgelb anrösten.

◆ Die abgemessene Brühe unter ständigem Rühren dazugießen und aufkochen, bis die Sauce glatt ist.

◆ Erbsen und Spargel zugeben, erneut aufkochen und zugedeckt bei schwacher Hitze 10 Minuten kochen lassen.

◆ Danach das Fleisch, die abgeriebene Zitronenschale und den Zitronensaft untermischen.

◆ Das Ei trennen.

◆ Die Sahne mit dem Eigelb verquirlen, in die Sauce rühren und erhitzen, aber nicht mehr aufkochen lassen.

◆ Das Frikassee mit Salz und Pfeffer abschmecken.

◆ Den Schnittlauch und das zweite Bund Petersilie waschen, trockentupfen, fein zerkleinern und unter das Frikassee mischen.

Zubereitung etwa 2½ Stunden
1 Portion = 3423 kJ/ 815 kcal

Hühnerragout in Kräutersauce

◆ Das Huhn innen und außen kalt abspülen.

◆ Das Wasser aufkochen, das Huhn hineinlegen und zugedeckt bei geringer Hitze etwa 45 Minuten garen.

◆ Die Zwiebel abziehen und halbieren.

◆ Petersilie, Suppengrün und Pastinaken- oder Petersilienwurzel waschen, grob zerkleinern und mit Pfefferkörnern, Lorbeerblatt und Zwiebel zum Huhn in den Topf geben.

◆ Die Brühe salzen und das Huhn weitere 45 Minuten knapp unter dem Siedepunkt garen.

◆ Eine Schüssel vorwärmen.

◆ Das Huhn aus dem Topf nehmen, häuten und in 6–8 Stücke teilen. Nach Belieben das Fleisch von den Knochen lösen.

◆ Die Stücke in der vorgewärmten Schüssel zugedeckt warm halten.

◆ Die Brühe durch ein Sieb gießen, möglichst viel Fett abschöpfen und 1/8 l Brühe für die Sauce abmessen.

◆ Die Zitrone waschen, abtrocknen und die Schale rundherum abreiben.

Zutaten für 6 Portionen
1 Suppenhuhn (etwa 2 kg)
1 1/2 l Wasser
1 Zwiebel
je 1 Bund Petersilie
und Suppengrün
1 Pastinaken- oder Petersilienwurzel
4 weiße Pfefferkörner
1 Lorbeerblatt
Salz
1 unbehandelte Zitrone
1 Schalotte
1 Knoblauchzehe
1 EL Butter
1 TL Mehl
1/2 TL Zucker
je 1 TL getrockneter Thymian und
getrockneter Estragon
1 Ei
100 g Crème fraîche
2 EL Weißweinessig
weißer Pfeffer
1 Bund Schnittlauch

◆ Die Schalotte und den Knoblauch abziehen und sehr fein hacken.

◆ Die Butter in einem Topf erhitzen und die Schalotte und den Knoblauch darin glasig braten.

◆ Mehl, Zucker, Thymian, Estragon und Zitronenschale in den Topf geben, 1/8 l Brühe unter ständigem Rühren zugießen und aufkochen, bis die Sauce glatt ist, und zugedeckt bei schwacher Hitze einige Minuten kochen lassen.

◆ Das Ei trennen; das Eigelb mit der Crème fraîche und etwas Sauce verrühren. Die Mischung in die Sauce rühren und erhitzen, aber nicht aufkochen, sonst gerinnt das Eigelb.

◆ Die Sauce mit Essig, Salz und weißem Pfeffer abschmecken.

◆ Den Schnittlauch waschen, trockentupfen, fein zerkleinern und unter die Sauce mischen.

◆ Die Sauce über das Huhn geben.

Zubereitung etwa 45 Minuten
Garzeit etwa 1 1/2 Stunden
1 Portion = 3226 kJ/ 768 kcal

Geflügelragout mit Tomatensauce

Dieses Rezept ist ideal, um aus Resten von gegartem Geflügelfleisch ein leckeres Gericht zu kochen.

◆ Die Tomaten abziehen und in kleine Stücke schneiden; die Stielansätze dabei entfernen.

◆ Die Möhren putzen und in Stifte schneiden.

◆ Den Lauch putzen, waschen und in dünne Ringe schneiden.

◆ Den Schinken und das Geflügelfleisch fein zerkleinern.

◆ Das Öl in einer Pfanne erhitzen und Möhren, Lauch, Schinken und Geflügelfleisch darin bei mittlerer Hitze unter Rühren etwa 5 Minuten braten, bis das Gemüse bißfest ist.

◆ Die Tomaten und die Crème double in die Pfanne geben, kräftig aufkochen und zugedeckt etwa 2 Minuten ziehen lassen.

◆ Den Dill waschen, trockentupfen und fein hacken.

◆ Das Geflügelragout mit Salz und schwarzem Pfeffer würzen, mit dem Dill vermischen und anrichten.

Zubereitung etwa 40 Minuten
1 Portion = 1277 kJ/ 304 kcal

Zutaten für 4 Portionen
500 g Tomaten
2 mittelgroße Möhren
2 dünne Stangen Lauch
100 g gekochter Schinken
300 g gegartes Geflügelfleisch
1 EL Öl
100 g Crème double
1/2 Bund Dill
Salz
schwarzer Pfeffer

Hähnchengeschnetzeltes mit Gemüse

◆ Das Hähnchenbrustfilet quer zur Faser in Streifen schneiden.

◆ Das Fleisch mit 1 EL Sojasauce, 1 TL Speisestärke und dem Zucker vermischen und zugedeckt kühl stellen, bis die anderen Zutaten vorbereitet sind.

◆ Den Knoblauch abziehen.

◆ Die Pfefferschote halbieren, von allen Kernen befreien und waschen.

◆ Den Ingwer schälen.

◆ Knoblauch, Pfefferschote und Ingwer fein hacken.

◆ Die Pilze säubern, putzen und die Hüte in feine Streifen schneiden.

◆ Die Paprikaschote waschen, vierteln, putzen und in schmale Streifen schneiden.

◆ Die Möhre putzen und in feine Stifte teilen.

◆ Den Lauch putzen, waschen und in dünne Ringe schneiden.

◆ Die Sojasprossen waschen und abtropfen lassen.

Zutaten für 4 Portionen

300 g Hähnchenbrustfilet
3 EL Sojasauce
2 TL Speisestärke
1/2 EL Zucker
1 Knoblauchzehe
1 grüne Pfefferschote
1 kleines Stück frische Ingwerwurzel
50 g frische Shiitakepilze
1 mittelgroße rote Paprikaschote
1 mittelgroße Möhre
2 dünne Stangen Lauch
50 g Sojasprossen
200 ml Geflügelfond (Glas)
100 ml Gemüsesaft
1 EL trockener Sherry
4 EL Öl
Salz
weißer Pfeffer

◆ Den Geflügelfond mit dem Gemüsesaft, dem Sherry, 2 EL Sojasauce und 1 TL Speisestärke verrühren.

◆ 2 EL Öl in einer großen Pfanne oder in einem Wok erhitzen.

◆ Das Fleisch in der Pfanne oder dem Wok bei starker Hitze unter Rühren anbraten; wenn es sich weiß färbt, herausnehmen.

◆ Weitere 2 EL Öl erhitzen und Knoblauch, Pfefferschote, Ingwer, Pilze, Paprika, Möhre, Lauch und Sprossen darin bei starker Hitze unter Rühren etwa 1 Minute braten.

◆ Das Fleisch wieder in die Pfanne geben, die Geflügelfondmischung dazugießen und aufkochen.

◆ Das Hähnchengeschnetzelte mit Salz und weißem Pfeffer abschmecken und sofort servieren.

Zubereitung etwa 1 Stunde
1 Portion = 995 kJ/ 237 kcal

Geflügelfrikadellen

Roggenbrötchen, Sesam und Majoran geben dem Geflügelfleisch ein kräftiges Aroma. Zu den Frikadellen schmeckten Kartoffelsalat mit Äpfeln (siehe S. 68) und Radicchiosalat.

◆ Das Brötchen mit heißem Wasser übergießen, einweichen und danach gut ausdrücken.

◆ Das Fleisch durch den Fleischwolf drehen oder mit einem scharfen Messer zuerst in kleine Würfel schneiden und dann mit einem Wiegemesser wie Hackfleisch zerkleinern.

◆ Die Zwiebel abziehen und fein hacken.

◆ Den Majoran waschen und trockentupfen.

◆ Die Zitrone waschen und abtrocknen; ein Stück Schale abschneiden.

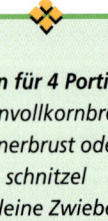

Zutaten für 4 Portionen
1 Roggenvollkornbrötchen
300 g Hühnerbrust oder Putenschnitzel
1 kleine Zwiebel
1 Bund Majoran
1 unbehandelte Zitrone
75 g Sesamkörner
1 Ei
Salz
schwarzer Pfeffer
3 EL Öl zum Braten

◆ Den Majoran zusammen mit der Zitronenschale auf einem Brett fein zerkleinern.

◆ Das Geflügelhackfleisch mit dem Brötchen, mit Zwiebel, Majoran, Zitronenschale, Sesamkörnern, Ei, Salz und schwarzem Pfeffer vermischen und gut durchkneten, bis ein glatter Teig entstanden ist.

◆ Aus dem Teig mit angefeuchteten Händen 8 Frikadellen formen.

◆ Das Öl in einer großen Pfanne erhitzen.

◆ Die Frikadellen portionsweise im heißen Öl bei mittlerer Hitze etwa 4 Minuten braten, bis sie sich leicht vom Pfannenboden lösen lassen.

◆ Die Frikadellen umdrehen und auf der zweiten Seite weitere 3 Minuten braten.

*Zubereitung etwa 1 Stunde
1 Portion = 1348 kJ/ 321 kcal*

Saure Hühnerleber

Saure Leber ist ein Klassiker. Hier ist sie modern zubereitet mit zarter Hühnerleber, Zitronensaft statt Essig und einem tüchtigen Schuß Crème fraîche.

Zutaten für 4 Portionen
700 g Hühnerleber
1 große Zwiebel
1/2 Bund Petersilie
40 g Butter
1 EL Mehl
1/4 l Hühnerbrühe
3 EL Zitronensaft
100 g Crème fraîche
Salz
schwarzer Pfeffer
1 TL getrockneter Majoran

◆ Die Leber in etwa fingerbreite Stücke schneiden; dabei die Sehnen und Adern entfernen.

◆ Die Zwiebel abziehen und fein hacken.

◆ Die Petersilie waschen, trockentupfen und fein zerkleinern.

◆ Die Butter in einer Pfanne erhitzen und die Zwiebel darin bei schwacher Hitze glasig braten.

◆ Die Leberstücke zu der Zwiebel geben und bei mittlerer Hitze unter Wenden braten, bis sie grau sind und kein Blut mehr austritt.

◆ Die Leber und die Zwiebel mit Mehl bestreuen und einige Sekunden rösten.

◆ Die Hühnerbrühe und den Zitronensaft in die Pfanne geben und den Bratensatz damit lösen.

◆ Die Crème fraîche in die Pfanne geben und erhitzen.

◆ Alles mit Salz, schwarzem Pfeffer und Majoran würzen, mit der Petersilie bestreuen und sofort anrichten.

*Zubereitung etwa 40 Minuten
1 Portion = 1764 kJ/ 420 kcal*

Hühnerleber mit Orange

Die fein gewürzte Leber schmeckt am besten mit dünnen Toastscheiben oder mit Baguette und Blattsalat.

◆ Die Leber von Fett und Sehnen befreien und in Stücke schneiden.
◆ Die Tomaten abziehen und klein würfeln; die Stielansätze dabei entfernen.
◆ Die Oliven entsteinen und grob zerkleinern.
◆ Die unbehandelte Orange waschen und abtrocknen. Die Schale rundherum dünn abschneiden und fein hacken. Den Saft beider Orangen auspressen.
◆ Den Thymian waschen, trockentupfen und die Blättchen abzupfen.
◆ Die Teller vorwärmen.
◆ Das Olivenöl und die Butter in einer großen Pfanne erhitzen. Die Leberstücke darin bei mittlerer Hitze anbraten, bis sie leicht braune Ränder haben.

Zutaten für 4 Portionen
500 g Hühnerleber
3 Tomaten
100 g schwarze Oliven
1 kleine unbehandelte Orange
1 Orange
$\frac{1}{2}$ Bund Thymian
4 EL Olivenöl
1 EL Butter
Salz, schwarzer Pfeffer

◆ Die zerkleinerten Tomaten und Oliven, die Orangenschale, den Orangensaft und den Thymian zu der Leber geben und unter ständigem Rühren etwa 2 Minuten schmoren, bis die Leber gerade eben durchgegart ist.
◆ Die Leber mit Salz und schwarzem Pfeffer würzen und auf den vorgewärmten Tellern anrichten.

Zubereitung etwa 45 Minuten
1 Portion = 1777 kJ/ 423 kcal

Hühnerherzen mit Paprika

◆ Die Hühnerherzen vom Fett befreien, der Länge nach halbieren und kalt abwaschen; dabei alle Blutreste entfernen. Die Hühnerherzen trockentupfen.
◆ Die Paprikaschoten waschen, vierteln, die Kerne und weißen Häutchen entfernen und die Schoten in dünne Streifen schneiden.
◆ Die Zwiebeln und den Knoblauch abziehen und fein hacken.
◆ Das Öl in einer Pfanne erhitzen und die Hühnerherzen darin bei mittlerer Hitze unter Wenden braten, bis sie sich grau färben.

Zutaten für 4 Portionen
700 g Hühnerherzen
je 1 kleine rote und grüne
Paprikaschote
2 Zwiebeln
1 Knoblauchzehe
2 EL Öl
1 EL edelsüßes Paprikapulver
$\frac{1}{8}$ l Hühnerbrühe
$\frac{1}{8}$ l süße Sahne
Salz, Cayennepfeffer

◆ Die Paprikaschoten, die Zwiebeln und den Knoblauch zu den Herzen geben und etwa 1 Minute mitbraten.
◆ Das Paprikapulver in die Pfanne rühren, die Hühnerbrühe zugießen und das Gericht aufkochen.
◆ Die Herzen zugedeckt bei schwacher Hitze etwa 6 Minuten garen.
◆ Die Sahne in die Pfanne gießen, umrühren und alles aufkochen.
◆ Zum Schluß mit Salz und Cayennepfeffer abschmecken.

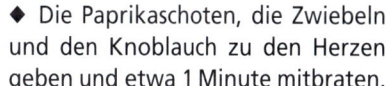

Zubereitung etwa 40 Minuten
1 Portion = 1688 kJ/ 402 kcal

Gänsebraten: Grundrezept

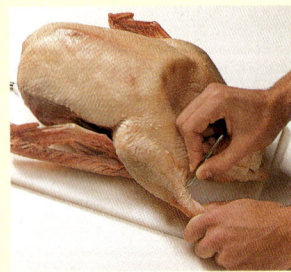

1. Alle Härchen und Federreste entfernen.

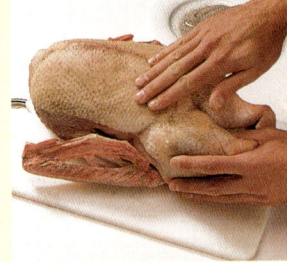

2. Salz und Pfeffer kräftig in die Haut einreiben.

3. Die Gans mit dem heißen Wasser übergießen.

4. Die Haut unter den Keulen und Flügeln einstechen.

5. Bier oder Fleischbrühe auf der Gans verstreichen.

6. Die fertiggebratene Gans tranchieren.

◆ Die Gans innen und außen kalt abspülen und mit einem Küchentuch wieder gründlich trocknen.

◆ Mit einer Pinzette alle Härchen und Federreste herauszupfen, die vor allem unter Keulen und Flügeln stecken.

◆ Salz und Pfeffer auf einem Teller mischen.

◆ Die Gans mit etwa einem Viertel dieser Mischung innen würzen; den Rest rundherum kräftig in die Haut reiben.

◆ Die Gans – mit einem trockenen Küchentuch bedeckt – über Nacht in den Kühlschrank legen.

◆ Zum Braten die Zwiebel abziehen, die Möhre putzen und beides in große Stücke schneiden.

◆ Das Wasser aufkochen.

◆ Die Gans innen mit Majoran ausstreuen, mit der Brust nach unten in einen Bräter legen, mit dem heißen Wasser übergießen und mit den Zwiebel- und Möhrenstücken umlegen.

◆ Den Bräter auf die untere Schiene des kalten Backofens stellen und die Gans bei 200 °C (Umluft 180 °C, Gas Stufe 3) etwa 1 Stunde braten, bis das Fett auszutreten beginnt.

◆ Die Gans drehen, so daß sie mit den Keulen nach oben im Bräter liegt, und die Haut seitlich unterhalb der Keulen und der Flügel mehrmals einstechen, damit das Fett dort ausbrät.

◆ Die Gans weitere 50 Minuten braten; dabei das Fett im Bräter etwa alle

Zutaten für 6 Portionen
1 junge Gans (etwa 4 kg)
2 EL Salz
1 1/2 EL schwarzer Pfeffer
1 Zwiebel
1 Möhre
1/4 l Wasser
1 TL getrockneter Majoran
1/8 l dunkles Bier oder Fleischbrühe

10 Minuten abschöpfen und die Gans mit dem Bratensaft begießen.

◆ Den Backofen auf 250 °C (Umluft 220 °C, Gas Stufe 5–6) schalten.

◆ Die Gans aus dem Bräter nehmen, mit den Keulen nach oben auf den Rost legen, mit Bier oder Fleischbrühe bestreichen und wieder auf die untere Schiene des Backofens schieben; die Fettpfanne darunter einschieben.

◆ Die Gans weitere 30 Minuten braten; dabei häufig mit dem Bier oder der Brühe bepinseln, bis die Haut knusprig und braun ist.

◆ Die Gans herausnehmen, tranchieren und warm halten.

◆ Für die Sauce das Fett auf dem Bratfond abschöpfen und den Fond durch ein Sieb in einen Topf umgießen; dabei den Bratensatz lösen.

◆ Den Fond einmal aufkochen und nach Belieben bei starker Hitze unter Rühren etwas einkochen.

Gänsebraten mit Weißkrautklößchen

Dieses Gericht ist ein Beispiel für Braten und Beilage aus einem Topf: Das abtropfende Fett des Gänsebratens macht die Weißkrautklößchen in der Form darunter aromatisch.

◆ Die Gans nach dem Grundrezept vorbereiten.

◆ Die Zwiebel abziehen, die Möhre putzen und beides in große Stücke schneiden.

◆ Das Wasser aufkochen lassen.

◆ Die Gans mit der Brust nach unten in einen Bräter legen, mit dem kochendheißen Wasser übergießen und mit Zwiebel und Möhre umlegen.

◆ Den Bräter auf die untere Schiene des kalten Backofens stellen und die Gans nach dem Grundrezept etwa 1 Stunde braten, dann drehen und weitere 50 Minuten braten.

◆ Inzwischen die Brötchen in dünne Scheiben schneiden.

◆ Die Milch leicht erwärmen.

◆ Die Brötchen in einer Schüssel mit der Milch übergießen und ziehen lassen, bis die Milch aufgesogen ist.

Zutaten für 6 Portionen
Zutaten für den Gänsebraten
wie im Grundrezept
4 altbackene Weizenbrötchen
1/8 l Milch
300 g Weißkrautblätter
1 große Zwiebel
1 Knoblauchzehe
2 Eier
Salz, schwarzer Pfeffer

◆ Die dicken Rippen der Weißkrautblätter herausschneiden und das Kraut waschen, trockentupfen und fein zerkleinern.

◆ Zwiebel und Knoblauch abziehen und fein hacken.

◆ Brötchen, Weißkraut, Knoblauch, Zwiebel, Eier, Salz, Pfeffer und Majoran mit den Händen verkneten, bis die Masse gut bindet, dann den Teig zu etwa walnußgroßen Klößchen formen.

◆ Den Backofen auf 220 °C (Umluft 200 °C, Gas Stufe 4) schalten.

◆ Die Gans herausnehmen, mit den Keulen nach oben auf den Rost legen, mit Bier oder Fleischbrühe bestreichen und wieder in den Backofen schieben.

◆ Die Zwiebel- und die Möhrenstücke an die Seiten des Bräters schieben oder – falls Sie sie nicht mitessen wollen – entfernen.

◆ Die Klößchen nebeneinander in die Sauce im Bräter legen.

◆ Den Bräter genau unter die Gans in den Ofen schieben und die Klößchen 30–40 Minuten garen.

◆ Die Gans während dieser Zeit häufig mit dem Bier oder der Fleischbrühe bepinseln, bis die Haut knusprig und braun ist.

◆ Die fertiggebratene Gans herausnehmen, tranchieren und auf den Klößchen anrichten.

Ruhezeit über Nacht
Zubereitung etwa 3 Stunden
1 Portion = 5687 kJ/ 1354 kcal

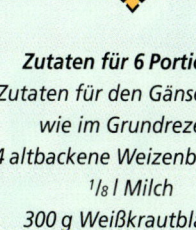

Gefüllter Gänsebraten

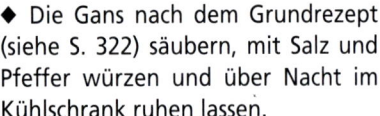

Zum Gänsebraten passen Thüringer Klöße (siehe S. 418) und Rotkohl oder Rosenkohl.

◆ Die Gans nach dem Grundrezept (siehe S. 322) säubern, mit Salz und Pfeffer würzen und über Nacht im Kühlschrank ruhen lassen.

◆ Für die Füllung die Schalen der Maronen kreuzweise einschneiden.

◆ Eine Pfanne aus Gußeisen oder Edelstahl sehr stark erhitzen. Die Maronen nebeneinander hinein legen und zugedeckt bei mittlerer Hitze etwa 5 Minuten rösten, bis die Schalen aufplatzen.

◆ Die Maronen aus der Pfanne nehmen, abkühlen lassen und schälen.

◆ Reichlich Wasser zum Kochen bringen, die Maronen darin aufkochen und zugedeckt bei schwacher Hitze etwa 30 Minuten weich garen. Die Maronen abgießen, abschrecken und die Häutchen entfernen.

◆ Die Äpfel schälen, vierteln, vom Kerngehäuse befreien und in Stücke schneiden.

◆ 1 Zwiebel abziehen und hacken.

◆ Das Herz und den Magen der Gans ganz klein würfeln.

Zutaten für 6 Portionen
*1 junge Gans mit Innereien
(etwa 4 kg)
2 EL Salz
1¹/₂ EL schwarzer Pfeffer
500 g Maronen (Eßkastanien)
500 g säuerliche Äpfel
2 Zwiebeln
1 EL getrockneter Beifuß
1 Möhre
¹/₄ l Wasser
¹/₈ l dunkles Bier*

◆ Die Maronen mit Äpfeln, Zwiebel, Herz, Magen und Beifuß vermischen, die Gans damit füllen und dann die Öffnung verschließen (siehe S. 302).

◆ Die zweite Zwiebel abziehen.

◆ Die Möhre putzen und mit der Zwiebel in große Stücke schneiden.

◆ Die Gans mit der Brust nach unten in einen Bräter legen.

◆ Das Wasser aufkochen, die Gans damit übergießen und mit den Zwiebel- und Möhrenstücken umlegen.

◆ Die Gans in den kalten Backofen auf die untere Schiene stellen und nach dem Grundrezept 1 Stunde braten, dann drehen und einstechen.

◆ Die Gans noch 1 Stunde braten, dabei das Fett im Bräter etwa alle 10 Minuten abschöpfen und die Gans mit dem Bratensaft begießen.

◆ Die Gans aus dem Ofen nehmen.

◆ Den Bratrost auf die Fettpfanne legen, die Gans mit den Keulen nach oben auf den Bratrost legen und mit Bier bestreichen.

◆ Den Backofen auf 250 °C (Umluft 220 °C, Gas Stufe 5–6) schalten, die Gans auf die untere Schiene schieben und weitere 30 Minuten braten; dabei häufig mit Bier bepinseln, bis die Haut knusprig und braun ist.

◆ Die Gans aus dem Backofen nehmen und zerteilen, die Füllung in eine Schüssel geben und beides im abgeschalteten Ofen warm halten, bis die Sauce fertig ist.

◆ Die Sauce nach dem Grundrezept zubereiten und zur Gans servieren.

*Ruhezeit über Nacht
Zubereitung etwa 1 Stunde
Garzeit etwa 2¹/₂ Stunden
1 Portion = 5834 kJ/ 1389 kcal*

Gänsekeulen mit Rotkohl

◆ Die Gänsekeulen mit Salz und schwarzem Pfeffer einreiben.

◆ Die Zwiebeln abziehen und fein hacken.

◆ Die Möhre putzen und in Stücke schneiden.

◆ Das Gänse- oder Schweineschmalz erhitzen und die Keulen darin bei mittlerer Hitze braun anbraten.

◆ Die Hälfte der Zwiebeln und die Möhre zu den Keulen geben und kurz mitrösten.

◆ Beifuß oder Majoran und die Hälfte der Hühnerbrühe zum Fleisch geben und aufkochen.

◆ Die Keulen zugedeckt bei schwacher Hitze etwa 1½ Stunden weich schmoren; dabei das Fett immer wieder abschöpfen.

◆ Den Rotkohl vierteln und den Strunk herausschneiden. Den Kohl

Zutaten für 3 Portionen
2 Gänsekeulen (je etwa 500 g)
Salz
schwarzer Pfeffer
2 Zwiebeln
1 Möhre
½ EL Gänse- oder Schweineschmalz
1 TL Beifuß oder getrockneter
Majoran
¼ l Hühnerbrühe
1 Kopf Rotkohl (etwa 750 g)
1 säuerlicher Apfel (Boskoop oder
Cox Orange)
1 Lorbeerblatt
1 Stück Zimtstange (etwa 3 cm lang)
1 TL Zucker
2 EL milder Essig

waschen, trockenschütteln und in feine Streifen hobeln.

◆ Den Apfel waschen, vierteln und vom Kerngehäuse befreien.

◆ 2 EL abgeschöpftes Gänsefett in einem Topf erhitzen und den Rest der Zwiebeln darin glasig braten.

◆ Den Kohl zu den Zwiebeln geben und unter Rühren etwa 5 Minuten anbraten.

◆ Die restliche Brühe, Apfel, Lorbeerblatt, Zimt, Zucker und Essig zum Rotkohl geben, alles aufkochen und zugedeckt bei schwacher Hitze etwa 35 Minuten schmoren.

◆ Den Rotkohl mit Salz und Pfeffer würzen und zu den Keulen servieren.

Zubereitung etwa 45 Minuten
Garzeit etwa 1¾ Stunden
1 Portion = 3767 kJ/ 897 kcal

Glasierte Flugente

◆ Die Ente innen und außen mit kaltem Wasser abspülen, mit einem Tuch abtrocknen und dann innen und

Zutaten für 4 Portionen
1 küchenfertige Flugente
(etwa 1,9 kg)
Salz
schwarzer Pfeffer
1 EL Öl
1 EL Butter
70 g frische Ananas
1 Knoblauchzehe
2 EL Orangensaft
1 EL Zitronensaft
1 EL trockener Sherry
2 EL Sojasauce

außen mit Salz und schwarzem Pfeffer würzen.

◆ Das Öl und die Butter in einem Bräter erhitzen und die Ente darin rundherum bei starker bis mittlerer Hitze etwa 10 Minuten anbraten, bis die Haut leicht gebräunt ist.

◆ Die Ente aus dem Bräter nehmen, das Fett bis auf etwa 1 EL abgießen und beiseite stellen.

◆ Die Ente mit der Brust nach unten wieder in den Bräter legen und zugedeckt auf die untere Schiene des kalten Backofens stellen. Bei 200 °C (Umluft 180 °C, Gas Stufe 3) etwa 15 Minuten braten.

◆ Die Ananas schälen.

◆ Den Knoblauch abziehen.

◆ Für die Glasur Ananas und Knoblauch mit Orangensaft, Zitronensaft, Sherry und Sojasauce im Blitzhacker

oder Mixer pürieren und dann 1 EL Fett unter die Glasur mischen.

◆ Die Ente mit etwas Glasur bestreichen und etwa 20 Minuten braten.

◆ Die Ente wenden und im offenen Bräter weitere 45 Minuten braten; dabei alle 10 Minuten mit etwas Glasur bestreichen.

◆ Die Ente aus dem Bräter nehmen, mit den Keulen nach oben auf den Bratrost legen und mit der Fettpfanne darunter wieder in den Ofen auf die untere Schiene schieben.

◆ Die Ente 20 Minuten knusprig braten; dabei wieder mit der Glasur bestreichen und nach 10 Minuten einmal wenden.

Zubereitung etwa 20 Minuten
Garzeit etwa 1¾ Stunden
1 Portion = 4229 kJ/ 1007 kcal

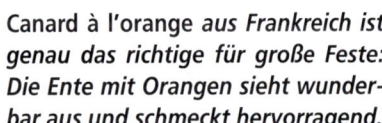
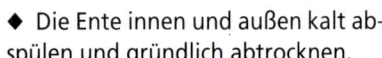

Ente mit Orangen

Canard à l'orange *aus Frankreich ist genau das richtige für große Feste: Die Ente mit Orangen sieht wunderbar aus und schmeckt hervorragend.*

♦ Die Ente innen und außen kalt abspülen und gründlich abtrocknen.

♦ Salz und weißen Pfeffer auf einem Teller mischen, das Innere der Ente damit ausstreuen und die Haut der Ente kräftig damit einreiben.

♦ Die Ente mit einem trockenen Küchentuch bedeckt über Nacht in den Kühlschrank legen.

♦ Das Öl und 1 EL Butter in einem Bräter erhitzen und die Ente darin rundherum bei starker bis mittlerer Hitze etwa 15 Minuten anbraten, bis die Haut leicht gebräunt ist.

♦ Die Ente aus dem Bräter nehmen und das Fett bis auf etwa 1 EL abgießen.

Zutaten für 4 Portionen
1 junge Ente (etwa 1,8 kg)
Salz, weißer Pfeffer
1 EL Öl
2 EL Butter
2 unbehandelte Orangen
1 unbehandelte Zitrone
500 g Orangen
1/8 l heiße Hühnerbrühe
1/8 l trockener Weißwein
1 EL Zucker
1 EL Weißweinessig
3 EL Orangenlikör

♦ Die Ente mit der Brust nach unten wieder in den Bräter legen und zugedeckt auf die untere Schiene des kalten Backofens stellen und bei 200 °C (Umluft 180 °C, Gas Stufe 3) etwa 45 Minuten braten.

♦ Die unbehandelten Orangen und die Zitrone waschen und abtrocknen, 1 Orange für die Sauce zurücklegen.

♦ Die Schale von 1 Orange und der Zitrone zur Hälfte dünn abschneiden und in feine Streifen schneiden; den Saft der beiden Früchte auspressen.

♦ Den Saft der anderen Orangen ebenfalls auspressen, die Hälfte davon zu der Orangen-Zitronen-Saftmischung geben und für die Sauce beiseite stellen.

♦ Die andere Hälfte des Orangensaftes mit der Hühnerbrühe und dem Wein mischen und für den Schmorsud beiseite stellen.

♦ Die Ente wenden, so daß die Keulen oben liegen.

♦ Die Haut seitlich unterhalb der Keulen und der Flügel mehrmals mit einer Gabel einstechen, damit das Fett austreten kann.

◆ Die Mischung aus Orangensaft, Hühnerbrühe und Weißwein an den Seiten in den Bräter gießen.

◆ Die Ente 30 Minuten braten und dabei etwa alle 10 Minuten mit dem Schmorsud im Bräter begießen.

◆ Wasser zum Kochen bringen.

◆ Die zerkleinerten Zitronen- und Orangenschalen in ein Sieb geben, mit kochendem Wasser übergießen und abtropfen lassen.

◆ Die zweite unbehandelte Orange in dünne Scheiben schneiden und die Kerne entfernen.

◆ Die Ente aus dem Bräter nehmen, mit den Keulen nach oben auf den Bratrost legen und mit der Fettpfanne darunter wieder in den Backofen auf die untere Schiene schieben. Die Ente in 20–30 Minuten knusprig und braun werden lassen.

◆ Das Fett von der Schmorflüssigkeit im Bräter abschöpfen und diese auf dem Herd bei starker Hitze bis auf etwa ein Drittel einkochen lassen.

◆ Eine Servierplatte vorwärmen.

◆ Für die Orangensauce 1 EL Butter in einer Pfanne erhitzen und den Zucker darin bei mittlerer bis starker Hitze unter Rühren schmelzen und leicht bräunen lassen.

◆ Den Orangen- und Zitronensaft, den Essig und den Orangenlikör unter den Zucker in die Pfanne rühren,

die ... und ... Hitz...

◆ D... truss... Schm... ben ...

◆ D... die ... den ... mit e...

◆ Den Rest der Sauce gesondert zu der Ente servieren.

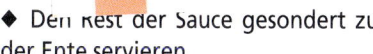

Ruhezeit über Nacht
Zubereitung etwa 45 Minuten
Garzeit etwa 2 Stunden
1 Portion = 4523 kJ/ 1077 kcal

Ente mit Sauerkraut

Das Sauerkraut wird durch das Fett der Ente besonders aromatisch. Zu diesem feinen Braten passen Thüringer Klöße oder ein Serviettenkloß.

◆ Die Ente innen und außen kalt abspülen und gründlich abtrocknen.

◆ Salz und weißen Pfeffer auf einem Teller mischen, das Innere der Ente damit ausstreuen und die Haut der Ente kräftig damit einreiben.

◆ Die Ente mit einem Küchentuch bedeckt über Nacht kühl stellen.

◆ Die Zwiebeln abziehen und in feine Ringe schneiden.

◆ Das Sauerkraut mit einer Gabel zerpflücken.

◆ Das Öl in einem Bräter erhitzen und die Ente darin rundherum bei starker bis mittlerer Hitze etwa 15 Minuten anbraten, bis die Haut leicht gebräunt ist.

◆ Die Ente aus dem Bräter nehmen und das Fett bis auf etwa 1 EL abgießen.

◆ Die Zwiebeln im Bräter anbraten, das Sauerkraut zugeben und 10 Minuten bei schwacher Hitze schmoren.

Zutaten für 4 Portionen
1 junge Ente (etwa 1,8 kg)
Salz, weißer Pfeffer
250 g Zwiebeln
500 g Sauerkraut
1 EL Öl
2 Lorbeerblätter
3 Wacholderbeeren
2 Gewürznelken
$1/8$ l trockener Weißwein
$1/8$ l ungesüßter Apfelsaft
$1/8$ l Wasser
1 TL getrockneter Majoran

◆ Die Lorbeerblätter, die Wacholderbeeren und die Gewürznelken zu dem Sauerkraut geben. Wein, Apfelsaft und Wasser zugießen und den Majoran darüber streuen.

◆ Die Ente mit der Brust nach unten auf das Sauerkraut legen.

◆ Den Bräter zugedeckt auf die untere Schiene des kalten Backofens stellen und alles bei 200 °C (Umluft

180 °C, Gas Stufe 3) etwa 45 Minuten braten. Danach die Ente wenden, so daß sie mit den Keulen nach oben im Bräter liegt.

◆ Die Haut seitlich unterhalb der Keulen und der Flügel mehrmals mit einer Gabel einstechen, damit das Fett austreten kann.

◆ Die Ente weitere 30 Minuten braten, dabei etwa alle 10 Minuten mit dem Fett begießen, das sich im Bräter sammelt.

◆ Anschließend die Ente aus dem Bräter nehmen, mit den Keulen nach oben auf den Bratrost legen und mit der Fettpfanne darunter wieder in den Backofen auf die untere Schiene schieben.

◆ Die Ente in 20–30 Minuten knusprig und braun werden lassen.

◆ Die Ente aus dem Backofen nehmen, in Stücke schneiden und auf dem Sauerkraut anrichten.

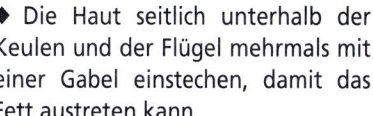
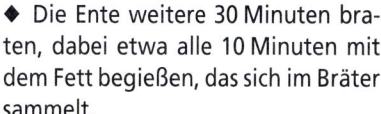

Ruhezeit über Nacht
Zubereitung etwa 1 Stunde
Garzeit etwa 1 3/4 Stunden
1 Portion = 4011 kJ/ 955 kcal

Ente mit Walnüssen

Zutaten für 5 Portionen
1 junge Ente (etwa 2 kg)
Salz, schwarzer Pfeffer
2 Zwiebeln
1/4 l Hühnerbrühe
500 g gemahlene Walnußkerne
5 EL Granatapfelsirup

Dies ist ein typisches Winteressen aus dem Iran – kräftig und schön wärmend –, das man mit Reis oder Fladenbrot ißt. Granatapfelsirup gibt es als Grenadine zu kaufen.

◆ Die Ente innen und außen kalt abspülen.

◆ Die Ente in 8 Stücke teilen und trockentupfen.
◆ Das sichtbare Fett abschneiden und in kleine Würfel schneiden.
◆ Die Entenstücke rundherum mit Salz und Pfeffer einreiben.
◆ Die Zwiebeln abziehen und fein hacken.
◆ Die Fettwürfel in einem Schmortopf bei schwacher Hitze ausbraten, herausnehmen und in eine Schüssel geben.
◆ Die Entenstücke im Fett bei mittlerer Hitze rundherum etwa 30 Minuten anbraten, bis auch der größte Teil des Fettes unter der Haut ausgebraten ist.
◆ Die Stücke herausnehmen.
◆ Das Fett aus dem Schmortopf zu den ausgebratenen Fettwürfeln gie-

ßen, abkühlen lassen und als Brotbelag essen.
◆ Die Zwiebeln im Schmortopf bei schwacher Hitze glasig braten.
◆ Die Hühnerbrühe zugießen, den Bratensatz damit lösen und die Entenstücke wieder zugeben.
◆ Die Walnüsse und den Granatapfelsirup untermischen.
◆ Alles einmal aufkochen lassen und zugedeckt bei schwacher Hitze etwa 50 Minuten garen, bis das Fleisch weich ist.
◆ Den Schmorsud nach Belieben entfetten.
◆ Die Ente sehr heiß servieren.

Zubereitung etwa 1 Stunde
Garzeit etwa 50 Minuten
1 Portion = 6329 kJ/ 1507 kcal

Puter auf amerikanische Art

Truthähne wurden vor etwa 500 Jahren aus Amerika nach Europa gebracht. In ihrer Heimat sind sie ein Traditionsgericht, das man zum Erntedankfest, dem Thanksgiving Day, und zu Weihnachten ißt. Der Puter auf amerikanische Art ist ein mächtiger Braten für die große Festtafel, an die man Verwandte und Freunde einlädt.

◆ Für die Füllung die Schalotten abziehen und fein hacken.
◆ Die Hälfte der Butter schmelzen und Schalotten und Estragon darin bei schwacher Hitze braten, bis die Schalotten goldgelb sind.
◆ Die Pinienkerne sowie 1 EL Salz und 1½ EL Pfeffer untermischen.
◆ Die Semmelbrösel zufügen und rühren, bis sich alles miteinander verbunden hat und die Füllung etwa so

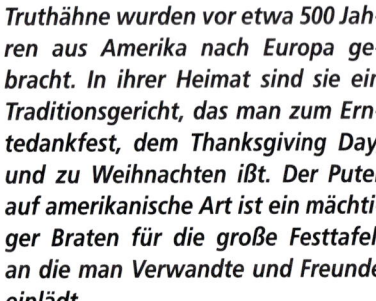

Zutaten für 15 Portionen
5 Schalotten
300 g Butter
1½ EL getrockneter Estragon
100 g Pinienkerne
Salz, schwarzer Pfeffer
1 kg grobe Semmelbrösel
1 Zitrone
1 Puter (etwa 10 kg)

fest wie Frikadellenteig ist. Evtl. noch etwas flüssige Butter untermischen.
◆ Den Rest der Butter zum Bestreichen des Puters beiseite stellen.
◆ Die Zitrone auspressen.
◆ Den Puter innen und außen kalt abspülen und mit einem Küchentuch trocknen.

◆ Den Puter innen und außen mit dem Zitronensaft einreiben und mit Salz und Pfeffer würzen.
◆ So viel Füllung in den Puter geben, daß sie sich beim Garen noch etwas ausdehnen kann, ohne daß die Haut reißt.
◆ Die Öffnung mit Rouladennadeln und Küchengarn verschließen.
◆ Den Backofen auf 220 °C (Umluft 200 °C, Gas Stufe 4) vorheizen.
◆ Einen großen Bräter auf der Kochstelle erhitzen.
◆ Den Puter mit Butter bestreichen und bei mittlerer bis starker Hitze im Bräter rundherum anbraten.
◆ Den Puter so drehen, daß er auf dem einen Brustfilet liegt und eine Keule nach oben ragt. Durch diese Seitenlage gart der Braten gleichmäßig, und die Brustfilets bleiben saftig. Wenn nicht genügend Platz

im Backofen ist, den Puter zuerst mit der Brust nach unten in den Bräter legen.

◆ Den Puter auf die untere Schiene des heißen Backofens schieben.

◆ Auf den Boden des Ofens einen flachen Topf mit Wasser stellen.

◆ Den Puter in Seitenlage etwa 4 1/2 Stunden braten, dabei einmal wenden. Nach dieser Zeit sind die weißen Brustfilets noch saftig, und das dunkle Fleisch der Keulen ist gerade durchgegart. In Brustlage den Puter nur etwa 3 1/2 Stunden braten und ebenfalls nach der Hälfte der Bratzeit wenden. Die Brustfilets sind dann gerade richtig gegart, die Keulen am Knochen noch etwas rosa.

◆ Den Puter während des Bratens immer wieder mit der restlichen Butter bestreichen und mit der Schmorflüssigkeit begießen, die sich im Bräter sammelt.

Zubereitung etwa 5 1/2 bzw. 4 1/2 Stunden
1 Portion = 6392 kJ/ 1522 kcal

Putenschnitzel in Kerbelsauce

◆ Eine Platte vorwärmen.

◆ Die Schalotte abziehen und fein hacken.

◆ Den Kerbel verlesen, waschen, trockentupfen und fein zerkleinern.

◆ Die Schnitzel trockentupfen und mit Salz und Pfeffer würzen.

◆ Butter und Öl erhitzen und die Schnitzel darin bei starker bis mittlerer Hitze auf jeder Seite 2 Minuten braten. Dann das Fleisch herausnehmen und zugedeckt auf der vorgewärmten Platte warm halten.

◆ Die Schalotte im Bratfett glasig braten.

◆ Den Weißwein oder den Geflügelfond zugießen und den Bratensatz damit lösen.

◆ Die Sahne nach und nach zugießen und bei starker Hitze unter Rühren cremig einkochen lassen.

◆ Den Kerbel untermischen und die Sauce mit Salz, Pfeffer, Zitronensaft und nach Belieben mit Muskatblüte würzen.

◆ Die Schnitzel in die heiße Sauce legen und etwa 1 Minute darin ziehen lassen, damit sie die Sauce aufnehmen; dabei einmal wenden.

Zubereitung etwa 30 Minuten
1 Portion = 1739 kJ/ 414 kcal

Zutaten für 4 Portionen
1 Schalotte
2 Handvoll Kerbel
4 Putenschnitzel (je etwa 125 g)
Salz, weißer Pfeffer
je 1 EL Butter und Öl
3 EL trockener Weißwein
oder Geflügelfond
1/4 l süße Sahne
1 EL Zitronensaft
1 MSP gemahlene Muskat-
blüte nach Belieben

Putenschnitzel mit Pfirsich

Zutaten für 4 Portionen
1 reifer Pfirsich
4 Putenschnitzel (je etwa 180 g)
Salz, weißer Pfeffer
1 EL Mehl
$^1/_2$ TL Ingwerpulver
100 g Mandelblättchen
je 1 EL Öl und Butter
4 EL Hühnerbrühe
3 EL trockener Weißwein

◆ Den Pfirsich abziehen und in Schnitze teilen; dabei den Stein entfernen.

◆ Die Putenschnitzel mit Salz und Pfeffer würzen.

◆ Das Mehl mit Ingwer mischen und die Schnitzel darin wenden.

◆ Die Mandelblättchen auf einen Teller geben.

◆ Eine Platte vorwärmen.

◆ Öl und Butter in einer Pfanne erhitzen und die Schnitzel darin bei starker Hitze auf jeder Seite 1 Minute braten. Anschließend das Fleisch herausnehmen, in den Mandelblättchen wenden, wieder in die Pfanne legen und auf jeder Seite weitere 2 Minuten braten.

◆ Die Schnitzel auf der vorgewärmten Platte warm halten.

◆ Den Pfirsich im Bratfett wenden.

◆ Die Hühnerbrühe und den Wein zugeben und einmal aufkochen.

◆ Die Pfirsichstücke neben den Schnitzeln anrichten und die Weinsauce darüber träufeln.

Zubereitung etwa 30 Minuten
1 Portion = 1869 kJ/ 445 kcal

Panierte Putenschnitzel

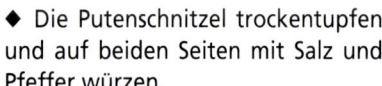

◆ Die Putenschnitzel trockentupfen und auf beiden Seiten mit Salz und Pfeffer würzen.

◆ Zum Panieren das Mehl auf einem Teller bereitstellen.

◆ Die Eier verquirlen und in einen tiefen Teller geben.

◆ Auf einem dritten Teller die Semmelbrösel mit 1 kräftigen Prise Muskat vermischen.

◆ Die Zitrone waschen, abtrocknen und durchschneiden; 4 Scheiben abschneiden.

◆ Die Teller vorwärmen.

Zutaten für 4 Portionen
4 Putenschnitzel (je etwa 150 g)
Salz
weißer Pfeffer
100 g Mehl
2 kleine Eier
100 g Semmelbrösel
geriebene Muskatnuß
1 unbehandelte Zitrone
2 EL Butterschmalz

◆ Das Butterschmalz in einer großen Pfanne erhitzen.

◆ Die Putenschnitzel zuerst im Mehl, dann im Ei und zum Schluß in den Semmelbröseln wenden.

◆ Die Schnitzel in die Pfanne geben, bei mittlerer bis schwacher Hitze auf jeder Seite etwa 8 Minuten braten, auf den vorgewärmten Tellern anrichten und mit den Zitronenscheiben garniert sofort servieren.

Zubereitung etwa 40 Minuten
1 Portion = 1827 kJ/ 435 kcal

Putenröllchen mit Käse und Tomaten

Für dieses Gericht eignen sich am besten Flaschentomaten, die wenig Kerne enthalten.

◆ Den Käse abtropfen lassen und in Würfel schneiden.
◆ Die Tomaten abziehen und ebenfalls würfeln; dabei die Stielansätze herausschneiden und die Kerne entfernen.
◆ Das Basilikum waschen, trockentupfen und hacken.
◆ Die Putenschnitzel mit dem Handballen flach drücken und auf beiden Seiten mit Salz und schwarzem Pfeffer würzen.
◆ Käse, Tomaten und Basilikum auf dem Fleisch verteilen.

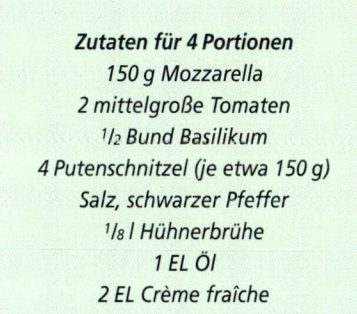

Zutaten für 4 Portionen
150 g Mozzarella
2 mittelgroße Tomaten
$1/2$ Bund Basilikum
4 Putenschnitzel (je etwa 150 g)
Salz, schwarzer Pfeffer
$1/8$ l Hühnerbrühe
1 EL Öl
2 EL Crème fraîche

◆ Die Schnitzel zu Rouladen aufrollen und mit Küchengarn umwickeln oder mit Rouladenklammern feststecken.

◆ Eine Servierplatte gut vorwärmen.
◆ Die Hühnerbrühe erhitzen.
◆ Das Öl in einer Pfanne erhitzen und die Putenröllchen darin bei mittlerer Hitze rundherum etwa 10 Minuten braten.
◆ Die Röllchen aus der Pfanne nehmen und auf der vorgewärmten Servierplatte warm halten.
◆ Die heiße Brühe in die Pfanne gießen und den Bratensatz lösen.
◆ Die Crème fraîche untermischen und nach Belieben bei starker Hitze etwas einkochen lassen.
◆ Die Sauce um die Röllchen gießen.

Zubereitung etwa 40 Minuten
1 Portion = 1365 kJ/ 325 kcal

Putenröllchen mit Kräutercreme

Zutaten für 4 Portionen
$1/2$ Bund Petersilie
2 EL Walnußkerne
1 Knoblauchzehe
100 g Rahmfrischkäse mit Kräutern
2 EL geriebener Parmesan
4 Putenschnitzel (je etwa 150 g)
Salz, schwarzer Pfeffer
$1/8$ l Hühnerbrühe
1 EL Öl
1 TL Zitronensaft

Putenfleisch verträgt eine kräftige Würze. Hier sorgt eine Käsecreme mit Knoblauch, Petersilie und Nüssen für den herzhaften Geschmack.

◆ Die Petersilie waschen, trockentupfen und die Blättchen abzupfen.
◆ Die Nüsse fein hacken.

◆ Den Knoblauch abziehen und zerdrücken.
◆ Knoblauch und Nüsse mit dem Frischkäse und dem Parmesan verrühren.
◆ Die Putenschnitzel mit dem Handballen flach drücken und auf beiden Seiten mit Salz und Pfeffer würzen.
◆ Die Käsecreme auf die Schnitzel streichen und mit den Petersilienblättchen belegen.
◆ Das Fleisch zu Rouladen aufrollen und mit Küchengarn umwickeln oder mit Rouladenklammern feststecken.
◆ Eine Servierplatte gut vorwärmen.
◆ Die Hühnerbrühe erhitzen.
◆ Das Öl in einer Pfanne erhitzen und die Putenröllchen darin bei mittlerer Hitze rundherum etwa 10 Minuten braten.
◆ Die Röllchen aus der Pfanne nehmen und auf der vorgewärmten Servierplatte warm halten.
◆ Die heiße Hühnerbrühe in die Pfanne gießen und den Bratensatz damit lösen.
◆ Den Zitronensaft untermischen.
◆ Die Sauce um die Röllchen gießen.

Zubereitung etwa 40 Minuten
1 Portion = 1319 kJ/ 314 kcal

Putenröllchen mit Sellerie

◆ Die Selleriestangen waschen, abtrocknen und fein hacken.

◆ Die Petersilie waschen, trockentupfen und fein hacken.

◆ Die Zitrone waschen und abtrocknen. Ein großes Stück Schale abschneiden und fein zerkleinern; 1 TL Zitronensaft auspressen.

◆ Das Toastbrot fein zerkrümeln.

◆ Das Putenfleisch zwischen 2 Blätter Pergamentpapier oder Frischhaltefolie legen und mit dem Nudelholz kräftig darüber rollen, so daß das Fleisch möglichst dünn wird.

◆ Die Speckscheiben auf die Schnitzel legen.

◆ Den Sellerie, die Hälfte der Petersilie, die Zitronenschale und die Brotkrümel vermischen, auf den Schnitzeln verteilen und mit Salz und Pfeffer würzen.

◆ Das Fleisch wie Rouladen aufrollen, mit Rouladenklammern feststecken oder mit Küchengarn um-

Zutaten für 4 Portionen
2 dünne Selleriestangen
1/2 Bund Petersilie
1 unbehandelte Zitrone
1 1/2 Scheiben Toastbrot
4 Putenschnitzel (je etwa 120 g)
4 dünne Scheiben durchwachsener
Räucherspeck
Salz
schwarzer Pfeffer
1 EL Mehl
1 Zwiebel
200 g Champignons
2 EL Öl
1/8 l Hühnerbrühe
5 EL trockener Weißwein
2 EL Crème double
Cayennepfeffer
Pergamentpapier oder
Frischhaltefolie

wickeln und anschließend die Röllchen im Mehl wenden.

◆ Die Zwiebel abziehen und hacken.

◆ Die Champignons waschen, putzen, in Scheiben schneiden und mit dem Zitronensaft vermischen.

◆ Das Öl in einem Topf erhitzen und die Putenröllchen darin bei starker Hitze rundherum braun anbraten.

◆ Die Zwiebel und die Pilze zum Fleisch geben und bei schwacher Hitze unter Rühren kurz schmoren.

◆ Für die Sauce die Hühnerbrühe und den Wein zum Fleisch gießen und den Bratfond damit lösen.

◆ Das Fleisch zugedeckt bei schwacher Hitze etwa 5 Minuten schmoren.

◆ Die Crème double unter die Sauce ziehen, mit Salz und Cayennepfeffer abschmecken und mit der restlichen Petersilie vermischen.

Zubereitung etwa 1 Stunde
1 Portion = 1445 kJ/ 344 kcal

Putenrollbraten

*Das Schweinemett macht den Roll-
braten schön saftig und gibt ihm
eine kräftige Würze. Dazu passen
Salzkartoffeln oder Kartoffelpüree
als Beilage.*

◆ Die Putenbrust vom Metzger zu
einer großen Scheibe aufschneiden
lassen.
◆ Das Fleisch auf die Arbeitsfläche
legen, mit dem Senf bestreichen, mit
Salz und Cayennepfeffer würzen und
mit den Kräutern bestreuen.
◆ Das Schweinemett auf dem Fleisch
verteilen.
◆ Die Putenbrust aufrollen und mit
Küchengarn zusammenbinden.
◆ Das Öl in einem Schmortopf erhitzen und den Rollbraten darin bei
starker bis mittlerer Hitze rundherum
braun anbraten.
◆ Das Tomatenmark zugeben und
kurz mitbraten.
◆ Die Hälfte der Fleischbrühe zu

Zutaten für 6 Portionen
1 kg Putenbrust
2 EL scharfer Senf
Salz
Cayennepfeffer
*1 EL getrocknete provenzalische
Kräuter*
200 g gewürztes Schweinemett
2 EL Öl
2 EL Tomatenmark
³/₈ l Fleischbrühe
1 kleines Bund Schnittlauch

dem Rollbraten gießen und den Bratensatz damit lösen.
◆ Den Rollbraten zugedeckt bei
schwacher Hitze etwa 1 Stunde weich
schmoren; dabei nach und nach die
restliche Brühe zugießen.
◆ Die Teller vorwärmen.

◆ Den Schnittlauch waschen, trokkentupfen und in feine Röllchen
schneiden.
◆ Den Rollbraten in Scheiben schneiden, auf den Tellern anrichten, mit
dem Schmorsud begießen und den
Schnittlauch darüber streuen.

*Zubereitung etwa 45 Minuten
Garzeit etwa 1 Stunde
1 Portion = 1567 kJ/ 373 kcal*

Geschmorte Putenkeulen

◆ Die Zwiebel und den Knoblauch
abziehen und fein hacken.
◆ Das Suppengrün putzen, waschen
und fein zerkleinern.
◆ Den Thymian waschen.
◆ Die Putenkeulen mit Salz und
weißem Pfeffer einreiben.
◆ Das Öl erhitzen und die Putenkeulen darin bei starker Hitze rundherum braun anbraten.
◆ Zwiebel, Knoblauch, Suppengrün
und Tomatenmark zu den Keulen geben und bei mittlerer Hitze kurz mitrösten.
◆ Die Hälfte des Wassers, das Lorbeerblatt und den Thymian als Bund
zugeben.
◆ Alles aufkochen und etwa 1 Stun-

Zutaten für 4 Portionen
1 große Zwiebel
1 Knoblauchzehe
1 Bund Suppengrün
1 Bund Thymian
2 Putenunterkeulen (je etwa 600 g)
Salz
weißer Pfeffer
2 EL Öl
2 EL Tomatenmark
¹/₄ l Wasser
1 Lorbeerblatt
100 g Crème fraîche
1 Bund Schnittlauch

de garen, bis das Fleisch weich ist; dabei nach und nach das restliche Wasser zugießen.
◆ Die Teller vorwärmen.
◆ Das Lorbeerblatt und das Thy-
mianbund aus der Sauce entfernen.
◆ Die Keulen aus dem Topf nehmen,
das Fleisch von den Knochen lösen
und auf den Tellern warm halten.
◆ Die Crème fraîche in die Sauce geben und etwas einkochen lassen.
◆ Den Schnittlauch waschen, trokkentupfen, in feine Röllchen schneiden und in die Sauce rühren.

*Zubereitung etwa 45 Minuten
Garzeit etwa 1 Stunde
1 Portion = 1911 kJ/ 455 kcal*

Chinesischer Feuertopf

◆ Das Putenbrust- und Hühnerbrustfilet etwa 1 Stunde vor dem Schneiden ins Gefriergerät legen und anfrieren lassen, damit es sich in hauchdünne Scheiben zerlegen läßt.

◆ Für den ersten Dip die Ingwerwurzel schälen, auf der Rohkostreibe raspeln und mit der Sojasauce und 6 EL Sherry vermischen.

◆ Für den zweiten Dip die Sesampaste mit Wasser und Zitronensaft glattrühren.

◆ Die Lauchzwiebel putzen, waschen, mit allen saftigen grünen Blättern sehr fein zerkleinern und mit dem Sesam unter den Dip mischen.

◆ Die beiden Dips in 6 Schälchen füllen und bis zum Servieren zugedeckt bei Zimmertemperatur ziehen lassen.

◆ Das Fleisch von Fett und Sehnen befreien und in sehr dünne Scheiben schneiden.

◆ Das Gemüse putzen oder schälen, waschen und zerkleinern: dabei den Chinakohl in Streifen, die Möhren und die Zucchini in dünne Scheiben schneiden.

◆ Die Hüte der Shiitakepilze in Streifen schneiden.

◆ Champignons und Zuckerschoten

Zutaten für 6 Portionen
500 g Putenbrustfilet
250 g Hühnerbrustfilet
1 daumenlanges Stück
frische Ingwerwurzel
$^1/_8$ l Sojasauce
8 EL trockener Sherry
2 EL Sesampaste (Tahin)
$^1/_8$ l Wasser
2 EL Zitronensaft
1 Lauchzwiebel
1 EL Sesamsamen
1 kg gemischtes Gemüse wie
Chinakohl, Zucchini und Möhren
150 g frische Shiitakepilze und
braune Champignons
100 g Zuckerschoten
1 TL frische Korianderblättchen
oder 2–3 Stengel Petersilie
50 g dünne Reisnudeln
1 l Gemüse- oder Hühnerbrühe

putzen und waschen; beides ganz lassen.

◆ Das Fleisch auf einer Platte, das Gemüse in Schälchen anrichten.

◆ Korianderblättchen oder Petersilie waschen und trockentupfen. Die Blättchen fein hacken und beiseite stellen.

◆ Wasser zum Kochen bringen.

◆ Die Reisnudeln mit kochendem Wasser übergießen, wieder abgießen und in ein Schälchen geben.

◆ Die Gemüse- oder Hühnerbrühe in einem Topf aufkochen lassen, mit 2 EL Sherry würzen und im Feuertopf auf den Tisch stellen.

◆ Zum Essen den Topf jeweils mit einer Portion Gemüse, Fleisch und Nudeln füllen.

◆ Alles in der Brühe garen, mit Stäbchen herausnehmen und in die Dips tauchen.

◆ Zum Schluß die restlichen Reisnudeln in der Brühe erhitzen. Dann Brühe, Nudeln und alles, was sonst noch im Topf ist, auf chinesische Eßschälchen verteilen.

◆ Zuerst ißt man die festen Zutaten mit Stäbchen, dann würzt man die Brühe mit Koriander oder Petersilie und trinkt sie aus der Schale.

Zubereitung etwa 1$^1/_2$ Stunden
1 Portion = 1142 kJ/ 272 kcal

Süß-saure Putenbrust

◆ Das Putenbrustfilet in Würfel von etwa 2 cm Länge schneiden, mit je 2 EL Sojasauce und Reiswein oder Sherry mischen und zugedeckt im Kühlschrank marinieren, bis die anderen Zutaten vorbereitet sind; dabei mehrmals wenden.

◆ Von der Speisestärke 1 EL abnehmen und für die Sauce in einer kleinen Schale beiseite stellen.

◆ Für den Teig die restliche Speisestärke mit Mehl und weißem Pfeffer mischen.

◆ Je 1 EL Sojasauce und Reiswein oder Sherry und 6 EL Fleischbrühe zugeben und rühren, bis der Teig glatt ist. Dann zugedeckt 30 Minuten quellen lassen.

◆ Inzwischen die Paprikaschote vierteln, putzen, waschen und in dünne Streifen schneiden.

◆ Möhren putzen, Salatgurke schälen und beides in dünne Stifte schneiden. Die Kerne der Gurke entfernen.

◆ Den Sellerie waschen, trockentupfen und in Stückchen von ungefähr 0,5 cm Länge schneiden.

◆ Den Backofen auf 130 °C (Gas Stufe 1) heizen, um das gebackene Fleisch warm zu halten.

◆ Ein Backblech mit Küchenpapier zum Abtropfen belegen und in den Backofen schieben.

◆ Das Ei trennen.

◆ Das Eigelb unter den Teig rühren. Der Teig soll aussehen wie dicker Eierkuchenteig. Falls der Teig zu fest ist, noch 1 EL Brühe untermischen.

◆ Das Eiweiß steif schlagen und unter den Teig ziehen.

◆ Das Öl zum Fritieren erhitzen.

◆ Die Fleischwürfel portionsweise in den Teig tauchen und bei zuerst starker, dann mittlerer Hitze im heißen Öl backen, bis sie rundherum goldbraun und knusprig sind.

◆ Das Fleisch mit einem Schaumlöffel herausnehmen und auf das Backblech in den warmen Ofen geben.

◆ Wenn das ganze Fleisch gebraten ist, das Gemüse mit der Sauce zubereiten.

◆ Die Orange auspressen.

◆ Das Erdnußöl in einer Pfanne erhitzen und den Zucker darin unter Rühren bei schwacher bis mittlerer Hitze schmelzen.

◆ 1 EL Sojasauce, Tomatenketchup, Essig, Orangen- und Zitronensaft zugeben.

◆ Den Rest der Fleischbrühe zugießen und alles unter Rühren einmal aufkochen.

◆ Das zerkleinerte Gemüse zugeben, abermals aufkochen und bei schwacher Hitze 5 Minuten garen.

◆ Die Speisestärke im Schälchen mit dem Wasser glattrühren, in die Sauce rühren und einmal aufkochen.

◆ Die Sauce mit Salz und Cayennepfeffer würzen und auf eine tiefe Platte geben. Die Fleischwürfel darauf anrichten und sofort servieren.

Zubereitung etwa 1¼ Stunden
1 Portion = 2562 kJ/ 610 kcal

Zutaten für 4 Portionen

600 g Putenbrustfilet
4 EL Sojasauce
3 EL Reiswein oder trockener Sherry
60 g Speisestärke
2 gestrichene EL Mehl
weißer Pfeffer
¼ l kalte Fleischbrühe
1 kleine rote Paprikaschote
2 mittelgroße Möhren
1 Stück Salatgurke (etwa 100 g)
3 Stangen Sellerie
1 Ei
1 Orange
1 EL Erdnußöl
70 g Zucker
3 EL Tomatenketchup
5 EL Rotweinessig
1 TL Zitronensaft
2 EL kaltes Wasser
Salz
Cayennepfeffer
Öl zum Fritieren

Putenbrust in Sahnesauce

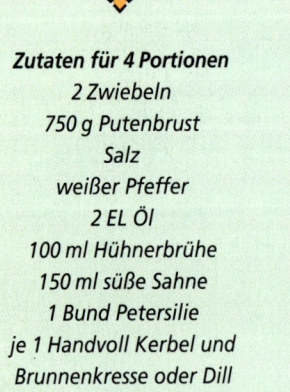

Zutaten für 4 Portionen
2 Zwiebeln
750 g Putenbrust
Salz
weißer Pfeffer
2 EL Öl
100 ml Hühnerbrühe
150 ml süße Sahne
1 Bund Petersilie
je 1 Handvoll Kerbel und
Brunnenkresse oder Dill
1 Zitrone

◆ Die Zwiebeln abziehen und fein hacken.
◆ Die Putenbrust trockentupfen und mit wenig Salz und mit weißem Pfeffer kräftig würzen.
◆ Das Öl erhitzen und die Putenbrust darin bei starker bis mittlerer

Hitze anbraten, bis sie rundherum braun ist.
◆ Die Zwiebeln zur Putenbrust in den Topf geben und bei schwacher Hitze etwa 1 Minute mitbraten.
◆ Die Hühnerbrühe und die Sahne zum Fleisch gießen und den Bratensatz damit lösen.
◆ Die Putenbrust zugedeckt bei schwacher Hitze etwa 50 Minuten

garen und dabei einige Male mit der Sauce im Topf begießen.
◆ Eine Servierplatte vorwärmen.
◆ Petersilie, Kerbel und Brunnenkresse oder Dill waschen, trockentupfen und fein zerkleinern.
◆ Die Zitrone halbieren und eine Hälfte auspressen.
◆ Das Fleisch aus dem Topf nehmen und auf der vorgewärmten Servierplatte warm halten.
◆ Die Schmorflüssigkeit bei starker Hitze so lange einkochen lassen, bis sie cremig ist.
◆ Die Kräuter unter die Sauce mischen und mit Salz, Pfeffer und Zitronensaft abschmecken.
◆ Das Fleisch in Scheiben schneiden und vor dem Servieren mit der Sauce überziehen.

Zubereitung etwa 30 Minuten
Garzeit etwa 1 Stunde
1 Portion = 1684 kJ/ 401 kcal

Putenleber Berliner Art

Gebratene Apfelscheiben und Zwiebelringe ergänzen die zarten Leberstreifen. Gewürzt wird nur mit Zitronensaft, Salz und frisch gemahlenem Pfeffer. Die klassische Beilage zu diesem Gericht ist Kartoffelpüree.

◆ Die Backofentemperatur auf 50 °C einstellen und eine Servierplatte im Backofen vorwärmen.
◆ Die Leber in fingerbreite Streifen schneiden; dabei die Sehnen und Adern entfernen.
◆ Die Zwiebeln abziehen, halbieren und in dünne Scheiben schneiden.
◆ Die Kerngehäuse der Äpfel ausstechen; die Äpfel schälen, in etwa fingerdicke Scheiben schneiden und mit dem Zitronensaft beträufeln.

Zutaten für 4 Portionen
500 g Putenleber
3 Zwiebeln
3 mittelgroße säuerliche Äpfel
2 EL Zitronensaft
50 g Butter
1 EL Öl
Salz
schwarzer Pfeffer aus der Mühle

◆ Die Butter in einer großen Pfanne erhitzen.
◆ Die in Scheiben geschnittenen Äpfel in der heißen Butter bei schwacher bis mittlerer Hitze auf jeder

Seite etwa 4 Minuten braten, bis sie gerade weich sind.
◆ Auf der Servierplatte im Backofen warm halten.
◆ Die Zwiebeln in der Pfanne bei schwacher Hitze glasig und weich braten, dann zum Warmhalten zu den Äpfeln in den Backofen legen.
◆ Das Öl in die Pfanne geben und die Leberstreifen darin bei mittlerer Hitze unter Wenden etwa 3 Minuten braten, bis sie leicht gebräunt und gerade eben durchgebraten sind.
◆ Die Leberstreifen mit Salz und schwarzem Pfeffer würzen und auf den Äpfeln und Zwiebeln anrichten.

Zubereitung etwa 50 Minuten
1 Portion = 1609 kJ/ 383 kcal

Wildente mit Madeira (S. 358);
Kaninchen spanische Art (S. 344)

Wild und Wildgeflügel

Hasenfilets in Preiselbeersahne

Die zarten Hasenfilets in cremiger Preiselbeersauce sind ein besonders edles Wildgericht. Auf diese Weise zubereitet schmecken auch Rehfilets, Hirschmedaillons und Wildentenbrust.

◆ Den Fond in einen Topf geben, Senf, Preiselbeerkompott und Zitronensaft mit einem Schneebesen unterrühren und die Mischung bei starker Hitze einkochen lassen.
◆ Nach und nach die süße Sahne zugießen, unter Rühren kochen, bis die Flüssigkeit cremig ist, und die Sauce zugedeckt warm halten.
◆ Die Teller gut vorwärmen.

◆ Butter und Öl in einer Pfanne erhitzen, die Hasenfilets darin bei starker Hitze rundherum anbraten, mit Salz und Pfeffer würzen und weitere 6 Minuten braten, bis die Filets gerade eben durchgegart sind.
◆ Weinbrand und Sauce in die Pfanne geben und den Bratensatz damit lösen.
◆ Die Hasenfilets in der Sauce wenden, das Fleisch schräg in Scheiben schneiden und mit der Preiselbeersahne auf den vorgewärmten Tellern anrichten.

Zubereitung etwa 45 Minuten
1 Portion = 3150 kJ/ 750 kcal

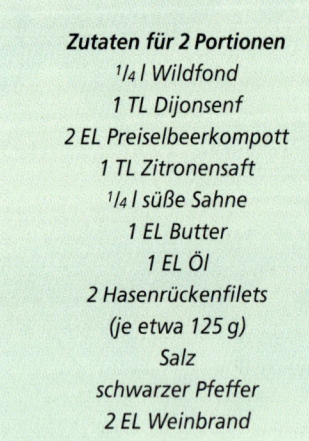

Zutaten für 2 Portionen
1/4 l Wildfond
1 TL Dijonsenf
2 EL Preiselbeerkompott
1 TL Zitronensaft
1/4 l süße Sahne
1 EL Butter
1 EL Öl
2 Hasenrückenfilets
(je etwa 125 g)
Salz
schwarzer Pfeffer
2 EL Weinbrand

Hase mit Backpflaumen

Zutaten für 6 Portionen
1 küchenfertiger Hase (etwa 1,5 kg)
Salz, weißer Pfeffer
2 Schalotten
2 Möhren
1 unbehandelte Orange
1/2 Bund Majoran
3 EL Öl
1 Lorbeerblatt
3 Wacholderbeeren
1 Gewürznelke
1 daumenlanges
Stück Zimtstange
2–3 EL Weinbrand
1/2 l trockener Weißwein
400 g entsteinte, weiche
Trockenpflaumen
1/8 l süße Sahne

Dieses wunderbare Schmorgericht können Sie statt mit Weinbrand, Weißwein und frisch gepreßtem Orangensaft auch mit Orangensaft und Wildfond zubereiten. Dazu schmecken z.B. Spätzle.

◆ Den Hasen vom Händler in Läufe, 4 Rückenteile und Bauchlappen teilen lassen.
◆ Die Hasenstücke mit Salz und Pfeffer würzen.
◆ Die Schalotten abziehen und fein hacken.
◆ Die Möhren putzen und in dünne Stifte schneiden.
◆ Die Orange waschen und abtrocknen. Etwa ein Viertel der Schale ganz dünn abschneiden und in feine Streifen schneiden. Den Fruchtsaft auspressen.
◆ Den Majoran waschen, trockentupfen und fein hacken.
◆ Den Backofen auf 200 °C (Umluft 180 °C, Gas Stufe 3) vorheizen.

◆ Das Öl in einem großen Schmortopf erhitzen und die Hasenstücke darin bei mittlerer bis starker Hitze auf beiden Seiten braun anbraten, dann herausnehmen.
◆ Schalotten, Möhren und Majoran anbraten.
◆ Den Hasen wieder zugeben und Orangenschale, Lorbeer, Wacholderbeeren, Gewürznelke und Zimtstange zufügen.
◆ Orangensaft, Weinbrand und Weißwein zugießen und den Bratensatz damit lösen.
◆ Den Hasen zugedeckt auf die untere Schiene des heißen Backofens stellen und 40 Minuten schmoren. Dabei die Stücke zweimal wenden.
◆ Trockenpflaumen und Sahne untermischen und das Gericht weitere 30 Minuten schmoren lassen.

Zubereitung etwa 50 Minuten
Garzeit 1 Stunde 10 Minuten
1 Portion = 2310 kJ/ 550 kcal

Hasenläufe mit Kastanien

◆ Die Hasenläufe waschen, abtrocknen und mit Salz und schwarzem Pfeffer einreiben.

◆ Den durchwachsenen Räucherspeck klein würfeln.

◆ Die Schalotten abziehen und fein hacken.

◆ Die Zitrone waschen und abtrocknen und 1 großes Stück Schale abschneiden.

◆ Das Öl erhitzen und Speck und Schalotten darin bei schwacher Hitze glasig braten.

◆ Die Hasenläufe zugeben und bei mittlerer Hitze rundherum braun anbraten.

◆ Wein, Brühe, Wacholderbeeren, Lorbeerblatt und Zitronenschale zugeben und die Hasenläufe zugedeckt bei schwacher Hitze in etwa 50 Minuten weich garen.

◆ Die Kastanien an der gewölbten Seite kreuzweise einschneiden, in eine Gußeisen- oder Edelstahlpfanne

Zutaten für 4 Portionen
4 Hasenläufe (etwa 900 g)
Salz, schwarzer Pfeffer
50 g durchwachsener Räucherspeck
2 Schalotten
1 unbehandelte Zitrone
1 EL Öl
$\frac{1}{8}$ l trockener Rotwein
$\frac{1}{8}$ l Fleisch- oder Gemüsebrühe
6 Wacholderbeeren
1 Lorbeerblatt
300 g frische Eßkastanien
150 g saure Sahne
$\frac{1}{2}$ EL Orangenkonfitüre

geben und zugedeckt bei starker bis mittlerer Hitze etwa 10 Minuten rösten, bis sie aufplatzen. Dabei die Pfanne häufig rütteln, damit die Kastanien nicht anbrennen.

◆ Die gerösteten Kastanien etwas abkühlen lassen und aus den äußeren Schalen lösen.

◆ Wasser zum Kochen bringen, die Kastanien damit übergießen, etwa 2 Minuten ziehen lassen, abgießen, kalt abschrecken und die braunen Innenhäutchen entfernen.

◆ Die Hasenläufe herausnehmen und warm stellen.

◆ Die Kastanien im Bratgefäß bei starker Hitze unter Rühren kochen, bis die Sauce dickflüssig ist.

◆ Saure Sahne und Orangenkonfitüre unter die Sauce mischen und mit Salz und Pfeffer abschmecken.

◆ Lorbeerblatt und Zitronenschale herausnehmen und die Sauce über die Hasenläufe geben.

Zubereitung etwa 1$\frac{1}{4}$ Stunden
1 Portion = 2230 kJ/ 531 kcal

Hase in Weißwein

Am besten schmeckt dieses Gericht mit richtig reifen Sommertomaten.

◆ Den Hasen vom Händler in Läufe, Rückenteile und Bauchlappen teilen lassen.

◆ Das Suppengrün putzen, waschen und fein zerkleinern.

◆ Estragon oder Petersilie waschen und trockentupfen. Die Blättchen abzupfen und in einem verschlossenen Gefäß in den Kühlschrank stellen. Die Stiele fein hacken.

◆ Den Senf mit Essig, Wein, Estragon- oder Petersilienstielen und Suppengrün mischen.

◆ Das Fleisch in dieser Marinade ungefähr 3 Stunden zugedeckt ziehen lassen; dabei mehrmals wenden.

◆ Den Räucherspeck würfeln.

◆ Schalotten und Knoblauch abziehen und fein hacken.

◆ Die Zitrone waschen und abtrock-

Zutaten für 6 Portionen
1 küchenfertiger junger Hase
(etwa 2 kg)
je 1 Bund Suppengrün
und Estragon oder Petersilie
2 TL scharfer Senf
1 EL Estragonessig
$1/2$ l trockener Weißwein
100 g durchwachsener
Räucherspeck
4 Schalotten
2 Knoblauchzehen
1 unbehandelte Zitrone
1 mittelgroße Möhre
3 Stangen Sellerie
Salz, weißer Pfeffer
3 EL Öl
3 mittelgroße Tomaten
$1/8$ l süße Sahne

nen. 1 Stück Schale abschneiden und fein zerkleinern.

◆ Die Möhre putzen und in Stifte schneiden.

◆ Den Sellerie waschen und in dünne Scheiben schneiden.

◆ Den Hasen aus der Marinade nehmen und das zerkleinerte Suppengrün von den Stücken streifen.

◆ Das Fleisch trockentupfen und mit Salz und Pfeffer würzen.

◆ Das Öl in einem Bräter erhitzen.

◆ Die Speckwürfel darin bei schwacher Hitze glasig braten und wieder herausnehmen.

◆ Die Hasenstücke bei mittlerer Hitze in dem Fett rundherum braun anbraten.

◆ Schalotten, Knoblauch, Zitronenschale, Möhre und Sellerie zugeben und etwa 3 Minuten mitbraten.

◆ Die Marinade zugießen und den Bratensatz damit lösen.

◆ Den Bräter zugedeckt auf die untere Schiene des kalten Backofens schieben und den Hasen bei 200 °C (Umluft 180 °C, Gas Stufe 3) 50 Minuten schmoren lassen.

◆ Eine Platte vorwärmen.

◆ Während des Schmorens die Fleischstücke zweimal wenden und mit der Schmorflüssigkeit begießen.

◆ Die Tomaten abziehen und würfeln; die Stielansätze entfernen.

◆ Die Tomaten zum Hasen geben; alles weitere 40 Minuten schmoren.

◆ Die Hasenstücke herausnehmen und auf der vorgewärmten Platte warm halten.

◆ Den Schmorsud nach Belieben einkochen lassen.

◆ Die Sahne untermischen und die Sauce mit Salz und Pfeffer würzen.

◆ Die Kräuterblättchen fein hacken und in die Sauce geben.

Marinierzeit etwa 3 Stunden
Zubereitung etwa 1 Stunde
Schmorzeit 1½ Stunden
1 Portion = 2457 kJ/ 585 kcal

Hasenpfeffer

◆ Den Hasen vom Händler in Läufe, 4 Rückenteile und 2 Bauchlappen teilen lassen und die Stücke in eine große Schüssel geben.

◆ 1 Zwiebel abziehen und halbieren.

◆ 1 Bund Thymian und die Petersilie waschen.

◆ Zwiebel, Thymian und Petersilie mit den Pfefferkörnern und den Lorbeerblättern zum Hasen geben.

◆ Wein und Weinbrand mischen.

◆ Das Olivenöl bis auf 3 EL, in denen die Hasenstücke später angebraten werden, zum Wein geben.

◆ Die Mischung um den Hasen gießen und das Tier zugedeckt im Kühlschrank 24 Stunden marinieren.

◆ Für die Zubereitung den Räucherspeck würfeln.

◆ Die restlichen beiden Zwiebeln und den Knoblauch abziehen und fein hacken.

◆ Den zweiten Bund Thymian waschen, trockentupfen und fein zerkleinern.

◆ Die Hasenstücke aus der Marinade nehmen, sorgfältig trockentupfen, mit Salz und Pfeffer würzen und im Mehl wenden.

◆ Das restliche Öl in einem Schmortopf erhitzen, den Räucherspeck darin bei schwacher Hitze ausbraten, mit einem Löffel herausnehmen und auf einem Teller beiseite stellen.

◆ Das Fleisch bei mittlerer bis starker Hitze portionsweise im Fett rundherum braun anbraten. Mit der letz-

Zutaten für 4 Portionen
1 küchenfertiger Wildhase mit Leber
(etwa 1,4 kg)
3 Zwiebeln
2 Bund frischer Thymian
1 Bund Petersilie
1 TL weiße Pfefferkörner
2 Lorbeerblätter
½ l trockener Weißwein
4 EL Weinbrand
⅛ l Olivenöl
100 g durchwachsener Räucherspeck
2 Knoblauchzehen
Salz, schwarzer Pfeffer
2 EL Mehl

ten Portion die Zwiebeln, den Knoblauch und den Thymian braten.

◆ Den Speck wieder zugeben.

◆ Die Marinade durchsieben und die festen Teile wegwerfen; dann die Flüssigkeit zum Fleisch gießen und aufkochen lassen.

◆ Den Hasen zugedeckt bei schwacher Hitze etwa 1½ Stunden schmoren lassen; dabei zweimal wenden.

◆ Die Hasenleber pürieren.

◆ Das Fleisch in eine große Schüssel geben und warm halten.

◆ Die Schmorflüssigkeit durch ein Sieb in einen anderen Topf gießen und aufkochen lassen.

◆ Den Topf von der Kochstelle nehmen und die Hasenleber kräftig in die Sauce rühren.

◆ Die Sauce mit Salz und Pfeffer würzen und über das Fleisch geben.

Marinierzeit 24 Stunden
Zubereitung etwa 1 Stunde
Schmorzeit etwa 1½ Stunden
1 Portion = 3364 kJ/ 801 kcal

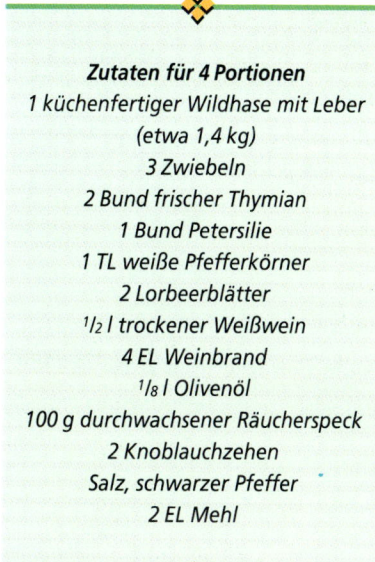

Hasenbraten mit Sahnesauce

Bei Hasen gibt es unterschiedliche Größen. Der Wildhändler muß wissen, für wie viele Personen das Essen vorgesehen ist, damit er den richtigen Braten für Sie bestellen kann.

◆ Den Hasen mit Salz und Pfeffer einreiben und in einen großen Bräter legen.

◆ Das Suppengrün putzen, waschen und fein zerkleinern.

◆ Die Zwiebeln abziehen und fein hacken.

◆ Die Gewürznelken in einem Mörser zerdrücken.

◆ Die Zitrone waschen, abtrocknen und 1 großes Stück von der Schale abschneiden.

◆ Alle diese Zutaten um den Hasen verteilen.

◆ Das Öl erhitzen und über den Hasen gießen.

◆ Den Hasen zugedeckt auf die un-

Zutaten für 6 Portionen
1 küchenfertiger Hase
(etwa 1,6 kg)
Salz, schwarzer Pfeffer
2 kleine Bund Suppengrün
2 kleine Zwiebeln
1 TL Gewürznelken
1 unbehandelte Zitrone
3 EL Öl
200 ml Kalbsfond
250 g saure Sahne
4 EL trockener Weißwein
oder Fleischbrühe
1 gestrichener EL Mehl
3 Stengel Petersilie

tere Schiene des kalten Backofens stellen und bei 180 °C (Umluft 160 °C, Gas Stufe 2–3) 15 Minuten braten.

◆ Fond, saure Sahne, Wein oder Brühe und das Mehl verrühren.

◆ Den Hasen damit übergießen und weitere 30 Minuten schmoren; dabei drei- bis viermal mit der Schmorflüssigkeit im Bräter begießen.

◆ Den Backofen auf 220 °C (Umluft 200 °C, Gas Stufe 4) schalten und den Hasen offen 15 Minuten schmoren.

◆ Eine Platte vorwärmen.

◆ Die Petersilie waschen, trockentupfen und fein hacken.

◆ Den fertigen Hasen herausnehmen und in Keulen und Rücken teilen. Die Filets aus dem Rücken lösen und schräg in Scheiben schneiden.

◆ Fleisch und Gemüse auf der vorgewärmten Platte anrichten.

◆ Die Petersilie mit der Sauce mischen und über den Hasen geben.

Zubereitung etwa 1½ Stunden
1 Portion = 1785 kJ/ 425 kcal

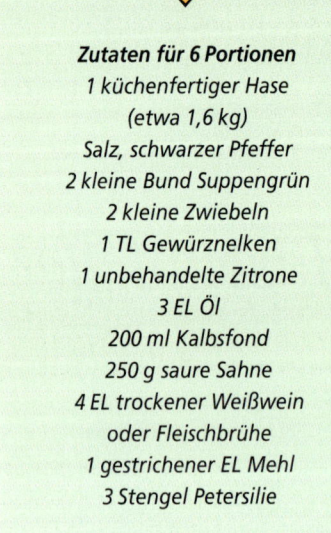

Hase in Rotwein

Das Suppengrün putzen, waschen und grob zerkleinern.

Die Zwiebel abziehen und halbieren, den Thymian waschen.

Suppengrün, Zwiebel und Thymian mit Wein, Essig, Pfefferkörnern und Lorbeerblättern aufkochen und wieder lauwarm abkühlen lassen.

Den Hasen mit der Marinade übergießen und über Nacht zugedeckt kühl stellen.

Für die Zubereitung den Räucherspeck würfeln.

Schalotten und Knoblauch abziehen; die Möhre putzen und den Sellerie schälen; die Tomaten abziehen, von den Stielansätzen befreien und alles fein zerkleinern.

Das Fleisch aus der Marinade nehmen, trockentupfen, salzen, pfeffern und leicht mit Mehl bestreuen.

Die Marinade für den Schmorsud durchsieben; feste Teile wegwerfen.

Das Öl erhitzen. Den Speck darin bei schwacher Hitze ausbraten, mit einem Löffel herausnehmen und auf einem Teller beiseite stellen.

Das Fleisch bei mittlerer bis starker Hitze portionsweise im Fett rundherum braun anbraten.

Mit der letzten Portion das zerkleinerte Gemüse braten.

Den Speck wieder zugeben.

Die Marinade zugießen, aufkochen und den Hasen zugedeckt bei schwacher Hitze etwa 1½ Stunden schmoren; dabei zweimal wenden.

Das Fleisch herausnehmen und warm halten.

Die Schmorflüssigkeit nach Belieben durchsieben und bei starker Hitze unter Rühren einkochen lassen.

Das Tomatenmark untermischen, die Sauce mit Salz und Pfeffer würzen und über das Fleisch geben.

Marinierzeit etwa 10 Stunden
Zubereitung etwa 1 Stunde
Garzeit etwa 1½ Stunden
1 Portion = 1701 kJ/ 405 kcal

Zutaten für 6 Portionen
2 Bund Suppengrün
1 Zwiebel
1 Bund frischer Thymian
1 l trockener Rotwein
5 EL Rotweinessig
1 TL weiße Pfefferkörner
2 Lorbeerblätter
1 küchenfertiger Hase
(etwa 1,4 kg)
100 g durchwachsener
Räucherspeck
100 g Schalotten
2 Knoblauchzehen
1 große Möhre
1 mittelgroßes Stück Sellerie
2 Tomaten
2 EL Mehl
2 EL Öl
1 EL Tomatenmark
Salz, schwarzer Pfeffer

Geschmortes Wildkaninchen

Das Kaninchen vom Händler in 6 Teile zerlegen lassen.

Die Stücke mit Salz und Pfeffer einreiben.

Die Tomaten abziehen und würfeln; dabei die Stielansätze herausschneiden.

Den Knoblauch abziehen und in feine Scheiben schneiden.

Die Oliven halbieren, entkernen und grob hacken.

Das Basilikum waschen und trockentupfen. Die Stiele abschneiden und ganz fein zerkleinern.

Die Sardellenfilets hacken.

Das Olivenöl in einem Schmortopf erhitzen und die Kaninchenteile dar-

Zutaten für 4 Portionen
1 Wildkaninchen (etwa 1 kg)
Salz, schwarzer Pfeffer
1 kg Tomaten
3 Knoblauchzehen
100 g schwarze Oliven
1 Bund Basilikum
3 Sardellenfilets
3 EL Olivenöl, 5 EL Wasser

in bei mittlerer Hitze rundherum braun anbraten.

Knoblauch, Oliven, gehackte Basilikumstiele und Sardellen zugeben und kurz mitbraten.

Das Wasser zugeben und den Bratensatz damit lösen.

Die Tomaten auf dem Kaninchen verteilen und mit Salz und Pfeffer würzen.

Das Wildkaninchen zugedeckt bei schwacher Hitze 45 Minuten schmoren lassen.

Die Basilikumblättchen grob hacken und unmittelbar vor dem Servieren über das Gericht streuen.

Zubereitung etwa 45 Minuten
Garzeit 45 Minuten
1 Portion = 2230 kJ/ 531 kcal

Kaninchen auf spanische Art

Das zarte Kaninchenfleisch verträgt sich mit vielen Zutaten. Hier sind es Paprika, Tomaten und Zwiebelringe.

◆ Das Kaninchen vom Händler in 6 Teile zerlegen lassen und die Stücke mit Salz und Pfeffer würzen.

◆ Die Zwiebel abziehen, halbieren und in feine Scheiben schneiden.

◆ Die Tomaten abziehen und würfeln; die Stielansätze entfernen.

◆ Die Paprikaschoten vierteln, putzen und waschen, anschließend die Viertel in Streifen schneiden.

◆ 2 EL Olivenöl in einem großen Schmortopf erhitzen und die Kaninchenstücke darin bei mittlerer Hitze rundherum braun anbraten.

◆ Zwiebelscheiben und Paprikapulver zugeben und kurz mitbraten.

◆ Die Hälfte der Tomatenwürfel und die Paprikastreifen untermischen.

◆ Die Fleischbrühe zugießen und den Bratensatz damit ablösen.

◆ Alles einmal aufkochen lassen, zugedeckt bei schwacher Hitze 45 Minuten garen und mit Salz und Pfeffer abschmecken.

◆ Das Weißbrot in 4 EL Öl auf beiden Seiten goldgelb braten.

◆ Den Knoblauch abziehen, zerdrücken und mit den restlichen Tomatenwürfeln mischen.

◆ Die Knoblauch-Tomaten-Mischung mit Salz und Pfeffer würzen, auf den Brotscheiben verteilen und zum Kaninchen servieren.

Zubereitung etwa 1½ Stunden
1 Portion = 2818 kJ/ 671 kcal

Zutaten für 4 Portionen
1 küchenfertiges Kaninchen
(etwa 1,2 kg)
Salz
weißer Pfeffer
1 Gemüsezwiebel
4 Tomaten
je 2 kleine rote und
grüne Paprikaschoten
6 EL Olivenöl
1 EL scharfes Paprikapulver
100 ml Fleischbrühe
4 Scheiben Weißbrot
2 Knoblauchzehen

Kaninchen mit Fenchel

Dieses Gericht aus Norditalien ist einfach zu kochen und höchst delikat. Stilecht dazu ist Polenta und nach Belieben Salat.

Zutaten für 4 Portionen
1 küchenfertiges Kaninchen
(etwa 1,1 kg)
Salz, weißer Pfeffer
5 mittelgroße Fenchelknollen
3 Tomaten
2 Zwiebeln
5 Knoblauchzehen
5 Zweige frischer Rosmarin
100 g durchwachsener Räucherspeck
3 EL Olivenöl
⅛ l trockener Weißwein
3 Lorbeerblätter

◆ Das Kaninchen vom Händler in 6 Teile zerlegen lassen.

◆ Die Stücke mit Salz und Pfeffer würzen.

◆ Den Fenchel der Länge nach achteln, waschen und den Strunk herausschneiden.

◆ Die zarten Fenchelblättchen abschneiden, hacken und zum Bestreuen beiseite legen.

◆ Die Tomaten abziehen und achteln; dabei die Stielansätze herausschneiden.

◆ Zwiebeln und Knoblauch abziehen und fein hacken.

◆ Den Rosmarin waschen und trockentupfen.

◆ Den Räucherspeck in kleine Würfel schneiden.

◆ Das Olivenöl erhitzen und die Speckwürfel darin bei schwacher Hitze ausbraten.

◆ Die Speckwürfel mit einem Löffel herausnehmen und auf einen Teller geben.

◆ Die Kaninchenstücke im Bratfett bei mittlerer Hitze rundherum braun anbraten.

◆ Zwiebeln und Knoblauch zugeben und kurz mitbraten.

◆ Den Wein zugießen und den Bratensatz damit ablösen.

◆ Speck, Fenchel, Tomaten, Rosmarin und Lorbeerblätter zum Fleisch geben, alles einmal aufkochen und zugedeckt bei schwacher Hitze etwa 45 Minuten garen.

◆ Das Gericht mit Salz und Pfeffer abschmecken und mit dem gehackten Fenchelgrün servieren.

Zubereitung etwa 45 Minuten
Garzeit etwa 45 Minuten
1 Portion = 3175 kJ/ 756 kcal

Wildschwein mit Orangensauce

◆ Den Backofen auf 50 °C schalten.

◆ Eine Platte gut vorwärmen.

◆ Die Orange waschen und abtrocknen. Ungefähr zwei Drittel der Schale dünn abschneiden und in hauchfeine Streifen schneiden. Den Saft auspressen und mit den Rosinen vermischen.

◆ Die Schalotte abziehen und fein hacken.

◆ Den kandierten Ingwer ebenfalls ganz fein zerkleinern.

◆ Die Wildschweinkoteletts auf beiden Seiten mit Salz und etwas Cayennepfeffer würzen.

◆ Butter und Öl in einer Pfanne erhitzen, die Koteletts darin bei starker Hitze auf beiden Seiten anbraten, dann bei mittlerer bis schwacher

Zutaten für 4 Portionen
1 unbehandelte Orange
1 EL Rosinen
1 Schalotte
1 kleines Stück
kandierter Ingwer
4 Wildschweinkoteletts
(je etwa 250 g)
Salz
Cayennepfeffer
1 EL Butter
1 EL Öl
200 ml Wildfond
1 EL Crème fraîche

Hitze auf jeder Seite etwa 3 Minuten braten.

◆ Die Koteletts herausnehmen und auf der vorgewärmten Platte im Backofen warm halten.

◆ Die Schalotte mit Orangenschale und Ingwer ins Bratfett geben und bei schwacher Hitze glasig braten.

◆ Den Wildfond nach und nach zugießen und bei starker Hitze unter Rühren dick einkochen.

◆ Die Rosinen mit Orangensaft und Crème fraîche unter die Sauce mischen, etwa 2 Minuten ziehen lassen und über den Koteletts verteilen.

Zubereitung etwa 45 Minuten
1 Portion = 1449 kJ/ 345 kcal

Wildschwein mit Biersauce

Zutaten für 4 Portionen
4 Wildschweinkoteletts
(je etwa 250 g)
Salz, schwarzer Pfeffer
1 EL Mehl
3 Wacholderbeeren
1 EL Öl
1/2 l dunkles Bier
2 TL scharfer Senf

auf beiden Seiten anbraten, dann bei mittlerer bis schwacher Hitze auf jeder Seite etwa 3 Minuten braten.

◆ Die Koteletts herausnehmen und auf der vorgewärmten Platte im Backofen warm halten.

◆ Das Bier mit dem Wacholder in die

Pfanne gießen, bei starker Hitze unter Rühren dick einkochen, mit Senf abschmecken und über den Koteletts verteilen.

Zubereitung etwa 30 Minuten
1 Portion = 1247 kJ/ 297 kcal

◆ Den Backofen auf 50 °C schalten.

◆ Eine Platte gut vorwärmen.

◆ Die Koteletts auf beiden Seiten mit Salz und Pfeffer würzen und im Mehl wenden.

◆ Die Wacholderbeeren mit Hilfe einer Messerklinge möglichst fein zerdrücken.

◆ Das Öl in einer Pfanne erhitzen, die Koteletts darin bei starker Hitze

Wildschweinragout

◆ Das Fleisch in eine Porzellanschüssel legen.

◆ Das Suppengrün putzen und waschen; die Zwiebel abziehen und hakken; den Thymian waschen und grob zerkleinern.

◆ Suppengrün, Zwiebel und Thymian mit Wein, Essig, Pfefferkörnern und Lorbeerblättern zum Fleisch geben und das Fleisch darin 24 Stunden im Kühlschrank marinieren; dabei ab und zu wenden.

◆ Das Fleisch aus der Marinade nehmen, trockentupfen und in etwa 2 cm große Würfel schneiden.

◆ Die Marinade durch ein Sieb gießen und 1/4 l abmessen.

◆ Die Tomaten abziehen und würfeln; die Stielansätze entfernen.

◆ Schalotten und Knoblauch abziehen und fein zerkleinern.

◆ Den Rosmarinbund waschen.

◆ Das Öl in einem Schmortopf erhitzen und die Fleischwürfel darin bei mittlerer bis starker Hitze portionsweise rundherum braun anbraten.

Zutaten für 6 Portionen

1 kg Wildschweinschulter
(ohne Knochen)
2 Bund Suppengrün
1 Zwiebel
1 Bund frischer Thymian
1/2 l trockener Rotwein
3 EL Rotweinessig
1 TL weiße Pfefferkörner
2 Lorbeerblätter
750 g Tomaten
2 Schalotten
6 Knoblauchzehen
1 Bund Rosmarin
2 EL Öl
1 EL Tomatenmark
Salz, weißer Pfeffer
1/2 Bund Petersilie

Mit der letzten Portion die Schalotten und den Knoblauch braten.

◆ Das angebratene Fleisch wieder zugeben, das Tomatenmark einrühren und kurz anrösten.

◆ Die Tomaten untermischen, den Rosmarinbund zugeben und alles mit Salz und Pfeffer würzen.

◆ Die Hälfte der abgemessenen Marinade zugießen, aufkochen lassen und das Fleisch zugedeckt bei schwacher Hitze in etwa 1 1/2 Stunden weich garen; dabei nach und nach den Rest der Marinade zugeben.

◆ Die Petersilie waschen, trockentupfen und fein zerkleinern.

◆ Das fertige Fleisch mit einem Schaumlöffel herausnehmen und in einer Schüssel warm halten.

◆ Den Rosmarinbund entfernen.

◆ Die Schmorflüssigkeit bei starker Hitze dick einkochen lassen und über das Fleisch geben.

◆ Die Speise mit Petersilie bestreuen.

Marinierzeit 24 Stunden
Zubereitung etwa 1 1/4 Stunden
Garzeit etwa 1 1/2 Stunden
1 Portion = 1126 kJ/ 268 kcal

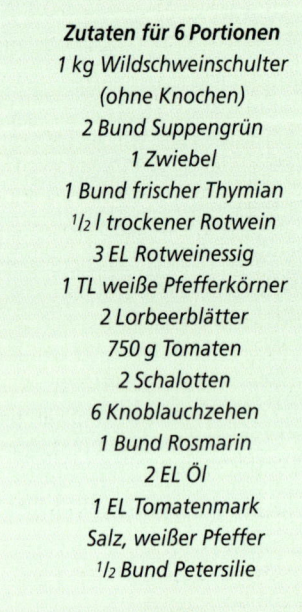

Gebratene Rehkeule

Nehmen Sie das Fleisch, das Sie in guter Qualität und preiswert bekommen, denn der Braten schmeckt auch mit Hirsch, Hase oder Wildgeflügel.

◆ Die Rehkeule trockentupfen.
◆ Salz, Pfeffer und Koriander auf einem Teller mischen und das Fleisch damit rundherum einreiben.
◆ Die Schalotte abziehen und fein hacken.
◆ Das Suppengrün putzen, waschen und grob zerkleinern.
◆ Das Öl in einem Bräter erhitzen und die Rehkeule darin bei starker bis mittlerer Hitze rundherum braun anbraten.
◆ Die Speckscheiben auf die Keule legen und Schalotte und Suppengrün zugeben. An den Seiten ungefähr ein Drittel des Wildfonds zugießen und einmal aufkochen lassen.

◆ Die Keule zugedeckt bei schwacher Hitze etwa 1 Stunde schmoren, bis das Fleisch gerade durchgegart ist; dabei nach und nach den restlichen Fond zugießen.
◆ Die Rehkeule herausnehmen und im Backofen bei 50 °C warm halten.
◆ Den Bratfond durch ein Sieb in einen Topf gießen und in etwa 20 Minuten bei starker Hitze unter Rühren dick einkochen lassen.
◆ Eine Platte vorwärmen.
◆ Weinbrand oder Orangensaft und Sahne unter den Fond mischen.
◆ Das Fleisch in Scheiben schneiden und auf der vorgewärmten Platte anrichten.
◆ Die Sauce zum Fleisch servieren.

Zubereitung etwa 50 Minuten
Garzeit etwa 1 Stunde
1 Portion = 1323 kJ/ 315 kcal

Zutaten für 6 Portionen
1 Rehkeule ohne Knochen
(etwa 1,2 kg)
Salz
schwarzer Pfeffer
$1/4$ TL gemahlener Koriander
1 Schalotte
1 Bund Suppengrün
2 EL Öl
3 dünne Scheiben fetter Speck
400 ml Wildfond
2 EL Weinbrand oder Orangensaft
3 EL süße Sahne

Gebratener Rehrücken

Der Händler bereitet Ihnen den Rehrücken zum Braten vor. Knochen und Abschnitte können Sie mitnehmen und einen Fond daraus kochen. Rascher geht es mit Fond aus dem Glas.

◆ Den Rehrücken vom Wildhändler vom Knochen lösen, häuten und sauber zuschneiden (parieren) lassen.
◆ Den Backofen auf 200 °C (Umluft 180 °C, Gas Stufe 3) vorheizen.
◆ Das Fleisch salzen und pfeffern.
◆ Das Öl in einem Bräter erhitzen und den Rehrücken darin bei mittlerer Hitze von beiden Seiten braun anbraten.
◆ Den Rücken auf den Rost legen, mit der Fettpfanne darunter auf die mittlere Schiene des heißen Backofens schieben und etwa 20 Minuten

Zutaten für 4 Portionen
1 Rehrücken (etwa 1,2 kg)
Salz, schwarzer Pfeffer
2 EL Öl
400 ml Wildfond
$1/8$ l weißer Portwein
$1/8$ l süße Sahne
1 EL Zitronensaft
1 EL grüne Pfefferkörner
(frisch oder eingelegt)
Alufolie

braten, bis er gerade durchgegart ist: Ein Fleischthermometer, das Sie in die Mitte des Bratens stecken, zeigt dann 80 °C an.

◆ Die Teller vorwärmen.
◆ Den Wildfond und den Portwein in den Bräter gießen und bei starker Hitze unter Rühren auf die Hälfte einkochen lassen.
◆ Nach und nach die Sahne zugeben und die Mischung zu einer cremigen Sauce kochen.
◆ Die Sauce mit Salz, Zitronensaft und den Pfefferkörnern würzen.
◆ Das fertiggebratene Fleisch in Alufolie wickeln und im geöffneten, abgeschalteten Backofen 5 Minuten ruhen lassen.
◆ Den Rehrücken schräg in Scheiben schneiden, auf den Tellern anrichten und mit der Sauce umgießen.

Zubereitung etwa 1 Stunde
1 Portion = 1894 kJ/ 451 kcal

Rehgeschnetzeltes in Hagebuttensauce

Zutaten für 4 Portionen
600 g Rehkeule (ohne Knochen)
2 Schalotten
1 Bund Petersilie
2 EL Walnußkerne
2 EL Butter
1 EL Öl
100 ml Wildfond
1 EL Hagebuttenmark
1 EL Rosinen
2 EL Crème double
Salz, Cayennepfeffer

◆ Die Rehkeule auf ein Brett legen und zuerst quer zu den Fasern in Scheiben, danach in Streifen schneiden; dabei Fett, Sehnen und Häute entfernen.

◆ Die Schalotten abziehen und fein hacken.
◆ Die Petersilie waschen, trockentupfen und fein zerkleinern.
◆ Die Walnußkerne grob hacken.
◆ 1 EL Butter und das Öl in einer großen Pfanne erhitzen und die Schalotten darin bei schwacher Hitze glasig braten.
◆ Die restliche Butter in einer kleinen Pfanne erhitzen und die Walnußkerne darin bei schwächster Hitze rösten.
◆ Das Rehfleisch und die Hälfte der Petersilie in der großen Pfanne bei starker Hitze kräftig rösten, bis das Fleisch gebräunt ist.
◆ Wildfond, Hagebuttenmark, Rosinen und Crème double zum Fleisch geben und unter ständigem Rühren erhitzen.
◆ Das Geschnetzelte mit Walnußker-

nen und dem Rest der Petersilie mischen, mit Salz und Cayennepfeffer abschmecken und sofort servieren.

Zubereitung etwa 45 Minuten
1 Portion = 1470 kJ/ 350 kcal

Rehragout mit Steinpilzen

Der Steinpilz gehört zu den wohlschmeckendsten Pilzen in Europa und rangiert in der Gastronomie unmittelbar hinter Trüffel und Morchel.

◆ Das Fleisch von Fett, Sehnen und Häuten befreien und in gulaschgroße Würfel schneiden.
◆ Den Speck fein würfeln.
◆ Die Zwiebel abziehen und fein hacken.
◆ Öl und Butter in einem Schmortopf erhitzen, den Speck darin bei schwacher Hitze glasig braten, mit einem Schaumlöffel herausnehmen und auf einem Teller beiseite stellen.
◆ Das Fleisch portionsweise im heißen Fett bei starker bis mittlerer Hitze rundherum anbraten, herausnehmen und zum Speck geben.

Zutaten für 4 Portionen
750 g Rehfleisch aus der Schulter
(ohne Knochen)
50 g fetter Speck
1 kleine Zwiebel
1 EL Öl
25 g Butter
Salz, weißer Pfeffer
1/4 TL gemahlener Koriander
etwa 30 g getrocknete Steinpilze
300 ml Wildfond
75 ml trockener Rotwein
1/2 Bund Petersilie
1 EL Zitronensaft
1 TL Johannisbeergelee
1/8 l süße Sahne

◆ Zum Schluß die gehackte Zwiebel glasig braten.
◆ Fleischwürfel und Speck wieder zugeben und mit Salz, Pfeffer und Koriander würzen.
◆ Getrocknete Pilze, Wildfond und Rotwein zugeben, aufkochen und zugedeckt 1 Stunde schmoren lassen.
◆ Die Petersilie waschen, trockentupfen und fein hacken.
◆ Zitronensaft, Johannisbeergelee und Sahne unter das Ragout mischen und bis knapp unter den Siedepunkt erhitzen, aber nicht mehr aufkochen.
◆ Das Ragout salzen und pfeffern und die Petersilie untermischen.

Zubereitung etwa 45 Minuten
Garzeit 1 Stunde
1 Portion = 2062 kJ/ 491 kcal

Russisches Wildgulasch

Bei vielen Wildhändlern gibt es Gulasch oder Ragout von Reh, Hirsch und Hirschkalb zu kaufen, das bereits fertig gewürfelt und von Fett und Sehnen befreit ist. Zu diesem herzhaften Wildgericht passen am besten Semmelknödel (siehe S. 386).

◆ Das Fleisch würfeln; Fett, Sehnen und evtl. Häute dabei entfernen.
◆ Die Zwiebel abziehen und fein hacken.
◆ Das Suppengrün putzen, waschen und ebenfalls fein zerkleinern.
◆ Das Öl in einem Schmortopf erhitzen und das Fleisch darin bei starker bis mittlerer Hitze rundherum braun anbraten, dann herausnehmen.
◆ Zwiebel und Suppengrün im Bratfett rösten, das Fleisch wieder zugeben und Mehl darüberstreuen.

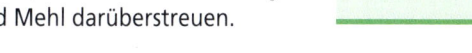

Zutaten für 4 Portionen
900 g Wildschulter
(Reh, Hirsch oder Hirschkalb)
1 Zwiebel
2 Bund Suppengrün
4 EL Öl
1 EL Mehl
Salz, schwarzer Pfeffer
400 ml Wildfond
$^1/_8$ l Wasser
1 Gewürznelke
1 Lorbeerblatt
40 g getrocknete Mischpilze
2 EL milder Essig
1 mittelgroße rote Bete
2 Gewürzgurken
150 g Crème double

◆ Alles unter Rühren etwa 1 Minute rösten und mit Salz und schwarzem Pfeffer würzen.
◆ Wildfond und Wasser zugießen und den Bratensatz damit lösen.
◆ Gewürznelke, Lorbeerblatt, Pilze und Essig zugeben, alles einmal aufkochen und zugedeckt bei schwacher Hitze 45 Minuten schmoren lassen.
◆ Die rote Bete schälen und in Stifte schneiden, zum Fleisch geben und weitere 15 Minuten schmoren lassen.
◆ Die Gurken abtropfen lassen, in Stifte schneiden und mit der Crème double unter das Gulasch mischen.
◆ Alles einmal aufkochen lassen, salzen, pfeffern und servieren.

Zubereitung etwa 1 Stunde
Garzeit 1 Stunde
1 Portion = 2747 J/ 654 kcal

Hirschmedaillons mit Johannisbeeren

Medaillons vom Wild muß man langsam braten, damit sie zart bleiben. Der Deckel auf der Form und das Bratfett schützen das Fleisch vor dem Austrocknen.

Zutaten für 4 Portionen
4 Hirschmedaillons
(Rückenfilet; je etwa 120 g)
200 g rote Johannis-
beeren
1 TL Wacholderbeeren
2 EL Butter
2 EL Öl
Salz
weißer Pfeffer
1 EL Johannisbeergelee
1 TL Zitronensaft
200 g Crème fraîche

◆ Die Hirschmedaillons vom Händler wie Schmetterlingssteaks schneiden lassen.
◆ Den Backofen auf 180 °C (Umluft 160 °C, Gas Stufe 2–3) vorheizen.
◆ Die Johannisbeeren waschen und von den Stielen streifen.
◆ Die Wacholderbeeren mit einer Messerklinge fein zerdrücken.
◆ Die Teller gut vorwärmen.
◆ In einer Pfanne Butter und Öl erhitzen, die Hirschmedaillons bei mittlerer Hitze darin auf jeder Seite leicht braun anbraten, herausnehmen und nebeneinander in eine flache Gratinform legen.
◆ Die Medaillons salzen und pfeffern, mit dem Bratfett aus der Pfanne beträufeln, zugedeckt auf die mittlere Schiene des heißen Backofens schieben und 15 Minuten garen.
◆ Inzwischen die Johannisbeeren in der Pfanne 5 Minuten schmoren.

◆ Zerdrückten Wacholder, Johannisbeergelee und Zitronensaft zugeben.
◆ Nach und nach die Crème fraîche zugeben und bei starker bis mittlerer Hitze unter Rühren zu einer cremigen Sauce einkochen.
◆ Die Medaillons auf den vorgewärmten Tellern anrichten und mit der Johannisbeersauce überziehen.

Zubereitung etwa 45 Minuten
1 Portion = 1331 kJ/ 317 kcal

Hirschragout mit Pfifferlingen

Das Hirschfleisch schmort mit Speck im Fond; die Pfifferlinge werden mit Petersilie in Butter gebraten, bevor sie mit Sahne ins Ragout kommen.

◆ Das Fleisch von Fett, Sehnen und Häuten befreien und in gulaschgroße Würfel schneiden.
◆ Den Speck fein würfeln.
◆ Die Zwiebel schälen und hacken.
◆ Das Butterschmalz erhitzen, das Fleisch darin portionsweise bei starker bis mittlerer Hitze rundherum anbraten und herausnehmen.
◆ Speck und Zwiebel bei schwacher Hitze glasig braten.
◆ Das Fleisch wieder hineingeben, mit dem Mehl bestreuen, unter Rühren etwa 1 Minute rösten und mit

Zutaten für 4 Portionen
750 g Hirschfleisch aus der Schulter
(ohne Knochen)
50 g fetter Speck
1 Zwiebel
2 EL Butterschmalz
1 EL Mehl
Salz
weißer Pfeffer
1 EL Zitronensaft
400 ml Wildfond
200 g Pfifferlinge
1 großes Bund Petersilie
1 EL Butter
1/8 l süße Sahne

Salz, weißem Pfeffer und Zitronensaft abschmecken.
◆ Den Fond zugießen, aufkochen und zugedeckt 1 Stunde schmoren.
◆ Die Pfifferlinge putzen und – falls nötig – auch waschen.
◆ Die Petersilie waschen, trockentupfen und fein hacken.
◆ Die Butter erhitzen und Petersilie und Pfifferlinge darin bei mittlerer bis schwacher Hitze unter Wenden etwa 10 Minuten schmoren.
◆ Pilze und Sahne in das Hirschragout geben, bis knapp unter den Siedepunkt erhitzen und mit Salz und Pfeffer abschmecken.

Zubereitung etwa 1³/4 Stunden
1 Portion = 2398 kJ/ 571 kcal

Hirschrouladen

Zu den Rouladen passen Herzogin-kartoffeln (siehe S. 399) und Rösti (siehe S. 402).

♦ Die Zwiebel abziehen und fein hacken.

♦ Die Hirschschnitzel mit dem Handballen flachdrücken, mit Chutney bestreichen und mit Salz und Cayennepfeffer würzen. Speckscheiben und Zwiebel darauf verteilen.

♦ Das Fleisch zu Rouladen aufrollen, mit Küchengarn umbinden, rundherum mit Salz würzen und im Mehl wenden.

♦ Das Öl erhitzen und die Rouladen darin bei starker bis mittlerer Hitze braun anbraten.

♦ Die Fleischbrühe zugeben und den Bratensatz damit lösen. Die Rouladen aufkochen und zugedeckt bei schwacher Hitze 40 Minuten garen.

♦ Die Teller vorwärmen.

♦ Die Äpfel vierteln, vom Kerngehäuse befreien, schälen und in dünne Schnitze schneiden.

♦ Den Lauch putzen, waschen und mit allen saftigen grünen Blättern in dünne Ringe schneiden.

♦ Apfelschnitze und Lauchringe zu den Rouladen geben, aufkochen und alles zugedeckt bei schwacher Hitze 10 Minuten garen.

♦ Die Rouladen auf den vorgewärmten Tellern anrichten.

♦ Crème double mit Senf und Senfpulver verrühren, in die Schmorflüssigkeit mischen und erhitzen, aber nicht mehr aufkochen.

♦ Die Sauce mit Äpfeln und Lauch neben dem Fleisch verteilen.

Zubereitung etwa 1³/4 Stunden
1 Portion = 2247 kJ/ 535 kcal

Zutaten für 4 Portionen
1 Zwiebel
4 Hirschschnitzel
(Unterschale; je etwa 175 g)
2 EL Mango-Chutney
Salz
Cayennepfeffer
4 dünne, fette Speckscheiben
1 EL Mehl
2 EL Öl
400 ml Fleischbrühe
2 kleine, säuerliche Äpfel
1 dünne Stange Lauch
2 EL Crème double
1 EL körniger Senf
¹/2 TL Senfpulver

Gefüllte Tauben

Haustauben gibt es auf Wochen-märkten und bei Wildhändlern. Auch manche Bauern, die einen Tauben-schlag besitzen, verkaufen die Tiere sehr preiswert.

Zutaten für 2 Portionen
2 küchenfertige Tauben
(mit Herz, Magen und Leber)
Salz
weißer Pfeffer
2 Schalotten
1 Bund Petersilie
1¹/₂ EL Öl
1 unbehandelte Zitrone
50 g Semmelbrösel
2 Eier
¹/₄ TL gemahlene Muskatblüte
2 EL Geflügelbrühe
2 EL Crème fraîche

◆ Die Tauben waschen, trockentup-fen und innen und außen mit Salz und Pfeffer würzen. Herzen, Mägen und Lebern fein zerkleinern.

◆ Die Schalotten abziehen, die Pe-tersilie waschen und trockentupfen und beides getrennt fein hacken.

◆ Für die Füllung 1 TL Öl in einer Pfanne erhitzen. Die Schalotten darin bei schwacher Hitze glasig braten.

◆ Die zerkleinerten Innereien und die Petersilie zugeben und bei star-ker Hitze unter Rühren etwa 4 Minu-ten schmoren lassen.

◆ Die Mischung in eine Schüssel ge-ben und lauwarm abkühlen lassen.

◆ Die Zitrone waschen und abtrock-nen; ein Viertel der Schale abreiben.

◆ Semmelbrösel und Eier unter die Innereien rühren und die Masse mit Salz, Pfeffer, Muskatblüte und Zitro-nenschale würzen.

◆ Die Tauben mit der Mischung fül-len und mit Küchengarn zunähen.

◆ Das restliche Öl in einem Bräter er-hitzen und die Tauben darin mit der Brust nach unten anbraten, bis die Haut leicht gebräunt ist.

◆ Die Geflügelbrühe zugeben.

◆ Die Tauben zugedeckt auf die mitt-lere Schiene des kalten Backofens stellen und bei 220 °C (Umluft 200 °C, Gas Stufe 4) 15 Minuten braten.

◆ Die Tauben wenden, mit dem Fett im Bräter übergießen und weitere 15 Minuten braten; dann herausneh-men und den Bratensaft in einen Topf gießen.

◆ Die Tauben wieder in den Bräter legen und ohne Deckel bei starker Oberhitze oder unter dem Grill wei-tere 10–15 Minuten bräunen.

◆ Den Bratensaft mit Crème fraîche verrühren, mit Salz und Pfeffer wür-zen und zu den Tauben servieren.

Zubereitung etwa 90 Minuten
1 Portion = 2411 kJ/ 574 kcal

Wachteln mit Pilzen

◆ Den Backofen auf 200 °C (Umluft 180 °C, Gas Stufe 3) vorheizen.
◆ Zwiebel und Knoblauch abziehen und fein hacken.
◆ Die Petersilie waschen und trockentupfen.
◆ Die Petersilienblätter abzupfen, fein zerkleinern und etwa ein Drittel für die Sauce beiseite legen.
◆ Die Zitrone waschen und abtrocknen. 1 großes Stück Schale dünn abschneiden und fein zerkleinern. ¹/₂ Zitrone auspressen.
◆ Die Pilze putzen und waschen, dann in Scheiben schneiden und mit dem Zitronensaft vermischen.
◆ Die Wachteln waschen und trockentupfen.
◆ Die Vögel mit Salz und Pfeffer einreiben und mit Zwiebel, Knoblauch, zwei Dritteln der zerkleinerten Petersilienblättchen und Zitronenschale

Zutaten für 2 Portionen
1 Zwiebel
1 Knoblauchzehe
1 Bund Petersilie
1 unbehandelte Zitrone
250 g Champignons
4 küchenfertige Wachteln
Salz, weißer Pfeffer
2 EL Butter
100 g Crème fraîche
1 EL grüner Pfeffer
(frisch oder eingelegt)

füllen. Die Schenkel mit Küchengarn zusammenbinden.
◆ Die Butter in einem Bräter erhitzen und die Wachteln darin braun anbraten.

◆ Die Champignons um die Wachteln legen und die Crème fraîche auf die Pilze geben.
◆ Den Bräter zugedeckt auf die mittlere Schiene des heißen Backofens schieben und die Wachteln 25 Minuten schmoren lassen.
◆ Die Teller gut vorwärmen.
◆ Den Bräter aufdecken, die Wachteln weitere 10 Minuten braten und dabei leicht bräunen lassen.
◆ Die Wachteln aus dem Bräter herausnehmen und auf die vorgewärmten Teller legen.
◆ Den grünen Pfeffer und die restlichen zerkleinerten Petersilienblättchen in die Sauce rühren und diese mit Salz und Pfeffer abschmecken.

Zubereitung etwa 40 Minuten
Garzeit etwa 35 Minuten
1 Portion = 2180 kJ/ 519 kcal

Wachteln mit Salbei

Zutaten für 4 Portionen
8 küchenfertige Wachteln
Salz, weißer Pfeffer
16 Salbeiblätter
8 dünne Scheiben fetter Speck
2 EL Olivenöl

◆ Den Backofen auf 200 °C (Umluft 180 °C, Gas Stufe 3) vorheizen.
◆ Die Wachteln waschen, trockentupfen und mit Salz und Pfeffer einreiben.
◆ Den Salbei waschen und trockentupfen. Jede Speckscheibe mit 2 Salbeiblättern belegen und 1 Wachtel damit umhüllen.

◆ Den Speck mit Küchengarn festbinden und dabei die Schenkel der Wachteln zusammenbinden.
◆ Das Öl in einem Bräter erhitzen und die Wachteln darin braun anbraten; dann zugedeckt auf die mittlere Schiene des heißen Backofens stellen und 25 Minuten schmoren lassen.
◆ Die Teller gut vorwärmen.
◆ Den Deckel abnehmen und die Wachteln weitere 10 Minuten braten und dabei leicht bräunen lassen; anschließend herausnehmen und die Speckscheiben entfernen.
◆ Die Wachteln auf den vorgewärmten Tellern anrichten.

Zubereitung etwa 20 Minuten
Garzeit 35 Minuten
1 Portion = 1705 kJ/ 406 kcal

Perlhuhn mit Austernpilzen

Ursprünglich aus Westafrika stammend, werden die Perlhühner seit Jahrhunderten in vielen Teilen der Erde als Hausgeflügel gehalten. Zu diesem leichten Essen schmeckt grüner oder gemischter Salat.

◆ Das Perlhuhn innen und außen unter kaltem Wasser ausspülen und mit einem Küchentuch trocknen.
◆ Salz und Pfeffer auf einem Teller mischen. Das Huhn innen mit der Mi-

Zutaten für 2 Portionen
1 küchenfertiges Perlhuhn
(etwa 1 kg)
Salz, weißer Pfeffer
1 EL Butter, 4 EL Öl
5 EL trockener Weißwein
200 g Austernpilze
2 Scheiben Toastbrot
1 Bund Petersilie

schung ausstreuen und außen damit einreiben.
◆ Die Butter und 1 EL Öl in einem Bräter erhitzen und das Perlhuhn darin rundherum bei starker bis mittlerer Hitze etwa 15 Minuten anbraten, bis die Haut goldbraun ist.
◆ Den Weißwein zugeben und das

Huhn zugedeckt bei schwacher Hitze 30 Minuten braten; es ist gar, wenn beim Anstechen kein Blut, sondern klarer Saft ausläuft.
◆ Inzwischen die Teller vorwärmen.
◆ Die Pilzhüte in Streifen schneiden.
◆ Das Toastbrot in sehr kleine Würfel schneiden.
◆ Die Petersilie waschen, trockentupfen und fein hacken.
◆ 3 EL Öl in einer großen Pfanne erhitzen und Pilze, Brotwürfel und Petersilie darin bei mittlerer Hitze etwa 5 Minuten braten, bis das Brot goldbraun ist.
◆ Das Perlhuhn aus dem Bräter herausnehmen, halbieren und auf den vorgewärmten Tellern anrichten. Die Pilzmischung darüber verteilen.

Zubereitung etwa 1 Stunde
1 Portion = 3738 kJ/ 890 kcal

Gefülltes Perlhuhn

Gefüllt mit Salbei und Zitrone und in Wein geschmort, ist das saftige, zarte Perlhuhn ein schnelles Festessen für zwei.

Zutaten für 2 Portionen
1 Zwiebel
1 Knoblauchzehe
1 Handvoll Salbeiblättchen
1 unbehandelte Zitrone
2 EL Öl
1 küchenfertiges Perlhuhn
(etwa 1 kg)
Salz, weißer Pfeffer
1 EL Butter
5 EL trockener Weißwein

◆ Für die Füllung die Zwiebel und den Knoblauch abziehen und fein hacken.
◆ Den Salbei waschen, trockentupfen und fein zerkleinern.
◆ Die Zitrone waschen und abtrocknen. 1 großes Stück Schale dünn abschneiden und fein zerkleinern. 1/2 Zitrone in kleine Stücke schneiden.
◆ 1 EL Öl erhitzen und Zwiebel, Knoblauch, Salbei sowie Zitronenschale und -stücke darin bei schwacher Hitze unter Rühren braten, bis die Zwiebel glasig ist.
◆ Das Perlhuhn innen und außen unter kaltem Wasser ausspülen und mit einem Küchentuch abtrocknen.
◆ Salz und Pfeffer auf einem Teller mischen.
◆ Das Perlhuhn innen mit der Mi-

schung ausstreuen und außen damit einreiben.
◆ Die vorbereitete Füllung in das Huhn geben und die Öffnung schließen.
◆ Die Butter und 1 EL Öl in einem Bräter erhitzen.
◆ Das Perlhuhn in dem Bräter rundherum bei starker bis mittlerer Hitze etwa 15 Minuten anbraten, bis die Haut goldbraun ist.
◆ Den Weißwein zugeben und das Huhn zugedeckt bei schwacher Hitze 30 Minuten braten; es ist gar, wenn beim Anstechen kein Blut, sondern klarer Saft ausläuft.

Zubereitung etwa 30 Minuten
Garzeit etwa 45 Minuten
1 Portion = 3053 kJ/ 727 kcal

Rebhühner mit Weintrauben

Zu diesem klassischen Wildgericht paßt knuspriges Stangenweißbrot.

◆ Den Backofen auf 180 °C (Umluft 160 °C, Gas Stufe 2–3) vorheizen.
◆ Die Schalotten abziehen.
◆ Die Trauben waschen, abzupfen und halbieren.
◆ Die Petersilie waschen, trockentupfen und fein hacken.
◆ Die Rebhühner waschen, trockentupfen und innen und außen mit Salz und Pfeffer würzen.
◆ ½ EL Butter und das Öl in einem Bräter erhitzen und die Rebhühner darin bei mittlerer Hitze auf jeder Seite etwa 4 Minuten anbraten.
◆ Die Hälfte der Brühe zugießen.
◆ Den Bräter ohne Deckel auf die mittlere Schiene des heißen Ofens schieben und die Rebhühner etwa

Zutaten für 4 Portionen
200 g kleine Schalotten
400 g weiße, kernlose Weintrauben
½ Bund Petersilie
4 küchenfertige Rebhühner (je etwa 200 g)
Salz, schwarzer Pfeffer
2 EL Butter
1 EL Öl
¼ l Gemüsebrühe
1 EL Zucker
2 EL Zitronensaft

35 Minuten braten, bis sie schön gebräunt sind; dabei immer wieder mit dem Schmorsud im Bräter begießen.

◆ Inzwischen die Teller vorwärmen.
◆ 1½ EL Butter in einem Topf erhitzen und den Zucker darin bei schwacher Hitze unter Rühren schmelzen.
◆ Zitronensaft und Schalotten zugeben und etwa 1 Minute schmoren.
◆ Die restliche Brühe zugießen.
◆ Die Schalotten mit wenig Salz und 1 kräftigen Prise Pfeffer würzen und in ungefähr 10 Minuten gerade eben weich garen.
◆ Die Trauben untermischen und erhitzen.
◆ Die Rebhühner halbieren und auf die vorgewärmten Teller legen.
◆ Schalotten und Trauben daneben anrichten und mit der Petersilie bestreuen.

Zubereitung etwa 1 Stunde
1 Portion = 2360 kJ / 562 kcal

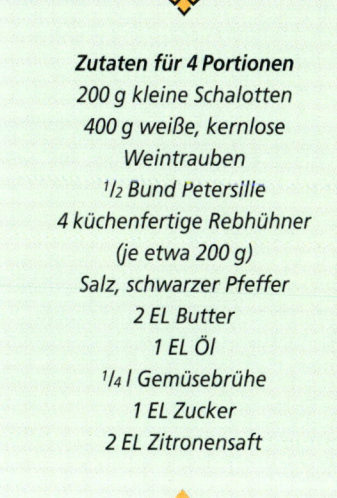

Rebhühner mit Linsen

Die Garzeit von Linsen läßt sich nicht genau angeben. Deshalb müssen Sie zwischendurch probieren.

Zutaten für 2 Portionen
125 g Linsen
1 TL getrockneter Majoran
400 ml Fleischbrühe
Salz
schwarzer Pfeffer
2 küchenfertige Rebhühner
(je etwa 200 g)
1 kleine Zwiebel
1 EL Butterschmalz
oder Öl
1 EL Balsamessig

◆ Die Linsen mit Majoran, drei Viertel der Fleischbrühe sowie Salz und Pfeffer aufkochen und zugedeckt bei schwacher Hitze in 30–45 Minuten weich garen.
◆ Den Backofen auf 180 °C (Umluft 160 °C, Gas Stufe 2–3) vorheizen.
◆ Die Rebhühner waschen, trockentupfen und innen wie außen mit Salz und Pfeffer würzen.
◆ Die Zwiebel abziehen und hacken.
◆ Das Fett in einem Bräter erhitzen und die Rebhühner darin auf jeder Seite etwa 2 Minuten anbraten.

◆ Die Zwiebel kurz mitbraten.
◆ Die restliche Brühe zugießen.
◆ Den Topf ohne Deckel in den heißen Backofen schieben, die Rebhühner etwa 35 Minuten braten, bis sie schön gebräunt sind, und dabei immer wieder mit dem Schmorsud im Bräter begießen.
◆ Inzwischen die Teller vorwärmen.
◆ Die Rebhühner halbieren und auf die vorgewärmten Teller legen.
◆ Die gegarten Linsen in den Bräter geben, einige Male umrühren, mit Balsamessig abschmecken und neben den Rebhühnern anrichten.

Zubereitung etwa 1 Stunde
1 Portion = 2839 kJ/ 676 kcal

Geschmorter Fasan mit Gemüse

Der Fasan wird mit Wintergemüse geschmort – eine kulinarische Erinnerung an Zeiten, als der Vogel nur zur Jagdzeit in die Küchen kam. Heute stammen die meisten Fasane aus Zuchtbetrieben.

◆ Den Räucherspeck in kleine Würfel schneiden.
◆ Die Zwiebel abziehen und fein hacken.
◆ Die Rübe schälen und in etwa fingerdicke Stifte schneiden.
◆ Die Möhren putzen und in Scheiben schneiden.
◆ Den Weißkohl waschen, Strunk und dicke Blattrippen herausschneiden und den Kohl in etwa fingerdicke Streifen schneiden.
◆ Den Fasan halbieren und mit Salz und Pfeffer würzen.
◆ Das Öl in einem großen Bräter erhitzen und Speck und Zwiebel darin bei schwacher Hitze glasig braten.

Zutaten für 2 Portionen
50 g durchwachsener Räucherspeck
1 kleine Zwiebel
1 mittelgroße weiße Rübe
(Herbstrübe)
2 mittelgroße Möhren
1/2 kleiner Kopf Weißkohl
(etwa 300 g)
1 küchenfertiger Fasan
(etwa 1 kg)
Salz, schwarzer Pfeffer
2 EL Öl
1/8 l Geflügelbrühe
1/2 Bund Schnittlauch
1 TL Zitronensaft
2 EL Crème fraîche

◆ Die Fasanenhälften zugeben und bei mittlerer Hitze 10–15 Minuten anbraten, bis die Haut goldbraun ist.

◆ Zum Schmoren die Fasanenhälften nebeneinander mit der Hautseite nach oben drehen und mit dem Gemüse umlegen.
◆ Die Geflügelbrühe zugeben und den Fasan zugedeckt bei schwacher Hitze 30 Minuten schmoren; er ist gar, wenn beim Anstechen kein Blut, sondern klarer Saft austritt.
◆ Die Teller gut vorwärmen.
◆ Den Schnittlauch waschen, trockentupfen und fein zerkleinern.
◆ Die Fasanenhälften auf den vorgewärmten Tellern anrichten und zugedeckt warm halten.
◆ Die Sauce bei starker Hitze etwas einkochen, mit Zitronensaft und Crème fraîche vermischen und über den Fasanenhälften verteilen.
◆ Den Schnittlauch über das fertige Gericht streuen.

Zubereitung etwa 1½ Stunden
1 Portion = 3721 kJ/ 886 kcal

Gefüllter Fasan

◆ Die Pilze mit dem Wasser mischen und ziehen lassen, bis die anderen Zutaten vorbereitet sind.

◆ Den Räucherspeck in kleine Würfel schneiden.

◆ Die Zwiebel abziehen und fein hacken.

◆ Die Wirsingblätter waschen und trockentupfen. Dicke Rippen entfernen und den Wirsing fein hacken.

◆ Die Zitrone waschen und abtrocknen. Die Hälfte der Schale dünn abschneiden und fein zerkleinern. Den Saft einer halben Zitrone auspressen.

◆ Für die Füllung die Butter erhitzen und Speck und Zwiebel darin bei schwacher Hitze glasig braten.

◆ Pilze, Wirsing, Zitronenschale und -saft sowie Thymian zugeben und bei mittlerer Hitze unter Rühren schmoren, bis die Flüssigkeit verdampft ist.

◆ Die Füllung mit Salz und Pfeffer würzen, von der Kochstelle nehmen und abkühlen lassen.

◆ Den Fasan salzen und pfeffern, die Füllung hineingeben und die Öffnung verschließen (siehe S. 302).

◆ Das Öl in einem Bräter erhitzen und den Fasan darin rundherum bei starker bis mittlerer Hitze 10–15 Minuten anbraten, bis die Haut goldbraun ist.

◆ Die Geflügelbrühe zugeben und den Fasan zugedeckt bei schwacher Hitze 30 Minuten braten; er ist gar, wenn beim Anstechen kein Blut, sondern klarer Saft austritt.

◆ Die Teller gut vorwärmen.

◆ Den Fasan herausnehmen, halbieren, auf den Tellern anrichten und zugedeckt warm halten.

◆ Die Sauce bei starker Hitze dick einkochen, mit Himbeeressig und Crème double mischen und über den Fasanenhälften verteilen.

Zubereitung etwa 1¹/₂ Stunden
1 Portion = 4498 kJ/ 1071 kcal

Zutaten für 2 Portionen
1 Päckchen getrocknete Mischpilze
3 EL Wasser
50 g durchwachsener Räucherspeck
1 kleine Zwiebel
100 g Wirsingblätter
1 unbehandelte Zitrone
3 EL Butter
1 TL getrockneter Thymian
Salz
schwarzer Pfeffer
1 küchenfertiger Fasan (etwa 1 kg)
1 EL Öl
etwa ¹/₈ l Geflügelbrühe
1 EL Himbeeressig
2 EL Crème double

Wildente mit Madeira

Ein raffiniertes Gericht: die Wildente wird mit einem Sud aus grünem Tee und Madeira sowie Orangen- und Traubensaft geschmort. Dazu passen Rösti oder Petersilienkartoffeln.

◆ Das Wasser aufkochen, die Teeblätter damit übergießen und zugedeckt 3 Minuten ziehen lassen.

◆ Die Orange waschen und abtrocknen. 1 großes Stück Schale abschneiden und 2 EL Saft auspressen.

◆ Den Tee absieben und mit Madeira, Trauben- und Orangensaft mischen.

◆ Die Wildente kalt abspülen, mit einem Tuch trocknen und innen und außen mit Salz und Pfeffer würzen.

◆ Die Petersilie waschen und trockentupfen.

◆ Petersilie und Orangenschale in

Zutaten für 2 Portionen
1/8 l Wasser
1 EL grüne Teeblätter
1 unbehandelte Orange
1/8 l Madeira
2 EL Traubensaft
1 küchenfertige Wildente
(etwa 600 g)
Salz
schwarzer Pfeffer
1 großes Bund Petersilie
2 EL Butter

die Ente geben und die Öffnung mit Zahnstochern zustecken.

◆ Die Wildente mit der Brust nach unten in einen Bräter legen.

◆ Die Butter zerlassen und die Hälfte davon über die Ente geben.

◆ Die Ente zugedeckt auf die mittlere Schiene des kalten Backofens stellen und bei 220 °C (Umluft 200 °C, Gas Stufe 4) 30 Minuten braten.

◆ Etwa ein Viertel der Teemischung zugießen und die Ente weitere 20 Minuten zugedeckt braten; dabei immer wieder mit dem Schmorsud begießen. Nach und nach den Rest der Teemischung zugeben.

◆ Die Ente wenden und mit der Brust nach oben im offenen Bräter 15 Minuten braten; dabei häufig mit dem Rest der Butter bestreichen.

◆ Die Wildente tranchieren und im Schmorsud anrichten.

Zubereitung etwa 1½ Stunden
1 Portion = 3326 kJ/ 792 kcal

Gebratene Wildente

Zutaten für 2 Portionen
1 küchenfertige Wildente
(etwa 600 g)
Salz, schwarzer Pfeffer
1 kleiner Apfel
2 Zwiebeln
1 TL frischer oder
getrockneter Beifuß
2 EL Butter
2 Lorbeerblätter
1/4 l Fleisch-, Geflügel- oder
Gemüsebrühe
1/4 l trockener Rotwein oder
ebenfalls Brühe

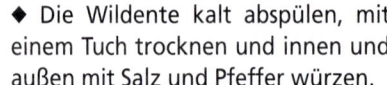

◆ Die Wildente kalt abspülen, mit einem Tuch trocknen und innen und außen mit Salz und Pfeffer würzen.

◆ Den Apfel waschen und vierteln.

◆ 1 Zwiebel schälen und grob zerkleinern.

◆ Frischen Beifuß waschen und trockentupfen.

◆ Apfel, Zwiebel und Beifuß in die Ente geben und die Öffnung mit Zahnstochern zustecken.

◆ Die Wildente mit der Brust nach unten in einen Bräter legen.

◆ Die Butter zerlassen und die Hälfte davon über die Ente geben.

◆ Die zweite Zwiebel schälen, vierteln und mit den Lorbeerblättern neben die Ente legen.

◆ Den Bräter zugedeckt auf die mittlere Schiene des kalten Backofens schieben und die Wildente bei

220 °C (Umluft 200 °C, Gas Stufe 4) 30 Minuten braten.

◆ Etwa ein Viertel der Fleisch-, Geflügel- oder Gemüsebrühe und des Weins zugießen.

◆ Die Ente weitere 45 Minuten zugedeckt braten; dabei immer wieder mit dem Schmorsud begießen. Nach und nach den Rest von Brühe und Wein zugeben.

◆ Den Bräter öffnen, die Ente wenden und mit der Brust nach oben im offenen Bräter 15 Minuten braten; dabei häufig mit dem Rest der Butter bestreichen.

◆ Die Wildente tranchieren und im Schmorsud anrichten.

Zubereitung etwa 45 Minuten
Garzeit 1½ Stunden
1 Portion = 3452 kJ/ 822 kcal

Haferklöße (S. 388); Duveċreis (S. 376);
Gefüllte Kartoffeln (S.409) ➤

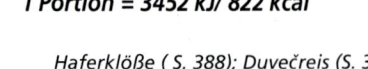

Reis, Getreide und Kartoffeln

Quellreis

Nehmen Sie parboiled Reis, wenn Sie noch wenig Übung im Reiskochen haben. Diese Art Reis wird schön körnig und ist in etwa ½ Stunde fertig zubereitet.

◆ Den Reis in einem Sieb mit kaltem Wasser abspülen, bis das ablaufende Wasser klar bleibt.
◆ Mit Wasser und Salz in einem Topf

Zutaten für 4 Portionen
250 g Langkornreis
½ l Wasser
½ TL Salz

kräftig aufkochen und dann zugedeckt auf der abgeschalteten Kochstelle 10 Minuten quellen lassen.
◆ Den Reis danach bei schwächster Hitze in weiteren 10–15 Minuten körnig ausquellen lassen.

Zubereitung etwa 5 Minuten
Garzeit etwa 20 Minuten
1 Portion = 920 kJ/ 219 kcal

Brühreis

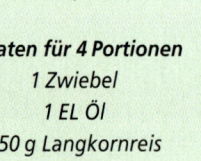

Zutaten für 4 Portionen
1 Zwiebel
1 EL Öl
250 g Langkornreis
½ l Brühe

◆ Die Zwiebel abziehen und fein hacken.
◆ Das Öl in einem Topf oder einer hohen Pfanne erhitzen und die Zwiebel darin glasig braten.
◆ Den Reis zufügen und einige Male mit einem Löffel umrühren, bis die Reiskörner ganz vom Fett überzogen sind.

◆ Die Brühe zugießen und aufkochen lassen.
◆ Den Reis zugedeckt bei schwächster Hitze in etwa 20 Minuten körnig ausquellen lassen.

Zubereitung etwa 10 Minuten
Garzeit etwa 20 Minuten
1 Portion = 1063 kJ/ 253 kcal

Gedämpfter Reis

Dämpfreis können Sie ruhig eine Viertelstunde länger im Topf lassen; er bleibt trotzdem körnig, weil er im eigenen Dampf gart. Gedämpfter Reis ist die einfachste Reisbeilage und paßt gut zu Fleischragouts und geschmortem Gemüse mit Sauce.

◆ Den Reis mit Wasser und Salz in einem Topf aufkochen und bei starker Hitze 5 Minuten sprudelnd kochen lassen, so daß die Körner noch bißfest sind, aber keinen harten, mehligen Kern mehr haben.
◆ In ein Sieb abgießen, kalt abspülen und abtropfen lassen.

Zutaten für 4 Portionen
250 g Langkornreis
1 l Wasser
1 TL Salz
25 g Butter

◆ Den Topf auswischen, damit er trocken ist und die Butter beim Erhitzen nicht spritzt. Die Hälfte der Butter im Topf zerlassen.
◆ Den Reis wieder in den Topf geben und mit einem Kochlöffel zu ei-

ner Pyramide formen, die den Topfboden bedeckt und sich nach oben verjüngt. Restliche Butter in Flöckchen teilen und auf den Reis legen.
◆ Den Topfdeckel mit einem Küchentuch umwickeln, fest auf den Topf drücken und beschweren, damit der Topf dicht schließt und der Reis im Dampf gart.
◆ Den Reis bei schwächster Hitze in etwa 1 Stunde garen. Die Temperatur ist richtig, wenn es während der gesamten Garzeit im Topf leise knistert.

Zubereitung etwa 1¼ Stunden
1 Portion = 1126 kJ/ 268 kcal

Wildreis mit Petersilie

Hier haben Sie eine besonders feine Reisbeilage zu Kalbsragout, Entenbrust in Portwein, Lammgeschnetzeltem oder anderen festlichen Gerichten.

◆ Den Wildreis mit Wasser und Salz aufkochen lassen und zugedeckt bei schwächster Hitze 1 Stunde garen.
◆ Den Backofen auf 200 °C (Umluft 180 °C, Gas Stufe 3) vorheizen.
◆ Den Wildreis zugedeckt in den vorgeheizten Backofen stellen und weitere 15 Minuten garen, bis die Körner weich sind.
◆ Die Petersilie waschen, trockentupfen und fein hacken.
◆ Die Butter erwärmen und die Petersilie darin bei schwacher Hitze einige Minuten ziehen lassen.
◆ Mit der Crème fraîche zum fertigen Reis geben und mit einer Gabel unterziehen.

Zubereitung etwa 1¼ Stunden
1 Portion = 559 kJ/ 133 kcal

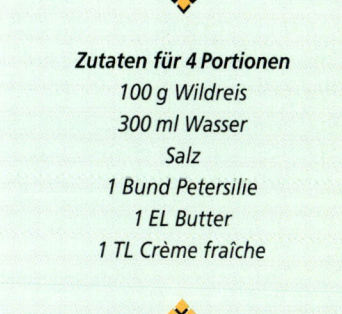

Zutaten für 4 Portionen
100 g Wildreis
300 ml Wasser
Salz
1 Bund Petersilie
1 EL Butter
1 TL Crème fraîche

Kräuterreisrand

◆ Den Reis mit Wasser und Salz aufkochen lassen und zugedeckt bei schwacher Hitze in ungefähr 20 Minuten körnig weich garen.
◆ Eine Platte heiß vorwärmen.
◆ Die frischen Kräuter waschen, trockentupfen und fein hacken.
◆ Eine Kranzform mit etwa der Hälfte der Butter ausstreichen.
◆ Die restliche Butter zerlassen und die frischen Kräuter bei schwächster Hitze einige Sekunden darin ziehen lassen. Butter und Kräuter mit einer Gabel unter den heißen Reis ziehen.
◆ Den Reis in die Form geben, glattstreichen und gut festdrücken.
◆ Die Form kurz in heißes Wasser tauchen und den Reis als Ring auf die heiße Platte stürzen.

Zubereitung etwa 30 Minuten
1 Portion = 1512 kJ/ 360 kcal

Zutaten für 6 Portionen
500 g Langkornreis
1 l Wasser
Salz
1 Handvoll gemischte frische oder 1 Päckchen TK-Kräuter
50 g Butter

Kräuterreis mit Pilzen

◆ Den Reis mit Wasser und Salz aufkochen und zugedeckt bei schwächster Hitze in etwa 20 Minuten körnig ausquellen lassen.

◆ Die Tomate waschen und würfeln; dabei den Stielansatz entfernen. Die Würfel mit dem Joghurt vermischen, mit Salz würzen und in einer Schüssel zugedeckt beiseite stellen.

◆ Die Pilze putzen – Champignons waschen – und grob zerkleinern.

◆ Zwiebel und Knoblauch abziehen und hacken.

◆ Die Petersilie waschen, trockentupfen und hacken.

◆ Den Rosmarin waschen und trockentupfen. Die Blättchen abstreifen.

◆ Die Pfefferschote halbieren, die Kerne und den Stiel entfernen und die Schote waschen.

Zutaten für 2 Portionen
150 g parboiled Reis
300 ml Wasser
Salz
1 große Tomate
300 g Joghurt (3,5 %)
500 g gemischte frische Pilze wie rosa Champignons, Austern- und Shiitakepilze
1 große Zwiebel
1 Knoblauchzehe
2–3 Stengel Petersilie
2 Zweige frischer Rosmarin
1 kleine rote Pfefferschote
1 frisches Lorbeerblatt
3 EL Olivenöl

◆ Das Lorbeerblatt waschen und trockentupfen.

◆ Rosmarinblättchen, Pfefferschote und Lorbeerblatt fein zerkleinern.

◆ Das Öl in einer großen Pfanne erhitzen.

◆ Pilze, Zwiebel, Knoblauch sowie Rosmarin, Pfefferschote und Lorbeer darin bei mittlerer bis starker Hitze unter ständigem Wenden etwa 5 Minuten anbraten, bis die Pilze leicht gebräunt sind.

◆ Die Pilze unter den Reis mischen, portionsweise anrichten und mit der Petersilie bestreuen.

◆ Den Tomatenjoghurt als Klecks darauf geben oder dazu servieren.

Zubereitung etwa 35 Minuten
1 Portion = 2415 kJ/ 575 kcal

Safranreis

Zutaten für 4 Portionen
250 g Langkornreis
1/2 l Wasser
Salz
70 g Butter
1 TL Safranfäden
2–3 Stengel Petersilie

◆ Die Petersilie waschen, trockentupfen und hacken.

◆ Die Safranbutter mit einer Gabel unter den Reis ziehen und das Gericht mit Petersilie bestreut servieren.

Zubereitung etwa 25 Minuten
1 Portion = 1495 kJ/ 356 kcal

◆ Den Reis mit Wasser und Salz aufkochen und zugedeckt bei schwächster Hitze in etwa 20 Minuten körnig weich garen.

◆ Inzwischen die Butter zerlassen, aber nicht bräunen.

◆ Die Safranfäden zwischen den Fingern zerreiben und den Safran in der zerlassenen Butter etwa 10 Minuten ziehen lassen.

Kebabreis

Zutaten für 4 Portionen
400 g Langkornreis
1¼ l Wasser
2 TL Salz
1 mittelgroße Kartoffel
75 g Butter
Sumak zum Bestreuen
4 frische Eier

Sumak oder Sumach, ein weinrotviolettes säuerliches Gewürz, bekommen Sie in türkischen Lebensmittelgeschäften.

◆ Den Reis mit Wasser und Salz in einem Topf aufkochen und bei starker Hitze 5 Minuten sprudelnd kochen lassen, bis die Körner bißfest, aber innen nicht mehr hart sind.
◆ Die Kartoffel schälen, waschen, abtrocknen und in dünne Scheiben schneiden.
◆ Den Reis in ein Sieb abgießen, kalt abspülen und abtropfen lassen.

◆ Den Topf auswischen und trockenreiben.
◆ Die Hälfte der Butter im Topf zerlassen.
◆ Die Kartoffelscheiben nebeneinander in die Butter legen. Den Reis auf die Kartoffeln häufen und mit einem Kochlöffel zu einer Pyramide formen, die den Topfboden bedeckt und sich nach oben verjüngt.
◆ Den Rest der Butter flöckchenweise auf den Reis geben.
◆ Den Topfdeckel mit einem Küchentuch umwickeln, fest auf den Topf drücken und beschweren, damit der Topf dicht schließt.
◆ Den Reis bei schwächster Hitze in etwa 1 ½ Stunden garen. Die Temperatur ist richtig, wenn es während der gesamten Garzeit im Topf leise knistert.
◆ Die Teller vorwärmen.
◆ Wenn der Reis gar ist, den Topfboden kurz in kaltes Wasser tauchen. Den Reis mit einer Gabel herausholen und auf die Teller geben.
◆ Die Reisportionen dünn mit Sumak bestreuen.

◆ Die Eier gründlich, aber vorsichtig waschen, aufschlagen und so trennen, daß das Eigelb möglichst in einer halben Schale bleibt.
◆ In jede Reisportion eine Mulde drücken und das Eigelb in der Schale hineinsetzen.

Zubereitung etwa 2 Stunden
Garzeit etwa 1½ Stunden
1 Portion = 2541 kJ/ 605 kcal

Gelber Reis

In Indonesien ist Gelber Reis Bestandteil der Reistafel. Man ißt geröstete Zwiebelringe und Kokosflokken, in Streifen geschnittenes Omelett sowie Fleisch und Fisch dazu.

◆ Die Zwiebel abziehen.
◆ Die Pfefferschote halbieren, vom Stiel und allen Kernen befreien und waschen.
◆ Die Zitrone waschen, abtrocknen und 1 Stück Schale abschneiden.
◆ Das Öl erhitzen. Ganze Zwiebel, Pfefferschote, Zitronenschale, Gelbwurz und Reis darin bei mittlerer Hitze unter Rühren anbraten, bis der Reis gleichmäßig gelb gefärbt ist.
◆ Kokoscreme und Wasser untermischen und aufkochen lassen. Den Reis salzen und zugedeckt bei schwacher Hitze in 15–20 Minuten körnig weich kochen.
◆ Zwiebel, Pfefferschote und Zitronenschale herausnehmen und den Reis locker auf einer Platte anrichten.

Zubereitung etwa 25 Minuten
1 Portion = 1344 kJ/ 320 kcal

Zutaten für 4 Portionen
1 kleine Zwiebel
1 kleine rote Pfefferschote
1 unbehandelte Zitrone
2 EL Öl
1 TL Gelbwurzpulver (Kurkuma)
200 g Langkornreis
100 g Kokoscreme
400 ml Wasser
Salz

Frühlingsreis mit Käse

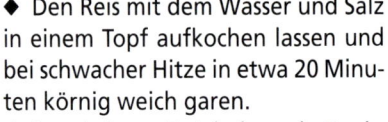

Wer den Frühlingsreis besonders würzig haben möchte, nimmt Parmesan oder Pecorinokäse. Wem das Gericht mild besser schmeckt, der verwendet lieber gewürfelten Mozzarella.

Zutaten für 4 Portionen

250 g Langkornreis
$^1/_2$ l Wasser
Salz
1 Zwiebel
1 Knoblauchzehe
50 g gekochter Schinken
200 g Champignons
200 g Zuckerschoten
2 Tomaten
1 Bund Petersilie
2 EL Öl
3 EL Hühnerbrühe
100 g geriebener Parmesan
oder Pecorinokäse
oder Mozzarella
100 g Crème double
weißer Pfeffer
geriebene Muskatnuß

◆ Den Reis mit dem Wasser und Salz in einem Topf aufkochen lassen und bei schwacher Hitze in etwa 20 Minuten körnig weich garen.

◆ Inzwischen Zwiebel und Knoblauch abziehen und hacken.

◆ Den gekochten Schinken in Streifen schneiden.

◆ Die Pilze putzen, waschen und in Scheiben schneiden.

◆ Die Zuckerschoten putzen und waschen.

◆ Die Tomaten abziehen und würfeln; dabei die Stielansätze herausschneiden.

◆ Die Petersilie waschen, trockentupfen und hacken.

◆ Das Öl in einer Pfanne erhitzen und Zwiebel, Knoblauch, Schinken, Pilze und Zuckerschoten darin bei mittlerer Hitze unter Rühren etwa 3 Minuten braten.

◆ Die Tomaten und die Brühe zugeben und die Mischung zugedeckt bei mittlerer bis schwacher Hitze etwa 3 Minuten dünsten, so daß die Zuckerschoten noch bißfest sind.

◆ Evtl. den Mozzarella würfeln.

◆ Den fertigen Reis und die Crème double unter das Gemüse mischen.

◆ Alles mit Salz, Pfeffer und Muskat abschmecken und mit der Petersilie bestreuen. Den Parmesan, Pecorinokäse oder Mozzarella darüber geben.

Zubereitung etwa 50 Minuten
1 Portion = 2155 kJ/ 513 kcal

Naturreis mit Gemüse

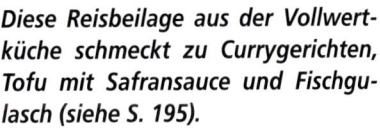

Diese Reisbeilage aus der Vollwertküche schmeckt zu Currygerichten, Tofu mit Safransauce und Fischgulasch (siehe S. 195).

◆ Den Reis mit Wasser und Salz aufkochen lassen und zugedeckt bei schwacher Hitze etwa 40 Minuten garen, bis er gerade eben bißfest ist.

◆ Inzwischen die Lauchstangen putzen, waschen und in feine Ringe schneiden.

Zutaten für 4 Portionen

250 g Naturlangkornreis
$^1/_2$ l Wasser
Salz
300 g Lauch
1 kleine Zucchini
200 g Zuckerschoten
2 EL Butter

◆ Die Zucchini waschen, putzen und in dünne Stifte schneiden.

◆ Die Zuckerschoten putzen und waschen.

◆ Die Butter erhitzen und das Gemüse darin unter Rühren etwa 5 Minuten schmoren.

◆ Das fertige Gemüse unter den gegarten Reis mischen.

Zubereitung etwa 45 Minuten
1 Portion = 1445 kJ/ 344 kcal

Gemüsereis mit Schinken

Ohne Schinken zubereitet und als Beilage zu gegrilltem Fleisch serviert, reicht der Reis für vier Personen.

◆ Den Reis mit Wasser und Salz aufkochen und bei schwacher Hitze in etwa 20 Minuten körnig weich garen lassen.

◆ Inzwischen Zwiebel und Knoblauch abziehen und hacken. Den Schinken in Streifen schneiden.

◆ Die Fenchelknolle halbieren, dabei den Strunk herausschneiden, die Knollenhälften waschen und in feine Streifen schneiden.

◆ Die Möhren putzen und in feine Stifte schneiden. Die Tomaten abziehen und würfeln, dabei die Stielansätze herausschneiden.

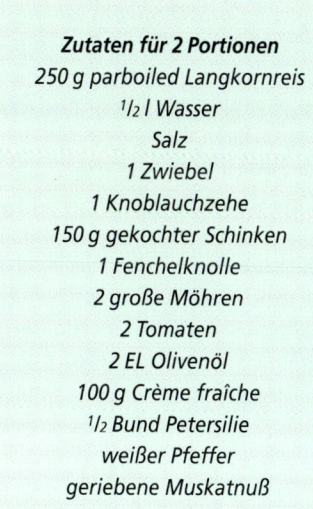

Zutaten für 2 Portionen
250 g parboiled Langkornreis
$\frac{1}{2}$ l Wasser
Salz
1 Zwiebel
1 Knoblauchzehe
150 g gekochter Schinken
1 Fenchelknolle
2 große Möhren
2 Tomaten
2 EL Olivenöl
100 g Crème fraîche
$\frac{1}{2}$ Bund Petersilie
weißer Pfeffer
geriebene Muskatnuß

◆ Das Öl in einer Pfanne erhitzen. Zwiebel, Knoblauch, Schinken, Fenchel und Möhren darin bei mittlerer Hitze unter Rühren etwa 3 Minuten braten.

◆ Die Tomaten und die Crème fraîche zugeben und alles zugedeckt bei mittlerer bis schwacher Hitze etwa 3 Minuten dünsten, so daß das Gemüse noch bißfest ist.

◆ Die Petersilie waschen, trockentupfen und hacken.

◆ Den fertiggegarten Reis unter das Gemüse mischen, mit Salz, Pfeffer und Muskat abschmecken und mit der Petersilie bestreut servieren.

Zubereitung etwa 30 Minuten
1 Portion = 3860 kJ/ 919 kcal

Tomatenreis mit Nüssen

Zutaten für 4 Portionen
400 g Langkornreis
400 ml Wasser
Salz
2 mittelgroße reife Tomaten
1 kleines Bund Schnittlauch
40 g beliebige Nußkerne
$\frac{1}{2}$ EL Butter

Die Reisbeilage paßt gut zu vegetarischen Gerichten wie geschmorten Pilzen oder Hülsenfrüchten.

◆ Den Reis mit Wasser und Salz aufkochen und zugedeckt bei schwacher Hitze in etwa 20 Minuten körnig weich garen lassen.

◆ Die Tomaten abziehen und hacken; Stielansätze dabei entfernen.

◆ Schnittlauch waschen, trockentupfen und in feine Röllchen schneiden.

◆ Die Nußkerne hacken.

◆ Die Butter erhitzen und die Nußkerne darin goldbraun rösten.

◆ Nüsse, Tomaten und Schnittlauch unter den heißen Reis mischen.

Zubereitung etwa 30 Minuten
1 Portion = 1865 kJ/ 444 kcal

Paprikareis

Mit gebratenen Bananen, Spiegeleiern oder Tofuschnitzeln ist dieser Reis ein schnelles und leichtes Essen.

◆ Die Zwiebel abziehen und fein hacken.
◆ Das Öl erhitzen und die Zwiebel darin bei schwacher Hitze glasig braten. Dann den Reis unterrühren.
◆ Die Brühe zugießen, aufkochen lassen, und den Reis zugedeckt bei schwacher Hitze 10 Minuten garen.

◆ Inzwischen die Paprikaschoten waschen und achteln. Stielansätze, Kerne und Häutchen entfernen und die Achtel in kleine Stücke schneiden.
◆ Die Schoten unter den Reis mischen, mit je 1 kräftigen Prise Salz und Cayennepfeffer würzen und zugedeckt noch einmal 5–10 Minuten garen, bis der Reis weich ist.

Zubereitung etwa 25 Minuten
1 Portion = 1987 kJ/ 473 kcal

Zutaten für 4 Portionen
1 große Zwiebel
4 EL Öl
400 g Langkornreis
³/₄ l Brühe
je 1 grüne und rote Paprikaschote
Salz
Cayennepfeffer

Risi-Pisi

◆ Zwiebel und Knoblauch abziehen und fein hacken.
◆ Das Öl erhitzen und beides darin glasig braten.
◆ Den Reis zugeben und kurz mitbraten.
◆ Die Hühnerbrühe zugießen, aufkochen lassen, und den Reis zugedeckt 15 Minuten garen.
◆ Die Erbsen untermischen, erneut aufkochen lassen und garen, bis Reis und Erbsen weich sind.

◆ Die Butter unterziehen und das Gericht mit Salz und reichlich Pfeffer abschmecken.

Zubereitung etwa 30 Minuten
1 Portion = 1655 kJ/ 394 kcal

Zutaten für 4 Portionen
1 Zwiebel
1 kleine Knoblauchzehe
1 EL Öl
300 g Arborio- oder Milchreis
³/₄ l Hühnerbrühe
1 Paket TK-Erbsen (300 g)
1 EL Butter
Salz, weißer Pfeffer

Hopping John

Für den Reistopf aus den USA brauchen Sie Langkornreis oder Avorioreis, also parboiled Rundkornreis, denn Hopping John soll von körniger Beschaffenheit und nicht sämig sein.

◆ Zwiebel und Knoblauch abziehen, fein hacken und in 1 EL Öl bei schwacher Hitze glasig braten.

◆ Den Reis daruntermischen und einige Male umrühren.

◆ Die Brühe zugießen und bei mittlerer Hitze langsam zum Kochen bringen. Den Reis zugedeckt bei schwacher Hitze 15 Minuten kochen lassen.

◆ Die Erbsen untermischen, aufkochen lassen und zugedeckt weitere 5–10 Minuten garen, bis der Reis körnig weich ist.

◆ Während der Reis gart, wieder 1 EL Öl in einer Pfanne erhitzen. Die Speckscheiben darin bei schwacher bis mittlerer Hitze zuerst glasig braten, dann leicht bräunen.

◆ Den Reis mit Salz und reichlich Pfeffer abschmecken und mit dem Speck belegt anrichten.

Zubereitung etwa 45 Minuten
1 Portion = 2625 kJ/ 625 kcal

Zutaten für 4 Portionen
1 Zwiebel
1 Knoblauchzehe
2 EL Öl
300 g Langkorn- oder Avorioreis
³/₄ l Hühnerbrühe
1 Paket TK-Erbsen (300 g)
150 g Frühstücksspeck
in dünnen Scheiben
Salz
weißer Pfeffer

Linsenreis

Zutaten für 4 Portionen
150 g Linsen
350 ml Wasser
150 g Langkornreis
1 TL Salz
¹/₂ Bund Petersilie
50 g Butter

◆ Die Linsen mit dem Wasser aufkochen lassen und zugedeckt bei schwacher Hitze in etwa 25 Minuten halbweich kochen.

◆ Danach Reis und Salz zugeben und mit einer Gabel daruntermischen.

◆ Alles erneut aufkochen und gut zugedeckt auf der abgeschalteten Kochstelle 5 Minuten stehenlassen.

◆ Die Kochstelle auf schwache Hitze schalten und Reis und Linsen zugedeckt weitere 20–25 Minuten garen, bis sie weich, aber noch körnig sind.

◆ Die Petersilie waschen, trockentupfen und fein hacken.

◆ Die Butter in einem kleinen Topf zerlassen.

◆ Die Petersilie unter die zerlassene Butter mischen und bei schwacher Hitze einige Minuten ziehen lassen.

◆ Mit einer Gabel die Petersilien-Butter-Mischung unter den Linsenreis ziehen.

Zubereitung etwa 1 Stunde
1 Portion = 1470 kJ/ 350 kcal

Reispfannkuchen mit Gemüse

*In einer beschichteten Pfanne gelingt
diese Reisbeilage am besten.*

◆ Reis, Mehl und Salz in eine Schüssel geben. Zuerst das Wasser, dann nacheinander die Eier unterrühren und den Teig zugedeckt 15 Minuten ruhen lassen.

◆ Inzwischen die Oliven entsteinen und zerkleinern.

◆ Die Zwiebel abziehen und fein hacken.

◆ Zucchini und Paprikaschoten waschen und putzen. Die Zucchini würfeln, die Paprikaschoten in Streifen schneiden.

◆ Die Tomaten abziehen und würfeln; dabei die Stielansätze herausschneiden.

◆ Den Backofen auf 50 °C schalten.

◆ Öl oder Pflanzenfett in einer Pfan-

Zutaten für 4 Portionen

100 g feingemahlener Reis

100 g Mehl

Salz

300 ml Wasser

3 Eier

100 g schwarze Oliven

1 große Zwiebel

500 g Zucchini

500 g rote, grüne und
gelbe Paprikaschoten

500 g Tomaten

1 EL Olivenöl

Cayennepfeffer

250 g Rahmfrischkäse

1/2 Bund Basilikum oder Petersilie

Öl oder Pflanzenfett zum Backen

ne erhitzen. Aus dem Reisteig nach und nach 12 Reispfannkuchen bakken und im Ofen warm halten.

◆ Das Olivenöl in der Pfanne erhitzen und die feingehackte Zwiebel darin glasig braten.

◆ Oliven, Zucchini, Paprikaschoten sowie Tomaten zugeben, bei starker Hitze unter Rühren einige Sekunden schmoren und dann zugedeckt bei schwacher Hitze 5 Minuten garen.

◆ Das Gemüse mit Salz und Cayennepfeffer würzen. Den Käse in Stücke teilen und untermischen.

◆ Basilikum oder Petersilie waschen, trockentupfen, fein zerkleinern und darüberstreuen. Das Schmorgemüse zu den Reispfannkuchen servieren.

*Zubereitung etwa 1 Stunde
1 Portion = 2885 kJ/ 687 kcal*

Überbackener Reis

Den Auflauf kann man auch aus einem Reisrest (400 g) zubereiten.

◆ Die Zwiebel abziehen und fein hacken.

◆ Den Salbei waschen, trockentupfen und in Streifen schneiden.

◆ Das Öl erhitzen und Zwiebel und Salbei darin bei schwacher Hitze braten, bis die Zwiebel glasig ist.

◆ Reis und Wasser dazugeben, aufkochen und zugedeckt bei schwächster Hitze 20 Minuten garen.

◆ Den Reis in einer flachen Auflaufform glattstreichen.

◆ Die Tomaten abziehen und in Scheiben schneiden; dabei die Stielansätze entfernen.

◆ Die Tomatenscheiben auf dem Reis verteilen, dann kräftig salzen und pfeffern. Den Käse darauflegen und die Butter flöckchenweise auf dem Käse verteilen.

◆ Die Auflaufform auf die mittlere Schiene des kalten Backofens stellen und den Reis bei 200 °C (Umluft 180 °C, Gas Stufe 3) 30 Minuten bakken, bis der Käse zerlaufen und leicht gebräunt ist.

Zubereitung etwa 1 Stunde
1 Portion = 1533 kJ/ 365 kcal

Zutaten für 4 Portionen
1 große Zwiebel
1 Handvoll Salbeiblätter oder
1 Päckchen italienische
TK-Kräutermischung
1 EL Öl
150 g Langkornreis
300 ml Wasser
500 g Tomaten
Salz, schwarzer Pfeffer
150 g Käse in dünnen Scheiben
1 EL Butter

Reisauflauf mit Auberginen

◆ Die Aubergine waschen, putzen und würfeln.

◆ Die Lauchzwiebeln putzen, waschen, abtrocknen und in dünne Ringe schneiden.

◆ Das Öl erhitzen und Auberginenwürfel und Zwiebelringe darin bei schwacher Hitze etwa 10 Minuten braten.

◆ Den Reis mit dem Wasser aufkochen und zugedeckt bei mittlerer Hitze 10 Minuten kochen lassen.

◆ In ein Sieb abgießen und gut abtropfen lassen.

◆ Den Reis mit der Aubergine und den Lauchzwiebeln, der Hälfte des Käses, den Eiern, Salz, 1 kräftigen Prise Cayennepfeffer und Oregano vermischen und in eine hohe Auflaufform geben.

◆ Den restlichen Käse über die Reis-Auberginen-Mischung streuen und die Butter flöckchenweise auf dem Käse verteilen.

◆ Den Reisauflauf auf die untere Schiene des kalten Backofens stellen und bei 200 °C (Umluft 180 °C, Gas Stufe 3) etwa 30 Minuten backen, bis er oben schön gebräunt ist.

Zubereitung etwa 1 Stunde
1 Portion = 2428 kJ/ 578 kcal

Zutaten für 4 Portionen
1 mittelgroße Aubergine
4 Lauchzwiebeln
4 EL Öl
250 g Langkornreis
1/2 l Wasser
150 g geriebener Hartkäse
2 Eier
Salz, Cayennepfeffer
1 TL getrockneter Oregano
1 EL Butter

Mailänder Risotto

Für Risotto brauchen Sie einen Rundkornreis mit großen Körnern: Arborio oder Vialone. Ein guter Ersatz ist normaler Milchreis.

◆ Zwiebel und Knoblauch abziehen und fein hacken. Das Rindermark fein zerkleinern.

◆ Das Öl erhitzen und das Rindermark darin bei schwacher Hitze weich werden lassen.

◆ Zwiebel und Knoblauch zugeben und bei schwacher Hitze unter häufigem Umrühren glasig braten.

◆ Den Reis und den zerriebenen Safran untermischen und einige Male umrühren, bis die Körner ganz vom Fett überzogen sind.

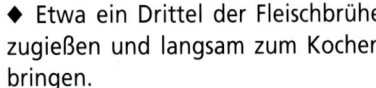

Zutaten für 4 Portionen
1 Zwiebel
1 Knoblauchzehe
1 Scheibe Rindermark
(etwa 30 g)
1 El Olivenöl
400 g Rundkornreis
1 TL Safranfäden
1¼ l Fleischbrühe
⅛ l trockener Weißwein
50 g Butter
75 g geriebener Parmesan
(evtl. mehr)
Salz, weißer Pfeffer

◆ Etwa ein Drittel der Fleischbrühe zugießen und langsam zum Kochen bringen.

◆ Den Risotto zugedeckt bei schwacher Hitze 10 Minuten garen.

◆ Den Risotto offen in 20–30 Minuten fertig garen, bis er körnig weich und sämig ist. Dabei nach und nach den Wein und den Rest der Brühe zugießen und den Risotto immer wieder mit einer Gabel durchrühren.

◆ Butter und Parmesan mit einer Gabel unterziehen. Salzen und pfeffern und sofort servieren; nach Belieben mit Parmesan bestreuen.

Zubereitung etwa 1 Stunde
1 Portion = 2629 kJ/ 626 kcal

Risotto mit Radicchio

Mit Radicchio schmeckt der Risotto herb. Wer das nicht mag, nimmt Spinat, Fenchel oder Chinakohl.

◆ Den Radicchio putzen, waschen und in Streifen schneiden. Die Zwiebel abziehen und fein hacken.

◆ Das Öl erhitzen und beide Zutaten darin bei mittlerer Hitze etwa 2 Minuten schmoren. Die Sahne zugießen und den Rundkornreis untermischen.

◆ Etwa ein Drittel der Fleischbrühe zugießen und langsam zum Kochen bringen.

◆ Den Risotto zugedeckt bei schwacher Hitze 10 Minuten garen.

◆ Den Risotto weitere 20–30 Minuten offen garen, bis er körnig weich und sämig ist. Dabei nach und nach den Rest der Fleischbrühe zugießen und den Risotto immer wieder mit einer Gabel durchrühren.

◆ Butter und Parmesan mit einer Gabel unterziehen und den Risotto mit Salz und Pfeffer abschmecken.

Zubereitung etwa 1 Stunde
1 Portion = 2877 kJ/ 685 kcal

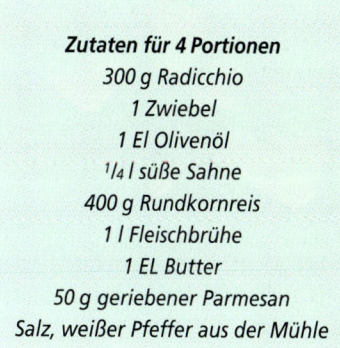

Zutaten für 4 Portionen
300 g Radicchio
1 Zwiebel
1 El Olivenöl
1/4 l süße Sahne
400 g Rundkornreis
1 l Fleischbrühe
1 EL Butter
50 g geriebener Parmesan
Salz, weißer Pfeffer aus der Mühle

Risotto mit Huhn

Rundkornreis sollte nicht gewaschen werden. Die Stärke, die an den Körnern haftet, macht den Risotto sämig.

◆ Zuckerschoten und Zucchini waschen und putzen; Zucchini würfeln.

◆ Die Tomaten abziehen und in kleine Stücke schneiden; die Stielansätze dabei entfernen.

◆ Die Zwiebel abziehen und fein hacken.

◆ Die Hähnchenbrüste in Streifen schneiden.

◆ 1 EL Öl erhitzen und den Reis darin rundherum anbraten.

◆ Ein Drittel der Brühe zugießen und aufkochen.

◆ Den Reis bei schwacher Hitze etwa 10 Minuten zugedeckt garen, bis er die Brühe aufgesogen hat.

◆ Den Risotto weitere 20–30 Minuten offen garen, bis er körnig weich und sämig ist. Dabei nach und nach den Rest der Hühnerbrühe zugießen und den Risotto immer wieder mit einer Gabel durchrühren.

◆ Zuckerschoten, Zucchini, Tomaten und Zwiebel in 1 EL Öl bei starker

Zutaten für 4 Portionen
250 g Zuckerschoten
200 g kleine Zucchini
3 Tomaten
1 Zwiebel
2 doppelte Hähnchenbrüste
(je etwa 220 g)
3 EL Öl
400 g Rundkornreis
1 l Hühnerbrühe
Salz
weißer Pfeffer
1/2 Bund Schnittlauch
1 EL Butter
60 g geriebener Parmesan oder
Pecorinokäse

Hitze unter Rühren etwa 5 Minuten schmoren.

◆ Die Hähnchenbrüste in 1 EL Öl rundherum braun braten und mit Salz und Pfeffer würzen.

◆ Schnittlauch waschen, trockentupfen und in Röllchen schneiden.

◆ Den Risotto mit Gemüse, Fleisch, Butter und Parmesan oder Pecorinokäse mischen.

◆ Den Reistopf mit Salz und Pfeffer abschmecken und mit dem Schnittlauch bestreut sofort servieren.

Zubereitung etwa 1 Stunde
1 Portion = 2923 kJ/ 696 kcal

Gemüserisotto

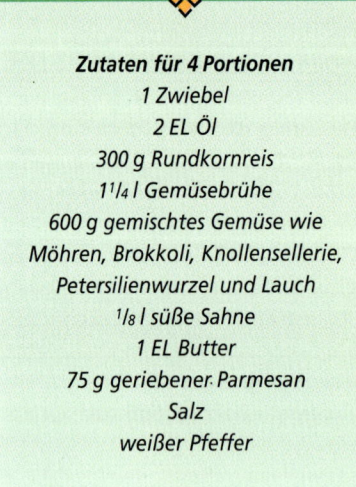

Zutaten für 4 Portionen
1 Zwiebel
2 EL Öl
300 g Rundkornreis
1¼ l Gemüsebrühe
600 g gemischtes Gemüse wie
Möhren, Brokkoli, Knollensellerie,
Petersilienwurzel und Lauch
⅛ l süße Sahne
1 EL Butter
75 g geriebener Parmesan
Salz
weißer Pfeffer

◆ Die Zwiebel abziehen und hacken.
◆ Das Öl erhitzen und die Zwiebel darin glasig braten.
◆ Den Reis zugeben und unter Rühren mitbraten, bis die Körner vom Öl überzogen sind.
◆ Ein Drittel der Brühe zugießen.
◆ Den Reis aufkochen lassen und zu-gedeckt bei schwächster Hitze 10 Minuten garen.
◆ Das Gemüse putzen, schälen, waschen, fein zerkleinern und mit 1 guten Schuß Brühe untermischen.
◆ Den Reis erneut aufkochen und im offenen Topf bei mittlerer Hitze unter häufigem Rühren 20–30 Minuten garen, bis er körnig weich ist. Dabei nach und nach den Rest der Brühe und die Sahne zugießen.
◆ Butter und Parmesan unter den Risotto mischen und das Gericht mit Salz und Pfeffer abschmecken.

Zubereitung etwa 45 Minuten
1 Portion = 2377 kJ/ 566 kcal

Risotto mit Muscheln und Tomaten

Zutaten für 4 Portionen
500 g frische Miesmuscheln
1 Bund Suppengrün
5 EL Olivenöl
400 ml Fischfond (fertig gekauft)
100 ml trockener Weißwein
½ l Gemüsebrühe
500 g Tomaten
1 Zwiebel
1 Knoblauchzehe
400 g Rundkornreis
1 Bund Petersilie
Salz, weißer Pfeffer

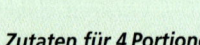

◆ Die Muscheln unter fließend kaltem Wasser bürsten. Muscheln, die sich dabei nicht schließen, müssen weggeworfen werden.
◆ Das Suppengrün putzen, waschen und fein zerkleinern.
◆ 2 EL Olivenöl erhitzen und das Suppengrün darin bei schwacher Hitze etwa 2 Minuten anbraten.
◆ Fischfond und Wein zugießen und einmal aufkochen lassen.
◆ Die Muscheln zugeben, aufkochen lassen und im fest geschlossenen Topf bei starker Hitze garen, bis sich alle Muscheln geöffnet haben. Noch geschlossene Muscheln müssen weggeworfen werden.
◆ Die Muscheln in ein Sieb abgießen, den Sud auffangen und mit der Gemüsebrühe mischen.
◆ Das Muschelfleisch aus den Schalen lösen und auf einem Teller beiseite stellen.
◆ Die Tomaten abziehen und in kleine Stücke schneiden; dabei die Stielansätze entfernen.
◆ Zwiebel und Knoblauch abziehen und fein hacken.
◆ 2 weitere EL Öl erhitzen und den Reis, Zwiebel und Knoblauch darin bei schwacher Hitze anbraten.
◆ Ein Drittel der Sudmischung zugießen, aufkochen lassen und den Reis bei schwacher Hitze etwa 10 Minuten zugedeckt garen, bis er die Flüssigkeit aufgesogen hat.
◆ Den Reis offen weitere 20–30 Minuten garen, bis er körnig weich ist. Dabei nach und nach den Rest der Muschelsudmischung zugeben und den Risotto immer wieder mit einer Gabel durchrühren.
◆ 1 EL Öl erhitzen und die Tomaten darin bei starker Hitze unter Rühren etwa 5 Minuten schmoren.
◆ Den Risotto mit Tomaten und Muschelfleisch mischen und zugedeckt 5 Minuten ziehen lassen.
◆ Inzwischen die Petersilie waschen, trockentupfen und fein hacken.
◆ Den Risotto mit einem Drittel der Petersilie mischen, salzen und pfeffern und mit der restlichen Petersilie bestreut sofort servieren.

Zubereitung etwa 1½ Stunden
1 Portion = 2192 kJ/ 522 kcal

Bunter Reistopf

Dies ist ein Eintopf der edelsten Art. Garen Sie die Zutaten – wie im Rezept beschrieben – separat. Das schmeckt am besten.

◆ Zwiebel und Knoblauch abziehen und fein hacken.

◆ Die Tomaten abziehen und würfeln; dabei die Stielansätze herausschneiden.

◆ Majoran oder Petersilie waschen, trockentupfen und fein zerkleinern.

◆ Das Schweinefilet zuerst in Scheiben, dann in Streifen schneiden.

◆ Den Zitronensaft unter die Hühnerbrühe mischen.

◆ Die Pilze kalt abspülen und mit dem Reis, dem Wasser und Salz aufkochen lassen.

◆ Den Reis zugedeckt bei schwäch-

Zutaten für 4 Portionen
1 große Zwiebel
1 Knoblauchzehe
500 g Tomaten
1 Bund frischer Majoran
oder Petersilie
500 g Schweinefilet
1 EL Zitronensaft
$^1/_4$ l Hühnerbrühe
1 Päckchen getrocknete Pilze (20 g)
400 g Langkornreis
$^3/_4$ l Wasser
Salz
1 EL Butter
1 EL Öl
Cayennepfeffer

ster Hitze in etwa 20 Minuten körnig weich garen.

◆ Die Butter in einem Topf erhitzen und Zwiebel und Knoblauch darin bei schwacher Hitze glasig braten.

◆ Tomaten und Majoran oder Petersilie zugeben und bei starker Hitze 5 Minuten schmoren. Dabei nach und nach die Hälfte der Brühe zugießen.

◆ Das Öl in einer Pfanne erhitzen und das Filet darin bei starker Hitze rundherum braun braten.

◆ Die restliche Brühe zugießen und den Bratensatz damit lösen.

◆ Reis, Tomaten und Filet mischen, mit Salz und Cayennepfeffer würzen und sofort servieren.

Zubereitung etwa 40 Minuten
1 Portion = 2495 kJ/ 594 kcal

Gefüllte Ananas

Zutaten für 2 Portionen

200 g Reis
beliebiger Sorte
1 große Ananas
100 g Schweineschnitzel
1 kleine Fenchelknolle
1 Lauchzwiebel
6 EL Öl
100 g TK-Erbsen
50 g Krabben
Salz
weißer Pfeffer
Alufolie

Aus Thailand und Vietnam stammt die Idee, eine Ananas zu füllen.

◆ Den Reis garen und gut abkühlen lassen.

◆ Die Ananas aufschneiden, aushöhlen und die Hälfte des Fruchtfleisches in kleine Stücke schneiden.

◆ Das Schweineschnitzel in feine Streifen schneiden.

◆ Den Fenchel halbieren und den Strunk herausschneiden. Die Fenchelhälften waschen und in dünne Scheiben schneiden.

◆ Die Lauchzwiebel putzen, waschen und in fingerbreite Stücke schneiden.

◆ Den Backofen auf 220 °C (Umluft 200 °C, Gas Stufe 4) vorheizen.

◆ Gemüse und Fleisch in 1 EL Öl kräftig braten, bis das Fleisch fast gar ist, und zu den Ananasstücken geben.

◆ 5 EL Öl in die Pfanne geben und den Reis, gefrorene Erbsen und Krabben darin braten.

◆ Den Reis mit Ananasstücken, Gemüse und Fleisch mischen, salzen, pfeffern, in die Ananas füllen und mit Alufolie abdecken.

◆ Die Ananas im heißen Backofen 15 Minuten ziehen lassen.

Zubereitung etwa 1½ Stunden
1 Portion = 2491 kJ/ 593 kcal

Gebratener Reis mit Fleisch

◆ Den Knoblauch abziehen und hakken. Das Fleisch in feine Streifen schneiden und mit dem Knoblauch und 1 EL Öl mischen. Zugedeckt im Kühlschrank 3 Stunden marinieren.

◆ Den Reis mit dem Wasser aufkochen lassen und in etwa 20 Minuten körnig weich garen. In einer Schüssel erkalten lassen, dabei einige Male mit einer Gabel umrühren, damit die Körner nicht zusammenkleben.

◆ Schinken vom Fettrand befreien und in dünne Streifen schneiden.

◆ Die Paprikaschote und die Lauchzwiebeln putzen und waschen. Die Lauchzwiebeln in etwa fingerdicke Stücke, die Paprikaschote in feine Streifen schneiden. Die Möhre putzen und in dünne Stifte schneiden.

◆ Die Petersilie waschen, trockentupfen und fein hacken.

Zutaten für 4 Portionen
1 Knoblauchzehe
200 g Schweineschnitzel
5 EL Öl
100 g Langkornreis
200 ml Wasser
100 g gekochter Schinken
1 kleine rote Paprikaschote
2 Lauchzwiebeln
1 Möhre
1/2 Bund Petersilie
Salz, Cayennepfeffer
2–3 EL Sojasauce

◆ In einer Pfanne 1 EL Öl erhitzen. Das Fleisch darin unter ständigem Wenden bräunen, dann herausneh-

men und auf einem Teller beiseite stellen.

◆ Den Schinken unter Rühren etwa 30 Sekunden braten, dann ebenfalls herausnehmen und beiseite stellen.

◆ 3 EL Öl erhitzen und das zerkleinerte Gemüse darin unter Rühren 5 Minuten braten.

◆ Den Reis zugeben und alles unter häufigem Wenden etwa 2 Minuten braten, so daß das Gemüse noch bißfest und der Reis heiß ist.

◆ Das Fleisch und den Schinken untermischen, alles mit Salz, Cayennepfeffer und Sojasauce würzen und unter Rühren noch einmal erhitzen. Mit der Petersilie bestreut servieren.

Marinierzeit 3 Stunden
Zubereitung etwa 1 Stunde
1 Portion = 1424 kJ/ 339 kcal

Gewürzter Reis

◆ Die Zwiebel abziehen und hacken. Die Pfefferschote halbieren und putzen; die Hälften waschen und hacken. Die Tomaten abziehen und würfeln; dabei die Stielansätze entfernen. Den Speck in Streifen schneiden.

◆ Das Öl erhitzen. Die Zwiebel und den Speck darin bei schwacher Hitze glasig braten. Den Reis untermischen und etwa 2 Minuten braten.

◆ Die Pfefferschote und die Tomaten unterrühren. Wasser, Salz und Zimtpulver zugeben, aufkochen las-

sen und zugedeckt bei schwacher Hitze 10 Minuten garen.

◆ Die Erbsen untermischen, erneut aufkochen lassen und noch einmal 5–10 Minuten garen, bis der Reis und die Erbsen weich sind. Den Reis mit einer Gabel lockern und anrichten.

Zubereitung etwa 45 Minuten
1 Portion = 1869 kJ/ 445 kcal

Zutaten für 4 Portionen
1 große Zwiebel
1 kleine grüne Pfefferschote
3 Tomaten
4 Scheiben Frühstücksspeck
4 EL Öl
250 g Basmati- oder Patnareis
1/2 l Wasser
Salz, 1/2 TL Zimtpulver
125 g TK-Erbsen

Duvečreis

Zutaten für 4 Portionen
1 kleine Aubergine
je 1 rote und grüne Paprikaschote
100 g grüne Bohnen
2 Lauchzwiebeln
1 mittelgroße Möhre
2 Fleischtomaten
400 g Langkornreis
Salz
2 EL edelsüßes Paprikapulver
200 g durchwachsener Räucherspeck
2 EL Olivenöl
³/₄ l Wasser

Original wird der Gemüsereis vom Balkan mit Okra statt mit grünen Bohnen zubereitet. Falls Sie diese Schoten bekommen: 5 Minuten in Essigwasser sprudelnd kochen, abgießen und wie die Bohnen im Rezept zerkleinern.

◆ Aubergine, Paprikaschoten, Bohnen und Lauchzwiebeln putzen und waschen.
◆ Aubergine und Paprikaschoten in etwa 0,5 cm große Würfel, Bohnen und Lauchzwiebeln in etwa 0,5 cm breite Stücke schneiden.
◆ Die Möhre putzen und in etwa 0,5 cm große Würfel schneiden.

◆ Die Tomaten abziehen und grob hacken; die Stielansätze entfernen.
◆ Den Reis mit dem zerkleinerten Gemüse, Salz und Paprikapulver mischen und in einen Topf geben.
◆ Speck auf die Reismischung legen, Ölivenöl und Wasser zugießen.
◆ Alles aufkochen. Den Topfdeckel mit einem Küchentuch umwickeln, fest auf den Topf drücken und beschweren.
◆ Den Duvečreis fest zugedeckt ungefähr 30 Minuten bei schwächster Hitze garen.

Zubereitung etwa 1 Stunde
1 Portion = 3318 kJ/ 790 kcal

Reistopf mit Mais

◆ Zwiebel und Knoblauch abziehen und hacken. Öl erhitzen. Gemüse darin bei schwacher Hitze glasig braten.
◆ Oregano und Hackfleisch zugeben und braten, bis das Fleisch krümelig ist. Reis, Brühe und Salz zufügen, aufkochen lassen und zugedeckt bei schwächster Hitze 15 Minuten garen.
◆ Die Tomaten abziehen und würfeln; die Stielansätze entfernen.
◆ Mais abtropfen lassen, mit den Tomaten zum Reis geben und bei mittlerer Hitze unter Rühren erhitzen.
◆ Den Schnittlauch waschen, trockentupfen und fein zerkleinern.

Zutaten für 4 Portionen
1 große Zwiebel
1 Knoblauchzehe
2 EL Öl
1 EL getrockneter Oregano
200 g gemischtes Hackfleisch
200 g Langkornreis
400 ml Brühe
Salz
250 g Tomaten
1 Dose Mais (Einwaage 425 g)
1 kleines Bund Schnittlauch
Cayennepfeffer
1 EL Crème fraîche

◆ Den Reis mit Salz und Cayennepfeffer würzen, Crème fraîche und Schnittlauch untermischen.

Zubereitung etwa 25 Minuten
1 Portion = 1949 kJ/ 464 kcal

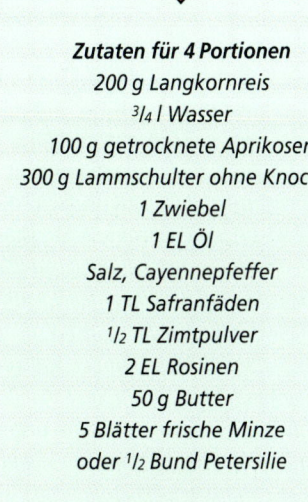

Aprikosenreis mit Lamm

Der pikante Reistopf mit Lamm, Rosinen und exotischen Gewürzen stammt aus dem Iran.

◆ Den Reis mit der Hälfte des Wassers vermischen. Die Aprikosen mit dem Rest Wasser in eine Schüssel geben und beide Zutaten zugedeckt 3 Stunden einweichen.

◆ Das Fleisch von Fett und Sehnen befreien und in mundgerechte Stükke schneiden.

◆ Die Zwiebel abziehen und hacken.

◆ Das Öl in einem Schmortopf erhitzen und das Fleisch darin bei starker bis mittlerer Hitze rundherum braun anbraten. Die Zwiebel zum Schluß etwa 1 Minute mitbraten.

◆ Die Aprikosen mit dem Einweichwasser, Salz, Cayennepfeffer, zerriebenen Safran, Zimt und Rosinen zugeben und gründlich durchrühren.

Zutaten für 4 Portionen
200 g Langkornreis
³/₄ l Wasser
100 g getrocknete Aprikosen
300 g Lammschulter ohne Knochen
1 Zwiebel
1 EL Öl
Salz, Cayennepfeffer
1 TL Safranfäden
¹/₂ TL Zimtpulver
2 EL Rosinen
50 g Butter
5 Blätter frische Minze
oder ¹/₂ Bund Petersilie

Alles einmal aufkochen und dann zugedeckt bei schwacher Hitze 30 Minuten schmoren lassen.

◆ Den Reis mit dem Einweichwasser und Salz aufkochen und zugedeckt bei mittlerer Hitze 5 Minuten kochen lassen. In ein Sieb gießen und abtropfen lassen.

◆ Den Reis auf dem Fleisch im Topf verteilen.

◆ Die Butter in Flöckchen schneiden und auf den Reis legen.

◆ Den Deckel des Topfes mit einem Küchentuch umwickeln, fest auf den Topf drücken und beschweren.

◆ Alles weitere 30–40 Minuten bei schwacher Hitze garen, bis das Fleisch und der Reis weich sind.

◆ Minze oder Petersilie waschen, trockentupfen, fein zerkleinern und darüberstreuen.

Einweichzeit 3 Stunden
Zubereitung etwa 1¹/₄ Stunden
1 Portion = 2239 kJ/ 533 kcal

Indisches Reisgericht mit Lamm

◆ Ein Sieb mit einem Küchentuch auslegen und den Joghurt darin abtropfen lassen.

◆ Das Fleisch in etwa 2 cm große Stücke schneiden.

◆ Die Zwiebeln abziehen und in dünne Scheiben schneiden.

◆ Den Knoblauch abziehen; die Pfefferschote halbieren, putzen, waschen und trockentupfen; die Ingwerwurzel schälen und alles fein hacken.

◆ Den Reis im Wasser 30 Minuten einweichen.

◆ Den Safran mit dem heißen Wasser verrühren und ziehen lassen.

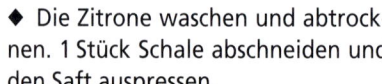

Zutaten für 6 Portionen
150 g Joghurt
750 g Lammkeule (ohne Knochen)
2 Zwiebeln
2 Knoblauchzehen
1 rote Pfefferschote
1 Stück frische Ingwerwurzel
(etwa 3 cm lang)
400 g Basmati- oder Patnareis
$^1/_2$ l Wasser
2 TL Safranfäden
3 EL heißes Wasser
1 unbehandelte Zitrone
5 EL Butterschmalz
je 50 g Mandelstifte und
Cashewnußkerne
50 g Rosinen
3 EL Öl
1 TL gemahlener Kreuzkümmel
je $^1/_4$ TL gemahlene Muskatblüte,
geriebene Muskatnuß, schwarze
Pfefferkörner und Kardamomkörner
Salz
$^3/_8$ l Instanthühnerbrühe
1 EL Crème fraîche
1 Zimtstange
1 Handvoll frische Korianderblätter
oder Petersilie
evtl. Alufolie

◆ Die Zitrone waschen und abtrocknen. 1 Stück Schale abschneiden und den Saft auspressen.

◆ In einer großen Kasserolle 2 EL Butterschmalz erhitzen und darin Mandeln, Nüsse und Rosinen etwa 1 Minute braten, bis die Mandeln und die Nüsse leicht gebräunt sind. Dann alles herausnehmen und auf einem Teller beiseite stellen.

◆ Zum Bratfett 1 weiteren EL Butterschmalz geben, die Zwiebelscheiben darin weich und leicht braun braten und ebenfalls herausnehmen.

◆ Knoblauch, Pfefferschote und Ingwer im Bratfett etwa 1 Minute braten und zu den Zwiebeln geben.

◆ Das Öl erhitzen und Kreuzkümmel, Muskatblüte, Muskatnuß, Pfeffer- und Kardamomkörner sowie Salz darin rösten.

◆ Das Fleisch zugeben und bei mittlerer bis starker Hitze unter Rühren braun anbraten.

◆ Danach die Hälfte der Brühe untermischen und etwas einkochen lassen.

◆ Zitronenschale und -saft, Joghurt und Crème fraîche dazugeben, alles mischen und bei starker Hitze schmoren, bis die Sauce sehr dick ist.

◆ Das Fleisch zugedeckt bei schwacher Hitze 20 Minuten schmoren.

◆ Den Backofen auf 200 °C (Umluft 180 °C, Gas Stufe 3) vorheizen.

◆ Den Reis mit dem Einweichwasser aufkochen, dabei ab und zu umrühren und zugedeckt bei schwächster Hitze 10 Minuten garen.

◆ Den Reis in einem Sieb abtropfen lassen und den Safran untermischen.

◆ Eine ofenfeste Form mit 2 EL Butterschmalz ausstreichen.

◆ Die halbe Menge Reis einfüllen und die Zwiebelmischung sowie das Fleisch mit der Schmorflüssigkeit darauf verteilen.

◆ Die Zimtstange darauf legen und den restlichen Reis auf das Fleisch geben, anschließend den Rest der Brühe an den Seiten zugießen.

◆ Die Form mit einem Deckel oder mit Alufolie schließen, auf die untere Schiene des Backofens stellen und das Reisgericht 20 Minuten garen.

◆ Eine Platte vorwärmen.

◆ Die Kräuterblätter waschen, trockentupfen und grob hacken.

◆ Das Reisgericht auf die Platte häufen und mit Mandeln, Nüssen und Rosinen bestreuen. Zum Schluß die Kräuterblätter darüber streuen.

Zubereitung etwa 1$^3/_4$ Stunden
1 Portion = 3730 kJ/ 888 kcal

Pilaw mit Lamm

Pilaw stammt aus der orientalischen Küche.

◆ Den größten Teil des Fetts vom Fleisch abtrennen und das Fleisch in gulaschgroße Würfel schneiden.
◆ Zwiebel und Knoblauch abziehen und fein hacken.
◆ Die rote Pfefferschote halbieren, putzen, waschen, trockentupfen und ebenfalls fein hacken.
◆ Das Öl erhitzen und die Fleischwürfel darin rundherum braun anbraten.
◆ Zwiebel, Knoblauch und Pfefferschote zugeben und mitbraten.
◆ Die Brühe zugießen, aufkochen lassen und das Fleisch zugedeckt 45 Minuten schmoren.

Zutaten für 4 Portionen
750 g Lammschulter (ohne Knochen)
1 große Zwiebel, 2 Knoblauchzehen
1 rote Pfefferschote
4 EL Öl
$^1/_8$ l Brühe
250 g Tomaten
1 grüne Paprikaschote
50 g Korinthen
250 g Langkornreis
Salz
schwarzer Pfeffer aus der Mühle
$^1/_2$ l Wasser
50 g ungesalzene Pistazienkerne
$^1/_2$ Bund Petersilie

◆ Die Tomaten abziehen und würfeln; die Stielansätze entfernen.
◆ Die Paprikaschote waschen, putzen und in Streifen schneiden.
◆ Nach der Schmorzeit Tomaten, Paprikaschote, Korinthen und Reis zum Fleisch geben, alles locker mischen und mit Salz und Pfeffer würzen.
◆ Das Wasser zugießen, aufkochen lassen und den Pilaw noch einmal 20–30 Minuten garen, bis der Reis körnig weich ist.
◆ Die Pistazienkerne grob hacken.
◆ Die Petersilie waschen, trockentupfen, hacken und mit den Pistazien über den fertigen Pilaw streuen.

Zubereitung etwa 2 Stunden
1 Portion = 3524 kJ/ 839 kcal

Serbisches Reisfleisch

Mit parboiled Reis schmeckt der Eintopf am besten.

◆ Zwiebel und Knoblauch abziehen und fein hacken.

Zutaten für 4 Portionen
1 große Zwiebel
1 Knoblauchzehe
500 g Kalbfleisch zum Schmoren (ohne Knochen)
2 EL Schweineschmalz oder Öl
2 EL Tomatenmark
1 EL edelsüßes Paprikapulver
Salz
$^1/_2$ l Wasser
200 g Langkornreis
$^1/_2$ Bund Petersilie
2 EL geriebener Hartkäse

◆ Das Fleisch gulaschgroß würfeln.
◆ Das Schweineschmalz oder Öl erhitzen und das Fleisch darin portionsweise kräftig anbraten. Bei der letzten Portion Zwiebel und Knoblauch zugeben und kurz mitbraten.
◆ Tomatenmark und Paprikapulver untermischen und unter Rühren kurz anrösten.
◆ Salz und etwa ein Drittel des Wassers zugeben, aufkochen lassen und das Fleisch zugedeckt bei schwacher Hitze 40 Minuten schmoren, bis es halb weich ist.
◆ Den Reis über das Fleisch streuen, das restliche Wasser dazugießen, erneut aufkochen und 20 Minuten garen, bis der Reis körnig weich ist.

◆ Die Petersilie waschen, trockentupfen, hacken und mit dem Käse unter das fertige Gericht mischen.

Zubereitung etwa 15 Minuten
Garzeit etwa 1 Stunde
1 Portion = 1827 kJ/ 435 kcal

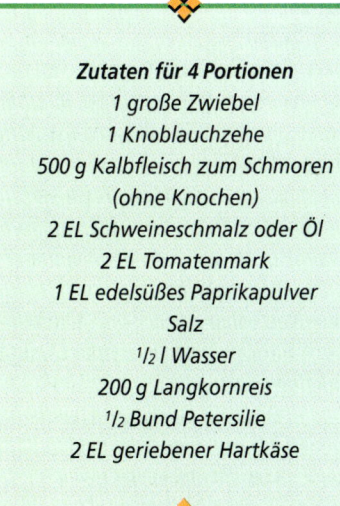

Reistopf mit Spargel

Der Eintopf schmeckt im Frühling mit Spargel wie in diesem Rezept, im Sommer mit Bohnen und Lamm, im Herbst mit Hasen- oder Rehfilet und Pilzen und im Winter mit Hackfleisch und Grünkohl.

◆ Den Reis mit Wasser und Salz aufkochen, 10 Minuten zugedeckt auf der abgeschalteten Kochstelle stehenlassen und dann bei schwächster Hitze weitere 10 Minuten garen.

◆ Inzwischen den Dill waschen, trockentupfen und fein hacken.

◆ Die Lauchzwiebel putzen, waschen und mit allen saftigen grünen Blättern in dünne Ringe schneiden.

◆ Den Spargel waschen, schälen und in etwa 1 cm lange Stücke schneiden; dabei die holzigen Enden jeweils entfernen.

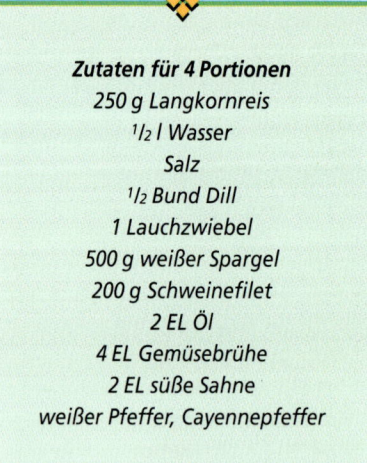

Zutaten für 4 Portionen
250 g Langkornreis
$^1/_2$ l Wasser
Salz
$^1/_2$ Bund Dill
1 Lauchzwiebel
500 g weißer Spargel
200 g Schweinefilet
2 EL Öl
4 EL Gemüsebrühe
2 EL süße Sahne
weißer Pfeffer, Cayennepfeffer

◆ Das Schweinefilet quer zur Faser in fingerdicke Scheiben, dann in Streifen schneiden.

◆ 1 EL Öl in einer Pfanne erhitzen und Zwiebel und Spargel darin bei schwacher Hitze braten, bis die Zwiebel glasig ist.

◆ Die Gemüsebrühe zugeben, den Spargel zugedeckt bei mittlerer bis schwacher Hitze in etwa 15 Minuten bißfest garen und alles mit der Sahne unter den Reis mischen.

◆ Wieder 1 EL Öl in der Pfanne erhitzen und die Fleischstreifen darin bei starker Hitze rundherum braun anbraten.

◆ Das Fleisch mit Salz, weißem Pfeffer und 1 kräftigen Prise Cayennepfeffer würzen und ebenfalls unter den Reis mischen.

◆ Den Reistopf mit Dill bestreuen und servieren.

Zubereitung etwa 50 Minuten
1 Portion = 1474 kJ/ 351 kcal

Indischer Safranreis mit Huhn

Zutaten für 6 Portionen
1 Huhn (etwa 2 kg)
Salz
2 TL gemahlener Koriander
1 TL gemahlener Kreuzkümmel
2 EL Butterschmalz oder 4 EL Öl
$^1/_8$ l Hühnerbrühe
500 g Basmati- oder Patnareis
2 rote Pfefferschoten
1 l Wasser
4 Gewürznelken
2 Zimtstangen
5 ganze Kardamomkörner
1 Zitrone
1 TL Safranfäden
1 TL Zucker
2–3 Stengel Petersilie

◆ Das Huhn in 12 Stücke teilen und mit Salz, Koriander und Kreuzkümmel einreiben.

◆ Butterschmalz oder Öl in einem großen Schmortopf erhitzen und die Hühnerstücke darin rundherum bei starker bis mittlerer Hitze braun anbraten.

◆ Die Brühe zugeben, den Topf schließen und das Huhn bei schwacher Hitze 50 Minuten schmoren.

◆ Den Reis mit kaltem Wasser bedecken und 20 Minuten einweichen.

◆ Die Pfefferschoten waschen.

◆ Den Reis abgießen und wieder in den Topf geben. 1 l Wasser, Pfefferschoten, Gewürznelken, Zimtstangen und Kardamomkörner zugeben, aufkochen und zugedeckt bei schwacher Hitze 10 Minuten kochen lassen.

◆ Die Zitrone auspressen.

◆ Den Reis wieder abgießen; diesmal das Wasser auffangen. Pfefferschoten, Zimtstangen, Nelken und Kardamom aus dem Reis nehmen.

◆ Safran, Zucker und Zitronensaft in das aufgefangene Wasser geben.

◆ Den Reis auf dem geschmorten Huhn verteilen, das gewürzte Wasser darüber gießen und alles erneut zum Kochen bringen.

◆ Den Deckel auf den Topf legen und das Gericht etwa 20 Minuten schmoren, bis der Reis körnig weich und das Huhn gar ist.

◆ Die Petersilie waschen, trockentupfen, hacken und über das fertige Gericht streuen.

Zubereitung etwa 45 Minuten
Garzeit etwa 1$^1/_4$ Stunden
1 Portion = 3011 kJ/ 717 kcal

Paella

◆ Den Tintenfisch auftauen lassen.

◆ Das Suppengrün putzen, waschen und grob zerkleinern. Mit Wasser, Wein und Fischgewürz aufkochen und den Tintenfisch darin zugedeckt bei schwacher Hitze 3 Minuten ziehen lassen. Den Tintenfisch herausnehmen und abkühlen lassen.

◆ Den Sud erneut aufkochen lassen, die Hummerkrabbenschwänze darin 5 Minuten ziehen lassen und ebenfalls wieder herausnehmen.

◆ Den Sud durchsieben, auffangen und den zerriebenen Safran untermischen.

◆ Tintenfisch in Stücke schneiden, Poularde in 12 Teile zerlegen und das Schweinefleisch klein würfeln.

◆ Zwiebel und Knoblauch abziehen und fein hacken.

◆ Die Paprikaschote waschen, putzen und in Streifen schneiden.

◆ Die Tomaten häuten und würfeln; dabei die Stielansätze entfernen.

◆ Das Öl erhitzen, Poularde und

Zutaten für 6 Portionen
500 g TK-Tintenfisch
1 Bund Suppengrün
1/2 l Wasser
1/4 l trockener Weißwein
1/2 Päckchen Fischgewürz
12 Hummerkrabben-
schwänze in der Schale
1 TL Safranfäden
1 Poularde von etwa 1,5 kg
300 g Schweineschulter
1 Zwiebel
2 Knoblauchzehen
1 grüne Paprikaschote
200 g Tomaten
2 EL Öl
300 g Langkornreis
300 g TK-Erbsen
Salz, weißer Pfeffer
1/2 Bund Petersilie
Alufolie

Schweinefleisch darin portionsweise rundherum braun anbraten und in die Fettpfanne des Backofens legen.

◆ Zwiebel und Knoblauch im Fett anbraten und den Sud zugießen. Den Bratfond lösen und über dem Fleisch verteilen. Den Reis darüber streuen.

◆ Hummerkrabbenschwänze, Tintenfisch, Paprikaschote, Tomaten und Erbsen auf der Paella verteilen und alles salzen und reichlich pfeffern.

◆ Die Paella mit Alufolie verschließen, auf die mittlere Schiene des kalten Backofens schieben und bei 180 °C (Umluft 160 °C, Gas Stufe 2–3) 40 Minuten garen.

◆ Die Folie entfernen und die Paella weitere 20–30 Minuten garen, bis der Reis körnig und das Fleisch weich ist.

◆ Die Petersilie waschen, trockentupfen, hacken und die Paella damit bestreut servieren.

Zubereitung etwa 1 1/2 Stunden
1 Portion = 3049 kJ/ 726 kcal

Reis mit Fisch

Zutaten für 4 Portionen

500 g Fischfilet
2 Zwiebeln
3 EL Öl
Salz, weißer Pfeffer
$^1/_2$ TL gemahlenes Piment
1 TL Gelbwurzpulver (Kurkuma)
250 g Langkornreis
2 EL Zitronensaft
2 EL Wasser
1 TL Safranfäden
$^3/_4$ l Gemüsebrühe
einige Petersilienblättchen

Für den Reis können Sie Goldbarsch-oder Meeraalfilet verwenden.

◆ Die Fischfilets quer zur Faser in etwa 2 cm breite Streifen schneiden.
◆ Die Zwiebeln abziehen und fein hacken.
◆ Das Öl in einem breiten Topf erhitzen und die Zwiebeln darin bei schwacher Hitze glasig braten. Je 1 kräftige Prise Salz und Pfeffer, Piment, Gelbwurzpulver und die halbe Menge Reis untermischen.
◆ Die Fischstücke auf den Reis legen, mit Zitronensaft beträufeln und mit Salz und Pfeffer kräftig würzen. Den restlichen Reis auf den Fisch streuen.

◆ Das Wasser erhitzen. Den Safran mit dem heißen Wasser verrühren, mit der Brühe mischen und über den Reis gießen.
◆ Alles zum Kochen bringen. Den Topfdeckel mit einem Küchentuch umwickeln, fest auf den Topf drükken und beschweren.
◆ Den Reis fest zugedeckt bei schwacher Hitze etwa 20 Minuten garen, bis er körnig weich ist.
◆ Die Petersilienblättchen waschen, trockentupfen und hacken und dann den Reis damit bestreut servieren.

Zubereitung etwa 35 Minuten
1 Portion = 1726 kJ/ 411 kcal

Knoblauchreis mit Krabben

Ein kräftig gewürzter Reis aus der Karibik, zu dem gebratene Bananen oder geschmortes Gemüse passen.

◆ Knoblauch abziehen, mit Salz zerdrücken und mit Reis, Sambal Oelek und Wasser in einen Topf geben.
◆ Den Reis aufkochen lassen und zugedeckt bei schwächster Hitze etwa 20 Minuten garen, bis er körnig weich ist.
◆ Inzwischen die Zwiebel abziehen und fein hacken.
◆ Die Tomaten ebenfalls abziehen und würfeln; dabei die Stielansätze entfernen.

Zutaten für 4 Portionen
3 Knoblauchzehen, Salz
250 g Langkornreis
1–2 MSP Sambal Oelek, 1/2 l Wasser
1 Zwiebel
2 mittelgroße Tomaten
100 g gekochter Schinken
2 EL Öl
1/2 TL Gelbwurzpulver (Kurkuma)
100 g Krabben, 1 EL Zitronensaft
1/2 Bund Schnittlauch
1 EL Butter

◆ Den Schinken fein zerkleinern.
◆ Das Öl in einem Topf erhitzen und Zwiebel und Schinken darin bei schwacher Hitze glasig braten. Tomaten, Gelbwurzpulver, Krabben und Zitronensaft zugeben und bei mittlerer Hitze schmoren, bis die Tomaten Saft abgeben.
◆ Schnittlauch waschen, trockentupfen und in Röllchen schneiden.
◆ Reis, Butter und Schnittlauch zu den Krabben geben, mit Salz abschmecken und sofort servieren.

Zubereitung etwa 30 Minuten
1 Portion = 1659 kJ/ 395 kcal

Reisnudelpfanne

◆ Zwiebel und Knoblauch abziehen und hacken. Die Zuckerschoten waschen, Stiel- und Blütenansätze abschneiden. Die Pilzhüte vom Strunk schneiden und in Streifen teilen, die Strünke würfeln.
◆ Schnittlauch waschen, trockentupfen und in Röllchen schneiden.
◆ Öl in einer großen Pfanne oder im

Wok erhitzen. Zwiebel, Knoblauch, Zuckerschoten und Pilze darin bei starker bis mittlerer Hitze unter Rühren etwa 1 Minute schmoren.
◆ Brühe, Reisnudeln und Sojasauce untermischen, aufkochen und unter Rühren etwa 3 Minuten kochen.

◆ Das Gericht mit Cayennepfeffer und nach Belieben mit Salz abschmecken und zum Servieren mit dem Schnittlauch bestreuen.

Zubereitung etwa 30 Minuten
1 Portion = 1550 kJ/ 369 kcal

Zutaten für 2 Portionen
1 Zwiebel
1 Knoblauchzehe
200 g Zuckerschoten
200 g Austernpilze
1/2 Bund Schnittlauch
2 EL Öl
1/8 l Hühnerbrühe
100 g Reisnudeln
4 EL Sojasauce
Cayennepfeffer
Salz

Reisfrikadellen

Die Frikadellen schmecken gut zu Sauerkraut oder Apfelmus, Salat, asiatischen Currygerichten oder Geschnetzeltem.

◆ Den Reis mit der Brühe in einem Topf zum Kochen bringen und zugedeckt bei schwacher Hitze 20 Minuten garen. Dann von der Kochstelle nehmen und abkühlen lassen.

◆ Eier, Crème fraîche, Mehl, Salz und je 1 kräftige Prise Pfeffer und Muskat unter den Reis mischen.

Zutaten für 4 Portionen
200 g Rundkornreis
400 ml Gemüsebrühe
2 Eier
50 g Crème fraîche
50 g Mehl
Salz, schwarzer Pfeffer
geriebene Muskatnuß
Öl oder Pflanzenfett zum Backen

◆ Das Fett in einer Pfanne erhitzen.

◆ Von dem Teig mit einem Eßlöffel 12 Frikadellen abstechen, jeweils flachdrücken und bei mittlerer bis schwacher Hitze etwa 10 Minuten braten, bis sie sich leicht vom Pfannenboden lösen.

◆ Die Frikadellen wenden und auf der zweiten Seite weitere 6–8 Minuten braten.

Zubereitung etwa 45 Minuten
1 Portion = 1894 kJ/ 451 kcal

Reiskroketten

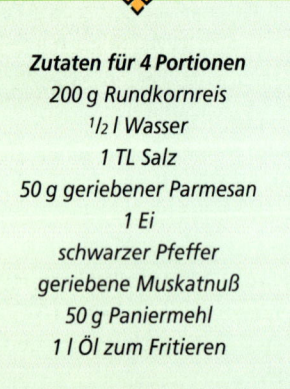

Zutaten für 4 Portionen
200 g Rundkornreis
1/2 l Wasser
1 TL Salz
50 g geriebener Parmesan
1 Ei
schwarzer Pfeffer
geriebene Muskatnuß
50 g Paniermehl
1 l Öl zum Fritieren

◆ Den Reis abkühlen lassen und dabei immer wieder umrühren.

◆ Das Ei, je 1 kräftige Prise Pfeffer und Muskat zugeben und rühren, bis der Reis wie Frikadellenteig bindet.

◆ Das Paniermehl auf einem Teller bereitstellen.

◆ Den Reisteig mit angefeuchteten Händen zu Kroketten formen und im Paniermehl wenden.

◆ Den Backofen auf 50 °C stellen.

◆ Das Öl zum Fritieren erhitzen.

◆ Nur jeweils so viele Reiskroketten mit einem Schaumlöffel in das Öl geben, daß sie nebeneinander schwimmen und leicht gewendet werden können.

◆ Die Reiskroketten bei mittlerer Hitze etwa 5 Minuten fritieren, bis sie braun und knusprig sind.

◆ Die Kroketten mit dem Schaumlöffel herausnehmen, auf Küchenpapier abtropfen lassen und im Backofen warm halten, bis alle Kroketten gebacken sind.

Zubereitung etwa 1 1/2 Stunden
1 Portion = 1982 kJ/ 472 kcal

Fritierfett ist heiß genug, wenn an einem Holzlöffel, den Sie hineinhalten, kleine Blasen aufsteigen. Die elektrische Friteuse zeigt Ihnen die richtige Temperatur an.

◆ Den Reis mit der Hälfte des Wassers und dem Salz aufkochen und zugedeckt bei schwacher Hitze 45 Minuten garen. Dabei immer wieder mit einer Gabel durchrühren und nach und nach das restliche Wasser dazugießen. Zum Schluß den Parmesan mit der Gabel daruntermischen.

Reiswaffeln

Diese herzhaften Waffeln passen als Beilage gut zu Geschnetzeltem, Gemüse mit Sauce oder Salat.

◆ Milch und Butter zusammen erhitzen, bis die Butter geschmolzen ist.

◆ Die Zitrone waschen und abtrocknen. Ein Viertel der Schale abreiben.

◆ Den Reis im Blitzhacker oder im Mixer so fein wie Mehl zerkleinern und mit dem Weizenmehl, der Hefe, der Zitronenschale, Salz und Muskat vermischen.

◆ Die Milch-Butter-Mischung, Eier und saure Sahne dazugeben und mit den Knethaken des Handrührgeräts etwa 5 Minuten kneten, bis der Teig große Blasen bildet.

◆ Den Teig zugedeckt bei Zimmertemperatur 45 Minuten ruhen lassen.

Zutaten für 4 Portionen
1/4 l Milch
50 g Butter
1 unbehandelte Zitrone
200 g Naturreis
100 g Weizenvollkornmehl
1/2 Päckchen Trockenhefe
1 Prise Salz
1 Prise geriebene Muskatnuß
2 zimmerwarme Eier
125 g saure Sahne
1/2 Bund Majoran
1 kleine Zwiebel
1 EL Öl
Erdnußöl oder Butterschmalz
für das Waffelgerät

◆ Inzwischen den Majoran waschen, trockentupfen und fein hacken.

◆ Die Zwiebel abziehen und fein hacken.

◆ Das Öl erhitzen und den Majoran und die gehackte Zwiebel darin bei schwacher Hitze braten, bis die Zwiebel glasig ist.

◆ Die Mischung abkühlen lassen und unter den Teig mengen.

◆ Die Backflächen des Waffelgeräts mit Erdnußöl oder Butterschmalz bepinseln.

◆ Jeweils etwa 1 1/2 EL Teig hineingeben, das Waffelgerät schließen und jede Waffel 3–4 Minuten backen.

Ruhezeit 45 Minuten
Zubereitung etwa 45 Minuten
1 Portion = 2360 kJ/ 562 kcal

Semmelknödel: Grundrezept

1. Die Brötchen mit der lauwarmen Milch übergießen.

2. Zwiebel, Petersilie und Eier zu den Brötchen geben.

3. Mit angefeuchteten Händen 8–12 Knödel formen.

4. Die Semmelknödel in das kochende Wasser geben.

◆ Die Brötchen in sehr dünne Scheiben schneiden, in eine Schüssel geben und mit 2 TL Salz bestreuen.

◆ Die Milch lauwarm erhitzen, darüber gießen, und die Brötchen zugedeckt etwa 20 Minuten ziehen lassen, bis die Milch aufgesogen ist.

◆ Die Zwiebel abziehen, die Petersilie waschen und trockentupfen und beides sehr fein hacken.

◆ Zwiebel, Petersilie und Eier zu den Brötchen geben und alles mit den Händen verkneten, bis der Teig richtig bindet.

◆ In einem großen Topf reichlich Salzwasser zum Kochen bringen. Mit angefeuchteten Händen 8–12 Knödel formen.

Zutaten für 4 Portionen
10 altbackene Brötchen
vom Vortag (etwa 350 g)
Salz
$3/8$ l Milch
1 Zwiebel
1 Bund Petersilie
3 Eier

◆ Die Semmelknödel in das sprudelnd kochende Wasser geben und zugedeckt bei starker Hitze zum Kochen bringen.

◆ Die Temperatur zurückschalten und die Knödel halb zugedeckt bei schwacher bis mittlerer Hitze in etwa 20 Minuten gar ziehen lassen.

Bayerischer Knödelsalat

Mit diesem Salat, der gut zu Bratwürsten schmeckt, können Sie übriggebliebene Knödel verwerten.

◆ Die nach dem Grundrezept zubereiteten Semmelknödel abkühlen lassen, sehr dünn aufschneiden und auf einer Platte anrichten.
◆ Die Vinaigrette zubereiten.
◆ Die Zwiebel abziehen, in hauchdünne Ringe schneiden und über die Knödelscheiben verteilen.
◆ Schnittlauch waschen, trockentupfen und in Röllchen schneiden.
◆ Die Knödel mit der Vinaigrette begießen und mit reichlich Pfeffer sowie dem Schnittlauch bestreuen.

Zubereitung etwa 20 Minuten
1 Portion = 2373 kJ/ 565 kcal

Zutaten für 2 Portionen
4 Semmelknödel
Vinaigrette für 2 Portionen (S. 181)
1 Zwiebel
1 Bund Schnittlauch
schwarzer Pfeffer aus der Mühle

Gebratene Knödel mit Speck

Zutaten für 2 Portionen
4 Semmelknödel
100 g durchwachsener Räucherspeck
1 große Zwiebel
2 EL Öl
4 Stengel Petersilie
Salz
schwarzer Pfeffer

Eine schmackhafte Resteverwertung für alle Knödel.

◆ Die nach dem Grundrezept zubereiteten Semmelknödel abkühlen lassen und in knapp fingerdicke Scheiben schneiden.
◆ Den Speck würfeln.
◆ Die Zwiebel abziehen und in dünne Ringe schneiden.
◆ Das Öl in einer großen Pfanne erhitzen und Speck und Zwiebel darin bei schwacher Hitze glasig braten.

◆ Die Knödel zugeben und bei schwacher bis mittlerer Hitze auf beiden Seiten etwa 15 Minuten rösten, bis sie eine Kruste haben.
◆ Inzwischen die Petersilie waschen, trockentupfen und fein hacken.
◆ Die Teller gut vorwärmen.
◆ Die gebratenen Knödel salzen und pfeffern, auf den Tellern anrichten und mit der Petersilie bestreuen.

Zubereitung etwa 30 Minuten
1 Portion = 3322 kJ/ 791 kcal

Geröstete Knödel mit Ei

◆ Die nach dem Grundrezept zubereiteten Semmelknödel abkühlen lassen und in knapp fingerdicke Scheiben schneiden.
◆ Das Öl in einer Pfanne erhitzen, die Klöße zugeben und bei schwacher bis mittlerer Hitze ungefähr 15 Minuten auf beiden Seiten rösten, bis sie eine Kruste haben.
◆ Schnittlauch waschen, trockentupfen und in Röllchen schneiden.
◆ Das Ei mit Milch, Salz, weißem Pfeffer und Muskat verquirlen und über die Knödel gießen.
◆ Alles zugedeckt bei schwacher Hitze etwa 2 Minuten braten, bis die Eier gestockt sind, dann mit dem Pfannenwender zerteilen und unter Wenden noch etwa 1 Minute rösten.
◆ Die gerösteten Knödel mit Schnittlauch bestreut servieren.

Zubereitung etwa 30 Minuten
1 Portion = 2554 kJ/ 608 kcal

Zutaten für 2 Portionen
4 Semmelknödel
2 EL Öl
1 Bund Schnittlauch
2 Eier
2 EL Milch
Salz, weißer Pfeffer
geriebene Muskatnuß

Haferklöße

Zu diesem typischen Gericht der Voll-wertküche passen Pilze in Sahne (siehe S. 509) oder Auberginen in To-matensauce. Außerdem schmecken die Klöße ebenso wie Leberknödel gut als Einlage in klarer Brühe mit Gemüsestreifen.

♦ Die Hafergrütze in einen Topf ge-ben, mit dem Wasser übergießen und zum Kochen bringen. Die Grütze zu-gedeckt bei schwacher Hitze 10 Mi-nuten garen.

♦ Den Topf von der Kochstelle neh-men. Die Grütze 30 Minuten quellen und dabei abkühlen lassen.

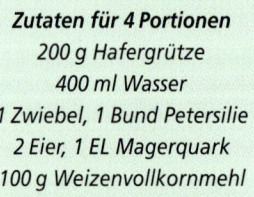

Zutaten für 4 Portionen
200 g Hafergrütze
400 ml Wasser
1 Zwiebel, 1 Bund Petersilie
2 Eier, 1 EL Magerquark
100 g Weizenvollkornmehl
1/2 TL getrockneter Thymian
Salz, Cayennepfeffer

♦ Inzwischen die Zwiebel abziehen, die Petersilie waschen und trocken-tupfen und beides fein hacken.

♦ Die Grütze mit Zwiebel, Petersilie, Eiern, Quark, Weizenvollkornmehl, Thymian und je 1 kräftigen Prise Salz und Cayennepfeffer zu einem Teig vermischen.

♦ In einem großen Topf reichlich Wasser mit Salz zum Kochen bringen. Die Hände anfeuchten und 12 Klöße formen.

♦ Die Klöße einmal aufkochen und im offenen Topf bei schwacher Hitze etwa 25 Minuten sanft kochen.

Zubereitung etwa 1 Stunde
Garzeit etwa 30 Minuten
1 Portion = 1415 kJ/ 337 kcal

Grießklöße

Zutaten für 4 Portionen
1/4 l Wasser
40 g Butter, Salz
250 g Grieß
1 Weizenbrötchen
2 EL Öl
1 Zwiebel
1 Ei
1 TL getrockneter Majoran

Die Klöße passen zu Sauerkraut und Kasseler, Rinderbraten oder Pilzen.

♦ Das Wasser mit Butter und Salz aufkochen lassen.

♦ Den Grieß in einen Topf geben, mit dem Wasser übergießen und zu-gedeckt 20 Minuten quellen lassen.

♦ Inzwischen das Brötchen würfeln und im Öl bei schwacher Hitze rund-herum knusprig braten. Reichlich Salzwasser zum Kochen bringen.

♦ Die Zwiebel abziehen, fein hak-ken und mit dem Ei und dem Majo-ran zum Grieß geben. Daraus mit den Händen einen glatten Teig kneten.

♦ Mit feuchten Händen 8 Klöße for-men und diese dabei mit den Bröt-chenwürfeln füllen. Die Klöße in das leicht sprudelnd kochende Wasser le-gen und 5 Minuten ziehen lassen, bis sie an die Oberfläche steigen.

♦ Die Klöße bei schwacher bis mitt-lerer Hitze in 25 Minuten knapp un-ter dem Siedepunkt garen. Dabei einen Kochlöffel zwischen Topf und Deckel legen, damit der Topf nur halb geschlossen ist.

Zubereitung etwa 30 Minuten
Garzeit 30 Minuten
1 Portion = 1583 kJ/ 377 kcal

Serviettenkloß

Ein Serviettenkloß ist die klassische Beilage zu Gulasch, Sauerbraten, Kalbsbraten, Wild und Pilzen.

♦ Das Brot in etwa 0,5 cm große Würfel schneiden.

♦ Die Butter erhitzen. Die Brotwürfel darin bei schwacher Hitze unter häufigem Wenden in etwa 10 Minuten knusprig braten und dann auf einem Teller erkalten lassen.

♦ Die Zwiebel abziehen, die Petersilie waschen und trockentupfen und beides fein hacken.

♦ Reichlich Wasser mit Salz in einem großen Topf zum Kochen bringen.

♦ Die Eier trennen. Aus Mehl, Salz, Milch und Eigelb einen glatten Teig kneten.

♦ Das Eiweiß steif schlagen und auf den Teig geben.

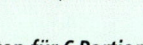

Zutaten für 6 Portionen
250 g Weißbrot
50 g Butter
1 Zwiebel
1/2 Bund Petersilie
Salz
3 Eier
300 g Mehl
1/4 l Milch

♦ Geröstetes Brot, Zwiebel und Petersilie auf den Eischnee geben und alles mit einem Kochlöffel mischen.

♦ Ein Küchentuch in kaltes Wasser tauchen, gut auswringen und auf der Arbeitsfläche ausbreiten. Den Teig in die Mitte des Tuchs geben.

♦ Das Tuch so darum schlagen, daß der Teig zu einem länglichen Wecken geformt wird. Die beiden Enden des Tuchs mit Küchengarn zubinden.

♦ Den Kloß in das kochende Wasser geben. Einen Kochlöffel zwischen Topf und Deckel legen, damit der Topf nicht ganz geschlossen ist.

♦ Den Kloß bei mittlerer bis schwacher Hitze 1 Stunde sanft kochen lassen, dabei einmal wenden.

♦ Den Serviettenkloß aus dem Wasser nehmen, auf ein Brett legen, aus dem Tuch wickeln und in Scheiben schneiden. Das Schneiden geht am besten mit straff gespanntem Küchengarn.

Zubereitung etwa 45 Minuten
Garzeit 1 Stunde
1 Portion = 1777 kJ/ 423 kcal

Hefeklöße

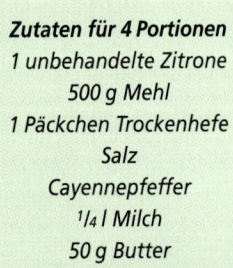

Zutaten für 4 Portionen
1 unbehandelte Zitrone
500 g Mehl
1 Päckchen Trockenhefe
Salz
Cayennepfeffer
¼ l Milch
50 g Butter
1 zimmerwarmes Ei
Mehl zum Formen

◆ Die Zitrone waschen, abtrocknen und die Schale abreiben.

◆ Das Mehl mit Hefe, 1 TL Salz, Cayennepfeffer und Zitronenschale mischen.

◆ Die Milch lauwarm erhitzen. Die Butter darin zerlaufen lassen und mit dem Ei zum Mehl geben. Alles mit den Knethaken des Handrührgeräts 5 Minuten durchkneten.

◆ Den Teig zugedeckt bei Zimmertemperatur etwa 45 Minuten gehen lassen, bis sich sein Volumen ungefähr verdoppelt hat.

◆ Die Hände mit Mehl bestäuben und aus dem Teig 16 Klöße formen.

◆ Die Arbeitsfläche mit Mehl bestreuen und die Klöße darauf weitere 15 Minuten gehen lassen.

◆ In einem großen Topf reichlich Wasser mit Salz zum Kochen bringen und die Klöße darin zugedeckt bei mittlerer bis schwacher Hitze etwa 20–25 Minuten sanft kochen lassen.

Zubereitung etwa 1¼ Stunden
Garzeit etwa 25 Minuten
1 Portion = 2583 kJ/ 615 kcal

Weizen mit Nüssen

Gerösteter Weizen schmeckt gut zu Fisch, Fleisch, Geflügel oder Gemüse.

◆ Den Weizen mit Wasser und Salz aufkochen lassen und zugedeckt bei schwacher Hitze 1 Stunde garen.

◆ Den Weizen auf der abgeschalteten Kochstelle 1 weitere Stunde quellen lassen, dann in ein Sieb gießen und abtropfen lassen.

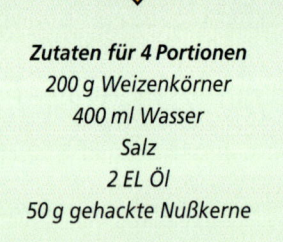

Zutaten für 4 Portionen
200 g Weizenkörner
400 ml Wasser
Salz
2 EL Öl
50 g gehackte Nußkerne

◆ Das Öl erhitzen und den Weizen mit den Nußkernen darin bei mittlerer Hitze etwa 5 Minuten unter häufigem Wenden rösten.

Gar- und Quellzeit 2 Stunden
Zubereitung etwa 15 Minuten
1 Portion = 1201 kJ/ 286 kcal

Fladenbrote mit bunter Füllung

◆ Für die Fladenbrote die beiden Mehlsorten mit Salz in einer Schüssel mischen.

◆ Zuerst 2 EL Öl, dann nach und nach das Wasser zum Mehl geben und alles mit den Knethaken des Handrührgeräts vermischen, bis sich die Zutaten verbunden haben.

◆ Den Teig nun mit den Händen so lange kneten, bis er geschmeidig ist und nicht mehr an den Fingern klebt, dann in Frischhaltefolie wickeln und ruhen lassen.

◆ Die Bohnen abtropfen lassen. Die Zwiebel und 1 Knoblauchzehe abziehen, die Zwiebel grob schneiden.

◆ Die Tomaten waschen; die Stielansätze entfernen. Den Rosmarin waschen und trockentupfen, die Blättchen abstreifen.

◆ Bohnen, Zwiebel, Knoblauch, Tomaten und Rosmarin im Blitzhacker pürieren und mit Salz, 1 kräftigen Prise Pfeffer, 2 EL Essig und 2 EL Öl vermischen.

◆ Den Rettich schälen und auf der Rohkostreibe grob raspeln.

◆ Den Schnittlauch waschen, trockentupfen, in Röllchen schneiden und mit dem Rettich, der Crème fraîche, Zitronensaft, Salz und Pfeffer mischen.

◆ Die Paprikaschoten waschen, putzen und in kleine Stücke schneiden.

Zutaten für 6 Portionen
200 g Weizenmehl Type 1050
200 g Maismehl
Salz
7 EL Öl
etwa 200 ml lauwarmes Wasser
1 Dose weiße Bohnen
(Einwaage 400 g)
1 kleine Zwiebel
2 Knoblauchzehen
2 Zweige frischer Rosmarin
250 g Tomaten
weißer Pfeffer
3 EL milder Essig
1 weißer Rettich (etwa 500 g)
1 Bund Schnittlauch
100 g Crème fraîche
1 EL Zitronensaft
je 1 grüne und rote Paprikaschote
1 Lauchzwiebel
100 g beliebiger Blattsalat
100 g weicher weißer Schafskäse
Mehl zum Ausrollen
Öl zum Braten

◆ Die Lauchzwiebel putzen, waschen und mit allen saftigen grünen Blättern in feine Ringe schneiden.

◆ Den Blattsalat waschen und in Streifen schneiden. Den Schafskäse

klein würfeln. Den Knoblauch abziehen und hacken.

◆ Paprika, Lauchzwiebel, Blattsalat, Schafskäse und Knoblauch mit Salz, Pfeffer sowie 1 EL Essig und 3 EL Öl vermischen.

◆ Die Füllungen zugedeckt beiseite stellen, bis die Brote gebacken sind.

◆ Die Arbeitsfläche und eine Nudelrolle mit Mehl bestäuben. Den Teigkloß in 12 gleich große Stücke teilen.

◆ Jedes Stück noch einmal kräftig durchkneten und mit der Nudelrolle möglichst rund und dünn ausrollen.

◆ Den Backofen auf 50 °C schalten.

◆ Eine große Pfanne bei schwacher bis mittlerer Hitze heiß werden lassen und mit etwa 1/2 TL Öl auspinseln.

◆ Die Fladenbrote nacheinander auf jeder Seite etwa 1 Minute darin backen, bis sie hellbraun sind und Blasen werfen. Zwischendurch die Pfanne immer wieder leicht ölen.

◆ Die gebackenen Brote im Backofen warm halten und dabei in ein Küchentuch wickeln, damit sie weich bleiben.

◆ Zum Essen Füllungen und Brot auf den Tisch stellen. Ein Brot auf den Teller geben, mit beliebiger Füllung belegen und zusammenklappen.

Zubereitung etwa 1 1/2 Stunden
1 Portion = 2377 kJ/ 566 kcal

Brotgratin mit Tomaten

Zutaten für 4 Portionen
500 g Tomaten
1 Handvoll frische Salbei-
oder Petersilienblätter
500 g Toastbrot
150 g Käsescheiben
Salz
schwarzer Pfeffer
$^1/_8$ l Tomatensaft
2 EL Crème fraîche

Nehmen Sie zum Überbacken einen fetten Käse, der cremig schmilzt: Mozzarella, Trappistenkäse, sehr würzigen Roquefort oder milden Schmelzkäse.

◆ Den Backofen auf 250 °C (Gas Stufe 5–6) vorheizen.
◆ Die Tomaten abziehen und in Scheiben schneiden; die Stielansätze dabei entfernen.
◆ Salbei oder Petersilie waschen und trockentupfen.
◆ Brot, Tomaten, Kräuterblätter und Käsescheiben abwechselnd schuppenförmig in eine flache Auflaufform legen und mit Salz und Pfeffer würzen.
◆ Den Tomatensaft mit der Crème fraîche verrühren und an den Rändern der Auflaufform zugießen.
◆ Das Gratin auf die mittlere Schiene des heißen Backofens stellen und etwa 20 Minuten backen, bis es oben schön braun ist.

Zubereitung etwa 10 Minuten
Backzeit etwa 20 Minuten
1 Portion = 2226 kJ/ 530 kcal

Bulgur mit Gemüse

◆ Die Pfefferschote waschen und halbieren; die Kerne und den Stielansatz entfernen. Die Schotenhälften in feine Streifen schneiden.
◆ Zwiebel und Knoblauch abziehen und fein hacken.
◆ 2 EL Öl in einem Topf erhitzen. Pfefferschote, Zwiebel und Knoblauch darin bei schwacher Hitze anbraten, bis die Zwiebel glasig ist.
◆ Bulgur und Brühe zugeben, einmal aufkochen und zugedeckt bei schwacher Hitze 20 Minuten garen.

◆ Inzwischen den Mangold putzen, waschen, trockenschütteln und in dünne Streifen schneiden.
◆ Die Tomaten abziehen und würfeln; dabei die Stielansätze herausschneiden.
◆ Den Schnittlauch waschen, trockentupfen und fein zerkleinern.
◆ Die Teller vorwärmen.
◆ 1 EL Öl in einem Topf erhitzen und den Mangold darin bei mittlerer Hitze unter Rühren etwa 2 Minuten braten.
◆ Tomaten und Sojadrink untermischen und aufkochen. Zugedeckt bei schwacher Hitze etwa 5 Minuten garen, bis das Gemüse weich ist.
◆ Mit Salz und Pfeffer abschmecken und den Schnittlauch zur Hälfte untermischen.

Zutaten für 4 Portionen
1 rote Pfefferschote
1 Zwiebel
1 Knoblauchzehe
3 EL Maiskeimöl
300 g Bulgur
600 ml Fleisch-
oder Gemüsebrühe
500 g Mangold
500 g Tomaten
1 Bund Schnittlauch
$^1/_8$ l Sojadrink
Salz
schwarzer Pfeffer
200 g Crème fraîche

◆ Gemüse und Bulgur auf den vorgewärmten Tellern anrichten.
◆ Die Crème fraîche auf die Bulgurportionen setzen und mit dem restlichen Schnittlauch bestreuen.

Zubereitung etwa 45 Minuten
1 Portion = 2209 kJ/ 526 kcal

Buchweizenklöße

Diese Klöße aus der Bauernküche passen zu Fleisch oder Gemüse.

◆ Die Eier trennen.
◆ Weizen- und Buchweizenmehl mit 1 TL Salz, Milch und Eigelb zu einem zähflüssigen Teig verrühren. Das Eiweiß steif schlagen und unterziehen.
◆ Die Brötchen würfeln.
◆ Das Öl erhitzen und die Brötchen darin hellbraun und knusprig braten. Etwas abkühlen lassen und unter den Teig mischen.

◆ Reichlich Salzwasser zum Kochen bringen.
◆ Vom Teig mit zwei zuvor in kaltes Wasser getauchten Eßlöffeln Klöße abstechen und in das sprudelnde Wasser geben.
◆ Die Temperatur zurückschalten und die Klöße im offenen Topf knapp unter dem Siedepunkt 20 Minuten gar ziehen lassen.

Zubereitung etwa 40 Minuten
1 Portion = 1987 kJ/ 473 kcal

Zutaten für 4 Portionen
2 Eier
200 g Weizenmehl
100 g Buchweizenmehl
Salz
200 ml Milch
2 Weizenbrötchen
3 EL Öl

Gratinierter Buchweizen

Zutaten für 4 Portionen
200 g Buchweizenkörner
150 ml Gemüsebrühe
2 Eier
50 g Butter
1/4 l Milch
1 EL getrockneter Oregano
1 Prise Salz
geriebene Muskatnuß
Cayennepfeffer

Getreidegratins kann man zu Pilzen und Fleischragouts servieren.

◆ Den Buchweizen in eine Schüssel geben.
◆ Die Brühe mit den Eiern verquirlen, über den Buchweizen gießen und alles mit einer Gabel vermischen, bis der Buchweizen die Flüssigkeit fast aufgesogen hat.
◆ Den Brei in einer flachen Auflaufform glattstreichen, auf die mittlere Schiene des kalten Backofens schieben und bei 200 °C (Umluft 180 °C,

Gas Stufe 3) etwa 30 Minuten backen, bis der Buchweizen ganz trocken ist.
◆ Die Butter zerlassen, mit der Milch, Oregano, Salz, Muskat und Cayennepfeffer mischen und über den Buchweizen gießen.
◆ Den Buchweizen weitere 15 Minuten backen, bis auch die Milch aufgesogen ist.

Zubereitung etwa 15 Minuten
Backzeit etwa 45 Minuten
1 Portion = 1529 kJ/364 kcal

Maisschmarren

Der herzhafte Schmarren aus der österreichischen Küche schmeckt zu Gemüse, Salat oder zu geschmortem Fleisch.

Zutaten für 4 Portionen
1/2 l Gemüsebrühe
Salz
25 g Butter
200 g Maisgrieß (Polenta)
3 EL TK-Maiskörner
6 EL Öl
Fett für das Backblech

◆ Die Gemüsebrühe mit Salz und Butter aufkochen, den Maisgrieß unter Rühren langsam zugeben und ebenfalls aufkochen.

◆ Den Brei zudecken und bei schwacher Hitze ungefähr 45 Minuten ausquellen lassen, bis er sich vom Topfboden löst.

◆ Die TK-Maiskörner untermischen.

◆ Ein Backblech fetten, den Maisbrei darauf streichen und 2 Stunden trocknen lassen.

◆ Den Brei in 2 Portionen teilen.

◆ 3 EL Öl in einer großen Pfanne erhitzen. Die erste Portion Maisbrei darin glattstreichen und bei mittlerer bis schwacher Hitze 5 Minuten an der Unterseite backen.

◆ Mit 2 Gabeln in kleine Stücke teilen und bei stärkerer Hitze unter häufigem Wenden in etwa 5 Minuten goldbraun und knusprig braten.

◆ Zugedeckt warm halten und die zweite Portion Schmarren backen.

*Quell- und Trockenzeit 2³/4 Stunden
Zubereitung etwa 20 Minuten
1 Portion = 1646 kJ/ 392 kcal*

Polentagratin mit Hack

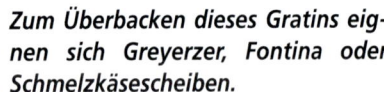

Zum Überbacken dieses Gratins eignen sich Greyerzer, Fontina oder Schmelzkäsescheiben.

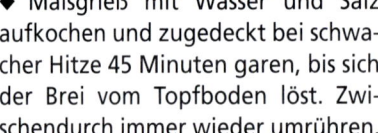

Zutaten für 6 Portionen
150 g Maisgrieß (Polenta)
3/4 l Wasser
Salz
1 Bund Petersilie
1 große Zwiebel
3 Knoblauchzehen
500 g Auberginen
7 EL Öl
schwarzer Pfeffer
500 g Rinderhack
1 EL getrockneter Thymian
500 g Tomaten
100 g geriebener Hartkäse
1 EL Butter
Fett für das Backblech

◆ Maisgrieß mit Wasser und Salz aufkochen und zugedeckt bei schwacher Hitze 45 Minuten garen, bis sich der Brei vom Topfboden löst. Zwischendurch immer wieder umrühren.

◆ Die Petersilie waschen, trockentupfen, fein hacken und zur Hälfte unter die Polenta mischen.

◆ Ein Backblech fetten, die Polenta darauf streichen und trocknen lassen, bis das Gemüse und das Hackfleisch vorbereitet sind.

◆ Den Backofen auf 250 °C (Gas Stufe 5–6) vorheizen.

◆ Zwiebel und Knoblauch abziehen und fein hacken.

◆ Die Auberginen waschen, putzen und in Scheiben schneiden.

◆ 5 EL Öl erhitzen, die Auberginen portionsweise darin bei schwacher Hitze auf beiden Seiten etwa 5 Minuten braten, in eine flache Auflaufform legen und mit Salz und Pfeffer würzen.

◆ 2 EL Öl in die Pfanne geben und Zwiebel und Knoblauch darin bei schwacher Hitze glasig braten.

◆ Rinderhack, Thymian und Petersilie zugeben und unter Rühren braten, bis das Fleisch krümelig ist.

◆ Das Fleisch mit Salz und Pfeffer würzen und über den Auberginen in der Auflaufform verteilen.

◆ Die Tomaten waschen und in Scheiben schneiden; dabei die Stielansätze entfernen. Die Tomatenscheiben auf das Fleisch legen.

◆ Die Polenta in etwa 5×10 cm große Stücke schneiden und auf die Tomaten geben, mit Käse bestreuen und mit Butterstückchen belegen.

◆ Polenta auf die mittlere Schiene des heißen Backofens schieben und 10–15 Minuten backen, bis der Käse zerlaufen und leicht gebräunt ist.

*Zubereitung etwa 1³/4 Stunden
1 Portion = 2188 kJ/ 521 kcal*

Polentaschnitten

In Italien ißt man diese Beilage zu Osso buco.

◆ Die Gemüsebrühe aufkochen und von der Kochstelle nehmen.
◆ Den Maisgrieß einrühren und zugedeckt bei schwacher Hitze 15 Minuten garen.
◆ Das Ei mit einer Gabel unter die lauwarme Polenta mischen.
◆ Ein Backblech (etwa 30×12 cm)

Zutaten für 4 Portionen
½ l Gemüsebrühe
175 g Maisgrieß
(Polenta)
1 Ei
2 EL Öl
Öl für das Backblech

mit Öl einfetten, den Brei darauf glattstreichen und über Nacht trocknen lassen.
◆ Die Polenta in etwa 6 cm große Quadrate schneiden, Öl erhitzen und die Polenta darin bei mittlerer Hitze pro Seite etwa 4 Minuten braten.

Ruhezeit über Nacht
Zubereitung etwa 45 Minuten
1 Portion = 1004 kJ/ 239 kcal

Grünkern mit Gemüse

Zutaten für 4 Portionen
150 g Grünkernkörner
400 ml Wasser
1 TL Instantgemüsebrühe
¼ TL getrockneter Thymian
2 mittelgroße Tomaten
1 kleine grüne Paprikaschote
2 Lauchzwiebeln
4 Stengel gemischte frische
oder 1 EL TK-Kräuter
1 EL milder Essig
Salz, weißer Pfeffer
2 EL beliebige Nußkerne
2 EL Kapern

Wie Reis schmecken auch alle anderen Getreidekörner gut, wenn man sie mit Gemüse als Eintopf kocht.

◆ Den Grünkern mit dem Wasser übergießen und zugedeckt im Kühlschrank 6 Stunden quellen lassen.
◆ Danach Gemüsebrühe und Thymian zugeben. Den Grünkern aufkochen lassen und zugedeckt bei schwacher Hitze 40 Minuten garen.
◆ Inzwischen die Tomaten abziehen und würfeln; dabei die Stielansätze entfernen.
◆ Die Paprikaschote waschen, putzen und in Streifen schneiden.

◆ Die Lauchzwiebeln putzen, waschen und mit allen saftigen grünen Blättern in dünne Ringe schneiden.
◆ Die gemischten frischen Kräuter waschen, trockentupfen und hacken.
◆ Das Gemüse unter den Grünkern mischen, mit Essig, Salz und Pfeffer würzen, aufkochen lassen und 5 Minuten garen.
◆ Die Nußkerne grob hacken und mit den Kapern und den Kräutern unter den Grünkern mischen.

Quellzeit 6 Stunden
Zubereitung etwa 1 Stunde
1 Portion = 844 kJ/ 201 kcal

Grünkernfrikadellen

Die Frikadellen aus Grünkernschrot sind ein altes Fastengericht für die Karwoche, vor allem für Gründonnerstag. Mit Kartoffelsalat und grünem Salat schmecken sie so gut wie Hackfleischfrikadellen.

◆ Die Zwiebel abziehen, fein hacken und in ½ EL Öl bei schwacher Hitze glasig braten.
◆ Den Grünkernschrot unter Rühren kurz mitrösten. Das Wasser zugießen und aufkochen, dann den Schrot zugedeckt bei schwacher Hitze 10 Minuten garen.
◆ Den Brei 1 Stunde quellen und dabei abkühlen lassen.

Zutaten für 4 Portionen
1 Zwiebel
4 EL Öl
200 g Grünkernschrot
³/₈ l kaltes Wasser
½ Bund Petersilie
2 Eier
Salz, weißer Pfeffer
geriebene Muskatnuß

◆ Die Petersilie waschen, trockentupfen, fein hacken und mit den Eiern, Salz und je 1 kräftigen Prise Pfeffer und Muskat unter den Grünkernbrei mischen.
◆ Das restliche Öl in einer Pfanne erhitzen.
◆ Mit einem Eßlöffel 12 Frikadellen vom Grünkernteig abstechen und diese portionsweise bei mittlerer bis schwacher Hitze etwa 10 Minuten braten, bis sie sich leicht vom Pfannenboden lösen.
◆ Die Grünkernfrikadellen wenden und auf der anderen Seite weitere 6–8 Minuten braten.

Quellzeit 1 Stunde
Zubereitung etwa 1 Stunde
1 Portion = 1373 kJ/ 327 kcal

Geschmorter Roggen mit Rotwein

Roggen muß länger garen als anderes Getreide, damit er gut verdaulich ist. Wenn es schneller gehen soll: Grünkernkörner sind schon in 40 Minuten gar.

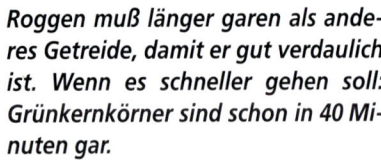

Zutaten für 4 Portionen
200 g Roggenkörner
½ l Wasser
½ Bund Petersilie
400 g Tomaten
400 g kleine Zucchini
1 Zwiebel
1 Knoblauchzehe
1 Handvoll Salbeiblätter
5 EL Olivenöl
⅛ l trockener Rotwein
Salz
schwarzer Pfeffer
100 g geriebener Emmentaler
oder Bergkäse

◆ Die Roggenkörner mit dem Wasser in einen Topf geben und zugedeckt 6 Stunden im Kühlschrank quellen lassen.
◆ Die Roggenkörner mit dem Wasser aufkochen und zugedeckt bei schwacher Hitze 1½ Stunden garen.
◆ Inzwischen die Petersilie waschen, trockentupfen und hacken.
◆ Die Tomaten abziehen und grob zerkleinern; dabei die Stielansätze entfernen. Die Zucchini waschen, putzen und würfeln.
◆ Zwiebel und Knoblauch abziehen und hacken.
◆ Den Salbei waschen, trockentupfen und in Streifen schneiden.
◆ Das Öl in einem Schmortopf erhitzen. Zucchini, Zwiebel, Knoblauch und Salbei darin bei schwacher Hitze 2 Minuten braten.
◆ Roggenkörner, Tomaten und Rotwein zugeben, aufkochen und etwa 3 Minuten kräftig kochen lassen.
◆ Mit Salz und Pfeffer würzen, Käse und Petersilie untermischen.

Quellzeit 6 Stunden
Zubereitung etwa 1¾ Stunden
1 Portion = 1659 kJ/ 395 kcal

Graupen mit Pilzen

Der würzige Graupentopf erinnert ein wenig an Risotto.

◆ Die Graupen in ein Sieb geben und kalt abspülen, bis das ablaufende Wasser klar bleibt.

◆ 1 EL Öl in einem Topf erhitzen.

◆ Graupen und Majoran in dem Öl bei mittlerer Hitze unter Rühren anbraten.

◆ Die Brühe zugießen, aufkochen und die Graupen zugedeckt bei schwacher Hitze 25 Minuten garen.

◆ Inzwischen die Pilzhüte in Streifen und die Strünke in kleine Würfel schneiden.

◆ Die Lauchzwiebeln putzen, waschen und mit allen saftigen grünen Blättern in dünne Ringe schneiden.

Etwa die Hälfte des Zwiebelgrüns zum Bestreuen der Graupen auf einem Teller beiseite stellen.

◆ Das Suppengrün putzen, waschen und fein zerkleinern.

◆ 2 EL Öl in einer Pfanne erhitzen. Pilze, Lauchzwiebelringe und Suppengrün darin bei starker bis mittlerer Hitze kräftig rösten, bis die Pilze weich und gebräunt sind.

◆ Die fertiggegarten Austernpilze mit Crème fraîche, Zitronensaft und Käse unter die Graupen mischen, mit Salz und Pfeffer abschmecken und alles mit dem Zwiebelgrün bestreut servieren.

Zubereitung etwa 35 Minuten
1 Portion = 1995 kJ/ 475 kcal

Zutaten für 4 Portionen
250 g Graupen
3 EL Olivenöl
1 EL getrockneter Majoran
$\frac{1}{2}$ l Gemüsebrühe
200 g Austernpilze
2 Lauchzwiebeln
1 Bund Suppengrün
200 g Crème fraîche
1 EL Zitronensaft
2 EL geriebener Käse
Salz, schwarzer Pfeffer

Gratinierte Dinkelgnocchi

Zutaten für 4 Portionen
150 g Dinkelschrot
300 ml Wasser
150 g Weizenvollkornmehl
50 g Hartweizengrieß
2 Eier
2 EL saure Sahne
1 Päckchen gehackte
italienische TK-Kräuter
Salz, weißer Pfeffer
geriebene Muskatnuß
30 g Butter
150 g Gorgonzola oder Roquefort
1/8 l süße Sahne
1/8 l Milch

◆ Den Schrot mit Wasser aufkochen und zugedeckt bei schwacher Hitze 20 Minuten garen. Die Kochstelle abschalten, den Schrot 1 Stunde quellen und dabei abkühlen lassen.

◆ Mehl, Grieß, Eier, saure Sahne, zwei Drittel der Kräuter, Salz, Pfeffer und Muskat zum abgekühlten Schrot geben und alles zu einem weichen, aber formbaren Teig mischen.

◆ Den Backofen auf 220 °C (Gas Stufe 4) vorheizen.

◆ Reichlich Wasser mit Salz aufkochen lassen.

◆ Vom Teig mit 2 Teelöffeln Klößchen – Gnocchi – abstechen und portionsweise im sprudelnd kochenden Wasser garen, bis sie an die Oberfläche steigen.

◆ Die Gnocchi abtropfen lassen und nebeneinander in eine flache Auflaufform legen.

◆ Butter, zerbröckelten Käse, Sahne und Milch in einem Topf unter Rühren erwärmen, bis sich der Käse aufgelöst hat.

◆ Den Rest der Kräutermischung unterheben.

◆ Die Käsesauce über die Gnocchi gießen.

◆ Die Gnocchi auf die mittlere Schiene des heißen Backofens stellen und etwa 15 Minuten gratinieren, bis die Käsesahne leicht gebräunt ist.

Koch-/Quellzeit etwa 1½ Stunden
Zubereitung etwa 30 Minuten
1 Portion = 2902 kJ/ 691 kcal

Hirse mit Tomaten und Käse

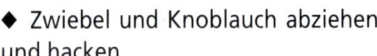
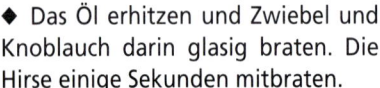

◆ Zwiebel und Knoblauch abziehen und hacken.

◆ Das Öl erhitzen und Zwiebel und Knoblauch darin glasig braten. Die Hirse einige Sekunden mitbraten.

◆ Wasser und Instantbrühe zugeben, aufkochen und zugedeckt etwa 20 Minuten kochen lassen, bis die Hirse körnig weich ist.

◆ Die Tomaten abziehen und fein zerkleinern; die Stielansätze dabei entfernen.

◆ Die Petersilie waschen, trockentupfen und hacken.

◆ Tomaten, Petersilie und Crème fraîche unter die Hirse mischen und alles etwa 5 Minuten schmoren.

◆ Den Käse untermischen und dann den Hirsebrei mit Salz und Pfeffer abschmecken.

Zutaten für 4 Portionen
1 Zwiebel
1 Knoblauchzehe
2 EL Öl
400 g Hirse
800 ml Wasser
1 TL Instantgemüsebrühe
300 g Tomaten
1 Bund Petersilie
1 EL Crème fraîche
50 g geriebener Parmesan
Salz, schwarzer Pfeffer

Zubereitung etwa 30 Minuten
1 Portion = 1911 kJ/ 455 kcal

Herzoginkartoffeln

Diese klassische Beilage paßt zu kurzgebratenem Fleisch, Wild und gebratenen Geflügelbrüstchen.

◆ Die Kartoffeln ungeschält mit wenig Wasser in etwa 30 Minuten sehr weich kochen.
◆ Die Kartoffeln abgießen, kalt abschrecken, pellen und durch die Kartoffelpresse drücken.
◆ Den Backofen auf 200 °C (Umluft 180 °C, Gas Stufe 3) vorheizen.

Zutaten für 4 Portionen
1 kg kleine mehlig-
kochende Kartoffeln
2 Eier, 30 g Butter
50 ml süße Sahne
Salz, weißer Pfeffer
geriebene Muskatnuß
Fett für das Blech

◆ 1 Ei trennen. Die lauwarmen Kartoffeln mit Butter, Ei, Eigelb, Sahne, Salz, Pfeffer und Muskat vermischen.
◆ Ein Backblech einfetten.
◆ Das Püree in einen Spritzbeutel mit großer Sterntülle füllen und als Rosetten auf das Blech spritzen. Die Kartoffeln im heißen Backofen etwa 10 Minuten goldbraun backen.

Zubereitung etwa 1 Stunde
1 Portion = 1285 kJ/ 306 kcal

Petersilienkartoffeln

Das Kartoffelgericht schmeckt gut zu Spargel oder zartem Fisch.

◆ Die Kartoffeln gründlich bürsten, mit der Schale in wenig Wasser weich kochen, dann abgießen, etwas ausdampfen lassen und pellen.
◆ Die Petersilie waschen, trockentupfen und fein hacken.

◆ Das Fett in einer großen Pfanne zerlassen und die Kartoffeln darin unter häufigem Wenden etwa 5 Minuten braten.
◆ Petersilie und Salz zugeben und alles einige Sekunden rösten.

Zubereitung etwa 30 Minuten
1 Portion = 1000 kJ/ 238 kcal

Zutaten für 4 Portionen
1 kg kleine Kartoffeln
1 großes Bund Petersilie
50 g Butter oder Margarine
Salz

Kartoffeln mit Knoblauchsauce

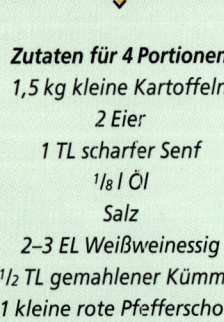

Zutaten für 4 Portionen
1,5 kg kleine Kartoffeln
2 Eier
1 TL scharfer Senf
1/8 l Öl
Salz
2–3 EL Weißweinessig
1/2 TL gemahlener Kümmel
1 kleine rote Pfefferschote
5 Knoblauchzehen
1/2 Bund Petersilie

Papas con mojo *heißt dieses Essen auf den Kanarischen Inseln. Die Knoblauchsauce aus scharf gewürzter, dicker Mayonnaise schmeckt auch als Dip zu Gemüsestiften, Grillfleisch und Fisch.*

◆ Kartoffeln waschen und in wenig Wasser mit der Schale weich kochen.
◆ Die Eier trennen und die Dotter mit dem Senf verrühren.
◆ Unter kräftigem Rühren das Öl zuerst tropfenweise, dann in einem dünnen Strahl dazugießen und die Mischung zur Mayonnaise verrühren.

◆ Die Mayonnaise mit Salz, Essig und Kümmel würzen.
◆ Die Pfefferschote halbieren, Stiel und alle Kerne entfernen. Die Hälften waschen und sehr fein hacken.
◆ Den Knoblauch abziehen und zerdrücken.
◆ Die Petersilie waschen, trockentupfen und fein hacken.
◆ Alle Zutaten unter die Mayonnaise mischen und zu den heißen Kartoffeln servieren.

*Zubereitung etwa 40 Minuten
1 Portion = 2083 kJ/ 496 kcal*

Stampfkartoffeln

◆ Die Kartoffeln schälen, waschen und würfeln.
◆ Die Kartoffelwürfel mit Salz und Wasser aufkochen und zugedeckt bei schwacher Hitze in etwa 15 Minuten weich kochen.
◆ Inzwischen die Zwiebel abziehen und hacken.
◆ Die Butter erhitzen und die Zwiebelwürfel darin bei schwacher Hitze glasig braten.
◆ Das Paniermehl zugeben und bei mittlerer Hitze goldgelb rösten.

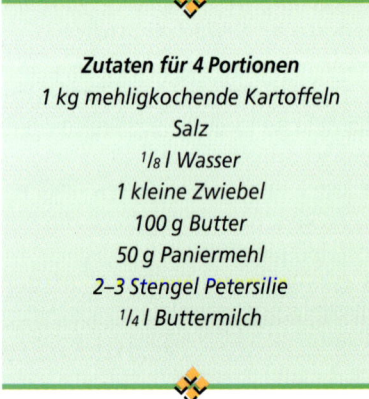

Zutaten für 4 Portionen
1 kg mehligkochende Kartoffeln
Salz
1/8 l Wasser
1 kleine Zwiebel
100 g Butter
50 g Paniermehl
2–3 Stengel Petersilie
1/4 l Buttermilch

◆ Die Petersilie waschen, trockentupfen und hacken.
◆ Die Kartoffeln in dem verbliebenen Kochwasser zerdrücken und dabei die Buttermilch untermischen.
◆ Die Stampfkartoffeln umrühren und noch einmal heiß werden lassen.
◆ Das abgeschmelzte Paniermehl und die gehackte Petersilie darüber verteilen.

*Zubereitung etwa 30 Minuten
1 Portion = 1672 kJ/ 398 kcal*

Pellkartoffeln mit Grüner Sauce

Zutaten für 4 Portionen
1 kg mittelgroße Kartoffeln
Salz
3 Eier
50 g gemischte Kräuter wie
Petersilie, Kerbel, Kresse, Schnittlauch, Pimpinelle, Zitronenmelisse,
Borretsch, Sauerampfer, Dill
1 TL Senf
2 EL Zitronensaft
1/8 l Öl
2 EL Magerjoghurt
weißer Pfeffer

*Im Frühjahr gibt es auf vielen Märk-
ten ein dickes Bund gemischte Kräuter für Grüne Sauce. Sonst nehmen
Sie einfach frische Petersilie, frischen
Schnittlauch und Dill.*

◆ Die Kartoffeln gründlich waschen,
in wenig Salzwasser einmal aufkochen lassen und zugedeckt bei
schwacher Hitze weich garen.
◆ Die Eier in etwa 8 Minuten hart
kochen, kalt abschrecken, schälen
und halbieren.
◆ Das Eigelb herauslösen und in eine
Schüssel geben.
◆ Das Eiweiß fein hacken und beiseite stellen.
◆ Die Kräuter waschen, trockentupfen und sehr fein zerkleinern.
◆ Für die Sauce das Eigelb mit Senf
und Zitronensaft glattrühren.
◆ Das Öl zuerst tropfenweise, dann
in dünnem Strahl dazugießen und
ständig mit einem Schneebesen kräftig rühren, bis sich alle Zutaten zu
einer dicken Mayonnaise verbunden
haben.
◆ Die Mayonnaise mit Joghurt, Eiweiß und Kräutern mischen, mit Salz
und Pfeffer abschmecken.
◆ Kartoffeln abgießen, etwas ausdampfen lassen und dazu servieren.

*Zubereitung etwa 30 Minuten
1 Portion = 1940 kJ/ 462 kcal*

Bratkartoffeln aus rohen Kartoffeln

*Diese Kartoffeln sind eine beliebte
Beilage zu Frikadellen und Koteletts.*

◆ Die Kartoffeln schälen, waschen
und in etwa 0,5 cm dicke Scheiben
schneiden. Mit Küchenpapier trokkentupfen, damit das Fett beim Braten nicht spritzt.
◆ Die Zwiebel schälen und fein
hacken; die Petersilie waschen, trokkentupfen und hacken.
◆ Das Fett in einer großen Pfanne
erhitzen. Die Kartoffelscheiben und

Zutaten für 3 Portionen
600 g festkochende Kartoffeln
1 große Zwiebel
1/2 Bund Petersilie
2 EL Butterschmalz oder 4 EL Öl
Salz, weißer Pfeffer

die Zwiebel darin unter Wenden
etwa 1 Minute anbraten.

◆ Zugedeckt bei schwacher Hitze in
15–20 Minuten weich und goldgelb
braten, dabei mehrmals wenden.
◆ Den Deckel abnehmen und die
Kartoffeln bei starker bis mittlerer
Hitze unter häufigem Wenden weitere 5–10 Minuten braten, bis sie gebräunt und knusprig sind.
◆ Die Bratkartoffeln mit Salz, Pfeffer und Petersilie bestreut anrichten.

*Zubereitung etwa 45 Minuten
1 Portion = 1012 kJ/ 241 kcal*

Bratkartoffeln Wiener Art

Zutaten für 3 Portionen
600 g vorwiegend fest-
kochende Kartoffeln
½ Bund Schnittlauch
2 große Zwiebeln
3 EL Butterschmalz
Salz
weißer Pfeffer

Die klassische Beilage paßt gut zu Tafelspitz (siehe S. 250) und Zwiebelrostbraten.

◆ Kartoffeln waschen und in wenig Wasser gerade eben weich kochen.
◆ Abgießen, kalt abschrecken, pellen und erkalten lassen.
◆ Schnittlauch waschen, trockentupfen und in Röllchen schneiden.
◆ Die Zwiebeln abziehen und fein hacken.
◆ Die Kartoffeln auf der Rohkostreibe in grobe Späne raspeln.

◆ Das Butterschmalz in einer großen Pfanne erhitzen. Zwiebeln und Kartoffeln zugedeckt darin bei schwacher Hitze 5 Minuten braten.
◆ Den Deckel abnehmen. Die Kartoffeln bei mittlerer Hitze unter häufigem Wenden goldbraun und knusprig braten.
◆ Die Bratkartoffeln mit Salz, Pfeffer und Schnittlauch mischen und sofort servieren.

Zubereitung etwa 1¼ Stunden
1 Portion = 1289 kJ/ 307 kcal

Schweizer Rösti

Diese Schweizer Spezialität gelingt besonders leicht mit Pellkartoffeln vom Vortag. In kalten Kartoffeln haben sich Stärke und Flüssigkeit gut verbunden; die Raspel sind deshalb ziemlich trocken und halten in der Pfanne zusammen. Schweizer Rösti passen zu Zürcher Geschnetzeltem (siehe S. 272), Pilzen oder Hülsenfrüchten in Sahnesauce, Salat und Sauerkraut.

◆ Die Kartoffeln waschen und in wenig Salzwasser ungefähr 15 Minuten garen; sie sollen dabei nicht ganz weich werden.
◆ Die Kartoffeln abgießen, kalt abschrecken, pellen und abkühlen lassen, anschließend grob raspeln.
◆ Die Petersilie waschen, trockentupfen und fein hacken.
◆ Die Kartoffeln mit der Petersilie, 1 TL Salz und Pfeffer mischen.
◆ Butterschmalz und Öl in einer großen Pfanne erhitzen. Dann die Pfanne von der Kochstelle nehmen und die Temperatur auf mittlere Hitze schalten.

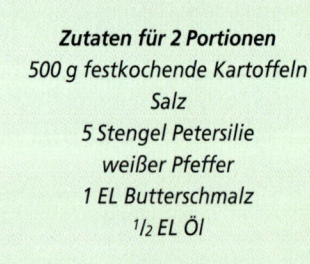

Zutaten für 2 Portionen
500 g festkochende Kartoffeln
Salz
5 Stengel Petersilie
weißer Pfeffer
1 EL Butterschmalz
½ EL Öl

◆ Kartoffeln in die Pfanne geben, mit dem Pfannenmesser zu einem etwa fingerdicken Kuchen formen und zugedeckt 15 Minuten braten.
◆ Die Rösti wenden und weitere 15 Minuten in der offenen Pfanne braten.

Zubereitung etwa 1 Stunde
1 Portion = 1079 kJ/ 257 kcal

Bratkartoffeln aus gekocht[...]

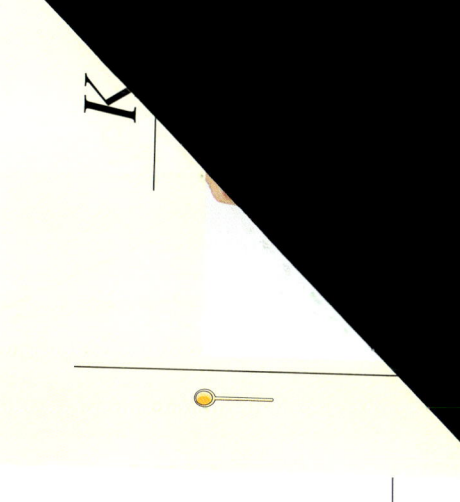

◆ Die Kartoffeln waschen und in wenig Wasser gerade eben weich kochen. Abgießen, kalt abschrecken, pellen und erkalten lassen. In etwa 0,5 cm dicke Scheiben schneiden.

◆ Das Fett erhitzen und die Kartoffeln darin zugedeckt bei schwacher Hitze 10 Minuten braten, bis sie eine Kruste haben.

◆ Die Kartoffeln mit Kümmel, Sa[...] und Pfeffer würzen.

◆ Die Kartoffeln offen bei mittler[...] Hitze unter häufigem Wenden etw[...] 5 Minuten braten, bis sie gebräu[...] und knusprig sind.

Zubereitung etwa 1 Stunde
1 Portion = 1361 kJ/ 324 kcal

Rosmarinkartoffeln

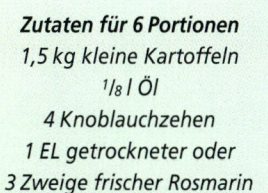

Zutaten für 6 Portionen
1,5 kg kleine Kartoffeln
$1/8$ l Öl
4 Knoblauchzehen
1 EL getrockneter oder
3 Zweige frischer Rosmarin
Salz, weißer Pfeffer

◆ Die Kartoffeln waschen, halbieren und auf ein Backblech legen.

◆ Öl darüberträufeln, die Kartoffeln auf die mittlere Schiene des kalten Backofens schieben und bei 200 °C (Umluft 180 °C, Gas Stufe 3) in etwa 30 Minuten fast weich backen.

◆ Den Knoblauch abziehen und in Scheiben schneiden. Vom frischen Rosmarin die Blättchen abstreifen.

◆ Beides mit Salz und Pfeffer über den Kartoffeln verteilen und diese in 15 Minuten fertig backen.

Zubereitung etwa 55 Minuten
1 Portion = 1247 kJ/ 297 kcal

Gebackene Kartoffeln mit Quark

Das Kartoffelgericht ist eine delikate Abwandlung der bekannten Pellkartoffeln mit Quark.

◆ Die Kartoffeln waschen, geschält oder ungeschält in fingerdicke Scheiben schneiden, auf ein Backblech legen und mit dem Öl beträufeln.

◆ Kartoffeln auf die mittlere Schiene des kalten Backofens schieben und bei 200 °C (Umluft 180 °C, Gas Stufe 3) etwa 1 Stunde weich backen.

Zutaten für 4 Portionen
1 kg Kartoffeln
4 EL Öl
1 kleine Zwiebel, 3 Tomaten
1 Bund Basilikum oder Petersilie
250 g Magerquark
150 g Crème fraîche
Salz, weißer Pfeffer, 1 Prise Zucker

◆ Inzwischen die Zwiebel abziehen und hacken.

◆ Die Tomaten waschen und würfeln; die Stielansätze entfernen.

◆ Basilikum oder Petersilie waschen, trockentupfen und zerkleinern.

◆ Diese Zutaten mit Quark, Crème fraîche, Salz, Pfeffer und Zucker mischen. Zu den Kartoffeln servieren.

Zubereitung etwa 1¼ Stunden
1 Portion = 1718 kJ/ 409 kcal

Kartoffelgratin: Grundrezept

1. Die trockenen Kartoffeln in Scheiben hobeln.

2. Die Scheiben schuppenförmig in eine Form legen.

3. Die Milch-Sahne-Mischung über die Scheiben gießen.

4. Die Butter in kleinen Stükken auf das Gratin legen.

◆ Die Kartoffeln schälen, waschen, mit einem Küchentuch abtrocknen und mit dem Gurkenhobel in Scheiben hobeln. Die Scheiben sollten zwischen 0,25 und 0,5 cm dick sein.

◆ Die Scheiben schuppenförmig in eine große, flache Auflaufform legen und kräftig mit Salz und Pfeffer würzen. Die Form muß so groß sein, daß die Kartoffelscheiben darin höchstens 2 Finger hoch liegen.

◆ Die Milch mit der Sahne vermischen und darübergießen. Die Flüssigkeit sollte gerade eben bis zur obersten Kartoffelschicht reichen.

◆ Die Butter in kleine Stücke teilen und auf das Gratin legen.

◆ Das Kartoffelgratin auf die mittlere Schiene des

Zutaten für 4 Portionen
900 g Kartoffeln
Salz
weißer Pfeffer
$1/4$ l Milch
200 ml süße Sahne
1 EL Butter

kalten Backofens stellen und bei 200 °C (Umluft 180 °C, Gas Stufe 3) etwa 45 Minuten backen.

◆ Nach der Hälfte der Backzeit nachsehen: Die Flüssigkeit muß am Rand des Gratins sichtbar kochen. Evtl. noch etwas Sahne und/oder Milch zugießen.

◆ Das Gratin ist gar, wenn die Flüssigkeit aufgesogen ist und die Kartoffeln eben weich und an der Oberfläche goldbraun sind.

Kartoffelgratin mit Gemüse

◆ Die Kartoffeln schälen, waschen, abtrocknen und in dünne Scheiben hobeln.

◆ Die Tomaten abziehen und in 0,5 cm dicke Scheiben schneiden; dabei die Stielansätze entfernen.

◆ Die Zucchini waschen, putzen und ebenfalls in Scheiben hobeln.

◆ Die Lauchzwiebel putzen, waschen und mit den saftigen grünen Blättern in dünne Ringe schneiden.

◆ Kartoffel-, Tomaten- und Zucchinischeiben sowie Lauchzwiebelringe schuppenförmig in eine große, flache Auflaufform schichten.

◆ Milch und Sahne vermischen und an den Seiten zugießen. Das Gratin mit Salz und Pfeffer würzen.

Zutaten für 2 Portionen
500 g Kartoffeln
250 g Tomaten
200 g Zucchini
1 Lauchzwiebel
$1/8$ l Milch
$1/8$ l süße Sahne
Salz, schwarzer Pfeffer
100 g weicher Schafskäse
1 EL Butter

◆ Den Käse zerbröckeln und darüber streuen. Die Butter in kleine Stücke teilen und darauf legen.

◆ Das Gratin auf der mittleren Schiene des Backofens wie im Grundrezept bei 200 °C (Umluft 180 °C, Gas Stufe 3) etwa 45 Minuten backen.

Zubereitung etwa 30 Minuten
Backzeit etwa 45 Minuten
1 Portion = 2554 kJ/ 608 kcal

Kartoffelgratin mit Sauerkraut

Mit Salat ist das Gratin ein kräftiges Essen. Ohne Wurst paßt es gut zu geschmortem Lamm oder Kalb. Als Beilage reicht das Kartoffelgratin für 6 Personen.

◆ Die Kartoffeln schälen, waschen und grob raspeln.

◆ Die Fleischwurst würfeln.

◆ Die Zwiebel abziehen, die Petersilie waschen und trockentupfen und beides hacken.

◆ Alle Zutaten mit Sauerkraut, Kümmel, Salz und 1 kräftigen Prise Pfeffer mischen und in eine flache Auflaufform geben.

Zutaten für 4 Portionen
500 g mehligkochende Kartoffeln
100 g Fleischwurst
1 Zwiebel
1 Bund Petersilie
500 g Sauerkraut
1 TL Kümmelkörner
Salz, weißer Pfeffer
$1/8$ l Milch
100 g Crème fraîche
125 g geriebener Hartkäse
1 EL Butter

◆ Milch und Crème fraîche verrühren und darübergießen.

◆ Den Hartkäse darüber streuen. Die Butter in kleine Stücke teilen und darauf legen.

◆ Das Kartoffelgratin auf die mittlere Schiene des kalten Backofens schieben und wie im Grundrezept bei 200 °C (Umluft 180 °C, Gas Stufe 3) etwa 45 Minuten backen.

Zubereitung etwa 30 Minuten
Backzeit etwa 45 Minuten
1 Portion = 1823 kJ/ 434 kcal

Überbackene Kartoffeln

Zutaten für 4 Portionen
4 mittelgroße Kartoffeln
1 Zwiebel
1 Knoblauchzehe
1 TL getrockneter
Thymian
100 g Edelpilzkäse
50 g Frischkäse
1 EL süße Sahne
weißer Pfeffer

Käsekartoffeln schmecken als Beilage zu gegrilltem Fleisch, bilden aber – mit Salat – auch eine kleinere Mahlzeit.

◆ Die Kartoffeln waschen und in wenig Wasser in 20–30 Minuten weich kochen. Dann abgießen, pellen und längs halbieren.

◆ Zwiebel und Knoblauch abziehen und fein hacken, mit Thymian, Edelpilzkäse, Frischkäse, Sahne und Pfeffer mischen.

◆ Die Kartoffelhälften auf ein Backblech legen und mit der Käsecreme bestreichen. Unter dem Grill oder im vorgeheizten Backofen (höchste Stufe) etwa 3 Minuten gratinieren.

Zubereitung etwa 45 Minuten
1 Portion = 979 kJ/ 233 kcal

Kartoffelauflauf mit Brokkoli

◆ Den frischen Brokkoli putzen und waschen, in Röschen teilen, und die Stiele schälen.

◆ Dann die Kartoffeln schälen und würfeln.

◆ Brokkoli und Kartoffeln mit Milch und Brühe in 20–25 Minuten sehr weich garen.

◆ Brokkoli und Kartoffeln mit dem Stampfer fein zerdrücken und abkühlen lassen.

◆ Die Zwiebel abziehen, die Petersilie waschen und trockentupfen. Beides fein hacken.

◆ Die Eier trennen. Eigelb, Zwiebel und Petersilie unter die Kartoffelmischung rühren.

◆ Das Eiweiß steif schlagen und darauf geben.

◆ Käse, Nußkerne, Salz, Cayennepfeffer und weißen Pfeffer mischen,

Zutaten für 4 Portionen
350–400 g frischer oder
300 g TK-Brokkoli
1 kg mehligkochende Kartoffeln
$1/8$ l Milch, $1/8$ l Brühe
1 Zwiebel, 1 Bund Petersilie, 3 Eier
100 g geriebener Hartkäse
50 g gemahlene Nußkerne
Salz, Cayennepfeffer, weißer Pfeffer
1 EL Butter, Fett für die Form

auf den Eischnee streuen und alles miteinander verrühren.

◆ Eine Auflaufform fetten und die Kartoffeln hineinfüllen. Die Butter in kleinen Stücken darauf legen.

◆ Den Auflauf auf die mittlere Schiene des kalten Backofens schieben und bei 180 °C (Umluft 160 °C, Gas Stufe 2–3) etwa 45 Minuten backen, bis er schön gebräunt ist.

Zubereitung etwa 1½ Stunden
1 Portion = 1991 kJ/ 474 kcal

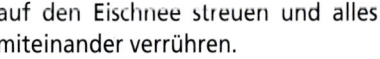

Moussaka mit Kartoffeln

◆ Für die Käsesauce die Pfefferschote halbieren; Stiel und Kerne entfernen. Die Schotenhälften waschen, sehr fein zerkleinern und mit dem Mehl in einem Topf bei mittlerer Hitze unter Rühren anrösten.

◆ Zuerst die Brühe, dann die Milch langsam zugießen und dabei ständig rühren, bis die Sauce glatt ist. Zugedeckt bei schwacher Hitze 5 Minuten kochen lassen.

◆ Den Käse reiben.

◆ Den Topf von der Kochstelle nehmen. Sahne und Käse in die Sauce rühren und mit Salz und Muskat kräftig abschmecken.

◆ Die Kartoffeln schälen, waschen, abtrocknen und auf dem Gurkenhobel in dünne Scheibchen schneiden.

◆ Die Tomaten abziehen und würfeln; die Stielansätze entfernen.

◆ Die Lauchzwiebeln putzen, waschen und in feine Ringe schneiden.

◆ Den Knoblauch abziehen, die Pe-

tersilie waschen und trockentupfen. Beides fein hacken.

◆ Das Öl erhitzen. Lauchzwiebeln, Knoblauch, Petersilie und Hackfleisch darin bei mittlerer Hitze braten, bis das Fleisch krümelig ist.

◆ Eine halbhohe Auflaufform mit etwas Butter ausstreichen.

◆ Schichtweise Kartoffeln und Tomaten, Fleischmischung und Käsesauce einfüllen. Jede Schicht mit Salz würzen. Als letzte Schicht den Rest der Käsesauce auf der Moussaka glattstreichen. Die restliche Butter in Flöckchen teilen und darauf legen.

◆ Die Moussaka auf die untere Schiene des kalten Backofens schieben und bei 200 °C (Umluft 180 °C, Gas Stufe 3) etwa 1 Stunde backen, bis die Kartoffeln weich sind.

Zubereitung etwa 1 Stunde
Backzeit etwa 1 Stunde
1 Portion = 2339 kJ/ 557 kcal

Zutaten für 6 Portionen
1 kleine rote Pfefferschote
40 g Mehl
1/8 l Fleischbrühe
3/8 l Milch
175 g mittelalter Gouda
am Stück
1/8 l süße Sahne
Salz
geriebene Muskatnuß
1 kg mehligkochende
Kartoffeln
500 g Tomaten
250 g Lauchzwiebeln
2 Knoblauchzehen
2 Bund Petersilie
1 EL Öl
300 g gehacktes Lammfleisch
oder Rinderhack
50 g Butter

Kartoffelkuchen mit Zucchini

◆ Die Zwiebel abziehen, die Petersilie waschen und trockentupfen. Beides hacken.

◆ Die Kartoffeln schälen, die Zucchini putzen. Beides waschen, abtrocknen und fein raspeln.

◆ Zwiebel, Petersilie, Kartoffeln und Zucchini mit den Eiern, Crème fraîche, Kefir, Salz und Cayennepfeffer mischen und in eine große flache Auflaufform oder die Fettpfanne des Backofens geben.

◆ Die Tomaten waschen oder abziehen und in Scheiben schneiden; dabei die Stielansätze entfernen.

◆ Den Mozzarella würfeln.

◆ Den Salbei waschen, trockentupfen und hacken.

Zutaten für 4 Portionen
1 Zwiebel
1 Bund Petersilie
1 kg vorwiegend fest-
kochende Kartoffeln
1 kg Zucchini
4 Eier
100 g Crème fraîche
50 g Kefir
Salz, Cayennepfeffer
4 Tomaten
250 g Mozzarella
2 Handvoll Salbeiblättchen
100 g geriebener Käse

◆ Tomaten, Mozzarella, Salbei und Käse auf dem Kuchen verteilen.

◆ Den Kartoffelkuchen auf die mittlere Schiene des kalten Backofens stellen und bei 200 °C (Umluft 180 °C, Gas Stufe 3) etwa 45 Minuten backen, bis der Käse zerlaufen und leicht gebräunt ist.

Zubereitung etwa 30 Minuten
Backzeit etwa 45 Minuten
1 Portion = 2633 kJ/ 627 kcal

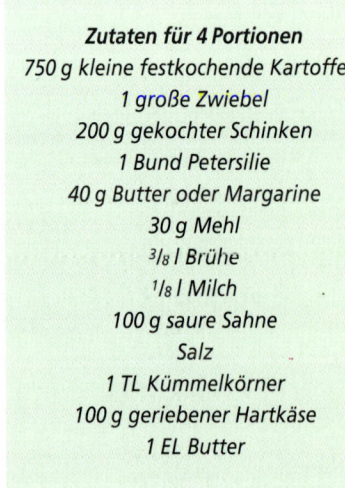

Schinkenkartoffeln

Mit jungem Gouda oder Raclettekäse schmeckt der Kartoffelauflauf besonders gut.

◆ Die Kartoffeln waschen und ungeschält mit wenig Wasser in 15–20 Minuten weich kochen.
◆ Inzwischen die Zwiebel abziehen und fein hacken.
◆ Den Schinken in kleine Würfel schneiden.
◆ Die Petersilie waschen, trockentupfen und fein hacken.
◆ Das Fett in einem Topf zerlassen und die Zwiebel darin bei schwacher Hitze glasig braten.
◆ Das Mehl zugeben und goldgelb rösten.
◆ Die Brühe und die Milch langsam zugießen und rühren, bis die Sauce glatt ist.
◆ Den Topf von der Kochstelle neh-

Zutaten für 4 Portionen
750 g kleine festkochende Kartoffeln
1 *große* Zwiebel
200 g gekochter Schinken
1 Bund Petersilie
40 g Butter oder Margarine
30 g Mehl
³/₈ l Brühe
¹/₈ l Milch
100 g saure Sahne
Salz
1 TL Kümmelkörner
100 g geriebener Hartkäse
1 EL Butter

men. Die saure Sahne, Salz, Petersilie, Kümmel und etwa ein Drittel vom Käse untermischen.

◆ Die Kartoffeln abgießen, kalt abschrecken, pellen und in etwa 0,5 cm dicke Scheiben schneiden. In die Sauce geben und gut durchrühren.
◆ Die Kartoffeln in 2–3 Schichten mit dem Schinken und dem zweiten Drittel des Käses in eine hohe Auflaufform geben. Den restlichen Käse darüber streuen.
◆ Die Butter in kleine Stücke schneiden und auf dem Käse verteilen.
◆ Die Form zudecken und auf die mittlere Schiene des kalten Backofens schieben. Die Kartoffeln bei 200 °C (Umluft 180 °C, Gas Stufe 3) 20 Minuten backen.
◆ Deckel abnehmen und die Kartoffeln weitere 30 Minuten backen, bis der Auflauf oben schön gebräunt ist.

Zubereitung etwa 1¹/₄ Stunden
1 Portion = 2247 kJ/ 535 kcal

Gefüllte Kartoffeln

Man kann die Kartoffeln auch mit Hackfleisch, Pilzen und Spinat oder mit Schinken und Käse füllen.

◆ Die Kartoffeln waschen und ungeschält in wenig Wasser 20 Minuten kochen lassen.

◆ Inzwischen die Tomaten abziehen und würfeln; die Stielansätze herausschneiden.

◆ Zwiebel und Knoblauch abziehen und fein hacken.

◆ Frische Kräuter waschen, trockentupfen und zerkleinern.

◆ Die Kartoffeln abgießen, längs halbieren und mit einem Löffel so weit aushöhlen, daß die Hälften Schälchen mit etwa 2 cm dickem Rand bilden.

Zutaten für 4 Portionen
*4 große mehlig-
kochende Kartoffeln
300 g Tomaten
1 große Zwiebel
1 Knoblauchzehe
1 Päckchen gemischte italienische
TK-Kräuter oder je einige Stengel
und Blätter frischer Rosmarin,
Thymian, Salbei, Oregano
100 g geriebener Hartkäse
1 Ei
1 EL Zitronensaft
Salz, schwarzer Pfeffer
1 EL Butter*

◆ Die Hälften nebeneinander in eine große flache Auflaufform oder auf ein Backblech legen.

◆ Das ausgehöhlte Kartoffelfleisch fein zerkleinern, mit Tomaten, Zwiebel, Knoblauch, Kräutern, Käse, Ei und Zitronensaft vermischen und mit Salz und Pfeffer würzen.

◆ Die Mischung in die Kartoffelhälften füllen. Die Butter in Stückchen teilen und darauf legen.

◆ Die Kartoffeln auf die untere Schiene des kalten Backofens stellen und bei 220 °C (Umluft 200 °C, Gas Stufe 4) etwa 30 Minuten backen.

*Zubereitung etwa 45 Minuten
Backzeit etwa 30 Minuten
1 Portion = 1252 kJ/ 298 kcal*

Kartoffeln mit Wirsing

Das Kartoffelgemüse paßt gut zu geschmorten Austernpilzen. Wer es kräftiger mag, läßt die Nüsse weg und erhitzt zum Schluß grobe Mettwürste oder Frankfurter Würstchen in der Kohl-Kartoffel-Mischung.

Zutaten für 4 Portionen
*500 g festkochende Kartoffeln
1 Wirsing (etwa 700 g)
4 Schalotten oder
kleine Zwiebeln
3/8 l Gemüsebrühe
Salz, weißer Pfeffer
geriebene Muskatnuß
2 EL Öl
1 Bund Schnittlauch
1 EL beliebige Nußkerne
100 g Crème fraîche*

◆ Die Kartoffeln schälen, waschen und würfeln.

◆ Den Wirsing vierteln und waschen. Den Strunk herausschneiden und den Wirsing in etwa fingerbreite Streifen schneiden.

◆ Schalotten oder Zwiebeln abziehen und grob hacken.

◆ Die Kartoffeln mit der Hälfte der Gemüsebrühe, Salz, Pfeffer und Muskat aufkochen lassen und zugedeckt bei schwacher Hitze garen, bis sie weich sind.

◆ Das Öl erhitzen. Wirsingstreifen und Schalotten oder Zwiebeln darin bei mittlerer Hitze anbraten.

◆ Rest der Brühe zugießen und den Kohl zugedeckt bei schwacher Hitze in etwa 5 Minuten bißfest garen.

◆ Den Schnittlauch waschen, trockentupfen und fein zerkleinern. Die Nüsse ebenfalls fein zerkleinern.

◆ Die Kartoffeln mit dem Wirsing, Schnittlauch, Nußkernen und Crème fraîche mischen und mit Salz und Pfeffer abschmecken.

*Zubereitung etwa 30 Minuten
1 Portion = 1084 kJ/ 258 kcal*

Kartoffelgemüse mit Pilzen

Nehmen Sie alle Pilzarten, die Sie bekommen: Rund um das Jahr sind graue und gelbe Austernpilze, weiße und braune Champignons sowie frische Shiitakepilze auf dem Markt. Im Frühjahr gibt es frische Morcheln, im Spätsommer und Herbst Steinpilze und Pfifferlinge.

◆ Die Kartoffeln schälen, waschen, würfeln und in der Hühnerbrühe aufkochen lassen. Zugedeckt 10 Minuten garen.

◆ Die Erbsen untermischen, erneut aufkochen lassen und weitere 5 Minuten garen, bis die Kartoffeln weich sind.

◆ Die gemischten Pilze putzen, säubern und in Streifen oder feine Scheiben schneiden.

Zutaten für 4 Portionen
600 g vorwiegend
festkochende Kartoffeln
$1/8$ l Hühnerbrühe
1 Paket TK-Erbsen (300 g)
200 g gemischte Pilze
1 Zwiebel
1 Bund frischer Majoran
oder frische Petersilie
$1/2$ Bund Schnittlauch
1 EL Butterschmalz oder Öl
100 g Crème fraîche
200 ml süße Sahne
Salz
weißer Pfeffer
geriebene Muskatnuß

◆ Die Zwiebel abziehen und hacken.

◆ Majoran oder Petersilie sowie den Schnittlauch waschen, trockentupfen und fein zerkleinern.

◆ Butterschmalz oder Öl erhitzen. Die Zwiebel, Majoran oder Petersilie und die Pilze darin bei starker bis mittlerer Hitze rösten, bis die Pilze leicht gebräunt sind.

◆ Crème fraîche und Sahne zugeben und aufkochen lassen. Beides bei starker Hitze unter Rühren dick einkochen lassen.

◆ Die Pilze mit den Kartoffeln mischen, mit Salz, Pfeffer und Muskat abschmecken und mit dem Schnittlauch bestreut servieren.

Zubereitung etwa 40 Minuten
1 Portion = 1814 kJ/ 432 kcal

Grünes Kartoffelgemüse mit Speck

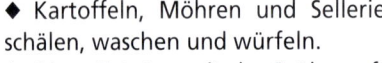

Zutaten für 4 Portionen
500 g vorwiegend
festkochende Kartoffeln
2 große Möhren
200 g Knollensellerie
$1/4$ l Brühe
1 große Zwiebel
150 g durchwachsener
Räucherspeck
1 EL Öl
1 Bund Kräutermischung
für Grüne Sauce mit Petersilie,
Kerbel, Kresse, Schnittlauch,
Pimpinelle, Zitronenmelisse,
Borretsch, Sauerampfer, Dill
100 g saure Sahne
Salz
schwarzer Pfeffer

◆ Kartoffeln, Möhren und Sellerie schälen, waschen und würfeln.

◆ Diese Zutaten mit der Brühe aufkochen und zugedeckt bei schwacher Hitze in etwa 15 Minuten weich kochen lassen.

◆ Inzwischen die Zwiebel abziehen. Zwiebel und Speck würfeln.

◆ Das Öl erhitzen und beides darin bei schwacher Hitze glasig braten. Dabei immer wieder umrühren.

◆ Die Kräuter waschen, trockentupfen und fein hacken.

◆ Die gekochten Kartoffeln und das Gemüse mit Speck, Zwiebel, Kräutern und saurer Sahne mischen.

◆ Das Kartoffelgemüse noch einmal erhitzen und mit Salz und Pfeffer abschmecken.

Zubereitung etwa 30 Minuten
1 Portion = 1865 kJ/ 444 kcal

Saures Kartoffelgemüse

Das ursprünglich aus Nordbayern und Franken stammende Gericht reicht man mit Salat oder als Beilage zu gekochtem Rind und Lamm.

◆ Die Kartoffeln schälen, waschen und würfeln.
◆ Die Zwiebel abziehen und hacken.
◆ Das Öl erhitzen und die gehackte Zwiebel darin bei mittlerer Hitze glasig braten.
◆ Anschließend Kartoffeln, Brühe, Lorbeerblatt und Nelke zugeben.
◆ Alles aufkochen lassen und bei schwacher Hitze zugedeckt etwa 20 Minuten garen, bis die Kartoffeln weich sind.
◆ Inzwischen die Essiggurken klein würfeln. Mit Essig, Salz und 1 kräftigen Prise Pfeffer unter die gegarten Kartoffeln mischen. Dann die Crème fraîche unterrühren.

◆ Den Schnittlauch waschen, trockentupfen und fein zerkleinern.
◆ Zum Schluß den Schnittlauch über das Kartoffelgemüse streuen.

Zubereitung etwa 30 Minuten
1 Portion = 869 kJ/ 207 kcal

Zutaten für 4 Portionen
1 kg vorwiegend
festkochende Kartoffeln
1 Zwiebel
1 EL Öl
1/4 l Fleischbrühe
1 Lorbeerblatt
1 Gewürznelke
2 Essiggurken
2 EL milder Weißwein-
oder Obstessig
Salz
weißer Pfeffer
2 EL Crème fraîche
1/2 Bund Schnittlauch

Kartoffeln mit Selleriesauce

Die Sauce bekommt durch pürierten Sellerie ein besonders feines Aroma.

◆ Die Sellerieblättchen abschneiden und für die Sauce beiseite legen.
◆ Die Stangen putzen und waschen. Die harten Fasern abziehen und den Sellerie in etwa fingerbreite Stücke schneiden.
◆ Die Kartoffeln schälen, waschen und würfeln.
◆ Für die Sauce 2 EL Selleriestücke mit Zitronensaft und 3 EL Brühe in einem kleinen Topf sehr weich kochen.
◆ Die Kartoffeln im Rest der Brühe aufkochen und zugedeckt 10 Minuten kochen lassen.
◆ Den rohen Sellerie zugeben, mit Salz würzen, erneut aufkochen und in etwa 5 Minuten weich kochen.

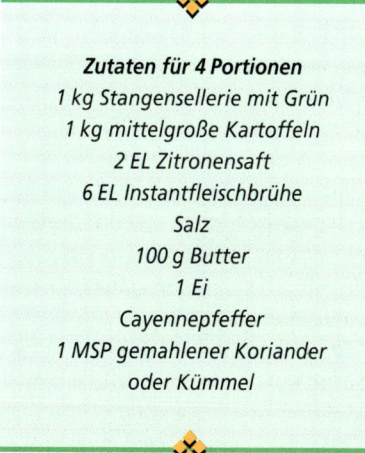

Zutaten für 4 Portionen
1 kg Stangensellerie mit Grün
1 kg mittelgroße Kartoffeln
2 EL Zitronensaft
6 EL Instantfleischbrühe
Salz
100 g Butter
1 Ei
Cayennepfeffer
1 MSP gemahlener Koriander
oder Kümmel

◆ Die Butter in kleine Stücke schneiden. Das Ei trennen.
◆ Das Kartoffel-Sellerie-Gemüse abgießen und warm halten. Die Gar-

brühe auffangen und zum Sellerie für die Sauce geben.
◆ Diesen Saucensellerie mit der Garflüssigkeit pürieren, dann den Topf von der Kochstelle nehmen.
◆ Das Eigelb und die Butterstückchen mit den Quirlen des Handrührgeräts unter das Selleriepüree schlagen, bis eine sämige Sauce entstanden ist.
◆ Die Sauce mit Salz, Cayennepfeffer und Koriander oder Kümmel abschmecken. Die Sellerieblättchen hakken und untermischen.
◆ Das Kartoffel-Sellerie-Gemüse mit der Selleriesauce überziehen und sofort servieren.

Zubereitung etwa 40 Minuten
1 Portion = 1583 kJ/ 377 kcal

Béchamelkartoffeln

Das preiswerte Kartoffelgericht können Sie vielfältig abwandeln. Es schmeckt gut mit gekochten Erbsen oder Spargelspitzen, aber auch mit 2 EL geriebenem Käse oder vielen gehackten Kräutern vermischt. Dazu paßt Salat.

◆ Die Kartoffeln waschen und mit der Schale in wenig Wasser weich kochen. Dann abgießen, kalt abschrekken, pellen und in etwa 0,5 cm dicke Scheiben schneiden.

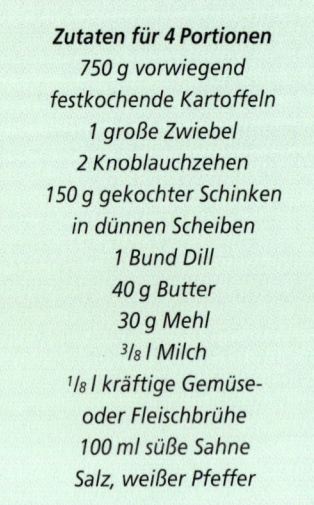

Zutaten für 4 Portionen
750 g vorwiegend
festkochende Kartoffeln
1 große Zwiebel
2 Knoblauchzehen
150 g gekochter Schinken
in dünnen Scheiben
1 Bund Dill
40 g Butter
30 g Mehl
$^3/_8$ l Milch
$^1/_8$ l kräftige Gemüse-
oder Fleischbrühe
100 ml süße Sahne
Salz, weißer Pfeffer

◆ Während die Kartoffeln kochen, Zwiebel und Knoblauch abziehen und hacken.

◆ Den gekochten Schinken von den Fetträndern befreien und in Streifen schneiden.
◆ Den Dill waschen, trockentupfen und fein hacken.
◆ Die Butter erhitzen und Zwiebel, Knoblauch und Schinken darin bei mittlerer Hitze glasig braten.
◆ Das Mehl darüberstäuben und unter Rühren hellgelb anrösten.
◆ Milch und Brühe langsam zugießen und dabei ständig rühren, bis die Sauce glatt ist.
◆ Die Sauce zugedeckt bei schwacher Hitze 5 Minuten kochen lassen.
◆ Die Kartoffeln zugeben und erhitzen. Sahne und Dill untermischen.
◆ Die Béchamelkartoffeln mit Salz und 1 kräftigen Prise Pfeffer abschmecken.

Zubereitung etwa 50 Minuten
1 Portion = 1852 kJ/ 441 kcal

Kartoffeleintopf mit Weißkohl

Ein typischer Wintereintopf. Im Frühling schmecken die Kartoffeln mit Spargel und Spinat, im Sommer mit Spitzkohl und Tomaten oder Auberginen und Paprikaschoten.

◆ Das Wasser mit Salz in einem großen Topf zum Kochen bringen.
◆ Fleisch und Lorbeerblatt zugeben, bis knapp unter den Siedepunkt erhitzen und das Fleisch zugedeckt bei schwacher Hitze in 1$^1/_2$ Stunden fast weich garen.
◆ Das Suppengrün putzen, waschen und grob zerkleinern.
◆ Die Kartoffeln schälen, waschen und würfeln.
◆ Den Kohl vierteln und waschen; dabei den Strunk herausschneiden.

Die Kohlblätter in fingerbreite Streifen schneiden.
◆ Die Möhren putzen und würfeln.
◆ Das Fleisch aus der Brühe nehmen und würfeln. Mit Suppengrün, Kartoffeln, Kohl, Möhren und Kümmel wieder hineingeben, aufkochen lassen und zugedeckt bei schwacher Hitze etwa 15 Minuten garen.
◆ Die Teller vorwärmen.
◆ Den Schnittlauch waschen, trokkentupfen und fein zerkleinern. Dann mit der Crème fraîche mischen und mit Salz und Pfeffer würzen.
◆ Zum Servieren Schnittlauchcreme als Klecks auf die Portionen setzen.

Zubereitung etwa 2$^1/_4$ Stunden
1 Portion = 1940 kJ/ 462 kcal

Zutaten für 4 Portionen
1 l Wasser
Salz
700 g Rindfleisch zum Kochen
(ohne Knochen)
1 Lorbeerblatt
2 Bund Suppengrün
500 g vorwiegend
festkochende Kartoffeln
1 kleiner Kopf Weißkohl
2 große Möhren
1 EL Kümmelkörner
1 Bund Schnittlauch
150 g Crème fraîche
weißer Pfeffer

Tiroler Geröstel

Im Original wird das Geröstel mit Schweinefleisch, Wurst oder Schinken und Butterschmalz zubereitet. Mageres Rindfleisch schmeckt jedoch besser, und das Pflanzenöl macht das deftige Essen gesünder.

◆ Die Zwiebel abziehen und hacken.
◆ Das Rindfleisch in feine Streifen schneiden.
◆ Die Kartoffeln pellen und in etwa 0,5 cm dicke Scheiben schneiden.
◆ Den Schnittlauch waschen, trockentupfen und fein zerkleinern.
◆ Das Öl erhitzen und die gehackte Zwiebel darin bei schwacher Hitze glasig braten.
◆ Das Fleisch zugeben und etwa 1 Minute mitbraten.

❖

Zutaten für 4 Portionen
1 große Zwiebel
250 g gekochtes Rindfleisch
700 g Pellkartoffeln
(festkochende Sorte)
1 großes Bund Schnittlauch
5 EL Öl
Salz, weißer Pfeffer
3 Eier
2 EL Milch
geriebene Muskatnuß

❖

◆ Die Kartoffeln zum Fleisch geben und bei schwacher Hitze 10 Minuten braten, bis sie eine Kruste haben und sich leicht vom Pfannenboden lösen. Die Mischung mit Salz und Pfeffer würzen.
◆ Die Teller vorwärmen.
◆ Die Eier mit Milch, Salz, Pfeffer und Muskat verquirlen und über die Kartoffeln gießen.
◆ Alles in der offenen Pfanne bei mittlerer Hitze braten, bis die Eier gestockt, aber in der Mitte noch weich sind.
◆ Die Kartoffeln mit dem Pfannenmesser wie eine Torte in 4 Stücke teilen, auf den vorgewärmten Tellern anrichten und den Schnittlauch darüber streuen.

Zubereitung etwa 40 Minuten
1 Portion = 1546 kJ/ 368 kcal

Bauernfrühstück

Zutaten für 2 Portionen
500 g Pellkartoffeln vom Vortag
1 Zwiebel
100 g gekochter Schinken
1 Bund Schnittlauch
2 EL Butterschmalz
oder Pflanzenfett
Salz
weißer Pfeffer
4 Eier
2 EL süße Sahne

Zu dieser deftigen Kost gibt es dicke, saftige Essiggurken.

◆ Die Kartoffeln pellen und in Scheiben oder Würfel schneiden.
◆ Die Zwiebel abziehen und in dünne Ringe schneiden.
◆ Den gekochten Schinken in Streifen schneiden.

◆ Schnittlauch waschen, trockentupfen und in Röllchen schneiden.
◆ Die Teller vorwärmen.
◆ Das Bauernfrühstück in 2 Portionen zubereiten: 1 EL Fett in einer großen Pfanne erhitzen und die Hälfte der Kartoffeln darin bei mittlerer Hitze unter Wenden braun braten.
◆ Die halbe Menge Zwiebelringe und Schinken zugeben und bei schwacher Hitze glasig braten. Mit Salz und Pfeffer würzen.
◆ 2 Eier mit 1 EL Sahne verrühren und über die Kartoffeln gießen. Bei schwacher Hitze stocken lassen, bis sie gerade eben fest, aber noch feucht sind.
◆ Das Gericht mit dem Pfannenmesser halbieren und auf den Tellern mit Schnittlauchröllchen anrichten.
◆ Die zweite Portion mit den restlichen Zutaten ebenso backen.

Zubereitung etwa 30 Minuten
1 Portion = 2831 kJ/ 674 kcal

Kartoffeltortilla mit Gemüse

Das spanische Gericht schmeckt mit Tomaten- oder Gurkensalat.

◆ Die Kartoffeln schälen und die Zucchini putzen. Beide Zutaten waschen, auf dem Gurkenhobel in dünne Scheiben schneiden und mit Küchenpapier trockentupfen.
◆ Die Zwiebel abziehen, die Petersilie waschen und trockentupfen und beides fein hacken.
◆ Das Öl in einer großen Pfanne erhitzen. Zwiebel, Kartoffeln und Zucchini darin verteilen, mit Salz und Pfeffer würzen und bei schwacher Hitze unter häufigem Wenden in etwa 10 Minuten weich braten.

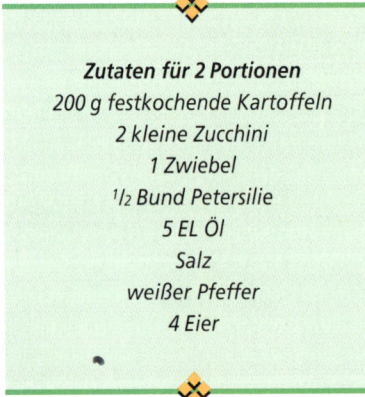

Zutaten für 2 Portionen
200 g festkochende Kartoffeln
2 kleine Zucchini
1 Zwiebel
1/2 Bund Petersilie
5 EL Öl
Salz
weißer Pfeffer
4 Eier

◆ Die Eier und die Hälfte der Petersilie mit einer Gabel verquirlen und darübergießen. Bei schwacher Hitze

braten, bis die Eier an der Unterseite gestockt sind.
◆ Die Teller vorwärmen.
◆ Die Tortilla mit dem Pfannenmesser lösen und auf einen großen Teller schieben.
◆ Einen zweiten Teller darüberlegen, alles umdrehen und die Tortilla so gewendet wieder in die Pfanne schieben. Weitere 5 Minuten braten.
◆ Die Tortilla wie eine Torte in 4 Stücke teilen und auf den vorgewärmten Tellern mit dem Rest der Petersilie bestreuen.

Zubereitung etwa 40 Minuten
1 Portion = 2222 kJ/ 529 kcal

Minzekartoffeln mit Tofu

Tofu, ein quarkähnliches Produkt aus Sojabohnen, gibt es in Reformhäusern, Asien- und Naturkostläden.

◆ Den Tofu würfeln und in einen tiefen Teller legen.

◆ Die Zitrone waschen und trockenreiben. Etwa die Hälfte der Schale ganz dünn abschneiden und fein hacken; den Saft auspressen.

◆ Den Knoblauch abziehen und fein hacken.

◆ Die Tofuwürfel mit Zitronenschale und -saft, Knoblauch und 1 kräftigen Prise Cayennepfeffer mischen und zugedeckt 20 Minuten ziehen lassen.

◆ Die Kartoffeln gründlich waschen

Zutaten für 4 Portionen
250 g Tofu
1 kleine unbehandelte Zitrone
2–3 Knoblauchzehen
Cayennepfeffer
500 g neue Kartoffeln
Salz
3 EL Olivenöl
1 Handvoll frische Minzeblätter
1 EL Butter

und ungeschält in wenig Salzwasser weich kochen.

◆ Die Teller vorwärmen.

◆ Das Öl erhitzen. Den Tofu mit der Marinade zugeben und bei schwacher bis mittlerer Hitze etwa 7 Minuten schmoren; dabei häufig wenden.

◆ Die Minzeblätter waschen und grob hacken.

◆ Die Kartoffeln abgießen und etwas ausdampfen lassen.

◆ Die Butter in einer großen Pfanne zerlassen und die Kartoffeln darin unter häufigem Wenden etwa 5 Minuten braten.

◆ Mit den Minzeblättern vermischen und auf den Tellern verteilen. Den Tofu daneben anrichten.

Zubereitung etwa 50 Minuten
1 Portion = 991 kJ/ 236 kcal

Kartoffelpuffer

Zutaten für 4 Portionen
1,2 kg mehligkochende Kartoffeln
Salz
2 EL Zitronensaft
2 Eier
40 g Mehl
40 g Semmelbrösel
Öl oder Pflanzenfett zum Braten

Wer die Kartoffeln von Hand und nicht in der Küchenmaschine reibt, nimmt am besten große Knollen.

◆ Die Kartoffeln schälen, waschen, abtrocknen und fein reiben.

◆ Salz, Zitronensaft, Eier, Mehl und Semmelbrösel daruntermischen.

◆ Das Fett in einer großen Pfanne erhitzen und für jeden Puffer 2 EL Teig hineingeben. Die Kartoffelpuffer zugedeckt bei schwacher Hitze etwa 10 Minuten backen, bis sie sich vom Pfannenboden lösen lassen.

◆ Die Puffer wenden und auf der zweiten Seite 5 Minuten backen.

◆ Fertige Puffer gleich servieren oder im Backofen warm halten.

Zubereitung etwa 1½ Stunden
1 Portion = 1781 kJ/ 424 kcal

Kartoffelschmarren

Zutaten für 4 Portionen
800 g mehligkochende Kartoffeln
1 Ei
150 g Mehl
Salz, weißer Pfeffer
geriebene Muskatnuß
3 EL Öl

◆ Die Kartoffeln waschen und ungeschält in wenig Wasser weich garen; danach abgießen, abschrecken, schälen und zweimal durch die Kartoffelpresse drücken.

◆ Das Ei trennen und die Kartoffeln mit Mehl, Eigelb, Salz, Pfeffer und Muskat zu einem Teig verkneten.

◆ Das Öl in einer großen Pfanne erhitzen, den Kartoffelteig darin glattstreichen und etwas festdrücken.

◆ Den Teig zugedeckt bei schwacher Hitze etwa 10 Minuten backen, bis er an der Unterseite fest ist.

◆ Den Kartoffelschmarren mit 2 Gabeln in mundgerechte Stücke teilen und bei mittlerer bis starker Hitze unter häufigem Wenden in etwa 10 Minuten goldbraun braten.

Zubereitung etwa 1 Stunde
1 Portion = 1411 kJ/ 336 kcal

Kartoffelpfannkuchen mit Speck

◆ Die Kartoffeln waschen und ungeschält in wenig Wasser weich kochen; danach abgießen, abschrecken, schälen, abkühlen lassen und auf der Rohkostreibe fein reiben.

◆ Die Zwiebel abziehen und hacken.

◆ Den Speck würfeln.

◆ Das Mehl mit Milch, Salz, Muskat und Eiern verrühren und die Kartoffeln untermischen.

◆ Die Hälfte des Fetts in einer großen Pfanne erhitzen. Die Hälfte der Zwiebel und des Specks darin bei schwacher Hitze glasig braten.

◆ Die Hälfte des Teiges zugeben und

Zutaten für 4 Portionen
250 g mehligkochende Kartoffeln
1 Zwiebel
50 g durchwachsener Räucherspeck
2 EL Mehl
1/4 l Milch
Salz
geriebene Muskatnuß
4 Eier
50 g Butterschmalz, Kokosfett oder Öl

zugedeckt bei schwacher Hitze etwa 10 Minuten backen, bis sich der Kuchen leicht vom Pfannenboden löst.

◆ Den Kartoffelpfannkuchen wenden und in der offenen Pfanne auf der anderen Seite weitere 5–7 Minuten backen; danach herausnehmen und bei 50°C (Gas Stufe 1/2) im Backofen warm halten.

◆ Aus den restlichen Zutaten auf die gleiche Weise einen zweiten Pfannkuchen backen.

Zubereitung etwa 11/4 Stunden
1 Portion = 1663 kJ/ 396 kcal

Klöße aus gekochten Kartoffeln

Die Klöße gelingen nur mit frisch gekochten Kartoffeln, die noch heiß zerdrückt werden müssen.

◆ Die Kartoffeln waschen und in wenig Wasser ungeschält weich kochen; danach abgießen, kalt abschrecken, schälen und zweimal durch die Kartoffelpresse drücken.

◆ Das Kartoffelpüree mit der Kartoffelstärke und 1 kräftigen Prise Salz locker vermischen, so daß eine bröckelige Masse entsteht.

◆ Die Brötchen würfeln.

◆ Das Öl erhitzen und die Brötchen darin bei mittlerer Hitze unter häufigem Wenden goldbraun braten.

◆ Die Milch zum Kochen bringen und über die Kartoffeln gießen. Das Püree mit den Händen zu einem glatten Teig verkneten, der nicht an den Fingern kleben sollte; gegebenenfalls noch etwas Kartoffelstärke untermischen.

◆ Aus dem Teig 12 Klöße formen – dabei die Hände immer wieder mit Kartoffelstärke bestäuben – und jeden Kloß mit gerösteten Brötchenwürfeln füllen.

◆ Reichlich Salzwasser zum Kochen bringen. Die Klöße darin einmal aufkochen und 20 Minuten gar ziehen

Zutaten für 4 Portionen
1 kg mehligkochende Kartoffeln
250 g Kartoffelstärke
Salz
2 Weizenbrötchen
2 EL Öl
3/8 l Milch
Kartoffelstärke zum Formen

lassen; dabei den Deckel nur halb auf den Topf legen. Die Klöße mit einem Schaumlöffel herausnehmen, gut abtropfen lassen und sofort servieren.

Zubereitung etwa 1¼ Stunden
1 Portion = 2146 kJ/ 511 kcal

Pilzklöße mit Speck

Zu den deftigen Klößen passen Salat und Tomatensauce. Außerdem schmecken sie gut zu Wildgerichten.

◆ Die Kartoffeln waschen und in wenig Wasser ungeschält weich kochen; danach abgießen, kalt abschrecken, schälen und zweimal durch die Kartoffelpresse drücken.

◆ Das Kartoffelpüree in einer Schüssel mit der Speisestärke und 1 Prise Salz locker vermischen, so daß eine bröckelige Masse entsteht.

◆ Den Speck würfeln.

◆ Das Öl erhitzen und den Speck darin bei schwacher Hitze unter häufigem Wenden ausbraten, bis er glasig ist. Danach den Speck in eine Schüssel geben, das Bratfett aber in der Pfanne lassen.

◆ Die Zwiebel und den Knoblauch abziehen und hacken; die Petersilie

Zutaten für 4 Portionen
500 g mehligkochende Kartoffeln
125 g Speisestärke, Salz
100 g durchwachsener Räucherspeck
1 EL Öl
1 große Zwiebel
1 Knoblauchzehe
1 Bund Petersilie
200 g Austernpilze
1/8 l Milch
Speisestärke zum Formen

waschen, trockentupfen und wie die Pilze fein zerkleinern.

◆ Zwiebel, Knoblauch, Petersilie und Pilze im Speckfett bei starker Hitze etwa 1 Minute braten und dann mit dem Speck mischen.

◆ Die Milch aufkochen und über die Kartoffeln gießen. Das Püree mit den Händen zu einem glatten Teig verkneten, der nicht an den Fingern kleben sollte; gegebenenfalls noch etwas Speisestärke untermischen.

◆ Aus dem Teig 12 Klöße formen – dabei die Hände immer wieder mit Speisestärke bestäuben – und jeden Kloß mit etwas Pilzmischung füllen.

◆ Reichlich Salzwasser zum Kochen bringen. Die Klöße darin einmal aufkochen, etwa 3 Minuten kochen und 20 Minuten gar ziehen lassen; dabei den Deckel nur halb auf den Topf legen.

◆ Die Klöße mit einem Schaumlöffel herausnehmen, gut abtropfen lassen und sofort servieren.

Zubereitung etwa 1½ Stunden
1 Portion = 1718 kJ/ 409 kcal

Thüringer Klöße

Im elektrischen Entsafter lassen sich die Kartoffeln am schnellsten reiben und sind auch gleich ausgepreßt.

◆ Die Kartoffeln schälen und waschen. 500 g davon als Salzkartoffeln kochen, den Rest fein reiben und mit dem Zitronensaft vermischen.

◆ Die geriebenen Kartoffeln portionsweise in ein Küchentuch geben, über einer Schüssel so fest wie möglich ausdrücken und in eine andere Schüssel geben.

◆ Die aufgefangene Flüssigkeit stehenlassen, bis sich die Kartoffelstärke abgesetzt hat. Dann die Flüssigkeit vorsichtig so abgießen, daß nur noch die weiße Stärke am Boden der Schüssel zurückbleibt.

◆ Die Milch kochend heiß erhitzen.

◆ Die Salzkartoffeln ebenfalls abgießen und heiß durch die Kartoffelpresse drücken. Mit den geriebenen

Zutaten für 6 Portionen
2,4 kg mehligkochende Kartoffeln
Salz
2 EL Zitronensaft
etwa 1/4 l Milch
Kartoffelmehl nach Bedarf
(Fertigprodukt)
1 Weizenbrötchen
30 g Fett

rohen Kartoffeln, der heißen Milch, der abgesetzten Kartoffelstärke aus der Schüssel und 3 TL Salz zu einem festen Teig vermischen, der beim Formen mit der Hand nicht kleben soll.

◆ Reichlich Salzwasser zum Kochen bringen.

◆ Mit kalt abgespülten Händen 1 etwa walnußgroßen Probeknödel

formen und im Salzwasser einmal aufkochen lassen.

◆ Den Knödel im offenen Topf bei schwacher Hitze etwa 10 Minuten garen. Behält er seine Form, ist der Teig richtig. Sonst noch etwas Kartoffelmehl unter den Teig mischen.

◆ Während der Probekloß gart, das Brötchen würfeln.

◆ Das Fett erhitzen und das Brötchen darin bei schwacher Hitze unter häufigem Wenden knusprig braten.

◆ Den Kartoffelteig zu Knödeln formen; dabei jeweils in die Mitte einige Brötchenwürfel geben.

◆ Salzwasser erneut aufkochen. Die Knödel zufügen, einmal aufkochen und im offenen Topf bei schwacher Hitze 25 Minuten gar ziehen lassen.

Zubereitung 1–2 Stunden
Garzeit 25 Minuten
1 Portion = 1331 kJ / 317 kcal

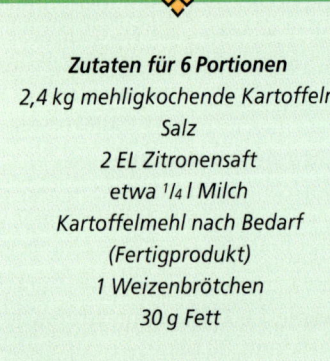

Grüne Kartoffelgnocchi mit Salbeibutter

◆ Die Kartoffeln waschen, ungeschält in wenig Wasser weich kochen, abgießen, kalt abschrecken, pellen und in einer Schüssel ganz fein zerdrücken. Das Püree abkühlen lassen.

◆ Die Zwiebel abziehen, die Petersilie waschen und trockentupfen und beides fein hacken.

◆ 1 EL Butter erhitzen und Zwiebel und Petersilie darin braten, bis die Zwiebel glasig ist. Abkühlen lassen.

◆ 1 Ei trennen.

◆ Die Zwiebel-Petersilien-Mischung, Mehl, Grieß, Ei, Eigelb, Salz, Pfeffer und Muskat zum Kartoffelpüree geben und alles zu einem formbaren Teig vermischen.

◆ Der Gnocchiteig soll etwa so weich wie zimmerwarme Butter sein. Wenn er zu weich ist – etwa wie Quark –, noch etwas Grieß daruntermischen. Zu festen Teig lockert man teelöffelweise mit Crème fraîche auf.

◆ Den Teig mit bemehlten Händen zu 2 Rollen von etwa 2,5 cm Ø for-

Zutaten für 4 Portionen

500 g mehligkochende Kartoffeln
1 kleine Zwiebel
1 großes Bund Petersilie
100 g Butter
2 Eier
150 g Mehl
50 g Grieß
Salz
schwarzer Pfeffer
1 Prise geriebene Muskatnuß
Crème fraîche nach Bedarf
1–2 Handvoll Salbeiblättchen
100 g Parmesan am Stück
Mehl zum Formen

men. Die Rollen in knapp fingerdicke Scheiben schneiden und die Scheiben mit einem Gabelrücken einkerben.

◆ Reichlich Salzwasser zum Kochen bringen.

◆ Die Teller gut vorwärmen.

◆ Die Gnocchi in 2 oder 3 Portionen in das sprudelnd kochende Wasser geben und garen, bis sie an die Oberfläche steigen.

◆ Die Gnocchi mit einem Schaumlöffel herausnehmen, abtropfen lassen und möglichst nebeneinander auf eine Platte legen.

◆ Wenn alle Gnocchi gegart sind, den Salbei waschen, trockentupfen und in feine Streifen schneiden.

◆ Den Parmesan reiben.

◆ Die restliche Butter in einer großen Pfanne erhitzen und dabei leicht bräunen.

◆ Gnocchi und Salbei in der Pfanne schwenken, bis die Gnocchi wieder heiß sind.

◆ Die Gnocchi auf den heißen Tellern anrichten, mit dem Parmesan bestreuen und sofort servieren.

Zubereitung etwa 1¾ Stunden
1 Portion = 2482 kJ/ 591 kcal

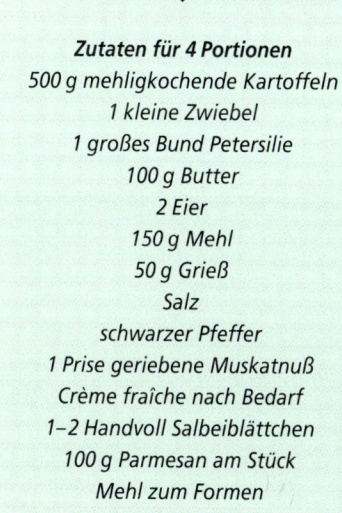

Kartoffelnudeln

Für Kartoffelnudeln brauchen Sie stärkereiche mehlige Kartoffeln. Mit festkochenden Sorten oder neuen Kartoffeln gelingen sie nicht.

Zutaten für 4 Portionen
1 kg mehligkochende Kartoffeln
200 g Mehl (evtl. mehr)
1 kleines Ei
Salz
weißer Pfeffer
geriebene Muskatnuß
50 g Fett zum Braten
Mehl zum Ausrollen

◆ Die Kartoffeln waschen, mit der Schale weich kochen, ausdämpfen lassen, pellen und heiß durch die Kartoffelpresse drücken.

◆ Das Püree mit Mehl, Ei, Salz, Pfeffer und Muskat zu einem glatten, formbaren Teig verarbeiten. Falls der Teig noch klebt, teelöffelweise Mehl unterkneten.

◆ Die Arbeitsfläche mit Mehl bestäuben und den Teig darauf zu daumendicken Rollen formen.

◆ Die Rollen in etwa fingerbreite Stücke schneiden und zwischen den Handflächen zu Nudeln rollen.

◆ Reichlich Salzwasser zum Kochen bringen.

◆ Die Kartoffelnudeln bei schwacher Hitze garen, bis sie an die Oberfläche steigen.

◆ Die Nudeln in einem Sieb kalt abschrecken und abtropfen lassen, nebeneinander legen und 2 Stunden trocknen lassen.

◆ Das Fett erhitzen und die Kartoffelnudeln darin rundherum goldbraun braten.

Zubereitung etwa 1 Stunde
Ruhezeit 2 Stunden
1 Portion = 1924 kJ/ 458 kcal

Kartoffelpudding mit Pilzen

Zu diesem Gericht schmecken Salat und Tomaten-Schnittlauch-Sauce (siehe S. 184).

◆ Die Kartoffeln waschen und mit der Schale in wenig Wasser weich kochen; dann abgießen, kurz kalt abschrecken, pellen und durch die Kartoffelpresse drücken oder mit dem Kartoffelstampfer fein zerkleinern.

◆ Während die Kartoffeln kochen, die Pilze putzen und grob hacken.

◆ Zwiebel und Knoblauch abziehen und fein hacken.

◆ Das Öl in einer Pfanne erhitzen und Pilze, Zwiebel, Knoblauch und Thymian darin bei mittlerer Hitze unter ständigem Rühren braten, bis die Flüssigkeit, die sich dabei bildet, wieder verdampft ist.

◆ Die Pilze mit den zerdrückten Kartoffeln mischen und lauwarm abkühlen lassen.

◆ Die Eier trennen.

Zutaten für 4 Portionen
1 kg kleine mehlig-
kochende Kartoffeln
200 g Austernpilze
1 Zwiebel
1 Knoblauchzehe
2 EL Öl
1 TL getrockneter Thymian
3 Eier
Salz, weißer Pfeffer
geriebene Muskatnuß
150 ml süße Sahne
25 g Weizenvollkornmehl
100 g geriebener Hartkäse
Fett und Semmelbrösel für die Form

◆ Eigelb, Salz, Pfeffer und Muskat unter die Kartoffelmasse mischen.

◆ Eiweiß und Sahne getrennt steif schlagen und auf die Masse geben.

◆ Das Mehl mit dem Käse mischen, darüber streuen und alles mit einem Kochlöffel vermengen.

◆ Eine verschließbare Puddingform von ungefähr 1¹/₂ l Inhalt gut fetten und mit den Semmelbröseln ausstreuen. Den Teig darin glattstreichen und die Form verschließen.

◆ In einem großen Topf so viel Wasser zum Kochen bringen, daß die Form zu etwa zwei Drittel ihrer Höhe darin steht. Den Topf schließen und den Pudding bei schwacher Hitze etwa 1¹/₄ Stunden garen.

◆ Eine Platte vorwärmen.

◆ Den fertigen Pudding 10 Minuten in der Form ruhen lassen.

◆ Den Kartoffelpudding auf die Platte stürzen, in Scheiben schneiden und servieren.

Zubereitung etwa 1 Stunde
Garzeit etwa 1¹/₄ Stunden
1 Portion = 2499 kJ/ 595 kcal

Nudelauflauf mit Spinat (S. 454);
Spaghetti mit Spargel (S. 432) ►

Teigwaren und Nudelgerichte

Spätzle: Grundrezept

1. Mehl in eine Schüssel und Eier in die Mitte geben.

2. Mit Salz zu einem glatten, zähen Teig verrühren.

3. Teig durch den Spätzlehobel ins kochende Wasser drücken.

4. Fertige Spätzle, die nach oben steigen, abschöpfen.

◆ Das Mehl mit 1 kräftigen Prise Salz und den Eiern sorgfältig zu einem glatten Teig verrühren. Der Teig soll so zähflüssig sein, daß Konturen, die man mit dem Kochlöffel zieht, nur langsam wieder zusammenfließen.

◆ Falls der Teig zu fest ist, eßlöffelweise kaltes Wasser untermischen.

◆ Eine Schüssel vorwärmen. In einem Topf reichlich Salzwasser zum Kochen bringen.

◆ Den Spätzleteig entweder portionsweise auf ein Holzbrett geben und mit einem Messer vom Brett in das sprudelnd kochende Wasser schaben oder durch den Spätzlehobel drücken.

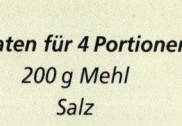

Zutaten für 4 Portionen
200 g Mehl
Salz
3 große Eier
evtl. einige EL Wasser
1 EL Butter
Kräuter nach Belieben

◆ Die Spätzle kochen lassen, bis sie an die Oberfläche steigen, dann noch etwa 1 Minute garen und zum Schluß mit einem Schaumlöffel abschöpfen.

◆ In der vorgewärmten Schüssel mit der Butter vermischen und warm halten. Nach Belieben Kräuter darüber streuen.

Gemüsespätzle mit Käsesauce

Spätzle sind nicht nur eine Beilage zu Fleischgerichten; kombiniert mit Gemüse, Kräutern und verschiedenen Saucen, geben sie auch ein leckeres vegetarisches Hauptgericht ab.

◆ Die Erbsen aus den Schoten lösen, waschen und gut abtropfen lassen.
◆ Die Lauchzwiebeln putzen, waschen und mit den saftigen grünen Blättern in etwa 5 cm lange Stücke schneiden.
◆ Die Tomaten abziehen, vierteln und dabei die Stielansätze entfernen.
◆ Das Öl in einem großen Schmortopf erhitzen und die Erbsen und die Lauchzwiebeln darin bei mittlerer Hitze unter Rühren anbraten.
◆ Tomaten, Fleischfond oder Brühe,

Zutaten für 3 Portionen
750 g frische Schal- oder
Markerbsen
1 Bund Lauchzwiebeln
400 g Tomaten
2 EL Öl
3 EL heller Fleischfond oder Brühe
Salz, weißer Pfeffer
300 g Eierspätzle
(fertig gekauft)
25 g Butter
100 ml süße Sahne
geriebene Muskatnuß
Cayennepfeffer
100 g geriebener Parmesan

Salz und Pfeffer zugeben, alles aufkochen und zugedeckt bei schwacher Hitze etwa 5 Minuten garen, bis die Erbsen weich sind. Dabei einige Male umrühren.
◆ Während das Gemüse gart, die Spätzle in sprudelnd kochendem Salzwasser bißfest kochen.
◆ Für die Sauce die Butter erhitzen, Sahne, Muskat, Cayennepfeffer und Käse zugeben und bei mittlerer Hitze rühren, bis sich der Käse aufgelöst hat und die Sauce sämig ist.
◆ Die Spätzle abgießen, gut abtropfen lassen und mit dem Gemüse und der Sauce vermischen.

Zubereitung etwa 45 Minuten
1 Portion = 3406 kJ/ 811 kcal

Buchweizenspätzle mit Gemüse

Buchweizenspätzle, auch Pizzoccheri oder Pizokel genannt, ißt man in Italien und in der Schweiz. Typisch dazu sind Wirsing, frischer Salbei und Speck.

◆ Die beiden Mehlsorten wie im Grundrezept beschrieben mit 1 kräftigen Prise Salz, Milch und Eiern zu einem Teig verarbeiten. Wenn nötig, noch etwas Milch untermischen.
◆ Den Teig zugedeckt ruhen lassen, bis die anderen Zutaten vorbereitet sind.
◆ Den Räucherspeck in kleine Würfel schneiden.
◆ Die Zwiebel abziehen und fein hacken.
◆ Die Salbeiblättchen trocken säubern und in Streifen schneiden.
◆ Spinat, Wirsing und Bohnen waschen und den Wirsing und die Bohnen schräg in Streifen schneiden.

◆ Das Öl erhitzen und Speck, Zwiebel und Salbei darin bei schwacher Hitze glasig und weich braten.
◆ Eine Schüssel vorwärmen.
◆ Die Spätzle – wie im Grundrezept beschrieben – schaben und kochen. Die Spätzle, die gar sind und an die Oberfläche steigen, mit einem Schaumlöffel aus dem Topf nehmen, in der vorgewärmten Schüssel mit Speck und Zwiebeln vermischen und warm halten.
◆ Die Bohnen in dem sprudelnd kochenden Spätzlewasser etwa 5 Minuten garen. Den Wirsing und den Spinat zugeben und weitere 3 Minuten garen.
◆ Das Gemüse abgießen, mit den Spätzle vermischen, alles mit Pfeffer würzen und sofort servieren.

Zubereitung etwa 1 Stunde
1 Portion = 3091 kJ/ 736 kcal

Zutaten für 4 Portionen
200 g Buchweizenmehl
175 g Mehl
Salz
1/4 l Milch
3 Eier
100 g durchwachsener
Räucherspeck
1 große Zwiebel
1 Handvoll Salbeiblättchen
100 g Spinat
250 g Wirsingblätter
200 g grüne Bohnen
3 EL Öl
schwarzer Pfeffer aus der Mühle

Vollkornnudeln mit Gemüse

Die Nudeln werden hier mit Gemüse zubereitet, das im Sommer reif und aromatisch ist. Im Winter schmecken sie besser mit kleingeschnittenem Stangensellerie, Tomaten aus der Dose und reichlich Petersilie.

◆ Die Auberginen waschen, putzen, abtrocknen und würfeln.

◆ Die Lauchzwiebeln putzen, waschen und mit allen saftigen grünen Blättern in feine Ringe schneiden.

◆ Den Knoblauch abziehen und hacken.

◆ Tomaten überbrühen, abziehen und achteln; Stielansätze entfernen.

◆ Das Öl erhitzen. Die Auberginen darin zugedeckt bei kleiner Hitze in etwa 20 Minuten weich braten.

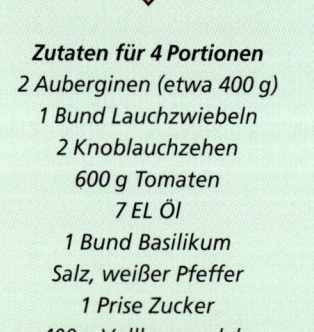

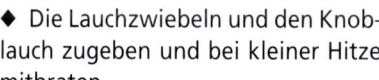

Zutaten für 4 Portionen
2 Auberginen (etwa 400 g)
1 Bund Lauchzwiebeln
2 Knoblauchzehen
600 g Tomaten
7 EL Öl
1 Bund Basilikum
Salz, weißer Pfeffer
1 Prise Zucker
400 g Vollkornnudeln
100 g geriebener Parmesankäse

◆ Die Lauchzwiebeln und den Knoblauch zugeben und bei kleiner Hitze mitbraten.

◆ Die Tomaten zugeben und bei mittlerer bis starker Hitze unter Rühren schmoren, bis die Flüssigkeit, die sich bildet, zum größten Teil wieder verdampft ist.

◆ Inzwischen eine große Schüssel gut vorwärmen und die Nudeln in reichlich Salzwasser bißfest garen.

◆ Das Basilikum waschen, trockentupfen und fein hacken.

◆ Gemüse mit Salz, Pfeffer und Zucker würzen. Basilikum untermischen.

◆ Die Nudeln abgießen, abtropfen lassen und mit dem Gemüse mischen. In die Schüssel füllen und mit dem Parmesan bestreuen.

Zubereitung etwa 50 Minuten
1 Portion = 2768 kJ/ 659 kcal

Vollkornnudeln mit roten Beten

Die Nudeln mit sahnigem Gemüse sind ein kleines vegetarisches Hauptgericht.

◆ Die roten Beten waschen, schälen und raspeln. Den Knoblauch abziehen und zerdrücken.

Zutaten für 2 Portionen
400 g rote Beten
1 Knoblauchzehe
1 EL Öl
1/8 l Gemüsebrühe
250 g Vollkornnudeln
1 Bund Schnittlauch
100 ml süße Sahne
Salz
weißer Pfeffer
100 g körniger Frischkäse

◆ Das Öl erhitzen. Rote Beten und Knoblauch darin bei mittlerer Hitze unter Rühren anbraten.

◆ Die Gemüsebrühe zugießen und aufkochen. Zugedeckt bei schwacher Hitze 10 Minuten garen.

◆ In der Zwischenzeit die Teller gut vorwärmen.

◆ Die Nudeln in reichlich Salzwasser bißfest garen.

◆ Den Schnittlauch waschen, trockentupfen und fein zerkleinern.

◆ Mit der Sahne unter das Gemüse mischen und erhitzen, aber nicht mehr aufkochen.

◆ Das Gemüse mit Salz und Pfeffer kräftig würzen.

◆ Nudeln abgießen und abtropfen lassen. Mit Gemüse und Käse mischen und auf den Tellern anrichten.

Zubereitung etwa 40 Minuten
1 Portion = 3179 kJ/ 757 kcal

Vollkornnudeln mit Linsen

Hülsenfrüchte und Getreide sind eine gute Kombination bei vegetarischen Gerichten, weil sich die in ihnen enthaltenen Aminosäuren zu hochwertigem Eiweiß ergänzen. Ungewöhnlich sind diese Linsen durch Safran; Crème fraîche und dünne Zucchinischeibchen geben das Tüpfelchen auf dem i.

◆ Die Zwiebel abziehen und hacken.
◆ Das Öl erhitzen und die Zwiebel darin glasig braten.
◆ Die Linsen, den Safran und die Gemüsebrühe zugeben, aufkochen und zugedeckt bei kleiner Hitze in etwa 20 Minuten weich garen. Währenddessen die Nüsse hacken.
◆ Die Petersilie waschen, trockentupfen und fein zerkleinern.

Zutaten für 4 Portionen
1 Zwiebel
1 EL Öl
100 g rote Linsen
$1/2$ TL Safranfäden
$1/4$ l Gemüsebrühe
50 g beliebige Nuß-
kerne
$1/2$ Bund Petersilie
4 kleine Zucchini
200 g Crème fraîche
2 EL Zitronensaft
Salz
weißer Pfeffer
300 g Vollkorn-
nudeln

◆ Die Zucchini waschen, putzen und in dünne Scheiben schneiden.
◆ Die Zucchinischeibchen mit der Crème fraîche unter die fertig gegarten Linsen mischen und einmal aufkochen.
◆ Mit Zitronensaft, Salz und Pfeffer abschmecken und zugedeckt warm halten.
◆ Die Nudeln in reichlich Salzwasser bißfest garen und abgießen.
◆ Zum Schluß die Nudeln mit dem Linsengemüse, den Nüssen und der Petersilie mischen.

Zubereitung etwa 40 Minuten
1 Portion = 2638 kJ/ 628 kcal

Vollkornnudeln mit Lamm

Nudeln aus Vollkornmehl schmecken am besten mit viel Flüssigkeit: in Eintöpfen oder dicken Sahne- und Tomatensaucen. Für die feine italienische Art mit Pesto oder Knoblauch und Öl sind sie zu deftig.

◆ Mehl, 1 TL Salz, 4 EL Öl und etwa 200 ml Wasser zu einem Teig kneten. In Frischhaltefolie wickeln und bei Zimmertemperatur ruhen lassen, bis Fleisch und Gemüse vorbereitet sind.

◆ Das Fett der Lammschulter entfernen, das Fleisch in Würfel schneiden.

◆ Das Gemüse putzen bzw. schälen, waschen und grob zerkleinern.

◆ Das restliche Öl in einem großen Schmortopf erhitzen. Das Fleisch darin portionsweise bei mittlerer Hitze rundherum braun anbraten.

◆ Das Gemüse zugeben, mit Salz, Thymian und Pfeffer würzen und das restliche Wasser an den Seiten dazugießen.

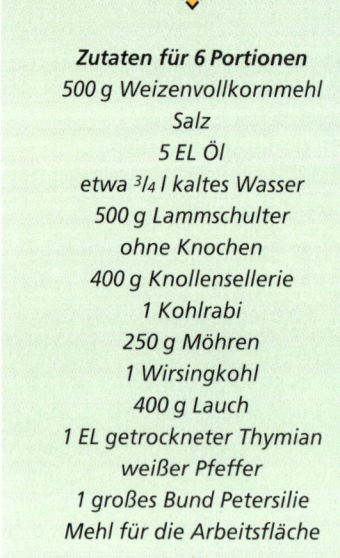

Zutaten für 6 Portionen
500 g Weizenvollkornmehl
Salz
5 EL Öl
etwa 3/4 l kaltes Wasser
500 g Lammschulter
ohne Knochen
400 g Knollensellerie
1 Kohlrabi
250 g Möhren
1 Wirsingkohl
400 g Lauch
1 EL getrockneter Thymian
weißer Pfeffer
1 großes Bund Petersilie
Mehl für die Arbeitsfläche

◆ Den Eintopf zugedeckt bei starker Hitze aufkochen und bei schwacher Hitze 1–1 1/4 Stunden garen.

◆ Die Arbeitsfläche mit Mehl bestäuben. Darauf den Nudelteig portionsweise zu dünnen Platten ausrollen oder durch eine Nudelmaschine mit Handkurbel drehen.

◆ Die Teigplatten auf Stoffküchentüchern 10 Minuten trocknen lassen.

◆ Aus den Teigplatten beliebige Nudeln schneiden. Für dünne Nudeln die Platten vorher aufrollen.

◆ Die Nudeln trocknen lassen, bis der Eintopf fertig ist.

◆ Nudeln in reichlich sprudelnd kochendem Salzwasser aufkochen und in 1–2 Minuten bißfest garen.

◆ Die Petersilie waschen, trockentupfen und hacken.

◆ Die Nudeln abgießen, abtropfen lassen und mit dem Eintopf mischen.

◆ Die Petersilie über das fertige Gericht streuen.

Zubereitung etwa 2 Stunden
1 Portion = 2575 kJ/ 613 kcal

Sojanudeln mit Tomaten und Tofu

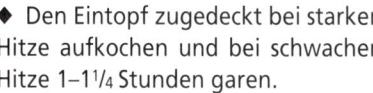

Zutaten für 4 Portionen
200 g Tofu
400 g Tomaten
1 Zwiebel, 1 Knoblauchzehe
1/2 Bund frischer oder 1 gehäufter TL getrockneter Thymian
1/2 Bund Petersilie
4 EL Olivenöl
Salz, Cayennepfeffer
1 Prise Zucker
500 g Sojanudeln
1 EL Butter
nach Belieben etwas geriebener Hartkäse

Sojanudeln gibt es in Reformhäusern und Naturkostläden – beispielsweise als Spaghetti oder Makkaroni. Sie schmecken nicht so kernig wie Vollkornnudeln, sondern eher wie Pasta aus Mehl oder Hartweizengrieß.

◆ Den Tofu abtropfen lassen und hacken.

◆ Die Tomaten abziehen und hakken; die Stielansätze entfernen.

◆ Zwiebel und Knoblauch abziehen und fein zerkleinern.

◆ Den frischen Thymian und die Petersilie waschen, trockentupfen und hacken.

◆ Das Öl erhitzen. Den Tofu mit dem Thymian im heißen Öl bei starker

Hitze goldgelb rösten und auf einen Teller geben.

◆ Tomaten, Zwiebel und Knoblauch in der Pfanne bei mittlerer Hitze unter Rühren etwa 1 Minute schmoren.

◆ Mit Salz, Cayennepfeffer und Zucker abschmecken und den Tofu untermischen.

◆ Die Sojanudeln in reichlich Salzwasser nach Packungsaufschrift bißfest garen.

◆ Abtropfen lassen und mit der Tomatensauce, Butter und Käse mischen. Die gehackte Petersilie darüberstreuen.

Zubereitung etwa 30 Minuten
1 Portion = 2671 kJ/ 636 kcal

Bayerische Roggennudeln

Diese herzhaften Nudeln machen et-was Arbeit, gelingen aber ganz leicht und lassen sich gut vorbereiten: Die geformten Teigstücke bleiben bei Zimmertemperatur, mit einem feuch-ten Tuch bedeckt, einige Stunden weich und frisch. Dazu schmeckt grü-ner oder gemischter Salat.

♦ Das Wasser erhitzen. Die beiden Mehlsorten mit Salz in einer Schüssel mischen. Das Wasser langsam dazu-gießen und dabei mit den Knethaken des Handrührgeräts rühren, bis sich alle Zutaten verbunden haben.
♦ Mit den Händen kräftig zu einem festen Nudelteig verkneten. Den Teig in Frischhaltefolie wickeln und bei Zimmertemperatur 30 Minuten ru-hen lassen.
♦ Die Arbeitsfläche mit Mehl be-

Zutaten für 4 Portionen
etwa 150 ml Wasser
je 150 g Weizenvollkornmehl
und Roggenvollkornmehl
Salz
1 gehäufter EL Butter
1/2 l Milch
2 Eier
geriebene Muskatnuß
Cayennepfeffer
Mehl zum Ausrollen

stäuben. Den Teig in 4 Portionen tei-len und jede Portion etwa 0,5 cm dick ausrollen.
♦ Die Teigplatten der Länge nach in 4 cm breite Streifen schneiden. Die

Streifen wiederum quer in finger-breite Stückchen schneiden. Diese 15 Minuten trocknen lassen.
♦ Inzwischen die Butter in eine fla-che Gratinform geben und in den kalten Backofen stellen. Auf 180 °C (Umluft 160 °C, Gas Stufe 2–3) schal-ten und die Butter schmelzen lassen.
♦ Die Teigstücke in der heißen But-ter wenden, bis sie ganz vom Fett überzogen sind.
♦ Die Milch mit 1 TL Salz, den Eiern, Muskat und Cayennepfeffer verquir-len und über die Teigstücke gießen.
♦ Die Nudeln in den heißen Back-ofen stellen und etwa 30 Minuten garen, bis die Milch aufgesogen ist.

Zubereitung etwa 1 1/4 Stunden
Garzeit etwa 30 Minuten
1 Portion = 1861 kJ/ 443 kcal

Makkaroni mit Schafskäse

Zutaten für 3 Portionen
500 g Tomaten
1 Zwiebel
1 Knoblauchzehe
150 g weicher Schafskäse
50 g beliebige Nußkerne
1/2 Bund frischer oder
1 TL getrockneter Oregano
1 EL Öl
Salz, schwarzer Pfeffer
1 Prise Zucker
300 g Makkaroni

Für diese Makkaroni brauchen Sie würzigen, wirklich frischen, weichen Schafskäse – am besten aus einem türkischen, italienischen oder griechischen Lebensmittelladen.

◆ Die Tomaten abziehen und würfeln; die Stielansätze entfernen.
◆ Zwiebel und Knoblauch abziehen und fein hacken. Den Schafskäse zerkrümeln, die Nüsse grob hacken.
◆ Frischen Oregano waschen, trockentupfen und fein zerkleinern.
◆ Das Öl erhitzen.
◆ Zwiebel und Knoblauch darin bei schwacher Hitze glasig braten.

◆ Die Tomaten und den Oregano zugeben und zugedeckt bei mittlerer Hitze 5 Minuten schmoren. Mit Salz, Pfeffer und Zucker würzen.
◆ Die Teller gut vorwärmen.
◆ Die Makkaroni in reichlich Salzwasser bißfest garen.
◆ Abgießen und abtropfen lassen. Mit den Tomaten und dem Schafskäse mischen.
◆ Auf den vorgewärmten Tellern verteilen, mit den Nüssen bestreuen und sofort servieren.

Zubereitung etwa 30 Minuten
1 Portion = 2705 kJ/ 644 kcal

Makkaroni auf sizilianische Art

Die Nudelsauce ist so bunt wie Italiens Farben: grüne Petersilie, weißer Knoblauch und rote Tomaten. Dazu kommt die Würze von Oliven und Räucherspeck, Pilzen und Anchovis.

◆ Den Räucherspeck würfeln.
◆ Die Pilze putzen, waschen und in Scheiben schneiden.
◆ Zwiebel und Knoblauch abziehen und fein hacken.
◆ Die Oliven entsteinen und grob zerkleinern.
◆ Die Anchovis kalt abspülen und in Stücke schneiden.
◆ Die Fleischtomate abziehen und hacken; dabei den Stielansatz herausschneiden.
◆ Die Petersilie waschen, trockentupfen und grob zerkleinern.
◆ Das Öl erhitzen. Den Speck darin bei schwacher Hitze ausbraten.
◆ Die Zwiebel zugeben und glasig braten. Die Pilze zugeben und bei starker Hitze etwa 1 Minute rösten.
◆ Knoblauch, Oliven, Tomate und

Zutaten für 4 Portionen
100 g durchwachsener
Räucherspeck
250 g Champignons
1 große Zwiebel
2 Knoblauchzehen
100 g schwarze Oliven
4 Anchovisfilets
1 große Fleischtomate
1/2 Bund Petersilie
4 EL Olivenöl
400 g Makkaroni
Salz, schwarzer Pfeffer
Parmesankäse am Stück

Petersilie zugeben und zugedeckt bei schwacher Hitze ziehen lassen, bis die Nudeln fertig sind.
◆ Eine Schüssel vorwärmen.
◆ Die Makkaroni in reichlich Salzwasser bißfest garen, abgießen und abtropfen lassen.

◆ Die Makkaroni mit den Anchovis und der Pilzmischung in die vorgewärmte Schüssel geben.
◆ Mit Pfeffer bestreuen und verrühren.
◆ Den Parmesankäse reiben und darüber streuen.

Zubereitung etwa 30 Minuten
1 Portion = 3074 kJ/ 732 kcal

Spaghetti mit Tomatensauce

Zutaten für 4 Portionen
1 kg Tomaten
1 Zwiebel
1 Knoblauchzehe
1 Bund Basilikum oder Petersilie
4 EL Olivenöl
1 TL getrockneter Oregano
Salz, schwarzer Pfeffer
1 Prise Zucker
400 g Spaghetti
150 g geriebener Parmesan- oder
Pecorinokäse

◆ Die Tomaten abziehen und würfeln; die Stielansätze entfernen.
◆ Zwiebel und Knoblauch abziehen und fein hacken.
◆ Basilikum bzw. Petersilie waschen, die Blättchen abzupfen und beiseite legen. Die Stiele fein zerkleinern.
◆ Das Öl erhitzen. Zwiebel und Knoblauch darin bei schwacher Hitze glasig braten.
◆ Oregano, Tomaten und Basilikum- bzw. Petersilienstiele hinzugeben, aufkochen und zugedeckt bei mittlerer Hitze 10 Minuten schmoren. Mit Salz, Pfeffer und Zucker würzen.
◆ Eine Schüssel und die Teller gut vorwärmen. Spaghetti in reichlich Salzwasser bißfest garen. Abgießen und abtropfen lassen. In der Schüssel mit der Tomatensauce und etwa einem Drittel des Käses mischen.
◆ Die Spaghetti auf den heißen Tellern verteilen und mit den Basilikum- bzw. Petersilienblättchen bestreuen. Sofort servieren. Den restlichen Käse dazu reichen.

Zubereitung etwa 45 Minuten
1 Portion = 2709 kJ/ 645 kcal

Spaghetti mit roher Tomatensauce

Mit vollreifen – fast überreifen – Tomaten aus dem Freiland, gutem kaltgepreßtem Olivenöl und dünnen italienischen Nudeln ist dieses schnell zubereitete Sommeressen ein kulinarisches Gedicht.

◆ Die Tomaten abziehen und fein zerkleinern; dabei die Stielansätze entfernen.
◆ Den Knoblauch abziehen und zerdrücken.

Zutaten für 2 Portionen
2 mittelgroße Fleischtomaten
1 Knoblauchzehe
$1/_2$ Bund Basilikum
1 Zweig frischer Thymian
4 EL Olivenöl
Salz, schwarzer Pfeffer
200 g Spaghetti

◆ Basilikum und Thymian waschen, trockentupfen und fein hacken.
◆ Alles mit dem Öl, Salz und 1 kräftigen Prise Pfeffer in einer Schüssel vermischen.
◆ Die Spaghetti in reichlich Salzwasser bißfest kochen, abgießen, abtropfen lassen und ganz heiß mit den Tomaten mischen. Sofort servieren.

Zubereitung etwa 15 Minuten
1 Portion = 2453 kJ/ 584 kcal

Spaghetti alla carbonara

Die Spaghetti nach Art der Köhlerin, wie eines der beliebtesten Spaghettigerichte auf deutsch heißt, sind eine deftige Sache und trotzdem so fein, daß Sie auch Ihre Gäste damit erfreuen können. Viel grüner Salat paßt gut dazu.

◆ Den Räucherspeck in kleine Würfel schneiden. Das Öl erhitzen und den Speck darin bei mittlerer Hitze weich und leicht braun braten. Dabei häufig wenden. Während des Bratens mit reichlich Pfeffer bestreuen.
◆ Den Speck mit einem Schaumlöffel aus dem Bratfett nehmen und auf einer dicken Lage Küchenpapier abtropfen lassen.

Zutaten für 4 Portionen

250 g magerer Räucherspeck
1 EL Olivenöl
schwarzer Pfeffer aus der Mühle
400 g Spaghetti
Salz
4 Eier
200 ml süße Sahne
100 g geriebener Parmesan
50 g geriebener Pecorinokäse

◆ Das Fett abgießen und den Speck zum Warmhalten wieder in die Pfanne geben.

◆ Die Spaghetti in reichlich Salzwasser bißfest garen.
◆ Eine Schüssel gut vorwärmen.
◆ Die Eier trennen und das Eigelb mit der Sahne und den beiden Käsesorten mischen.
◆ Bei schwacher Hitze erwärmen, bis sich der Käse gelöst hat. 2 EL Kochwasser der Spaghetti untermischen.
◆ Die Spaghetti abgießen und abtropfen lassen. In der vorgewärmten Schüssel mit der Eiersahne und dem Speck mischen.
◆ Nach Belieben noch einmal mit Pfeffer würzen. Sofort servieren.

Zubereitung etwa 30 Minuten
1 Portion = 4994 kJ/ 1189 kcal

Spaghetti in Gorgonzolasauce

Mit Gorgonzola, dem berühmten italienischen Edelpilzkäse, werden die Nudeln so würzig, daß Sie kein zusätzliches Salz mehr für die Sauce brauchen. Kerbel gibt fein pfeffrigen Geschmack und schönes Grün.

◆ Die Kerbelblättchen verlesen und waschen. Die Blättchen trockentupfen und fein hacken.
◆ Den Gorgonzola von der Rinde befreien und klein würfeln.
◆ Die Schalotte abziehen und fein hacken.
◆ Das Öl in einem weiten Topf erhitzen und die Schalotte darin bei schwacher Hitze unter Rühren glasig braten.

Zutaten für 4 Portionen
1 Handvoll Kerbelblättchen
200 g Gorgonzola
1 Schalotte
1/2 EL Öl
400 ml süße Sahne
weißer Pfeffer
400 g Spaghetti
Salz

◆ Sahne zugießen und heiß werden lassen, aber nicht aufkochen. Den Käse darin bei schwacher bis mittlerer Hitze unter Rühren auflösen.

◆ Die Sauce mit reichlich Pfeffer abschmecken und zugedeckt auf der abgeschalteten Kochstelle warm halten, bis die Nudeln fertig sind. Dabei ein Küchentuch zwischen Topf und Deckel legen, damit keine Kondensflüssigkeit in die Sauce tropft.
◆ Die Nudeln in reichlich Salzwasser bißfest kochen, abgießen und gut abgetropft mit der Sauce vermischen.
◆ Mit dem Kerbel bestreuen und sofort servieren.

Zubereitung etwa 30 Minuten
1 Portion = 3675 kJ/ 875 kcal

Spaghetti mit Knoblauch und Öl

Zutaten für 4 Portionen
4 Knoblauchzehen
1 Bund Petersilie
1 frische rote Pfefferschote
100 ml kaltgepreßtes Olivenöl
400 g dünne Spaghetti
Salz

Pasta aglio, olio e peperoncino *heißen diese berühmten Nudeln in Italien. Kochen Sie das aus den Abruzzen stammende Gericht im Frühjahr und Sommer, denn der Knoblauch muß ganz frisch sein – saftig, duftend und ohne grüne Keime.*

◆ Für die Sauce den Knoblauch abziehen und zerdrücken.
◆ Die Petersilie waschen, trockentupfen und fein zerkleinern.

◆ Die Pfefferschote halbieren und den Stielansatz und die meisten oder – für ein milderes Aroma – alle Kerne entfernen. Die Schotenhälften waschen und fein zerkleinern.
◆ Die Teller und eine Schüssel gut vorwärmen.
◆ Das Öl in einem Topf erhitzen. Den Knoblauch, etwa ein Drittel der Petersilie und die Pfefferschote bei schwacher Hitze 5 Minuten darin ziehen lassen. Der Knoblauch darf nicht bräunen.
◆ Inzwischen die Nudeln in reichlich Salzwasser bißfest garen.
◆ Abgießen, sehr gut abtropfen lassen und in der vorgewärmten Schüssel ganz heiß mit dem Knoblauchöl vermischen.
◆ Mit der restlichen Petersilie bestreuen und sofort servieren.

Zubereitung etwa 15 Minuten
1 Portion = 2289 kJ/ 545 kcal

Spaghetti mit Kräutern

Statt der Spaghetti können Sie auch dünne Spaghettini oder Linguini nehmen, die wie flache Spaghetti aussehen. Sie bekommen sie in italienischen Feinkostgeschäften.

◆ Für die Sauce den Knoblauch abziehen und zerdrücken.
◆ Die Petersilie waschen, trockentupfen und grob zerkleinern.

◆ Den Rosmarin ebenfalls waschen und die Blättchen abzupfen.
◆ Die Zitrone waschen und abtrocknen. Die Hälfte der Schale dünn abschneiden.
◆ Den Saft einer halben Zitrone auspressen.
◆ Diese Zutaten mit den Pinienkernen und dem Parmesankäse im Blitzhacker zerkleinern.

Zutaten für 3 Portionen
2 Knoblauchzehen
1 Bund Petersilie
3 Zweige frischer Rosmarin
1 unbehandelte Zitrone
50 g Pinienkerne
50 g Parmesankäse am Stück
1 EL Crème fraîche
3 EL Olivenöl
250 g Spaghetti
Salz
Cayennepfeffer
geriebene Muskatnuß

◆ Die Crème fraîche und das Öl untermischen.
◆ Die Nudeln in reichlich Salzwasser bißfest garen. 1 EL Kochwasser unter die Sauce rühren. Abgießen, abtropfen lassen und mit der Sauce vermischen. Mit Cayennepfeffer und Muskat würzen.

Zubereitung etwa 20 Minuten
1 Portion = 2440 kJ/ 581 kcal

Spaghetti mit Spargel

Zutaten für 4 Portionen
500 g grüner Spargel
200 g Zuckerschoten
1 gehäufter EL Butter
100 ml Gemüsebrühe
200 g Crème fraîche
Salz
weißer Pfeffer
300 g Spaghetti

◆ Den Spargel waschen und die holzigen Enden abschneiden.
◆ Die Stangen in knapp 2 cm lange Stücke schneiden; die Spargelköpfe beiseite legen.
◆ Die Zuckerschoten putzen und waschen.
◆ Die Butter in einer großen Pfanne erhitzen. Die Spargelstücke darin bei mittlerer Hitze unter häufigem Rühren 10 Minuten braten.
◆ Die Spargelköpfe und die Zuckerschoten untermischen.

◆ Abwechselnd Brühe und Crème fraîche zugeben und das Gemüse bei starker Hitze unter häufigem Rühren etwa 5 Minuten schmoren, bis es bißfest und die Sauce dick ist. Mit Salz und Pfeffer würzen.
◆ Während das Gemüse gart, die Nudeln in reichlich Salzwasser bißfest kochen. Abtropfen lassen und mit dem Gemüse mischen.

Zubereitung etwa 30 Minuten
1 Portion = 2163 kJ/ 515 kcal

Spaghetti mit Spinat

Diese raffinierten Spaghetti sind besonders schnell gemacht. Wenn Sie den Spinat vorab geputzt und gehackt haben, brauchen Sie nur etwa 10 Minuten für das Gericht.

◆ Den Spinat verlesen, waschen, trockentupfen und grob zerkleinern.
◆ Den Knoblauch abziehen und zerdrücken.
◆ Das Olivenöl in einer großen Pfanne erhitzen. Die Pinienkerne darin goldbraun rösten und auf einen Teller geben.

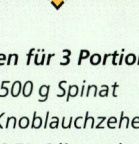

Zutaten für 3 Portionen
500 g Spinat
1 Knoblauchzehe
6 EL Olivenöl
50 g Pinienkerne
2 EL Zitronensaft
1 MSP gemahlene Muskatblüte
oder Muskatnuß
Salz, weißer Pfeffer
250 g Spaghetti

◆ Den Spinat und den zerdrückten Knoblauch im Bratöl bei großer Hitze unter Rühren schmoren, bis der Spinat zusammenfällt.
◆ Mit dem Zitronensaft, der Muskatblüte oder -nuß, Salz und Pfeffer abschmecken.
◆ Die Nudeln in reichlich Salzwasser bißfest garen, abgießen, abtropfen lassen und mit dem Spinat vermischen. Pinienkerne darüberstreuen.

Zubereitung etwa 20 Minuten
1 Portion = 2533 kJ/ 603 kcal

Spaghetti mit Bohnen und Kartoffeln

Das ist gewiß eines der ungewöhnlichsten Nudelgerichte: Kartoffeln, grüne Bohnen, Spaghetti und Pesto werden kochendheiß vermischt. Die Idee dazu entstand vermutlich, als eine Bauersfrau zusammenkochte, was gerade zur Hand war.

◆ Zwiebel und Knoblauch abziehen und achteln.
◆ Die Petersilie und das Basilikum waschen. Den Käse zerbröckeln.
◆ Die Zitrone waschen und abtrocknen. Ein etwa 3 cm langes Stück Schale dünn abschneiden. Den Saft einer halben Zitrone auspressen.
◆ Zwiebel, Knoblauch, Kräuter, zerbröckelten Käse, Zitronenschale und Saft sowie etwa zwei Drittel der Pinienkerne im Blitzhacker pürieren.
◆ 5 EL Olivenöl unter die Pinienpaste mischen, den Rest erhitzen und die ganzen Pinienkerne darin goldgelb rösten.
◆ Die Kartoffeln schälen, waschen und achteln. Mit 4 EL Wasser und Salz in etwa 20 Minuten weich kochen.
◆ Die Bohnen putzen, waschen, halbieren und in reichlich Salzwasser 10 Minuten sprudelnd kochen.
◆ Die Nudeln zugeben und in weiteren 5–7 Minuten bißfest kochen.
◆ Abgießen und mit der Kräuterpaste in eine Schüssel geben.

Zutaten für 4 Portionen
1 kleine Zwiebel
2 Knoblauchzehen
je 1 Bund Petersilie und Basilikum
100 g Parmesankäse
1 unbehandelte Zitrone
40 g Pinienkerne
7 EL Olivenöl
300 g kleine
festkochende Kartoffeln
4 EL Wasser
Salz
300 g grüne Bohnen
200 g Spaghetti
schwarzer Pfeffer aus der Mühle

◆ Die Kartoffeln mit dem Kochwasser zugeben und alles vermischen.
◆ Mit Pfeffer würzen und, mit den gerösteten Pinienkernen bestreut, sofort servieren.

Zubereitung etwa 1 Stunde
1 Portion = 2041 kJ/ 486 kcal

Linguine mit vier Käsesorten

Linguine sind lange, dünne Nudeln, die sich für dieses Gericht problemlos durch Spaghetti oder Makkaroni ersetzen lassen.

◆ Gorgonzola, Fontina- und Italicokäse in kleine Stücke schneiden.

◆ Für die Sauce die Butter in einem Topf zerlassen, aber nicht bräunen.
◆ Die Käsewürfel mit der Sahne in den Topf geben und bei schwacher Hitze unter Rühren auflösen. Den Parmesan zufügen und die Sauce mit Pfeffer und Muskat würzen.
◆ Die Petersilie waschen, trockentupfen und fein hacken.
◆ Die Nudeln in reichlich Salzwasser bißfest kochen. Abgießen, sehr heiß mit der Sauce mischen, mit der Petersilie bestreuen und sofort servieren.

Zubereitung etwa 30 Minuten
1 Portion = 2978 kJ/ 709 kcal

Zutaten für 4 Portionen
50 g Gorgonzola
50 g Fontinakäse
50 g Italicokäse
75 g Butter
2 EL süße Sahne
50 g geriebener Parmesan
weißer Pfeffer
geriebene Muskatnuß
2–3 Stengel Petersilie
400 g Linguine oder Spaghetti
Salz

Safrannudeln mit Gemüse

Ein edles und dennoch schnelles Essen für zwei – gerade richtig, wenn der Tag zu schön ist, um lange in der Küche zu stehen. Mit einem kleinen Carpaccio (siehe S. 105) vorweg und Schokoladenparfait als Nachtisch wird es zu einem wunderbar leichten Menü.

Zutaten für 2 Portionen
2 kleine Zucchini
3 Lauchzwiebeln
60 g Austernpilze
2 kleine Tomaten
1/2 Bund Basilikum
25 g Butter
1 TL Safranfäden
100 ml süße Sahne
Salz, weißer Pfeffer
2 EL Öl
250 g Spaghettini oder dünne Bandnudeln

◆ Die Zucchini waschen, von den Stiel- und Blütenansätzen befreien und in bleistiftdicke Stifte schneiden.
◆ Die Lauchzwiebeln putzen, waschen und mit den saftigen grünen Blättern in dünne Ringe schneiden.
◆ Die Austernpilze putzen und in Streifen schneiden.
◆ Die Tomaten abziehen und würfeln; die Stielansätze dabei entfernen.
◆ Das Basilikum waschen, trockentupfen und fein hacken.
◆ Für die Sauce die Butter in einem kleinen Topf zerlassen, aber nicht bräunen.
◆ Den Safran zwischen den Fingern zerreiben und mit der Sahne zur Butter geben.
◆ Die Sauce mit Salz und Pfeffer würzen und zugedeckt bei schwächster Hitze ziehen lassen, bis das Gemüse und die Nudeln fertig sind.
◆ Das Öl erhitzen und Zucchini, Lauchzwiebeln und Pilze darin bei starker Hitze unter Rühren anbraten.

◆ Die Tomaten zu dem Gemüse geben und zugedeckt bei mittlerer Hitze etwa 5 Minuten schmoren.
◆ Das Gemüse mit Salz und Pfeffer abschmecken und mit dem Basilikum mischen.
◆ Die Teller vorwärmen.
◆ Während das Gemüse schmort, die Nudeln in reichlich Salzwasser bißfest kochen, abgießen, sehr gut abtropfen lassen und mit der Safransahne vermischen.
◆ Die Safrannudeln mit dem Gemüse auf den heißen Tellern anrichten und sofort servieren.

Zubereitung etwa 30 Minuten
1 Portion = 3541 kJ/ 843 kcal

Bandnudeln mit Lachs

Für dieses Rezept ist frischer Lachs besser geeignet als Räucherlachs. Zu etwas ganz Besonderem wird das Gericht, wenn Sie selbstgemachte Nudeln verwenden.

◆ Das Lachsfilet mit einem scharfen Messer der Länge nach halbieren und dann quer in fingerbreite Streifen schneiden.

◆ Die Schalotte oder Lauchzwiebel abziehen und fein hacken.

◆ Die Butter in einer Pfanne erhitzen und die Schalotte oder Lauchzwiebel darin bei schwacher Hitze glasig braten.

◆ Tomatenmark, Weißwein und

Zutaten für 5 Portionen

150 g frisches Lachs-
filet (ohne Haut)
1 Schalotte oder Lauchzwiebel
1 EL Butter
1 TL Tomatenmark
$^1/_8$ l trockener italienischer
Weißwein
1 EL Weinbrand
300 ml süße Sahne
weißer Pfeffer
500 g Bandnudeln
Salz

Weinbrand in die Pfanne geben und bei starker Hitze einkochen lassen.

◆ Die Sahne nach und nach zugießen; ebenfalls einkochen lassen und mit Pfeffer abschmecken.

◆ Die Teller vorwärmen.

◆ Die Nudeln in reichlich Salzwasser bißfest kochen.

◆ Den Lachs in der Sahne 1 Minute ziehen, aber nicht kochen lassen.

◆ Die Nudeln abgießen und mit der Lachssahne mischen.

◆ Das Gericht sofort auf den vorgewärmten Tellern servieren.

---

*Zubereitung etwa 40 Minuten
1 Portion = 2730 kJ/ 650 kcal*

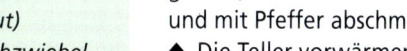

Bandnudeln mit Bologneser Ragout

Zutaten für 4 Portionen
1 kg vollreife Tomaten
1 Bund frischer Thymian
200 g Möhren
150 g Knollensellerie
1 kleine Stange Lauch
1 große Zwiebel
2 Knoblauchzehen
4 EL Olivenöl
300 g Rinderhack
$\frac{1}{4}$ l trockener
italienischer Rotwein
Salz
schwarzer Pfeffer
1 Prise Zucker
400 g italienische Bandnudeln
150 g geriebener
Parmesan

Das echte Bologneser Ragout ist keine schnelle Hackfleischsauce, wie man sie in vielen Restaurants bekommt, sondern eine wundervolle Mischung mit Gemüse, Kräutern und Wein, die nach 3 Stunden sanftem Köcheln das richtige Aroma hat.

◆ Die Tomaten abziehen und würfeln; die Stielansätze entfernen.
◆ Den Thymian waschen.
◆ Die Möhren und den Sellerie schälen und klein würfeln.
◆ Den Lauch putzen, der Länge nach halbieren, waschen und quer in feine Streifen schneiden.
◆ Zwiebel und Knoblauch abziehen und fein hacken.
◆ Das Öl erhitzen. Möhren, Sellerie, Lauch, Zwiebel und Knoblauch darin bei schwacher Hitze etwa 5 Minuten unter Rühren anbraten.

◆ Das Rinderhack zugeben und bei mittlerer Hitze braten, bis es krümelig ist.
◆ Tomaten, Thymian und Rotwein untermischen.
◆ Einmal aufkochen und zugedeckt bei schwächster Hitze etwa 3 Stunden sanft köcheln lassen.
◆ Die fertige Sauce mit Salz, Pfeffer und dem Zucker abschmecken.
◆ Die Teller heiß vorwärmen.
◆ Die Bandnudeln in reichlich Salzwasser bißfest garen, abgießen und gut abtropfen lassen.
◆ Die Nudeln mit der Sauce mischen, auf den heißen Tellern anrichten und, mit dem Parmesan bestreut, sofort servieren.

Zubereitung etwa 30 Minuten
Garzeit etwa 3 Stunden
1 Portion = 3578 kJ/ 852 kcal

Nudeln mit Pilzen

Zuchtpilze kombiniert mit Trockenpilzen geben den Nudeln besonders viel Aroma. Je nach Saison kann man das Gericht nur mit frischen Steinpilzen zubereiten. In diesem Fall ersetzt man den deftig schmeckenden Emmentaler durch frisch geriebenen Parmesan.

◆ Die Austernpilze putzen und in Streifen schneiden.
◆ Die Zwiebel abziehen und fein hacken.
◆ Die Petersilie waschen, trockentupfen und fein zerkleinern.
◆ Die Steinpilze kalt abspülen.
◆ Das Öl und etwa zwei Drittel der Butter erhitzen. Die Austernpilze und die Zwiebel darin bei mittlerer Hitze unter Rühren anbraten.

Zutaten für 4 Portionen
200 g Austernpilze
1 kleine Zwiebel
1 Bund Petersilie
1 Päckchen getrocknete
Steinpilze (20 g)
1 EL Öl
50 g Butter
200 ml heller Fleischfond
oder Gemüsebrühe
200 g Crème fraîche
2 EL Zitronensaft
Salz, schwarzer Pfeffer
400 g grüne Bandnudeln
75 g geriebener
Emmentaler

◆ Die Steinpilze und die Hälfte der Petersilie zugeben.
◆ Den Fleischfond oder die Gemüsebrühe sowie die Crème fraîche nach und nach zugießen.
◆ Bei starker bis mittlerer Hitze rühren, bis die Flüssigkeit cremig eingekocht ist.
◆ Mit Zitronensaft, Salz und Pfeffer abschmecken und warm halten.
◆ Die Bandnudeln in reichlich sprudelnd kochendem Salzwasser bißfest garen.
◆ Die Nudeln abgießen, abtropfen lassen und ganz heiß mit dem Käse und der restlichen Butter und Petersilie vermischen.

Zubereitung etwa 45 Minuten
1 Portion = 3196 kJ/ 761 kcal

Nudeln mit Paprikakraut

Diese Spezialität aus Österreich wird original mit Fleckerl, selbstgemachten breiten Nudeln, zubereitet. Schneller geht es natürlich mit gekauften Teigwaren. Nehmen Sie keine italienische Pasta, sondern breite Eierbandnudeln oder Spätzle.

◆ Das Sauerkraut grob zerteilen. Die Zwiebel abziehen und fein hacken.

◆ Das Butterschmalz erhitzen und die Zwiebel darin glasig braten.

◆ Das Kraut zugeben und kurz anbraten. Kümmel, Paprikapulver und Salz untermischen.

◆ Apfelsaft und Brühe zugießen und aufkochen. Zugedeckt bei schwacher Hitze 1 Stunde schmoren.

◆ Die Petersilie waschen, trockentupfen und fein zerkleinern. Mit der sauren Sahne mischen.

◆ Eine Schüssel gut vorwärmen.

◆ Die Nudeln in reichlich Salzwasser bißfest kochen, abgießen, abtropfen lassen und mit dem Kraut mischen.

◆ Nudeln in die Schüssel geben. Einen Klecks saure Sahne auf das Kraut setzen.

Zubereitung etwa 1¼ Stunden
1 Portion = 1928 kJ/ 459 kcal

Zutaten für 4 Portionen
700 g Sauerkraut
1 große Zwiebel
2 gestrichene EL Butterschmalz
1 Fl. Kümmelkörner
1 EL mildes Paprikapulver
1 TL scharfes Paprikapulver
Salz
⅛ l Apfelsaft
⅛ l Fleischbrühe
½ Bund Petersilie
200 g saure Sahne
250 g Eierbandnudeln

Nudeln mit Rindfleisch

Ein Berliner Gericht, das Erich Kästner in seiner Erzählung Drei Männer im Schnee *erwähnt. Frisches Liebstöckel ist notfalls durch glatte Petersilie zu ersetzen.*

◆ Die Suppenknochen im Wasser zum Kochen bringen.

◆ Inzwischen das Suppengrün putzen, waschen und grob zerkleinern, die Zwiebel ungeschält halbieren und beides mit Nelken, Lorbeer, Pfefferkörnern, Fleisch und 1 TL Salz in die kochende Brühe geben.

◆ Das Fleisch im leicht geöffneten Topf bei schwacher Hitze in etwa 2 Stunden weich garen. Die Brühe darf dabei nur sanft sieden.

◆ Das Fleisch herausnehmen und würfeln.

Zutaten für 4 Portionen
2 Suppenknochen
1½ l Wasser
1 Bund Suppengrün
1 Zwiebel
2 Gewürznelken
1 Lorbeerblatt
4 schwarze
Pfefferkörner
500 g Rindfleisch ohne
Knochen zum Kochen
Salz
400 g Eierbandnudeln
1–2 Handvoll frische
Liebstöckelblätter
schwarzer Pfeffer aus der Mühle

◆ Eine Schüssel gut vorwärmen.

◆ Die Brühe durch ein Sieb gießen und wieder in den Topf geben.

◆ Aufkochen und die Nudeln darin bißfest garen. Während der letzten 2 Minuten Kochzeit das Fleisch wieder zugeben und erhitzen.

◆ Das Liebstöckel waschen und grob zerkleinern.

◆ Das Fleisch und die Nudeln abgießen und die Brühe auffangen.

◆ Fleisch, Nudeln, Liebstöckel und 2 Schöpflöffel Brühe in der vorgewärmten Schüssel mischen. Mit schwarzem Pfeffer bestreuen und sofort servieren.

Zubereitung etwa 30 Minuten
Garzeit etwa 2 Stunden
1 Portion = 2386 kJ/ 568 kcal

Tomatennudeln mit Wirsing

Ein komplettes vegetarisches Gericht mit sahnigen Nudeln und zartem Wirsing. Wer lieber Fleisch ißt: Schmorbraten paßt gut dazu. Dann reicht das Essen für 6 Personen.

◆ Den Wirsing putzen, achteln, waschen und trockentupfen. Die Stücke in dünne Streifen schneiden.
◆ Die Zwiebel und den Knoblauch abziehen und hacken.
◆ Die Tomaten abziehen und würfeln, die Stielansätze entfernen.
◆ In einer großen Pfanne 3 EL Öl erhitzen und die Zwiebel und den Knoblauch darin glasig braten.
◆ Die Wirsingstreifen zugeben, bei Mittelhitze unter Rühren anbraten und mit Salz und Pfeffer würzen.

Zutaten für 4 Portionen
1 Wirsing
1 große Zwiebel
1 Knoblauchzehe
400 g Tomaten
5 EL ÖL
Salz
schwarzer Pfeffer
100 g Crème fraîche
1 Bund Schnittlauch
400 g Eiernudeln

◆ Die Pfanne zudecken und den Wirsing bei schwacher Hitze etwa 15 Minuten garen.

◆ 2 EL Öl in einem Topf erhitzen, Tomaten und Crème fraîche hineingeben, mit Salz und Pfeffer würzen und zugedeckt bei schwacher Hitze ziehen, aber nicht kochen lassen.
◆ Die Teller vorwärmen.
◆ Den Schnittlauch waschen, trockentupfen und in feine Röllchen schneiden.
◆ Die Nudeln in reichlich Salzwasser bißfest garen, abgießen und abtropfen lassen.
◆ Die Nudeln mit den Tomaten mischen und mit dem Wirsing auf den vorgewärmten Tellern anrichten. Den Schnittlauch darüber streuen.

Zubereitung etwa 45 Minuten
1 Portion = 2516 kJ/ 599 kcal

Nudeln mit Erbsen und Safran

Zutaten für 4 Portionen
200 g magerer gekochter Schinken
1 TL Safranfäden
20 g getrocknete Steinpilze
150 g TK-Erbsen
200 ml heller Fleischfond
200 ml süße Sahne
1 Ei
Salz
weißer Pfeffer aus der Mühle
geriebene Muskatnuß
400 g breite Nudeln
2–3 Stengel Petersilie

Safran macht die Sauce appetitlich gelb. Er muß nicht unbedingt dabei sein – die Nudeln schmecken auch ohne das teuerste Gewürz der Welt ganz vorzüglich.

◆ Den Fettrand des Schinkens entfernen und den Schinken in Streifen schneiden. Den Schinken in einem Topf ohne Fett bei schwacher Hitze leicht bräunen.
◆ Den Safran zerreiben und mit den Pilzen, den gefrorenen Erbsen, dem Fleischfond und etwa der Hälfte der Sahne zum Schinken geben.
◆ Alles bei starker Hitze etwa 10 Minuten unter Rühren kochen, bis die Sauce dick ist. Dabei nach und nach die restliche Sahne zugeben.
◆ Das Ei trennen, das Eigelb mit etwas Sauce verrühren und unter die Sauce ziehen.
◆ Die Sauce mit Salz, Pfeffer und Muskat abschmecken und zugedeckt warm halten, bis die Nudeln gar sind.
◆ Die Petersilie waschen, trockentupfen und fein hacken.
◆ Die Nudeln in reichlich Salzwasser bißfest garen, abgießen, mit der Sauce mischen und mit der Petersilie bestreut sofort servieren.

*Zubereitung etwa 30 Minuten
1 Portion = 2902 kJ/ 691 kcal*

Gebratene Nudeln mit Huhn

Die gebratenen Nudeln schmecken gut zu Schweine- oder Rindfleisch, Pute oder Krabben. Als Gemüse eignen sich z.B. Spinat, Zuckerschoten Chinakohl, Zucchini und Erbsen.

◆ Das Fleisch quer zur Faser erst in etwa fingerdicke Scheiben, dann in Streifen schneiden.
◆ Den Knoblauch abziehen und zerdrücken.
◆ Den Ingwer schälen und ganz fein hacken oder raspeln.
◆ Das Fleisch in einer Schüssel mit Knoblauch, Ingwer und Sojasauce vermischen und zugedeckt etwa 2 Stunden ziehen lassen.
◆ Inzwischen die Lauchzwiebeln putzen, der Länge nach halbieren, waschen und in etwa 1 cm breite Stücke schneiden.
◆ Die Möhren putzen und in streichholzdünne Stifte schneiden.
◆ Die Bohnen waschen, putzen und quer in dünne Streifen schneiden.

Zutaten für 2 Portionen
1 doppeltes Hühnerbrüstchen
(etwa 250 g)
1 Knoblauchzehe
1 kleines Stück frische
Ingwerwurzel
4 EL Sojasauce
2 Lauchzwiebeln
2 kleine Möhren
100 g grüne Bohnen
150 g breite Nudeln
Salz
4 EL Erdnußöl
weißer Pfeffer

◆ Die Nudeln in reichlich Salzwasser bißfest kochen. Anschließend die Nudeln in ein Sieb abgießen, abtropfen lassen und in einer Schüssel mit 1/2 EL Öl vermischen, damit sie nicht zusammenkleben.

◆ In einer großen Pfanne 1 EL Öl erhitzen. Das Fleisch darin bei starker Hitze unter Rühren anbraten, bis es sich grau färbt, herausnehmen und beiseite stellen.
◆ Möhren und Bohnen in die Pfanne geben und bei starker bis mittlerer Hitze unter Rühren etwa 4 Minuten braten. Die Lauchzwiebeln zugeben und weitere 2 Minuten braten.
◆ Das Gemüse herausnehmen und ebenfalls beiseite stellen.
◆ Das restliche Öl in der Pfanne heiß werden lassen und die Nudeln darin bei mittlerer Hitze unter Rühren etwa 3 Minuten braten.
◆ Fleisch und Gemüse zu den Nudeln geben und bei starker Hitze unter ständigem Wenden etwa 1 Minute erhitzen. Mit Salz und Pfeffer abschmecken und sofort servieren.

*Ruhezeit etwa 2 Stunden
Zubereitung etwa 30 Minuten
1 Portion = 2688 kJ/ 640 kcal*

Orangennudeln mit Rinderfilet

Zutaten für 4 Portionen
200 g Rinderfilet
1 kleine Zwiebel
1 Knoblauchzehe
1 Stück frische Ingwerwurzel
(etwa 3 cm lang)
½ Bund Petersilie
1 unbehandelte Orange
1 EL Butter
1 TL Safranfäden
1 MSP Piment
150 g Crème fraîche
1 EL Öl
Salz
weißer Pfeffer
400 g breite Nudeln

Diese pikante Kombination aus zartem Fleisch und exotischen Gewürzen ergibt ein sehr feines Gericht, das einfach zuzubereiten ist.

◆ Das Rinderfilet quer zur Faser in fingerdicke Scheiben, dann längs in dünne Streifen schneiden.
◆ Die Zwiebel und den Knoblauch abziehen und fein hacken.
◆ Die Ingwerwurzel mit einem kleinen scharfen Messer schälen und fein zerkleinern.
◆ Die Petersilie waschen, trockentupfen und fein hacken.
◆ Die Orange waschen und abtrocknen. Die Schale rundherum etwa zur Hälfte abreiben; den Saft auspressen.
◆ Orangenschale und -saft, Butter, Safran und Piment in eine kleine Pfanne geben und erhitzen, bis die Butter aufschäumt.
◆ Die Crème fraîche untermischen und alles wieder erhitzen. Das Pfännchen vom Herd nehmen und die Mischung ziehen lassen.
◆ Die Nudeln in reichlich Salzwasser bißfest kochen.
◆ Die Teller vorwärmen.
◆ Während die Nudeln kochen, das Öl erhitzen und die Zwiebel und den Knoblauch darin bei schwacher Hitze unter Rühren glasig braten.
◆ Das Rinderfilet und den Ingwer untermischen und bei mittlerer Hitze rösten, bis das Fleisch rundum braun ist. Alles mit Salz und Pfeffer würzen.
◆ Die Nudeln abgießen und abtropfen lassen. Anschließend mit der Crème-fraîche-Mischung und dem Fleisch vermengen und auf den vorgewärmten Tellern anrichten. Mit Petersilie bestreut servieren.

Zubereitung etwa 45 Minuten
1 Portion = 2549 kJ/ 607 kcal

Nudeln mit Krabben

Noch edler wird dieses Nudelgericht mit Hummerkrabbenschwänzen, die man in fingerbreite Stücke schneidet und kurz in heißem Olivenöl schwenkt. Dann nimmt man sie heraus, bereitet die Sauce wie angegeben zu und läßt die Hummerkrabbenschwänze darin ziehen.

◆ Die Schalotte oder Zwiebel abziehen und fein hacken.
◆ Die Petersilie waschen, trockentupfen und fein zerkleinern.
◆ Die Zitrone waschen, abtrocknen und etwas Schale abreiben; den Saft einer Hälfte auspressen.
◆ Das Öl in einem flachen Topf erhitzen, die Schalotte oder Zwiebel darin unter Rühren bei schwacher

Zutaten für 4 Portionen
1 Schalotte oder kleine Zwiebel
½ Bund Petersilie
1 unbehandelte Zitrone
1 EL Olivenöl
100 ml Fischfond
200 ml süße Sahne
200 g Krabben
Salz, Cayennepfeffer
400 g Tagliatelle oder andere
breite Nudeln

Hitze glasig braten und Zitronensaft, Zitronenschale und etwa die Hälfte des Fischfonds zugeben.

◆ Die Sauce bei starker Hitze unter Rühren dick einkochen lassen; dabei nach und nach den restlichen Fischfond und die süße Sahne zugeben.
◆ Die Krabben und die Petersilie in die Sauce geben, mit Salz und Cayennepfeffer würzen und zugedeckt auf der abgeschalteten Kochstelle etwa 2 Minuten ziehen lassen, bis die Krabben heiß sind.
◆ Die Teller vorwärmen.
◆ Die Nudeln in reichlich Salzwasser bißfest kochen, abgießen, abtropfen lassen und mit der Sauce vermischen.
◆ Auf den vorgewärmten Tellern anrichten.

Zubereitung etwa 30 Minuten
1 Portion = 2474 kJ/ 589 kcal

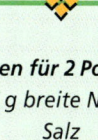

Schinkennudeln

Klassisch, deftig und schnell: Schinkennudeln gehören zum Kochrepertoire von Singles und allen Leuten, die rasch etwas Gutes essen wollen. Dazu passen alle Sorten von Salat.

◆ Die Nudeln in reichlich sprudelnd kochendem Salzwasser bißfest garen.
◆ Während die Nudeln kochen, den Schinken klein würfeln.
◆ Die Eier mit Milch, Salz, Pfeffer und Muskat verquirlen.
◆ Die Nudeln abgießen, abtropfen lassen und mit der Butter vermischen, damit sie nicht zusammenkleben.
◆ Das Öl in einer großen Pfanne erhitzen und die Nudeln und den Schinken darin bei mittlerer Hitze unter häufigem Wenden etwa 1 Minute braten.
◆ Die Eier über die Nudeln und den Schinken gießen und zugedeckt etwa 3 Minuten stocken lassen.
◆ Die Schinkennudeln unter häufigem Wenden noch 2 Minuten rösten.
◆ Die Petersilie waschen, trockentupfen und fein hacken.
◆ Die Nudeln mit der gehackten Petersilie bestreuen.

Zubereitung etwa 30 Minuten
1 Portion = 2541 kJ/ 605 kcal

Zutaten für 2 Portionen
125 g breite Nudeln
Salz
100 g gekochter Schinken am Stück
2 Eier
1 EL Milch
schwarzer Pfeffer
geriebene Muskatnuß
1 EL Butter
2 EL Öl
1/2 Bund Petersilie

Nudeln in Käsesahne

Fettucine Alfredo, von einem römischen Koch zum erstenmal zubereitet, zählen zu den feinsten Nudelkreationen. Es gibt natürlich viele Rezepte dafür: z.B. ohne Sahne, aber mit mehr Käse und Butter.

◆ Die Butter, die süße Sahne und den Käse in einem Topf bei mittlerer Hitze unter Rühren erhitzen, bis der Käse geschmolzen und die Sauce dickflüssig ist. Dann die Sauce mit Salz und Pfeffer würzen.
◆ Die Teller vorwärmen.
◆ Die Nudeln in reichlich Salzwasser bißfest garen, abgießen und abtropfen lassen.
◆ Die Nudeln mit der Sauce vermischen und auf den vorgewärmten Tellern servieren.

Zubereitung etwa 30 Minuten
1 Portion = 3423 kJ/ 815 kcal

Zutaten für 4 Portionen
100 g Butter
150 ml süße Sahne
150 g geriebener Parmesan
Salz
weißer Pfeffer
400 g Fettucine oder schmale Bandnudeln

Nudeln mit Lammfleisch

Das Lammfleisch sollte man nur anbraten und nicht lange in der Sauce schmoren lassen.

◆ Das Fleisch von Fett und Sehnen befreien und in dünne Streifen schneiden.

◆ Die Zitrone waschen und abtrocknen. 1 kleines Stück Schale abschneiden und fein zerkleinern. Den Saft auspressen.

◆ Den Knoblauch abziehen und fein hacken.

◆ Die getrockneten Pfefferkörner mit 2 EL Wasser mischen und ziehen lassen, während das Fleisch in der Marinade ist. Frische Pfefferkörner können gleich mit dem marinierten Fleisch gebraten werden.

◆ Das Fleisch mit der Zitronenschale, Knoblauch, Senfpulver, Ingwerpul-

Zutaten für 4 Portionen
200 g Lammkeule ohne Knochen
1 kleine unbehandelte Zitrone
1 Knoblauchzehe
1 EL frische grüne oder getrocknete Pfefferkörner
1 TL Senfpulver
1/2 TL Ingwerpulver
1 EL Balsamessig, 4 EL Olivenöl
Salz
400 g dünne Bandnudeln
5 EL Fleischbrühe
1 EL Crème double

ver, 2 EL Zitronensaft, Balsamessig und 2 EL Olivenöl mischen. Zugedeckt 1 Stunde marinieren.

◆ Die eingeweichten Pfefferkörner und das Lammfleisch auf ein Sieb geben und etwa 10 Minuten abtropfen lassen. Die Marinade auffangen.

◆ Reichlich Salzwasser zum Kochen bringen und die Nudeln darin bißfest garen. Abtropfen lassen.

◆ Währenddessen das restliche Öl erhitzen und das Fleisch mit den Pfefferkörnern darin bei starker Hitze rundherum braun anbraten.

◆ Die Marinade, die Fleischbrühe und die Crème double unter das Fleisch mischen.

◆ Mit Salz abschmecken, mit den abgetropften Nudeln mischen und sofort servieren.

Zubereitung etwa 1 Stunde
Marinierzeit 1 Stunde
1 Portion = 2474 kJ/ 589 kcal

Schweizer Käsenudeln

Nudeln und Kartoffeln in einem Essen findet man in der einfachen bäuerlichen Küche sehr häufig.

◆ Die Zwiebeln abziehen und in dünne Ringe hobeln.

◆ Die Butter erhitzen und die Zwiebeln darin bei mittlerer bis schwacher Hitze unter häufigem Wenden weich und goldbraun braten.

◆ Inzwischen eine Suppenterrine gut vorwärmen.

◆ Die Kartoffeln schälen, waschen, halbieren und in dünne Scheiben schneiden; in der Brühe einmal aufkochen und 3 Minuten ziehen lassen.

◆ Die Nudeln zugeben und weitere 6–8 Minuten garen, bis die Kartoffeln weich und die Nudeln gerade eben bißfest sind.

◆ Die Petersilie waschen, trockentupfen und hacken.

◆ Kartoffeln und Nudeln abgießen und lagenweise mit dem Käse und den Zwiebeln in die vorgewärmte Suppenterrine füllen.

◆ Pfeffer und Petersilie über die Käsenudeln streuen.

Zubereitung etwa 40 Minuten
1 Portion = 2671 kJ/ 636 kcal

Zutaten für 4 Portionen
2 große Zwiebeln
50 g Butter
2 große vorwiegend festkochende Kartoffeln
1 1/2 l Gemüsebrühe
250 g Hörnchennudeln
2–3 Stengel Petersilie
250 g geriebener Greyerzer oder Emmentaler
schwarzer Pfeffer aus der Mühle

Nudeln aus der Pfanne

Das üppige Nudelessen mit cremigem Mozzarella, Tomaten und würzigem Parmesan stammt aus der Gegend von Neapel und heißt dort Rigatoni alla vesuviana – Vesuv-Rigatoni. Für die Sauce brauchen Sie wirklich reife Tomaten, die keine grünen Kerne enthalten.

◆ Die Tomaten abziehen und hacken. Dabei die Stielansätze herausschneiden.
◆ Zwiebel und Knoblauch abziehen und fein hacken.
◆ Das Suppengrün putzen, waschen und fein zerkleinern.
◆ Das Öl erhitzen. Zwiebel, Knoblauch und Suppengrün darin bei schwacher Hitze braten, bis die Zwiebel glasig ist.
◆ Die Tomaten untermischen und zugedeckt bei schwacher Hitze 20 Minuten schmoren. Mit Zucker, Salz und Pfeffer abschmecken.

Zutaten für 4 Portionen
1 kg Tomaten
1 große Zwiebel
2 Knoblauchzehen
1 Bund Suppengrün
4 EL Olivenöl
1 Prise Zucker
Salz, schwarzer Pfeffer
400 g italienische Rigatoni
oder Hörnchennudeln
300 g Mozzarella
100 g geriebener Parmesan
1 Bund Basilikum

◆ Die Nudeln in sprudelnd kochendem Salzwasser 3 Minuten garen.
◆ Abgießen, abtropfen lassen und mit der Tomatensauce mischen. Alles gleichmäßig in einer großen Pfanne verteilen.

◆ Den Mozzarella in Scheiben schneiden und auf die Nudeln legen. Den Parmesan darüberstreuen.
◆ Die Pfanne mit einem Deckel fest schließen und die Nudeln bei mittlerer Hitze etwa 10 Minuten backen, bis der Käse zerlaufen ist.
◆ Das Basilikum waschen, trockentupfen, fein zerkleinern und beim Anrichten über die Nudeln streuen.

Zubereitung etwa 45 Minuten
1 Portion = 3339 kJ/ 795 kcal

Schmetterlingsnudeln mit Kürbis

Die Gemüsepflanze Kürbis kommt im November frisch auf den Markt. Für das Gericht nimmt man ein Stück vom orangefarbenen Riesenkürbis oder dem birnenförmigen Butternußkürbis.

◆ Den Kürbis schälen und in kleine Würfel schneiden.
◆ Zwiebel und Knoblauch abziehen und hacken.
◆ Den Käse reiben.
◆ Die Petersilie waschen, trockentupfen und sehr fein zerkleinern.
◆ Das Öl erhitzen. Zwiebel, Knoblauch und die Kürbiswürfel darin bei schwacher Hitze glasig braten. Den Safran zerreiben und untermischen.

Zutaten für 4 Portionen
500 g Kürbis
1 Zwiebel
1 Knoblauchzehe
$^1/_2$ Bund Petersilie
150 g Parmesan oder Pecorinokäse
am Stück
2 EL Öl
1 TL Safranfäden
$^1/_8$ l Hühner- oder Gemüsebrühe
$^1/_4$ l süße Sahne
2 EL Zitronensaft
Salz, weißer Pfeffer
400 g Farfalle oder breite Nudeln

◆ Abwechselnd die Hühner- oder Gemüsebrühe und die Sahne zugießen und bei starker Hitze unter Rühren dick einkochen.
◆ Die Sauce mit Zitronensaft, Salz und Pfeffer kräftig würzen. Die Petersilie untermischen.
◆ Während die Sauce gart, die Nudeln in reichlich Salzwasser bißfest kochen.
◆ Die Nudeln abgießen und gut abtropfen lassen.
◆ Mit der Kürbissauce und etwa 50 g Käse mischen. Den restlichen Käse dazu servieren.

Zubereitung etwa 45 Minuten
1 Portion = 3242 kJ/ 772 kcal

Nudeln mit dicken Bohnen und Pilzen

Ein Beweis, daß Nudeln mit jedem Gemüse schmecken. Die rundlichen Muschelnudeln nehmen viel von der würzigen Sauce auf.

◆ Die Pilze putzen, Champignons waschen und in dicke Scheiben schneiden.

◆ Zwiebel und Knoblauch abziehen und fein hacken.

◆ Die Tomaten abziehen und würfeln; die Stielansätze entfernen.

◆ Das Öl erhitzen. Pilze, Zwiebel, Knoblauch und Bohnen darin bei mittlerer Hitze unter häufigem Wenden etwa 5 Minuten braten.

◆ Die Tomaten und die Crème double untermischen.

Zutaten für 4 Portionen
150 g frische Shiitakepilze
oder Champignons
1 kleine Zwiebel
1 Knoblauchzehe
500 g Tomaten
5 EL Öl
300 g dicke TK-Bohnen
100 g Crème double
Salz
schwarzer Pfeffer
250 g Muschelnudeln
1/2 kleines Bund Petersilie
75 g Parmesan am Stück

◆ Das Gemüse mit Salz und Pfeffer würzen und zugedeckt weitere 10–15 Minuten garen, bis die Bohnen weich sind.

◆ Inzwischen die Nudeln in reichlich Salzwasser bißfest kochen.

◆ Die Teller gut vorwärmen.

◆ Die Petersilie waschen, trockentupfen und fein hacken.

◆ Den Käse reiben.

◆ Die Nudeln abgießen, abtropfen lassen, mit dem Gemüse vermischen und auf den Tellern anrichten.

◆ Mit der Petersilie und dem Käse bestreut sofort servieren.

Zubereitung etwa 40 Minuten
1 Portion = 2533 kJ/ 603 kcal

Nudeln mit roten Bohnen

Zutaten für 4 Portionen
2 Tomaten
1/2 Bund Rosmarin
oder Petersilie
1 kleine rote Pfeffer-
schote
1 Zwiebel
2 EL Öl
2 Dosen rote Bohnen
(Einwaage 800 g)
2 EL Tomatenmark
200 g Crème fraîche
Salz
1 EL Kapern
400 g italienische Penne oder
Hörnchennudeln

Penne, mit denen die Bohnen am besten schmecken, sehen wie Schreibfedern aus – daher auch der Name: penne heißt Feder.

◆ Die Tomaten abziehen und hacken; die Stielansätze entfernen.

◆ Rosmarin oder Petersilie waschen und trockentupfen. Die Blättchen abstreifen und grob hacken.

◆ Die Pfefferschote halbieren; den Stielansatz und alle Kerne entfernen. Die Schote waschen und in feine Streifen schneiden.

◆ Die Zwiebel abziehen und hacken.

◆ Das Öl erhitzen und die Zwiebel darin glasig braten.

◆ Die Tomaten, Rosmarin oder Petersilie und die Pfefferschote zugeben und bei starker Hitze unter Rühren etwa 3 Minuten schmoren.

◆ Die Bohnen abtropfen lassen. Zusammen mit dem Tomatenmark und der Crème fraîche zugeben und die

Flüssigkeit dick einkochen lassen. Mit Salz und Kapern würzen.

◆ Während die Bohnen garen, die Nudeln in reichlich Salzwasser bißfest kochen, abgießen, abtropfen lassen und mit dem Gemüse mischen.

Zubereitung etwa 30 Minuten
1 Portion = 4133 kJ/ 984 kcal

Nudeln mit Radicchiogemüse

Meist gibt es bei uns runde, feste Radicchioköpfe zu kaufen. Für dieses Essen sind die länglichen Sorten mit locker sitzenden Blättern wie Radicchio di Treviso besser. Falls Sie ihn nicht bekommen, nehmen Sie Spitzkohl oder Mangold.

◆ Eine ofenfeste Form mit niedrigem Rand ausfetten.

◆ Die Nudeln in reichlich sprudelnd kochendem Salzwasser aufkochen und 2 Minuten sprudelnd kochen lassen. Abgießen und das Nudelwasser dabei auffangen.

◆ 7 EL Nudelwasser in die Form geben und die Nudeln darin verteilen.

◆ Die Nüsse hacken, die Butter in Flöckchen teilen und beides über die Nudeln geben.

◆ Die Nudeln auf die mittlere Schiene des kalten Backofens stellen

Zutaten für 3 Portionen

250 g feine Suppennudeln
Salz
50 g Haselnußkerne
25 g Butter
500 g Radicchio
3 Schalotten
1 Knoblauchzehe
$1/2$ Bund Petersilie
1 Bund Schnittlauch
2 EL Olivenöl
schwarzer Pfeffer
100 g Crème double
Fett für die Form

und bei 180 °C (Umluft 160 °C, Gas Stufe 2–3) etwa 30 Minuten backen.

◆ Die Teller gut vorwärmen.

◆ Den Radicchio putzen, längs vierteln und waschen.

◆ Die Schalotten und den Knoblauch abziehen und hacken.

◆ Die Petersilie und den Schnittlauch waschen, trockentupfen und fein zerkleinern.

◆ Das Öl erhitzen. Die Schalotten darin unter Rühren glasig braten.

◆ Den Knoblauch und den Radicchio zugeben. Das Gemüse zugedeckt bei schwacher Hitze etwa 5 Minuten dünsten.

◆ Mit Salz und Pfeffer würzen und mit den Nudeln auf den vorgewärmten Tellern anrichten.

◆ Die Crème double als Klecks auf das Gemüse setzen und mit den Kräutern bestreuen.

Zubereitung etwa 40 Minuten
1 Portion = 3053 kJ/ 727 kcal

445

Ravioliteig: Grundrezept

1. Eier, Salz, Öl, Wasser in die Mitte des Mehls geben.

2. Mit den Knethaken zu einem glatten Teig verrühren.

3. Auf der bemehlten Arbeitsfläche gut durchkneten.

4. Mit einer Nudelmaschine zu dünnen Platten auswalzen.

◆ 2 Eier trennen.

◆ Mehl, 1 TL Salz, 3 Eier, 2 Eigelb und das Öl in einer Schüssel vermischen. Alles mit den Knethaken des Handrührgeräts verrühren.

◆ Auf der Arbeitsfläche mit den Händen zu einem geschmeidigen Nudelteig kneten.

◆ Den Teig in Frischhaltefolie wickeln und etwa 1 Stunde bei Zimmertemperatur ruhen lassen.

◆ Eine Füllung zubereiten.

◆ Den Teig in 2 Portionen teilen und auf der mit wenig Mehl bestäubten Arbeitsfläche zu 2 gleich großen, möglichst dünnen Platten ausrollen. Am einfachsten geht das mit der

Zutaten für 5 Portionen
5 Eier
300 g Mehl
Salz
2 EL Olivenöl
einige Tropfen kaltes Wasser nach Bedarf
Mehl zum Ausrollen

Nudelmaschine, indem man 1 Stück Teig bei breitem Walzenabstand durchdreht, zweimal quer faltet und noch einmal durch die Maschine dreht. Den Walzenabstand nach und nach verringern, bis die Teigplatten dünn genug herauskommen.

◆ Die Füllung häufchenweise in Abständen von etwa 3 cm und 2 cm Abstand zu den Rändern auf eine Teigplatte setzen.

◆ Die Teigplatte zwischen den Häufchen mit Wasser bestreichen und dann die zweite Teigplatte darüberlegen.

◆ Die Ravioli mit einem Teigrädchen ausschneiden und etwa 10 Minuten ruhen lassen.

◆ Die Teller in der Zwischenzeit gut vorwärmen.

◆ In einem großen Topf reichlich Salzwasser zum Kochen bringen.

◆ Die Ravioli bei starker bis mittlerer Hitze 3 Minuten kochen lassen.

◆ Die Ravioli in ein Sieb gießen, gut abtropfen lassen und auf den warmen Tellern anrichten.

Ravioli mit Käse und Schinken

Ravioli mit Käse und Schinken

◆ Den Ravioliteig nach dem Grundrezept zubereiten, in Haushaltsfolie wickeln und etwa 1 Stunde bei Zimmertemperatur ruhen lassen.

◆ Für die Füllung die Zwiebel abziehen und fein hacken.

◆ Den Schinken fein zerkleinern.

◆ Die Butter erhitzen und die Zwiebel und den Schinken darin bei schwacher bis mittlerer Hitze unter Rühren etwa 10 Minuten braten.

◆ Alles abkühlen lassen und mit Ricotta, geriebenem Parmesan, Muskat, Salz und Pfeffer vermischen.

◆ Den Teig in 2 Portionen teilen und auf wenig Mehl zu 2 gleich großen, dünnen Platten ausrollen. Eine Teigplatte wie im Grundrezept mit der Füllung belegen, zwischen den Häufchen mit Wasser bestreichen und die zweite Platte darüberlegen.

◆ Die Ravioli schneiden und etwa 10 Minuten ruhen lassen.

◆ Die Teller vorwärmen.

◆ Etwas Butter zerlassen.

◆ Etwas von dem Stück Parmesan abreiben.

◆ In einem Topf reichlich Salzwasser zum Kochen bringen und die Ravioli darin 3 Minuten kochen lassen.

◆ Die Ravioli abgießen, abtropfen lassen und auf den Tellern mit Butter und Parmesan anrichten.

Zubereitung etwa 2 Stunden
1 Portion = 3444 kJ/ 820 kcal

Zutaten für 5 Portionen
Zutaten für Ravioliteig
wie im Grundrezept
Füllung
1 kleine Zwiebel
200 g roher Schinken
1 EL Butter
200 g Ricotta
100 g geriebener Parmesan
geriebene Muskatnuß
Salz
weißer Pfeffer
etwas Butter und Parmesan am
Stück zum Anrichten

Ravioli mit Pilzen

Für Ravioli haben Italiens Köche und Köchinnen eine Vielzahl von Füllungen erfunden. Dieses Rezept bringt zur Abwechslung eine fleischlose Variante.

◆ Den Ravioliteig nach dem Grundrezept zubereiten, in Haushaltsfolie wickeln und etwa 1 Stunde bei Zimmertemperatur ruhen lassen.

◆ Für die Füllung die Pilze säubern, putzen und fein zerkleinern.

◆ Die Zwiebel abziehen und fein hacken.

◆ Kerbel und Petersilie waschen, trockentupfen und fein zerkleinern.

◆ Das Öl erhitzen und die Pilze und die Zwiebel darin bei mittlerer bis starker Hitze etwa 5 Minuten schmoren. Dabei nach und nach die Crème fraîche zugeben und alles dick einkochen lassen.

◆ Die Füllung etwas abkühlen lassen, dann Eier, Semmelbrösel und

Zutaten für 5 Portionen
Teig
400 g Mehl
Salz
3 mittelgroße Eier
1 EL Olivenöl
4–6 EL kaltes Wasser
Mehl zum Ausrollen
Füllung
50 g Austernpilze
1 große Zwiebel
1 Handvoll Kerbel
1 Bund Petersilie
2 EL Öl, 3 EL Crème fraîche
2 Eier
3 EL Semmelbrösel
geriebene Muskatnuß
Salz, weißer Pfeffer
Butter und geriebener Parmesan
weißer Pfeffer aus der Mühle

Kräuter untermischen und mit Muskat, Salz und Pfeffer kräftig würzen.

◆ Den Teig in 2 Portionen teilen und auf wenig Mehl zu 2 gleich großen, möglichst dünnen Platten ausrollen.

◆ Die Füllung wie im Grundrezept in Häufchen auf die eine Teigplatte setzen, den Teig zwischen den Häufchen mit Wasser bestreichen und die zweite Teigplatte darüberlegen.

◆ Die Ravioli schneiden und etwa 10 Minuten ruhen lassen.

◆ Die Teller vorwärmen.

◆ In einem großen Topf reichlich Salzwasser zum Kochen bringen und die Ravioli darin bei starker bis mittlerer Hitze etwa 3 Minuten lang kochen lassen.

◆ Die Ravioli abgießen, abtropfen lassen und auf den Tellern mit Butter, Parmesan und Pfeffer anrichten.

Zubereitung etwa 2 Stunden
1 Portion = 2659 kJ/ 633 kcal

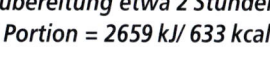

Schwäbische Maultaschen

Maultaschen sind die deftigen Verwandten der italienischen Ravioli.

◆ Einen Nudelteig aus Mehl, 1 TL Salz, 2 Eiern, Wasser und Öl kneten.
◆ Den Teig in Haushaltsfolie wickeln und 1 Stunde bei Zimmertemperatur ruhen lassen.
◆ Für die Füllung den Speck würfeln.
◆ Die Zwiebel abziehen und grob hacken.
◆ Den Spinat verlesen, waschen und trockenschütteln.
◆ Speck, Zwiebel und Spinat zusammen mit dem Toastbrot portionsweise im Blitzhacker zerkleinern.
◆ Die Masse in einer Schüssel mit dem restlichen Ei und der Sahne mischen, mit Salz, Pfeffer und Muskat abschmecken.
◆ Den Teig in 2 Portionen teilen und diese auf wenig Mehl zu dünnen Platten ausrollen.

◆ Die Platten in Rechtecke von etwa 5 × 12 cm schneiden und in die Mitte der Stücke die Füllung geben.
◆ Die Teigränder mit Wasser bestreichen, die Rechtecke zusammenklappen und die Ränder mit den Zinken einer Gabel gut zusammendrücken.
◆ Die Butter in einem Topf zerlassen, die Semmelbrösel hineinstreuen und unter Rühren bei schwacher Hitze leicht bräunen lassen.
◆ Die Petersilie waschen, trockentupfen und hacken.
◆ Die Maultaschen in reichlich sprudelnd kochendem Salzwasser etwa 3 Minuten garen, bis sie an die Oberfläche steigen.
◆ Die Maultaschen herausnehmen, mit Semmelbröseln und Petersilie bestreuen und sofort servieren.

Zubereitung etwa 1½ Stunden
1 Portion = 2478 kJ/ 590 kcal

Zutaten für 6 Portionen
300 g Mehl
Salz
3 Eier
7–8 EL Wasser
1 EL Öl
100 g durchwachsener Räucherspeck
1 Zwiebel
500 g Spinat
2 Scheiben Toastbrot
2 EL süße Sahne
weißer Pfeffer
geriebene Muskatnuß
100 g Butter
100 g Semmelbrösel
½ Bund Petersilie
Mehl zum Ausrollen

Vollkornmaultaschen mit Grünkohl

Zutaten für 5 Portionen
300 g Weizenvollkornmehl
Salz
2 Eier
5 EL Milch, 3 EL Öl
Wasser nach Bedarf
750 g Grünkohl
250 g Zwiebeln
2 kleine mehligkochende Kartoffeln
3 EL Gemüsebrühe
weißer Pfeffer
1 TL getrockneter Majoran
50 g Butter
Mehl für die Arbeitsfläche

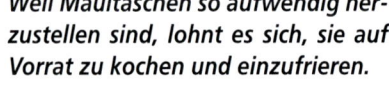

Weil Maultaschen so aufwendig herzustellen sind, lohnt es sich, sie auf Vorrat zu kochen und einzufrieren.

◆ Das Mehl, 1 TL Salz, Eier, Milch und 2 EL Öl zu einem Nudelteig verkneten. Den Teig nach Bedarf mit wenig Wasser geschmeidiger machen.
◆ Den Teig in Haushaltsfolie wickeln und 1 Stunde bei Zimmertemperatur ruhen lassen.
◆ Für die Füllung den Grünkohl waschen, die Stiele entfernen und nur die Blätter fein hacken.
◆ 1 Zwiebel abziehen und hacken.
◆ Die Kartoffeln schälen, waschen und fein reiben.
◆ Das restliche Öl in einem großen Topf erhitzen und die Zwiebel darin

unter häufigem Wenden bei schwacher Hitze glasig braten.
◆ Grünkohl und Kartoffeln unter Rühren einige Minuten mitbraten.
◆ Die Brühe, Salz, Pfeffer und Majoran zu dem Gemüse geben.
◆ Den Grünkohl zugedeckt bei schwacher Hitze etwa 15 Minuten garen; dann bei starker Hitze unter Rühren schmoren, bis alle Flüssigkeit verdampft ist.
◆ Den Kohl in einer Schüssel lauwarm abkühlen lassen.
◆ Den Nudelteig in 2 Portionen teilen und auf wenig Mehl möglichst dünn ausrollen.
◆ Mit einer Kaffeetasse Kreise ausstechen und jeweils etwas Grünkohlfüllung in die Mitte der Kreise setzen.

◆ Die Teigkreise rundherum an den Rändern mit etwas Wasser bestreichen, über der Füllung zu Halbmonden zusammenklappen und am Rand gut festdrücken.

◆ Die restlichen Zwiebeln abziehen, halbieren und in dünne Scheiben schneiden.

◆ Die Butter erhitzen und die Zwiebeln darin bei schwacher Hitze etwa 15 Minuten goldbraun braten.

◆ Währenddessen die Maultaschen in sprudelnd kochendem Salzwasser etwa 3 Minuten garen.

◆ Die Maultaschen abgießen, gut abtropfen lassen und die gebratenen Zwiebeln darüber verteilen.

Zubereitung etwa 2 Stunden
1 Portion = 1915 kJ/ 456 kcal

Südtiroler Schlutzkrapfen

Für die fleischlose Küche kann man diese großen Teigtaschen auch mit Spinat füllen. Gleich ob mit Fleisch- oder Gemüsefüllung, die Südtiroler Spezialität wird vor dem Servieren stets mit Parmesan bestreut.

◆ Die Zitrone waschen, abtrocknen und etwa $1/2$ TL Schale abreiben; 1 Zitronenhälfte auspressen.

◆ Aus Mehl, Salz, 3 Eiern, 1 TL Zitronensaft, Wasser und Öl einen Teig kneten, in Haushaltsfolie wickeln und bei Zimmertemperatur ruhen lassen, bis die Füllung zubereitet ist.

◆ Für die Füllung das Fleisch fein würfeln.

◆ Die Zwiebel abziehen und hacken.

◆ Den Majoran oder die Petersilie waschen, trockentupfen und fein zerkleinern.

◆ Danach das Butterschmalz erhitzen, Fleisch, Zwiebel und Kräuter bei schwacher Hitze darin etwa 5 Minuten anbraten und mit Zitronenschale, Salz und Pfeffer kräftig würzen.

◆ Die Masse abkühlen lassen und das letzte Ei untermischen.

◆ Den Teig in 2 Portionen teilen und auf wenig Mehl zu 2 möglichst gleich großen, dünnen Platten ausrollen.

◆ Die Platten in Rechtecke von etwa 5 × 12 cm schneiden.

◆ In die Mitte jedes Rechtecks etwas Füllung geben.

◆ Die Teigränder mit Wasser bestreichen, die Rechtecke zusammenklappen und die Ränder mit den Zinken einer Gabel gut zusammendrücken.

◆ Die Butter zerlassen und bei schwacher Hitze leicht bräunen.

◆ Die Schlutzkrapfen in reichlich sprudelnd kochendem Salzwasser etwa 3 Minuten garen, bis sie an die Oberfläche steigen.

◆ Die Krapfen aus dem Wasser nehmen, mit der gebräunten Butter übergießen, den Parmesan darüber streuen und sofort servieren.

Zubereitung etwa 1$1/2$ Stunden
1 Portion = 2398 kJ/ 571 kcal

Zutaten für 6 Portionen
1 unbehandelte Zitrone
100 g Roggenmehl
200 g Mehl
Salz
4 mittelgroße Eier
3–4 EL Wasser
$1/2$ EL Öl
500 g gegarter Schweine- oder Rinderbraten (Rest oder gekauft)
1 mittelgroße Zwiebel
$1/2$ Bund Majoran oder Petersilie
1 EL Butterschmalz
weißer Pfeffer aus der Mühle
50 g Butter
100 g geriebener Parmesan
Mehl zum Ausrollen

Tortellini mit Fleisch

Tortellini mit einer Füllung aus zwei Fleischsorten und Mortadella – nehmen Sie am besten italienische Wurst aus dem Feinkostgeschäft. Die Kräuter sollten kräftig sein: Rosmarin und Majoran, Salbei und Petersilie.

◆ Aus dem Mehl, 1 TL Salz, Eiern, 4 EL Wasser und 1 EL Öl einen Nudelteig kneten; nach Bedarf teelöffelweise mehr Wasser unterkneten.

◆ Den Teig in Frischhaltefolie wickeln und 1 Stunde ruhen lassen.

◆ Für die Füllung das Putenbrustfilet und die Mortadella mit dem Wiegemesser ganz fein zerkleinern.

◆ Die Zwiebel abziehen und hacken.

◆ Die frischen Kräuter waschen, trockentupfen und fein hacken.

◆ 1 EL Öl erhitzen und Fleisch, Wurst, Zwiebel, Kräuter und Schweinemett darin bei mittlerer bis starker Hitze etwa 5 Minuten schmoren.

◆ Anschließend die Füllung in eine Schüssel geben und abkühlen lassen.

◆ Den Quark unter die Füllung mischen und mit Salz, Muskat und Pfeffer kräftig würzen.

Zutaten für 5 Portionen
400 g Mehl
Salz
3 mittelgroße Eier
4–6 EL kaltes Wasser
2 EL Öl
150 g Putenbrustfilet
50 g Mortadella
1 kleine Zwiebel
1 Handvoll gemischte frische oder provenzalische TK-Kräuter
100 g Schweinemett
100 g Magerquark
geriebene Muskatnuß
weißer Pfeffer aus der Mühle
1 EL Butter
geriebener Käse zum Bestreuen
Mehl zum Ausrollen

◆ Den Teig in 2 Portionen teilen. Die erste Portion auf wenig Mehl zu einer dünnen Platte ausrollen und mit einem Glas oder einer Plätzchenform etwa handtellergroße Kreise ausstechen.

◆ In die Mitte jedes Kreises etwa 1 TL Füllung geben.

◆ Die Teigkreise rund um die Füllung mit kaltem Wasser bestreichen, zu Halbmonden zusammenklappen und an den Rändern gut zusammendrücken.

◆ Die Halbmonde mit beiden Händen zu einem Ring formen und die Teigenden der Ringe gut zusammendrücken.

◆ Den restlichen Teig und die restliche Füllung ebenso verarbeiten.

◆ Die fertigen Tortellini auf die bemehlte Arbeitsfläche legen.

◆ Eine Schüssel vorwärmen.

◆ Die Tortellini in reichlich Salzwasser etwa 4 Minuten garen, abgießen und gut abtropfen lassen.

◆ In der vorgewärmten Schüssel mit der Butter mischen, mit Käse und Pfeffer aus der Mühle bestreuen und sofort servieren.

*Zubereitung etwa 2 Stunden
1 Portion = 2877 kJ/ 685 kcal*

Tortellinigratin

Das Rezept für selbstgemachte Tortellini finden Sie links auf S. 450.

◆ Die Kohlrabi schälen, vierteln und in dünne Stifte schneiden.

◆ Die Zwiebel abziehen und fein hacken.

◆ Das Öl auf mittlerer Stufe erhitzen und die Zwiebel darin glasig braten.

◆ Die Kohlrabi und das Hackfleisch zu der Zwiebel geben und braten, bis das Fleisch krümelig ist.

◆ Den Oregano und das Mehl über das Fleisch stäuben und anrösten.

◆ Die Milch langsam zugießen, unter Rühren aufkochen und mit Salz und Pfeffer würzen.

◆ Die Tortellini in reichlich Salzwasser 2 Minuten vorgaren, abgießen, abtropfen lassen und in eine flache Gratinform geben.

◆ Die Gemüse-Fleisch-Masse über den Tortellini verteilen und mit dem Käse bestreuen.

◆ Die Tomaten waschen, in Scheiben schneiden und auf das Gratin legen. Die Butter in Flocken darauf legen.

◆ Das Gratin auf die mittlere Schiene des kalten Backofens stellen und bei 200 °C (Umluft 180 °C, Gas Stufe 3) etwa 40 Minuten backen.

Zubereitung etwa 1 Stunde
1 Portion = 2281 kJ/ 543 kcal

Zutaten für 4 Portionen
2 große Kohlrabi
1 Zwiebel
2 EL Öl
200 g Hackfleisch
1 TL getrockneter Oregano
1 EL Mehl
¼ l Milch
Salz, weißer Pfeffer
250 g frische Tortellini (selbstgemacht oder fertig gekauft)
150 g geriebener Hartkäse
2 Tomaten, 1 EL Butter

Vollkornlasagne mit Zucchini

◆ 2 Eier trennen.

◆ Für den Nudelteig 200 g Weizen- oder Dinkelmehl mit Salz, 1 Ei, 2 Eidottern und Öl verkneten. Falls der Teig zu trocken ist, ein weiteres Eigelb unterkneten.

◆ Den Teig in Pergamentpapier wickeln und ruhen lassen.

◆ Die Zucchini putzen und waschen. Etwa zwei Drittel davon in Scheiben schneiden. Den Rest für die Sauce würfeln.

◆ Die Lauchzwiebeln putzen, waschen und mit allen saftigen grünen Blättern in dünne Ringe schneiden.

◆ Den Mozzarella abtropfen lassen und würfeln.

◆ Den Knoblauch abziehen.

◆ Die Petersilie waschen.

◆ Den Parmesan in Stücke brechen.

◆ Knoblauch, Petersilie und Parmesan mit den Zucchiniwürfeln und den Pistazien- oder Sonnenblumenkernen im Blitzhacker pürieren.

◆ Das Püree mit Milch, 40 g Voll-

Zutaten für 6 Portionen
3–4 Eier
240 g Weizen- oder Dinkel-
vollkornmehl
Salz
1 EL Öl
1 kg kleine Zucchini
1 Bund Lauchzwiebeln
300 g Mozzarella
2 Knoblauchzehen
2 Bund Petersilie
75 g Parmesan
am Stück
75 g Pistazien- oder Sonnen-
blumenkerne
¾ l Milch
1 EL getrockneter Oregano
weißer Pfeffer
Cayennepfeffer
Mehl für die Arbeitsfläche
Pergamentpapier

kornmehl, Oregano, Salz und den beiden Pfeffersorten verrühren, bis sich das Mehl aufgelöst hat.

◆ Den Nudelteig in 3 Portionen teilen und auf Mehl oder mit der Nudelmaschine zu möglichst dünnen Platten ausrollen. Die Platten in etwa 6 × 15 cm große Stücke schneiden.

◆ Eine flache Gratinform mit etwas Sauce ausgießen und abwechselnd die Teigplatten, die Zucchinischeiben, die Lauchzwiebelringe und die Mozzarellawürfel in die Form schichten. Jede Schicht mit Sauce begießen.

◆ Zum Schluß den Rest der Sauce und die restlichen Mozzarellawürfel auf die Lasagne geben.

◆ Die Lasagne auf die mittlere Schiene des kalten Backofens stellen und bei 200 °C (Umluft 180 °C, Gas Stufe 3) etwa 45 Minuten backen.

Zubereitung etwa 1¼ Stunden
Backzeit etwa 45 Minuten
1 Portion = 2415 kJ/ 575 kcal

Lasagne

♦ Die Tomaten abziehen und hacken; die Stielansätze entfernen.

♦ Die Zwiebel und den Knoblauch abziehen und fein hacken.

♦ Das Öl erhitzen und die Zwiebel und den Knoblauch darin bei schwacher Hitze glasig braten.

♦ Oregano, Tomatenmark und Rinderhack zugeben und braten, bis das Fleisch krümelig ist.

♦ Die Tomaten zu dem Fleisch geben und alles dick einkochen lassen.

♦ Das Fleisch mit Salz, Cayennepfeffer und Zucker abschmecken und lauwarm abkühlen lassen.

♦ Für die Sauce die Butter erhitzen und das Mehl darin unter Rühren hellgelb rösten.

♦ Die Milch nach und nach zugießen und aufkochen, dabei rühren, bis die Sauce glatt ist.

♦ Den Parmesan in die Sauce mischen, mit Salz und Pfeffer würzen und lauwarm abkühlen lassen.

♦ Den Mozzarella abtropfen lassen und in kleine Würfel schneiden.

♦ Eine flache Auflaufform mit etwas Sauce ausgießen und abwechselnd die Fleischmischung und die ungekochten Lasagneplatten einschichten; dabei jede Schicht salzen und mit Sauce bedecken.

♦ Als letzte Schicht Teigplatten auf die Lasagne legen und darauf den Mozzarella verteilen.

♦ Die Lasagne auf die mittlere Schiene des kalten Backofens schieben und bei 200 °C (Umluft 180 °C, Gas Stufe 3) etwa 45 Minuten backen, bis sie schön gebräunt ist.

Zutaten für 5 Portionen
500 g Tomaten
1 große Zwiebel
1 Knoblauchzehe
2 EL Öl
1 TL getrockneter Oregano
1 EL Tomatenmark
300 g Rinderhack
Salz, Cayennepfeffer
1 Prise Zucker
60 g Butter
60 g Mehl
³/4 l Milch
75 g geriebener Parmesan
weißer Pfeffer
250 g Mozzarella
250 g Lasagneblätter (ohne Vorkochen verwendbar)

Zubereitung etwa 1 Stunde
Backzeit etwa 45 Minuten
1 Portion = 3322 kJ/ 791 kcal

Grüne Cannelloni mit Tomaten

Zutaten für 6 Portionen
200 g Spinat
etwa 250 g Mehl, Salz
2 kleine Eier
1 EL Öl
500 g Tomaten
je 1 Zwiebel und Knoblauchzehe
1 kleine grüne Pfefferschote
je 1 Bund Petersilie und Basilikum
250 g Magerquark
250 g Rahmfrischkäse
¹/4 l süße Sahne
geriebene Muskatnuß
100 g geriebener Parmesan
1 EL Butter
Mehl zum Ausrollen

Aus dem Cannelloniteig mit Spinat können Sie auch andere grüne Nudeln formen.

♦ Reichlich Wasser zum Kochen bringen und den Spinat darin 1 Minute kochen lassen.

♦ Den Spinat abgießen, kalt abschrecken, mit den Händen fest ausdrücken und dann im Mixer pürieren.

♦ Das Spinatpüree mit 250 g Mehl, Salz, Eiern und Öl zu einem sehr weichen Nudelteig verkneten.

♦ Den Teig in Haushaltsfolie wickeln und bei Zimmertemperatur ruhen lassen, bis die Füllung zubereitet ist.

♦ Für die Füllung die Tomaten abziehen und die Stielansätze entfernen.

♦ Die Zwiebel und den Knoblauch abziehen und vierteln.

♦ Die Pfefferschote waschen, halbieren und die Kerne entfernen.

♦ Die Kräuter waschen.

♦ Tomaten, Zwiebel, Knoblauch, Pfefferschote und Kräuter mit Quark und Rahmfrischkäse im Mixer oder Blitzhacker zu einer glatten Paste verarbeiten und mit Salz würzen.

♦ Mehl auf die Arbeitsfläche streuen und den Nudelteig darauf nochmals durchkneten, bis er nicht mehr klebt und geschmeidig ist. Falls nötig, noch etwas Mehl zugeben.

♦ Den Teig in 6 Stücke teilen. Jedes Teigstück auf wenig Mehl oder in der Nudelmaschine zu einem Streifen von etwa 10 × 30 cm ausrollen.

♦ Die Streifen in der Mitte quer teilen, so daß sich 12 Teigplatten für die Cannelloni ergeben.

◆ Jede Platte mit etwas Füllung bestreichen, aufrollen und in eine flache Gratinform legen.

◆ Die Sahne mit Salz, Muskatnuß und Parmesan mischen und über die Cannelloni gießen.

◆ Die Butter in kleine Flocken teilen und auf den Cannelloni verteilen.

◆ Die Cannelloni auf die mittlere Schiene des kalten Backofens stellen und bei 200 °C (Umluft 180 °C, Gas Stufe 3) etwa 40 Minuten backen, bis sie oben schön gebräunt sind.

Zubereitung etwa 1¹/₄ Stunden
Backzeit etwa 40 Minuten
1 Portion = 2541 kJ/ 605 kcal

Cannelloni mit Pilzen und Hackfleisch

Zutaten für 4 Portionen
175 g Mehl
Salz
2 Eier
¹/₂ EL Öl
2–3 EL Wasser
300 g Tomaten
150 g Champignons
1 Zwiebel
1 Knoblauchzehe
¹/₂ EL Olivenöl
1 TL getrockneter Thymian
200 g Rinderhack
4 EL trockener Rotwein oder Fleischbrühe
1 EL Tomatenmark
Salz, schwarzer Pfeffer
1 Prise Zucker
150 g Parmesan am Stück
300 g Mozzarella
¹/₈ l süße Sahne
200 ml Milch
Cayennepfeffer
geriebene Muskatnuß
Mehl zum Ausrollen

◆ Aus Mehl, Salz, Eiern, Öl und Wasser einen Nudelteig kneten.
◆ Den Teig in Haushaltsfolie wickeln und bei Zimmertemperatur ruhen lassen, bis die Füllung zubereitet ist.
◆ Für die Füllung die Tomaten abziehen und würfeln; die Stielansätze dabei entfernen.
◆ Die Pilze putzen, waschen und in dünne Scheiben schneiden.
◆ Die Zwiebel und den Knoblauch abziehen und fein hacken.
◆ Das Olivenöl in einem Topf erhitzen und Zwiebel, Knoblauch und Thymian darin bei mittlerer Hitze unter Rühren anbraten.
◆ Das Rinderhack in den Topf geben und mitbraten, bis es krümelig ist.
◆ Tomaten, Pilze, Rotwein oder Brühe und Tomatenmark zum Fleisch geben und bei starker Hitze unter Rühren schmoren, bis die Flüssigkeit auf etwa zwei Drittel eingekocht ist.
◆ Die Füllung mit Salz, Pfeffer und Zucker abschmecken und lauwarm abkühlen lassen.
◆ Den Parmesan fein reiben.
◆ Den Mozzarella abtropfen lassen und in Scheiben schneiden.

◆ Die Sahne mit Milch, Salz und je einer kräftigen Prise Cayennepfeffer und Muskatnuß verrühren.
◆ Den Nudelteig in 6 Stücke schneiden und jedes Stück auf wenig Mehl oder in der Nudelmaschine zu einem Streifen von etwa 10 × 30 cm ausrollen.
◆ Die Streifen in der Mitte quer teilen, so daß sich 12 Teigplatten für die Cannelloni ergeben.
◆ Die Platten mit der abgekühlten Füllung bestreichen und aufrollen.
◆ Die Cannelloni nebeneinander in eine flache Gratinform legen und den Parmesan darüber streuen.
◆ Die Sahnemischung an den Seiten in die Form gießen.
◆ Den Mozzarella auf den Cannelloni verteilen.
◆ Die Cannelloni auf die mittlere Schiene des kalten Backofens stellen und bei 200 °C (Umluft 180 °C, Gas Stufe 3) etwa 40 Minuten backen, bis sie oben schön gebräunt sind.

Zubereitung etwa 1¹/₄ Stunden
Backzeit etwa 40 Minuten
1 Portion = 3570 kJ/ 850 kcal

Nudelauflauf mit Erbsen

Zutaten für 4 Portionen

900 g frische Schal-
oder Markerbsen
oder 300 g TK-Erbsen
250 g Vollkorn-
suppennudeln
Salz
100 g Crème fraîche
200 g Champignons
1 Zwiebel, 1 Knoblauchzehe
1 Bund Petersilie
50 g gehackte Nußkerne
75 g geriebener Parmesan
1 kleines Ei
Cayennepfeffer
geriebene Muskatnuß
1 EL Butter
evtl. Alufolie zum Abdecken

Dieses Gericht läßt sich in eine Quiche verwandeln und als Vorspeise für 8 Gäste servieren. Dazu backen Sie die Nudelmasse in einem vorgebackenen Mürbeteigboden (siehe S. 616) ohne Zuckerzusatz.

◆ Die frischen Erbsen aus den Schoten lösen und waschen.
◆ Die Nudeln in reichlich Salzwasser 3 Minuten garen.
◆ Die Erbsen zugeben, aufkochen und etwa 2 Minuten mitgaren.
◆ Nudeln und Erbsen abgießen, abtropfen lassen und mit Crème fraîche mischen.
◆ Die Champignons putzen, waschen und in Scheiben schneiden.
◆ Zwiebel und Knoblauchzehe abziehen und hacken.
◆ Die Petersilie waschen, trockentupfen und fein zerkleinern.

◆ Champignons, Zwiebel, Knoblauch, Petersilie, Nüsse, Parmesankäse und Ei unter die gegarten Nudeln mischen.
◆ Mit Salz, Cayennepfeffer und Muskat kräftig abschmecken.
◆ Die Nudeln in eine Auflaufform füllen. Die Butter in Flöckchen darauf legen.
◆ Die Form mit einem Deckel oder mit Alufolie schließen und auf die mittlere Schiene des kalten Backofens stellen. Den Nudelauflauf bei 200 °C (Umluft 180 °C, Gas Stufe 3) etwa 45 Minuten backen. Der Auflauf ist gar, wenn die Oberfläche leicht gebräunt ist und sich nicht mehr bewegt.

Zubereitung etwa 30 Minuten
Backzeit etwa 45 Minuten
1 Portion = 2432 kJ/ 579 kcal

Nudelauflauf mit Spinat

◆ Den Spinat verlesen, waschen und in reichlich sprudelnd kochendem Wasser 1 Minute kochen lassen. Mit einem Schaumlöffel herausnehmen und beiseite stellen.
◆ Das Spinatwasser kräftig salzen und die Nudeln darin bißfest garen.
◆ Während die Nudeln kochen, den Spinat hacken.
◆ Zwiebel und Knoblauch abziehen und fein zerkleinern.
◆ Die Eier trennen.
◆ Die Nudeln abgießen, abtropfen lassen und mit der Butter mischen.
◆ Spinat, Nudeln, Zwiebel, Knoblauch, Eigelb, Salz, Pfeffer und Muskat mischen.
◆ Das Eiweiß und die Sahne getrennt steif schlagen und auf die Nudeln geben.

Zutaten für 4 Portionen

1 kg frischer Spinat
Salz
250 g Spiralnudeln
1 Zwiebel
1 Knoblauchzehe
4 Eier
50 g Butter
weißer Pfeffer
geriebene Muskatnuß
1/4 l süße Sahne
100 g geriebener Hartkäse

◆ Den Käse darüberstreuen, alles mischen und in eine hohe Auflaufform füllen.
◆ Den Auflauf auf die mittlere Schiene des kalten Backofens stellen und bei 200 °C (Umluft 180 °C, Gas Stufe 3) etwa 40 Minuten backen. Der Auflauf ist gar, wenn die Oberfläche leicht gebräunt ist und sich nicht mehr bewegt.

Zubereitung etwa 20 Minuten
Backzeit etwa 40 Minuten
1 Portion = 3154 kJ/ 751 kcal

Sommergemüse (S. 471) ➤

Gemüse, Hülsenfrüchte und Pilze

Kohlrouladen: Grundrezept

1. Das Brötchen mit der heißen Milch beträufeln.

2. Die Pfefferschote halbieren und putzen.

3. Die Zutaten für die Füllung in einer Schüssel vermischen.

4. Die dicken Rippen der Wirsingblätter flachschneiden.

◆ Für die Füllung die Milch erhitzen.

◆ Das Brötchen klein würfeln, mit der heißen Milch beträufeln und ziehen lassen, bis die anderen Zutaten vorbereitet sind.

◆ Die Pfefferschote halbieren; Kerne und Stiel entfernen. Die Schote waschen und fein zerkleinern.

◆ Die Tomate abziehen und fein hacken; dabei den Stielansatz entfernen.

◆ Die Zwiebeln abziehen und fein hacken.

◆ Die Petersilie waschen, trockentupfen und fein zerkleinern.

◆ Die Zitrone waschen, abtrocknen und reichlich Schale abreiben.

◆ Alle diese Zutaten mit dem eingeweichten Brötchen, Rinderhack, Ei, Kapern und 1 kräftigen Prise Salz vermischen. Falls der Teig zu weich ist, das Paniermehl untermischen.

◆ Reichlich Wasser zum Kochen bringen.

◆ Die welken äußeren Blätter des Wirsings ablösen, den Kopf in das sprudelnd kochende Wasser legen und 5–6 Minuten kochen lassen, damit sich die Blätter leicht lösen lassen.

◆ Den Kohl herausnehmen und etwas abkühlen lassen, dann die Blätter oben am Strunk mit einem Messer abschneiden.

◆ 12 Blätter vorsichtig ablösen und die dicken Rippen flachschneiden.

◆ Den übrigen Kohlkopf achteln und für das Gemüse in Streifen schneiden.

◆ Die 6 größeren Blätter nebeneinander und die 6 kleineren darauf legen.

◆ Die Füllung auf den Blättern verteilen.

◆ Die Blätter an den Seiten über der Füllung nach innen falten, wie Rouladen aufrollen und mit Küchengarn umwickeln.

◆ Das Öl in einem breiten Topf erhitzen und die Rouladen bei mittlerer Hitze rundherum anbraten.

◆ Die Brühe zugießen, aufkochen lassen und die Rouladen zugedeckt bei schwacher Hitze 10 Minuten schmoren lassen.

◆ Den zerkleinerten Wirsing und die Crème fraîche rundherum an den Seiten der Rouladen verteilen, erneut aufkochen und zugedeckt bei schwacher Hitze weitere 10 Minuten garen.

◆ Den Schnittlauch waschen, trockentupfen, zerkleinern und über die fertigen Rouladen streuen.

Zutaten für 6 Portionen
5 EL Milch
1 Vollkornweizenbrötchen vom Vortag (etwa 50 g)
1 kleine grüne Pfefferschote
1 große Tomate
2 Zwiebeln
1 großes Bund Petersilie
1 unbehandelte Zitrone
150 g Rinderhack
1 kleines Ei
1 EL Kapern
Salz
etwa 50 g Paniermehl nach Belieben
1 Kopf Wirsing (etwa 1 kg)
2 EL Öl
$1/8$ l Fleisch- oder Gemüsebrühe
100 g Crème fraîche
1 Bund Schnittlauch

Spitzkohlrouladen

Statt Spitzkohl kann man auch Frühweißkohl nehmen.

◆ Den Spitzkohl kalt abspülen und die welken äußeren Blätter und den Strunk abschneiden.

◆ Reichlich Wasser aufkochen und den Kohl darin 2 Minuten kochen lassen, damit sich die Blätter leicht ablösen lassen.

◆ Den Kohl herausnehmen und etwas abkühlen lassen.

◆ 18 Blätter vorsichtig ablösen und die dicken Rippen flachschneiden.

◆ Für die Füllung den Kohlkopf weitere 5 Minuten bei schwacher Hitze zugedeckt garen.

◆ Den Kohl herausnehmen, abtropfen und ein wenig abkühlen lassen, dann fein zerkleinern und dabei den Strunk ganz entfernen.

◆ Die Tomaten abziehen und hakken; die Stielansätze entfernen.

Zutaten für 6 Portionen
1 Spitzkohl (etwa 1,5 kg)
400 g Tomaten
6 Knoblauchzehen
je 1 Bund Petersilie, Basilikum
und Schnittlauch
1 unbehandelte Zitrone
150 g geriebener Parmesan
50 g gemahlene Walnußkerne
1 gehäufter EL weiche Butter
2 EL Olivenöl
Salz
weißer Pfeffer
3 EL Wasser oder Brühe

◆ Den Knoblauch abziehen und hacken.

◆ Die Kräuter waschen, trockentupfen und fein zerkleinern.

◆ Die Zitrone waschen und abtrocknen. Die Hälfte der Schale abschneiden und fein zerkleinern. 1/2 Zitrone auspressen.

◆ Kohl, Tomaten, Knoblauch, Kräuter und Zitronenschale mit dem Zitronensaft, Käse, Nüssen, Butter und 1 EL Öl mischen.

◆ Jeweils 3 abgelöste Kohlblätter auf der Arbeitsfläche übereinanderlegen, mit Salz und Pfeffer bestreuen und mit Füllung belegen. Die Blätter wie Rouladen aufrollen und mit Küchengarn umwickeln.

◆ 1 EL Öl in einem breiten Schmortopf erhitzen und die Rouladen darin bei mittlerer Hitze anbraten.

◆ Wasser oder Brühe zugießen und die Rouladen zugedeckt bei schwacher Hitze 20 Minuten schmoren.

Zubereitung etwa 90 Minuten
1 Portion = 1814 kJ/ 432 kcal

Gratinierte Wirsingbällchen

Zu diesem kräftigen vegetarischen Gericht passen Kartoffeln. Wenn Sie den Mozzarella weglassen und den Wirsing nur mit Paniermehl und Butterflöckchen backen, schmeckt er auch gut zu Schmorbraten.

◆ Den Mozzarella abtropfen lassen.

◆ Die Petersilie waschen, trockentupfen, fein zerkleinern und mit Sahne, Salz, Pfeffer, Cayennepfeffer und Muskat mischen.

◆ Reichlich Wasser zum Kochen bringen.

◆ Die welken Wirsingblätter entfernen, die anderen ablösen und waschen. Dicke Rippen flachschneiden.

◆ Die Wirsingblätter im kochenden Wasser portionsweise etwa 3 Minu

Zutaten für 4 Portionen
300 g Mozzarella
1 Bund Petersilie
1/8 l süße Sahne
Salz, weißer Pfeffer
Cayennepfeffer
geriebene Muskatnuß
1 mittelgroßer Kopf Wirsing
2 EL Vollkornpaniermehl
1 EL Butter

ten blanchieren, bis sie weich sind. Jeweils mit einem Schaumlöffel herausnehmen, abtropfen und etwas abkühlen lassen.

◆ Die Wirsingblätter mit 2 Eßlöffeln oder mit den Händen zu kleinen Bällchen formen und nebeneinander in eine Gratinform setzen.

◆ Die Bällchen salzen und pfeffern und die Sahne darüber gießen.

◆ Den Mozzarella klein würfeln und über dem Wirsing verteilen.

◆ Das Paniermehl darüber streuen und die Butter in kleinen Stückchen auf das Paniermehl legen.

◆ Den Wirsing auf die mittlere Schiene des kalten Backofens stellen und bei 200 °C (Umluft 180 °C, Gas Stufe 3) etwa 30 Minuten backen.

Zubereitung etwa 30 Minuten
Backzeit etwa 30 Minuten
1 Portion = 1625 kJ/ 387 kcal

Gefüllter Wirsing

Sie brauchen lockere Kohlköpfe, deren Blätter sich gut auseinanderbiegen lassen. Statt Frühwirsing können Sie auch Spitzkohl nehmen. Diesen schneiden Sie längs auseinander und bereiten ihn wie beschrieben zu.

◆ In einem großen Topf reichlich Wasser zum Kochen bringen.

◆ Die äußeren welken Blätter der Wirsingköpfe ablösen.

◆ Die Köpfe in das sprudelnd kochende Wasser legen und zugedeckt bei mittlerer Hitze etwa 3 Minuten garen, bis sie sich mit einem spitzen Messer leicht einstechen lassen. Abgießen und etwas abkühlen lassen.

◆ Die Blätter auseinanderbiegen, die Herzchen mit einem kleinen spitzen Messer herausschneiden und beiseite legen. Die Köpfe in eine ofenfeste Form mit hohem Rand setzen.

◆ Für die Füllung die Brötchen in lauwarmem Wasser einweichen und wieder gut ausdrücken.

◆ Die Zwiebel und den Knoblauch abziehen, die Petersilie waschen und trockentupfen.

Zutaten für 5 Portionen

2–3 Köpfe Frühwirsing
(etwa 1,5 kg)
2 Weizenbrötchen
1 Zwiebel
1 Knoblauchzehe
1 Bund Petersilie
1 unbehandelte Zitrone
100 g durchwachsener
Räucherspeck
200 g gegartes Kalb-, Rind-
oder Hühnerfleisch
3 Eier
100 g saure Sahne
Salz, Cayennepfeffer
geriebene Muskatnuß
200 g Crème fraîche
4 EL Fleisch- oder Gemüsebrühe
2 EL Tomatenmark
weißer Pfeffer

◆ Die Zitrone waschen und abtrocknen. Von der Schale 1 großes Stück abschneiden.

◆ Wirsingherzen, Zwiebel, Knoblauch, Petersilie, Zitronenschale, Räucherspeck und Fleisch fein zerkleinern und mit den Brötchen, den Eiern und der sauren Sahne vermischen. Kräftig mit Salz, Cayennepfeffer und Muskat würzen.

◆ Die Füllung zwischen die Wirsingblätter geben und die Köpfe mit Küchengarn umbinden.

◆ Die Crème fraîche mit Brühe und Tomatenmark verrühren, um die Wirsingköpfe verteilen und kräftig mit Salz und weißem Pfeffer würzen.

◆ Die Form auf die untere Schiene des kalten Backofens stellen und den gefüllten Wirsing bei 200 °C (Umluft 180 °C, Gas Stufe 3) etwa 30 Minuten schmoren.

◆ Die Teller gut vorwärmen.

◆ Zum Servieren den Wirsing wie einen Kuchen aufschneiden und mit der Sauce auf den heißen Tellern anrichten.

Zubereitung etwa 1 Stunde
Garzeit etwa 30 Minuten
1 Portion = 1919 kJ/ 457 kcal

Kümmelweißkohl

Das Gemüse paßt zu allem, was deftig ist: Fleischfrikadellen, Schweinekoteletts oder Schweinebraten. Genauso gut schmeckt es fleischlos mit Pellkartoffeln oder Klößen und Tomatensauce.

◆ Den Kohl achteln, waschen, vom Strunk befreien und in fingerbreite Streifen schneiden.
◆ Die Möhren schälen und in fingerbreite Scheiben schneiden.

Zutaten für 4 Portionen
1 mittelgroßer Kopf Weißkohl
250 g Möhren
$\frac{1}{8}$ l Fleischbrühe
1–2 EL Kümmelkörner
1 Bund Schnittlauch
2 EL Butter
Salz, weißer Pfeffer

◆ Gemüse mit Brühe und Kümmel in einem Topf mischen, aufkochen und zugedeckt bei schwacher Hitze etwa 10 Minuten garen, bis es weich ist.
◆ Den Schnittlauch waschen, trockentupfen und zerkleinern.
◆ Die Butter unter das Gemüse mischen, salzen und pfeffern und den Schnittlauch darüberstreuen.

Zubereitung etwa 30 Minuten
1 Portion = 571 kJ/ 136 kcal

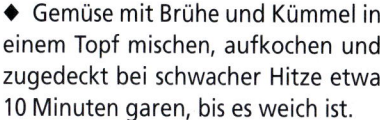

Weißkohlgemüse

Vielleicht kennen Sie Kohl bis jetzt nur als Wintergemüse. Probieren Sie einmal dieses frühsommerliche Rezept, das auch mit Spitzkohl gut schmeckt. Dazu passen Kartoffelpuffer sowie neue Kartoffeln mit gebratenen Tauben, Schmorhähnchen oder Kalbskoteletts.

◆ Den Weißkohl vierteln, putzen, waschen und zerkleinern.
◆ Die Tomaten abziehen und würfeln, die Stielansätze entfernen.

◆ Die Zwiebel und den Knoblauch abziehen und hacken.
◆ 1 EL Öl in einem großen Schmortopf erhitzen. Zwiebel und Knoblauch darin bei schwacher Hitze unter Rühren glasig braten.
◆ Kohl, Tomaten und Crème fraîche daruntermischen, alles mit Salz und Pfeffer würzen und aufkochen.
◆ Das Gemüse zugedeckt bei mittlerer bis schwacher Hitze 15–20 Minuten garen, bis der Kohl gerade eben bißfest ist.

Zutaten für 4 Portionen
1 mittelgroßer Kopf Weißkohl
500 g Tomaten
1 Zwiebel
1 Knoblauchzehe
2 EL Öl
150 g Crème fraîche
Salz, Cayennepfeffer
1 Handvoll gemischte frische oder 1 Päckchen TK-Kräuter
75 g Sonnenblumenkerne

◆ Inzwischen die gemischten frischen Kräuter waschen, trockentupfen und fein hacken.
◆ Das restliche Öl in einer kleinen Pfanne erhitzen.
◆ Die Sonnenblumenkerne darin bei schwacher Hitze unter Rühren goldbraun rösten.
◆ Das Gemüse mit den Kräutern mischen und mit den Sonnenblumenkernen bestreut servieren.

Zubereitung etwa 45 Minuten
1 Portion = 1449 kJ/ 345 kcal

Krautfleckerl

Krautfleckerl sind eine österreichische und süddeutsche Spezialität: Stücke aus selbstgemachtem Nudelteig (Fleckerl) werden mit gewürztem Weißkohl (Kraut) vermischt.

Zutaten für 3 Portionen
4 Eier
150 g Mehl
Salz
2 EL Öl
1 kg Weißkohl
1 große Zwiebel
1 Bund Petersilie
1/8 l Fleischbrühe
1/2 EL Kümmel
schwarzer Pfeffer aus der Mühle
Mehl für die Arbeitsfläche

◆ 3 Eier trennen.
◆ Aus Mehl, 1 kräftigen Prise Salz, 1 Ei, 3 Eigelb und 1 EL Öl einen Teig kneten und zugedeckt bei Zimmertemperatur 30 Minuten ruhen lassen.
◆ Den Teig portionsweise auf Mehl messerrückendick ausrollen, in Quadrate von etwa 2 cm Länge schneiden und 30 Minuten trocknen lassen.
◆ Den Kohl putzen, waschen und in zwei Finger breite Streifen schneiden.
◆ Die Zwiebel abziehen; die Petersilie waschen und trockentupfen; beides fein zerkleinern.
◆ Die Zwiebel in 1 EL Öl glasig braten. Weißkohl, die Hälfte der Petersilie, Brühe, Kümmel und Pfeffer zufügen, aufkochen lassen und den Kohl zugedeckt bißfest garen.
◆ Reichlich Salzwasser zum Kochen bringen, die Teigstücke darin aufkochen lassen und unter häufigem Umrühren in etwa 1 Minute bißfest garen. Abgießen, abtropfen lassen und mit dem Kohl mischen.
◆ Fleckerl salzen, pfeffern und mit der restlichen Petersilie bestreuen.

Zubereitung etwa 1 1/4 Stunden
1 Portion = 1806 kJ/ 430 kcal

Siebenbürger Kraut

Eine deftige Spezialität aus Ungarn, die am besten mit knusprigem Bauernbrot und Butter schmeckt. Wer es gern noch feuriger gewürzt mag, gart eine unzerkleinerte rote Pfefferschote im Kraut. Vor dem Servieren sollte man sie allerdings entfernen.

◆ Zwiebel und Knoblauch abziehen und fein hacken.
◆ Das Öl erhitzen und beides darin glasig braten.
◆ Das Hackfleisch zugeben und braten, bis es krümelig ist.
◆ Das Fleisch mit Salz, Pfeffer, Paprika, Kümmel und Majoran würzen.
◆ Einen Schmortopf mit Schweineschmalz ausstreichen und anschließend schichtweise mit Sauerkraut, Reis und dem Fleisch füllen.

Zutaten für 4 Portionen
1 große Zwiebel
1 Knoblauchzehe
2 EL Öl
500 g gemischtes Hackfleisch
Salz
schwarzer Pfeffer aus der Mühle
1 EL scharfes Paprikapulver
1 EL Kümmelkörner
1/2 EL getrockneter Majoran
1 EL Schweineschmalz
750 g Sauerkraut
150 g Langkornreis
2 Lorbeerblätter
3/8 l Fleischbrühe, 1/4 l saure Sahne
1/2 Bund Petersilie

◆ Die Lorbeerblätter auf die letzte Fleischschicht legen und mit dem restlichen Sauerkraut bedecken.
◆ Die Brühe an den Seiten dazugießen und die saure Sahne auf dem Kraut verteilen.
◆ Den Eintopf zugedeckt in den kalten Backofen stellen und bei 160 °C (Umluft 140 °C, Gas Stufe 2) etwa 1 1/2 Stunden schmoren.
◆ Die Petersilie waschen, trockentupfen, fein hacken und über den Eintopf streuen.

Zubereitung etwa 30 Minuten
Garzeit etwa 1 1/2 Stunden
1 Portion = 3087 kJ/ 735 kcal

Ananassauerkraut

*Ananassauerkraut ißt man zu Wild-
geflügel wie Fasan, Wildente und
Wachteln.*

◆ Die Schalotten abziehen und fein
hacken.
◆ Das Sauerkraut abtropfen lassen
und grob zerschneiden.
◆ Frischen Lorbeer waschen.
◆ Das Öl erhitzen und die Schalotten
darin bei schwacher Hitze glasig braten. Sauerkraut, Salz, reichlich Pfeffer, Wacholderbeeren, Lorbeer und
Wein zugeben, aufkochen und zugedeckt bei schwacher Hitze 30 Minuten garen.

Zutaten für 4 Portionen
2 Schalotten
500 g Sauerkraut
*2 frische oder getrocknete
Lorbeerblätter*
1 EL Öl
Salz, schwarzer Pfeffer
4 Wacholderbeeren
1/8 l trockener Weißwein
500 g frische Ananas
1 Bund Suppengrün
2–3 Stengel Petersilie

◆ Die Ananas in Scheiben schneiden
und die Schale großzügig abschneiden. Den harten Kern entfernen und
die Scheiben in Stücke schneiden.
◆ Das Suppengrün putzen, waschen,
fein schneiden und mit der Ananas
unter das Kraut mischen.
◆ Das Kraut zugedeckt bei mittlerer
bis schwacher Hitze weitere 15 Minuten garen.
◆ Die Petersilie waschen, trockentupfen, fein hacken und über das
Sauerkraut streuen.

*Zubereitung etwa 1 Stunde
1 Portion = 458 kJ/ 109 kcal*

Apfelsauerkraut mit Schweinebauch

◆ Die Zwiebel abziehen und fein
hacken.
◆ Das Sauerkraut abtropfen lassen
und grob zerschneiden.
◆ In einem Topf das Öl erhitzen und
die Zwiebel darin bei schwacher
Hitze glasig braten.

Zutaten für 4 Portionen
1 große Zwiebel
300 g Sauerkraut
2 EL Öl
Salz
1 TL edelsüßes Paprikapulver
1 TL Kümmelkörner
1/8 l Instantgemüsebrühe
400 g gepökelter Schweinebauch
1 kleine mehligkochende Kartoffel
2 mittelgroße säuerliche Äpfel
(z. B. Cox Orange oder Boskoop)
2–3 Stengel Petersilie
schwarzer Pfeffer aus der Mühle

◆ Sauerkraut, Salz, Paprika, Kümmel
und Brühe zugeben. Das Fleisch auf
das Kraut legen, alles aufkochen lassen und zugedeckt bei schwacher
Hitze 40 Minuten schmoren.
◆ Die Kartoffel schälen, waschen
und fein reiben. Die Äpfel vierteln,
schälen, vom Kerngehäuse befreien,
in Schnitze teilen und mit der Kartoffel unter das Kraut mischen.
◆ Zugedeckt bei mittlerer bis schwacher Hitze weitere 15 Minuten garen.

◆ Die Teller gut vorwärmen.
◆ Die Petersilie waschen, trockentupfen und hacken.
◆ Das Apfelsauerkraut mit Salz und
1 kräftigen Prise Pfeffer würzen.
◆ Das Fleisch in Scheiben schneiden
und mit dem Kraut auf den heißen
Tellern verteilen. Die Petersilie darüber streuen.

*Zubereitung etwa 1 Stunde
1 Portion = 1894 kJ/ 451 kcal*

Rotkohl bayerische Art

Eine Gemüsebeilage mit Tradition, typisch bayerisch mit Zucker gewürzt. Doch dieses Rezept ist modern abgewandelt: Der Kohl wird ohne Mehl zubereitet und nur bißfest gekocht – nicht 1 Stunde wie im Originalrezept.

◆ Den Kohlkopf vierteln; die äußeren welken Blätter und den Strunk entfernen. Die Viertel waschen und fein hobeln. Die Zwiebel abziehen und fein hacken.

◆ Das Fett erhitzen und den Zucker darin bei starker bis mittlerer Hitze unter Rühren leicht bräunen.

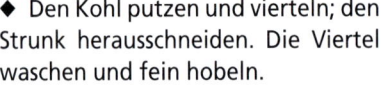

Zutaten für 4 Portionen
1 Kopf Rotkohl (etwa 1 kg)
1 Zwiebel
30 g Butterschmalz oder Kokosfett
1–2 TL Zucker
1–2 TL Kümmelkörner
Salz
schwarzer Pfeffer aus der Mühle
$1/_4$ l Fleisch- oder Gemüsebrühe
3 Zweige Petersilie
2 EL Zitronensaft

◆ Kohl, Zwiebel, Kümmel, Salz und Pfeffer zugeben und einige Sekunden unter Rühren rösten.

◆ Die Fleisch- oder Gemüsebrühe zugießen, einmal aufkochen lassen und den Kohl zugedeckt bei mittlerer bis schwacher Hitze in etwa 15 Minuten gerade eben weich garen.

◆ Die Petersilie waschen, trockentupfen und fein hacken.

◆ Den Kohl mit Zitronensaft abschmecken und mit der Petersilie vermischt servieren.

Zubereitung etwa 40 Minuten
1 Portion = 517 kJ/ 123 kcal

Rotkohlgratin

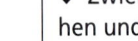
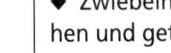

Dieses Gratin kann man variieren: Würzig schmeckt es mit Berg- oder Greyerzer Käse, fein mild mit jungem Gouda, Edamer oder Mozzarella.

◆ Zwiebeln und Knoblauch abziehen und getrennt hacken.

Zutaten für 5 Portionen
2 große Zwiebeln
1 Knoblauchzehe
1 mittelgroßer Kopf Rotkohl
1 kleines Bund Petersilie
4–5 EL Öl
200 ml süße Sahne
3 Eier
Salz
Cayennepfeffer
je 1 TL gemahlener Kümmel und getrockneter Thymian
200 g geriebener Hartkäse
50 g Butter

◆ Den Kohl putzen und vierteln; den Strunk herausschneiden. Die Viertel waschen und fein hobeln.

◆ Die Petersilie waschen, trockentupfen und fein zerkleinern.

◆ Das Öl erhitzen und darin Kohl und Zwiebeln portionsweise bei mittlerer bis schwacher Hitze unter Rühren anbraten, jeweils herausnehmen und lauwarm abkühlen lassen.

◆ Knoblauch und Petersilie unter den abgekühlten Kohl mischen.

◆ Die süße Sahne mit den Eiern, Salz, 1 kräftigen Prise Cayennepfeffer, Kümmel und Thymian verrühren.

◆ Den Kohl, die Sahnemischung und etwa zwei Drittel des Käses in zwei Schichten in einen großen Schmortopf mit Deckel geben. Obenauf den restlichen Käse streuen.

◆ Die Butter in kleine Stücke teilen und darauf legen.

◆ Das Gratin zugedeckt auf die untere Schiene des kalten Backofens stellen und bei 180 °C (Umluft 160 °C, Gas Stufe 2–3) 20 Minuten backen.

◆ Den Deckel abnehmen, und das Kohlgratin weitere 30 Minuten backen, bis es an der Oberfläche schön gebräunt ist.

Zubereitung etwa 1 Stunde
Backzeit etwa 50 Minuten
1 Portion = 2260 kJ/ 538 kcal

Rosenkohl in Käsesauce

Zutaten für 4 Portionen
800 g Rosenkohl
¼ l Gemüsebrühe
50 ml Milch
2 EL süße Sahne
1 TL Zitronensaft
100 g geriebener Hartkäse
Salz
schwarzer Pfeffer aus der Mühle
geriebene Muskatnuß
2–3 Stengel Kerbel
oder 6–8 Halme Schnittlauch

Für Rosenkohl gibt es keine festen Garzeiten – je frischer der Kohl, desto schneller ist er gar. Deshalb sollte man zwischendurch den Garzustand prüfen. Dazu sticht man mit einer Messerspitze in die Röschen und stellt fest, ob sie bißfest sind.

◆ Den Rosenkohl putzen und waschen, mit der Brühe in einem Topf aufkochen lassen und zugedeckt etwa 10 Minuten garen, bis die Röschen gerade bißfest sind.

◆ Etwa drei Viertel der Röschen herausnehmen und in einer Schüssel zugedeckt warm halten.

◆ Die restlichen Röschen weitere 5 Minuten kochen, bis sie ganz weich sind, und mit dem Kochsud pürieren.

◆ Milch, Sahne, Zitronensaft und Käse dazugeben und bei schwacher bis mittlerer Hitze so lange rühren, bis sich der Käse aufgelöst hat. Mit Salz, Pfeffer und Muskat würzen.

◆ Den Rosenkohl in der Sauce wieder ganz heiß werden, aber nicht mehr aufkochen lassen.

◆ Kerbel oder Schnittlauch waschen, trockentupfen, fein hacken und darüber streuen.

Zubereitung etwa 30 Minuten
1 Portion = 773 kJ/ 184 kcal

Chinakohl mit Schnittlauch

Chinakohl schmeckt ziemlich mild und kann deshalb kräftige Würze vertragen. Das schnell gegarte Gemüse paßt am besten zu Koteletts und Pellkartoffeln.

◆ Den Chinakohl putzen, waschen und trocknen, dann in feine Streifen schneiden.

◆ Zwiebel und Knoblauch abziehen und fein hacken.

◆ Das Öl erhitzen und Zwiebel und Knoblauch darin bei mittlerer Hitze unter Rühren glasig braten.

Zutaten für 4 Portionen
750 g Chinakohl
1 Zwiebel
1 Knoblauchzehe
3 EL Öl
½ TL gemahlener Koriander
1 EL Zitronensaft
2 EL Crème double
1 großes Bund Schnittlauch
Salz, weißer Pfeffer

◆ Chinakohl, Koriander, Zitronensaft und Crème double zugeben und zugedeckt bei mittlerer Hitze 5–8 Minuten garen, bis der Kohl gerade weich ist.

◆ Den Schnittlauch waschen, trockentupfen und fein zerkleinern.

◆ Den Kohl mit Salz und Pfeffer würzen und das fertige Gericht mit dem fein zerkleinerten Schnittlauch mischen.

Zubereitung etwa 20 Minuten
1 Portion = 508 kJ/ 121 kcal

Grünkohl in Sahne

Grünkohl ist, ähnlich wie Rosenkohl, nach dem ersten Frost besonders schmackhaft. Das Wintergemüse ist außerdem sehr gesund, denn es enthält viel Vitamin A. Auf diese schnelle und feine Art mit Sahne zubereitet, paßt Grünkohl hervorragend zu Rösti und Geschnetzeltem.

◆ Die Grünkohlblätter von den Stielen streifen, waschen und grob hacken.
◆ Die Zwiebel abziehen und fein hacken.

◆ Das Öl in einem großen Topf erhitzen und die Zwiebel darin unter Rühren glasig braten.
◆ Die gehackten Grünkohlblätter und die Sahne zu der Zwiebel geben. Alles aufkochen und zugedeckt bei schwacher Hitze etwa 15 Minuten garen, bis der Kohl gerade eben weich ist.
◆ Das Gemüse mit Salz, Pfeffer und dem Zitronensaft abschmecken.

Zubereitung etwa 30 Minuten
1 Portion = 1273 kJ/ 303 kcal

Zutaten für 4 Portionen
2,5 kg frischer Grünkohl
1 Zwiebel
2 EL Öl
200 ml süße Sahne
Salz
weißer Pfeffer aus der Mühle
2 EL Zitronensaft

Blumenkohl in Kräutersauce

Zutaten für 4 Portionen
1 mittelgroßer Blumenkohl
1 Zwiebel
2 EL Butter
200 ml Gemüsebrühe
1 TL Zitronensaft
Salz
2 Tomaten
1 Handvoll gemischte frische oder
1 Päckchen TK-Kräuter
150 g Rahmfrischkäse
schwarzer Pfeffer aus der Mühle
geriebene Muskatnuß

Für Blumenkohl kann man keine festen Garzeiten angeben, denn diese können sehr stark schwanken. Daher muß man während des Garens den Kohl ab und zu probieren.

◆ Den Blumenkohl putzen und die Röschen vom Strunk teilen; den Strunk in Stifte schneiden.
◆ Die Zwiebel abziehen und hacken.

◆ Die Butter in einem Topf erhitzen und den Blumenkohl und die Zwiebel darin rundherum anbraten.
◆ Brühe, Zitronensaft und Salz zum Gemüse geben und alles zugedeckt bei schwacher Hitze 5–15 Minuten gerade eben weich kochen.
◆ Die Tomaten abziehen und hacken; die Stielansätze entfernen.
◆ Die frischen Kräuter waschen, trockentupfen und fein zerkleinern.
◆ Den Blumenkohlsud in einen klei-

nen Topf umgießen und den Kohl zugedeckt warm halten.
◆ Tomaten und Käse in den Sud rühren und aufkochen.
◆ Die Sauce mit Salz, Pfeffer und Muskat kräftig abschmecken.
◆ Die Sauce und die Kräuter zum Blumenkohl geben und vorsichtig mischen.

Zubereitung etwa 30 Minuten
1 Portion = 983 kJ/ 234 kcal

Blumenkohl polnische Art

Zutaten für 4 Portionen
1 Blumenkohl (etwa 800 g)
Salz
2 Eier
2–3 Stengel Petersilie
1 unbehandelte Zitrone
100 g Butter
75 g Semmelbrösel
abgeriebene Muskatnuß
weißer Pfeffer aus der Mühle

◆ Den Blumenkohl in Röschen teilen und diese waschen.

◆ Die Röschen in reichlich Salzwasser aufkochen und zugedeckt bei mittlerer bis schwacher Hitze etwa 5–15 Minuten bißfest garen; zwischendurch kosten, damit der Kohl nicht zu weich wird.

◆ Inzwischen die Eier etwa 8 Minuten hart kochen, kalt abschrecken, pellen und hacken.

◆ Die Petersilie waschen, trockentupfen und fein hacken.

◆ Die Zitrone waschen, abtrocknen und ein Viertel der Schale abreiben.

◆ Die Butter in einer Pfanne erhitzen und die Semmelbrösel darin bei mittlerer Hitze unter Rühren hellbraun rösten. Die Muskatnuß und die Zitronenschale untermischen.

◆ Eine Schüssel vorwärmen.

◆ Den Blumenkohl in ein Sieb gießen und abtropfen lassen, dann zu den Semmelbröseln geben und darin wenden.

◆ Den Blumenkohl in der Schüssel anrichten und mit weißem Pfeffer, gehackten Eiern und Petersilie bestreut servieren.

Zubereitung etwa 30 Minuten
1 Portion = 1382 kJ/ 329 kcal

Blumenkohlgratin

Sauce Mornay eignet sich hervorragend zum Überbacken von Gemüse und Aufläufen. Am besten schmeckt die Sauce, wenn sie mit Blumenkohlsud statt mit Brühe zubereitet wird.

◆ Den Blumenkohl putzen, waschen und zerteilen.

◆ Die Stiele und den Strunk würfeln und zusammen mit den Röschen in reichlich Salzwasser 2–3 Minuten sprudelnd kochen lassen.

◆ Den Kohl abgießen und den Sud für die Sauce auffangen.

◆ Die Sauce Mornay zubereiten.

◆ Den Blumenkohl in eine Gratinform legen.

◆ Die Tomaten abziehen, würfeln, die Stielansätze dabei entfernen und die Tomaten auf dem Kohl verteilen.

Zutaten für 4 Portionen
1 mittelgroßer Blumenkohl
Salz
Sauce Mornay (S. 170)
4 Tomaten
100 g gekochter Schinken
1 gehäufter EL Butter

◆ Den Schinken in Streifen schneiden und auf die Tomaten legen.

◆ Die Sauce Mornay über dem Gemüse verteilen. Die Butter in Flöckchen teilen und darauf legen.

◆ Das Gratin auf die mittlere Schiene des kalten Backofens stellen und bei 200 °C (Umluft 180 °C, Gas Stufe 3) etwa 30 Minuten backen, bis es schön braun ist.

Zubereitung etwa 30 Minuten
Backzeit etwa 30 Minuten
1 Portion = 1995 kJ/ 475 kcal

Brokkoli mit Pilzen und Kartoffeln

Zutaten für 4 Portionen
750 g Brokkoli
500 g festkochende Kartoffeln
1 große Zwiebel
2 EL Öl
1/8 l Gemüsebrühe
200 g Austernpilze
200 g Crème double
1 EL Zitronensaft
Salz
weißer Pfeffer
1 MSP gemahlene Muskatblüte
einige Blättchen Petersilie
100 g geriebener Hartkäse

Dieses Gericht wird wie italienische Nudelgerichte mit Reibkäse bestreut.

◆ Die Brokkoli putzen, waschen, und in Röschen teilen. Die Strünke schälen und würfeln.

◆ Die Kartoffeln schälen, waschen und in kleine Würfel schneiden.

◆ Die Zwiebel abziehen und fein hacken.

◆ Die Hälfte des Öls in einem Topf erhitzen und die Zwiebel darin bei mittlerer Hitze unter Rühren glasig braten.

◆ Brokkoli, Kartoffeln und Gemüsebrühe hinzufügen, einmal aufkochen und zugedeckt bei schwacher Hitze in etwa 15 Minuten weich garen.

◆ Die Pilzhüte von den Strünken schneiden, in Streifen teilen und im restlichen Öl bei starker Hitze unter Rühren etwa 3 Minuten rösten.

◆ Die Brokkoli-Kartoffel-Mischung mit den Pilzen und der Crème double mischen, mit Zitronensaft, Salz, 1 kräftigen Prise Pfeffer und Muskatblüte würzen und zugedeckt 5 Minuten ziehen lassen.

◆ Die Petersilienblättchen waschen, trockentupfen und hacken.

◆ Das Gemüse mit der Petersilie bestreut anrichten.

◆ Den Reibkäse dazu servieren.

Zubereitung etwa 45 Minuten
1 Portion = 1991 kJ/ 474 kcal

Kohlrabigemüse

◆ Die kleinen, zarten Kohlrabiblätter abschneiden, waschen und in Streifen schneiden.

◆ Die Knollen schälen, vierteln und in dünne Scheiben schneiden.

◆ Die Lauchzwiebeln putzen, waschen und in knapp fingerbreite Stücke schneiden.

◆ Den Kerbel waschen, trockentupfen und grob zerkleinern.

◆ Das Öl in einem Topf erhitzen und die Zwiebeln darin bei schwacher Hitze unter Rühren glasig braten.

◆ Die Kohlrabischeiben, Salz, Pfeffer, Hühnerbrühe und Zitronensaft zugeben.

◆ Das Gemüse aufkochen und zugedeckt bei schwacher Hitze in etwa 5 Minuten gerade bißfest garen.

◆ Die Crème double untermischen.

Zutaten für 4 Portionen
750 g Kohlrabi
2 Lauchzwiebeln
1 Handvoll Kerbel
oder 1/2 Päckchen italienische
TK-Kräutermischung
2 EL Erdnuß- oder Maiskeimöl
Salz, weißer Pfeffer
2 EL Hühnerbrühe
2 EL Zitronensaft
50 g Crème double
1 kleine Möhre

◆ Die Möhre schälen und raspeln. Mit den Kohlrabiblättchen und dem Kerbel oder den TK-Kräutern unter das heiße Gemüse mischen.

Zubereitung etwa 30 Minuten
1 Portion = 609 kJ/ 145 kcal

Gratinierte Kohlrabi mit Tomaten

◆ Die Kohlrabi schälen, waschen und in fingerdicke Stifte schneiden. Im kalten Wasser mit Salz aufkochen und 5 Minuten garen.

◆ Abgießen und das Kochwasser auffangen. Die Kohlrabistifte in eine halbhohe Auflaufform legen.

◆ Das Mehl in einem Topf bei mittlerer Hitze unter Rühren hell rösten. Langsam die aufgefangene Kohlrabibrühe zugießen und dabei kräftig mit einem Schneebesen rühren.

◆ Die Sauce unter ständigem Rühren aufkochen und bei schwacher Hitze etwa 5 Minuten köcheln lassen, bis sie ganz glatt ist.

◆ Sahne, Käse, Pfeffer, Muskat und Majoran untermischen und bei schwacher Hitze rühren, bis sich der Käse aufgelöst hat. Über die Kohlrabistifte gießen.

Zutaten für 4 Portionen
1 kg Kohlrabi
$^1/_4$ l Wasser
Salz
40 g Mehl
$^1/_8$ l süße Sahne
75 g frisch geriebener Hartkäse
Cayennepfeffer
geriebene Muskatnuß
1 TL getrockneter Majoran
400 g Tomaten
300 g Mozzarella
1 EL Butter

◆ Die Tomaten abziehen und in Scheiben schneiden; die Stielansätze dabei entfernen.

◆ Die Tomatenscheiben auf den Kohlrabistiften verteilen.

◆ Den Mozzarella abtropfen lassen, ebenfalls in Scheiben schneiden und auf die Tomaten legen.

◆ Die Butter in Stücke teilen und darüberlegen.

◆ Den Kohlrabi auf die mittlere Schiene des kalten Backofens stellen und bei 180 °C (Umluft 160 °C, Gas Stufe 2–3) etwa 30 Minuten backen, bis der Mozzarella zerlaufen und leicht gebräunt ist.

Zubereitung etwa 30 Minuten
Backzeit etwa 30 Minuten
1 Portion = 2024 kJ/ 482 kcal

Gaisburger Marsch

Der schwäbische Eintopf ist ursprünglich ein kräftiges Essen. Hier eine etwas leichtere Version.

◆ 1 Zwiebel abziehen, halbieren und grob zerkleinern.

◆ Das Öl in einem großen Topf erhitzen. Zwiebel und Suppenknochen darin rundherum braun anbraten.

◆ Das Wasser zugießen und aufkochen. Den Schaum auf der Brühe abschöpfen.

◆ Fleisch, Lorbeer, Pfefferkörner und 1 EL Salz zugeben. Zum Kochen bringen und zugedeckt bei schwacher Hitze 1 3/4 Stunden knapp unter dem Siedepunkt fast weich garen.

◆ Fleisch herausnehmen und würfeln. Die Brühe durch ein Sieb gießen und wieder in den Topf geben.

◆ Die beiden restlichen Zwiebeln abziehen, in dünne Ringe schneiden und in der Butter bei schwacher Hitze glasig und weich braten.

◆ Pastinaken oder Petersilienwurzeln, Möhren, Sellerie und Kartoffeln schälen, waschen und würfeln.

Zutaten für 8 Portionen
3 Zwiebeln
1 EL Öl
2 Suppenknochen
2 l Wasser
700 g Rindfleisch
zum Kochen
(Schaufelstück oder Hesse)
1 Lorbeerblatt
1 TL schwarze Pfefferkörner
Salz
2 EL Butter
2 Pastinaken
oder Petersilienwurzeln
2 große Möhren
300 g Knollensellerie
750 g festkochende
Kartoffeln
2 dünne Stangen Lauch
400 g Spätzle
schwarzer Pfeffer aus der Mühle
1 großes Bund
Schnittlauch

◆ Den Lauch putzen, waschen und mit allen saftigen grünen Blättern in etwa fingerbreite Stücke schneiden.

◆ Die Brühe aufkochen. Fleisch, Pastinaken oder Petersilienwurzeln, Möhren, Sellerie und Kartoffeln darin 5 Minuten garen.

◆ Lauch und Spätzle in die Brühe geben, erneut aufkochen und weitere 5–6 Minuten garen, bis die Spätzle bißfest sind.

◆ Den Gaisburger Marsch mit Salz und Pfeffer abschmecken.

◆ Die zuvor weich gebratenen Zwiebelringe nun bei mittlerer Hitze goldbraun rösten.

◆ Eine große Schüssel vorwärmen.

◆ Den Schnittlauch waschen, trockentupfen und fein zerkleinern.

◆ Den Gaisburger Marsch in die vorgewärmte Schüssel geben. Mit den Zwiebelringen belegen und mit dem Schnittlauch bestreuen.

Zubereitung etwa 1 Stunde
Garzeit etwa 2 Stunden
1 Portion = 2150 kJ/ 512 kcal

Pichelsteiner

◆ Alles Fleisch in gulaschgroße Würfel schneiden.

◆ Das Rindermark aus den Knochen lösen und in Scheiben schneiden.

Zutaten für 8 Portionen
250 g Rindfleisch
(dicker Bug oder Hesse)
je 250 g Schweine-, Kalbs- und
Lammschulter ohne Knochen
2 Rindermarkknochen
2 Zwiebeln
800 g festkochende Kartoffeln
500 g Knollensellerie
400 g Möhren
3 Petersilienwurzeln
2 dicke Stangen Lauch
2 EL Öl
Salz
schwarzer Pfeffer aus der Mühle
3/4 l Fleischbrühe
je 1 Bund Petersilie
und Schnittlauch

◆ Die Zwiebeln abziehen und grob hacken.

◆ Kartoffeln, Sellerie, Möhren und Petersilienwurzeln schälen, waschen und jeweils in 0,5 cm dicke Scheiben schneiden.

◆ Die Lauchstangen putzen, längs halbieren und waschen. Hälften in fingerdicke Stücke schneiden.

◆ Das Öl in einem großen Bräter erhitzen. Die Markscheiben darin bei schwacher Hitze ausbraten, herausnehmen und auf einem Teller beiseite stellen.

◆ Die Fleischwürfel bei starker bis mittlerer Hitze portionsweise im heißen Fett rundherum braun anbraten. Ebenfalls wieder herausnehmen und beiseite stellen.

◆ Zwiebeln und Kartoffeln zusammen in 2 Portionen anbraten und aus dem Topf nehmen.

◆ Das Gemüse ebenfalls in 2 Portionen anbraten und herausnehmen.

◆ Den Bräter schichtweise mit Gemüse, Kartoffeln und Fleisch füllen und jede Schicht mit Salz und Pfeffer würzen. Als Abschluß eine Lage Kartoffeln einfüllen und darauf die Markscheiben legen. Die Brühe an den Seiten zugießen.

◆ Den Pichelsteiner bei starker Hitze aufkochen und zugedeckt bei schwacher Hitze 1 1/2–2 Stunden garen, bis das Fleisch weich ist.

◆ Die Teller vorwärmen.

◆ Petersilie und Schnittlauch waschen, trockentupfen und fein zerkleinern. Den Pichelsteiner damit bestreuen und auf den vorgewärmten Tellern anrichten.

Zubereitung etwa 1 Stunde
Garzeit etwa 2 Stunden
1 Portion = 1718 kJ/ 409 kcal

Gemischtes Gemüse

Das Gemüse mit dem zarten Butteraroma paßt gut zu großen Braten, pochiertem Fisch oder neuen Kartoffeln mit Sauce béarnaise (siehe S. 169).

◆ Die grünen Blättchen von Fenchel und Stangensellerie zum Bestreuen beiseite legen. Alles Gemüse putzen und waschen.

◆ Fenchelknollen und Zucchini der Länge nach vierteln.

◆ Brokkoliröschen abschneiden, die Stiele schälen und in Stifte schneiden.

◆ Die Möhren schälen und längs in Stifte schneiden.

◆ Alles möglichst nebeneinander in einen großen Schmortopf legen und mit Salz, Pfeffer und Muskat würzen.

◆ Die Brühe zugießen. Die Butter in Stücke teilen und auf das Gemüse legen. Die Brühe aufkochen und das Gemüse zugedeckt bei schwacher Hitze 10 Minuten garen.

◆ Die Petersilie waschen und trockentupfen. Petersilien- und Gemüseblättchen fein hacken und über das Gemüse streuen.

Zubereitung etwa 30 Minuten
1 Portion = 685 kJ/ 163 kcal

Zutaten für 4 Portionen
1,5 kg gemischtes Gemüse:
Fenchelknollen, Stangensellerie,
Lauchzwiebeln, Zucchini,
Brokkoli, Möhren
Salz
weißer Pfeffer
geriebene Muskatnuß
1/8 l Hühner- oder Gemüsebrühe
50 g Butter
1 Bund Petersilie

Chinagemüse mit Reisnudeln

Ein ideales Essen zu zweit: das Gemüse muß rasch angebraten und mit den Reisnudeln nur kurz gedünstet werden. Kleine Portionen eignen sich dafür am besten, weil sie gleichmäßig garen.

◆ Die Möhren schälen und in streichholzdünne Stifte schneiden.

◆ Die Paprikaschoten waschen, abtrocknen und achteln. Stielansätze, Kerne und die weißen Häutchen entfernen und die Schoten in feine Streifen schneiden.

◆ Die Lauchstangen putzen und in fingerlange Stücke schneiden. Die Stücke längs halbieren, waschen und in feine Streifen schneiden.

Zutaten für 2 Portionen
200 g Möhren
je 1 große rote und
grüne Paprikaschote
250 g dünne Stangen Lauch
100 g Sojasprossen
3 EL Erdnußöl
2 EL Sojasauce
2 EL trockener Sherry
300 ml Hühnerbrühe
100 g Reisnudeln
1 TL scharfe Bohnenpaste
oder Cayennepfeffer
Salz

◆ Die Sojasprossen kalt abspülen.

◆ Das Öl in einer Pfanne oder im Wok erhitzen und das Gemüse darin bei starker Hitze unter Rühren etwa 1 Minute kräftig anbraten.

◆ Sojasauce, Sherry, Hühnerbrühe und Reisnudeln zugeben.

◆ Das Gemüse aufkochen und zugedeckt bei starker bis mittlerer Hitze etwa 2 Minuten kochen lassen, bis die Nudeln weich sind.

◆ Mit Bohnenpaste oder Cayennepfeffer und Salz abschmecken.

Zubereitung etwa 30 Minuten
1 Portion = 1835 kJ/ 437 kcal

Ratatouille

Nach dem ursprünglichen südfranzösischen Rezept wird das Gemüse geschmort, bis es fast zerkocht ist. Hier die moderne Art mit bißfestem Gemüse.

◆ Aubergine, Zucchini und Paprikaschoten waschen und putzen.
◆ Die Aubergine längs halbieren und quer in knapp fingerdicke Scheiben schneiden.
◆ Die Zucchini ebenfalls in Scheiben, die Paprikaschoten in 2 Finger breite Streifen schneiden.
◆ Die Zwiebel abziehen, halbieren und in dünne Scheiben schneiden.
◆ Die Tomaten abziehen und vierteln; die Stielansätze entfernen.
◆ Petersilie, Basilikum und Salbei waschen und trockentupfen. Die Blätter fein hacken.
◆ Den Backofen auf 220 °C (Umluft 200 °C, Gas Stufe 4) vorheizen.
◆ Das Öl in einer Pfanne erhitzen und das Gemüse darin portionsweise leicht braun anbraten.
◆ Das Gemüse abwechselnd in einen flachen Schmortopf schichten. Jede Schicht mit Kräutern, Salz und Pfeffer bestreuen.
◆ Zum Schluß alles mit dem Olivenöl beträufeln, zugedeckt auf die untere Schiene des heißen Backofens stellen und 30 Minuten garen.

Zubereitung etwa 1 Stunde
Garzeit etwa 30 Minuten
1 Portion = 1138 kJ/ 271 kcal

Zutaten für 6 Portionen
1 mittelgroße Aubergine
3 kleine, feste Zucchini
je 1 rote, grüne und gelbe
Paprikaschote
1 Gemüsezwiebel
500 g Flaschentomaten
je 1 Bund Petersilie
und Basilikum
5 Salbeiblätter
$1/8$ l Öl zum Braten
Salz
schwarzer Pfeffer aus der Mühle
3 EL Olivenöl zum
Beträufeln

Sommergemüse

Variieren Sie das Gemüse mit allem, was der Markt gerade bietet, beispielsweise Auberginen, Paprikaschoten, Spitzkohl und Blumenkohl. Die Kochzeit hängt davon ab, wie frisch das Gemüse ist: Erntefrisches Gemüse ist am schnellsten gar.

Zutaten für 3 Portionen
200 g grüne Bohnen
Salz
1 Bund Lauchzwiebeln
1 mittelgroßer Kohlrabi
300 g Schmorgurken
2 EL Olivenöl
2 EL Wasser
Cayennepfeffer
1 Bund Schnittlauch
250 g körniger Frischkäse

◆ Die grünen Bohnen putzen, waschen und in reichlich kochendem Salzwasser etwa 2 Minuten sprudelnd kochen lassen.
◆ Abgießen, kalt abschrecken und abtropfen lassen.
◆ Die Lauchzwiebeln putzen, waschen und mit allen saftigen grünen Blättern in etwa 5 cm lange Stücke schneiden.
◆ Den Kohlrabi und die Schmorgurken schälen und in Stifte schneiden.
◆ Das Öl erhitzen und das vorbereitete Gemüse darin bei mittlerer Hitze etwa 1 Minute anbraten.
◆ Das Wasser zugeben. Das Gemüse mit Salz und Cayennepfeffer würzen und zugedeckt bei schwacher Hitze in 5–15 Minuten bißfest garen.
◆ Die Teller gut vorwärmen.
◆ Den Schnittlauch waschen, trockentupfen und fein zerkleinern.
◆ Das Gemüse auf den heißen Tellern anrichten.
◆ Den Frischkäse darauf verteilen und zum Servieren den Schnittlauch darüberstreuen.

Zubereitung etwa 30 Minuten
1 Portion = 857 kJ/ 204 kcal

Gebratenes Gemüse

◆ Die Sprossen waschen und abtropfen lassen.

◆ Den Spinat verlesen, putzen, gründlich waschen und trockenschütteln.

◆ Die Pilze putzen oder waschen, in Scheiben schneiden und mit dem Zitronensaft mischen.

◆ Die Möhren schälen und in Stifte schneiden.

◆ Die Lauchzwiebeln putzen, waschen und mit allen saftigen grünen Blättern jeweils in fingerdicke Stücke schneiden.

◆ Den Knoblauch abziehen und zerdrücken.

◆ Die Nüsse hacken und mit dem Sesam mischen.

◆ Die Teller vorwärmen.

◆ Das Öl in der Pfanne oder im Wok heiß werden lassen.

◆ Kreuzkümmel und Ingwerpulver,

Zutaten für 4 Portionen

100 g Sojasprossen

600 g Wurzelspinat

250 g frische Pilze wie
Shiitake, braune Champignons
oder Austernpilze

2 EL Zitronensaft

2 kleine Möhren

3 Lauchzwiebeln

2 Knoblauchzehen

50 g Walnuß- oder
Cashewnußkerne

25 g Sesamsamen

2 EL Sesamöl

1/4 TL gemahlener Kreuzkümmel

1 MSP Ingwerpulver

Salz

weißer Pfeffer

Sprossen, Spinat, Pilze, Möhren, Lauchzwiebelstücke und Knoblauch hineingeben und bei starker bis mittlerer Hitze unter ständigem Rühren 3–5 Minuten braten. Mit Salz und Pfeffer würzen.

◆ Das Gemüse auf den vorgewärmten Tellern anrichten und mit der Nuß-Sesam-Mischung bestreuen.

Zubereitung etwa 45 Minuten
1 Portion = 949 kJ/ 226 kcal

Süß-saures Gemüse

Zutaten für 4 Portionen

je 200 g Möhren,
grüne Bohnen, Brokkoli
und Blumenkohl

1 Orange

1 säuerlicher Apfel

1 große, feste Banane

1 Zwiebel

1 Knoblauchzehe

1 Stück frische Ingwerwurzel

1 Bund Petersilie

50 g Erdnußkerne

3 EL Öl

1/4 l Instantgemüsebrühe

4 EL milder Obst- oder Weinessig

Cayennepfeffer

◆ Die Möhren schälen. Die Bohnen putzen und waschen.

◆ Brokkoli und Blumenkohl putzen, waschen und in Röschen teilen.

◆ Die Orange schälen und in Stücke schneiden. Den Saft auffangen, der dabei ausläuft.

◆ Den Apfel vierteln, schälen, vom Kerngehäuse befreien und in Schnitze teilen.

◆ Die Banane schälen und in fingerdicke Scheiben schneiden.

◆ Obst und Orangensaft mischen.

◆ Zwiebel und Knoblauch abziehen und fein hacken.

◆ Die Ingwerwurzel schälen und auf der Rohkostreibe raspeln.

◆ Die Petersilie waschen, trockentupfen und die Blätter zusammen mit den Erdnüssen fein hacken.

◆ Die Teller gut vorwärmen.

◆ Das Öl in einem großen Topf erhitzen. Zwiebel und Knoblauch darin bei schwacher Hitze unter Rühren glasig braten.

◆ Ingwer, Möhren, Bohnen, Brokkoli und Blumenkohl untermischen. Die Brühe zugeben, aufkochen und zugedeckt bei schwacher Hitze 5 Minuten garen.

◆ Das Obst untermischen, erneut aufkochen und weitere 5 Minuten garen.

◆ Alles mit Essig und 1 kräftigen Prise Cayennepfeffer würzen und auf den heißen Tellern anrichten. Petersilie und Erdnüsse darüberstreuen.

Zubereitung etwa 45 Minuten
1 Portion = 1096 kJ/ 261 kcal

Gemüseauflauf

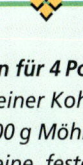

◆ Kohlrabi und Möhren schälen und klein würfeln.

◆ Die Zucchini waschen, putzen und in fingerdicke Scheiben schneiden.

◆ Diese Gemüse mit der Brühe aufkochen und zugedeckt bei schwacher Hitze 5 Minuten garen.

◆ Abgießen und abtropfen lassen. Den Sud für die Sauce auffangen.

◆ Die Zwiebel abziehen und fein hacken. Die Butter erhitzen und die Zwiebel darin glasig braten.

◆ Das Mehl darüberstäuben und hell anrösten. Die Brühe zugießen und rühren, bis die Sauce glatt ist.

◆ Mit Salz, Pfeffer und Koriander würzen und zugedeckt bei schwacher Hitze 5 Minuten kochen lassen.

◆ Die Sahne untermischen und die Sauce lauwarm abkühlen lassen.

◆ Das Brot im Blitzhacker fein zerkleinern.

◆ Die Petersilie waschen und trok-

Zutaten für 4 Portionen

1 kleiner Kohlrabi
200 g Möhren
250 g kleine, feste Zucchini
¼ l Gemüsebrühe
1 Zwiebel
75 g Butter
50 g Mehl
Salz
weißer Pfeffer
½ TL gemahlener Koriander
200 ml süße Sahne
50 g hartes Vollkornbrot
1 Bund Petersilie
3 Eier
100 g geriebener
Hartkäse
50 g Haselnußkerne
Fett für die Form

kentupfen und die Blätter fein hacken.

◆ Die Eier trennen und das Eiweiß steif schlagen.

◆ Die Sauce mit Gemüse, Eigelb und der Petersilie verrühren und den Eischnee daraufgeben.

◆ Das Brot mit dem Käse mischen, auf den Eischnee streuen und alles mischen.

◆ Eine hohe Auflaufform fetten und den Auflauf hineingeben.

◆ Den Gemüseauflauf auf die mittlere Schiene des kalten Backofens stellen und bei 200 °C (Umluft 180 °C, Gas Stufe 3) etwa 45 Minuten backen, bis er schön gebräunt ist.

◆ Die Nüsse grob hacken und den Auflauf damit bestreut servieren.

Zubereitung etwa 45 Minuten
Backzeit etwa 45 Minuten
1 Portion = 2890 kJ/ 688 kcal

Gemüsetempura

Zutaten für 4 Portionen
$^1/_8$ l Gemüsebrühe
2 EL Reiswein
oder trockener Sherry
3 EL helle Sojasauce
200 ml eiskaltes Wasser
125 g feines Weizenmehl
1 Ei
1 TL Salz
3 kleine Zucchini
8 kleine Maiskölbchen
8 kleine Shiitakepilze
8 Zucchiniblüten
1 kleine rosa Knoblauchknolle
1 mittelgroße grüne Paprikaschote
100 g Mehl
$^1/_2$ l Öl zum Fritieren
2 Zitronen

Tempura kommt aus Japan. Die Häppchen schmecken noch heiß oder gerade abgekühlt.

◆ Für die Sauce Gemüsebrühe, Reiswein oder Sherry und Sojasauce aufkochen und abkühlen lassen.
◆ Für den Teig das Wasser in eine Schüssel geben. Das Mehl darauf sieben und mit den Quirlen des Handrührgeräts verrühren, bis der Teig ganz glatt ist. Ei und Salz untermischen und den Teig zugedeckt in den Kühlschrank stellen, bis die anderen Zutaten vorbereitet sind.
◆ Die Zucchini waschen, putzen und in Scheiben schneiden.
◆ Die Maiskölbchen waschen und trockentupfen.
◆ Die Stiele der Pilze entfernen.
◆ Die Zucchiniblüten innen gründlich auswaschen.
◆ Den Knoblauch in die einzelnen Zehen teilen und abziehen.
◆ Die Paprikaschote waschen, ab-

trocknen, putzen und in fingerbreite Streifen schneiden.
◆ Das Mehl auf einem Teller bereitstellen.
◆ Das Öl zum Fritieren im Wok oder der Friteuse erhitzen.
◆ Zucchini, Mais, Pilze, Zucchiniblüten, Knoblauch und Paprikastreifen portionsweise im Mehl wenden, mit einer Gabel durch den Teig ziehen und im heißen Öl etwa 4 Minuten fritieren, bis sie eine zarte Kruste haben. Gebackenes Gemüse jeweils herausnehmen und auf Küchenpapier abtropfen lassen.
◆ Eine große Platte mit Papierservietten auslegen und das Gemüse darauf anrichten.
◆ Die Zitronen in Schnitze teilen und zum Tempura legen. Zum Essen die Häppchen mit Zitronensaft beträufeln und jeweils in die Sauce tauchen.

*Zubereitung etwa 2 Stunden
1 Portion = 2008 kJ/ 478 kcal*

Gemüsefondue

Als Abschluß dieses vegetarischen Fondues reicht man die Brühe mit chinesischen Eiernudeln.

◆ Blumenkohl und Brokkoli putzen, waschen und in Röschen und Stiele teilen.

◆ Die Möhren putzen und in dünne Scheiben schneiden.

◆ Die Lauchzwiebeln putzen, waschen und in fingerlange Stücke schneiden. Das Zwiebelgrün fein hacken und zum Bestreuen der Brühe beiseite legen.

◆ Den Chinakohl putzen, waschen und quer zu den Rippen in etwa 2 Finger breite Streifen schneiden.

◆ Den Spargel waschen, schälen und in fingerbreite Stücke schneiden.

◆ Den Wurzelspinat verlesen und waschen; die harten Stiele abschneiden und wegwerfen.

◆ Die Pilze putzen, waschen und halbieren.

◆ Alle Gemüse auf Servierplatten oder Tellern anrichten.

◆ Die Gemüsebrühe mit der Sojasauce aufkochen, in den Fonduetopf füllen und auf den Rechaud stellen.

◆ Das Gemüse auf Fonduegabeln spießen, in der Brühe garen und in beliebige Saucen gedippt essen.

◆ Zum Schluß die Nudeln in der heißen Brühe etwa 3 Minuten ziehen lassen. Diese Nudelsuppe in Eßschälchen oder Suppentassen füllen und mit dem Zwiebelgrün bestreuen.

Zubereitung etwa 1 Stunde
1 Portion = 769 kJ/ 183 kcal

Zutaten für 4 Portionen
1 kg gemischtes Gemüse
wie Blumenkohl, Brokkoli
und Möhren
1 Bund Lauchzwiebeln
1 kleiner Chinakohl
4 Stangen Spargel
1 Handvoll Wurzelspinat
8 mittelgroße Champignons
1 1/4 l Gemüsebrühe
3 EL Sojasauce
100 g dünne chinesische
Instanteiernudeln

Gemüsepuffer mit Buchweizen

Zutaten für 4 Portionen
1 mittelgroßer Kohlrabi
200 g Rettich
3 dünne Lauchstangen
1 Bund Petersilie
1 EL Öl
100 g Buchweizenkörner
Salz, weißer Pfeffer
2 Eier
50 g Semmelbrösel
Öl zum Braten

◆ Kohlrabi und Rettich schälen und das Gemüse auf der Rohkostreibe fein raspeln.

◆ Die Lauchstangen putzen, waschen und mit allen saftigen grünen Blättern fein hacken.

◆ Die Petersilie waschen, trockentupfen und fein zerkleinern.

◆ 1 EL Öl in einer Pfanne erhitzen. Kohlrabi, Rettich, Lauch und Buchweizen darin bei mittlerer Hitze etwa 5 Minuten unter Rühren schmoren, bis die Flüssigkeit, die sich bildet, wieder verdampft ist.

◆ Die Petersilie untermischen, alles mit Salz und Pfeffer kräftig würzen und abkühlen lassen.

◆ Die Gemüsemischung mit Eiern und Semmelbröseln verrühren.

◆ Den Backofen auf 50 °C vorheizen.

◆ Das Öl erhitzen. Für jeden Puffer 1 gehäuften EL Gemüseteig in das heiße Öl geben, flachdrücken und zugedeckt bei mittlerer Hitze etwa 4 Minuten backen, bis die Puffer an der Unterseite leicht gebräunt sind und sich gut ablösen lassen.

◆ Die Puffer wenden, auf der zweiten Seite etwa 3 Minuten in der offenen Pfanne backen und im Backofen warm halten.

Zubereitung etwa 1 1/4 Stunden
1 Portion = 1365 kJ/ 325 kcal

Gemüsefrikadellen

Für die Frikadellen können Sie jedes Gemüse nehmen; es darf nur nicht zuviel Wasser enthalten. Gut geeignet sind Kohlrabi, rote Beten, Blumenkohl, Brokkoli und Lauch.

◆ Das Kartoffelmehl mit dem Wasser verrühren und quellen lassen, bis die anderen Zutaten vorbereitet sind.

◆ Das Gemüse putzen oder schälen und waschen. Portionsweise – am besten im Blitzhacker – sehr fein zerkleinern.

◆ Die Zwiebel abziehen und fein hacken.

◆ Kartoffelteig, Gemüse, Zwiebel, Eier und Mehl mischen und mit Salz, Pfeffer und Koriander würzen.

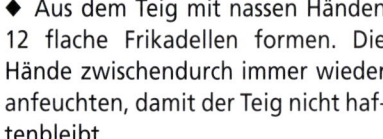

Zutaten für 4 Portionen
$\frac{1}{2}$ Päckchen Kartoffelmehl für gekochte Klöße (100 g)
$\frac{1}{4}$ l Wasser
500 g Möhren, Knollensellerie und Zucchini gemischt
1 Zwiebel
2 Eier
150 g Weizenvollkornmehl
Salz
weißer Pfeffer
$\frac{1}{4}$ TL gemahlener Koriander
Öl zum Braten

◆ Aus dem Teig mit nassen Händen 12 flache Frikadellen formen. Die Hände zwischendurch immer wieder anfeuchten, damit der Teig nicht haftenbleibt.

◆ Den Backofen auf 50 °C schalten.

◆ Das Öl erhitzen und die Frikadellen darin portionsweise bei schwacher bis mittlerer Hitze etwa 5 Minuten braten, bis sie sich leicht vom Pfannenboden lösen. Wenden und in etwa 4 Minuten fertig braten.

◆ Die gebratenen Frikadellen im Backofen warm halten, bis alle fertig sind.

Zubereitung etwa 1 Stunde
1 Portion = 1520 kJ/ 362 kcal

Auberginen mit Joghurtsauce

Auberginen zu braten braucht Zeit: je schwächer die Hitze, desto weniger spritzt das Fett. Früher wurde das Gemüse vor dem Braten gesalzen, um ihm die Bitterstoffe zu entziehen. Heutige Züchtungen schmecken ganz mild. Als Beilage passen Kartoffeln, Brot, Hirse oder Bulgur.

◆ Die Auberginen waschen, von den Stielansätzen befreien und längs in fingerdicke Scheiben schneiden.
◆ Das Öl erhitzen und die Auberginen portionsweise darin bei schwacher Hitze zugedeckt auf beiden Seiten braun und weich braten.
◆ Inzwischen die frischen Kräuter waschen, trockentupfen und fein hacken. Mit Joghurt und saurer Sahne mischen, mit Kreuzkümmel, Salz und Pfeffer würzen.
◆ Die heißen Auberginen mit dem Joghurt anrichten.

*Zubereitung etwa 1½ Stunden
1 Portion = 1491 kJ/ 355 kcal*

Gefüllte Auberginen mit Linsen

Zu diesem raffinierten Essen passen Pellkartoffeln und Salat.

◆ Die Linsen mit dem Wasser in einem Topf aufkochen und zugedeckt bei schwacher Hitze 10 Minuten garen. Lauwarm abkühlen lassen.
◆ Inzwischen die Auberginen waschen und von den Stielansätzen befreien. Längs halbieren und das Fruchtfleisch mit einem Löffel herauskratzen, so daß die Auberginenhälften bis auf etwa 1 cm ausgehöhlt sind und Schälchen bilden.
◆ Die Tomaten waschen und die Stielansätze herausschneiden. Mit der Crème fraîche pürieren, salzen und in eine ofenfeste Form mit niedrigem Rand geben.
◆ Die Auberginenhälften nebeneinander in die Form setzen.
◆ Für die Füllung die Lauchzwiebeln putzen, waschen und mit allen saftigen grünen Blättern fein zerkleinern.
◆ Den Knoblauch abziehen und zerdrücken.
◆ Paprikaschote und Pilze putzen, waschen und fein zerkleinern.

◆ Den Majoran waschen, trockentupfen und fein hacken.
◆ Die Nüsse ebenfalls fein hacken.
◆ Lauchzwiebeln, Knoblauch, Paprikaschote, Pilze, Majoran und Nüsse mit dem ausgehöhlten Auberginenfleisch und den Linsen mischen. Kräftig mit Salz und Pfeffer würzen und in die Auberginenhälften füllen. Den Käse darüberstreuen.
◆ Die Auberginen auf die mittlere Schiene des kalten Backofens stellen und bei 200 °C (Umluft 180 °C, Gas Stufe 3) etwa 30 Minuten backen, bis der Käse leicht gebräunt ist.

*Zubereitung etwa 45 Minuten
Backzeit etwa 30 Minuten
1 Portion = 2482 kJ/ 591 kcal*

Auberginencurry

Für dieses fleischlose Curry brauchen Sie zwei ungewöhnliche Zutaten: Sojadrink bekommen Sie in Reformhäusern und Naturkostläden, Kokospaste in Asienläden und manchen Supermärkten. Zu dem Gericht paßt am besten Reis.

◆ Die Auberginen waschen und abtrocknen. Vom Stielansatz befreien, längs halbieren und die Hälften in fingerdicke Scheiben schneiden.
◆ Die Tomaten abziehen und in Scheiben schneiden; dabei die Stielansätze entfernen.
◆ Die Pfefferschote waschen, halbieren; Stiel und Kerne entfernen. Die Hälften in Streifen schneiden.
◆ Zwiebel und Knoblauch abziehen und fein hacken.
◆ Die Ingwerwurzel schälen und reiben.

Zutaten für 4 Portionen
400 g schlanke Auberginen
300 g Tomaten
1 grüne Pfefferschote
1 große Zwiebel
2 Knoblauchzehen
1 Stück frische Ingwerwurzel
7 EL Erdnußöl
100 g Kokospaste
1 EL Zitronensaft
1 TL Kurkumapulver (Gelbwurz)
$\frac{1}{2}$ TL Senfpulver
Salz, Cayennepfeffer
100 ml Sojadrink

◆ Das Öl nach und nach in einer großen Pfanne erhitzen und die Auberginenscheiben darin portionsweise bei schwacher Hitze auf beiden Seiten braten, bis sie gebräunt und halb weich sind, dann herausnehmen und auf einem Teller beiseite stellen.
◆ Zwiebel, Knoblauch, Ingwerwurzel und Pfefferschote ins Bratöl geben und bei schwacher Hitze unter Rühren anschwitzen.
◆ Die Kokospaste mit Zitronensaft, Kurkumapulver und Senfpulver unter die Zwiebelmischung rühren.
◆ Die Auberginen darauf geben. Die Tomatenscheiben darüber verteilen und mit Salz und Cayennepfeffer würzen. Den Sojadrink darübergießen.
◆ Alles aufkochen und zugedeckt bei schwacher Hitze etwa 10 Minuten garen.

Zubereitung etwa 1¼ Stunden
1 Portion = 1277 kJ/ 304 kcal

Überbackene Tomaten

Die Tomaten passen zu kurzgebratenem Fleisch und frischem Weißbrot oder für mehrere Gäste als Vorspeise.

◆ Den Backofen auf 220 °C (Umluft 200 °C, Gas Stufe 4) vorheizen.
◆ Die Tomaten waschen und quer zu den Samenkammern halbieren. Die Stielansätze entfernen.
◆ Einen Teil des Fruchtfleisches mit einem Teelöffel herausholen, hakken und beiseite stellen.
◆ Die Tomatenhälften in eine Gratinform setzen und mit wenig Salz und reichlich Pfeffer würzen.

◆ Die Petersilie waschen, trockentupfen, fein zerkleinern und mit dem gehackten Tomatenfleisch, Semmelbröseln und Parmesankäse mischen.
◆ Die Mischung auf den Tomaten verteilen und das Olivenöl darüberträufeln.
◆ Die Tomaten auf die mittlere Schiene des heißen Backofens schieben und etwa 20 Minuten backen, bis die Kruste leicht braun ist.

Zubereitung etwa 20 Minuten
Backzeit etwa 20 Minuten
1 Portion = 1201 kJ/ 286 kcal

Zutaten für 4 Portionen
8 große Tomaten
Salz
schwarzer Pfeffer aus der Mühle
1 großes Bund Petersilie
100 g Semmelbrösel
100 g geriebener Parmesan
3 EL Olivenöl

Gefüllte Tomaten mit Weizen

Weizenkörner muß man lange einweichen und kochen, damit sie gut verdaulich sind. Wenn es schneller gehen soll: Weizengrütze braucht zum Garen 10 Minuten und anschließend 1/2 Stunde Quellzeit.

◆ Die Weizenkörner im Wasser einweichen und zugedeckt 6 Stunden im Kühlschrank quellen lassen.
◆ Mit dem Einweichwasser aufkochen und zugedeckt bei schwacher Hitze 30 Minuten garen.
◆ Inzwischen die Tomaten waschen und abtrocknen. Von jeder einen Deckel abschneiden und die Stielansätze entfernen. Die Tomaten mit

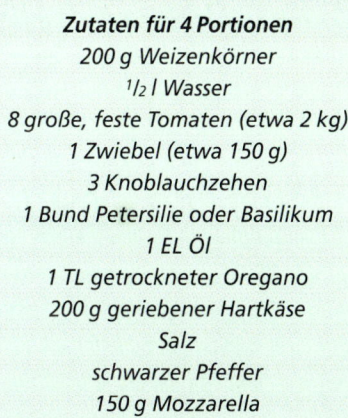

Zutaten für 4 Portionen
200 g Weizenkörner
1/2 l Wasser
8 große, feste Tomaten (etwa 2 kg)
1 Zwiebel (etwa 150 g)
3 Knoblauchzehen
1 Bund Petersilie oder Basilikum
1 EL Öl
1 TL getrockneter Oregano
200 g geriebener Hartkäse
Salz
schwarzer Pfeffer
150 g Mozzarella

einem Teelöffel aushöhlen; das ausgehöhlte Fruchtfleisch und die Tomatendeckel fein zerkleinern.
◆ Zwiebel und Knoblauch abziehen und hacken.
◆ Petersilie oder Basilikum waschen, trockentupfen und fein zerkleinern.
◆ Den Backofen auf 220 °C (Umluft 200 °C, Gas Stufe 4) vorheizen.

◆ Das Öl erhitzen. Zwiebel und Knoblauch darin glasig braten.
◆ Den Weizen und die Hälfte der gehackten Tomaten zugeben und bei starker Hitze unter Rühren schmoren, bis die Flüssigkeit fast verdampft ist.
◆ In eine Schüssel geben und lauwarm abkühlen lassen.
◆ Petersilie oder Basilikum, Oregano, geriebenen Käse, Salz und 1 kräftige Prise Pfeffer untermischen.
◆ Die Tomaten damit füllen und nebeneinander in eine flache Gratinform setzen. Den Rest der gehackten Tomaten daneben verteilen.
◆ Den Mozzarella abtropfen lassen, in dünne Scheiben schneiden und auf die gefüllten Tomaten legen.
◆ Die Gratinform auf die mittlere Schiene des heißen Backofens schieben und etwa 20 Minuten überbacken, bis der Käse zerlaufen und leicht gebräunt ist.

Quellzeit 6 Stunden
Zubereitung etwa 1 1/2 Stunden
1 Portion = 2369 kJ/ 564 kcal

Gefüllte Paprikaschoten

Die Paprikaschoten sollten rundlich sein, damit sie sich gut füllen lassen.

◆ Für die Füllung die Zwiebel abziehen und fein hacken.

◆ 1 EL Öl erhitzen und die Zwiebel darin glasig braten.

◆ Das Fleisch zugeben und anbraten, bis es krümelig ist.

◆ Reis, Thymian und Brühe zufügen, aufkochen und zugedeckt 10 Minuten bei schwacher Hitze garen. Lauwarm abkühlen lassen.

◆ Inzwischen die Tomaten für die Sauce abziehen und hacken; die Stielansätze dabei entfernen.

◆ Die Paprikaschoten waschen, abtrocknen und von jeder einen Deckel abschneiden. Die Schoten innen putzen, salzen und pfeffern.

◆ Die Fleischmischung in die Schoten geben und die Deckel wieder aufsetzen.

◆ Das Tomatenmark im restlichen Öl bei mittlerer Hitze einige Sekunden anrösten. Die Tomaten daruntermi-

Zutaten für 4 Portionen
1 Zwiebel, 3 EL Öl
250 g gemischtes Hackfleisch
250 g Langkornreis
1 TL getrockneter Thymian
1/2 l Fleisch- oder Gemüsebrühe
750 g Tomaten
4 große grüne, gelbe
oder hellrote Paprikaschoten
Salz, schwarzer Pfeffer
2 EL Tomatenmark
1 Prise Zucker
2–3 Stengel Basilikum
oder Petersilie
100 g Crème fraîche

schen und mit Salz, reichlich Pfeffer und Zucker würzen.

◆ Die Paprikaschoten nebeneinander auf die Tomaten setzen. Aufkochen und alles 40 Minuten schmoren.

◆ Die Teller vorwärmen.

◆ Basilikum oder Petersilie waschen, trockentupfen und hacken.

◆ Die Paprikaschoten herausnehmen und auf den vorgewärmten Tellern warm halten.

◆ Die Crème fraîche in die Sauce rühren und dickflüssig einkochen.

◆ Die Sauce um die Schoten geben und mit Kräutern bestreuen.

Zubereitung etwa 45 Minuten
Garzeit etwa 45 Minuten
1 Portion = 2596 kJ/ 618 kcal

Peperonata

Die italienische Peperonata, die so berühmt ist wie das französische Ratatouille, ißt man meist zu geschmortem oder kurzgebratenem Fleisch. Probieren Sie das Gemüse aber auch zu Polentaschnitten oder in Butter gebratenen Fischfilets. Peperonata schmeckt auch kalt.

◆ Die Paprikaschoten waschen, putzen und in etwa fingerbreite Streifen schneiden.

◆ Die Tomaten abziehen und der Länge nach vierteln; die Stielansätze dabei entfernen.

◆ Die Kräuter waschen.

Zutaten für 6 Portionen
1 kg gemischte rote, grüne
und gelbe Paprikaschoten
500 g Flaschentomaten
je 2 Zweige frischer Thymian,
Rosmarin und Oregano
2 Gemüsezwiebeln
4 Knoblauchzehen
1/8 l Olivenöl
2 EL trockener Weißwein
oder Gemüsebrühe
Salz, schwarzer Pfeffer

◆ Die Gemüsezwiebeln und den Knoblauch abziehen und hacken.

◆ 2 EL Öl erhitzen und Zwiebeln und Knoblauch darin bei schwacher Hitze glasig braten.

◆ Paprikaschoten, Tomaten, das restliche Öl, Wein oder Brühe, Kräuterzweige, Salz und Pfeffer zugeben.

◆ Das Gemüse aufkochen und zugedeckt bei schwacher Hitze etwa 20 Minuten garen; die Schoten sollen noch bißfest sein.

Zubereitung etwa 30 Minuten
Garzeit etwa 20 Minuten
1 Portion = 932 kJ/ 222 kcal

Spargelgemüse

Die Gemüsemischung ist so bunt wie der Frühling: weißer Spargel, gelbe Möhrchen und grüne Erbsen. Sie schmeckt mit Petersilienkartoffeln und Kalbs- oder Schweineschnitzel oder Schinken.

◆ Den Spargel waschen, schälen und die holzigen Enden abschneiden.
◆ Die Stangen in etwa 5 cm lange Stücke schneiden und die Spargelköpfe beiseite legen.
◆ Die Zwiebel abziehen und hacken.
◆ Die Teller heiß vorwärmen.
◆ Das Öl in einem weiten Topf erhitzen.
◆ Zwiebel und Spargelstücke (ohne die Köpfe) darin bei mittlerer Hitze unter Rühren anbraten, bis die Zwiebel glasig ist.
◆ Wasser, Salz und Zucker zugeben, einmal aufkochen und zugedeckt bei schwacher Hitze 5 Minuten garen.

Zutaten für 4 Portionen
2 kg frischer
weißer Spargel
1 kleine Zwiebel
1 EL Öl
8 EL Wasser
Salz
1 Prise Zucker
2 Möhren
1 Paket (300 g) TK-Erbsen
1 Bund Petersilie nach Belieben
50 ml süße Sahne
30 g Butter
2 TL Zitronensaft
Cayennepfeffer

◆ Die Möhren schälen und in Stifte schneiden.
◆ Die Möhren mit den Spargelköpfen und den gefrorenen Erbsen zum Spargel geben, erneut aufkochen und zugedeckt bei schwacher Hitze etwa 8 Minuten garen; der Spargel und die Möhren sollten noch schön bißfest sein.
◆ Die Petersilie waschen, trockentupfen, hacken und unter das Gemüse mischen.
◆ Das Gemüse auf den heißen Tellern verteilen und dabei soviel Garsud wie möglich im Topf lassen.
◆ Die Sahne in den Sud gießen und aufkochen.
◆ Die Butter zugeben und alles mit den Quirlen das Handrührgeräts oder dem Pürierstab durchschlagen.
◆ Mit Zitronensaft und Cayennepfeffer würzen und über das Gemüse geben.

Zubereitung etwa 1 Stunde
1 Portion = 1025 kJ/ 244 kcal

Spargel mit Käse

Statt wie angegeben Greyerzer Käse kann man Schweizer Emmentaler, Parmesan oder Pecorino nehmen.

◆ Die Spargelstangen waschen und von den holzigen Stielenden befreien. In reichlich Salzwasser mit dem Zucker aufkochen und zugedeckt bei schwacher Hitze in etwa 15 Minuten gerade bißfest garen.
◆ Eine Servierplatte gut vorwärmen.
◆ Den Greyerzer reiben.

Zutaten für 4 Portionen
1 kg grüner Spargel
Salz
1 MSP Zucker
150 g Greyerzer Käse
50 g Butter
einige frische Kräuterblättchen
weißer Pfeffer aus der Mühle

◆ Die Butter zerlassen.
◆ Die Kräuterblättchen waschen, trockentupfen und grob hacken.
◆ Den Spargel vorsichtig aus dem Wasser nehmen und auf der vorgewärmten Servierplatte anrichten.
◆ Den Käse darüberstreuen, mit der Butter beträufeln und mit Pfeffer würzen. Die Kräuter darüberstreuen.

Zubereitung etwa 30 Minuten
1 Portion = 1151 kJ/ 274 kcal

Spargel mit Kerbelsauce

Zu dieser Delikatesse brauchen Sie nur neue Kartoffeln. Schinken reicht man nach Belieben.

◆ Den Spargel waschen, schälen und putzen.
◆ 2 l Wasser mit 2 TL Salz und dem Zucker zum Kochen bringen, den Spargel darin aufkochen und zugedeckt bei mittlerer Hitze in etwa 15 Minuten gerade bißfest garen.

◆ Den Spargel mit einem Schaumlöffel herausnehmen, auf einer Platte anrichten und zugedeckt warm halten, bis die Sauce fertig ist.
◆ Von der Spargelbrühe ¼ l für die Sauce abmessen.
◆ Die Butter zerlassen und das Mehl darin unter Rühren goldgelb anrösten. Die Spargelbrühe dazugießen und dabei ständig rühren.
◆ Die Sauce aufkochen und weiterrühren, bis sie glatt ist. Zugedeckt bei schwacher Hitze etwa 5 Minuten kochen lassen. Die Milch zugeben und unter Rühren erhitzen.

◆ Den Kerbel waschen, trockentupfen und fein hacken.
◆ Die Eier trennen. Das Eigelb mit Zitronensaft und etwas heißer Sauce verrühren.
◆ Unter ständigem Rühren in die Sauce geben und erhitzen, aber nicht mehr aufkochen.
◆ Den Kerbel untermischen. Die Sauce mit Salz, Pfeffer und Muskatblüte abschmecken und über den Spargel gießen.

Zubereitung etwa 45 Minuten
1 Portion = 903 kJ/ 215 kcal

Zutaten für 2 Portionen
1 kg weißer Spargel
Salz
¼ TL Zucker
¼ l Spargelbrühe
2 gestrichene EL Butter
2 gestrichene EL Mehl
¼ l Milch
1 Handvoll Kerbel
2 Eier
2 EL Zitronensaft
weißer Pfeffer aus der Mühle
1 Prise gemahlene
Muskatblüte

Schwarzwurzeln mit Eiersauce

Schwarzwurzeln sollte man erst nach dem Kochen schälen, damit sie schön weiß und vitaminreich bleiben. Roh geschält geben sie außerdem einen milchigen Saft ab, der sich schwer von den Händen entfernen läßt.

◆ Die Schwarzwurzeln mehrmals waschen und dabei gründlich bürsten, bis das Wasser klar bleibt. Den Wurzelansatz abschneiden.

◆ Die Gemüsebrühe mit dem Zitronensaft aufkochen. Die Schwarzwurzeln hinzugeben, aufkochen und zugedeckt bei schwacher Hitze in etwa 15 Minuten bißfest garen.

◆ Eine Servierplatte gut vorwärmen.

◆ Die Eier in etwa 8 Minuten hart kochen. Kalt abschrecken, schälen und hacken.

Zutaten für 4 Portionen
1 kg Schwarzwurzeln
$^{1}/_{2}$ l Gemüsebrühe
2 EL Zitronensaft
2 Eier
je 1 Bund Schnittlauch
und Petersilie
1 gehäufter EL weiche Butter
1 EL Mehl
100 g Crème fraîche
Salz, weißer Pfeffer aus der Mühle
geriebene Muskatnuß

◆ Schnittlauch und Petersilie waschen, trockentupfen und fein zerkleinern.

◆ Butter und Mehl verkneten.

◆ Die gegarten Schwarzwurzeln aus der Brühe nehmen und kurz kalt abschrecken. Die Brühe für die Sauce beiseite stellen.

◆ Die Schwarzwurzeln schälen, auf die vorgewärmte Servierplatte legen und zugedeckt warm halten.

◆ Die Brühe aufkochen, Mehlbutter und Crème fraîche einrühren und erneut aufkochen.

◆ Die gehackten Eier und die Kräuter daruntermischen.

◆ Die Sauce mit Salz, reichlich grob gemahlenem Pfeffer und 1 kräftigen Prise Muskat abschmecken und über die Schwarzwurzeln geben.

Zubereitung etwa 1 Stunde
1 Portion = 853 kJ/ 203 kcal

Meerrettichgemüse

Meerrettich, in Butter geschmort mit Äpfeln und Brötchen, ist eine bayerische Spezialität. Das Gemüse paßt gut zu gekochtem Schweine- und Rindfleisch.

◆ Die Brötchen in dünne Scheiben schneiden.

◆ Die Milch erhitzen und die Brötchen damit übergießen.

◆ Die Petersilie waschen, trockentupfen und fein hacken.

◆ Den Meerrettich schälen, waschen und auf der Rohkostreibe oder in der Küchenmaschine fein reiben. Mit dem Zitronensaft vermischen, damit er sich nicht verfärbt.

◆ Den Apfel vierteln, schälen, vom Kerngehäuse befreien und ebenfalls fein reiben.

◆ Meerrettich und Apfel mischen.

◆ Die Butter in einem Topf erhitzen.

Zutaten für 4 Portionen
2 Weizenbrötchen vom Vortag
$^{1}/_{8}$ l Milch
$^{1}/_{2}$ Bund Petersilie
1 große Stange Meerrettich
2 EL Zitronensaft
1 säuerlicher Apfel
30 g Butter
1 EL Mehl
$^{1}/_{4}$ l Fleischbrühe
50 ml süße Sahne
$^{1}/_{4}$ TL Zucker
Salz

◆ Das Mehl und die eingeweichten Brötchen zugeben und bei mittlerer Hitze unter Rühren etwa 1 Minute schmoren.

◆ Die Fleischbrühe unter Rühren langsam zugießen, aufkochen und zugedeckt bei schwacher Hitze 5 Minuten garen.

◆ Die Meerrettich-Apfel-Mischung, Sahne, Zucker und Petersilie untermischen. Mit Salz abschmecken.

Zubereitung etwa 50 Minuten
1 Portion = 1054 kJ/ 251 kcal

Gebackener Sellerie

◆ Den Sellerie schälen, waschen und dann in etwa 0,5 cm dicke Scheiben schneiden.

◆ Die Zitrone waschen, abtrocknen und halbieren; eine Hälfte auspressen und etwas Schale abreiben.

◆ Reichlich Salzwasser zum Kochen bringen und den Zitronensaft und die Selleriescheiben hineingeben.

◆ Den Sellerie etwa 3 Minuten sprudelnd kochen lassen; mit einem Schaumlöffel herausnehmen und auf einem Küchentuch abtropfen lassen.

◆ Die gekochten Selleriescheiben gut trockentupfen, damit die Teighülle haftenbleibt und schön knusprig wird.

◆ Die Petersilie waschen und gründlich trockentupfen.

◆ Die zweite Zitronenhälfte in Scheiben schneiden.

◆ Das Mehl mit Salz, Cayennepfeffer, Milch, Ei und etwas Zitronenschale zu einem Teig verrühren.

◆ Das Fett in einen hohen Kochtopf

Zutaten für 2 Portionen
1 kleiner Knollensellerie (etwa 400 g)
1 unbehandelte Zitrone
1 Bund Petersilie
75 g Mehl
Salz, Cayennepfeffer
$^1/_8$ l Milch
1 Ei
Butterschmalz, Kokosfett oder Öl zum Fritieren

oder in eine Friteuse geben und erhitzen.

◆ Die Teller vorwärmen.

◆ Die Selleriescheiben mit einer Gabel in den Teig tauchen und im heißen Fett in 2–3 Minuten goldgelb ausbacken. Die gebackenen Scheiben herausnehmen und auf Küchenpapier abtropfen lassen.

◆ Wenn alle Selleriescheiben gebacken sind, die Petersilienzweige kurz fritieren und ebenfalls abtropfen lassen.

◆ Die Selleriescheiben mit Petersilie und Zitronenscheiben auf den Tellern anrichten und sofort servieren.

Zubereitung etwa 45 Minuten
1 Portion = 1873 kJ/ 446 kcal

Mairüben in Sahnesauce

Zutaten für 4 Portionen
500 g Mairüben mit Grün
1 kleine Zwiebel
1 EL Butter
1 TL Mehl
2 EL Gemüse- oder Geflügelbrühe
200 ml süße Sahne
Salz, Cayennepfeffer
geriebene Muskatnuß
1–2 TL Zitronensaft

Wenn Sie die Rüben nur ohne Grün bekommen, bestreuen Sie das Gemüse zum Schluß mit ein paar Eßlöffeln Schnittlauchröllchen.

◆ Das Grün der Rüben abschneiden; die zarten inneren Blättchen waschen, trockentupfen und in feine Streifen schneiden.

◆ Die Rüben gründlich waschen oder ganz dünn schälen, in Scheiben schneiden und in dünne Stifte teilen.

◆ Die Zwiebel abziehen und hacken.

◆ Die Butter erhitzen und die Zwiebel darin bei schwacher Hitze glasig braten.

◆ Die Rübenstifte zugeben und unter ständigem Rühren etwa 2 Minuten schmoren.

◆ Die Rüben mit Mehl bestäuben, einige Male umrühren und die Brühe, die Hälfte der Sahne, Salz, Cayennepfeffer, Muskat und Zitronensaft zugeben.

◆ Das Gemüse aufkochen und zugedeckt bei schwacher Hitze 5 Minuten garen. Zum Schluß die restliche Sahne und das gehackte Grün der Rüben untermischen.

Zubereitung etwa 30 Minuten
1 Portion = 937 kJ/ 223 kcal

Rote-Beten-Gemüse

Zitronensaft ist gesund, weil er Vitamin C enthält, das vor Infektionen schützt und den Nitratgehalt in Gemüsen wie roten Beten, Spinat, Rettich, Radieschen und Kopfsalat verringert.

◆ Die roten Beten waschen, schälen und in etwa bleistiftdicke Stifte schneiden.
◆ Die Lauchzwiebeln putzen, waschen und mit allen saftigen grünen Blättern in etwa fingerbreite Stücke schneiden.
◆ Das Öl erhitzen und die roten Beten und die Lauchzwiebeln darin

Zutaten für 4 Portionen
500 g rote Beten
1 Bund Lauchzwiebeln
Öl
5 EL Gemüsebrühe
2 EL Zitronensaft
Salz, schwarzer Pfeffer
aus der Mühle
1/2 TL Kümmelkörner
1 Handvoll frische oder
1 EL TK-Kräuter
2 EL süße Sahne

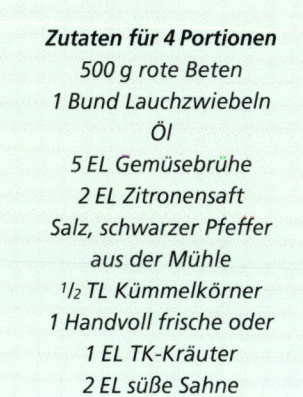

bei mittlerer Hitze unter Rühren anbraten.
◆ Brühe, Zitronensaft, Salz, Pfeffer und Kümmel zu dem Gemüse geben, alles einmal aufkochen und zugedeckt bei schwacher Hitze etwa 15 Minuten garen.
◆ Die frischen Kräuter waschen, trockentupfen und fein hacken.
◆ Die Sahne und die Kräuter unter das fertiggegarte Gemüse mischen.

Zubereitung etwa 40 Minuten
1 Portion = 382 kJ/ 91 kcal

Gratinierte Steckrüben

Zutaten für 4 Portionen
1 Zwiebel
1 Bund Petersilie
2 EL Butter
1 Steckrübe (etwa 1 kg)
Salz, schwarzer Pfeffer
1 EL gemahlener Kümmel
geriebene Muskatnuß
1/4 l süße Sahne
200 g Crème fraîche
50 g Semmelbrösel
150 g geriebener Hartkäse

In diesem Gericht verbinden sich die Brösel mit dem geschmolzenen Käse zu einer Kruste. Gut geeignet sind Greyerzer oder mittelalter Gouda.

◆ Die Zwiebel abziehen und hacken.
◆ Die Petersilie waschen, trockentupfen und fein hacken.
◆ 1 EL Butter erhitzen; Zwiebel und

Petersilie darin bei schwacher Hitze braten, bis die Zwiebel weich ist.
◆ Die Steckrübe schälen, waschen und vierteln. Die Viertel in dünne Scheiben hobeln, schuppenförmig in eine Gratinform legen und mit Salz, Pfeffer, Kümmel und Muskat würzen.
◆ Sahne und Crème fraîche mit der Zwiebelmischung verrühren und über die Steckrüben gießen.
◆ Die Semmelbrösel mit Käse mi-

schen und auf das Gratin streuen. 1 EL Butter in Flöckchen teilen und auf die Bröselmischung legen.
◆ Das Gratin auf die mittlere Schiene des kalten Backofens stellen und bei 220 °C (Umluft 200 °C, Gas Stufe 4) etwa 45 Minuten backen.

Zubereitung etwa 30 Minuten
Backzeit etwa 45 Minuten
1 Portion = 2902 kJ/ 691 kcal

Möhren mit Kartoffeln

Zutaten für 4–5 Portionen
600 g Möhren
400 g vorwiegend festkochende
Kartoffeln
1 Zwiebel
1 EL Öl
1/8 l Gemüsebrühe
Salz
weißer Pfeffer
geriebene Muskatnuß
1 Bund Kerbel, Schnitt-
lauch, Dill oder
Petersilie
2 EL Butter

Butter verfeinert dieses Möhrengericht und sorgt dafür, daß der Körper das Vitamin A der Karotten besser aufnehmen kann. Mit Salat ist es ein Hauptgericht für vier, mit Bratwürsten für fünf Personen.

◆ Die Möhren und die Kartoffeln schälen, waschen und würfeln.
◆ Die Zwiebel abziehen und hacken.
◆ Das Öl in einem Topf erhitzen und die Zwiebel darin glasig braten.
◆ Möhren, Kartoffeln, Brühe, Salz, Pfeffer und Muskatnuß zugeben, aufkochen lassen und zugedeckt etwa 20 Minuten leicht kochen, bis das Gemüse weich ist.
◆ Die Kräuter waschen, trockentupfen, fein zerkleinern und mit der Butter untermischen.

Zubereitung etwa 30 Minuten
1 Portion = 655 kJ/ 156 kcal

Steckrübeneintopf

Während man früher alle Eintopfzutaten zusammen kochte, mischt man sie heute erst zum Schluß, wodurch das Gericht viel besser schmeckt.

◆ Die Schwarte und die Fettschicht des Fleisches abschneiden und klein würfeln. Das Fleisch in gulaschgroße Würfel schneiden.
◆ Die Zwiebeln abziehen, den Majoran waschen, trockentupfen und beides fein hacken.
◆ Die Steckrübe schälen, waschen und in ungefähr 1 cm große Würfel schneiden.
◆ Die Schwarten- und Fettwürfel in einen Topf geben und bei schwacher Hitze etwa 10 Minuten braten, bis reichlich flüssiges Fett ausgetreten ist.
◆ Die Fleischwürfel darin bei starker bis mittlerer Hitze rundum kräftig anbraten.
◆ Die Zwiebeln und den Majoran dazugeben und etwa 2 Minuten mit-

Zutaten für 4 Portionen
500 g Schweineschulter
(ohne Knochen)
200 g Zwiebeln
1 Bund Majoran
1 Steckrübe
(etwa 1 kg)
3/4 l Fleisch- oder
Gemüsebrühe
750 g festkochende Kartoffeln
1 Stange Lauch
1 Bund Petersilie
100 g Crème fraîche
Salz
schwarzer Pfeffer aus der Mühle

braten. 3 EL Brühe zugießen und das Fleisch zugedeckt bei schwacher Hitze 10 Minuten schmoren.
◆ Die Rübenwürfel zum Fleisch geben und die restliche Brühe bis auf 3 EL zugießen.
◆ Aufkochen und zugedeckt bei schwacher Hitze 30 Minuten garen.
◆ Inzwischen die Kartoffeln schälen, waschen und würfeln.
◆ Den Lauch putzen, waschen und in fingerbreite Stücke schneiden.
◆ Lauch und Kartoffeln mit dem Rest Brühe in einem Topf aufkochen und zugedeckt bei schwacher Hitze etwa 15 Minuten garen, bis die Kartoffeln gerade eben weich sind.
◆ Während das Gemüse gart, die Petersilie waschen, trockentupfen und hacken.
◆ Die Kartoffeln und den Lauch sowie die Crème fraîche zu der Fleischmischung geben.
◆ Mit Salz und Pfeffer würzen und mit gehackter Petersilie bestreuen.

Zubereitung etwa 1 1/4 Stunden
1 Portion = 2092 kJ/ 498 kcal

Fenchelgratin mit Schinken

Der Fenchel bleibt in diesem Gratin bißfest. Wenn Sie ihn weich bevorzugen, garen Sie die halbierten Knollen vorher 3 Minuten in Salzwasser.

◆ Die Fenchelknollen halbieren und den Strunk entfernen.

◆ Den Fenchel waschen, quer zu den Fasern in feine Streifen schneiden und schuppenförmig in eine Auflaufform legen. Mit wenig Salz und reichlich Pfeffer würzen.

◆ Den Schinken in Streifen schneiden und auf dem Fenchel verteilen.

Zutaten für 4 Portionen
1 kg Fenchel
Salz, weißer Pfeffer
100 g gekochter Schinken
in Scheiben
200 ml süße Sahne
100 ml Milch
100 g geriebener Hartkäse
50 g Butter oder
Margarine

◆ Die Sahne mit der Milch verrühren und über den Schinken gießen.

◆ Den Käse und die in kleine Stücke geschnittene Butter darüber verteilen.

◆ Das Gratin auf die mittlere Schiene des kalten Backofens schieben und bei 200 °C (Umluft 180 °C, Gas Stufe 3) etwa 30 Minuten backen, bis es oben schön gebräunt ist.

Zubereitung etwa 15 Minuten
Garzeit etwa 30 Minuten
1 Portion = 2251 kJ/ 536 kcal

Schalotten mit Tomaten

◆ Die Tomaten abziehen und in Achtel schneiden; die Stielansätze dabei entfernen.

◆ Die Schalotten bzw. die Zwiebeln abziehen.

◆ Den Knoblauch abziehen und fein hacken.

◆ Den Thymian waschen, trockentupfen und hacken.

◆ Das Öl erhitzen und die Schalotten darin bei schwacher Hitze anbraten, bis sie leicht gebräunt sind.

◆ Die Tomaten, den Knoblauch und den Thymian zu den Schalotten geben.

◆ Alles bei mittlerer Hitze unter Rühren etwa 5 Minuten schmoren, bis die Schalotten gerade eben weich sind.

◆ Mit Salz, Pfeffer und Zucker abschmecken.

Zubereitung etwa 30 Minuten
1 Portion = 496 kJ/ 118 kcal

Zutaten für 4 Portionen
750 g Tomaten
200 g Schalotten oder
kleine Zwiebeln
1 Knoblauchzehe
3 Zweige frischer Thymian
3 EL Olivenöl
Salz, weißer Pfeffer, 1 Prise Zucker

Gefüllte Zwiebeln

◆ Die Kartoffeln waschen und ungeschält in wenig Wasser weich kochen.

◆ Abgießen, kalt abschrecken, pellen und mit einer Gabel fein zerdrücken.

◆ Den Spinat verlesen, waschen und tropfnaß in einen großen Topf geben. Zugedeckt erhitzen, bis sich Dampf entwickelt.

◆ Die Kochstelle abschalten und den Spinat unter Rühren dünsten, bis er zusammenfällt.

◆ Den Spinat in ein Sieb geben, abtropfen lassen und mit einem Kochlöffel auspressen. Die Flüssigkeit zum Schmoren der Zwiebeln auffangen und den Spinat hacken.

◆ Die ungeschälten Zwiebeln quer halbieren.

◆ Von den Wurzel- und Stielansätzen nur so viel abschneiden, daß die Zwiebelhäute noch zusammenhalten.

◆ Das Zwiebelinnere vorsichtig herauslösen, so daß nur 2 dicke Außenhäute übrigbleiben.

Zutaten für 4 Portionen
*3 mittelgroße mehlig-
kochende Kartoffeln
500 g Blattspinat
4 gleich große Gemüsezwiebeln
(etwa 1,2 kg)
Salz, schwarzer Pfeffer
1 unbehandelte Zitrone
1 Knoblauchzehe
100 g geriebener Hartkäse
1/4 TL gemahlener Koriander
2–3 Stengel Petersilie
100 g Crème fraîche*

◆ Nun die Zwiebeln abziehen und innen mit Salz und Pfeffer würzen.

◆ Eine Zitronenhälfte auspressen und ein großes Stück Schale abschneiden.

◆ Den Knoblauch abziehen.

◆ Den Knoblauch, das Zwiebelinnere und die Zitronenschale hacken.

◆ Die gehackten Zutaten mit Kartoffeln, Spinat, Zitronensaft und Käse mischen. Mit Salz, einer kräftigen Prise Pfeffer und Koriander würzen und in die Zwiebelhälften füllen.

◆ Das Kochwasser vom Spinat in einem Topf zum Kochen bringen.

◆ Die Zwiebelhälften hineinsetzen, aufkochen und zugedeckt bei schwacher Hitze etwa 45 Minuten garen.

◆ Unterdessen die Petersilie waschen, trockentupfen und hacken.

◆ Eine Servierplatte vorwärmen.

◆ Die Zwiebeln vorsichtig aus dem Topf nehmen und auf der Servierplatte heiß halten.

◆ Den Sud im Topf bei starker Hitze aufkochen, die Crème fraîche zugeben und unter Rühren zu einer cremigen Sauce einkochen lassen.

◆ Die Petersilie untermischen und die Sauce zu den Zwiebeln servieren.

*Zubereitung etwa 1½ Stunden
Garzeit etwa 45 Minuten
1 Portion = 1361 kJ/ 324 kcal*

Überbackener Lauch

Lauch schmeckt am besten, wenn man ihn vor dem Überbacken kräftig anbrät. Das gilt ebenso für Pilze, Auberginen und Paprikaschoten.

◆ Das Brot würfeln und in eine Schüssel geben.
◆ Die Milch erhitzen, über das Brot gießen und zugedeckt einweichen.
◆ Inzwischen den Lauch putzen, waschen, abtrocknen und in dünne Ringe schneiden.
◆ Den Knoblauch abziehen und fein hacken.
◆ Den Käse reiben.
◆ Das Öl in einer Pfanne erhitzen und den Lauch bei mittlerer Hitze unter Rühren 4 Minuten schmoren.
◆ Mit Knoblauch, eingeweichtem Brot, Salz, Pfeffer, Thymian und Crème fraîche vermischen.
◆ Alles in eine halbhohe Auflaufform geben und mit Käse und Sesam bestreuen.
◆ Die Form auf die mittlere Schiene des kalten Backofens stellen und bei 200 °C (Umluft 180 °C, Gas Stufe 3) etwa 30 Minuten backen.

Zubereitung etwa 30 Minuten
Backzeit etwa 30 Minuten
1 Portion = 1924 kJ/ 458 kcal

Zutaten für 4 Portionen
150 g grobes Vollkorn-
brot mit Körnern
1/4 l Milch
/50 g Lauch
1 Knoblauchzehe
150 g mittel-
alter Gouda
2 EL Olivenöl
Salz
schwarzer Pfeffer aus der Mühle
1 TL getrockneter
Thymian
150 g Crème fraîche
1 EL Sesamsamen

Gurken-Fenchel-Gemüse

Zutaten für 4 Portionen
je 500 g Schmorgurken
und Fenchel
1 Zitrone
2 große Zwiebeln
1 Knoblauchzehe
2 EL Öl
Salz, weißer Pfeffer
1 Bund Dill
100 g saure Sahne
1 EL süße Sahne

Das milde Aroma der Gurken und das kräftige des Fenchels verbinden sich in diesem leichten Gericht zu einer ungewöhnlichen Geschmacksnote.

◆ Die Gurken schälen, der Länge nach halbieren und die Kerne mit einem Löffel herauskratzen.
◆ Die Gurkenhälften in dünne Scheiben schneiden.
◆ Das Grün des Fenchels abschneiden und zum Bestreuen des Gemüses beiseite legen.
◆ Die Knollen putzen, längs halbieren, waschen und den Strunk herausschneiden.
◆ Die Fenchelhälften quer zu den Fasern in dünne Streifen schneiden.
◆ Eine Zitronenhälfte auspressen.
◆ Die Zwiebeln und den Knoblauch abziehen und hacken.
◆ Das Öl erhitzen. Die Zwiebeln und den Knoblauch darin bei schwacher Hitze unter Rühren glasig braten.
◆ Gurken, Fenchel, Zitronensaft, Salz und Pfeffer zu den Zwiebeln geben und alles zugedeckt bei mittlerer Hitze etwa 5 Minuten gerade eben bißfest garen.
◆ Das Fenchelgrün und den Dill waschen, trockentupfen und fein hacken.
◆ Beides zusammen mit der sauren und der süßen Sahne unter das gegarte Gemüse mischen.

Zubereitung etwa 30 Minuten
1 Portion = 760 kJ/ 181 kcal

Zucchini in Tomatensauce

Die Tomatensauce läßt sich auch mit vielen anderen Gemüsen kombinieren: im Sommer mit Auberginen und Paprikaschoten, im Winter mit Wirsing, Weißkohl und Stangensellerie.

◆ Die Zucchini waschen, putzen und würfeln.

◆ Die Zwiebel abziehen und hacken.

◆ Die Tomaten abziehen und in Scheiben schneiden; die Stielansätze dabei entfernen.

◆ Die Crème double mit Tomatenmark, Paprikapulver und Thymian verrühren.

Zutaten für 4 Portionen
500 g kleine Zucchini
1 große Zwiebel
2 mittelgroße Tomaten
100 g Crème double
2 EL Tomatenmark
1 EL scharfes Paprikapulver
$\frac{1}{2}$ TL getrockneter Thymian
Öl
Salz, weißer Pfeffer
2–3 Stengel Petersilie

◆ Das Öl erhitzen und die Zwiebel darin bei schwacher Hitze glasig braten.

◆ Die Zucchini zugeben und unter Rühren kurz mitbraten.

◆ Die Tomaten und die Crème-double-Mischung unterrühren.

◆ Mit Salz und Pfeffer würzen, aufkochen und zugedeckt bei schwacher Hitze etwa 5 Minuten garen.

◆ Die Petersilie waschen, trockentupfen, hacken und darüberstreuen.

Zubereitung etwa 25 Minuten
1 Portion = 785 kJ/ 187 kcal

Zucchini mit Knoblauchbrot

◆ Die Zucchini waschen, putzen und würfeln.

◆ Die Zwiebeln abziehen und fein hacken.

◆ Zucchini und Zwiebeln portionsweise in heißem Öl bei mittlerer Hitze unter Wenden braten, bis die Zucchini weich und leicht gebräunt sind. Dann in eine Schüssel geben.

Zutaten für 4 Portionen
1 kg kleine Zucchini
250 g Zwiebeln
6 EL Olivenöl
1 große Zitrone
Salz, schwarzer Pfeffer
$\frac{1}{2}$ Bund Petersilie
3 Knoblauchzehen
150 g weiche Butter
1 Vollkornbaguette (250 g)
50 g geriebener Bergkäse
500 g Tomaten
1 Bund Dill

◆ Die Zitrone auspressen, 2 EL Saft zurückbehalten und das Gemüse mit dem restlichen Saft, Salz und Pfeffer würzen. Zugedeckt ziehen lassen.

◆ Den Backofen auf 220 °C (Umluft 200 °C, Gas Stufe 4) vorheizen.

◆ Die Petersilie waschen und trockentupfen.

◆ Den Knoblauch abziehen.

◆ Beide Zutaten fein hacken und mit Butter, Salz, Pfeffer und dem restlichen Zitronensaft vermischen.

◆ Das Baguette längs aufschneiden und mit der Knoblauchbutter bestreichen.

◆ Den Käse darauf streuen und das Brot wieder zusammensetzen.

◆ Das Brot in eine Gratinform legen und auf der mittleren Schiene des Backofens 15 Minuten backen.

◆ Die Tomaten waschen und würfeln; die Stielansätze entfernen.

◆ Den Dill waschen, trockentupfen, hacken und mit den Tomaten unter die Zucchini mischen.

◆ Das Baguette in Stücke schneiden und heiß zu dem Gemüse servieren.

Zubereitung etwa 45 Minuten
1 Portion = 3020 kJ/ 719 kcal

Zucchinipuffer

Die Puffer gelingen auch mit jedem anderen festen Gemüse wie Kohlrabi, Sellerieknollen oder Möhren. Man kann sie als feine Beilage zu Lammbraten oder mit einer Salatplatte reichen.

◆ Die Zucchini waschen, abtrocknen, putzen und grob raspeln.
◆ Die Zwiebel und den Knoblauch abziehen und fein hacken.
◆ Den Thymian waschen, trockentupfen und die Blättchen abzupfen.
◆ Die Eier mit Salz verquirlen und die geraspelten Zucchini, Zwiebel,

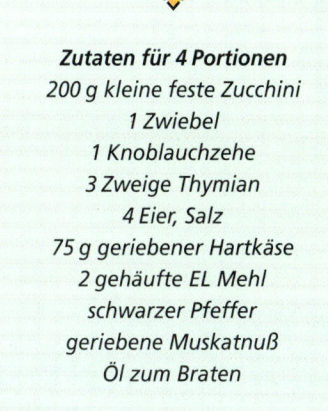

Zutaten für 4 Portionen
200 g kleine feste Zucchini
1 Zwiebel
1 Knoblauchzehe
3 Zweige Thymian
4 Eier, Salz
75 g geriebener Hartkäse
2 gehäufte EL Mehl
schwarzer Pfeffer
geriebene Muskatnuß
Öl zum Braten

Knoblauch, Thymianblättchen, Käse, Mehl und je 1 kräftige Prise Pfeffer und Muskatnuß untermischen.
◆ Das Öl in einer Pfanne erhitzen. Den Eierteig mit einer Schöpfkelle portionsweise hineingeben und bei schwacher Hitze zugedeckt etwa 4 Minuten stocken lassen.
◆ Die Puffer wenden und auf der anderen Seite auch etwa 3 Minuten knusprig backen. Die fertigen Puffer bei 50 °C im Backofen warm halten.

Zubereitung etwa 45 Minuten
1 Portion = 1088 kJ/ 259 kcal

Kürbisgemüse

◆ Den Kürbis schälen, die Kerne entfernen und das Fruchtfleisch in kleine Würfel schneiden.
◆ Den Knoblauch abziehen und hacken.
◆ Die Petersilie waschen, trockentupfen und fein hacken.
◆ Das Öl erhitzen und die Kürbiswürfel darin portionsweise unter ständigem Wenden bei mittlerer Hitze braten, bis sie gerade eben weich sind.
◆ Den Knoblauch, die getrockneten

Kürbiskerne und die Hälfte der Petersilie zugeben und unter Rühren erhitzen.
◆ Die Zitrone auspressen und die Schale abreiben.
◆ Das Kürbisgemüse mit etwas Zitronensaft, etwas abgeriebener Schale, Salz und Pfeffer abschmecken.
◆ Mit der restlichen Petersilie bestreuen und servieren.

Zubereitung etwa 30 Minuten
1 Portion = 853 kJ/ 203 kcal

Zutaten für 4 Portionen
500 g Kürbis
3 Knoblauchzehen
1 Bund Petersilie
7 EL Öl
1 EL getrocknete Kürbiskerne
1 kleine unbehandelte Zitrone
Salz
schwarzer Pfeffer aus der Mühle

Ananascurry mit Spinat

Ein mildes Curry, das gut zu Reis oder Fladenbrot schmeckt. Wer es scharf mag, kann eine kleine rote Pfefferschote mitschmoren.

◆ Die Ananas schälen und in Stücke schneiden.

◆ Den Spinat verlesen, gründlich waschen und grob zerschneiden.

◆ Die Ingwerwurzel schälen und fein zerkleinern oder auf der Rohkostreibe raspeln.

◆ Den Knoblauch abziehen und hacken.

◆ Senfpulver, Gelbwurz, Koriander, Muskatnuß und Piment mischen.

◆ Das Öl in einem großen Schmortopf erhitzen.

◆ Kokospaste, Knoblauch, Ingwer und die Gewürzmischung darin bei

Zutaten für 4 Portionen
1 Ananas (etwa 500 g)
500 g Spinat
1 daumenlanges Stück
frische Ingwerwurzel
2 Knoblauchzehen, 1 TL Senfpulver
1 EL Gelbwurzpulver
(Kurkuma)
1 TL gemahlener Koriander
je 1 kräftige Prise geriebene Muskatnuß und gemahlener Piment
2 EL Öl
100 g Kokospaste
1 kleine rote Pfefferschote
1 kleine Orange
Salz, Cayennepfeffer

schwacher Hitze unter Rühren etwa 2 Minuten ziehen lassen.

◆ Gegebenenfalls die Pfefferschote waschen und halbieren; dabei die Kerne entfernen. Die Schotenhälften hacken und in den Topf geben.

◆ Die Ananasstücke und den Spinat zugeben und alles bei mittlerer Hitze unter Rühren weitere 3 Minuten schmoren.

◆ Die Orange auspressen und das Curry mit dem Saft, wenig Salz und Cayennepfeffer würzen und zugedeckt etwa 5 Minuten ziehen lassen, bis der Spinat zusammengefallen ist.

◆ Das Curry noch einmal umrühren und anrichten.

Zubereitung etwa 40 Minuten
1 Portion = 869 kJ/ 207 kcal

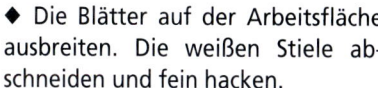

Mangoldröllchen

Paksoi stammt aus dem Fernen Osten und ist mit dem Chinakohl verwandt. Trotzdem gleicht er fast unserem heimischen Mangold und hat einen ähnlich würzigen Geschmack.

◆ Den Frischkäse mit Eigelb und saurer Sahne glattrühren.

◆ Das Paniermehl, Käse, Salz, eine kräftige Prise Pfeffer und Zitronensaft untermischen.

◆ Die Mangold- oder Paksoiblätter waschen, in eine Schüssel legen und mit kochendem Wasser übergießen.

◆ Die Blätter kurz ziehen lassen, dann abgießen und abtropfen lassen.

Zutaten für 3 Portionen
200 g Doppelrahmfrischkäse
mit Kräutern
1 Eigelb
1 EL saure Sahne
2 EL Paniermehl
3 EL geriebener Käse
Salz
weißer Pfeffer
1 EL Zitronensaft
8 Blätter Mangold oder Paksoi
4 EL Gemüsebrühe

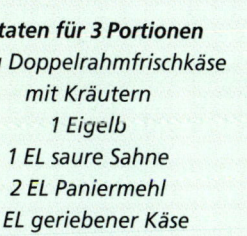

◆ Die Blätter auf der Arbeitsfläche ausbreiten. Die weißen Stiele abschneiden und fein hacken.

◆ Die Hälfte unter die Käsefüllung mischen. Den Rest in einen Topf geben.

◆ Die Füllung auf den Blättern verteilen, die Blätter aufrollen und auf die Gemüsestiele in den Topf legen.

◆ Die Brühe dazugießen, aufkochen und die Röllchen zugedeckt bei geringer Hitze 15 Minuten dünsten.

Zubereitung etwa 30 Minuten
Garzeit etwa 15 Minuten
1 Portion = 1445 kJ/ 344 kcal

Mangold mit Pinienkernen

Mangold ist eine gute Beilage zu kurzgebratenem Fleisch und Baguette. Am besten schmeckt er mit kaltgepreßtem Öl von Oliven, Erdnüssen oder Maiskeimen.

◆ Die Zitrone auspressen.

◆ Die Korinthen oder Rosinen mit der Hälfte des Saftes beträufeln und zugedeckt ziehen lassen, bis die anderen Zutaten vorbereitet sind.

◆ Den Mangold putzen, waschen

und mit den Stielen in etwa 3 cm breite Streifen schneiden.

◆ Den Knoblauch abziehen und zerdrücken.

◆ Die Pfefferschote halbieren und die Kerne entfernen. Die Schotenhälften waschen und in feine Streifen schneiden.

◆ Die Mangoldstreifen in reichlich Salzwasser etwa 3 Minuten kochen.

◆ Den Mangold auf ein Sieb schütten und abtropfen lassen.

◆ Eine Schüssel vorwärmen.

◆ Das Öl in einer Pfanne warm, aber nicht heiß werden lassen.

◆ Den restlichen Zitronensaft, Korinthen oder Rosinen, Knoblauch, Pfefferschote und Pinien- oder Cashewnußkerne in der Pfanne 5 Minuten ziehen lassen.

◆ Die Mischung aus der Pfanne mit dem Mangold vermischen und in der warmen Schüssel servieren.

Zutaten für 4 Portionen
1 große Zitrone
50 g Korinthen oder Rosinen
1 kg Mangold
3 Knoblauchzehen
1 kleine rote Pfefferschote
Salz
5 EL Öl
100 g Pinienkerne oder gehackte
Cashewnußkerne

Zubereitung etwa 30 Minuten
1 Portion = 1487 kJ/ 354 kcal

Spinat mit Knoblauch

Das schnelle Spinatgericht ist eine gute Beilage zu Lammkoteletts und Rindersteaks mit gebackenen Kartoffeln. Ideal zum Garen ist ein chinesischer Wok.

◆ Den Spinat waschen, aber nicht trockentupfen.
◆ Den Knoblauch abziehen und hacken.

Zutaten für 3 Portionen
1 kg Spinat
4 Knoblauchzehen
6 EL Öl
Salz
schwarzer Pfeffer aus der Mühle

◆ Spinat und Knoblauch mit dem Öl in einen großen Topf geben und zugedeckt etwa 5 Minuten erhitzen, bis der Spinat zusammengefallen und ganz heiß ist.
◆ Mit Salz und gemahlenem Pfeffer würzen und sofort servieren.

Zubereitung etwa 15 Minuten
1 Portion = 949 kJ/ 226 kcal

Löwenzahn mit Sojasprossen

Zutaten für 4 Portionen
750 g Löwenzahn
200 g Sojasprossen
3 Knoblauchzehen
1 kleines Stück frische
Ingwerwurzel
5 EL Olivenöl
1 EL Sonnenblumenkerne
2 EL Zitronensaft
Salz
schwarzer Pfeffer aus der Mühle

Eine europäisch-asiatische Allianz aus Frühlingslöwenzahn und Sojasprossen, fein gewürzt mit Ingwer.

◆ Den Löwenzahn waschen, putzen und grob zerkleinern. Die Sprossen abspülen und gut abtropfen lassen.
◆ Den Knoblauch abziehen und hacken.
◆ Den Ingwer schälen und auf einer Rohkostreibe fein raspeln.
◆ Das Öl in einem Topf erhitzen und die Sonnenblumenkerne darin unter Rühren etwa 1 Minute rösten.
◆ Löwenzahn, Sprossen, Knoblauch

und Ingwer zugeben und bei mittlerer Hitze etwa 2 Minuten schmoren.
◆ Mit Zitronensaft, Salz und Pfeffer würzen und zugedeckt knapp 5 Minuten garen.

Zubereitung etwa 30 Minuten
1 Portion = 1037 kJ/ 247 kcal

Maiskolben mit Bohnengemüse

Den frischen Mais für dieses köstliche Sommergemüse gibt es von Ende Juli bis Mitte Oktober.

◆ Die Bohnen waschen, putzen und halbieren.
◆ Von den Maiskolben die Hüllblätter und Fäden entfernen und die Kolben waschen.
◆ Die Tomaten abziehen und in Würfel schneiden; die Stielansätze dabei entfernen.
◆ Die Zwiebel und den Knoblauch abziehen und hacken.
◆ Das Bohnenkraut waschen.
◆ Die Bohnen mit dem Bohnenkraut in wenig Salzwasser aufkochen und zugedeckt bei schwacher Hitze 15 bis 20 Minuten bißfest garen.
◆ Den Mais in reichlich kochendem

Zutaten für 3 Portionen
500 g grüne Bohnen
3 frische Maiskolben
500 g Tomaten
1 Zwiebel, 1 Knoblauchzehe
1 Bund Bohnenkraut
Salz
1 EL Öl
1 EL Crème fraîche
schwarzer Pfeffer aus der Mühle
2 Stengel Petersilie
75 g Butter

Wasser einmal aufkochen und ebenfalls bei schwacher Hitze etwa 15 Minuten garen.

◆ Das Öl erhitzen und die Zwiebel und den Knoblauch darin bei schwacher Hitze glasig braten.
◆ Die Tomaten zugeben und bei mittlerer Hitze unter Rühren etwa 3 Minuten schmoren.
◆ Die Crème fraîche unter die Tomaten mischen, mit Salz und gemahlenem schwarzem Pfeffer würzen.
◆ Die Petersilie waschen, trockentupfen, fein hacken und untermischen.
◆ Bohnen und Mais nach dem Kochen abgießen, abtropfen lassen und portionsweise auf Tellern anrichten.
◆ Die Butter über den Mais und die Tomaten über die Bohnen verteilen.

Zubereitung etwa 40 Minuten
1 Portion = 1945 kJ/ 463 kcal

Maisauflauf mit Tomaten

Statt frischen Mais können Sie zwei kleine Dosen Zuckermais nehmen. Die Körner sollten Sie abspülen, damit sie nicht so süß schmecken.

◆ Die Hüllblätter und weißen Fäden der Maiskolben entfernen. Die Kolben oben fassen, aufrecht auf ein Brett stellen und die Körner rundum mit einem Messer abschneiden.
◆ Die Zwiebel abziehen und fein hacken.
◆ Die Butter in einem Topf erhitzen und die Zwiebel darin glasig braten.
◆ Das Maismehl darüberstäuben und unter Rühren kurz anrösten.
◆ Die Brühe zugießen und unter Rühren aufkochen, bis die Sauce glatt ist.
◆ Die Maiskörner untermischen, erneut aufkochen und zugedeckt bei schwacher Hitze 10 Minuten kochen

Zutaten für 4 Portionen
3 frische Maiskolben
oder 400 g TK-Maiskörner
1 Zwiebel
2 EL Butter
50 g feines Maismehl
1/4 l Gemüsebrühe
3 Tomaten
1 Bund Petersilie
4 Eier
Salz
schwarzer Pfeffer aus der Mühle
geriebene Muskatnuß
100 g geriebener Hartkäse

und anschließend lauwarm abkühlen lassen.

◆ Die Tomaten waschen oder abziehen und in Scheiben schneiden; die Stielansätze dabei entfernen.
◆ Die Petersilie waschen, trockentupfen und fein zerkleinern.
◆ Die Eier trennen und das Eiweiß steif schlagen.
◆ Das Maisgemüse mit Petersilie, Eigelb, Salz, Pfeffer und Muskatnuß vermischen.
◆ Den Eischnee und die Hälfte des Käses dazugeben, unterziehen und alles in eine Auflaufform füllen.
◆ Die Tomaten darauf legen und mit dem restlichen Käse bestreuen.
◆ Den Auflauf auf die mittlere Schiene des kalten Backofens stellen und bei 200 °C (Umluft 180 °C, Gas Stufe 3) etwa 45 Minuten backen.

Zubereitung etwa 30 Minuten
Backzeit etwa 45 Minuten
1 Portion = 1819 kJ/ 433 kcal

Kichererbsengemüse

◆ Die Aubergine waschen, abtrocknen, vom Stielansatz befreien und würfeln.

◆ Die Pfefferschote halbieren, von allen Kernen befreien, waschen und in feine Streifen schneiden.

◆ Den Knoblauch abziehen und hacken.

◆ Die Zitrone waschen und abtrocknen. 1 Stück Schale abschneiden und fein hacken; 1 EL Saft auspressen.

◆ Aubergine, Pfefferschote und Knoblauch mit Zitronenschale und -saft, Oregano und 1 EL Öl vermischen. Zugedeckt ziehen lassen, bis die anderen Zutaten vorbereitet sind.

◆ Die Lauchzwiebeln putzen, waschen und mit allen saftigen grünen Blättern in Ringe schneiden.

Zutaten für 4 Portionen
1 mittelgroße Aubergine
1 kleine rote Pfefferschote
1 Knoblauchzehe
1 unbehandelte Zitrone
1 TL getrockneter Oregano
4 EL Olivenöl
3 Lauchzwiebeln
2 Tomaten
1 Bund Petersilie
1 Dose Kichererbsen
(Füllmenge 400 g)
4 EL Gemüse-
oder Fleischbrühe
Salz

◆ Die Tomaten abziehen und würfeln; die Stielansätze entfernen.

◆ Die Petersilie waschen, trockentupfen und fein hacken.

◆ Die Kichererbsen abtropfen lassen.

◆ 3 EL Öl erhitzen und das Auberginengemisch und die Lauchzwiebelringe darin bei schwacher Hitze unter ständigem Wenden etwa 10 Minuten braten.

◆ Tomaten, die Hälfte der Petersilie, Kichererbsen und Brühe zugeben und 5 Minuten schmoren.

◆ Das Gemüse mit Salz abschmecken und mit der restlichen Petersilie bestreut servieren.

Zubereitung etwa 45 Minuten
1 Portion = 953 kJ/ 227 kcal

Spanischer Kichererbsentopf

Zutaten für 6 Portionen
200 g Kichererbsen
2 l Wasser
600 g Rinderbrust
200 g durchwachsener
Räucherspeck
4 Hühnerkeulen
1 spanische Knoblauchwurst
2 große Zwiebeln
500 g Tomaten
3 grüne Paprikaschoten
2 mittelgroße fest-
kochende Kartoffeln
1 EL Öl
1/2 Bund Petersilie
Salz, schwarzer Pfeffer

Als Knoblauchwurst sind für den deftigen Eintopf Chorizo oder Cabanossi zu empfehlen.

◆ Die Kichererbsen in 1 l Wasser 6 Stunden einweichen und danach 45 Minuten kochen lassen.

◆ Die Rinderbrust im Rest des Wassers 2 Stunden garen. Nach 1 Stunde den Räucherspeck, nach weiteren 30 Minuten die Hühnerkeulen und die Knoblauchwurst zugeben.

◆ Während das Fleisch gart, die Zwiebeln abziehen und hacken.

◆ Die Tomaten abziehen und würfeln; die Stielansätze entfernen.

◆ Die Paprikaschoten waschen, putzen und in fingerbreite Streifen schneiden.

◆ Die Kartoffeln schälen, waschen und klein würfeln.

◆ Das Öl erhitzen und die Zwiebeln darin bei schwacher Hitze glasig bra-

ten. Tomaten, Paprikaschoten und Kartoffeln zugeben und unter Rühren kurz mitschmoren.

◆ Die Kichererbsen mit dem Kochsud zugeben, aufkochen und etwa 15 Minuten kochen lassen, bis die Erbsen und Kartoffeln weich sind.

◆ Die Petersilie waschen, trockentupfen und hacken.

◆ Rind- und Hühnerfleisch von den Knochen lösen und in Stücke schneiden. Speckschwarte und Knorpel entfernen; Speck und Wurst in Scheiben schneiden.

◆ Fleisch, Speck und Wurst zum Kichererbsengemüse geben.

◆ Das Gemüse mit Salz und Pfeffer abschmecken und mit Petersilie bestreut heiß servieren.

Einweichzeit 6 Stunden
Zubereitung etwa 2¼ Stunden
1 Portion = 3692 kJ/ 879 kcal

Kichererbsenreis mit Gemüse

Kichererbsen mit Naturreis sind ein feines Essen aus der Vollwertküche. Wenn Sie es noch kerniger mögen, streuen Sie zum Schluß ein paar gehackte Nüsse über jede Portion.

◆ Die Kichererbsen im Wasser zugedeckt 6 Stunden quellen lassen.

◆ Anschließend die Erbsen mit Wasser, Brühe und Oregano aufkochen und 20 Minuten kochen lassen.

◆ Den Reis zugeben und 40 Minuten garen.

◆ Den Lauch putzen, waschen und mit allen saftigen grünen Blättern in dünne Ringe schneiden.

◆ Die Tomaten abziehen und würfeln; die Stielansätze entfernen.

Zutaten für 4 Portionen
150 g Kichererbsen
$3/4$ l Wasser
1 EL Instantgemüsebrühe
1 TL getrockneter Oregano
200 g Naturlangkornreis
2 dünne Stangen Lauch
250 g Tomaten
je 1 rote und grüne Paprikaschote
1 EL Butter
je 1–2 Stengel
frische Kräuter der Saison
oder $1/2$ Päckchen TK-Kräuter
Salz, 1 Prise Cayennepfeffer

◆ Die Paprikaschoten waschen, von Stielen, Kernen und Häuten befreien und in dünne Streifen schneiden.

◆ Das zerkleinerte Gemüse und die Butter unter den Kichererbsenreis mischen. Alles aufkochen lassen und zugedeckt bei mittlerer Hitze etwa 5 Minuten garen, bis das Gemüse gerade noch bißfest ist.

◆ Die Kräuter waschen, trockentupfen und hacken.

◆ Den Kichererbsenreis mit Salz und Cayennepfeffer abschmecken und die Kräuter darüberstreuen.

Quellzeit 6 Stunden
Zubereitung etwa 1¼ Stunden
1 Portion = 1613 kJ/ 384 kcal

Zuckererbsengemüse

Zuckererbsen kommen preiswert ab Mai auf den Markt. Sie müssen beim Garen knackig bleiben und schmek-ken am besten in reichlich Butter und wenig Flüssigkeit geschmort.

◆ Die Erbsen putzen und waschen.
◆ Die Lauchzwiebeln putzen und waschen und mit allen saftigen grünen Blättern in fingerdicke Stücke schneiden.
◆ Die Petersilie waschen, trocken-tupfen und grob hacken.

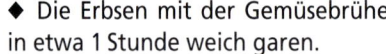

Zutaten für 4 Portionen
400 g Zuckererbsen
1 Bund Lauchzwiebeln
$^1/_2$ Bund Petersilie
2 EL Butter
5 EL Gemüsebrühe
Salz
weißer Pfeffer aus der Mühle
1 EL süße Sahne

◆ Die Butter erhitzen und Zucker-erbsen, Lauchzwiebeln und Petersilie darin bei mittlerer Hitze etwa 2 Minuten braten.
◆ Die Gemüsebrühe, Salz und Pfeffer zugeben.
◆ Das Gemüse etwa 3 Minuten garen, bis es eben noch bißfest ist.
◆ Zum Schluß die süße Sahne unter-mischen.

Zubereitung etwa 30 Minuten
1 Portion = 630 kJ/ 150 kcal

Sahneerbsen

Geschälte Trockenerbsen werden ohne Quellen weich. Ungeschält müssen sie wie getrocknete Bohnen 6 Stunden eingeweicht werden.

Zutaten für 4 Portionen
250 g geschälte
grüne Trockenerbsen
$^1/_4$ l Gemüsebrühe
1 Zwiebel
1 Bund Petersilie
2 EL Öl
200 g Crème fraîche
1 EL Zitronensaft
Salz
weißer Pfeffer

◆ Die Erbsen mit der Gemüsebrühe in etwa 1 Stunde weich garen.
◆ Die Zwiebel abziehen, die Petersilie waschen und trockentupfen und beides hacken.
◆ Das Öl erhitzen und Zwiebel und Petersilie darin anbraten.
◆ Die Erbsen abgießen, zufügen und bei mittlerer Hitze unter Wenden etwa 3 Minuten schmoren.
◆ Crème fraîche und Zitronensaft untermischen, einmal aufkochen und mit Salz und Pfeffer abschmecken.

Zubereitung etwa 1$^1/_4$ Stunden
1 Portion = 1760 kJ/ 419 kcal

Erbsencurry mit Joghurt

◆ Die Trockenerbsen mit Wasser und Salz aufkochen lassen und zugedeckt bei schwacher Hitze in etwa 1 Stunde weich garen.

◆ Inzwischen die Möhre putzen und fein raspeln.

◆ Die Selleriestange waschen und fein zerkleinern.

◆ Die Ananas kleinschneiden.

◆ Möhre, Sellerie und Ananas mit Joghurt, Muskatnuß, Zimt und Cayennepfeffer mischen und zugedeckt kühl stellen, bis das Curry fertig ist.

◆ Das Fenchelgrün abschneiden und zum Bestreuen beiseite legen. Die Knolle putzen, halbieren und waschen; den Strunk herausschneiden. Dann die Hälften quer zu den Fasern in dünne Streifen schneiden.

◆ Die Tomaten abziehen und würfeln; die Stielansätze entfernen.

◆ Zwiebel und Knoblauch abziehen und hacken.

Zutaten für 4 Portionen
250 g geschälte
grüne Trockenerbsen
$1/2$ l Wasser, Salz
1 große Möhre
1 Stange Sellerie
200 g frische Ananas
500 g Joghurt (3,5 %)
geriebene Muskatnuß
$1/4$ TL Zimtpulver
Cayennepfeffer
1 Fenchelknolle
2 große Tomaten
1 Zwiebel
2 Knoblauchzehen
2 EL Öl
3 EL Currypulver
200 ml Gemüsebrühe
1 Bund Schnittlauch nach Belieben

◆ Die Teller gut vorwärmen.

◆ Das Öl erhitzen und Zwiebel und Knoblauch darin glasig braten.

◆ Das Currypulver darüber stäuben und einige Sekunden unter Rühren mitbraten.

◆ Die gegarten Erbsen mit dem verbliebenen Kochsud, Brühe und Fenchelstreifen zugeben, einmal aufkochen und zugedeckt bei schwacher Hitze etwa 4 Minuten garen.

◆ Die Tomaten untermischen und kurz aufkochen lassen.

◆ Fenchelgrün und nach Belieben Schnittlauch waschen, trockentupfen und fein zerkleinern.

◆ Das Curry auf den Tellern anrichten, mit Fenchelgrün und nach Belieben mit Schnittlauch bestreuen und den Joghurt dazu servieren.

Zubereitung etwa 1¼ Stunden
1 Portion = 1747 kJ/ 416 kcal

Erbsen mit Pfefferminze

Erbsen bekommt man nur selten frisch, denn der größte Teil wird zu TK- oder Dosenware verarbeitet. In den Schoten gibt es das Gemüse zwischen Juni und Ende August. Es ist vermutlich die älteste Kulturpflanze und wurde zuerst im Nahen Osten angebaut.

◆ Frische Erbsen aus den Hülsen palen, waschen und abtropfen lassen.
◆ Schalotte und Knoblauch abziehen und fein hacken.
◆ Pfefferminze oder Dill waschen, trockentupfen und fein zerkleinern.

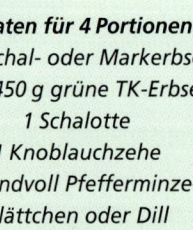

Zutaten für 4 Portionen
1 kg Schal- oder Markerbsen
oder 450 g grüne TK-Erbsen
1 Schalotte
1 Knoblauchzehe
1 Handvoll Pfefferminze-
blättchen oder Dill
1 EL Öl
100 ml Hühnerbrühe
200 g Crème fraîche
Salz, weißer Pfeffer
1 TL Zitronensaft

◆ Das Öl erhitzen und Schalotte, Knoblauch und Erbsen darin bei schwacher Hitze kurz anbraten.
◆ Abwechselnd die Brühe und die Crème fraîche zugeben und das Gemüse bei starker bis mittlerer Hitze schmoren, bis die Sauce cremig eingekocht ist.
◆ Zerkleinerte Pfefferminze oder Dill untermischen.
◆ Die Erbsen mit Salz, Pfeffer und Zitronensaft abschmecken.

Zubereitung etwa 50 Minuten
1 Portion = 1100 kJ/ 262 kcal

Erbsenpüree mit Zwiebeln

Erbsenpüree ist eine beliebte Beilage zu Kasseler Rippchen und Eisbein. Ohne Fleisch schmeckt es gut mit Kartoffelpuffern und Sauerkraut.

◆ Die Erbsen im Wasser 6 Stunden einweichen.
◆ Die Erbsen aufkochen lassen und zugedeckt bei kleiner Hitze in etwa 1½ Stunden sehr weich garen.
◆ Unterdessen die Zwiebeln abziehen und in Ringe schneiden.

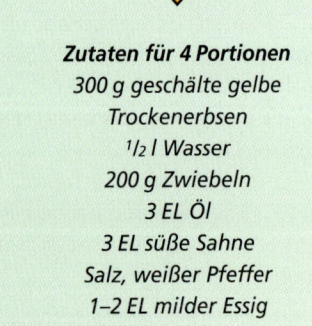

Zutaten für 4 Portionen
300 g geschälte gelbe
Trockenerbsen
½ l Wasser
200 g Zwiebeln
3 EL Öl
3 EL süße Sahne
Salz, weißer Pfeffer
1–2 EL milder Essig

◆ Das Öl erhitzen und die Zwiebelringe darin bei schwacher Hitze unter häufigem Umrühren in etwa 20 Minuten weich braten. Anschließend bei mittlerer Hitze goldbraun rösten.
◆ Die gekochten Erbsen mit den Quirlen des Handrührgeräts pürieren und die Sahne untermischen.

◆ Das Erbsenpüree mit Salz, Pfeffer und Essig abschmecken.
◆ Das fertige Gericht mit den Zwiebelringen belegen.

Einweichzeit 6 Stunden
Zubereitung etwa 1¾ Stunden
1 Portion = 1533 kJ/ 365 kcal

Bohnengemüse

Bohnen bleiben schön grün, wenn man sie blanchiert. Dazu läßt man sie ein paar Minuten in reichlich Wasser sprudelnd kochen, gießt sie ab und bereitet sie erst dann fertig zu.

◆ Die Bohnen putzen, waschen und in Stücke schneiden.
◆ Die Salbeiblätter waschen, trokkentupfen und in Streifen schneiden.
◆ Den geschnittenen Schinken zerkleinern.
◆ Reichlich Wasser zum Kochen bringen und die Bohnen darin etwa 3 Minuten sprudelnd kochen lassen. Dann die Bohnen in ein Sieb abgießen und kalt abschrecken.
◆ Das Öl in einem großen Topf erhitzen und Schinken und Salbei darin bei mittlerer Hitze anbraten.
◆ Bohnen und Brühe zugeben und aufkochen lassen. Mit Salz und Pfeffer würzen und zugedeckt bei schwacher Hitze in etwa 15 Minuten gerade weich garen.

*Zubereitung etwa 45 Minuten
1 Portion = 773 kJ/ 184 kcal*

Zutaten für 4 Portionen
1 kg grüne Bohnen
1 Handvoll Salbeiblätter
150 g gekochter Schinken
in dünnen Scheiben
1 EL Öl
4 EL Fleisch-
oder Gemüsebrühe
Salz
weißer Pfeffer

Bohnengemüse mit Speck

Im August und September gibt es aromatische flache Stangenboh-nen und Kartoffelsorten, die fest und leicht mehlig kochen. Damit schmeckt der Eintopf am besten.

◆ Die Bohnen waschen, putzen und in fingerbreite Stücke schneiden.
◆ Kartoffeln schälen und würfeln.
◆ Den Räucherspeck in kleine Wür-fel schneiden.
◆ Die Zwiebeln abziehen und klein hacken.

Zutaten für 4 Portionen
500 g grüne Bohnen
500 g mehligkochende Kartoffeln
200 g durchwachsener Räucherspeck
2 Zwiebeln
1 EL Öl
¹/₈ l Fleisch- oder Gemüsebrühe
Salz, schwarzer Pfeffer

◆ Das Öl erhitzen. Den Speck und die Zwiebeln darin bei schwacher Hitze glasig und weich braten.
◆ Die Bohnen in der Brühe, die Kar-toffeln in Salzwasser weich garen.
◆ Die Kartoffeln abgießen, zu den Bohnen in den Topf geben und den Speck und die Zwiebeln unterrühren.
◆ Mit Salz und schwarzem Pfeffer abschmecken.

Zubereitung etwa 45 Minuten
1 Portion = 1995 kJ/ 475 kcal

Weiße Bohnen mit Tomaten

Zutaten für 4 Portionen
200 g große weiße Bohnen
¹/₂ l Wasser
1 Bund Suppengrün
¹/₂ TL weiße Pfefferkörner
4 mittelgroße Tomaten
1 Gemüsezwiebel
2 Knoblauchzehen
¹/₂ Bund Thymian
4 EL Öl
Salz, schwarzer Pfeffer aus der Mühle

◆ Die Bohnen im Wasser 6 Stunden einweichen.
◆ Das Suppengrün gründlich putzen und waschen.
◆ Die Bohnen im Einweichwasser mit Suppengrün und Pfefferkörnern aufkochen.
◆ Die Bohnen zugedeckt bei schwa-cher Hitze 1¹/₂ Stunden weich kochen und dann das Suppengrün heraus-nehmen.
◆ Die Tomaten abziehen und grob

zerkleinern; die Stielansätze dabei entfernen.
◆ Die Zwiebel und den Knoblauch abziehen.
◆ Den Thymian waschen, trocken-tupfen und ebenso wie die Zwiebel und den Knoblauch fein hacken.
◆ Das Öl in einem Topf erhitzen und Zwiebel, Knoblauch und Thymian darin bei schwacher Hitze braten, bis die Zwiebel glasig ist.
◆ Die Tomaten und die Bohnen mit

dem Kochsud zugeben, aufkochen und bei starker bis mittlerer Hitze un-ter häufigem Rühren etwa 10 Minu-ten kochen lassen, bis die Flüssigkeit eingedickt ist.
◆ Mit Salz und schwarzem Pfeffer aus der Mühle abschmecken.

Quellzeit 6 Stunden
Zubereitung etwa 30 Minuten
Garzeit etwa 1¹/₂ Stunden
1 Portion = 1155 kJ/ 275 kcal

Bohnenfrikadellen mit Fencheljoghurt

◆ Die Bohnen in ein Sieb geben und abtropfen lassen.

◆ Das Suppengrün putzen und waschen; das Bohnenkraut bzw. die Petersilie waschen.

◆ Bohnen, Suppengrün, Kräuter und Nüsse im Blitzhacker pürieren.

◆ Die Zwiebel und den Knoblauch abziehen, hacken und mit dem Bohnenpüree mischen.

◆ Das Püree in eine Schüssel geben und das Ei, das Salz und den Cayennepfeffer unterrühren.

◆ Den Teig durchkneten, bis er wie ein Frikadellenteig bindet, und 12 Frikadellen daraus formen.

◆ Das Öl in einer Pfanne erhitzen und die Frikadellen bei mittlerer Hitze auf jeder Seite etwa 4 Minuten braten.

◆ Währenddessen die Fenchelknollen halbieren, waschen und den Strunk herausschneiden. Die Fenchelhälften fein zerkleinern.

Zutaten für 4 Portionen
2 Dosen große weiße Bohnen
(Einwaage je 400 g)
1 Bund Suppengrün
1 Bund Bohnenkraut oder
Petersilie
50 g Nüsse
1 Zwiebel
1 Knoblauchzehe
1 Ei
Salz, Cayennepfeffer
Öl zum Braten
2 Fenchelknollen
1 Bund Dill
300 g Magerjoghurt
100 g Crème fraîche

◆ Den Dill waschen, trockentupfen und kleinschneiden.

◆ Den Fenchel und den Dill mit dem Magerjoghurt und der Crème fraîche mischen.

◆ Das Joghurt mit Salz und Cayennepfeffer abschmecken und zu den heißen Frikadellen servieren.

Zubereitung etwa 30 Minuten
1 Portion = 2369 kJ/ 564 kcal

Dicke-Bohnen-Gemüse

Dicke Bohnen werden von Juni bis September geerntet. Frisch gibt es sie selten zu kaufen, denn der größte Teil der Ernte wird tiefgefroren oder in Gläsern konserviert. Aber die Bohnen aus der Tiefkühltruhe schmecken genauso gut wie frische.

◆ Die Tomaten abziehen und halbieren; die Stielansätze dabei entfernen.

◆ Die Zwiebeln und den Knoblauch abziehen und hacken.

◆ Das Bohnenkraut waschen, die Blättchen abzupfen und für später beiseite legen, die Stiele fein hacken.

◆ Das Öl in einem Topf erhitzen. Tomaten, Bohnenkrautstiele, Zwiebeln und Knoblauch darin bei mittlerer Hitze unter ständigem Rühren etwa 3 Minuten schmoren.

◆ Die dicken Bohnen und das Tomatenmark untermischen.

◆ Anschließend die Brühe zugießen, Lorbeerblätter und Nelken zugeben, alles aufkochen lassen und zugedeckt bei kleiner Hitze etwa 20 Minuten lang garen.

◆ Die Sahne untermischen und die Bohnen mit Salz sowie einer kräftigen Prise Pfeffer abschmecken.

◆ Mit den Bohnenkrautblättchen bestreut servieren.

Zubereitung etwa 35 Minuten
Garzeit etwa 20 Minuten
1 Portion = 827 kJ/ 197 kcal

Zutaten für 4 Portionen
500 g Tomaten
2 Zwiebeln
3 Knoblauchzehen
1 Bund Bohnenkraut
4 EL Öl
1 TK-Paket dicke Bohnen (300 g)
1 Dose Tomatenmark (70 g)
1/8 l Instantgemüsebrühe
2 Lorbeerblätter
3 Gewürznelken
1 EL süße Sahne
Salz
weißer Pfeffer

Rote Bohnen mit Gemüse

Mit Bohnen aus der Dose sparen Sie Zeit: erst das Gemüse anbraten, dann die abgetropften Bohnen untermischen und etwa 5 Minuten garen.

◆ Die getrockneten Bohnen im Wasser 6 Stunden zugedeckt einweichen.

Zutaten für 4 Portionen
1 Dose rote Bohnen oder
100 g getrocknete rote Bohnen
300 ml Wasser
1 Knoblauchzehe
1 Zweig frischer
Rosmarin
200 g Lauchzwiebeln
2 grüne Paprikaschoten
400 g Tomaten
1 EL Öl
Salz
weißer Pfeffer
1 Bund Basilikum
100 g saure Sahne

◆ Den Knoblauch abziehen und hacken, den Rosmarin waschen und mit dem Knoblauch zu den Bohnen geben.
◆ Alles aufkochen und zugedeckt bei schwacher Hitze 1–1½ Stunden kochen, bis die Bohnen gerade eben weich sind.
◆ Den Rosmarin herausnehmen.
◆ Die Lauchzwiebeln putzen, waschen und mit allen saftigen grünen Blättern in etwa fingerdicke Stücke schneiden.
◆ Die grünen Paprikaschoten vierteln, putzen, waschen und in Streifen schneiden.
◆ Die Tomaten abziehen und würfeln; die Stielansätze dabei herausschneiden.
◆ Das Öl in einem Topf erhitzen. Die Lauchzwiebeln und die Paprikaschoten darin bei schwacher Hitze anbraten.
◆ Die Tomaten und die Bohnen mit dem Kochsud zugeben, kräftig aufkochen lassen und mit Salz und Pfeffer abschmecken.

◆ Das Basilikum waschen, trockentupfen und grob zerkleinern.
◆ Die Bohnen auf Tellern verteilen, einen Klecks saure Sahne daraufsetzen und mit Basilikum bestreuen.

Quellzeit 6 Stunden
Zubereitung etwa 30 Minuten
Garzeit etwa 1½ Stunden
1 Portion = 785 kJ/ 187 kcal

Rote Bohnen mit Äpfeln

Nehmen Sie Cox-Orange- oder Boskoopäpfel für dieses Gericht. Sie werden schön weich, verkochen aber nicht zu Mus.

◆ Die Bohnen im Wasser 6 Stunden zugedeckt einweichen.
◆ Im Einweichwasser aufkochen und zugedeckt bei schwacher Hitze etwa 1½ Stunden weich kochen.
◆ Die Äpfel vierteln, schälen, vom Kerngehäuse befreien und in Schnitze teilen.
◆ Die Zwiebeln abziehen und in Ringe schneiden.

◆ Das Öl erhitzen. Majoran, Äpfel und Zwiebeln darin bei schwacher Hitze anbraten, bis die Zwiebelringe glasig und weich sind.
◆ Die Bohnen abgießen, abtropfen lassen und zu den Äpfeln geben. Den Apfelwein zugießen, aufwallen lassen und 5 Minuten kochen.
◆ Mit Salz und einer kräftigen Prise Cayennepfeffer abschmecken.

Quellzeit 6 Stunden
Zubereitung etwa 30 Minuten
Garzeit etwa 1½ Stunden
1 Portion = 1226 kJ/ 292 kcal

Zutaten für 4 Portionen
200 g getrocknete rote Bohnen
½ l Wasser
3 kleine säuerliche
Äpfel
2 Zwiebeln
2 EL Öl
1 TL getrockneter Majoran
⅛ l Apfelwein
Salz
Cayennepfeffer

Schwarze Bohnen mit Käsefladen

◆ Die Bohnen in 1¼ l Wasser 6 Stunden zugedeckt einweichen.

◆ Für die Käsefladen das Mehl mit der Trockenhefe, dem zimmerwarmen Joghurt, dem restlichen Wasser und 1 TL Salz mischen.

◆ Mit den Knethaken des Handrührgeräts etwa 5 Minuten durchkneten, bis der Teig Blasen bildet.

◆ Den Teig zugedeckt bei Zimmertemperatur etwa 1 Stunde lang ruhen lassen.

◆ Das Bohnenkraut waschen und den Knoblauch abziehen.

◆ Die Hälfte des Bohnenkrauts mit dem Lorbeer, dem Knoblauch und der Gemüsebrühe zu den Bohnen geben und aufkochen.

◆ Die Bohnen zugedeckt bei schwacher Hitze etwa 1½ Stunden garen.

◆ Den Käse und den Kümmel unter den Teig kneten.

◆ Die Arbeitsfläche mit Mehl bestäuben und den Teig in 12 Stücke teilen. Jedes Stück zu einem etwa fingerdicken Fladen ausrollen.

◆ Zwei Backbleche einfetten. Die Fladen darauf legen und etwa 30 Minuten zugedeckt gehen lassen.

Zutaten für 6 Portionen
*500 g schwarze Bohnen
1½ l Wasser, 500 g Mehl
1 Päckchen Trockenhefe
250 g Magerjoghurt, Salz
1 Bund Bohnenkraut
1 Lorbeerblatt
1 Knoblauchzehe
1 EL Instantgemüsebrühe
200 g geriebener Hartkäse
1 TL gemahlener Kümmel
je 500 g Zwiebeln und Tomaten
3 EL Öl, 2 EL Essig
schwarzer Pfeffer
Mehl zum Formen
Fett für das Blech
Öl zum Bestreichen*

◆ Das erste Blech auf die mittlere Schiene des kalten Backofens schieben und bei 200 °C (Umluft 180 °C, Gas Stufe 3) 30 Minuten backen.

◆ Nun die Fladen mit Öl bestreichen und weitere 5–10 Minuten leicht braun backen.

◆ Dann das zweite Blech mit Fladen etwa 30 Minuten backen; dabei ebenfalls einmal mit Öl bestreichen.

◆ Während der Backzeit die Zwiebeln abziehen und in dünne Ringe hobeln.

◆ Die Tomaten abziehen und in Würfel schneiden; die Stielansätze dabei entfernen.

◆ Das restliche Bohnenkraut fein hacken.

◆ Das Öl in einer großen Pfanne erhitzen. Die Zwiebeln darin bei schwacher Hitze unter häufigem Wenden etwa 15 Minuten braten, bis sie weich und goldbraun sind.

◆ Die Tomaten und die Bohnen mit dem Kochsud hinzufügen und einmal aufkochen.

◆ Das Gemüse zum Schluß mit Essig, Salz und Pfeffer abschmecken und das gehackte Bohnenkraut untermischen. Zu den heißen Fladen servieren.

Quellzeit 6 Stunden
Zubereitung etwa 1¼ Stunden
Backzeit etwa 1¼ Stunden
1 Portion = 3494 kJ/ 832 kcal

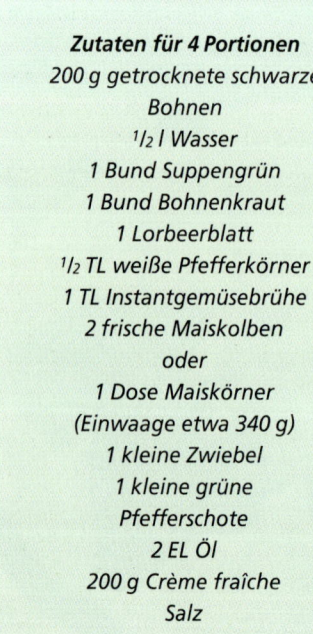

Schwarze Bohnen mit Mais

Gerichte mit Mais und Bohnen sind sehr alt. Schon die Inka haben diese beiden Gemüse gegessen und aus Erfahrung das getan, was Ernährungsexperten heute empfehlen: pflanzliche Lebensmittel so zu kombinieren, daß man auch ohne Fleisch viel hochwertiges Eiweiß zu sich nimmt.

◆ Die Bohnen im Wasser 6 Stunden einweichen.
◆ Das Suppengrün putzen und waschen, das Bohnenkraut waschen und trockenschütteln.
◆ Zusammen mit den Bohnen, dem Lorbeer, den Pfefferkörnern und der Gemüsebrühe im Einweichwasser aufkochen und zugedeckt bei schwacher Hitze 1½ Stunden weich kochen. Dann das Suppengrün und das Bohnenkraut herausnehmen.
◆ Die Hüllblätter und die weißen Fäden der Maiskolben entfernen.

Zutaten für 4 Portionen
200 g getrocknete schwarze
Bohnen
½ l Wasser
1 Bund Suppengrün
1 Bund Bohnenkraut
1 Lorbeerblatt
½ TL weiße Pfefferkörner
1 TL Instantgemüsebrühe
2 frische Maiskolben
oder
1 Dose Maiskörner
(Einwaage etwa 340 g)
1 kleine Zwiebel
1 kleine grüne
Pfefferschote
2 EL Öl
200 g Crème fraîche
Salz

◆ Die Kolben oben fassen, aufrecht auf ein Brett stellen und die Körner rundum mit einem Messer abschneiden. Den Dosenmais auf einem Sieb kalt abspülen und abtropfen lassen.
◆ Die Zwiebel abziehen und hacken.
◆ Die Pfefferschote halbieren, die Kerne entfernen, die Schote waschen und in feine Streifen schneiden.
◆ Das Öl erhitzen, die Pfefferschote und die Zwiebel darin anbraten.
◆ Den Mais sowie die Bohnen mit dem Kochsud und die Crème fraîche zugeben, aufkochen und bei starker bis mittlerer Hitze unter Rühren etwa 10 Minuten kochen lassen, bis die Crème fraîche dick eingekocht ist. Zum Schluß mit Salz abschmecken.

Quellzeit 6 Stunden
Zubereitung etwa 30 Minuten
Garzeit etwa 1½ Stunden
1 Portion = 1768 kJ/ 421 kcal

Linsen mit Speck

Specklinsen passen gut zu Wildge-flügel oder Schmorbraten.

◆ Die Linsen mit der Brühe und dem Zitronensaft aufkochen und zuge-deckt bei schwacher Hitze 45–60 Mi-nuten weich garen.
◆ Den Räucherspeck in kleine Wür-fel schneiden.
◆ Öl in einer Pfanne erhitzen und den Speck bei schwacher Hitze glasig und weich braten.
◆ Die Lauchzwiebeln putzen, wa-schen und in dünne Ringe schneiden.
◆ Den Knoblauch abziehen und fein hacken.
◆ Den Salbei trocken säubern und in

Zutaten für 4 Portionen
250 g Linsen
$^1/_2$ l Gemüsebrühe
3 EL Zitronensaft
150 g durchwachsener
Räucherspeck
Öl
3 Lauchzwiebeln
1 Knoblauchzehe
2 frische Salbeiblättchen oder
2–3 Stengel Petersilie
2 Tomaten
Salz, Cayennepfeffer

Streifen schneiden bzw. die Petersilie waschen, trockentupfen und fein hacken.
◆ Zwiebeln, Knoblauch und Kräuter zum Speck geben und mitbraten, bis die Lauchzwiebeln glasig sind.
◆ Die Tomaten abziehen und wür-feln; die Stielansätze dabei ent-fernen.
◆ Die Tomaten und die Speckmi-schung unter die Linsen rühren und kräftig aufkochen.
◆ Die Linsen mit Salz und Cayenne-pfeffer abschmecken.

Zubereitung etwa 1 Stunde
1 Portion = 2075 kJ/ 494 kcal

Sahnelinsen

Zutaten für 4 Portionen
1 Bund Suppengrün
1 Schalotte oder kleine Zwiebel
1 Knoblauchzehe
2 EL Öl
250 g rote Linsen
$^3/_4$ l Wasser
2 Bund Schnittlauch
250 g saure Sahne
Salz, weißer Pfeffer

◆ Den Knoblauch abziehen und fein hacken.
◆ Das Öl erhitzen und Linsen, Sup-pengrün, Schalotte bzw. Zwiebel und Knoblauch darin anbraten.
◆ Das Wasser zugießen, aufkochen und die Linsen zugedeckt bei schwa-cher Hitze 10–15 Minuten garen.
◆ Inzwischen den Schnittlauch wa-

schen, trockentupfen und in feine Röllchen schneiden.
◆ Die saure Sahne unter die Linsen mischen und erhitzen. Den Schnitt-lauch unterrühren und die Linsen mit Salz und Pfeffer abschmecken.

Zubereitung etwa 20 Minuten
1 Portion = 1651 kJ/ 393 kcal

Geschälte rote Linsen müssen nicht vorgeweicht werden und sind so schnell gar wie frisches Gemüse. Zu den Sahnelinsen schmecken Grün-kern- oder Reisfrikadellen.

◆ Das Suppengrün putzen, waschen und fein zerkleinern.
◆ Die Schalotte bzw. die Zwiebel ab-ziehen und fein hacken.

Linsenauflauf mit Lauch

Wählen Sie braune oder rote Linsen, je nachdem wie schnell es gehen soll. Die rote Variante der Hülsenfrüchte braucht zum Garen nur ein Viertel der Zeit. Als Beilagen können Sie Stampfkartoffeln oder Kartoffelpuffer und Salat servieren. Auch eine Tomatensauce paßt dazu.

◆ Die Linsen mit dem Wasser und der Brühe aufkochen und zugedeckt bei schwacher Hitze weich garen. Braune Linsen brauchen etwa 1 Stunde, rote Linsen 15 Minuten.
◆ Die Schale einer halben Zitrone abreiben, den Saft auspressen.
◆ Beides unter die Linsen mischen und diese lauwarm abkühlen lassen.
◆ Den Lauch putzen, waschen und mit dem saftigen Grün zerkleinern.

Zutaten für 4 Portionen
300 g braune oder rote Linsen
³/₄ l Wasser
1 EL Instantgemüsebrühe
1 unbehandelte Zitrone
500 g Lauch
1 Bund Petersilie
2 Eier
Salz, Cayennepfeffer
100 g geriebener Hartkäse
75 g geriebenes Knäckebrot

◆ Die Petersilie waschen, trockentupfen und hacken.
◆ Eigelb und Eiweiß trennen.
◆ Lauch, Petersilie und Eigelb unter die abgekühlten Linsen mischen. Mit Salz und 1 kräftigen Prise Cayennepfeffer würzen.
◆ Das Eiweiß steif schlagen und auf die Linsen geben.
◆ Den Käse und das Brot mischen, auf den Eischnee streuen und alles unterheben.
◆ Die Linsenmasse in eine hohe Auflaufform füllen und glattstreichen.
◆ Den Auflauf auf die untere Schiene des kalten Backofens stellen und bei 180 °C (Umluft 160 °C, Gas Stufe 2–3) etwa 1 Stunde backen, bis er oben leicht gebräunt ist.

Zubereitung etwa 45 Minuten bzw. 1¹/₂ Stunden
Backzeit etwa 1 Stunde
1 Portion = 2008 kJ/ 478 kcal

Pilze mit Ei

Früher hat man für dieses Schnellgericht Pfifferlinge genommen. Wie alle Wildpilze sind diese feinen Eierschwämme in unseren Wäldern jedoch sehr rar geworden. Beim Gemüsehändler werden sie folglich recht teuer verkauft. Im Rezept finden Sie deshalb die preiswerteren Austernpilze von der Pilzfarm.

Zutaten für 2 Portionen
300 g Austernpilze
1 Bund Petersilie
30 g Butterschmalz
4 Eier
1 EL süße Sahne
Salz
schwarzer Pfeffer aus der Mühle

◆ Die Hüte von den Pilzen abtrennen und in etwa fingerbreite Streifen schneiden.
◆ Die Stiele würfeln.
◆ Die Petersilie waschen, trockentupfen und fein hacken.
◆ Das Butterschmalz erhitzen und die Pilze darin bei starker bis mittlerer Hitze unter ständigem Wenden etwa 3 Minuten rösten.
◆ Die Hälfte der Petersilie unter die Pilze mischen.
◆ Die Eier mit Sahne und Salz verquirlen, über die Pilze gießen und zugedeckt bei schwacher Hitze etwa 3 Minuten stocken lassen. Zum Schluß unter Wenden kurz rösten.
◆ Die Pilze portionsweise anrichten, mit Petersilie und Pfeffer bestreuen.

Zubereitung etwa 20 Minuten
1 Portion = 1646 kJ/ 392 kcal

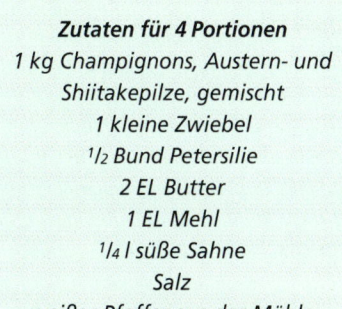

Pilze in Sahne

Die Shiitakepilze stammen aus Japan und China, wo sie seit über 2000 Jahren kultiviert werden.

◆ Die Champignons putzen, waschen und blättrig schneiden.
◆ Die Hüte der Austern- und Shiitakepilze in Streifen schneiden.
◆ Die Stiele der Austernpilze in dünne Scheibchen schneiden. Die zähen Stiele der Shiitake entfernen.
◆ Die Zwiebel abziehen und fein hacken. Petersilie waschen, trockentupfen und fein zerkleinern.
◆ Die Butter erhitzen und die Zwie-

Zutaten für 4 Portionen
1 kg Champignons, Austern- und Shiitakepilze, gemischt
1 kleine Zwiebel
1/2 Bund Petersilie
2 EL Butter
1 EL Mehl
1/4 l süße Sahne
Salz
weißer Pfeffer aus der Mühle
1 EL Zitronensaft

bel darin bei schwacher Hitze glasig braten.
◆ Die Pilze zugeben und bei starker Hitze unter ständigem Rühren 2 Minuten braten.
◆ Das Mehl einrühren und die Pilze zugedeckt bei schwacher Hitze 5 Minuten garen. Die Sahne zugeben und aufkochen.
◆ Die Pilze mit Salz, Pfeffer und Zitronensaft abschmecken. Mit der Petersilie bestreut servieren.

Zubereitung etwa 50 Minuten
1 Portion = 1365 kJ/ 325 kcal

Pilzfrikadellen

Zutaten für 4 Portionen
250 g rosa Champignons
1 kleiner Kohlrabi
1 Zwiebel
1 Bund Petersilie
150 g gemahlener Dinkel oder
Weizenvollkornmehl
50 g Paniermehl oder
Semmelbrösel
200 g Magerquark
2 Eier
1 TL getrockneter Thymian
Salz, Cayennepfeffer
geriebene Muskatnuß
Öl zum Braten

Pilzfrikadellen sind eine feine Alternative zu Fleischfrikadellen. Sie passen gut zu Kartoffel-, Gurken- und Tomatensalat.

◆ Die Pilze putzen und waschen, den Kohlrabi schälen.
◆ Die Zwiebel abziehen, die Petersilie waschen und trockentupfen.

◆ Diese Zutaten sehr fein zerkleinern oder portionsweise im Blitzhacker pürieren.
◆ Die zerkleinerte Mischung mit Dinkel oder Weizenmehl, Paniermehl oder Semmelbröseln, Quark, Eiern und Thymian zu einem glatten Teig verkneten.
◆ Den Teig kräftig mit Salz, Cayennepfeffer und Muskat würzen und mit Hilfe von zwei Eßlöffeln zu Frikadellen formen.

◆ Das Öl erhitzen und die Frikadellen darin bei schwacher bis mittlerer Hitze etwa 5 Minuten braten, bis sie sich leicht vom Pfannenboden lösen lassen.
◆ Die Frikadellen wenden und in etwa 4 Minuten fertigbraten.
◆ Gebratene Frikadellen bei 50 °C im Backofen warm halten.

Zubereitung etwa 1 Stunde
1 Portion = 1432 kJ/ 341 kcal

Gebratene Austernpilze

Ein schnelles Pilzgericht, das man als Beilage zu Kartoffelnudeln (siehe S. 420) und Salat reichen kann.

◆ Die Pilzhüte in Streifen schneiden.
◆ Zwiebel und Knoblauch abziehen und fein hacken.
◆ Die Petersilie waschen, trockentupfen und grob zerkleinern.
◆ Öl und Butter in einer großen Pfanne erhitzen und Pilze und Zwiebel darin zugedeckt bei mittlerer Hitze etwa 2 Minuten braten.

Zutaten für 4 Portionen
600 g Austernpilze
1 kleine Zwiebel
2 Knoblauchzehen
1 kleines Bund Petersilie
2 EL Öl
1 EL Butter
Salz, weißer Pfeffer aus der Mühle
3 EL Zitronensaft

◆ Die Pilze wenden und in der offenen Pfanne bei starker Hitze weitere 3–5 Minuten braten, bis alle Flüssigkeit, die sich bildet, wieder verdampft ist.
◆ Knoblauch, zerkleinerte Petersilie, Salz, weißen Pfeffer und Zitronensaft unter die Pilze mischen und auf der abgeschalteten Kochstelle kurz mitbraten.

Zubereitung etwa 30 Minuten
1 Portion = 542 kJ/ 129 kcal

Tofuschnitzel

Das bekannte Wiener Schnitzel stand Pate bei den knusprig gebratenen Tofuschnitzeln, die am besten zu grünem Salat und Kartoffelsalat schmecken.

◆ Den Tofu abtropfen lassen und in Scheiben schneiden.
◆ Die Zitrone waschen und abtrocknen. Die Hälfte der Schale abreiben; ¹/₂ Zitrone auspressen.
◆ Mandeln, Paniermehl und Zitronenschale, Muskat, Salz und 1 kräf-

Zutaten für 4 Portionen
400 g Tofu
1 unbehandelte Zitrone
50 g gemahlene Mandeln
2 gehäufte EL Paniermehl
1 MSP geriebene Muskatnuß
Salz
weißer Pfeffer aus der Mühle
4 EL Öl

tige Prise Pfeffer auf einem Teller vermischen.
◆ Das Öl erhitzen.
◆ Die Tofuscheiben zuerst in dem Zitronensaft, dann in der Mandelmischung wenden und portionsweise im heißen Öl bei mittlerer Hitze auf jeder Seite etwa 3 Minuten braten.
◆ Gebratene Schnitzel bei 50 °C im Backofen warm halten.

Zubereitung etwa 40 Minuten
1 Portion = 1138 kJ/ 271 kcal

Gerösteter Tofu

Zutaten für 4 Portionen
300 g Tofu
1 kleine unbehandelte Zitrone
2–3 Knoblauchzehen
Salz, Cayennepfeffer
3 EL Öl

◆ Den Tofu würfeln und in einen tiefen Teller legen.
◆ Die Zitrone waschen und trockenreiben. Etwa die Hälfte der Schale ganz dünn abschneiden und fein hacken. Den Saft auspressen.
◆ Den Knoblauch abziehen und fein hacken.
◆ Die Tofuwürfel mit Zitronenschale und -saft, Knoblauch, Salz und 1 kräf-

tigen Prise Cayennepfeffer mischen und zugedeckt 20 Minuten ziehen lassen.
◆ Das Öl erhitzen. Den Tofu mit der Marinade zugeben und bei schwacher bis mittlerer Hitze etwa 7 Minuten rösten; dabei häufig wenden.

Zubereitung etwa 35 Minuten
1 Portion = 559 kJ/ 133 kcal

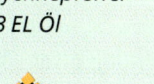

Geschmorter Tofu mit Pilzen

Vegetarisch, gesund, schmackhaft – dieses Rezept eignet sich für alle, die Neues aus der modernen Küche probieren wollen.

◆ Den Tofu abtropfen lassen und grob zerschneiden.

◆ Die Zwiebel abziehen und hacken.

◆ Den Salbei waschen, trockentupfen und grob zerkleinern.

◆ Das Öl erhitzen.

◆ Tofu, Zwiebel und Salbei ins Öl geben und darin bei mittlerer Hitze unter ständigem Wenden anbraten.

◆ Das Mehl darüber stäuben und unter Rühren kurz mitrösten.

◆ Die Brühe langsam zugießen, unter Rühren aufkochen und zugedeckt bei schwacher Hitze kochen lassen, bis die anderen Zutaten fertig vorbereitet sind.

Zutaten für 4 Portionen
250 g Tofu
1 Zwiebel, 2 Salbeiblättchen
1 EL Öl
1 EL Mehl
1/4 l Gemüsebrühe
300 g Tomaten
150 g Champignons
2 Essiggurken
30 g Käse am Stück
1 Bund Petersilie
2 EL Kapern
100 g Crème fraîche
Salz
schwarzer Pfeffer aus der Mühle
50 g gehackte Kürbiskerne oder
beliebige Nußkerne

◆ Die Tomaten abziehen und fein zerkleinern; dabei die Stielansätze entfernen.

◆ Die Pilze putzen, waschen und fein zerkleinern.

◆ Die Gurken abtropfen lassen und ebenfalls fein zerkleinern.

◆ Den Käse reiben.

◆ Die Petersilie waschen, trockentupfen und hacken.

◆ Tomaten, Pilze, Gurken, Kapern, Käse und Crème fraîche unter den Tofu mischen, aufkochen lassen und bei mittlerer Hitze rühren, bis sich der Käse aufgelöst hat.

◆ Das Gericht mit Salz und Pfeffer würzen und mit Kürbiskernen und der gehackten Petersilie bestreuen.

Zubereitung etwa 30 Minuten
1 Portion = 1218 kJ/ 290 kcal

Tofuklößchen mit Tomaten

Zutaten für 4 Portionen
2 große Zwiebeln
1 Bund Petersilie
300 g Tofu
50 g Haselnußkerne
50 g Parmesan am Stück
2 EL Sojasauce
1 Ei
je 2 EL Semmelbrösel und Mehl
Salz
schwarzer Pfeffer aus der Mühle
700 g Tomaten
1 Knoblauchzehe
3 EL Öl
1/2 Bund Schnittlauch
2 EL Crème fraîche
Zucker

◆ Für die Klößchen 1/2 Zwiebel abziehen.

◆ Die Petersilie waschen.

◆ Zwiebel, Petersilie, Tofu, Nußkerne und Käse im Blitzhacker pürieren.

◆ Sojasauce, Ei, Semmelbrösel und Mehl unter die Masse mischen, den Teig mit Salz und 1 kräftigen Prise Pfeffer würzen und mit den Händen gut durchkneten.

◆ Aus dem Teig etwa walnußgroße Klößchen formen und ruhen lassen, bis alles andere vorbereitet ist.

◆ Die Tomaten abziehen und würfeln; die Stielansätze entfernen.

◆ Die restlichen Zwiebeln und die Knoblauchzehe abziehen und fein hacken.

◆ Öl in einem großen Topf erhitzen und Zwiebeln und Knoblauch darin bei schwacher Hitze glasig braten.

◆ Die Tomaten zugeben und kurz schmoren.

◆ Die Tofuklößchen auf die Tomaten legen, alles aufkochen lassen und zugedeckt bei mittlerer Hitze 15 Minuten garen. Dabei den Topf möglichst nicht öffnen, damit die Klößchen im Dampf garen.

◆ Die Teller gut vorwärmen.

◆ Schnittlauch waschen, trockentupfen und in Röllchen schneiden.

◆ Die Klößchen vorsichtig herausnehmen, auf den Tellern verteilen und mit dem Schnittlauch bestreuen.

◆ Die Tomaten mit der Crème fraîche verrühren, mit Salz, Pfeffer und Zucker abschmecken und neben den Klößchen anrichten.

Zubereitung etwa 45 Minuten
1 Portion = 1659 kJ/ 395 kcal

Kaiserschmarren (S. 528)

Eier und Milchprodukte

Pochierte Eier: Grundrezept

1. Das aufgeschlagene Ei in das Wasser gleiten lassen.

2. Nacheinander alle Eier in den Topf geben.

3. Das Eiweiß mit Holzlöffeln an die Eier zurückführen.

4. Die pochierten Eier aus dem Wasser nehmen.

◆ In einem Topf von etwa 24 cm Ø reichlich Wasser mit dem Essig zum Kochen bringen.

◆ Das erste Ei in eine Tasse oder eine Schöpfkelle aufschlagen.

◆ Das Ei aus der Tasse in den Topf mit dem kochenden Wasser gießen oder die Schöpfkelle knapp über das Wasser halten und dann kippen, so daß das Ei ins Wasser gleitet.

◆ Die übrigen Eier nacheinander auf die gleiche Art in den Topf geben.

◆ Die Eier im offenen Topf bei mittlerer bis schwacher Hitze 4 Minuten garen; dabei das Eiweiß jeweils mit

Zutaten für 4 Portionen
1 EL Essig
4 Eier

Holzlöffeln an das Ei zurückführen.

◆ Die fertigen Eier mit einem Schaumlöffel aus dem Wasser nehmen.

Pochierte Eier mit Gemüse

Pochierte Eier mit Gemüse

Für die köstliche Eierspeise brauchen Sie ganz frische Eier und Käse, der cremig zerläuft, beispielsweise jungen Gouda oder italienischen Fontina. Pellkartoffeln schmecken am besten dazu.

◆ Den Lauch putzen, waschen und mit allen saftigen grünen Blättern in etwa fingerdicke Ringe schneiden.
◆ Die Tomaten abziehen und würfeln; dabei von den Stielansätzen befreien.
◆ Die Essiggurken hacken.
◆ Die Kapern abtropfen lassen.
◆ Das Basilikum oder die Petersilie waschen, trockentupfen und hacken.
◆ Die Sonnenblumenkerne ebenfalls hacken.
◆ Das Öl erhitzen und den Lauch darin bei mittlerer Hitze unter Wenden anbraten.
◆ Den Lauch mit Mehl bestäuben und kurz weiterbraten.

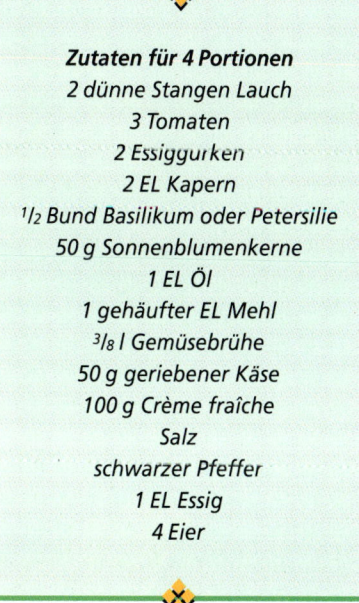

Zutaten für 4 Portionen
2 dünne Stangen Lauch
3 Tomaten
2 Essiggurken
2 EL Kapern
½ Bund Basilikum oder Petersilie
50 g Sonnenblumenkerne
1 EL Öl
1 gehäufter EL Mehl
³/₈ l Gemüsebrühe
50 g geriebener Käse
100 g Crème fraîche
Salz
schwarzer Pfeffer
1 EL Essig
4 Eier

◆ Die Brühe langsam dazugießen und unter Rühren aufkochen lassen.
◆ Tomaten, Essiggurken, Kapern,

Käse und Crème fraîche unter die Brühe mischen und unter Rühren erneut aufkochen lassen.
◆ Bei mittlerer Hitze weiterrühren, bis sich der Käse ganz aufgelöst hat.
◆ Die Gemüsemischung mit Salz und schwarzem Pfeffer abschmecken und warm halten, bis die Eier zubereitet sind.
◆ In einem Topf reichlich Wasser mit dem Essig zum Kochen bringen.
◆ 4 Teller gut vorwärmen.
◆ Die Eier nach dem Grundrezept (siehe S. 514) pochieren und dann mit einem Schaumlöffel aus dem Topf nehmen.
◆ Die Eier mit dem Gemüse auf den Tellern anrichten.
◆ Das Basilikum oder die Petersilie und die Sonnenblumenkerne darüber streuen.

Zubereitung etwa 40 Minuten
1 Portion = 1550 kJ/ 369 kcal

Bunte Frühstückseier

Radieschen, Kresse, Tomaten, Toast oder knusprige Brötchen passen gut zu den Eiern.

◆ Reichlich Wasser erhitzen.
◆ Eine große Gratinform mit niedrigem Rand etwa zur Hälfte mit dem heißen Wasser füllen und auf die mittlere Schiene des kalten Backofens stellen.
◆ Den Ofen auf 200°C (Umluft 180°C, Gas Stufe 3) schalten.
◆ Den Schnittlauch waschen, trockentupfen und in feine Röllchen schneiden.
◆ Den Fettrand vom Schinken abschneiden und den Schinken fein hacken.

◆ 4 große Tassen mit der Butter ausstreichen.
◆ Die Hälfte des Schinkens und des Schnittlauchs in die Tassen geben und die Sahne darauf verteilen.
◆ Die Eier einzeln aufschlagen; in jede Tasse 2 Eier geben. Die Eier mit Salz und Pfeffer würzen und mit dem restlichen Schinken und Schnittlauch sowie dem Käse bedecken.
◆ Die Tassen in das Wasserbad stellen und die Eier etwa 20 Minuten pochieren, bis der Käse geschmolzen ist.
◆ Die Eier in den Tassen servieren.

Zubereitung etwa 15 Minuten
Garzeit etwa 20 Minuten
1 Portion = 2159 kJ/ 514 kcal

Zutaten für 4 Portionen
1 großes Bund Schnittlauch
150 g gekochter Schinken
2 EL weiche Butter
100 ml süße Sahne
8 kleine Eier
Salz
weißer Pfeffer
75 g geriebener Hartkäse

Eier in Tomatensauce

◆ Die Tomaten abziehen und würfeln; sämtliche Stielansätze dabei entfernen.

◆ Die Zwiebel abziehen und fein hacken.

◆ Den Thymian oder die Petersilie waschen, trockentupfen und die harten Stiele entfernen. Den Rest fein hacken.

◆ Das Öl in einem Topf erhitzen und die Zwiebel darin bei schwacher Hitze glasig braten.

◆ Die Tomaten und den Thymian oder die Petersilie zugeben und schmoren, bis die Tomaten Flüssigkeit abgeben.

◆ Die Crème fraîche unter die Sauce rühren, Salz, Cayennepfeffer und Zucker zugeben.

◆ Die Sauce aufkochen lassen und zugedeckt bei schwacher Hitze garen, bis die Eier fertig sind.

◆ Die Eier in 5–6 Minuten wachsweich kochen.

Zutaten für 4 Portionen
500 g Tomaten
1 große Zwiebel
1 kleines Bund Thymian
oder Petersilie
2 EL Olivenöl
3 EL Crème fraîche
Salz, Cayennepfeffer
1 Prise Zucker
8 Eier
1/4 Bund Schnittlauch

◆ Eine flache Schüssel vorwärmen.

◆ Den Schnittlauch waschen, trockentupfen und anschließend in Röllchen schneiden.

◆ Die Eier abgießen, kalt abschrecken, von der Schale befreien und halbieren.

◆ Die Sauce in die vorgewärmte Schüssel geben. Die Eihälften hineinsetzen und mit den Schnittlauchröllchen bestreuen.

Zubereitung etwa 30 Minuten
1 Portion = 1344 kJ/ 320 kcal

Spiegeleier mit Käse

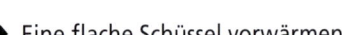

Zutaten für 4 Portionen
50 g Butter
4 Scheiben Kastenweißbrot
4 Eier
1/4 Bund Petersilie
Salz, schwarzer Pfeffer
2 EL geriebener Parmesan

◆ 4 Teller heiß vorwärmen.

◆ Die Hälfte der Butter in einer großen Pfanne zerlassen. Die Weißbrotscheiben darin bei mittlerer bis schwacher Hitze auf beiden Seiten goldbraun braten.

◆ Die Brotscheiben herausnehmen und auf die Teller legen.

◆ Die restliche Butter in die Pfanne geben und die Eier darin bei mittlerer bis schwacher Hitze braten.

◆ Die Petersilie waschen, trockentupfen und hacken.

◆ Die Eier mit Salz und Pfeffer würzen, danach auf die Weißbrotscheiben legen.

◆ Die Eibrote mit dem geriebenen Parmesan und der Petersilie bestreuen und sofort servieren.

Zubereitung etwa 15 Minuten
1 Portion = 1226 kJ/ 292 kcal

Eier im Nestchen

Vollkorntoastbrot oder ein kräftiges Bauernbrot paßt gut zu diesem Sommeressen.

◆ Den Mangold putzen, waschen und in etwa fingerbreite Streifen schneiden.

◆ Die Zwiebel und den Knoblauch abziehen und hacken.

◆ Das Öl in einer feuerfesten flachen Form erhitzen und die Zwiebel und den Knoblauch darin bei schwacher Hitze glasig braten.

◆ Den Mangold zugeben und etwa 3 Minuten unter Rühren schmoren.

◆ Den Mangold mit einem Löffel ganz in der Form verteilen und vier kleine Vertiefungen für die Eier hineindrücken.

◆ Die Eier aufschlagen und in die Vertiefungen gleiten lassen. Mit Salz, Pfeffer und dem Käse bestreuen.

◆ Die Eier zugedeckt bei mittlerer Hitze etwa 15 Minuten garen, bis sie gestockt, aber innen noch flüssig sind.

◆ Die Kresse mit einer Küchenschere abschneiden, waschen, trockentupfen und über die Eier streuen.

Zubereitung etwa 45 Minuten
1 Portion = 1033 kJ/ 246 kcal

Zutaten für 4 Portionen
1 kg Mangold
1 kleine Zwiebel
1 Knoblauchzehe
2 EL Olivenöl
4 Eier
Salz
weißer Pfeffer
50 g geriebener Käse
1 Kästchen Garten-
kresse

Kräuterrührei

Zutaten für 2 Portionen
1 Handvoll gemischte
frische Kräuter
4 Eier
1 EL süße Sahne
Salz
weißer Pfeffer
1 EL Butter oder
Margarine

Das Schnellgericht aus der leichten Küche läßt sich auf viele Arten abwandeln, beispielsweise mit Krabben oder gebratenen Speckwürfeln.

◆ Die Kräuter waschen, sehr gut trockentupfen und ganz fein zerkleinern.

◆ Die Eier mit Sahne, Salz und Pfeffer verrühren und die Kräuter untermischen.

◆ Die Butter in einer Pfanne bei schwacher Hitze heiß werden lassen.

◆ 2 Teller leicht vorwärmen.

◆ Die Eimischung in die Pfanne gießen und bei schwacher Hitze braten, bis sie am Rand fest, in der Mitte aber noch flüssig ist. Mit einer Backschaufel zusammenschieben, damit sich das bereits gestockte mit dem flüssigen Ei vermischt.

◆ Das Rührei auf den vorgewärmten Tellern sofort servieren.

Zubereitung etwa 15 Minuten
1 Portion = 1264 kJ/ 301 kcal

Käserührei auf Tomaten

Der schnell zubereitete kleine Imbiß schmeckt am besten zu kräftigem Schwarzbrot.

◆ Die Petersilie waschen, trockentupfen und ganz fein hacken.

◆ Die Tomaten waschen, abtrocknen, in Scheiben schneiden und dabei von den Stielansätzen befreien. Die Tomatenscheiben auf Tellern verteilen und mit Salz und Pfeffer würzen.

◆ Die Eier mit Sahne, Salz und Paprikapulver verquirlen. Die Petersilie untermischen.

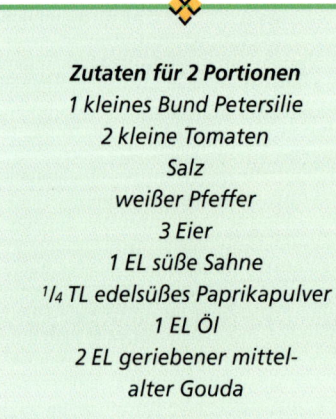

Zutaten für 2 Portionen
1 kleines Bund Petersilie
2 kleine Tomaten
Salz
weißer Pfeffer
3 Eier
1 EL süße Sahne
1/4 TL edelsüßes Paprikapulver
1 EL Öl
2 EL geriebener mittelalter Gouda

◆ Das Öl in einer Pfanne bei mittlerer Hitze heiß werden lassen.

◆ Die Eier in die Pfanne geben und bei schwacher Hitze stocken lassen, bis sie am Rand fest, in der Mitte aber noch flüssig sind. Den geriebenen Käse darüberstreuen.

◆ Die Eier mit einem Spatel zusammenschieben und braten, bis sie ganz gestockt, aber noch feucht sind.

◆ Die Rühreier auf die Tomaten geben und sofort servieren.

Zubereitung etwa 15 Minuten
1 Portion = 1109 kJ/ 264 kcal

Omelett mit Gemüse

In einer gußeisernen oder einer beschichteten Pfanne gelingt das Omelett besonders gut. Weißbrot oder Kartoffeln und Salat passen am besten dazu.

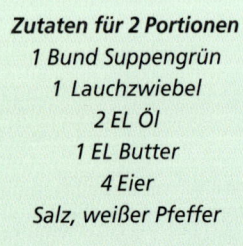

Zutaten für 2 Portionen
1 Bund Suppengrün
1 Lauchzwiebel
2 EL Öl
1 EL Butter
4 Eier
Salz, weißer Pfeffer

◆ Das Suppengrün und die Lauchzwiebel waschen, putzen und fein zerkleinern. Dabei die saftigen grünen Blätter der Lauchzwiebel mitverwenden.

◆ Das Öl und die Butter in einer großen Pfanne erhitzen und das Gemüse darin bei schwacher Hitze 5 Minuten schmoren.

◆ 2 Teller gut vorwärmen.

◆ Die Eier in einer Schüssel mit Salz und Pfeffer leicht verquirlen, zum Gemüse geben und mit einer Gabel mehrmals durchrühren.

◆ Sobald das Omelett an der Oberfläche gestockt ist, rundherum vom Pfannenrand lösen und mit dem Pfannenmesser einmal zusammenklappen.

◆ Das Omelett in 2 Portionen teilen und auf den Tellern anrichten.

Zubereitung etwa 20 Minuten
1 Portion = 1751 kJ/ 417 kcal

Auberginenomelett

Das kleine Essen stammt aus der Küche des Vorderen Orients. Sie können es – so wie es im Iran, in Afghanistan und in der Türkei üblich ist – mit Fladenbrot und Joghurtsauce reichen.

◆ Die Auberginen waschen und die Stielansätze abschneiden. Die Auberginen in etwa daumennagelgroße Würfel schneiden.
◆ Die Zwiebel und den Knoblauch abziehen und fein hacken.
◆ 4 Teller heiß vorwärmen.
◆ Das Öl in einer großen Pfanne erhitzen.

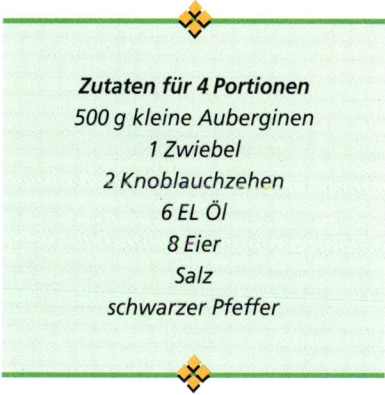

Zutaten für 4 Portionen
500 g kleine Auberginen
1 Zwiebel
2 Knoblauchzehen
6 EL Öl
8 Eier
Salz
schwarzer Pfeffer

◆ Die Auberginenwürfel, die Zwiebel und den Knoblauch in der Pfanne verteilen und zugedeckt bei schwa-

cher Hitze 10 Minuten braten; dabei immer wieder wenden.
◆ Die Eier mit Salz und Pfeffer verrühren und über die Auberginen gießen.
◆ Die Eier zugedeckt bei mittlerer Hitze etwa 10 Minuten garen, bis sie gestockt sind.
◆ Das Omelett in der Pfanne wie eine Torte in 8 Stücke teilen und auf den heißen Tellern anrichten.

Zubereitung etwa 45 Minuten
1 Portion = 1537 kJ/ 366 kcal

Schaumomelett mit Pilzen

Ein Schaumomelett läßt sich nicht warm halten. Damit Sie gemeinsam essen können, bereiten Sie die Füllung zu und halten Sie sie zugedeckt warm. Dann die erste Portion Teig backen, das Omelett mit Pilzen füllen und in 2 Portionen teilen. Während Sie essen, backt das zweite Omelett.

◆ Die Austernpilze putzen und in feine Streifen schneiden.
◆ Die Zwiebel abziehen und fein hacken.
◆ Die Butter und das Öl erhitzen und die Zwiebel darin bei mittlerer Hitze glasig braten.
◆ Die Pilze zugeben und bei mittlerer bis starker Hitze unter ständigem Wenden etwa 2 Minuten anbraten.
◆ Die Sahne zugießen und einkochen lassen, bis eine sämige Sauce entstanden ist.
◆ Die Petersilie waschen, trockentupfen und fein hacken.
◆ Die Petersilie zu der Pilzmischung geben. Mit Zitronensaft, Salz und

Pfeffer abschmecken und zugedeckt warm halten, bis die Omeletts gebacken sind.
◆ Die Eier trennen. Das Eiweiß mit Salz würzen und steif schlagen.
◆ Die Speisestärke mit dem Wasser glattrühren.
◆ Die Eidotter nacheinander unter die Speisestärke mischen und den Eischnee mit einem Schneebesen unterziehen.
◆ Das Öl in einer Pfanne erhitzen. Die Hälfte des Teiges hineingeben.
◆ Das Omelett zugedeckt bei schwacher Hitze 10 Minuten backen. Währenddessen den Deckel nicht abheben, denn sonst fällt das Omelett zusammen.
◆ Das Omelett wenden und auf der zweiten Seite 5 Minuten backen.
◆ Die eine Seite des Omeletts mit Pilzfüllung belegen, das Omelett zusammenklappen und servieren.

Zubereitung etwa 45 Minuten
1 Portion = 2222 kJ/ 529 kcal

Zutaten für 2 Portionen
Füllung
300 g Austernpilze
1 Zwiebel
1/2 EL Butter
1 TL Öl
100 ml süße Sahne
1/2 Bund Petersilie
1 EL Zitronensaft
Salz
weißer Pfeffer
Teig
4 Eier
Salz
2 gestrichene TL Speisestärke
2 EL Wasser
Öl zum Backen

Spanische Tortilla

◆ Die Kartoffeln schälen, waschen, auf dem Gurkenhobel in dünne Scheiben hobeln und mit Küchenpapier trockentupfen.

◆ Die Paprikaschote putzen, waschen und in Streifen schneiden.

◆ Die Tomate waschen, in Scheiben schneiden und dabei vom Stielansatz befreien.

◆ Die Zwiebel abziehen und fein hacken.

◆ Das Öl in einer großen Pfanne erhitzen.

◆ Die Kartoffeln, die Paprikaschote und die Zwiebel in der Pfanne verteilen. Die Mischung mit Salz und Pfeffer würzen und bei schwacher Hitze unter häufigem Wenden in etwa 10 Minuten weich braten.

◆ Die Eier mit einer Gabel verquirlen

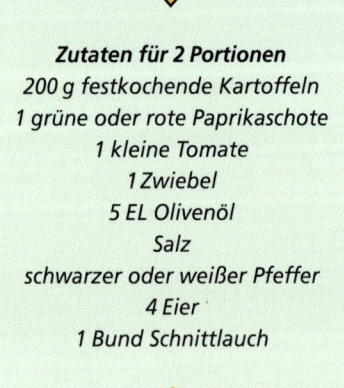

Zutaten für 2 Portionen
200 g festkochende Kartoffeln
1 grüne oder rote Paprikaschote
1 kleine Tomate
1 Zwiebel
5 EL Olivenöl
Salz
schwarzer oder weißer Pfeffer
4 Eier
1 Bund Schnittlauch

und darübergießen. Die Kartoffelmischung mit den Tomatenscheiben belegen und bei schwacher Hitze weiterbraten, bis die Eier an der Unterseite gestockt sind.

◆ 2 Teller heiß vorwärmen.

◆ Die Tortilla mit einem Pfannenmesser vorsichtig lösen, die Pfanne leicht kippen und die Tortilla auf einen großen Teller schieben.

◆ Einen zweiten Teller darüber legen, die Teller umdrehen und so die Tortilla wenden.

◆ Die Tortilla wieder in die Pfanne schieben und weitere 5 Minuten braten.

◆ Den Schnittlauch waschen, trockentupfen und fein zerkleinern.

◆ Die Tortilla wie eine Torte in Stücke schneiden, auf den Tellern anrichten und mit dem Schnittlauch bestreuen.

Zubereitung etwa 40 Minuten
1 Portion = 2176 kJ/ 518 kcal

Omelett aus dem Ofen

◆ Den Backofen auf 200°C (Umluft 180°C, Gas Stufe 3) vorheizen.

◆ Die Eier trennen; die Eigelb mit Salz, Pfeffer und Muskat verquirlen.

Zutaten für 3 Portionen
4 Eier
Salz
weißer Pfeffer
geriebene Muskatnuß
200 ml süße Sahne
1 EL Speisestärke
3 Lauchzwiebeln
1/8 l Gemüsebrühe
2 EL Zitronensaft
100 g Gorgonzola oder Roquefort
Fett für die Form

◆ Das Eiweiß und die Sahne getrennt steif schlagen.

◆ Die Sahne mit der Speisestärke vermischen.

◆ Den Eischnee und die Sahne abwechselnd mit einem Schneebesen unter die Eigelb ziehen.

◆ Eine flache Gratinform von etwa 1 l Fassungsvermögen gut fetten. Dann die Omelettmasse in die Form geben und glattstreichen.

◆ Das Omelett auf die mittlere Schiene des heißen Backofens schieben und 10 Minuten backen.

◆ Die Lauchzwiebeln putzen, waschen, trockentupfen und in feine Ringe schneiden.

◆ Die Brühe mit Zitronensaft aufkochen und die Lauchzwiebeln darin 1 Minute kochen lassen.

◆ Abgießen, die Brühe wieder in den Topf geben und bei starker Hitze

unter Rühren auf etwa die Hälfte einkochen lassen.

◆ Den Käse zerkrümeln. Die Lauchzwiebeln und den Käse auf dem Omelett verteilen und die Brühe darüberträufeln.

◆ Das Omelett weitere 15 Minuten backen, bis der Käse schmilzt. Herausnehmen und sofort servieren.

Zubereitung etwa 25 Minuten
Backzeit 25 Minuten
1 Portion = 2171 kJ/ 517 kcal

Omelette surprise

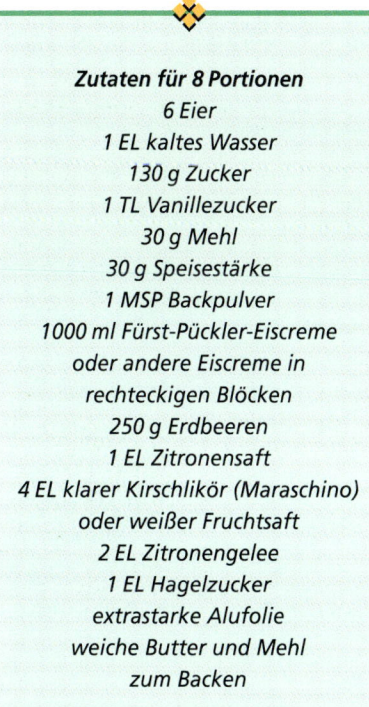

Zutaten für 8 Portionen
6 Eier
1 EL kaltes Wasser
130 g Zucker
1 TL Vanillezucker
30 g Mehl
30 g Speisestärke
1 MSP Backpulver
1000 ml Fürst-Pückler-Eiscreme
oder andere Eiscreme in
rechteckigen Blöcken
250 g Erdbeeren
1 EL Zitronensaft
4 EL klarer Kirschlikör (Maraschino)
oder weißer Fruchtsaft
2 EL Zitronengelee
1 EL Hagelzucker
extrastarke Alufolie
weiche Butter und Mehl
zum Backen

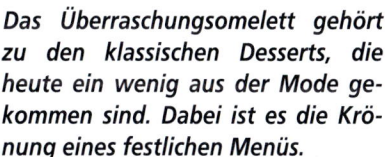

Das Überraschungsomelett gehört zu den klassischen Desserts, die heute ein wenig aus der Mode gekommen sind. Dabei ist es die Krönung eines festlichen Menüs.

◆ 2 Eier trennen; das Eiweiß und das Wasser mit den Quirlen des Handrührgeräts halb steif schlagen.
◆ 50 g Zucker und den Vanillezucker mischen, langsam zugeben und weiterschlagen, bis der Eischnee steif, aber elastisch ist.
◆ Die Eigelb nacheinander auf niedriger Schaltstufe unterrühren, bis die Creme gleichmäßig gelb ist.
◆ Das Mehl mit der Speisestärke und dem Backpulver mischen und unterziehen.
◆ Die Eiscremepackungen an den Schmalseiten aneinanderlegen. Ein Stück Alufolie über die beiden Packungen legen und an allen vier Seiten nach unten streifen, so daß

eine Aluschale entsteht. Das Eis wieder ins Gefrierfach legen.
◆ Die Aluschale mit der weichen Butter fetten und mit Mehl ausstreuen.
◆ Den Teig in die Form geben und glattstreichen, auf die untere Schiene des kalten Backofens schieben und bei 180°C (Umluft 160°C, Gas Stufe 2–3) etwa 30 Minuten backen.
◆ Die Garprobe mit einem Holzstäbchen machen.
◆ Den Teig in der Form etwa 30 Minuten abkühlen lassen. Die Aluschale abziehen und den Biskuit auf einem Kuchengitter ganz erkalten lassen.
◆ Die Erdbeeren waschen, abzupfen und halbieren. 2 EL Zucker, Zitronensaft und Kirschlikör oder Fruchtsaft zugeben.
◆ Die Erdbeeren zugedeckt im Kühlschrank ziehen lassen, bis das Omelett im Ofen ist.
◆ Den Backofengrill auf mittlerer Schaltstufe vorheizen.
◆ Den erkalteten Biskuitboden wieder in die Aluschale legen und mit dem Zitronengelee bestreichen.

◆ Für das Omelett die restlichen Eier trennen und das Eiweiß mit den Quirlen des Handrührgeräts steif schlagen. Dabei den restlichen Zucker langsam zugeben und schlagen, bis der Eischnee glänzt.
◆ 1 Eigelb unterziehen, bis der Eischnee gleichmäßig gelb ist.
◆ Die beiden Eiscremeblöcke aus der Verpackung nehmen, auf den Biskuitboden legen und rasch mit der Omelettmasse überziehen; mit einem breiten Messer oder einem Löffel geht das am besten.
◆ Den Hagelzucker darüberstreuen.
◆ Das Omelett unter den heißen Grill schieben und 4–5 Minuten überbacken, bis es zart gebräunt ist.
◆ Die Erdbeeren auf Desserttellern verteilen.
◆ Das Omelett herausnehmen und mit einem scharfen Messer in Scheiben schneiden.
◆ Die Scheiben neben den Erdbeeren anrichten und sofort servieren.

Zubereitung etwa 1¹⁄₄ Stunden
1 Portion = 1928 kJ/ 459 kcal

Eierkuchen: Grundrezept

1. Die Eier nacheinander unter das Mehlwasser rühren.

2. Den Eierkuchenteig in die Pfanne geben.

3. Backen, bis der Teig nicht mehr flüssig ist.

4. Den Eierkuchen mit einem Pfannenmesser wenden.

◆ Das Mehl mit Salz und Wasser verrühren.

◆ Die Eier nacheinander daruntermischen.

◆ Eine Pfanne bei starker Hitze anheizen, bis ein Wassertropfen darin zischend verdampft, und dann die Temperatur auf mittlere Hitze zurückschalten.

◆ Den Backofen auf 50 °C (Gas Stufe $^1/_2$) vorheizen.

◆ 1 knappen EL Öl in die Pfanne geben und durch leichtes Schwenken darin verteilen.

◆ $^1/_2$ Schöpfkelle oder 4 EL Eierkuchenteig in die Pfanne geben und ebenfalls verteilen.

◆ Den Eierkuchen zugedeckt backen, bis der Teig auf der Oberseite auch in der Mitte nicht mehr flüssig ist, sich an den Rändern leicht hochbiegt und knusprig wird.

◆ Den Eierkuchen wenden und in der offenen Pfanne bei mittlerer bis schwacher Hitze fertigbacken.

◆ Den Eierkuchen aus der Pfanne nehmen und im Backofen warm halten.

◆ Die restlichen Eierku-

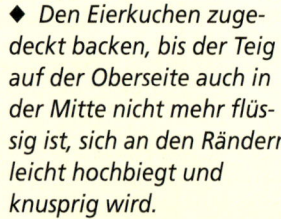

Zutaten für 4 Portionen
200 g Mehl
Salz
$^1/_2$ l Wasser
4 Eier
Öl zum Backen

chen auf die gleiche Art zubereiten; dabei nur wenig Öl in die Pfanne geben.

Eierkuchen mit Tomaten und Käse

Eierkuchen mit Tomaten und Käse

◆ Den Teig wie im Grundrezept zubereiten.

◆ Die Tomaten waschen, abtrocknen und in Scheiben schneiden; dabei die Stielansätze entfernen.

◆ Die Lauchzwiebeln putzen, waschen und mit dem saftigen Zwiebelgrün in dünne Ringe schneiden.

◆ Den Salbei kurz abspülen oder trocken reinigen und fein hacken.

◆ Den Backofen auf 50 °C vorheizen.

◆ Öl in einer Pfanne erhitzen und dann 1 Schöpfkelle Eierkuchenteig hineingeben.

◆ Den Eierkuchen mit Tomaten, Zwiebelröllchen und Salbei belegen und mit Salz und schwarzem Pfeffer würzen.

◆ Den Eierkuchen zugedeckt bei mittlerer Hitze backen, bis die Oberfläche gestockt ist und die Ränder braun sind.

◆ Den Eierkuchen wenden und auf der zweiten Seite etwa 1 Minute backen; danach aus der Pfanne nehmen und im Backofen warm halten.

◆ Die restlichen Eierkuchen ebenso backen und warm halten. Die Eierkuchen mit Käse bestreut servieren.

Zubereitung etwa 1 Stunde
1 Portion = 2709 kJ/ 645 kcal

Zutaten für 4 Portionen
Zutaten für Eierkuchenteig
wie im Grundrezept
800 g Tomaten
4 Lauchzwiebeln
6 frische Salbeiblättchen
Salz, schwarzer Pfeffer
200 g geriebener
mittelalter Gouda

Eierkuchentorte

◆ Wie im Grundrezept das Mehl mit Salz und Wasser glattrühren; dann zugedeckt quellen lassen, bis der Spinat vorbereitet ist.

◆ Den Spinat verlesen, waschen, tropfnaß in einen großen Topf geben und bei starker Hitze heiß werden lassen, bis er zusammenfällt.

◆ Den Spinat in ein Sieb geben und das abtropfende Wasser auffangen.

◆ Die Eier unter den Teig rühren.

◆ Öl in einer Pfanne erhitzen. 1 Schöpfkelle Eierkuchenteig hinzugeben und durch Schwenken der Pfanne darin verteilen.

◆ Den Eierkuchen wie im Grundrezept backen.

◆ Etwa 11 weitere Eierkuchen auf die gleiche Art zubereiten.

◆ Für die Füllung die Zwiebel abziehen und fein hacken.

◆ Den Schinken ebenfalls fein hacken.

◆ Das Öl erhitzen und die Zwiebel und den Schinken darin bei schwacher Hitze glasig braten.

◆ Das Spinatwasser und die Sahne

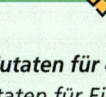

Zutaten für 4 Portionen
Zutaten für Eierkuchenteig
wie im Grundrezept
2 kg Spinat
1 große Zwiebel
50 g gekochter Schinken
2–3 EL Öl
150 ml süße Sahne
Salz, weißer Pfeffer
geriebene Muskatnuß
1 EL Zitronensaft
2 EL Mehl
1/4 l Fleisch- oder Gemüsebrühe
1/4 l Milch

abwechselnd zugießen und bei mittlerer bis starker Hitze unter ständigem Rühren zu einer Creme einkochen lassen.

◆ Den Spinat grob zerkleinern, unter die Creme mischen und mit Salz, Pfeffer, Muskat und Zitronensaft würzen.

◆ Den Backofen auf 200 °C (Umluft 180 °C, Gas Stufe 3) vorheizen.

◆ Das Mehl in einem Topf unter Rühren anrösten, bis es zart duftet.

◆ Die Brühe und die Milch unter das Mehl mischen und unter Rühren aufkochen lassen, bis die Sauce glatt ist.

◆ Die Sauce mit Salz, Pfeffer und Muskat abschmecken.

◆ Einen Eierkuchen auf eine ofenfeste Platte legen, mit Spinat und etwas Sauce bestreichen und mit einem weiteren Eierkuchen abdecken.

◆ Die Eierkuchen nacheinander wie eine Torte aufschichten und jeweils mit Spinat und Sauce bestreichen; den letzten Eierkuchen zum Schluß auf die Torte legen.

◆ Den Rest der Sauce über die Eierkuchentorte gießen.

◆ Die Torte auf die untere Schiene des heißen Backofens stellen und etwa 20 Minuten backen.

Zubereitung etwa 70 Minuten
Backzeit etwa 20 Minuten
1 Portion = 2688 kJ/640 kcal

Eierkuchen mit Apfel-Nuß-Sahne

Zutaten für 4 Portionen
100 g Mehl
1 Prise Salz
$1/4$ l Wasser
2 Eier
100 g Walnußkerne
100 ml süße Sahne
1 unbehandelte Orange
2 säuerliche Äpfel (Cox Orange
oder Glockenapfel; etwa 400 g)
50 g Apfelkraut oder Honig
50 g Korinthen
3 EL ungesüßter Apfelsaft
2 EL ungesüßter Sanddornsirup
Öl zum Backen

◆ Das Mehl mit dem Salz und dem Wasser verrühren und die Eier untermischen.

◆ Den Teig zugedeckt ruhen lassen, bis die Apfel-Nuß-Sahne und der Sirup zubereitet sind.

◆ Die Nüsse hacken.

◆ Die Sahne steif schlagen.

◆ Die Orange waschen, abtrocknen und die Schale rundherum dünn abreiben. Den Saft der Orange auspressen.

◆ Die Äpfel vierteln, schälen, vom Kerngehäuse befreien und raspeln.

◆ Nüsse, Sahne, Orangenschale, Orangensaft und Äpfel vermischen.

◆ Die Apfel-Nuß-Sahne zugedeckt in den Kühlschrank stellen.

◆ Apfelkraut oder Honig, Korinthen, Apfelsaft und Sanddornsirup bei schwacher Hitze unter Rühren erwärmen, bis sich alles miteinander verbunden hat.

◆ Den Backofen auf 50 °C (Gas Stufe 0,5) vorheizen; 4 Teller vorwärmen.

◆ Das Öl in die Pfanne geben und aus dem Teig wie im Grundrezept (siehe S. 522) beschrieben 8–12 dünne Eierkuchen backen.

◆ Die bereits gebackenen Eierkuchen im Ofen warm halten.

◆ Die Eierkuchen auf die Teller geben, mit der Apfel-Nuß-Sahne bestreichen und zusammenklappen.

◆ Den Sirup darüberträufeln.

Zubereitung etwa 1 Stunde
1 Portion = 2453 kJ/ 584 kcal

Vollkorneierkuchen mit Zwetschgen

Die Eierkuchen schmecken am besten frisch aus der Pfanne.

◆ Die Zitrone waschen und abtrocknen; ein Viertel der Schale abreiben.

◆ Das Mehl mit Salz, Zitronenschale, Milch und Wasser verrühren, bis es sich ganz aufgelöst hat und der Teig glatt ist.

◆ Die Eier nacheinander unter den Teig rühren.

◆ Den Teig zugedeckt bei Zimmertemperatur quellen lassen.

◆ Die Zwetschgen waschen, trockentupfen, vierteln und entsteinen.

◆ Die Nüsse sehr fein hacken oder in der Mandelmühle fein mahlen und mit dem Zucker vermischen.

◆ Für jeden Eierkuchen etwa 1 EL Butterschmalz oder Öl in einer Pfanne erhitzen.

◆ Jeweils ein Viertel des Teiges in die Pfanne gießen, mit einem Viertel der Zwetschgen belegen und einem Viertel der Zuckermischung bestreuen.

◆ Jeden Eierkuchen zugedeckt bei schwacher Hitze etwa 10 Minuten backen, bis er an den Rändern braun ist und sich leicht vom Pfannenboden lösen läßt.

◆ Den Eierkuchen mit einem Pfannenheber lösen und auf einen Teller gleiten lassen. Einen zweiten Teller darüber legen, das Ganze umdrehen und den gewendeten Eierkuchen wieder in die Pfanne geben.

Zutaten für 4 Portionen
1 unbehandelte Zitrone
250 g Weizenvollkornmehl
1 Prise Salz
$1/4$ l Milch
$1/4$ l Wasser
3 Eier
750 g Zwetschgen
75 g beliebige Nußkerne
50 g Zucker
Butterschmalz oder Öl
zum Backen

◆ Jeden Eierkuchen auf der zweiten Seite noch etwa 5 Minuten backen.

Zubereitung etwa 30 Minuten
Backzeit etwa 1 Stunde
1 Portion = 2684 kJ/ 639 kcal

Hefepfannkuchen

Zutaten für 4 Portionen
1/2 l Milch
375 g Mehl
1/2 Päckchen Trockenhefe
1 TL Gelbwurz (Kurkuma)
1/2 TL gemahlener Koriander
1/4 TL gemahlener Ingwer
1 TL Salz
125 g Dickmilch
1/2 Bund Petersilie
Öl zum Braten

Reichen Sie zu den kräftig gewürzten Pfannkuchen Gemüse oder Salat.

◆ Die Milch lauwarm erhitzen.
◆ Mehl, Hefe, Kurkuma, Koriander, Ingwer und Salz in einer Schüssel mischen und dann die Milch und die Dickmilch zugeben.
◆ Den Teig mit den Knethaken des Handrührgeräts etwa 5 Minuten rühren, bis er Blasen bildet und sich vom Schüsselrand löst.
◆ Den Teig zugedeckt 45 Minuten gehen lassen.
◆ Den Backofen auf 50 °C vorheizen.

◆ Die Petersilie waschen, trockentupfen, fein zerkleinern und unter den Teig mischen.
◆ Eine mittelgroße Pfanne mit etwas Öl ausstreichen. Pro Eierkuchen 3 EL Teig in die Pfanne geben.
◆ Jeden Eierkuchen auf beiden Seiten etwa 3 Minuten bei schwacher bis mittlerer Hitze backen.
◆ Die fertigen Eierkuchen im Backofen warm halten.

Ruhezeit 45 Minuten
Zubereitung etwa 45 Minuten
1 Portion = 2003 kJ/ 477 kcal

Pfitzauf

Für den Eierkuchen aus dem Ofen gibt es spezielle Förmchen. Wer sie nicht hat, nimmt die Fettpfanne des Backofens wie im Rezept hier.

◆ Den Backofen auf 220 °C (Umluft 200 °C, Gas Stufe 4) vorheizen.
◆ Die Butter in Stücke teilen und in die Fettpfanne des Backofens geben.
◆ Die Fettpfanne in den Ofen schieben und die Butter schmelzen lassen.
◆ Das Mehl mit Salz und der Milch glattrühren.

◆ Die Eier nacheinander untermischen und danach den Teig auf die Butter in der Fettpfanne gießen.
◆ Den Pfitzauf auf die mittlere Schiene des heißen Backofens schieben und etwa 40 Minuten backen, bis er große Blasen bildet, an den Seiten der Fettpfanne hoch aufgegangen und goldbraun ist.

Zubereitung etwa 10 Minuten
Backzeit etwa 40 Minuten
1 Portion = 2503 kJ/ 596 kcal

Zutaten für 4 Portionen
100 g Butter
250 g Mehl
Salz
1/2 l Milch
4 Eier

Eierkuchen mit Spinat

Das Rezept wirkt ganz modern, ist aber sehr alt: es stammt aus einem Augsburger Kochbuch aus der Mitte des 16. Jahrhunderts.

◆ Reichlich Wasser zum Kochen bringen.
◆ Den Spinat verlesen, waschen und im sprudelnd kochenden Wasser etwa 2 Minuten garen, bis er intensiv grün ist.
◆ Den Spinat abgießen, abtropfen lassen und nach dem Abkühlen ausdrücken.
◆ Das Brötchen im Blitzhacker fein zerkleinern.
◆ Das Butterschmalz in einer großen Pfanne zerlassen und von der Kochstelle nehmen.

Zutaten für 4 Portionen
1 kg Spinat
1 altbackenes, trockenes
Weizenbrötchen
75 g Butterschmalz
75 g geriebener Hartkäse
Salz
weißer Pfeffer
geriebene Muskatnuß
4 Eier

◆ 3 EL Butterschmalz in eine Schüssel geben und Spinat, Brötchen, Käse, Salz, weißen Pfeffer und Muskatnuß untermischen.

◆ Die Eier nacheinander unter die Spinatmischung rühren.
◆ 4 Teller heiß vorwärmen.
◆ Die Pfanne wieder auf die Kochstelle setzen und das restliche Butterschmalz erneut erhitzen.
◆ Den Teig in die Pfanne gießen und zugedeckt bei mittlerer Hitze etwa 10 Minuten backen, bis er gestockt und an der Unterseite gebräunt ist.
◆ Den Eierkuchen mit einem Pfannenmesser in 4 gleich große Stücke teilen, wenden und noch etwa 2 Minuten backen.
◆ Die Eierkuchenstücke auf den vorgewärmten Tellern sofort servieren.

Zubereitung etwa 45 Minuten
1 Portion = 1697 kJ/ 404 kcal

Crêpes mit Brennesseln

Die dünnen Eierkuchen aus der französischen Küche passen gut zu grünem Salat in Kräutervinaigrette, Kaviar oder Räucherlachs und Crème fraîche. Wenn Sie es lieber süß mögen, richten Sie die Crêpes mit Erdbeeren oder Rhabarberkompott an.

Zutaten für 4 Portionen
1 Handvoll junge Brennesselblättchen
1 unbehandelte Zitrone
1 EL Butter
100 ml Milch
75 ml süße Sahne
60 g Weizenvollkornmehl
1 Prise Salz
2 Eier
Öl zum Backen

◆ Die Brennesselblättchen waschen, trockentupfen und fein hacken.
◆ Die Zitrone waschen, abtrocknen und etwas Schale abreiben.
◆ Die Butter schmelzen.
◆ Den Backofen auf 50 °C vorheizen.
◆ Die Milch mit der süßen Sahne vermischen.
◆ Das Mehl durch ein Sieb in die

Milch rieseln lassen und dabei ständig rühren.
◆ Salz, Zitronenschale, Eier und Butter mit den Quirlen des Handrührgeräts unter den Teig mischen.
◆ Zum Schluß die Brennesselblättchen mit einem Löffel unterziehen.
◆ In einer Pfanne von 22 cm Ø ½ TL Öl erhitzen. Knapp 2 EL Teig hineingeben und durch leichtes Schwenken verteilen.
◆ Die Crêpe zugedeckt bei mittlerer Hitze backen, bis sie an der Oberseite fest ist. Dann die Crêpe wenden und in der offenen Pfanne fertigbacken.
◆ 7 weitere Crêpes backen und jeweils warm halten.
◆ Zum Servieren die Crêpes zweimal zusammenfalten und auf vorgewärmte Teller verteilen.

Zubereitung etwa 1 Stunde
1 Portion = 1113 kJ/ 265 kcal

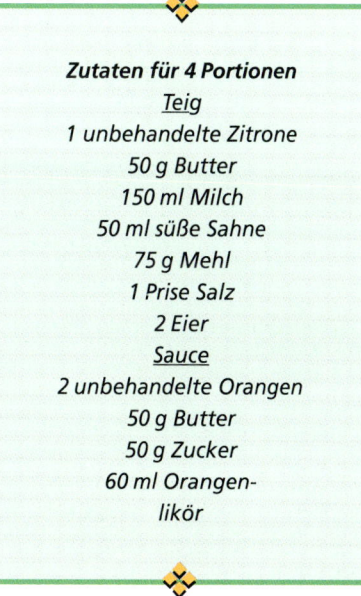

Crêpes Suzette

◆ Die Zitrone waschen, abtrocknen und etwas Schale abreiben. Die Zitrone für die Sauce beiseite legen.

◆ Die Butter schmelzen, aber nicht bräunen.

◆ Die Milch mit der Sahne vermischen. Das Mehl durch ein Sieb in die Milch rieseln lassen und dabei ständig rühren.

◆ Salz, Zitronenschale, Eier und 2 EL flüssige Butter mit den Quirlen des Handrührgeräts unter die Milchmischung rühren.

◆ Den Backofen auf 50 °C vorheizen.

◆ 4 Teller heiß vorwärmen.

◆ Eine Pfanne von 22 cm Ø ohne Fett heiß werden lassen und dann mit etwas flüssiger Butter auspinseln.

◆ Knapp 2 EL Teig in die Pfanne geben und durch leichtes Schwenken verteilen.

◆ Die Crêpe zugedeckt bei mittlerer Hitze backen, bis sie an der Oberseite fest ist.

Zutaten für 4 Portionen

Teig

1 unbehandelte Zitrone

50 g Butter

150 ml Milch

50 ml süße Sahne

75 g Mehl

1 Prise Salz

2 Eier

Sauce

2 unbehandelte Orangen

50 g Butter

50 g Zucker

60 ml Orangen-
likör

◆ Die Crêpe wenden, in der offenen Pfanne fertigbacken und dann im Backofen warm halten.

◆ 7 weitere Crêpes backen; dabei die Pfanne jedesmal mit Butter auspinseln. Die Crêpes warm halten.

◆ Für die Sauce 1 Orange waschen und abtrocknen. Von der Orange und der beiseite gelegten Zitrone je ein etwa 10 cm langes Stück Schale ganz dünn abschneiden und in hauchfeine Streifen schneiden.

◆ Beide Orangen und die Zitrone auspressen.

◆ Die Butter, den Zucker und die Zitrusfruchtschalen in einer Pfanne unter Rühren erwärmen, bis der Zucker geschmolzen ist.

◆ Den Saft der Zitrusfrüchte und den Orangenlikör zugeben und aufkochen lassen.

◆ Die Crêpes zweimal zusammenfalten, in der Sauce erhitzen und auf den vorgewärmten Tellern verteilen. Sofort servieren.

Zubereitung etwa 1 Stunde
1 Portion = 2079 kJ/ 495 kcal

Kaiserschmarren

Der Name leitet sich von der Urfassung des Schmarrens ab, dem Kaser-Schmarren, der Alltagskost auf der Alm. Pate dafür stand der Senn, in Österreich auch Kaser genannt.

◆ Die Rosinen mit Rum oder Saft vermischen und zugedeckt 20 Minuten ziehen lassen.

◆ Den Backofen auf 50 °C (Gas Stufe ½) vorheizen und eine Schüssel darin anwärmen.

◆ Für den Teig das Mehl mit der Milch und der süßen Sahne verrühren und alles zugedeckt 20 Minuten quellen lassen.

◆ Die Butter schmelzen, aber nicht bräunen.

◆ Die Zitrone waschen, abtrocknen und die Schale zur Hälfte abreiben.

◆ Die Eier trennen. Eigelb, flüssige Butter, Salz, Zitronenschale, Vanille und Rosinen unter den Teig mischen.

Zutaten für 4 Portionen
75 g Rosinen
3 EL Rum oder Orangensaft
200 g feines Mehl
³/₈ l Milch
¹/₈ l süße Sahne
1 EL Butter
1 unbehandelte Zitrone
5 Eier
1 Prise Salz
1 MSP gemahlene Vanille
50 g Butterschmalz
100 g Puderzucker
½ TL Zimtpulver

◆ Das Eiweiß steif schlagen und mit einem Schneebesen unterziehen.

◆ Die Hälfte des Butterschmalzes in einer großen Pfanne erhitzen.

◆ Die Hälfte des Teiges hineingießen und zugedeckt bei schwacher Hitze etwa 10 Minuten backen, bis er an der Unterseite fest ist.

◆ Den Schmarren in der Pfanne mit einer Gabel in Stücke teilen.

◆ Die Stücke bei mittlerer Hitze unter häufigem Wenden goldbraun backen.

◆ Den Schmarren aus der Pfanne in die vorgewärmte Schüssel geben, mit der Hälfte des Puderzuckers und des Zimts mischen und zugedeckt im Backofen warm halten.

◆ Nun die zweite Hälfte des Teiges ebenso backen.

◆ Den zweiten Schmarren mit dem Rest des Puderzuckers und des Zimts mischen und im warmen Backofen einige Minuten ziehen lassen.

Zubereitung etwa 45 Minuten
1 Portion = 3301 kJ/ 786 kcal

Kirschenschmarren

◆ Die Haferflocken in eine Schüssel geben.

◆ Die Milch erhitzen, darübergießen und die Flocken quellen lassen.

◆ Die Pistazien grob hacken und mit Zucker und Zimt mischen.

◆ Die Kirschen waschen, abtropfen lassen und dann entsteinen.

◆ Die Zitrone waschen, trocknen und die Schale zur Hälfte abreiben.

Zutaten für 3 Portionen
200 g zarte Haferflocken
300 ml Milch
40 g ungesalzene Pistazienkerne
50 g Zucker
½ TL Zimtpulver
300 g Kirschen
1 unbehandelte Zitrone
1 Prise Salz
2 Eier
2 EL Butterschmalz

◆ Die Haferflocken mit Salz, Zitronenschale und Eiern verrühren und die Kirschen untermischen.

◆ 3 Teller gut vorwärmen.

◆ Das Butterschmalz in einer großen Pfanne erhitzen.

◆ Den Teig hineingießen und zugedeckt bei schwacher Hitze etwa 10 Minuten backen, bis er an der Unterseite fest ist.

◆ Den Schmarren in der Pfanne mit einer Gabel in Stücke zerteilen und die Stücke bei mittlerer Hitze unter häufigem Wenden goldbraun backen.

◆ Den Schmarren auf den vorgewärmten Tellern anrichten und die Pistazien-Zucker-Zimt-Mischung darüberstreuen.

Zubereitung etwa 50 Minuten
1 Portion = 2932 kJ/ 698 kcal

Zwetschgenschmarren

Als Schmarren noch ein Alltagsessen auf der Alm war, wurde er ohne den damals kostbaren Zucker und den exotischen Zimt zubereitet.

◆ Die beiden Mehlarten mit der Milch zu einem Teig verrühren und zugedeckt quellen lassen, bis die Zwetschgen vorbereitet sind.

◆ Die Zwetschgen waschen, abtrocknen, in Stücke schneiden und dabei entsteinen.

◆ Die Zitrone waschen, abtrocknen und die Schale zur Hälfte abreiben.

◆ Den Teig mit Salz, der Zitronenschale und den Eiern verrühren. Die Zwetschgenstücke daruntermischen.

◆ Das Butterschmalz in einer großen Pfanne erhitzen.

◆ Den Teig hineingießen und zugedeckt bei schwacher Hitze etwa 10 Minuten backen, bis er an der Unterseite fest ist.

◆ Den Schmarren in der Pfanne mit einer Gabel in Stücke teilen. Die Stücke bei mittlerer Hitze unter häufigem Wenden goldbraun backen.

◆ Zucker und Zimt darüberstreuen, den Schmarren einige Male wenden, vom Herd nehmen und zugedeckt kurz ziehen lassen.

Zubereitung etwa 45 Minuten
1 Portion = 4078 kJ/ 971 kcal

Zutaten für 2 Portionen
100 g Buchweizen-
mehl
100 g Mehl
300 ml Milch
300 g Zwetschgen
1 unbehandelte Zitrone
1 Prise Salz
2 Eier
30 g Butterschmalz
100 g Zucker
$1/2$ TL Zimtpulver

Eierröster mit Pilzen

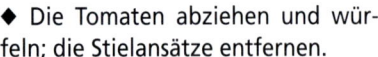

Zutaten für 3 Portionen
4 Scheiben Toastbrot
1/8 l Milch
1/2 Bund Petersilie
1 Zwiebel
250 g weiße Champignons
3 EL Öl
2 EL süße Sahne
6 Eier
Salz
weißer Pfeffer aus der Mühle
1 EL Butterschmalz

Röster stammen aus der historischen Bauernküche. So nannte man einfache Gerichte mit Brot, Obst oder Kartoffeln, die in der Pfanne gebraten wurden.

◆ Das Brot würfeln, mit der Milch übergießen und zugedeckt ziehen lassen, bis die anderen Zutaten vorbereitet sind.
◆ Die Petersilie waschen, trockentupfen und fein hacken.
◆ Die Zwiebel abziehen und fein zerkleinern.
◆ Die Pilze putzen, waschen und in Scheiben schneiden.
◆ Das Öl in einer großen Pfanne erhitzen.

◆ Petersilie, Zwiebel und Pilze darin bei mittlerer Hitze unter Rühren braten, bis die Flüssigkeit, die die Pilze ziehen, verdampft ist.
◆ Die Brotwürfel mit einer Gabel zerdrücken. Sahne, Eier, Salz und Pfeffer zugeben und verrühren.
◆ Das Butterschmalz zu den Pilzen in die Pfanne geben und erhitzen.
◆ Die Eier-Brot-Mischung zugeben und zugedeckt bei mittlerer Hitze 5 Minuten braten.
◆ Den Röster in Stücke teilen und unter ständigem Wenden noch etwa 5 Minuten braten.

Zubereitung etwa 45 Minuten
1 Portion = 1995 kJ/ 475 kcal

Tomatensoufflé

◆ Die Tomaten abziehen und würfeln; die Stielansätze entfernen.
◆ Die Zwiebel und den Knoblauch abziehen und fein hacken.
◆ Das Öl erhitzen und die Zwiebel und den Knoblauch bei schwacher Hitze darin glasig braten.
◆ Oregano, Tomaten und Tomatenmark hinzugeben, aufkochen und unter Rühren bei mittlerer bis starker Hitze zu einem dicken Püree kochen.
◆ Das Püree mit Salz, Pfeffer und Zucker würzen.
◆ Für die Mehlschwitze die Butter schmelzen und das Mehl darin hell anrösten. Die Milch unter Rühren langsam zugießen und aufkochen.
◆ Die Sauce mit Salz und Pfeffer würzen und zugedeckt bei schwacher Hitze 5 Minuten kochen lassen, dabei häufig umrühren.
◆ Die Sauce mit dem Tomatenpüree mischen und abkühlen lassen.
◆ Den Backofen auf 180 °C (Umluft

160 °C, Gas Stufe 2–3) vorheizen und eine Souffléform von etwa 2 l Inhalt am Boden und etwa fingerbreit am unteren Rand fetten.
◆ Die Eier trennen, dabei 1 Eiweiß entfernen.
◆ Erst die Eidotter nach und nach, dann die Crème double in das Tomatenpüree einrühren.
◆ 3 Eiweiß steif schlagen. Ein Viertel davon unter die Tomatencreme rühren.
◆ Das restliche Eiweiß daraufsetzen, mit dem geriebenen Parmesan bestreuen und alles vorsichtig mit dem Schneebesen mischen.
◆ Das Soufflé in die gefettete Form füllen, auf die mittlere Schiene des heißen Backofens stellen und etwa 45 Minuten backen.

Zubereitung etwa 45 Minuten
Backzeit etwa 45 Minuten
1 Portion = 2373 kJ/ 565 kcal

Zutaten für 4 Portionen
250 g frische Tomaten
oder Dosentomaten
1 kleine Zwiebel
1 Knoblauchzehe
1 EL Olivenöl
1 TL getrockneter Oregano
2 EL Tomatenmark
Salz, schwarzer Pfeffer
1 Prise Zucker
30 g Butter
50 g Mehl
1/4 l Milch
4 Eier
3 EL Crème double
200 g geriebener Parmesan
Fett für die Form

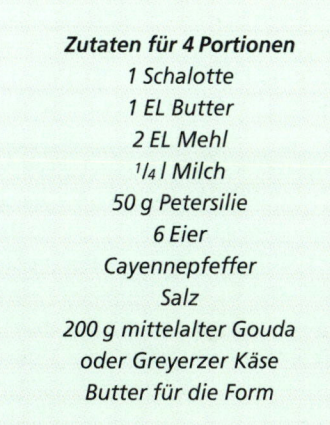

Käsesoufflé mit Petersilie

Den Backofen während der Backzeit nicht öffnen: Solange das Soufflé innen noch flüssig ist, fällt es beim geringsten Luftzug zusammen.

◆ Die Schalotte abziehen und fein hacken.
◆ Die Butter erhitzen und die Schalotte darin bei schwacher Hitze glasig braten.
◆ Das Mehl zugeben und unter Rühren hellgelb anrösten.
◆ Die Milch langsam zugießen, unter Rühren aufkochen und zugedeckt bei schwächster Hitze 10 Minuten ziehen lassen.
◆ Die Sauce abkühlen lassen.
◆ Den Backofen auf 175°C (Umluft 160 °C, Gas Stufe 2–3) vorheizen.
◆ Die Petersilie waschen, ganz trockentupfen, die Blättchen abzupfen und sehr fein hacken.
◆ Die Eier trennen, 2 Eigelb zurückbehalten.

Zutaten für 4 Portionen
1 Schalotte
1 EL Butter
2 EL Mehl
¼ l Milch
50 g Petersilie
6 Eier
Cayennepfeffer
Salz
200 g mittelalter Gouda
oder Greyerzer Käse
Butter für die Form

◆ Das Eiweiß in den Kühlschrank stellen. Zum Eigelb Cayennepfeffer und Salz geben.
◆ Den Käse fein reiben.
◆ Eine hohe Auflaufform von etwa 2 l Inhalt am Boden und 2 cm hoch am unteren Rand mit Butter fetten.

◆ 4 Eigelb in die Mehlsauce mischen und so lange rühren, bis sie gleichmäßig gelb ist.
◆ Das Eiweiß steif schlagen. Ein Viertel davon unter die Eigelbcreme rühren, den Rest mit einem Spatel daraufsetzen.
◆ Erst die Petersilie, dann den geriebenen Käse auf den Eischnee streuen.
◆ Alles mit dem Spatel so vermischen, daß der Souffléteig schaumig ist, aber keine größeren Eiweißflocken mehr enthält.
◆ Das Soufflé in die Form füllen, auf die mittlere Schiene des heißen Backofens stellen und etwa 45 Minuten backen, bis es hoch aufgegangen, an der Oberfläche eingerissen und leicht gebräunt ist.

Zubereitung etwa 40 Minuten
Backzeit etwa 45 Minuten
1 Portion = 1793 kJ/ 427 kcal

Kokosnußsoufflé

Wenn es frisch aus dem Ofen kommt, schmeckt das süße Soufflé mit Kompott oder frischen Beeren; wenn es erkaltet ist, passen Schlagsahne und Obstsalat dazu.

◆ Eine hohe Auflaufform von etwa 2 l Inhalt dünn und gleichmäßig mit Butter ausstreichen und mit 1 EL Zucker ausstreuen.

◆ Die Butter und das Mehl mit einer Gabel verkneten.

◆ Die Zitrone waschen, abtrocknen und etwas Schale abreiben.

◆ Die Milch mit Vanillezucker, Zitronenschale, Arrak, Bittermandelöl und Salz aufkochen.

◆ Die Mehlbutter mit einem Schneebesen einrühren, bis die Sauce gleichmäßig dick ist. Noch einmal aufkochen lassen.

◆ Die Mehlsauce in eine Schüssel geben.

Zutaten für 4 Portionen
2 EL Zucker
50 g weiche Butter
50 g Mehl
1 unbehandelte Zitrone
$1/4$ l Milch
1 TL Vanillezucker
einige Tropfen Arrakaroma
einige Tropfen Bittermandelöl
1 Prise Salz
5 Eier
70 g Puderzucker
100 g Kokosflocken
Butter für die Form

◆ Ein ganzes Ei untermischen und die Creme abkühlen lassen.

◆ Die restlichen 4 Eier trennen.

◆ Die Eidotter nacheinander mit dem Schneebesen in die Mehlsauce einrühren.

◆ Das Eiweiß mit etwa der Hälfte des Puderzuckers steif schlagen.

◆ Die zweite Hälfte des Puderzuckers und ein Viertel des Eischnees unter die Eigelbcreme ziehen.

◆ Den restlichen Eischnee mit dem Spatel auf die Eigelbmasse setzen und mit den Kokosflocken bestreuen.

◆ Alles mit dem Schneebesen mischen, in die Form füllen und 1 EL Zucker darüberstreuen.

◆ Das Soufflé auf die untere Schiene des kalten Backofens stellen und bei 180 °C (Umluft 160 °C, Gas Stufe 2–3) etwa 45 Minuten backen, bis es hoch aufgegangen, an der Oberfläche aufgeplatzt und schön gebräunt ist.

Zubereitung etwa 45 Minuten
Backzeit etwa 45 Minuten
1 Portion = 2453 kJ/ 584 kcal

Eierpudding mit Spargel und Schinken

Zutaten für 4 Portionen

500 g Bruchspargel

75 g gekochter Schinken

$^1/_2$ Bund Petersilie

100 g weiche Butter

Salz, weißer Pfeffer aus der Mühle

5 zimmerwarme Eier

$^1/_8$ l Milch

100 g feines Mehl

Fett und Paniermehl für die Form

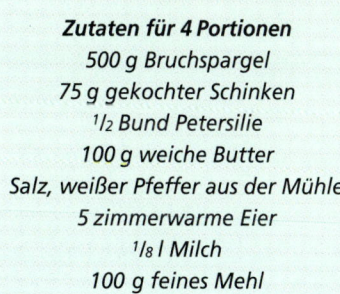

Bruchspargel besteht vor allem aus Spargelspitzen und ist für diesen feinen Pudding, der im Wasserbad zubereitet wird, genau das richtige, weil man die zarten Spitzen nicht vorgaren muß; sie werden in der Eiercreme weich.

◆ Den Spargel waschen, schälen und in dünne Scheiben schneiden.

◆ Den Schinken vom Fettrand befreien und fein zerkleinern.

◆ Die Petersilie waschen, trockentupfen und fein hacken.

◆ Butter, Salz und Pfeffer mit dem Handrührgerät schaumig rühren.

◆ Die Eier trennen; die Eidotter nacheinander unter die Butter rühren.

◆ Milch, Spargel, Schinken und Petersilie untermischen.

◆ Das Eiweiß steif schlagen und auf die Eiercreme geben.

◆ Das Mehl darüberstreuen und alles gründlich mischen.

◆ Eine verschließbare Puddingform von etwa 1,5 l Inhalt gut fetten und mit Paniermehl ausstreuen.

◆ Den Teig einfüllen und die Form schließen.

◆ In einem Topf so viel Wasser zum Kochen bringen, daß die Form zu etwa zwei Dritteln darin steht.

◆ Den Topf schließen und den Pudding bei schwacher Hitze etwa 1½ Stunden garen.

◆ Für die Garprobe mit einem Holzstäbchen in die Mitte des Puddings stechen. Wenn nur noch ein paar Krümel, aber keine feuchten Teig-

reste mehr haftenbleiben, ist der Pudding gar.

◆ Die Form herausnehmen und den Pudding 10 Minuten ruhen lassen.

◆ Den Deckel abnehmen und den oberen Rand des Puddings mit einem Messer vom Rand der Form ablösen.

◆ Ein Küchentuch anfeuchten, einige Sekunden um die Form wickeln und den Pudding auf eine Platte stürzen.

Zubereitung etwa 45 Minuten
Garzeit etwa 1½ Stunden
1 Portion = 2134 kJ/ 508 kcal

Milchkaltschale mit Obst

Diese Kaltschale ist eine leichte und erfrischende Mahlzeit für sommerliche Tage.

◆ Die Zitrone waschen, abtrocknen und etwas Schale abreiben.

◆ Die Speisestärke mit 2 EL Milch glattrühren.

◆ Die restliche Milch mit Zucker, Vanillezucker und Zitronenschale aufkochen.

◆ Die Speisestärke einrühren und kochen, bis die Milch gebunden ist.

◆ Die Milch in tiefe Teller gießen und etwa 3 Stunden kühl stellen.

◆ Das Obst vorbereiten, zerkleinern und mit dem Honig mischen.

◆ Die Kekse zerbröckeln.

◆ Die Sahne steif schlagen und in einen Spritzbeutel füllen.

◆ Die Kekse auf die Kaltschale streuen und das zerkleinerte Obst darauf verteilen.

◆ Die Sahne in dicken Tupfen auf das Obst setzen und mit der Raspelschokolade bestreuen.

Kühlzeit etwa 3 Stunden
Zubereitung etwa 30 Minuten
1 Portion = 1869 kJ/ 445 kcal

Zutaten für 4 Portionen

1 unbehandelte Zitrone

1 gehäufter TL Speisestärke

$^3/_4$ l Milch

50 g Zucker

1 EL Vanillezucker

600 g gemischtes Obst

1 EL Honig

50 g Vollkornkekse

$^1/_8$ l süße Sahne

2 EL Raspelschokolade

Gemüsequark

Ein kalorienarmer Snack, der im Sommer erfrischt und im Winter Vitamine liefert. Er schmeckt mit jedem aromatischen Gemüse, das man roh essen kann. Pellkartoffeln oder kräftiges Vollkornbrot passen gut dazu.

◆ Das Gemüse putzen, waschen und sehr fein zerkleinern.

◆ Die Kräuter waschen, trockentupfen und fein hacken.
◆ Gemüse und Kräuter mit Quark, Frischkäse, Crème fraîche und Öl verrühren.
◆ Die Quarkspeise mit Salz, Pfeffer und Zucker würzen.

Zubereitung etwa 20 Minuten
1 Portion = 827 kJ/ 197 kcal

Zutaten für 4 Portionen
400 g gemischtes Gemüse wie Fenchel, Kohlrabi, Möhren und Radieschen
1 Handvoll gemischte frische oder 1 Päckchen TK-Kräuter
250 g Magerquark
200 g körniger Frischkäse
3 EL Crème fraîche
1 EL Leinöl oder Olivenöl
Salz, weißer Pfeffer aus der Mühle
1 Prise Zucker

Bananenquark

Quarkspeisen eignen sich gut als Imbiß fürs Büro: Man kann sie morgens rasch zubereiten, und sie halten sich in einem gut verschlossenen Schraubglas auch ohne Kühlung einige Stunden frisch.

◆ Die Orange auspressen.
◆ Die Bananen schälen und in kleine Stücke schneiden.
◆ Die Bananen, den Orangensaft

Zutaten für 2 Portionen
1 kleine Orange
2 reife Bananen
1 EL Honig
150 g Magerquark
$\frac{1}{8}$ l süße Sahne
1 EL gehackte Haselnußkerne

und den Honig mit einer Gabel zerdrücken.
◆ Den Quark unter das Bananenpüree mischen.
◆ Die Sahne steif schlagen und unter den Quark ziehen.
◆ Die Quarkspeise mit den gehackten Nüssen bestreuen.

Zubereitung etwa 15 Minuten
1 Portion = 1764 kJ/ 420 kcal

Beerenquark

Mixen Sie sich einen Gesundheitscocktail: Sanddorn ist ein echtes Vitamin-C-Paket, die Nüsse enthalten Vitamin E, die Getreideflocken liefern Vitamin B$_1$, und der Quark steuert hochwertiges Eiweiß bei.

◆ Die Beeren in einer Schüssel waschen und in einem Sieb abtropfen lassen.
◆ Die Früchte in einer Schüssel mit dem Zucker vermischen.

Zutaten für 4 Portionen
500 g gemischte Beeren
100 g Zucker
100 g gemischte Nußkerne
1 TL Sonnenblumenöl
50 g Vollkorngetreideflocken
500 g Magerquark
1 EL Sanddornsirup
200 ml süße Sahne

und mit den Beeren schung unter den Quark ziehen.

**Zubereitung etwa 25 Minuten
1 Portion = 2646 kJ/ 630 kcal**

Quark mit Äpfeln

Zutaten für 4 Portionen
8 kleine säuerliche Äpfel
1 unbehandelte Orange
100 g brauner Zucker
4 EL Apfelsaft
^{1}/$_4$ MSP Lebkuchengewürz
^{1}/$_4$ TL gemahlene Vanille
300 g Magerquark
200 ml süße Sahne
75 g Cashewnußkerne
75 g Rosinen

Für dieses Winterdessert verwendet man am besten Äpfel, die beim Garen nicht zu Mus werden, wie Cox Orange, Glockenäpfel und Boskoop.

◆ Die Äpfel schälen, achteln und vom Kerngehäuse befreien.
◆ Die Orange waschen, abtrocknen und die Schale abreiben.
◆ Die Äpfel mit Zucker, Saft, Orangenschale, Lebkuchengewürz und Vanille aufkochen und zugedeckt bei schwacher Hitze etwa 5 Minuten

dünsten, bis sie gerade eben weich, aber nicht zerfallen sind.
◆ Äpfel lauwarm abkühlen lassen.
◆ Inzwischen den Quark mit einigen Eßlöffeln Sahne glattrühren.
◆ Die restliche Sahne steif schlagen.
◆ Die Nüsse grob zerkleinern.

◆ Die Äpfel mit Quark, Nüssen und Rosinen vermischen.
◆ Die Sahne locker unter den Quark ziehen.

**Zubereitung etwa 45 Minuten
1 Portion = 2843 kJ/ 677 kcal**

Kirschquark

Zutaten für 4 Portionen
1/4 l Milch
1/2 Päckchen Vanillepuddingpulver
2 EL Zucker
200 g Magerquark
200 ml süße Sahne
400 g Kirschen
3 Stück Zwieback
1 unbehandelte Zitrone
1 EL Honig
3 EL Preiselbeerkompott
50 g ungesalzene Pistazienkerne

Der süße Vanillepudding in dieser Speise harmoniert besonders gut mit dem säuerlichen Quark. Schlagsahne macht das Dessert schön locker; Kirschen und Pistazien geben Farbe.

◆ Die Hälfte der Milch mit dem Puddingpulver verrühren.

◆ Die restliche Milch mit dem Zucker aufkochen lassen, den Pudding untermischen und kochen lassen, bis er dick ist.

◆ Den Quark untermischen und die Creme abkühlen lassen; dabei immer wieder umrühren.

◆ Die Sahne steif schlagen.

◆ Die Kirschen waschen, abzupfen und entsteinen.

◆ Den Zwieback zerbröckeln.

◆ Die Zitrone waschen, abtrocknen und 1 TL Schale abreiben.

◆ Die Quarkcreme locker mit Kirschen, Zwieback, Zitronenschale, Honig und Sahne mischen.

◆ Den Kirschquark in Dessertschälchen geben und das Preiselbeerkompott als Klecks daraufsetzen.

◆ Die Pistazien grob hacken und auf den Kirschquark streuen.

Zubereitung etwa 45 Minuten
1 Portion = 1982 kJ/ 472 kcal

Quarkflans mit eingelegtem Obst

Quarkflans und eingelegtes Obst können Sie gut vorbereiten. Wenn das Dessert angerichtet ist, müssen Sie es allerdings sofort servieren, denn bei längerem Stehen saugen sich die Flans mit dem Obstsaft voll und bekommen dunkle Ränder.

◆ Die Orange waschen und abtrocknen. Die Schale rundherum abreiben und den Saft auspressen.

◆ Trockenen Rotwein und Orangenlikör, reichlich abgeriebene Orangenschale, Orangensaft, Honig sowie Zimt- und Ingwerpulver in einem Topf mit dem Trockenobst mischen.

◆ Die Obstmischung einmal aufkochen und zugedeckt auf der abgeschalteten Kochstelle 5 Minuten ziehen lassen.

◆ Das Obst bis zum Servieren in einer Schüssel zugedeckt in den Kühlschrank stellen.

◆ Für die Flans die Zitrone waschen und abtrocknen. Etwas Schale abreiben und den Saft auspressen.

Zutaten für 6 Portionen
1 unbehandelte Orange
1/8 l trockener Rotwein
2 EL Orangenlikör
1 EL Honig
1/2 TL Zimtpulver
1 MSP Ingwerpulver
250 g gemischtes Trockenobst
1 kleine unbehandelte Zitrone
200 g Quark (20 %)
30 g Zucker
1 TL gemahlene Vanille
3/8 l Milch
2 TL Agar-Agar
1/8 l süße Sahne

◆ Den Quark mit Zitronenschale und -saft, Zucker und gemahlener Vanille verrühren.

◆ 4 EL Milch mit dem Agar-Agar verrühren.

◆ Die restliche Milch zum Kochen bringen, Agar-Agar unter Rühren darin aufkochen und etwa 1 Minute kochen lassen.

◆ Den Topf mit der Milch von der Kochstelle nehmen.

◆ Die Quarkmischung eßlöffelweise unter die Milch rühren und höchstens 5 Minuten abkühlen lassen.

◆ Inzwischen die süße Sahne steif schlagen und unter die Quarkcreme ziehen.

◆ 6 Portionsförmchen mit kaltem Wasser ausspülen.

◆ Die Creme in die Förmchen füllen, glattstreichen und etwa 2 Stunden kühl stellen, bis die Flans fest genug zum Stürzen sind.

◆ Zum Servieren die Förmchen kurz in heißes Wasser tauchen und die Creme auf Portionsteller stürzen.

◆ Das eingelegte Obst neben den Flans anrichten.

Zubereitung etwa 45 Minuten
Kühlzeit etwa 2 Stunden
1 Portion = 1273 kJ/ 303 kcal

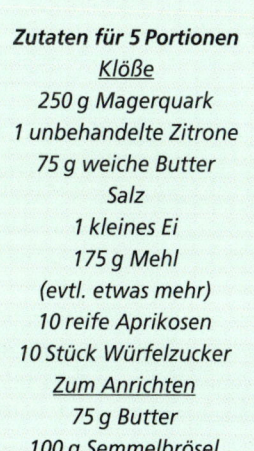

Aprikosenklöße

Obstklöße kommen aus Österreich. In den frühesten Versionen vermischte man Teig und zerkleinertes Obst. Später wurden die Früchte mit Brandteig (siehe S. 612), Kartoffelteig (siehe Zwetschgenklöße S. 562) oder Quarkteig umhüllt.

Zutaten für 5 Portionen

Klöße

250 g Magerquark
1 unbehandelte Zitrone
75 g weiche Butter
Salz
1 kleines Ei
175 g Mehl
(evtl. etwas mehr)
10 reife Aprikosen
10 Stück Würfelzucker

Zum Anrichten

75 g Butter
100 g Semmelbrösel
2 EL Zucker
1 TL Zimtpulver

◆ Ein Sieb mit einem Mulltuch auslegen und den Quark darin über Nacht abtropfen lassen, damit er möglichst trocken ist.

◆ Für die Zubereitung der Klöße die Zitrone waschen, abtrocknen und ein Viertel der Schale abreiben.

◆ Die Butter mit Zitronenschale und 1 Prise Salz schaumig rühren.

◆ Ei, Quark und Mehl untermischen; der Teig muß glatt sein und darf nicht am Finger kleben. Evtl. noch teelöffelweise Mehl untermischen.

◆ Die Aprikosen waschen, abtrocknen und halbieren, dabei aber nicht ganz durchschneiden.

◆ Die Steine herauslösen und statt dessen 1 Stück Würfelzucker in die Früchte stecken.

◆ Von dem Teig jeweils so viel abnehmen, daß damit 1 Aprikose dünn umhüllt werden kann.

◆ Den Teig auf der Handfläche mit den Fingerspitzen flachdrücken; jeweils 1 Frucht darauf legen und vollkommen mit dem Teig umhüllen.

◆ Teig und Früchte auf diese Weise zu Klößen verarbeiten.

◆ In einem großen Topf reichlich Salzwasser aufkochen lassen.

◆ Die Aprikosenklöße in das sprudelnd kochende Wasser geben, die Temperatur zurückschalten und die Klöße bei schwacher Hitze ungefähr 15 Minuten sanft kochen lassen. Dabei den Deckel nur halb auf den Topf legen.

◆ Während die Klöße garen, die Teller gut vorwärmen.

◆ Die Butter in einem Pfännchen zerlassen.

◆ Die Semmelbrösel zugeben und bei mittlerer Hitze unter Rühren leicht anrösten.

◆ Die Klöße mit einem Schaumlöffel aus dem Wasser nehmen, abtropfen lassen und auf den vorgewärmten Tellern anrichten.

◆ Die gerösteten Semmelbrösel darüber verteilen.

◆ Den Zucker mit dem Zimt vermischen und darüber streuen.

Ruhezeit etwa 12 Stunden
Zubereitung etwa 1 Stunde
1 Portion = 2394 kJ/ 570 kcal

Quarkklößchen mit brauner Butter

Zutaten für 4 Portionen
Klöße
500 g Magerquark
1 unbehandelte Zitrone
150 g Mehl
1 Ei
1 EL Zucker
Salz
Zum Anrichten
1 EL Zucker
1 TL Zimtpulver
50 g Butter
2 EL Semmel-
brösel

Die Klößchen schmecken so gut wie Aprikosenklöße (siehe S. 537), sind aber schneller und einfacher zuzubereiten. Ohne Zucker und Zimt passen sie auch zu Salat.

◆ Den Quark in ein Sieb geben und 20 Minuten abtropfen lassen.
◆ Die Zitrone waschen, abtrocknen und 1/2 TL Schale abreiben.
◆ Den Quark mit Mehl, Ei, Zucker, 1 Prise Salz und Zitronenschale verrühren und 30 Minuten zugedeckt ruhen lassen.
◆ Reichlich Salzwasser zum Kochen bringen.
◆ Mit 2 Eßlöffeln vom Quark Klößchen abstechen, in das Wasser geben, die Temperatur zurückschalten und die Klöße im offenen Topf bei schwacher Hitze etwa 15 Minuten garen.
◆ Inzwischen die Teller vorwärmen.
◆ Zucker und Zimt mischen.
◆ Butter schmelzen, die Semmelbrösel untermischen und bei schwacher Hitze unter Rühren leicht bräunen.
◆ Die Klößchen mit einem Schaumlöffel aus dem Kochwasser nehmen und auf den vorgewärmten Tellern anrichten.
◆ Zuerst den Zimtzucker, dann die Butter über den Klößchen verteilen.

Ruhezeit etwa 50 Minuten
Zubereitung etwa 30 Minuten
1 Portion = 1617 kJ/ 385 kcal

Quarkgratin mit Kräutern

◆ Den Quark in einem Sieb abtropfen lassen.
◆ Die Zwiebel abziehen und fein hacken.
◆ Frische Kräuter waschen, trockentupfen und fein zerkleinern.
◆ Die Eier trennen.
◆ Den Quark mit Salz, Cayennepfeffer und Kräutern würzen und mit Eigelb und der Zwiebel verrühren.
◆ Das Eiweiß steif schlagen und darauf geben.

◆ Den Grieß darüber streuen und Quark, Eiweiß und Grieß mit einem Kochlöffel vermischen.
◆ Die Milch mit Butter und Salz in einem breiten Schmortopf aufkochen. Den Topf von der Kochstelle nehmen.
◆ Von dem Quarkteig mit 2 Eßlöffeln Klöße abstechen und nebeneinander in die Milch legen.
◆ Das Quarkgratin auf die mittlere Schiene des kalten Backofens schieben und bei 180 °C (Umluft 160 °C,

Zutaten für 5 Portionen
750 g Quark (10 %)
1 kleine Zwiebel
1 Handvoll frische oder
1 Päckchen gemischte TK-Kräuter
4 Eier
Salz, Cayennepfeffer
200 g Grieß
1/4 l Milch
30 g Butter

Gas Stufe 2–3) etwa 45 Minuten backen, bis es goldgelb ist und die Milch aufgesogen hat. Den Backofen währenddessen nicht öffnen, damit das Gratin gut aufgeht.

Zubereitung etwa 15 Minuten
Backzeit etwa 45 Minuten
1 Portion = 1722 kJ/ 410 kcal

Quarkfrikadellen

Die fleischlosen Frikadellen kann man zu Salat, Gemüse oder Hülsenfrüchten reichen. Wer sie lieber süß mag, läßt Zwiebel, Petersilie, Pfeffer und Muskat weg und nimmt statt dessen 1 EL Zucker.

◆ Die Zwiebel abziehen und hacken.
◆ Die Petersilie waschen, trockentupfen und fein zerkleinern.
◆ Beide Zutaten mit Quark, Ei und Grieß zu einem formbaren Teig vermischen.

◆ Die Zitrone waschen, abtrocknen und 1 MSP Schale abreiben.
◆ Den Teig mit Salz, Pfeffer, Zitronenschale und Muskat kräftig abschmecken.
◆ Aus dem Teig mit angefeuchteten Händen 12 flache Frikadellen formen.
◆ In einer Pfanne Fett oder Öl erhitzen und die Frikadellen darin portionsweise bei schwacher bis mittlerer Hitze etwa 5 Minuten braten, bis sie

sich leicht vom Pfannenboden lösen lassen.
◆ Die Frikadellen wenden und auf der zweiten Seite weitere 5 Minuten braten.

Zubereitung etwa 45 Minuten
1 Portion =1226 kJ/ 292 kcal

Quarkschmarren

Der Schmarren paßt gut zu Rhabarber- und Pflaumenkompott, ohne Zucker zubereitet auch zu Schmorgerichten oder Hülsenfrüchten.

◆ Die Zitrone waschen, abtrocknen und 1/4 TL Schale abreiben.
◆ Den Quark mit Zucker, Eiern, Zitronenschale, Salz und Mehl verrühren.
◆ Das Öl in einer großen Pfanne erhitzen, den Quarkteig darin glattstreichen und zugedeckt bei schwacher Hitze etwa 10 Minuten backen,

bis er an der Unterseite hellbraun ist und sich ablösen läßt.
◆ Den Teig wenden und auf der zweiten Seite weitere 5 Minuten in der offenen Pfanne backen.
◆ Den Quarkteig mit dem Pfannenmesser in mundgerechte Stücke zerteilen und diese bei mittlerer bis starker Hitze unter ständigem Wenden noch einmal 10 Minuten backen.

Zubereitung etwa 30 Minuten
1 Portion = 2428 kJ/ 578 kcal

Quarkauflauf mit Äpfeln

Zutaten für 4 Portionen
1 unbehandelte Zitrone
250 g trockene Kuchenreste
oder Löffelbiskuits
$1/4$ l Milch
1 Prise Salz
100 g Zucker
750 g Äpfel
2 EL Rosinen
2 Eier
500 g Magerquark
2 EL Butter
Fett für die Form

Statt Kuchen können Sie Weißbrot oder Brötchen nehmen. Außer Äpfeln schmecken auch Sauerkirschen, Stachelbeeren oder Aprikosen.

◆ Die Zitrone waschen und abtrocknen. Die Schale rundherum abreiben und den Saft auspressen.

◆ Kuchenreste oder Biskuits zerbröckeln, in eine Schüssel geben und die Zitronenschale zufügen.

◆ Die Milch mit Salz und der Hälfte des Zuckers erhitzen, kochend heiß über den Kuchen gießen und alles durchziehen lassen, bis die anderen Zutaten vorbereitet sind.

◆ Die Äpfel vierteln, schälen, vom Kerngehäuse befreien, grob raspeln und mit dem Zitronensaft und den Rosinen mischen.

◆ Die Eier trennen und das Eiweiß steif schlagen.

◆ Den Quark mit Eigelb und dem restlichen Zucker verrühren.

◆ Zuerst die eingeweichten Kuchenreste oder Biskuits, dann die Äpfel und zum Schluß den Eischnee unter den Quark mischen.

◆ Eine Auflaufform fetten und die Masse darin glattstreichen.

◆ Die Butter in kleine Stücke teilen und darauf legen.

◆ Den Quarkauflauf auf die mittlere Schiene des kalten Backofens schieben und bei 180 °C (Umluft 160 °C, Gas Stufe 2–3) etwa 1 Stunde backen.

Zubereitung etwa 45 Minuten
Backzeit etwa 1 Stunde
1 Portion = 3041 kJ/ 724 kcal

Quarkauflauf mit Johannisbeeren

Säuerliche Johannisbeeren vertragen sich besonders gut mit Quark und Grieß. Außerhalb der Beerenzeit schmecken Aprikosen, Weintrauben, Kirschen und Zwetschgen.

◆ Den Grieß mit Milch und Salz in einem Topf verrühren, unter Rühren aufkochen und zugedeckt auf der abgeschalteten Kochstelle 10 Minuten quellen, dann lauwarm abkühlen lassen.

Zutaten für 4 Portionen
125 g Hartweizengrieß
$1/2$ Milch
1 Prise Salz
750 g rote Johannis-
beeren
1 unbehandelte Zitrone
4 Eier
50 g weiche Butter
125 g Zucker
1 TL gemahlene Vanille
300 g Magerquark
50 g Semmelbrösel

◆ Die Johannisbeeren waschen und abzupfen.

◆ Die Zitrone waschen und abtrocknen. Die Schale zur Hälfte abreiben; die Zitrone teilen und von einer Hälfte den Saft auspressen.

◆ Die Eier trennen und das Eiweiß steif schlagen.

◆ Die weiche Butter mit Zucker, Vanille, Zitronenschale und -saft schaumig rühren.

◆ Zuerst nacheinander die Eidotter, dann den Grießbrei und den Quark unterrühren.

◆ Beeren, Eischnee und zuletzt die Semmelbrösel auf den Teig geben und vorsichtig mischen.

◆ Den Teig in einer hohen Auflaufform glattstreichen, auf die mittlere Schiene des kalten Backofens stellen und bei 180 °C (Umluft 160 °C, Gas Stufe 2–3) etwa 1$1/4$ Stunden backen.

Zubereitung etwa 45 Minuten
Backzeit etwa 1$1/4$ Stunden
1 Portion = 2827 kJ/ 673 kcal

Überbackene Quarkeierkuchen

Zu den Eierkuchen paßt Zwetschgen-oder Aprikosenkompott. Wer mag, mischt unter die Quarkcreme noch Rosinen oder gehackte Mandeln.

◆ Das Mehl mit Salz und Milch in einer Schüssel verrühren, die Eier daruntermischen und den Teig zugedeckt 10 Minuten ruhen lassen.

◆ Das Fett in einer Pfanne erhitzen. Für jeden Eierkuchen etwa ½ Schöpfkelle Teig in die Pfanne geben und zugedeckt bei mittlerer Hitze etwa 3 Minuten backen, bis der Teig an der Oberseite nicht mehr flüssig ist und die Ränder des Eierkuchens sich nach oben biegen.

◆ Den Eierkuchen wenden und in der offenen Pfanne fertigbacken.

◆ Nach und nach weitere 7 Eierkuchen backen; zwischendurch die Pfanne leicht fetten.

◆ Die Eierkuchen lauwarm abkühlen lassen.

◆ Inzwischen für die Füllung die Zitrone waschen, abtrocknen und die Schale zur Hälfte abreiben.

Zutaten für 4 Portionen

Teig
100 g Mehl
1 Prise Salz
¼ l Milch
2 Eier
Fett zum Backen

Füllung
1 unbehandelte Zitrone
500 g Magerquark
50 g Zucker
½ TL gemahlene Vanille
50 g Orangenkonfitüre
1 Ei
⅛ l süße Sahne
100 g gemahlene Haselnußkerne

Zum Überbacken
¼ l Milch
2 EL Butter

◆ Den Magerquark mit Zucker, Zitronenschale, Vanille und Orangenkonfitüre verrühren.

◆ Das Ei trennen und das Eigelb unter den Quark mischen.

◆ Eiweiß und Sahne getrennt steif schlagen und auf den Quark geben.

◆ Die Nußkerne darüber streuen und alles miteinander verrühren.

◆ Jeweils einen Eierkuchen auf der Arbeitsfläche ausbreiten, mit Quarkcreme bestreichen und rechts und links zur Mitte hin falten, so daß sich die beiden Seiten überlappen.

◆ Die Eierkuchen dachziegelförmig in eine Gratinform mit niedrigem Rand legen, auf die mittlere Schiene des kalten Backofens schieben und bei 200 °C (Umluft 180 °C, Gas Stufe 3) 20 Minuten backen.

◆ Inzwischen die Milch mit der Butter erhitzen, bis die Butter geschmolzen ist. Die Mischung über die Eierkuchen gießen und alles noch einmal 15–20 Minuten backen, bis die Milch fast aufgesogen ist.

Zubereitung etwa 1 Stunde
Backzeit etwa 40 Minuten
1 Portion = 3305 kJ/ 787 kcal

Frischkäseauflauf mit Hafer

Die Kombination von pflanzlichem und tierischem Eiweiß macht dieses Gericht zu einem guten Proteinlieferanten. Getreideschrot gibt es in vielen Reformhäusern und Naturkostläden frisch gemahlen. Abgepackt heißt grobes Schrot meist Grütze.

◆ Die Zwiebel abziehen und fein hacken.

◆ Das Öl erhitzen und die Zwiebel darin mit dem Haferschrot anbraten.

◆ Die Gemüsebrühe zugießen, den Hafer aufkochen lassen und zugedeckt bei schwächster Hitze 10 Minuten garen. Dabei häufig umrühren, denn Schrot brennt leicht an.

◆ Den Topf von der Kochstelle nehmen und den Haferbrei 45 Minuten quellen und dabei abkühlen lassen.

◆ Die Petersilie waschen, trockentupfen und ganz fein hacken.

Zutaten für 4 Portionen
1 kleine Zwiebel
1 TL Öl
50 g Haferschrot
$^1/_4$ l Gemüsebrühe
100 g Petersilie
4 Eier
200 g körniger Frischkäse
Salz, Cayennepfeffer
$^1/_2$ TL gemahlener Koriander
100 ml süße Sahne
50 g geriebener Käse
Butter für die Form

◆ Die Eier trennen.

◆ Zuerst nacheinander die Dotter, dann eßlöffelweise den Frischkäse und zum Schluß die Petersilie unter den Haferbrei rühren und den Brei mit Salz, Cayennepfeffer und Koriander würzen.

◆ Eiweiß und Sahne getrennt steif schlagen und auf den Teig geben, etwa die Hälfte des Käses darüber streuen und alles mit einem Kochlöffel vermischen.

◆ Eine hohe Auflaufform von etwa 1,5 l Inhalt mit Butter fetten, mit dem restlichen Käse ausstreuen und den Auflauf darin glattstreichen.

◆ Den Käseauflauf auf die mittlere Schiene des kalten Backofens schieben und bei 180 °C (Umluft 160 °C, Gas Stufe 2–3) etwa 50 Minuten backen, bis er leicht gebräunt ist.

Zubereitung etwa 40 Minuten
Quellzeit 45 Minuten
Backzeit etwa 50 Minuten
1 Portion = 1588 kJ/ 378 kcal

Joghurtcreme mit Kiwis

Die schnell herzustellende, herb-süße Creme wird mit Johannisbrot-kernmehl, einem Bindemittel aus der Vollwertküche, zubereitet.

◆ Die Orange waschen und abtrocknen. 1/2 TL Schale abreiben und 1 EL Saft auspressen.
◆ Den Joghurt mit Zuckerrohrgranulat, Orangensaft, Orangenschale und Johannisbrotkernmehl kräftig verrühren.

Zutaten für 4 Portionen
1 unbehandelte Orange
300 g Magerjoghurt
25 g Zuckerrohrgranulat
2 1/2 EL Johannisbrotkernmehl
1/4 l süße Sahne
75 g Rosinen
4 Kiwis

◆ Die süße Sahne steif schlagen, mit den Rosinen unter den Joghurt ziehen und die Joghurtcreme zugedeckt 2 Stunden kühl stellen.
◆ Die Kiwis schälen, würfeln und in hohe Dessertgläser geben.
◆ Die Joghurtcreme auf den Kiwis verteilen und sofort servieren.

Zubereitung etwa 15 Minuten
Kühlzeit 2 Stunden
1 Portion = 1470 kJ/ 350 kcal

Joghurtflammeri

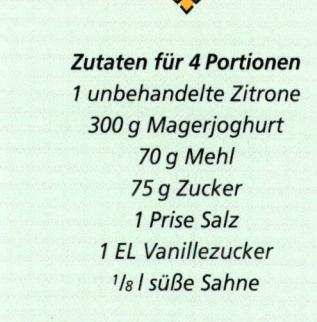

Zutaten für 4 Portionen
1 unbehandelte Zitrone
300 g Magerjoghurt
70 g Mehl
75 g Zucker
1 Prise Salz
1 EL Vanillezucker
1/8 l süße Sahne

◆ Den Topf auf die Kochstelle setzen und den Joghurt unter ständigem Rühren erhitzen und aufkochen lassen, bis er dick wie Pudding ist.
◆ Die Joghurtcreme in eine Schüssel geben und unter häufigem Rühren abkühlen lassen.
◆ Die Sahne steif schlagen und unter die Creme ziehen.
◆ Die Joghurtcreme in Portionsschälchen glattstreichen und zugedeckt 2 Stunden kühl stellen.
◆ Die Schälchen kurz in heißes Wasser tauchen, die Flammeris rundherum am Rand mit einem spitzen Messer lösen und auf Teller stürzen.

Zubereitung etwa 30 Minuten
Kühlzeit 2 Stunden
1 Portion = 1159 kJ/ 276 kcal

Zu den kleinen Flammeris mit Joghurt und Sahne paßt Fruchtiges: Zwetschgen- oder Sauerkirschkompott, frische Erdbeeren mit Zucker oder mit Honig beträufelte Pfirsichschnitze. Einfacher hat man es mit Himbeersirup oder fertig gekauften Dessertsaucen.

◆ Die Zitrone waschen und abtrocknen. Die Schale zur Hälfte abreiben; die Zitrone teilen und von einer Hälfte den Saft auspressen.
◆ Den Magerjoghurt in einem Topf mit Mehl, Zucker, Salz, Vanillezucker, Zitronenschale und -saft kräftig verrühren.

Angemachter Camembert

In Bayern hat diese Käsecreme Tradition und heißt Obatzda. Sie wird mit Radieschen zu kräftigem Bauernbrot, Kümmelbrötchen oder Pellkartoffeln serviert.

◆ Die Zwiebel abziehen und fein hacken.

Zutaten für 4 Portionen
1 kleine Zwiebel
1/2 Bund Schnittlauch
250 g reifer bayerischer
Camembert
1 EL weiche Butter
1 EL Bier oder
saure Sahne
1 TL edelsüßes Paprikapulver
1 TL Kümmelkörner
schwarzer Pfeffer
Salz

◆ Den Schnittlauch waschen, trockentupfen und fein zerkleinern.
◆ Den Camembert mit einer Gabel zerdrücken und mit Butter und Bier oder saurer Sahne vermischen.
◆ Die Käsecreme mit der Zwiebel, mit Paprikapulver, Kümmel, 1 kräftigen Prise Pfeffer und wenig Salz würzen – je reifer der Camembert ist, desto salziger schmeckt er.
◆ Den angemachten Camembert auf einem Teller anrichten und mit dem Schnittlauch bestreut servieren.

Zubereitung etwa 15 Minuten
1 Portion = 970 kJ/ 231 kcal

Käsecreme mit Selleriestangen

Zutaten für 4 Portionen
400 g Stangensellerie
1 kleine Zwiebel
1 Knoblauchzehe
4 Zweige Kräuter (Thymian,
Rosmarin und/oder Oregano)
50 g Gorgonzola oder Roquefort
250 g körniger Frischkäse
1 EL Zitronensaft
schwarzer Pfeffer
Salz

Diesen Klassiker der kalten Küche können Sie auch in Birnenhälften oder Tomaten füllen, auf dicken Apfelscheiben reichen oder zu Weintrauben servieren.

◆ Die Selleriestangen putzen, waschen, trockentupfen und auf einer Platte anrichten. Einige Sellerieblättchen abschneiden.

◆ Zwiebel und Knoblauch abziehen und fein hacken.
◆ Die Kräuter waschen und trockentupfen.
◆ Die Kräuterblättchen abzupfen und mit den Sellerieblättchen fein zerkleinern.
◆ Gorgonzola oder Roquefort zerkrümeln.

◆ Zwiebel, Knoblauch, Kräuter und Käse mit dem Frischkäse und Zitronensaft mischen und mit Pfeffer und wenig Salz würzen.
◆ Die Käsecreme auf die Platte mit den Selleriestangen häufen.

Zubereitung etwa 30 Minuten
1 Portion = 525 kJ/ 125 kcal

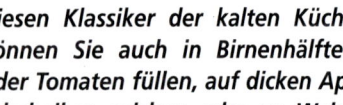

Schmelzkäsecreme

Die würzige Creme mit Zwiebel, Gurken und Petersilie paßt gut zu kräftigem Brot und zu Pellkartoffeln. Noch feiner schmeckt die Creme mit 4 EL süßer Sahne statt der Milch.

◆ Die Zwiebel abziehen und fein hacken.
◆ Die Gewürzgurken abtropfen lassen und fein zerkleinern.
◆ Die Petersilie waschen, trockentupfen und hacken.

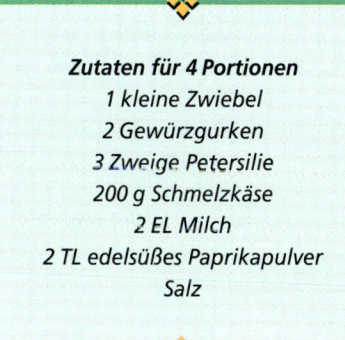

Zutaten für 4 Portionen
1 kleine Zwiebel
2 Gewürzgurken
3 Zweige Petersilie
200 g Schmelzkäse
2 EL Milch
2 TL edelsüßes Paprikapulver
Salz

◆ Den Schmelzkäse mit der Milch glattrühren und die gehackte Zwiebel, die zerkleinerten Gewürzgurken und die Petersilie untermischen.
◆ Die Schmelzkäsecreme mit edelsüßem Paprikapulver und Salz abschmecken.

Zubereitung etwa 20 Minuten
1 Portion = 647 kJ/ 154 kcal

Käsecreme mit Mandeln

Ein schnell gerührter Brotaufstrich, der auch sehr gut als Dip zu Gemüse paßt. Wenn man die Käsecreme lieber flüssiger mag, nimmt man zusätzlich 2–3 EL Milch.

◆ Den Frischkäse mit dem Emmentaler, der sauren Sahne und der Milch verrühren.

◆ Die frischen Kräuter waschen, trockentupfen und sehr fein hacken.
◆ Die Kräuter mit den Mandeln unter die Creme mischen.
◆ Die Käsecreme mit Zitronensaft, Salz und Cayennepfeffer würzen.

Zubereitung etwa 15 Minuten
1 Portion = 1567 kJ/ 373 kcal

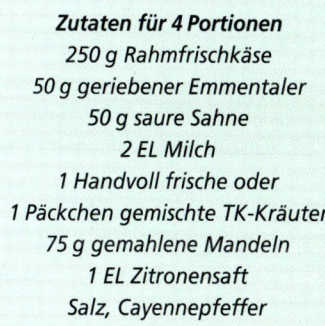

Zutaten für 4 Portionen
250 g Rahmfrischkäse
50 g geriebener Emmentaler
50 g saure Sahne
2 EL Milch
1 Handvoll frische oder
1 Päckchen gemischte TK-Kräuter
75 g gemahlene Mandeln
1 EL Zitronensaft
Salz, Cayennepfeffer

Eingelegter Schafskäse

Zutaten für 6 Portionen

300 g griechischer Schafskäse
(Feta)
2–4 Knoblauchzehen
2 Zweige Thymian
$^1/_2$ Bund Petersilie
1 kleine rote
Pfefferschote
1 unbehandelte Zitrone
1 EL weiße Pfefferkörner
etwa $^3/_8$ l Olivenöl

Das Gericht schmeckt zu Weintrauben und Birnen, Tomaten und Radieschen, Pellkartoffeln und Brot oder als Salatgarnitur.

◆ Den Schafskäse würfeln; den Knoblauch abziehen und grob hakken und beides in ein verschließbares Gefäß aus Glas oder Porzellan geben.
◆ Thymian und Petersilie waschen und grob hacken.
◆ Die Pfefferschote waschen, halbieren und die Kerne entfernen.
◆ Die Zitrone waschen und abtrocknen. Ein etwa 10 cm langes Stück Schale abschneiden; eine Hälfte der Zitrone auspressen.
◆ Die Pfefferkörner zerdrücken.
◆ Die Zutaten zum Käse geben und so viel Öl zugießen, daß alles gerade eben davon bedeckt ist. Den Käse mindestens 4 Tage verschlossen im Kühlschrank durchziehen lassen.
◆ Zum Servieren den Käse mit etwas Marinade auf Teller geben und mit beliebigen Beilagen anrichten.

Zubereitung etwa 20 Minuten
Ruhezeit mindestens 4 Tage
1 Portion = 1121 kJ/ 267 kcal

Schafskäse mit Bohnen

Der fein abgeschmeckte Käse paßt zu Fladenbrot, gebratenem Gemüse, Pellkartoffeln oder gebackenen Kartoffeln. Fest verschlossen hält er sich im Kühlschrank 2 Tage.

◆ Den Schafskäse fein zerkrümeln.
◆ Zwiebel und Knoblauch abziehen und fein hacken.
◆ Die Oliven halbieren, entsteinen und fein zerkleinern.

◆ Thymian und Petersilie waschen, trockentupfen und hacken.
◆ Alle diese Zutaten mit den Bohnen, Crème fraîche und Zitronensaft mischen und mit 1 kräftigen Prise Pfeffer und wenig Salz abschmecken.

Zubereitung etwa 30 Minuten
1 Portion = 1037 kJ/ 247 kcal

Zutaten für 4 Portionen

250 g griechischer Schafskäse
1 kleine Zwiebel
1 Knoblauchzehe
10 schwarze Oliven
je 4 Zweige Thymian und Petersilie
2 EL gegarte rote oder schwarze
Bohnen aus der Dose
3 EL Crème fraîche
1 EL Zitronensaft
schwarzer Pfeffer
Salz

Schafskäse auf Gemüse

◆ Die Zitrone waschen und abtrocknen. 1 Stück Schale abschneiden und fein schneiden; 1 EL Saft auspressen.

◆ Die Aubergine waschen, abtrocknen, putzen und würfeln. Den Knoblauch abziehen und fein hacken.

◆ Die Pfefferschote waschen, halbieren, von allen Kernen befreien und in feine Streifen schneiden.

◆ Aubergine, Knoblauch und Pfefferschote mit Zitronenschale, -saft, Oregano und 1 EL Öl vermischen und zugedeckt ziehen lassen, bis die anderen Zutaten vorbereitet sind.

◆ Die Lauchzwiebeln putzen, waschen und mit etwa zwei Drittel der grünen Blätter in fingerdicke Stücke schneiden.

◆ Die Salatgurke schälen und würfeln. Die Tomaten abziehen und in Schnitze teilen; dabei die Stielansätze entfernen.

◆ Den Dill waschen, trockentupfen und hacken.

◆ 3 EL Öl erhitzen und die Auberginenmischung bei schwacher Hitze unter ständigem Wenden darin etwa 10 Minuten braten.

Zutaten für 4 Portionen
1 unbehandelte Zitrone
1 mittelgroße Aubergine
1 Knoblauchzehe
1 kleine rote Pfefferschote
1 TL getrockneter Oregano
4 EL Oliven- oder Erdnußöl
1 Bund Lauchzwiebeln
1 kleine Salatgurke (etwa 300 g)
2 Tomaten
1 Bund Dill
2–3 EL milder Obstessig
Salz
150 g griechischer Schafskäse
schwarzer Pfeffer

◆ Das Auberginengemüse lauwarm abkühlen lassen und mit Lauchzwiebeln, Gurke, Tomaten, Dill und Essig mischen. Mit Salz abschmecken und auf Tellern anrichten.

◆ Den Schafskäse zerbröckeln oder würfeln, darüber streuen und das Gericht mit Pfeffer würzen.

Zubereitung etwa 45 Minuten
1 Portion = 882 kJ/ 210 kcal

Gebackene Käsebrote

Mild schmecken die gebackenen Käsebrote mit jungem Gouda, würzig mit Greyerzer und sehr herzhaft mit Appenzeller Käse.

◆ Den Backofen auf 250 °C (Gas Stufe 5–6) vorheizen.

◆ Den Käse mit Butter, Ei, Thymian, wenig Salz und 1 kräftigen Prise Pfeffer vermischen und die Creme auf die Brotscheiben streichen.

Zutaten für 4 Portionen
125 g geriebener Käse
40 g weiche Butter
1 kleines Ei
¼ TL getrockneter Thymian
Salz, weißer Pfeffer
12 Scheiben Baguette

◆ Die Brote nebeneinander auf ein Backblech legen.

◆ Das Backblech auf die mittlere Schiene des heißen Backofens schieben und das Brot etwa 10 Minuten backen, bis der Käse geschmolzen und leicht gebräunt ist.

Zubereitung etwa 15 Minuten
Backzeit etwa 10 Minuten
1 Portion = 1554 kJ/ 370 kcal

Toast mit Tomaten und Mozzarella

Zutaten für 4 Portionen
12 Scheiben Toastbrot
2 EL weiche Butter
4 Fleischtomaten
300 g Mozzarella
1 Zwiebel
1 Bund Petersilie
Salz
1 EL Öl
schwarzer Pfeffer

◆ Den Backofen auf 200 °C (Umluft 180 °C, Gas Stufe 3) vorheizen.
◆ Die Brotscheiben dünn mit der Butter bestreichen.
◆ Die Tomaten waschen, abtrocknen und in Scheiben schneiden; die Stielansätze dabei entfernen.
◆ Den Mozzarella abtropfen lassen und in kleine Würfel schneiden.
◆ Die Zwiebel abziehen, die Petersi-lie waschen und trockentupfen. Beide Zutaten fein hacken.
◆ Die Brote mit den Tomatenscheiben belegen und mit Salz würzen.
◆ Zwiebel, Petersilie und Mozzarella auf den Tomaten verteilen.
◆ Das Öl darüberträufeln.
◆ Die Brote auf einem Blech auf der oberen Schiene des Backofens etwa 15 Minuten backen, bis der Käse geschmolzen und leicht gebräunt ist.
◆ Mit Pfeffer würzen und servieren.

Zubereitung etwa 25 Minuten
Backzeit etwa 15 Minuten
1 Portion = 2184 kJ/ 520 kcal

Gebackener Käse mit Radieschensalat

◆ Den Backofen auf 220 °C (Umluft 200 °C, Gas Stufe 4) vorheizen.
◆ Für den Salat die Radieschen waschen, putzen und in dünne Scheiben schneiden.
◆ Die Petersilienblättchen abzupfen, waschen, trockentupfen und grob zerkleinern.
◆ Die Zitrone auspressen.
◆ Die Hälfte des Zitronensafts mit Senf, Salz, Pfeffer und Öl zu einer Sauce verrühren.
◆ Die Radieschen und die Petersilie mit der Salatsauce mischen und zugedeckt ziehen lassen, bis der Käse gebacken ist.
◆ Den Käse in eine ofenfeste Form legen und auf die mittlere Schiene des heißen Backofens schieben.
◆ Den Käse etwa 20 Minuten backen, bis er anfängt zu zerlaufen.
◆ Den Schnittlauch waschen, trockentupfen, hacken und mit dem Salat mischen.
◆ Den gebackenen Käse halbieren, auf Portionsteller legen, mit dem restlichen Zitronensaft beträufeln und mit reichlich Pfeffer aus der Mühle bestreuen.
◆ Den Salat neben dem Käse anrichten.

Zubereitung etwa 30 Minuten
1 Portion = 2491 kJ/ 593 kcal

Zutaten für 2 Portionen
1 Bund Radieschen
1 Bund Petersilie
1 Zitrone
1/2 TL scharfer Senf
Salz
schwarzer Pfeffer
aus der Mühle
2 EL Öl
1 Weichkäse (300 g)
1 Bund Schnittlauch

Gebratener Mozzarella

Die Käsescheiben sollten so gebacken sein, daß sie außen eine leichte Kruste haben und innen warm, aber nicht weich sind, damit der Käse nicht zerfließt.

◆ Die Teller vorwärmen.
◆ Den Mozzarella in etwa fingerdicke Scheiben schneiden und trockentupfen.
◆ Das Ei auf einem Teller verquirlen.
◆ Das Paniermehl auf einen Teller streuen und den Käse zuerst im Ei, dann im Paniermehl wenden, so daß die Scheiben ganz bedeckt sind.
◆ Das Öl in einer Pfanne erhitzen und den Käse darin pro Seite etwa 2 Minuten braten, bis er goldgelb ist.
◆ Den Mozzarella auf Küchenpapier abtropfen lassen und auf den heißen Tellern anrichten.

Zubereitung etwa 20 Minuten
1 Portion = 2138 kJ/ 509 kcal

Zutaten für 4 Portionen
300 g Mozzarella
1 Ei
100 g Paniermehl
$\frac{1}{8}$ l Öl

Allgäuer Käsespätzle

Den Käse sollten Sie für dieses Gericht nur grob raspeln und nicht fein zerkleinern, sonst werden die Spätzle matschig.

◆ Das Mehl mit der Milch und 1 kräftigen Prise Salz verrühren.
◆ Die Eier zugeben und etwa 3 Minuten kräftig rühren, bis der Teig Blasen bildet.
◆ Den Teig zugedeckt ruhen lassen.
◆ Den Käse grob raspeln oder in kleine Würfel schneiden.
◆ Die Zwiebeln abziehen und in feine Ringe schneiden.
◆ Die Butter erhitzen und die Zwiebelringe darin bei schwacher Hitze und unter mehrmaligem Wenden etwa 20 Minuten weich und goldbraun braten.
◆ In einem großen Topf reichlich Salzwasser zum Kochen bringen.
◆ Den Backofen auf 50 °C vorheizen und eine Schüssel vorwärmen.
◆ Den Spätzleteig portionsweise vom Brett schaben oder durch einen Spätzlehobel in das kochende Wasser drücken und die Spätzle etwa 1–2 Minuten kochen, bis sie an die Oberfläche steigen.

Zutaten für 4 Portionen
350 g Mehl
$\frac{1}{4}$ l Milch
Salz
3 kleine Eier
200 g Emmentaler Käse
300 g Zwiebeln
75 g Butter
schwarzer Pfeffer

◆ Die garen Spätzle mit einem Schaumlöffel herausnehmen, gut abtropfen lassen und in die vorgewärmte Schüssel geben.
◆ Die Spätzle mit Käse und etwas Pfeffer bestreuen und im Backofen zugedeckt heiß halten, bis alle Spätzle fertig sind.
◆ Zum Schluß die gebratenen Zwiebelringe darüber verteilen und die Spätzle sehr heiß servieren.

Zubereitung etwa 1 Stunde
1 Portion = 3318 kJ/ 790 kcal

Käsepolenta

Der Maisbrei aus Italien paßt zu allen Fleischgerichten mit Sauce. Als Käse bietet sich Parmesan oder Pecorino an. Mit Salat ist Polenta ein leichtes fleischloses Essen.

◆ Das Wasser mit Salz aufkochen. Den Maisgrieß unter Rühren langsam zugeben und einmal aufkochen.

◆ Zugedeckt bei schwacher Hitze 15 Minuten garen, bis der Brei sich zu einem Kloß formt. Dabei häufig umrühren, damit die Polenta nicht am Topfboden anklebt.

◆ Den Salbei trocken säubern und in Streifen schneiden.

◆ Die Tomaten abziehen und würfeln; die Stielansätze dabei entfernen.

◆ Die Polenta auf ein Brett geben, abkühlen lassen und zu einem Block formen.

◆ Die Polenta in etwa fingerdicke

Scheiben schneiden und ziegelförmig in eine flache Gratinform legen.

◆ Tomatenwürfel, Salbei und geriebenen Käse darüber verteilen, alles mit Öl beträufeln und auf die mitt-

Zutaten für 4 Portionen
1 l Wasser
Salz
250 g Maisgrieß
4 Salbeiblätter
2 Tomaten
100 g geriebener Käse
1 EL Olivenöl

lere Schiene des kalten Backofens schieben.

◆ Die Polenta bei 250 °C (Umluft 220 °C, Gas Stufe 5–6) etwa 25 Minuten backen, bis der Käse geschmolzen und leicht gebräunt ist.

Zubereitung etwa 30 Minuten
Backzeit etwa 25 Minuten
1 Portion = 1491 kJ/ 355 kcal

Gratinierter Käsereis

Für diesen Auflauf aus der Schweiz brauchen Sie würzigen Käse, der cremig zerläuft. Gut dafür geeignet ist Bergkäse, Raclettekäse oder Fontal. Dazu paßt grüner oder Gurkensalat.

◆ Die Zwiebel und den Knoblauch abziehen und fein hacken.

◆ Das Öl erhitzen und die Zwiebel und den Knoblauch darin bei schwacher Hitze glasig braten.

◆ Den Reis zugeben und mitbraten, bis die Körner glasig sind.

◆ Die Gemüsebrühe zugießen und einmal aufkochen. Den Reis zugedeckt bei schwacher Hitze etwa 10 Minuten garen.

◆ Den Backofen auf 180 °C (Umluft 160 °C, Gas Stufe 2–3) vorheizen.

Zutaten für 5 Portionen
1 große Zwiebel
1 Knoblauchzehe
1 EL Öl
150 g Rundkornreis
1/2 l Gemüsebrühe
3 Eier
50 ml süße Sahne
4 EL Milch
250 g geriebener Käse
1 Prise Salz
1/2 TL getrockneter Majoran
weißer Pfeffer aus der Mühle
geriebene Muskatnuß
1/2 Bund Petersilie

◆ Eier, süße Sahne und Milch mit einem Schneebesen verquirlen.

◆ Den geriebenen Käse, Salz, Majoran, Pfeffer und Muskat zugeben.

◆ Den Reis mit der Brühe in eine Auflaufform geben.

◆ Die Eier-Käse-Mischung über den Reis gießen.

◆ Den Auflauf auf die untere Schiene des heißen Backofens stellen und etwa 30 Minuten goldbraun backen.

◆ Die Petersilie waschen, trockentupfen, fein hacken, über den fertigen Auflauf streuen und servieren.

Zubereitung etwa 30 Minuten
Backzeit etwa 30 Minuten
1 Portion = 1772 kJ/ 422 kcal

Schweizer Käsefondue

Der weiche Vacherin aus der Schweizer Stadt Fribourg wird eigens für Käsefondue hergestellt. Ist er nicht erhältlich, kann man auch Schweizer Emmentaler nehmen. Das Weißbrot sollte viel Rinde haben – am besten geeignet ist Baguette.

◆ Das Weißbrot so in Stücke schneiden, daß jedes Stück ein Eckchen Rinde hat.
◆ Die Knoblauchzehe abziehen.
◆ Die beiden Käsesorten auf einer groben Reibe raspeln oder in kleine Würfel schneiden.
◆ Den Wein in einen feuerfesten glasierten Tontopf geben und auf dem Herd bei schwacher Hitze heiß werden lassen, bis Perlen aufsteigen.

Zutaten für 4 Portionen
600 g Weißbrot
1 Knoblauchzehe
300 g Greyerzer Käse
300 g Freiburger Vacherin
300 ml trockener Weißwein
1 gestrichener EL Speisestärke
1–2 EL Kirschwasser
weißer Pfeffer
1 MSP edelsüßes Paprikapulver
geriebene Muskatnuß

◆ Den Käse nach und nach unter Rühren zugeben und weiterrühren, bis er geschmolzen ist.

◆ Die abgezogene Knoblauchzehe in die Käsecreme geben.
◆ Die Speisestärke mit dem Kirschwasser verrühren, in die Käsecreme mischen und unter Rühren einmal aufkochen lassen.
◆ Das Fondue mit wenig Pfeffer, Paprika und etwas Muskatnuß würzen und auf einem Rechaud heiß halten.
◆ Zum Essen die Brotwürfel auf Fonduegabeln spießen und die Käsecreme damit auftunken.
◆ Dabei mit dem Brot auch über den Boden des Topfes fahren, um die Kruste aufzunehmen, die sich durch die Wärme bildet.

Zubereitung etwa 1 Stunde
1 Portion = 4196 kJ/ 999 kcal

Käseauflauf mit Nüssen

Das Soufflé aus Brandteig sollte möglichst gleich vom Ofen auf den Tisch, damit es nicht zusammenfällt. Tomatensalat oder gemischter Blattsalat schmeckt als Beilage.

◆ Das Wasser mit Butter, Salz, Cayennepfeffer, Kümmel und Muskatnuß aufkochen, bis die Butter geschmolzen ist.

◆ Das Mehl auf einmal hineinschütten und rühren, bis sich der Teig zu einem Kloß ballt und sich am Boden des Topfes eine weiße Schicht bildet.

◆ Den Teig in eine Schüssel geben, das erste Ei mit den Knethaken des

Zutaten für 4 Portionen
1/4 l Wasser
50 g Butter oder Margarine
Salz, Cayennepfeffer
1 MSP gemahlener Kümmel
geriebene Muskatnuß
150 g Mehl
4 Eier
1/2 TL Backpulver
Fett für die Form
75 g geriebener Hartkäse
50 g gemahlene Nußkerne

Handrührgeräts untermischen und den Teig abkühlen lassen.

◆ Dann nacheinander die restlichen Eier und mit dem letzten Ei das Backpulver untermischen.

◆ Eine Auflaufform fetten, den Teig einfüllen und mit dem Käse und den Nüssen bestreuen.

◆ Den Auflauf auf die untere Schiene des kalten Backofens stellen und bei 200 °C (Umluft 180 °C, Gas Stufe 3) etwa 45 Minuten backen.

Vorbereitung etwa 30 Minuten
Backzeit etwa 45 Minuten
1 Portion = 2129 kJ/ 507 kcal

Käsewaffeln

Waffeln bei Tisch zu backen ist ebenso gesellig wie Fondue zu essen. Außerdem schmecken sie frisch aus dem Eisen am besten. Dazu paßt Salat, Sauerkraut oder Apfelmus.

◆ Das Mehl mit Milch, saurer Sahne, Eiern, Käse, Sesam, Thymian, Salz und Pfeffer verrühren.

Zutaten für 4 Portionen
200 g Mehl
1/4 l Milch
75 g saure Sahne
2 Eier
100 g geriebener Käse
1 EL Sesamsamen
2 TL getrockneter Thymian
Salz, schwarzer Pfeffer
Fett für das Waffeleisen

◆ Die Backflächen des Waffeleisens fetten.

◆ Jeweils 1 1/2 EL Teig darauf geben und etwa 3–4 Minuten backen.

◆ Die Waffeln vorsichtig aus dem Waffeleisen lösen und heiß servieren.

Zubereitung etwa 1 Stunde
1 Portion = 1814 kJ/ 432 kcal

Überbackene Weincreme (S. 585);
Gemischte Beeren (S. 555) ▶

Süße Speisen und Desserts

Birnen nach der schönen Helena

◆ Für die Sauce die Schokolade in Stücke brechen und mit der Hälfte der Sahne in einen Topf geben.

◆ Beides bei schwacher Hitze erwärmen, bis die Schokolade geschmolzen ist, und dann unter Rühren bei starker Hitze dick einkochen lassen.

◆ Den Topf in eine Schüssel mit kaltem Wasser und Eiswürfeln stellen und die Sauce unter Rühren abkühlen lassen.

◆ Die restliche Sahne mit dem Vanillezucker steif schlagen und in einen Spritzbeutel füllen.

Zutaten für 8 Portionen
100 g Mokkasahneschokolade
400 ml süße Sahne
1 EL Vanillezucker
4 feste, saftige Birnen
2 EL Zitronensaft
4 EL Cassis (Johannisbeerlikör)
oder roter Fruchtsaft
300 g Vanilleeis
Eiswürfel

◆ Die Birnen schälen, vom Kerngehäuse befreien, in Stücke schneiden und auf Dessertteller legen.

◆ Die Birnen mit Zitronensaft und Cassis oder Fruchtsaft beträufeln und die Sahne in Tupfen darauf spritzen.

◆ Das Eis mit einem Portionierer zu Kugeln abstechen und neben dem Obst anrichten.

◆ Die Birnen zusammen mit der Schokoladensauce sofort servieren.

Zubereitung etwa 45 Minuten
1 Portion = 1361 kJ/ 324 kcal

Heidelbeeren mit Schokoladensahne

Zutaten für 6 Portionen
600 g Heidelbeeren (Blaubeeren)
100 g Zucker
4 EL Cassis (Johannisbeerlikör)
oder roter Fruchtsaft
70 g helle oder dunkle Borkenschokolade
40 g Mandelmakronen (fertig gekauft)
1/4 l süße Sahne

Dieses Last-Minute-Dessert können Sie mit Zutaten, die Sie vorrätig haben, variieren; z. B. mit Kompottfrüchten und Kuchenresten.

◆ Die Heidelbeeren verlesen, in einer Schüssel mit kaltem Wasser waschen und gut abtropfen lassen.

◆ Das Obst mit der Hälfte des Zuckers und dem Cassis oder Fruchtsaft mischen.

◆ Auf Dessertschälchen verteilen.

◆ Die Schokolade und die Makronen in einen Plastikbeutel geben und mit einem Nudelholz zerkleinern.

◆ Die Sahne mit dem Rest des Zuckers steif schlagen, die Schokolademischung locker unterziehen und über den Heidelbeeren verteilen.

Zubereitung etwa 20 Minuten
1 Portion = 1693 kJ/ 403 kcal

Obstsalat mit Joghurtsauce

Der Obstsalat schmeckt mit reifen, aromatischen Früchten der Saison am besten.

◆ Die Beeren waschen, den Pfirsich und die Nektarine abziehen, in Stücke schneiden und alles mit dem Cassis oder dem Fruchtsaft mischen.

◆ Für die Sauce die Banane schälen, kleinschneiden und mit Honig, Joghurt und Sahne im Mixer pürieren oder fein zerdrücken.
◆ Die Nüsse hacken.
◆ Den Obstsalat auf Dessertellern

anrichten, die Joghurtsauce darüber verteilen und mit den Nüssen bestreuen.

Zubereitung etwa 30 Minuten
1 Portion = 1012 kJ/ 241 kcal

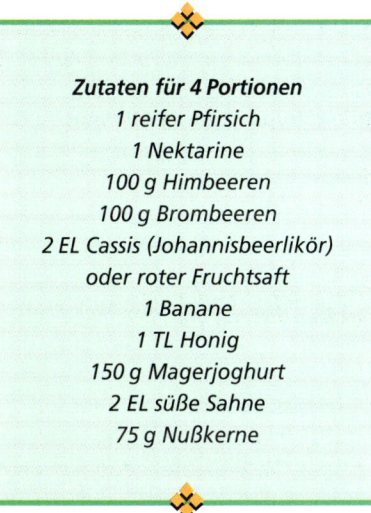

Zutaten für 4 Portionen
1 reifer Pfirsich
1 Nektarine
100 g Himbeeren
100 g Brombeeren
2 EL Cassis (Johannisbeerlikör)
oder roter Fruchtsaft
1 Banane
1 TL Honig
150 g Magerjoghurt
2 EL süße Sahne
75 g Nußkerne

Gemischte Beeren mit zwei Saucen

Zu den heißen Beeren bildet die Vanilleeissauce einen raffinierten Kontrast, und zu den süßen Früchten setzt die säuerliche Sahnesauce den kulinarischen Kontrapunkt.

◆ Wasser zum Kochen bringen und den Pfirsich damit übergießen.
◆ Den Pfirsich kurz ziehen lassen, kalt abschrecken und abziehen.
◆ Den Pfirsich halbieren und dabei den Stein entfernen.
◆ Den Pfirsich mit Zucker, saurer Sahne und Crème fraîche im Mixer pürieren.
◆ Das Vanilleeis antauen lassen und mit dem Schneebesen cremig rühren.

Zutaten für 4 Portionen
1 reifer Pfirsich
1 EL Zucker
125 g saure Sahne
1 EL Crème fraîche
300 g Vanilleeis
12 Blättchen Zitronenmelisse
600 g Johannisbeeren, Brombee-
ren, Stachelbeeren, Heidelbeeren
und Himbeeren gemischt
3 EL trockener Rotwein oder
roter Fruchtsaft
Puderzucker zum Bestreuen

◆ Die Zitronenmelisse waschen und gut trockentupfen.
◆ Die Beeren verlesen und in einer Schüssel mit kaltem Wasser vorsichtig waschen.
◆ Die Beeren in einem Topf mit Rotwein oder Saft erhitzen und heiß auf Portionstellern verteilen.
◆ Die Pfirsich- und die Eissauce um die Beeren gießen und mit einer Gabel ein dekoratives Muster ziehen.
◆ Das Dessert mit der Melisse garnieren, mit Puderzucker dünn bestreuen und sofort servieren.

Zubereitung etwa 30 Minuten
1 Portion = 1121 kJ/ 267 kcal

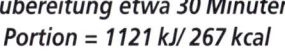

Exotischer Obstsalat

Im Winter, wenn die Auswahl an einheimischem Obst nicht groß ist, schmeckt dieser Fruchtsalat aus exotischen Früchten.

◆ Für die Creme die Hälfte der Milch mit dem Puddingpulver glattrühren.

◆ Den Rest der Milch mit dem Zucker aufkochen.

◆ Das angerührte Puddingpulver untermischen und unter Rühren aufkochen, bis die Milch dickflüssig wird.

◆ Den Pudding unter häufigem Umrühren lauwarm abkühlen lassen.

◆ Das Ei trennen.

◆ Die Orange heiß abwaschen, abtrocknen und reichlich Schale abreiben. Den Saft auspressen.

◆ Eigelb, Zimt, Orangenschale und -saft unter den Pudding mischen.

◆ Das Eiweiß steif schlagen.

◆ Die Sahne steif schlagen.

◆ Erst das Eiweiß und dann die

Zutaten für 6 Portionen
Creme
1/4 l Milch
2 EL Sahnepuddingpulver
50 g Zucker
1 Ei
1 unbehandelte Orange
1–2 TL Zimtpulver
50 ml süße Sahne
Fruchtsalat
1 Kiwi
1 Banane
200 g frische Datteln
1 Apfel
150 g frische Ananas
20 ml Orangenlikör oder heller Fruchtsaft
1/2 EL Honig
50 g Walnußkerne

Sahne unter den abgekühlten Pudding ziehen.

◆ Diese Creme zugedeckt in den Kühlschrank stellen.

◆ Die Kiwi und die Banane schälen und in Stücke schneiden.

◆ Die Datteln halbieren und in Streifen schneiden; die Kerne dabei entfernen.

◆ Den Apfel schälen und vierteln. Das Kerngehäuse entfernen und den Apfel in Schnitze teilen.

◆ Die Schale der Ananas abschneiden und das Fruchtfleisch würfeln.

◆ Das Obst in einer Schüssel mit Likör oder Fruchtsaft und Honig mischen, auf Dessertteller geben und die Creme darüber verteilen.

◆ Die Nüsse hacken und darüber streuen.

Zubereitung etwa 1 Stunde
1 Portion = 1394 kJ/332 kcal

Mangosalat

Die Mango wird wegen ihres köstlichen Geschmacks als Königin der Früchte bezeichnet. Es gibt zahlreiche verschiedene Sorten, die aus Indien, Lateinamerika oder Afrika stammen. Für das Dessert eignen sich z. B. die Sorten Red Haden, Alphonso oder Irwin.

◆ Die Mangos mit einem Sparschäler oder einem Obstmesser schälen.
◆ Die Früchte der Länge nach in drei Scheiben schneiden, so daß der Stein in der mittleren Scheibe steckt.

Zutaten für 4 Portionen
2–3 Mangos (etwa 900 g)
1 Granatapfel
1 Orange
1 EL Orangenlikör
1 EL brauner Zucker

◆ Das Fruchtfleisch der mittleren Scheiben in Schnitzen vom Stein schneiden.

◆ Die Teile ohne Stein ebenfalls in Schnitze teilen.
◆ Die Mangoschnitze auf Desserttellern verteilen.
◆ Den Granatapfel halbieren, auf der Zitruspresse vorsichtig auspressen und den Saft durch ein Sieb gießen.
◆ Die Orange auspressen.
◆ Beide Säfte mit Orangenlikör und braunem Zucker mischen und über die Mangoschnitze gießen.

Zubereitung etwa 30 Minuten
1 Portion = 533 kJ/ 127 kcal

Rhabarberkompott

Zutaten für 4 Portionen
750 g Rhabarber
300 g Erdbeeren
1 Vanilleschote
1 unbehandelte Zitrone
125 g Zucker
2 EL heller Fruchtsaft

Rhabarber und Erdbeeren sind etwa um dieselbe Zeit reif und lassen sich daher gut kombinieren. Sie können das Kompott mit einem Grießflammeri (siehe S. 589) servieren.

◆ Den Rhabarber waschen, putzen und in fingerbreite Stücke schneiden.
◆ Die Erdbeeren waschen und abzupfen; große Früchte halbieren oder vierteln.

◆ Die Vanilleschote längs aufschneiden und das Mark herauskratzen.
◆ Die Zitrone waschen, abtrocknen und ein Stück Schale abschneiden.
◆ Das Obst, Vanillemark und Zitronenschale mit Zucker und Saft aufkochen und zugedeckt bei schwacher Hitze 10 Minuten kochen lassen.

Zubereitung etwa 30 Minuten
1 Portion = 701 kJ/ 167 kcal

Holunderbeerkompott

Holunderbeeren werden im September reif, wenn auch Zwetschgen und Birnen auf dem Markt sind. Den Saft erhalten Sie in Reformhäusern oder Naturkostläden. Als Beilage zu dem Kompott eignen sich Pfannkuchen oder Quarkklößchen (siehe S. 538).

◆ Die Zwetschgen waschen, halbieren und entsteinen.

◆ Die Birnen vierteln, schälen, vom Kerngehäuse befreien und in Stücke schneiden.

◆ Die Zitrone waschen, abtrocknen und ½ TL Schale abreiben.

◆ Das Obst mit dem Holunderbeersaft, Zucker, Zimt und Zitronenschale in einem Topf aufkochen und zugedeckt bei schwacher Hitze etwa 3 Minuten garen.

◆ Die Speisestärke mit Wasser glattrühren, unter das Kompott mischen und einmal aufkochen.

Zubereitung etwa 45 Minuten
1 Portion = 592 kJ/ 141 kcal

Zutaten für 4 Portionen
300 g Zwetschgen
300 g feste, saftige Birnen
1 unbehandelte Zitrone
300 ml Holunderbeersaft
40 g Zucker
1 Stück Zimtstange
1 TL Speisestärke
1 EL kaltes Wasser

Rote Grütze

Zutaten für 4 Portionen
300 g Sauerkirschen
300 g gemischte Beeren
1 unbehandelte Zitrone
50 g Zucker
1 EL Speisestärke
¼ l roter Fruchtsaft

Diese rote Grütze ist dickflüssig wie Kompott und nicht zum Stürzen geeignet. Für eine stichfeste Grütze nimmt man die doppelte Menge Speisestärke oder kocht die Grütze mit 30 g Sago etwa 30 Minuten. Dazu paßt Vanillesauce oder gut gekühlte Schlagsahne.

◆ Die Sauerkirschen waschen, von den Stielen zupfen und entsteinen.

◆ Die Beeren verlesen, in einer Schüssel mit Wasser waschen und auf einem Sieb abtropfen lassen.

◆ Die Zitrone waschen, abtrocknen und ein Stück Schale abschneiden.

◆ Beeren und Kirschen in einem Topf mit dem Zucker vermischen und die Zitronenschale zugeben.

◆ Die Speisestärke mit dem Fruchtsaft verrühren und zum Obst gießen.

◆ Alles unter Rühren aufkochen, bis die Grütze dickflüssig ist.

◆ Die Zitronenschale entfernen.

◆ Die Grütze in Schälchen geben, erkalten lassen und vor dem Servieren mindestens 5 Stunden kühl stellen.

Zubereitung etwa 30 Minuten
Kühlzeit etwa 5 Stunden
1 Portion = 676 kJ/ 161 kcal

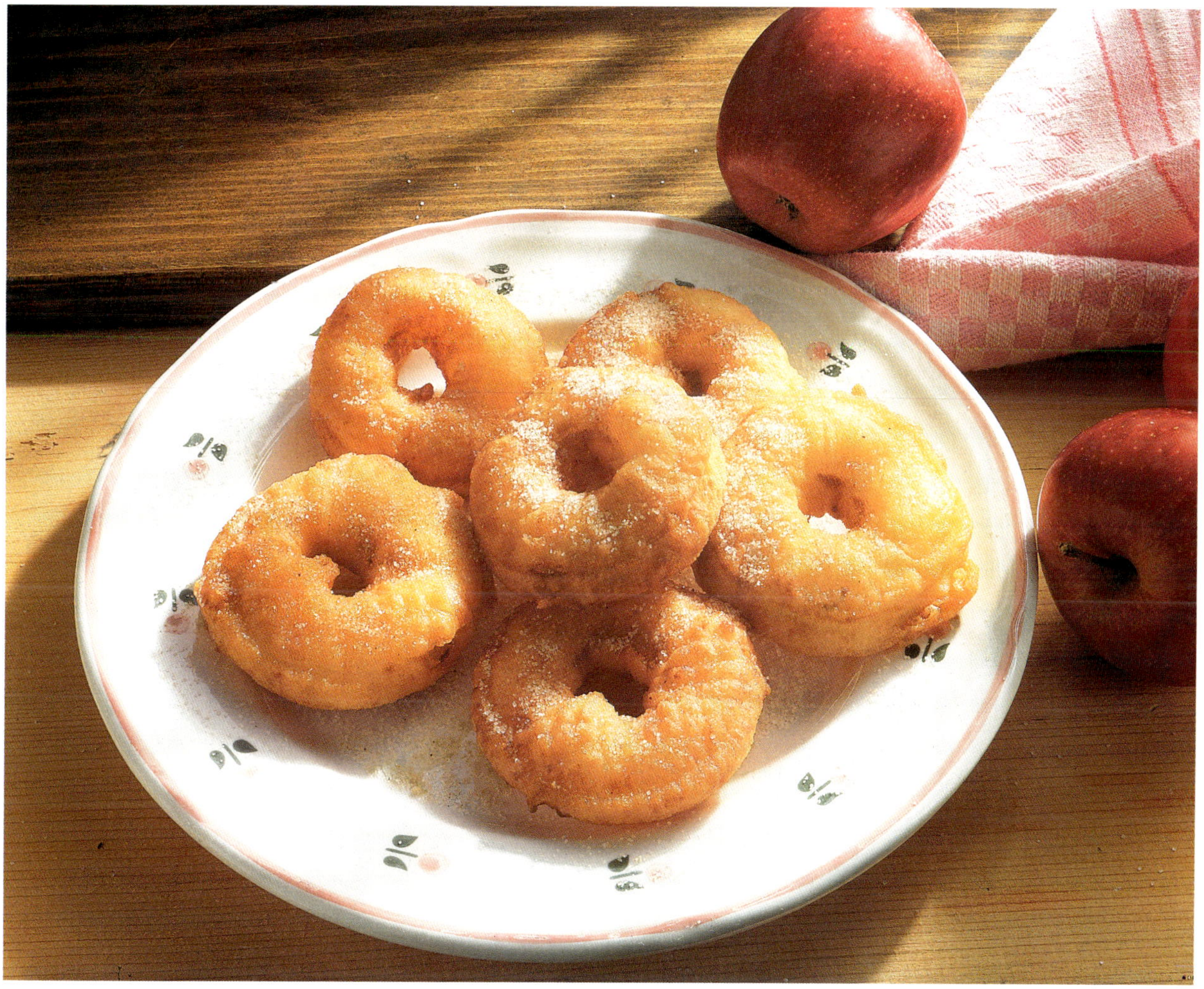

Apfelküchlein

Zutaten für 4 Portionen
1 EL Butterschmalz
100 g Mehl
1 Prise Salz
2 Eier
1/8 l Bier oder Mineralwasser
4 säuerliche Äpfel (Boskoop oder Ingrid Marie; etwa 600 g)
50 g Zucker
1 TL Zimtpulver
Butterschmalz, Öl oder Kokosfett zum Fritieren

Die Küchlein – auch unter dem französischen Namen beignets bekannt – passen zu einem leichten Essen, da die in Schmalz gebackenen Apfelscheiben recht kalorienreich sind.

◆ Das Butterschmalz schmelzen, in eine Schüssel geben und das Mehl einrühren.
◆ Salz, Eier und Bier oder Mineralwasser zugeben und alles zu einem dickflüssigen Teig verrühren.
◆ Die Äpfel schälen, die Kerngehäuse entfernen und die Äpfel in 1 cm dicke Scheiben schneiden.
◆ Den Zucker und den Zimt mischen.
◆ Den Backofen auf 50 °C vorheizen.
◆ Das Fett zum Fritieren erhitzen.
◆ Die Apfelscheiben portionsweise in den Teig tauchen und im heißen Fett bei mittlerer bis schwacher Hitze etwa 5 Minuten goldbraun backen. Dabei im Fett einmal wenden.
◆ Die Küchlein herausnehmen, auf Küchenpapier abtropfen lassen und im Backofen warm halten, bis alle gebacken sind.
◆ Die Apfelküchlein mit Zucker und Zimt bestreuen und sofort servieren.

Zubereitung etwa 1 Stunde
1 Portion = 1928 kJ/ 459 kcal

Johannisbeerküchlein

Zutaten für 4 Portionen
300 g rote Johannisbeeren
75 g Mehl
1 EL Vanillezucker
1 Prise Salz
150 ml Milch
50 ml süße Sahne
2 EL Butter
2 Eier
Fett zum Braten
Zucker und
Zimt zum Bestreuen

Für die Küchlein brauchen Sie feste Beeren – außer Johannisbeeren eignen sich auch Stachel- oder Blaubeeren. Himbeeren und Erdbeeren sind dagegen zu weich.

◆ Die Johannisbeeren verlesen, waschen, trockentupfen und mit einer Gabel von den Stielen streifen.
◆ Das Mehl mit Vanillezucker, Salz, Milch und Sahne verrühren.
◆ Die Butter erhitzen, flüssig werden und etwas abkühlen lassen.
◆ Die Eier trennen.
◆ Eigelb, flüssige Butter und Beeren unter den Teig mischen.

◆ Das Eiweiß steif schlagen und unter den Teig ziehen.
◆ Das Fett in einer großen Pfanne erhitzen.
◆ Pro Küchlein etwa 4 EL Teig ins Fett geben und bei mittlerer bis schwacher Hitze etwa 4 Minuten backen, bis sich die Küchlein gut vom Pfannenboden lösen lassen.
◆ Anschließend das Gebäck wenden und in etwa 4 Minuten fertigbacken.
◆ Zucker und Zimt mischen, das Gebäck damit bestreuen und servieren.

Zubereitung etwa 1 Stunde
1 Portion = 2163 kJ/ 515 kcal

Gebackene Honigbananen

So schmecken auch Apfelscheiben und Ananasstücke. Manche bereiten die Früchte mit dickem Zuckersirup zu. Die Honigversion wie in diesem Rezept geht schneller und ist genauso fein.

◆ Das Mehl mit Salz und Wasser zu einem glatten Teig verrühren.
◆ Ei und Öl untermischen und den Teig etwa 30 Minuten ruhen lassen.
◆ Den Honig mit dem Zitronensaft in einen Topf geben und bei schwacher Hitze heiß werden, aber nicht aufkochen lassen.
◆ Die Bananen schälen und in etwa 4 cm lange Stücke schneiden.
◆ Die Dessertteller vorwärmen.
◆ Das Fett in einem hohen Topf oder in einer Friteuse erhitzen.
◆ Die Bananen portionsweise in den Teig tauchen und im Fett goldgelb ausbacken.
◆ Das Obst aus dem Fett nehmen und auf Küchenpapier abtropfen lassen.

Zutaten für 4 Portionen
100 g Mehl
1 Prise Salz
100 ml kaltes Wasser
1 kleines Ei
1 TL Erdnuß- oder Sesamöl
100 g Honig
2 EL Zitronensaft
4 große Bananen
Öl oder Kokosfett zum Fritieren

◆ Die gebackenen Bananen auf den heißen Desserttellern anrichten, mit dem Honig beträufeln und sofort servieren.

Zubereitung etwa 30 Minuten
Ruhezeit etwa 30 Minuten
1 Portion = 1852 kJ/ 441 kcal

Gebackene Holunderblüten

Holunder wächst im Garten, an Weg- und Waldrändern. Er blüht von Ende Mai bis Mitte Juni. Sammeln Sie immer abseits von Straßen, und schneiden Sie die Dolden am besten mit einer Küchenschere ab. Dann locker in einen Korb legen und zu Hause gleich zubereiten.

◆ Die Holunderblütendolden kräftig ausschütteln und in einer Schüssel mit kaltem Wasser kurz waschen.

◆ Die Blüten auf Küchentüchern abtropfen lassen.

◆ Die Zitrone waschen, abtrocknen und etwas Schale abreiben.

◆ Das Mehl mit Salz und Milch zu einem dünnen Teig verrühren.

◆ Die Eier trennen und das Eigelb und die Zitronenschale unter den Teig mischen.

◆ Das Eiweiß steif schlagen und unter den Teig ziehen.

◆ Das Fett in einem hohen Kochtopf oder in einer Friteuse erhitzen.

◆ Die Dolden am Stiel fassen, in den Teig tauchen und im heißen Fett 1–2 Minuten goldgelb ausbacken.

◆ Die Blüten aus dem Fett nehmen und auf Küchenpapier abtropfen lassen.

◆ Zucker mit Zimt mischen und den Holunder damit bestreuen.

Zubereitung etwa 1 Stunde
1 Portion = 1289 kJ/ 307 kcal

Zutaten für 4–6 Portionen
16 Holunderblütendolden
1 unbehandelte Zitrone
150 g Mehl
1 Prise Salz
¹/₄ l Milch
2 Eier
Butterschmalz, Kokosfett oder
Öl zum Fritieren
3 EL Zucker
1 TL Zimtpulver

Salbeimäuschen

Zutaten für 4 Portionen
2 EL Zucker
1 TL Zimtpulver
100 g Mehl
Salz
1/8 l Milch
1 Ei
1 TL Öl
40 g große Salbeiblätter
Butterschmalz, Öl oder Kokosfett
zum Fritieren

Zu den würzigen Kräuterblättchen, die in leichten Teig getaucht und knusprig ausgebacken werden, paßt Nußeis.

◆ Den Zucker mit dem Zimt mischen.
◆ Das Mehl mit dem Salz und der Milch verrühren und das Ei und das Öl untermischen.
◆ Die Salbeiblätter waschen und trockentupfen.
◆ Das Fett in einem hohen Topf oder einer Friteuse erhitzen, bis an einem Holzlöffel, den man hineintaucht, kleine Bläschen aufsteigen.

◆ Die Salbeiblätter an den Stielen festhalten, in den Teig tauchen und portionsweise in das heiße Fett gleiten lassen.
◆ Die Blätter etwa 2 Minuten backen, bis sie goldbraun sind.
◆ Die fertiggebackenen Salbeiblätter mit einem Schaumlöffel herausnehmen und auf Küchenpapier abtropfen lassen.
◆ Die Salbeimäuschen mit dem Zimtzucker bestreuen und servieren.

Zubereitung etwa 1 Stunde
1 Portion = 1273 kJ/ 303 kcal

Zwetschgenklöße

Es gibt viele Möglichkeiten, Obstklöße zu bereiten: mit einer Hülle aus Hefe-, Quark- oder auch Brandteig. Hier finden Sie die bekannteste und vermutlich beliebteste. Ganz reife, zuckersüße Zwetschgen werden dünn mit Kartoffelteig umhüllt, mit gerösteten Semmelbröseln, Zucker und Zimt angerichtet.

◆ Die Kartoffeln waschen und ungeschält in wenig Wasser mit der Schale weich kochen.
◆ Die Kartoffeln abgießen, kalt abschrecken, pellen und zweimal durch die Kartoffelpresse drücken.
◆ Das Kartoffelpüree in einer Schüs-

sel mit 250 g Kartoffelstärke und 1 Prise Salz locker vermischen, so daß eine bröcklige Masse entsteht.
◆ Die Milch aufkochen lassen, über die Kartoffeln gießen und alles mit den Händen zu einem glatten Teig verkneten, der nicht an den Fingern kleben sollte. Gegebenenfalls noch etwas Kartoffelstärke untermischen.
◆ Die Zwetschgen waschen, abtrocknen und halbieren, dabei aber nicht ganz durchschneiden, und entkernen.
◆ Die Hände mit Kartoffelstärke bestäuben, vom Kartoffelteig jeweils walnußgroße Stücke abnehmen und auf der Handfläche flach drücken.
◆ Eine Zwetschge auf jedes Stück legen, etwas Zucker ins Innere der Frucht streuen und die Zwetschge vollkommen mit dem Teig umhüllen.
◆ Reichlich Salzwasser zum Kochen bringen, die Zwetschgenklöße darin einmal aufkochen und 20 Minuten gar ziehen lassen. Dabei den Deckel nur halb auf den Topf legen.
◆ Die Butter zerlassen und die Semmelbrösel darin goldbraun rösten.

Zutaten für 4 Portionen
1 kg mehligkochende Kartoffeln
300 g Kartoffelstärke
Salz
3/8 l Milch
24 reife Zwetschgen
50 g Zucker
80 g Butter
150 g Semmelbrösel
1/2 TL Zimtpulver
Kartoffelstärke zum Formen

◆ Den restlichen Zucker mit dem Zimt mischen.
◆ Die Klöße mit einem Schaumlöffel herausnehmen, gut abtropfen lassen und auf Teller geben.
◆ Die Semmelbrösel und den Zimtzucker über den Klößen verteilen und diese sofort servieren.

Zubereitung etwa 1 1/4 Stunden
1 Portion = 3494 kJ/ 832 kcal

Hefekloß mit Mohnbutter

Dieses süße Hauptgericht aus Böhmen schmeckt gut mit Apfel- oder Zwetschgenkompott.

◆ Für den Teig das Mehl mit der Hefe und dem Zucker vermischen.
◆ Die Milch lauwarm erhitzen.
◆ Die Zitrone waschen, abtrocknen und die Schale zur Hälfte abreiben.
◆ Milch und Zitronenschale mit den zimmerwarmen Eiern und 1 Prise Salz zum Mehl geben.
◆ Die Mischung mit den Knethaken des Handrührgeräts etwa 5 Minuten durchrühren, bis der Teig Blasen bildet und sich vom Schüsselrand löst.
◆ Den Teig zugedeckt bei Zimmertemperatur etwa 1 Stunde gehen lassen, bis sich sein Volumen ungefähr verdoppelt hat.
◆ Ein Küchentuch in heißes Wasser tauchen, gut auswringen, mit Butter bestreichen und mit Mehl bestäuben.
◆ Den Teig als Kloß auf das Tuch geben und weitere 15 Minuten gehen lassen.

Zutaten für 4 Portionen
Teig
300 g Mehl
1/2 Päckchen Trockenhefe
1 TL Zucker
1/4 l Milch
1 unbehandelte Zitrone
2 zimmerwarme Eier
Salz
Butter und Mehl zum Garen
Sauce
2 EL Butter
50 g Haselnußkerne
2 EL Mohn
1 TL Zimtpulver
2–3 EL weißer oder brauner Zucker

◆ In einem großen Topf reichlich Salzwasser zum Kochen bringen.
◆ Das Küchentuch locker über dem Hefekloß zusammenbinden und einen Kochlöffel durch die verknoteten Tuchenden stecken. Den Kochlöffel so über den Topf legen, daß der Kloß ganz im Wasser hängt.
◆ Den Hefekloß zugedeckt bei mittlerer bis schwacher Hitze etwa 45 Minuten garen.
◆ Für die Sauce die Butter schmelzen lassen.
◆ Die Nüsse hacken und in der geschmolzenen Butter bei mittlerer Hitze rösten.
◆ Mohn, Zimt und Zucker zugeben und bei schwacher Hitze etwa 5 Minuten ziehen lassen.
◆ Den fertigen Hefekloß aus dem Kochwasser nehmen, abtropfen lassen und auf einen Teller geben.
◆ Das Tuch entfernen, den Kloß in Portionen schneiden und auf Tellern verteilen. Dann die Nuß-Mohn-Mischung darüber geben.

Zubereitung etwa 30 Minuten
Ruhezeit etwa 1 1/4 Stunden
Garzeit etwa 45 Minuten
1 Portion = 2503 kJ/ 596 kcal

Dampfnudeln mit Vanillesauce

◆ Für den Teig das Mehl mit der Hefe und dem Zucker vermischen.

◆ Die Milch lauwarm erhitzen und die Butter darin schmelzen lassen.

◆ Die Zitrone waschen, abtrocknen und die Schale abreiben.

◆ Die Milch mit der Butter, das Ei, die Hälfte der Zitronenschale und Salz zum Mehl hinzufügen.

◆ Alles mit den Knethaken des Handrührgeräts 5 Minuten durchrühren, bis der Teig Blasen bildet und sich vom Schüsselrand löst.

◆ Den Teig zugedeckt bei Zimmertemperatur etwa 1 Stunde gehen lassen, bis sich sein Volumen ungefähr verdoppelt hat.

◆ Die Arbeitsfläche und die Hände mit Mehl bestreuen. Dann aus dem Teig 8 Kugeln formen, auf die Arbeitsfläche legen und zugedeckt weitere 30 Minuten gehen lassen.

◆ Zum Garen einen gut schließenden Topf nehmen, in dem die Kugeln so nebeneinander liegen, daß sie sich berühren.

◆ Butter und Zucker im Topf erhitzen, bis die Butter geschmolzen, aber nicht gebräunt ist.

◆ Die Milch zugießen und die Teigkugeln nebeneinander in die Milch legen.

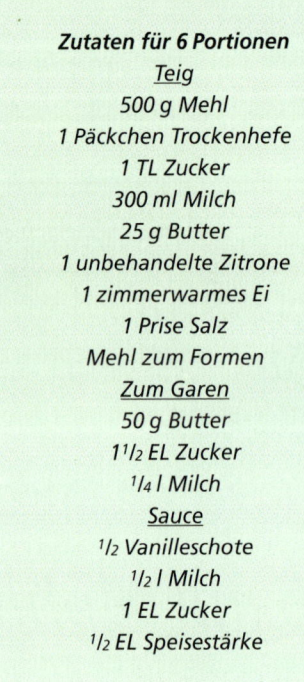

Zutaten für 6 Portionen
Teig
500 g Mehl
1 Päckchen Trockenhefe
1 TL Zucker
300 ml Milch
25 g Butter
1 unbehandelte Zitrone
1 zimmerwarmes Ei
1 Prise Salz
Mehl zum Formen
Zum Garen
50 g Butter
1 1/2 EL Zucker
1/4 l Milch
Sauce
1/2 Vanilleschote
1/2 l Milch
1 EL Zucker
1/2 EL Speisestärke

◆ Den Topf schließen und die Milch bei mittlerer bis starker Hitze langsam zum Sieden bringen.

◆ Die Temperatur zurückschalten und die Dampfnudeln bei schwacher Hitze 30 Minuten fest zugedeckt garen. Während der Garzeit den Deckel nicht abnehmen, sondern ab und zu horchen: Wenn es leise im Topf knistert, ist die Temperatur richtig und genügend Flüssigkeit im Topf. Nur wenn der Topf fest geschlossen ist, gehen die Dampfnudeln hoch auf.

◆ Die Teller vorwärmen.

◆ Für die Sauce das Mark der Vanilleschote auskratzen.

◆ Etwa drei Viertel der Milch mit Zucker und Vanillemark aufkochen.

◆ Die Speisestärke mit der restlichen Milch glattrühren und in die kochende Milch einrühren.

◆ Die Milch unter weiterem Rühren erneut aufkochen lassen, bis die Sauce dickflüssig wird.

◆ Die Sauce mit der Hälfte der übriggebliebenen Zitronenschale würzen und lauwarm abkühlen lassen.

◆ Die fertigen Dampfnudeln mit einer Backschaufel vom Topfboden lösen und so auf den vorgewärmten Tellern anrichten, daß die Karamelschicht, die sich im Topf gebildet hat, nach oben zeigt.

◆ Die kühle Vanillesauce zu den heißen Dampfnudeln servieren.

Zubereitung etwa 1 1/2 Stunden
Ruhezeit etwa 1 1/2 Stunden
1 Portion = 2365 kJ/ 563 kcal

Zuppa romana

Zutaten für 6 Portionen
Teig
4 Eier
4 EL kaltes Wasser
125 g Zucker
je 60 g Mehl und Speisestärke
$^1/_2$ TL Backpulver
Fett für das Backblech
Pergamentpapier, Alufolie
Füllung
1 Vanilleschote
$^1/_2$ l Milch
4 Eier
50 g Zucker
40 g Mehl
1 TL Speisestärke
150 g kandierte Früchte
*$^1/_8$ l Weinbrand oder frisch
gepreßter Orangensaft*
$^1/_2$ l süße Sahne
Eiswürfel

◆ Den Backofen auf 180 °C (Umluft 160 °C, Gas Stufe 2–3) vorheizen.

◆ Ein Backblech zur Hälfte fetten, mit Pergamentpapier auslegen und dieses ebenfalls fetten.

◆ Einen Streifen Alufolie unter das Papier schieben und nach oben biegen, damit eine Kante entsteht und der Teig beim Backen nicht auseinanderfließt.

◆ Die Eier trennen.

◆ Eiweiß und Wasser mit den Quirlen des Handrührgeräts halb steif schlagen.

◆ Den Zucker langsam zugeben und weiterschlagen, bis der Schnee steif, aber elastisch ist.

◆ Die Dotter nacheinander auf niedriger Schaltstufe unterrühren, bis die Mischung gleichmäßig gelb ist.

◆ Das Mehl mit der Speisestärke und dem Backpulver mischen und unter die Eimasse ziehen.

◆ Den Teig auf dem Pergamentpapier glattstreichen, auf die mittlere Schiene des heißen Backofens schieben, 15 Minuten backen und weitere 5 Minuten im abgeschalteten Backofen ruhen lassen. Der fertige Biskuit

soll nicht ganz durchgebacken sein, sondern bei Berührung noch leicht am Finger haftenbleiben.

◆ Den Biskuit auf ein Kuchengitter stürzen und das Pergamentpapier abziehen.

◆ Für die Füllung die Vanilleschote der Länge nach aufschneiden, das Mark mit einer Messerspitze herauskratzen und mit der Schote in die Milch geben.

◆ Die Milch bis knapp unter den Siedepunkt erhitzen und heiß halten.

◆ Die Eier trennen.

◆ Die Dotter mit dem Zucker in einem Kochtopf mischen und mit den Quirlen des Handrührgeräts schaumig schlagen.

◆ Mehl und Speisestärke mischen und kräftig unterrühren.

◆ Die heiße Milch unter ständigem Rühren zugießen.

◆ Den Topf auf die Kochstelle setzen und die Creme unter Rühren einmal aufkochen, bis sie dick ist. Dann die Vanilleschote herausnehmen.

◆ Den Topf in eine Schüssel mit kaltem Wasser und Eiswürfeln stellen und die Creme rühren, bis sie kalt ist.

◆ Die kandierten Früchte in kleine Stücke schneiden.

◆ Den abgekühlten Biskuit in 2 Finger breite Streifen schneiden.

◆ Den Boden einer flachen Form mit Biskuitstreifen auslegen.

◆ Den Biskuit mit Weinbrand oder Orangensaft tränken, mit der Vanillecreme bestreichen und mit kandierten Früchten bestreuen.

◆ Die Form schichtweise so füllen und mit Biskuitstreifen abschließen.

◆ Die Sahne steif schlagen, in einen Spritzbeutel füllen und als dicke Haube auf die Zuppa setzen.

◆ Die Zuppa mit dem Rest der kandierten Früchte verzieren und 3 Stunden kühl stellen.

Zubereitung etwa 1 Stunde
Backzeit 20 Minuten
Kühlzeit 3 Stunden
1 Portion = 3368 kJ/ 802 kcal

Westfälische Götterspeise

Zutaten für 5 Portionen

500 g Sauerkirschen

100 g Zucker

3 Scheiben Pumpernickel

50 g Baisertörtchen (fertig gekauft)

75 g Haselnußkerne

1 unbehandelte Zitrone

250 g Speisequark (20 %)

¼ l süße Sahne

2–3 EL Raspelschokolade

◆ Die Sauerkirschen waschen, entsteinen und mit der Hälfte des Zuckers mischen.

◆ Den Pumpernickel toasten, abkühlen lassen und fein zerkrümeln.

◆ Die Baisertörtchen in kleine Stückchen zerbröseln.

◆ Die Haselnüsse grob hacken.

◆ Die Zitrone waschen, abtrocknen und halbieren. Von der einen Hälfte die Schale abreiben und den Saft auspressen.

◆ Den Quark mit dem restlichen Zucker, dem Zitronensaft und der abgeriebenen Zitronenschale gründlich verrühren.

◆ Die Sahne steif schlagen und unter den Quark ziehen.

◆ Quarkcreme, Sauerkirschen, Pumpernickel, Baiserbrösel und Nüsse schichtweise in eine Schüssel füllen und mit der Raspelschokolade bestreuen.

◆ Die Götterspeise abdecken und im Kühlschrank mindestens 5 Stunden ziehen lassen.

Zubereitung etwa 45 Minuten
Kühlzeit etwa 5 Stunden
1 Portion = 2050 kJ/ 488 kcal

Ungebackene Himbeertorte

Die Himbeertorte wird so ähnlich wie Kalter Hund – eine Kekstorte mit Schokoladencreme – zubereitet; sie ist aber leichter und fruchtiger – gerade richtig als sommerliches Dessert nach einem guten Essen.

Zutaten für 8 Stücke

400 g Himbeeren

2 TL Zitronensaft

4 Blatt weiße Gelatine

80 g Zucker

200 g Sahnejoghurt

40 Löffelbiskuits

³/₈ l süße Sahne

1 EL Vanillezucker

Fett oder Öl für die Form

Pergamentpapier

◆ 8 schöne große Himbeeren zum Garnieren beiseite legen. Die restlichen Früchte verlesen, vorsichtig waschen und abtropfen lassen.

◆ Die Himbeeren in eine Schüssel geben und mit dem Zitronensaft zerdrücken.

◆ Die Gelatine in kaltem Wasser einweichen und nach dem Quellen wieder ausdrücken.

◆ Das Himbeermus mit Zucker und Joghurt verrühren und vorsichtig erhitzen, aber nicht aufkochen. Die Gelatine darin unter Rühren auflösen.

◆ Die Creme anschließend in den Kühlschrank stellen und so fest werden lassen, daß Konturen, die man mit einem Löffel zieht, nur langsam verlaufen.

◆ Eine Kastenform von 30 cm Länge leicht fetten oder ölen und dann mit Pergamentpapier auskleiden; ohne Fett haftet das Papier nicht.

◆ Den Boden der Form mit Löffelbiskuits auslegen.

◆ ¹/₄ l Sahne mit dem Vanillezucker steif schlagen und unter die Himbeercreme ziehen.

◆ Die Hälfte der Creme auf den Löffelbiskuits glattstreichen und wieder mit Biskuits belegen. Darauf die restliche Creme geben und mit den letzten Biskuits abdecken.

◆ Die Torte etwa 12 Stunden im Kühlschrank schnittfest werden lassen, dann vorsichtig auf eine Kuchenplatte stürzen und das Pergamentpapier abziehen.

◆ ¹/₈ l Sahne steif schlagen und in 8 Tupfen auf die Torte spritzen. Mit den zurückbehaltenen Himbeeren dekorieren.

Zubereitung etwa 1 Stunde
Kühlzeit etwa 12 Stunden
1 Stück = 1533 kJ/ 365 kcal

Trifle

Trifle ist ein süßes englisches Obst-dessert, das ans italienische Tutti-frutti erinnert.

◆ Die Milch in einen Topf gießen.

◆ Die Vanilleschote längs aufschnei-den, das Mark herauskratzen und mit der Schote in die Milch geben.

◆ Das Salz in die Milch geben, die Milch aufkochen und heiß halten.

◆ Die Eier trennen; die Eidotter und den Zucker in einem Kochtopf mit den Quirlen des Handrührgeräts zu einer dicken Creme aufschlagen.

◆ Das Mehl auf die Creme sieben und kräftig untermischen.

◆ Die Vanilleschote aus der Milch nehmen und die heiße Milch unter ständigem Rühren zur Creme gießen.

◆ Den Topf auf die Kochstelle setzen und die Creme unter Rühren erhit-zen, bis sie dick wie Pudding ist.

◆ In eine Schüssel mit kaltem Wasser und Eiswürfeln stellen und die Creme unter Rühren abkühlen lassen.

Zutaten für 6 Portionen
$1/2$ l Milch
1 Vanilleschote
1 Prise Salz
4 Eier
100 g Zucker
40 g Mehl
500 g gemischtes Obst
400 ml süße Sahne
6 Löffelbiskuits
2 EL Himbeergelee
100 g Makronen oder Baiser-törtchen (fertig gekauft)
$1/8$ l trockener Sherry oder
heller Fruchtsaft
75 g kandierte Früchte
Eiswürfel

◆ Das Obst vorbereiten und gegebe-nenfalls in mundgerechte Stücke zer-kleinern.

◆ Die Sahne steif schlagen und die Hälfte davon unter die Creme ziehen.

◆ Die Löffelbiskuits zerbröckeln und in eine Schüssel geben.

◆ Das Himbeergelee erwärmen, da-mit es flüssig wird, und über die Bis-kuits träufeln.

◆ Eine Schicht Creme über dem Ge-lee glattstreichen.

◆ Die Makronen oder Baisertört-chen zerbröckeln und auf die Creme streuen, das Gebäck mit Sherry oder Saft tränken und mit Obst belegen.

◆ Auf diese Art Makronen oder Bai-ser, Creme, Sherry oder Saft und Obst in die Schüssel schichten.

◆ Zum Schluß die restliche Sahne als dicke Haube auf das Trifle setzen.

◆ Die kandierten Früchte zerklei-nern und über die Sahne streuen.

◆ Das Trifle 1 Stunde ziehen lassen.

Zubereitung etwa 1 Stunde
Ruhezeit etwa 1 Stunde
1 Portion = 2684 kJ/ 639 kcal

Knusprige Äpfel

Diese Nachspeise stammt aus den USA und heißt dort apple crisp. *Sie wird heiß mit Schlagsahne oder Vanilleeis serviert.*

◆ Die Butter schmelzen und leicht bräunen.
◆ Die Zitrone waschen, abtrocknen und halbieren. Von der einen Hälfte die Schale dünn abreiben und den Saft auspressen.

◆ Das Mehl mit Zucker, Zimt und Zitronenschale mischen. Die flüssige Butter dazu gießen und alles mit einer Gabel zu Streuseln vermischen.
◆ Die Äpfel schälen, vierteln und dabei vom Kerngehäuse befreien; in Schnitze teilen und schuppenförmig in eine flache Gratinform legen.
◆ Die Äpfel mit dem Zitronensaft beträufeln und mit der Crème double bestreichen.

Zutaten für 4 Portionen
100 g Butter
1 unbehandelte Zitrone
175 g Mehl
100 g brauner Zucker
1/2 EL Zimtpulver
4 säuerliche Äpfel
100 g Crème double

◆ Die Streusel auf den Apfelschnitzen verteilen.
◆ Die Form auf die mittlere Schiene des kalten Backofens stellen und das Dessert bei 200 °C (Umluft 180 °C, Gas Stufe 3) etwa 45 Minuten backen.

Zubereitung etwa 30 Minuten
Backzeit etwa 45 Minuten
1 Portion = 2726 kJ/ 649 kcal

Apfelgratin

Dieses Apfelgratin können Sie mit Schlagsahne oder Eis als Dessert essen. Ohne Trockenpflaumen, Korinthen, Zucker und Zimt zubereitet, schmeckt es auch gut als Beilage zu Lammkoteletts, Schweinefilet und gebratenem Geflügel.

◆ Die Äpfel schälen und die Kerngehäuse in der Mitte vorsichtig herausstechen, ohne dabei die Früchte zu zerschneiden.
◆ Die Äpfel auf dem Gurkenhobel in dünne, runde Scheiben hobeln.
◆ Die Zitrone auspressen.
◆ Die Apfelscheiben schuppenförmig in eine ofenfeste Form mit niedrigem Rand legen und den Zitronensaft darüber träufeln.

Zutaten für 4 Portionen
700 g säuerliche Äpfel (Boskoop, Gravensteiner oder Glockenapfel)
1 kleine Zitrone
100 g entsteinte Trockenpflaumen
100 g Haselnußkerne
100 g Korinthen
1/4 l Milch
1/4 l süße Sahne
1 EL Zucker
2 TL Zimtpulver

◆ Die Trockenpflaumen grob zerkleinern.
◆ Die Haselnußkerne fein hacken.

◆ Die Trockenpflaumen und die Haselnüsse mit den Korinthen vermischen und gleichmäßig über den Äpfeln verteilen.
◆ Die Milch und die Sahne verrühren und rundherum am Rand der Form zu dem Gratin gießen.
◆ Zucker und Zimt mischen und über das Gratin streuen.
◆ Das Gratin auf die mittlere Schiene des kalten Backofens schieben und bei 200 °C (Umluft 180 °C, Gas Stufe 3) etwa 30 Minuten backen, bis es oben schön gebräunt und die Flüssigkeit aufgesogen ist.

Zubereitung etwa 30 Minuten
Backzeit etwa 30 Minuten
1 Portion = 2680 kJ/ 638 kcal

Rhabarbergratin

Rhabarber gibt es von Mitte März bis Juni zu kaufen. Außerhalb dieser Saison nehmen Sie Äpfel, Zwetschgen, Beeren, Pfirsiche oder Aprikosen.

◆ Den Backofen auf 220 °C (Umluft 200 °C, Gas Stufe 4) vorheizen.
◆ Den Rhabarber waschen, putzen und die harten Fäden abziehen.
◆ Die Stangen in etwa 0,5 cm dicke Scheiben schneiden.
◆ Die Rhabarberscheiben in eine flache Gratinform geben und mit dem Himbeersirup beträufeln.
◆ Das Baisertörtchen zerbröckeln und über den Rhabarber streuen.
◆ Die Vanilleschote aufschlitzen und das Mark herauskratzen.

Zutaten für 4 Portionen
500 g Rhabarber
4 EL Himbeersirup
1 Baisertörtchen (fertig gekauft)
1 Vanilleschote
1 unbehandelte Zitrone
3 Eier
125 g Puderzucker
3 EL süße Sahne

◆ Die Zitrone waschen, abtrocknen und etwas Schale abreiben.
◆ Die Eier trennen.
◆ Das Eiweiß mit den Quirlen des Handrührgeräts halb steif schlagen. Die Hälfte des Puderzuckers langsam zugeben und schlagen, bis der Eischnee fest und cremig ist.
◆ Nacheinander die Eidotter, Sahne, Vanillemark und Zitronenschale unter den Eischnee ziehen.
◆ Die Eiercreme auf den Rhabarber geben, glattstreichen und mit dem restlichen Puderzucker bestreuen.
◆ Das Gratin auf die mittlere Schiene des heißen Backofens stellen und etwa 20 Minuten garen, bis die Oberfläche goldgelb gebacken ist.

Zubereitung etwa 30 Minuten
Backzeit etwa 20 Minuten
1 Portion = 1138 kJ/ 271 kcal

Aprikosenauflauf

Der lockere Auflauf mit herb-süßen Aprikosen schmeckt heiß als Hauptgericht nach einer Gemüsesuppe; kalt können Sie ihn wie einen Kuchen zu Kaffee oder Tee servieren.

◆ Um die Aprikosen abzuziehen, einen Topf mit Wasser zum Kochen bringen, die Aprikosen mit dem Wasser überbrühen, kurz darin ziehen lassen und kalt abschrecken.

◆ Die Haut der Früchte abziehen und die Aprikosen halbieren und entsteinen.

Zutaten für 4 Portionen
500 g Aprikosen
3 EL Johannisbeergelee
1 TL Zimtpulver
75 g Zucker
2 Eier
60 g weiche Butter
1 unbehandelte Zitrone
1 TL Vanillezucker
100 g Mehl
1 MSP Backpulver
1/8 l Milch

◆ Die Früchte mit der Höhlung nach oben in eine Auflaufform legen und die Höhlungen mit dem Gelee füllen.

◆ Den Zimt mit 2 EL Zucker mischen und über die Aprikosen streuen.

◆ Die Eier trennen und das Eiweiß steif schlagen.

◆ Den restlichen Zucker mit der Butter schaumig rühren.

◆ Die Zitrone waschen, abtrocknen und 1 EL Schale abreiben.

◆ Vanillezucker, Zitronenschale und Eigelb unter die Butter rühren.

◆ Das Mehl mit dem Backpulver vermischen und unter die Butter rühren.

◆ Die Milch und den Eischnee ebenfalls unterziehen.

◆ Den Teig über die Aprikosen geben und glattstreichen.

◆ Den Auflauf auf die untere Schiene des kalten Backofens stellen und bei 180 °C (Umluft 160 °C, Gas Stufe 2–3) etwa 45 Minuten backen.

Zubereitung etwa 30 Minuten
Backzeit etwa 45 Minuten
1 Portion = 1911 kJ/ 455 kcal

Zwetschgenauflauf mit Brot

Zutaten für 6 Portionen
300 g altbackenes Vollkornbrot
1 unbehandelte Zitrone
3/4 l Milch
50 g Zucker
1 TL Zimtpulver
1/2 TL gemahlene Vanille
1 Prise Salz
2 Eier
1 kg reife Zwetschgen
50 g beliebige Nußkerne
1 EL Apfelkraut
50 g weiche Butter

Apfelkraut, mit dem in diesem Rezept die Zwetschgen gesüßt werden, ist eigentlich ein Brotaufstrich aus dick eingekochtem Apfelsaft ohne Zuckerzusatz.

◆ Das Brot in eine Schüssel geben.

◆ Die Zitrone waschen, abtrocknen und etwas Schale abreiben.

◆ Die Milch mit Zucker, Zimt, Vanille, Salz, Zitronenschale und den Eiern verquirlen und über das Brot gießen.

◆ Das Brot einweichen, bis die Zwetschgen vorbereitet sind.

◆ Die Zwetschgen waschen, trockentupfen, halbieren und entsteinen.

◆ Die Nüsse fein hacken.

◆ Die Zwetschgen und die Nüsse mit dem Apfelkraut vermischen.

◆ Eine hohe Auflaufform mit etwas Butter ausstreichen und schichtweise das eingeweichte Brot und die Zwetschgen einfüllen.

◆ Als oberste Schicht Brot über den Zwetschgen verteilen.

◆ Die Milch, die vom Brot nicht aufgesogen worden ist, über den Auflauf gießen.

◆ Die restliche Butter in Flocken teilen und auf die oberste Schicht legen.

◆ Den Auflauf auf die mittlere Schiene des kalten Backofens stellen und bei 180 °C (Umluft 160 °C, Gas Stufe 2–3) etwa 45 Minuten backen, bis er oben schön gebräunt, in der Mitte aber noch saftig ist.

Zubereitung etwa 30 Minuten
Backzeit etwa 45 Minuten
1 Portion = 1919 kJ/ 457 kcal

Süße Kartoffelrollen mit Äpfeln

Die saftigen Rollen aus Kartoffelteig sind ein altes Bauerngericht, das man nicht nur süß, sondern auch herzhaft mit Sauerkraut oder Speck zubereiten kann.

◆ Wenig Wasser in einem Topf zum Kochen bringen.

◆ Die Kartoffeln waschen und mit der Schale in dem Wasser weich kochen.

◆ Die Kartoffeln abgießen, kalt abschrecken, pellen und mit dem Kartoffelstampfer oder einer Gabel ganz fein zerdrücken.

◆ Das Püree abkühlen lassen.

◆ Die Orange waschen, abtrocknen, etwas Schale abreiben und den Saft auspressen.

◆ Die Äpfel schälen, vierteln, vom Kerngehäuse befreien und fein raspeln.

◆ Die Äpfel mit der Orangenschale und dem -saft, Nüssen, Zucker und Lebkuchengewürz vermischen.

◆ Die Kartoffeln mit Salz, Mehl und Ei verkneten. Falls der Teig an den

Zutaten für 4 Portionen
800 g mehligkochende Kartoffeln
1 unbehandelte Orange
600 g säuerliche Äpfel (Cox Orange, Boskoop oder Glockenapfel)
75 g gemahlene Haselnußkerne
50 g Zucker
1 TL Lebkuchengewürz
1 Prise Salz
100 g Mehl
1 Ei
40 g Butter
100 g Crème fraîche
Butter für die Form
Mehl zum Ausrollen

Händen klebt, teelöffelweise Mehl untermischen.

◆ Die Butter schmelzen, aber nicht bräunen.

◆ Ein Küchentuch mit Mehl bestreuen.

◆ Den Teig in vier Stücke teilen und jedes Stück auf dem Tuch messerrückendick zu einem Rechteck von etwa 10 × 20 cm ausrollen.

◆ Jedes Rechteck mit etwas flüssiger Butter und Crème fraîche bestreichen und mit der Apfelfüllung belegen.

◆ Die Stücke mit Hilfe des Tuchs aufrollen und mit einem scharfen Messer in 5 cm dicke Scheiben schneiden.

◆ Eine niedrige Gratinform ausfetten und die Scheiben so hineinsetzen, daß die Füllung nach oben zeigt.

◆ Den Rest der geschmolzenen Butter und der Crème fraîche über die Kartoffelrollen geben.

◆ Die Kartoffelrollen auf die mittlere Schiene des kalten Backofens schieben und bei 200 °C (Umluft 180 °C, Gas Stufe 3) etwa 45 Minuten backen, bis sie oben gebräunt sind.

◆ Am besten heiß und frisch aus dem Ofen servieren.

Zubereitung etwa 1¼ Stunden
Backzeit etwa 45 Minuten
1 Portion = 2843 kJ/ 677 kcal

Reisküchlein mit Mandeln

Zutaten für 4 Portionen
1 unbehandelte Zitrone
200 g Rundkornreis
50 g Zucker
$^1/_2$ l Milch
$^1/_8$ l Wasser
1 Prise Salz
100 g gemahlene Mandeln
1 EL Orangensaft oder Orangenlikör
50 g Mehl
40 g Butterschmalz
Zucker und
Zimt zum Bestreuen

Die Reisküchlein stammen aus einem Kochbuch, das 1474 in Rom erschienen ist. Der Koch hat sich vermutlich von der orientalischen Küche anregen lassen: Die Kreuzfahrer hatten aus dem Morgenland Reis, exotische Gewürze, Mandeln, Zucker und Zitrusfrüchte nach Europa gebracht.

♦ Die Zitrone waschen, abtrocknen und ein Stück Schale abschneiden.
♦ Den Reis mit Zucker, Milch, Wasser, Zitronenschale und Salz aufkochen und zugedeckt bei schwacher Hitze etwa 30 Minuten garen.
♦ Den Reis von der Kochstelle nehmen, abkühlen lassen und die Zitronenschale entfernen.
♦ Mandeln, Orangensaft oder -likör und Mehl unter den Reis mischen.

♦ Den Backofen auf 50 °C vorheizen.
♦ Etwas Butterschmalz in einer Pfanne erhitzen.
♦ Von dem Reisteig mit einem Eßlöffel runde Küchlein abstechen und bei mittlerer bis schwacher Hitze etwa 10 Minuten braten, bis sie sich gut vom Pfannenboden lösen.
♦ Die Küchlein wenden und auf der zweiten Seite weitere 6–8 Minuten braten.
♦ Auf diese Weise 12 Reisküchlein backen und im vorgeheizten Backofen warm halten.
♦ Zucker und Zimt mischen, die Küchlein damit bestreuen und heiß servieren.

Zubereitung etwa 1$^1/_2$ Stunden
1 Portion = 2692 kJ/ 641 kcal

Profiteroles mit Schokoladensauce

Die kleinen Brandteigkrapfen eignen sich zum Einfrieren – aber nur ungefüllt. Nach dem Auftauen kann man sie mit Sahne füllen.

◆ Das Wasser mit der Butter oder Margarine aufkochen, bis das Fett geschmolzen ist.

◆ Das Mehl auf einmal hineinschütten und rühren, bis sich der Teig zu einem Kloß ballt und sich am Boden des Topfes eine weiße Schicht bildet.

◆ Den Kloß in eine Schüssel geben und ein Ei mit den Knethaken des Handrührgeräts einarbeiten.

◆ Den Teig abkühlen lassen und dann das zweite Ei und das Backpulver untermischen.

◆ Ein Backblech einfetten und mit Mehl bestreuen.

◆ Den Teig in einen Spritzbeutel füllen und ungefähr walnußgroße Kugeln auf das Blech spritzen.

◆ Das Blech mit etwas Wasser besprühen und auf die untere Schiene des kalten Backofens schieben.

Zutaten für 4 Portionen
Teig
1/8 l Wasser
30 g Butter oder Margarine
75 g Mehl
2 kleine Eier
1/2 MSP Backpulver
Sauce
100 g Zartbitterschokolade
50 g Vollmilchschokolade
1/8 l süße Sahne
1 TL Instantkaffeepulver
1 TL Butter
Füllung
1/8 l süße Sahne
1/2 EL Vanillezucker
1 TL Sahnefestiger
Fett und Mehl für das Blech

◆ Die Profiteroles bei 200 °C (Umluft 180 °C, Gas Stufe 3) etwa 35 Minuten backen.

◆ Das Gebäck herausnehmen, vom Blech lösen und auf einem Kuchengitter abkühlen lassen.

◆ Für die Sauce die beiden Schokoladensorten in Stücke brechen und in der Sahne erwärmen, bis sie geschmolzen sind.

◆ Die Sauce bei starker Hitze unter Rühren dickflüssig einkochen lassen.

◆ Das Kaffeepulver und die Butter unterrühren und dann die Sauce unter Rühren abkühlen lassen.

◆ Für die Füllung die Sahne mit Vanillezucker und Sahnefestiger steif schlagen.

◆ Die Sahne in einen Spritzbeutel mit spitzer Tülle geben, die Tülle in die Profiteroles stechen und die Schlagsahne hineinspritzen.

◆ Die Profiteroles in Dessertschalen geben, mit der Sauce übergießen und sofort servieren.

Zubereitung etwa 1 Stunde
Backzeit etwa 35 Minuten
1 Portion = 2642 kJ/ 629 kcal

Savarin mit Obst

Zutaten für 8 Portionen
Teig
knapp $\frac{1}{8}$ l Milch
300 g Mehl
20 g Hefe
30 g Zucker
100 g Butter
1 kleine unbehandelte Zitrone
1 TL Vanillezucker
2 Tropfen Bittermandelöl
1 Prise Salz
2 zimmerwarme Eier
Fett und Mehl für die Form
Glasur
1 unbehandelte Orange
100 g Zucker
60 ml Wasser
4 EL Weinbrand
Füllung
100 g weiche Trockenpflaumen
ohne Kerne
4 EL weißer Fruchtsaft
500 g Pfirsiche
150 g Erdbeeren
$\frac{1}{4}$ l süße Sahne
75 g Zucker

◆ Die Milch erhitzen, bis sie knapp lauwarm ist.

◆ Das Mehl in eine Schüssel geben und in die Mitte eine Mulde drücken.

◆ Die Hefe zerbröckeln und in der Mulde mit 2 EL Milch, 1 TL Zucker und etwas Mehl vom Rand verrühren, bis sie sich aufgelöst hat.

◆ Den Vorteig zugedeckt bei Zimmertemperatur etwa 15 Minuten ruhen lassen, bis er sichtbar aufgegangen ist.

◆ Inzwischen die Butter in der restlichen Milch schmelzen.

◆ Die Zitrone waschen, abtrocknen und die Hälfte der Schale abreiben.

◆ Den Vorteig mit dem gesamten Mehl verrühren.

◆ Die Milch-Butter-Mischung, den restlichen Zucker, Vanillezucker, Bittermandelöl, Salz, abgeriebene Zitronenschale und die Eier zugeben.

◆ Alles mit den Knethaken des Handrührgeräts 5 Minuten durchrühren, bis der Teig Blasen wirft und sich vom Schüsselrand löst.

◆ Den Teig zugedeckt bei Zimmertemperatur etwa 45 Minuten gehen lassen, bis sich sein Volumen verdoppelt hat.

◆ Eine Kranzform von etwa 21 cm Ø ausfetten und mit Mehl ausstreuen. Dann den Teig hineingeben und zugedeckt weitere 15 Minuten gehen lassen.

◆ Den Kuchen auf die untere Schiene des kalten Backofens stellen und bei 200 °C (Umluft 180 °C, Gas Stufe 3) etwa 40 Minuten backen.

◆ Inzwischen die Orange waschen und abtrocknen. Etwa die Hälfte der Schale dünn abschneiden und ganz fein hacken; den Saft auspressen.

◆ Die Orangenschale mit Zucker und Wasser in einen Topf geben und die Mischung unter Rühren erhitzen, bis sich der Zucker ganz aufgelöst hat. Dann bei starker Hitze etwa 2 Minuten sprudelnd kochen lassen.

◆ Den Topf von der Kochstelle nehmen und Orangensaft und Weinbrand in den Sirup rühren.

◆ Den Kuchen herausnehmen und in der Form 10 Minuten stehen lassen. Anschließend auf eine Kuchenplatte stürzen und mit einem Zahnstocher rundherum sehr oft einstechen.

◆ Den Sirup teelöffelweise über den Kuchen geben, so daß dieser damit getränkt wird; dann abkühlen lassen.

◆ Für die Füllung die Trockenpflaumen in Stücke schneiden, mit dem Fruchtsaft mischen und ziehen lassen, bis der Savarin kalt ist.

◆ Wasser zum Kochen bringen, die Pfirsiche damit übergießen, kurz ziehen lassen und kalt abschrecken. Die Früchte häuten, halbieren und entsteinen. Dann die Pfirsichhälften in kleine Stücke schneiden.

◆ Die Erdbeeren waschen, abzupfen, grob zerschneiden und in einer Schüssel mit den Pfirsichen und den eingeweichten Pflaumen mischen.

◆ Die Sahne steif schlagen, dabei den Zucker nach und nach zugeben.

◆ Das Obst in die Mitte des Kuchens füllen und Sahnehäubchen darauf setzen. Man kann auch die Sahne zum Obst geben, alles mit einer Gabel locker vermischen und in die Mitte des Kuchens füllen.

Ohne Füllung gefriergeeignet
Zubereitung etwa 1$\frac{1}{2}$ Stunden
Backzeit etwa 40 Minuten
Ruhezeit etwa 1$\frac{1}{2}$ Stunden
1 Portion = 2356 kJ/ 561 kcal

Baba au rhum

Zutaten für 10 Portionen

Teig

1/8 l Milch

300 g Mehl

20 g Hefe, 30 g Zucker

90 g Butter

3 zimmerwarme Eier

1 unbehandelte Zitrone

1 TL Vanillezucker

1 Prise Salz

150 g Rosinen

Fett und Mehl für die Form

Sirup

225 g Zucker

60 ml Wasser

1/8 l Rum

150 g Aprikosenkonfitüre

zum Bestreichen

200 ml süße Sahne

Der französische Kuchen ist ein Klassiker der üppigen Dessertküche.

◆ Die Milch erhitzen, bis sie knapp lauwarm ist.

◆ Das Mehl in eine Schüssel geben und in die Mitte eine Mulde drücken.

◆ Die Hefe zerbröckeln und in der Mulde mit 2 EL Milch, 1 TL Zucker und etwas Mehl vom Rand verrühren, bis sie sich aufgelöst hat.

◆ Den Vorteig zugedeckt bei Zimmertemperatur etwa 15 Minuten ruhen lassen, bis er sichtbar aufgegangen ist.

◆ Inzwischen die Butter in der restlichen Milch schmelzen.

◆ 1 Ei trennen.

◆ Die Zitrone waschen und abtrocknen. Etwas weniger als die Hälfte der Schale abreiben, die andere Hälfte dünn abschneiden. Den Zitronensaft auspressen.

◆ Den Vorteig mit dem gesamten Mehl verrühren.

◆ Die Milch-Butter-Mischung, den restlichen Zucker, Vanillezucker, Salz, abgeriebene Zitronenschale, Eigelb und die restlichen Eier hinzufügen.

◆ Alles mit den Knethaken des Handrührgeräts 5 Minuten durchrühren, bis der Teig Blasen wirft und sich vom Schüsselrand löst.

◆ Den Teig zugedeckt bei Zimmertemperatur etwa 45 Minuten gehen lassen, bis sich sein Volumen ungefähr verdoppelt hat.

◆ Die Rosinen mit den Händen unter den Teig kneten.

◆ Eine Napfkuchenform ausfetten und mit Mehl ausstreuen.

◆ Den Teig in die Form geben und zugedeckt weitere 15 Minuten gehen lassen.

◆ Den Kuchen auf die untere Schiene des kalten Backofens stellen und bei 200 °C (Umluft 180 °C, Gas Stufe 3) etwa 40 Minuten backen.

◆ Inzwischen die abgeschnittene Zitronenschale mit Zucker und Wasser in einen Topf geben und die Mischung unter Rühren erhitzen, bis sich der Zucker ganz aufgelöst hat.

◆ Die Zitronenschale entfernen und den Zuckersirup bei starker Hitze ungefähr 2 Minuten sprudelnd kochen lassen.

◆ Den Topf von der Kochstelle nehmen und den Zitronensaft in den Sirup rühren.

◆ 2 EL Rum mit der Aprikosenkonfitüre vermischen und den restlichen Rum in den Sirup rühren.

◆ Den Kuchen herausnehmen und in der Form 10 Minuten stehen lassen.

◆ Anschließend den Kuchen auf eine Kuchenplatte stürzen und mit einem Zahnstocher rundherum sehr oft einstechen.

◆ Den Rumsirup teelöffelweise über den Kuchen geben, so daß dieser damit getränkt wird.

◆ Den Kuchen mit der Konfitüre bestreichen und abkühlen lassen.

◆ Die Sahne steif schlagen und zum fertigen Baba au rhum servieren.

Zubereitung etwa 1 Stunde
Backzeit etwa 40 Minuten
Ruhezeit etwa 1½ Stunden
1 Portion = 2117 kJ/ 504 kcal

Stachelbeercreme

Zutaten für 4 Portionen
500 g Stachelbeeren
2 EL Wasser
150 g Zucker
1 unbehandelte Zitrone
1/2 l süße Sahne
1 EL Vanillezucker
1 Baisertörtchen

Bereiten Sie die Creme vor dem Hauptgericht zu, da sie 2 Stunden kalt gestellt werden muß.

◆ Die Stachelbeeren waschen, mit Wasser und Zucker aufkochen und zugedeckt bei schwacher Hitze etwa 15 Minuten sehr weich kochen.
◆ Die Beeren durch ein Sieb streichen und abkühlen lassen.
◆ Die Zitrone waschen, abtrocknen und 1/4 TL Schale abreiben.
◆ Die Sahne mit dem Vanillezucker steif schlagen und mit der Zitronenschale mischen.
◆ Das Stachelbeerpüree zur Sahne geben und locker unterziehen.
◆ Die Creme zudecken und mindestens 2 Stunden kühl stellen.
◆ Die Creme in hohe Dessertgläser füllen, das Baisertörtchen zerkrümeln und darüber streuen.

Zubereitung etwa 45 Minuten
Kühlzeit etwa 2 Stunden
1 Portion = 2680 kJ/ 638 kcal

Feigencreme

Wenn überraschend Besuch kommt, ist dieses schnelle, einfache Rezept, für das Sie auch Pflaumen oder Pfirsiche nehmen können, genau richtig.

◆ Die Feigen abtropfen lassen.
◆ Die Zitrone auspressen.
◆ Die Feigen mit Zitronensaft und Aprikosenkonfitüre pürieren.
◆ Die Sahne steif schlagen und unter das Püree ziehen.

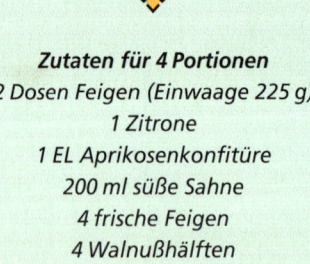

Zutaten für 4 Portionen
2 Dosen Feigen (Einwaage 225 g)
1 Zitrone
1 EL Aprikosenkonfitüre
200 ml süße Sahne
4 frische Feigen
4 Walnußhälften

◆ Die Feigencreme zudecken und etwa 1 Stunde ins Tiefkühlfach stellen, bis sie leicht gefroren ist.
◆ Die frischen Feigen waschen, abtupfen, in Schnitze teilen und mit den Nußhälften auf der Creme anrichten.

Zubereitung etwa 30 Minuten
Kühlzeit etwa 1 Stunde
1 Portion = 1289 kJ/ 307 kcal

Aprikosencreme mit Beeren

Das schnelle Dessert kann man vielfältig variieren: Die Creme schmeckt auch mit Joghurt oder Sahnequark zubereitet und mit Pfirsich-, Mango- oder Nektarinenschnitzen garniert.

◆ Die Aprikosen waschen, halbieren und entsteinen.

◆ Das Obst mit dem Saft in einem Topf aufkochen und zugedeckt bei schwacher Hitze etwa 10 Minuten kochen lassen.

◆ Dann die Aprikosenschalen, die sich abgelöst haben, entfernen und die Früchte abkühlen lassen.

◆ Die Beeren vorsichtig waschen und abzupfen. Große Erdbeeren halbieren oder vierteln.

◆ Die Aprikosen mit der Dickmilch und dem Honig im Mixer pürieren.

◆ Die Sahne steif schlagen und locker mit dem Aprikosenpüree und den Beeren vermischen.

◆ Die Aprikosencreme in Portionsschälchen anrichten und vor dem Servieren mit Raspelschokolade bestreuen.

Zubereitung etwa 45 Minuten
1 Portion = 1100 kJ/ 262 kcal

Zutaten für 4 Portionen
400 g reife Aprikosen
2 EL Traubensaft
300 g Erdbeeren, Brombeeren
oder Himbeeren
150 g Dickmilch
2 EL Honig
150 ml süße Sahne
2 EL Raspelschokolade

Bananencreme mit Kiwis

Diese Vanillecreme, verfeinert mit Bananenpüree und Schlagsahne, können Sie gut vorbereiten und in den Kühlschrank stellen. Unmittelbar vor dem Servieren garniert man sie mit Kiwischeibchen.

◆ Die Milch mit dem Vanillezucker in einem Topf bis knapp unter den Siedepunkt erhitzen und heiß halten.
◆ Die Eier und den Honig mit dem Handrührgerät in einem zweiten Topf zu einer dicken Creme schlagen.
◆ Das Mehl unter diese Eiercreme rühren und dann die Milch unter ständigem Rühren dazugießen.
◆ Den Topf auf den Herd setzen und die Creme unter Rühren aufkochen, bis sie dick wie Pudding ist.

◆ Den Topf in eine Schüssel mit kaltem Wasser und dem Eis stellen und die Creme rühren, bis sie kalt ist.

Zutaten für 4 Portionen

$1/4$ l Milch
2 TL Vanillezucker
2 Eier
2 TL Honig
50 g Mehl
Eiswürfel
1 unbehandelte Orange
200 ml süße Sahne
3 reife Bananen
4 Kiwis

◆ Die Orange waschen und abtrocknen. Die Schale zu etwa einem Drittel dünn abreiben und den Saft auspressen.
◆ Die Sahne steif schlagen.
◆ Die Bananen schälen und zerdrücken.
◆ Orangensaft und -schale, Bananen und Sahne unter die Creme ziehen.
◆ Die Bananencreme auf Dessertschälchen verteilen und etwa 1 Stunde kühl stellen.
◆ Vor dem Servieren die Kiwis schälen, in Scheiben schneiden und auf der Creme anrichten.

Zubereitung etwa 45 Minuten
Kühlzeit etwa 1 Stunde
1 Portion = 1802 kJ/ 429 kcal

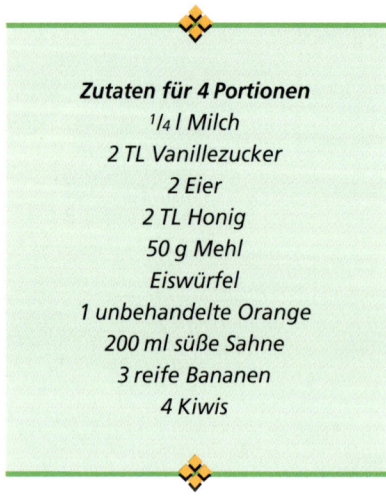

Gebrannte Creme

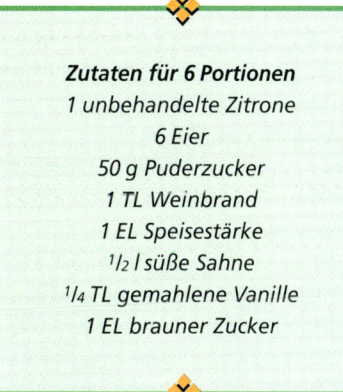

Zutaten für 6 Portionen

1 unbehandelte Zitrone

6 Eier

50 g Puderzucker

1 TL Weinbrand

1 EL Speisestärke

$1/2$ l süße Sahne

$1/4$ TL gemahlene Vanille

1 EL brauner Zucker

Gebrannte Creme ist ein traditionsreiches Dessert – international bekannt und beliebt vermutlich schon seit dem 17. Jh. Für die Zubereitung dieses Desserts benötigen Sie einen Backofengrill.

◆ Die Zitrone gründlich waschen, abtrocknen und die Schale zu einem Viertel abreiben.

◆ Die Eier trennen.

◆ Das Eigelb mit der Hälfte des Puderzuckers, Zitronenschale, Weinbrand und Speisestärke mit den Quirlen des Handrührgeräts zu einer schaumigen, dicken Creme aufschlagen.

◆ In einem Topf die Sahne mit der Vanille bis knapp unter den Siedepunkt erhitzen, den Topf von der Kochstelle nehmen und die Eiercreme unter die Sahne rühren.

◆ Den Topf wieder auf die Kochstelle setzen und die Creme langsam unter Rühren erhitzen, bis sie dick ist.

◆ Creme in 6 kleine, ofenfeste Förmchen füllen und 4 Stunden kühlen.

◆ Den Backofengrill auf höchster Schaltstufe vorheizen.

◆ Den restlichen Puderzucker mit dem braunen Zucker mischen und die Creme damit bestreuen.

◆ Die Förmchen unter den heißen Grill schieben und einige Sekunden backen, bis der Zucker geschmolzen und goldgelb ist.

◆ Das Dessert aus dem Ofen nehmen, abkühlen lassen, bis der Zucker wieder fest ist, und servieren.

Zubereitung etwa 30 Minuten
Kühlzeit 4 Stunden
1 Portion = 1705 kJ/ 406 kcal

Zabaione mit Himbeeren

◆ Die Himbeeren verlesen, vorsichtig waschen, gut abtropfen lassen und auf Portionsteller verteilen.

◆ Die Früchte mit etwa zwei Dritteln des Zuckers bestreuen und mit dem Cassis beträufeln.

◆ Die Eier trennen; das Eigelb mit dem Orangensaft und dem restlichen Drittel des Zuckers in einer feuerfesten Schüssel verrühren.

◆ Wasser in einem Topf erhitzen und die Schüssel mit dem Eigelb hineinstellen.

◆ Alles im Wasserbad mit den Quirlen des Handrührgeräts oder einem Schneebesen zu einer dicken Creme aufschlagen.

◆ Die Creme über die Beeren verteilen und sofort servieren.

Zubereitung etwa 20 Minuten
1 Portion = 701 kJ/ 167 kcal

Zutaten für 4 Portionen

400 g Himbeeren

75 g Puderzucker

2 EL Cassis (Johannisbeerlikör)

2 Eier

6 EL Orangensaft

CREMES

...nge nach ... mit einer ... und mit ...en.

...d auf der abgeschalteten Kochstelle 20 Minuten ziehen lassen. Danach die Vanilleschote entfernen.

◆ Die Gelatine in kaltem Wasser 5 Minuten einweichen.

◆ Die Eier trennen und die Dotter mit dem Puderzucker zu einer dicken Creme aufschlagen.

◆ Die Zitrone waschen und abtrocknen. Ein Viertel der Schale abreiben.

◆ Die heiße Milch, den Orangenlikör oder -saft und die Zitronenschale unter ständigem Rühren zur Eiercreme geben.

◆ Die Gelatine ausdrücken, zur Creme geben und rühren, bis sie sich aufgelöst hat.

Zutaten für 6 Portionen
1 Vanilleschote
1/2 l Milch
8 Blatt weiße Gelatine
2 Eier
50 g Puderzucker
1 unbehandelte Zitrone
2 EL Orangenlikör
oder Orangensaft
400 ml süße Sahne
3 Pfirsiche
2 EL Johannisbeergelee
Raspelschokolade zum Bestreuen

◆ Die Creme 30–40 Minuten kühl stellen, bis sie halb fest ist.

◆ Die Sahne steif schlagen und unter die Creme ziehen.

◆ 6 Portionsförmchen mit kaltem Wasser ausspülen. Die Creme hineinfüllen und 5 Stunden kühl stellen, bis sie sich stürzen läßt.

◆ Wasser erhitzen.

◆ Die Creme mit einer Messerspitze rundherum vom oberen Rand der Förmchen lösen.

◆ Die Förmchen einige Sekunden in das heiße Wasser tauchen und dann die Creme auf Teller stürzen.

◆ Die Pfirsiche häuten, halbieren, entsteinen, in Schnitze teilen und die Creme damit umlegen.

◆ Das Johannisbeergelee erwärmen, bis es flüssig ist, und über die Pfirsiche träufeln. Die Creme mit der Raspelschokolade bestreuen.

Zubereitung etwa 1 Stunde
Kühlzeit etwa 5 1/2 Stunden
1 Portion = 1722 kJ/ 410 kcal

Blancmanger

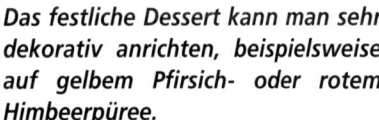

Das festliche Dessert kann man sehr dekorativ anrichten, beispielsweise auf gelbem Pfirsich- oder rotem Himbeerpüree.

◆ Die Mandeln mit der Milch im Mixer fein pürieren.

◆ Die Mandelmilch in einem Topf unter Rühren bis knapp unter den Siedepunkt erhitzen und auf der abgeschalteten Kochstelle 30 Minuten ziehen lassen.

◆ Die Gelatine in kaltem Wasser einweichen und ausdrücken, dann mit 50 g Puderzucker, Vanillearoma und Mandellikör oder Orangensaft in die heiße Mandelmilch geben und unter Rühren auflösen.

◆ Die Milchmischung in den Kühlschrank stellen und etwa 1 Stunde

Zutaten für 8 Portionen
200 g abgezogene Mandeln
1/2 l Milch
8 Blatt weiße Gelatine
75 g Puderzucker
1–2 Tropfen Vanillearoma
2 EL Mandellikör
oder Orangensaft
400 ml süße Sahne
Zitronenmelisse, Mandelblättchen
oder Raspelschokolade zum
Garnieren nach Belieben

abkühlen lassen, bis sie so fest wie geschlagener Joghurt ist.

◆ Die Sahne mit dem restlichen Puderzucker steif schlagen und mit einem Schneebesen unter die Creme rühren.

◆ 8 Portionsförmchen mit kaltem Wasser ausspülen. Die Creme hineinfüllen und mindestens 5 Stunden kühl stellen, bis sie sich stürzen läßt.

◆ Wasser erhitzen.

◆ Das Blancmanger am Rand der Förmchen mit einer Messerspitze rundherum lösen. Die Förmchen kurz in das heiße Wasser tauchen und die Creme auf Teller stürzen.

◆ Die Creme nach Belieben mit Zitronenmelisse, Mandelblättchen oder Raspelschokolade garnieren.

Zubereitung etwa 1 Stunde
Kühlzeit etwa 6 Stunden
1 Portion = 1714 kJ/ 408 kcal

Nußflans mit Himbeersauce

◆ Die Haselnüsse ohne Fett in eine Pfanne geben und bei schwacher Hitze unter ständigem Rühren rösten, bis sie intensiv duften.
◆ Die Nüsse etwas abkühlen lassen, in ein Küchentuch wickeln und die Nußschalen abreiben.
◆ Die Nüsse mit etwa drei Viertel der Milch pürieren.
◆ Die Nußmilch in einen Kochtopf geben und 30 Minuten ziehen lassen.
◆ Die Zitrone waschen und abtrocknen; die Schale abreiben.
◆ Das Agar-Agar in der restlichen Milch glattrühren und zur Nußmilch geben.
◆ Die Mischung unter Rühren aufkochen und bei schwacher Hitze 2 Minuten kochen lassen.
◆ Den Topf von der Kochstelle nehmen und Mandellikör oder Orangensaft, Zucker und Zitronenschale unter das Nußmus mischen.

Zutaten für 8 Portionen
200 g Haselnußkerne
$1/2$ l Milch
1 unbehandelte Zitrone
2 TL Agar-Agar (etwa 8 g)
2 EL Mandellikör
oder Orangensaft
50 g Zucker
400 ml süße Sahne
500 g Himbeeren
1 EL ungesüßter Sanddornsirup
1 TL Honig
Minzeblättchen und Puderzucker zum Garnieren

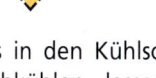

◆ Das Nußmus in den Kühlschrank stellen und abkühlen lassen, bis es lauwarm und etwa so fest wie Quark ist.

◆ Die Sahne steif schlagen und unterziehen.
◆ 8 Portionsförmchen mit kaltem Wasser ausspülen und das Nußmus darin glattstreichen.
◆ Zugedeckt etwa 5 Stunden kühlen, bis sich die Flans stürzen lassen.
◆ Die Himbeeren verlesen und mit dem Sanddornsirup und dem Honig pürieren.
◆ Wasser erhitzen.
◆ Die Förmchen kurz in das heiße Wasser tauchen.
◆ Die Flans auf Teller stürzen und mit der Himbeersauce umgießen.
◆ Minzeblättchen waschen und trockentupfen. Das Dessert damit garnieren und hauchdünn mit Puderzucker bestreuen.

Zubereitung etwa 1¼ Stunden
Kühlzeit etwa 5½ Stunden
1 Portion = 1840 kJ/ 438 kcal

Karamelcreme

Zutaten für 6 Portionen
1 Vanilleschote
³/₄ l Milch
180 g Zucker
2 EL Wasser
9 Eier
1 Prise Salz

◆ Die Vanilleschote der Länge nach aufschneiden. Das Mark mit einer Messerspitze herauskratzen und mit der Schote in die Milch geben.

◆ Die Milch einmal aufkochen und auf der abgeschalteten Kochstelle 30 Minuten ziehen lassen. Danach die Vanilleschote herausnehmen.

◆ Den Backofen auf 150°C (Umluft 130°C, Gas Stufe 1–2) vorheizen.

◆ Für den Karamel etwa ein Viertel des Zuckers mit dem Wasser in einer Pfanne verrühren, bei starker Hitze schmelzen und hellbraun werden lassen. Beim Bräunen nicht mehr rühren, sondern die Pfanne nur leicht schwenken, damit der Zucker gleichmäßig braun wird.

◆ 6 ofenfeste Förmchen von etwa 200 ml Inhalt mit dem Karamel ausgießen.

◆ 5 Eier trennen. Die Eidotter, die restlichen 4 Eier, den restlichen Zucker und das Salz mit den Quirlen des Handrührgeräts schlagen, bis die Creme gleichmäßig gelb ist.

◆ Die warme Vanillemilch langsam zur Eiercreme gießen und damit verquirlen.

◆ Die Eiercreme durch ein feines Sieb in die Förmchen laufen lassen.

◆ In einem großen, flachen Topf so viel Wasser erhitzen, daß die Förmchen zu etwa zwei Drittel ihrer Höhe darin stehen können.

◆ Den Topf mit dem heißen Wasser auf die mittlere Schiene des Backofens schieben.

◆ Die gefüllten Förmchen in den Topf stellen.

◆ Die Karamelcreme 70–80 Minuten garen. Bei Bedarf in das Wasserbad etwas kochendes Wasser nachgießen, damit die Förmchen immer in der richtigen Höhe darin stehen.

◆ Für die Garprobe mit einem Holzstäbchen in die Mitte eines Desserts stechen. Es ist gar, wenn beim Herausziehen des Stäbchens keine Creme daran haftenbleibt.

◆ Die Förmchen aus dem Topf nehmen. Die Creme in den Förmchen kurz abkühlen und 12 Stunden im Kühlschrank erkalten lassen.

◆ Zum Servieren die Creme mit einem kleinen spitzen Messer vom Rand der Förmchen lösen und auf tiefe Teller stürzen.

Zubereitung etwa 40 Minuten
Garzeit etwa 1 Stunde 20 Minuten
Kühlzeit etwa 12 Stunden
1 Portion = 1289 kJ/ 307 kcal

Teecreme

Wer die Teecreme besonders kräftig mag, nimmt Assamtee. Milder schmeckt sie mit Darjeelingtee.

◆ Das Wasser zum Kochen bringen.
◆ Den Tee mit dem kochenden Wasser aufgießen und zugedeckt 3 Minuten ziehen lassen.
◆ Den Tee in einen Topf abgießen und die Milch dazugeben.
◆ Die Vanilleschote längs aufschneiden. Das Mark einer Hälfte herauskratzen und mit dem Salz in die Teemilch geben.
◆ Die Teemilch bis knapp unter den Siedepunkt erhitzen und heiß halten.
◆ Die Eier trennen und die Dotter mit dem Zuckerrohrgranulat in einem anderen Topf sehr schaumig schlagen.
◆ Das Mehl mit der Speisestärke mischen und unterrühren.

Zutaten für 4 Portionen
$1/8$ l Wasser
3 EL schwarzer Tee
$1/4$ l Milch
1 Vanilleschote
1 Prise Salz
4 Eier
60 g Zuckerrohrgranulat
30 g Mehl
1 TL Speisestärke
1 unbehandelte Orange
1 EL Orangenlikör oder -saft
Eiswürfel
125 ml süße Sahne

◆ Die Orange waschen, abtrocknen und $1/4$ TL Schale abreiben.
◆ Den Topf mit der Eiercreme auf die Kochstelle setzen und die Teemilch unter ständigem Rühren mit dem Schneebesen zugießen.
◆ Die Creme einmal aufkochen lassen und dabei ständig mit einem Kochlöffel rühren.
◆ Den Orangenlikör oder -saft und die Orangenschale zugeben.
◆ Eine Schüssel mit kaltem Wasser und Eiswürfeln füllen und den Topf hineinstellen.
◆ Die Creme so lange rühren, bis sie kalt ist.
◆ Das Eiweiß und die Sahne getrennt steif schlagen und unter die Teecreme ziehen.
◆ Die Creme vor dem Servieren etwa 2 Stunden kühl stellen.

Zubereitung etwa 40 Minuten
Kühlzeit etwa 2 Stunden
1 Portion = 1407 kJ/ 335 kcal

Tiramisu

Für die beliebte italienische Nachspeise brauchen Sie Zutaten von bester Qualität: legefrische Eier vom Bauern oder aus dem Naturkostladen sowie Mascarpone und Löffelbiskuits aus dem Feinkostgeschäft.

◆ Das Wasser erhitzen und über das Espressopulver gießen; umrühren und den Espresso abkühlen lassen.
◆ Wasser in einen Topf füllen und ein warmes Wasserbad vorbereiten.
◆ Die Eier trennen und die Dotter im Wasserbad mit den Quirlen des Handrührgeräts sehr schaumig schlagen.
◆ Den Zucker langsam zugeben und weiterschlagen, bis die Creme dickflüssig und weißlich ist.
◆ Den Mascarpone eßlöffelweise

Zutaten für 8 Portionen
3/8 l Wasser
3 gehäufte TL Instant-
espressopulver
4 Eier
100 g Zucker
500 g Mascarpone
35 große Löffelbiskuits
Kakaopulver zum Bestreuen

untermischen und so lange rühren, bis die Mascarponemischung dickflüssig und cremig ist.
◆ Etwa 16 Löffelbiskuits nebeneinander in eine flache Form legen.
◆ Die Hälfte des Espressos mit einem

Eßlöffel über die Biskuits gießen, damit sie sich vollsaugen.
◆ Die Hälfte der Mascarponecreme auf den Biskuits glattstreichen und mit den restlichen Biskuits belegen.
◆ Die Biskuits mit der anderen Hälfte des Espressos tränken.
◆ Die restliche Creme auf den Biskuits glattstreichen und mit einer dünnen Schicht Kakaopulver bestreuen.
◆ Das Tiramisu in den Kühlschrank stellen und 4 Stunden durchziehen lassen.
◆ Unmittelbar vor dem Servieren dick mit Kakaopulver bestreuen.

Zubereitung etwa 40 Minuten
Kühlzeit 4 Stunden
1 Portion = 1777 kJ/ 423 kcal

Überbackene Weincreme

Das ist ein Dessert voller Tradition – früher gehörte es zu den üppigen Süßspeisen für große Familienfeste. Wenn Kinder mitessen, nehmen Sie statt Wein lieber weißen Fruchtsaft.

◆ Für den Biskuitteig die Eier trennen. Das Eiweiß und das Wasser mit den Quirlen des Handrührgeräts halb steif schlagen.

◆ Den Zucker zugeben und weiterschlagen, bis der Eischnee steif, aber noch elastisch ist.

◆ Die Eidotter nacheinander auf niedriger Schaltstufe unterrühren, bis die Masse gleichmäßig gelb ist.

◆ Das Mehl mit dem Backpulver mischen und unterziehen.

◆ Pergamentpapier fetten und eine Springform von 26 cm Ø damit auslegen. Den Teig darin glattstreichen.

◆ Den Biskuit auf die untere Schiene des kalten Backofens schieben und bei 180°C (Umluft 160°C, Gas Stufe 2–3) in etwa 20 Minuten hellgelb backen.

◆ Den Biskuit herausnehmen, 10 Mi-

Zutaten für 6 Portionen
Teig
2 Eier
2 EL kaltes Wasser
25 g Zucker
50 g Mehl, 1/4 TL Backpulver
Fett für die Form
Pergamentpapier
Creme
1 unbehandelte Zitrone
3 Eier
1 TL Vanillezucker
1/8 l lieblicher Weißwein
1/2 EL Puderzucker

nuten ruhen lassen, aus der Form lösen und auf einem Kuchengitter abkühlen lassen.

◆ Den Backofen auf 150°C (Umluft 130°C, Gas Stufe 1–2) vorheizen.

◆ Wasser in einen Topf füllen und ein heißes Wasserbad vorbereiten.

◆ Die Zitrone waschen und abtrock-

nen; die Hälfte der Schale abreiben und den Saft der halben Zitrone auspressen.

◆ Die Eier trennen und die Dotter mit Vanillezucker, Zitronensaft und Wein in einer Schüssel über dem heißen Wasserbad zu einer schaumigen Creme aufschlagen.

◆ Das Eiweiß mit der Zitronenschale und dem Puderzucker steif schlagen.

◆ Den Biskuit waagrecht halbieren und die Hälften in etwa 5 cm breite Streifen schneiden.

◆ Eine ofenfeste Form abwechselnd mit der Weincreme und den Biskuitstreifen auslegen. Mit Biskuit abschließen und den Eischnee darüber glattstreichen.

◆ Die Weincreme auf die mittlere Schiene des heißen Backofens schieben und etwa 20 Minuten backen, bis der Eischnee leicht gebräunt ist.

◆ Die Creme heiß servieren.

Zubereitung etwa 50 Minuten
Backzeit etwa 40 Minuten
1 Portion = 693 kJ/ 165 kcal

Mousse au chocolat

Zutaten für 6 Portionen
200 g Zartbitter-
schokolade
2 EL Orangenlikör oder -saft
1 TL Instantkaffeepulver
3 Eier
250 ml süße Sahne

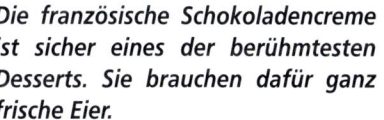

Die französische Schokoladencreme ist sicher eines der berühmtesten Desserts. Sie brauchen dafür ganz frische Eier.

◆ Die Schokolade in Stücke brechen und mit dem Orangenlikör oder -saft und dem Kaffeepulver in eine Schüssel geben.

◆ Wasser in einen Topf füllen und ein warmes Wasserbad vorbereiten.

◆ Die Schokolade im Wasserbad schmelzen lassen und warm, aber nicht heiß halten.

◆ Die Eier trennen. Das Eiweiß und

die Sahne getrennt steif schlagen und in den Kühlschrank stellen.

◆ Die Dotter mit den Quirlen des Handrührgeräts rühren, bis eine hellgelbe Creme entsteht.

◆ Die warme Schokolade eßlöffelweise unterrühren.

◆ Den Eischnee und die Sahne mit dem Schneebesen unterziehen.

◆ Die Mousse au chocolat vor dem Servieren 2 Stunden kühl stellen.

Zubereitung etwa 15 Minuten
Kühlzeit 2 Stunden
1 Portion = 1579 kJ/ 376 kcal

Carobcreme

Carob ist ein Pulver aus den Früchten des Johannisbrotbaums. Man kann es in Reformhäusern kaufen.

Zutaten für 4 Portionen
$3/8$ l Milch
$1/2$ TL gemahlene Naturvanille
1 Prise Salz
3 Eier
60 g Zuckerrohrgranulat
30 g Weizenvollkornmehl
einige Eiswürfel
30 g Carobpulver
1 TL Kakaopulver
125 g Magerjoghurt
50 ml süße Sahne
500 g Pfirsiche
2 EL ungesalzene Pistazienkerne
1 Carobtafel

◆ Die Milch mit der Vanille und dem Salz erhitzen.

◆ Die Eier trennen. Die Eidotter mit dem Zuckerrohrgranulat in einem Kochtopf sehr schaumig schlagen.

◆ Das Mehl daruntermischen.

◆ Die Vanillemilch unter ständigem Weiterschlagen langsam zu der Eiercreme gießen. Die Eiercreme unter Rühren einmal aufkochen lassen, damit die Masse dickflüssig wird.

◆ Den Topf in kaltes Wasser mit einigen Eiswürfeln stellen und die Creme so lange rühren, bis sie kalt ist.

◆ Das Carobpulver, den Kakao und den Joghurt daruntermischen.

◆ Das Eiweiß und die Sahne getrennt steif schlagen und nacheinander unter die Creme ziehen.

◆ Wasser zum Kochen bringen. Die Pfirsiche damit übergießen und kurz ziehen lassen; die Pfirsiche abgießen, kalt abschrecken und häuten.

◆ Die Früchte halbieren und in Schnitze teilen; die Steine dabei entfernen.

◆ Die Carobcreme und die Pfirsichschnitze schichtweise in Dessertschälchen geben.

◆ Die Pistazienkerne hacken. Von der Carobtafel 1 EL Carob abreiben.

◆ Die Creme mit Pistazienkernen und Carob bestreuen und servieren.

Zubereitung etwa 1 Stunde
1 Portion = 1504 kJ/ 358 kcal

Schokoladenpudding

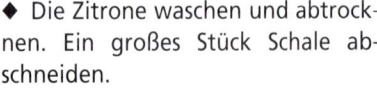

◆ Die Zitrone waschen und abtrocknen. Ein großes Stück Schale abschneiden.

◆ Die Schokolade in Stücke brechen und mit dem Kokosnußfleisch, dem Zwieback und der Zitronenschale im Blitzhacker ganz fein zerkleinern.

◆ Die Eier trennen. Die Dotter mit etwa zwei Dritteln des Zuckers, mit der Butter, dem Vanillezucker und dem Salz schaumig rühren.

◆ Das Eiweiß halb steif schlagen. Den restlichen Zucker zugeben und den Eischnee ganz aufschlagen, bis er steif, aber noch cremig ist.

◆ Den Eischnee auf die Eiercreme geben, die Schokoladenmischung darauf streuen und alles verrühren.

◆ Eine verschließbare Puddingform von etwa 1,5 l Fassungsvermögen fetten und dünn mit Semmelbröseln ausstreuen.

Zutaten für 4 Portionen
1 unbehandelte Zitrone
150 g Zartbitterschokolade
100 g Kokosnußfleisch
2 Scheiben Zwieback
6 Eier
80 g Zucker
80 g weiche Butter
1 TL Vanillezucker
1 Prise Salz
Butter und Semmelbrösel
für die Form

◆ Die Form mit der Creme füllen und schließen.

◆ In einem Topf so viel Wasser zum Kochen bringen, daß die Puddingform zu etwa zwei Drittel ihrer Höhe darin stehen kann. Die Form in den Topf stellen und den Topf schließen.

◆ Den Pudding bei schwacher Hitze etwa $1^{1}/2$ Stunden garen.

◆ Für die Garprobe mit einem Holzstäbchen in die Mitte des Puddings stechen. Wenn nur ein paar Krümel, aber keine feuchten Teigreste daran haftenbleiben, ist der Pudding gar.

◆ Die Form aus dem Topf nehmen und den Pudding 10 Minuten in der Form ruhen lassen.

◆ Den Deckel abnehmen und den oberen Rand des Puddings mit einer Messerspitze ablösen.

◆ Ein Küchentuch anfeuchten und einige Sekunden um die Form legen. Den Pudding auf eine Platte stürzen.

Zubereitung etwa 45 Minuten
Garzeit etwa $1^{1}/2$ Stunden
1 Portion = 3091 kJ/ 736 kcal

Mokkapudding mit Kirschkompott

Außerhalb der kurzen Erntezeit von Sauerkirschen können Sie Kirschen und Saft aus dem Glas nehmen.

◆ Die Schokolade ganz fein hacken.
◆ Die Eier trennen.
◆ Die Butter oder die Margarine mit der Hälfte des Zuckers schaumig rühren.
◆ Die Schokolade und die Eidotter nacheinander unterrühren.
◆ Das Eiweiß steif schlagen; dabei den restlichen Zucker zugeben.
◆ Den Eischnee auf die Schokoladenmasse geben, die Mandeln darüber streuen und alles mischen.
◆ 4 ofenfeste Förmchen fetten und mit Zucker ausstreuen. Die Masse hineinfüllen.
◆ Wasser zum Kochen bringen.
◆ Die Förmchen in die Fettpfanne des Backofens stellen und auf die mittlere Schiene des Ofens schieben.

◆ So viel siedendheißes Wasser in die Fettpfanne gießen, daß sie fast gefüllt ist.
◆ Den Backofen auf 180°C (Umluft 160°C, Gas Stufe 2–3) schalten und den Pudding 50 Minuten garen.
◆ Inzwischen die Sauerkirschen waschen, abzupfen und entsteinen.
◆ Den roten Fruchtsaft mit der Zimtstange, den Gewürznelken und dem Lebkuchengewürz 5 Minuten kochen.
◆ Die Zimtstange entfernen; die Sauerkirschen und den Honig zugeben und 5 Minuten ziehen lassen.
◆ Den Mokkapudding mit einem spitzen Messer vom Rand der Förmchen lösen und auf Teller stürzen.
◆ Das Kompott daneben anrichten.

Zubereitung etwa 40 Minuten
Garzeit 50 Minuten
1 Portion = 2818 kJ/ 671 kcal

Zutaten für 4 Portionen
Pudding
75 g Mokkaschokolade
5 Eier
75 g weiche Butter
oder Margarine
60 g Zucker
75 g gemahlene Mandeln
Fett und Zucker für die Förmchen
Kompott
500 g Sauerkirschen
¹/₈ l roter Fruchtsaft
1 Stück Zimtstange
2 Gewürznelken
1 Prise Lebkuchengewürz
1 EL Honig

Brotpudding mit Zimtsauce

Zutaten für 6 Portionen
Pudding
250 g Weizenmischbrot
³/₈ l Milch
1 unbehandelte Zitrone
100 g weiche Butter
50 g Zucker
1 TL Vanillezucker
1 TL Lebkuchengewürz
1 Prise Salz
4 Eier
150 g gemahlene Haselnußkerne
Fett und Paniermehl für die Form
Sauce
¹/₂ l Milch
1 unbehandelte Orange
1 Ei
2 TL Zimtpulver
1 Prise Salz
20 g Mehl
einige Eiswürfel
2 EL süße Sahne
1 EL Honig

◆ Das Brot klein würfeln und in eine Schüssel geben.
◆ Die Milch erhitzen und kochend heiß über das Brot gießen.
◆ Die Brotwürfel etwa 20 Minuten ziehen lassen, bis sie die Milch aufgesogen haben.
◆ Eine verschließbare Puddingform von etwa 1,5 l Inhalt fetten und mit Paniermehl ausstreuen.
◆ Die Zitrone waschen und abtrocknen; die Schale abreiben.
◆ Butter, Zucker, Vanillezucker, Lebkuchengewürz, Zitronenschale und Salz mit den Quirlen des Handrührgeräts schaumig rühren.
◆ Die Eier trennen. Zuerst nacheinander die Eidotter, dann eßlöffelweise das eingeweichte Brot unter die Buttermasse rühren.
◆ Das Eiweiß steif schlagen und auf den Teig geben; danach die Haselnüsse darüber streuen.
◆ Den Teig, den Eischnee und die Nüsse mit einem Kochlöffel vermischen, bis sich alle Zutaten miteinander verbunden haben.
◆ Den Teig in die Puddingform füllen und den Deckel auflegen.
◆ In einem Topf so viel Wasser zum Kochen bringen, daß die Form zu etwa zwei Drittel ihrer Höhe darin stehen kann.
◆ Die Puddingform in das heiße Wasserbad stellen, den Topf schließen und den Pudding bei schwacher Hitze etwa 1¹/₂ Stunden garen.
◆ Für die Sauce die Milch in einem Topf erhitzen, aber nicht aufkochen lassen.
◆ Die Orange waschen und abtrocknen. Die Schale abreiben und den Saft auspressen.
◆ Das Ei trennen. Das Eigelb mit Zimt, Salz und reichlich Orangenschale in einem anderen Topf schaumig rühren.
◆ Das Mehl daruntermischen und rühren, bis keine Klümpchen mehr zu sehen sind.
◆ Den Topf auf die Kochstelle setzen und die heiße Milch unter Rühren dazugießen.
◆ Die Milchmischung unter weiterem Rühren aufkochen lassen, bis sie dickflüssig ist.
◆ Den ausgepreßten Orangensaft untermischen.
◆ Den Topf in eine Schüssel mit kaltem Wasser und einigen Eiswürfeln stellen und die Sauce rühren, bis sie kalt ist.
◆ Die Sahne und den Honig untermischen.
◆ Den garen Pudding aus dem Wasserbad nehmen und in der Form 10 Minuten ruhen lassen.
◆ Das Eiweiß steif schlagen und unmittelbar vor dem Servieren unter die Sauce ziehen.
◆ Den oberen Rand des Puddings mit einer Messerspitze ablösen. Ein Küchentuch anfeuchten und einige Sekunden um die Form legen.
◆ Anschließend den Brotpudding auf eine Platte stürzen und mit der Zimtsauce servieren.

Zubereitung etwa 45 Minuten
Garzeit etwa 1¹/₂ Stunden
1 Portion = 2768 kJ/ 659 kcal

Grießflammeri

◆ Die Zitrone waschen und abtrocknen; die Hälfte der Schale abreiben.
◆ Die Milch mit Salz, Zitronenschale und Zucker aufkochen lassen.
◆ Den Grieß unter Rühren langsam zugeben und weiterrühren, bis er keine Klümpchen mehr bildet.
◆ Den Grießbrei zugedeckt bei schwacher Hitze 10 Minuten garen. Dabei häufig umrühren, damit er nicht am Topfboden ansetzt.
◆ Anschließend den Topf von der Kochstelle nehmen.
◆ Die Eier trennen. Die Dotter unter den heißen Flammeri rühren; das Eiweiß steif schlagen und ebenfalls untermischen.
◆ Die Grießmischung mit Zucker abschmecken.
◆ Eine Dessertform kalt ausspülen und den Flammeri hineingeben.
◆ Die Süßspeise zugedeckt im Kühlschrank etwa 12 Stunden ruhen lassen, bis sie so fest ist, daß man sie stürzen kann.
◆ Zum Stürzen eine Platte mit kaltem Wasser befeuchten, damit der Flammeri nicht haftenbleibt.
◆ Das Dessert mit einem spitzen Messer vom Rand der Form lösen und auf die Platte stürzen.

Zubereitung etwa 40 Minuten
Kühlzeit etwa 12 Stunden
1 Portion = 878 kJ/ 209 kcal

Milchreis mit Pfirsichen

Das Dessert ist mit Pfirsichen aus der Dose oder selbst eingekochten Früchten am schnellsten zubereitet. Außerdem wird es so saftiger als mit frischem Obst.

◆ Die Zitrone waschen und abtrocknen; ein Viertel der Schale abreiben.
◆ Den Reis mit Zucker, Milch, Salz und Zitronenschale aufkochen.
◆ Den Milchreis zugedeckt bei schwacher Hitze in etwa 40 Minuten weich garen.
◆ Die Kompottpfirsiche in Stücke schneiden.
◆ Bei frischen Früchten Wasser zum Kochen bringen, die Pfirsiche damit übergießen und kurz darin ziehen lassen. Die Früchte abziehen und in Stücke schneiden; dabei die Steine entfernen.
◆ Den Reisbrei abkühlen lassen und mit dem Pfirsichsaft und den Fruchtstücken verrühren.
◆ Die Sahne steif schlagen und unterziehen.
◆ Das Dessert sofort servieren.

Zubereitung etwa 50 Minuten
1 Portion = 1852 kJ/ 441 kcal

Sanddorneis

◆ Wasser in einem Topf erhitzen und ein Wasserbad vorbereiten.
◆ Das Ei mit Sanddorn- und Ahornsirup oder Honig in eine Schüssel geben und mit den Quirlen des Handrührgeräts im Wasserbad zu einer dicken, schaumigen Creme aufschlagen.
◆ Die Sahne steif schlagen und darunterziehen.

◆ Die Creme zugedeckt im Gefrierfach des Kühlschranks oder im Tiefkühlgerät in etwa 4 Stunden fest werden lassen. Dabei etwa alle 30 Minuten kräftig durchrühren, damit sich keine großen Eiskristalle bilden und das Eis cremig wird.

◆ Die Eiscreme etwa 30 Minuten vor dem Servieren herausnehmen, damit sie geschmeidig wird.

Zubereitung etwa 15 Minuten
Kühlzeit etwa 4 Stunden
1 Portion = 622 kJ/ 148 kcal

Kastanieneis

◆ Die Kastanien mit einem scharfen Messer an der gewölbten Seite kreuzweise einschneiden.
◆ Die Kastanien in eine gußeiserne Pfanne oder eine Edelstahlpfanne geben und zugedeckt bei starker bis mittlerer Hitze etwa 10 Minuten rösten, bis sie aufplatzen. Dabei die Pfanne häufig rütteln, damit die Kastanien nicht anbrennen.
◆ Die gerösteten Kastanien etwas abkühlen lassen.
◆ Wasser zum Kochen bringen.
◆ Die Kastanien aus den äußeren Schalen lösen, mit kochendem Wasser übergießen und etwa 2 Minuten darin ziehen lassen.
◆ Anschließend die Kastanien abgießen, kalt abschrecken und die braunen Innenhäutchen entfernen.
◆ Die Milch zum Kochen bringen. Die Kastanien zugeben, aufkochen

und zugedeckt bei schwacher Hitze 10 Minuten kochen lassen.
◆ Die Kastanien durch ein feines Sieb streichen und abkühlen lassen.
◆ Wasser in einem Kochtopf erhitzen und ein warmes Wasserbad vorbereiten.

◆ Die Zitrone waschen, abtrocknen und $^1/_4$ TL Schale abreiben.
◆ Eier, gemahlene Vanille, Zitronenschale, Honig und Kirschwasser oder Zitronensaft in eine Schüssel geben und im warmen Wasserbad mit den Quirlen des Handrührgeräts auf höchster Schaltstufe zu einer dicken Creme aufschlagen.
◆ Die Sahne steif schlagen und abwechselnd mit dem Kastanienpüree unter die Eiercreme mischen.
◆ Die Creme zugedeckt in das Gefrierfach des Kühlschranks oder das Tiefkühlgerät stellen und in etwa 4 Stunden fest werden lassen. Dabei alle 30 Minuten kräftig durchrühren, damit das Eis cremig wird.

Zubereitung etwa 1$^1/_2$ Stunden
Kühlzeit etwa 4 Stunden
1 Portion = 802 kJ/ 191 kcal

Schokoladeneis mit Kokossauce

Für selbstgemachtes Eis brauchen Sie unbedingt ganz frische Eier.

◆ Den Zucker mit dem Kakao, dem Kaffee und dem Ingwer mischen.

◆ Die Zitrone waschen, abtrocknen und 1 MSP Schale abreiben.

◆ Die Zitronenschale und die Eier zur Zuckermischung geben und mit den Quirlen des Handrührgeräts auf höchster Schaltstufe rühren, bis eine dicke, schaumige Eiercreme entstanden ist.

◆ Die Sahne steif schlagen und darunterziehen.

◆ Die Creme zugedeckt im Gefrierfach des Kühlschranks oder im Tiefkühlgerät in etwa 4 Stunden fest werden lassen. Dabei etwa alle 30 Minuten kräftig durchrühren, damit sich keine großen Eiskristalle bilden.

◆ Das Eis etwa 30 Minuten vor dem Servieren herausnehmen, damit es geschmeidig wird.

◆ Für die Sauce die Milch mit der

Zutaten für 6 Portionen
Eis
50 g Zucker
1 EL Kakaopulver
1 TL Instantkaffee
1 MSP Ingwerpulver
1 unbehandelte Zitrone
2 Eier
¼ l süße Sahne
Sauce
¼ l Milch
1 TL Speisestärke
1 TL gemahlene Vanille
50 g Kokoscreme, 1 EL Honig
1 unbehandelte Orange
2 EL Orangenlikör
100 ml süße Sahne
6 Minzeblättchen nach Belieben

Speisestärke und der gemahlenen Vanille verrühren.

◆ Die Milchmischung unter weite-

rem Rühren aufkochen, bis eine dickflüssige Sauce entstanden ist.

◆ Den Topf von der Kochstelle nehmen, die Kokoscreme und den Honig untermischen und die Sauce erkalten lassen.

◆ Die Orange waschen und abtrocknen. Die Hälfte der Schale abreiben und den Saft der halben Orange auspressen.

◆ Die Sauce mit der Orangenschale und dem Orangenlikör vermischen.

◆ Die Sahne steif schlagen und unterziehen.

◆ Zum Servieren 6 Teller mit der Sauce ausgießen. Das Eis portionieren und auf der Sauce anrichten.

◆ Den ausgepreßten Orangensaft in einem zarten Muster über die Sauce träufeln.

◆ Das Eis oder die Sauce nach Belieben mit Minzeblättchen garnieren.

Zubereitung etwa 40 Minuten
Kühlzeit etwa 4 Stunden
1 Portion = 1428 kJ/ 340 kcal

Flockenmüsli mit Äpfeln

Nehmen Sie nach Belieben kernige oder zarte Flocken. Kernige Flocken werden aus ganzen Körnern, zarte aus Getreidegrütze hergestellt.

◆ Die Getreideflocken mit der Milch und dem Joghurt verrühren und zugedeckt im Kühlschrank etwa 5 Stunden quellen lassen.

◆ Die Äpfel vierteln, schälen, vom Kerngehäuse befreien, grob raspeln und mit dem Zitronensaft vermischen. Die Pflaumen zerkleinern.

◆ Die Äpfel und die Pflaumen mit den eingeweichten Flocken, Honig, Korinthen und Nüssen mischen.

◆ Das Müsli auf Tellern verteilen und mit den Knusperflocken bestreuen.

Quellzeit etwa 5 Stunden
Zubereitung etwa 30 Minuten
1 Portion = 2197 kJ/ 523 kcal

Zutaten für 4 Portionen
150 g Vollkorngetreideflocken
½ l Milch
150 g Joghurt (3,5 %)
4 Äpfel (etwa 600 g)
2 EL Zitronensaft
2 entsteinte Trockenpflaumen
2 EL Honig
50 g Korinthen
50 g gehackte Nußkerne
2 EL Knusperflocken

Frischkornmüsli mit Obst

Zutaten für 4 Portionen
80 g Weizen-, Hafer-, Roggen-
und Gerstenkörner gemischt
500 g Joghurt (3,5 %)
500 g gemischtes Obst
der Jahreszeit
125 g beliebige Nußkerne
100 ml Milch
2 EL Obstdicksaft oder Honig

Frischkornmüsli besteht aus rohen, geschroteten oder zerquetschten Getreidekörnern, die man durch Einweichen in Wasser oder Milchprodukten gut verdaulich macht.

◆ Die Getreidekörner in der Getreidemühle grob schroten und mit dem Joghurt verrühren.
◆ Die Mischung zugedeckt im Kühlschrank 5 Stunden quellen lassen.
◆ Das gemischte Obst waschen oder schälen und zerkleinern.

◆ Die Nüsse hacken.
◆ Die Milch erhitzen, aber nicht aufkochen lassen.
◆ Die Milch mit dem Obstdicksaft oder dem Honig unter den Schrotbrei mischen.
◆ Das Müsli auf 4 Tellern verteilen und mit dem Obst belegen.
◆ Die Nüsse darüber streuen.

Quellzeit 5 Stunden
Zubereitung etwa 30 Minuten
1 Portion = 2197 kJ/ 523 kcal

Müsli nach Bircher-Benner

Das nach dem berühmten Schweizer Arzt Maximilian Oskar Bircher-Benner (1867–1939) benannte Müsli ist ein nahrhaftes Frühstück.

◆ Den Saft der Orange auspressen.
◆ Die Vollkornhaferflocken mit Wasser, Orangen- und Zitronensaft verrühren.
◆ Die Flocken zugedeckt über Nacht oder mindestens 5 Stunden im Kühlschrank quellen lassen.

◆ Die Äpfel waschen oder schälen, vierteln, vom Kerngehäuse befreien und fein reiben.
◆ Die Bananen schälen und zerdrücken.
◆ Die Haferflocken mit Äpfeln, Bananen, Rosinen, Nüssen, Joghurt und Honig mischen.

Quellzeit mindestens 5 Stunden
Zubereitung etwa 20 Minuten
1 Portion = 2062 kJ/ 491 kcal

Zutaten für 3 Portionen
1 große Orange
50 g Vollkornhaferflocken
$^1/_8$ l Wasser
1 EL Zitronensaft
2 große säuerliche Äpfel
2 reife Bananen
100 g Rosinen
75 g gemahlene Nußkerne
2 EL Magerjoghurt
1–2 EL Honig

Kartoffelbrötchen (S. 652);
Obstsalattorte (S. 617);
Apfelkuchen (S. 623) ➤

Süße und pikante Backwaren

Rührteig: Grundrezept

1. Butter, Zucker und Gewürze schaumig rühren.

2. Eier unterziehen und einige Zeit kräftig rühren.

3. Mehl und Milch abwechselnd hinzugeben.

4. Der Teig sollte schwer reißend vom Quirl fallen.

5. Den Teig in eine gut gefettete Form füllen.

6. Die Stäbchenprobe zeigt, ob der Kuchen gar ist.

◆ Alles Zutaten abwiegen, weil der Teig schnell zubereitet werden sollte. Die Butter und die Eier sollten dieselbe Temperatur haben, damit sie sich miteinander verbinden.

◆ Die Butter, den Zucker und die Backaromen (wie Zitrone, Arrak oder Rumaroma) mit den Quirlen des Handrührgeräts schaumig rühren.

◆ Die Eier nacheinander unter die Butter rühren. Falls die Mischung noch flockig ist, kräftig weiterrühren, damit sie möglichst viel Luft aufnimmt.

◆ Das Mehl und das Backpulver mischen und in 2–3 Portionen unter die Buttermasse rühren.

◆ So viel Milch unter die Masse rühren, daß ein cremiger Teig entsteht, der in langen Zapfen von den Quirlen fällt.

◆ Nach Belieben geschmacksgebende Zutaten wie Rosinen, Nüsse, Mandeln, kandierte Früchte, Marzipanstückchen, Schokolade, Kaffee oder Kakao unter den Teig heben.

◆ Eine Kuchenform fetten und den Teig einfüllen.

◆ Die Form auf die untere Schiene des kalten Backofens stellen, den Ofen auf 180 °C (Umluft 160 °C, Gas Stufe 2–3) schalten und den Kuchen etwa $1\frac{1}{2}$ Stunden backen.

◆ Die Garprobe machen: Mit einem Holzstäbchen oder einer Stricknadel in die Mitte des Kuchens stechen; wenn kein feuchter Teig mehr daran hängt, ist er gar. Aus dem Ofen nehmen, in der Form 10 Minuten ruhen lassen, dann auf ein Kuchengitter stürzen und erkalten lassen.

Zutaten für 20 Stücke
250 g weiche Butter
200 g Zucker
Backaromen
nach Belieben
4 Eier
500 g Mehl
1 Päckchen Backpulver
etwa $\frac{1}{4}$ l Milch
geschmacksgebende Zutaten nach Belieben
Fett für die Form

Napfkuchen

In Süddeutschland und Österreich nennt man diesen beliebten Kuchen, den man genausogut zum Sonntagsfrühstück wie zum Nachmittagskaffee anbieten kann, Gugelhupf. Man kann ihn auch mit Hefeteig zubereiten (siehe S. 641).

◆ Die Zitrone waschen, abtrocknen und die Hälfte der Schale abreiben.
◆ Butter, Zucker, Vanille, Zitronenschale und Salz mit den Quirlen des Handrührgeräts schaumig rühren.
◆ Den Teig für den Napfkuchen nach dem Grundrezept (siehe S. 594) weiter zubereiten.
◆ Eine Napfkuchenform von 24 cm Ø gut fetten und den Teig einfüllen.

Zutaten für 20 Stücke
*Zutaten für Rührteig
wie im Grundrezept
1 unbehandelte Zitrone
1 TL gemahlene Vanille
1 Prise Salz
Puderzucker zum Bestäuben*

◆ Die Form auf die untere Schiene des kalten Backofens stellen, den Ofen auf 180 °C (Umluft 160 °C, Gas Stufe 2–3) schalten und den Kuchen etwa 1½ Stunden backen.
◆ Die Garprobe wie im Grundrezept

machen, den fertigen Napfkuchen aus dem Ofen nehmen und in der Form 10 Minuten ruhen lassen.
◆ Den Kuchen auf ein Kuchengitter stürzen, erkalten lassen und vor dem Servieren mit Puderzucker bestreuen.

Zubereitung etwa 30 Minuten
Backzeit etwa 1½ Stunden
1 Stück = 1075 kJ/ 256 kcal

Marmorkuchen

Eine Abwandlung des Napfkuchens, so klassisch wie das Grundrezept. Besonders Kinder lieben diesen einfachen, aber effektvollen Kuchen.

◆ Butter, Zucker, Vanillezucker und Salz mit den Quirlen des Handrührgeräts schaumig rühren, bis die Masse elfenbeinfarben ist.
◆ Die Eier nacheinander so lange unter die Butter rühren, bis keine Eigelbspuren mehr zu sehen sind.
◆ Das Mehl und das Backpulver mischen und in 2 oder 3 Portionen unter die Buttermasse rühren.
◆ So viel Milch unter die Masse mischen, daß sich alle Zutaten zu einem cremigen Teig verbinden, der in langen Zapfen von den Quirlen fällt.
◆ Eine Napfkuchenform von 24 cm Ø fetten und zwei Drittel des Teiges einfüllen.
◆ Den restlichen Teig mit dem Kakao und den Mandeln verrühren;

falls der Teig zu fest ist, den Rum oder das Wasser daruntermischen.
◆ Den Kakaoteig auf den hellen Teig in der Form geben. Dann eine Gabel spiralförmig durch beide Teigschichten ziehen; so erhält der Kuchen das typische Marmormuster.
◆ Den Kuchen auf die untere Schiene des kalten Backofens stellen und bei 180 °C (Umluft 160 °C, Gas Stufe 2–3) etwa 1½ Stunden backen.
◆ Die Garprobe mit einer Stricknadel oder einem Holzstäbchen machen; den durchgebackenen Kuchen aus dem Ofen nehmen und in der Form etwa 10 Minuten ruhen lassen.
◆ Den Mamorkuchen auf ein Kuchengitter stürzen, erkalten lassen und nach Belieben mit Puderzucker bestäuben.

Zubereitung etwa 30 Minuten
Backzeit etwa 1½ Stunden
1 Stück = 1138 kJ/ 271 kcal

Zutaten für 20 Stücke
*250 g weiche Butter
150 g Zucker
1 TL Vanillezucker
1 Prise Salz
4 Eier
500 g Mehl
1 Päckchen Backpulver
etwa ¼ l Milch
30 g Kakaopulver
50 g geschälte, gemahlene
Mandeln (fertig gekauft)
2 EL Rum oder Wasser
Puderzucker zum
Bestreuen nach Belieben
Fett für die Form*

Sandkuchen

Der Sandkuchen gehört zu den feinsten Rührkuchen. Flüssige Butter und reichlich Zitrusschale geben ihm sein zartes Aroma, Speisestärke verleiht ihm die lockere Krume.

Zutaten für 20 Stücke
250 g Butter
1 kleine unbehandelte Orange oder Zitrone
4 Eier
125 g Zucker
1 TL Vanillezucker
1 Prise Salz
2 EL Weinbrand oder Zitronensaft
125 g feines Weizenmehl
125 g Speisestärke
1 TL Backpulver
200 g Schokoladenglasur
Fett für die Form

◆ Die Butter in einem Topf schmelzen, aber nicht bräunen und anschließend lauwarm abkühlen lassen.
◆ Die Orange oder Zitrone waschen, abtrocknen und die Schale abreiben.
◆ Wenn Zitronensaft statt Weinbrand verwendet werden soll, den Saft der Zitrone auspressen.
◆ Die Eier und den Zucker mit den Quirlen des Handrührgeräts sehr schaumig rühren, bis die Masse elfenbeinfarben und locker ist.
◆ Vanillezucker, Salz, abgeriebene Orangen- oder Zitronenschale und Weinbrand oder Zitronensaft unter die Eiercreme rühren.
◆ Mehl, Speisestärke und Backpulver mischen; abwechselnd mit der flüssigen Butter unter die Eier geben und zu einem lockeren Teig rühren.
◆ Eine Kastenform von 30 cm Länge fetten.
◆ Den Teig in die Form füllen und glattstreichen, anschließend den Kuchen auf die untere Schiene des kalten Backofens stellen und bei 180 °C (Umluft 160 °C, Gas Stufe 2–3) etwa 75 Minuten backen.
◆ Die Garprobe mit einer Stricknadel oder einem Holzstäbchen machen: In die Mitte des Kuchens stechen. Wenn klebriger Teig hängenbleibt, noch etwas weiterbacken, wenn nichts oder lockere Krumen daran hängen, ist der Kuchen fertig.
◆ Den Kuchen aus dem Backofen nehmen und etwa 10 Minuten abkühlen lassen.
◆ Den Sandkuchen aus der Form auf ein Kuchengitter stürzen, vorsichtig drehen, so daß er mit der Wölbung nach oben liegt und erkalten lassen.
◆ Die Glasur schmelzen und den Kuchen damit überziehen.

Zubereitung etwa 30 Minuten
Backzeit etwa 75 Minuten
1 Stück = 1063 kJ/ 253 kcal

Schokoladenkuchen

Zu diesem dunklen Kuchen paßt Schlagsahne, vermischt mit Beeren, Aprikosen- oder Pfirsichstücken.

◆ Butter, Zucker, Vanillezucker und Salz mit den Quirlen des Handrührgeräts schaumig rühren, bis die Butter elfenbeinfarben ist.
◆ Die Eier nacheinander auf niedriger Stufe unterrühren, bis die Buttermasse gleichmäßig gelb ist.
◆ Mehl, Kakao und Backpulver mischen und unter die Buttermasse ziehen.
◆ So viel Bier unterrühren, daß der Teig cremig ist und in langen Zapfen von den Quirlen fällt.
◆ Eine Springform von 26 cm Ø gut fetten, den Teig hineinfüllen und glattstreichen.
◆ Den Kuchen auf die untere Schiene des kalten Backofens stellen und bei 180 °C (Umluft 160 °C, Gas Stufe 2–3) etwa 70 Minuten backen.
◆ Die Garprobe wie im Sandkuchenrezept machen. Wenn der Kuchen durchgebacken ist, aus dem Ofen nehmen und 20 Minuten in der Form ruhen lassen.
◆ Den Boden mit einem Messer lockern und den Kuchen zum Auskühlen auf ein Kuchengitter stürzen.

Zubereitung etwa 20 Minuten
Backzeit etwa 70 Minuten
1 Stück = 1042 kJ/ 248 kcal

Zutaten für 16 Stücke
200 g weiche Butter
125 g brauner Zucker
1 TL Vanillezucker
1 Prise Salz
4 zimmerwarme Eier
300 g Mehl
100 g Kakaopulver
1 1/2 TL Backpulver
etwa 1/4 l dunkles Bier
Fett für die Form

Rehrücken

Der Name dieses Kuchens stammt von der speziellen, länglich gewölbten Form, in der man ihn bäckt. Natürlich gelingt er aber auch in einer Kastenform.

◆ Die Schokolade reiben.

◆ Die Zitrusfrüchte waschen, abtrocknen, die Schalen ganz dünn abschneiden und fein hacken.

◆ Butter, Zucker, Salz und Arrak oder Zitronensaft mit dem Handrührgerät schaumig rühren.

◆ Die Eier trennen und die Eidotter nacheinander auf kleiner Schaltstufe mit der Butter zu einer glatten Creme verrühren, bis keine Eigelbspuren mehr zu sehen sind.

◆ Die Mandeln mit Schokolade, Zitrusschale, Speisestärke, Lebkuchengewürz und Backpulver mischen.

◆ Diese Mischung in die Creme rühren und so viel Milch zugeben, daß der Teig in langen Zapfen vom Quirl fällt.

Zutaten für 20 Stücke
100 g Zartbitterschokolade
je 1 kleine unbehandelte Zitrone
und Orange
125 g weiche Butter
100 g Zucker, 1 Prise Salz
1 EL Arrak oder Zitronensaft
4 Eier
150 g gemahlene Mandeln
50 g Speisestärke
1 gehäufter TL Lebkuchengewürz
$^1/_2$ Päckchen Backpulver
4–5 EL Milch
100 g Aprikosenkonfitüre
200 g Schokoladenglasur
50 g ungesalzene Pistazienkerne
Fett und Mehl für die Form

◆ Das Eiweiß steif schlagen und etwa zwei Drittel davon mit dem Quirl unter den Teig rühren.

◆ Das restliche Drittel vorsichtig mit einem Schneebesen unterheben.

◆ Eine Rehrückenform von 28 cm Länge fetten, mit Mehl ausstreuen und den Teig einfüllen.

◆ Den Rehrücken auf die untere Schiene des kalten Backofens stellen und bei 180 °C (Umluft 160 °C, Gas Stufe 2–3) etwa 50 Minuten backen.

◆ Die Garprobe machen, wie auf S. 596 beschrieben, den Kuchen aus dem Ofen nehmen und in der Form 10 Minuten ruhen lassen.

◆ Danach den Kuchen mit der Wölbung nach oben auf ein Kuchengitter geben, mit der Aprikosenkonfitüre bestreichen und erkalten lassen.

◆ Die Schokoladenglasur schmelzen und den Kuchen damit überziehen.

◆ Mit den gehackten Pistazien bestreuen, solange die Glasur feucht ist.

Zubereitung etwa 70 Minuten
Backzeit etwa 50 Minuten
1 Stück = 1126 kJ/ 268 kcal

Mandelkuchen mit Bananen

Zutaten für 20 Stücke
300 g reife Bananen
1 EL Orangenlikör oder
Orangensaft
2 EL Sahnejoghurt
150 g weiche Butter
100 g brauner Zucker
1 Prise Salz
4 zimmerwarme Eier
250 g Mehl
2 TL Backpulver
1/2 TL Zimtpulver
je 1/4 TL gemahlene
Muskatblüte und
gemahlene Vanille
150 g gemahlene
Mandeln
200 g Schokoladen- oder
Nußglasur
Fett für die Form

Es sind die vielen Gewürze, die diesen Kuchen so aromatisch machen. Wer nicht selber mischen will, nimmt 1/2 Päckchen Lebkuchengewürz.

◆ Die Bananen schälen, sehr fein zerdrücken und mit Orangenlikör oder -saft und Joghurt verrühren.
◆ Die Butter mit Zucker und Salz schaumig rühren. Zuerst nacheinander die Eier, dann eßlöffelweise das Bananenmus unterrühren.
◆ Das Mehl mit Backpulver, Zimtpulver, Muskatblüte, Vanille und gemahlenen Mandeln mischen und auf den Teig streuen. Danach alles mit einem Kochlöffel verrühren.
◆ Eine Kastenform von 30 cm Länge fetten und den Teig hineinfüllen.
◆ Den Kuchenteig auf die untere Schiene des kalten Backofens stellen und bei 200 °C (Umluft 180 °C, Gas Stufe 3) etwa 50 Minuten backen.
◆ Den Kuchen in der Form 10 Minuten ruhen lassen und zum Auskühlen auf ein Kuchengitter stürzen.
◆ Den kalten Kuchen mit der Glasur überziehen.

Zubereitung etwa 30 Minuten
Backzeit etwa 50 Minuten
1 Stück = 1113 kJ/ 265 kcal

Warmer Apfelkuchen

Nehmen Sie Cox Orange oder Boskoop; diese Apfelsorten werden beim Backen nicht musig. Noch warm ist der Kuchen mit Vanilleeis und Schlagsahne ein Genuß.

◆ Das Mehl mit Backpulver und Salz mischen.
◆ Die Butter mit einer Gabel untermischen, bis das Ganze wie feine Brotkrumen aussieht.
◆ Die Äpfel vierteln, schälen, vom Kerngehäuse befreien, grob raspeln und mit dem Zucker und dem Ei in den Teig rühren, bis sich alles miteinander verbunden hat.
◆ Eine Springform von 26 cm Ø fetten und den Teig hineinfüllen.

◆ Den Teig auf die mittlere Schiene des kalten Backofens schieben und bei 180 °C (Umluft 160 °C, Gas Stufe 2–3) etwa 50 Minuten backen.
◆ Die Butter schmelzen, aber nicht bräunen.
◆ Die Garprobe machen und den Kuchen, wenn er fertig ist, herausnehmen und 10 Minuten in der Form ruhen lassen.
◆ Den Apfelkuchen auf ein Kuchengitter geben, mit der flüssigen Butter bestreichen und lauwarm abkühlen lassen.

Zubereitung etwa 20 Minuten
Backzeit etwa 50 Minuten
1 Stück = 1550 kJ/ 369 kcal

Zutaten für 8 Stücke
250 g Mehl
1 1/2 TL Backpulver
1 Prise Salz
125 g weiche Butter
250 g säuerliche Äpfel
125 g Zucker
1 Ei
2 EL Butter
Fett für die Form

Versunkener Aprikosenkuchen

Früher bereitete man einen Rührteig aus Fett, Zucker, Eiern und Mehl zu gleichen Gewichtsteilen. Dieser sogenannte Eischwerkuchen stammt aus der Zeit, als man noch Küchenwaagen mit zwei Schalen benutzte und in die eine als Maßeinheit die Eier legte. Hier eine moderne, leichte Version.

◆ Wasser zum Kochen bringen und die Aprikosen damit übergießen. Die Früchte kurz ziehen lassen, abgießen und kalt abschrecken. Dann die Haut der Aprikosen abziehen und die Früchte halbieren und entsteinen.
◆ Die Zitrone waschen und abtrocknen. Die Hälfte der Schale abreiben und ½ Zitrone auspressen.
◆ Butter oder Margarine, Zucker, Vanillezucker, Salz, Zitronenschale und -saft mit den Quirlen des Handrührgeräts schaumig rühren.

Zutaten für 12 Stücke
750 g reife Aprikosen
1 unbehandelte Zitrone
200 g weiche Butter
oder Margarine
150 g Zucker
1 TL Vanillezucker
1 Prise Salz
3 Eier (etwa 200 g)
100 g Mehl
100 g Speisestärke
1 MSP Backpulver
3 EL Apfelgelee
etwa 30 abgezogene Mandelkerne
Butter für die Form

◆ Die Eier nacheinander unter den Teig rühren.
◆ Mehl, Speisestärke und Backpulver mischen, darübersieben und unterrühren.
◆ Eine Springform von 26 cm Ø mit Butter fetten und den Teig darin glattstreichen.
◆ Die Aprikosen mit der Höhlung nach oben darauf verteilen und Apfelgelee und abgezogene Mandelkerne in die Höhlungen geben.
◆ Den Kuchenteig auf die untere Schiene des kalten Backofens stellen und bei 180 °C (Umluft 160 °C, Gas Stufe 2–3) etwa 50 Minuten backen.
◆ Die Garprobe machen, den Kuchen herausnehmen und in der Form 10 Minuten stehenlassen.
◆ Den Aprikosenkuchen herauslösen und auf einem Kuchengitter abkühlen lassen.

Zubereitung etwa 40 Minuten
Backzeit etwa 50 Minuten
1 Stück = 1357 kJ/ 323 kcal

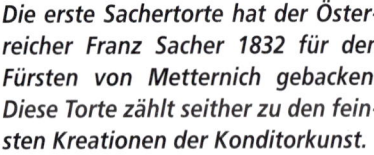

Sachertorte

Die erste Sachertorte hat der Öster-
reicher Franz Sacher 1832 für den
Fürsten von Metternich gebacken.
Diese Torte zählt seither zu den fein-
sten Kreationen der Konditorkunst.

◆ Eine feuerfeste Schüssel in einen
Topf mit heißem Wasser stellen.

◆ Die Schokolade in Stücke brechen,
in die Schüssel geben, im Wasserbad
schmelzen und lauwarm abkühlen
lassen.

◆ Die Zitrone waschen, abtrocknen
und die Schale rundherum abreiben.

◆ In einer Schüssel Butter, Puderzucker, Salz und abgeriebene Zitronenschale etwa 5 Minuten mit dem
Handrührgerät schaumig rühren.

◆ Die Eier trennen; die Eidotter
nacheinander unter die Butter rühren, bis keine Eigelbspuren mehr zu
sehen sind, und dann eßlöffelweise
die Schokolade unterrühren.

◆ Das Eiweiß steif schlagen und auf
die Eimasse geben.

Zutaten für 16 Stücke
150 g Zartbitterschokolade
1 kleine unbehandelte Zitrone
150 g weiche Butter
100 g Puderzucker
1 Prise Salz
6 Eier
100 g Mehl
50 g Speisestärke
1 TL Backpulver
140 g Aprikosenkonfitüre
200 g Schokoladenglasur
Butter und Pergamentpapier
für die Form

◆ Mehl, Speisestärke und Backpulver mischen, über den Eischnee sieben und alles mit einem Schneebesen
so lange vermischen, bis sich die Zutaten zu einem cremigen, luftigen
Teig verbunden haben.

◆ Den Boden einer Springform von
26 cm Ø mit gefettetem Pergamentpapier auslegen und den Teig darauf
glattstreichen.

◆ Die Torte auf die untere Schiene
des kalten Backofens stellen und bei
180 °C (Umluft 160 °C, Gas Stufe 2–3)
etwa 45 Minuten backen.

◆ Die Garprobe machen, die fertige
Torte herausnehmen und in der Form
10 Minuten ruhen lassen.

◆ Die Sachertorte aus der Springform lösen, auf ein Kuchengitter
stürzen und das Pergamentpapier
abziehen.

◆ Die Torte noch heiß mit der Aprikosenkonfitüre bestreichen und erkalten lassen.

◆ Die Schokoladenglasur nach Pak-
kungsaufschrift schmelzen und die
Sachertorte damit überziehen.

Zubereitung etwa 1 Stunde
Backzeit etwa 45 Minuten
1 Stück = 1352 kJ/ 322 kcal

Beerentorte mit Vanillecreme

Diese Beerentorte ist eine gesunde Leckerei, denn sie wird aus vollwertigen Zutaten zubereitet, die man in Naturkostläden oder Reformhäusern kaufen kann.

◆ Die Zitrone waschen, abtrocknen und die Schale rundherum abreiben.
◆ Den Tofu abtropfen lassen und mit der Sojamilch im Mixer pürieren.
◆ Die Margarine, das Zuckerrohrgranulat und das Salz mit den Quirlen des Handrührgeräts schaumig rühren.
◆ 2 EL Milch, die Hälfte der abgeriebenen Zitronenschale und eßlöffelweise das Tofupüree unter die Margarine mischen.
◆ Das Mehl und das Backpulver mischen und unter die Masse rühren, bis sie cremig ist.

◆ Eine runde Tortenbodenform von 28 cm Ø fetten und den Teig darin glattstreichen.
◆ Die Form auf die mittlere Schiene des kalten Backofens stellen und den Tortenboden bei 180 °C (Umluft 160 °C, Gas Stufe 2–3) etwa 40 Minuten backen.
◆ Die Garprobe machen, den Tortenboden aus dem Backofen nehmen und nach etwa 10 Minuten aus der Form lösen.
◆ Den Boden auf einem Kuchengitter abkühlen lassen.
◆ Für die Creme das Agar-Agar mit dem Wasser glattrühren.
◆ Gut ¼ l Milch mit dem Zuckerrohrgranulat, der Vanille und der restlichen Zitronenschale in einen Topf geben und aufkochen lassen.
◆ Das angerührte Agar-Agar unter

Zutaten für 8 Stücke
Teig
1 unbehandelte Zitrone
50 g Tofu
50 g Sojamilch
100 g weiche Margarine
50 g Zuckerrohrgranulat
1 Prise Salz
2 EL Milch
100 g Weizenvollkornmehl
½ TL Backpulver
Belag
5 g Agar-Agar
1½ EL kaltes Wasser
gut ¼ l Milch
50 g Zuckerrohrgranulat
1–2 TL gemahlene Vanille
150 ml süße Sahne
600 g gemischte Beeren
einige Eiswürfel
Fett für die Form

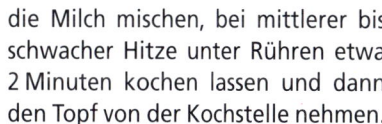

die Milch mischen, bei mittlerer bis schwacher Hitze unter Rühren etwa 2 Minuten kochen lassen und dann den Topf von der Kochstelle nehmen.
◆ Eine Schüssel mit kaltem Wasser und Eiswürfeln füllen.
◆ Den Topf mit der Vanillecreme in das Eiswasser stellen und die Creme unter häufigem Umrühren lauwarm abkühlen lassen.
◆ Die Sahne steif schlagen.
◆ Die Beeren waschen, verlesen und abtropfen lassen.
◆ Die Vanillecreme mit der geschlagenen Sahne vermischen und auf den Tortenboden streichen.
◆ Die Beeren auf der Creme verteilen und die Torte möglichst frisch servieren.

Zubereitung etwa 1½ Stunden
Backzeit etwa 40 Minuten
1 Stück = 1289 kJ/ 307 kcal

Frankfurter Kranz

Teig
1 kleine unbehandelte Zitrone
120 g weiche Butter
100 g Zucker
1 TL Vanillezucker
1 Prise Salz
4 Eier
2 EL Rum oder Milch
100 g Mehl
100 g Speisestärke
1 TL Backpulver
Fett für die Form
Füllung
2 Eier
40 g Zucker
50 g Speisestärke
$^{1}/_{2}$ l Milch
Eiswürfel
200 g weiche Butter
2 EL Vanillezucker
50 g Johannisbeergelee
Belag
200 g Krokant
16 rote Belegkirschen

Der Kuchen wird mit einer Buttercreme gefüllt, die Sie nach Geschmack mit Kakao, Instantkaffee, gemahlenen Nüssen oder Mandeln, Alkohol oder Fruchtsaft aromatisch abwandeln können.

◆ Die Zitrone waschen, abtrocknen und die Schale rundherum abreiben.
◆ Für den Teig die Butter, den Zucker, den Vanillezucker, die Zitronenschale und das Salz mit den Quirlen des Handrührgeräts schaumig rühren.
◆ Nacheinander die Eier, dann Rum oder Milch unter die Butter rühren.
◆ Mehl, Speisestärke und Backpulver mischen, über die Butter sieben und zu einem glatten Teig verrühren.

◆ Eine Savarinform von 26 cm Ø fetten, den Teig hineingeben und glattstreichen.
◆ Den Kuchen auf die untere Schiene des kalten Backofens stellen und bei 180 °C (Umluft 160 °C, Gas Stufe 2–3) etwa 50 Minuten backen.
◆ Die Garprobe machen, den Kuchen aus dem Ofen nehmen und in der Form 10 Minuten stehenlassen.
◆ Den Kuchen aus der Form lösen, auf ein Kuchengitter geben und mindestens 6 Stunden abkühlen lassen.
◆ Für die Füllung die Eier trennen und die Eidotter, Zucker und Speisestärke mit der kalten Milch in einem Kochtopf verrühren, bis sich die Stärke aufgelöst hat.
◆ Den Topf auf die Kochstelle setzen und die Milch unter Rühren aufkochen, bis die Creme dick wird.
◆ Den Topf in eine Schüssel mit kaltem Wasser und Eiswürfeln stellen und die Creme unter Rühren erkalten lassen.

◆ Butter und Vanillezucker mit dem Handrührgerät schaumig rühren und die Creme löffelweise unterziehen.
◆ Den Kuchen zweimal waagrecht durchschneiden und den unteren Boden mit dem Johannisbeergelee bestreichen. Auf das Gelee eine dünne Schicht Buttercreme streichen.
◆ Den zweiten Boden darauf legen, mit etwa einem Viertel der Creme bestreichen und mit dem dritten Boden abdecken.
◆ Die Torte mit der restlichen Creme überziehen, dabei etwa 3 EL davon zum Verzieren übrigbehalten.
◆ Den Frankfurter Kranz üppig mit Krokant bestreuen. Die restliche Creme in einen Spritzbeutel füllen und 16 Tupfen auf den Kranz setzen. Die Kirschen auf die Tupfen legen.

Ruhezeit etwa 6 Stunden
Zubereitung etwa 70 Minuten
Backzeit etwa 50 Minuten
1 Stück = 1798 kJ/ 428 kcal

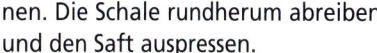

Winterliche Sahnetorte

◆ Für den Teig Butter, Zucker und Salz mit den Quirlen des Handrührgeräts schaumig rühren.

◆ Die Eier nacheinander mit der Butter zu einer glatten Masse verrühren.

◆ Mehl, Nüsse, Kakao, Vanille, Ingwer und Backpulver mischen und mit der Buttermasse zu einem glatten Teig verrühren.

◆ So viel Milch unter den Teig mischen, daß er cremig ist und in langen Zapfen von den Quirlen des Handrührers fällt.

◆ Eine Kastenform von 30 cm Länge mit Butter fetten, den Teig hineingeben und glattstreichen.

◆ Den Kuchen auf die untere Schiene des kalten Backofens stellen und bei 180 °C (Umluft 160 °C, Gas Stufe 2–3) etwa 1 Stunde backen.

◆ Die Garprobe machen, den fertigen Kuchen herausnehmen, 10 Minuten in der Form ruhen lassen und dann zum Auskühlen auf ein Kuchengitter stürzen.

◆ Für die Füllung die unbehandelten Zitrusfrüchte waschen und abtrock-

Zutaten für 8 Stücke
Teig
80 g weiche Butter
50 g Zucker
1 Prise Salz
2 Eier
150 g Mehl
150 g gemahlene Haselnußkerne
1 EL Kakaopulver
1 TL gemahlene Naturvanille
1/2 TL Ingwerpulver
1 TL Backpulver
etwa 6 EL Milch
Butter für die Form
Füllung
je 1 unbehandelte Orange
und Zitrone
150 g gemischtes Trockenobst
500 g Magerquark
1 EL Honig
300 ml süße Sahne
1 Orange
200 g frische Datteln

nen. Die Schale rundherum abreiben und den Saft auspressen.

◆ Das Trockenobst fein zerkleinern, mit dem Saft und der Schale mischen und etwa 30 Minuten ziehen lassen.

◆ Quark und Honig verrühren.

◆ Die Sahne steif schlagen und unter den Quark ziehen.

◆ Die Orange schälen und in Stücke schneiden.

◆ Die Datteln waschen, abtrocknen, entkernen und in Streifen schneiden.

◆ Von der Quarkcreme, der Orange und den Datteln einen Teil zum Garnieren beiseite stellen.

◆ Den Kuchen zweimal waagrecht durchschneiden, mit Quarkcreme, Trockenobst, Orange und Datteln füllen, mit der restlichen Creme bestreichen und mit dem Rest der Orange und Datteln verzieren. Anschließend etwa 1 Stunde durchziehen lassen.

Zubereitung etwa 1¼ Stunden
Backzeit etwa 1 Stunde
Ruhezeit etwa 1 Stunde
1 Stück = 2709 kJ/ 645 kcal

Scones

Zutaten für 26 Stück
250 g Mehl
1/2 TL Backpulver
1/2 TL Weinstein (Reformhaus)
60 g weiche Butter
30 g Zucker
200 g Dickmilch
2 EL Milch zum Bestreichen
Mehl zum Ausrollen
und für das Backblech
Fett für das Backblech

Dieses englische Gebäck wird zum Nachmittagstee serviert. Man ißt es mit Butter oder Frischkäse und Konfitüre.

◆ Den Ofen auf 250 °C (Umluft 220 °C, Gas Stufe 5–6) vorheizen.

◆ Das Mehl mit Backpulver und Weinstein in einer Schüssel mischen, die Butter in Stücken darauf legen und den Zucker darüber streuen.

◆ Alles mit den Händen zu einer feinen krümeligen Masse mischen.

◆ Diese Masse mit der Dickmilch zu einem geschmeidigen Teig kneten.

◆ Die Arbeitsfläche mit Mehl bestreuen, den Teig etwa fingerdick ausrollen und mit einem Glas Kreise von etwa 5 cm Ø ausstechen.

◆ Ein Backblech fetten und mit Mehl bestreuen. Die Scones so darauf legen, daß sie einander berühren, mit Milch bestreichen und etwa 15 Minuten hellbraun backen.

◆ Auf einem Kuchengitter kurz abkühlen lassen und servieren.

Zubereitung etwa 30 Minuten
Backzeit etwa 15 Minuten
1 Stück = 748 kJ/ 178 kcal

Biskuitteig: Grundrezept

1. Das Eiweiß mit dem Handrührgerät steif schlagen.

2. Die Zuckermischung unter den Eischnee rühren.

3. Die Eidotter nacheinander unter den Eischnee rühren.

4. Die Mehlmischung unter die Eiermasse ziehen.

5. Den Teig in der Springform glattstreichen.

6. Den fertigen Boden mit einem Faden durchschneiden.

◆ Die Zitrone waschen, abtrocknen und die Schale rundherum abreiben.

◆ Die Eier trennen.

◆ Das Eiweiß und das Wasser mit den Quirlen des Handrührgeräts steif schlagen.

◆ Den Zucker und die Zitronenschale vermischen und unter den Eischnee schlagen.

◆ Das Handrührgerät auf die niedrigste Schaltstufe stellen und die Eidotter nacheinander unter den Eischnee rühren.

◆ Das Mehl mit der Speisestärke und dem Backpulver vermischen, auf die Eiermasse sieben und vorsichtig darunterziehen.

◆ Für eine Torte den Boden einer Springform von 26 cm Ø mit Butter fetten und mit Pergamentpapier auslegen.

◆ Den Teig in die Form geben und glattstreichen.

◆ Den Biskuitteig auf die untere Schiene des kalten Backofens stellen und bei 180 °C (Umluft 160 °C, Gas

Stufe 2–3) etwa 25 Minuten backen.

◆ Die Garprobe mit einem Holzstäbchen machen, den garen Tortenboden aus dem Backofen nehmen, nach etwa 10 Minuten aus der Form lösen und auf ein Kuchengitter legen.

◆ Den Biskuitboden nach dem Abkühlen waagrecht halbieren. Dafür den Boden rundherum einkerben und in die Kerbe einen festen Faden legen. Den Faden wie eine Schlinge zusammenziehen, bis der Boden durchgeschnitten ist.

Käsesahnetorte

Zur Abwechslung können Sie den Boden mit dünnen Pfirsichschnitzen, halbierten Erdbeeren oder gedünsteten Pflaumen belegen.

◆ Den Biskuitteig für die Torte nach dem Grundrezept zubereiten und in eine Springform von 26 cm Ø geben.

◆ Den Teig auf die untere Schiene des kalten Backofens stellen und bei 180 °C (Umluft 160 °C, Gas Stufe 2–3) etwa 25 Minuten backen.

◆ Die Garprobe mit einem Holzstäbchen machen.

◆ Den garen Tortenboden aus dem Backofen nehmen, nach etwa 10 Minuten aus der Form lösen und auf ein Kuchengitter legen.

◆ Den Biskuitboden nach dem Abkühlen wie im Grundrezept beschrieben waagrecht halbieren.

◆ Für die Füllung die Gelatine in kaltem Wasser einweichen.

◆ Die Zitrone waschen, abtrocknen und die Schale rundherum abreiben. Den Saft dieser Zitrone und der Zitrone, deren Schale für den Teig verwendet wurde, auspressen und beiseite stellen.

◆ Die Vanilleschote mit einem spitzen Messer aufschneiden und das Mark herauskratzen.

◆ Die Eier trennen. Das Eigelb mit etwa zwei Dritteln des Zuckers, mit der Vanille, der Zitronenschale und dem Zitronensaft in eine Schüssel geben und mit den Quirlen des Handrührgeräts zu einer dicken Creme aufschlagen.

◆ Den Quark eßlöffelweise darunterrühren.

◆ Das Wasser in einem Kochtopf erhitzen.

◆ Die Gelatine gut ausdrücken, zum heißen Wasser in den Topf geben und bei schwacher Hitze unter Rühren auflösen.

◆ Die Gelatine unter die Quarkcreme rühren.

Zutaten für 16 Stücke
Zutaten für den Biskuitteig wie im Grundrezept
Füllung
10 Blatt weiße Gelatine
1 unbehandelte Zitrone
1 Vanilleschote
3 Eier
100 g Zucker
1 kg Magerquark
4 EL Wasser
¼ l süße Sahne
100 g Puderzucker zum Bestreuen

◆ Eiweiß und Sahne getrennt steif schlagen, dabei den restlichen Zucker einrieseln lassen. Beides mit einem Schneebesen unter die Creme ziehen.

◆ Den unteren Tortenboden auf eine Platte legen und die Springform darum schließen.

◆ Die Quarkcreme in die Form füllen und glattstreichen.

◆ Den oberen Tortenboden über Kreuz in 4 Stücke schneiden, diese Stücke jeweils in 4 kleine Stücke teilen und auf die Torte legen.

◆ Die Käsesahnetorte etwa 4 Stunden in den Kühlschrank stellen, bis die Creme schnittfest ist.

◆ Anschließend die Torte mit dem Puderzucker bestreuen.

◆ Vor dem Aufschneiden der Käsesahnetorte das Messer in kaltes Wasser tauchen.

Zubereitung etwa 1 Stunde
Backzeit etwa 25 Minuten
Kühlzeit etwa 4 Stunden
1 Stück = 924 kJ/ 220 kcal

Erdbeertorte mit Baisersahne

Man sollte den Tortenboden etwa 2 Stunden vor dem Anschneiden belegen. Der Boden ist gefriergeeignet.

◆ Die Zitrone waschen, abtrocknen und etwas Schale abreiben.

◆ Die Eier trennen. Eiweiß und Wasser mit den Quirlen des Handrührgeräts steif schlagen. Dann den Zucker zugeben und dabei weiterschlagen, bis der Eischnee glänzt.

◆ Bei niedriger Schaltstufe Eigelb und Zitronenschale unterrühren, bis die Eiercreme gleichmäßig gelb ist.

◆ Mehl, Speisestärke und Backpulver mischen, auf die Eiercreme sieben und alles mit einem Schneebesen locker, aber gründlich vermischen.

◆ Eine Obstkuchenform von 28 cm Ø fetten und den Teig in der Form glattstreichen.

◆ Den Tortenboden auf die mittlere Schiene des kalten Backofens stellen

Zutaten für 8 Stücke
Teig
1 unbehandelte Zitrone
2 Eier
1 EL kaltes Wasser
50 g Zucker
40 g Mehl
40 g Speisestärke
1/2 TL Backpulver
Fett für die Form
Belag
400 g Erdbeeren
400 ml süße Sahne
1 EL Vanillezucker
2 Baisertörtchen
oder 50 g italienische
Mandelmakronen
50 g ungesalzene
Pistazienkerne

und bei 180 °C (Umluft 160 °C, Gas Stufe 2–3) etwa 35 Minuten backen, bis er leicht gebräunt ist.

◆ Herausnehmen, nach etwa 10 Minuten aus der Form lösen und auf einem Kuchengitter abkühlen lassen.

◆ Die Erdbeeren waschen und abzupfen. Ein paar große Früchte zum Garnieren beiseite legen; den Rest in eine Schüssel geben und zerdrücken.

◆ Die Sahne mit Vanillezucker steif schlagen; Baisertörtchen oder Makronen zerbröckeln.

◆ Erdbeermus, Sahne und Baisertörtchen oder Makronen locker mischen und auf den Boden geben.

◆ Die Pistazien grob hacken und darüberstreuen und die Torte mit den ganzen Erdbeeren garnieren.

Zubereitung etwa 40 Minuten
Backzeit etwa 35 Minuten
1 Stück = 1420 kJ/ 338 kcal

Prinzregententorte

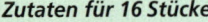

Zutaten für 16 Stücke
Teig
12 Eier
400 g Zucker
250 g Mehl
Fett und Mehl für die Form
Creme
140 g Zartbitterschokolade
250 g weiche Butter
6 Eier
150 g Zucker
400 g Schokoladenglasur
zum Bestreichen

Diese Torte ist eine üppige Köstlichkeit, die dem bayerischen Prinzregenten Luitpold (1821–1912) gewidmet ist.

◆ Den Backofen auf 200 °C (Umluft 180 °C, Gas Stufe 3) vorheizen.

◆ Die Eier trennen und das Eiweiß mit den Quirlen des Handrührgeräts steif schlagen.

◆ Den Zucker nach und nach unterschlagen.

◆ Die Eidotter nacheinander unterrühren.

◆ Das Mehl auf den Eischnee sieben und mit einem Schneebesen unterziehen.

◆ Das Bodenblech einer Springform von 26 cm Ø fetten, dünn mit Mehl

bestreuen und etwa 2 EL Teig darauf glattstreichen.

◆ Das Blech auf der mittleren Schiene auf den Rost des Backofens legen und den Tortenboden etwa 10 Minuten backen, bis er hellgelb ist.

◆ Den Boden herausnehmen, etwa

2 Minuten abkühlen lassen, vom Blech lösen und auf einem Kuchengitter erkalten lassen.

◆ Auf diese Weise weitere 15–16 Tortenböden backen, bis der Teig verbraucht ist.

◆ Für die Creme ein Wasserbad vorbereiten.

◆ Die Zartbitterschokolade schmelzen und lauwarm abkühlen lassen.

◆ Die Butter schaumig rühren, und die Schokolade eßlöffelweise untermischen.

◆ Eier und Zucker über dem Wasserbad zu einer dicken Creme aufschlagen und eßlöffelweise unter die Schokoladenbutter mischen.

◆ Die völlig abgekühlten Tortenböden mit der Creme bestreichen und aufeinanderlegen. Den letzten, un-

bestrichenen Tortenboden obenauf legen.

◆ Die Glasur nach der Packungsaufschrift zubereiten, die Torte damit überziehen und vor dem Servieren etwa 1 Tag durchziehen lassen.

Zubereitung etwa 3 Stunden
Ruhezeit etwa 1 Tag
1 Stück = 2722 kJ/ 648 kcal

Nußtorte mit Vanille-Orangen-Creme

Der Biskuitteig wird hier mit flüssiger Butter zubereitet und ist deshalb besonders saftig. Als zusätzliche Füllung schmecken frische Pfirsichschnitze, Erdbeeren oder entsteinte Kirschen. Der Tortenboden eignet sich zum Einfrieren.

◆ Die Butter bei schwacher Hitze zerlassen, aber nicht bräunen, und wieder lauwarm abkühlen lassen.

◆ Die Orange waschen, abtrocknen und die Schale zur Hälfte abreiben. Die Frucht auspressen und den Saft für den Boden beiseite stellen.

◆ Eier und Zucker mit den Quirlen des Handrührgeräts zu einer dicken Creme aufschlagen.

◆ Orangenschale, Vanille und Zimt unter die Creme mischen.

◆ Speisestärke und Backpulver mischen und auf die Creme sieben. Die Nüsse locker darüberstreuen und alles mit einem Schneebesen vorsichtig vermischen. Zum Schluß die Butter tropfenweise untermischen.

◆ Ein Stück Pergamentpapier von 26 cm Ø ausschneiden.

◆ Den Boden einer Springform von 26 cm Ø fetten und mit dem Pergamentpapier auslegen.

◆ Den Teig in der Form glattstreichen, auf die untere Schiene des kalten Backofens stellen und bei 180 °C (Umluft 160 °C, Gas Stufe 2–3) etwa 40 Minuten backen.

Zutaten für 16 Stücke
Teig
50 g Butter
1 große unbehandelte Orange
4 Eier
100 g Zucker
je 1 TL gemahlene Vanille
und Zimtpulver
40 g Speisestärke
1 TL Backpulver
160 g gemahlene Haselnußkerne
Pergamentpapier und Fett
für die Form
Creme und Belag
2 unbehandelte Zitronen
$^1\!/_2$ l Milch
1 Prise Salz
2 Eier
1 TL gemahlene Vanille
50 g Zucker
140 g Mehl
2 EL Orangenlikör oder Orangensaft
$^1\!/_4$ l süße Sahne
50 g Orangenkonfitüre
100 g gehackte Haselnußkerne
zum Bestreuen

◆ Die Garprobe machen und den fertigen Tortenboden herausnehmen. Den Boden nach etwa 10 Minuten aus der Form lösen und auf einem Kuchengitter erkalten lassen.

◆ Für die Creme 1 Zitrone waschen und abtrocknen; etwas Schale abreiben. Beide Zitronen auspressen.

◆ Milch und Salz erhitzen, aber nicht aufkochen lassen.

◆ Die Eier mit Vanille und Zucker in einem Topf zu einer dicken Creme aufschlagen.

◆ Mehl und Zitronenschale daruntermischen und die heiße Milch unter Rühren dazugießen.

◆ Den Topf auf die Kochstelle setzen und alles unter Rühren erhitzen, bis die Creme dick wie Pudding ist.

◆ Zitronensaft und Orangenlikör oder -saft untermischen und die Creme erkalten lassen.

◆ Die Sahne steif schlagen und unter die Creme ziehen.

◆ Die Torte waagrecht halbieren. Den unteren Boden zuerst mit der Hälfte des Orangensafts tränken und mit der Orangenkonfitüre, dann mit etwa der Hälfte der Vanille-Orangen-Creme bestreichen.

◆ Den zweiten Boden darauf legen und ebenso tränken.

◆ Die Torte mit dem Rest der Creme bestreichen, mit den Haselnüssen bestreuen und im Kühlschrank etwa 6 Stunden durchziehen lassen.

Zubereitung etwa 1$^3\!/_4$ Stunden
Backzeit etwa 40 Minuten
Kühlzeit etwa 6 Stunden
1 Stück = 1420 kJ/ 338 kcal

Schwarzwälder Kirschtorte

◆ Die Zitrone waschen, abtrocknen und die Schale rundherum abreiben.

◆ Die Eier trennen.

◆ Für den Tortenboden das Eiweiß und das Wasser mit den Quirlen des Handrührgeräts steif schlagen und dann den Zucker und die Zitronenschale unter den Eischnee rühren.

◆ Das Handrührgerät auf die niedrigste Schaltstufe stellen und die Eidotter nacheinander unter den Eischnee rühren.

◆ Das Mehl mit Speisestärke, Kakao und Backpulver vermischen, auf die Eiermasse sieben und unterziehen.

◆ Den Boden einer Springform von 26 cm Ø fetten, mit rund zugeschnittenem Pergamentpapier auslegen und den Teig darauf glattstreichen.

◆ Die Form auf die untere Schiene des kalten Backofens stellen und bei 180 °C (Umluft 160 °C, Gas Stufe 2–3) etwa 40 Minuten backen.

◆ Die Garprobe machen, den Tortenboden aus dem Ofen nehmen, nach etwa 10 Minuten aus der Form lösen, auf ein Kuchengitter legen und erkalten lassen.

◆ Für die Füllung die Sauerkirschen auf einem Sieb abgießen und abtropfen lassen, dabei den Saft auffangen.

◆ ¹/₄ l des Kirschsaftes abmessen und in einem Topf mit der Speisestärke

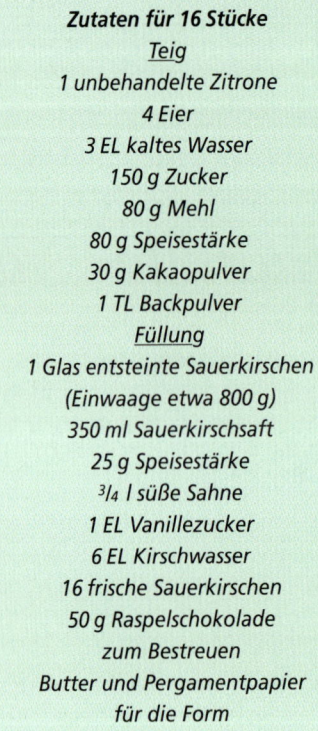

Zutaten für 16 Stücke

Teig
1 unbehandelte Zitrone
4 Eier
3 EL kaltes Wasser
150 g Zucker
80 g Mehl
80 g Speisestärke
30 g Kakaopulver
1 TL Backpulver
Füllung
1 Glas entsteinte Sauerkirschen
(Einwaage etwa 800 g)
350 ml Sauerkirschsaft
25 g Speisestärke
³/₄ l süße Sahne
1 EL Vanillezucker
6 EL Kirschwasser
16 frische Sauerkirschen
50 g Raspelschokolade
zum Bestreuen
Butter und Pergamentpapier
für die Form

verrühren. Die Kirschen unter die Stärke mischen und unter Rühren aufkochen, bis die Masse dick wird.

◆ Die Kirschmasse von der Kochstelle nehmen und abkühlen lassen.

◆ Die Sahne mit dem Vanillezucker steif schlagen.

◆ Den Tortenboden zweimal waagrecht durchschneiden.

◆ Den unteren Boden auf eine Tortenplatte legen, dünn mit Sahne bestreichen und die Kirschmasse darauf verteilen; dann den zweiten Boden auf die Kirschen legen.

◆ 100 ml Kirschsaft mit dem Kirschwasser mischen und den zweiten Boden mit der Hälfte dieser Mischung tränken.

◆ Etwa zwei Drittel der Schlagsahne auf den getränkten Boden streichen und mit dem letzten Boden abdecken; diesen mit der restlichen Saft-Kirschwasser-Mischung tränken.

◆ Die Torte mit der restlichen Schlagsahne überziehen und mit 16 Sahnetupfen garnieren.

◆ Zum Verzieren die frischen Kirschen waschen, abtrocknen und auf die Sahnetupfen legen.

◆ Die Torte mit der Raspelschokolade bestreuen und vor dem Servieren etwa 2 Stunden im Kühlschrank ziehen lassen.

Zubereitung etwa 1¼ Stunde
Backzeit etwa 40 Minuten
Kühlzeit etwa 2 Stunden
1 Stück = 1386 kJ/ 330 kcal

Espressotorte

Zutaten für 16 Stücke
Teig
250 g Butter
1 kleine unbehandelte Zitrone
4 Eier
100 g Zucker
1 TL Vanillezucker
1 Prise Salz
2 EL Rum
125 g Mehl
125 g gemahlene Mandeln
1/2 Päckchen Backpulver
Füllung
1 TL Instantespressopulver
1/8 l Wasser
250 g Mascarpone oder
Doppelrahmfrischkäse
3 EL Portwein oder Orangensaft
1 TL Kakaopulver
3 Eier
70 g Zucker
1/8 l süße Sahne
200 g Schokoladenglasur
zum Bestreichen
16 Zartbittermokkabohnen
Butter für die Form

◆ Die Butter zerlassen, aber nicht bräunen und dann lauwarm abkühlen lassen.
◆ Die Zitrone waschen, abtrocknen und die Schale rundherum abreiben.
◆ Die Eier und den Zucker mit den Quirlen des Handrührgeräts etwa 5 Minuten schaumig rühren, bis die Masse elfenbeinfarben und sehr cremig ist.
◆ Vanillezucker, Salz, Zitronenschale und Rum unter die Eiermasse rühren.
◆ Mehl, Mandeln und Backpulver mischen; abwechselnd mit der flüssigen Butter unter die Eiermasse rühren, bis sich alle Zutaten zu einem cremigen Teig verbunden haben.
◆ Eine Springform von 26 cm Ø mit

Butter fetten, den Teig in die Form füllen, auf die untere Schiene des kalten Backofens stellen und bei 180 °C (Umluft 160 °C, Gas Stufe 2–3) etwa 50 Minuten backen.
◆ Den Tortenboden aus dem Backofen nehmen, nach 10 Minuten aus der Form lösen und auf einem Kuchengitter mindestens 6 Stunden ruhen lassen.
◆ Den Espresso mit 1/8 l Wasser zubereiten und abkühlen lassen.
◆ Für die Creme den Mascarpone mit etwa der Hälfte des Espressos, 2 EL Portwein oder Orangensaft und dem Kakao glattrühren.
◆ Den Tortenboden zweimal waagrecht durchschneiden.
◆ Den restlichen Espresso mit 1 EL Portwein mischen und die Tortenböden mit der Mischung tränken.
◆ Die Eier trennen.
◆ Wasser in einem Topf erhitzen, aber nicht kochen, und eine feuerfeste Schüssel hineinstellen.
◆ Die Eidotter mit dem Zucker und

2 EL Sahne verrühren, in die Schüssel im Wasserbad geben und alles zu einer dicken, schaumigen Creme aufschlagen.
◆ Die Mascarponecreme eßlöffelweise unter die Eimasse rühren, anschließend abkühlen lassen und dabei häufig durchrühren.
◆ Das Eiweiß steif schlagen und ebenso die restliche Sahne.
◆ Den Eischnee und etwa drei Viertel der Sahne unter die Mascarponecreme ziehen.
◆ Die Torte mit der Creme füllen.
◆ Die Schokoladenglasur nach der Packungsaufschrift zubereiten und die Torte damit überziehen.
◆ Sobald die Glasur erstarrt ist, mit dem Rest der Sahne Tupfen auf die Torte spritzen und mit den Mokkabohnen belegen.

Zubereitung etwa 1 1/4 Stunden
Backzeit etwa 50 Minuten
Ruhezeit mindestens 6 Stunden
1 Stück = 2075 kJ/ 494 kcal

Himbeerrolle mit Schokoladencreme

Die zarte Biskuitrolle mit Früchten und Creme schmeckt ausgezeichnet zum Nachmittagskaffee, und nach einem leichten Menü ist sie ein feines Dessert.

Zutaten für 12 Stücke

Teig

6 Eier

1 EL kaltes Wasser

60 g Zucker

1 TL Vanillezucker

100 g Mehl

Creme

1 Vanilleschote

¼ l Milch

½ Päckchen Schokoladen-

puddingpulver

200 ml süße Sahne

50 g Honig

500 g Himbeeren

Fett und Pergamentpapier

für das Backblech

◆ Die Eier trennen; dabei 2 Eiweiß entfernen.

◆ 4 Eiweiß und 1 EL Wasser mit dem Handrührgerät halb steif schlagen.

◆ Zucker und Vanillezucker mischen, langsam einrieseln lassen und weiterschlagen, bis der Eischnee steif ist.

◆ 6 Eidotter nacheinander auf niedriger Schaltstufe unter den Eischnee rühren, bis alles gleichmäßig gelb ist.

◆ Das Mehl mit einem Schneebesen unter die Eimasse ziehen.

◆ Das Pergamentpapier fetten, ein Backblech damit auslegen und den Teig darauf glattstreichen.

◆ Das Blech auf die untere Schiene des kalten Backofens schieben und bei 180 °C (Umluft 160 °C, Gas Stufe 2–3) etwa 15–20 Minuten backen.

◆ Die Biskuitplatte mit dem Pergamentpapier nach oben auf ein feuchtes Küchentuch stürzen, mit einem zweiten feuchten Tuch bedecken und ganz abkühlen lassen.

◆ Die Vanilleschote der Länge nach aufschneiden, das Mark herauskratzen und in die Milch geben.

◆ Das Puddingpulver mit 3 EL Milch glattrühren.

◆ Die restliche Milch zum Kochen bringen, das Puddingpulver unterrühren und alles kurz kochen lassen.

◆ Den Pudding unter häufigem Umrühren ganz abkühlen lassen.

◆ Die Sahne steif schlagen.

◆ Den Honig und zwei Drittel der Sahne unter den Pudding mischen.

◆ Die Himbeeren wenn nötig waschen, sonst nur sorgfältig verlesen.

◆ Das Küchentuch von der Biskuitplatte nehmen und das Pergamentpapier abziehen.

◆ Die Hälfte der Puddingcreme auf die Platte streichen und mit etwa zwei Dritteln der Himbeeren belegen.

◆ Die Platte aufrollen und mit dem Rest der Creme bestreichen.

◆ Die restliche Sahne als Tupfen auf die Biskuitrolle spritzen und mit den übrigen Himbeeren verzieren.

Zubereitung etwa 40 Minuten
Backzeit etwa 20 Minuten
1 Stück = 911 kJ/ 217 kcal

Möhrentorte

Die Orangenkonfitüre gibt der Torte ein süß-herbes Aroma, und der Schokoladenguß hält sie saftig.

◆ Die Zitrone waschen und abtrocknen. Etwa ein Viertel der Zitronenschale fein abreiben und den Saft einer Hälfte auspressen.

◆ Die Möhren putzen, sehr fein reiben und mit Zitronenschale und -saft gut mischen.

◆ Die Eier trennen; das Eiweiß mit dem Wasser halb steif schlagen.

◆ Zucker, Vanillezucker, Salz und Lebkuchengewürz mischen und langsam zugeben; dabei weiterschlagen, bis der Eischnee steif und cremig ist.

◆ Die Eidotter nacheinander zu dem Eischnee geben und unterrühren, bis die Eimasse gleichmäßig gelb ist.

◆ Die geraspelten Möhren rasch unter die Eimasse ziehen.

◆ Mehl, Mandeln und Backpulver

Zutaten für 16 Stücke
1 unbehandelte Zitrone
300 g Möhren
5 Eier, 2 EL kaltes Wasser
100 g Zucker
1 EL Vanillezucker
1 Prise Salz
1 TL Lebkuchengewürz
60 g Mehl
300 g gemahlene Mandeln
1 TL Backpulver
150 g Orangenkonfitüre
200 g dunkle Schokoladenglasur
Fett und Pergamentpapier
für die Form

mischen, über die Eimasse streuen und mit dem Schneebesen unterziehen, bis sich alles gut vermischt hat.

◆ Eine Springform von 26 cm Ø fetten, mit Pergamentpapier auslegen und den Teig darauf glattstreichen.

◆ Die Torte auf die untere Schiene des kalten Backofens stellen und bei 200 °C (Umluft 180 °C, Gas Stufe 3) etwa 50 Minuten backen.

◆ Die Garprobe machen, die fertige Torte aus dem Ofen nehmen und 10 Minuten in der Form ruhen lassen.

◆ Die Torte auf ein Kuchengitter stürzen und noch heiß mit der Orangenkonfitüre bestreichen.

◆ Die Torte abkühlen lassen, die Schokoladenglasur nach Vorschrift zubereiten und die Torte damit überziehen. Vor dem Anschneiden möglichst 1 Tag ziehen lassen.

Zubereitung etwa 1 Stunde
Backzeit etwa 50 Minuten
Ruhezeit etwa 1 Tag
1 Stück = 1243 kJ/ 296 kcal

Brandteig: Grundrezept

1. Die Butter im kochenden Salzwasser schmelzen lassen.

2. Das Mehl unter Rühren hinzugeben.

3. Die Mischung rühren, bis ein Teigkloß entstanden ist.

4. 1 Ei unter den heißen Teig rühren.

5. Die restlichen Eier unter den Teig mischen.

6. Den Teig auf das Backblech geben.

◆ Das Wasser mit Butter und Salz in einem Topf aufkochen und kochen lassen, bis die Butter geschmolzen ist.

◆ Das Mehl unter Rühren hinzugeben.

◆ Die Mehlmischung bei schwächster Hitze so lange weiterrühren, bis sich der Teig zu einem Kloß zusammenballt und sich am Boden des Topfes eine weißliche Schicht bildet.

◆ Den Teig in eine Rührschüssel geben.

◆ 1 Ei mit den Knethaken des Handrührgeräts unter den heißen Teig mischen.

◆ Den Teig lauwarm abkühlen lassen, dann die restlichen Eier und mit dem letzten Ei das Backpulver untermischen.

◆ Für Kleingebäck aus Brandteig, wie Eclairs, Windbeutel oder Liebesknochen, 2 Backbleche fetten und mit Mehl bestreuen.

◆ Den Teig mit zwei Eßlöffeln oder einem Spritzbeutel auf die Backbleche geben. Zwischen den Teighäufchen genügend Abstand lassen, denn der Teig geht beim Backen stark auf.

◆ Das erste Blech mit kaltem Wasser besprühen und auf die mittlere Schiene des kalten Backofens schieben.

◆ Das Kleingebäck bei 180°C (Umluft 160°C, Gas Stufe 2–3) etwa 40 Minuten backen.

Zutaten für 12 große oder 20 kleine Stück Gebäck

$1/4$ l Wasser
60 g Butter
1 Prise Salz
150 g Mehl
4 Eier
1 TL Backpulver
Puderzucker zum Bestreuen (bei süßer Füllung)
Fett, Mehl und Wasser für die Backbleche

◆ Das Kleingebäck auf dem zweiten Blech ebenfalls mit Wasser besprühen und etwa 35 Minuten backen; dabei jeweils während der ersten 20 Minuten den Backofen nicht öffnen, sonst fällt das Gebäck zusammen.

◆ Nach dem Backen das Kleingebäck sofort vom Blech lösen, noch heiß waagrecht durchschneiden und auf einem Kuchengitter abkühlen lassen.

◆ Eine süße oder herzhafte Füllung wie Schlagsahne, Creme, Obst bzw. geraspeltes Gemüse oder Meerrettich zubereiten.

◆ Die Füllung auf die untere Hälfte des abgekühlten Kleingebäcks geben und die obere Hälfte darauf legen.

◆ Gebäck mit süßer Füllung mit Puderzucker bestreuen.

Füllungen

Sahnefüllung

400 ml süße Sahne
2–3 EL Zucker
1 MSP gemahlene Vanille
1 Päckchen Sahnesteif

Sahnefüllung

◆ Die Sahne halb steif schlagen.

◆ Den Zucker mit der Vanille und dem Sahnesteif mischen.

◆ Die Zuckermischung langsam zur Sahne geben und weiterschlagen, bis die Sahne ganz steif ist.

Lachs-Krabben-Füllung

◆ Den Räucherlachs in Streifen schneiden.

◆ Die Krabben abtropfen lassen und mit dem Zitronensaft mischen.

◆ Den Dill und den Schnittlauch waschen, trockentupfen und fein zerkleinern.

◆ Den Frischkäse mit dem Joghurt glattrühren.

◆ Die Sahne steif schlagen und unterziehen.

◆ Die Käsecreme mit Lachs, Krabben und Kräutern vermischen und mit Salz und Cayennepfeffer abschmecken.

Lachs-Krabben-Füllung

50 g Räucherlachs
100 g Krabben
1 EL Zitronensaft
je $\frac{1}{2}$ Bund Dill
und Schnittlauch
150 g Rahmfrischkäse
100 g Magerjoghurt
100 ml süße Sahne
Salz
Cayennepfeffer

Brandteigkränze mit Schokosahne

◆ Den Brandteig nach dem Grundrezept (siehe S. 612) zubereiten.
◆ 2 Backbleche fetten und mit Mehl bestäuben.

◆ Den Teig in einen Spritzbeutel mit großer Tülle füllen und als Kränze von etwa 5 cm Ø auf die Backbleche spritzen.
◆ Das erste Blech mit kaltem Wasser besprühen und auf die mittlere Schiene des kalten Backofens stellen. Die Kränze darin bei 180 °C (Umluft 160 °C, Gas Stufe 2–3) etwa 40 Minuten backen.
◆ Die Kränze auf dem zweiten Blech danach etwa 35 Minuten backen.
◆ Das Gebäck vom Blech lösen, waagrecht halbieren und auf einem Kuchengitter abkühlen lassen.
◆ Für die Füllung das Kakao- und das Kaffeepulver mischen.
◆ Die Sahne halb steif schlagen, Zucker, Sahnesteif, Kakao- und Kaffeepulver einrieseln lassen und die Sahne schlagen, bis sie steif ist.

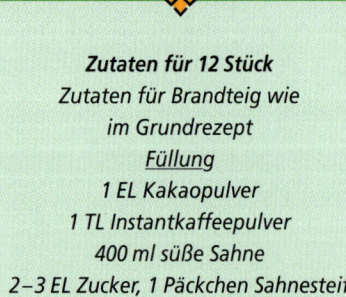

Zutaten für 12 Stück
Zutaten für Brandteig wie
im Grundrezept
Füllung
1 EL Kakaopulver
1 TL Instantkaffeepulver
400 ml süße Sahne
2–3 EL Zucker, 1 Päckchen Sahnesteif
Puderzucker zum Bestäuben

◆ Die Brandteigkränze mit der Sahnemasse füllen und mit Puderzucker bestäuben.

Zubereitung etwa 1¹/₂ Stunden
Backzeit etwa 1¹/₄ Stunden
1 Stück = 1054 kJ/ 251 kcal

Flockentorte

Diese Torte läßt sich gut vorbereiten, denn die Böden können Sie vorab backen und einfrieren. Nach dem Füllen sollten Sie die Torte jedoch bald servieren, denn sonst weichen die Böden durch.

◆ Den Brandteig für die Torte nach dem Grundrezept (siehe S. 612) zubereiten.
◆ Den Boden einer Springform von 26 cm Ø fetten und mit Mehl bestreuen; ein Drittel des Teigs darauf streichen.
◆ Den Tortenboden auf die mittlere Schiene des kalten Backofens schieben und bei 180 °C (Umluft 160 °C, Gas Stufe 2–3) etwa 20 Minuten backen.
◆ Den Boden aus dem Ofen nehmen, sofort aus der Springform lösen

Zutaten für 12 Stücke
Zutaten für Brandteig wie
im Grundrezept
Füllung
400 g Kirschen, 1 reifer Pfirsich
400 ml süße Sahne
2–3 EL Zucker
1 MSP gemahlene Vanille
1 Päckchen Sahnesteif
2 EL Schokoladenstreusel
oder Krokant
Puderzucker zum Bestreuen
Fett und Mehl für die Form

und auf einem Kuchengitter abkühlen lassen.
◆ Die Form fetten, mit Mehl bestreuen und aus dem restlichen Teig in je 10 Minuten 2 Böden backen.
◆ Die Kirschen waschen, abzupfen und entsteinen.
◆ Den Pfirsich mit kochendem Wasser übergießen, kurz ziehen lassen, häuten und in Würfel schneiden; dabei den Stein entfernen.
◆ Die Sahne halb steif schlagen; Zucker, Vanille und Sahnesteif mischen, langsam zur Sahne geben und schlagen, bis sie ganz steif ist.
◆ Das Obst unter die Sahne mischen.
◆ Die Böden mit der Früchtesahne bestreichen, aufeinandersetzen und mit Schokostreuseln oder Krokant und Puderzucker bestreuen.

Zubereitung etwa 1¹/₂ Stunden
Backzeit etwa 40 Minuten
1 Stück = 1151 kJ/ 274 kcal

Eberswalder Spritzkuchen

Damit die Spritzkuchen nicht zu-viel Fett aufnehmen, lassen Sie es richtig heiß werden: Ein Stückchen Weißbrot muß im Fritierfett rasch bräunen.

◆ Wasser mit Butter und Salz in einem Topf erhitzen und kochen lassen, bis die Butter geschmolzen ist; dann den Vanillezucker einrühren.
◆ Den Topf von der Kochstelle nehmen und das gesamte Mehl unter Rühren hineingeben.
◆ Den Topf auf den Herd zurückstellen und bei schwächster Hitze rühren, bis sich die Masse zu einem Kloß zusammenballt und am Boden des Topfes eine weißliche Schicht zu sehen ist.
◆ Dann den Teig in eine Schüssel geben, 1 Ei mit den Knethaken des Handrührgeräts unter den heißen Teig rühren und den Teig lauwarm abkühlen lassen.
◆ Anschließend nacheinander die restlichen Eier unterrühren; mit dem

Zutaten für 12 Stück
Teig
¼ l Wasser
60 g Butter
1 Prise Salz
1 EL Vanillezucker
150 g Mehl
4 Eier
1 MSP Backpulver
Guß
1 Zitrone
200 g Puderzucker
1 Spritzer Arrakaroma
Pergamentpapier und Öl
zum Ausbacken
Butterschmalz, Kokosfett oder Öl
zum Fritieren

letzten Ei auch das Backpulver daruntermischen.
◆ Das Pergamentpapier in 12 quadratische Stücke von etwa 10 × 10 cm

Größe schneiden und mit etwas Öl bestreichen.
◆ Den Teig in einen Spritzbeutel mit großer Tülle geben und als Kringel auf das Papier spritzen.
◆ Das Fett zum Fritieren erhitzen. Jeweils 2–3 Teigkringel mit dem Papier nach oben in das heiße Fett gleiten lassen; dabei löst sich das Papier, und man kann es mit einem Schaumlöffel aus dem Fett nehmen.
◆ Die Spritzkuchen bei mittlerer Hitze auf der Unterseite etwa 4 Minuten goldgelb backen, wenden und in weiterer 4 Minuten fertigbacken.
◆ Das Gebäck mit dem Schaumlöffel aus dem Fett nehmen, auf Küchenpapier abtropfen lassen und ein wenig abkühlen lassen.
◆ Die Zitrone auspressen; 3 EL Saft mit dem Puderzucker und dem Arrak zu einem dicken Guß verrühren und die Spritzkuchen damit bestreichen.

Zubereitung etwa 1½ Stunden
1 Stück = 1172 kJ/ 279 kcal

615

Mürbeteig: Grundrezept

1. Alle Zutaten mit dem Handrührgerät vermischen.

2. Auf der Arbeitsfläche zu einem glatten Teig kneten.

3. Eine Springform mit dem Teig auskleiden.

4. Mit Papier auslegen und mit Hülsenfrüchten belegen.

◆ Die Zitrone waschen, abtrocknen und ein Stück Schale abreiben.

◆ Mehl, Zucker, etwas Zitronenschale, Salz, Ei und Butter in einer Schüssel mit den Knethaken des Handrührgeräts zu einer krümeligen Masse vermischen.

◆ Die Masse auf der Arbeitsfläche mit den Händen rasch zu einem glatten Teig zusammenkneten.

◆ Anschließend aus dem Teig einen Kloß formen und in eine ungefettete Springform von 26 cm Ø legen.

◆ Den Teig zuerst mit dem Handballen, dann mit den Fingerspitzen auseinanderdrücken, bis der Boden der Form bedeckt ist.

◆ Schließlich mit dem Daumen rundherum einen etwa 3 cm hohen Teigrand formen.

◆ Den Teigboden mit einer Gabel mehrmals einstechen, damit er beim Backen keine Blasen wirft.

◆ Den Teig in der Form in den Kühlschrank stellen und mindestens 1 Stunde ruhen lassen.

◆ Den Belag zubereiten.

◆ Den Tortenboden auf die mittlere Schiene des kalten Backofens stellen und bei 200 °C (Umluft 180 °C, Gas Stufe 3) etwa 10 Minuten vorbacken.

◆ Anschließend den Belag auf dem Teigboden verteilen und den Kuchen in etwa 30 Minuten fertigbacken.

◆ Wenn man den Kuchenboden ohne den Belag bäckt und erst später belegt, nennt man dies Blindbacken. Dafür den Teigboden nach der Kühlzeit mit einem Stück Pergamentpapier abdecken und eine Lage getrocknete Bohnen oder Erbsen darauf geben, damit der Rand nicht zusammenfällt.

◆ Für das Blindbacken den Boden samt den Hülsenfrüchten auf die mittlere

Zutaten für 12 Stücke
1 kleine unbehandelte Zitrone
200 g Mehl
50 g Zucker
1 Prise Salz
1 Ei
100 g weiche Butter
Pergamentpapier und Hülsenfrüchte zum Blindbacken

Schiene des kalten Backofens schieben und bei 180 °C (Umluft 160 °C, Gas Stufe 2–3) etwa 40 Minuten backen, bis er braun und knusprig ist.

◆ Den Kuchen aus dem Backofen nehmen und bei dem blindgebackenen Boden das Pergamentpapier mit den Hülsenfrüchten entfernen.

◆ Den Kuchen abkühlen lassen und aus der Form lösen.

Birnenkuchen

Birnenkuchen

Dieser saftige Birnenkuchen stammt aus einem alten Kochbuch, das Anfang des 19. Jh. in Bayern geschrieben wurde.

◆ Den Mürbeteig für den Birnenkuchen nach dem Grundrezept (siehe S. 616) zubereiten.

◆ Eine Springform von 26 cm Ø mit dem Teig auskleiden, dabei einen etwa 3 cm hohen Rand formen.

◆ Den Teigboden mit einer Gabel mehrmals einstechen und kühl stellen, bis der Belag vorbereitet ist.

◆ Die Birnen schälen, vierteln, vom Kerngehäuse befreien und in Stücke schneiden.

◆ Das Butterschmalz in einem Topf erhitzen, die Birnen und den Zucker zugeben und alles bei mittlerer Hitze schmoren, bis die Birnen fast weich sind.

◆ Den Wein oder Zitronensaft, Ingwer, Zimt und Nelken unter das Obst mischen und alles dick einkochen. Dann die Birnen abkühlen lassen.

◆ Den Teigboden auf die mittlere Schiene des kalten Backofens stellen und bei 200 °C (Umluft 180 °C, Gas Stufe 3) etwa 10 Minuten vorbacken.

◆ Den Kuchen aus dem Ofen nehmen, die Birnen auf dem Boden verteilen und den Kuchen in etwa 30 Minuten fertigbacken.

Zubereitung etwa 50 Minuten
Backzeit etwa 40 Minuten
1 Stück = 903 kJ/ 215 kcal

Zutaten für 12 Stücke
Zutaten für Mürbeteig wie im Grundrezept
Belag
1 kg feste Birnen
1 EL Butterschmalz
50 g Zucker
2 EL trockener Weißwein oder Zitronensaft
je 1 TL Ingwer- und Zimtpulver
1/2 TL gemahlene Nelken

Obstsalattorte mit Schlagsahne

Der Kuchen schmeckt zu jeder Jahreszeit mit frischem Obst der Saison: im Frühling mit Erdbeeren, im Sommer mit Kirschen und Pfirsichen, im Herbst mit Weintrauben. Zum Einfrieren eignet sich nur der ungefüllte Boden. Sie sollten ihn erst nach dem Auftauen belegen.

◆ Für den Tortenboden einen Mürbeteig nach dem Grundrezept (siehe S. 616) zubereiten.

◆ Eine Springform von 26 cm Ø mit dem Teig auskleiden, dabei einen etwa 3 cm hohen Rand formen.

◆ Den Teigboden mit einer Gabel mehrmals einstechen und 1 Stunde kühl stellen.

◆ Den Teigboden wie im Grundrezept zum Blindbacken mit Pergamentpapier belegen und mit Hülsenfrüchten füllen, auf die mittlere Schiene des kalten Backofens schie-

Zutaten für 12 Stücke
Zutaten für Mürbeteig wie im Grundrezept
Belag
1/4 l Milch
1/2 Päckchen Vanillepuddingpulver
100 g Zucker
750 g gemischtes Obst wie Äpfel, Orangen, Bananen und Birnen
200 ml süße Sahne
Pergamentpapier und Hülsenfrüchte zum Blindbacken

ben und bei 180 °C (Umluft 160 °C, Gas Stufe 2–3) etwa 40 Minuten backen, bis er braun und knusprig ist.

◆ Die Springform aus dem Ofen nehmen, das Pergamentpapier und die Hülsenfrüchte entfernen, den Tortenboden abkühlen lassen und anschließend aus der Form lösen.

◆ Während der Kuchen bäckt, aus Milch, Puddingpulver und 1 EL Zucker einen Pudding kochen und unter häufigem Umrühren abkühlen lassen.

◆ Das Obst wie für einen Obstsalat waschen, putzen, schälen, zerkleinern und dann mit zwei Dritteln des Zuckers mischen.

◆ Die Sahne mit dem restlichen Zucker steif schlagen und 1 EL unter den kalten Vanillepudding mischen.

◆ Den Vanillepudding auf dem kalten Kuchenboden glattstreichen und das Obst darauf verteilen.

◆ Die Sahne in einen Spritzbeutel füllen und die Torte damit verzieren.

Zubereitung etwa 1 1/2 Stunden
Backzeit etwa 40 Minuten
1 Stück = 1184 kJ/ 282 kcal

Kirschtorte

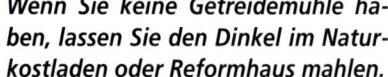

Zutaten für 12 Stücke
Teig
1 unbehandelte Zitrone
150 g Dinkel
50 g Zuckerrohrgranulat
1 Prise Salz
75 g weiche Butter
2–3 EL kaltes Wasser
Belag
700 g Kirschen
1 EL Honig
200 ml süße Sahne
1 EL Vanillezucker
50 g Raspelschokolade
zum Bestreuen
Hülsenfrüchte und Pergamentpapier
zum Blindbacken

Wenn Sie keine Getreidemühle haben, lassen Sie den Dinkel im Naturkostladen oder Reformhaus mahlen.

◆ Die Zitrone waschen, abtrocknen und 1 großes Stück Schale abreiben; den Saft auspressen.
◆ Für den Teig feingemahlenen Dinkel, Zuckerrohrgranulat, Salz, reichlich Zitronenschale, Butter und 2 EL Wasser in einer Schüssel mit dem Handrührgerät mischen.
◆ Die Mischung auf der Arbeitsfläche mit den Händen zu einem glatten Teig zusammenkneten; falls der Teig nicht bindet, das restliche Wasser unterkneten.
◆ Eine Springform von 26 cm Ø mit dem Teig auskleiden, dabei einen etwa 3 cm hohen Rand formen. Den Teigboden mit einer Gabel mehrmals einstechen und 30 Minuten kühlen.
◆ Den Teigboden zum Blindbacken (siehe S. 616) mit Pergamentpapier und Hülsenfrüchten belegen, auf die mittlere Schiene des kalten Backofens schieben und bei 180 °C (Umluft 160 °C, Gas Stufe 2–3) etwa 40 Minuten backen.
◆ Die Form aus dem Ofen nehmen, das Pergament mit den Hülsenfrüchten entfernen, und den Tortenboden abkühlen lassen.
◆ Währenddessen die Kirschen waschen, abzupfen und entsteinen. Die Kirschen mit je 1 EL Zitronensaft und Honig mischen und auf dem Tortenboden verteilen.
◆ Die Sahne mit Vanillezucker steif schlagen, über den Kirschen glattstreichen und die Raspelschokolade darüber streuen.

Zubereitung etwa 50 Minuten
Backzeit etwa 40 Minuten
1 Stück = 903 kJ/ 215 kcal

Gedeckter Apfelkuchen

Zutaten für 12 Stücke
Teig
1 unbehandelte Zitrone
250 g Mehl
100 g Zucker
1 Prise Salz
1 großes Ei
125 g weiche Butter
etwas Wasser
Füllung
800 g säuerliche Äpfel
50 g Zucker
2 EL Wasser
100 g abgezogene, gestiftelte
Mandeln
100 g Rosinen
1 TL Zimtpulver
1 MSP gemahlene Nelken
1 Ei und 1 EL Milch
zum Bestreichen
Puderzucker zum Bestreuen
Pergamentpapier zum Ausrollen

Nehmen Sie Gravensteiner, Boskoop oder Cox Orange für den Kuchen. Diese Apfelsorten schmecken säuerlich aromatisch und werden beim Kochen weich, aber nicht zu Mus.

◆ Die Zitrone waschen und abtrocknen. Für den Teig etwas Schale abreiben. Für die Füllung den Saft einer Hälfte auspressen, 1 Stück Schale abschneiden und beiseite legen.
◆ Mehl, Zucker, etwas Zitronenschale, Salz, Ei und Butter vermischen, bis alles krümelig ist.
◆ Die Mischung auf der Arbeitsfläche mit den Händen rasch zu einem glatten Teig zusammenkneten. Falls der Teig nicht zusammenhält, tropfenweise Wasser unterkneten.
◆ Anschließend aus zwei Dritteln des Teiges einen Kloß formen und in eine Springform von 26 cm Ø legen.
◆ Den Teig zuerst mit dem Handballen, dann mit den Fingerspitzen auseinanderdrücken, bis er den Boden der Form bedeckt. Schließlich mit dem Daumen rundherum einen etwa 3 cm hohen Rand hochdrücken.
◆ Den Rest des Teiges zwischen

2 Blättern Pergamentpapier zu einer dünnen Platte ausrollen, die etwas größer als die Springform sein soll.
◆ Die Form mit dem Kuchenboden und das Pergamentpapier mit der Teigplatte in den Kühlschrank stellen und den Teig mindestens 1 Stunde ruhen lassen.
◆ Für die Füllung die Äpfel schälen, vierteln und vom Kerngehäuse befreien.
◆ Die Äpfel mit Zucker, Wasser, Zitronensaft und 1 Stück Zitronenschale in einem Topf aufkochen lassen und zugedeckt etwa 10 Minuten dünsten.
◆ Die Zitronenschale aus dem Topf nehmen und die Äpfel mit dem Kartoffelstampfer grob zerdrücken.
◆ Mandeln, Rosinen, Zimt und Nelken unter die Äpfel mischen und alles abkühlen lassen.
◆ Den Kuchenboden auf die mittlere Schiene des kalten Backofens stellen und bei 200 °C (Umluft 180 °C, Gas Stufe 3) etwa 10 Minuten vorbacken.
◆ Danach die Äpfel auf dem Tortenboden verteilen.

◆ Das eine Blatt Pergament von der Teigplatte abziehen, die Platte vorsichtig auf den Kuchen legen und das zweite Pergamentpapier ebenfalls entfernen. Die Teigplatte rundherum am Rand festdrücken.
◆ Das Ei trennen und das Eigelb mit der Milch verrühren.
◆ Den Kuchen mit der Eiermilch bestreichen und bei 180 °C (Umluft 160 °C, Gas Stufe 2–3) in etwa 35 Minuten fertigbacken.
◆ Den Kuchen aus dem Ofen nehmen, etwa 20 Minuten in der Form stehen lassen, herauslösen und auf einem Kuchengitter abkühlen lassen.
◆ Den Puderzucker vor dem Servieren auf den Kuchen sieben.

Zubereitung etwa 1 Stunde
Backzeit etwa 45 Minuten
1 Stück = 1407 kJ/ 335 kcal

Vollkornzwetschgenkuchen

Dieser Obstkuchen hat drei Vorteile: Er gelingt immer, schmeckt gut und kann rund ums Jahr gebacken werden – beispielsweise mit Rhabarber, Kirschen oder Aprikosen. Wer kein Vollkornmehl mag, nimmt weißes Mehl und etwas weniger Wasser.

◆ Das Mehl mit Zucker, Butter oder Margarine und Wasser zu einem glatten Mürbeteig verkneten. Falls der Teig bröckelt, noch tropfenweise kaltes Wasser unterkneten.

◆ Eine Springform von 26 cm Ø fetten, mit dem Teig auskleiden und dabei einen etwa 3 cm hohen Rand formen. Den Teigboden mehrmals mit einer Gabel einstechen und 1 Stunde kühl stellen.

◆ Die Zwetschgen waschen, trockentupfen, entsteinen und halbieren.

◆ Für den Guß den Zucker mit Ei, Crème fraîche und Nüssen verrühren.

◆ Den Kuchenboden auf die untere Schiene des kalten Backofens stellen und bei 200 °C (Umluft 180 °C, Gas Stufe 3) 10 Minuten vorbacken.

◆ Dann die Zwetschgen schuppenförmig auf den Kuchenboden legen und den Guß darüber gießen.

◆ Den Kuchen wieder in den Backofen schieben und in etwa 30 Minuten fertigbacken.

Zubereitung etwa 50 Minuten
Kühlzeit 1 Stunde
Backzeit etwa 40 Minuten
1 Stück = 1239 kJ/ 295 kcal

Zutaten für 12 Stücke
Teig
250 g Weizenvollkornmehl
50 g Zucker
100 g weiche Butter oder Margarine
etwa 2½ EL kaltes Wasser
Fett für die Form
Belag und Guß
600 g Zwetschgen
50 g Zucker, 1 Ei
100 g Crème fraîche
125 g gemahlene Nußkerne

Rhabarberkuchen

Diesen Kuchen kann man auch mit anderem sehr saftigem Obst wie Kirschen, Zwetschgen oder Stachelbeeren backen. Zucker und Mandeln sorgen für Aroma und verhindern, daß der Boden zu weich wird.

◆ Die Zitrone waschen, abtrocknen und die Schale abreiben.

◆ Für den Teig Mehl, Zucker, die Hälfte der Zitronenschale, Salz, zunächst 3 EL Wasser und Butter in einer Schüssel verrühren, bis die Mischung krümelig ist.

◆ Die Mischung auf der Arbeitsfläche mit den Händen rasch zu einem glatten Teig zusammenkneten. Falls der Teig nicht bindet, den restlichen Eßlöffel Wasser tropfenweise unterkneten.

◆ Eine Springform von 26 cm Ø mit dem Teig auskleiden und dabei einen etwa 3 cm hohen Rand formen.

Zutaten für 12 Stücke
Teig
1 unbehandelte Zitrone
200 g Mehl
50 g Zucker
1 Prise Salz
3–4 EL kaltes Wasser
100 g weiche Butter
Belag
50 g Zucker
100 g gemahlene Mandeln
1 TL Zimtpulver
600 g Rhabarber
3 Eier
200 ml süße Sahne

◆ Den Teigboden mit einer Gabel mehrmals einstechen und 30 Minuten kühl stellen.

◆ Für den Belag den Zucker mit den Mandeln und dem Zimt vermischen.

◆ Den Rhabarber waschen, von den harten Fäden befreien und in fingerbreite Stücke schneiden.

◆ Die Eier mit der Sahne und der zweiten Hälfte der Zitronenschale verrühren.

◆ Den Kuchenboden auf die mittlere Schiene des kalten Backofensstellen und bei 200 °C (Umluft 180 °C, Gas Stufe 3) 10 Minuten vorbacken.

◆ Danach die Mandelmischung auf den Teigboden streuen, den Rhabarber darauf verteilen und mit der Eiersahne übergießen.

◆ Den Kuchen im Backofen in etwa 40 Minuten fertigbacken.

Zubereitung etwa 40 Minuten
Kühlzeit 30 Minuten
Backzeit etwa 50 Minuten
1 Stück = 1218 kJ/ 290 kcal

Johannisbeertorte

Für die Torte mit süßer Vanillecreme und Baiser brauchen Sie säuerliches Obst: Johannisbeeren wie im Rezept, Stachelbeeren, Rhabarber oder Sauerkirschen.

◆ Die Zitrone waschen, abtrocknen und die Schale abreiben.

◆ Für den Teig Mehl, Zucker, etwas Zitronenschale, Salz, zunächst 3 EL Wasser und Butter in einer Schüssel mit den Knethaken des Handrührgeräts vermischen, bis die Masse krümelig ist.

◆ Die Masse auf der Arbeitsfläche mit den Händen rasch zu einem glatten Teig zusammenkneten. Falls der Teig nicht bindet, das restliche Wasser tropfenweise unterkneten.

◆ Eine Springform von 26 cm Ø mit dem Teig auskleiden und dabei einen etwa 3 cm hohen Rand formen.

◆ Den Teigboden mit einer Gabel mehrmals einstechen und kühl stellen, bis alles andere vorbereitet ist.

◆ Die Johannisbeeren verlesen, in einer Schüssel mit kaltem Wasser waschen und von den Stielen streifen.

◆ Die Beeren mit etwa 50 g Zucker mischen und ziehen lassen, bis Creme und Baiser fertig sind.

◆ Für die Creme die Milch mit dem Salz erhitzen, aber nicht aufkochen.

◆ Die Eier trennen; die Dotter mit der Vanille und weiteren 50 g Zucker in einem Topf zu einer dicken Creme aufschlagen.

◆ Das Mehl daruntermischen und die heiße Milch unter Rühren dazugießen.

◆ Den Topf auf die Kochstelle setzen und die Creme bei mittlerer Hitze mit dem Schneebesen kräftig rühren, bis sie dick wie Pudding ist.

◆ 2 EL Saft, der sich bei den gezukkerten Beeren gebildet hat, unter die Creme mischen und die Creme erkalten lassen.

◆ 2 Eiweiß steif schlagen und darunterziehen.

◆ Den Kuchenboden mit der Hälfte der Creme bestreichen, darauf die Beeren verteilen und mit der restlichen Creme überziehen.

◆ Die Torte auf die mittlere Schiene des kalten Backofens stellen und bei

Zutaten für 12 Stücke
Teig
1 unbehandelte Zitrone
150 g Mehl
50 g Zucker
1 Prise Salz
3–4 EL kaltes Wasser
75 g weiche Butter
Belag
300 g Johannisbeeren
150 g Zucker
$^1/_4$ l Milch
1 Prise Salz
3 Eier
$^1/_2$ TL gemahlene Vanille
75 g Mehl

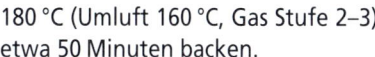

180 °C (Umluft 160 °C, Gas Stufe 2–3) etwa 50 Minuten backen.

◆ Während die Torte im Ofen ist, das dritte Eiweiß halb steif schlagen.

◆ Den restlichen Zucker langsam zugeben und weiterschlagen, bis der Schnee glänzt und fest, aber noch elastisch ist.

◆ Nach der Backzeit den Backofen auf 250 °C (Gas Stufe 5–6) schalten.

◆ Das Baiser auf den Kuchen streichen; dabei rundherum am Rand ungefähr 2 cm frei lassen, denn das Baiser verfließt beim Backen.

◆ Den Kuchen wieder in den Ofen schieben und knapp 3 Minuten backen, bis das Baiser goldgelb ist.

◆ Dann den Kuchen herausnehmen und 10 Minuten ruhen lassen.

◆ Den Formrand entfernen und den Kuchen auf dem Formboden etwa 4 Stunden abkühlen lassen, anschließend auf eine Kuchenplatte geben.

Zubereitung etwa 1$^1/_2$ Stunden
Backzeit etwa 1 Stunde
Ruhezeit etwa 4 Stunden
1 Stück = 962 kJ/ 229 kcal

Käsekuchen

Dieser Käsekuchen ist auch für Anfänger leicht zu machen. Damit er locker wird und schön aufgeht, sollten Sie ihn in einer warmen Küche ohne Zugluft zubereiten.

◆ Die Zitrone waschen und abtrocknen. Die Schale abreiben und von einer Hälfte den Saft auspressen.

◆ In einer Schüssel Mehl, Zucker, die Hälfte der Zitronenschale, Salz, 3 EL Wasser und Butter vermischen, bis die Mischung krümelig ist.

◆ Auf der Arbeitsfläche mit den Händen rasch einen glatten Teig daraus kneten. Falls er nicht bindet, tropfenweise Wasser einarbeiten.

◆ Eine Springform von 26 cm Ø mit dem Teig auskleiden, dabei einen etwa 3 cm hohen Rand formen. Den Teigboden mit einer Gabel mehrmals einstechen und 30 Minuten kühlen.

◆ Den Kuchenboden auf die mittlere Schiene des kalten Backofens stellen und bei 200 °C (Umluft 180 °C, Gas Stufe 3) 20 Minuten vorbacken.

◆ In der Zwischenzeit Butter, Zucker, Vanille, restliche Zitronenschale und Zitronensaft mit den Quirlen des Handrührgeräts schaumig rühren.

◆ Die Eier trennen und die Eidotter

Zutaten für 12 Stücke
Teig
1 unbehandelte Zitrone
200 g Mehl
50 g Zucker
1 Prise Salz
3–4 EL kaltes Wasser
100 g weiche Butter
Belag
50 g weiche Butter
75 g Zucker
1 TL gemahlene Vanille
2 Eier
750 g Magerquark
100 g Rosinen
1/8 l süße Sahne
50 g Speisestärke
1 MSP Backpulver
Pergamentpapier

nacheinander unter die Buttermischung rühren.

◆ Eßlöffelweise den Quark und dann die Rosinen unter die Buttermischung rühren.

◆ Das Eiweiß steif schlagen.

◆ Die Sahne ebenfalls steif schlagen.

◆ Sahne und Eiweiß auf die Quarkcreme geben.

◆ Speisestärke und Backpulver mischen, über die Creme sieben und alles mit einem Schneebesen mischen.

◆ Den Kuchen aus dem Ofen nehmen und die Temperatur auf 180 °C (Umluft 160 °C, Gas Stufe 2–3) zurückschalten.

◆ Die Quarkcreme auf dem Kuchenboden glattstreichen.

◆ Den Kuchen wieder in den Ofen stellen und 45 Minuten backen; dabei die Ofentür nicht öffnen, damit der Quark nicht zusammenfällt.

◆ Nach dieser Zeit den Kuchen mit Pergamentpapier abdecken und den Kuchen weitere 30 Minuten backen.

◆ Den Backofen ausschalten und den Kuchen darin noch 15 Minuten bei geöffneter Backofentür stehenlassen.

◆ Den Käsekuchen aus dem Ofen nehmen, nach 20 Minuten aus der Form lösen und auf einem Kuchengitter auskühlen lassen.

Ruhezeit etwa 30 Minuten
Zubereitung etwa 1 Stunde
Backzeit etwa 1 1/2 Stunden
1 Stück = 1399 kJ/ 333 kcal

Apfelkuchen vom Blech

Zutaten für 20 Stücke
Teig
200 g Magerquark
1/8 l Milch
8 EL Öl
75 g Zucker
400 g Mehl
1/2 Päckchen Backpulver
1 TL Zimtpulver
Fett für das Blech
Mehl zum Formen
Belag
1 unbehandelte Zitrone
1 kg säuerliche Äpfel
100 g Rosinen
100 g feingehackte Mandeln oder
Nußkerne
1/4 l Milch
200 ml süße Sahne
3 Eier
100 g Zucker

Dieser saftige Kuchen schmeckt lauwarm am besten. Reste kann man gut einfrieren und bis zu einem halben Jahr im Tiefkühlgerät aufbewahren.

◆ Für den Teig den Quark auf ein Sieb geben und etwa 30 Minuten abtropfen lassen.

◆ Den Quark mit Milch, Öl, Zucker und der Hälfte des Mehls in einer Schüssel mit dem Handrührgerät verkneten.

◆ Das restliche Mehl mit Backpulver und Zimt mischen.

◆ Den Teig auf die Arbeitsfläche geben und die Mehlmischung mit den Händen unter den Teig kneten.

◆ Ein Backblech fetten, den Teig zu einer Kugel formen und in die Mitte des Blechs legen.

◆ Mit der bemehlten Hand den Teig zuerst mit dem Handballen, dann mit den Fingerspitzen flach drücken; dabei einen fingerbreiten Rand formen.

◆ Die Zitrone waschen und abtrocknen. Von einer Hälfte die Schale abreiben und den Saft auspressen.

◆ Die Äpfel schälen, vierteln, vom Kerngehäuse befreien und grob raspeln. Mit dem Zitronensaft vermischen, auf dem Kuchenboden verteilen und mit Rosinen und Mandeln oder Nüssen bestreuen.

◆ Die Milch mit Sahne, Eiern, Zucker und abgeriebener Zitronenschale verrühren und über die Äpfel gießen.

◆ Den Kuchen auf die mittlere Schiene des kalten Backofens schieben und bei 180 °C (Umluft 160 °C, Gas Stufe 2–3) etwa 45 Minuten backen, bis er leicht gebräunt und der Guß fest ist.

◆ Den Kuchen aus dem Ofen nehmen, nach 30 Minuten in Stücke schneiden und auf ein Gitter legen.

Zubereitung etwa 1 Stunde
Backzeit etwa 45 Minuten
1 Stück = 1189 kJ/ 283 kcal

Stachelbeerkuchen mit Quark

Ein ungewöhnlicher Kuchen aus Böhmen: nicht der Teig wird gerührt, sondern der Belag.

◆ Die Butter schmelzen, aber nicht bräunen lassen, in die Fettpfanne des Backofens gießen und durch Schwenken gut verteilen.

◆ Die Zitrone waschen, abtrocknen und die Hälfte der Schale abreiben.

◆ Den Quark mit Milch, Zitronenschale, Vanille und Zucker verrühren.

◆ Die Stachelbeeren waschen, trocknen und untermischen.

◆ Das Mehl mit Grieß und Backpulver mischen und gleichmäßig in die Fettpfanne streuen.

◆ Den Belag mit einem Schöpflöffel darauf in Häufchen verteilen. Sobald die Häufchen auseinander geflossen sind und der Belag die Fettpfanne ausfüllt, den Kuchen in den kalten Backofen schieben.

◆ Den Ofen auf 180 °C (Umluft 160 °C, Gas Stufe 2–3) schalten und den Kuchen etwa 45 Minuten backen, bis er schön gebräunt ist.

◆ Den Kuchen aus dem Ofen nehmen, auf dem Blech ganz erkalten lassen und in Stücke schneiden.

Zubereitung etwa 30 Minuten
Backzeit etwa 45 Minuten
1 Stück = 945 kJ/ 225 kcal

Zutaten für 20 Stücke
150 g Butter
1 unbehandelte Zitrone
750 g Sahnequark
1/2 l Milch
1/2 TL gemahlene Vanille
200 g Zucker
750 g Stachelbeeren
200 g Mehl
100 g Grieß
1/2 Päckchen Backpulver

Schokoladenkekse

Zartes, knuspriges Gebäck zum Tee kennt man seit dem 19. Jh.

◆ Die Schokolade und die Nüsse im Blitzhacker fein zerkleinern und mit dem Mehl vermischen.

Zutaten für 90 Stück
150 g Zartbitterschokolade
150 g Cashewnußkerne
200 g Mehl
150 g weiche Butter oder Margarine
100 g brauner Zucker
1 Ei
400 g dunkle Kuvertüre
zum Bestreichen
150 g Raspelschokolade
zum Bestreuen
Fett für die Backbleche

◆ Die Butter oder die Margarine mit dem Zucker und dem Ei schaumig rühren.
◆ Die Mehlmischung mit den Knethaken unter die Buttermasse rühren.
◆ Den Teig zu Rollen von etwa 4 cm Durchmesser formen und 2 Stunden kühl stellen.
◆ 3 Backbleche fetten, die Teigrollen in Scheiben von etwa 0,5 cm Dicke schneiden und auf die Bleche legen.
◆ Das erste Blech auf die mittlere Schiene des kalten Backofens schieben und die Schokoladenkekse bei 200 °C (Umluft 180 °C, Gas Stufe 3) etwa 20 Minuten backen.
◆ Die Kekse auf den beiden anderen Blechen jeweils etwa 15 Minuten backen.
◆ Die fertigen Kekse heiß ablösen und erkalten lassen.
◆ Die Kuvertüre im Wasserbad schmelzen lassen. Die Kekse dick da-

mit bestreichen und mit Raspelschokolade bestreuen, solange die Kuvertüre noch flüssig ist.

Kühlzeit etwa 2 Stunden
Zubereitung etwa 35 Minuten
Backzeit etwa 50 Minuten
1 Stück = 328 kJ/ 78 kcal

Mürbe Kekse

Der Essig macht die Kekse wunderbar mürbe und gibt ihnen ein fein säuerliches Aroma.

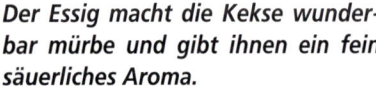

◆ Butter, Zucker, Essig und Wasser mit den Quirlen des Handrührgeräts etwa 3 Minuten verrühren.
◆ Das Mehl mit dem Backpulver vermischen und unter die Buttermischung rühren.
◆ Die Arbeitsfläche dünn mit Mehl bestreuen. Den Teig darauf etwa messerrückendick ausrollen und zu Kreisen von etwa 4 cm Ø ausstechen.
◆ 3 Backbleche gut fetten und die ausgestochenen Kekse darauf legen.
◆ Das Ei trennen und das Eigelb mit der Sahne verrühren.
◆ Die Kekse mit dem Eigelb bestrei-

Zutaten für 60 Stück
Teig
50 g weiche Butter
100 g Zucker
2 EL milder Weißweinessig
2 EL Wasser
200 g Mehl
1/2 TL Backpulver
Zum Bestreichen
1 kleines Ei
1/2 EL süße Sahne
Schokostreusel, Hagelzucker und
gehackte Mandeln zum Bestreuen
Mehl zum Ausrollen
Fett für die Backbleche

chen und mit Schokostreuseln, Hagelzucker und Mandeln bestreuen.
◆ Das erste Blech auf die mittlere Schiene des kalten Backofens schieben. Die Kekse bei 200 °C (Umluft 180 °C, Gas Stufe 3) etwa 15 Minuten backen, bis sie leicht gebräunt sind, danach heiß ablösen und auf einem Kuchengitter erkalten lassen.
◆ Die Kekse auf den zwei anderen Backblechen jeweils etwa 10 Minuten backen.
◆ Die Kekse vor dem Servieren in einer Blechdose 8 Tage ziehen lassen.

Zubereitung etwa 25 Minuten
Backzeit etwa 35 Minuten
Ruhezeit 8 Tage
1 Stück = 126 kJ/ 30 kcal

Shortbread

Shortbread ist ein mürbes, knuspriges Teegebäck aus Schottland, das dort in Formen gepreßt wird. Da es diese bei uns nicht gibt, ist das Gebäck im Rezept hier nur mit dem typischen Muster versehen. Gut verschlossen in einer Blechdose hält sich Shortbread etwa 4 Wochen.

♦ Mehl, Speisestärke, Mandeln, Puderzucker, Butter und Salz in einer Schüssel mit einer Gabel vermischen, bis der Teig krümelig ist.

♦ Die Arbeitsfläche leicht mit Mehl bestreuen. Den Teig darauf rasch glattkneten, dann in Pergamentpapier wickeln und 30 Minuten kühl stellen.

♦ Den Teig in 2 Portionen teilen und jeweils zu einer Kugel formen.

Zutaten für 16 Stücke
200 g feines Mehl
50 g Speisestärke
50 g gemahlene Mandeln
100 g Puderzucker
200 g weiche Butter, 1 Prise Salz
Mehl für die Arbeitsfläche
Fett für das Backblech
Pergamentpapier

♦ Ein Backblech fetten, die Kugeln darauf legen und mit den Handballen zu knapp fingerdicken Scheiben auseinanderdrücken.

♦ Mit einem Messer auf den Teigscheiben wie auf einer Torte jeweils

8 Stücke markieren, die Scheiben mit einer Gabel in dichten, gleichmäßigen Abständen leicht einstechen und in die Ränder Rillen drücken.

♦ Den Teig 1 Stunde kühl stellen.

♦ Das Backblech auf die mittlere Schiene des kalten Backofens schieben und das Shortbread bei 180 °C (Umluft 160 °C, Gas Stufe 2–3) etwa 30 Minuten backen, bis es leicht gebräunt ist.

♦ Das Shortbread 15 Minuten auf dem Backblech ruhen lassen, mit einem Pfannenmesser ablösen und auf Kuchengittern abkühlen lassen.

Kühlzeit etwa 1¹/₂ Stunden
Zubereitung etwa 30 Minuten
Backzeit etwa 30 Minuten
1 Stück = 819 kJ/ 195 kcal

Petersilientorte

Zutaten für 6 Stücke
Teig
200 g Mehl
Salz
1 mittelgroßes Ei
geriebene Muskatnuß
150 g weiche Butter
Belag
2 große Bund Petersilie
1 große Tomate
2 Knoblauchzehen
Salz
1 unbehandelte Zitrone
200 g Crème fraîche
200 g geriebener Hartkäse
2 Eier
weißer Pfeffer
1 Prise gemahlene Muskatblüte

Wenn es einmal schneller gehen soll, backen Sie diese herzhafte Torte mit TK-Blätterteig und bereiten den Belag vor, während die tiefgefrorenen Teigplatten auftauen.

◆ Für den Teig das Mehl mit Salz, Ei, geriebener Muskatnuß und Butter zu einem glatten Mürbeteig verkneten.
◆ Den Teig zu einem Kloß formen, in eine Springform von 26 cm Ø legen und mit dem Handballen auseinanderdrücken, bis er den Boden der Form bedeckt. Nun mit dem Daumen rundherum einen Rand hochdrücken.
◆ Den Teigboden mit einer Gabel mehrmals einstechen und 1 Stunde in den Kühlschrank stellen.
◆ Für den Belag die Petersilie waschen, trockentupfen und fein zerkleinern.
◆ Die Tomate abziehen und in kleine Würfel schneiden; dabei den Stielansatz entfernen.
◆ Den Knoblauch abziehen und mit Salz zerdrücken.
◆ Die Zitrone waschen, abtrocknen und 1 MSP Schale abreiben.
◆ Petersilie, Tomate und Knoblauch mit Crème fraîche, Käse und Eiern verrühren und mit Salz, Pfeffer, Muskatblüte und der Zitronenschale kräftig würzen. Den Belag auf dem Teigboden verteilen.
◆ Die Torte auf die mittlere Schiene des kalten Backofens stellen und bei 200 °C (Umluft 180 °C, Gas Stufe 3) etwa 40 Minuten backen, bis sie oben goldbraun ist. Lauwarm servieren.

Zubereitung etwa 50 Minuten
Kühlzeit 1 Stunde
Backzeit etwa 40 Minuten
1 Stück = 2516 kJ/ 599 kcal

Frischkäsetörtchen

Für diese Käsekuchen brauchen Sie 6 Briocheförmchen. Das Gebäck gelingt aber auch in einer Springform von 22 cm Ø. Die Kuchen schmecken gerade abgekühlt am besten.

◆ Die Zitrone waschen, abtrocknen und 1 MSP Schale abreiben.
◆ Das Mehl mit Butter, Zucker, Salz, abgeriebener Zitronenschale und zunächst 1½ EL Wasser zu einem glatten Teig verkneten. Falls der Teig bröckelt, tropfenweise weiteres Wasser unterkneten.
◆ Die Briocheförmchen oder die Springform fetten, mit dem Teig auskleiden und dabei einen hohen Rand formen.
◆ Den Teig 1 Stunde in den Kühlschrank stellen.

◆ Den Backofen auf 180 °C (Umluft 160 °C, Gas Stufe 2–3) vorheizen.
◆ Für die Füllung die Butter zerlassen, aber nicht bräunen.
◆ Den Frischkäse mit Salz, Eiern und der flüssigen Butter verrühren.
◆ Speisestärke, Backpulver und Muskat untermischen.
◆ Die Briocheförmchen zu etwa drei Viertel ihrer Höhe mit der Käsecreme füllen.
◆ Die Förmchen auf die mittlere Schiene des heißen Backofens stellen und die Käsetörtchen etwa 25 Minuten backen.

Zubereitung etwa 25 Minuten
Kühlzeit 1 Stunde
Backzeit etwa 25 Minuten
1 Stück = 1285 kJ/ 306 kcal

Zutaten für 6 Stück
Teig
1 unbehandelte Zitrone
120 g Mehl
60 g weiche Butter
50 g Zucker, 1 Prise Salz
1½–2 EL kaltes Wasser
Fett für die Förmchen
Füllung
30 g Butter
200 g körniger Frischkäse
1 Prise Salz
2 Eier
1 EL Speisestärke
1 TL Backpulver
1 Prise abgeriebene Muskatnuß

Käsegebäck

◆ Das Mehl mit Speisestärke, Butter, 1 Ei, den beiden Käsesorten, Salz, Muskat und Oregano in eine Schüssel geben und alles mit den Knethaken des Handrührgeräts vermischen, bis der Teig krümelig ist.

◆ Die Masse auf der Arbeitsfläche mit den Händen rasch zu einem glatten Teig zusammenkneten, in Pergamentpapier wickeln und 1 Stunde in den Kühlschrank stellen.

◆ Die Arbeitsfläche mit wenig Mehl bestreuen, den Teig darauf dünn ausrollen, zu beliebigen Formen ausstechen und auf Backbleche legen.

◆ Die restlichen beiden Eier trennen und das Eigelb mit der Sahne verrühren.

◆ Das Gebäck damit bestreichen, mit Kümmel oder Mohn bestreuen und auf die mittlere Schiene des kalten Backofens schieben.

◆ Das Gebäck auf dem ersten Blech bei 200 °C (Umluft 180 °C, Gas Stufe 3) etwa 20 Minuten, das auf den folgenden etwa 10 Minuten backen.

Zubereitung etwa 45 Minuten
Kühlzeit 1 Stunde
Backzeit insgesamt etwa 1 Stunde
1 Stück = 281 kJ/ 67 kcal

Zutaten für 50 Stück
200 g Mehl
50 g Speisestärke
150 g weiche Butter
3 Eier
je 100 g geriebener mittelalter
Gouda und
geriebener Parmesan
1/4 TL Salz
geriebene Muskatnuß
1 TL getrockneter Oregano
2 EL süße Sahne
Kümmel und/oder Mohn
zum Bestreuen
Mehl für die Arbeitsfläche
Pergamentpapier für den Teig

Quiche Lorraine

◆ Für den Teig Mehl, Salz, zunächst 1 EL Wasser, Ei und Butter in einer Schüssel mit den Knethaken des Handrührgeräts vermischen, bis die Masse krümelig ist.

◆ Die Masse auf der Arbeitsfläche mit den Händen rasch zu einem glatten Teig zusammenkneten. Wenn der Teig zu trocken ist, tropfenweise das restliche Wasser unterkneten.

◆ Eine Springform von 26 cm Ø mit dem Teig auskleiden und dabei einen etwa 4 cm hohen Rand formen. Den Teigboden 30 Minuten kühl stellen.

◆ Inzwischen die Speckscheiben halbieren und nebeneinander in einer Pfanne bei schwacher bis mittlerer Hitze glasig braten; dabei mehrmals wenden. Den ausgebratenen Speck auf Küchenpapier abfetten lassen.

◆ Die Käsescheiben in etwa 3 cm breite Streifen schneiden.

Zutaten für 8 Stücke
Teig
250 g Mehl
Salz
1–2 EL kaltes Wasser
1 Ei
125 g weiche Butter
Belag
250 g Räucherspeck in
dünnen Scheiben
100 g Greyerzer Käse
in dünnen Scheiben
4 Eier
1/4 l süße Sahne
Salz, schwarzer Pfeffer
Cayennepfeffer
geriebene Muskatnuß
1 EL Butter

◆ Die Eier mit der Sahne, wenig Salz und jeweils 1 kräftigen Prise Pfeffer, Cayennepfeffer und Muskatnuß verrühren.

◆ Speck- und Käsescheiben abwechselnd schuppenförmig auf dem Teigboden verteilen und die Sahnemischung darübergießen.

◆ Die Butter in kleine Stücke teilen und die Quiche damit belegen.

◆ Die Quiche auf die mittlere Schiene des kalten Backofens stellen und bei 200 °C (Umluft 180 °C, Gas Stufe 3) etwa 30 Minuten backen.

◆ Das Gericht ist fertig, wenn der Belag schön gebräunt und fest, aber noch saftig ist.

Zubereitung etwa 45 Minuten
Kühlzeit 30 Minuten
Backzeit etwa 30 Minuten
1 Stück = 2801 kJ/ 667 kcal

Strudelteig: Grundrezept

1. Die Zutaten in eine Schüssel geben und vermischen.

2. Die Mischung zu einem glatten Teig verkneten.

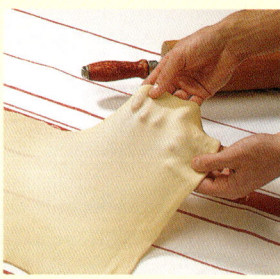

3. Den Teig möglichst dünn ausziehen.

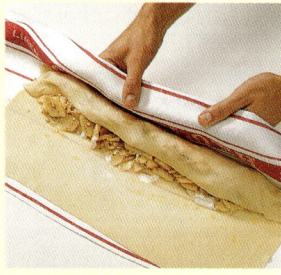

4. Den Strudel mit Hilfe des Küchentuchs aufrollen.

◆ Das Wasser lauwarm erhitzen.

◆ Das Ei trennen.

◆ Mehl, Salz, Wasser, Öl und Eigelb in eine Schüssel geben und mit den Knethaken des Handrührgeräts vermischen.

◆ Die Mischung auf die Arbeitsfläche geben und mit den Händen kräftig durchkneten, bis ein glatter Teig entstanden ist.

◆ Den Teig zu einem Kloß formen und in Pergamentpapier wickeln.

◆ Einen Topf mit heißem Wasser ausspülen, den Teig hineinlegen und darin zugedeckt mindestens 30 Minuten ruhen lassen, bis die Füllung zubereitet ist.

◆ Dann die Butter schmelzen lassen, aber nicht bräunen und zum Bestreichen der Teigplatten beiseite stellen.

◆ Die Butter zum Backen in Stücke teilen und mit der süßen Sahne in eine ofenfeste Form mit niedrigem Rand geben.

◆ Ein Küchentuch auf der Arbeitsfläche ausbreiten und mit Mehl bestreuen.

◆ Den Teig in 3 Stücke schneiden. Jedes Stück auf wenig Mehl ausrollen, hochheben und über beide Handrücken legen.

◆ Nun die leicht gewölbten Hände auseinanderführen und so die Teigplatte vorsichtig und gleichmäßig dehnen.

◆ Die Teigplatte glatt auf dem Küchentuch ausbreiten. Den Rand rundherum nach außen ziehen, bis der Teig möglichst dünn ist, und mit etwas flüssiger Butter bestreichen.

◆ Ein Drittel der Füllung auf dem Teig verteilen; dabei rundherum am Rand genügend Platz lassen, damit die Füllung beim Rollen nicht herausquillt.

◆ Die Teigplatte an den Schmalseiten über der Füllung schließen.

◆ Das Küchentuch am unteren Rand leicht anheben, den Strudel aufrollen, mit dem Tuch anheben und in die Form gleiten lassen.

◆ Die restlichen Teigstücke ebenso füllen, aufrollen und nebeneinander in die Form geben.

Zutaten für 6 Portionen
Teig
1/8 l Wasser
1 Ei
250 g feines Mehl
1 Prise Salz
5 EL Öl
40 g Butter
Pergamentpapier
Mehl zum Ausrollen
Zum Backen
30 g Butter
3 EL süße Sahne
1/8 l Milch

◆ Die Form auf die mittlere Schiene des kalten Backofens stellen.

◆ Den Backofen auf 200 °C (Umluft 180 °C, Gas Stufe 3) schalten, die Strudel etwa 1 Stunde und 10 Minuten backen und dabei zwei- bis dreimal mit der Flüssigkeit bestreichen, die sich am Boden der Form sammelt.

◆ Die Milch um die Strudel gießen und diese im abgeschalteten Backofen 5 Minuten ziehen lassen.

Apfelstrudel

Apfelstrudel

◆ Den Strudelteig nach dem Grundrezept zubereiten und mindestens 30 Minuten ruhen lassen.

◆ Paniermehl und saure Sahne bereitstellen.

◆ Für die Füllung die Äpfel schälen und in dünne Schnitze teilen.

◆ Die Zitrone waschen, abtrocknen, etwas Schale abreiben und den Saft auspressen.

◆ Die Äpfel mit Zitronenschale und -saft, Zucker, Zimt, Rum oder Apfelsaft, Rosinen und Nüssen vermischen.

◆ Die Butter zum Backen in Stücke teilen und mit der süßen Sahne in eine ofenfeste Form mit niedrigem Rand geben.

◆ Den Teig wie im Grundrezept in 3 Stücke teilen, jeweils ausziehen und mit etwas flüssiger Butter bestreichen. Dann mit dem Paniermehl bestreuen.

Zutaten für 6 Portionen
Zutaten für den Teig
wie im Grundrezept
75 g Paniermehl
<u>*Füllung*</u>
250 g saure Sahne
1,5 kg säuerliche Äpfel
1 unbehandelte Zitrone
100 g Zucker
2 TL Zimtpulver
2 EL Rum oder Apfelsaft
50 g Rosinen
100 g gehackte
Haselnußkerne
<u>*Zum Backen*</u>
30 g Butter
3 EL süße Sahne
1/8 l Milch

◆ Je ein Drittel der Apfelmischung und der sauren Sahne wie im Grundrezept beschrieben auf den Teigstücken verteilen.

◆ Die Teigstücke wie im Grundrezept seitlich schließen, aufrollen und in die Form gleiten lassen.

◆ Die Form auf die mittlere Schiene des kalten Backofens schieben, die Strudel bei 200 °C (Umluft 180 °C, Gas Stufe 3) etwa 1 Stunde und 10 Minuten backen und dabei wie im Grundrezept zwei- bis dreimal mit der Flüssigkeit bestreichen, die sich am Boden der Form sammelt.

◆ Die Milch um die Strudel gießen und diese im abgeschalteten Backofen 5 Minuten ziehen lassen.

Zubereitung etwa 1¼ Stunden
Backzeit etwa 1¼ Stunden
1 Portion = 3410 kJ/ 812 kcal

Kirschstrudel mit Quark

◆ Den Strudelteig nach dem Grundrezept zubereiten und mindestens 30 Minuten ruhen lassen.

◆ Für die Füllung die Kirschen waschen, abzupfen und entsteinen.

◆ Die Mandelmakronen in einen Gefrierbeutel geben und mit dem Nudelholz fein zerkleinern.

◆ Die Mandeln fein mahlen.

◆ Die Zitrone waschen, abtrocknen und die Schale etwa zur Hälfte dünn abreiben. Den Saft auspressen.

◆ Die Eier trennen.

◆ Den Quark mit 2 Eigelb, saurer Sahne, Vanillezucker und Zitronensaft sowie -schale verrühren.

◆ Das Eiweiß steif schlagen und unter den Quark ziehen.

◆ Eine ofenfeste Form mit niedrigem Rand mit der Hälfte der Butter

fetten. Den Rest in der Milch erhitzen, bis sie geschmolzen ist.

◆ Den Teig in 2 Stücke schneiden und diese wie im Grundrezept ausziehen, mit Quarkcreme bestreichen, mit Mandelmakronen und Mandeln bestreuen und mit Kirschen belegen.

◆ Die Strudel seitlich schließen, aufrollen, in die Form legen und die Milch rundherum dazugießen.

◆ Die Kirschstrudel auf der mittleren Schiene des Backofens bei 200 °C (Umluft 180 °C, Gas Stufe 3) etwa 50 Minuten backen und dabei zwei- oder dreimal mit der Flüssigkeit begießen, die sich in der Form sammelt.

Zubereitung etwa 1 Stunde
Backzeit etwa 50 Minuten
1 Portion = 4326 kJ/ 1030 kcal

Zutaten für 4 Portionen
Zutaten für den Teig
wie im Grundrezept,
aber ohne Butter
<u>*Füllung*</u>
750 g Kirschen
100 g Mandelmakronen
50 g abgezogene Mandeln
1 unbehandelte Zitrone
3 Eier
500 g Magerquark
200 g saure Sahne
2 EL Vanillezucker
<u>*Zum Backen*</u>
30 g Butter
1/4 l Milch

Milchrahmstrudel

Milchrahmstrudel ist eine der üppigen Wiener Mehlspeisen. Am besten schmeckt er lauwarm zum Kaffee oder als süßes Hauptgericht nach einer leichten Suppe.

◆ Aus den Zutaten für den Teig einen Strudelteig, wie im Grundrezept (siehe S. 628) beschrieben, zubereiten und ruhen lassen.

◆ Für die Füllung das Toastbrot würfeln und mit der Milch vermischen.

◆ Die Hälfte der Butter mit dem Puderzucker schaumig rühren.

◆ Die Zitrone waschen, abtrocknen und die Hälfte der Schale abreiben.

◆ Die Eier trennen; die Eidotter nacheinander unter die Buttermasse rühren.

◆ Eßlöffelweise den Quark, dann Vanillezucker, abgeriebene Zitronenschale, Rum oder Apfelsaft, Salz und saure Sahne unter die Butter rühren.

◆ Rosinen, Nüsse und das eingeweichte Toastbrot auf die Butter-Quark-Mischung geben.

◆ Das Eiweiß steif schlagen und ebenfalls auf die Buttermasse geben.

◆ Alles mit einem Kochlöffel locker, aber gründlich vermischen.

◆ Die restliche Butter zerlassen, aber nicht bräunen.

◆ Ein Küchentuch ausbreiten und mit Mehl bestreuen.

◆ Eine ofenfeste Form fetten.

◆ Aus dem Teig wie im Grundrezept 3 dünne Strudel ausziehen, mit der zerlassenen Butter bestreichen, füllen, aufrollen und nebeneinander in die Form legen.

◆ Zum Backen Milch, Puderzucker und Ei verquirlen; die Hälfte davon über die Strudel gießen.

◆ Die Backform auf die mittlere Schiene des kalten Backofens stellen und bei 200 °C (Umluft 180 °C, Gas Stufe 3) etwa 70 Minuten backen.

◆ 50 g Butter zerlassen und die Strudel während des Backens mehrmals mit der Butter, der restlichen Eiermilch und der Flüssigkeit bestreichen, die sich am Boden der Form sammelt.

Zubereitung etwa 1¹/4 Stunden
Backzeit etwa 70 Minuten
1 Portion = 4213 kJ/ 1003 kcal

Zutaten für 6 Portionen
Teig
250 g feines Mehl
1 Prise Salz
etwa ¹/8 l lauwarmes Wasser
3 EL Öl
1 Ei
Füllung
5 Scheiben Toastbrot (etwa 150 g)
¹/8 l Milch
150 g Butter
75 g Puderzucker
1 unbehandelte Zitrone
4 Eier
300 g Magerquark
2 EL Vanillezucker
1 EL Rum oder Apfelsaft
1 Prise Salz
200 g saure Sahne
100 g Rosinen
75 g gehackte Haselnußkerne
Zum Backen
¹/4 l Milch
50 g Puderzucker
1 Ei
50 g Butter
Mehl für die Arbeitsfläche

Gemüsestrudel

Saftiger Strudel aus Österreich und Calzone, gefüllte Pizza, aus Italien standen bei diesem Gericht Pate.

◆ Mehl, Hefe und Salz vermischen.
◆ Milch und Öl in einem Topf leicht erwärmen, mit dem Ei zu dem Mehl geben und alles mit den Knethaken des Handrührgeräts etwa 5 Minuten rühren, bis der Teig Blasen bildet und sich vom Schüsselrand löst.
◆ Den Teig zugedeckt bei Zimmertemperatur etwa 1 Stunde gehen lassen, bis er sich fast verdoppelt hat.
◆ Unterdessen die Lauchzwiebeln putzen, waschen und mit dem saftigen Grün in feine Ringe schneiden.
◆ Den Knoblauch abziehen und zerdrücken.
◆ Die Tomaten abziehen und würfeln; die Stielansätze entfernen.
◆ Die Zucchini waschen, abtrocknen, putzen und in feine Stifte schneiden.
◆ Die Pilze säubern, putzen und in Streifen schneiden.
◆ Basilikum und Petersilie waschen, trockentupfen und fein hacken.
◆ Das Olivenöl in einer Pfanne erhitzen. Lauchzwiebeln, Knoblauch, Tomaten, Zucchini und Pilze darin bei starker bis mittlerer Hitze schmoren, bis die Flüssigkeit, die sich bildet, verdampft ist.
◆ Die Gemüsemischung in eine Schüssel geben und abkühlen lassen.
◆ Kräuter, Käse, 1 Ei, Kürbiskerne, Salz, Pfeffer und Muskat unter das Gemüse mischen.
◆ Die Arbeitsfläche mit Mehl bestreuen; den Teig darauf kräftig durchkneten und etwa messerrükkendick zu einem Rechteck ausrollen.
◆ Die Füllung gleichmäßig auf dem Teig verteilen, dabei am Rand etwa 2 cm frei lassen.
◆ Ein Backblech fetten; den Teig von der Schmalseite her aufrollen, auf das Blech legen und etwa 15 Minuten gehen lassen.
◆ Das zweite Ei trennen und das Eigelb mit der Sahne verrühren.
◆ Den Strudel mit der Ei-Sahne-Mischung bestreichen, auf die mittlere Schiene des kalten Backofens stellen und bei 180 °C (Umluft 160 °C, Gas Stufe 2–3) etwa 70 Minuten backen.

Ruhezeit etwa 1¼ Stunden
Zubereitung etwa 50 Minuten
Backzeit etwa 70 Minuten
1 Stück = 1722 kJ/ 410 kcal

Zutaten für 10 Stücke
Teig
400 g Weizenmehl Type 1050
1 Päckchen Trockenhefe
Salz
¹/₈ l Milch
¹/₈ l Öl
1 zimmerwarmes Ei
Füllung
1 Bund Lauchzwiebeln
1 Knoblauchzehe
250 g Tomaten
300 g Zucchini
150 g Austernpilze
je 1 Bund Basilikum und Petersilie
2 EL Olivenöl
200 g geriebener Hartkäse
2 Eier
1 EL Kürbiskerne
Salz, weißer Pfeffer
2 EL süße Sahne
geriebene Muskatnuß
Mehl für die Arbeitsfläche
Fett für das Backblech

Gestürzter Kirschkuchen

Dieser Dessertkuchen sollte frisch serviert werden. Noch lauwarm und mit Sahne und Nußeis schmeckt er am besten.

◆ Die Blätterteigplatten nebeneinander legen und auftauen lassen.
◆ Die Arbeitsfläche mit Mehl bestreuen und die Platten so legen, daß sie sich an den Kanten berühren.

◆ Den Teig so ausrollen, daß eine Gratinform von etwa 22 cm Ø damit ausgelegt werden kann.
◆ Den Teig auf Pergamentpapier legen und 30 Minuten kühl stellen.
◆ Inzwischen die Kirschen waschen, abzupfen und entsteinen.
◆ Die Form für den Kuchen mit Alufolie auslegen, mit Zucker ausstreuen und auf die mittlere Schiene des kalten Backofens schieben.
◆ Den Backofen auf 180 °C (Umluft 160 °C, Gas Stufe 2–3) schalten und den Zucker in ungefähr 10 Minuten schmelzen und leicht bräunen lassen.
◆ Die Form herausnehmen und den Backofen auf 220 °C (Umluft 200 °C, Gas Stufe 4) schalten.
◆ Die Kirschen auf dem Zucker verteilen.
◆ Die Butter in Flöckchen zerteilen und die Kirschen damit belegen.
◆ Die Teigplatte locker auf die Kirschen legen; dabei am Rand der Form nicht festdrücken.

Zutaten für 4 Stücke
*2 Platten TK-Blätterteig
(etwa 120 g)
200 g Sauerkirschen
2 EL brauner Zucker
1 EL Butter
Mehl zum Ausrollen
Pergamentpapier und Alufolie
zum Auslegen*

◆ Den Kuchen wieder auf die mittlere Schiene des Backofens schieben und in etwa 15 Minuten fertigbacken.
◆ Den Kirschkuchen heiß auf eine Kuchenplatte stürzen und die Alufolie abziehen.

Zubereitung etwa 45 Minuten
Kühlzeit 30 Minuten
Backzeit etwa 25 Minuten
1 Stück = 911 kJ/ 217 kcal

Bakewell Pudding

Zutaten für 8 Stücke
*8 Scheiben TK-Blätterteig
(ausgerollt; etwa 370 g)
100 g Butter
3 EL Orangenkonfitüre
1 EL Orangenlikör oder
Orangensaft
1 unbehandelte Zitrone
2 Eier
2 EL Zucker*

Zu diesem süßen englischen Kuchen, den man gerade abgekühlt zum Dessert serviert, passen frische Erdbeeren und Schlagsahne.

◆ Den Blätterteig auftauen lassen.
◆ Den Backofen auf 180 °C (Umluft 160 °C, Gas Stufe 2–3) vorheizen.
◆ Die Butter schmelzen, aber nicht bräunen, in eine Schüssel gießen und lauwarm abkühlen lassen.
◆ Eine Springform von 26 cm Ø kalt ausspülen.
◆ Die Teigscheiben so in die Form geben, daß sie an den Rändern übereinanderliegen, und den Teig mit einer Gabel mehrmals einstechen.

◆ Die Konfitüre mit dem Orangenlikör oder -saft verrühren und den Kuchenboden damit bestreichen.
◆ Die Zitrone waschen, abtrocknen und ein Viertel der Schale abreiben.
◆ Eier, Zucker und Zitronenschale zur Butter geben, mit den Quirlen des Handrührgeräts schaumig rühren und auf den Kuchenboden gießen.
◆ Den Kuchen auf die mittlere Schiene des heißen Backofens schieben und etwa 40 Minuten backen, bis er leicht gebräunt ist.

Zubereitung etwa 20 Minuten
Backzeit etwa 40 Minuten
1 Stück = 1415 kJ/ 337 kcal

Apfeltaschen mit Rum

Die Apfeltaschen sind warm oder gerade abgekühlt am besten. Schlagsahne oder Eis paßt gut dazu. Wem Blätterteig zu üppig ist, der nimmt Mürbeteig (siehe S. 616).

◆ Den Blätterteig auftauen lassen.
◆ In der Zwischenzeit die Äpfel vierteln, schälen, vom Kerngehäuse befreien und würfeln.
◆ ¹/₂ Zitrone auspressen; 1 TL Saft für den Guß beiseite stellen.
◆ Die Äpfel mit dem restlichen Zitronensaft, Zucker und Zimt aufkochen und bei starker bis mittlerer Hitze schmoren, bis sie weich sind und die Flüssigkeit verdampft ist.
◆ Das Kompott abkühlen lassen und mit Rosinen und Mandeln mischen.
◆ Jede Blätterteigplatte auf Mehl so ausrollen, daß sich daraus zwei Qua-

Zutaten für 6 Stück
*3 Platten TK-Blätterteig
(etwa 180 g)
2 mittelgroße Äpfel
1 Zitrone
2 EL Zucker
¹/₂ TL Zimtpulver
2 EL Rosinen
2 EL gehackte Mandeln
30 g Puderzucker
1 EL Rum oder Orangensaft
Mehl zum Ausrollen*

drate von jeweils etwa 12 cm Kantenlänge schneiden lassen.
◆ Die Teigquadrate ausschneiden und je 1 EL Kompott darauf geben.

◆ Die Teigstücke an den Rändern mit kaltem Wasser bestreichen, diagonal zusammenklappen und die Ränder gut andrücken.
◆ Ein Backblech kalt abspülen, die Apfeltaschen darauf legen, auf die mittlere Schiene des kalten Backofens schieben und bei 200 °C (Umluft 180 °C, Gas Stufe 3) etwa 30 Minuten backen.
◆ Die Apfeltaschen herausnehmen, vom Blech lösen und auf ein Kuchengitter legen.
◆ Den Puderzucker mit 1 TL Zitronensaft und Rum oder Orangensaft gut verrühren und die warmen Apfeltaschen damit bestreichen.

*Zubereitung etwa 30 Minuten
Backzeit etwa 30 Minuten
1 Stück = 970 kJ/ 231 kcal*

Schuhsohlen mit Sahne

Ein schnell zubereitetes Gebäck, das Kinder gern mögen. Füllen Sie es zur Abwechslung auch mit Schokoladencreme, oder mischen Sie die Sahne mit zerkleinertem Obst.

◆ Den Blätterteig auftauen lassen.
◆ Den Backofen auf 220 °C (Umluft 200 °C, Gas Stufe 4) vorheizen.
◆ Die Arbeitsfläche dünn mit Mehl bestreuen und die Teigplatten darauf etwa messerrückendick ausrollen.
◆ 12 gezackte Kreise von ungefähr 8 cm Ø ausstechen.
◆ Die Kreise jeweils hochheben und das Mehl möglichst gut abklopfen. Dann die Teigplatte beiseite legen.
◆ Das Mehl von der Arbeitsfläche entfernen und diese mit Zucker bestreuen.
◆ Jeden der Teigkreise auf dem Zuk-

Zutaten für 6 Stück
*5 Platten TK-Blätterteig (etwa 300 g)
200 g grober Zucker
¹/₄ l süße Sahne
1 EL Vanillezucker
Mehl zum Ausrollen*

ker nach einer Seite ausrollen, wenden und dann nach der anderen Seite ausrollen, so daß sich längliche Sohlen bilden.
◆ 2 Backbleche kalt abspülen, je 6 Sohlen darauf legen und nacheinander in jeweils etwa 10 Minuten auf der mittleren Schiene des Backofens hellgelb backen.
◆ Die Sohlen herausnehmen, sofort

vom Blech lösen und auf einem Kuchengitter erkalten lassen.
◆ Die Sahne mit Vanillezucker steif schlagen und 6 gebackene Sohlen damit bestreichen; die anderen darauf legen.

*Zubereitung etwa 30 Minuten
Backzeit insgesamt etwa 20 Minuten
1 Stück = 2020 kJ/ 481 kcal*

Tomatenquiche

Eine schnell zubereitete Quiche, die Sie auch noch in den Backofen schieben können, wenn Ihre Gäste schon in einer halben Stunde kommen.

◆ Den Blätterteig auftauen lassen.
◆ Ein Backblech kalt abspülen, mit dem Teig auslegen und an den Seiten einen etwa fingerhohen Rand formen. Den Teigboden mit einer Gabel mehrmals einstechen.
◆ Die Tomaten abziehen und in Scheiben schneiden; die Stielansätze dabei entfernen.

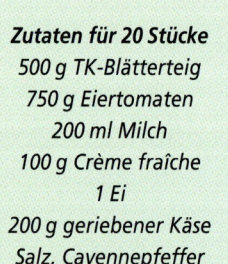

Zutaten für 20 Stücke
500 g TK-Blätterteig
750 g Eiertomaten
200 ml Milch
100 g Crème fraîche
1 Ei
200 g geriebener Käse
Salz, Cayennepfeffer
weißer Pfeffer aus der Mühle
geriebene Muskatnuß

◆ Die Milch mit Crème fraîche, Ei, Käse, Salz, Cayennepfeffer, Pfeffer und Muskat verrühren.
◆ Die Tomaten auf dem Teig verteilen und die Eiermilch über die Tomaten geben.
◆ Die Quiche auf die mittlere Schiene des kalten Backofens stellen und bei 200 °C (Umluft 180 °C, Gas Stufe 3) etwa 45 Minuten backen.

Zubereitung etwa 30 Minuten
Backzeit etwa 45 Minuten
1 Stück = 714 kJ/ 170 kcal

Schafskäsetäschchen

Zutaten für 20 Stück
5 Scheiben TK-Blätterteig
(etwa 240 g)
50 g griechischer Schafskäse
10 Salbeiblätter
2 EL Pesto
1 kleines Ei
1 EL süße Sahne
Mehl zum Ausrollen

Pesto ist eine Kräutersauce aus Italien, die aus Öl, Pecorinokäse, Basilikum und Pinienkernen besteht. Man kann sie kaufen oder selbst machen; das Rezept finden Sie auf S. 178.

◆ Die Blätterteigplatten nebeneinanderlegen und auftauen lassen.
◆ Den Schafskäse in 20 Stückchen schneiden.
◆ Die Salbeiblättchen trocken reinigen oder waschen, trockentupfen und halbieren.
◆ Den Blätterteig auf Mehl dünn

ausrollen, in 20 Stücke schneiden; die Teigstücke mit Pesto bestreichen und mit je 1/2 Salbeiblättchen und 1 Stück Schafskäse belegen.
◆ Die Teigstücke zu einem Dreieck falten und an den Seiten mit den Zinken einer Gabel festdrücken.
◆ 2 Backbleche mit kaltem Wasser abspülen und die Schafskäsetäschchen darauf legen.
◆ Das Ei trennen.
◆ Das Eigelb mit der Sahne ver-

rühren und das Gebäck damit bestreichen.
◆ Das erste Blech auf die mittlere Schiene des kalten Backofens stellen und die Täschchen bei 180 °C (Umluft 160 °C, Gas Stufe 2–3) etwa 30 Minuten, das zweite Blech etwa 20 Minuten goldbraun backen.

Zubereitung etwa 25 Minuten
Backzeit etwa 50 Minuten
1 Stück = 294 kJ/ 70 kcal

Zwiebeltörtchen

Zutaten für 8 Portionen
250 g TK-Blätterteig
400 g Zwiebeln
1 Knoblauchzehe
1 EL Butter
1 Bund Petersilie
50 g geriebener Emmentaler
1 Ei
1 EL Kümmelkörner
1 TL edelsüßes Paprikapulver

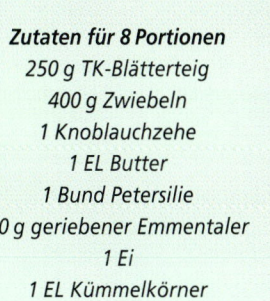
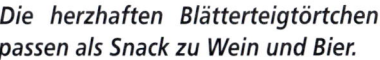

Die herzhaften Blätterteigtörtchen passen als Snack zu Wein und Bier.

◆ Den Blätterteig auftauen lassen.
◆ Kleine Tortelettförmchen kalt ausspülen und mit dem Teig auslegen. Den Teig mit der Gabel mehrmals einstechen.
◆ Den Backofen auf 200 °C (Umluft 180 °C, Gas Stufe 3) vorheizen.
◆ Die Zwiebeln und den Knoblauch abziehen und fein hacken.

◆ Die Butter erhitzen und die Zwiebeln und den Knoblauch darin glasig braten. Anschließend in einer Schüssel lauwarm abkühlen lassen.
◆ Die Petersilie waschen, trockentupfen und fein zerkleinern.
◆ Die Petersilie mit Käse, Ei, Kümmel und Paprika unter die Zwiebeln und den Knoblauch mischen und die Masse auf den Teigböden verteilen.
◆ Die Törtchen auf die mittlere

Schiene des heißen Backofens stellen und etwa 25 Minuten backen, bis der Belag schön gebräunt ist.
◆ Die Törtchen aus dem Backofen nehmen, in den Förmchen 10 Minuten abkühlen lassen, dann herauslösen und warm servieren.

Zubereitung etwa 25 Minuten
Backzeit etwa 25 Minuten
1 Portion = 815 kJ/194 kcal

Käsetörtchen

Wie jedes Blätterteiggebäck schmecken diese Käsetörtchen am besten, wenn sie frisch aus dem Backofen kommen und gerade eben abgekühlt sind.

◆ Den Blätterteig auftauen lassen.
◆ Kleine Tortelettförmchen kalt ausspülen und mit dem Teig auslegen.
◆ Die Teigböden mit einer Gabel mehrmals einstechen.
◆ Den Backofen auf 200 °C (Umluft 180 °C, Gas Stufe 3) vorheizen.
◆ Die Butter zerlassen, aber nicht bräunen.

Zutaten für 6 Portionen
250 g TK-Blätterteig
50 g Butter
250 g geriebener Parmesan
3 Eier
1 TL edelsüßes Paprikapulver
1 Bund Schnittlauch

◆ Den Parmesan mit flüssiger Butter, Eiern und Paprikapulver verrühren und auf dem Teig verteilen.

◆ Die Törtchen auf die mittlere Schiene des heißen Backofens stellen und etwa 35 Minuten backen, bis der Belag fest und schön gebräunt ist.
◆ Die Törtchen aus dem Ofen nehmen und in den Förmchen 10 Minuten abkühlen lassen.
◆ Den Schnittlauch waschen, trockentupfen und fein zerkleinern.
◆ Die Törtchen aus den Formen lösen und mit Schnittlauch bestreuen.

Zubereitung etwa 25 Minuten
Backzeit etwa 35 Minuten
1 Portion = 1403 kJ/ 334 kcal

Hefeteig: Grundrezept

1. Die Hefe mit Milch, Zucker und etwas Mehl verrühren.

2. Den Vorteig zugedeckt 15 Minuten ruhen lassen.

3. Den Teig 5 Minuten durchrühren, bis er Blasen wirft.

4. Den Teig zudecken und 45 Minuten gehen lassen.

◆ Die Milch lauwarm erhitzen.

◆ Das Mehl in eine Schüssel geben und in die Mitte eine Mulde drücken.

◆ Das halbe Päckchen Hefe zerbröckeln und in der Mulde mit 2 EL lauwarmer Milch, 1 TL Zucker und etwas Mehl vom Rand verrühren, bis die Hefe sich aufgelöst hat.

◆ Diesen Vorteig zudecken und bei Zimmertemperatur 15 Minuten ruhen lassen, bis er sichtbar aufgegangen ist.

◆ Inzwischen die unbehandelte Zitrone waschen, abtrocknen und die Hälfte der Schale abreiben.

◆ Die Butter in der restlichen Milch schmelzen.

◆ Den Vorteig mit dem gesamten Mehl verrühren.

◆ Die Milch mit der Butter, den restlichen Zucker, Salz, die abgeriebene Zitronenschale und das Ei zugeben.

◆ Die Masse mit den Knethaken des Handrührgeräts 5 Minuten durchrühren, bis der Teig Blasen wirft und sich vom Schüsselrand löst.

◆ Den Teig zudecken und bei Zimmertemperatur ungefähr 45 Minuten gehen lassen, bis sich sein Volumen verdoppelt hat.

◆ Entweder ein Backblech fetten und den Teig darauf ausrollen, eine Kuchenform fetten und den Teig hineingeben oder Kleingebäck formen und auf ein gefettetes Backblech legen.

◆ Den Kuchen oder das Kleingebäck zudecken und weitere 15 Minuten gehen lassen.

Zutaten für 20 Stücke
1/4 l Milch
500 g Mehl
1/2 Päckchen frische Hefe
(etwa 25 g)
30 g Zucker
1 kleine unbehandelte
Zitrone
50 g Butter
1 Prise Salz
1 zimmerwarmes Ei
Fett für das Backblech

◆ Kuchen oder Kleingebäck je nach Höhe auf die mittlere oder untere Schiene des kalten Backofens schieben und backen. Backtemperatur und -dauer variieren je nach Kuchen bzw. Gebäck.

Butterkuchen

Butterkuchen

Dieser Kuchenklassiker kommt mit wenigen Zutaten aus.

◆ Den Hefeteig für den Butterkuchen nach dem Grundrezept zubereiten und gehen lassen.
◆ Ein Backblech fetten und den Teig darauf ausrollen.
◆ Für den Belag die Butter in kleine Stücke schneiden und auf dem Teig verteilen.
◆ Den Zucker mit Vanillezucker und Zimt vermischen und zusammen mit den Mandelblättchen über den Teig streuen.
◆ Den Kuchen zugedeckt weitere 15 Minuten gehen lassen.
◆ Den Butterkuchen auf die mittlere Schiene des kalten Backofens schieben und bei 180 °C (Umluft 160 °C, Gas Stufe 2–3) etwa 1 Stunde backen.

Ruhezeit etwa 1¼ Stunden
Zubereitung etwa 30 Minuten
Backzeit etwa 1 Stunde
1 Stück = 924 kJ/ 220 kcal

Zutaten für 20 Stücke
Zutaten für den Teig
wie im Grundrezept
Belag
100 g Butter
75 g Zucker
1 EL Vanillezucker
1 TL Zimtpulver
100 g Mandelblättchen

Hefezopf

Für geformtes Gebäck auf dem Blech brauchen Sie Hefeteig mit wenig Fett, der beim Backen gut zusammenhält.

◆ Mehl, Hefe, Zucker und Salz vermischen.
◆ Die Zitrone waschen, abtrocknen und die Schale rundherum abreiben.
◆ Die Milch mit der Butter oder der Margarine erwärmen, bis das Fett gerade geschmolzen ist, und mit den Eiern und der abgeriebenen Zitronenschale zur Mehlmischung geben.
◆ Die Masse mit den Knethaken des Handrührgeräts etwa 5 Minuten durchrühren, bis der Teig Blasen bildet und sich vom Schüsselrand löst.
◆ Den Teig zugedeckt bei Zimmertemperatur etwa 1 Stunde gehen lassen, bis sich sein Volumen ungefähr verdoppelt hat.
◆ Die Arbeitsfläche mit Mehl bestreuen, den Teig darauf mit den Händen noch einmal kräftig durchkneten und in 3 Portionen teilen.
◆ Jede Portion zu einem Strang von 50 cm Länge rollen, bei dem ein Ende spitz zuläuft.

Zutaten für 20 Stücke
Teig
500 g Mehl
1 Päckchen Trockenhefe
30 g Zucker
1 Prise Salz
1 kleine unbehandelte Zitrone
150 ml Milch
50 g Butter oder Margarine
2 Eier
Mehl zum Formen
Fett für das Backblech
Zum Bestreichen
50 g Butter
2 EL Honig
50 g gehackte Mandeln

◆ 2 Stränge kreuzweise übereinander auf die Arbeitsfläche legen. Den dritten Strang in einem spitzen Winkel darüber legen und den Zopf flechten; dabei die Stränge etwas dehnen.
◆ Die Stränge an den Zopfenden zusammendrücken und den ganzen Zopf behutsam mit beiden Händen auf die Länge eines Backblechs zusammenschieben.
◆ Das Blech fetten und den Zopf darauf zugedeckt weitere 15 Minuten gehen lassen.
◆ Die Butter zerlassen, aber nicht bräunen.
◆ Den Zopf mit etwa der Hälfte der geschmolzenen Butter bestreichen.
◆ Den Hefezopf auf die mittlere Schiene des kalten Backofens schieben und bei 180 °C (Umluft 160 °C, Gas Stufe 2–3) etwa 50 Minuten backen.
◆ Nach der Hälfte der Backzeit den Zopf erneut mit etwas zerlassener Butter bestreichen.
◆ Den Honig in der restlichen Butter auflösen.
◆ Den fertigen Hefezopf noch heiß mit der Honig-Butter-Mischung bestreichen und mit den Mandeln bestreuen.

Ruhezeit etwa 1¼ Stunden
Zubereitung etwa 45 Minuten
Backzeit etwa 50 Minuten
1 Stück = 743 kJ/ 177 kcal

Streuselkuchen mit Quark

Lang haltbare Trockenhefe ist praktisch, wenn Sie lieber spontan backen als planen. Zeit sparen Sie allerdings kaum, denn der Teig muß genauso ruhen wie mit frischer Hefe.

◆ Mehl, Hefe, Zucker und Salz vermischen.

◆ Das Ei trennen.

◆ Die Milch mit 75 g Butter erwärmen, bis diese geschmolzen ist.

◆ Die Milch-Butter-Mischung und das Eigelb zum Mehl geben.

◆ Alles mit den Knethaken des Handrührgeräts etwa 5 Minuten verkneten, bis der Teig Blasen bildet und sich vom Schüsselrand löst.

◆ Den Teig zugedeckt bei Zimmertemperatur etwa 1 Stunde gehen lassen, bis sich das Volumen des Teiges ungefähr verdoppelt hat.

◆ Für die Creme die Zitrone waschen und abtrocknen. Die Schale abreiben und den Saft auspressen.

Zutaten für 20 Stücke
Teig
300 g Mehl
1/2 Päckchen Trockenhefe
1 EL Zucker, 1 Prise Salz
1 Ei
1/8 l Milch
75 g Butter
Quarkcreme
1 kleine unbehandelte Zitrone
500 g Quark (10 %)
200 g Crème double
2 Eier
je 2 EL Zucker und Vanillezucker
Streusel
100 g gemahlene Haselnußkerne
200 g Mehl
100 g Zucker
150 g Butter
Fett für das Backblech

◆ Den Quark mit Crème double, Eiern, Zucker, Vanillezucker und 2 EL Zitronensaft verrühren.

◆ Für die Streusel Nüsse, Mehl, Zucker und die abgeriebene Zitronenschale in einer Schüssel mischen.

◆ 150 g Butter schmelzen und in die Schüssel geben und alles mit einer Gabel zu Streuseln vermischen.

◆ Ein Backblech fetten und den Teig darauf ausrollen.

◆ Erst die Quarkcreme und dann die Streusel auf dem Teig verteilen.

◆ Den Kuchen zugedeckt etwa 15 Minuten gehen lassen.

◆ Den Kuchen auf die mittlere Schiene des kalten Backofens stellen und bei 180 °C (Umluft 160 °C, Gas Stufe 2–3) etwa 40 Minuten backen.

Ruhezeit etwa 1¼ Stunden
Zubereitung etwa 50 Minuten
Backzeit etwa 40 Minuten
1 Stück = 1403 kJ/ 334 kcal

Zwetschgendatschi

Frischer Zwetschgenkuchen mit Sahne ist für Leckermäuler die Krönung herbstlicher Genüsse.

◆ Mehl, Hefe, Zucker und Salz vermischen.

◆ Die Milch lauwarm erwärmen und mit dem Ei zu dem Mehl geben.

◆ Die Masse mit den Knethaken des Handrührgeräts etwa 5 Minuten durchkneten, bis der Teig Blasen bildet und sich vom Schüsselrand löst.

◆ Den Teig zugedeckt bei Zimmertemperatur 1 Stunde gehen lassen.

◆ Inzwischen die Zwetschgen waschen, halbieren und entsteinen.

◆ Ein Backblech fetten und den Teig darauf ausrollen.

Zutaten für 20 Stücke
Teig
300 g Mehl
1/2 Päckchen Trockenhefe
2 EL Zucker
1 Prise Salz
200 ml Milch
1 zimmerwarmes Ei
Belag
2 kg reife Zwetschgen
1 EL Butter
2 EL Semmelbrösel
100 g Zucker zum Bestreuen
Fett für das Backblech

◆ Die Butter schmelzen, den Teig damit bestreichen und mit den Semmelbröseln bestreuen.

◆ Die Zwetschgen dachziegelartig auf den Teig legen.

◆ Den Datschi bei Zimmertemperatur etwa 30 Minuten gehen lassen.

◆ Den Kuchen auf die mittlere Schiene des kalten Backofens stellen und bei 180 °C (Umluft 160 °C, Gas Stufe 2–3) etwa 40 Minuten backen.

◆ Den Datschi noch heiß mit Zucker bestreuen und lauwarm servieren.

Ruhezeit etwa 1½ Stunden
Zubereitung etwa 45 Minuten
Backzeit etwa 40 Minuten
1 Stück = 622 kJ/ 148 kcal

Bienenstich

Wenn es mal schnell gehen soll, kann man die Creme durch Vanilleschlagsahne ersetzen. Man darf den Bienenstich nur ungefüllt einfrieren.

◆ Für den Teig Mehl, Hefe, Zucker und Salz vermischen.

◆ Die Milch mit 50 g Butter erwärmen, bis diese geschmolzen ist.

◆ Die Zitrone waschen, abtrocknen und ein wenig Schale abreiben.

◆ Die Milch, Eier und 1 MSP Zitronenschale zu dem Mehl geben.

◆ Die Masse mit den Knethaken des Handrührgeräts etwa 5 Minuten verkneten, bis der Teig Blasen bildet und sich vom Schüsselrand löst.

◆ Den Teig zugedeckt bei Zimmertemperatur etwa 1 Stunde gehen lassen, bis sich sein Volumen ungefähr verdoppelt hat.

◆ Für den Belag 100 g Butter, Zucker, Sahne und Honig in einem Topf aufkochen und dann die Mandeln unter die Masse mischen.

◆ Ein Backblech fetten und den Teig darauf ausrollen.

Zutaten für 20 Stücke
Teig
500 g Mehl
1 Päckchen Trockenhefe
1 EL Zucker
1 Prise Salz
150 ml Milch
50 g Butter
1 unbehandelte Zitrone
2 Eier
Belag
100 g Butter
125 g Zucker
3 EL süße Sahne
1 EL Honig
150 g gehackte Mandeln
Vanillecreme
2 Päckchen Vanillepuddingpulver
$1/2$ l Milch
100 g Zucker
400 ml süße Sahne
2 Päckchen Sahnefestiger
Fett für das Backblech

◆ Den lauwarmen Mandelbelag daraufstreichen und den Kuchen zugedeckt etwa 15 Minuten gehen lassen.

◆ Den Kuchen auf die mittlere Schiene des kalten Backofens stellen und bei 180 °C (Umluft 160 °C, Gas Stufe 2–3) etwa 30 Minuten backen.

◆ Den warmen Kuchen in 20 Stücke schneiden, vom Blech lösen und erkalten lassen.

◆ Für die Creme das Puddingpulver mit Milch und Zucker zu einem dicken Pudding kochen.

◆ Unter Umrühren abkühlen lassen und durch ein feines Sieb streichen.

◆ Die Sahne mit dem Sahnesteif steif schlagen, den Pudding löffelweise zugeben und mit den Quirlen des Handrührers langsam unterziehen.

◆ Die Kuchenstücke waagrecht aufschneiden, mit der Creme bestreichen und wieder zusammensetzen.

Ruhezeit etwa 1¼ Stunden
Zubereitung etwa 1 Stunde
Backzeit etwa 30 Minuten
1 Stück = 1537 kJ/ 366 kcal

Nußkranz

Der beliebte Hefekuchen schmeckt auch mit Rosinen und Mandeln oder mit einer Mohnfüllung.

◆ Die Zitrone waschen und abtrocknen. Die Schale abreiben und den Saft einer Hälfte auspressen.

◆ Mehl, Hefe, Zucker und Salz vermischen.

◆ Milch mit Butter oder Margarine leicht erwärmen, bis diese geschmolzen ist, und zu dem Mehl geben.

◆ Die Eier trennen.

◆ Das Eigelb mit einem guten Teil der Zitronenschale zum Mehl geben und alles mit dem Handrührgerät etwa 5 Minuten durchkneten, bis der Teig Blasen bildet und sich vom Schüsselrand löst.

◆ Den Teig zugedeckt bei Zimmertemperatur 1 Stunde gehen lassen, bis er sich verdoppelt hat.

◆ Für die Füllung das Eiweiß steif schlagen und mit 1 EL Zitronensaft, der restlichen Zitronenschale, Nüssen, Zucker, Vanillezucker, Sahne und Zimt verrühren.

◆ Ein Küchentuch mit Mehl be-

Zutaten für 20 Stücke
Teig
1 unbehandelte Zitrone
400 g Mehl
½ Päckchen Trockenhefe
1 EL Zucker
1 Prise Salz
150 ml Milch
150 g Butter oder Margarine
2 Eier
Füllung
200 g gemahlene Haselnußkerne
100 g Zucker
1 EL Vanillezucker
5 EL süße Sahne
1 TL Zimtpulver
25 g Butter
Zum Bestreichen
100 g Aprikosenkonfitüre
2 EL Aprikosenlikör oder Apfelsaft
Mehl zum Ausrollen
Fett für die Form

streuen, den Teig darauf mit den Händen durchkneten und zu einer Platte flach drücken. Diese mit wenig Mehl bestreuen und knapp fingerdick zu einem Rechteck ausrollen.

◆ Die Butter schmelzen und den Teig mit etwa der Hälfte bestreichen.

◆ Die Nußfüllung auf dem Teig verteilen und die Platte mit Hilfe des Küchentuchs aufrollen.

◆ Eine Kranzform fetten, die Rolle hineinlegen und zugedeckt etwa 15 Minuten gehen lassen.

◆ Den Kranz mit etwas Butter bestreichen, auf die mittlere Schiene des kalten Backofens stellen und bei 160 °C (Umluft 140 °C; Gas Stufe 2) etwa 40 Minuten backen; nach 20 Minuten mit der restlichen Butter bestreichen.

◆ Die Aprikosenkonfitüre mit Likör oder Saft mischen und auf den heißen Kranz streichen.

Ruhezeit etwa 1¼ Stunden
Zubereitung etwa 1 Stunde
Backzeit etwa 40 Minuten
1 Stück = 1168 kJ/ 278 kcal

Hefenapfkuchen

Das Besondere an diesem saftigen Hefekuchen ist, daß er nur mit getrocknetem Obst gesüßt wird. Schlagsahne mit Vanillezucker paßt gut dazu.

◆ Die Feigen zugedeckt in dem Wasser 5 Stunden einweichen; dann die harten Stiele entfernen und die Feigen mit dem Einweichwasser pürieren.

◆ Das Mehl in eine Schüssel geben und in die Mitte eine Mulde drücken.

◆ Die Milch leicht erwärmen.

◆ Die Hefe in die Mehlmulde bröckeln, mit 6 EL Milch, 1 EL Feigenpüree und etwas Mehl vom Rand verrühren, bis sie sich aufgelöst hat.

◆ Den Vorteig zugedeckt bei Zimmertemperatur etwa 15 Minuten ruhen lassen, bis er aufgegangen ist.

◆ 2 Eier trennen.

◆ Den Vorteig mit dem gesamten Mehl verrühren und die restliche Milch, das Feigenpüree, Butter, Vanille, Salz, 2 Eigelb und 2 ganze Eier zugeben. Alles mit den Knethaken des Handrührgeräts 5 Minuten gut durchrühren, bis der Teig Blasen wirft und sich vom Schüsselrand löst.

Zutaten für 20 Stücke

Teig
150 g getrocknete Feigen
200 ml Wasser
500 g Mehl
175 ml Milch
1 Würfel Hefe (etwa 40 g)
4 zimmerwarme Eier
100 g weiche Butter oder Margarine
1 TL gemahlene Vanille
1 Prise Salz
2 unbehandelte Orangen
1 unbehandelte Zitrone
75 g getrocknete Aprikosen und
Pfirsiche, gemischt
150 g Rosinen
100 g gehackte Mandeln
Zum Bestreichen
50 g Butter
100 g Apfelkraut
4 EL Orangensaft
Fett und Mehl für die Form

◆ Den Teig zugedeckt bei Zimmertemperatur etwa 1 Stunde ruhen lassen, bis er sich fast verdoppelt hat.

◆ Inzwischen die Orangen und die Zitrone waschen und abtrocknen. Die Schalen der Zitrusfrüchte dünn abschneiden und fein hacken.

◆ Die Aprikosen und Pfirsiche hacken, mit den zerkleinerten Schalen der Zitrusfrüchte sowie den Rosinen und Mandeln mischen und mit den Händen unter den Teig kneten.

◆ Eine Napfkuchenform fetten und mit Mehl ausstreuen; den Teig hineingeben und zugedeckt weitere 15 Minuten gehen lassen.

◆ Den Kuchen auf die untere Schiene des kalten Backofens stellen und bei 180 °C (Umluft 160 °C, Gas Stufe 2–3) etwa 80 Minuten backen.

◆ Den Kuchen aus dem Ofen nehmen, in der Form 10 Minuten ruhen lassen und anschließend auf ein Kuchengitter stürzen.

◆ Die Butter schmelzen und mit dem Apfelkraut und dem Orangensaft verrühren; den heißen Kuchen damit bestreichen und abkühlen lassen.

Ruhezeit gesamt etwa 6½ Stunden
Zubereitung etwa 1 Stunde
Backzeit etwa 80 Minuten
1 Stück = 1142 kJ/ 272 kcal

Zwetschgennudeln

In Süddeutschland und Österreich werden nicht nur Teigwaren als Nudeln bezeichnet, auch Mehlspeisen und Hefegebäck nennt man so.

◆ Mehl, Hefe, Zucker und Salz vermischen.

◆ Die Milch leicht erwärmen.

◆ Das Ei trennen.

◆ Eigelb und Milch zu dem Mehl geben und alles mit dem Handrührgerät etwa 5 Minuten verkneten. Den Teig zugedeckt bei Zimmertemperatur 1 Stunde gehen lassen.

◆ Die Zwetschgen waschen, halbieren, entsteinen und in eine Schüssel legen.

◆ Rotwein oder Fruchtsaft, Orangenlikör oder -saft, Zimt und Honig aufkochen, das Obst damit übergießen und 5 Minuten ziehen lassen.

◆ Den Obstsud wieder in den Topf gießen und auf die Hälfte einkochen.

Zutaten für 12 Stück
Teig
300 g Mehl
1/2 Päckchen Trockenhefe
2 EL Zucker
1 Prise Salz
knapp 200 ml Milch
1 zimmerwarmes Ei
Füllung
500 g reife Zwetschgen
1/4 l trockener Rotwein oder
roter Fruchtsaft
2 EL Orangenlikör oder Orangensaft
1 TL Zimtpulver
3 EL Honig
1 EL Butter zum Bestreichen
2 EL brauner Zucker zum Bestreuen
Mehl zum Ausrollen
Fett für die Form

◆ Eine Springform fetten.

◆ Die Arbeitsfläche mit Mehl bestäuben, den Teig darauf dünn ausrollen und in 12 Stücke schneiden.

◆ Jeweils einige Zwetschgen in ein Teigstück hüllen, diese nebeneinander in die Springform setzen und zugedeckt bei Zimmertemperatur etwa 30 Minuten gehen lassen.

◆ Die Butter zerlassen, die Nudeln damit bestreichen, auf die mittlere Schiene des kalten Backofens stellen und bei 200 °C (Umluft 180 °C, Gas Stufe 3) etwa 15 Minuten backen.

◆ Die Nudeln mit dem Obstsud begießen, mit braunem Zucker bestreuen, dann noch etwa 20 Minuten backen und lauwarm servieren.

Ruhezeit etwa 1½ Stunden
Zubereitung etwa 1 Stunde
Backzeit etwa 35 Minuten
1 Stück = 458 kJ/ 109 kcal

Berliner Pfannkuchen

Zutaten für 12 Stück
500 g Mehl
1/4 l Milch
1 Würfel Hefe (etwa 40 g)
50 g Zucker
80 g Butter
3 zimmerwarme Eier
1 unbehandelte Zitrone
1 Prise Salz
2 EL Weinbrand oder Milch
etwa 3 EL Aprikosenkonfitüre
750 g Butterschmalz zum Fritieren
feiner Zucker oder
Puderzucker zum Bestreuen
Mehl für die Arbeitsfläche

Den typischen hellen Rand erhalten die Berliner, wenn sie so leicht sind, daß sie nur knapp bis zur Hälfte im Fett schwimmen. Deshalb den Teig vor dem Backen richtig gehen lassen und nicht zuviel Konfitüre einfüllen.

◆ Das Mehl in eine Schüssel geben und in die Mitte eine Mulde drücken.

◆ Die Milch leicht erwärmen.

◆ Die Hefe in die Mulde bröckeln, 2 EL Milch und 1 TL Zucker dazugeben und mit etwas Mehl verrühren, bis die Hefe sich aufgelöst hat. Den Vorteig zugedeckt bei Zimmertemperatur 15 Minuten ruhen lassen.

◆ Die Butter in der restlichen Milch schmelzen.

◆ Die Eier trennen.

◆ Die Zitrone waschen, abtrocknen und ein Viertel der Schale abreiben.

◆ Den Vorteig mit dem gesamten Mehl verrühren, die Milch-Butter-Mischung, Salz, Eidotter, Zucker, 2 EL Weinbrand oder Milch und Zitronenschale zugeben und alles etwa 10 Minuten kneten, bis der Teig glatt ist und sich vom Schüsselrand löst.

◆ Den Teig zugedeckt etwa 1 Stunde gehen lassen, bis er sich ungefähr verdoppelt hat. In dieser Zeit einmal mit einem Kochlöffel leicht durchrühren.

◆ Die Arbeitsfläche mit Mehl bestäuben. Den Teig in 2 Portionen teilen und jede Portion zu einer knapp fingerdicken Platte ausrollen.

◆ Auf der einen Teigplatte mit einem Glas Kreise von etwa 7 cm Ø markieren. In die Mitte jedes Kreises einen Klecks Konfitüre geben.

◆ Die zweite Teigplatte auf die erste legen und rund um die Marmelade etwas andrücken. Mit dem Glas Kreise ausstechen, so daß die Kleckse in der Mitte sind. Dann die Teigkreise auf ein bemehltes Brett legen.

◆ Die Teigreste zusammenkneten und wie die erste Teigmenge teilen und zu Berlinern verarbeiten.

◆ Die Teigkreise mit einem warmen Tuch bedecken und etwa 15 Minuten bei Zimmertemperatur ruhen lassen, bis sie deutlich aufgegangen sind.

◆ Das Fett zum Fritieren erhitzen und die Berliner darin nacheinander backen; zuerst die eine Seite zugedeckt etwa 3 Minuten backen, bis sie schön braun ist, dann wenden und weitere 3–4 Minuten backen.

◆ Das Gebäck mit einem Schaumlöffel herausnehmen, auf Küchenpapier abtropfen und abkühlen lassen und mit Zucker bestreuen.

Ruhezeit etwa 1½ Stunden
Zubereitung etwa 1½ Stunden
1 Stück = 1554 kJ/ 370 kcal

Kirchweihnudeln

◆ Das Mehl in eine Schüssel geben und in die Mitte eine Mulde drücken.

◆ Die Milch leicht erwärmen.

◆ Die Hefe in die Mulde bröckeln und mit 2 EL lauwarmer Milch, 1 TL Zucker und etwas Mehl vom Rand verrühren, bis sich die Hefe aufgelöst hat. Diesen Vorteig zudecken und bei Zimmertemperatur 15 Minuten ruhen lassen.

◆ 50 g Butter in der restlichen Milch schmelzen lassen.

◆ Die Zitrone waschen, abtrocknen und die Hälfte der Schale abreiben.

◆ Den Vorteig mit dem Mehl verrühren, die Milch-Butter-Mischung, den restlichen Zucker, Salz, Zitronenschale und das Ei dazugeben und mit den Knethaken des Handrührgeräts etwa 5 Minuten kneten, bis der Teig Blasen wirft.

◆ Den Teig zugedeckt etwa 45 Minuten ruhen lassen, bis er sich ungefähr verdoppelt hat.

◆ Die Arbeitsfläche mit Mehl bestäuben.

◆ 25 g Butter zerlassen.

◆ Vom Teig mit Hilfe von 2 Löffeln 12 Stücke abstechen, dabei die Löffel immer wieder in Mehl tauchen.

◆ Die Stücke mit bemehlten Händen zu Kugeln formen und auf die Arbeitsfläche legen; die Kugeln mit der zerlassenen Butter bestreichen und zugedeckt bei Zimmertemperatur etwa 15 Minuten ruhen lassen.

Zutaten für 12 Stück
500 g Mehl
300 ml Milch
20 g frische Hefe
20 g Zucker
75 g Butter
1 unbehandelte Zitrone
1 Prise Salz
1 zimmerwarmes Ei
750 g Butterschmalz zum Fritieren
50 g feiner Zucker oder Puderzucker
zum Bestreuen
Mehl und Butter zum Formen

◆ Das Fett zum Fritieren erhitzen.

◆ Die Fingerspitzen mit etwas Butter einfetten; jede Teigkugel mit beiden Händen fassen, in der Mitte eindrücken und am Rand rundherum auseinanderziehen. Dabei bildet sich in der Mitte eine dünne Stelle, das sogenannte Fenster, das von einem Teigwulst umgeben ist.

◆ Eine Kirchweihnudel vorsichtig in das heiße Fett gleiten lassen. Mit einer Schöpfkelle ein- bis zweimal Fett darüber gießen, damit sich der Teig bläht und das Fenster Blasen wirft.

◆ Die Nudel wenden und dabei das Fett aus der Mitte herauslaufen lassen, sonst wird das Fenster zu braun.

◆ Die Nudeln nacheinander backen, bis sie schön gebräunt sind.

◆ Die Nudeln aus dem Fett nehmen und auf Küchenpapier gut abtropfen lassen.

◆ Die Nudeln noch heiß mit Zucker bestreuen und ganz frisch servieren.

Ruhezeit etwa 1¼ Stunden
Zubereitung etwa 1¼ Stunden
1 Stück = 1449 kJ/ 345 kcal

Pizza mit Meeresfrüchten

Zutaten für 2 Portionen

Teig
300 g Mehl
$1/2$ Päckchen Trockenhefe
$1/2$ TL Salz
$1/8$ l Milch
$1/8$ l Wasser
3 EL Öl

Belag
750 g reife Tomaten
2 Zwiebeln
1 Knoblauchzehe
1 Handvoll Salbeiblättchen
5 EL Olivenöl
Salz, weißer Pfeffer
150 g küchenfertiger Tintenfisch
200 g frische Sardinen
150 g Garnelen
1 Zitrone
1 TL getrockneter Oregano
Fett für das Backblech
Mehl zum Ausrollen

Diese festliche Pizza reicht als Hauptgericht für zwei Personen, als Vorspeise für vier Leute. Salat mit vielen Kräutern schmeckt gut dazu.

◆ Für den Teig das Mehl mit der Hefe und dem Salz in einer Schüssel vermischen.

◆ Milch, Wasser und Öl leicht erwärmen und zum Mehl gießen; alles mit den Knethaken des Handrührgeräts etwa 5 Minuten durchrühren, bis der Teig Blasen bildet und sich vom Schüsselrand löst.

◆ Den Teig zugedeckt bei Zimmertemperatur etwa 1 Stunde ruhen lassen, bis sich das Teigvolumen ungefähr verdoppelt hat.

◆ Für den Belag die Tomaten abziehen und in kleine Stücke schneiden; die Stielansätze dabei entfernen.

◆ Die Zwiebeln abziehen; die eine Zwiebel in dünne Scheiben schneiden, die andere fein hacken.

◆ Den Knoblauch abziehen und fein hacken.

◆ Den Salbei trocken reinigen und fein zerkleinern.

◆ In einer großen Pfanne 2 EL Öl erhitzen. Die gehackte Zwiebel, den Knoblauch und den Salbei darin bei schwacher Hitze unter Rühren anbraten, bis die Zwiebel glasig ist.

◆ Die Tomaten zugeben und bei starker bis mittlerer Hitze unter häufigem Rühren schmoren, bis der Saft verdampft ist.

◆ Die Tomaten mit Salz und Pfeffer abschmecken und abkühlen lassen.

◆ In einem Topf reichlich Wasser mit Salz zum Kochen bringen.

◆ Die Zwiebelringe in dem Wasser bei starker Hitze etwa 1 Minute sprudelnd kochen lassen, dann mit einem Schaumlöffel herausnehmen und auf einen Teller geben.

◆ Danach den Tintenfisch in dem Wasser 3 Minuten ziehen, aber nicht kochen lassen. Den Tintenfisch abgießen, abtropfen und abkühlen lassen und in Stücke schneiden.

◆ Die Sardinen kalt abspülen und trockentupfen. Die Köpfe entfernen und die Fische an der Unterseite mit einem scharfen Messer aufschneiden. Die Sardinen auseinanderklappen, in Hälften teilen und die Mittelgräte entfernen.

◆ Das Backblech fetten. Den Teig darauf geben, mit Mehl bestreuen und mit dem Nudelholz auf dem Blech rund ausrollen.

◆ Die Tomaten auf den Teig streichen und Zwiebelringe, Tintenfischstücke, Sardinenfilets und Garnelen darauf verteilen; dann den Belag mit Salz und Pfeffer würzen.

◆ Die Zitrone auspressen, den Zitronensaft und das restliche Öl über die Pizza träufeln und den Oregano darüber streuen. Die Pizza noch einmal etwa 15 Minuten gehen lassen.

◆ Den Backofen auf 250 °C (Umluft 220 °C, Gas Stufe 5–6) vorheizen.

◆ Die Pizza auf die mittlere Schiene des Backofens schieben und etwa 20 Minuten backen.

Ruhezeit etwa $1^{1}/_{4}$ Stunden
Zubereitung etwa 1 Stunde
Backzeit etwa 20 Minuten
1 Portion = 2793 kJ/ 665 kcal

Brokkoli-Lauch-Kuchen

Wenn Sie es eilig haben, nehmen Sie tiefgekühlten Brokkoli und tiefgefrorenen Blätterteig statt selbstgemachten Hefeteig. Die Blätterteigplatten können Sie auftauen lassen, während Sie den Belag vorbereiten.

◆ Mehl, Hefe und Salz in einer Schüssel vermischen.

◆ Die Milch und das Olivenöl leicht erwärmen und zu dem Mehl gießen; dann alles mit den Knethaken des Handrührgeräts etwa 5 Minuten rühren, bis der Teig Blasen bildet.

◆ Den Teig zugedeckt bei Zimmertemperatur etwa 45 Minuten ruhen lassen, bis er sich fast verdoppelt hat.

◆ Für den Belag den Brokkoli in kleine Röschen teilen und waschen; die Stiele und den Strunk schälen.

◆ Den Brokkoli mit dem gesalzenen Wasser aufkochen und zugedeckt bei schwacher Hitze 5 Minuten garen.

◆ Den Brokkoli abgießen, den Garsud dabei auffangen.

Zutaten für 20 Stücke

Teig
500 g Weizenmehl Type 1050
1 Päckchen Trockenhefe
$1/2$ EL Salz
$3/8$ l Milch
2 EL Olivenöl

Belag
750 g Brokkoli
4 EL Wasser
Salz
300 g Lauch
1 Knoblauchzehe
1 Bund Petersilie
1 Ei
250 g geriebener Hartkäse
200 ml Milch
$1/2$ TL gemahlener Koriander
Cayennepfeffer, weißer Pfeffer
geriebene Muskatnuß
Fett für das Backblech

◆ Den Lauch putzen, waschen und fein zerkleinern.

◆ Den Knoblauch abziehen und fein hacken.

◆ Die Petersilie waschen, trockentupfen und hacken.

◆ Ein Backblech fetten und mit dem Teig auslegen.

◆ Den Brokkoli auf den Teig legen; dann Lauch, Knoblauch und Petersilie darauf verteilen.

◆ Den Brokkolisud mit Ei, Käse, Milch, Koriander, Cayennepfeffer, Pfeffer und Muskat vermischen und über das Gemüse verteilen.

◆ Das Blech auf die mittlere Schiene des kalten Backofens schieben und bei 180 °C (Umluft 160 °C, Gas Stufe 2–3) etwa 45 Minuten backen.

◆ Den Kuchen lauwarm servieren.

Ruhezeit etwa 45 Minuten
Zubereitung etwa 30 Minuten
Backzeit etwa 45 Minuten
1 Stück = 752 kJ/ 179 kcal

Gemüsetörtchen

◆ Das Mehl mit der Hefe und dem Salz in einer Schüssel vermischen.

◆ Wasser und Öl zu dem Mehl gießen.

◆ Alles mit den Knethaken des Handrührgeräts etwa 5 Minuten durchkneten, bis der Teig Blasen wirft.

◆ Den Teig zugedeckt bei Zimmertemperatur etwa 1 Stunde ruhen lassen, bis sich das Teigvolumen verdoppelt hat.

◆ Inzwischen für den Belag die Bohnen waschen, putzen und schräg in feine Streifen schneiden.

◆ Den Kohlrabi schälen und grob raspeln.

◆ Die Zwiebel und den Knoblauch abziehen und fein hacken.

◆ Das Bohnenkraut waschen, trockentupfen und fein zerkleinern.

◆ Die Butter in einer Pfanne erhitzen, Zwiebel und Knoblauch darin bei schwacher Hitze glasig braten.

Zutaten für 6 Stück
Teig
300 g Mehl
1/2 Päckchen Trockenhefe
Salz
3/8 l lauwarmes Wasser
2 EL Öl
Belag
200 g grüne Bohnen
1 Kohlrabi
1 Zwiebel
1 Knoblauchzehe
1/2 Bund Bohnenkraut
1 EL Butter
100 g Crème fraîche
Salz, schwarzer Pfeffer
1 Ei
50 g geriebener Hartkäse
2 EL Kürbiskerne
Fett für die Förmchen

◆ Bohnen, Kohlrabi und Bohnenkraut ebenfalls in die Pfanne geben und einige Sekunden anbraten.

◆ Crème fraîche, Salz und Pfeffer zu dem Gemüse geben, aufkochen lassen und zugedeckt bei schwacher Hitze 5 Minuten garen, bis die Bohnen gerade eben weich sind.

◆ Das Gemüse abkühlen lassen und dann das Ei und den Käse daruntermischen.

◆ 6 Tortelettförmchen fetten und mit dem Hefeteig auslegen.

◆ Den Gemüsebelag darauf verteilen und mit Kürbiskernen bestreuen.

◆ Die Törtchen auf die mittlere Schiene des kalten Backofens stellen und bei 180 °C (Umluft 160 °C, Gas Stufe 2–3) etwa 40 Minuten backen.

Ruhezeit etwa 1 Stunde
Zubereitung etwa 1 Stunde
Backzeit etwa 40 Minuten
1 Stück = 1625 kJ/ 387 kcal

Zwiebelkuchen

Im Herbst gibt es in deutschen Wein-baugebieten Zwiebelkuchen zum neuen Wein. In dieser Zeit schmek-ken auch die Zwiebeln am besten, weil sie frisch geerntet sind.

◆ Mehl, Hefe und Salz in einer Schüssel mischen.

◆ Das Wasser mit dem Öl lauwarm erwärmen und zu dem Mehl gießen.

◆ Alles mit dem Handrührgerät etwa 5 Minuten durchkneten, bis der Teig Blasen bildet.

◆ Den Teig zugedeckt bei Zimmer-temperatur 1 Stunde ruhen lassen, bis sich sein Volumen verdoppelt hat.

◆ Für den Belag die Zwiebeln schälen und auf dem Gurkenhobel in Ringe schneiden.

◆ Das Butterschmalz erhitzen und die Zwiebeln portionsweise darin bei milder Hitze weich braten.

◆ Den Speck von der Schwarte und dem Knorpel befreien und würfeln.

Zutaten für 20 Stücke
Teig
300 g Mehl
¹/₂ Päckchen Trockenhefe
¹/₂ EL Salz
200 ml Wasser, 2 EL Öl
Belag
2 kg Zwiebeln
50 g Butterschmalz
500 g durchwachsener Speck
¹/₂ l saure Sahne
2 Eier
1–2 EL Kümmelkörner
Salz, Cayennepfeffer
¹/₂ TL scharfes Paprikapulver
Fett für das Backblech

◆ Den Speck mit den etwas ab-gekühlten Zwiebeln, saurer Sahne, Eiern, Kümmel, Salz, Cayennepfeffer und Paprikapulver in einer Schüssel vermischen.

◆ Ein Backblech fetten, den Teig darauf ausrollen und den Belag auf dem Teig verteilen.

◆ Den Kuchen bei Zimmertempera-tur etwa 30 Minuten gehen lassen.

◆ Den Kuchen auf die mittlere Schiene des kalten Backofens stellen und bei 180 °C (Umluft 160 °C, Gas Stufe 2–3) etwa 40 Minuten backen.

Ruhezeit etwa 1¹/₂ Stunden
Zubereitung etwa 80 Minuten
Backzeit etwa 40 Minuten ·
1 Stück = 1432 kJ/ 341 kcal

Weizenvollkornbrot

Frisch gemahlenes Getreide enthält noch die meisten Nährstoffe. Wer keine Kornmühle besitzt, läßt das Korn dort mahlen, wo man es kauft: im Reformhaus oder Naturkostladen.

◆ Den feingemahlenen Weizen mit Hefe, Kümmel und Salz vermischen.

◆ Die Buttermilch leicht erwärmen und mit dem Öl zum Mehl geben.

◆ Alles mit dem Handrührgerät ver-mischen und 5 Minuten kneten, bis der Teig Blasen bildet.

◆ Den Teig zugedeckt bei Zimmer-temperatur etwa 1¹/₄ Stunden ruhen lassen, bis er sich verdoppelt hat.

◆ Die Kürbiskerne mit einem Kochlöffel unter den Teig mischen.

◆ Eine Kastenform von 30 cm Länge fetten, den Teig einfüllen, oben mit Milch bestreichen und nochmals 15 Minuten gehen lassen.

◆ Den Brotteig auf die mittlere Schiene des kalten Backofens stellen und bei 200 °C (Umluft 180 °C, Gas Stufe 3) etwa 75 Minuten backen.

◆ Das Brot aus dem Backofen neh-men und 10 Minuten ruhen lassen.

◆ Das Brot aus der Form lösen und zum Erkalten vorsichtig auf ein Ku-chengitter stürzen.

Ruhezeit etwa 1¹/₂ Stunden
Zubereitung etwa 30 Minuten
Backzeit etwa 1¹/₄ Stunden
1 Scheibe = 525 kJ/ 125 kcal

Zutaten für 20 Scheiben
500 g Weizen
1 Päckchen Trockenhefe
1 gehäufter TL gemahlener Kümmel
¹/₂ EL Salz
¹/₂ l Buttermilch
¹/₂ EL Öl
100 g Kürbiskerne
4 EL Milch
Fett für die Form

Sonnenblumenbrot

◆ Weizenvollkornmehl und Weizenschrot in einer Schüssel mischen und in die Mitte der Mischung eine Mulde drücken.

◆ Die Hefe zerkrümeln und in die Mulde geben.

◆ Den Zucker hinzufügen.

◆ Das Wasser mit der Dickmilch lauwarm werden lassen. 5 EL davon zur Hefe geben, mit etwas Mehl vom Rand zum Vorteig verrühren und diesen zugedeckt 15 Minuten bei Zimmertemperatur ruhen lassen, bis er aufgegangen ist.

◆ Danach den Vorteig mit dem gesamten Mehl verrühren.

◆ Das restliche Wasser mit Dickmilch, Salz, Kümmel und Koriander zugeben.

◆ Die Mischung mit den Knethaken des Handrührgeräts etwa 10 Minuten durcharbeiten, bis der Teig Blasen wirft und sich vom Schüsselrand löst.

Zutaten für 20 Scheiben
500 g Weizenvollkornmehl
200 g Weizenschrot
80 g frische Hefe
1 Prise Zucker
1/2 l Wasser
4 EL Dickmilch
1 1/2 EL Salz
2 EL gemahlener Kümmel
1/2 EL gemahlener Koriander
100 g Sonnenblumenkerne
3 EL Milch zum Bestreichen
Fett und Mehl für die Form

◆ Den Teig zugedeckt etwa 1 Stunde bei Zimmertemperatur gehen lassen, bis sich sein Volumen verdoppelt hat.

◆ Die Sonnenblumenkerne daruntermischen.

◆ Eine Kastenform von 30 cm Länge fetten und mit Mehl ausstreuen.

◆ Den Brotteig hineinfüllen, mit der Milch bestreichen und zugedeckt 15 Minuten bei Zimmertemperatur gehen lassen.

◆ Auf den Boden des Backofens ein Gefäß mit Wasser stellen, damit das Brot während des Backens genügend Feuchtigkeit bekommt.

◆ Die Form auf die untere Schiene des kalten Backofens stellen und das Brot bei 200 °C (Umluft 180 °C, Gas Stufe 3) etwa 1 1/4 Stunden backen.

◆ Das fertige Brot herausnehmen, 20 Minuten in der Form stehenlassen und zum Erkalten auf ein Kuchengitter stürzen.

Zubereitung etwa 30 Minuten
Ruhezeit etwa 1 1/2 Stunden
Backzeit etwa 1 1/4 Stunden
1 Scheibe = 664 kJ/ 158 kcal

Fladenbrot vom Blech

Zutaten für 20 Stücke
350 g Weizenvollkornmehl
je 200 g Roggen-
vollkornmehl und
feingemahlene Gerste
1 Päckchen Trockenhefe
je 1 TL gemahlener
Koriander und Kümmel
1 EL Salz
1/2 l Wasser
400 ml Milch
1 Beutel flüssiger, zimmer-
warmer Sauerteig (150 g)
100 g Sonnenblumenkerne
70 g Butter

◆ Das Weizen- und Roggenvollkornmehl sowie die Gerste mit Hefe, Gewürzen und Salz vermischen.

◆ Das Wasser mit der Milch lauwarm werden lassen und mit dem Sauerteig zur Mehlmischung geben.

◆ Die Mischung mit den Knethaken des Handrührgeräts etwa 5 Minuten durcharbeiten, bis der Teig Blasen wirft und sich vom Schüsselrand löst.

◆ Den Teig zugedeckt etwa 1 Stunde bei Zimmertemperatur gehen lassen, bis sich sein Volumen verdoppelt hat.

◆ Die Sonnenblumenkerne daruntermischen.

◆ 2 Backbleche mit der Hälfte der Butter fetten und mit dem Teig auslegen. Mit einem Kochlöffelstiel Mulden in den Teig drücken.

◆ Die restliche Butter klein zerteilen, in die Mulden legen und den Teig weitere 15 Minuten gehen lassen.

◆ Auf den Boden des Backofens ein Gefäß mit Wasser stellen, damit das Brot während des Backens genügend Feuchtigkeit bekommt.

◆ 1 Blech auf die mittlere Schiene des kalten Backofens schieben und das Brot bei 180 °C (Umluft 160 °C, Gas Stufe 2–3) etwa 30 Minuten backen. Das Brot auf dem zweiten Blech ist in etwa 20 Minuten fertig.

Zubereitung etwa 30 Minuten
Ruhezeit etwa 1 1/4 Stunden
Backzeit etwa 50 Minuten bzw.
35 Minuten im Umluftherd
1 Stück = 874 kJ/ 208 kcal

Sechskornbrot

◆ Mehl und Flocken in einer Schüssel mischen.

◆ In die Mitte der Mischung eine Mulde drücken.

◆ Die Hefe zerkrümeln und in die Mulde geben.

◆ Den Zucker auf die Hefe streuen.

◆ Das Wasser mit der Milch lauwarm werden lassen. 5 EL davon zur Hefe geben, mit etwas Mehl vom Rand zum Vorteig verrühren und diesen zugedeckt 15 Minuten bei Zimmertemperatur ruhen lassen, bis er aufgegangen ist.

◆ Danach den Vorteig mit dem gesamten Mehl verrühren.

◆ Das restliche Wasser mit Milch, flüssigem Sauerteig, Salz und Oregano zugeben.

◆ Die Mischung mit den Knethaken des Handrührgeräts etwa 10 Minuten durcharbeiten, bis der Teig Blasen wirft und sich vom Schüsselrand löst.

◆ Den Teig zugedeckt etwa 1 Stunde bei Zimmertemperatur gehen lassen, bis sich sein Volumen verdoppelt hat.

Zutaten für 30 Scheiben
1 kg gemahlene Sechskorn-
getreidemischung
150 g Weizenvollkornflocken
40 g frische Hefe
$1/2$ TL Zucker
$1/2$ l Wasser
$1/4$ l Milch
1 Beutel flüssiger, zimmer-
warmer Sauerteig (150 g)
$1^1/2$ EL Salz
1 EL getrockneter Oregano
3 EL süße Sahne zum Bestreichen
2 EL Sesamsamen zum Bestreuen
Mehl für Arbeitsfläche und Blech
Fett für das Blech
evtl. Alufolie

◆ Den Teig mit den Händen auf wenig Mehl etwa 5 Minuten kräftig durchkneten und zu einem Laib oder Wecken formen.

◆ Ein Backblech fetten und mit Mehl bestreuen.

◆ Das Brot auf das Backblech legen, mit Sahne bestreichen, Sesam darauf streuen und zugedeckt 15 Minuten bei Zimmertemperatur gehen lassen.

◆ Auf den Boden des Backofens ein Gefäß mit Wasser stellen, damit das Brot während des Backens genügend Feuchtigkeit bekommt.

◆ Das Blech auf die mittlere Schiene des kalten Backofens schieben und das Brot bei 200 °C (Umluft 180 °C, Gas Stufe 3) etwa $1^1/4$ Stunden backen; dabei gegebenenfalls mit Alufolie abdecken, damit es nicht zu dunkel wird.

◆ Das fertige Brot herausnehmen, etwa 20 Minuten auf dem Blech abkühlen lassen und zum Erkalten auf ein Kuchengitter legen.

Zubereitung etwa 30 Minuten
Ruhezeit etwa $1^1/2$ Stunden
Backzeit etwa $1^1/4$ Stunden
1 Scheibe = 668 kJ/ 159 kcal

Frühstücksbrot mit Kräutern

So wird das Brot zum Frühstück fertig: Den Teig am Abend vorher kneten und zugedeckt über Nacht an einem kühlen Platz gehen lassen. Morgens mit der Zwiebel und den Kräutern mischen und backen.

◆ Mehl, Hefe und Salz vermischen.

◆ Das Ei trennen.

◆ Die Milch mit Butter oder Margarine erwärmen, bis das Fett gerade geschmolzen ist, und mit dem Eigelb zur Mehlmischung geben.

◆ Die Mischung mit den Knethaken des Handrührgeräts etwa 5 Minuten durcharbeiten, bis der Teig Blasen wirft und sich vom Schüsselrand löst.

◆ Den Teig zugedeckt etwa 1 Stunde bei Zimmertemperatur gehen lassen, bis sich sein Volumen annähernd verdoppelt hat.

◆ Die Kräuter waschen und gut trok-

Zutaten für 20 Scheiben
500 g Weizenmehl Type 1050
1 Päckchen Trockenhefe
$\frac{1}{2}$ EL Salz
1 zimmerwarmes Ei
$\frac{1}{4}$ l Milch
50 g Butter oder Margarine
1 Bund Petersilie
2 Zweige Thymian
1 Zwiebel
1 EL Öl
2 EL süße Sahne zum Bestreichen
Fett für die Form

kentupfen. Die Petersilie fein hacken; die Thymianblätter abstreifen.

◆ Die Zwiebel abziehen und fein hacken.

◆ Das Öl erhitzen, und die Zwiebel darin glasig braten. Etwas abkühlen lassen und mit Petersilie und Thymianblättchen unter den Teig kneten.

◆ Eine Kastenform von 30 cm Länge fetten, den Teig hineingeben und weitere 15 Minuten ruhen lassen.

◆ Das Brot auf die untere Schiene des kalten Backofens stellen und bei 200 °C (Umluft 180 °C, Gas Stufe 3) 30 Minuten backen.

◆ Das Brot mit Sahne bestreichen und weitere 15 Minuten backen.

◆ Die Garprobe machen, das Brot herausnehmen, in der Form 20 Minuten ruhen lassen und zum Abkühlen auf ein Kuchengitter legen.

Zubereitung etwa 30 Minuten
Ruhezeit etwa 1$\frac{1}{4}$ Stunden
Backzeit etwa 45 Minuten
1 Scheibe = 542 kJ/ 129 kcal

Brot mit Käse und Schinken

*Das knusprige, herzhaft gewürzte
Brot schmeckt lauwarm am besten.*

◆ Mehl, Hefe und Salz vermischen.
◆ Wasser, Öl und 1 Ei zugeben und
alles mit den Knethaken des Handrührgeräts etwa 5 Minuten durcharbeiten, bis der Teig Blasen wirft und
sich vom Schüsselrand löst.
◆ Den Teig zugedeckt bei Zimmertemperatur etwa 1¼ Stunden gehen
lassen, bis sich sein Volumen verdoppelt hat.
◆ Für die Füllung den Emmentaler
Käse grob reiben.
◆ Den Fettrand des Schinkens abschneiden und den Schinken würfeln.
◆ Die Petersilie waschen, trockentupfen und fein hacken.
◆ Die Arbeitsfläche mit Mehl bestreuen, den fertigen Teig darauf
noch einmal kräftig durchkneten und

Zutaten für 12 Stücke
*400 g Weizenvollkornmehl
1 Päckchen Trockenhefe
½ EL Salz
350 ml warmes Wasser
⅛ l Öl
2 zimmerwarme Eier
200 g Emmentaler Käse
150 g gekochter Schinken
2 Bund Petersilie
1 EL getrockneter Oregano
2 EL Milch
Mehl für die Arbeitsfläche
Fett für das Blech*

zu einer Platte von etwa 0,5 cm Dicke
ausrollen.
◆ Käse, Schinken, Petersilie und Ore-

gano darauf verteilen, die Ränder
der Teigplatte rundherum etwa 2 cm
breit nach innen klappen und die
Platte noch ein- oder zweimal wie ein
Tuch zusammenfalten.
◆ Ein Backblech fetten, die Teigplatte darauf legen und mit einer Gabel mehrmals einstechen.
◆ Das zweite Ei trennen, und das Eigelb mit der Milch verrühren.
◆ Den Teig damit bestreichen und
zugedeckt weitere 15 Minuten ruhen
lassen.
◆ Das Brot auf die mittlere Schiene
des kalten Backofens schieben und
bei 200 °C (Umluft 180 °C, Gas Stufe 3) etwa 35 Minuten backen.

*Zubereitung etwa 45 Minuten
Ruhezeit etwa 1½ Stunden
Backzeit etwa 35 Minuten
1 Stück = 1327 kJ/ 316 kcal*

Vollkornbrötchen

◆ Die Getreidekörner etwa 1 Stunde
im Wasser garen, auf dem abgeschalteten Herd 1 weitere Stunde quellen
und dann abtropfen lassen.
◆ Das Mehl mit Hefe und Salz in einer Schüssel vermischen.
◆ Die Milch und die Butter erwärmen, bis die Butter geschmolzen ist,
zum Mehl gießen und alles mit den
Knethaken des Handrührgeräts ungefähr 5 Minuten durcharbeiten, bis
der Teig Blasen wirft und sich vom
Schüsselrand löst.
◆ Sonnenblumenkerne und Getreidekörner unter den Teig rühren.
◆ Den Teig zugedeckt bei Zimmertemperatur etwa 1¼ Stunden gehen
lassen, bis sich sein Volumen verdoppelt hat.

◆ Ein Backblech fetten. Die Arbeitsfläche mit reichlich Mehl bestreuen.
◆ Vom Teig mit einem Eßlöffel nacheinander 12 Stücke abstechen und
mit bemehlten Händen auf der Arbeitsfläche zu Brötchen formen.
◆ Die Brötchen auf das Backblech
legen und zugedeckt weitere 15 Minuten gehen lassen.
◆ Die Brötchen auf der mittleren
Schiene des kalten Backofens bei
180 °C (Umluft 160 °C, Gas Stufe 2–3)
etwa 45 Minuten backen.

*Koch- und Quellzeit etwa 2 Stunden
Zubereitung etwa 30 Minuten
Ruhezeit etwa 1½ Stunden
Backzeit etwa 45 Minuten
1 Stück = 1184 kJ/ 282 kcal*

Zutaten für 12 Stück
*75 g Weizen-, Gersten-, Hafer-
oder Dinkelkörner
200 ml Wasser
500 g Weizenvollkornmehl
1 Päckchen Trockenhefe
1 EL Salz
½ l Milch
50 g Butter
100 g Sonnenblumenkerne
Fett für das Blech
Mehl zum Formen*

Erdnußbrötchen

Durch die Gewürze und die Erdnüsse erhalten die Brötchen einen exotischen Geschmack. Wer die Gewürze nicht selbst mischen will, nimmt 1–2 TL fertig gekauftes Currypulver.

Zutaten für 12 Stück
500 g Weizenvollkornmehl
1 Päckchen Trockenhefe
1/2 EL Salz
200 ml Wasser
300 g Magerjoghurt
je 1 TL Gelbwurzpulver (Kurkuma),
Safranfäden, Kreuzkümmel (Kumin)
und gemahlener Koriander
je 1/2 TL Ingwer- und
Kardamompulver
150 g grob gehackte Erdnußkerne
Mehl zum Formen
Fett für das Blech

◆ Mehl, Hefe und Salz vermischen.
◆ Das Wasser mit Joghurt und den Gewürzen vermengen, lauwarm erhitzen und zugeben.
◆ Die Mischung mit den Knethaken des Handrührgeräts etwa 5 Minuten durcharbeiten, bis der Teig Blasen wirft und sich vom Schüsselrand löst.
◆ Den Teig zugedeckt bei Zimmertemperatur etwa 1 1/4 Stunden gehen lassen, bis sich sein Volumen verdoppelt hat.

◆ Die Arbeitsfläche mit Mehl bestreuen und den Teig darauf mit den Händen noch einmal kräftig durchkneten; dabei die Nüsse untermischen.
◆ Ein Backblech fetten.
◆ Mit bemehlten Händen 12 Brötchen formen und auf dem Backblech weitere 15 Minuten gehen lassen.
◆ Das Backblech auf die mittlere Schiene des kalten Backofens schieben und die Brötchen bei 180 °C (Umluft 160 °C, Gas Stufe 2–3) ungefähr 45 Minuten backen.

Zubereitung etwa 30 Minuten
Ruhezeit etwa 1 1/2 Stunden
Backzeit etwa 45 Minuten
1 Stück = 945 kJ/ 225 kcal

Kartoffelbrötchen mit Nüssen

Die Brötchen gelingen nur mit mehligen, stärkereichen Kartoffeln. Festkochende oder neue Kartoffeln machen den Teig zu weich und feucht.

◆ Die Kartoffeln mit der Schale in wenig Wasser weich kochen, pellen, mit einer Gabel fein zerdrücken und in einer Schüssel lauwarm abkühlen lassen.
◆ Mehl, Hefe, Salz und das Ei zu den Kartoffeln geben.
◆ Milch und Butter in einem Topf erwärmen, bis die Butter geschmolzen ist, und zum Mehl gießen.
◆ Die Mischung mit den Knethaken des Handrührgeräts etwa 5 Minuten durcharbeiten, bis der Teig Blasen wirft und sich vom Schüsselrand löst.
◆ Den Teig zugedeckt etwa 1 Stunde bei Zimmertemperatur gehen lassen, bis sich sein Volumen verdoppelt hat.
◆ Die Nüsse hacken.
◆ Die Arbeitsfläche mit Mehl be-

Zutaten für 18 Stück
400 g mehlig-
kochende Kartoffeln
500 g Mehl
2 Päckchen Trockenhefe
1/2 EL Salz
1 zimmerwarmes Ei
200 ml Milch
50 g Butter
200 g Walnußkerne
2 EL süße Sahne zum Bestreichen
2 EL Sesamkörner zum Bestreuen
Mehl zum Formen
Fett für das Blech

streuen und den Teig darauf mit den Händen noch einmal kräftig durchkneten; dabei die Nüsse unterkneten.
◆ Ein Backblech fetten.
◆ Mit bemehlten Händen 18 Brötchen formen und nebeneinander auf das Backblech legen.
◆ Die Brötchen mit der Sahne bestreichen und mit dem Sesam bestreuen.
◆ Das Backblech auf die mittlere Schiene des kalten Backofens schieben und die Brötchen bei 200 °C (Umluft 180 °C, Gas Stufe 3) ungefähr 45 Minuten backen.
◆ Die fertiggebackenen Kartoffelbrötchen lauwarm oder gerade eben abgekühlt servieren.

Zubereitung etwa 1 Stunde
Ruhezeit etwa 1 Stunde
Backzeit etwa 45 Minuten
1 Stück = 1021 kJ/ 243 kcal

Rund ums Kochen

Besser essen – gesünder leben

Essen macht Spaß. Gesund essen macht noch mehr Spaß: Man fühlt sich leistungsstark, hat keine Probleme mit der Figur, und so manches Zipperlein lernt man gar nicht erst kennen.

Die richtige Mischung

Kein einziges Lebensmittel enthält alle Nährstoffe. Beim Essen geht es deshalb immer um die richtige Mischung. Für unseren täglichen Energiebedarf spielen Eiweiß, Fette und Kohlenhydrate die wichtigste Rolle.

Wieviel Energie braucht man? Allgemein verbindliche Regeln gibt es dafür nicht, denn der Energiebedarf hängt von mehreren Faktoren ab, z.B. von Körpergröße, Geschlecht und Alter. Außerdem ist wichtig, ob man schwere oder leichte körperliche Arbeit verrichtet und ob man in der Freizeit körperlich aktiv ist oder sich lieber mit einem Buch in einen Sessel zurückzieht. Ein gesunder Durchschnittsmensch hat einen täglichen Energiebedarf von etwa 9200 kJ bzw. 2200 kcal.

Wieviel von allem? Für gesunde Erwachsene rechnet man pro Tag eine Eiweißzufuhr von 0,8 g pro kg Körpergewicht, das sind etwa 15 % der täglichen Energiezufuhr. An Fett braucht man etwa 25 % der täglichen Energiezufuhr; das sind bei 9200 kJ bzw. 2200 kcal pro Tag etwa 60 g Fett. Beim Berechnen der täglichen Fettmenge darf man nicht vergessen, daß nicht nur die Butter auf dem Brot und das Öl im Salat zu Buche schlagen, sondern auch Fette, die in Fleisch, Wurst und fettreichem Käse versteckt sind.

Wenn man für Eiweiß etwa 15 % und für Fett 25 % von der täglichen Energiezufuhr abzieht, bleiben für Kohlenhydrate und Ballaststoffe etwa 60 % übrig, das sind etwa 330 g. Davon sollten etwa 30 g auf reine Ballaststoffe entfallen. Lieferanten für Kohlenhydrate und Ballaststoffe sind z. B. Kartoffeln, Reis und Getreideprodukte wie Brot oder Nudeln. Mindestens zwei, drei Vertreter dieser Gruppe braucht man täglich; einen Teil davon am besten aus dem vollen Korn.

Gemüse und Obst, Rohkost oder Salat sollte man ebenfalls jeden Tag essen. Diese Lebensmittel spielen für die Versorgung mit Vitaminen, Mineralstoffen – vor allem mit Vitamin C, Carotin, Kalium, Phosphor und Magnesium – sowie verdauungsfördernden Ballaststoffen eine wesentliche Rolle.

Was gehört zur gesunden Ernährung?

In einem Punkt sind sich Feinschmecker und Ernährungsexperten einig: abwechslungsreich essen steigert Genuß und Gesundheit, vorausgesetzt, auf dem Speiseplan stehen auch die richtigen – gesunden – Lebensmittel.

Hülsenfrüchte machen fit Getrocknete Bohnen, Linsen und Erbsen sollte man so oft wie möglich essen:

Sie enthalten wie alle pflanzlichen Lebensmittel eine ganze Menge gesunder Kohlenhydrate, aber wenig Fett. Kohlenhydrate liefern nur halb so viele Kalorien wie Fett. Außerdem enthalten getrocknete Bohnen, Erbsen oder Linsen je nach Sorte pro 100 g etwa 15 g Ballaststoffe.

Milch für Knochen und Zähne Milch und alles, was daraus hergestellt wird, braucht man täglich, denn alle Milchprodukte liefern leicht verdauliches tierisches Eiweiß. Wer Milchprodukte mit Getreide, Nudeln, Brot, Kartoffeln oder Hülsenfrüchten kombiniert, bekommt selbst dann noch genug Eiweiß, wenn er weder Fleisch noch Eier ißt. Weiterer Vorteil: der Körper kann mit Hilfe von Milchprodukten das in vielen pflanzlichen Lebensmitteln enthaltene Eisen besser verwerten. Außerdem nimmt man mit reichlich Milchprodukten auch viel Calcium auf. Stimmt die Calciumzufuhr von Kindheit an, kommt es im Alter weniger häufig zu Knochenerkrankungen (Osteoporose), Brüchen und Verkrümmungen der Wirbelsäule. Um den Calciumbedarf zu decken, findet heute jeder etwas nach seinem Geschmack: angefangen bei der Milch – von der schon 1/2 l

50 % des täglichen Calciumsolls erfüllt – über Sauermilchprodukte wie Joghurt und Kefir bis hin zum Käse. Alles kann man pur essen oder in leckeren Gerichten verarbeiten.

Einmal pro Woche Fisch Damit bekommt der Körper leicht verdauliches Eiweiß, Mineralstoffe, Vitamine der B-Gruppe sowie Vitamin A und D. Meeresfische enthalten reichlich Jod für die Schilddrüse. Fische sind fettarm, versorgen den Körper aber mit sehr wertvollen Fettsäuren, die sich günstig auf Kreislauf und Cholesterinspiegel auswirken.

Wenig Fleisch und Eier Fleisch enthält zwar besonders hochwertiges Eiweiß, und Eier liefern sogar das hochwertigste Eiweiß, das in Lebensmitteln vorkommt, dennoch reicht es, beides nur in kleinen Mengen zu essen. Eiweiß und die meisten Vitamine und Mineralstoffe, die in Fleisch und Eiern enthalten sind, bekommt man mit anderen Lebensmitteln genausogut. Wer viel Fleisch ißt, reduziert meist die Menge der wichtigen pflanzlichen Lebensmittel wie Vollkornprodukte, Kartoffeln, Hülsenfrüchte oder Gemüse. Viele gute Gründe sprechen für einen geringen

Fleisch- bzw. Eierkonsum: Kohlenhydrate liefert Fleisch nur in winzigen Mengen und Ballaststoffe überhaupt nicht. Fleischwaren und Eier enthalten Fett und Cholesterin – Risikofaktoren für Übergewicht und Herz-Kreislauf-Erkrankungen. Wurst und Schinken, die meist stark gesalzen sind, können den Blutdruck belasten. Am besten ißt man Fleisch und Geflügel nur drei- oder viermal pro Woche in kleinen Portionen als Beilage z.B. zu Gemüse, Kartoffeln, Salat, Brot, Nudeln oder Hülsenfrüchten. Für Eier gilt: 4 Stück pro Woche dürfen es sein – falls der Cholesterinspiegel stimmt. Wurst und Schinken sollte man am besten nur ab und zu essen.

Innereien selten genießen Herz und Zunge, Leber und Nieren, Bries und Hirn, Kutteln und Lunge sind eigentlich sehr gesunde Lebensmittel – reich an Eisen und Vitaminen, arm an Fett. Doch sie enthalten auch besonders viel Cholesterin und Purine und können stark durch giftige Schwermetalle belastet sein. Nieren und Leber von Rind und Schwein sollte man höchstens alle 2–3 Wochen essen.

Kalium und Natrium Kaliumreiche Lebensmittel wie Getreide, Gemüse, Kartoffeln, Hülsenfrüchte, Obst und Fisch sind für einen gesunden Blutdruck geradezu ideal. Denn Kalium regelt zusammen mit dem Mineralstoff Natrium den Wasserhaushalt des Körpers. Dabei schwemmt Kalium das Wasser aus, während Natrium es im Körpergewebe speichert. Wer viele natriumreiche Lebensmittel wie Wurst, Schinken oder Schmelzkäse verzehrt, vielleicht beim Essen auch noch kräftig salzt, kann – vor allem bei Übergewicht – Probleme mit dem Blutdruck bekommen. Wichtig ist es also, sowohl die Salzmenge als auch natriumreiche Produkte zu reduzieren. Eine Ernährung mit reichlich Kalium, aber weniger Natrium kann bei vielen Menschen ein einfaches Mittel sein,

den Blutdruck auf einem gesunden Maß zu halten.

Fett in Maßen Das Wertvolle an Fett ist: Es liefert Energie, macht die Aufnahme bestimmter Vitamine erst möglich und enthält sogar lebenswichtige Bestandteile wie die essentiellen Fettsäuren, ohne die es zu Stoffwechselstörungen kommt. Fett muß also sein – in vernünftigen Mengen: etwa 60 g, maximal aber 75 g pro Tag. Das gelingt, wenn man ein paar Regeln beachtet:
◆ Nicht so oft braten, sondern lieber dünsten und grillen.
◆ Fettreichen Käse, Fleisch und vor allem Wurst nur in kleinen Mengen essen.
◆ Vielfalt wahren: Als Brotaufstrich eignen sich Butter, gute Margarine, Quark, Frischkäse oder Crème fraîche. An Salaten und Rohkost schmecken kaltgepreßte Pflanzenöle, z.B. Olivenöl. Zum Kochen und Braten sind normales Speiseöl, Oliven-, Raps- oder Sesamöl gut. Wenn ein Fett lange und stark erhitzt werden soll, verwendet man Speiseöl oder Butterschmalz.

Süßes lieber selten Gesunde Süßigkeiten gibt es leider nicht. Viel Süßes schadet unweigerlich der Figur und den Zähnen. Das heißt nun nicht, daß man ganz darauf verzichten muß. Kinder haben durch ihren hohen Bewegungsdrang einen raschen Energieumsatz und brauchen manchmal schnell Nachschub. Einige Gummibärchen oder ein paar Schlucke Fruchtsaft sind dann ein idealer Schnellbrennstoff – vorausgesetzt, das Süße wird nicht zum Ersatz für die Mahlzeiten. Auch Erwachsenen hilft ein Stückchen Schokolade, wenn der Blutzuckerspiegel plötzlich absinkt. Außerdem brauchen die meisten von uns ab und zu ein Stückchen Süßes als Seelentröster. Für die Lust auf Süßes gilt dasselbe wie fürs Essen überhaupt: wer ohne schlechtes Gewissen auch mal was Falsches ißt, hat die we-

nigsten Probleme und bleibt gewöhnlich fit und schlank.

Ballaststoffe für die Gesundheit Ballaststoffe sind keine Nährstoffe. Sie werden also nicht verdaut und gelangen fast unverändert in den Dickdarm. Dort leben nützliche Bakterien, die sich von Ballaststoffen ernähren und schädliche Mikroorganismen in Schach halten. So bleibt der Darm gesund, die Verdauung funktioniert, und Schadstoffe, die man mit der Nahrung aufnimmt, können rasch wieder ausgeschieden werden. Gewisse Ballaststoffe in Obst und Gemüse, Hafer und Buchweizen beeinflussen sogar den Cholesterinspiegel: Sie fangen übriggebliebenes Cholesterin und Gallensäure ein und transportieren sie aus dem Körper. Da wir Gallensäure aber brauchen, beginnt die Leber wieder mit der Produktion – mit Hilfe von Cholesterin. Ballaststoffe kurbeln also den Cholesterinverbrauch an und helfen so, die Blutfettwerte in einem gesunden Rahmen zu halten.

Öfter mal was Kleines 5 Mahlzeiten am Tag sind am besten. So vermeidet man lange Pausen zwischen den

Mahlzeiten, und es kann gar nicht erst zum Leistungstief kommen. Wer öfter ißt, verspürt keinen Heißhunger, und die Gefahr, daß man zu kräftig zulangt, ist gleich Null. Ideal sind kleine Snacks zwischen den Hauptmahlzeiten. Gut dafür eignen sich am Vormittag z.B. Joghurt mit Früchten oder ein Käsebrot mit Radieschen und Tomate. Am Nachmittag gibt es zu Tee oder Kaffee mit Milch ein paar Vollkornkekse, ein Stück Obstkuchen oder etwas Herzhaftes.

Trinken nicht vergessen Mindestens 1½ bis 2 l Flüssigkeit braucht der Körper pro Tag. Ein Teil davon ist im Essen enthalten – wer viel Gemüse und Obst ißt, kommt auf etwa 1 l Flüssigkeit. Den Rest muß man trinken. Ideal sind Mineralwasser, Kräutertee, Früchtetee und ungesüßte Fruchtsäfte, die keine bzw. nur wenige Kalorien enthalten. Als Ergänzung ist auch Kaffee oder Tee möglich. Mit Milch sollte man den Durst nicht stillen, denn sie enthält so viele Nährstoffe, daß schon ½ l eine Zwischenmahlzeit ersetzen kann. Bier und Wein sind keine Durstlöscher; in größeren Mengen schadet Alkohol der Figur und der Gesundheit.

Kochschule

Fleisch und Innereien

Kritische Verbraucher kaufen heute möglichst häufig Fleisch von artgerecht gehaltenen Tieren.

Einkauf und Aufbewahrung Will man Fleisch nach dem Kauf aufbewahren, stellt man die Kühlschranktemperatur auf 0–4 °C ein. Vakuumverpacktes Fleisch wird in der Verpackung in den Kühlschrank gelegt. Offenes Fleisch nimmt man aus der Verpackung, tupft es mit Haushaltspapier ab und legt es in eine Glas- oder Porzellanschüssel oder in einen Folienbeutel. Schüsseln deckt man mit einem Teller oder mit Frischhaltefolie ab. Der beste Platz für Fleisch ist an der Rückseite des Kühlschranks unter dem Verdampferfach. Bei der angegebenen Kühlschranktemperatur hält sich Rindfleisch 3–4 Tage, Schweinefleisch 2–3 Tage, Innereien und Hackfleisch nur 1 Tag. Zubereitete Fleischgerichte halten sich verschlossen 2–3 Tage.

Fleisch einfrieren Man verpackt es in enganliegende Gefrierbeutel und friert es ungesalzen und frisch, möglichst gleich nach dem Kauf ein. Im Tiefkühlgerät lagern kann man mageres Rindfleisch 10–12 Monate, Kalbfleisch 8–10 Monate, Schweinefleisch 5–6 Monate, Lamm 6–10 Monate und Hackfleisch höchstens 3 Monate.

Schweinefleisch zubereiten Damit die Gerichte noch besser gelingen, hier ein paar Tips:
◆ Paniert sind Koteletts saftiger, allerdings auch kalorienreicher.
◆ Gute Gewürze für Schweinefleisch sind Kümmel, Paprika- und Currypulver, Majoran, Salbei, Thymian, Rosmarin, Beifuß, Lorbeerblätter, Wacholderbeeren und Knoblauch.

◆ Kasseler, gepökelter Schweinebauch und gepökeltes Eisbein eignen sich nur zum Kochen. Beim Braten und Grillen können die Temperaturen so hoch sein, daß sich gesundheitsschädliche Nitrosamine bilden.
◆ Schweinefleisch wird wie Geflügel und Wild durchgegart.
◆ Fetten Schweinebraten übergießt man mit etwas heißem Wasser. Im Fett, das dann austritt, gart das Fleisch zart und saftig. Weiteres Fett ist also nicht nötig.

Rindfleisch zubereiten Das Fleisch muß immer gut abgehangen sein, schlachtfrisch ist es zäh.
◆ Gute Gewürze für Rindfleisch sind Liebstöckel, Meerrettich, Tomatenmark, Paprika- und Currypulver, Kokoscreme, Senf, Lorbeerblätter, Thymian und Estragon.
◆ Große Bratenstücke werden vor dem Braten gesalzen, kleine Stücke danach.
◆ Für eine gute Brühe nimmt man das dunkle, durchwachsene Fleisch

Garzeiten für Schweinefleisch

Kamm (1 kg)	1¼–1½ Stunden
Eisbein	1½–2 Stunden
Kochfleisch (500 g)	60–80 Minuten
Ragout (4 Portionen)	50–60 Minuten
Kotelett (150 g)	pro Seite 6–8 Minuten
Schnitzel (125 g)	pro Seite 4–6 Minuten

Garzeiten für Rindfleisch

Kochfleisch (1 kg)	2–2½ Stunden
Tafelspitz (1,5 kg)	4 Stunden
Schmorbraten (je cm Höhe)	10 Minuten
Sauerbraten (1 kg)	2½ Stunden
Rinderfilet am Stück (750 g)	25–30 Minuten
Roastbeef (2 kg)	70–80 Minuten

Garzeiten für Kalbfleisch

Kotelett (200 g)	pro Seite 4–5 Minuten
Schnitzel (70 g)	pro Seite etwa 1 Minute
Ragout und Gulasch (4 Portionen)	1–1¼ Stunden
Schmorbraten (1,5 kg)	1½–2 Stunden
Rollbraten (1,7 kg)	2½–2¾ Stunden
Gefüllte Kalbsbrust (1,5 kg)	2½–3 Stunden
Haxenscheiben (4 Portionen)	2½ Stunden

Garzeiten für Lammfleisch

Kotelett	pro Seite 2–3 Minuten
Keule (2 kg)	2½ Stunden
Ragout (4 Portionen)	1–1¼ Stunden

älterer Tiere und setzt es in kaltem Wasser auf. Schön saftig bleibt das Fleisch, wenn man es in der Brühe abkühlen läßt.

◆ Gesotten schmeckt Ochsenfleisch am besten: Man setzt das Fleisch in kochendem Wasser auf, bringt es rasch wieder zum Kochen und gart es bei schwacher Hitze.

◆ Rinderbraten und gewürfeltes Schmorfleisch muß man rundherum in heißem Fett anbraten. Erst danach werden sie auf dem Herd oder im Backofen gegart.

◆ Schmorbraten gießt man mit so viel Flüssigkeit auf, daß er zu einem Drittel seiner Höhe darin liegt.

Kalbfleisch zubereiten Qualitativ hochwertiges Kalbfleisch ist kräftig rosa bis hellrot.

◆ Gute Gewürze für Kalbfleisch sind Thymian, Estragon, Salbei, Knoblauch, Paprikapulver, Tomatenmark, Wacholderbeeren und Lorbeerblätter.

◆ Kalbfleisch muß durchgegart werden. Gar ist der Braten, wenn er auf den Druck mit einem Löffelrücken nicht nachgibt.

◆ Mageres Kalbfleisch muß man zum Braten und Schmoren erst in heißem Fett rundherum anbraten.

Lammfleisch zubereiten Das zarte Fleisch schmeckt am besten, wenn man folgendes beachtet:

◆ Vor dem Garen schneidet man nur

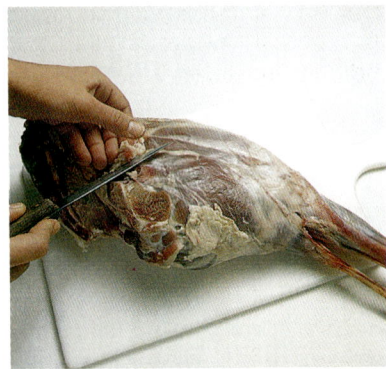

Vom Lammfleisch darf man nur dicke Fettschichten abschneiden.

sehr dicke Fettschichten ab; der Rest sorgt für Aroma.

◆ Gute Gewürze für Lammfleisch sind Knoblauch, Thymian, Rosmarin, Oregano, Majoran, Minze, Zitronenmelisse, Currypulver und Kokoscreme.

◆ Lamm muß man heiß auf gut vorgewärmten Tellern servieren.

◆ Mit Gemüse geschmort schmeckt Lamm besonders fein, z.B. mit Paprikaschoten, Gurken, Artischocken, Auberginen, Zucchini oder Tomaten.

Hackfleisch zubereiten Es darf nur aus frischem Fleisch hergestellt werden; aufgetautes Fleisch, Wild und Geflügel dafür zu verwenden ist gesetzlich nicht erlaubt.

◆ Hackfleisch transportiert man am besten in der Kühltasche, legt es sofort in den Kühlschrank und bereitet es noch am Tag des Einkaufs zu.

◆ Zum Grillen im Freien nimmt man das Fleisch erst unmittelbar vor der Zubereitung aus dem Kühlschrank. Vorsicht, auf langen Transportwegen kann es verderben.

◆ Reste von gegartem Hackfleisch kann man im Kühlschrank 1 Tag aufbewahren.

◆ Tatar zum Rohessen besteht aus Filet, Roastbeef oder Lende.

◆ Rinderhack mit etwas Fett, das sich z.B. für Hackfleischsaucen eignet, besteht meist aus Oberschale, Blume oder falschem Filet.

◆ Schweinehackfleisch oder gemischtes Hackfleisch ist fettarm und bleibt beim Garen schön saftig. Es eignet sich für Frikadellen und Hackbraten.

Innereien zubereiten Man sollte sie grundsätzlich am Tag des Einkaufs zubereiten.

◆ Bries, Hirn, Lunge und Kutteln müssen zuerst gekocht werden. Nach dem Erkalten werden sie geschmort oder gebraten.

◆ Herz und Nieren muß man sorgfältig putzen und waschen, sonst schmecken sie zu penetrant.

Schweineleber legt man vor dem Braten in Milch.

◆ Schweineleber schmeckt besser, wenn man sie vor dem Braten in Milch legt.

◆ Leber von allen Tieren darf erst nach dem Braten gesalzen werden, sonst wird sie hart.

Geflügel

Frisches Geflügel und frische Geflügelteile findet man in großer Auswahl auf Wochenmärkten und in guten Metzgereien. Tiefkühlgeflügel bekommt man in jedem Supermarkt. Besonders gut schmeckt Geflügelfleisch, das von Tieren aus Freilandhaltung stammt.

Aufbewahrung Frisches Geflügel nimmt man zu Hause sofort aus der Verpackung, legt es in eine Glas- oder Porzellanschüssel, stellt es zugedeckt in den Kühlschrank und bereitet es möglichst noch am Tag des Einkaufs zu. Stark angetaute oder schon aufgetaute Tiefkühlware muß unbedingt noch am selben Tag zubereitet werden. Gegart kann man das Geflügel dann wieder einfrieren. Wenn man gefrorenes Geflügel im Tiefkühlgerät lagern will, muß man es in der Kühltasche nach Hause transportieren.

Geflügel auftauen Beim Auftauen muß es sehr hygienisch zugehen: Das ausgepackte Geflügel legt man in eine hohe Schüssel mit Siebeinsatz, damit die Auftauflüssigkeit ablaufen kann. Diese Flüssigkeit muß man weggießen. Sie darf nicht mit anderen Lebensmitteln, mit Küchengeräten, Messern oder Brettern in Berührung kommen, denn bei gefrorenem Geflügel ist das Salmonellenrisiko besonders hoch.

Geflügel vorbereiten Man darf nur Arbeitsbretter und Messer benutzen, die man gründlich reinigen kann; Bretter aus Holz oder Kunststoff sind nicht geeignet. Zum Zerteilen von Geflügel braucht man eine Geflügelschere und ein scharfes Messer. Wird

Ein rohes Hähnchen zerteilt man mit einem Messer.

das Geflügel im ganzen zubereitet, bindet man die Keulen mit Küchengarn zusammen, biegt die Flügel nach hinten und verschränkt sie hinter dem Rücken des Vogels. So behält Geflügel beim Braten seine Form und wird gleichmäßig gar.

Tip

◆ Geflügel ist gar, wenn beim Einstechen, z. B. mit einer Spicknadel, der austretende Saft klar und nicht mehr rosa ist.

Garzeiten für Geflügel	
Brathähnchen (etwa 1,4 kg)	1¼ Stunden
Hähnchenschenkel	25 Minuten
Hähnchenbrustfilet	20 Minuten
Perlhuhn (etwa 1 kg)	1 Stunde
Gekochtes Suppenhuhn (etwa 1,5 kg)	2 Stunden
Ente (etwa 2 kg)	1¾ Stunden
Gans (etwa 4 kg)	2¼ Stunden
Gänsekeule (etwa 500 g)	1½ Stunden
Truthahnschnitzel	4 Minuten
Unterkeule vom Truthahn (etwa 350 g)	45 Minuten
Oberkeule vom Truthahn (etwa 600 g)	1 Stunde
Ganzer Truthahn (gefüllt)	3½–4½ Stunden

Marinieren und Beizen Mit etwas Zitronen- oder Limettensaft abgerieben, ist Geflügel länger haltbar, denn die Säure verhindert das Wachstum von schädlichen Bakterien und Keimen. Außerdem bleibt das Fleisch beim Garen weich und saftig.

Geflügel füllen Jedes Geflügel schmeckt mit Füllung. Zum Füllen entfernt man nur einen Teil des Fettes aus dem Innern des Geflügels; der Rest ist Aromaträger. Unabhängig von der Art der Füllung darf man sie nicht zu fest in den Vogel pressen, denn sie dehnt sich beim Garen aus. Wie man die Öffnung verschließt, ist auf S. 302 (Grundrezept Gefülltes Brathuhn) beschrieben.

Geflügel zubereiten Geflügel – egal ob im ganzen oder als Teile – muß immer ausreichend gegart werden. Rosa gebraten oder geschmort kann es gesundheitsschädlich sein.
◆ Hähnchen kann man braten, grillen, schmoren oder kochen und nach Belieben würzen, denn zu Hähnchen passen jedes Gewürz und fast alle Kräuter.
◆ Suppenhühner werden nur beim Schmoren und Kochen zart.
◆ Gänse und Enten schmecken besonders würzig, wenn man den Braten schon am Vorabend mit Salz und Pfeffer kräftig einreibt.

Wild und Wildgeflügel

Frisches Wild und Wildgeflügel bekommt man meist nur auf Wochenmärkten oder beim Wildhändler. Gefroren bieten es vor allem gut sortierte Supermärkte an.

Die besten Stücke vom Wild Die Auswahl beim Einkauf hängt von der gewünschten Zubereitungsart ab.
◆ Bei Reh, Hirsch, jungem Wildschwein und Hase sind Rücken und Keule die edelsten Teile zum Braten. Aus dem Rücken schneidet man vor allem Koteletts und Medaillons zum Kurzbraten.
◆ Den Rücken älterer Wildschweine verwendet man nur zum Schmoren.
◆ Aus der Hirschkeule werden Rouladen und Schnitzel geschnitten.
◆ Die Schulter – das Blatt – eignet sich zum Braten und Schmoren, ohne

Für wie viele Portionen reicht Wildgeflügel?	
2 Wachteln (130–150 g)	1
1 Rebhuhn (400 g)	1
1 Fasan (1–1,3 kg)	2
1 Taube (300–400 g)	1
1 Wildente (400 g–1,2 kg)	1–3

Garzeiten für Wild und Wildgeflügel

Hasenrücken mit Knochen	30–40 Minuten
Hasenrückenfilets	10–15 Minuten
Hase (ganz)	50–60 Minuten
Hasenkeule	40–50 Minuten
Wildkaninchen (ganz)	40–60 Minuten
Hirschrücken mit Knochen	80–110 Minuten
Rehrücken mit Knochen	50–60 Minuten
Rehrückenfilets (etwa 1,2 kg)	20–30 Minuten
Rehkeule ohne Knoche	60–70 Minuten
Rehkeule mit Knochen	90–110 Minuten
Wildschweinkeule ohne Knochen	1½–2 Stunden
Fasan (etwa 800 g)	40–60 Minuten
Rebhuhn (etwa 400 g)	30–35 Minuten
Wildente (etwa 600 g)	45–50 Minuten
Wachtel (etwa 180 g)	20 Minuten
Taube (etwa 200 g)	45 Minuten

Knochen und Sehnen nimmt man sie für Ragouts.

◆ Aus Hals, Brust und Bauch werden Rollbraten geschnitten. Diese saftigen Stücke schmecken auch gut in Ragouts und Pasteten.

◆ Ganze Hasen und Wildkaninchen werden gebraten oder geschmort.

Spicken oder nicht? Es kommt darauf an, ob man das Aroma von Speck gern mag. Mit Speck gespickt bekommt das Fleisch nur eine andere Geschmacksnote, saftiger wird es dadurch nicht – richtig gegart ist Wild ohnehin zart und saftig. Nur bei Wildgeflügel halten Speckscheiben das feine Brustfilet saftig, während die anderen Teile gut durchgaren.

Beizen oder nicht? Beizen oder Marinaden geben Wild einen bestimmten Geschmack. Früher, als das Wildfleisch noch im Fell reifen mußte, war Beizen notwendig, um den strengen Geschmack und Geruch zu mildern. Heute muß man Wild nicht mehr beizen, weil es in Kühlhäusern reift und dabei aromatisch-frisch bleibt.

Tiefgefrorenes Wild Sein Fleisch ist mürber als frisches. Man muß es lang-sam auftauen und dann gleich zubereiten. Im Kühlschrank dauert das Auftauen je nach Größe des Stückes bis zu 2 Tage, bei Zimmertemperatur bis zu 10 Stunden. Im Sommer taut man Wild besser – wie jedes Fleisch – im Kühlschrank auf.

Wild richtig garen Wild und Wildgeflügel darf man weder roh noch rosa gebraten essen. Das Fleisch muß so lange geschmort oder gebraten werden, bis es im innersten Kern mindestens 5 Minuten lang auf 80 °C erhitzt wird. Bei Schmorgerichten ist diese Temperatur nach der im Rezept angegebenen Garzeit erreicht. Beim Braten von Wild oder Wildgeflügel kann man die Zeit nicht exakt angeben: Erstens muß man das Anbraten zur gesamten Garzeit rechnen, zweitens heizen Backöfen unterschiedlich stark. Um ganz sicher zu gehen, verwendet man bei Wildbraten am besten ein Fleischthermometer. Man steckt es so in die dickste Stelle, daß es den Knochen nicht berührt. Das Thermometer zeigt auf einer Skala die erreichte Temperatur an.

Wild richtig würzen Am besten nimmt man nicht zu viele Gewürze auf einmal, sondern bestimmte Kombinationen, z.B.:

◆ schwarzen oder weißen Pfeffer, Wacholderbeeren, Lorbeerblätter, Gewürznelken, Rotwein und Zwiebeln;

◆ Knoblauch, Schalotten, Rosmarin, Wacholder, Suppengrün und Tomatenmark;

◆ Zitronenschale, Zitronensaft, Muskatblüte, Piment und grüne Pfefferkörner;

◆ Schalen und Saft von Zitrusfrüchten, Zimt und Korianderkörner;

◆ Thymian, Petersilie, Lorbeerblätter und Preiselbeeren.

Fisch

Guter Fisch ist beim Fischhändler oft teurer als Fleisch. Dafür wird jeder Fisch küchenfertig vorbereitet, und eine fachkundige Beratung bekommt man gratis.

Frischen Fisch erkennen Ob Fische frisch sind, erkennt man so:

◆ Seefisch darf nur nach Wasser und Meer riechen. Penetranter Fischgeruch entsteht, wenn man Fische zu lange lagert.

◆ Ganze Fische haben klare, glänzende Augen mit schwarzen Pupillen. Fische mit trüben, milchigen Augen sind nicht mehr ganz frisch; man sollte sie nicht kaufen.

◆ Die Kiemen müssen leuchtend rot

Wieviel bleibt von 1 kg Fisch zum Essen?

Heilbutt	800 g
Hering	700 g
Kabeljau am Stück	560 g
Makrele	600 g
Schellfisch am Stück	570 g
Scholle	560 g
Seelachs am Stück	650 g
Seezunge	560 g
Miesmuscheln	180 g

Garzeiten für Fisch

Fisch und Meerestiere im Sud

Aal in Stücken	20–25 Minuten
Forelle blau (300 g)	15–20 Minuten
Karpfen blau (1,2 kg)	50–60 Minuten
Schollenfilets (4 Portionen)	6–8 Minuten
Seelachsfilets (4 Portionen)	10–12 Minuten
Muscheln (2,5 kg)	7–10 Minuten
Hummerkrabbenschwänze	8–10 Minuten

Fisch im Backofen

Fischgratin (4 Portionen)	20–30 Minuten
Fischsteaks im Teig (4 Portionen)	20–25 Minuten
Forellen (je 300 g)	25–30 Minuten
Gegrillte Fische (je 300 g)	10–12 Minuten
Hecht (etwa 1 kg)	20–25 Minuten
Schellfisch in Folie (1,5 kg)	30–35 Minuten
Zander (1 kg)	20–25 Minuten

Fisch in der Pfanne

Frikadellen	pro Seite 5 Minuten
Karpfenhälften	pro Seite 5–8 Minuten
Scholle	pro Seite 4–5 Minuten
Paniertes Fischfilet (200 g)	pro Seite 5–6 Minuten
Renke, Forelle, Hering (250 g)	5–8 Minuten

Fisch im Dampf

Seezungenröllchen (4 Portionen)	3–4 Minuten
Ganze Fische (je 350 g)	15–20 Minuten
Fischklößchen (4 Portionen)	10–15 Minuten

und die einzelnen Kiemenblätter gut zu sehen sein.

◆ Haut und Schuppen müssen straff sein und glänzen, der Schleim auf der Haut muß klar und durchsichtig sein, nicht trüb schleimig.

◆ Frische Fischfilets und -karbonaden sind glasig und gleichmäßig gefärbt. Filets mit dunklen oder gar trockenen Rändern läßt man liegen.

◆ Wichtig: Wenn man mit einem Finger auf frisches Fischfleisch drückt, ist kein Fingerabdruck zu sehen.

Einkauf und Aufbewahrung Ausnehmen, Schuppen oder Abziehen der Haut läßt man am besten vom Händler erledigen. Frischen Fisch nimmt man sofort aus der Verpackung, legt ihn in eine Glas- oder Porzellanschüssel und stellt ihn zugedeckt in den Kühlschrank. Den Kühlschrank schaltet man auf die Temperaturstufe von 0–2 °C. Im Sommer muß man Fisch unbedingt am Tag des Einkaufs zubereiten, in der kühlen Jahreszeit kann man ihn 1 Tag aufbewahren. Bei tiefgefrorenem Fisch richtet man sich nach der Packungsaufschrift.

Wieviel Fisch pro Person? Die angegebenen Mengen sind für Erwachsene berechnet. Kinder essen meist ein Viertel weniger.

◆ Fischfilet, Fischkoteletts oder -karbonaden: 200 g pro Person.

◆ Ganze Fische: Nach Abzug der nicht eßbaren Teile reicht z. B. 1 kg Heilbutt für 4, 1 kg Schellfisch nur für 3 Personen.

◆ Portionsfische: Ein Fisch von etwa 300–400 g reicht für 1 Portion.

Fisch zubereiten Für Fisch gibt es vier Garmethoden:

◆ *Im Sud pochieren* nennt man es, wenn ein ganzer Fisch oder Filets in einem kräftigen Sud aus Zwiebeln, Gemüse und verschiedenen Gewürzen langsam gar zieht. Kochen darf man Fisch nicht, sonst wird er trocken, und es gehen sowohl wichtige Inhaltsstoffe als auch der feine Geschmack verloren.

Tips und Tricks

◆ Um Fischgeruch an den Händen zu mildern, die Hände zuerst mit Zitronensaft oder Essig einreiben und dann wie gewohnt waschen.

◆ Fischfilets für Röllchen immer mit der dunklen Hautseite nach oben belegen und dann einrollen. So vermeidet man, daß die Fischröllchen sich beim Garen wieder abrollen.

◆ Festsitzende Gräten in rohem Fisch am besten mit einer Pinzette herausziehen.

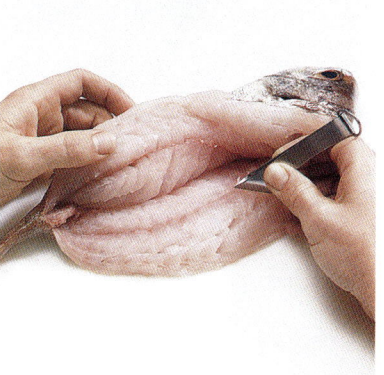

Gräten entfernt man aus rohem Fisch mit einer Pinzette.

◆ *Im Backofen* gedünsteter oder geschmorter Fisch im Gemüsebett, in Brat- oder Alufolie bleibt wunderbar saftig.

◆ *In Pfanne und Friteuse* kann man Filets und ganze Fische garen. Filets paniert man entweder in Mehl, Eiern und Semmelbröseln oder taucht sie in einen Ausbackteig. Ganze Fische kann man einfach in Mehl wenden

Ganze Fische vor dem Braten in Mehl wenden.

und in reichlich Butterschmalz oder Öl braten.

◆ *Im Dampf* bleiben auch Vitamine und Mineralstoffe erhalten, die sich im Süd lösen. Der Eigengeschmack des Fisches wird unterstrichen, denn weder Fett zum Braten noch Brühe zum Kochen oder Dünsten überdecken das spezifische Aroma.

Eier

Eier muß man frisch kaufen, im Kühlschrank aufbewahren und möglichst bald verbrauchen. Eier mit beschädigter Schale verwendet man sofort zum Kochen, Braten oder Backen.

Frische Eier erkennen Das Legedatum kann man so errechnen: Vom Mindesthaltbarkeitsdatum auf der Verpackung zieht man 28 Tage ab. Eier, deren Mindesthaltbarkeitsdatum abgelaufen ist, darf man nur noch zum Braten, Backen oder Ko-

chen verwenden. Wenn man Eier lose gekauft oder die Verpackung nicht aufbewahrt hat, kann man die Frische so feststellen:

◆ Man legt das rohe Ei in ein Gefäß mit Wasser. Wenn es flach liegen bleibt, ist es ganz frisch. Je mehr es sich aufrichtet, bis es sich schließlich auf die Spitze stellt, desto älter ist es. Schwebt das Ei im Wasser, muß man es wegwerfen.

◆ Man schlägt das Ei auf und läßt es auf einen flachen Teller gleiten. Bei einem frischen Ei bildet der Dotter eine gewölbte Halbkugel und wird in zwei Ringen vom dicken und dünnen Eiweiß umgeben. Je älter das Ei ist, desto flacher sind Dotter und Eiklar.

◆ Ein gekochtes Ei halbiert man

Ein frisches Ei erkennt man daran, daß der Dotter in der Mitte liegt.

längs. In einem frischen Ei liegt der Dotter in der Mitte. Je älter das Ei ist, desto mehr wandert er zur Schale.

◆ Wichtig: Für Speisen mit rohen Eiern, z. B. Mayonnaise, Eiercremes oder Tortenfüllungen, darf man nur Eier verwenden, die höchstens 7 Tage alt sind.

Eischnee schlagen Richtig geschlagener Eischnee ist gerade eben so fest, daß er nicht mehr von den Quirlen des Rührers rutscht. Beim Herausziehen der Quirle bildet der Eischnee lange Spitzen, die sich leicht neigen.

Eischnee ist richtig geschlagen, wenn er nicht mehr von den Quirlen rutscht.

Eier kochen Energiesparend geht es so: Man setzt die Eier mit kaltem Wasser auf, läßt sie sprudelnd aufkochen und gut zugedeckt auf der abgeschalteten Kochstelle garen. Zur gewünschten Kochzeit gibt man knapp 1 Minute zu.

◆ Das *Frühstücksei* oder *3-Minuten-Ei* hat noch durchsichtiges Eiklar, und der Dotter ist ganz flüssig.

◆ Das *weichgekochte Ei* braucht etwa 4 Minuten Kochzeit. Der Dotter ist ganz flüssig, das Eiklar weiß und nur zum Kern hin noch leicht flüssig.

◆ Das *wachsweiche Ei* wird etwa 5 Minuten gekocht. Sein Eiklar ist weiß und fest, der Dotter zur Hälfte gestockt. In der Mitte sitzt noch ein Kern flüssiges Eigelb.

◆ *Harte Eier* sind in 8–10 Minuten gar. Eiklar und Dotter sind fest.

◆ *Pochierte Eier* sind aufgeschlagene Eier, die man in Wasser mit einem Schuß Essig weich oder wachsweich gart (siehe S. 514).

◆ *Soleier* sind hartgekochte Eier, deren Schalen angeschlagen werden. Man legt sie in ein Glas oder Steingutgefäß mit abgekühltem Salzwasser – für 12 Eier braucht man 1¼ l Wasser und 3 EL Salz. Nach 2–3 Tagen Ruhezeit im Kühlschrank serviert man sie mit Senf, Bauernbrot und Butter.

Reste aufbewahren und verwerten

Eigelb und Eiklar halten sich zugedeckt in einem Schälchen im Kühlschrank 2–3 Tage lang. Außerdem kann man rohe Eier einfrieren – entweder verquirlt oder nach Eigelb und Eidotter getrennt. Hartgekochte Eier mit intakter Schale halten sich im Kühlschrank bis zu 3 Monaten, mit verletzter Schale etwa 3 Wochen. Übriggebliebenes Eigelb und Eiklar kann man so verwerten:

◆ Mit Eigelb können Eierkuchen oder Spätzle zubereitet werden. Das fehlende Eiklar wird durch die entsprechende Menge Wasser ersetzt.

◆ Eiklar nimmt man für Baiser, Mandel-, Nuß- oder Kokosmakronen.

Milch und Milchprodukte

Die Auswahl an Milch, Käse und anderen Milchprodukten war noch nie so groß wie heute. Sie wegen ihres hohen Calciumgehaltes täglich auf den Speiseplan zu setzen ist also kein Problem.

Welcher Käse eignet sich wofür?

Aus der Fülle der Käsesorten immer die richtige herauszusuchen ist oft nicht einfach; deshalb hier ein paar Tips:

◆ Zum Überbacken von Aufläufen, Gratins und Toast braucht man fetten Käse, der gut schmilzt, z.B. Emmentaler, Roquefort, Schmelzkäse, jungen Gouda, Trappistenkäse, Fontina, Fontal oder Mozzarella.

◆ Für Käsecremes eignen sich weiche Käse, z.B. Frischkäse, Schmelzkäse, Ricotta, reifer Camembert, Roquefort, Gorgonzola oder Ziegenfrischkäse.

◆ Für cremige Suppen und Saucen nimmt man fetten Hartkäse oder Schnittkäse – z.B. Parmesan, Pecorino, Provolone, Montasio, Emmentaler oder Gouda. Hartkäse wird gerieben, Schnittkäse kann man würfeln oder raspeln.

◆ Für Fondue und Raclette eignen sich fette Schnittkäse, die gut schmelzen, z.B. Raclette, Schweizer Emmentaler, Greyerzer oder Fontina.

◆ Für überbackene Nudelgerichte wie Cannelloni und Lasagne und für gratinierte Polenta nimmt man Mozzarellawürfel zusammen mit geriebenem Parmesan oder Pecorino.

◆ Für Pizza eignen sich Fontina, Provolone und Mozzarella, für Quiche Greyerzer, mittelalter Gouda, Emmentaler und Bergkäse.

◆ Für Käsegebäck eignet sich fetter Hartkäse, z.B. Sbrinz oder Greyerzer.

◆ Desserts und süßes Gebäck gelingen mit Doppelrahm- oder Rahmfrischkäse, Schichtkäse, Quark, Ricotta oder Mascarpone.

Wie lange hält sich Käse?

Zum Aufbewahren gehört Käse in den Kühlschrank. Dort halten sich in der Originalverpackung alle Käsesorten bis zum aufgedruckten Mindesthaltbarkeitsdatum. Offen, unter der Käseglocke, kann man Hart- und Schnittkäse 4–6 Tage und Sauermilchkäse 4 Tage aufbewahren. Im Gemüsefach halten sich Weichkäse mit Rotschmiere und Blauschimmelkäse 5–6 Tage. Quark und Frischkäse bleiben offen etwa 3 Tage lang frisch. Käse muß 1–2 Stunden bei Zimmertemperatur stehen, um sein Aroma zu entwickeln. Man muß ihn also rechtzeitig vor dem Essen aus dem Kühlschrank nehmen.

Kochen mit Buttermilch und Joghurt

Beide Milchprodukte sind ziemlich fettarm. Beim Erhitzen trennen sich deshalb Eiweiß und Molke – es bilden sich Flocken. Vermeiden kann man dieses Ausflocken, indem man pro 150 g Buttermilch oder Joghurt 1 gestrichenen TL Mehl oder Speisestärke einrührt und diese Mischung dann unter Rühren in der Suppe oder Sauce erhitzt.

Sahne schlagen

Man kann sie nur gut gekühlt schlagen: Das Butterfett schmilzt nämlich schon bei 7–9 °C, bei heißen Temperaturen also bereits während des Schlagens. Steif wird Sahne aber nur, wenn die Fettmoleküle fest sind. Deshalb sollte man im Sommer nicht nur den Quirl oder Sahnebesen, sondern auch die Schüssel vor dem Sahneschlagen kühlen.

Tips und Tricks

◆ Süße Sahne verwandelt man mit ein paar Spritzern Zitrone in Sauerrahm.

◆ Aus einfachem Joghurt wird mit 1 EL Konfitüre ein preiswerter Fruchtjoghurt.

◆ Käse immer bei schwacher Hitze unter ständigem Rühren schmelzen. Saure Zutaten wie Zitronensaft für Suppe oder Wein für Fondue immer erst zum Schluß zugeben, sonst klumpt der Käse.

◆ Milch brennt nicht so leicht an, wenn man den Topf vor dem Kochen mit Wasser ausspült und nicht trocknet.

◆ Milch mildert den starken Eigengeschmack verschiedener Lebensmittel. Deshalb legt man Nieren, Schweineleber und Salzheringe ein paar Stunden in Milch oder Buttermilch.

◆ Wenn man saure Sahne und Joghurt unter dicke Mayonnaise mischt, wird sie leichter.

Crème fraîche und Crème double Die fetten Cremes aus dicker saurer oder süßer Sahne kann man vielseitig verwenden, z. B.:

◆ zum Binden von schnellen Saucen, indem man den Bratfond mit Fleisch- oder Gemüsebrühe ablöst und ein paar Löffel Crème einrührt;

◆ zum Verfeinern von Suppen;

◆ für Salatdressings und als Bindung – statt Mayonnaise – für Salate mit Eiern, Nudeln, Gemüse, Geflügel, Fleisch, Fisch und Obst;

◆ für kalte Saucen, z. B. mit Tomatenwürfeln und Schnittlauch;

◆ zum Vermischen mit Meerrettich aus dem Glas, z. B. als Beilage zu Roastbeef oder kaltem Braten;

◆ statt Schlagsahne zu roter Grütze, Beeren- und anderen Obstdesserts;

◆ als Brotaufstrich statt Butter.

Gemüse

Erntefrisches Gemüse ist besonders reich an Vitaminen. Bei der Lagerung nimmt der Vitamingehalt stetig ab. Deshalb kauft man Gemüse am besten nur in der jeweils benötigten Menge und verbraucht es rasch. Wem das nicht möglich ist, nimmt besser Tiefkühlgemüse: Es enthält z. B. mehr Vitamin C als frische Ware, die zu lange lagert.

Richtig lagern Blattgemüse wie Spinat, Mangold und Salat welken bei Zimmertemperatur. Viele Vitamine werden durch Licht, Sauerstoff und Wärme abgebaut. Um die Inhaltsstoffe soweit wie möglich zu erhalten, legt man Gemüse und Salat nach dem Einkauf unzerkleinert und ungewaschen in das Gemüsefach des Kühlschranks. Zwiebeln und Knoblauch können – luftig in einem Korb – in der Küche gelagert werden.

Schadstoffe reduzieren Die äußeren Blätter von Salat- und Kohlköpfen muß man entfernen, damit sich evtl. vorhandene Rückstände von Blei und Quecksilber nicht in die Rohkost oder die Gemüsemahlzeit mischen. Auch sorgfältiges Waschen oder Schälen kann Schwermetalle unschädlich machen – Blei z. B. bis zu 90 %.

Wertvolles erhalten Beim Säubern von Gemüse oder Salat sollte man möglichst viele Vitamine und Mineralstoffe erhalten. Dafür ein paar praktische Tips:

◆ Gemüse und Salat sollte man so kurz wie möglich und so gründlich wie nötig waschen – am besten im gefüllten Spülbecken –, aber nicht im Wasser liegenlassen.

◆ Man putzt und zerkleinert es erst nach dem Waschen, bereitet es sofort zu und serviert es gleich.

◆ Falls man Geschnittenes aufbewahren will, mischt man etwas Essig oder Zitronensaft darunter und stellt es zugedeckt in den Kühlschrank. So bleibt Vitamin C länger erhalten.

◆ Die grünen Blatteile liefern außer Ballaststoffen auch das wichtige Magnesium. Deshalb sollte man sie nicht wegwerfen und z. B. von Lauch und Lauchzwiebeln nicht nur das Weiße, sondern soviel Grün wie möglich verwenden. Die zarten Blättchen von Kohlrabi, Fenchel, Rettich, Blumenkohl und Sellerie streut man, wie Kräuter gewaschen und fein gehackt, über das fertige Gericht.

Gemüse zubereiten Bei manchen Gemüsesorten erleichtern praktische Kniffe die Zubereitung, z. B.:

◆ *Artischocken* schwenkt man zum Waschen kräftig im Wasser. Dann bricht man den Stiel direkt am Ansatz ab und zupft die äußeren harten Blätter rundherum ab. Alle anderen stacheligen Blattspitzen entfernt man mit der Küchenschere. Man bringt nun den Saft einer halben Zitrone mit reichlich Wasser zum Kochen. Mit der ausgepreßten Zitronenhälfte reibt man die Artischocke rundherum ein und kocht sie anschließend weich. Zum Essen zupft man Blatt für Blatt ab, tunkt das flei-

Von Artischocken muß man die äußeren harten Blätter abzupfen.

schige untere Ende in einen Dip oder eine Sauce und streift es mit den Zähnen ab. Zum Schluß bleibt der delikate Artischockenboden übrig, den man von dem nun freiliegenden Heu befreit, ebenfalls in den Dip oder die Sauce tunkt und dann ißt.

◆ *Avocados,* die noch nicht reif sind, wickelt man in Zeitungspapier und läßt sie bei Zimmertemperatur nachreifen. Reife Avocados halten sich etwa 4 Tage im Gemüsefach des Kühlschranks. Halbiert werden Avocados so: Man schneidet die Frucht mit einem Messer rundherum bis zum Kern ein und dreht die Hälften mit sanftem Druck gegeneinander, bis sie sich lösen. Wenn man nur eine Hälfte braucht, wickelt man die Hälfte mit dem Kern in Klarsichtfolie und legt sie in den Kühlschrank. Fruchtfleisch mit Kern verfärbt sich nicht so rasch.

◆ *Meerrettich* behält seine aromatische Schärfe, wenn man ihn mit dem Sparschäler wie eine Kartoffel schält und im Blitzhacker oder auf der Rohkostreibe zerkleinert. Damit er appetitlich weiß bleibt, mischt man etwas Milch oder Zitronensaft darunter. Meerrettich soll man nicht mitkochen, kurzes Erhitzen in Saucen oder Suppen schadet aber nicht.

◆ *Schwarzwurzeln* enthalten einen milchigen Saft, der dunkle Flecken auf den Händen hinterläßt. Deshalb schält man sie erst nach dem Garen: Die rohen Wurzeln werden in Wasser kräftig abgebürstet. Dann schneidet man den Wurzelansatz ab und kocht die Wurzeln in reichlich sprudelndem Wasser mit Zitronensaft auf. Zugedeckt werden sie in etwa 15 Minuten bißfest gegart. Danach gießt man das Wasser ab, schreckt die Wurzeln kurz kalt ab und schält sie.

◆ *Tomaten,* die noch hellrot sind oder grüne Stellen haben, legt man zum Nachreifen an einen sonnigen, warmen Platz. Bei der Vorbereitung muß man immer den Stielansatz entfernen – ebenso evtl. vorhandene grüne Kerne oder grüne Stellen. Leicht häuten lassen sich Tomaten, wenn man sie mit kochendem Wasser übergießt, kurz darin ziehen läßt, kalt abschreckt und dann abzieht. Noch völlig grüne Tomaten darf man weder roh essen noch einlegen bzw. einkochen, denn sie enthalten das gesundheitsschädliche Solanin.

◆ *Zwiebeln* schneiden ohne Tränen ist nicht möglich; das liegt an den ätherischen Ölen, die beim Zerkleinern frei werden. Den Tränenfluß kann man aber verringern, wenn man Zwiebeln nur mit einem sehr scharfen Messer schneidet. Dann werden die Häute sauber durchtrennt, und es tritt weniger von dem tränentreibenden Saft aus. Und wenn man am offenen Fenster arbeitet, verfliegt der Duft rasch. Den Zwiebelgeruch an den Händen mildert man, indem man die Finger und die Messerklinge unter kaltem Wasser abspült und danach die Hände mit Essig oder Zitronensaft einreibt und kalt abspült. Auch für das Zubereiten der Zwiebeln gibt es einige sehr praktische Tips: Zum Braten gibt man Zwiebeln in mäßig heißes Fett und brät sie bei schwacher Hitze. Bis die Zwiebeln weich sind, sollte man den Deckel auflegen – das verkürzt die Garzeit und schont Vitamine. Zum leichten Bräunen schaltet man dann die Hitze etwas höher. Und: Zwiebelringe muß man immer wieder wenden, damit sie gleichmäßig garen und bräunen.

Schonend garen Ein Teil der Vitamine und Mineralstoffe geht beim Erhitzen von Lebensmitteln immer verloren. Doch diese Verluste kann man gering halten, wenn man bei der Zubereitung folgendes beachtet:

◆ Je kürzer die Garzeit ist, desto geringer sind die Verluste.

◆ Hitze schadet Vitaminen. Deshalb kocht man Gemüse bei starker Hitze nur an und gart es bei schwacher bis mittlerer Hitze fertig.

◆ Luft schadet ebenfalls. Deshalb verwendet man fest schließendes Kochgeschirr, legt den Deckel auf und läßt den Topf während des Garens möglichst geschlossen.

◆ Wasser löst Vitamine und Mineralstoffe. Deshalb dünstet man Gemüse in so wenig Wasser, daß man nachher nichts wegschütten muß.

◆ Die Garflüssigkeit sollte man möglichst häufig verwenden, z.B. für eine Sauce, indem man ein paar Löffel Sahne, Crème fraîche oder etwas Butter unterrührt.

Nitratgehalt verringern Die meisten Gemüse- und Salatsorten speichern natürlicherweise mehr oder weniger Nitrat während ihres Wachstums. Einige Grundregeln helfen jedoch beim Einkauf und beim Kochen, den Nitratgehalt zu verringern.

◆ Am besten kauft man während der Saison Gemüse und Salat aus dem Freiland. Sonne und Wärme bauen Nitrat ab. In den lichtschwachen Monaten sind vor allem Blattgemüse und -salate aus Treibhaus und Unterglasanbau besonders belastet.

◆ Zitronensaft enthält Vitamin C. Dieses Vitamin verringert den Nitratgehalt z.B. bei roten Beten, Spinat, Rettich, Radieschen und Kopfsalat. Deshalb mischt man unter Salate und Gemüse am besten 1 oder 2 TL Zitronensaft.

◆ Wasser löst Nitrat. Deshalb gießt man die Garflüssigkeit von Spinat und roten Beten besser weg, auch wenn dabei ein paar Vitamine und Mineralstoffe verlorengehen.

Garzeiten für Gemüse

Hier sind einige Richtwerte für zerkleinerte Gemüseportionen von etwa 500 g, jeweils nach dem Aufkochen gerechnet. Größere Portionen brauchen etwas länger.

Blumenkohlröschen und Stiele	je nach Frische 5–15 Minuten
Brokkoliröschen	etwa 5 Minuten
Brokkolistiele	5–10 Minuten
Grüne Bohnen	mindestens 15 Minuten
Kohlblätter (rot, weiß)	2–3 Minuten
Kohlrabi	5–10 Minuten
Kohlrippen (rot, weiß)	etwa 5 Minuten
Lauch	3 Minuten
Lauchzwiebeln	3 Minuten
Möhren	3–5 Minuten
Schwarzwurzeln	10–20 Minuten
Spargel (grün, weiß)	10–20 Minuten
Spinat, Grünkohl, Mangold*	2–5 Minuten
Steckrüben	20–25 Minuten
Wirsingblätter	2–3 Minuten
Wirsingrippen	etwa 5 Minuten
Zucchini (zuerst aufkochen)	1–2 Minuten

* Die Blätter müssen weich, aber noch intensiv grün sein.

Salat

Salate und Rohkost als Auftakt oder Begleiter einer Mahlzeit schneidet oder rupft man möglichst klein; dann mischen sie sich mit den anderen Zutaten besonders gut, und Gemüse ist besser verträglich.

Was eignet sich gut für Rohkost? Am besten kombiniert man ein Gemüse, das in der Erde wächst, mit einem, das oberhalb wächst. Ergänzen kann man mit Obst und Kräutern. Gut schmecken z. B.:

◆ Möhren, Kohlrabi und Tomaten;
◆ Radieschen, Rettich und Zucchini;
◆ Fenchel, Paprikaschoten und Eisbergsalat;
◆ Chicorée, Weintrauben, Äpfel und Petersilie;
◆ Orangen, Stangen- und Knollensellerie;
◆ Kopfsalat, Tomaten, Radieschen und Champignons;
◆ Eichblattsalat, ganz dünn geschnittener Spargel und Avocado;
◆ Feldsalat, Frisée, Radicchio und Birnen;
◆ Spinat, Paksoi, Melone, Minze und Sprossen.

Salatsauce auf Vorrat Man zerkleinert im Blitzhacker 1 geschälte Knoblauchzehe und 2 Bund Basilikum und mischt sie mit dem Saft von 1 Zitrone und ¼ l Oliven- oder Maiskeimöl. Dann würzt man mit Salz und weißem Pfeffer aus der Mühle. Die Sauce paßt gut zu Rohkost- und Blattsalaten. Sie hält sich in einem Schraubglas im Kühlschrank etwa 2 Wochen.

Sprossen keimen lassen Sprossen schmecken gut in Salat und Rohkost. Zum Keimen bringt man sie am einfachsten in den speziellen Keimgeräten, die es z. B. im Reformhaus oder im Naturkostladen gibt. Dort und in Gartencentern bekommt man auch die Samen. Wichtig: auf der Packung

In speziellen Keimgeräten kann man Sprossen selbst ziehen.

muß ausdrücklich vermerkt sein, daß die Samen zum Keimen von frischen Sprossen bestimmt sind. Leicht keimen lassen sich Hülsenfrüchte, Sonnenblumen- und Kürbiskerne, Wei-

Praktische Küchenhelfer für die Zubereitung von Salaten und Rohkost (von links nach rechts): Schnitzelmühle, Marmormörser, Wiegemesser und Salatschleuder

zen, Gerste, Roggen, Hafer, Dinkel, Buchweizen, Alfalfa und Rettichsamen. Gekeimte Samen, die muffig riechen, muß man wegwerfen. In Supermärkten gibt es fertig gekeimte Sprossen in Folienbeuteln zu kaufen. Man sollte nur geschlossene, nicht

aufgeblähte Beutel nehmen. Zu Hause muß man den Beutel aufschneiden, im Kühlschrank aufbewahren und die Sprossen noch am selben Tag verbrauchen.

Küchenhelfer Einige Küchengeräte erleichtern das Zubereiten von Rohkost und Salaten. Praktisch sind z. B.:
◆ zum Trocknen von Blattsalat: Trockenschleuder, die es in verschiedenen Ausführungen gibt;
◆ zum Zerkleinern von Rohkost: Schnitzelmühle für den Handbetrieb mit verschiedenen Scheiben oder Gemüsereibe zum Aufrechtstellen mit vier verschiedenen Reibflächen;
◆ zum Zerkleinern von Kräutern: Kräutermühle und Haushaltsschere.
◆ Außerdem helfen in der Salatküche: Gurkenhobel, Zitruspresse,

Mörser aus Marmor zum Zerkleinern von Gewürzen, Wiegemesser, mit dem man Kräuter, Nüsse, Essiggurken, Zwiebeln, Knoblauch und Eier zerkleinern kann, Blitzhacker, Schneidebretter aus Kunststoff, die sich gut reinigen lassen.

Salate garnieren Oft reichen wenige Zutaten, um Salate schön zu garnieren. Hier einige Beispiele:

◆ Blüten von Kapuzinerkresse, Gänseblümchen und Borretsch passen gut zu Blattsalaten.

◆ Orangenfilets, Kiwischeiben, halbierte Kumquats, frische Feigen und Scheiben der sternförmigen Karambole eignen sich für Geflügel-, Käse-, Krabben- und Blattsalate.

◆ Gehackte Zitrusschalen passen zu Fleisch- und Geflügelsalat.

◆ Sträußchen aus unterschiedlichen Kräutern machen Fischsalat, Blattsalat und Rohkost schöner.

◆ Nüsse und gehackte Kräuter bereichern helle Rohkostsalate – Kohlrabi, Rettich, Möhren – und Blattsalate.

◆ Zwiebelringe, Lauchzwiebelröllchen, Kapern und Oliven passen zu sommerlichen Gemüsesalaten und zu Fleisch-, Wurst- und Käsesalaten.

◆ Dünne Käsespäne und Schnittlauchröllchen ergänzen grüne Blattsalate, Spinat und Mangold.

Salate richtig würzen Jeder Salat schmeckt mit ein paar bestimmten Kräutern besonders gut.

◆ Käsesalate: Thymian, Majoran, Kümmel, Muskatnuß, Piment, Knoblauch und Paprika;

◆ Fischsalate: Zitronenmelisse, Dill, Petersilie, Minze, Sauerampfer, Kerbel, Knoblauch, Koriandergrün und abgeriebene Zitrusschalen;

◆ Geflügelsalate: Estragon, Dill, Kerbel, Thymian, Knoblauch, Zitronenmelisse, Muskatnuß, Muskatblüte, Currypulver und Sojasauce;

◆ Fleischsalate: Petersilie, Schnittlauch, Estragon, Paprika, Zwiebeln, Knoblauch, Sojasauce, Senf und abgeriebene Zitrusschalen;

◆ Wurstsalate: Bohnenkraut, Petersilie, Majoran, Oregano, Schnittlauch, Thymian, Salbei, gemahlener Koriander, Senf, Zwiebeln und Knoblauch;

◆ Nudelsalate: Schnittlauch, Basilikum, Kerbel, Petersilie, Minze, Dill, Estragon, Senf und Currypulver;

Tips und Tricks

◆ Salate mit gekochtem Gemüse schmecken am besten lauwarm.

◆ Zarte Blattsalate erst kurz vor dem Servieren mischen.

◆ Kräftige Salate mit Fleisch, Kartoffeln und Räucherfisch sollten etwa 30 Minuten in der Marinade ziehen.

◆ Nudeln und Reis für Salate frisch kochen und lauwarm mischen. Kalte Nudeln oder Reiskörner verbinden sich nicht gut mit der Salatsauce und den anderen Zutaten.

◆ Für leichtes, zartes Knoblaucharoma die Salatschüssel mit einer geschälten Knoblauchzehe ausreiben.

◆ Getrocknete Kräuter 30 Minuten in der Salatsauce ziehen lassen, damit sie ihr Aroma entfalten. Dann erst den Salat mischen.

◆ Frisch gemahlener Pfeffer aus der Mühle schmeckt besser im Salat als staubfeiner Pfeffer aus dem Streuer.

◆ Reissalate: Petersilie, Minze, Estragon, Kerbel, Dill, Schnittlauch, Koriandergrün, Muskatblüte, Zitrusschalen und Sojasauce;

◆ Krautsalate: Kümmel, Kreuzkümmel, Schnittlauch, Petersilie, Korianderblätter und gemahlener Koriander;

◆ Wintergemüsesalate: Kreuzkümmel, Kümmel und gemahlener Koriander;

◆ Sommergemüsesalate: Schnittlauch, Salbei, Thymian, Petersilie, Basilikum und Knoblauch.

Selbstgemachter Senf Man läßt ¼ l Apfelwein, 150 ml Weißweinessig, 1 grobgehackte Zwiebel und 2 Lorbeerblätter aufkochen und dann zugedeckt bei schwacher Hitze 30 Minuten weiterkochen. Danach gießt man den Sud durch ein Sieb in eine Schüssel und rührt mit dem Schneebesen je 50 g Zucker, rotes und gelbes Senfmehl darunter. Man würzt den Senf mit 1 TL Salz, füllt ihn in ein gut schließendes Schraubglas und bewahrt ihn im Kühlschrank auf.

Reste verwerten Delikate Salate aus Resten sind schnell zubereitet:

◆ Gekochte Eier kann man mit Erbsen, Kapern, Schnittlauch und Sahnedressing mischen.

◆ Bratenreste schmecken mit Zwiebelringen, Schnittlauch oder Petersilie, feingeschnittenen Essiggurken und Vinaigrette.

◆ Gekochter oder gebratener Fisch läßt sich mit Kerbel, Lauchzwiebelringen oder Schnittlauch und Vinaigrette anrichten.

◆ Bunte Gemüsereste schmecken mit Glasnudeln, Sojasauce, Krabben, Zitronensaft und Erdnußöl.

◆ Reste von Hülsenfrüchten und Getreidekörnern kann man mit Zwiebelringen, Tomatenwürfeln, Weinessig, Olivenöl und beliebigen Kräutern verfeinern.

Schnell zubereitete Sattmacher Mit ein paar Zutaten wird aus gemischtem Salat oder Rohkost ein kleines Hauptgericht:

◆ geröstete Brotwürfel, gehackte Eier und Nüsse darüber streuen;

◆ Scheiben von Räucherlachs oder Schinken dazu servieren;

◆ Käseraspel, Oliven und Kapern darüber streuen;

◆ mit fertig gekauftem kaltem Braten und Knoblauchbrot anrichten;

◆ Mini-Mozzarella, Oliven und Parmaschinken dazu servieren;

◆ gekochtes Getreide mit Dressing mischen und neben den Salatportionen anrichten;

◆ eingelegte Schafskäsewürfel oder kleine Ziegenkäse und Weintrauben dazu servieren.

Hülsenfrüchte und Pilze

Viele Zuchtpilze lassen sich schneller vorbereiten als Wildpilze. Bei getrockneten Hülsenfrüchten dagegen sollte man reichlich Zeit einplanen, denn anders als frische grüne Bohnen, Erbsen oder Zuckerschoten müssen die getrockneten Samen eine ganze Weile quellen und garen, damit sie gut verträglich sind.

Hülsenfrüchte quellen und garen Die verschiedenen Sorten wie getrocknete Bohnensamen, ungeschälte Trockenerbsen, Kichererbsen und Linsen müssen etwa 6 Stunden quellen. Man weicht diese Hülsenfrüchte mit der jeweils im Rezept angegebenen Flüssigkeitsmenge zugedeckt ein. Nach der Quellzeit kocht man sie mit dem Einweichwasser auf und gart sie zugedeckt bei schwacher Hitze 1$\frac{1}{2}$–2 Stunden.

Hülsenfrüchte kochen Ob man Hülsenfrüchte mit oder ohne Salz kocht, spielt für das Weichwerden keine Rolle, nur für den Geschmack. Wenn man Bohnen, Linsen, Erbsen oder Kichererbsen gleich mit Salz oder gesalzener Brühe aufsetzt, schmecken sie sogar besonders aromatisch. Hülsenfrüchte, die auch bei langem Garen hart bleiben, sind vielleicht schon zu alt. Getrocknete Hülsenfrüchte aus neuer Ernte werden besonders schnell weich. Je länger man sie lagert, desto länger werden die Garzeiten. Vielleicht ist aber auch das Wasser zu kalkhaltig. Sehr hartes Leitungswasser muß man deshalb vorher abkochen, oder man nimmt abgefülltes Tafelwasser, das es in Supermärkten und Getränkeshops zu kaufen gibt.

Mit getrockneten Bohnen kochen Die verschiedenen Bohnensorten eignen sich für die Zubereitung von unterschiedlichen Gerichten:

Garzeiten von Hülsenfrüchten, die nicht quellen müssen
Geschälte grüne und gelbe Erbsen .... 1$\frac{1}{2}$ Stunden
Frische dicke Bohnen .... 45 Minuten
TK-dicke Bohnen (aufgetaut) .... 15–20 Minuten
Braune Linsen (je nach Frische) .... 45–60 Minuten
Schwarze Puy-Linsen .... 40–60 Minuten
Rote (geschälte) Linsen .... 20 Minuten

◆ Getrocknete, große weiße Bohnensamen werden beim Kochen besonders weich und mehlig; man nimmt sie deshalb für Eintöpfe und püriert sie für Cremesuppen, Aufläufe und Frikadellen.

◆ Getrocknete grüne Flageoletbohnen und weiße Cannellini-Bohnen werden schön weich und behalten dennoch ihre Form. Man nimmt sie für feine Eintöpfe, z.B. für Nudeln mit Bohnen.

◆ Getrocknete rote Bohnen garen ebenfalls eher mehlig; sie eignen sich für Pürees und Cremesuppen.

◆ Getrocknete schwarze Bohnen behalten beim Kochen die Form und lassen sich gut marinieren oder für Salat verwenden.

Pilze richtig vorbereiten Zuchtpilze können zubereitet höchstens 1 Tag im Kühlschrank aufbewahrt werden. Zum Aufwärmen muß man sie gründlich erhitzen. Wildpilze darf man nicht aufwärmen.

◆ *Austernpilze* wachsen auf Stroh-

Austernpilze schneidet man vom Strunk ab; man muß sie nicht waschen.

ballen; deshalb muß man sie nur vom Strunk abschneiden, aber nicht waschen.

◆ *Champignons* wachsen auf Mist oder Stroh; deshalb muß man sie gründlich putzen und die Huthäute abziehen oder die Pilze waschen.

◆ *Mu-Err-Pilze* gibt es nur getrocknet. Man legt sie in reichlich warmes Wasser, bis sie weich sind, gießt sie ab

Tip

◆ Frische Pilze haben festes Fleisch und geschlossene Hüte. Zu lange gelagert werden z.B. Champignons schrumpelig.

und nimmt das Einweichwasser für die Sauce.

◆ *Shiitakepilze* wachsen auf Holzstämmen. Man muß sie weder waschen noch putzen, sondern nur den zähen Stiel abschneiden.

◆ *Speisemorcheln* wachsen auf Sand, dessen Körnchen sehr fest in den schrumpeligen Pilzhüten haften. Frische Morcheln muß man deshalb sehr sorgfältig putzen und waschen. Getrocknete Morcheln werden vor der Zubereitung etwa 3 Stunden in Wasser oder Milch eingeweicht und dann gründlich unter kaltem Wasser abgespült. Die Einweichflüssigkeit, die man für die Sauce verwendet, gießt man durch eine Kaffeefiltertüte, um die gelösten Sand- und Erdreste aufzufangen.

Reis

Reis kochen ist ganz einfach, selbst wenn man sich nicht auf Kochbeutelreis beschränken will, der ohnehin immer gelingt.

Reis körnig kochen Richtig gegarter Reis hat die Flüssigkeit ganz aufgesogen, ist trocken und körnig. Ein zwischen den Fingern zerdrücktes Korn gibt weich nach und hat keinen harten Kern mehr in der Mitte. Körner, die ein X bilden, sind zu weich geworden. Reis quillt so lange weiter, wie er mit Flüssigkeit in Verbindung ist. Deshalb sollte man z.B. Reissuppen sofort servieren oder den Reis extra kochen und erst bei Tisch in die Suppe geben.

Reis zum Braten Für gebratenen Reis verwendet man Langkornreis von guter Qualität – z.B. thailändischen oder indischen Duftreis (Basmati). Diese Sorten bleiben fest und körnig, weil sie relativ wenig Flüssigkeit aufnehmen. Vor dem Braten muß der gegarte Reis ganz abkühlen. Sicherste Methode: den Reis in einer beschichteten Pfanne braten.

Reis im Bambuskörbchen dämpfen Die Körbchen bekommt man preiswert in Asienläden. Zum Dämpfen braucht man Klebreis, einen sehr stärkehaltigen Mittelkornreis. Nor-

maler Lang- oder Mittelkornreis eignet sich nicht, weil die Körner hart bleiben. Vor dem Dämpfen läßt man den Klebreis etwa 9 Stunden in reichlich Wasser quellen. Zum Dämpfen füllt man einen Topf etwa 3 Finger hoch mit Wasser, stellt eine Tasse umgedreht hinein und setzt darauf das Bambuskörbchen. Das Körbchen legt man mit einem Küchentuch aus, füllt den abgegossenen Reis hinein und streicht ihn so glatt, daß er eine gleichmäßig dicke Schicht bildet. Man faltet das Küchentuch über dem Reis zusammen, der nun im festverschlossenen Topf etwa 1 Stunde gegart wird. Statt eines Bambuskörbchens kann man übrigens auch einen Sieb- oder Dämpfeinsatz verwenden. Der Reis wird darin genauso gegart wie im Körbchen.

Mit Reisnudeln kochen Breite Reisnudeln sind etwa so brüchig-spröde wie normale Weizennudeln und lassen sich gut auseinanderbrechen. Dünne Fadenreisnudeln dagegen fühlen sich an wie Draht und splittern beim Zerkleinern leicht. Deshalb sollte man sie zum Durchbrechen in der Packung lassen. Man hält die Packung mit der einen Hand fest, greift mit der anderen hinein, bricht jeweils einige Nudeln ab und nimmt sie heraus. Weiche, also bereits gegarte Reisnudeln kann man mit einer Küchenschere schneiden.

Küchenhelfer Es gibt einige Hilfsmittel, die das Reiskochen erleichtern:
◆ Für den klassischen Reisring nimmt man die Kranzform, in der auch Savarin gebacken wird.
◆ Bambuskörbchen aus dem Asienladen nimmt man z.B. für gedämpften Klebreis (siehe oben), Klebreisbällchen oder gefüllte Reisblätter.
◆ Ein elektrischer Reiskocher lohnt sich, wenn man häufig größere Mengen Reis kocht. Bei diesem Kocher verringert sich die Temperatur im richtigen Moment, und der Reis wird warm gehalten, ohne zu übergaren.

Zum Dämpfen wird der Reis in einem Siebeinsatz in den Topf gegeben.

Getreide

Eine große Auswahl an Getreidekörnern und -grütze gibt es in Naturkostläden und Reformhäusern.

Wie lange hält sich Getreide? Körner, Vollkornmehl und Schrot muß man richtig lagern: kühl und trocken, am besten in Gläsern mit festem Schraubverschluß. Wärme begünstigt die Entwicklung von Ungeziefer, Feuchtigkeit die Schimmel- oder Fäulnisbildung. Alles, was muffig riecht, muß weggeworfen werden.
◆ Ganze Getreidekörner können etwa 1 Jahr gelagert werden. Ausnahme: Hafer wird eher ranzig.
◆ Bei gekauftem Vollkornmehl und Getreideschrot steht das Haltbarkeitsdatum auf der Packung.
◆ Selbstgemahlenes Mehl verbraucht man möglichst frisch, es hält sich jedoch etwa 4 Wochen.
◆ Schrot sollte man innerhalb von 2 Wochen verbrauchen, denn grobgemahlenes Getreide enthält mehr Wasser als feingemahlenes und verdirbt deshalb schneller.

Was tun gegen Mehlwürmer? Hin und wieder nisten sich Tierchen in Getreidekörnern, Schrot und Vollkornmehl ein. Besonders anfällig ist Polenta, also Maisgrieß. In diesem Fall hilft nur eines: man muß den Vorratsschrank leer räumen und die Getreideprodukte wegwerfen. Dann putzt man den Schrank gründlich mit heißem Essigwasser, spült die Gefäße mit heißem Essigwasser aus und läßt sie ganz trocknen, bevor sie wieder gefüllt werden.

Getreide kochen Die meisten Getreidesorten (siehe S. 670) müssen vor oder nach dem Kochen ausreichend quellen, damit sie gut verdaulich sind. Das Getreide für das Mittagessen weicht man am besten schon am Vorabend ein. Zum Einweichen schüttet man das Getreide in einen

Topf, bedeckt es mit der doppelten Menge Wasser oder Gemüsebrühe und stellt den Topf zugedeckt in den Kühlschrank. Getreide zum Kaltessen, z. B. als Salat, oder zum Einfrieren wird zuerst gegart; dann läßt man es 1 Stunde quellen. Zeit sparen kann man mit dem Schnellkochtopf: Dann brauchen Getreidekörner nur etwa ein Drittel der Garzeit, und Einweichen ist nicht nötig.

Getreide richtig würzen Mit der richtigen Würze schmecken Getreidegerichte noch besser.

◆ Zu geschmorten Getreidekörnern passen kräftige Gewürze: Thymian, Salbei, Rosmarin, Majoran, Knoblauch und Sojasauce.

◆ Getreideklöße schmecken mit reichlich Petersilie.

◆ Grünkern verträgt sich besonders gut mit Nüssen und Pilzen.

◆ Getreidefrikadellen schmecken am besten, wenn man das Schrot in extrastarker Gemüsebrühe kocht.

Reste verwerten Kleine Reste von gegartem Getreide lassen sich gut als Einlage für Gemüsesuppen verwenden, indem man sie in die heiße Suppe rührt und einmal aufkocht. Mit Getreideresten kann man auch Blattsalate und Rohkost in ein leich-

Tips und Tricks

◆ Getreidekörner sind gar, wenn die braune Hülle aufgeplatzt und der weiße Mehlkörper sichtbar ist.

◆ Kleie von Vollkornmehl kann zum Panieren von Fleisch und Fisch verwendet werden.

◆ Hirse bleibt besonders körnig, wenn man sie in Fett leicht röstet und dann erst Wasser oder Brühe zugießt.

◆ Getreideklöße und -frikadellen werden mit 1/2 TL Backpulver besonders locker.

tes Hauptgericht verwandeln. Dazu werden die Körner entweder mit der Salatsauce vermischt oder in etwas Butter oder Öl geröstet und über den bereits gemischten Salat gestreut.

Kartoffeln

Kartoffeln gehören zu unseren wichtigsten Nahrungsmitteln. Deshalb ist im Lauf der Zeit eine Fülle von Gerichten entstanden.

Einkauf und Aufbewahrung Kartoffeln sollte man bald nach dem Einkauf aus der Verpackung nehmen und in einem Korb oder einer Holzkiste möglichst kühl und dunkel aufbewahren. Wenn das nicht möglich ist, kauft man besser nur die Kartoffelmenge für eine oder zwei Mahlzeiten.

Kartoffeln vorbereiten Vitamine bleiben zum großen Teil beim Schälen erhalten, weil sie einige Millimeter unter der Schale im Innern der Kartoffel stecken. Ungeschält gekochte Kartoffeln liefern aber mehr Ballaststoffe, denn die Schale enthält davon am meisten. Pellkartoffeln muß man vor dem Kochen sehr gut waschen, um Schmutz und mögliche Rückstände von Blei zu entfernen. Grüne Stellen und Keime muß man wegschneiden, weil sie das natürliche Gift Solanin enthalten, das beim Kochen nicht zerstört wird.

Kleine Sortenkunde Die einzelnen Sorten sind in drei Kochtypen unterteilt. Für manche Gerichte braucht man eine bestimmte Sorte:

◆ *Festkochende Kartoffeln* wie „Cilena", „Hansa", „Linda", „Nicola", „Selma" und „Sieglinde" nimmt man für Salate, weil man sie gut in Scheiben schneiden kann und die Schnittflächen feucht bleiben.

◆ *Vorwiegend festkochende Kartoffeln* wie „Atica", „Berber", „Clivia", „Garnola", „Grata" und „Jetta" eignen sich für Bratkartoffeln oder Pommes frites, weil die Scheiben oder Stifte nicht so leicht brechen und ziemlich trocken sind.

◆ *Mehligkochende Kartoffeln* wie „Aula", „Datura", „Irmgard" und „Monza" zerfallen beim Kochen. Man nimmt sie für Püree, Klöße, Frikadellen und cremige Suppen.

◆ *Speisefrühkartoffeln* oder neue Kartoffeln lassen sich wie festkochende oder vorwiegend festkochende Sorten zubereiten. Importware kommt schon im Frühjahr – zur

Garzeiten von Getreide			
	Vorweichen	*Garen*	*Quellen*
Buchweizen		20–30 Minuten	
Bulgur		20–30 Minuten	
Couscous	30 Minuten	1 Stunde	
Dinkel	6 Stunden	1 Stunde	
Gerste	6 Stunden	1 Stunde	
Grünkern	6 Stunden	40 Minuten	
Hafer		1 Stunde	1 Stunde
Hirse		30–40 Minuten	
Roggen	6 Stunden	1½ Stunden	
Thermogetreidegrütze		etwa 10 Minuten	
Weizen	6 Stunden	1 Stunde	

Tips und Tricks

◆ Für Cremesuppen mit Kartoffeln kann man die Menge der Brühe nicht genau angeben. Sehr mehlige Kartoffeln brauchen mehr, vorwiegend festkochende weniger Brühe.

◆ Kartoffelgratin gelingt mit Ober- und Unterhitze oder im Gasbackofen am besten. Bei Umluft verdunstet zuviel Flüssigkeit.

Spargelzeit – auf den Markt. Frühkartoffeln aus heimischem Anbau gibt es ab Ende Mai.

Kartoffelsorte feststellen. Sortenbezeichnung und Kochtyp stehen auf der Verpackung. Wenn man Kartoffeln lose kauft, läßt sich der Kochtyp so feststellen: Man halbiert die rohe Kartoffel und reibt die Schnittflächen aneinander. Wenn Wasser abtropft, ist es eine festkochende Kartoffel, die wenig Stärke enthält. Kleben die Schnittflächen zusammen, ist es eine stärkereiche, mehlige Kartoffel.

Küchenhelfer Nützliche Geräte für die Kartoffelküche sind Sparschäler und Küchenmesser, Kartoffelstampfer und -presse, eine große Reibe für die dicken Kartoffelspäne von Röstis, Hobel für dicke und dünne Scheiben für Kartoffelgratin und für die hübschen Kartoffelnester ein Doppelsieb, das man im Haushaltswarengeschäft bekommt.

Kartoffeln richtig würzen Für viele Kartoffelgerichte gibt es bestimmte Gewürze, die gut harmonieren.

◆ Püree und Kartoffelteig schmecken gut mit Muskatnuß, abgeriebener Zitronenschale, Cayennepfeffer, Knoblauch, Schnittlauch, Petersilie, Bohnenkraut und Thymian.

◆ Zu gebackenen Kartoffeln vom Blech passen Rosmarin, Thymian, Salbei, Majoran und Oregano.

◆ Zu Bratkartoffeln und Rösti passen Kümmel, Cayennepfeffer, Knoblauch, Thymian, Bohnenkraut, Rosmarin, Liebstöckel und Estragon.

◆ Béchamelkartoffeln schmecken mit Petersilie, Schnittlauch, Dill, Zitronenmelisse, Minze, Brunnenkresse, Borretsch, Estragon, Meerrettich, Liebstöckel, Paprika, grünen Pfefferkörnern, Curry und Rauke.

◆ Salzkartoffeln kann man mit Petersilie, Schnittlauch, Dill, Blättchen von Minze und Zitronenmelisse oder Estragon vermischen.

◆ Kartoffelsalat schmeckt mit allen grünen Kräutern, mit Senf, Knoblauch, Currypulver, Zitronenschale und Muskatblüte.

Teigwaren

Nudeln läßt man in der Originalverpackung und legt sie am besten in einen trockenen Schrank mit guter Luftzufuhr. Neben stark riechenden Produkten wie Gewürzen oder Kaffee sollte man sie nicht aufbewahren.

Nudeln selbermachen Am besten gelingt Nudelteig mit Weizenmehl. Man kann sowohl weißes als auch gut gesiebtes Vollkornmehl verwenden. Ob man außer Ei und Eigelb noch Wasser zum Teig geben muß, hängt vom Mehl ab: Feines Instantmehl nimmt weniger, kleiereiches Vollkornmehl mehr Flüssigkeit auf. Nach etwa 5 Minuten kräftigem Kneten läßt sich feststellen, ob der Teig richtig ist:

◆ Der Teig soll weich sein, d.h. auf Fingerdruck leicht nachgeben, aber nicht am Finger haftenbleiben. Wenn er klebt, streut man etwas Mehl auf die Arbeitsfläche und knetet den Teig damit kräftig durch.

◆ Zum Schluß zieht man den Teig mit beiden Händen auseinander. Er muß zuerst elastisch nachgeben und

schließlich wie ein Kaugummi reißen. Wenn er gleich reißt, ist er zu trocken, und man muß tropfenweise Wasser unterkneten. Nach dem Kneten läßt man den Teig etwa 1 Stunde bei Zimmertemperatur ruhen.

Nudeln färben Das Zubereiten von grünen oder roten Nudeln ist nicht schwer, und sie sehen besonders appetitlich aus.

◆ Für *grüne Nudeln* braucht man Spinat oder Petersilie: 200 g Blätter

Nudeln werden grün, wenn der Teig mit Spinat oder Petersilie zubereitet wird.

ohne Stiele werden in reichlich kochendem Salzwasser 1 Minute gegart, dann abgegossen, kalt abgeschreckt und mit den Händen sehr gut ausgedrückt. Dann püriert man die weichen Blätter im Mixer oder

Wieviel Nudeln pro Person?

◆ *Getrocknete Nudeln*
als Suppeneinlage ...... 10–20 g
als Vorspeise .... 50–60 g
als Beilage .... 70–80 g
als Hauptgericht ..... 100–150 g

◆ *Frische Nudeln (selbstgemacht oder gekauft)*
als Suppeneinlage .... 50 g
als Vorspeise .... 100 g
als Beilage .... 100 g
als Hauptgericht .... 300 g

Blitzhacker und knetet sie mit 300–400 g Mehl, 2 Eiern und 1 EL Öl zu einem Nudelteig.

◆ Für *rote Nudeln* nimmt man rote Beten: 180 g rote Beten werden geputzt und in wenig Salzwasser weich gekocht. Man gießt sie ab, läßt sie abtropfen und püriert sie. Das Mus wird mit 350–450 g Mehl, 1 Ei, 2 kleinen Eidottern und 1 EL Öl zu einem Teig verknetet.

Die Nudelmaschine Für alle, die gern und oft Nudeln essen, lohnt sich die Anschaffung einer Nudelmaschine mit Handkurbel. Man vermischt die Teigzutaten in einer Schüssel, bis sie gerade eben zusammenhalten, teilt den Teig in etwa tennisballgroße Stücke und dreht jedes Stück bei breitem Walzenabstand durch die Maschine. Dann faltet man die Teigplatte zweimal nach innen und rollt sie, um 180° gedreht, wieder durch die Maschine. So fährt man fort, bis die Teigplatten glatt

---

Wie lange halten sich gekochte Nudeln?

im Kühlschrank	2 Tage
im 1-Sterne-Kühlfach	7 Tage
im 2-Sterne-Kühlfach	3 Wochen
im Tiefkühlgerät	6 Monate

---

und geschmeidig sind; dabei verringert man den Walzenabstand immer weiter.

Nudeln richtig garen Mit ein paar Kniffen ist das ganz einfach:
◆ Nudeln müssen beim Kochen schwimmen. Auf 100 g Nudeln rechnet man etwa 1 l Salzwasser – pro Liter nimmt man ½ TL Salz. Das Wasser muß 1 Minute richtig sprudeln, bevor man die Nudeln zugibt. Öl im Kochwasser ist nicht notwendig: In sprudelnd kochendem Wasser kleben die Nudeln nicht zusammen, wenn man sie häufig umrührt.

◆ Man sollte Nudeln im offenen Topf kochen oder den Deckel so legen, daß man ständig kontrollieren kann, ob das Wasser richtig kocht. Ein Kochlöffel quer über dem Topf verhindert Überkochen.

◆ Nudeln kocht man nur so lange, bis sie bißfest – al dente – sind. Die Kochzeit läßt sich nicht exakt angeben – feuchte Nudeln sind schneller gar, sehr trockene, lange gelagerte brauchen länger. Deshalb probiert man lieber zwischendurch.

Nicht abschrecken Gegarte Nudeln vertragen keinen kalten Wasserguß. Man trägt sie im Topf zum Ausguß und läßt einen Schuß kaltes Wasser – etwa die Menge einer halben Tasse – ins Kochwasser laufen, damit der Garprozeß gestoppt wird. Dann gießt man die Nudeln in ein großes Sieb, schwenkt sie schnell und kräftig, damit sie abtropfen, und mischt sie sofort mit der heißen Nudelsauce, mit Butter oder Käse.

Teigwaren brauchen Fett Egal, ob man Teigwaren sofort als Beilage serviert oder für ein anderes Gericht aufbewahrt: Öl oder Butter muß sein, damit nichts klebt. Heiße Nudeln mischt man sofort mit einem Stück Butter. Maultaschen und Ravioli schwenkt man in heißer Butter oder Öl. Portionsweise gegarte Spätzle werden mit Butter vermischt und im Backofen bei 50 °C warm gehalten, bis alle Spätzle fertig sind.

Nudeln und Gemüse kochen Beides kann man zusammen in einem Topf kochen. Man gibt zuerst das ins sprudelnd kochende Wasser, was am längsten braucht. Vollkornnudeln z. B. garen etwa 6 Minuten, Gemüse je nach Sorte zwischen einigen Sekunden (Spinat) und 20 Minuten (grüne Bohnen). Die Gemüse-Nudel-Mischung läßt man abtropfen und mischt sie in einer heißen Schüssel z. B. mit geriebenem Käse, Sahne oder Crème fraîche.

Die Zeit richtig planen Nudeln können nicht warten – weder auf die Sauce noch auf die Gäste. Man muß sie wirklich frisch aus dem Topf abgegossen mit der fertigen Sauce mischen und sofort zu Tisch bringen.

Saucen

Manche Saucen sind so schnell gerührt wie ein Dip, für andere braucht man länger. Doch alle verfeinern selbst einfachste Gerichte.

Saucen binden Dafür gibt es mehrere Möglichkeiten:
◆ Die *Mehlschwitze* ist seit langem bewährt und beliebt. Man röstet

Für die Mehlschwitze röstet man Mehl in heißer Butter oder Margarine.

Mehl in Butter oder Margarine, gießt mit Flüssigkeit auf, rührt kräftig und läßt alles etwa 5 Minuten kochen. Dabei quillt das Mehl und macht die Sauce dick. Oder man röstet Mehl ohne Fett und verfeinert erst die fertige Sauce mit einem Stückchen Butter.
◆ *Mehlbutter* hat einen großen Vorteil: es gibt keine Klümpchen. Man verknetet Mehl und weiche Butter zu gleichen Teilen und rührt sie in die kochende Sauce.
◆ *Einkochen* oder *Reduzieren* nennt man es, wenn man Schmorsud, Fond, Brühe, süße Sahne und/oder Crème fraîche bei starker Hitze unter

Rühren so lange kocht, bis die Sauce dickflüssig ist. Diese Saucen sind gehaltvoll und besonders aromatisch.

◆ *Butter* gibt heißem Schmorsud eine sämige Bindung. Eisgekühlte, etwa daumennagelgroße Butterstückchen werden mit dem Schneebesen oder den Quirlen des Handrührgeräts kräftig in den heißen Sud gerührt.

◆ *Eigelb* macht Saucen locker und sämig. Man verquirlt das Eigelb in einem Schälchen und rührt 2 EL heiße Sauce unter. Anschließend gibt man diese Mischung unter kräftigem Rühren in die heiße Sauce, die nicht mehr aufkochen darf, weil sonst das Eigelb gerinnt.

◆ Das *Wasserbad* braucht man für Saucen, die mit Eiern und Butter aufgeschlagen werden. Die Hitze wird durch das heiße Wasserpolster so gut reguliert, daß das Eigelb nicht gerinnt und die Butter sich gut mit der Eiercreme verbindet.

Gemüsesauce zubereiten Für diese besonders leichte Sauce wird weichgekochtes Gemüse mit dem Schneidestab oder im Mixer püriert und ein guter Schuß süße Sahne, Crème fraîche oder Crème double untergerührt. Zum Schluß läßt man die Sauce dick einkochen. Das Gemüse für die Sauce darf keine groben oder langen Fasern haben.

Saucen schnell zubereiten Mit wenigen Zutaten und in kurzer Zeit kann man feine Saucen zubereiten:

◆ Avocados mit saurer Sahne pürieren;

◆ Crème fraîche mit Joghurt, gehackten Kräutern und/oder Tomatenstücken vermischen;

◆ Bratensatz mit einem kräftigen Schuß süßer Sahne oder Crème fraîche vermischen und mit Wein oder Saft von Zitrusfrüchten würzen;

◆ fertig gekaufte Mayonnaise mit Joghurt, gehackten, hartgekochten Eiern, Essiggurken, Kräutern und Paprikapulver vermischen.

Tips und Tricks

◆ Zum Rühren von Mayonnaise müssen alle Zutaten Zimmertemperatur haben, sonst verbinden sie sich nicht richtig. Falls die Mayonnaise gerinnt: 1 frisches Eigelb verrühren und die Mayonnaise in kleinen Portionen mit dem Schneebesen oder den Quirlen des Handrührgeräts untermischen.

◆ Zum Warmhalten ein Küchentuch über den Topf und darauf den Deckel setzen. Dann tropft kein Kondenswasser in die fertige Sauce.

◆ Saucen mit sauren Zutaten wie z. B. Zitronensaft, Orangensaft oder Tomaten am besten mit Crème fraîche oder Crème double binden. Süße Sahne könnte durch die Säure flockig werden.

◆ Zum Entfetten von Schmorsud 1 oder 2 Eiswürfel in den heißen Sud geben, die mit der erstarrten Fettschicht, die sich darum bildet, wieder herausgenommen werden. Wenig Fett mit Küchenpapier abtupfen. Sehr fetten Fond oder Brühe für eine Sauce ganz erkalten lassen, damit das erstarrte Fett abgenommen werden kann.

Saucenkräuter Frisch und fein gehackt verfeinern sie viele Saucen.

◆ Zum Mitkochen eignen sich Thymian, Rosmarin, Oregano, Estragon, Majoran, Bohnenkraut und Salbei.

◆ Erst am Schluß sollte man Schnittlauch, Kerbel, Dill, Petersilie, Brunnenkresse, Koriander, Sauerampfer und Zitronenmelisse untermischen.

◆ In kalten Saucen schmecken am besten: Borretsch, Basilikum, Minze, Kapuzinerkresse und Gartenkresse.

Suppen

Suppen schmecken immer: als Hauptgericht, als kleiner Imbiß aus der schnellen Küche oder als edle Kleinigkeit im festlichen Menü.

Schnelle Suppen Fertige Zutaten, z. B. Fonds aus dem Glas oder tiefgetrorenes Gemüse, tragen dazu bei, Zeit zu sparen.

◆ Fonds aus dem Glas, Instantpaste für Gemüsebrühe, Rindfleisch- und Krebssuppe, Brühen als Pulver und Würfel sind ideal für die schnelle Suppenzubereitung.

◆ Für eine schnelle Tomatensuppe vermischt man Pizzatomaten aus der Dose mit Wasser und würzt sie mit Instantbrühe, getrocknetem Oregano und Cayennepfeffer. Dann läßt man die Suppe aufkochen und verfeinert sie zum Schluß mit Crème fraîche und frisch gehackten Kräutern.

◆ Man erhitzt Brühe und gart darin Tiefkühl-Suppengemüse. Dann gibt man Instanteiernudeln, Glasnudeln oder dünne Reisnudeln dazu und läßt sie weich werden. Abgeschmeckt wird mit Sojasauce.

◆ Man schneidet Rinderfilet hauch-

Wieviel Suppe pro Portion?

Klare Brühe mit
Einlage als Vorspeise .... 1/8 l
Gebundene Suppe
als Vorspeise .... 1/5 l
Dicke Suppe vor einem
süßen Hauptgericht .... 1/4 l
Dicke Suppe zum
Sattessen .... etwa 3/8 l

fein und legt es in vorgewärmte Suppenteller. Dann wird Gemüse- oder Fleischbrühe erhitzt, mit trockenem Portwein oder Sherry gewürzt und kochend heiß über das Fleisch gegossen. Über die fertige Suppe streut man Kräuterblättchen.

Suppeneinlagen schnell zubereiten
Viele Zutaten aus Tiefkühltruhe, Glas oder Dose helfen, Zeit zu sparen.

◆ Eierflaum: Man verquirlt 1–2 Eier mit Salz, Pfeffer und Muskat und rührt sie in die heiße Brühe.

◆ Bratwurstklößchen: Man drückt das Innere von Kalbsbratwürsten als

Wieviel Einlage pro 1 l Brühe?
Getreideschrot oder Grieß 50 g
Suppennudeln oder Reis ... 60 g
Getreidekörner .... 75 g
Graupen .... 75 g
Linsen .... 100 g

Klößchen in die Brühe und gart sie nach dem Aufkochen 5 Minuten.

◆ Gekochte Getreidekörner aus dem Vorrat kann man tiefgefroren in die Brühe geben und kräftig aufkochen.

◆ Fertig gekaufte Leberspätzle, Maultaschen und Markklößchen braucht man in klarer Brühe nur zu erhitzen.

Suppeneinlagen für den Vorrat
Markklößchen und Eierkuchen eignen sich sehr gut zum Einfrieren.

◆ *Markklößchen* werden geformt, nebeneinander auf einen Teller gelegt und eingefroren, bis sie hart sind. Dann löst man sie vom Teller und gibt sie in Gefrierbeutel. So kleben sie nicht zusammen und lassen sich portionsweise entnehmen. Zum Servieren läßt man die gefrorenen Klößchen in heißer Brühe etwa 10 Minuten knapp unter dem Siedepunkt ziehen, aber nicht kochen.

◆ *Eierkuchen* werden gebacken, nach dem Abkühlen in Streifen geschnitten und eingefroren. Zum Servieren gibt man sie gefroren in die heiße Brühe und erhitzt sie. Die Brühe darf dabei nicht aufkochen.

Zutatenmengen für die Brühen Für die verschiedenen Brühen braucht man folgende Zutaten:

Tips und Tricks

◆ Zum Entfetten die Brühe abkühlen lassen und das erstarrte Fett abnehmen. Wenn es schnell gehen soll: zwei oder drei Küchentücher mit Eiswürfeln füllen und das Fett damit abtupfen.

◆ Zum Aufwärmen die Brühe einige Minuten kräftig kochen lassen und dann erst die Einlage zugeben.

◆ Bei kalten Suppen trennen sich die Zutaten beim Kühlen manchmal. Deshalb vor dem Servieren mit einem Schneebesen oder Pürierstab noch einmal kräftig durchrühren.

◆ Gemüsecremesuppen läßt man mit süßer Sahne einkochen und püriert sie dann erst. So wird die Suppe sämig.

◆ für 1¼ l Fleischbrühe 300 g Suppenknochen, 500 g Suppenfleisch und etwa 500 g Suppengemüse;

◆ für 1½ l Hühnerbrühe 1 Suppenhuhn und 2 Bund Suppengrün;

◆ für 1 l Fischbrühe 1½ kg Fischabschnitte, 100 g Schalotten und 1 Bund Suppengrün;

◆ für 1 l Gemüsebrühe 1 kg Gemüse und verschiedene Gewürze.

Brühe zubereiten Damit die Brühe klar und das Fleisch zart wird, darf nichts kochen: Während der gesamten Garzeit sollen in der Brühe nur kleine Perlen an die Oberfläche steigen. Den grauen Schaum, der sich anfangs beim Kochen von Fleischbrühen bildet, sollte man nicht abschöpfen. Er bindet gelöste Stoffe aus Fleisch und Knochen, die die Brühe trüb machen. Wenn die Brühe fertig ist, gießt man sie heiß durch ein Sieb, das mit einem Küchentuch ausgelegt ist.

Süßes

Süßes schmeckt zum Abschluß einer Mahlzeit als kleines Dessert oder als richtiges Hauptgericht nach einer kräftigen Suppe.

Süßmittel Keines der folgenden Süßmittel ist gesünder als das andere. Unterschiede gibt es nur bei der Zubereitungsart.

◆ *Weißer raffinierter Zucker* ist am einfachsten zu verarbeiten: Er läßt sich exakt dosieren, gut schmelzen und löst sich gleichmäßig in warmen und kalten Süßspeisen.

◆ *Honig* eignet sich am besten für kalte Desserts, Müsli, Kuchenglasuren und Tortenfüllungen.

◆ *Zuckerrohrgranulat,* Ursüße oder Vollrohrzucker besteht aus getrocknetem, gemahlenem Zuckerrohr. Das Granulat ist relativ neutral im Geschmack, fast so süß wie weißer Zucker und ebenso einfach zu verarbeiten. Nur schmelzen läßt es sich nicht so gut.

◆ *Ahornsirup* besteht wie Honig zum größten Teil aus Zucker, ist ziemlich teuer und nur begrenzt haltbar.

Mit Obst süßen Das ist eine interessante Alternative zu Zucker.

◆ *Fruchtzucker* kommt in vielen süßen Früchten vor und ist für Diabetiker Ersatz für normalen Zucker.

◆ *Obstkraut* oder *Dicksaft,* der eingedickte Saft von Äpfeln oder Birnen, schmeckt im Müsli und als Brotaufstrich.

◆ *Trockenfrüchte* zum Süßen von Cremes und Kuchenteigen weicht man in kaltem Wasser ein und püriert sie mit dem verbleibenden Einweichwasser.

Internationale Desserts Manche Süßspeisen haben im Lauf der Zeit den Namen gewechselt, für andere gibt es keine deutsche Bezeichnung.

◆ *Crêpes* sind sehr dünne Eierkuchen, die man mit süßer Füllung oder

Sirup ißt (siehe S. 527: Crêpes Suzette). Herzhaft zubereitet heißen sie *Galettes*.

◆ *Flammeri* ist in der klassischen Dessertküche das, was man heute als Pudding in der Tüte kennt.

◆ *Mousse* ist eine lockere schaumige Creme aus Eiern, Sahne und Aromen wie Schokolade oder Fruchtpüree (siehe S. 585: Mousse au chocolat).

◆ *Parfait* ist eine gefrorene oder halbgefrorene Mischung aus Eiern, Zucker, Schlagsahne und Aromen wie Schokolade, Kaffee, Likör oder Fruchtpüree.

◆ *Profiteroles* sind kleine Brandteigkrapfen, die immer mit Schokoladensauce übergossen und oft mit Schlagsahne oder Vanillecreme gefüllt werden (siehe S. 573).

◆ *Pudding* sieht aus und schmeckt ähnlich wie Napfkuchen, wird im Wasserbad gegart und kann warm als Dessert oder kalt zum Kaffee gegessen werden (siehe S. 586: Schokoladenpudding).

◆ *Sorbet* ist Fruchteis, das mit Champagner oder Sekt aufgegossen wird.

Ursprünglich war es ein Getränk aus stark gesüßtem Fruchtsaft, Eiswürfeln, Eischnee oder Schlagsahne.

◆ *Soufflé* ist die edle Version des Auflaufs – ein lockeres Gebilde aus vielen Eiern, Mehl oder Speisestärke und Aromen (siehe S. 532: Kokosnußsoufflé).

◆ *Trifle* kommt aus England und wird mit Biskuits, Früchten und Eiercreme zubereitet (siehe S. 567).

Zutaten selbst zubereiten Einfach herstellen lassen sich z.B.:

◆ *Vanillezucker* wird aus einer Vanilleschote – mit oder ohne Mark – hergestellt, die man fein zerkleinert und mit Zucker mischt. Man bewahrt die Mischung in einem gut schließenden Schraubglas auf. Bei Bedarf füllt man Zucker nach und erneuert die Schote einmal pro Jahr.

◆ *Zitrusaroma* bereitet man aus unbehandelten Zitronen und Orangen zu. Man wäscht und trocknet die Früchte gut, reibt die Schale mit einer feinen Reibe ab und vermischt sie mit Zucker. In einem Schraubglas im

Kühlschrank hält sich das Zitrusaroma etwa 1 Jahr.

Schön verzieren Desserts vertragen Schmuck. Zu weißer Creme, hellem Flammeri, Eis und Parfait passen:

◆ Dunkles wie Raspel, Streusel oder Blättchen aus Schokolade;

◆ Grünes wie Pistazien, Kiwis und Minzeblättchen;

◆ Rotes wie Kirschen, Preiselbeeren, Himbeeren und Erdbeeren;

◆ Edles wie kandierte Veilchen oder frische Rosen.

Zu dunkler Creme, Eis, Parfait und Pudding passen:

◆ Weißes wie Schlagsahnetupfen, Puderzucker, Holunderblüten und Gänseblümchen;

◆ Buntes wie Zuckerblümchen, Marzipanblumen und frische Blüten von Kapuzinerkresse;

◆ Edles wie Blattgold und feingeschnittene Zitrusschalen;

◆ Unterlagen aus rotem Fruchtpüree oder gelber Vanillesauce und Puderzucker, den man mit beliebigen Schablonen zu Bildern formen kann.

Backschule

Backen macht Freude, und mit einem ofenfrischen Napfkuchen oder einem schönen Stück Torte schmeckt der Kaffee noch mal so gut.

Die Backzutaten

Sollen Kuchen und Gebäck gut gelingen, muß man einiges über die wichtigsten Zutaten wissen.

Das Mehl Es besteht vorwiegend aus Stärke. Zusammen mit Flüssigkeit – Wasser, Milch oder Eiweiß, die man in den Teig mischt – sorgt Stärke für Bindung und Formbarkeit des Teiges. Bei Temperaturen ab etwa 60°C

quillt sie auf, und die Stärkekörnchen verbinden sich, wodurch das Gebäck im Backofen eine elastische Krume bekommt. Auch die Kruste entsteht durch Stärke: Beim Backen geben die Stärkekörnchen das Wasser, das sie aufgenommen haben, nach und nach wieder ab. Zuerst verdunstet die Flüssigkeit an der heißen Oberfläche des Kuchens. Dabei schrumpfen die Stärkekörnchen und bilden die Gebäckkruste.

Wichtig beim Backen ist der Kleber, ein bestimmter Eiweißstoff im Mehl. Kleberreiches Weizenmehl ergibt hohes, lockeres Gebäck, während man mit kleberfreiem Mais- oder Reismehl nur flache, ziemlich feste Kuchen und

Brote backen kann. Denn Kleber bindet – wie Stärke – das in den anderen Teigzutaten enthaltene Wasser; die Eiweißkörper quellen dadurch auf und verbinden sich bereits im rohen Teig miteinander. Kleber macht auch den Teig beim Rühren elastisch.

Getreidesorten Beim Backen werden sie unterschiedlich verwendet:

◆ *Weizen* oder *Dinkel* haben genügend Kleber und eignen sich für jedes Gebäck.

◆ *Roggen* braucht Säure, damit sich der Kleber richtig entwickeln kann. Deshalb rührt man etwas Zitronensaft oder fertig gekauften Sauerteig unter den Teig.

◆ *Gersten-* und *Hafermehl* muß man zur Hälfte mit Weizenmehl mischen.

◆ *Mais, Reis* und *Hirse* enthalten keinen Kleber, aber viel Stärke. Zum Backen nimmt man sie statt Speisestärke. Sie machen Biskuitteig sehr feinporig, Mürbeteig knusprig und geben Sandkuchen die feine Krume.

◆ *Grünkern* bildet keinen Kleber. Deshalb kann man Grünkernmehl nicht für Kuchenteig verwenden.

Die Mehltypen Die Typenzahl auf der Mehlpackung gibt Auskunft darüber, wie nährstoffreich das Mehl ist: Je höher die Typenzahl, desto mehr Mineralstoffe sind darin enthalten.

◆ 405: normales weißes Weizenmehl;

◆ 550: Weizenmehl für jedes süße Gebäck, Brötchen und Weißbrot;

◆ 1050: dunkleres Weizenmehl für jedes Gebäck;

◆ 997 und 1150: Roggenmehl zum Brotbacken;

◆ 1800: Roggenbackschrot.

Vollkornmehl hat keine eigenen Typenbezeichnungen.

Die Flüssigkeitsmenge Vollkornmehl enthält bestimmte Stoffe, die im Teig stark aufquellen. Deshalb gilt: je dunkler das Mehl, desto mehr Flüssigkeit ist nötig, damit der Teig gelingt. Auch zwischen den einzelnen Mehlsorten gibt es Unterschiede. Roggenmehl bindet mehr Flüssigkeit als Weizenmehl. Ganz exakt läßt sich die Flüssigkeitsmenge nicht angeben, aber man kann leicht erkennen, ob die Menge stimmt:

◆ *Hefeteig* kann man erst nach dem Gehen mit der Hand kneten; vorher muß er bei Berührung am Finger haftenbleiben.

◆ *Rührteig* reißt in langen Zapfen von den Quirlen des Rührgeräts ab; bleibt er daran hängen, ist er zu fest.

◆ *Mürbeteig* muß nach dem Kneten geschmeidig und gut formbar sein; Teig, der krümelt, ist zu trocken.

◆ *Brandteig* muß etwa so wie Mayonnaise glänzen.

◆ *Biskuitteig* enthält durch die vielen Eier immer genügend Flüssigkeit.

Der Zucker Beim Rühren mit Eiern oder Fett löst er sich auf, beim Backen schmilzt er und beim Erkalten des Kuchens erstarrt er wie Karamel. Zucker macht das Gebäck also nicht nur süß, sondern auch knusprig, und gibt ihm die schöne braune Kruste. Außerdem sorgt ein Löffel Zucker dafür, daß Hefeteig rasch gut aufgeht. Ob man zum Backen feinen oder normalen Zucker verwendet, hängt vom Teig ab. Hefeteig wird gründlich geknetet; Rührteig und Biskuit werden so lange gerührt, bis Butter oder Eier dick und schaumig sind. Dabei lösen sich auch größere Zuckerkristalle gut auf. Mürbeteig muß man rasch zusammenkneten, damit er knusprig wird; deshalb gelingt er mit feinem Zucker besser.

Die Eier Viele Eier machen den Teig feinporig und elastisch. Zum Backen von Rühr-, Biskuit- und Brandteig braucht man frische Eier, deren Eiklar noch zäh und elastisch genug ist, die eingerührte Luft zu halten.

Das Fett Die Fettmenge entscheidet über die Art des Gebäcks. Kuchen aus fettreichem Rührteig ist zwar locker, aber nicht biegsam; er zerbricht beim Zerteilen in ziemlich kleine Stücke und krümelt stark. Dagegen ist fettarmer Biskuitteig, der nur mit Eiern zubereitet wird, so elastisch, daß er sich sogar aufrollen läßt. Viel Fett macht Gebäck knusprig – man denke an Obstkuchen und Kekse aus Mürbeteig. Fett lockert und hält außerdem die Luft im Teig, die beim Backen dann verpufft und das Gebäck aufgehen läßt – am besten zu sehen an fettreichem Blätterteig.

Richtig backen

Mit den richtigen Backformen gelingt der Kuchen noch besser, und ein paar praktische Backtips führen zum optimalen Erfolg.

Die Backformen Es gibt eine Fülle von Backformen in verschiedenen Materialien. Zur Grundausstattung gehören Springform, Kastenform und Napfkuchenform. Wer viel backt, braucht noch eine Obstkuchenform mit gewelltem Rand, eine glatte Savarinform, einen Kranzkucheneinsatz für die Springform und kleine Förmchen für Torteletts.

Backformen darf man nur bis zu etwa zwei Drittel ihrer Höhe füllen, sonst läuft der Kuchenteig beim Backen über. Backrezepte sind meist für die 24-cm-Napfkuchenform mit 2½ l Inhalt, die 26-cm-Springform mit 2 l Inhalt und die 30-cm-Kastenform mit 2 l Inhalt berechnet.

Backblech und Form vorbereiten
Beide müssen immer gut gefettet werden, damit sich das Gebäck nach dem Backen ablöst.
◆ Bei Biskuitteig fettet man nur den Boden, aber nicht den Rand der Form, sonst rutscht der Teig beim Backen nach unten und bildet eine starke Wölbung.
◆ Pergamentpapier auf dem Blech oder in der Form ist günstig bei fettarmem Biskuitteig.

Die gefettete Napfkuchenform wird mit Semmelbröseln bestreut.

◆ Mit Semmelbröseln oder Mehl in der gefetteten Form läßt sich Napfkuchen gut stürzen.
◆ Mehl auf dem Blech verhindert das Auseinanderlaufen des Teiges, z.B. bei Gebäck aus flüssigem Teig.
◆ Wasser auf dem Blech, z.B. bei Brandteig, entwickelt in der Ofenhitze Dampf, der das Gebäck hoch aufgehen läßt.
◆ Backtrennpapier ist nicht notwendig, nur teuer: Selbst bei mehrmaligem Gebrauch kostet es mehr als das Stückchen Butter oder Margarine, mit dem man das Blech einfettet.

Den Backofen vorheizen? Gas- und Umluftbacköfen oder moderne Backöfen, die schnell heiß werden, braucht man grundsätzlich nicht vorzuheizen. Bei einer Backzeit unter 30 Minuten kann man vorheizen und währenddessen den Kuchen zum Backen vorbereiten. Wenn man nicht vorheizen will, rechnet man einfach 15–20 Minuten mehr Backzeit. Bei einer Backzeit von mehr als 30 Minuten ist Vorheizen überflüssig. Die Aufheizzeit fällt kaum ins Gewicht, denn der Backprozeß beginnt schon, sobald sich der Ofen erwärmt, und nicht erst, wenn die eingestellte Temperatur erreicht ist.
Für das Gelingen von Kuchen oder Gebäck spielt Vorheizen keine Rolle. Auch Brand- und Biskuitteige werden schön locker, wenn sie in den kalten Ofen kommen.

Die richtige Einschubhöhe Gebäck gelingt am besten, wenn es möglichst genau in der Mitte des Backofens steht. Deshalb schiebt man z.B. Kuchen in hohen oder halbhohen Formen mit dem Rost auf die untere Schiene. Auf der oberen Schiene werden Kuchen bei starker Oberhitze rasch überbacken – z.B. Obstkuchen mit Baiserhaube.

Die Garprobe Backzeiten lassen sich nicht exakt angeben, weil sie von Typ

Für die Garprobe sticht man mit einem Holzstäbchen in die Mitte des Kuchens.

und Heizleistung des Herdes und vom Material des Backblechs oder der Form abhängen. Deshalb ist die Garprobe wichtig, bevor man das Gebäck aus dem Ofen nimmt.
◆ Bei hohen, weichen Kuchen in der Form, z.B. Napfkuchen, steckt man nach der angegebenen Backzeit ein Holzstäbchen in die Mitte des Kuchens und zieht es sofort wieder heraus. Wenn nur ein paar Krümel daran haftenbleiben, ist der Kuchen gar. Wenn noch feuchte oder nasse Teigreste am Stäbchen kleben, gibt man noch 10 Minuten Backzeit zu und prüft dann erneut.
◆ Biskuitplatten für Rollen oder Omeletts sollen gerade eben durchgebacken sein. Wenn man mit der Fingerspitze leicht auf das Gebäck tupft und nichts haftenbleibt, ist der Biskuitteig gar, aber noch so elastisch, daß er sich nach dem Aufstreichen der Füllung gut aufrollen läßt.
◆ Brot und geformtes Hefegebäck wie Zopf oder Stollen prüft man so: Man dreht das Gebäck und klopft kräftig mit dem Zeigefinger gegen die Unterseite. Gares Gebäck klingt dabei deutlich hohl.

Mengen und Maße

Mit dem Löffel messen

Produkt	TL*	EL*
Backpulver	3 g	10 g
Bratensauce (Instantpulver)	3 g	8 g
Brühe (Instantpulver)	3 g	8 g
Butter	4 g	10 g
Buttermilch		15 g
Crème double	5 g	15 g
Crème fraîche	5 g	15 g
Dickmilch (10%)	5 g	17 g
Frischkäse	7 g	20 g
Frischkäse, körniger		20 g
Fruchtzucker	4 g	12 g
Getreidekörner, roh	5 g	15 g
Graupen, Grütze, roh		10 g
Grieß, roh	4 g	10 g
Haferflocken, blütenzart, roh		3 g
Haferflocken, kernig, roh		8 g
Haselnußkerne, gemahlen	2 g	5 g
Honig	10 g	20 g
Joghurt	6 g	17 g
Kaffeemehl	2 g	6 g
Kaffeepulver (Instant)	1 g	3 g
Kaffeesahne	5 g	15 g
Kakaopulver	2 g	5 g
Kapern	4 g	12 g
Käse, gerieben	3 g	8 g
Kaviar, echt und Ersatz	5 g	10 g
Kefir		30 g
Kokosfett, weich/soft		10 g
Kokosraspeln	5 g	10 g
Konfitüre, Marmelade	6 g	18 g
Kräuter, gehackt	2 g	4 g
Kümmel		5 g

Produkt	TL*	EL*
Leinsamen	4 g	10 g
Maiskörner aus der Dose		25 g
Mandelblättchen		6 g
Mandeln, gehackt		10 g
Mandeln, gemahlen	3 g	8 g
Margarine	4 g	10 g
Mayonnaise	4 g	12 g
Meerrettich, gerieben	6 g	20 g
Mehl	3 g	10 g
Milch	5 g	15 g
Nudeln, roh		10 g
Öl	3 g	10 g
Pistazienkerne, gehackt		8 g
Polenta (Maisgrieß), roh	4 g	12 g
Puddingpulver	3 g	10 g
Puderzucker	3 g	10 g
Quark	10 g	20 g
Reis, roh	5 g	15 g
Remoulade	5 g	15 g
Rosinen	7 g	20 g
Sahne, sauer	5 g	13 g
Sahne, süß (Schlagsahne), flüssig	5 g	13 g
Sahne, süß, geschlagen		10 g
Salz	5 g	15 g
Semmelbrösel	3 g	8 g
Senf	5 g	15 g
Speisestärke	3 g	9 g
Tomatenketchup	5 g	15 g
Tomatenmark	5 g	15 g
Traubenzucker	2 g	5 g
Zucker	5 g	15 g

* Die Gewichtsangaben beziehen sich jeweils auf 1 gestrichenen Löffel.

Gewicht von ungeputztem und ungeschältem Obst und Gemüse

Produkt	Gewicht	Produkt	Gewicht
Apfel	klein 120 g, mittel 150 g, groß 200 g	Pfirsich	klein 120 g, mittel 150 g, groß 200 g
Artischocke	große runde 450 g kleine schmale 60 g	Radieschen	1 Stück 13 g, 1 Bund 125 g
		Rote Bete	klein 90 g, mittel 150 g, groß 250 g
Aubergine	klein 100 g, mittel 200 g, groß 300 g	Rotkohl	klein 500 g, mittel 1 kg, groß 1,5 kg
Avocado	durchschnittlich 300 g	Salatgurke	klein 350 g, groß 600 g
Banane	klein 125 g, mittel 150 g, groß 200 g	Schmorgurke	mittel 300 g, groß 500 g
Birne	klein 120 g, mittel 150 g, groß 200 g	Schnittlauch	1 Bund 20 g
Blumenkohl	klein 500 g, mittel 750 g, groß 1 kg	Spinat	1 Handvoll 50 g
Chicorée	durchschnittlich 125 g	Stangensellerie	1 kleiner Strunk 150 g 1 großer Strunk 500 g
Chinakohl	klein 200 g, mittel 500 g		
Eisbergsalat	durchschnittlich 375 g	Steckrübe	durchschnittlich 1 kg
Endiviensalat	durchschnittlich 375 g	Suppengrün	1 kleines Bund 150 g, 1 großes Bund 500 g
Feldsalat	1 Handvoll 50 g		
Fenchelknolle	klein 150 g, mittel 220 g, groß 300 g	Tomate	klein 80 g, mittel 100–125 g, groß 150–175 g
Gewürzgurke	klein 30 g, mittel 50 g, groß 80 g		
Grünkohl	1 Strunk 750 g	Weißkohl	klein 500 g, mittel 1 kg, groß 1,5 kg
Kartoffel	klein 90 g, mittel 150 g, groß 250 g	Wirsing	klein 500 g, mittel 1 kg, groß 1,5 kg
Kiwi	durchschnittlich 50 g	Zucchini	klein 80 g, mittel 100–125 g, groß 150–175 g
Knollensellerie	klein 375 g, mittel 600 g		
Kohlrabi	klein 90 g, mittel 150 g, groß 250 g	Zwiebel	klein 30 g, mittel 50 g, groß 100 g
Kopfsalat	mittel 125 g, groß 250 g		
Kräuter	1 Handvoll 50 g		
Lauchstange (Porree)	klein 60 g, mittel 150 g, groß 250 g		
Lauchzwiebel	1 Stück 60 g, 1 Bund 200 g		
Maiskolben	durchschnittlich 500 g		
Mandarine	mittel 60 g, groß 80 g		
Möhre	klein 40 g, mittel 70 g, groß 100 g		
Nektarine	klein 120 g, mittel 150 g, groß 200 g		
Orange	klein 140 g, mittel 175 g, groß 250 g		
Paprikaschote	klein 100 g, mittel 200 g, groß 300 g		
Petersilie	1 Bund 10 g		

Kleines Wörterbuch

Deutsch	Schweizerisch	Österreichisch
Aprikosen	Aprikosen	Marillen
Blumenkohl	Blumenkohl	Karfiol
Bohnen	Bohnen	Fisolen
Brandteig	Brühteig	Brandteig
Eierkuchen, Pfannkuchen	Omeletten	Palatschinken, Omeletten
Eierkuchen, dünne	Omeletten	Frittaten
Eisbecher	Coupe	Eisbecher
Eisbein	Gnagi, Wädli	Stelze
Eiweiß	Eiweiß	Eiklar
Feldsalat, Rapunzel	Nüßlisalat	Vogerlsalat
Fleischbrühe	Bouillon	klare Suppe
Grieben	Grieben	Grammeln
Hackfleisch	Hackfleisch	Faschiertes
Hammelfleisch	Schaffleisch	Schöpsernes
Hefe	Hefe	Germ
Hörnchen	Gipfeli	Kipfel
Johannisbeeren	Johannisbeeren	Ribisel
Kalbsmilch, -bries	Milken	Bries
Karotten	Rüebli	gelbe Rüben
Kartoffeln	Kartoffeln	Erdäpfel
Kartoffelpüree	Kartoffelstock	Kartoffelpüree
Kasseler Rippchen	Rippli	Selchkarree
Kastenform	Cakeform	Kastenform
Klößchen	Klößchen	Nockerln
Kopfsalat	Kopfsalat	Häuptelsalat
Lende	Filet	Lungenbraten
Lunge	Lunge	Beuschel
Mais	Mais	Kukuruz
Meerrettich	Meerrettich	Kren
Mehlschwitze	Mehlschwitze	Einbrenn
Napfkuchen	Gugelhupf, -hopf	Gugelhupf
Paprikaschoten	Peperoni	Paprikaschoten
Pellkartoffeln	Geschwellte	Kartoffeln in der Schale
Pflaumenmus	Pflaumenmus	Powidl
Pilze	Pilze	Schwammerln

Deutsch	Schweizerisch	Österreichisch
Pökelfleisch	Fleisch aus dem Salz	Surfleisch
Puter, Truthahn	Truthahn	Indian
Quark	Quark	Topfen
Radicchio	Cicorino rosso	Radicchio, Zichoriensalat
Ragout	Voressen	eingemachtes Fleisch
Räucherspeck	Räucherspeck	Selchspeck
Rosenkohl	Rosenkohl	Kohlsprossen
rote Beten	Randen	rote Rüben
Saft	Jus	Saft
Sahne, saure	Sauerrahm	Rahm, saurer
Sahne, Schlagsahne	Rahm, Schlagrahm	Obers, Schlagobers
Salatkartoffeln	Kartoffeln	Kipfler
Speiseeis	Glace	Gefrorenes
Tomaten	Tomaten	Paradeiser
Vorteig	Vorteig	Dampfl
Walnuß	Baumnuß	Walnuß
Weißkohl	Kabis	Weißkraut
Zander	Zander	Fogosch
Zopf	Zopf	Strietzel
Zuckererbsen	Kefen	Schnee-Erbsen

Register

Bildnachweis

Einbandvorderseite:	o.l. Foodphotography Eising
	M., u. Kurt Sattelberger
	o.r. Foodfotografie Teubner
Einbandrückseite:	o., u. Foodfotografie Teubner
Vorsatz:	Foodphotography Eising
Nachsatz:	Foodphotography Eising

Innenteil:
CMA:				20
Studio Döbbelin:		2–3, 7 o., M.r., 8 M.l., 9 o., 11, 43, 83, 126–127, 167, 169–189, 231, 234–257, 260–269, 272–277, 280–289, 292–301, 337, 359–385, 389–403, 405–421, 455, 513, 516–521, 524–553, 593, 653
Studio Döbbelin/BEG:	37, 654–655
Foodphotography Eising:	6 M.r., u., 7 M.l., 8 u., 84–125, 129–164, 190–214, 217–228, 458–511
StockFood Eising:		15, 17 o., 18, 22, 24 l., 25 M., 26, 27, 29 u., 30, 31, 35 u., 38 o., 658–659, 671
Kornelia Erlewein/BEG:	12–14
Kurt Sattelberger:		672
Foodfotografie Teubner:	5, 6 o., M.l., 7 u., 8 o., M.r., 9 M., u., 16, 17 u., 18 o., 19, 21, 23, 24, 25, 27 o., 28, 29, 30 o., 31 M., 32–34, 35, 36, 38, 39–42, 44–82, 128, 168, 216, 232, 258, 270, 278, 290, 302–336, 339–357, 386, 404, 422–453, 456, 514, 522, 554–592, 594–650, 656, 658 o., 661–664, 666–669, 676–677

Einige der Abbildungen in diesem Buch sind bereits in der folgenden Reader's Digest Publikation erschienen:
BEG = Bewußt ernähren – Gesund leben